SONDERHEFT 36

UMWELTSOZIOLOGIE

KÖLNER ZEITSCHRIFT FÜR SOZIOLOGIE
UND SOZIALPSYCHOLOGIE

SONDERHEFTE
Begründet durch *René König*

Herausgegeben von
Jürgen Friedrichs, M. Rainer Lepsius und *Karl Ulrich Mayer*

UMWELTSOZIOLOGIE

HERAUSGEGEBEN VON
ANDREAS DIEKMANN UND CARLO C. JAEGER

WESTDEUTSCHER VERLAG

Kölner Zeitschrift für Soziologie und Sozialpsychologie

Begründet als „Kölner Zeitschrift für Soziologie"
durch *Leopold von Wiese* (1948–1954)
Fortgeführt als „Kölner Zeitschrift für Soziologie und Sozialpsychologie"
durch *René König* (1955–1985)

Herausgegeben von Prof. Dr. *Jürgen Friedrichs*, Universität zu Köln,
Prof. Dr. *M. Rainer Lepsius*, Universität Heidelberg, und
Prof. Dr. *Karl Ulrich Mayer*, Max-Planck-Institut für Bildungsforschung Berlin
Redaktionssekretär: Dr. *Heine von Alemann*, Forschungsinstitut für Soziologie
der Universität zu Köln

Beirat: Prof. Dr. *Hartmut Esser*, Universität Mannheim; Prof. Dr. *Alois Hahn*, Universität Trier; Prof. Dr. *Max Haller*, Karl-Franzens Universität Graz; Prof. Dr. *Siegwart Lindenberg*, Universität Groningen; Prof. Dr. *Birgitta Nedelmann*, Universität Mainz; Prof. Dr. *Michael Schmid*, Universität Augsburg; Prof. Dr. *Fritz Sack*, Universität Hamburg

REDAKTIONELLE BEMERKUNGEN

Briefe, Manuskripte und Besprechungsexemplare bitten wir nur an die Redaktion einzusenden. Unverlangt eingesandte Manuskripte und Rezensionsexemplare von Büchern können nicht zurückgeschickt werden. Die Hinweise zur Manuskriptgestaltung (am Ende des Heftes) sind zu beachten. Die Auswahl der Bücher zur Rezension behält sich die Redaktion vor. Unverlangt eingesandte Buchbesprechungen werden nicht veröffentlicht. Die KZfSS publiziert nur Originalbeiträge, die nicht bereits an anderer Stelle veröffentlicht wurden.

Zuschriften werden erbeten an:
Redaktion der Kölner Zeitschrift für Soziologie und Sozialpsychologie,
Forschungsinstitut für Soziologie, Lindenburger Allee 15, D-50931 Köln.
Telefon: (0221) 470-2518; Fax: (0221) 470-2974
E-mail: kzfss.red@uni-koeln.de

Die KZfSS wird u.a. in den folgenden Informationsdiensten erfaßt: *Social Science Citation Index* und *Current Contents* des Institute for Scientific Information; *sociological abstracts; psychological abstracts; Bulletin signalétique;* prd, Publizistikwissenschaftlicher Referatedienst; *SRM,* social research methodology abstracts; *SOLIS,* Sozialwissenschaftliches Literaturinformationssystem; Literaturdatenbank *PSYNDEX;* Referatedienst *Psychologischer Index,* u.a.m.

Verlag: *Westdeutscher Verlag GmbH,* Postfach 5829, D-65048 Wiesbaden.
Telefon: Vertrieb/Anzeigen (0611) 7878-389, Telefax (0611) 7878-439.
Über unsere Hompage http://www.fachinformation.bertelsmann.de/verlag/bfw/homepage.htm können Sie sich über den Verlag und das Programmangebot informieren.
Geschäftliche Zuschriften, Anzeigenaufträge usw. nur an den Verlag.
Es gilt die Anzeigenpreisliste Nr. 6 vom 1. Dezember 1995.
Jährlich erscheinen vier Hefte im Gesamtumfang von ca. 800 Seiten. Bezugspreise 1996: Jahresbezugspreis DM 156,–/öS 1155,–/sFr 147,–, Jahresabonnement für Studenten gegen Studienbescheinigung DM 92,–/öS 681,–/sFr 87,–, Einzelheft DM 46,–/öS 341,–/sFr 43,–, jeweils zuzüglich Versandkosten. Die angegebenen Bezugspreise enthalten die Mehrwertsteuer. Alle Bezugspreise und Versandkosten unterliegen der Preisbindung. Das Sonderheft des laufenden Jahrgangs wird je nach Umfang berechnet und den Jahresabonnenten bei Bezug im Jahr des Erscheinens mit einem Nachlaß gegen gesonderte Rechnung als Drucksache geliefert. Die Hefte sind durch jede Buchhandlung oder direkt beim Verlag zu beziehen. Abbestellungen müssen spätestens 3 Monate vor Ende des Kalenderjahres schriftlich erfolgen. Jede Verwertung außerhalb der engen Grenzen des Urheberrechtsgesetzes ist ohne Zustimmung des Verlags unzulässig und strafbar. Das gilt insbesondere für Vervielfältigungen, Übersetzungen, Mikroverfilmungen und die Einspeicherung und Verarbeitung in elektronischen Systemen. Die Zeitschrift und alle in ihr enthaltenen Beiträge und Abbildungen sind urheberrechtlich geschützt.

Satz: ITS Text und Satz GmbH, Herford
Der Westdeutsche Verlag ist ein Unternehmen der Bertelsmann Fachinformation.
ISBN 978-3-531-12688-3   ISBN 978-3-322-99626-8 (eBook)
DOI 10.1007/978-3-322-99626-8

© 1996 by Westdeutscher Verlag GmbH, Opladen

INHALTSÜBERSICHT

I. Einführung

Andreas Diekmann und *Carlo C. Jaeger*
Aufgaben und Perspektiven der Umweltsoziologie 11

Ortwin Renn
Rolle und Stellenwert der Soziologie in der Umweltforschung 28

II. Theoretische Perspektiven

Anatol Rapoport
Der systemische Ansatz der Umweltsoziologie 61

Andreas Diekmann
Homo ÖKOnomicus. Anwendungen und Probleme der Theorie rationalen Handelns im Umweltbereich 89

Ulrich Beck
Weltrisikogesellschaft, Weltöffentlichkeit und globale Subpolitik. Ökologische Fragen im Bezugsrahmen fabrizierter Unsicherheiten 119

Helga Nowotny
Umwelt, Zeit, Komplexität: Auf dem Weg zur Endosoziologie 148

Carlo C. Jaeger
Humanökologie und der blinde Fleck der Wissenschaft 164

III. Themen und Forschungsfragen

Umweltbewußtsein

Riley E. Dunlap und *Angela G. Mertig*
Weltweites Umweltbewußtsein. Eine Herausforderung für die sozialwissenschaftliche Theorie 193

Peter Preisendörfer und *Axel Franzen*
Der schöne Schein des Umweltbewußtseins. Zu den Ursachen und Konsequenzen von Umwelteinstellungen in der Bevölkerung 219

Carmen Tanner und *Klaus Foppa*
Umweltwahrnehmung, Umweltbewußtsein und Umweltverhalten 245

Allmende-Probleme

Bonnie McCay und *Svein Jentoft*
Unvertrautes Gelände: Gemeineigentum unter der sozialwissenschaftlichen Lupe 272

Bruno S. Frey und *Iris Bohnet*
Tragik der Allmende. Einsicht, Perversion und Überwindung 292

Hans-Joachim Mosler und *Heinz Gutscher*
Kooperation durch Selbstverpflichtung im Allmende-Dilemma 308

Soziale Bewegungen

Hanspeter Kriesi und *Marco G. Giugni*
Ökologische Bewegungen im internationaler Vergleich: Zwischen Konflikt und
Kooperation 324

Karl-Dieter Opp
Aufstieg und Niedergang der Ökologiebewegung in der Bundesrepublik 350

Globaler Wandel

Michael R. Redclift und *James F. Skea*
Globale Umweltveränderungen: Der Beitrag der Sozialwissenschaften 380

Ottmar Edenhofer
Das Management globaler Allmenden 390

Umweltpolitik

Wolfgang van den Daele
Soziologische Beobachtung und ökologische Krise 420

Peter Cebon
Eine organisationstheoretische Analyse von Maßnahmen gegen Punktquellenverschmutzung 441

Adrienne Héritier
Muster europäischer Umweltpolitik 472

IV. Methodische Praxis und Probleme

Dietrich Dörner
Der Umgang mit Unbestimmtheit und Komplexität und der Gebrauch von Computersimulationen 489

Heinz-Herbert Noll und *Caroline Kramer*
Umweltberichterstattung und Umweltindikatoren. Informationen zum Zustand und Wandel der Umwelt 516

Joachim Schahn und *Gerd Bohner*
Methodische Aspekte sozialwissenschaftlicher Evaluationsforschung im Umweltbereich 548

Die Autorinnen und Autoren der Beiträge 571
English Summaries 577

I.
Einführung

AUFGABEN UND PERSPEKTIVEN DER UMWELTSOZIOLOGIE*

Andreas Diekmann und Carlo C. Jaeger

Zusammenfassung: Die ökologischen Probleme der Gegenwart können nur gelöst werden, wenn die Anreizstrukturen und sozialen Normen, welche umweltbezogenes Handeln beeinflussen, verändert werden. Deshalb ist die Untersuchung sozial produzierter ökologischer Probleme und der gesellschaftlichen Reaktionen auf diese Probleme ein wesentliches Element wirksamer Umweltforschung. Dabei wird eine lebendige umweltsoziologische Grundlagenforschung immer wieder Verbindungen zwischen Praxisorientierung und kritischer Reflexion herstellen. Sie kann an eine reichhaltige Forschungstradition anknüpfen, die seit Anfang dieses Jahrhunderts ökologische Konzepte für die Untersuchung soziologischer Fragen – besonders im Bereich der Stadtsoziologie – fruchtbar macht. Seit den achtziger Jahren hat die Umweltsoziologie durch die intensive öffentliche Debatte über Umweltprobleme neue Impulse erhalten und gleichzeitig auf diese Debatte zurückgewirkt. Verschiedene theoretische Orientierungen haben sich als umweltsoziologisch fruchtbar erwiesen, insbesondere die Rational Choice-Theorie, die Systemtheorie, die Humanökologie und die Modernisierungstheorie. Eine Aufsplitterung der Umweltsoziologie in unterschiedliche Schulen scheint dabei weniger fruchtbar als die Pflege einer Forschungskompetenz, welche mit unterschiedlichen theoretischen Orientierungen umzugehen versteht. Eine derartige Forschungskompetenz muß sich in der interdisziplinären Kooperation mit anderen Sozialwissenschaften, aber auch mit Natur- und Ingenieurwissenschaften bewähren. Dadurch wird auch die allgemeine Soziologie wichtige Anregungen gewinnen. In diesem Rahmen kann die Umweltsoziologie zur deskriptiven Umweltberichterstattung, zum Design und zur Evaluation von Umweltmaßnahmen, zum Umweltmanagement in Organisationen und zur kulturellen Orientierung angesichts globaler Umweltprobleme wirksam beitragen.

I. Die Aufgabe der Sozialwissenschaften in der technikdominierten Umweltforschung

Die Umweltforschung wird noch immer weitgehend von den Natur- und Ingenieurwissenschaften beherrscht. Wer den Geist aus der Flasche gelassen hat, so hofft man, wird auch die Fähigkeit aufbringen, sein zerstörerisches Potential zu domestizieren. Unstreitig kommt technischen Innovationen eine zentrale Rolle beim Umbau der Industriegesellschaft zu einer ressourcenschonenden und emissionsmindernden Produktionsweise zu. Nur, in welche Richtung und mit welcher Geschwindigkeit sich technisch-ökologischer Fortschritt entwickelt, welche Rahmenbedingungen die Politik schafft, welche Innovationen von Produzenten angeboten und von Konsumenten akzeptiert, genutzt oder nicht genutzt werden und welche unerwünschten Nebenfolgen auftreten, ergibt sich im Aggregat aus dem Zusammenspiel einer Vielzahl von Akteuren. Damit wird die Schnittstelle zu den Sozialwissenschaften und speziell zur Umweltsoziologie definiert: Die Erklärung umweltbezogener Handlungen und aggregierter Handlungsfolgen auf der Ebene sozialer Gruppen und der Makroebene von Gesellschaften.

In einer Anzeige der Telekom heißt es: „Staus belasten die Umwelt, kosten wertvolle Arbeitszeit und mindern die Lebensqualität ... Die Informationstechnologie kann hier helfen: Bildtelefone, ISDN-Bildübertragungssysteme oder Videokonferenzen machen manche Reise überflüssig." Ungeachtet dessen wächst der Geschäftsverkehr und Konferenztourismus. Wahrscheinlich sind berufliche Kontakte nicht einfach durch Gespräche von Monitor zu Monitor ersetzbar (Dürrenberger et al. 1995); und vermutlich dient der Businessverkehr nicht selten dem heimlichen Nebenziel touristischer Zerstreuung. Es existieren eben auch andere Handlungsanreize als rein instrumentelle Kommunikationsbedürfnisse.

Von der Telearbeit via Datenautobahn erwarten Optimisten einen Rückgang beruflich bedingter Mobilität. Möglich, daß die Prognose zutrifft, aber auch möglich, daß der Rückgang durch vermehrte Freizeitmobilität kompensiert wird. Der Verkehrsinfarkt in Ballungsgebieten wird u.a. durch elektronische Verkehrsleitsysteme zu therapieren versucht. „Testergebnisse in Deutschland zeigen, daß ... gesteuerte Verkehrsbeeinflussungsanlagen zur Verbesserung der Verkehrssituation beitragen. In den Testgebieten nahm die Zahl der verkehrsbedingten Staus ab, und die Zahl der Verkehrsunfälle ging bis um einen Drittel zurück", heißt es in einer Studie der schweizerischen BMW-Niederlassung (Knecht 1995: 11). Bei einer konstanten Menge von Automobilen macht die statische Betrachtungsweise einigermaßen Sinn. Aber wer garantiert, daß die Verflüssigung des Verkehrsstroms nicht längerfristig eine vermehrte Nachfrage nach Individualverkehr auslöst, die zum Kollaps des Systems auf höherer Ebene führt?

Technische Innovationen verändern die Handlungsspielräume der Akteure. Die Frage, wie die Handlungsspielräume genutzt werden und welche Folgen sich daraus für die Gesellschaft ergeben, richtet sich an die Adresse der Sozialwissenschaften. Aber auch die technische Entwicklung selbst ist kein exogener Faktor. Denn technische Innovationen sind das Ergebnis von anreizorientierten Handlungen von Ingenieuren und Managern, des Kaufverhaltens von Konsumenten und der von Politikern gesetzten Rahmenbedingungen. Mit ziemlicher Sicherheit kann z.B. prognostiziert werden, daß Automobilproduzenten mit weniger Engagement in Verkehrsleitsysteme, dafür aber um so energischer in die Entwicklung kraftstoffsparender Autos investieren werden, wenn längerfristig mit einer drastischen Erhöhung des Benzinpreises zu rechnen ist (von Weizsäcker 1990; Pfister 1995). Und sozialwissenschaftliche Forschung kann Informationen beisteuern zu der Frage, welche von zahlreichen heute diskutierten Instrumenten – wie Road Pricing, Kilometerleasing, städteplanerische Maßnahmen, ökologische Steuerreform, Car-Sharing-Projekte oder andere Maßnahmen und Maßnahmenkombinationen – ökologische Innovationen und Verhaltensänderungen in diesem Bereich am wirksamsten befördern.

Damit ist nicht gesagt, daß umweltorientierte Handlungen ausschließlich Preisanreizen folgen. Die subjektive Interpretation von Handlungsspielräumen, Lebensstile, Umweltwerte, soziale Sanktionen und soziale Netzwerke sind nur einige Faktoren, die ökologieorientierte Aktivitäten beeinflussen und in einer auf Erklärung abzielenden Umweltsoziologie Berücksichtigung finden müssen. Generell werden Handlungsspielräume durch Institutionen und Ressourcen gebildet und begrenzt. Dabei werden beide – Institutionen (wie z.B. Rechtsnormen) und Ressourcen (wie z.B. die Infrastruktur) – ihrerseits wieder von sozialen Handlungen beeinflußt. Sie nehmen damit den Status sowohl unabhängiger als auch abhängiger Variablen ein (vgl. Coleman 1994 ebenso wie Giddens 1984).

Als Beispiele können die Institutionen des „Öko-Audit" und der Zertifizierung ökologischer Produkte dienen. Wenn ein Teil der Konsumenten, sei es aus Gründen des Umweltbewußtseins, sei es wegen demonstrativen, mit sozialer Wertschätzung verbundenen umweltfreundlichen Konsums, bereit ist, für umweltgerechte Produkte bei gleicher Qualität einen etwas höheren Preis zu zahlen, dann ist es für gewinnorientierte Wirtschaftsunternehmen rentabel, in die Herstellung dieser Produkte zu investieren, auch wenn dies mit zusätzlichen Kosten verbunden ist. Dann aber entsteht auf der Ebene der Firmen ein Kooperationsproblem, denn Trittbrettfahrer, die ein entsprechendes Umweltimage ihrer Produkte nur vortäuschen, erzielen einen Wettbewerbsvorteil. Damit ist es im Interesse der Anbieter wie auch der Nachfrageseite, in einer Situation asymmetrischer Information Zertifikate einzuführen, die die Umweltqualität der Produkte und die ökologische Reputation von Firmen glaubhaft signalisieren. Die Institution des Öko-Audits ist eine Lösung dieses Kooperationsproblems (vgl. Diekmann in diesem Band).

Man beachte auch, daß elementare umweltökonomische Erklärungsmodelle nicht ausreichend sind, um diese Situation zu analysieren. Von Interesse sind hier aber Erweiterungen wie die Theorien des „Market Signalling", deren Nähe zu genuin soziologischen Fragestellungen schon White (1981) hervorgehoben hat. Hinzu kommt, daß neoklassische Standardmodelle weder Umweltpräferenzen kennen, die sich auf umweltfreundliche Produkteigenschaften oder auf den Herstellungsprozeß beziehen, noch die Möglichkeit „demonstrativen Umweltkonsums". Letzterer dürfte aber gerade in sozialen Milieus und Netzwerken, die Wert auf Umweltfreundlichkeit legen, dazu beitragen, daß sich ökologische Verhaltensweisen und Umweltinnovationen verbreiten.

II. Umweltsoziologie zwischen kritischer Reflexion und Praxisorientierung

Die Umweltsoziologie oder ökologische Soziologie – so unsere Definition – ist jener Teil soziologischer Bemühungen, der sich mit sozial produzierten ökologischen Problemen und den gesellschaftlichen Reaktionen auf ökologische Probleme befaßt. Von der Umweltsoziologie wird von den einen erwartet, daß sie im Sinne einer kritischen, aufklärerischen Tradition Wissen hervorbringt, das die Reflexion über gesellschaftliche Entwicklungen und Grundlagen postindustrieller Produktion und Lebensweise stimuliert. Andere, eher orientiert am Modell der Politikberatung, stellen an die Umweltsoziologie den Anspruch, zur praktischen Lösung ökologischer Probleme beizutragen. U.E. wird der Gegensatz zwischen beiden Zielen künstlich zugespitzt. Denn, was ist „Reflexionswissen" wert, das genauere empirische Beschreibungen gesellschaftlicher Trends und die empirisch-statistische Analyse sozialer Zusammenhänge ebenso wie darauf gegründete Versuche praktischer Problemlösung ignoriert?

Und umgekehrt: Erfolgreiche Problemlösungen setzen Reflexionswissen, theoretische Einsichten und die Diagnose des Ist-Zustandes voraus. Nichts ist praktischer als eine gute Theorie, vorausgesetzt, Hypothesen und Theorien werden mit Erfahrungswissen verknüpft. Selbst ein Gedankengebäude wie die Wahrscheinlichkeitstheorie, deren Verbindungen zu dem, was als empirische Wirklichkeit gilt, alles andere als geklärt sind, ist zweifellos eine äußerst praktische Angelegenheit. Umgekehrt zeigt gerade das Beispiel der Wahrscheinlichkeitstheorie, die ja in der empirischen Sozialforschung ebenso eingesetzt wird wie in der Epidemiologie, in der Untersuchung von Finanzmärkten ebenso wie in derjenigen von technischen Systemen, daß eine gute Theorie neuartige Verbindungen zwischen Erfahrungswissen mit ganz verschiedenem Hintergrund herstellt.

In der Umweltsoziologie wird die Schnittstelle von theoretischen Überlegungen und Erfahrungswissen mit einer Vielfalt von Methoden hergestellt – sie reicht von der Fallstudie über den Survey und die Analyse amtlicher Statistiken bis hin zu Experiment und Computersimulation. Wie immer in den Sozialwissenschaften gehört zur Verbindung von theoretischen Überlegungen und Erfahrungswissen auch die hermeneutische Erschließung von Sinnzusammenhängen sowie die kritische Untersuchung von Begriffen.

Um unnötige Verwirrung im Verhältnis zwischen kritischer Reflexion und Praxisorientierung zu vermeiden, ist es nützlich, auf die Rolle theoretischer Grundlagenforschung zu achten. Denn in den Sozialwissenschaften münden auch ganz abstrakte Theorien immer wieder in deutlicher Kritik an konkreten sozialen Situationen. Wenn etwa die Rational Choice-Theorie Umweltprobleme als soziale Dilemmata analysiert, so zeigt sie gerade auf, daß die entsprechenden Situationen auch nach den Maßstäben der Beteiligten problematisch sind. Und wenn systemtheoretische Modelle ökologische Grenzen des wirtschaftlichen Wachstums betonen, so ist die kritische Stoßrichtung offensichtlich. Wie auch die Beiträge in diesem Band verdeutlichen, ist eine umweltsoziologische Grundlagenforschung, der jeder aufklärerische, kritische Impuls fehlt, wohl eher die Ausnahme. Was allerdings vorkommen mag, im vorliegenden Band aber nicht dokumentiert werden soll, sind Versuche einer theorielosen Untersuchung von Umweltproblemen, oder auch eine Theoriebildung, die sich von den Herausforderungen praxisnaher Forschung verabschiedet hat. Auf solchen Wegen läßt sich das Problemlösungspotential der Umweltsoziologie kaum nutzen. Vielmehr ist es unseres Erachtens von entscheidender Bedeutung, in der umweltsoziologischen Forschung die Verbindung zwischen theoretischen Überlegungen und Erfahrungswissen bewußt zu pflegen und weiterzuentwickeln.

Ein wichtiger Aspekt der Beziehung zwischen Praxisorientierung und kritischer Reflexion ist die Rolle von Metaphern. Allgemein sind diese für die Wissenschaft kaum weniger wichtig als für die Dichtkunst. So gibt das an jedem Flußlauf sinnlich erfahrbare Spiel der Wellen den Anknüpfungspunkt für eine Reihe von Analogien, die über Schallwellen zu Licht- und Radiowellen und selbst zu Materiewellen führen. Für die Umweltsoziologie spielt das Bild der Allmende eine vergleichbare Rolle. Sein Anknüpfungspunkt in der Alltagserfahrung ist noch heute auf den Alpweiden gegenwärtig, die von Bergbauern zur Viehwirtschaft genutzt werden. Und es ist bedenkenswert, daß zur Untersuchung von Allmendeproblemen in der Umweltsoziologie ethnologische Feldstudien ebenso gehören wie mathematische Modelle. Seit den Tagen Platos ist die Mathematik eine erstaunliche Quelle leistungsfähiger Metaphern, und inzwischen können diese mit Hilfe von Computersimulationen auch mathematischen Laien zugänglich gemacht werden (vgl. den Beitrag von Dörner in diesem Band). So werden denn heute Computermodelle eingesetzt, um das Bild der Allmende für die Untersuchung von Umweltverhalten in sozialen Gruppen (vgl. den Beitrag von Mosler/Gutscher), aber auch von globalen Umweltproblemen (vgl. den Beitrag von Edenhofer) fruchtbar zu machen. Derartige Analogien sind typischerweise in der praxisnahen Forschung verwurzelt, ihre Tragweite verdanken sie der Verallgemeinerungsfähigkeit theoretischer Vernunft.

Wo das Zusammenspiel von kritischer Reflexion und Praxisorientierung gegeben ist, kann die Umweltsoziologie bei der Lösung einer Vielzahl von Problemen wesentliche

Beiträge leisten. So stellen Grundlagenstudien zur subjektiven Wahrnehmung von Umweltproblemen und Risiken, experimentelle Arbeiten zu den Mechanismen der Kooperation in Allmendesituationen und allgemein Untersuchungen zu den Barrieren und fördernden Bedingungen ökologischer Aktivitäten notwendige Informationen für praxisorientierte Interventionsstudien zur Verfügung. Zur Entwicklung und Implementierung erfolgreicher Interventionen, sei es ein Energiesparprogramm oder ein Projekt zur vermehrten Nutzung öffentlicher Verkehrsangebote, ist wiederum theoretisches Wissen über die Bedingungen ökologischen Handelns unverzichtbar. Gleichzeitig gibt eine methodisch sorgfältige, nach Möglichkeit externe Evaluation der Projekte nicht nur Aufschluß über die Wirksamkeit der Maßnahmen und eventuell eintretende Nebenfolgen: Darüber hinaus informiert sie auch über die empirische Gültigkeit der zugrundegelegten Hypothesen und macht häufig auf neue und unerwartete Effekte aufmerksam, deren Kenntnis wiederum das theoretische Wissen bereichert.

Die Umweltsoziologie ist eine junge Disziplin mit alter Tradition. Aufbauend auf vorliegenden sozialwissenschaftlichen Theorien, einer Vielzahl empirischer Studien und einem ausgefeilten methodischen Arsenal bietet sie bereits heute einen Grundstock an Wissen, das für den Versuch, sich angesichts lokaler und globaler Umweltprobleme neu zu orientieren, nicht weniger brauchbar ist als für die Beteiligung an der Suche nach umweltverträglichen Lösungen der Folgeprobleme menschlichen Sozialverhaltens.

III. Junge Disziplin mit alter Tradition

Der Begriff „Ökologie" wurde vor der Jahrhundertwende von dem deutschen Biologen und Evolutionstheoretiker Ernst Haeckel geprägt. Vor allen anderen sozialwissenschaftlichen Disziplinen wurde dieses Konzept, etwa ab den zwanziger Jahren, in der Soziologie von der Chicago-Schule (Park, Burgess u.a.) in den Mittelpunkt urbaner ökologischer Forschung gerückt. Dabei ging es allerdings weniger um die Probleme schädigender Einwirkung des Menschen auf die Natur als vielmehr um die soziale und räumliche Bewegung von Menschen in urbanen Umwelten. Prozesse der Migration, der ethnischen Differenzierung und Segregation wurden in Analogie zu Wechselwirkungen in ökologischen Systemen studiert.

Eine allgemeinere, bereits in der Chicago-Soziologie angelegte Betrachtungsweise ist die Humanökologie (Park 1936). Der Gedanke der Wechselwirkung zwischen sozialen Institutionen und Umwelt ist diesem Ansatz ebenso eigen wie die Erklärung der Herausbildung von sozialen Mustern, Institutionen, Lebensstilen und Werten aus der Perspektive kultureller Evolution. In einer radikalen, aber nicht unwidersprochen gebliebenen Kritik am „Dominant Western World View" soziologischer Theorie und Humanökologie plädieren Catton und Dunlap (1978) für eine „neue Humanökologie" (für eine kritische Diskussion vgl. Buttel 1987, für eine theoretische Auseinandersetzung Jaeger 1996). Nach ihrer These zeichnet sich die Entstehung eines „neuen ökologischen Paradigmas" ab, welches die „westliche" Ideologie der Instrumentalisierung der Natur durch eine neue Sichtweise ablöst, die den Menschen als Teil eines ökologischen Systems begreift, dessen Erhaltung auf lange Sicht auch sein Überleben ermöglicht.

Catton und Dunlap zufolge ist der Einstellungswandel in Richtung auf das „New

Ecological Paradigm" (NEP) seit Beginn der sechziger Jahre zu beobachten. Empirisch untersuchten Dunlap und Koautoren die Verbreitung des neuen Ökologieverständnisses in der Bevölkerung mit bewährten Methoden der Umfrageforschung, zunächst in den USA, sodann weltweit im Rahmen des „Health-of-the-Planet-Projekts" (Dunlap et al. 1993). Die Erforschung des Einstellungs- und Wertewandels bedient sich dabei einer eigens konstruierten NEP-Skala, einer Fragebatterie zur Erhebung des Umweltbewußtseins (Dunlap/van Liere 1978). Ein Ergebnis der Untersuchungen lautet, daß die Zunahme umweltbewußten Denkens und die Verbreitung des neuen ökologischen Paradigmas heute nicht nur auf die reichen, westlichen Industriestaaten begrenzt ist, sondern weltweit dokumentiert werden kann (siehe Dunlap/Mertig sowie kritisch Preisendörfer/Franzen in diesem Band).

Die kurze und sicher unvollständige Skizze der Tradition ökologischer Soziologie – von der Chicago-Schule der zwanziger Jahre bis zum „new ecological paradigm" Ende der siebziger Jahre – soll genügen, um anzudeuten, daß die Umweltsoziologie nicht nur ein Reflex auf die Umweltbewegung der vergangenen zwei Jahrzehnte ist. Sie hat eine längere Tradition, die aber in jüngster Zeit durch aktuelle Fragestellungen und neue Perspektiven wesentlich erweitert wurde (vgl. auch den Beitrag von Jaeger in diesem Band).

Denn ebenso wie in der Ökonomie und Sozialpsychologie seit Beginn der achtziger Jahre ein verstärktes Interesse an der Thematisierung ökologischer Probleme zu beobachten ist, hat auch die Umweltsoziologie durch die Debatte in Politik und Öffentlichkeit neue Impulse erhalten und gleichzeitig auf diese Debatte zurückgewirkt. Studien zur Technikfolgenabschätzung und der Einstellung gegenüber den Risiken neuer Technologien (Renn 1984; van den Daele 1986), Untersuchungen zum Umweltbewußtsein und Umweltverhalten (Kley/Fietkau 1979; Dierkes/Fietkau 1988; Langeheine/Lehmann 1986; Urban 1986; Diekmann/Preisendörfer 1992), breit rezipierte gesellschaftliche Analysen wie Becks (1986) „Risikogesellschaft", und Luhmanns (1986) „Ökologische Kommunikation" – beide publiziert im Jahr der Tschernobyl-Katastrophe – bekunden, daß auch und gerade im deutschen Sprachraum die Soziologie mit einer wachsenden Zahl theoretischer und empirischer Studien auf die ökologischen Herausforderungen reagiert.

Daß sich in jüngster Zeit, nicht nur als „Bindestrichsoziologie", sondern eingebettet in die Soziologie allgemein und im Austausch mit den sozialwissenschaftlichen Nachbarwissenschaften, eine Teildisziplin „Umweltsoziologie" formiert, ist durch mehrere Indikatoren belegbar: 1. Eine zunehmende Anzahl von Fachpublikationen zu ökologischen Themen, insbesondere in den letzten Jahren die Herausgabe einer Serie von Sammelbänden[1] und 2. der Beginn einer Institutionalisierung. „Environmental Sociology" ist bereits eine etablierte Sektion in der American Sociological Association, die Arbeitsgruppe „Soziologie und Ökologie" hat kürzlich den Sektionsstatus in der Deutschen Gesellschaft für Soziologie erworben.

Die umweltsoziologischen Fachpublikationen ergeben auch ein recht klares Bild der bisherigen Forschungsentwicklung. Krogmann und Darlington (1995) haben in einer In-

---

[1] In deutscher Sprache: Glaeser (1989), Glaeser/Teherani-Krönner (1992), Schmid (1994), Diekmann/Franzen (1995), Schahn/Giesinger (1993), Fuhrer (1995), Joußen/Hessler (1995), Kaufmann-Hayoz/Di Giulio (1996); in englischer Sprache u.a. Dunlap/Michelson (1996), Mehta/Ouellet (1995), Redclift/Benton (1994); wobei die Aufzählung bei den ohnehin fließenden Grenzen zu den Nachbardisziplinen sozialpsychologische Publikationen einschließt.

haltsanalyse der führenden US-amerikanischen soziologischen Fachzeitschriften Anzahl und thematische Schwerpunkte von Artikeln zu umweltsoziologischen Fragestellungen ausgewertet. Im Zeitraum von 1970 bis 1993 liegt der Anteil von Arbeiten zu ökologischen Problemen insgesamt relativ niedrig (154 von 8014 Artikeln in neun Zeitschriften oder rund 2 Prozent), jedoch ist etwa seit Ende der achtziger Jahre ein markanter Anstieg zu erkennen. Für die drei deutschen soziologischen Fachzeitschriften (Kölner Zeitschrift für Soziologie und Sozialpsychologie, Zeitschrift für Soziologie, Soziale Welt) sind es im Zeitraum der zehn Jahre von 1985 bis 1994 32 Artikel, ein Anteil von ungefähr drei bis vier Prozent an allen Veröffentlichungen.[2]

Interessant an der Untersuchung von Krogmann und Darlington ist die Aufgliederung nach thematischen Schwerpunkten, vermittelt dies doch ein Bild darüber, welche Prioritäten im faktischen Forschungsprozeß gesetzt werden. Die Autoren bedienen sich der Einteilung der Themengebiete nach einem Vorschlag von Buttel (1987). Schwerpunkt der Arbeiten ist die „neue Humanökologie" (31 Prozent), gefolgt vom Themenbereich „Umweltbewußtsein und Verhalten" (23 Prozent). Mit „Umweltbewegungen" befassen sich 18 Prozent der Aufsätze, 15 Prozent mit dem Bereich „politische Ökonomie" (Umweltgesetzgebung, Regulierungen durch Staat und Verbände, Verteilungskonflikte der Umweltpolitik u.a.m.), und auf Forschungen zur Thematik technologischer Risiken entfallen 12 Prozent der Beiträge.

Arbeiten zu den erwähnten Themenbereichen bilden auch den Schwerpunkt des vorliegenden Sammelbands (in diesem Band siehe zur Humanökologie Jaeger und McCay/Jentoft; zu Umweltbewußtsein und -verhalten Preisendörfer/Franzen und Tanner/Foppa; zu Umweltbewegungen Opp und Kriesi/Giugni; zur politischen Ökonomie Frey/Bohnet und Edenhofer; zum Bereich „Risiken" Beck und van den Daele). Natürlich sind auch andere Kategorisierungen als Buttels Schema vorstellbar, und sicher ist die Einteilung der Gebiete, sowohl aus der Sicht theoretischer wie auch praxisorientierter soziologischer Umweltforschung, noch ergänzungsbedürftig.

Ein Bereich, der zunehmend Bedeutung gewinnen wird, ist die Untersuchung von Management und Organisation in Betrieben, die auf ökologische Herausforderungen reagieren (Fichter/Clausen 1996). So befaßt sich der Beitrag von Cebon mit der Stellung von Umweltbeauftragten in Betrieben. Die detaillierte Analyse zeigt auf, daß gegenwärtig in den USA Umweltbelange in manchen Betrieben als nicht zu vernachlässigender Teil der Unternehmensaufgabe behandelt werden. Die bis jetzt ergriffenen organisatorischen Maßnahmen führen allerdings vorwiegend zu symbolischen Aktivitäten, welche darauf

---

2 Im gleichen Zeitraum sind in den drei psychologischen Fachzeitschriften (Zeitschrift für experimentelle und angewandte Psychologie, Psychologische Rundschau, Zeitschrift für Sozialpsychologie) erstaunlicherweise nur gerade 9 Artikel mit Bezug zur Umweltthematik erschienen. Man muß aber beachten, daß diese wie auch Krogmanns und Darlingtons (1995) Auswertung nur einen Teil der allgemeinen Fachzeitschriften berücksichtigt. Erfaßt wird damit jener Teil soziologischer Umweltforschung, der einem soziologischen Fachpublikum präsentiert wird. In dem betrachteten Zeitraum sind darüber hinaus zahlreiche Publikationen in z.T. neugegründeten, spezialisierten und meist interdisziplinären Fachjournalen erschienen. Dazu zählen in Deutschland u.a. die Zeitschrift für Umweltpolitik und Umweltrecht, Politische Ökologie und GAIA; in englischer Sprache u.a. Environment, Environment and Behavior, Environment and Planning, Journal of Environmental Education, Journal of Environmental Psychology, Journal of Environmental Systems, Organization and Environment.

abzielen, öffentliches Vertrauen wiederzugewinnen und die Notwendigkeit umweltpolitischer Regulierungen zu verringern. Das zeigt jedoch auch, daß manche Unternehmen durchaus auf ökologische Bewegungen und auf Veränderungen in der öffentlichen Meinung reagieren. Dabei verändert sich das institutionelle Feld, in dem ein Unternehmen steht, wodurch dann einzelne Akteure im Unternehmen, die an ökologischen Fragen interessiert sind, neue Allianzen innerhalb und außerhalb des Unternehmens eingehen können. Auch ist plausibel, daß Unternehmen, welche eine innovationsfördernde Unternehmenskultur aufweisen, bei der Bewältigung ökologischer Herausforderungen im Vorteil sind. Untersuchungen zu Fragen des Umweltmanagements werden deshalb oft mit Untersuchungen zur Genese technischer und organisatorischer Innovationen einhergehen.

Auffallend ist, daß sich vorliegende Überblicks- und programmatische Aufsätze zum Status und den Perspektiven der Umweltsoziologie (Dunlap/Catton 1979; Buttel 1987; Spaargaren 1987; Dunlap/Catton 1992; Wiesenthal 1995) nahezu ausschließlich auf die ökosoziale Grundlagenforschung konzentrieren, anwendungsorientierten Untersuchungen wie Interventionsstudien und der Evaluation vom Umweltmaßnahmen sowie den damit verbundenen methodischen Problemen in den Review-Artikeln hingegen keine große Aufmerksamkeit gewidmet wird. Ein beträchtlicher Teil umweltsoziologischer Forschungsarbeit wird aber in die Mitwirkung an der Planung und insbesondere die empirisch gestützte Evaluation von Umweltmaßnahmen und Projekten investiert.

Für eine methodisch aussagekräftige Evaluation ist die Wirksamkeitskontrolle anhand von Vergleichsgruppen unverzichtbar – ein Minimalstandard, der bei „Evaluationsstudien" nicht selten verletzt wird. Die methodischen Probleme der Evaluation auf der Basis experimenteller und quasi-experimenteller Designs werden im Beitrag von Schahn/Bohner behandelt. Anhand von Beispielen wie Programmen zur Förderung von Recycling werden je nach Problemlage und eventuellen Fehlerquellen Lösungsvorschläge mit geeigneten Forschungsdesigns entwickelt. Zur Evaluationsforschung im weiteren Sinne gehört auch die Verbesserung von Bewertungsprozeduren wie der in den USA in weiten Bereichen gesetzlich vorgeschriebenen Nutzen-Kosten-Analyse. Während dieses Instrument bei einfachen Problemen mit geringer Variationsbreite der betrachteten Varianten gute Ergebnisse liefert, ist es bei komplexen Problemen mit einem breiten Fächer von Varianten wenig befriedigend. Dabei wird insbesondere die Gewichtung unterschiedlicher Expertenurteile zu einer schwierigen Aufgabe. Wie der Beitrag von Edenhofer erläutert, können die intensiven Forschungen, welche gegenwärtig im Bereich des Integrated Assessment unternommen werden, in diesem Zusammenhang zu neuen Beurteilungsverfahren führen.

Ein weiteres Tätigkeitsfeld der Umweltsoziologie ist die Mitwirkung an der deskriptiven Umweltberichterstattung. Noll und Kramer präsentieren dazu einen Überblick, der aufzeigt, daß gegenwärtige Systeme von Umweltindikatoren nahezu ausschließlich naturwissenschaftlich meßbare, „objektive" Größen umfassen. Abgesehen davon, daß die Auswahl von Indikatoren ebenso wie die Festlegung von Grenzwerten u.a. Ergebnis politischer Verhandlungsprozesse und Abwägungen sind und damit letztlich soziale Wertentscheidungen reflektieren, vernachlässigt die naturwissenschaftliche Umweltberichterstattung die subjektive Seite der Umweltwahrnehmung und -betroffenheit. Lärm kann in Dezibel gemessen werden, die Auswirkungen von z.B. Verkehrs- oder Fluglärm auf das subjektive Wohlbefinden und die Wahrnehmung der Umweltqualität sind damit aber noch nicht eindeutig determiniert. Wenn z.B. die physikalisch gemessene Lautstärke spielender Kinder unter derjenigen von Verkehrslärm liegt, der Lärm spielender Kinder aber gleichwohl als störender empfunden wird, sind eben am Ausmaß subjektiver Betroffenheit auch soziale Wahrnehmungsprozesse beteiligt, die kulturspezifisch durchaus variieren können. Ähnliches gilt für Umweltprobleme wie Waldschäden, Gewässerverschmutzung u.a.m. Hinzu kommt, daß in landesweiten oder auch international vergleichenden Umweltsurveys die Umweltwerte und die Einstellungen in der Bevölkerung zu spezifischen Umweltproblemen und Maßnahmen erhoben werden, die aufgeschlüsselt nach diversen Hintergrundmerkmalen ein differenziertes Bild des Diskussionsstands der Umweltthematik in der Öffentlichkeit vermitteln können. Solche Umweltsurveys sollten nicht als punktuelle Querschnittsstudien angelegt werden, sondern als Trenderhebungen im Rahmen der Umweltberichterstattung langfristig regelmäßige und zeitreihenfähige Basisinformationen liefern. Auf der Grundlage dieser Daten können die physikalischen Umweltindikatoren durch subjektive Indikatoren ergänzt werden.

IV. Theoretische Perspektiven

Jegliche empirische Forschung einschließlich der deskriptiven Umweltberichterstattung wird an theoretische Vorgaben anknüpfen. Hier existieren in der Umweltsoziologie wie in den Sozialwissenschaften allgemein unterschiedliche theoretische Bezugspunkte. In der gegenwärtigen Umweltdebatte besagt die mit Abstand einflußreichste Konzeption, zur Lösung der heutigen Umweltprobleme sei primär eine Internalisierung von externen Effekten erforderlich. Als Instrument wird dabei vorwiegend, aber keineswegs ausschließlich, an die Einführung von Umweltsteuern gedacht. Generell werden die Vorteile sogenannter marktwirtschaftlicher Instrumente gegenüber den bisher oft eingesetzten Ge- und Verboten hervorgehoben. Darin drückt sich ein Vertrauen in die Leistungsfähigkeit marktwirtschaftlicher Institutionen aus, das zweifellos durch den Zusammenbruch der Planwirtschaften des ehemaligen Ostblocks massiv gestärkt wurde.

In theoretischer Hinsicht beruht diese Konzeption auf dem Paradigma des rationalen Akteurs, welches die Grundlage der heutigen ökonomischen Theorie bildet. Für die Soziologie ist dieses Paradigma von der *Rational Choice-Theorie* fruchtbar gemacht worden. In der umweltsoziologischen Diskussion besteht eine gewisse Gefahr, daß die soziologische Relevanz der Rational Choice-Theorie unterschätzt wird. Das wäre insofern fatal, als sich die Umweltsoziologie dadurch von der breiteren sozialwissenschaftlichen und umweltpolitischen Diskussion abkoppeln würde.

Die Rational Choice-Theorie beruht auf einem äußerst einfachen Modell individuellen Handelns. Die Sparsamkeit des Modells macht es möglich, vielfältige Interaktionsmuster zwischen einer großen Zahl von Akteuren zu untersuchen. Ganz wesentlich sind dem Rational Choice-Ansatz Untersuchungen der aggregierten, häufig nichtintendierten Handlungsfolgen auf der Makroebene, oder – wenn man so will – auf der Ebene „sozialer Systeme". So werden viele ökologische Probleme als Resultat sozialer Dilemmasituationen analysiert, in denen eigennütziges Trittbrettfahrerverhalten der beteiligten Akteure zum Schaden aller gereicht, d.h. in spieltheoretischer Diktion ein „pareto-ineffizientes" Nash-Gleichgewicht realisiert wird.

In der heutigen Umweltdebatte sind soziale Dilemmata, die auf externen Effekten beruhen, besonders wichtig. Ein externer Effekt liegt vor, wenn eine Handlung eines Akteurs den Nutzen eines anderen Akteurs beeinflußt, ohne daß dieser Einfluß im Rahmen einer Markttransaktion entgolten wird. Unter solchen Umständen können gemäß der gängigen ökonomischen Theorie soziale Dilemmata im Rahmen marktwirtschaftlicher Institutionen entstehen. Einen besonders wichtigen Spezialfall stellt das weit verbreitete ökologische Problem der Übernutzung frei zugänglicher, aber gleichwohl knapper Ressourcen dar. Es resultiert gemäß der Rational Choice-Theorie aus einer Entscheidungsstruktur, die als „Tragedy of the Commons" (Hardin 1968; Hardin/Baden 1977; Ostrom 1990) oder „Allmendedilemma" – ein enger Verwandter des Gefangenendilemmas – bezeichnet wird.

Bei einer großen Anzahl von Akteuren ist der einzelne angesichts eines externen Effektes relativ machtlos. Lasse ich heute mein Auto in der Garage, dann ist der kollektive Nutzen verringerten CO_2-Ausstoßes durch diese Aktion praktisch null, während der individuelle Verzicht mit erheblichen Kosten und Unbequemlichkeiten verbunden sein kann. Wenn in dieser Situation keine Regeln oder Institutionen existieren, die durch Anreize kooperatives Verhalten fördern, wird man als Konsequenz wechselseitige Nicht-Kooperation und Verantwortungsdiffusion beobachten können. In einem etwas anderem Kontext bemerkt dies auch Beck (1986: 43) in der „Risikogesellschaft": „der hochdifferenzierten Arbeitsteilung entspricht eine allgemeine Komplizenschaft und dieser eine allgemeine Verantwortungslosigkeit. Jeder ist Ursache und Wirkung und damit Nichtursache. ... Auf diese Weise wird angesichts des drohenden ökologischen Desasters 'Schwarzer Peter' gespielt".

Wenn auch soziale Dilemmata der Struktur nach erheblich variieren, so kann doch das aus der Spieltheorie bekannte Gefangenendilemma immer noch als einfaches Modell dienen, um das Problem pareto-ineffizienter Gleichgewichtslösungen zu illustrieren. Führt nun ein Gefangenendilemma mit zahlreichen beteiligten Akteuren bei Abwesenheit kooperationsfördernder Institutionen fast zwangsläufig zu einem Prozeß kollektiver Selbstschädigung, so hat dagegen in einer Sozialstruktur mit wechselseitig interagierenden Akteuren kooperatives Handeln auch aus dem Blickwinkel eigennütziger Akteure gute Erfolgschancen. Wie Axelrod (1984) und nach ihm viele andere mit alternativen Annahmen demonstriert haben, sind kooperative Strategien im wiederholten Zwei-Personen-Gefangenendilemma bei genügend hohen Zukunftserwartungen in der Summe erfolgreicher als permanent unkooperative Entscheidungen.

Damit liegt ein fruchtbarer Ansatz zur Erklärung der Evolution kooperativer Systeme und zur Präzisierung der hierfür notwendigen Voraussetzungen vor. Es handelt sich um den Ansatz der evolutionären Spieltheorie, der zunächst in der Biologie entwickelt wurde. Dieser Ansatz bietet auch ein bemerkenswertes Potential zur Untersuchung der Evolution von kulturellen Regeln und von Institutionen. Den Reiz der evolutionären Spieltheorie macht aus, daß hier die restriktive Prämisse rationaler Akteure aufgegeben und durch das Konzept „evolutionär stabiler Strategien" ersetzt wird (Smith 1982). Allerdings zeigen die zahlreichen Untersuchungen im Rahmen des von Axelrod initiierten Forschungsprogramms (vgl. den Überblick in Axelrod/Dion 1988) auch, daß die endogene, von außen ungesteuerte Evolution von Kooperationssystemen an eng umgrenzte Voraussetzungen gebunden ist. Liegen diese Voraussetzungen, wie im Falle der ruinösen Überfischung der globalen Allmende der Weltmeere, nicht vor, sind Kooperationslösungen, wenn überhaupt, nur durch sanktionierbare Konventionen oder externe Regulierung erzielbar.

Die Untersuchung von Kooperationsproblemen in Abhängigkeit von den strukturellen

Bedingungen einer Dilemmasituation, den jeweiligen institutionellen Regeln und sozialen Normen, ist von hohem Interesse für die Erklärung sozial produzierter ökologischer Probleme und die Formulierung von Vorschlägen zu ihrer Lösung. Aus derartigen Untersuchungen resultieren Vorschläge zum „institutionellen Design" (Coleman 1993), der Reform oder Neukonzeption von Institutionen zur Lösung von Umweltproblemen. Coleman (1993) zieht einen aufschlußreichen Vergleich zwischen naturwüchsigen Institutionen und unberührten Naturlandschaften einerseits, bewußt entworfenen Institutionen und technisch konstruierten Landschaften andererseits. Und er läßt keinen Zweifel daran, daß er es für eine sinnvolle Aufgabe der Soziologie hält, ein Leben ohne naturwüchsige Institutionen zu ermöglichen. Den Machbarkeitsglauben allerdings, der aus seinem Konzept des „institutionellen Design" spricht, halten manche gerade für den Hauptgrund der heutigen Umweltkrise. Eine zurückhaltendere, in gewisser Hinsicht durchaus konservative Perspektive ergibt sich, wenn menschliche Akteure als Teil eines vernetzten Ökosystems begriffen werden. Dieser Ansatz läßt sich mit den Mitteln der *Systemtheorie* formulieren.

Systemtheorie in der Soziologie – damit werden in Deutschland in erster Linie die Arbeiten von Niklas Luhmann assoziiert. Luhmanns „Ökologische Kommunikation" (1986), die Anwendung seiner Theorie sozialer Systeme auf ökologische Fragestellungen, ist aber eine recht eigenwillige Variante systemtheoretischen Denkens. In Luhmanns Systemtheorie zerfällt die Gesellschaft in Subsysteme, welche Kommunikation nach Maßgabe je verschiedener Codes verarbeiten. Die Reaktion eines Subsystems auf Umweltereignisse wird als „Resonanz" bezeichnet. So wird im Teilsystem „Wirtschaft" Resonanz in der Sprache der Preise erzeugt; was nicht monetär bezifferbar ist, bleibt ohne Resonanz. Vor diesem Hintergrund formuliert Luhmann zwei Hauptthesen. 1. Da Systeme nur nach Maßgabe ihrer Codes auf Umweltereignisse reagieren, ist die Reaktion äußerst selektiv, d.h. die Resonanz bleibt oft zu gering. 2. Die Teilsysteme sind nun aber interdependent, so daß sich die Resonanzen in verschiedenen Teilsystemen im Übermaß aufschaukeln können. Doch was heißt hier „zu viel" oder „zu wenig" Resonanz, und unter welchen empirischen Bedingungen tritt das eine oder andere auf? Die Antwort auf solche Fragen bleibt nebulös. Es ist in der Tat reichlich unklar, wie die Theorie „ökologischer Kommunikation" mit dem in empirischen Untersuchungen angestrebten Erfahrungswissen verknüpft werden kann.

Nun gibt es in den Sozial- und Naturwissenschaften ganz andere Arten von Systemtheorie, wobei häufig das komplexe Beziehungsgefüge zwischen den Variablen eines Systems in der Sprache mathematischer Gleichungen formuliert und in Computermodelle übertragen wird. Beispiele hierfür sind die Arbeiten von Meadows' Team im Auftrag des „Club of Rome" (Meadows et al. 1992), Vesters (1983) Modelle „vernetzten Denkens" und Dörners (1989) Analysen menschlichen Entscheidungsverhaltens in komplexen Ökosystemen. Der Beitrag von Nowotny in diesem Band skizziert, welche Rolle die mathematische Theorie nichtlinearer Dynamik in solchen Untersuchungen spielen könnte. Um allerdings soziale Systeme tatsächlich als nichtlineare, komplexe Systeme zu modellieren, werden noch erhebliche Forschungsanstrengungen nötig sein. Jedenfalls ist das Potential der Systemtheorie für umweltsoziologische Forschung noch lange nicht ausgeschöpft. Einen ausgezeichneten Überblick zur Denkweise und den Anwendungen einer „generellen Systemtheorie" vermittelt Rapoports (1988) begrifflich scharfe Untersuchung (vgl. auch den Beitrag von Rapoport in diesem Band).

Der Kontrast von Systemtheorie und Rational Choice-Theorie kann mit dem Gegensatzpaar „System" versus „Akteur" gekennzeichnet werden, um die zentralen Bezugspunkte der „zwei Soziologien" (Vanberg 1975) zu charakterisieren. Tatsächlich sind aber die beiden Perspektiven nicht notwendigerweise unvereinbar. Einflußreiche Versuche, diesen Gegensatz zu überwinden, haben insbesondere Habermas (1981) und Giddens (1984) unternommen. So lehrreich diese Ansätze sind, so bezahlen sie doch für den vollständigen Verzicht auf mathematisches Denken einen hohen Preis. Einerseits verlieren sie den Anschluß an die ökonomische Theorie, so daß sie wesentliche Bereiche der heutigen Gesellschaft nur noch als black box behandeln können. Andrerseits verlieren sie auch den Anschluß an systemtheoretische Computermodelle, die für die Umweltsoziologie eine besonders wichtige Schnittstelle zu den Naturwissenschaften anbieten. Vor diesem Hintergrund verdient die evolutionäre Spieltheorie, welche weiter oben im Zusammenhang mit der Evolution von Kooperation angesprochen wurde, besondere Aufmerksamkeit. Hier deutet sich gegenwärtig eine Synthese von Akteurs- und Systemperspektive an, welche in der Lage ist, empirisch gehaltvolle mathematische Modelle zu entwickeln. Dadurch wird auch eine Untersuchung ökonomischer Mechanismen in soziologischer Perspektive möglich.

An diesem Punkt setzen neuere Arbeiten im Bereich der *Humanökologie* an (Boyd/Richerson 1989; Burns/Dietz 1992; Jaeger 1993). Die theoretische Perspektive der Humanökologie beruht auf der Spannung zwischen der leiblichen Existenz der Menschen, durch die sie in ökologische Zusammenhänge eingebunden sind, und ihrem geistigem Potential, durch das sie sich in normativen Zusammenhängen verorten (Jaeger in diesem Band). Wie McCay/Jentoft (in diesem Band) zeigen, gewinnt dadurch die Metapher der Allmende für die Umweltsoziologie eine Tiefendimension, die in den rein spieltheoretischen Zugängen ausgeblendet bleibt. Allerdings ist dafür eine sorgfältige empirische Untersuchung des Wechselspiels zwischen ökologischen Bedingungen und kulturellen Sinnzusammenhängen nötig, das in unterschiedlichen geographischen und geschichtlichen Kontexten sehr verschieden ausfallen kann.

Ein ähnlicher Zugang wird gegenwärtig bei der Untersuchung von Fragen des Umweltmanagements erprobt. So argumentiert Cebon (in diesem Band), daß die gängigen Rationalitätsannahmen der ökonomischen Theorie revidiert werden müssen, um zentrale Fragen des Umweltmanagements realitätsnah zu untersuchen. Wie werden unternehmensinterne Abläufe und Produktion mit Blick auf soziale Folgen wie Hierarchie, Änderung von Machtbefugnissen, soziale Widerstände und Reibungsverluste reorganisiert, um ökologisch innovative Lösungen herbeizuführen? Welche Akteure und Gruppen in der innerbetrieblichen Hierarchie fördern oder hemmen ökologische Innovationen? Welche Spannungen bestehen in heutigen Organisationen zwischen sozialen Normen und institutionellen Regeln einerseits und der Dynamik technischer Innovationen auf der anderen Seite?

In der Untersuchung derartiger Fragen gerät die Humanökologie näher an die Tradition kritischer Soziologie, während umgekehrt diese begonnen hat, sich Umweltfragen zuzuwenden (Görg 1994). In diesem Zusammenhang ist zu bedenken, daß sozialwissenschaftliche Theoriebildung seit jeher eng mit historischen Entwicklungen verknüpft ist. Wenn die gegenwärtige Umweltkrise mehr ist als eine geringfügige Panne im Prozeß der Modernisierung – und zumindest die globalen Umweltprobleme deuten darauf hin –, so dürfte sie erheblich größere theoretische Umstellungen ermöglichen und wohl auch erfordern, als auf den ersten Blick absehbar ist.

Die bisher diskutierten Ansätze sind dem Anspruch nach allgemein auf die Erklärung menschlichen Handelns und seiner aggregierten Folgen gerichtet. Demgegenüber weist die *Modernisierungstheorie* einen engen historischen Bezug auf. Sie hat insbesondere zu dem Programm der „ökologischen Modernisierung" geführt. Dieses zielt darauf ab, den Verfassungskonsens durch einen „ökologischen Sozialvertrag" (Bornschier 1995) zu ergänzen, welcher institutionelle Regelungen – integrierter Umweltschutz statt Nachsorge, ökologische Steuerreform u.a.m. – vorsieht, um die Zielvorstellung nachhaltigen Wirtschaftens umzusetzen (Huber 1995).

Neben ökologischer Modernisierung als institutionellem Programm meint Modernisierungstheorie und insbesondere Becks (1986) These „reflexiver Modernisierung" für die Umweltsoziologie noch mehr und anderes. Beck diagnostiziert, daß die traditionelle Modernisierung (Demokratisierung, Wohlfahrtsstaat, Massenkonsum usw.) an Schranken gestoßen ist und nun eine Phase des Umbruchs, der reflexiven Modernisierung begonnen hat, die die Grundlagen moderner Gesellschaften selbst unterspült. Beispiele sind die unvereinbaren Konflikte zwischen Produktion und traditioneller Familienform oder eben unkalkulierbare ökologische Gefährdungspotentiale der „Risikogesellschaft".

„Gegengifte" erhofft sich Beck (1988) weniger von institutionellen Reformen im Sinne des Programms ökologischer Modernisierung, sondern vielmehr von den sozialen Bewegungen in der „Weltrisikogesellschaft" (siehe Beck in diesem Band). Ähnlich betonen Redclift/Skea (in diesem Band) die Bedeutung zahlreicher Initiativen „von unten" für die Umwälzung des Wertesystems, das dem Ziel einer nachhaltigen Entwicklung im Weltmaßstab entgegen steht. Aber sind nicht institutionelle Reformen und politische Regulierungen oftmals wesentlich wirkungsvoller als tausend lokale Initiativen? Die Ozonschicht der Erde kann nicht geschützt werden ohne globale Abkommen wie das Montreal-Protokoll. „Wir leben in einer Steuerungsgesellschaft und nicht in einer Bewegungsgesellschaft", so hat es van den Daele überspitzt, aber prägnant formuliert (vgl. auch seinen Beitrag in diesem Band).

Soziale Bewegungen und viele lokale Initiativen sind aber oftmals notwendig, um Umweltbewußtsein zu schaffen und den Nährboden für institutionelle Reformen zu bereiten. Nicht der direkte, sondern der indirekte Effekt auf die Diskussion und Durchsetzungschancen institutioneller Reformen in mehr als einer sozialen Arena ist das Verdienst sozialer Bewegungen. Und das Verdienst der „Risikogesellschaft" und der Thesen zur reflexiven Modernisierung ist nicht zuletzt die Anregung einer breiten Diskussion, in deren Rahmen Fragen aufgeworfen wurden, die auch der empirischen Umweltsoziologie wichtige Impulse geben.

Vor allem wird die Umweltsoziologie die Frage aufgreifen müssen, welche institutionellen Veränderungen mit welchen Folgen und Nebenwirkungen dazu beitragen können, einer nachhaltigen Wirtschafts- und Lebensweise zum Durchbruch zu verhelfen. Dabei wird sie auch fragen müssen, wie sich die Rolle der Nationalstaaten als Träger politischen Handelns in einer Zeit rasanter Globalisierung weiterentwickelt. Die europäische Umweltpolitik ist dabei aus theoretischen wie praktischen Gründen ein besonders interessantes Untersuchungsfeld (vgl. Héritier in diesem Band).

Die vier Perspektiven Rational Choice-Theorie (in diesem Band Diekmann, Frey/Bohnet, Opp), Systemtheorie (Rapoport, Nowotny), Humanökologie (Jaeger, McCay/Jentoft) und Modernisierungstheorie (Beck, van den Daele) sind nicht zwingend gegensätzliche

Positionen, die sich wechselseitig ausschließen. Anstatt solche Theorien als Aussagensysteme mit exklusivem Wahrheitsanspruch zu behandeln, scheint es uns fruchtbarer, sie als Forschungstraditionen zu begreifen, welche auf unterschiedliche Art und Weise dazu beitragen, daß soziologische Untersuchungen im Umweltbereich voneinander profitieren können. Natürlich gehört zum lebendigen Austausch zwischen solchen Forschungstraditionen auch wechselseitige Kritik. Doch das Anliegen derartiger Kritik besteht sinnvollerweise darin, die Spreu vom Weizen zu trennen, nicht darin, so zu tun, als wäre in der je anderen Forschungstradition nur Spreu zu finden. Auch die Herausgeber dieses Bandes orientieren sich keineswegs an ein und derselben theoretischen Perspektive. Sie teilen aber die Überzeugung, daß in der Umweltsoziologie gegenwärtig ein fruchtbarer Dialog zwischen unterschiedlichen Forschungstraditionen möglich und auch notwendig ist.

V. Auf dem Weg zu einer sozialwissenschaftlichen Umweltforschung

Bisher haben wir von Umweltsoziologie gesprochen. Mit der Untersuchung umweltbezogenen Handelns und dessen Folgen befassen sich natürlich auch andere sozialwissenschaftliche Disziplinen wie die Ökonomie („Umweltökonomie"), die Psychologie und Sozialpsychologie („Umweltpsychologie"), die Politikwissenschaften und die Sozialgeographie. Die ökologische Problematik ist ein Gegenstandsbereich, bei dem sich notwendigerweise eine interdisziplinäre Betrachtungsweise anbietet und die Grenzlinien zwischen den Fachrichtungen ohnehin verschwimmen. Der Problemkreis „Umweltbewußtsein und Verhalten" wird von Psychologen und Soziologen gleichermaßen bearbeitet; ähnlich verhält es sich mit der Stadtsoziologie und der geographischen Forschung zur Siedlungsstruktur. Die Umweltökonomie, ergänzt um Ideen der „neuen institutionellen Ökonomie", richtet ebenso wie die Soziologie die Aufmerksamkeit auf die Evolution von Institutionen und den Einfluß institutioneller Regelungen auf das Umweltverhalten.

Betrachten wir als Beispiel für das interdisziplinäre Gespräch in der heutigen Umweltforschung die Beiträge zur Allmendeproblematik in diesem Band. McCay/Jentoft (Kulturanthropologie) untersuchen kulturell variierende Lösungen des Kooperationsproblems im Allmendedilemma. Mosler/Gutscher (Psychologie) präsentieren experimentelle Ergebnisse zur öffentlich gemachten Selbstverpflichtung. Frey/Bohnet (Ökonomie) entwerfen neue institutionelle Regelungen, mit denen effiziente Lösungen lokal begrenzter Allmendedilemmata erzielt werden sollen. Edenhofer (Soziologie) vergleicht unterschiedliche Möglichkeiten, Expertenwissen in das Management globaler Allmenden einzubringen.

Es ist abzusehen, daß sich mit der Synthese der Forschungen in den einzelnen sozialwissenschaftlichen Fachrichtungen eine transdisziplinäre sozialwissenschaftliche Umweltforschung entwickeln wird (vgl. den unmittelbar folgenden Beitrag von Renn in diesem Band). Dies ist auch die Voraussetzung für einen wirksamen Dialog mit Ingenieuren und Naturwissenschaftlern. Und ein solcher Dialog ist zur Lösung ökologischer Probleme ganz unerläßlich. Denn nur wenn sich technische Innovationen und sozialer Wandel wirksam ergänzen, können die Umweltprobleme, die sich heute im lokalen wie im globalen Maßstab stellen, gelöst werden.

Literatur

Axelrod, Robert, 1984: The Evolution of Cooperation. New York: Basic Books (dt. 1986: Die Evolution der Kooperation. München: Oldenbourg).
Axelrod, Robert, und Douglas Dion, 1988: The Further Evolution of Cooperation, Science 242: 1385-1390.
Beck, Ulrich, 1988: Gegengifte. Die organisierte Unverantwortlichkeit. Frankfurt a.M.: Suhrkamp.
Beck, Ulrich, 1986: Risikogesellschaft. Auf dem Weg in eine andere Moderne. Frankfurt a.M.: Suhrkamp.
Bornschier, Volker, 1995: Die westliche Gesellschaft im Wandel: Abfolge und Karriere von Gesellschaftsmodellen. S. 105-126 in: Christian Pfister (Hg.): Das 1950er Syndrom. Bern: Haupt.
Boyd, Robert, und Peter J. Richerson, 1989: Culture and the Evolutionary Process. Chicago: University of Chicago Press.
Burns, Tom R., und Tom Dietz, 1992: Cultural Evolution: Social Rule Systems, Selection and Human Agency, International Sociology 7: 259-283.
Buttel, Frederick H., 1987: New Directions in Environmental Sociology, Annual Review of Sociology 13: 465-488.
Catton, William R., und Riley E. Dunlap, 1978: Environmental Sociology: A New Paradigm, The American Sociologist 13: 41-49.
Coleman, James S., 1993: The Rational Reconstruction of Society, American Sociological Review 58: 1-15.
Coleman, James S., 1994: A Rational Choice Perspective on Economic Sociology. S. 166-180 in: Neil J. Smelser (Hg.): The Handbook of Economic Sociology. Princeton, NJ: Princeton University Press.
Daele, Wolfgang van den, 1986: Technische Dynamik und gesellschaftliche Moral. Zur soziologischen Bedeutung der Gentechnologie, Soziale Welt 2/3: 149-172.
Diekmann, Andreas, und Axel Franzen (Hg.), 1995: Kooperatives Umweltverhalten. Chur/Zürich: Rüegger.
Diekmann, Andreas, und Peter Preisendörfer, 1992: Persönliches Umweltverhalten. Diskrepanzen zwischen Anspruch und Wirklichkeit, Kölner Zeitschrift für Soziologie und Sozialpsychologie 44: 226-251.
Dierkes, Meinolf, und Hans-Joachim Fietkau, 1988: Umweltbewußtsein – Umweltverhalten. Mainz: Kohlhammer.
Dörner, Dietrich, 1989: Die Logik des Mißlingens. Strategisches Denken in komplexen Situationen. Reinbek: Rowohlt.
Dürrenberger, Gregor, Lisbeth Bieri, Carlo C. Jaeger und Urs Dahinden, 1995: Telework and Vocational Contact, Technology Studies 2: 105-133.
Dunlap, Riley E., und Kent D. van Liere, 1978: The „New Environmental Paradigm". A Proposed Measuring Instrument and Preliminary Results, Journal of Environmental Education 9: 10-19.
Dunlap, Riley E., und William R. Catton, 1979: Environmental Sociology, Annual Review of Sociology 5: 243-273.
Dunlap, Riley E., und William R. Catton, 1992: Toward an Ecological Sociology: The Development, Current Status, and Probable Future of Environmental Sociology, The Annals of the International Institute of Sociology 3: 263-284.
Dunlap, Riley E., George H. Gallup und Alec M. Gallup, 1993: Of Global Concern, Environment 35: 7-39.
Dunlap, Riley E., und William Michelson, 1996: Handbook of Environmental Sociology. Westport, Conn.: Greenwood Press.
Fichter, Klaus, und Jens Clausen, 1996: Umweltbericht – Umwelterklärung. Praxis glaubwürdiger Kommunikation von Unternehmen. München: Hanser.
Fuhrer, Urs (Hg.), 1995: Ökologisches Handeln als sozialer Prozess. Basel: Birkhäuser.
Giddens, Anthony, 1984: The Constitution of Society. Outline of the Theory of Structuration. Berkeley: University of California Press.

Glaeser, Bernhard, und *Parto Teherani-Krönner* (Hg.), 1992: Humanökologie und Kulturökologie, Opladen: Westdeutscher Verlag.
Glaeser, Bernhard (Hg.), 1989: Humanökologie. Opladen: Westdeutscher Verlag.
Görg, Christoph (Hg.), 1994: Gesellschaft im Übergang. Perspektiven kritischer Soziologie. Darmstadt: Wissenschaftliche Buchgesellschaft.
Habermas, Jürgen, 1981: Theorie des kommunikativen Handelns. Frankfurt a.M.: Suhrkamp.
Hardin, Garrett, und *John Baden* (Hg.), 1977: Managing the Commons. San Francisco: Freeman.
Hardin, Garrett, 1968: The Tragedy of the Commons, Science 162: 1243-1248.
Huber, Joseph, 1995: Nachhaltige Entwicklung. Strategien für eine ökologische und soziale Erdpolitik. Berlin: Edition Sigma.
Jaeger, Carlo C., 1996: Die Zähmung des Drachens. Führt der globale Schock zu einer ökologischen Wende? Opladen: Westdeutscher Verlag.
Jaeger, Carlo C., 1993: The Cultural Evolution of Rational Choice, International Sociology 8: 497-503.
Joußen, Wolfgang, und *Armin G. Hessler* (Hg.), 1995: Umwelt und Gesellschaft. Berlin: Akademie Verlag.
Kaufmann-Hayoz, Ruth, und *Antonietta Di Giulio* (Hg.), 1996: Umweltproblem Mensch. Humanwissenschaftliche Zugänge zu umweltverantwortlichem Handeln. Bern: Haupt.
Kley, Jürgen, und *Hans-Joachim Fietkau,* 1979: Verhaltenswirksame Variablen des Umweltbewußtseins, Psychologie und Praxis 23: 13-22.
Knecht, Egon E., 1995: Mit Technik gegen Flut, Vision – Schweizer Magazin für Wissenschaft und Forschung 4: 10-11.
Krogmann, Naomi T., und *Jo Anne de Roven Darlington,* 1995: A Longitudinal Analysis of Society-Environment Relations. University of Southwestern Louisiana and University of Colorado: mimeo.
Langeheine, Rolf, und *Jürgen Lehmann,* 1986: Ein neuer Blick auf die soziale Basis des Umweltbewußtseins, Zeitschrift für Soziologie 15: 378-384.
Luhmann, Niklas, 1986: Ökologische Kommunikation. Opladen: Westdeutscher Verlag.
Meadows, Donella H., Dennis L. Meadows und *Jørgen Randers,* 1992: Die neuen Grenzen des Wachstums. Stuttgart: Deutsche Verlags-Anstalt.
Mehta, Michael O., und *Eric Ouellet* (Hg.), 1995: Environmental Sociology. Theory and Practice. North York, Ont.: Captus Press.
Ostrom, Elinor, 1990: Governing the Commons. The Evolution of Institutions for Collective Action. Cambridge: Cambridge University Press.
Park, Robert E., 1936: Human Ecology, American Journal of Sociology 42: 1-15.
Pfister, Christian (Hg.), 1995: Das 1950er Syndrom. Der Weg in die Konsumgesellschaft. Bern: Haupt.
Rapoport, Anatol, 1988: Allgemeine Systemtheorie. Darmstadt: Verlag Darmstädter Blätter.
Redclift, Michael, und *Ted Benton* (Hg.), 1994: Social Theory and the Global Environment. London u.a.: Routledge.
Renn, Ortwin, 1984: Risikowahrnehmung der Kernenergie. Frankfurt a.M.: Campus.
Schahn, Joachim, und *Thomas Giesinger* (Hg.), 1993: Psychologie für den Umweltschutz. Weinheim: Psychologie Verlags Union.
Schmid, Josef (Hg.), 1994: Bevölkerung, Umwelt, Entwicklung. Eine humanökologische Perspektive. Opladen: Westdeutscher Verlag.
Smith, John Maynard, 1982: Evolution and the Theory of Games. Cambridge: Cambridge University Press.
Spaargaren, E., 1987: Environment and Society: Environmental Sociology in the Netherlands, Netherlands' Journal of Sociology 23: 54-72.
Urban, Dieter, 1986: Was ist Umweltbewußtsein? Exploration eines mehrdimensionalen Einstellungskonstruktes, Zeitschrift für Soziologie 15: 363-377.
Vanberg, Victor, 1975: Die zwei Soziologien. Tübingen: Mohr.
Vester, Frederic, 1983: Unsere Welt – ein vernetztes System. München: Deutscher Taschenbuchverlag.
Weizsäcker, Ernst U. von, 1990: Erdpolitik. 2. Aufl. Darmstadt: Wissenschaftliche Buchgesellschaft.

White, Harrison C., 1981: Production Markets as Induced Role Structures. S. 1-57 in: *Samuel L. Leinhardt* (Hg.): Sociological Methodology. San Francisco u.a.: Jossey-Bass.
Wiesenthal, Helmut, 1995: Zwischen Gesellschaftsdiagnose und Handlungsappell: Das schwierige Projekt der Umweltsoziologie, Soziologische Revue 18: 369-378.

ROLLE UND STELLENWERT DER SOZIOLOGIE IN DER UMWELTFORSCHUNG

Ortwin Renn

Zusammenfassung: Im traditionellen Verständnis der Umweltforschung und der Umweltpolitik wird den Sozialwissenschaften meist die Aufgabe übertragen, Einstellungen der Menschen zu Umwelt und Technik zu messen und die als ökologisch sinnvoll erkannten Verhaltensmaßnahmen akzeptanzfähig zu machen. Dagegen finden die wesentlich bedeutsameren Aufgaben der Sozial- und Kulturwissenschaften, vor allem die Reflexion über die kulturellen Ziele und über die Mittel der Naturveränderung sowie die Hilfestellung bei der Abwägung von Zielkonflikten wenig Beachtung. Da das Verhältnis des Menschen zur Umwelt von den physischen Gegebenheiten, den Wahrnehmungen bzw. Bewertungen dieser Gegebenheiten und den umweltrelevanten Verhaltensweisen bestimmt ist, kommt der Soziologie in der Erklärung umweltrelevanter Veränderungen eine besondere Rolle zu. Auf der Basis der humanökologischen, organisationssoziologischen und wissenschaftssoziologischen Tradition verfügt die Soziologie über einen Grundbestand an Wissen zur Reflexion des Mensch-Natur-Verhältnisses, zur diskursiven Verständigung über ökologische Gefährdungen und deren politische Handhabe und zur kulturellen Ortsbestimmung in der Umweltgestaltung. Bei dem Versuch der Soziologie, Bestandteil einer interdisziplinären Umweltforschung zu werden, sollte die Gefahr der Instrumentalisierung für die Durchsetzung bestimmter Weltbilder erkannt und durch die Betonung der eigenen Perspektive aufgefangen werden. Gleichzeitig steht die heute vorherrschende Tendenz zu einer konstruktivistischen Sichtweise von Umwelt einer sinnvollen Zusammenarbeit vor allem mit der naturwissenschaftlichen Umweltforschung im Wege. Hier sind neue Konzepte notwendig, die eine theoretisch befriedigende Verbindung zwischen physisch meßbaren Veränderungen und den sozial und kulturell vermittelten Wahrnehmungen und Risikokonstrukten herzustellen vermögen.

I. Einleitung: Umwelt im Brennpunkt von Natur und Kultur

Auf den ersten Blick ist Umweltforschung ein Aufgabenbereich der Naturwissenschaften. Schon das Wort „Umwelt" deutet darauf hin, daß es hierbei einerseits um die Erforschung der natürlichen Voraussetzungen des sozialen (vor allem wirtschaftlichen) Handelns geht, andererseits um die Folgen menschlichen Verhaltens auf naturgegebene Kreisläufe, Prozesse und Strukturen, einschließlich biologischer Veränderungen im Menschen selbst (etwa Gesundheitsbelastungen). Zweifelsohne sind beide Aspekte der Umweltforschung eng und unabdingbar mit Erkenntnissen aus den Naturwissenschaften, vor allem der Ökologie, verbunden. Denn ohne hinreichende Kenntnis der Struktur und Dynamik natürlicher Systeme bleibt die Abschätzung der anthropogenen Folgen auf diese Systeme spekulativ.

Gleichzeitig ist aber evident, daß jede Wechselwirkung zwei Seiten umfaßt: Bezogen auf Umweltforschung sind dies die Aktionen der Menschen und die Reaktionen der natürlichen Umwelt sowie die vielfältigen Rückkopplungsschleifen zwischen diesen beiden Bereichen. Erst die Existenz menschlicher Verhaltensweisen, deren Folgen signifikante Veränderungen oder Anpassungsprozesse der natürlichen Umwelt auslösen, bildet die Voraussetzung dafür, daß überhaupt erklärungs- und prognosebedürftige Veränderungen der Umwelt eintreten. Darüber hinaus reagieren Menschen auf die von ihnen ausgelösten Veränderungen mit einem mehr oder weniger angepaßten Satz von Handlungsweisen, die wiederum Rückwirkungen auf die natürliche Umwelt haben. Diese fortlaufenden Prozesse von wahrgenommenen Umweltveränderungen, Handlungsreaktionen und erneuter Wahrnehmung der jeweiligen Umweltfolgen sind stark von kulturellen Faktoren abhängig. Denn jede Wahrnehmung ist ein Koppelprodukt biologisch gesteuerter Sinneseindrücke und deren psychischer und kultureller Verarbeitung. Was Menschen beispielsweise als signifikanten Schaden an der Umwelt bewerten, worauf sie ihr Augenmerk legen, bei welchem Objekt sie Angst oder Gleichgültigkeit zeigen, an welcher Stelle sie vordringlichen Handlungsbedarf sehen, läßt sich selten aus den objektiven Gegebenheiten der natürlichen Umwelt ableiten, sondern erschließt sich erst aus der jeweiligen psychischen und kulturellen Perspektive des Betrachters.[1] Die Selektivität, mit der Menschen die unüberschaubare Vielzahl natürlicher Phänomene wahrnehmen, klassifizieren und bewerten, mag z.T. auch biologisch gesteuert sein (etwa „Kindchenschema" bei Tieren), meist sind es aber kulturell verankerte Vorlieben oder Abneigungen, die vor allem in der Wahrnehmung der lebenden Natur für eine selektive Sichtweise und Wertschätzung sorgen (Douglas/Wildavsky 1982).

Der amerikanische Umweltsoziologe Georg Machlis spricht in diesem Zusammenhang von charismatischen Elementen in der Wahrnehmung der Natur (Machlis 1989: 255ff.). Zur Erhaltung von charismatischen Tieren werden oft große Summen aufgewandt, während sich für die meisten unscheinbaren Lebewesen, selbst wenn sie vom Aussterben bedroht sind, kaum eine Hand rührt. Dazu ein besonders eindrucksvolles Beispiel: In Kalifornien gibt es noch bzw. wieder etwa 80 Kondore (große Greifvögel), für die pro Jahr und Exemplar rund 0,7 Millionen Dollar aufgebracht werden.[2] Diese Summe übersteigt bei weitem alle Kosten, die für den Erhalt irgendeines Tieres direkt aufgebracht werden und liegt auch wesentlich über dem Satz, der faktisch zum Erhalt eines statistischen Menschenlebens in Kalifornien ausgegeben wird. Da der Kondor vor allem durch die Zerstörung seines Lebensraumes bedroht ist, werden nach Ansicht vieler Beobachter die Summen auch völlig vergeblich aufgebracht; selbst die hervorragende gesundheitliche Betreuung jedes Exemplars kann auf Dauer die Regenerationsfähigkeit nicht sicherstellen. Warum wird diese riesige Summe ausgegeben, obwohl der Erfolg zweifelhaft ist und andere Na-

---

1 „Environmental sociology provides insight into the social dimensions inherent in most environmental problems. For example, environmental sociologists emphasize that conditions such as factory smoke may be seen as problematic in one society but not another, or a sign of economic vitality in one era but as pollution in another. Sociologists thus point to the importance of understanding how conditions come to be recognized as problematic and defined as environmental problems, highlighting the different roles played by activists, industry, media, and government agencies" (Eblen/Eblen 1994: 655: Stichwort „Environmental Sociology"). Vgl. dazu auch die Abgrenzung zwischen naturwissenschaftlicher und sozialwissenschaftlicher Umweltforschung bei Mosler (1995: 83).
2 Das folgende Beispiel verdanke ich meinem Kollegen G. Machlis von der University of Idaho in den USA. Die Geschichte des kalifornischen Kondorerhaltungsprogramms bis zum Jahre 1990 beschreibt Tyler Miller (1990: 429).

turschutzaufgaben sicherlich wichtiger wären? Der Kondor ist das Wappentier Kaliforniens, das unter keinen Umständen dort aussterben darf, weil es symbolisch für „natürliche Lebensqualität" in Kalifornien steht.

In allen Kulturkreisen werden bestimmte Tiere und Lebewesen mit Assoziationen und symbolische Zuordnungen verbunden, die bei der Frage nach Schutzwürdigkeit und eigenem Umweltverhalten orientierungsbildend sind. Natur wird selektiv wahrgenommen und jede neue Runde von Wahrnehmung und natürlicher Reaktion setzt einen neuen kulturell definierten Prozeß der Ortsbestimmung menschlicher Existenz innerhalb der Natur in Gang.

Die bisherige Umweltforschung ist weitgehend von der Annahme gekennzeichnet, daß die möglichst wertfreie Erforschung der natürlichen Reaktionen auf menschliche Eingriffe die beste Gewähr dafür bietet, daß aufgrund der Erkenntnisse dieser Reaktionen die Menschen die notwendige Einsicht gewinnen, ihr Verhalten entsprechend zu ändern. Diese Annahme ist jedoch aus zwei Gründen problematisch (Kantowitz 1995; generell Renn 1995: 149ff.). Zum einen ist bereits die Wahl der Forschungsgegenstände mit den dort postulierten Annahmen über Wechselbeziehungen zwischen Verhalten, Reaktionen der natürlichen Umwelt und deren Wahrnehmung von kulturellen Einflußgrößen bestimmt, die ihrerseits der Erklärung und Hinterfragung bedürfen, zum anderen greift die angenommene Kette von Wissen und Handeln zu kurz. Wissen allein schafft noch keine Verhaltensänderung. Zwar ist Wissen Voraussetzung für ein rationales Handeln, aber es ersetzt noch nicht den notwendigen Abwägungsprozeß, durch den die Folgen für die Umwelt mit anderen positiven bzw. negativen Folgen für Wirtschaft und Gesellschaft ausgeglichen werden müssen. Gleichzeitig sind diese Abwägungsprozesse selbst von sozialen Präferenzen abhängig. So kommt beispielsweise der Kultursoziologe Aaron Wildavsky zu dem Schluß, daß die amerikanische Umweltgesetzgebung und Regulationspraxis systematisch die Umweltauswirkungen begünstigen, bei denen Schäden gleichmäßig auf alle verteilt sind, während Belastungen, die nur bestimmte soziale Gruppen treffen, wesentlich stärker ins Visier kommen und einen hohen Regulationsbedarf auslösen (Wildavsky 1984: 226). Auch die Konzentration der Umweltgesundheitsforschung auf Krebserkrankungen, so der Umweltphysiker Robert Goble und die Toxikologin Halina Brown, sei weniger auf objektive Gefährdungspotentiale als vielmehr auf die gesellschaftliche Fixiertheit auf Krebs und die damit verbundene Symbolik (unkontrolliertes Wachstum, schleichender Tod usw.) zurückzuführen (Brown und Goble 1990: 283ff.).

Als Fazit bleibt festzuhalten: Umweltforschung muß beide Komponenten umfassen: zum einen die Folgen menschlichen Verhaltens auf die natürliche Umwelt, zum anderen die Wahrnehmung, Abwägung und Bewertung menschlichen Verhaltens, das auf die natürliche Umwelt einwirkt. Benötigt wird also eine Umweltforschung, die diese beiden Komponenten systematisch einbezieht und dabei ihre Wechselwirkung zum vorrangigen Gegenstand der Forschungen macht.

Der vorliegende Aufsatz stellt einen Versuch dar, die Rolle und den Stellenwert der Sozialwissenschaften und insbesondere der Soziologie für solch eine interdisziplinär ausgelegte Umweltforschung auszuloten. Im Kapitel II geht es zunächst um die Funktion der Sozialwissenschaften im allgemeinen, in Kapitel III um die Aufgaben der Umweltsoziologie im speziellen. In diesem Kapitel findet sich auch ein kurzer historischer Abriß der soziologischen Umweltforschung. Als Illustration für die Nützlichkeit soziologischer

Expertise in den Umweltwissenschaften steht in Kapitel IV der Beitrag der Soziologie zur Risikoproblematik im Vordergrund. Das letzte Kapitel umfaßt eine knappe Ortsbestimmung der Umweltsoziologie und vermittelt einen Ausblick auf die Chancen, aber auch Irrwege einer interdisziplinär ausgerichteten Umweltsoziologie.

II. Die Rolle der Sozialwissenschaften in einem integrativen Konzept der Umweltforschung

Um die Rolle der Sozialwissenschaften in einem integrativen Konzept der Umweltforschung näher bestimmen zu können, sind noch einige grundlegende Überlegungen voranzustellen. Zunächst soll von einer analytischen Trennung zwischen Natur und Umwelt ausgegangen werden.[3] Umwelt wird hier als die für menschliche Zwecke und nach menschlichen Plänen gestaltete Natur verstanden. Neben der natürlichen Umwelt gibt es auch eine soziale und kulturelle Umwelt, die wiederum in Wechselwirkung mit der natürlichen Umwelt und ihrer Wahrnehmung durch den Menschen steht. Das „Natürliche" bezeichnet dabei die Phänomene, die auch ohne die Handlungen bzw. Eingriffe von Menschen existieren und ihre Wirkungskraft entfalten. Kulturelle Systeme benutzen einen Teil der natürlichen Phänomene (etwa Rohstoffe oder nachwachsende Ressourcen), um sich durch Arbeit gestaltete Umwelten (naturnahe und naturferne) zu schaffen. Der Mensch kann dabei seine Umwelt bewußt entwerfen und nach seinen Bedürfnissen und Wünschen gestalten und dabei auch Symbolen Ausdruck geben (z.B. französischer Garten im Gegensatz zum englischen Garten). Darüber hinaus transzendiert der Mensch seine konkrete Umwelt räumlich und zeitlich durch Sprache, Schrift, Wissenschaft und Kunst.[4] Jede Umwelt ist immer ein Produkt der Wahrnehmung (Merkwelt) und damit sozial und kulturell vermittelt.

Nur anthropogen veränderte Umwelten boten die Voraussetzung dafür, daß die Bevölkerung über das Maß von Jäger- und Sammlerkulturen (mit weniger als einer Person pro Quadratkilometer) wachsen konnte und daß sich gleichzeitig eine individuell verankerte Ethik (mit gleichen Lebens- und Entfaltungschancen für jedes Individuum) als Richtschnur kollektiven Handelns herausbilden konnte (Mohr 1995: 53). Die Schaffung künstlicher Umwelten bedeutet also keinen Sündenfall der Menschheit, sondern bildet vielmehr eine anthropologische Notwendigkeit für ein Lebewesen, das zum rationalen und ethischen Handeln befähigt ist. Die kulturelle Gestaltung der Natur setzt aber die Existenz von Leitbildern und Vorstellungen über Ursachen und Wirkungen voraus. Beides ergibt sich im sozialen Prozeß der Wertbildung und der Wissensgenerierung. Die Erforschung dieser Prozesse bildet traditionell den Kern der Sozial- und Kulturwissenschaften.[5]

Die Funktionalisierung von Natur zur produktiven Umwelt hat ihren Preis: Auf der einen Seite werden Mitkonkurrenten um die gleichen Ressourcen (vor allem Fläche und

---

[3] Die hier vorgenommene Unterscheidung orientiert sich an den Ausführungen des Biologen Mohr (1995: 29ff.).

[4] Auf die symbolische Funktion von Umwelt hat mich Jochen Jaeger in einer Stellungnahme zu einer ersten Fassung dieses Manuskriptes hingewiesen.

[5] Allerdings haben die meisten Kultur- und Sozialwissenschaftler Schwierigkeiten, sich mit den Problemen des Wechselverhältnisses von Umwelt und menschlichen Handeln zu beschäftigen. Vor allem in der Soziologie setzt die Tradition andere Schwerpunkte. Vgl. dazu: Catton/Dunlap (1978: 41-49).

Nutzpflanzen) systematisch zurückgedrängt und in ihrer Existenz gefährdet, auf der anderen Seite werden durch den „künstlichen Metabolismus" von Produktion und Konsum Ressourcen verbraucht und Reststoffe in die Umwelt entlassen, die wiederum auf die natürlichen Prozesse (meist negativ) einwirken. Niemand zweifelt daran, daß menschliche Aktivitäten zwangsläufig diesen Preis einfordern, es sei denn, man wolle die ursprünglichen Jäger- und Sammlerkulturen wieder aufleben lassen. Die Frage aller sinnvollen Umweltpolitik ist deshalb, welches Maß an Zurückdrängung unserer Mitkonkurrenten und welches Maß an Naturbelastung man hinnehmen bzw. anstreben muß, um ein langfristiges Überleben der Menschheit in humanen Verhältnissen (dies ist die Idee der Nachhaltigkeit) zu gewährleisten und gleichzeitig Natur und naturnahe Umwelt so weit wie möglich zu erhalten bzw. zu entlasten (Hauff 1987; von Weizsäcker 1992; Vornholz 1994; Renn 1996).

Ein solcher Abwägungsprozeß setzt zweierlei voraus: Wissen über die Konsequenzen der jeweiligen Eingriffe (naturwissenschaftliche Umweltforschung) und Wissen über die Wünschbarkeit und ethische Begründbarkeit von Maßstäben, um das „rechte" Maß für die Abwägung zu finden (Akademie der Wissenschaften zu Berlin 1991: 38ff.; 347ff. und 435ff.). Die Sozial- und Kulturwissenschaften können dieses „rechte" Maß nicht bestimmen und auch nicht aus ihren Wissensbeständen ableiten, sie können jedoch katalytische Hilfestellung leisten, um den Prozeß der Maßfindung nach sozialer und kultureller Wünschbarkeit zu strukturieren.[6] Vor allem sind es die Sozialwissenschaften und die Rechtswissenschaften, die neue Verfahren der Willens- und Urteilsbildung in Umweltpolitik und Umweltrechtsprechung entwickelt haben (Fietkau/Weidner 1992; Gaßner et al. 1992; Renn/Webler 1994). Diskursive Formen zur Festlegung kollektiv verbindlichen Handelns werden in der zukünftigen Umweltpolitik einen zunehmenden Stellenwert einnehmen. Damit sie die wichtige Funktion der Konsensfindung ausfüllen können, sind sozialwissenschaftliche Begleit- und Evaluationsuntersuchungen unerläßlich.

Der notwendige Strukturierungsprozeß der Güter- und Politikabwägung erfolgt im Rahmen von sozialen und politischen Organisationen und beruht auf der kollektiv verbindlichen Institutionalisierung von Verhaltens- und Verfahrensregeln. Im Bereich der Umweltauswirkungen lassen sich Kosten und Nutzen selten auf die unmittelbar beteiligten Akteure einer wirtschaftlichen Transaktion (etwa Tausch von Gütern) beschränken. Die Umweltlasten fallen häufig bei unbeteiligten Dritten an (etwa Kauf eines Rasenmähers, dessen Einsatz den Nachbarn am Mittagsschlaf hindert). Diese externen Effekte wirtschaftlichen Handelns machen eine kollektiv verbindliche Regelung nach Prinzipien der Fairneß und der ausgleichenden Gerechtigkeit notwendig (Koslowski 1983). Solche Regelungen können in unterschiedlicher Weise Gestalt annehmen. In einigen Fällen kann man externe Effekte durch konsequente Internalisierung in das Wirtschaftsgeschehen vermeiden, in anderen Fällen kann man sich mit freiwilligen Vereinbarungen zwischen Nutz-

---

6 „Doch alle Kunst der Experten kann niemals die Frage beantworten: Wie wollen wir leben? Was die Menschen noch hinzunehmen bereit sind und was nicht mehr, dies folgt aus keiner technischen oder ökologischen Gefahrendiagnose. Diese Frage muß vielmehr zum Gegenstand eines globalen Gesprächs der Kulturen gemacht werden. Genau hierauf zielt eine zweite, kulturwissenschaftliche Sicht. Sie besagt: Ausmaß und Dringlichkeit der ökologischen Krise schwanken mit der intra- und interkulturellen Wahrnehmung und Wertung" (Beck in diesem Band).

nießern und Geschädigten etwa auf der Basis von Transferzahlungen behelfen (Baumol/Oates 1975). Parallel dazu oder als zusätzliche Abstützung können ordnungspolitische Maßnahmen treten, die bestimmte Verhaltensweisen vorschreiben, Grenzwerte festlegen und Umweltbeeinträchtigungen regulieren. Schließlich können aufgrund kollektiver Beschlußfassungen die unvermeidbaren Zielkonflikte zwischen dem Wunsch nach weitgehendem Erhalt der Natur und den menschlichen Bedürfnissen nach Umweltnutzung aufgelöst werden. Dazu bedarf es Verfahren und Prinzipien, die „trade-offs" nach nachvollziehbaren, legitimen und sachlich angemessenen Kriterien festlegen. Die sachliche Angemessenheit wird meist durch naturwissenschaftliche und technische Kompetenz verkörpert, die Legitimation und Kommunikationsfähigkeit der jeweiligen Ergebnisse sind aber vorrangig Themen der Sozialwissenschaften, vor allem der Ökonomie, der Soziologie und der Rechtswissenschaft. Diese Wissenschaften erforschen die hier angesprochenen organisatorischen und institutionellen Bedingungen für eine sachadäquate und faire Regelung zur Nutzung der Umwelt.

Sind Quantität und Qualität der Einwirkungen des Menschen auf seine Umwelt durch kulturelle Selektion und Abwägung bestimmt, dann drängt sich die Frage nach der Genese von Handlungen, die umweltverändernd wirken, direkt auf. Insbesondere geht es dabei um die Frage, wie sich technische Systeme, die den größten Einfluß auf die Gestaltung und Veränderung der natürlichen Umwelt ausüben, im sozialen Prozeß von der Erfindung über die Innovation bis zur aktiven Nutzung entwickeln und von welchen Faktoren dieser Entstehungsprozeß beeinflußt wird (Rammert 1993). Technischer Wandel ist kein autonomer Prozeß, der allein aus der Logik technischer Entwicklung abzuleiten wäre. Vielmehr geht es bei der Technikgenese um die Klärung der Prozesse, Strukturen und Akteure, die eine bestimmte Technikentwicklung gefördert oder behindert haben. Ein gutes Beispiel für die Erforschung von Technikgenese ist die Fallstudie von A. Knie über den Dieselmotor (Knie 1991). Durch solche Studien wird deutlich, wie soziale und kulturelle Faktoren auf die Technikentwicklung einwirken und dabei sowohl die Umwelt physisch verändern als auch ein verändertes Bild über die natürliche Umwelt vermitteln. Mit der Entwicklung und dem Einsatz von Sonnenkollektoren wird beispielsweise eine andere Assoziation von Umwelt hervorgerufen als mit der Entwicklung und dem Einsatz effizienterer Ölbrenner, von Kernkraftwerken ganz zu schweigen.

Dazu tritt ein weiteres Element, nämlich die Beweggründe, die menschliches Verhalten in bezug auf Technik und Umwelt in eine bestimmte Richtung drängen. Wenn menschliche Arbeit und die durch Arbeit geschaffene Technik Ursachen für die Transformation von Natur in Umwelt sind, so ist auch der Erhalt der Natur als Barriere vor dem Streben nach Umweltgestaltung ein Akt menschlicher Willensbezeugung. Das richtige Maß gefunden zu haben, heißt noch lange nicht, das richtige Maß auch durchsetzen zu können. Zwischen Einsicht und Handeln klafft eine tiefe Lücke.[7] Dies gilt sowohl für Individuen wie für Sozialsysteme. Sozialwissenschaftliche Forschung kann helfen, diese Kluft besser verstehen zu können und aus diesem Wissen heraus Vorschläge für soziale Brücken zu erarbeiten, die Verbindungen zwischen Einsicht und Verhalten aufbauen. Um diese Kluft

---

7 Die Unterschiede zwischen Wissen und Handeln sind besonders im Bereich des Umweltverhaltens anzutreffen. Dazu die Studie von: Diekmann/Preisendörfer (1992: 226-251). Vgl. auch Gessner/Kaufmann-Hayoz (1995: 11-25). Auf der Ebene der Implementation von umweltpolitischen Handelns vgl. Mayntz et al. (1978).

zwischen Einstellung und Verhalten systematisch zu erforschen und Wege zu ihrer Überbrückung zu entwickeln, können sozialwissenschaftliche Studien wichtige Beiträge leisten.[8]
Sie können:
- die Wirksamkeit von umweltpolitischen Bildungs- und Aufklärungsprogrammen überprüfen und verbessern helfen;
- Modelle anbieten, die marginale Beiträge sichtbar machen und damit der Illusion der Folgenlosigkeit des eigenen Handelns entgegenwirken;
- Einsichten in die Bedingungen individueller und kollektiver Handlungsmöglichkeiten gewinnen, so daß die strukturellen und sozialen Voraussetzungen für umweltgerechtes Verhalten verbessert werden können;
- politische und soziale Barrieren identifizieren, an denen umweltgerechtes Handeln scheitern kann;
- Arenen und Modelle für gemeinsame Planungs- und Problemlösungsaufgaben entwickeln und testen sowie
- partizipative Verfahren der Entscheidungsfindung und Willensbildung entwickeln und evaluieren.

Im traditionellen Verständnis der Umweltforschung wird den Sozialwissenschaften bestenfalls die oben genannten sechs Aufgaben zur Förderung umweltgerechten Verhaltens übertragen. Man braucht sie, um Anleitungen zu erhalten, wie man eine als richtig erkannte Maßnahme auch politisch und sozial durchsetzen kann. Zweifelsohne ist dies eine wichtige Aufgabe der Sozialwissenschaften, obwohl das mechanistische Verständnis vieler Umweltpolitiker und Verwaltungsfachleute ungerechtfertigte Illusionen über die soziale Machbarkeit von Verhaltenssteuerungen nährt. Dagegen finden die zuvor thematisierten Funktionen der Sozial- und Kulturwissenschaften, vor allem die Reflexion über die kulturellen Ziele und Mittel in bezug auf Naturveränderung sowie die Hilfestellung bei der Abwägung von Zielkonflikten wenig Beachtung. Dies ist um so bedauerlicher, als diese Aufgabenbereiche häufig die Voraussetzung dafür sind, daß die erwünschte Funktion sozialwissenschaftlicher Umweltforschung, nämlich Bedingungen der Verhaltensbeeinflussung ausfindig zu machen und zu erproben, überhaupt als legitim angesehen werden kann und sich auch politisch rechtfertigen läßt.[9]

Als Fazit bleibt festzuhalten, daß sozialwissenschaftliche Umweltforschung fünf wesentliche Ziele verfolgen sollte:
- Systematische Erkenntnisse über den Prozeß der Wissensgenerierung und den Prozeß der Wertbildung hinsichtlich der Veränderungen und der Eingriffe des Menschen in Natur und Umwelt zu gewinnen und mit diesen Erkenntnissen zur kulturellen Besinnung und Reflexion über das Mensch-Umwelt-Natur-Verhältnis und über die kulturell bestimmte Selektion von umweltrelevanten Ereignissen beizutragen.

---

[8] Vgl. zu dem folgenden Katalog von Aufgaben in Lowe/Rudig (1986: 513-550). Zur Aufgabe der Sozialwissenschaften bei der Erklärung der Kluft zwischen Umweltbewußtsein und Umweltverhalten siehe Gessner/Kaufmann-Hayoz (1995: 15ff.). Generell dazu: Joußen/Heisler (1995). Vgl. zu den Aufgaben der Sozialwissenschaften für eine nachhaltige Entwicklung Renn (1996).

[9] Daß die reflexive Funktion der Sozialwissenschaften Voraussetzung für ihre mögliche instrumentelle Funktion sein muß, betont vor allem Beck (1991: 172ff.).

– Wissen über Prozesse und Verfahren zu gewinnen, mit deren Hilfe soziale Abwägungen über das sozial wünschbare und ethisch begründbare Maß an Naturaneignung nach rational nachvollziehbaren und politisch legitimierbaren Kriterien vollzogen werden können.
– Die Bedingungen und Folgen institutioneller Verfahren und organisatorischer Strukturen zur Regelung von Umweltnutzung und zum Ausgleich von externen Effekten zu erforschen und aus diesen Erkenntnissen heraus die Möglichkeiten von sachlich angemessenen, kommunikationsfähigen und Legitimation schaffenden Lösungen im Rahmen gesetzlicher Vorschriften, öffentlicher und privater Planungen sowie informellen Aushandlungsprozessen auszuloten.
– Die Prozesse und Strukturen der Technikgenese zu verfolgen und allgemeine Muster der Entwicklung neuer Techniken ausfindig zu machen mit dem Ziel, die Struktur der Technikgenese transparent zu machen und die damit verbundenen Veränderungen im Verhältnis Mensch-Umwelt und in bezug auf die Umweltwahrnehmung aufzuzeigen.
– Die Hemmnisse und Barrieren, aber auch die Möglichkeiten und Anreize, die auf die Realisierung subjektiv empfundener Einsichten in entsprechendes Verhalten auf individueller wie auf kollektiver Ebene einwirken, systematisch zu erforschen und dazu konstruktive Vorschläge zu erarbeiten.

III. Entwicklung und Schwerpunkte der Umweltsoziologie

Die fünf Ziele sozialwissenschaftlicher Umweltforschung sind auch und gerade für die Umweltsoziologie von Bedeutung. Die Soziologie hat sich erst relativ spät mit den Phänomenen der Perzeption und Nutzung der Umwelt beschäftigt. Die Gründe für das geringe Interesse an Umweltfragen sehen die beiden Umweltsoziologen Riley Dunlap und William Catton im tradierten Selbstverständnis der Soziologie: „... the Durkheimian legacy suggested that the physical environment should be ignored, while the Weberian legacy suggested that it could be ignored, for it was deemed unimportant in social life" (Dunlap und Catton 1994a: 11). Erst als Umweltprobleme zu weitreichenden sozialen und politischen Mobilisierungsprozessen führten, wurde das Thema Umwelt von der Soziologie aufgegriffen und im Rahmen sozialer Ressourcentheorie oder sozialer Bewegungen thematisiert. Während sich die Ökonomen und die Juristen frühzeitig an der Umweltdiskussion beteiligten und die Psychologen das vorhandene Instrumentarium der Wahrnehmungsforschung auf die Erkundung und Analyse von Umwelteinstellungen und umweltrelevantes Verhalten übertrugen, zeigte sich bei den Soziologen zu Beginn des gesellschaftlichen Diskurses über das Verhältnis Mensch-Gesellschaft-Umwelt ein nur geringes Interesse an dieser Problematik.[10]

Die ersten soziologischen Arbeiten zum Thema „Umwelt" lassen sich in zwei Kategorien einteilen: zum einen in ökologisch-normative Arbeiten zur Kritik an der Industriegesellschaft und zur Ermöglichung alternativer und naturverträglicher Gegenentwürfe, zum anderen in empirische Studien zur Rezeption der Ökologieproblematik in der Gesellschaft

---

10 „Für die Soziologie kam diese Diskussion [um die ökologische Krise] – wie so vieles – überraschend, und sie traf das Fach theoretisch unvorbereitet" (Luhmann 1990: 12); vgl. auch Dunlap/Catton (1994b: 7-8).

und den sich daraus ergebenden Mobilisierungsbewegungen.[11] Autoren wie Amery, Lovins, Schumacher, Illich u.a., obgleich selbst nicht als Soziologen ausgebildet, thematisierten und kritisierten aus ökologischer Perspektive die Rolle von politischen Organisationen, wirtschaftlichen und gesellschaftlichen Strukturmerkmalen und sozialen Leitbildern für die Verhinderung einer naturverträglichen Lebensweise (Kritik an der Gegenwartsgesellschaft) und legten die Bausteine für die Etablierung einer alternativen Technik- und Gesellschaftsstruktur (neue ökologisch orientierte Gesellschaftsutopien).[12] Angelpunkt der Debatte bildete die Diskussion um sanfte Techniken, die eine sozial- und umweltverträgliche Zukunft sichern sollten.[13] Dabei gerieten nicht nur Art und Funktion von Techniken (etwa Solarenergie statt Kernenergie) ins Blickfeld, sondern vor allem auch die organisatorischen und strukturellen Bedingungen, die die Entwicklung bzw. Nutzung von harten versus sanften Techniken behindern oder fördern. Obgleich Gesellschaftskritik und neue Ordnungsentwürfe zentrale Anliegen der Soziologie sind, beteiligten sich nur wenige Soziologen an dieser Debatte. Nach dem offensichtlichen Scheitern großer und umfassender Gesellschaftstheorien in der Soziologie (vor allem der struktur-funktionalen Schule) waren die meisten Soziologen der Ansicht, daß globale Gesellschaftskritik unter ökologischem Vorzeichen und erst recht die Konstruktion neuer Entwürfe für eine zukünftige Gesellschaft die Soziologie als Wissenschaft überfordere.[14] Bei aller Sympathie, die eine Reihe von Soziologen für die neue Betrachtungsweise aufbrachten, verhielten sie sich dennoch überwiegend skeptisch gegenüber dem Anspruch vieler „alternativer" Autoren, auf der Basis der Analyse der Beziehungen zwischen Umwelt und Gesellschaft gültige und verläßliche Aussagen über Gesellschaftssysteme als ganze zu machen sowie eine umfassende und ganzheitliche Bestimmung deren Defizite vorzunehmen. Diese Skepsis nährte sich aus drei Quellen: der Ablehnung eines Determinismus gesellschaftlicher Entwicklung aus externen (nicht-gesellschaftsimmanenten) Faktoren, der Ablehnung eines Reduktionismus von sozialen Folgen auf physische Gegebenheiten sowie der Ablehnung von Analogieschlüssen zwischen natürlicher und kultureller Evolution im Rahmen der Interpretation von sozialem Wandel, insbesondere in bezug auf die sozialdarwinistischen Traditionen in der Soziologie (Bühl 1981: 32; Luhmann 1990: 15; Dunlap/Catton 1994a: 14).

Parallel zu den ökologisch inspirierten Arbeiten entstanden die ersten Studien zu den Themen „Umweltbewußtsein" und „Umwelteinstellungen". In der Tradition der klassischen

---

11 „Although there was minor sociological interest in environmental topics prior to the seventies, consisting primarily of research on natural resources ... and on built environments ..., it is generally agreed that the field of environmental sociology developed largely in response to the emergence of widespread societal attention to environmental problems in the early seventies. ... Not surprisingly, the bulk of this early work focused on the environmental movement, public attitudes toward environmental issues, environmental policy-making and the development of environmental quality as a social problem" (Dunlap/Catton 1994b: 7).
12 Vgl. zusammenfassend dazu: Wiesenthal (1982: 48-78). Im einzelnen: Amery (1976), Illich (1975), Lovins (1977), Schumacher (1973/1977).
13 Vgl. die Reihe Technologie und Politik. Das Magazin zur Wachstumskrise, vor allem Band 11 „Sanfte Technik" (Müllert 1978); kritisch dazu: Renn (1984a).
14 „A key role played by environmental sociologists has been to emphasize the oversimplification involved in all these unicausal arguments, in large part due to the interdependencies between these causal factors and the consequent difficulty of isolating their independent linkages to environmental degradation" (Dunlap et al. 1994: 29-30); vgl. auch Sandbach (1978: 495-520).

Einstellungsforschung versuchten die Sozialforscher die Strukturen und Komponenten von Einstellungen zu messen und psychische bzw. soziale Gründe für die jeweils gefundene Einstellungsverteilung zu entdecken (Heberlein 1981; Fietkau et al. 1982; Dunlap 1967). Dieser Teil der Sozialforschung wird häufig unter der Rubrik „Akzeptanzforschung" geführt.[15] Ein zweiter Strang der Einstellungsforschung widmete sich der Herausbildung eines Umweltbewußtseins und den das Bewußtsein strukturierenden Einflußfaktoren (Dierkes und Fietkau 1988; Spada 1990). Ein dritter Strang schließlich erforschte die aus verändertem Bewußtsein und Akzeptanzverweigerung resultierenden sozialen Handlungen, vor allem in der Form neuer sozialer Bewegungen (McCarthy/Zald 1977; Buttel 1987; Rucht 1994). Theoretisch waren diese Arbeiten häufig von den Konzepten zur Mobilisierung sozialer Ressourcen geprägt.

Beide Stränge der soziologischen Umweltforschung, die normativ-ökologische und die analytisch-empirische Forschung, liefen über lange Zeit beziehungslos nebeneinander her, bis Anfang der 80er Jahre neue Impulse die Umweltsoziologie befruchteten. Der erste Impuls kam von den Humanökologen. Aufbauend auf den frühen Arbeiten der amerikanischen Sozialökologen, wie Park, Burgess und McKenzie, die mit Hilfe biologischer Analogien soziale Phänomene wie Wettbewerb, Dominanz und Revierverhalten bereits in den 20er Jahren thematisierten, beschäftigte sich die Humanökologie nach dem zweiten Weltkrieg vorrangig mit den Wechselwirkungen zwischen der sozialen Mitwelt und der natürlich vorhandenen bzw. artifiziell gestalteten Umwelt.[16] In den 50er und 60er Jahren wurde Humanökologie vorrangig als Soziologie der Gemeindestruktur und -entwicklung verstanden und die natürliche Umwelt als ein Element eines vielschichtigen Umweltbegriffs im systemtheoretischen Verständnis (Stadt, Park, Mitmenschen, Infrastruktur etc.) angesehen.[17] Der geographische Bezug, also die Einbindung sozialer und kultureller Aktivitäten in einen von Natur und Kultur geprägten Raum, bereitete den Weg zu einer grundlegenden Thematisierung menschlicher und sozialer Einwirkungen auf das umgebende Ökosystem (Hawley 1967: 482; Dietz 1988).

Diese Überlegungen schlossen sich nahtlos an die Studien zur maximalen Tragfähigkeit eines Raumes für menschliche Besiedlung und wirtschaftliche Nutzung an, die in der inzwischen klassischen Formel von den ökologischen Auswirkungen als Funktion von Bevölkerungszahl, Konsumniveau und Technikeinsatz (Ecological Impact = Population times Affluence times Technological Impact) mündeten.[18] In dieser IPAT-Formel fehlten

---

15 Vgl. dazu vor allem die Arbeiten zur Akzeptanz von Energietechnologien, insbesondere der Kernenergie; vgl. Battele Institut (1977), Becker et al. (1980), Renn (1984b), Dunlap et al. (1993).
16 „Die klassische Sozialökologie und ihre Weiterentwicklung in der neueren Soziologie konzentrierte sich vor allem auf die Interaktion des Menschen mit seiner sozialen ('Mitwelt'), artifiziell gebauten, ökonomischen und kulturell-ideologischen Umwelt und war primär ökologisch (populationsökologisch) orientiert" (Weichart 1989: 49); vgl. auch Hawley (1944: 98-105).
17 So definiert der wohl wichtigste Vertreter der Sozialökologie, Amos H. Hawley den Begriff Ecosystem als: „an arrangement of mutual dependencies in a population by which the whole operates as a unit und thereby maintains a viable environmental relationship. Population and system, I have said, are different aspects of the same thing; one is the quantitative aspect of which the other is the substantive aspect" (Hawley 1986: 26).
18 Vgl. Evans (1956). Maßgeblich an dieser Debatte waren beteiligt: Ehrlich (1968), Ehr-

offensichtlich Produktionsverhältnisse (Effizienz der Ressourcennutzung) und sozialer Organisationsgrad (Effizienz in der Verteilung von Nutzungsansprüchen an Umweltgüter). Mitte der 60er Jahre erweiterte der Humanökologe Otis Dudley Duncan die Formel um den Faktor Organisationsgrad. Die neue Formel mit dem wohlklingenden Name POET (Ecological Impact = Human Population, Organization, Environmental Conditions, and Technology) war geboren (Duncan 1964; Dunlap et al. 1994: 30ff.).

In den 70er Jahren versuchte eine Reihe amerikanischer Soziologen, die organisatorischen Bedingungen und Strukturmerkmale zu formulieren, die eine geringere oder effizientere Nutzung von Umwelt erlauben würde (Schnaiberg 1980; Dunlap et al. 1994: 34ff.). Neuere empirische Arbeiten, die den erweiterten POET Ansatz zum Ausgangspunkt ihrer Forschungen machten, bestätigen eindringlich die zentrale Bedeutung von Organisationsformen und sozialen Strukturen auf die ökologischen Auswirkungen.[19] Der Einbau soziologischen Wissens durch die Humanökologen blieb aber weitgehend dem „naturalistischen" Verständnis von ökologischer Krise verhaftet oder blieb auf die Thematisierung humanökologischer Probleme von Urbanisierung und Bevölkerungsdynamik beschränkt. Im Vordergrund stand dabei der Einfluß sozialer Faktoren auf die faktischen Auswirkungen der Umweltnutzung, vor allem auf die damit einhergehende Umweltzerstörung.[20]

Der zweite Impuls kam aus der soziologischen Organisationsforschung. Auch hier wurden als abhängige Variable die physisch meßbaren Umweltauswirkungen betrachtet und bestimmten Funktions- und Ordnungsprinzipien von Organisationen gegenübergestellt (Short and Clarke 1992). Charles Perrow wies in seinem Buch „Normal Accidents" darauf hin, daß mit hochkomplexen Organisationen eine Tendenz zur Diffusion von Verantwortlichkeit und zur Schwerfälligkeit von komplexen verkoppelten Systemen in Krisensituationen einhergeht.[21] Werden solche Organisationen zur Steuerung von komplexer und sensibler Großtechnik eingesetzt, dann sind Unfälle vorprogrammiert, unabhängig davon, wie gering die Wahrscheinlichkeit technisch induzierter Störfälle auch sein mag (Perrow 1984: 332; Freudenburg 1992). Obgleich neuere Arbeiten zu „High Reliability Organizations" aufzeigen konnten, daß die Vorhersagen von Perrow nur unter bestimmten Strukturbedingungen zutreffen, es also kompensierende Organisationsmerkmale gibt, die

---

lich/Ehrlich (1991), Commoner (1971). Zur Geschichte und heutigen Relevanz der IPAT-Formel vgl. den Aufsatz von Olson (1994: 156-169).

19 Eine gerade abgeschlossene Studie zu den Ursachen für ökologische Krisenerscheinungen in verschiedenen kritischen Regionen der Welt kommt eindeutig zu dem Schluß, daß der dominante Einflußfaktor zur Erklärung von ökologischen Problemen in der sozialen, wirtschaftlichen und politischen Organisationsform zu finden ist; vgl. Kasperson et al. (1995: 32ff.).

20 Kritik an der naturalistischen Sichtweise der Umweltsoziologie findet sich vor allem bei Luhmann (1990: 20ff. und 62ff.).

21 Nach Ansicht von Charles Perrow sind hierarchische Entscheidungsstruktur, Diffusion von persönlicher Verantwortung und zeitaufwendige Kommunikationsstrukturen Kennzeichen moderner Großorganisationen, die geradezu Unfälle bei komplexen Technologien heraufbeschwören. Allerdings sind in der Nachfolge von Perrow's bekanntem Buch weitere empirische Studien entstanden, die auf Strukturmerkmale sogenannter „high reliability organizations" verweisen, die auf das Management von großtechnischen Risiken abgestimmt sind. Aber auch diese Studien kommen zu dem Schluß, daß besondere organisatorische Anstrengungen und Innovationen erforderlich sind, um den zusätzlichen Bedarf an Sicherheitsmanagement bei großtechnischen Risiken zufriedenstellend zu stillen; vgl. Perrow (1984: 329ff.) sowie Rochlin (1993).

organisatorische Schwerfälligkeit ausgleichen können, hat die organisationssoziologische Behandlung des Umweltthemas doch einen wichtigen Beitrag zur Integration soziologischen Wissens in Umweltpolitik und -vorsorge geleistet (Roberts 1993; Clarke/Short 1993: 386ff.).

Der dritte Impuls für ein erweitertes Verständnis der Umweltsoziologie kam aus der Wissens- und Wissenschaftssoziologie. Seit Jahren (in der Nachfolge von Mannheim u.a.) „tobt" dort ein Streit um die Relativität bzw. Konstruktivität des Sachwissens.[22] Die Konstruktivisten gehen davon aus, daß die von Menschen aufgestellten Behauptungen über den Zustand der Welt soziale Konstruktionen sind, die aufgrund sozialer Normen und verinnerlichter Weltbilder im Rahmen eines kulturellen Rahmens konsistent und verbindlich gemacht werden, die aber keinen Anspruch auf Isomorphie, nicht einmal auf Homomorphie mit der naturgegebenen Wirklichkeit erheben können.[23] Sie sind keineswegs beliebig, ergeben sich aber nicht aus der extern gegebenen Natur der beobachteten Dinge, sondern aus den zugeschriebenen Eigenschaften auf der Basis sozialer Übereinkünfte. Die Konstruktivisten beziehen diese Überlegungen nicht nur auf Wissenschaft und Technik, sondern auch auf Umwelt und Natur. Statt von Natur sprechen sie meist von Naturbildern (van den Daele 1992). Im Gegensatz zum konstruktivistischen Lager sind die Realisten der Überzeugung, daß es die methodischen Regeln der empirischen Beweisführung erlauben, zumindest eine Ähnlichkeit zwischen den real gegebenen Eigenschaften von Objekten und deren Beschreibungen durch Wissensträger herzustellen.[24] Diese Ähnlichkeit stellt sich vor allem als Resultat eines kontinuierlichen Überprüfungsprozesses von Hypothesen (Prognosen) durch ein organisiertes Wissenschaftssystem ein. Die Realisten sehen das Verhalten des Menschen durch objektiv gegebene Veränderungen in der natürlichen Umwelt beeinflußt und thematisieren demnach die Wechselwirkungen zwischen physischen Veränderungen bzw. Belastungen auf der einen und sozialen Verhaltensweisen auf der anderen Seite.

Die Auseinandersetzung zwischen Konstruktivisten und Realisten beflügelt bis heute die Debatte um den theoretischen Standort der Umweltsoziologie (Dunlap und Catton 1994b: 24ff.). Ist sie eine Teildisziplin der Soziologie, die sich mit der Struktur und Funktion von Umweltthemen (environmental issues) in der Gesellschaft beschäftigt, deren objektiver Gehalt zweitrangig oder zumindest für Soziologen von untergeordnetem Interesse ist, oder schließt die Umweltsoziologie die Wechselwirkung zwischen physischen Veränderungen und menschlichen Reaktionen mit ein? Ist die ökologische Gefährdung ein Konstrukt sozialer Verarbeitung von Kommunikationsinhalten (und somit ein Produkt

---

22 Vgl. dazu allgemein Knorr (1981: 226-245). Zum Streit zwischen Realisten und Konstruktivisten vgl. den klassischen Sammelband von Lakatos/Musgrave (1970). Speziell auf Umwelt und Risiko bezogen vgl. den Aufsatz von Bradbury (1989: 380-399).
23 Für den Bereich der Umweltsoziologie sind vor allem die folgenden Konstruktivisten von Bedeutung Douglas/Wildavsky (1982), Seiderberg (1984), Rayner (1987), Buttel/Taylor (1992), Hillgartner (1992: 39-65). Auch die Systemperspektive von N. Luhmann läßt sich eher dem konstruktivistischen Lager zurechnen.
24 Für den Bereich der Umweltsoziologie sind vor allem die folgenden Realisten von Bedeutung: Catton (1980), Dunlap (1980: 5-14), Dickens (1992), Freudenburg/Gramling (1989). Die strukturelle Perspektive von Beck würde ich ebenfalls eher dem realistischen Lager zuschreiben, auch wenn er sich selbst als Mittler zwischen den beiden Positionen sieht (siehe den Beitrag von Beck in diesem Band).

der Selbstgefährdung) oder eine durch naturwissenschaftliche Erkenntnis belegbare Außengefährdung, die von menschlichen Verhaltensweisen verursacht oder zumindest beeinflußt und von daher auch durch deren Verhalten reduziert werden kann? Es ist naheliegend anzunehmen, daß beide Extreme, der naive Realismus wie der solipsistische Konstruktivismus logisch stringent wohl kaum gerechtfertigt werden können. Dennoch wird bei Durchsicht der neueren Literatur offenkundig, daß der implizite Ausgangspunkt, der den jeweiligen umweltsoziologischen Überlegungen zugrundeliegt, eine entscheidende Rolle für die Art der Diagnose, aber erst recht für mögliche Praxisvorschläge spielt. Konstruktivisten sehen – bei aller Einsicht in objektive Gefährdungen – die durch soziale Kommunikation geschaffenen Sinnstrukturen als Ausgangspunkte soziologisch relevanter Tatbestände, die Realisten die Perzeption und soziale Verarbeitung von wahrgenommenen Umweltveränderungen.[25]

Natürlich gibt es auch Zwischentöne: Ulrich Beck versucht, die reale Gefährdung der Menschheit als Element eines neuen Konstruktionsprozesses von Subpolitik abseits der institutionellen Beschwichtigungsversuche zu deuten (siehe Beck, in diesem Band). Die Angewiesenheit des Menschen auf soziale Konstruktionen bei der Bewältigung von Unsicherheiten über drohende Umweltschäden und gleichzeitigem Erleben realer Umweltschäden hat Wolfgang Bonß betont und damit den Versuch eines Brückenschlages zwischen den beiden Blöcken unternommen (Bonß 1995). Brian Wynne wiederum verortet Umweltauswirkungen als reale Phänomene im Erlebnishorizont der Betroffenen, die nur bedingt und dann auch interessenspezifisch gefärbt einer systematischen und institutionell verankerten Wissenserfassung zugänglich sind (Wynne 1992). All diese Versuche sind von dem Anliegen getragen, eine theoretisch befriedigende und empirisch aussagekräftige Standortbestimmung der Umweltsoziologie vorzunehmen. Alle haben sich dabei gleichermaßen mit einem besonderen Aspekt der Umweltproblematik, den ökologischen Risiken auseinandergesetzt. Denn gerade bei der Frage nach dem Umgang mit unsicheren Folgen läßt sich die Tragweite unterschiedlicher sozialer Theorieansätze überprüfen. Risiko ist zu einem zentralen Aspekt der Umweltsoziologie geworden und hat im populären Ausdruck der „Risikogesellschaft" seinen Niederschlag in der Diskussion um Moderne und Postmoderne gefunden (Beck 1986).

---

25 Als Beispiel für eine betont konstruktivistische Sichtweise des Problems sei hier auf Luhmann verwiesen. Er schreibt: „Es mögen Fische sterben oder Menschen, das Baden in Seen oder Flüssen mag Krankheiten erzeugen, es mag kein Öl mehr aus den Pumpen kommen und die Durchschnittstemperaturen mögen sinken oder steigen: solange darüber nicht kommuniziert wird, hat dies keine gesellschaftlichen Auswirkungen. Die Gesellschaft ist ein zwar umweltempfindliches, aber operativ geschlossenes System. Sie beobachtet nur durch Kommunikation. Sie kann nicht anders als sinnhaft kommunizieren und diese Kommunikation durch Kommunikation selbst regulieren. *Sie kann sich also nur selbst gefährden*" (Luhmann 1990: 63). Dagegen die realistische Betrachtungsweise bei Dunlap/Catton (1994b: 23f.): „If our discipline is going to make substantial contributions to understanding the social causes and consequences of global environmental change, we must adopt a truly ecological perspective that sensitizes us to the role that our species plays in the global ecosystem .... we must develop a full-blown 'ecological sociology' that studies the complex interdependencies between human societies and the ecosystems (from local to global) in which we live."

IV. Die soziologische Behandlung von Risiken: Testfall für soziologische Theorien

Risiko beruht auf dem Gegensatz zwischen Realität und Möglichkeit (Markowitz 1991; Renn 1992). Erst wenn die Zukunft als gestaltbar angesehen wird, ist es möglich, potentielle Gefahren zu vermeiden oder deren Konsequenzen zu mildern. Die neuere Soziologie begegnet dem Phänomen der Mehrdeutigkeit und Mehrgleisigkeit der Zukunft mit dem Begriff der Kontingenz (Parsons und Shils 1951: 16; Luhmann 1984: 46ff.). Dieser auf Aristoteles zurückgehende Begriff bedeutet, daß der Mensch in seinen Entscheidungen immer vor mehr als einer (gedanklich greifbaren) Möglichkeit steht, wie Zukunft sich ereignen könnte. Kontingente Ereignisse oder Handlungen sind weder notwendig noch unmöglich: sie können eintreffen, müssen es aber nicht. Welche Gestalt die Zukunft schließlich annehmen wird, bleibt dem Handelnden im voraus verborgen, er muß sich aber, wenn er zielgerecht handeln möchte, auf unterschiedliche Zukunftsmöglichkeiten einstellen. Zu jedem Zeitpunkt sind mehrere Zukunftsperspektiven möglich; jede Entscheidung und jede Handlung schneidet mindestens eine mögliche Zukunft ab. Der Philosoph Alfred K. Treml hat das Erlebnis der Kontingenz in das schöne Wortspiel gefaßt: „Am Anfang der Moderne konnte Luther noch ausrufen: 'Hier stehe ich und kann nicht anders' ... Am Anfang der Postmoderne steht der Mensch, der sagt: 'Hier stehe ich und kann auch anders'" (Treml 1993: 41, Fußnote 55).

Aus vielen möglichen Zukünften fließt immer nur eine Gegenwart und aus dieser nur eine Vergangenheit, die man nachträglich erklären oder deuten, aber niemals mehr ändern kann. Die Kontingenz, also die Parallelität verschiedener Zukunftsmöglichkeiten, die sich in jedem Augenblick anders darstellt, ist nicht beliebig und unbegrenzt. So wie jede gegenwärtige Entscheidung Einfluß auf die Zukunft hat, so hat auch jede Entscheidung der Vergangenheit zu Folgen geführt, die erst in der Zukunft wirksam werden. Bei allem Gestaltungsspielraum bleiben Menschen an die Folgen vergangener Gestaltungsversuche gebunden.[26] Zu jedem gegebenen Zeitpunkt ist die Einflußnahme einer einzelnen Handlung am Gesamtgeschehen marginal. Zukunft ist also beides: ein Produkt voluntaristischer Akte und ein Fließbild von laufenden Trends.

Die Situation wird dadurch noch komplexer, daß Menschen im Rahmen kultureller Systeme in einer doppelten Kontingenz gefangen sind (Luhmann 1981: 13ff.). Nicht nur, daß soziale Handlungen reale Zukunftsmöglichkeiten zerstören und neue eröffnen, die Wahrnehmung von Kontingenz ist auch ein Akt subjektiver Interpretation, die von psychischen, sozialen und kulturellen Kontexten bestimmt wird. In jeder Interaktion stoßen Akteure aus unterschiedlichen Handlungssystemen aufeinander, die gegenseitig Erwartungen an das Verhalten des jeweils anderen stellen, ohne zu wissen, ob diese Erwartungen sich entsprechen bzw. ob sie miteinander kompatibel sind.[27] Die Ungewißheit, wie andere

---

26 Christoph Hubig weist darauf hin, daß sich die Ungewißheit der Zukunft aus zwei Komponenten zusammensetzt: der kausal erwartbaren und zumindest ex post erklärbaren Ereignisse und der prinzipiell unvorhersehbaren, überraschenden Ereignissen, die sich als Resultante vieler, nicht aufeinander bezogener Handlungen und Handlungsfolgen ergeben. Diese letzteren Folgen sind wissenschaftlicher Analysen nicht oder nur in begrenztem Maße zugänglich; vgl. Hubig (1993: 282f.). Zur Klassifizierung der unterschiedlichen Typen von „Zufall" vgl. auch: Treml (1990: 826-837).

27 „Die Grundsituation der doppelten Kontingenz ist dann einfach: Zwei black boxes bekommen es, aufgrund welcher Zufälle auch immer, miteinander zu tun. Jede bestimmt ihr

auf die eigenen Verhaltensweisen reagieren werden, erschwert jede Prognose über die möglichen negativen Folgen, die mit der eigenen Handlung verbunden sein können.

Aus der Befangenheit der doppelten Kontingenz gibt es kein Entrinnen. Der Traum nach einer eindeutigen Zukunftsvorhersage bleibt ebensowenig erfüllbar, wie sich der Alptraum eines unentrinnbaren Schicksals, dem die Menschen auf Gedeih und Verderb ausgesetzt sind, bewahrheitet. Um mit der doppelten Kontingenz umzugehen, entwickeln Gesellschaften auf der einen Seite Wissenssysteme, die kausale Beziehungen zwischen dem Verursacher der Gefahr und den Konsequenzen schaffen, zum anderen Normensysteme, die Orientierungssicherheit und Stabilität der Verhaltensreaktionen vermitteln. Beide sind auf gesellschaftliche Legitimation angewiesen, die über die Grenzen der jeweiligen Bezugssysteme hinweg Gültigkeit beanspruchen muß, sofern die Spannweite der möglichen Risikofolgen diese Grenzen ebenfalls überschreitet.[28] Eine theoretische Fundierung der Risikosoziologie muß deshalb drei Elemente umfassen: eine Analyse der Selektionsmechanismen zur Auswahl derjenigen risikobezogenen Entscheidungen, die aus der sozialen Routine in das Rampenlicht öffentlicher Aufmerksamkeit gelangen, zum zweiten die Bausteine für die soziale Konstruktion von Wissen und Verhaltensnormierungen über erwartbare Handlungsfolgen im Rahmen der öffentlich thematisierten Risiken sowie zum dritten die soziale und politische Legitimation von individuellen und kollektiven Maßstäben der Folgenbewertung und der daraus resultierenden Optionenwahl (Renn 1992: 53-57). Auf diese drei Aspekte soll im folgenden näher eingegangen werden.

1. Selektion von Risikothemen: Eine wichtige Funktion aller Sozialsysteme ist die Reduktion von Komplexität und die Selektion von Themen und Problemen, für die soziale Ressourcen, wie Zeit, Geld und öffentliche Aufmerksamkeit eingesetzt werden sollen. Dieser Grundsatz gilt auch für das Thema Risiko. Aus der Vielzahl möglicher Gefährdungen müssen diejenigen als „handlungsbedürftig" ausgewählt werden, für die es sich lohnt, gesellschaftlich knappe Ressourcen einzusetzen. So sehr es aus Sicht der instrumentellen Rationalität Sinn macht, die Entscheidung über Ressourcenallokation nach dem Grad der relativen Gefährdung (technische Risikoanalyse) vorzunehmen, so sehr läuft eine solche Strategie der Nutzenmaximierung (bzw. Schadensminimierung) Gefahr, die Multidimensionalität der sozialen Perzeption und Bewertung von Risiken aus den Augen zu verlieren (O'Riordan 1983: 345ff.). Weder der Rekurs auf statistisch gegebene Wahrscheinlichkeiten im Rahmen der probabilistischen Risikoanalyse, noch das griffige Modell der Interessenmaximierung einzelner Gruppen ist in der Lage, soziale Risikoerfahrung und Risikowahrnehmung hinreichend zu beschreiben bzw. zu verstehen (Mazur 1985: 25f.). Warum beispielsweise die Öffentlichkeit mit einem Boykott von Shell auf eine potentielle Ölverschmutzung von rund 100 Tonnen reagiert, während das achtlose Wegkippen von Öl von Schiffen die Meere jährlich mit ca. 10 Millionen Tonnen Öl belastet, ohne daß sich jemand nennenswert darüber aufregt, ist nur unter Hinzuziehen psychischer und sozialer Aspekte zu verstehen. Was eine Gesellschaft als Thema (issue) aufgreift, ist nur bedingt mit dem objektiven Grad der Gefährdung (oder der möglichen Evidenz für diese Gefährdung) korreliert (Rayner

---

eigenes Verhalten durch komplexe selbstreferentielle Operationen innerhalb ihrer Grenzen" (Luhmann 1984: 156).

28 Ulrich Beck betont vor allem die systemübergreifenden, quasi ubiquitären Wirkungen moderner Risiken und damit einhergehend die Notwendigkeit einer über das technisch-wissenschaftliche System hinausgehenden Legitimation solcher Risiken; vgl. Beck (1986: 35ff.).

und Cantor 1987). Gleichgültig ob man diese Tatsache normativ als bedauernswert oder als Beleg einer tieferen sozialen Rationalität betrachtet, die Faktoren, die der sozialen und kulturellen Selektion von Risiken zugrunde liegen, sind ein essentieller Gegenstandsbereich der Umweltsoziologie, weil erst ihre Kenntnis zu einem besseren Verständnis des Umweltverhaltens und auch der Umweltpolitik führen kann.

2. *Konstruktion von Wissen über Handlungsfolgen:* Die Tatsache der doppelten Kontingenz führt zur Ausdifferenzierung spezieller Subsysteme, deren Aufgabe es ist, Zukunftsgewißheit zu produzieren. Das Spektrum reicht hier vom religiös motivierten Fatalismus bzw. Predeterminismus bis hin zu weltoffenen Systemen von Chaos und Zufall, denen man mit systematischem Wissen und abstrakten Modellen „zu Leibe rücken" will. Geht es um Umweltrisiken, wird der kollektive Wissensbestand vor allem durch technische Risikoanalysen repräsentiert. Die technischen Risikoanalysen sind auf die möglichst objektive Bestimmung des Erwartungswertes, d.h. der Wahrscheinlichkeit eines Schadens gemittelt über die Zeit, ausgerichtet. Im einfachsten Fall nimmt man den statistischen Erwartungswert und extrapoliert ihn auf die Zukunft. Wenn im letzten Jahr X Menschen im Straßenverkehr ums Leben gekommen sind, dann werden es bei ungefähr gleichen Bedingungen im kommenden Jahr rund ebenso viele sein. Bei komplexeren Phänomenen oder bei Mangel an Erfahrungswerten aus der Vergangenheit müssen die Wahrscheinlichkeiten modelliert oder synthetisiert werden. Sind die Ausfallwahrscheinlichkeiten einmal bestimmt, dann können die Folgen des Versagens sequentiell weiter modelliert werden: dazu benötigt man Modelle der Ausbreitung möglicher Schadstoffe, der Aufnahme dieser Schadstoffe durch Mensch oder Umwelt (Exposure Assesssment) und der Abschätzung von toxikologischen oder im Falle der Umwelt von ökotoxikologischen Wirkungen in Abhängigkeit von der Dosis und von charakteristischen Merkmalen der betroffenen Opfer (Hauptmanns et al. 1987: 34ff.). Technische Risikoabschätzung bedeutet demnach integrative Antizipation von gefahrenauslösenden Momenten und deren generalisierte Wirkungen auf Umwelt und Gesundheit, wobei diese potentiellen Wirkungen über viele Stationen hinweg modelliert werden müssen (Häfele et al. 1990: 373ff.). *Antizipation, sequentielle Integration und Generalisierung potentieller Wirkungen* sind daher die wichtigsten Kennzeichen der technischen Risikoabschätzung.[29]

---

[29] Diese Abstraktionsleistung, die dem Alltagsverständnis von Risiken widerspricht, ist in jüngeren Veröffentlichungen zur Risikoproblematik, vor allem bei Beck oft als interessengebundene Strategie der Risikoerzeuger kritisiert worden, um durch Risikoanalysen „wissenschaftlich" die Zumutbarkeit von Risiken zu legitimieren. Risikoanalysen seien dazu besonders geeignet, weil durch die Generalisierung von Risiko über Zeit und Ort großtechnische Risikoquellen (wie etwa die Kernenergie) begünstigt und alternative Techniken mit geringerem Katastrophenpotential benachteiligt würden. Vor allem müsse die Zunahme des Selbstvernichtungspotentials als qualitative neue Kategorie des gesellschaftlichen Handelns einbezogen werden, was in den generalisierten Formeln des technischen Risikoverständnisses verschleiert werde.
Diese Kritik verkennt die innere Logik der Risikoanalyse: Erst durch diese Abstraktionsleistung können unterschiedliche Situationen und Aktivitäten auf der Basis einer risikoneutralen Perspektive miteinander verglichen und potentielle Gefahren relativ zu anderen Gefahren identifiziert und eingeordnet werden. Die Generalisierung nach einer Formel bedeutet Chancengleichheit für jede Risikoquelle und verspricht Unabhängigkeit von persönlichen oder sozialen Präferenzen unter der Annahme, daß weder Risikoaversion noch Risikofreude

Diese Abstraktionsleistung technischer Risikoanalysen kontrastiert aber augenfällig mit der Risikoerfahrung von Individuen und sozialen Gruppen. Alle Wahrscheinlichkeitsaussagen beruhen auf Durchschnittswerten über große Fallzahlen und unendlich lange Zeithorizonte, die wenig über die erfahrbaren oder drohenden Schäden im Einzelfall aussagen. Darüber hinaus sind Risikoanalysen blind gegenüber Verteilungsungerechtigkeiten, sie geben keine Auskunft über die Zumutbarkeit von Risikoüberwälzungen und sie gewichten katastrophale Ereignisse, die selten eintreten, gleichrangig mit Alltagsverlusten, die regelmäßig auftreten, sofern nur die durchschnittliche Anzahl der Opfer pro Zeiteinheit gleich bleibt. Diese Annahmen sind im Rahmen einer Opfer-Minimierungsstrategie durchaus folgerichtig, sie spiegeln aber nicht die soziale Realität wider.

Die meisten Menschen sind keinesfalls indifferent gegenüber der zeitlichen und örtlichen Streuung von Schadensfolgen, sondern verhalten sich in unterschiedlichem Ausmaß risikoaversiv (Erdmann und Wiedemann 1995: 136ff.). Hazardeure sind auf die Folgen fixiert, die ihnen den größten Gewinn versprechen, selbst wenn die Wahrscheinlichkeit für deren Eintreten gering ist. Ängstliche Naturen werden wie gebannt auf die Folgen starren, die besonders große Verluste mit sich bringen können, auch wenn deren Eintreffen höchst unwahrscheinlich ist. Kühle Rechner werden die Wahrscheinlichkeiten mit den Verlust- und Gewinnzahlen multiplizieren und diejenige Option auswählen, die ihnen den größten Erwartungsnutzen versprechen. Alle drei Charaktere können gute Gründe für ihr Verhalten anführen, und niemand kann ihnen das Recht streitig machen, eine unterschiedliche Risikopräferenz zu haben. Noch offensichtlicher ist dies für die Kriterien der fairen Verteilung und Zumutbarkeit. Auch ein kleines Risiko ist schwer zu rechtfertigen, wenn es auf diejenigen überwälzt wird, die aus der Risikoquelle keinen Nutzen ziehen.

---

als kollektive Richtschnur zur Geltung kommen. Der Grundkonsens der Risikoanalyse besteht darin, daß Schaden für Mensch und Umwelt negativ zu bewerten ist und es keinen Unterschied macht, wer betroffen ist, zu welchem Zeitpunkt der Schaden eintrifft und wer für den Schaden verantwortlich ist. In einer pluralistischen Gesellschaft läßt sich über diesen Gleichheitsgrundsatz hinaus kaum ein anderes allgemeingültiges und universell anwendbares Kriterium finden, das eine intersubjektive Abschätzung von Risiken ermöglicht. Allerdings ist dabei die soziale Beherrschbarkeit von Großschäden versus Kleinschäden ausgeklammert. Das Becksche Argument der Interessenlegitimation durch Risikoanalysen ist m.E. auch empirisch fragwürdig: Zwar ist es richtig, daß die in Risikoanalysen vorgenommene Kalkulation von zeitlichen Durchschnittswerten beim Betrachter eine Relativierung von Risikoquellen mit hohem Katastrophenpotential und geringer Eintrittswahrscheinlichkeit nahelegt, der umgekehrte Effekt tritt jedoch ein, wenn größere Teile der Bevölkerung von geringen Expositionen betroffen sind. In diesem Fall scheinen Risikoanalysen den Schaden eher zu dramatisieren. Die Risikoberechnungen für die Gesundheitseffekte nach Tschernobyl ergaben dramatische Anstiege in der absoluten Zahl der Krebserkrankungen für Europa (zwischen 25.000 und 35.000), obwohl das individuelle Risiko nur marginal anstieg (etwa um 0,1 bis 0,2 Promille). Multipliziert man nämlich 0,1 Promille mit der Zahl der insgesamt betroffenen Bevölkerung (etwa 350 Millionen), dann erhält man die oben genannte Anzahl von zusätzlichen Krebserkrankungen. In diesem Falle waren es gerade die Kernenergiegegner, die Risikoberechnungen für ihre Zwecke nutzten, während die Kernenergiebefürworter auf die Begrenztheit der Risikoanalysen aufmerksam machten. Ähnliche Überlegungen lassen sich auch auf andere Risiken, wie etwa AIDS, anwenden, wo die Relativierung von Gefahren durch Risikoanalysen zur Entstigmatisierung der Opfer und Verminderung von panischen Reaktionen beigetragen hat. Die Ergebnisse von Risikoanalysen haben in der Tat relativierende oder dramatisierende Wirkungen in der sozialen Perzeption, diese sind aber nicht systematisch und konsistent mit bestimmten gesellschaftlichen Interessen verknüpft.

Wie Daniel Fiorino bemerkt, ist die Logik der technischen Risikoanalyse von den Annahmen der Additivität (in bezug auf Schadensmöglichkeiten), Linearität (in bezug auf synergistische Effekte) und Kommensurabilität (im Sinne eines gemeinsamen Nenners für alle Schadenskategorien) geprägt, während eine nach demokratischen Grundsätzen geformte Risikopolitik von den Prinzipien der Fairneß, der öffentlichen Kontrolle und Mitbestimmung sowie der Multidimensionalität von Entscheidungskriterien getragen sein sollte (Fiorino 1989). Experten setzen Risiko mit durchschnittlicher Verlusterwartung pro Zeiteinheit gleich. Laien nehmen dagegen Risiken als ein komplexes, mehrdimensionales Phänomen wahr, bei dem subjektive Verlusterwartungen nur eine untergeordnete Rolle spielen, während der Kontext der riskanten Situation maßgeblich die Höhe des wahrgenommen Risikos beeinflußt (Slovic 1987). Die Tatsache, daß Menschen einerseits ein Risiko in einem bestimmten Kontext akzeptieren, ja möglicherweise sogar suchen, sie aber andererseits das gleiche, oder sogar niedrigere Risiko in einem anderen Kontext ablehnen, ist dabei kein Beweis für Irrationalität oder inkonsistentes Verhalten. Nicht nur variiert der mögliche Nutzen von einer Situation zur anderen, auch die jeweiligen Begleitumstände des Risikos bedingen unterschiedliche Standards der Bewertung.[30] So macht es für die meisten Menschen einen erheblichen Unterschied, ob sie das Risiko in seinem Ausmaß kontrollieren können, ob sie an das Risiko gewöhnt sind und ob es Gegensteuerungsmaßnahmen gibt, die im Falle des Schadenseintritts greifen können. Nicht zuletzt spielen hier Vertrauen in Institutionen der Risikokontrolle und Eindeutigkeit der Informationen über mögliche Gefahren eine wesentliche Rolle (Slovic 1987).

Eine soziologische Analyse der Wissenskonstruktion über Risiken muß also unterschiedliche Wissensbestände und Bewertungsmuster aufnehmen. Es sind nicht nur die technischen Risikoanalysen, die legitimerweise Eingang in die Folgenbewertung finden sollten, sondern auch die durch Erfahrung gewonnenen Evidenzerlebnisse der sozialen

---

30 Die psychologische und sozialpsychologische Forschung hat in den letzten beiden Jahrzehnten mit Hilfe psychometrischer Verfahren versucht, die Bedeutung von Begleitumständen von Risiken für die Bewertung der jeweiligen Risiken auszuloten. Dabei konnten folgende Faktoren als relevant identifiziert werden (Überblick in Renn 1989):
– Gewöhnung an die Risikoquelle,
– Freiwilligkeit der Risikoübernahme,
– Persönliche Kontrollmöglichkeit des Riskantheitsgrades,
– Katastrophenfähigkeit der Risikoquelle,
– Sicherheit fataler Folgen bei Gefahreneintritt,
– Unerwünschte Folgen für kommende Generationen,
– Sinnliche Wahrnehmbarkeit von Gefahren,
– Eindruck einer gerechten Verteilung von Nutzen und Risiko,
– Eindruck der Reversibilität der Risikofolgen,
– Kongruenz zwischen Nutznießer und Risikoträger,
– Vertrauen in die öffentliche Kontrolle und Beherrschung von Risiken,
– Vertrauenswürdigkeit der Informationsquellen,
– Eindeutigkeit der Informationen über Gefahren.
Die Bedeutung dieser qualitativen Merkmale zur Beurteilung von Risiken bietet eine naheliegende Erklärung für die Tatsache, daß ausgerechnet die Risikoquellen, die bei der technischen Risikoanalyse als besonders risikoarm abschneiden, bei der Bevölkerung den größten Widerstand auslösen. Die als kontrovers angesehenen Risikoquellen, wie etwa die Kernenergie, werden besonders häufig mit negativ geladenen Attributen, dagegen Freizeitrisiken mit eher positiven Attributen assoziiert (Slovic 1987).

Akteure. Gleichzeitig sind die Mechanismen der Reduktion der unendlichen Vielzahl von Folgemöglichkeiten durch Reduktionsinstrumente (etwa Wahrscheinlichkeitsrechnung, Worst-Case Szenario, Expertendelphi, öffentliche Diskurse) als Funktion sozialer, kultureller und politischer Strukturmerkmale zu begreifen. Das konstruktive Element in der analytischen Aufarbeitung risiko-relevanten Wissens besteht dabei nicht in der Relativierung der Aussagekraft von kollektivem Wissen aufgrund von angenommener Interessengebundenheit oder erkenntnistheoretischen Klimmzügen, sondern in der Anerkennung der Legitimität konkurrierender Evidenzen, die im Rahmen ihrer jeweiligen Systemlogik Anspruch auf „objektive" Erkenntnis haben. Nur unter dieser Voraussetzung wird es auch gelingen, einen wirklich interdisziplinären Diskurs über Risiken führen zu können.

3. Individuelle und kollektive Maßstäbe der Folgenbewertung: Da die möglichen Manifestationen von ökologischen Risiken unerwünscht sind, umfaßt Risiko immer auch ein normatives Konzept. Die Gesellschaft ist angehalten, Risiken zu vermeiden, zu verringern oder zumindest zu kontrollieren. Diese normative Zielsetzung bedingt ein Abstraktionsniveau der Risikoanalyse, bei der temporäre und soziale Verteilungswirkungen in ein eindimensionales Bewertungsraster integriert werden. In Analogie zu Geldeinheiten, dem gemeinsamen Nenner der Kosten-Nutzen-Analyse, ist auch das Risiko (hier definiert als Produkt aus Eintrittswahrscheinlichkeit und Wirkung) eine Orientierungsgröße, die es erlaubt, kontextunabhängig Situationen oder Aktivitäten nach dem Grad der Riskantheit zu ordnen (Crouch und Wilson 1982: 9ff.).

Diese Betrachtungsweise setzt voraus, daß die dominante Zielvorstellung von Individuen und sozialen Systemen in der Nutzenmaximierung liege. Dies ist aber mitnichten der Fall. Selbst auf individueller Ebene gibt es hunderte von Verhaltensweisen, die zwar zielgerichtet, aber keineswegs der eigenen Nutzenmaximierung dienen (es sei denn, man definiert Nutzen als jedes Verhalten, das persönliche Befriedigung bringt; in diesem Falle ist aber das ganze Nutzenkonzept trivial). Formen der Solidarität mit anderen Menschen oder der bedrohten Natur, Interaktionen zum Zwecke des Aufbaus von sozialen Beziehungen, nicht-reziproke altruistische Handlungen und vor allem Diskurse zur Etablierung und Begründung von Werten und Präferenzen sind Beispiele, in denen das Konzept der Maximierung keinen Sinn macht. In besonderem Maße wird dieser Mangel bei der Frage nach der Verteilungsgerechtigkeit offenbar: Soll die Gesellschaft für die Verhinderung eines selbst gewählten Selbstmordes eines ihrer Mitglieder ebenso viele soziale Ressourcen (Geld und Fürsorge) aufwenden wie für die Verhinderung eines Todes durch Nikotin- oder Alkoholvergiftung oder wie für die Verhinderung eines Todesfalles, verursacht durch die Überwälzung eines Umweltrisikos auf einen unbeteiligten Dritten (etwa Dioxinvergiftung)?[31] Und wer sollte für die Verhinderung dieser Todesfälle die Kosten tragen? Die Allgemeinheit, das Opfer oder der Täter? Diese Fragen sind keineswegs selbsterklärend oder unwesentlich, sie machen, wie viele empirische Untersuchungen nahelegen, den Großteil der öffentlichen Berichterstattung über ökologische Risiken aus (Adams 1986; Rubin 1987; Sharlin 1987).

Bewertungsmaßstäbe lassen sich nicht allein nach dem Grad der Minimierung von statistischen Opfern festlegen (wiewohl diese Information ein wichtiger Bestandteil jeder

---

31 Vgl. zur Problematik der Risikobewertung nach dem Kosteneffizienzansatz: Akademie der Wissenschaften zu Berlin (1992: 363ff.).

Entscheidung über riskante Optionen sein sollte). Wie bereits in der Einleitung thematisiert, können die Maßstäbe nicht von Soziologen entwickelt oder konstruiert werden, es ist aber eine wichtige Aufgabe der Umweltsoziologie, auf die Mehrdimensionalität der Bewertungsmaßstäbe hinzuweisen, die Legitimität von pluralen Prüfkriterien herauszustellen und Verfahren zu entwickeln, die eine diskursive Einigung über kollektiv verbindliche Bewertungsmaßstäbe ermöglichen.

Was bedeuten diese drei wesentlichen Elemente einer Umwelt- und Risikosoziologie für die soziologische Theoriebildung? Oder anders gefragt: Welche Theorie ist in der Lage, diese Aufgaben im Rahmen eines konsistenten Begriffsgebäudes analytisch zu bewältigen?[32] Wenn es um Kontingenz und Unsicherheit geht, ist die naheliegende Antwort: die rationalen Wahltheorien. Wie kein anderes Theoriegebäude, haben sich diese Theorien mit Entscheidungen unter Unsicherheit beschäftigt und in sich konsistente Modelle der Erfassung von Reduktionsstrategien für Komplexität und doppelter Kontingenz im Rahmen der Entscheidungs- und Spieltheorie entwickelt.[33] Neben ihrem fragwürdigen reduktionistischen Ansatz (siehe den Beitrag von Rapaport in diesem Band) haben sie einige zusätzliche Nachteile. Darunter sind vor allem zu nennen: Rationale Wahltheorien sind auf die Zielvorstellung der Nutzenmaximierung fixiert, die Genese und Verfestigung von Präferenzen entzieht sich weitgehend ihrem theoretischen Erklärungspotential, sie setzen eine kognitive Kenntnis oder zumindest Schätzung der möglichen Folgen voraus, die aber in hoch unsicheren Situationen nicht vorauszusetzen sind, und sie bieten keinen befriedigenden analytischen Erklärungsrahmen für Entscheidungssituationen mit inhomogenen Präferenzen und divergierenden Wertorientierungen im Rahmen kollektiver Entscheidungsfindung.

Alle alternativen Ansätze, die zur Zeit die theoretische Diskussion in der Soziologie bestimmen, können ebensowenig Anspruch auf eine Fundierung der Umweltsoziologie bieten. Der systemanalytische Ansatz Luhmannscher Prägung schafft einen interessanten Erklärungsansatz für Verhaltensorientierungen von sozialen Systemen aufgrund einer immanenten Systemlogik, die weitgehend unabhängig von den erwarteten Folgen der eigenen Handlung Maßstäbe vorgibt. Die Antworten der Systemtheorie auf die Frage nach kollektiv verbindlichen Maßstäben oder nach einem systemübergreifenden Selektionsmechanismus wird allerdings durch die Annahme autopoietischer Systemmerkmale von sozialen Systemen ausgeblendet.[34] Gerade die Leistung von pluralistischen und sozial ausdifferenzierten Sy-

---

32 Mit dieser Frage beschäftigt sich seit 1992 eine Gruppe von Soziologen (Carlo Jaeger, Ortwin Renn, Eugene Rosa und Thomas Webler) in einem gemeinsamen Forschungsprojekt zur theoretischen Fundierung der Risikosoziologie. Der Abschlußbericht des Projekts wird voraussichtlich Anfang 1997 erscheinen.
33 Einen Überblick über die Vorgehensweise bei der Entscheidungslogik findet sich in dem Buch: Akademie der Wissenschaften zu Berlin (1992: 345ff.); vgl. auch: Edwards (1954), Gäfgen (1963), Eisenführ/Weber (1993). Einen guten Überblick über die klassische Spieltheorie findet man in: Luce/Raiffa (1957). Die neueren Forschungen sind beschrieben in Heap et al. (1992: 91-195).
34 Luhmann selbst bringt es auf den Punkt: „Wenn es dagegen um Zukunft in der Perspektive von Risiko geht, scheint *weder* Faktenkonsens *noch* Wertkonsens zu helfen, und sogar beides den Konflikt zu verschärfen" (Luhmann 1993: 159). Mit dieser Aussage ist in der Tat nicht viel geholfen.

stemen, trotz verschiedener Systemlogiken zu kollektiv verbindlichen Entscheidungen kommen zu können (und dies auch zu tun), kann diskurstheoretisch, vor allem im Rahmen der Frankfurter kritischen Theorie, verstanden und politisch wirksam umgesetzt werden.[35] Gleichzeitig ist die kritische Theorie aber wenig aussagekräftig, wenn es um Selektionsmechanismen der öffentlichen Wahrnehmung oder der Konstruktion konkurrierender Evidenzen geht. Auch die post-modernen Theorien, die sich einer systematischen Erfassung widersetzen, bieten außer einer Kritik universeller Rationalitätsansprüche bei Fragen der Themenselektion und systemspezifischer Verarbeitung wenig, um ein theoretisches Fundament der Umweltsoziologie zu bilden.

Aus diesem Grunde ist auch wenig verwunderlich, daß mit Ausnahme der systemtheoretischen Schule (Luhmann) und den rationalen Wahltheorien (Opp) nahezu alle soziologischen Analysen zu Risiko und Umwelt Anleihen bei verschiedenen Theorien machen und sich nicht auf *eine* theoretische Schule festlegen lassen (Luhmann 1990 und 1991; Opp 1985). Weder Beck noch Bonß, weder Buttel noch Schnaiberg, weder Catton noch Dunlap, weder Nowotny noch Yearly, um nur einige zu nennen, haben ihre Arbeiten, trotz großem Interesse an theoretischen Fragestellungen, auf einem Theoriegebäude innerhalb der Soziologie aufgebaut. Dies muß nicht unbedingt als Mangel empfunden werden, zumindest solange es an geeigneten Kandidaten fehlt. Allerdings wäre es wünschenswert, wenn in Zukunft größere Anstrengungen zu einer oder mehreren konkurrierenden theoretisch befriedigenden Fundierung(en) der Umweltsoziologie unternommen würden (siehe dazu den Beitrag von Jaeger in diesem Band). Auf Dauer führt theoretischer Eklektizismus zur Beliebigkeit und einer mangelnden analytischen Schärfe: Im Supermarkt soziologischer Analysen findet man immer etwas, das jede auch noch so abstruse These theoretisch und (leider) auch empirisch stützt. Gerade der unreflektierte Einsatz empirischer Forschungsergebnisse für die Formulierung und Legitimation ad hoc aufgebauter Zeitgeist-Interpretationen, wie dies leider in Deutschland gerade Mode geworden ist, sollte Anreiz dafür sein, neue Impulse für eine theoretisch befriedigende und dem soziologischen Wissen angepaßte Risiko- und Umweltforschung zu setzen.

V. Einige abschließende Gedanken zur Weiterentwicklung der Umweltsoziologie

Am Ende eines solchen Review Artikels sei es mir erlaubt, noch einige Gedanken zur künftigen Entwicklung der Umweltsoziologie, zu ihren Chancen und möglichen Fehlentwicklungen anzumerken.[36] Überblickt man die bisherige kurze Geschichte der Umweltsoziologie und ihre Resonanz in der sozialwissenschaftlichen wie umweltwissenschaftlichen Fachwelt, dann sehe ich für die Weiterentwicklung dieses Fachgebiets drei wesentliche Gefahren, die es zu vermeiden gilt:

---

35 Vgl. Habermas (1971: 101-141) sowie Habermas (1983: 53-124). Zur Aufnahme der Diskurstheorie in konkrete Mediationsverfahren vgl. Warren (1993: 209-234), Renn et al. (1993: 89-214), Webler (1995: 35-86).

36 Diese Gedanken sind vor allem aus meiner Erfahrung als Soziologe unter lauter Nichtsoziologen im Rahmen von umwelt- und technikbezogener Forschung und Lehre (unter anderem am Forschungszentrum Jülich, dem Zentrum für Technik, Umwelt und Entwicklung an der Clark University in den USA, an der ETH Zürich und neuerdings an der Akademie für Technikfolgenabschätzung) getragen.

1. Selbst gewählte *Gefangenheit im Zerrspiegel des Konstruktivismus:* Konstruktivisten unterschätzen die Fähigkeit von sozialen Systemen zur kritischen Selbstbeobachtung und zur systemübergreifenden Kommunikation auf der Basis von Empathie und lebensweltlicher Erfahrung. Sowohl Niklas Luhmann als auch Ulrich Beck kommen, wenn auch aus ganz unterschiedlichen Ausgangsüberlegungen, zu dem Schluß, daß die mit Risiken professionell arbeitenden Eliten im eigenen Denken befangen seien und sich gegenüber den Ansprüchen anderer sozialer Systeme immunisiert hätten (Luhmann 1986: 150ff.; Beck 1986: 73ff.). Die durch Risiken beschriebenen Schadensmöglichkeiten sind zweifellos soziale und wissenschaftliche Konstrukte, deren Manifestationen sind aber reale Schäden, deren Verhinderung oder zumindest deren Erkennen ein übergreifendes gesellschaftliches Anliegen darstellt. Ganze Heerscharen von Toxikologen, Epidemiologen, Sicherheitswissenschaftlern und andere mehr sind mit der Aufgabe betraut, reale von eingebildeten oder nicht-wahrgenommenen Schadensmöglichkeiten zu trennen. Abgesehen davon, daß kein Wissenschaftler sich gerne einreden läßt, seine Erkenntnisse seien nichts als soziale Konstruktionen, tut man diesen Wissenschaften auch objektiv Unrecht, wenn man ihre Erkenntnisse als Produkte sozialer oder gruppenspezifischer Wünschbarkeit oder als strukturell vorgegebene Interessenäußerungen abqualifiziert. Natürlich geht es nicht um eine kritiklose Übernahme der naturwissenschaftlichen Erkenntnisse, aber ebensowenig sollte es Aufgabe der Umweltsoziologie sein, eine „arrogante" Relativierung oder sogar „Entobjektivierung" des naturwissenschaftlich geprägten Erkenntnisfindungsprozesses herbeizuführen.

Vielmehr kann gerade der auch von Konstruktivisten geforderte Dialog zwischen Naturwissenschaftlern und Soziologen (etwa bei Maarten Hajer) eine Hilfestellung zur Reflexion der häufig unbewußt oder aus Gewöhnung übernommenen Vorgehensweisen umfassen (Shrader-Frechette 1995: 115ff.). Was bedeutet es beispielsweise, wenn in der Toxikologie Dosis-Wirkungsbeziehungen auf der Basis der Einwirkungen auf den gesunden 30jährigen Mann als Standardmodell abgeschätzt werden? Welche Folgen hat es, wenn bei epidemiologischen Untersuchungen bestimmte Signifikanzschwellen festgelegt werden? Alle diese Konventionen sind nicht willkürlich und können meist auch gut begründet werden, sie verselbständigen sich aber in ihrem alltäglichen praktischen Einsatz und werden zur Routine, deren Berechtigung für den jeweiligen Einzelfall oft fragwürdig bleibt. Dabei geht es nicht so sehr um methodische Einzelfragen als vielmehr um die grundlegende Problematik, daß mit bestimmten Vorgehensweisen und methodischen Ansätzen auch Perspektiven der Wahrnehmung von Wirklichkeit verbunden sind. Darauf hinzuweisen, vor allem aber die kulturelle Gebundenheit des Risikoselektionsprozesses zu verdeutlichen, sollte ein Ziel der Zusammenarbeit zwischen der Soziologie und naturwissenschaftlichen Disziplinen sein.

Gleichzeitig begünstigt der Konstruktivismus eine Haltung gegenüber menschlichem Leid, das leicht zur Relativierung und damit zur Gefahr einer Verharmlosung oder auch Dramatisierung von Risikoerfahrungen verführt (ähnlich sieht dies Beck in diesem Band). Wenn alle Leiderfahrung gesellschaftlich konstruiert wird, fehlen objektive Maßstäbe der Bewertung von Handlungsoptionen mit unterschiedlichen Leidenswirkungen. Im Sinne eines humanistischen Auftrages zur Verminderung vermeidbaren Leids muß Umweltpolitik auf eine feste Basis der objektiven Schädigung Bezug nehmen können. Auch nicht öffentlich wahrgenommene Gefahren (wie etwa die Ausdünnung der Ozonschicht, ein Vorgang, der nur durch die Experten bemerkt werden konnte) verdienen kollektive Beachtung, wie auch sozial konstruierte Phantomrisiken, die allein auf psychosomatischen Reaktionen beruhen, als solche erkannt werden müssen (siehe dazu den Sammelband von Aurand et al. 1993). Denn soziale Ressourcen zur Risikovorsorge und Gefahrenabwehr sind begrenzt und müssen nach einem nachvollziehbaren und risiko-adäquaten Schlüssel verteilt werden. Dieser Auftrag an die Umweltpolitik wird von (wahrscheinlich) allen Gruppen in der Gesellschaft geteilt. Ein durchgezogener Konstruktivismus wird demnach auch in der Öffentlichkeit auf Unverständnis stoßen, geschweige denn auf Billigung. Die öffentliche Unterstützung sollte und kann kein Kriterium für Wahrheitsfindung sein, aber die theoretische Ableitung des Konstruktivismus steht ohnehin auf so wackeligen Füßen, daß sie m.E. weder erkenntnistheoretisch, noch soziologisch stringent begründet werden kann (Münch 1973; Dunlap et al. 1994a). Eine konstruktivistische Sichtweise macht zumindest die Umweltsoziologie für die praktische Politik wertlos. Wie oben bereits ausführlich dargestellt, bedeutet der Abschied vom Konstruktivismus nicht, daß das Wissen über Risiken nicht in unterschiedlichen Systemkontexten verschiedenen Konstruktionsprinzipien unterworfen ist, und es von daher gerade die Aufgabe der Umweltsoziologie sein sollte, Transparenz und Reflexion über diese Konstruktionsprinzipien herzustellen.

2. *Gefahr der Instrumentalisierung der Umweltsoziologie:* Genau ins entgegengesetzte Fahrwasser gerät die Selbsteinschätzung mancher Umweltsoziologen, sie seien Sozialingenieure zur Implementierung einer ökologisch verträglichen Gesellschaft (wie immer diese definiert sein mag). Wenn es auch notwendig und sinnvoll ist, Strategien einer gesellschaftlichen Reform hin zu einer nachhaltigen Wirtschafts- und Gesellschaftsstruktur aus soziologischem Blickwinkel zu entwickeln, dann ist es dennoch problematisch, die Entwürfe etwa von Ökologen oder Konstrukteuren alternativer Technik als Ausgangspunkt einer sozialen Reform anzuerkennen, deren Durchsetzung man den Soziologen „großzügigerweise" überläßt. So wichtig es ist, den Ökologen und Ingenieuren nicht ihre Kompetenz streitig zu machen, wenn es um Technikentwürfe und ökologische Zusammenhänge geht, so wichtig muß es auch sein, deren Auffassung von Gesellschaft und notwendigen Reformen nicht als Maßstab der eigenen Arbeit zu akzeptieren. Gerade die Erkenntnisse über selektive Wahrnehmung von Problemen, über unfaire Verteilungswirkungen wohl gemeinter Reformen, über die Multidimensionalität bei der Bewertung von Handlungsfolgen bilden den disziplinären Schatz der Umweltsoziologie, der nicht auf dem Altar einer ingenieurmäßigen Auffassung von Gesellschaft geopfert werden darf.

Umweltsoziologie soll und muß sich auch bei der Zieldiskussion und der Frage der Wünschbarkeit von ökologisch motivierten Reformen zu Wort melden: nicht als Besserwisser oder unparteiischer Schiedsrichter, sondern als Mahner für ein differenziertes Gesellschaftsbild, in dem einfache mechanische Lösungen nicht den gewünschten Effekt haben werden. Vor allem sollten sie auf diskursive Verfahren der Urteilsbildung Wert legen, denn nur so lassen sich die unterschiedlichen Weltbilder und Wertorientierungen zu einem kollektiv verbindlichen Konsens führen (Renn/Webler 1994).

3. *Gefahr der Sündenbockfalle:* Viele Umweltsoziologen, nicht zuletzt auch Ulrich Beck, neigen zu einer Sichtweite der Umweltprobleme, bei der allgemeine Trends der Technikentwicklung und der damit verbundenen Gefährdungen auf der Basis von einigen „Sündenbock-Techniken" abgeleitet werden. Die Sündenböcke sind immer die gleichen: Kernenergie, Gentechnik, Großchemie und gelegentlich – mit abnehmender Tendenz – große

Computernetze. Zunächst einmal ist diese Sichtweise insofern irreführend, als sie die ambivalenten Auswirkungen der Technik, vor allem die Existenz von negativen Nebenwirkungen (selbst bei bestimmungsgemäßem Gebrauch) als Kennzeichen sogenannter Großtechnik ansieht. Ambivalenz ist aber Kennzeichen jeder Technik und somit anthropologische Notwendigkeit der Artefaktbildung. Aus diesem Grunde macht es auch keinen Sinn, kategorische Imperative und Handlungsvorschriften aufzustellen, die darauf abzielen, Techniken in moralisch gerechtfertigte und moralisch ungerechtfertigte aufzuteilen.[37]

Es gibt keine Technik mit lauter positiven oder lauter negativen Technikfolgen, gleichgültig, welche Technik man im einzelnen betrachten mag. Bei jeder neuen technischen Entscheidung gilt es, immer wieder von neuem die positiven und negativen Folgepotentiale gegeneinander abzuwägen. Auch die Solarenergie hat ihre Umweltrisiken, wie auch die Kernenergie ihre unbestreitbaren Vorteile aufweist. Ambivalenz ist das Wesensmerkmal jeder Technik. Folgt man dieser Gedankenkette weiter, dann bedeutet institutioneller Umgang mit Ambivalenz, daß Techniken weder ungefragt entwickelt und eingesetzt werden dürfen, noch daß man jede Technik verbannen müsse, bei der negative Auswirkungen möglich sind.

Aus diesem Grunde ist auch der wohlgemeinte Imperativ von Hans Jonas wenig hilfreich. Jonas forderte die Gesellschaft auf, auf jede Technik zu verzichten, bei der katastrophale Folgen möglich sind.[38] Mit ausreichend Phantasie und bei entsprechender Ausbreitung der infragestehenden Technik lassen sich aber immer katastrophale Folgen ausdenken, die mit einer Wahrscheinlichkeit größer Null zu erwarten sind. Die Möglichkeit von Katastrophen ist immer gegeben, sobald eine technische Linie in großem Umfang genutzt wird – unabhängig davon, ob die Technik zentral oder dezentral eingesetzt wird. Die kleine Einmann-Kettensäge ist in millionenhafter Ausführung mindestens so gefährlich für den tropischen Regenwald wie große Holzerntemaschinen. Die Möglichkeit von Katastrophen fallen bei Großtechnologien nur schneller ins Auge.[39] Prinzipiell ist aber die Möglichkeit von irreversiblen und schwerwiegenden Katastrophen bei allen menschlichen Handlungen gegeben. Ohne Betrachtung von Wahrscheinlichkeiten und von möglichen Nutzeffekten läßt sich eine sinnvolle Abwägung über Technikfolgen nicht treffen.

Dazu tritt ein zweites Moment: Die mit den Sündenböcken verbundenen Folgen, vor allem die Globalisierung von Risiken, die ubiquitäre Verteilungswirkung von Folgelasten und die Unversicherbarkeit der katastrophalen Folgen (Beck 1986: 31ff.), sind, sofern überhaupt zutreffend, unabhängig von der Größe der Technik, sondern vielmehr abhängig von ihrem universellen Einsatz. Hätten die Griechen und Römer die ganze Welt besiedelt statt nur ihre Heimatländer, dann wäre die in diesen Heimatländern eingetroffene ökologische Katastrophe der Entwaldung (die bis zum heutigen Tage irreversibel ist) eine globale Katastrophe geworden – trotz primitiver Werkzeuge wie Äxte. Die drohende Kli-

---

[37] Zur Frage der Verantwortung von Technikentscheidungen vgl. Renn (1993: 69-83); siehe auch Luhmann (1990: 19ff.).

[38] Dazu ausführlich Jonas (1979) und kürzer Jonas (1990: 66-181, insb. 171ff.); vgl. zur Geltungskraft und Kritik an Jonas Lenk (1993: 138ff.).

[39] Charles Perrow hat allerdings zu Recht darauf hingewiesen, daß Großtechnologien mit hohem Katastrophenpotential eine organisatorische Struktur des Risikomanagements erfordern, die den üblichen Strukturmerkmalen von großen Organisationen widerspricht; vgl. dazu Fußnote 21.

makatastrophe wie auch das Waldsterben in Europa gehen mehr zu Lasten des individuellen Verkehrs als zu Lasten von Großkraftwerken oder der Industrie. Die Zerstörung der Ozonschicht war weitgehend eine Folge von Spraydosen und Kühlschränken. Die Verunreinigung des Grundwassers mit Nitrat ist überwiegend eine Folge individuellen Düngereinsatzes. Diese Aufzählung ließe sich mühelos fortsetzen. Die Benennung von Sündenböcken oder die Aufzählung der neuen Qualität der Umweltbedrohung durch ausgewählte Technologien suggeriert, daß ein Verzicht auf diese Technologien im Sinne der Opferung von Sündenböcken die ökologischen Krisenerscheinungen außer Kraft setzen könne. Genau diese einfache Lösung wird aber wenig zur Überwindung der ökologischen Probleme beitragen können, sie beruhigt allenfalls die Akteure, ähnlich wie der fast rituell anmutende Boykott der Shell-Tankstellen (um dann drei Kilometer weiter bei Esso zu tanken).

Um keine Mißverständnisse aufkommen zu lassen: Es geht hier nicht um eine Rechtfertigung der Großtechnologien. Auch Kernenergie und Gentechnik, Chloranlagen und Staudämme müssen sich an den gesellschaftlich ausgehandelten Maßstäben der Risikobewertung messen lassen und können dabei als unzumutbar abqualifiziert werden. An dieser Stelle sollte nur eine extrem selektive Wahrnehmung mancher soziologischer Analytiker abgewehrt werden, die eigentlich das voraussetzen, was ihr Untersuchungsgegenstand sein sollte, nämlich herauszufinden, warum einige Techniken stärker im Blickfeld der gesellschaftlichen Auseinandersetzung liegen als andere, und welche Selektionsmechanismen hier wirken.

Fortschritte in der Umweltsoziologie sind an zwei Bedingungen geknüpft: Zum einen an eine bessere theoretische Fundierung, die bereits weiter oben beschrieben wurde, zum anderen aber an eine Einbettung der soziologischen Wissensbestände in einen interdisziplinären Forschungsverbund. Folgt man den anfangs genannten Aufgabenzuteilungen für die sozialwissenschaftliche und kulturwissenschaftliche Umweltforschung, so ergeben sich daraus mehrere wesentliche Schlußfolgerungen für die Frage nach der institutionellen Eingliederung und Ausgestaltung dieses Forschungszweiges. Zunächst ist sozialwissenschaftliche Umweltforschung nicht autonom: Vor allem im Hinblick auf Reflexionsziel und Abwägungsmodus spielen die Inhalte naturwissenschaftlicher Umweltforschung eine Schlüsselrolle. Selbst für die Erforschung von Motivation und strukturellen Voraussetzungen umweltgerechten Handelns ist der Bezug zum naturwissenschaftlichen Tatbestand der Gefährdung von Umwelt und Gesundheit unabdingbar. Die Frage, warum beispielsweise Menschen Angst vor bestimmten Emissionen haben, die nach bestem Wissen der naturwissenschaftlichen Risikoforschung wenig Unheil anrichten können, während andere Emissionen mit hohem Gefährdungspotential ignoriert oder akzeptiert werden, läßt sich nur dann sinnvoll angehen, wenn sozialwissenschaftliches und naturwissenschaftliches Wissen miteinander verknüpft und aufeinander bezogen werden (Aurand/Hazard 1993; Preuss 1991: 62ff.). Ideal ist aus diesem Grunde ein Forschungsverbund, in dem Wissenschaftler aus unterschiedlichen Disziplinen gemeinsam an einem Umweltproblem arbeiten.

Die enge Zusammenarbeit zwischen Natur- und Sozialwissenschaftlern wird aber nur dort gelingen, wo beide Disziplinen bereit sind, ihre eigenen Annahmen und impliziten Betrachtungsweisen einer gegenseitigen Kritik zu öffnen. Auf der einen Seite betrifft dies den Auswahlmechanismus von wichtigen Forschungsfragen, zum anderen die Konventionen zu Methodik, Vorgehensweise und Bewertung umweltrelevanter Wirkungsketten. Einen Beitrag zur Reflexion und zur Abwägung von Maßnahmen zu leisten, setzt bei den

Sozialwissenschaftlern voraus, daß sie sich intensiv mit der Materie beschäftigt haben und die grundlegenden Vorgehensweisen der Naturwissenschaftler verstehen und nachvollziehen können. Weder kann es dabei um die Ausbildung eines Universalgenies, noch um die Förderung von Universaldilettanten gehen. Eine intensive disziplinäre Ausbildung ist die Voraussetzung für transdiziplinäres Arbeiten. Was allerdings not tut, ist eine Zusatz- oder Aufbauausbildung für Sozialwissenschaftler in den Naturwissenschaften und umgekehrt für Naturwissenschaftler in den Sozialwissenschaften. Ziel dieser Zusatzqualifikation ist weniger die Anhäufung von Wissensbeständen aus der jeweils anderen Wissenschaft, sondern die Förderung von Verständnis und Einsicht in die jeweilige Wissensstruktur, Vorgehensweise und Methodik. Wenn es gelingt, die Umweltforschung auf eine breite Basis miteinander kooperierender Wissenschaftler aus Sozial- und Naturwissenschaften zu stellen, dann kann der Umweltsoziologie für die Zukunft eine wissenschaftlich konstruktive und politisch wirksame Entwicklung vorausgesagt werden.

Literatur

Adams, W. C., 1986: Whose Lives Count? TV Coverage of Natural Disasters, Communication 36: 113-122.
Akademie der Wissenschaften zu Berlin, 1991: Umweltstandards. Berlin: De Gruyter.
Amery, Carl, 1976: Natur als Politik. Die ökologische Chance des Menschen. Reinbek bei Hamburg: Rowohlt.
Aurand, Karl, Barbara P. Hazard und *Felix Tretter* (Hg.), 1993: Umweltbelastungen und Ängste. Erkennen – Bewerten – Vermeiden. Opladen: Westdeutscher Verlag.
Aurand, Karl, und *Barbara P. Hazard,* 1992: Die Rolle und Bedeutung von Information für die Umweltmedizin. S. 15-27 in: *Karl Aurand, Barbara P. Hazard* und *Felix Tretter* (Hg.): Umweltbelastungen und Ängste. Opladen: Westdeutscher Verlag.
Battelle Institut Frankfurt, 1977: Einstellung und Verhalten der Bevölkerung gegenüber verschiedenen Energiegewinnungsarten. Frankfurt a.M.: Battelle.
Baumol, William J., und *Wallace E. Oates,* 1975: The Theory of Environmental Policy. Externalities, Public Outlays and the Quality of Life. Englewood Cliffs: Prentice Hall.
Beck, Ulrich, 1986: Risikogesellschaft. Auf dem Weg in eine andere Moderne. Frankfurt a.M.: Suhrkamp.
Beck, Ulrich (Hg.), 1991: Politik in der Risikogesellschaft. Frankfurt a.M.: Suhrkamp.
Beck, Ulrich, 1996: Weltrisikogesellschaft, Weltöffentlichkeit und globale Subpolitik. Ökologische Fragen im Bezugsrahmen fabrizierter Unsicherheiten. In diesem Band.
Becker, Gary, Ingrid von Berg und *Reinhard Coenen,* 1980: Überblick über empirische Ergebnisse zur Akzeptanzproblematik der Kernenergie. KfK-Report 2964. Karlsruhe: Kernforschungszentrum.
Bonß, Wolfgang, 1995: Vom Risiko. Unsicherheit und Ungewißheit in der Moderne. Hamburg: Hamburger Ed.
Bradbury, Jane A., 1989: The Policy Implications of Differing Concepts of Risk, Science, Technology, and Human Values 14: 80-399.
Brown, Halina, und *Robert Goble,* 1990: The Role of Scientists in Risk Assessment, Risk: Health, Safety & Environment 6: 283-311.
Bühl, Walter L., 1981: Ökologische Knappheit: gesellschaftliche und technologische Bedingungen ihrer Bewältigung. Göttingen: Vandenhoek & Ruprecht.
Buttel, Frederik, 1987: New Directions in Environmental Sociology, Annual Review of Sociology 13: 465-488.
Buttel, Frederik H., und *Paul J. Taylor,* 1992: Environmental Sociology and Global Environmental Change: A Critical Assessment, Society and Natural Resources 5: 211-230.

Catton, William R., 1980: Overshoot: The Ecological Basis of Revolutionary Change. Urbana: University of Illinois Press.
Clark, Lee, und *James F. Short*, 1993: Social Organization and Risk: Some Current Controversies, Annual Review of Sociology 19: 375-399.
Commoner, Barry, 1971: Wachstumswahn und Umweltkrise. München: Bertelsmann.
Catton, William R., und *Riley E. Dunlap*, 1978: Environmental Sociology: A New Paradigm, The American Sociologist 13: 41-49.
Crouch, Edmund A.C., und *Richard Wilson*, 1982: Risk Benefit Analysis. Cambridge: Ballinger.
Dickens, Peter, 1992: Society and Nature: Towards a Green Social Theory. Philadelphia: Temple University Press.
Diekmann, Andreas, und *Peter Preisendörfer*, 1992: Persönliches Umweltverhalten: Diskrepanzen zwischen Anspruch und Wirklichkeit, Kölner Zeitschrift für Soziologie und Sozialpsychologie 2: 226-251.
Dierkes, Meinolf, und *Hans-Joachim Fietkau*, 1988: Umweltbewußtsein – Umweltverhalten, in: *Rat der Sachverständigen für Umweltfragen* (Hg.): Materialien zur Umweltforschung. Band 15. Stuttgart/Karlsruhe: Kohlhammer.
Dietz, Thomas, 1988: Social Impact Assessment as Applied Human Ecology: Integrating Theory and Method. S. 220-227 in: *Richard Borden, Gerald Young* und *Jerry Jacobs* (Hg.): Human Ecology: Research and Applications. College Park, MD: Society for Human Ecology.
Douglas, Mary, und *Aaron Wildavsky*, 1982: Risk and Culture. Berkeley: University of California Press.
Duncan, Otis D., 1964: From Social System to Ecosystem, Sociological Inquiry 31: 140-149.
Dunlap, Riley E., 1980: Paradigmatic Change in Social Science: From Human Exemptionalism to an Ecological Paradigm, American Behavioral Scientist 24: 5-14.
Dunlap, Riley E., 1987: Public Opinion on the Environment in the Reagan Ara, Environment 29: 7-11 und 33-37.
Dunlap, Riley E., und *William R. Catton*, 1994a: Toward an Ecological Sociology: The Development, Current Status, and Probable Future of Environmental Sociology. S. 11-31 in: *Walter V. D'Antonio, Masamichi Sasaki* and *Yosgido Yonebayashi* (Hg.): Ecology, Society and the Quality of Social Life. New Brunswick/London: Transaction.
Dunlap, Riley E., und *William R. Catton*, 1994b: Struggling with Human Exemptionalism: The Rise, Decline and Revitalization of Environmental Sociology, The American Sociologist 25: 5-30.
Dunlap, Riley E., Michael E. Kraft und *Eugene A. Rosa* (Hg.), 1993: Public Reactions to Nuclear Waste. Durham und London: Duke University Press.
Dunlap, Riley E., Loren A. Lutzenhiser und *Eugene A. Rosa*, 1994: Understanding Environmental Problems: A Sociological Perspective. S. 27-49 in: *Beat Bürgenmeier* (Hg.): Economy, Environment, and Technology. A Socio-Economic Approach. Armonk/New York: Sharpe.
Edwards, Ward, 1954: The Theory of Decision Making, Psychological Bulletin 51: 23-42.
Ehrlich, Paul R., 1968: The Population Bomb. New York: Ballantine Books.
Ehrlich, Paul R., und *Anne Ehrlich*, 1991: Healing the Planet: Strategies for Resolving the Environmental Crisis. New York: Addison-Wesley.
Eisenführ, Franz, und *Martin Weber*, 1993: Rationales Entscheiden. Berlin: Springer.
Environmental Sociology, S. 655 in: *Ruth A. Eblen* und *Ward R. Eblen* (Hg.): The Encyclopedia of the Environment. Boston: Houghton Mifflin.
Erdmann, Georg, und *Ralph Wiedemann*, 1995: Risikobewertung in der Ökonomik. S. 135-190 in: *Marc Berg, Georg Erdmann, Anton Leist, Ortwin Renn, Peter Schaber, Martin Scheringer, Hansjörg Seiler* und *Ralph Wiedemann* (Hg.): Risikobewertung im Energiebereich. Zürich: VDF Hochschulverlag.
Evans, F. C., 1956: Ecosystem as the Basic Unit in Ecology, Science 123: 1127-1128.
Fietkau, Hans-Joachim, Hans Kessel und *Wolfgang Tischler*, 1982: Umwelt im Spiegel der öffentlichen Meinung. Frankfurt a.M.: Campus.
Fietkau, Hans-Joachim, und *Helmut Weidner*, 1992: Mediationsverfahren in der Umweltpolitik in der Bundesrepublik Deutschland, Aus Politik und Zeitgeschichte B39-40/92: 24-34.
Fiorino, Daniel J., 1989: Technical and Democratic Values in Risk Analysis, Risk Analysis 9: 293-299.

Freudenburg, William R., 1992: Heuristics, Biases, and the Not-So-General Publics: Expertise and Error in the Assessment of Risks. S. 229-250 in: *Sheldon Krimsky* und *Dominic Golding* (Hg.): Social Theories of Risk. Westport: Praeger.
Freudenburg, William R., und *Robert Gramling,* 1989: The Emergence of Environmental Sociology, Sociological Inquiry 59: 439-452.
Gäfgen, Gerard, 1963: Theorie der wirtschaftlichen Entscheidung. Tübingen: Mohr.
Gaßner, Hartmut, Bernd M. Holznagel und *Uwe Lahl,* 1992: Mediation. Verhandlungen als Mittel der Konsensfindung bei Umweltstreitigkeiten. Bonn: Economica.
Gessner, Wolfgang, und *Ruth Kaufmann-Hayoz,* 1995: Die Kluft zwischen Wollen und Können. S. 11-25 in: *Urs Fuhrer* (Hg.): Ökologisches Handeln als sozialer Prozeß. Basel: Birkhäuser.
Habermas, Jürgen, 1983: Diskursethik – Notizen zu einem Begründungsprogramm. S. 52-124 in: *Ders.*: Moralbewußtsein und kommunikatives Handeln. 4. Auflage. Frankfurt a.M.: Suhrkamp.
Habermas, Jürgen, 1971: Vorbereitende Bemerkungen zu einer Theorie der kommunikativen Kompetenz. S. 101-141 in: *Jürgen Habermas* und *Niklas Luhmann* (Hg.): Theorie der Gesellschaft oder Sozialtechnologie. Was leistet die Systemforschung? Frankfurt a.M.: Suhrkamp.
Häfele, Wolf, Ortwin Renn und *Georg Erdmann,* 1990: Risiko, Unsicherheit und Undeutlichkeit. S. 373-423 in: *Wolf Häfele* (Hg.): Energiesysteme im Übergang – Unter den Bedingungen der Zukunft. Landsberg/Lech: Poller.
Hauff, Volker (Hg.), 1987: Unsere gemeinsame Zukunft. Der Brundtlandbericht der Weltkommission für Umwelt und Entwicklung. Greven: Eggenkamp.
Hauptmanns, Ulrich, Michael Herttrich und *Wolfgang Werner,* 1987: Technische Risiken: Ermittlung und Beurteilung. Berlin: Springer.
Hawley, Amos H., 1944: Ecology and Human Ecology, Social Forces 22: 398-405.
Hawley, Amos H., 1967: Theorie und Forschung in der Sozialökologie. S. 480-497 in: *René König* (Hg.): Handbuch der empirischen Sozialforschung. Band I. Stuttgart: Enke.
Hawley, Amos H., 1986: Human Ecology. A Theoretical Essay. Chicago: University of Chicago Press.
Harvey, B., und *J. D. Hallet,* 1977: Environment and Society. An Introductory Analysis. Cambridge: MIT Press.
Heap, Shaun H., Martin Hollis, Bruce Lyons, Robert Sugden und *Albert Weale,* 1992: The Theory of Choice. A Critical Guide. Oxford: Blackwell.
Heberlein, Thomas A., 1981: Environmental Attitudes, Zeitschrift für Umweltpolitik 4: 241-270.
Hilgartner, Stephen, 1992: The Social Construction of Risk Objects: Or, How to Pry Open Networks of Risk. S. 39-65 in: *James F. Short* und *Lee Clarke* (Hg.): Organizations, Uncertainty, and Risk. Boulder: Westview Press.
Hubig, Christian, 1993: Technikbewertung auf der Basis einer Institutionenethik. S. 282-307 in: *Hans Lenk* und *Günter Ropohl* (Hg.): Technik und Ethik. Zweite Auflage. Stuttgart: Reclam.
Illich, Ivan, 1975: Selbstbegrenzung: Eine politische Kritik der Technik. Reinbek bei Hamburg: Rowohlt.
Jonas, Hans, 1979: Das Prinzip der Verantwortung. Versuch einer Ethik für die technologische Zivilisation. Frankfurt a.M.: Suhrkamp.
Jonas, Hans, 1990: Das Prinzip Verantwortung. S. 166-181 in: *Mathias Schüz* (Hg.): Risiko und Wagnis: Die Herausforderung der industriellen Welt. Band 2. Veröffentlichung der Gerling Akademie. Pfullingen: Neske.
Joußen, Wolfgang, und *Armin G. Hessler* (Hg.), 1995: Umwelt und Gesellschaft. Eine Einführung in die sozialwissenschaftliche Umweltforschung. Opladen: Westdeutscher Verlag.
Kantrowitz, Arthur, 1995: The Separation of Facts and Values, Risk – Health, Safety & Environment 6: 105-110.
Kasperson, Roger E., Jean X. Kasperson, Billie L. Turner II, Kirstin Dow und *William B. Meyer,* 1995: Critical Environmental Regions: Concepts, Distinctions, and Issues. S. 1-41 in: *Roger E. Kasperson, Jean X. Kasperson* und *Billie L. Turner II* (Hg.): Regions at Risk. Comparisons of Threatened Environments. Tokio/New York/Paris: United Nations University Press.
Knie, Andreas, 1991: Diesel – Karriere einer Technik. Genese und Formierungsprozesse im Motorenbau. Berlin: Sigma.

Knorr, Karin D., 1981: Die Fabrikation von Wissen. Versuch zu einem gesellschaftlich relativierenden Wissensbegriff. S. 226-245 in: *Nico Stehr* und *Volker Meja* (Hg.): Wissenssoziologie. Sonderheft 22 der Kölner Zeitschrift für Soziologie und Sozialpsychologie. Opladen: Westdeutscher Verlag.
Koslowski, Peter, 1983: Markt- und Demokratieversagen? Grenzen individualistischer gesellschaftlicher Entscheidungssysteme am Beispiel der Umwelt- und Kernenergiefrage, Politische Vierteljahreszeitschrift 24: 166-187.
Lakatos, Imre, und *Alan Musgrave* (Hg.), 1970: Criticism and the Growth of Knowledge. Cambridge: Cambridge University Press.
Lenk, Hans, 1992: Über Verantwortungsbegriffe in der Technik. S. 112-148 in: *Hans Lenk* und *Günter Ropohl* (Hg.): Technik und Ethik. Zweite Auflage. Stuttgart: Reclam.
Lovins, Armory, 1977: Soft Energy Paths. Towards a Durable Peace. San Francisco/New York: Harper and Row.
Lowe, Philip D., und Wolfgang *Rudig*, 1986: Political Ecology and the Social Sciences – The State of the Art, British Journal of Political Science 16: 513-550.
Luce, R. Duncan, und *Howard Raiffa*, 1957: Games and Decisions. New York: John Wiley.
Luhmann, Niklas, 1981: Allgemeine Theorie sozialer Systeme. S. 11-177 in: *Ders.*: Soziologische Aufklärung. Band 3. Opladen: Westdeutscher Verlag.
Luhmann, Niklas, 1984: Soziale Systeme. Grundriß einer allgemeinen Theorie. Frankfurt a.M.: Suhrkamp.
Luhmann, Niklas, 1986: Ökologische Kommunikation. Kann die moderne Gesellschaft sich auf ökologische Gefährdungen einstellen? Opladen: Westdeutscher Verlag.
Luhmann, Niklas 1991: Soziologie des Risikos. Berlin: De Gruyter.
Luhmann, Niklas, 1993: Risiko und Gefahr. S. 138-185 in: *Wolfgang Krohn* und *Georg Krücken* (Hg.): Riskante Technologien: Reflexion und Regulation. Frankfurt a.M.: Suhrkamp.
Machlis, Gary, 1989: Managing Parks as Human Ecosystems. S. 255-273 in: *Irwin Altman* (Hg.): Public Places and Spaces. Heft 10 der HBE Series. New York: Plenum.
Markowitz, Jürgen, 1991: Kommunikation über Risiken: Eine Problemskizze. Manuskript. Bielefeld: Universität Bielefeld.
Mayntz, Renate, Hans-Ulrich Derlien, Eberhard Bohne, Bernd Hesse, Jochen Hucke und *Alexander Müller*, 1978: Vollzugsprobleme der Umweltpolitik. Empirische Untersuchung der Implementation von Gesetzen im Bereich der Luftreinhaltung und des Gewässerschutzes. In: Rat der Sachverständigen für Umweltfragen (Hg.): Materialien zur Umweltforschung, Band 4. Stuttgart/Mainz: Kohlhammer.
Mazur, Allan, 1985: Bias in Risk-Benefit Analysis, Technology in Society 7: 25-30.
McCarthy, John D., und *Mayer N. Zald*, 1977: Resource Mobilization and Social Movements, American Journal of Sociology 82: 1212-1241.
Mohr, Hans, 1995: Qualitatives Wachstum. Losung für die Zukunft. Stuttgart/Wien: Weitbrecht.
Mosler, Hans-Joachim, 1995: Umweltprobleme: Eine sozialwissenschaftliche Perspektive mit naturwissenschaftlichem Bezug. S. 77-86 in: *Urs Fuhrer* (Hg.): Ökologisches Handeln als sozialer Prozeß. Basel: Birkhäuser.
Müllert, Norbert R. (Hg.), 1978: Sanfte Technik. Reinbek bei Hamburg: Rowohlt.
Münch. Richard, 1973: Kritizismus, Konstruktivismus, Marxismus. S. 131-177 in: *Hans Albert* und *Herbert Keuth* (Hg.): Kritik der kritischen Psychologie. Reinbek bei Hamburg: Rowohlt.
Olson, Robert L., 1994: Alternative Images of a Sustainable Future, Futures 26: 156-169.
Opp, Karl-Dieter, 1985: Sociology and Economic Man, Journal of Institutional and Theoretical Economics 141: 213-243.
O'Riordan, Timothy, 1983: The Cognitive and Political Dimension of Risk Analysis, Environmental Psychology 3: 345-354.
Parsons, Talcott, und *Edward A. Shils* (Hg.), 1951: Toward a General Theory of Action. Cambridge: Cambridge University Press.
Perrow, Charles, 1984: Normal Accidents. Living with High-Risk Technologies. New York: Basic.
Preuss, Sigrun, 1991: Umweltkatastrophe Mensch. Über unsere Grenzen und Möglichkeiten, ökologisch bewußt zu handeln. Heidelberg: Roland Asanger.
Rammert, Werner, 1993: Technik aus soziologischer Perspektive. Opladen: Westdeutscher Verlag.

Rayner, Steve, 1987: Risk and Relativism in Science for Policy. S. 5-23 in: *Branden B. Johnson* und *Vincent T. Covello* (Hg.): The Social and Cultural Construction of Risk. Dordrecht/Boston: Reidel.
Rayner, Steve, und *Robin Cantor,* 1987: How Fair is Safe Enough? The Cultural Approach to Societal Technology Choice, Risk Analysis 7: 3-13.
Renn, Ortwin, 1984: Risikowahrnehmung der Kernenergie. Frankfurt a.M.: Campus.
Renn, Ortwin, 1989: Risikowahrnehmung: Psychologische Determinanten bei der intuitiven Erfassung und Bewertung von Risiken. S. 167-192 in: *Gerhard Hosemann* (Hg.): Risiko in der Industriegesellschaft: Analyse, Vorsorge, Akzeptanz. Erlangen: Erlanger Universitätsbibliothek.
Renn, Ortwin, 1992: Concepts of Risk: A Qualification, S. 53-82 in: *Sheldon Krimsky* und *Dominic Golding* (Hg.): Social Theories of Risk. Westport: Praeger.
Renn, Ortwin, 1993: Technik und gesellschaftliche Akzeptanz: Herausforderungen der Technikfolgenabschätzung, GAIA, Ecological Perspectives in Science, Humanities, and Economics 2: 69-83.
Renn, Ortwin, 1995: Styles of Using Scientific Expertise: A Comparative Framework, Science and Public Policy 22: 147-156.
Renn, Ortwin, 1996: Ökologisch denken – sozial handeln. Die Realisierbarkeit einer nachhaltigen Entwicklung und die Rolle der Kultur- und Sozialwissenschaften. S. 79-118 in: *Hans G. Kastenholz, Karl-Heinz Erdmann* und *Manfred Wolff* (Hg.): Nachhaltige Entwicklung. Zukunftschancen für Mensch und Umwelt. Berlin: Springer.
Renn, Ortwin, Thomas Webler, Horst Rakel, Peter Dienel und *Branden B. Johnson,* 1993: Public Participation in Decision Making: A Three-Step Procedure, Policy Science 26: 189-214.
Renn, Ortwin, und *Thomas Webler,* 1994: Konfliktbewältigung durch Kooperation in der Umweltpolitik – Theoretische Grundlagen und Handlungsvorschläge. S. 11-52 in: *Umweltökonomische Studenteninitiative OIKOS an der Hochschule St. Gallen* (Hg.): Kooperationen für die Umwelt. Im Dialog zum Handeln. Zürich: Ruegger Verlag.
Roberts, Karlene H. (Hg.): New Challenges to Understand Organizations: High Reliability Organizations. New York: Macmillan.
Rochlin, Gene, 1993: Defining 'High Reliability' Organizations in Practice: A Taxonomatic Prolegomena. S. 114-137 in: *Karlene H. Roberts* (Hg.): New Challenges to Understand Organizations: High Reliability Organizations. New York: Macmillan.
Rubin, David M., 1987: How the News Media Reported on Three Mile Island and Chernobyl, Communication 37: 42-57.
Rucht, Dieter 1994: Modernisierung und neue soziale Bewegungen. Deutschland, Frankreich und USA im Vergleich. Frankfurt a.M.: Campus.
Sandbach, Francis, 1978: The Rise and Fall of the Limits to Growth Debate, Social Studies of Science 8: 495-520.
Schnaiberg, Alan, 1980: The Environment: From Surplus to Scarcity. New York und Oxford: Oxford University Press.
Schrader-Frechette, Kristin, 1995: Evaluating the Expertise of Experts, Risk: Health, Safety & Environment 6: 115-126.
Schumacher, Eugen F., 1973: Small is Beautiful. A Study of Economics as if People Mattered. London: Blond and Briggs. [deutsche Übersetzung: *Eugen F. Schumacher,* 1977: Die Rückkehr zum menschlichen Maß. Alternativen für Wirtschaft und Technik. Reinbek bei Hamburg: Rowohlt].
Seiderberg, Peter C., 1984: The Politics of Meaning: Power and Explanation in the Construction of Social Reality. Tucson: University of Arizona Press.
Sharlin, Harold I., 1987: Macro-Risks, Micro-Risks, and the Media: The EDB Case. S. 183-197 in: *Branden B. Johnson* und *Vincent T. Covello* (Hg.): The Social and Cultural Construction of Risk. Dordrecht/Boston: Reidel.
Short, James F., und *Lee Clarke* (Hg.), 1992: Organizations, Uncertainties, and Risk. Boulder: Westview Press.
Spada, Hans, 1990: Umweltbewußtsein: Einstellung und Verhalten. S. 623-631 in: *Lenelies Kruse, Carl-Friedrich Graumann* und *Ernst-Dieter Lantermann* (Hg.): Ökologische Psychologie. München: Psychologische Verlagsunion.
Slovic, Paul, 1987: Perception of Risk, Science 236: 280-285.

Treml, Anton K., 1993: Über den Zufall. Ein Kapitel Philosophiegeschichte. S. 9-44 in: *Evangelische Akademie Baden* (Hg.): Gott würfelt (nicht)! Chaos, Zufall, Wissenschaft und Glaube. Herrenalber Forum Band 6. Karlsruhe: Evangelischer Presseverband.

Treml, Anton K., 1990: Über den Zufall, Universitas 45: 826-837.

Tyler Miller, George, 1990: Resource Conservation and Management. Belmont: Wadsworth.

van den Daele, Wolfgang, 1992: Concepts of Nature in Modern Societies. S. 526-560 in: *Meinolf Dierkes* und *Bernd Biervert*, (Hg.): European Social Science in Transition. Frankfurt a.M.: Campus und Westview Press.

von Weizsäcker, Ernst Ulrich, 1992: Erdpolitik. Ökologische Realpolitik an der Schwelle zum Jahrhundert der Umwelt. 3. Auflage. Darmstadt: Wissenschaftliche Buchgesellschaft.

Vornholz, Günter, 1994: Zur Konzeption einer ökologisch tragfähigen Entwicklung. Marburg: Metropolis.

Warren, Mark E., 1993: Can Participatory Democracy Produce Better Selves? Psychological Dimensions of Habermas Discursive Model of Democracy, Political Psychology 14: 209- 234.

Webler, Thomas, 1995: 'Right' Discourse in Citizen Participation: An Evaluative Yardstick. S. 35-86 in: *Ortwin Renn, Thomas Webler* und *Peter Wiedemann* (Hg.): Competence and Fairness in Citizen Participation. Dordrecht: Kluwer.

Weichart, Peter, 1989: Die Rezeption des humanökologischen Paradigmas. S. 46-56 in: *Bernhard Glaeser* (Hg.): Humanökologie. Opladen: Westdeutscher Verlag.

Wiesenthal, Helmut, 1982: Alternative Technologie und gesellschaftliche Alternativen. S. 48-78 in: *Gotthard Bechmann, Helga Nowotny, Werner Rammert, Otto Ullrich* und *Richard Vahrenkamp* (Hg.): Technik und Gesellschaft. Jahrbuch 1. Frankfurt a.M.: Campus.

Wildavsky, Aaron, 1984: *Die Suche nach einer fehlerlosen Risikominderungsstrategie. S. 224-233 in: Siegfried Lange (Hg.): Ermittlung und Bewertung industrieller Risiken. Berlin: Springer.*

Wynne, Brian, 1992: Risk and Social Learning: Reification to Engagement. S. 275-297 in: Sheldon Krimsky und Dominic Golding (Hg.): Social Theories of Risk. Westport: Praeger.

II.
Theoretische Perspektiven

DER SYSTEMISCHE ANSATZ DER UMWELTSOZIOLOGIE

Anatol Rapoport

Zusammenfassung: Ein System läßt sich informell definieren als ein Teil der Welt, das dauerhaft als „es selbst" erkannt wird, obschon es sich dauernd innerlich verändert. An einem so definierten System lassen sich drei wichtige Aspekte unterscheiden: Struktur, Verhalten und Evolution. Eine allgemeine Systemtheorie, welche auf dieser Konzeption beruht, verfolgt Analogien und evolutionäre Homologien zwischen diesen drei Systemaspekten auf unterschiedlichen Organisationsstufen. In der Welt der Lebewesen betrifft das die Zelle, das Organ, den Organismus, die Art (und höhere Gattungen), das Ökosystem; in der menschlich-sozialen Welt die Familie, die Gruppe, die Gemeinschaft, die Gesellschaft und Kultur, das internationale System usw. Dieser Ansatz wird durch einen Vergleich zwischen der Evolution materieller Systeme (Artefakte, Technologien) und derjenigen immaterieller Systeme (Sprachen, Institutionen) verdeutlicht. Schließlich werden mögliche Verläufe der Evolution der Menschheit als eines biologisch-sozial-kognitiven Systems, das in ein Ökosystem eingebettet ist, mittels Computersimulationen untersucht und unterschiedliche Zukunftsmöglichkeiten verglichen.

I. Einleitung

Der systemische Ansatz der Sozialwissenschaften ist vor allem dadurch gekennzeichnet, daß er nicht reduktionistisch ist. Die Bedeutung einer nicht reduktionistischen Vorgehensweise läßt sich am besten in der Gegenüberstellung mit dem Reduktionismus erkennen, einer ungemein wirkungsvollen Antriebskraft bei der Entwicklung der modernen Wissenschaften.

Der Reduktionismus versucht, die Konzepte einer Fachrichtung zurückzuführen auf solche einer anderen Disziplin, welche auf strenger formulierten Theorien basiert, etwa Chemie auf Physik, Physiologie auf Biochemie oder einige Teilgebiete der Psychologie auf Neuroanatomie oder Neurophysiologie. Die Stärke dieses Ansatzes rührt daher, daß die Reduktion (falls sie gelingt) die Disziplin auf solidere methodologische Grundlagen stellt, mit weniger Grundbegriffen und weniger allgemeinen „Gesetzen". In diesem Sinne hat unter allen Naturwissenschaften die Physik die verläßlichsten Fundamente. Die Liste ihrer Grundbegriffe (Raum, Zeit, Masse, Energie, Entropie, Feld) ist am kürzesten, ebenso wie die Liste ihrer grundlegenden Gesetze (Erhaltung von Masse und Energie, allgemeine Gravitation, Ausbreitung elektrodynamischer Felder).

Ein berühmter neuerer reduktionistischer Ansatz zur Betrachtung sozialer Phänomene ist das Rational Choice-Paradigma. Er läßt sich charakterisieren als ein Versuch, große Bereiche der Sozialwissenschaften und der Psychologie auf Grundlagen zu stellen, auf die sich die Ökonomie stützt. In der Tat sind die methodologischen Fundamente der Ökonomie strikter als die anderer Sozialwissenschaften. Ökonomische Grundbegriffe, wie etwa

Produktion, Konsum, Handelsvolumen, Beschäftigtenrate, Steuersätze etc. sind (wie die der Physik) konkret quantifizierbar. Darüber hinaus werden Hypothesen über die Beziehungen zwischen diesen Größen oft in die Form mathematischer Modelle gekleidet, welche strikt deduktive Schlüsse zulassen, die zu konkreten, quantitativ formulierten Voraussagen führen. Bestätigungen oder Widerlegungen solcher Voraussagen bilden die Bausteine einer Theorie im exakten Sinne des Wortes. (In der Mathematik, der exaktesten Wissenschaft, ist eine Theorie eine Zusammenstellung von Theoremen.)

Das Prestige des Reduktionismus als der stärksten Kraft bei der Weiterentwicklung wissenschaftlicher Erkenntnis gipfelte in den großartigen Erfolgen der Himmelsmechanik. Laplace bemerkte einst, falls irgendein Wesen imstande wäre, die Positionen und Geschwindigkeiten aller Teilchen zu erfassen, aus denen das Universum bestehe, es jeglichen zukünftigen Zustand des Universums von nun an bis in alle Ewigkeit genau voraussagen könnte. Beachten Sie das dieser Sichtweise zugrundeliegende reduktionistische Postulat! Letztlich, so wird angenommen, besteht das Universum aus Materieteilchen. Der Zustand des Universums ist zu jedem Zeitpunkt eine Konfiguration dieser Teilchen. Aufeinanderfolgende Konfigurationen resultieren aus deren Bewegungen. Bewegungen unterliegen den Bewegungs- und den allgemeinen Gravitationsgesetzen. Ebenso bemerkenswert ist Laplaces Antwort auf Napoleons Frage, warum in seiner Himmelsmechanik der Schöpfer nicht erwähnt werde: „Sire, dieser Hypothese bedurfte ich nicht."

Lassen Sie uns zur Illustration der Grenzen des Reduktionismus und der Umgehung solch einer Begrenztheit ein Experiment eines behavioristischen Psychologen betrachten, welches angeblich den Prozeß des Lernens auf konditionierte Reaktionen zurückführt. Eine Ratte „lernt" in einer Reihe von erfolgreichen und erfolglosen Versuchen, an Nahrungspellets zu gelangen, indem sie den richtigen Hebel drückt. Das Protokoll des Experiments enthält vielleicht Sätze wie: „Das Licht ging an; das Versuchsobjekt drückte den Hebel (oder drückte ihn nicht); ein Pellet wurde (oder wurde nicht) herausgegeben; das Versuchssubjekt aß das Pellet; etc." Solche Sätze werden im wesentlichen als „elementare" Aussagen angesehen. Es ist nicht nötig, sie auf dahinterliegende Aussagen zurückzuführen, etwa die Aussage „Die Ratte drückte den Hebel" oder „Die Ratte aß das Pellet" in sie konstituierende Ereignisse wie beispielsweise Muskelkontraktionen oder neurale Impulse, welche die Muskelkontraktionen auslösen, zu zerlegen. Gleichwohl lassen sich einige dieser Ereignisse durchaus zerlegen. „Ein Nahrungspellet wurde herausgegeben" läßt sich beispielsweise in eine Sequenz von Ereignissen zerlegen, welche den Mechanismus des Herausgebens beschreiben, die Wirkung der Gravitation auf das herunterfallende Pellet etc.

Dem Unterschied zwischen diesen beiden Arten von Ereignissen wird kaum Aufmerksamkeit geschenkt. Will man jedoch verstehen, wo der Reduktionismus an seine Grenzen stößt und Wege finden, hier weiterzukommen, so ist dieser Unterschied von Wichtigkeit. Die Ereignisse, aus denen sich die Herausgabe des Pellets zusammensetzt (der Ablauf des Mechanismus) sind jedesmal nahezu identisch, und es läßt sich zeigen, daß sie Konsequenzen bekannter physikalischer Gesetze sind. In der Tat lassen sie sich detailliert beschreiben, denn der Mechanismus wurde eigens konstruiert, um sie hervorzurufen. Die Ereignisse, aus denen das Drücken des Hebels durch die Ratte (ein lebender Organismus) oder das Essen besteht, lassen sich hingegen so nicht zerlegen. Höchstwahrscheinlich wird die Sequenz der Muskelkontraktionen, aus denen diese Ereignisse bestehen, bei jedem Eintreten recht unterschiedlich sein. Diese Unterschiede werden nicht zur Kenntnis genommen. Sämtliche Vorkommnisse werden unter einer Aussage wie „Die Ratte drückte den Hebel" oder „Die Ratte aß das Pellet" subsumiert. Und tatsächlich *müssen* auch alle entsprechenden Vorkommnisse als das Eintreten „desselben" Ereignisses interpretiert werden, damit ihre relative Häufigkeit im Verlauf des Experiments einen Sinn ergibt. Schließlich basiert die Theorie der konditionierten Reaktionen (die in erster Linie den behavioristischen Psychologen zu seinem Experiment inspirierte) ja gerade auf diesen Häufigkeiten.

Somit werden die Grenzen des Reduktionismus in diesem Fall umgangen, nämlich durch einen Akt des *Erkennens*. Das Erkennen eines Ereignisses als „Drücken eines Hebels" oder „Essen eines Pellets" ist es, welches uns erlaubt, alle diese Ereignisse, wie unterschiedlich sie in ihren einzelnen Bestandteilen auch sein mögen, als Eintreten „desselben" Ereignisses anzusehen. Solche Akte des Erkennens sind so alltäglich, daß wir kaum einen Gedanken an sie verschwenden. Aber in der Entwicklung des systemischen Ansatzes zur Betrachtung sozialer Phänomene spielen sie eine entscheidende Rolle.

Die fundamentale Rolle des Erkennens wird deutlich in der Geschichte der Biologie. Im Gegensatz zur Physik, die mit systematischen Untersuchungen von Ursachen und Wirkungen anfing, begann die Biologie mit Klassifizieren, insbesondere mit *hierarchischer* Klassifikation: Arten wurden als zugehörig zu Gattungen klassifiziert, Gattungen als zugehörig zu Familien, Ordnungen, Klassen, Stämmen. Und wirklich war es diese Klassifikation, die auf von pragmatischen Erwägungen losgelösten Beobachtungen gründet, welche die Geburt der wissenschaftlichen Biologie markiert. Die Einteilung der Tiere in „gefährliche", „eßbare" oder schlicht „große" wich dem Erkennen fundamentalerer struktureller oder physiologischer Merkmale. Beispielsweise wurde erkannt, daß eine Maus und ein Nashorn einander mehr ähneln als jedes von ihnen einem Frosch, obwohl die Maus größenmäßig eher einem Frosch gleicht als einem Nashorn. Schließlich wurden Ereignisse von so unterschiedlicher Erscheinungsform wie die Kopulation von Nashörnern und die Bestäubung einer Lilie als Vorkommnisse des im wesentlichen „selben" Ereignisses erkannt, nämlich der Befruchtung. Später, im Lichte der Evolutionstheorie, wurde deutlich, daß der Flügel einer Mücke und der Flügel eines Albatrosses viel weiter auseinanderliegen als die Kopulation von Nashörnern und die Bestäubung einer Lilie. Letztere sind homologe Akte (sie haben einen gemeinsamen evolutionären Ursprung), während erstere bloß analoge Strukturen sind (sie dienen derselben Funktion).

Diese Beispiele illustrieren die bei der Entwicklung der Biologie so wesentliche Rolle des Erkennens, einer kognitiven Dimension, welche in der Physik nirgendwo eine vergleichbar bedeutende Rolle spielt. Dort ist andererseits mathematische Deduktion von weit größerer Bedeutung als in der Biologie. Wie wir sehen werden, widerspiegelt sich dieser Unterschied in einem unterschiedlichen reduktionistischen Potential in den Sozialwissenschaften.

II. Verschiedene Konzeptionen von System

In der Physik wird ein System streng definiert als eine Menge von Relationen zwischen den Elementen einer Menge von Variablen. Die Menge der augenblicklichen Werte dieser Variablen definiert den *Zustand* des Systems. Der Verlauf des Zustands im Laufe der Zeit definiert eine *Trajektorie*. Ziel der Theorie ist es, bei gegebenem Ausgangszustand des Systems Trajektorien vorherzusagen. In der Biologie ist die Definition eines Systems weit weniger exakt. Sie variiert in verschiedenen Zusammenhängen. Ein gemeinsames Kriterium für System ist vielleicht, daß ein System etwas ist, das trotz weitreichender innerer Veränderungen als „es selbst" erkannt werden kann. Diese Definition paßt zu dem Konzept eines lebenden Organismus, dessen materielle Bestandteile (durch Stoffwechselprozesse) auch vollständig ausgetauscht werden können, ohne daß seine „Identität" dadurch beeinträchtigt würde. In der Tat scheint die Erhaltung der Identität die wichtigste Eigenschaft eines so definierten Systems zu sein. Wenn die Definition auch nicht exakt ist, so ist sie doch intuitiv annehmbar. So spüren wir ja alle, daß wir Paradebeispiele von Systemen in diesem Sinne sind. Jeder von uns hat (durch Erinnerungen) ein direktes „inneres" Wissen um seine Identität (durch Erinnerungen), welche während eines ganzen Lebens, trotz weitreichender innerer Veränderungen, erhalten bleibt.

Die Erweiterung dieses Konzeptes von System ergibt den systemischen Ansatz der Sozialwissenschaften. Er wurde von Gerard (1958) schematisiert. Eine Hierarchie von „lebenden Systemen" wird durch die Zeilen einer Matrix dargestellt. Die Auswahl der niedrigsten Stufe ist beliebig. Gerard wählte die Zelle. Zellen sind Untersysteme von Organen oder Geweben eines lebenden Organismus; diese wiederum sind Untersysteme von Individuen. Individuelle Menschen bilden zusammenhängende Gruppen, beispielsweise Familien, Arbeitsgruppen, Stämme. Im Verlauf der Zivilisation entstanden sehr große Konglomerate in Form von Institutionen, Korporationen, Staaten, Allianzen, dem internationalen System. Auf diese Weise verbanden sich im Kontext der menschlichen Geschichte biologisch definierte Systeme mit sozial oder kulturell definierten und boten so Gelegenheit, die Methoden von Biologie und Sozialwissenschaften miteinander zu verknüpfen.

In diesem konzeptionellen Schema nehmen die Spalten von Gerards Matrix eine zentrale Rolle ein. Sie stellen drei Aspekte eines Systems dar: Struktur, Funktion (bzw. Verhalten) und Evolution, oder, wie Gerard zu sagen pflegte, sein, handeln und werden.

In die Zellen der Matrix werden Namen von Fachgebieten eingetragen, die mit einem bestimmten Aspekt und einer bestimmten Organisationsstufe befaßt sind. Zytologie etwa befaßt sich mit der Struktur einer Zelle, Anatomie mit der Struktur eines individuellen Organismus, Soziologie mit der Struktur einer Gesellschaft. Physiologie behandelt das Verhalten eines Organs, Politikwissenschaft Struktur und Verhalten eines Staates. In der Embryologie geht es um die „Evolution" eines individuellen Organismus von der Keimzelle zum Nachkommen, in der Entwicklungsbiologie um die Evolution eines Menschen von der Kindheit bis zum Erwachsensein, in der Geschichte um die Evolution einer Gesellschaft, einer Kultur oder der Menschheit.

Versuche zur Formulierung einer „allgemeinen Systemtheorie" wurden großenteils angeregt durch die Notwendigkeit, der extremen Spezialisierung der wissenschaftlichen Disziplinen entgegenzuwirken, welche Kommunikationsbarrieren unter den Wissenschaftlern schuf. Gerards Versuch, verschiedene Fachrichtungen von Biologie und Sozialwissenschaften zu verknüpfen, stützt sich auf Analogiebildung als ein mögliches einigendes Prinzip.

Analogiebildung ist natürlich ein im alltäglichen Leben gängiger Kognitionsmodus, genaugenommen die Basis jeglichen Erkennens und Klassifizierens. Auch in der Dichtung, wo ästhetisches Vergnügen durch das plötzliche Erkennen von Ähnlichkeiten zwischen höchst ungleichartigen Dingen, Bedingungen oder Vorgängen hervorgerufen wird, spielt sie eine wesentliche Rolle. Die Analogien, welche die allgemeine Systemtheorie herstellt, unterscheiden sich von jenen, die im Alltag oder in der Dichtung erkannt werden, darin, daß sie sich auf wichtige, wissenschaftlich abgesicherte Einsichten stützen. Nach einem volkstümlichen Glauben entdeckte Newton das Gravitationsgesetz, als er einen Apfel vom Baum fallen sah. Aber so war es nicht. Newtons Frage war nicht, warum der Apfel fällt, sondern, warum der Mond nicht fällt. Die Antwort auf die zweite Frage lautete, daß der Mond *durchaus* „fällt". Der einzige Unterschied zwischen dem Fallen des Apfels und dem des Mondes liegt darin, daß die Bahn des Apfels die Erdoberfläche trifft, die des Mondes hingegen nicht.

In der allgemeinen Systemtheorie bemüht man sich sehr um das Aufspüren von Analogien zwischen Struktur-, Verhaltens- und Evolutionsaspekten auf verschiedenen Organisationsstufen. Das wohlbekannte Diktum „die Ontogenese wiederholt die Phylogenese" beispielsweise bezieht sich auf beobachtete Ähnlichkeiten zwischen der Entwicklung eines Embryos und der Evolution einer Spezies. Es erhebt sich die Frage, ob diese Ähnlichkeiten weiteres Licht auf Evolutionsmechanismen werfen können, etwa auf die Transformation von Funktionen. Wie wir sehen werden, spielt die Transformation von Funktionen in der Evolution von Institutionen in menschlichen Gesellschaften eine wichtige Rolle.

Parallelen zwischen evolutionären Prozessen sind in der allgemeinen Systemtheorie besonders wichtig. Der Begriff System (etwas, das trotz weitreichender interner Veränderungen als es selbst erkennbar ist) umfaßt mehr als konkrete lebende Systeme oder soziale Organisationen. Er läßt sich auch auf immaterielle Systeme anwenden, etwa auf Sprachen. Zwischen der Evolution von Spezies und der Evolution von Sprachen gibt es verblüffende Parallelen. Ihre jeweiligen „Familienbäume" zeigen die gleiche Verzweigungsstruktur. Verzweigungspunkte sind gemeinsame Vorfahren, z.B. proto-indoeuropäisch, finnisch-ugrisch. Die Äste sind Abkömmlinge (z.B. lateinisch, gotisch etc.), welche ihrerseits in die romanische, die germanische und die slawische Gruppe verzweigen und dann in französisch, schwedisch, russisch etc., genau wie sich Stämme in Klassen verzweigen, diese in Ordnungen, Familien, Gattungen, Arten. Wie die Evolutionstheorie ist auch die Linguistik weitgehend damit befaßt, diesen Herkunftslinien und Verzweigungen nachzugehen. Natürlich stellt sich beim Erkennen dieser Analogien die Frage, wie weit man sie treiben kann. Lassen sich zum Beispiel in der Evolution von Sprachen Evolutionsmechanismen identifizieren, die jenen von Mutation und natürlicher Selektion analog sind? Vielleicht nicht, wenn man in einer Sprache das Analogon zu einem individuellen Organismus sieht. Die Zahl existierender Sprachen ist verschwindend gering, verglichen mit der Zahl individueller Organismen, jenen Einheiten, auf die der Mechanismus der natürlichen Selektion direkt einwirkt. Außerdem läßt sich das Teilen von Sprachen kaum mit der Reproduktion von Organismen vergleichen, wo es um reproduktive Vorteile als endgültiges Maß für „Fitness" geht.

Wählt man hingegen den Laut als elementare Einheit, auf die etwas der natürlichen Selektion Analoges wirken könnte, so läßt sich ein der natürlichen Selektion analoger Prozeß durchaus vorstellen. Nehmen wir die Imitation eines von einem Sprecher hervorgebrachten Lauts durch andere Sprecher, zum Beispiel durch Kinder, die sprechen lernen, als Analogon zur Reproduktion eines Organismus. Zeitweilig ist die Imitation nicht genau. Das ist „Mutation". Ein modifizierter Laut läßt sich vielleicht leichter artikulieren, ohne signifikanten Verlust der von ihm übermittelten Information. Dann können wir annehmen, daß er von weiteren Sprechern imitiert wird und also einen „reproduktiven Vorteil" aufweist. Schließlich wird der modifizierte Laut vielleicht ganz und gar dominant und ersetzt das Original. Als Beweis eines solchen Vorgangs beachte man die „Überbleibsel" in der englischen Rechtschreibung – stumme „gh"s oder „k"s, wie in „daughter" oder „knave" (vergleiche die deutschen Worte „Tochter"und „Knabe", bei denen „ch" und „k" ausgesprochen werden). Es ist naheliegend zu vermuten, daß sich diese Überbleibsel im Schriftbild erhielten, nachdem sie in der Sprache verlorengegangen waren, da Schreiben, als formal unterrichteter Vorgang, ein konservativerer Prozeß ist. Ähnliche elementare Einheiten lassen sich auf der syntaktischen und der semantischen Ebene einer Sprache identifizieren (wenn man im Mittelalter unter eine Haube schaute, fand man darunter ein Frauenzimmer, heute findet man einen Motor).

Deshalb können wir von einem „quasi-darwinistischen" evolutionären Prozeß reden, welcher auf Sprachen einwirkt, wobei die Kriterien für einen solchen Prozeß eine identifizierbare reproduktive Einheit und ein darauf wirkendes Analogon zu natürlicher Selektion sind.

Es läßt sich auch ein „nicht-darwinistischer" evolutionärer Prozeß definieren als einer, in dem „Fitneß" gleichgesetzt wird mit der Fähigkeit, in einer sich wandelnden Umgebung Identität zu erhalten. Ein Beispiel für solche Prozesse ist die Evolution von Institutionen. Nehmen wir eine Bank, eine Universität oder ein Regiment. Verschieben wir vorerst die Frage nach den Kriterien für eine „Identität", welche jede dieser Institutionen bewahrt. Nehmen wir an, die Bedeutung von „Identität" sei in jedem Falle wohldefiniert. Jede dieser Institutionen unterliegt einem dauernden Wandel, indem ihr Personal wechselt, so wie die materiellen Komponenten eines lebenden Organismus laufend durch metabolische Prozesse ausgetauscht werden. Die Institution erhält ihre Lebensfähigkeit so lange, wie sie an ihre Umgebung angepaßt bleibt. Die Bank behält ihre Kapitalanlagen bei, die Universität ihre Fachbereiche und ihre Reputation, das Regiment seine Traditionen und seinen Platz in den Streitkräften eines Staates.

Stellen wir uns nun der Frage, was denn „Erhaltung der Identität" heißen soll. In diesen Kontexten können keine expliziten, operational präzisen Definitionen von „Identität" gegeben werden. Die Bedeutung läßt sich nur durch einen Appell an die Intuition angeben. Ich nehme an, Leserinnen und Leser wissen, was ich meine, wenn ich sage, daß sie sie selbst bleiben. Weitere Erklärungen sind weder möglich noch nötig, da das Erkennen der Identität sozial definierter Gebilde eine subjektive Angelegenheit ist. Die britische Monarchie, die katholische Kirche, China bleiben „sie selber" solange eine genügende Anzahl Leute finden, das sei so, und über sie reden können, als ob es so sei (und dabei verstanden werden). Bei psychologischen Zuständen ist die Situation in gewisser Weise ähnlich. Ich kann darüber reden, wie Ammoniak riecht und wie sich Samt anfühlt, über Zahnweh und Orgasmus, und werde von jedem, der diese Erfahrungen kennt, eindeutig verstanden. Müßte ich aber diese Sinneserfahrungen „objektiv" definieren, so wäre ich völlig verloren. Solche Beispiele illustrieren die Grenzen, an die der Reduktionismus stößt. Es charakterisiert eine kognitive Modalität der Sozialwissenschaften (und zu einem gewissen Grad der Biologie), daß sie über eine derartige Begrenztheit hinauszugehen vermag. In der Physik spielt diese Modalität (intuitives Erkennen) keine namhafte Rolle. Es ist übrigens genau diese kognitive Modalität, die Max Weber „empathisches Verstehen" genannt hat.

Betrachten wir zur Veranschaulichung „nicht-darwinistischer" Evolution die Entwicklung einer Institution, die in der Kulturgeschichte der Menschen eine zentrale Rolle gespielt hat, nämlich der Institution des Krieges.

Die frühesten Kriege waren wahrscheinlich im großen und ganzen Völkermorde. Im Alten Testament lesen wir: „Aber in den Städten dieser Völker hier, die dir der Herr, dein Gott, zum Erbe gegeben hat, sollst du nichts leben lassen, was Odem hat" (5. Buch Mose, 20: 16).

Die alten Hebräer waren ein Nomadenvolk, das anstrebte, auf bebaubarem Land seßhaft zu werden. Alles verfügbare Land war bereits besiedelt. Der einfachste Weg, zu Land zu kommen, bestand darin, es von seinen Bewohnern freizumachen, so wie man bewaldetes Land von seinem Bewuchs freimacht. Beachten Sie aber, daß dieses „Freimachen" als ein Befehl Gottes rationalisiert wurde, möglicherweise zur Unterdrückung von Hemmungen gegen das Töten von Wesen der eigenen Spezies, welche wir wahrscheinlich mit andern Säugetieren gemein haben.

Im Nahen Osten erfordert eine Landwirtschaft großen Stils künstliche Bewässerung und damit öffentliche Bauarbeiten. Die Einrichtung der Sklaverei kam wahrscheinlich als eine Anpassung an chronischen Arbeitskräftemangel auf. Der Völkermord machte der Versklavung eroberter Völker Platz. Im Zeitalter der Weltreiche ersetzte Besteuerung die Versklavung. Der Krieg wurde zu einem mit der Administration verbundenen Beruf und, wie die Administration, zu einer Möglichkeit für Karrieren.

Überspringen wir etwa zweitausend Jahre, so stellen wir fest, daß sich der Krieg auf bewundernswerte Weise dem im Westfälischen Frieden geschaffenen europäischen Staatensystem angepaßt hat. Die europäischen dynastischen Kriege des 18. Jahrhunderts wurden um weit begrenztere Ziele geführt als die großen Kriege, die ihnen vorausgingen oder folgten – typischerweise ging es darum, wessen Neffe der nächste Monarch irgendeines Staates werden sollte oder dergleichen. Sie wurden von äußerst gründlich ausgebildeten professionellen Kriegshandwerkern geführt, deren Verlust nicht leicht auszugleichen war. Infolgedessen waren diese „Kabinettskriege", wie sie genannt wurden, weit weniger destruktiv als die Kriege, an die wir uns gewöhnt haben. Der Unterschied läßt sich nicht allein auf den technologischen Unterschied zurückführen. Die Technologie der Punischen Kriege oder des Dreißigjährigen Krieges war primitiver als die des Europa des 18. Jahrhunderts; und doch war die durch jene Kriege angerichtete Zerstörung unvergleichlich schlimmer. Die Kabinettskriege, so scheint es, spiegelten eine Anpassung der Institution des Krieges an ein System wider, das die herrschenden Eliten unbedingt erhalten wollten, indem sie nämlich ein „Gleichgewicht der Mächte" erhielten. Dieses Konzept war seinerseits eingebettet in ein Grundprinzip der Erhaltung der Institution des Krieges. Es kam so weit, daß Krieg als eine normale, vorübergehende Phase in den Beziehungen zwischen Staaten angesehen wurde.

Bezeichnend ist der Fall der „Rettung" des am Ende des Siebenjährigen Krieges von der siegreichen Allianz entscheidend geschlagenen Preußen. Dieser Ausgang wird gewöhnlich einem historischen Zufall zugeschrieben, nämlich dem Tod von Kaiserin Elisabeth von Rußland, deren Nachfolger, Peter III., ein glühender Anhänger Preußens war. Es ist jedoch nicht unwahrscheinlich, daß Preußens Feinde auch sonst lange vor Preußens ernsthaftem Ruin innegehalten hätten. Das „System" mußte erhalten bleiben. Polen andererseits wurde bald danach geteilt, denn die Entstehung eines nach dem Muster des republikanischen Frankreich oder der Vereinigten Staaten geformten Staates war für das „System" eine klare Bedrohung.

Die Kriege, die von 1792 bis 1918 in Europa wüteten, mit ihren riesigen Armeen aus Pflichtsoldaten, mit ihrem Fahnenschwenken, Trompeteblasen und Trommeln, kurz: Kriege, die offensichtlich von Gefühlen angeheizt wurden, welche sich unter dem Begriff „Patriotismus" oder dessen bösartigen Varianten subsumieren lassen, markieren eine weitere Anpassung der Institution des Krieges an das soziale Milieu – damals den quasi-demokratischen Staat, der gekennzeichnet ist durch die weitverbreitete Fähigkeit des Lesens und Schreibens und die sich daraus ergebende Indoktrination durch die Massenmedien.

Gegen Ende des letzten Jahrhunderts schrieb der deutsche Historiker Heinrich von Treitschke (1897-98): „Es ist gerade der politische Idealismus, der die Kriege fordert, während der Materialismus sie verwirft. Was ist das für eine Verkehrung der Sittlichkeit, wenn man aus der Menschheit streichen will das Heldentum! Die Helden eines Volkes sind die Gestalten, welche die jugendlichen Gemüter erfreuen und begeistern, und unter den Schriftstellern bewundern wir als Knaben und Jünglinge die am meisten, deren Worte erklingen wie Trompetengeschmetter."

In seinem Vorwort zur englischen Übersetzung von Treitschkes Buch schrieb Arthur James Balfour (1916): „Politische Theorien waren seit Aristoteles immer, entweder in Harmonie oder durch Abgrenzung, der politischen Praxis ihrer Zeit verbunden; aber für keine Theorie trifft dies offenkundiger zu als für jene, die in diesen Bänden dargelegt ist. Vor 1870 hätte sie nicht niedergeschrieben werden können. Nichts irgendwie Ähnliches wird nach 1917 geschrieben werden."[1]

1870 bezieht sich auf die Geburt des von Preußen dominierten Deutschen Reiches, 1917 auf das Jahr, in dem Lord Balfour die Niederlage Deutschlands erwartete. Wirklich sagt diese Passage das Ende eines romantisierenden, heldischen Begriffs von Krieg voraus. Sein Tod folgte zwar nicht auf Deutschlands Niederlage 1918, aber 1945 war es dann vorbei mit der Verherrlichung des Krieges als eines heroischen oder romantischen Unternehmens oder als des höchsten Ausdrucks der „nationalen Seele". Damals wurde Krieg beinahe überall verabscheut. Die *Institution* des Krieges jedoch überlebte, sie hat einen neuen fruchtbaren psychologischen Boden gefunden.

Während der zweiten Hälfte unseres Jahrhunderts wurde die globale Kriegsmaschinerie durch einen Prozeß unterstützt, der durch positives Feedback vorangetrieben wurde, nämlich das Wachstum der Rüstungstechnologie. Das soziale Milieu, „ein fruchtbarer sozialer Boden" sozusagen, war jetzt durch Technolatrie (Anbetung der Technik) gegeben, eine Sucht, die vor allem in den USA weitverbreitet war und zweifellos in der zentralen Rolle wurzelte, die die beschleunigte Evolution der Technologie bei den militärischen und ökonomischen Erfolgen dieses Landes spielte. Es kann kein Zweifel daran bestehen, daß das plötzliche Aufblühen einer Kriegswirtschaft die Wirtschaftskrise der 30er Jahre beendete und daß Kürzungen in diesem Sektor in der amerikanischen Öffentlichkeit mit Stagnation, Arbeitslosigkeit und allen damit verbundenen Härten assoziiert werden.

So erscheint die Kriegswirtschaft (und mit ihr die Institution des Krieges) aus der Perspektive der konventionellen ökonomischen Lehre als eine Grundlage des Wohlstands. Aus der Perspektive des politischen „Realismus" erscheint sie als unverzichtbarer Garant

---

1 A.d.Ü.: Dieses und alle folgenden Zitate sind aus dem Original übersetzt.

der Sicherheit. Wird sie hingegen aus einer größeren systemischen Perspektive gesehen, so verflüchtigen sich diese Erklärungsmuster. Während aus der Sicht jeder der beiden Supermächte die raison d'être für ihre eigene Kriegsmaschinerie die Existenz der anderen zu sein schien, ließ sich aus *globaler* Sicht die Existenz *beider* Kriegsmaschinerien (als ein einziges System betrachtet) nur durch deren Existenz selbst rechtfertigen. In der Tat besteht letztlich die „Rechtfertigung" der Existenz eines Systems in seiner Lebensfähigkeit, einem Analogon zur Darwinschen „Fitneß". Das System existiert dank der Tatsache, daß es seine Identität aufrechterhält. Andererseits erscheint die globale Kriegsmaschinerie aus der Sicht der Menschheit (ebenfalls eines Systems) als ein Parasit. Dies ist keine bloße Redefigur. In der Welt der Biologie ist ein Parasit ein Organismus, der die Ressourcen seines Wirtes für eigenen Unterhalt und Wachstum benutzt, ohne irgendetwas zurückzugeben. Richtet sich ein Staat auf den Krieg ein, so können seine Aufwendungen immer noch (wenn auch bestreitbar) als Beitrag zur „Sicherheit" rationalisiert werden. Aber auf der globalen Ebene wird dieses Argument sinnlos: Die globale Kriegsmaschinerie bietet keine Sicherheit gegen sich selbst. Sie unterhält und beschützt nur sich selber.

Diese Betrachtung einer spezifischen Institution illustriert die Hauptzüge des systemischen Ansatzes. Sein Denkmodus rührt klar von jenem für die Biologie charakteristischen her, bei dem die evolutionäre Perspektive dominiert. Anpassung an die Umwelt wird als ein *sine qua non* für Existenz angesehen. Wie in der Evolutionstheorie Darwins wird eine teleologische Grundlage der Anpassung (wie sie beispielsweise für das Modell Lamarcks typisch ist) verworfen. In nicht-darwinistischen Modellen (für die das Evolutionsmodell des Systems Krieg ein Beispiel ist) wird aber auch der Begriff „Reproduktionsvorteil" als ein Synonym für Fitneß fallengelassen. Fitneß ist eine Folge einer inneren Organisation eines Systems, welche dessen Verhalten an der Schnittstelle mit seiner Umwelt bestimmt. Insbesondere kann die Anpassung einer Institution an ihre soziale Umwelt eine weitreichende Transformation ihrer Funktion mit sich bringen, wie es bei der Institution des Krieges, bei der Monarchie, bei vielen Religionen, bei Ausbildungseinrichtungen etc. der Fall gewesen ist.

Evolutionäre Modelle sozialer Prozesse unterscheiden sich in einer wichtigen Hinsicht von jenen nichtmenschlicher Systeme insofern, als die Wertdimension nicht aus der Analyse ausgeschlossen werden kann. Dies liegt nicht allein daran, daß der Sozialwissenschaftler (welcher solche Modelle baut) notwendig „in" der Welt ist, die er der Analyse unterzieht. Diesbezüglich kann man sich dem Ideal der „Objektivität" vielleicht annähern (mit einer ernsthaften Einschränkung, die weiter unten erwähnt werden wird). Daß Werte nicht ausgeschlossen werden können, hat seinen Grund darin, daß sie in dem von Sozialwissenschaftlern untersuchten Universum als wesentliche objektive Daten vorkommen, welche nicht ignoriert werden können. Um sich dies klarzumachen, vergegenwärtige man sich die verschiedenen Rollen, die aufgezeichnetes „Wissen" beim Studium der physikalischen Welt und bei der Untersuchung sozialer Ereignisse und Vorgänge spielt. Um die physikalische Welt zu verstehen, ist es nicht notwendig, zu lesen, was Galileo, Newton oder Einstein darüber geschrieben haben. Was davon heute an Kenntnissen über die physikalische Welt gültig ist, ist aus ihren Büchern herausdestilliert worden und läßt sich in jedem guten Lehrbuch nachschlagen. Will man aber die Geschichte sozialer Systeme und Prozesse verstehen, so ist Vertrautheit mit den Schriften von Aristoteles, Machiavelli, Hobbes oder Marx praktisch unerläßlich. Und dies ist nicht notwendig deshalb der Fall, weil das, was jene Denker geschrieben haben, „objektiv" wahr wäre. Ein großer Teil dessen, was sie geschrieben haben, mag falsch oder irrelevant sein. Aber Wahrheiten über Institutionen, soziale Prozesse oder die Lage des Menschen werden uns nicht vermittelt durch das, *was* sie geschrieben haben, sondern dadurch, *daß* sie *so* geschrieben haben, *als* sie schrieben. In dem Maß, wie ihre Schriften von spezifischen Sichtweisen der Welt durchdrungen sind, die von spezifischen Wertvorstellungen hervorgerufen wurden, sind diese Schriften wichtige Datenquellen, auf denen sich eine Theorie der sozialen Evolution aufbauen läßt.

Erinnern wir uns, daß unser Evolutionsmodell der Institution des Krieges wesentlich versuchte, die zu verschiedenen Zeiten vorherrschenden Wertsysteme zu erfassen, in denen sich die Anpassung des Systems Krieg an das zeitgenössische soziale Milieu widerspiegelte. Faktisch gab es eine Ko-Evolution der Wertsysteme, die in der Institution und ihren sozialen Milieus dominierten. Vergleichen Sie beispielsweise Treitschkes Konzeption des Krieges als einer Widerspiegelung von „Idealismus" anstatt von „Materialismus" mit derjenigen von Hitch und McKean. Diese Autoren stellen sich die Aufgabe, ein System der Kosten-Nutzen-Analyse zu entwerfen, das sich auf die Führung moderner Kriege anwenden läßt. Nachdem sie mehrere umfassende Strategien evaluiert haben, kommen sie zu dem Schluß: „Im Idealfall würden wir jenen Weg wählen, der bei gegebenen Ressourcen so etwas wie die 'Befriedigung' eines Individuums, die Profite einer Firma, den 'militärischen Wert' der militärischen Einrichtungen oder das 'Wohlbefinden' einer Gruppe maximiert. Wäre das möglich, so würden wir gern für jede der verschiedenen alternativen politischen Vorgehensweisen die Gesamtsumme dieser Größen ermitteln. Dann würden wir jene Politik herausgreifen, die verspricht, die meiste Befriedigung, die höchsten Profite, den größten militärischen Wert oder das höchste Wohlbefinden zu erbringen, in Abhängigkeit von der Identität der Person oder Organisation, die wir bei ihrer Entscheidung beraten" (Hitch und McKean 1965: 116).

Schließlich beinhaltet der systemische Ansatz der Sozialwissenschaften unvermeidlich Selbstbewußtheit und Selbstbeobachtung und damit all die Probleme, die mit diesem Kognitionsmodus zusammenhängen. Auch dieser Aspekt wiederum ist den Sozialwissenschaften eigen, da es bei ihnen um ein Studium der Systeme von „innen" und nicht von „außen" geht.

Die enge Beziehung zwischen dem Problem der Selbstbeobachtung und dem Reduktionismus ist von Freeman Dyson (1995) aufgezeigt worden. Er diskutiert primär die kognitiven Probleme, die in der modernen (Relativitäts- und Quanten-)Physik aufgekommen sind. Für unsere Diskussion ist jedoch die Begrenztheit des Reduktionismus besonders relevant, wie sie bei den Grundlagen der Mathematik offenbar geworden ist.

Dyson beschreibt Hilberts *Entscheidungsprogramm*, einen grandiosen Plan, die gesamte Mathematik auf Logik zu reduzieren, ein Bemühen, das von A.N. Whitehead und B. Russell (1910-12) ins 20. Jahrhundert weitergetrieben wurde. Wie allen klar ist, die mit der Geschichte der Mathematik vertraut sind, ist dieser Evolutionsprozeß das perfekteste Beispiel eindeutigen „Fortschritts", wie immer man diesen schwer zu fassenden Begriff definieren will. Der Fortschritt in der Mathematik ist eindeutig, denn er ist kognitiv vollkommen kumulativ. Auf jeder Stufe enthält das kumulierte Wissen das Wissen aller früheren Stufen. Die Hinzufügung geschieht durch logisch strenge Verallgemeinerung.

Der systemische Ansatz der Umweltsoziologie

Zählen war zweifellos die früheste mathematische Operation. Bei diesem Vorgang hatten nur natürliche Zahlen eine Bedeutung, in dem Sinne, daß sie die Relationen „größer als", „kleiner als" und „gleich" erfaßten. So schien die Vorstellung absurd, daß irgendetwas größer als eins und kleiner als zwei sein könnte. Die „Mathematisierung" des Messens überschritt diese begriffliche Grenze. Die mathematischen Operationen wurden auf die Gesamtheit der ganzzahligen Brüche ausgedehnt, wobei die Operationsregeln für natürliche Zahlen als ein Spezialfall der Operationsregeln für rationale Zahlen (Brüche) erschienen. Größer war der begriffliche Sprung, negativen Zahlen eine Bedeutung zuzumessen. Bis zum Aufkommen der Buchhaltung mußte man die Überzeugung überwinden, „daß nichts weniger als nichts sein kann". Die gleichen Schwierigkeiten entstanden, als sich beim Lösen von Gleichungen höheren als ersten Grades die irrationalen Zahlen ihren Weg ins mathematische Denken „erzwungen". Bei jedem Schritt mußte irgendein „selbstverständliches" Prinzip mathematischer Logik aufgegeben werden, beispielsweise die Vorstellung, daß sich jede Größe als Bruch zweier ganzer Zahlen darstellen lasse.[2] Der Prozeß ging weiter. Der Preis für die Zulassung imaginärer Zahlen war, daß die Vorstellung fallengelassen werden mußte, das Quadrat einer Zahl könne nie negativ sein. Die Ausweitung mathematischer Operationen auf Matrizen machte es notwendig, die Idee aufzugeben, Multiplikation sei „natürlicherweise" kommutativ.

Bei jedem Schritt mußte irgendeine konkrete Darstellung mathematischer Objekte fallengelassen werden. Die Finger wurden schließlich als Zählhilfe aufgegeben, Flächen und Volumen als Darstellungen von Zahlenpotenzen. Als Objekte mathematischer Operationen kamen zu den Zahlen Funktionen, Relationen, Mengen etc. hinzu. Schließlich wurde erkannt, daß die kognitive Stärke der Mathematik die Konsequenz der Tatsache war, daß alle konkreten Darstellungen ihrer Begriffe aufgegeben worden waren und so die Idee der mathematischen Wahrheit von empirischen Bestätigungen ihrer Schlußfolgerungen abgetrennt worden war. Die Idee von „Bedeutung" machte einen vergleichbaren Prozeß durch. Die Bedeutung eines mathematischen Begriffs wurde festgelegt, indem man auf andere Begriffe zurückverwies, von dort auf wieder andere, bis „fundamentale" Begriffe erreicht waren, welche undefiniert blieben. Damit wurde die Verbindung zwischen Bedeutung und Kognition durchtrennt. Diese vollständige Formalisierung der Mathematik war es, die Bertrand Russell veranlaßte zu erklären, Mathematik sei ein Modus des Diskurses, bei dem man weder wisse, über was man rede, noch, ob, was man sage, wahr sei.

Hilberts Programm zielte im wesentlichen darauf ab, die gesamte Mathematik auf ein riesiges Geflecht von Definitionen und Implikationen zu reduzieren oder, um Dysons wenig schmeichelhafte Interpretation zu zitieren, auf eine riesige Sammlung von Tintenzeichen. Wäre das Programm je abgeschlossen worden, so würde sich die Gültigkeit oder Ungültigkeit jedes denkbaren mathematisch sinnvollen Satzes ohne Beteiligung menschlichen Geistes feststellen lassen, indem man ihn schlicht in einen Computer einfütterte und das Urteil („wahr" oder „falsch") abläse, zu welchem dieser durch rein mechanische Anwendung deduktiver Regeln käme.

Aber das Programm geriet in eine Sackgasse. Freeman Dyson schreibt: „Die Essenz

---

[2] Es ist bemerkenswert, daß die Pythagoräer, welche die Inkommensurabilität der Diagonale eines Quadrats mit seinen Seiten entdeckten, das Bekanntmachen dieser Erkenntnis zum Kapitalverbrechen erklärten.

von Hilberts Programm bestand darin, einen Entscheidungsprozeß zu finden, der auf rein mechanische Weise auf Symbolen operieren würde, ohne daß irgendein Verständnis ihrer Bedeutung erforderlich wäre. Trotz langandauernder Bemühungen wurde das *Entscheidungsproblem* nie gelöst. Lediglich in äußerst beschränkten Teilgebieten der Mathematik gab es Erfolge, aber alle tiefergehenden und interessanteren Konzepte blieben davon ausgeschlossen. Als Hilbert siebzig Jahre alt war, bewies Kurt Gödel in einer brillianten Analyse schließlich, daß das *Entscheidungsproblem*, so wie Hilbert es formuliert hatte, nicht gelöst werden kann. Gödel bewies, ... daß es bei jeder Formalisierung der Mathematik, welche die Regeln gewöhnlicher Arithmetik einschließt, sinnvolle Aussagen gibt, von denen sich nicht beweisen läßt, daß sie wahr oder falsch sind. In abschließender Form zeigt Gödels Theorem, daß Reduktionismus in der reinen Mathematik nicht funktioniert. Um zu entscheiden, ob eine mathematische Aussage wahr ist, reicht es nicht aus, die Aussage auf Zeichenreihen auf Papier zu reduzieren und das Verhalten der Zeichen zu studieren. Außer in Trivialfällen läßt sich über die Wahrheit einer Aussage nur befinden, indem man ihren Sinn und ihren Zusammenhang in der größeren Welt der mathematischen Ideen untersucht" (Dyson 1995: 32).

Es war die Sackgasse der Selbstreferenz, die Hilberts *Entscheidungsproblem* zu Fall brachte. Gödels Theorem ist eine umfangreiche Ausarbeitung des Paradoxons, welches in Aussagen wie: „Ich lüge" lauert. Der Sprecher sagt die Wahrheit, wenn er lügt, und lügt, wenn er die Wahrheit sagt. Derartige Paradoxa sind für unsere Diskussion relevant, denn in der Welt der Menschen tauchen Systeme auf, die zu Selbstbeobachtung und daher Selbstreferenz fähig sind. Seit den Anfängen der Psychologie stellte das Bewußtsein ein offenbar unlösbares Problem dar: Können wir je das Bewußtsein eines andern „beobachten" (von dessen Existenz wir überzeugt sind, ohne dafür aber einen schlüssigen Beweis zu haben)? In einer Theorie menschlichen Verhaltens ist das Kriterium dafür, daß Voraussagen als „wahr" ausgegeben werden können, beeinträchtigt durch die „Schmutzeffekte" jener Voraussagen, die nachweisbar selbsterfüllend oder selbstwiderlegend sind. Eine ähnlich unentscheidbare Situation entsteht, wenn man mit dem Begriff des „freien Willens" aneinandergerät. Widerspricht sich dieser Begriff nicht selbst? Ist er überhaupt sinnvoll? Die Scholastiker streckten die Waffen vor dem Paradox, das dem Konzept der Allmacht innewohnt. Auch das Konzept des Allwissens, das in Laplaces Version des physikalischen Determinismus enthalten ist, ist von einem Paradox infiziert. Aus positivistischer Sicht können viele dieser Paradoxa als bedeutungslos abgetan werden. Bei dem systemischen Zugang zu sozialen Phänomenen lassen sie sich aber nicht ignorieren, da die Begriffe Selbstbewußtheit und Selbstbeobachtung aus einer nichttrivialen systemischen Theorie dieser Phänomene nicht entfernt werden können. Um es deutlich zu sagen: Das Konzept der Selbstorganisation, welches wohl der Selbstbewußtheit und Selbstbeobachtung zugrundeliegt, läßt sich aus einer selbständigen allgemeinen Theorie lebender Systeme nicht wegdenken.

III. Der systemische Zugang zu Umweltproblemen

Im folgenden werden wir den systemischen Zugang zu Umweltproblemen untersuchen, der während der letzten fünfundzwanzig Jahre intensive Aufmerksamkeit auf sich gezogen

hat. Insbesondere werden wir die obenerwähnten Merkmale dieses Ansatzes diskutieren, welche ihn zum Studium von Umweltproblemen besonders geeignet machen:
1. Er umgeht die Grenzen des Reduktionismus, indem er Systeme (biologische, soziale, immaterielle, z.B. Religionen, Ideologien und dergleichen) holistisch erkennt, und bedient sich zugleich analytischer Definitionen (charakteristisch für die Physik) als einer wesentlichen Komponente wissenschaftlicher Erkenntnis.
2. Er betont die Erhaltung von Identität als der Basis systemischer Ontologie: Ein System wird als „existierend" angesehen, wenn es trotz zuweilen weitreichender innerer Veränderungen als „es selbst" erkannt wird.
3. Er läßt Wertsysteme als objektiv identifizierbare, im Verlauf der Evolution der Menschheit aufkommende Systemkomponenten gelten, gibt also das Ideal einer „wertfreien" Sozialwissenschaft auf.
4. Er erkennt die zentrale Rolle der Selbstbeobachtung in der Entwicklung der Sozialwissenschaften an und somit auch ihr sowohl förderndes als auch hemmendes Potential bei der Entwicklung kognitiver Prozesse.

Eingangs stellen wir Wertsysteme in drei Dimensionen gegenüber, welche für die Analyse von Umweltproblemen besonders relevant sind. Nach Barry B. Hughes (1993) unterscheiden wir in jeder Dimension Paare gegenübergestellter Werte, durch welche gegenwärtige Bewertungen der Lage der Menschheit charakterisiert werden: 1. Sicherheit und Frieden, 2. Wohlergehen und Gleichheit, 3. Fortschritt und Nachhaltigkeit.

In jedem der drei Fälle läßt sich ein Gegensatz in Vorstellungen über die Kausalitätsrichtung und im Setzen von Prioritäten aufzeigen. Beispielsweise sehen sowohl die sogenannten „Realisten" als auch die sogenannten „Globalisten" „Sicherheit" und „Frieden" als wichtige Werte an. Erstere halten aber „Sicherheit" für jeden Staat als erreichbar durch den Besitz eines Militärpotentials, das genügt, Übergriffe auf die eigene Macht, Autonomie oder Einflußsphäre abzuschrecken oder zu besiegen. Der Frieden, so glaubt man, werde als Folge solcher Abschreckung erhalten. Die Globalisten andererseits bestehen darauf, daß die Sicherheit eines jeden nur durch die Sicherheit aller erreicht werden kann, daß es also eine Illusion ist zu glauben, Sicherheit sei etwas, das ein Staat gegenüber einem andern dauerhaft besitze.

Der Gegensatz in der Dimension Wohlergehen – Gleichheit trennt das sogenannte „liberale" vom sogenannten „strukturalistischen" Lager. Auch hier ist wieder einer der Streitpunkte die Diskussion über die Kausalitätsrichtung sowie das Setzen von Prioritäten. Die „Liberalen"[3] neigen zu dem Glauben, der freie kompetitive Markt sei eine Institution, die am besten geeignet sei, das Wohlergehen der Menschheit zu erhöhen. Außerdem sei die Demokratie, der politische Ausdruck der Gleichheit, dasjenige politische System, welches mit dem freien Unternehmertum und einem kompetitiven Markt am ehesten kompatibel sei. Also, sagen die Liberalen, paßten die beiden zusammen.

Ihre Gegner, die Hughes „Strukturalisten" nennt, betonen Gleichheit als einen grundlegenden Wert. Nach ihrer Meinung muß Wirtschaftswachstum, begleitet von andauernder oder sogar wachsender Ungleichheit, nicht allein aus ethischen Gründen gebrandmarkt werden, sondern auch, weil es letztlich sogar zum Niedergang des materiellen Wohlstands beiträgt, indem es Konflikte schafft, welche durch einen beschleunigten „Fortschritt" bei

---

3 Hughes gebraucht das Wort in seinem traditionellen europäischen Sinne und nicht in dem Sinn, der unter U.S.-amerikanischen Rechten üblich ist.

Zerstörungstechnologien noch verschärft werden. Für Strukturalisten ist die Restrukturierung ökonomischer, sozialer und politischer Institutionen mit der Absicht, eine Dezentralisierung der Macht und eine Neuverteilung des Wohlstandes zu erreichen, ein primäres Ziel. Nur im Verlauf des Strebens nach diesem Ziel kann Wachstum als ein positiver Prozeß angesehen werden.

Schließlich unterscheidet Hughes zwischen „Modernismus" und „Öko-Holismus". Farbigere Bezeichnungen für die jeweiligen Anhänger dieser Sichtweisen, z.B. „Exklusionisten" und „Inklusionisten", „Cornucopians" (die mit dem Füllhorn) und „Jeremiads" (die mit den Klageliedern) oder „technologische Enthusiasten" und „Neo-Malthusianer" spiegeln dieselbe Unterscheidung wider.

Kernstück der modernistischen Ideologie ist der Glaube an den technischen Fortschritt – ein Ergebnis fortdauernden und offenbar unbegrenzten Wachstums wissenschaftlicher Kenntnisse. In den letzten Jahrzehnten spiegelt sich im Modernismus teilweise ein Bemühen wider zu zerstreuen, was man für Untergangsprophezeiungen aus dem öko-holistischen Lager hielt, nämlich den Ruf nach Aufmerksamkeit für die begrenzte Fähigkeit des Planeten, eine lebbare Umwelt für eine Spezies bereitzustellen, die ihn rücksichtslos ausplündert.

Den Öko-Holisten geht es um Nachhaltigkeit. Sie bestehen darauf, daß diese mit einem zügellosen „Fortschritt", wie ihn sich die Modernisten vorstellen, unvereinbar ist, also unvereinbar mit dem Stillen des unbegrenzten Appetits auf mehr von allem – mehr Produktion, mehr Konsum für mehr Menschen, mehr Macht über die Natur, mehr Effizienz beim Erwerb des zum Konsum nötigen Geldes. Sie weisen darauf hin, daß sich die Zuversicht der Modernisten aus den Ereignissen der jüngeren, aber nicht der *jüngsten* Geschichte nährt. Sie sehen das explosive Bevölkerungswachstum als Warnung vor einem möglicherweise bevorstehenden Zusammenbruch an, nicht als Demonstration der praktisch unbegrenzten Möglichkeiten von Wissenschaft und Technik, all das bereitzustellen, was die Menschen brauchen oder wollen oder zu wollen glauben.

Stellt man die systemische Sichtweise und, was ich die reduktionistische Sichtweise genannt habe, gegenüber, so sieht man, daß die kognitiven und ideologischen Positionen der Globalisten, Strukturalisten und Öko-Holisten mehr mit ersterer übereinstimmen, während diejenigen der Realisten, Liberalen und Modernisten in letzterer wurzeln. Sowohl die Realisten als auch die Liberalen beziehen sich, oft implizit, manchmal explizit, auf eine Menschheit „im Naturzustand", ein Konzept, das von Hobbes (1651) stammt, welcher sich diesen Zustand als einen „Krieg aller gegen alle" vorstellte. In der Konzeption der Liberalen ersetzt Lockes „Naturzustand" den von Hobbes; Adam Smiths freier Markt ersetzt den Krieg.[4] Der „methodologische Individualismus", die Annahme, der einzelne Mensch sei primär motiviert durch Versuche, sein eigenes Wohl zu maximieren (was manchmal explizit mit seinem Konsumvolumen gleichgesetzt wird), ist das ideologische Kernstück des 'Rational Choice'-Ansatzes der Sozialwissenschaften. Dieses Postulat tritt weniger deutlich zutage in der Anschauung der Modernisten, in der auch die wissenschaftlich aufgeklärte Menschheit als ein System vorkommt. Aber gleichwohl wird jenes System nicht primär als Komponente eines größeren Ökosystems aufgefaßt, von dem es im Verlaufe seiner Evolution geformt wird, sondern vielmehr als ein „Akteur" (wie der

---

4 Vgl. A. Schotter (1981: 20): „Wir sollten unsere Analysen bei einem Lockeschen Naturzustand beginnen, bei dem es keine sozialen Institutionen gibt, nur Handelnde, ihre Präferenzen und die Technik, die sie zur Verfügung haben, um Inputs in Outputs zu verwandeln."

Staat des Realisten oder der *homo oeconomicus* des Liberalen). Natürlich ist es wahr, daß der Mensch, im Unterschied zu allen andern Lebewesen, gelernt hat, seine Umwelt nach seinen Bedürfnissen, Vorlieben und Süchten zu formen. Die Modernisten betrachten diese Fähigkeit als den spezifischen Überlebensmechanismus des Menschen, gerade darin sehen sie die Grundlage seiner Sicherheit (gegen Ausrottung) in einer potentiell feindlichen Umwelt. Die Öko-Holisten weisen darauf hin, daß, was in einer Umgebung als Mechanismus zum Überleben dient, in einer anderen den Weg in den Untergang beschreiben kann. Wenn der Mensch als „Meister" über die Natur genügend Veränderungen hervorruft (und zwar nicht nur Veränderungen der Umwelt, sondern auch solche seiner eigenen psychischen Ausstattung), dann kann diese Herrschaft zur Selbstausrottung führen.

Zentral für die systemische Sichtweise ist eine „nichtlineare" Konzeption von Kausalität, d.h. eine Darstellung kausaler Beziehungen als Geflecht anstatt als Kette. Bei linearer Darstellung erscheint A als Ursache von B, welches C verursacht, welches wiederum die Ursache ist von ... usw. In einem Geflecht kann Kausalität in beiden Richtungen zwischen zwei Ereignissen vorkommen; Zyklen sind normal. So zeigt eine systemische Darstellung irgendeines Sektors der Realität eine Vielzahl von Punkten, die durch Pfeile verbunden sind. Jeder Pfeil stellt eine kausale Relation dar. In einem groben „qualitativen" Modell wird jeder Pfeil entweder mit Plus oder Minus gekennzeichnet. Plus an einem Pfeil, der A mit B verbindet, heißt, „je mehr A, desto mehr B"; Minus heißt „je mehr A, desto weniger B". Ein Pfeilepaar zwischen A und B in beiden Richtungen stellt eine „*Feedback-Schleife*" dar. Sind die Pfeile mit unterschiedlichen Zeichen markiert, bedeutet das ein „*negatives Feedback*", andernfalls ein *positives*. Derartige Diagramme helfen, die kognitiven Prozesse zu verstehen, welche die verschiedenen Orientierungen charakterisieren.

Die *Abbildungen 1* und *2* zum Beispiel stellen (stark vereinfacht) die jeweiligen Anschauungen von Modernisten und Öko-Holisten über sozio-ökonomische Systeme dar. In *Abbildung 1* sind alle Feedbacks positiv: das technische Wissen der Menschen verstärkt sich selber (wie die exponentiell wachsende Bevölkerung). Menschliches technisches Wissen und Beherrschung der Umwelt verstärken sich gegenseitig. Ebenso fördert menschliches technisches Wissen das menschliche Wohl. Somit haben in dieser Vorstellung positive Feedback-Schleifen auch „positive" (ameliorative) Wertkonnotationen.

Das Gesamt-Feedback im öko-holistischen Modell ist negativ. Wenn man die Bevölkerung, die Umweltqualität und die Befriedigung menschlicher Bedürfnisse anschaut, sieht man, daß der Nettoeffekt einer wachsenden Bevölkerung auf die Umweltqualität negativ ist. Oft hat eine negative Schleife einen positiven Sinn, etwa, wenn sie einen Regelprozeß darstellt. Hier bedeutet aber die Verschlechterung der Umweltqualität eine unzulängliche Befriedigung menschlicher Bedürfnisse, da letztere mit ersterer positiv verknüpft sind. Gewiß wird eine schlechtere Befriedigung menschlicher Bedürfnisse tendenziell zu einem Bevölkerungsrückgang führen, was auf lange Sicht die Umweltqualität verbessern mag. Aber diese Perspektive könnte aus zwei Gründen unerfreulich sein. Erstens ähnelt der Prozeß vielleicht dem von Malthus (1798) vorgestellten Szenario. Der normalerweise exponentielle Bevölkerungszuwachs wird alle denkbaren Zuwächse landwirtschaftlich nutzbaren Bodens und damit die Versorgung mit Nahrungsmitteln übertreffen. Dies wird zu Hungersnöten führen, was die Bevölkerung schrumpfen läßt. Für die meisten von uns ist es ein geringer Trost, zu wissen, daß damit die landwirtschaftliche Nutzfläche eines Tages zur Versorgung der dezimierten Bevölkerung wieder ausreichen wird, was aber einen

Abbildung 1: Vereinfachte Darstellung der Anschauungen des Modernismus
(nach Hughes 1993)

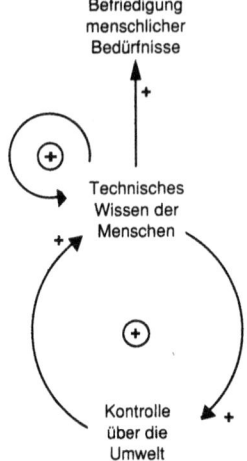

Abbildung 2: Vereinfachte Darstellung der Anschauungen des Öko-Holismus
(nach Hughes 1993)

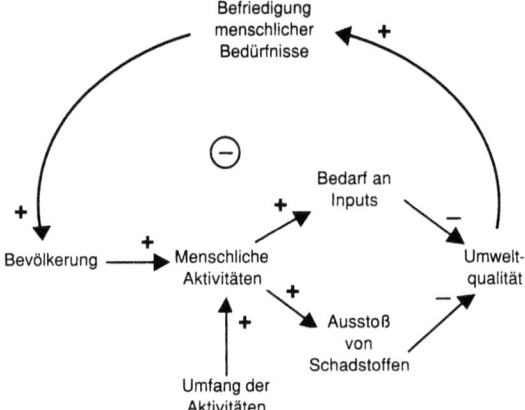

neuen Wachstums-Zusammenbruchs-Zyklus auslösen wird. Die Aussicht ruft aber außerdem noch eine weitere Horrorvision herauf. Vielleicht wird der Menschheit nach einer Umweltkatastrophe keine weitere Chance mehr gegeben, sich wieder aufzurappeln.

Betrachten wir das Problem im Licht des systemischen Modells eines lebenden Systems. Erinnern wir uns an die drei Aspekte – Struktur, Verhalten und Evolution. Bei der Beschreibung der Struktur spielen Veränderungen keine wichtige Rolle. Verhalten bezieht sich auf kurzfristige, normalerweise reversible Veränderungen. Evolution bezieht sich auf langfristige, im wesentlichen irreversible Veränderungen. Die Evolution eines Menschen während seiner Lebenszeit zum Beispiel bezeichnet seine Verwandlung von der Keimzelle zum Embryo, zum Baby, zum Kind, zum Erwachsenen, zum Alten, zum Toten. Nie wurde beobachtet, daß dieser Prozeß in der andern Richtung stattfindet. Der Ausdruck, den man für Mechanismen oder Prozesse gebraucht, welche verhindern, daß reversible Veränderungen irreversibel werden, ist *Homöostase*. Zentral für Homöostase ist negatives Feedback, das es einem System ermöglicht, einen „beständigen Zustand" aufrechtzuerhalten, d.h. eine Reihe von Zustandsvariablen innerhalb gewisser Grenzen zu halten. Überschreitungen dieser Grenzen rufen „Kräfte" hervor, welche tendenziell die Abweichungen korrigieren. Gehen die Abweichungen jedoch über ein gewisses Maß hinaus, so genügen diese korrektiven Prozesse nicht mehr: Die Veränderung wird irreversibel. Der Tod ist eine solche Veränderung.

Auf der Ebene einer Spezies (oder höherer Einheiten) ist das Analogon zum Tod das Aussterben. So wie eine über ein gewisses Maß hinausgehende Veränderung der Körpertemperatur oder der Konzentrationen bestimmter Substanzen im Blut eines Menschen zum Tode führt, so könnten Veränderungen bestimmter, den „Zustand der Menschheit" definierender Variablen (die noch nicht eindeutig identifiziert sind) mit deren Aussterben gleichbedeutend sein. In der Tat ist es naheliegend anzunehmen, daß auch höhere Einheiten, so wie jeder individuelle Organismus, der endgültig irreversiblen Veränderung nicht entgehen. Die Gewißheit eines letztlichen Endes muß aber einen Organismus nicht davon abhalten, dieses so lange wie möglich hinauszuschieben. Und wirklich tut Homöostase genau das. Nachhaltigkeit, das Schlüsselkonzept des systemischen Ansatzes der Sozialwissenschaften, bedeutet, daß Homöostase auf der Ebene der Menschheit einwandfrei funktioniert, daß also bestimmte Variablen in bestimmten Grenzen gehalten werden. Die Identifikation dieser Variablen und Grenzen wird von den Öko-Holisten als eine Hauptaufgabe der heutigen Sozialwissenschaft angesehen.

'Grenze' ist ein quantitativer Begriff. Entsprechend erfordert die Untersuchung von Grenzen, die sich auf die Lebensfähigkeit der Menschheit beziehen, die Anwendung quantitativer Methoden. Die traditionellen mathematisch-deduktiven Methoden der Physik lassen sich hierzu gebrauchen. Eine ernsthafte Schwierigkeit ergibt sich aber aus der Komplexität selbst jener Modelle, die nur das äußerste Minimum interagierender Variablen erfassen. Werden diese Interaktionen als Systeme von Differentialgleichungen ausgedrückt (wie zum Beispiel in der Himmelsmechanik oder in Modellen komplexer Systeme von chemischen Interaktionen), schließt ihre Nichtlinearität die Herleitung analytisch ausgedrückter allgemeiner Lösungen aus. Wie im Fall komplexer physikalischer Systeme lassen sich jedoch numerische Lösungen finden (für angenommene spezifische numerische Werte der Variablen). Die Brauchbarkeit des Ansatzes hängt davon ab, wie schnell man wieviele solcher speziellen Lösungen berechnen kann. Die zweite Industrielle Revolution (die sich auf Informationsverarbeitung konzentrierte anstatt, wie die erste, auf Energieumwandlung) stellte dazu mittels der ungeheuer gesteigerten Geschwindigkeit numerischer Kalkulationen und dem ebenso vergrößerten Speicherplatz der Computer die Möglichkeit bereit. Dem folgte genial entworfene Software. In der Tat entwickelten sich Hardware und Software in einer Ko-Evolution mit positivem Feedback! In der Folge entstand eine neue Methodologie, die man „experimentelle Ökologie" nennen könnte. Qualitativ beschriebene Interaktionen von der Art der in den *Abbildungen 1* und *2* gezeigten wurden durch mathematisch definierte ersetzt und dann im Computer „laufen" gelassen. Die resultierenden

Trajektorien ließen sich untersuchen und vergleichen. Die enorme Kapazität der rasant voranschreitenden Computertechnologie erlaubte es, praktisch unbegrenzt Variationen der angenommenen Interaktionen und der Größe der Parameter zu testen. Damit konnte man sich jede erdenkliche Zahl hypothetischer Geschichten verschaffen. Man konnte sehen, „was passieren würde, wenn ...", wobei auf dieses „wenn" nahezu alles folgen konnte.

Beyond the Limits von Meadows et al. (1992) widmet sich der Ausschöpfung dieser Methode zur Beschreibung einer großen Zahl „möglicher Zukünfte". Jedes Szenario zeigt fünf Variablen, welche den „Zustand der Welt" darstellen und vier, die den materiellen Lebensstandard repräsentieren. Erstere umfassen Ressourcen, Bevölkerung, Nahrung, industrielle Produktion und Schadstoffe, letztere Lebenserwartung, Nahrung pro Person, Konsumgüter pro Person und Dienstleistungen pro Person. *Abbildung 3* stellt ein solches Szenario dar, basierend auf Projektionen gegenwärtig beobachteter Trends (schattierte Bereiche), zusammen mit den Auswirkungen ihrer Interaktionen bis ins Jahr 2100.

Wie die Autoren emphatisch betonen, ist dies Szenario keine Voraussage. Es ist eine vernünftige Extrapolation dessen, was geschehen wird, wenn die Parameter, welche die Dynamik des Systems bestimmen, unverändert bleiben. Die Bevölkerungszahl und das Volumen der industriellen Produktion werden kurz nach Beginn des kommenden Jahrhunderts ein Maximum erreichen. Als Folge erschöpfter Ressourcen wird dann der industrielle Output zurückgehen und mit ihm die Umweltbelastung. Trotz dieses letzteren Effekts wird jedoch der materielle Lebensstandard rapide sinken, wie an dem jähen Absturz aller seiner Indizes abzulesen ist.

Natürlich läßt sich diese Projektion sofort in Frage stellen. Sie zieht die Möglichkeit dramatischer Durchbrüche in der technologischen Entwicklung nicht in Betracht, nicht die mögliche Entdeckung bisher nicht in Anspruch genommener Ressourcen etc. Ihr düsterer Ausblick hat starke Ähnlichkeiten mit Malthus' Projektion der Bevölkerungsexplosion. Die Explosion fand statt, aber mit ihr trat auch das Füllhorn der wissenschaftlichen Revolution und ihres Ablegers, der ersten Industriellen Revolution, auf den Plan. Tatsächlich läßt sich die Bevölkerungsexplosion, die um die Mitte des 18. Jahrhunderts begann, jenen Revolutionen zuschreiben. Und nicht Hunger war ihre Begleiterscheinung, sondern im Gegenteil Fülle.

Das Argument scheint vielen überzeugend und muß ernst genommen werden. Entsprechend erforschen Meadows et al. als nächstes Konsequenzen weiterer hypothetischer Fortschritte. Die revidierten Projektionen werden in alternativen Szenarien gezeigt. Als Beispiel wird hier das „Szenario 6" vorgestellt: Verdoppelte Ressourcen, Technologien der Schadstoffkontrolle, Steigerung der Bodenerträge, Schutz gegen Bodenerosion und Technologien zur Steigerung der Effizienz von Ressourcen. Wie zu erwarten, sehen die Dinge im kommenden Jahrhundert besser aus, aber das Gesamtbild bleibt in etwa das gleiche. Letztendlich sinken alle Indizes des materiellen Wohlstandes, einschließlich der Lebenserwartung (vgl. *Abbildung 4*).

Bevor nicht eine bewußte Gleichgewichtspolitik eingeführt wird, verschwindet der umfassende Rückgang des materiellen Lebensstandards (einschließlich der Lebenserwartung) nicht aus den projizierten Trajektorien. „Szenario 10" zeigt eine Lage der Dinge, die der Art ähnelt, wie Ärzte das Opfer eines Traumas beschreiben, für das Hoffnung besteht: Die Lage des Patienten ist „stabil". Zugrunde liegen diesem Szenario die Annah-

Abbildung 3: Szenario 1 (nach Meadows et al. 1992)

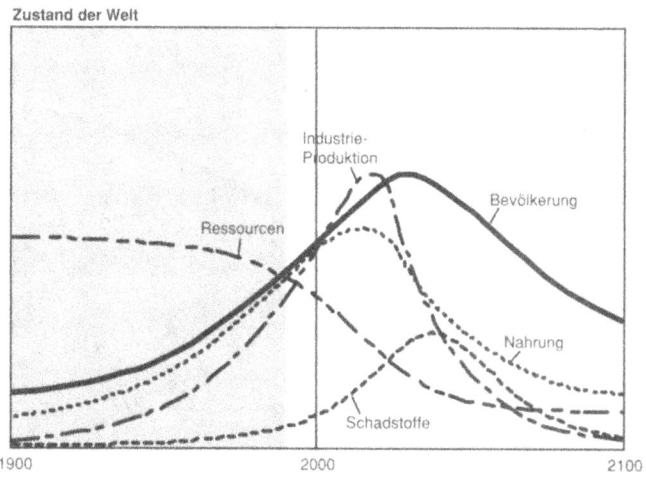

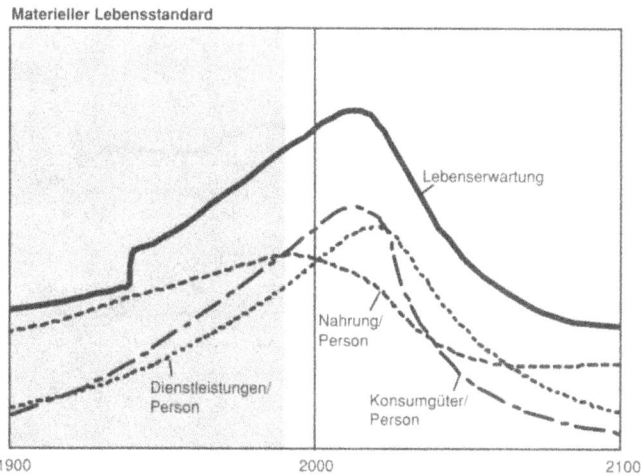

men: „Ab 1995 stabilisierte Bevölkerungszahl und Technologien zur Reduktion von Emissionen, Erosionen und Ressourcenverbrauch für die Industrie" (vgl. *Abbildung 5*).

Die letzten drei von den Autoren entwickelten Szenarien basieren auf einigen Modifikationen dieses Programms. Insbesondere zeigt „Szenario 12" (vgl. *Abbildung 6*) die Auswirkungen einer zwanzig Jahre späteren Einführung der oben genannten Kontrollen. Stabilität wird hier schließlich erreicht, aber erst nach einem jähen Niedergang. Dies ist ein Beispiel für Erholung nach einem Desaster. Vernünftigerweise muß man daraus schließen, daß Erholung auch unmöglich werden könnte, wenn der Wechsel von einer Wachstumspolitik zu einer Politik der Nachhaltigkeit weiter verschoben wird, oder, mit andern Worten: Das Überschreiten bestimmter Grenzen könnte den Niedergang irreversibel machen (wie der Tod).

Somit sehen wir, daß Werte in der Analyse *zwangsläufig* in Betracht gezogen werden müssen. Die Verlagerung des Wertebrennpunkts von (konventionell verstandenem) Wachs-

Abbildung 4: Szenario 6 (nach Meadows et al. 1992)

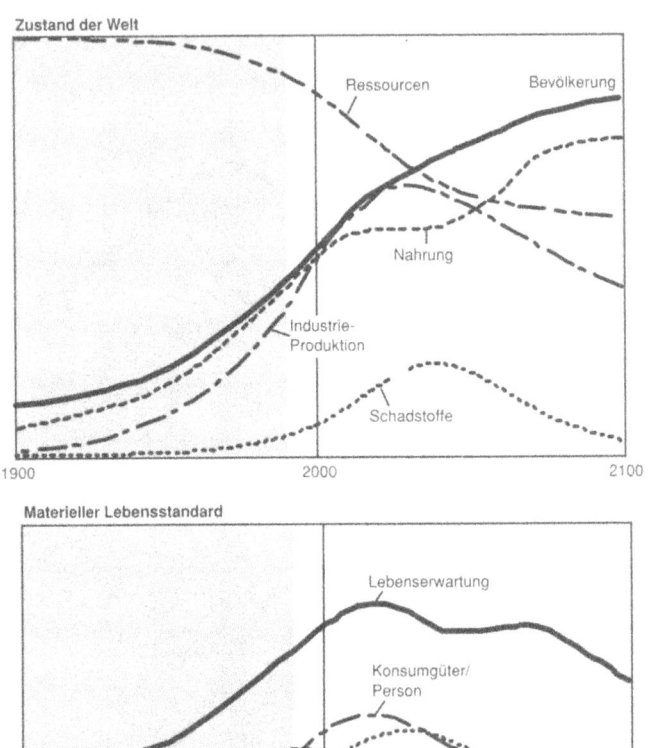

tum zu Nachhaltigkeit scheint ein *sine qua non* des Überlebens zu sein. Darüber hinaus wird Überleben selbst auf der Ebene der Menschheit betrachtet anstatt auf der Ebene des Individuums. Es lohnt sich festzuhalten, daß sowohl die Wachstumsbesessenheit als auch die Konzentration auf den einzelnen Menschen als alleinigen Inhaber von Bewußtsein sich bei näherer Betrachtung als alles andere, denn als die ewigen Komponenten der „menschlichen Natur" herausstellen, als die sie gemeinhin angesehen werden.

Betrachten wir, um das zu verstehen, die Haltung zu „Wachstum" in einem anderen Kontext. Ich erinnere mich an Zeiten, zu denen öffentliche Waagen Schilder mit der Aufschrift trugen: „Ihr Gewicht zeigt Ihre Gesundheit an. Nehmen Sie zu oder ab? Einen Cent." In Ländern, in denen für die Mehrheit der Bevölkerung chronischer Nahrungsmangel herrschte, galt Fettleibigkeit als ein Hauptmerkmal robuster Gesundheit. Im Russischen wird beispielsweise das Wort *zdorovennyi* (korpulent, sogar fett) von *zdorovyi* (ge-

Abbildung 5: Szenario 10 (nach Meadows et al. 1992)

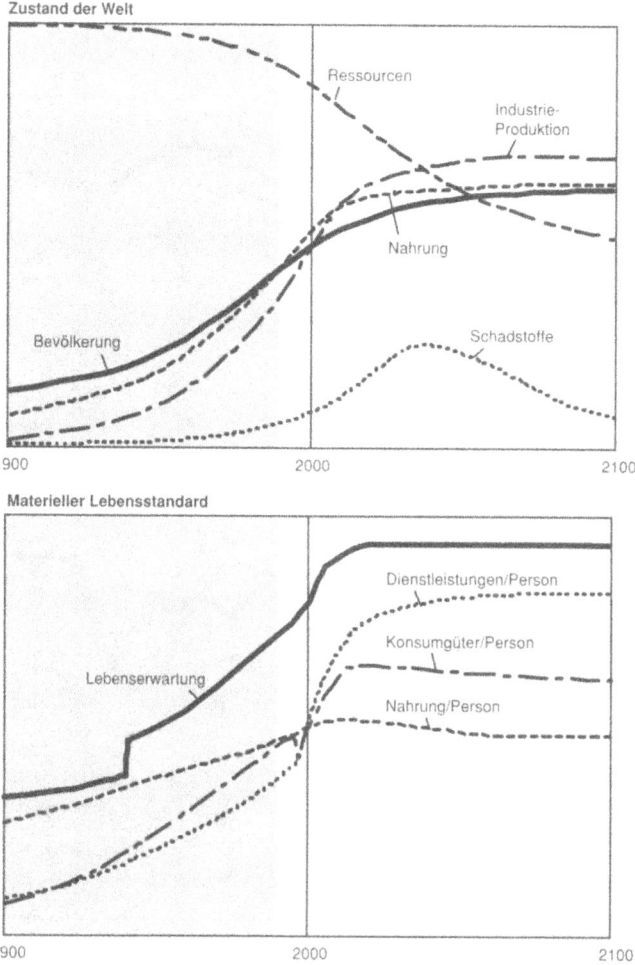

sund) abgeleitet. Ich erinnere mich auch an einen Zwischenfall, der einen tiefen Eindruck auf mich machte. Während des Krieges war ich in der Nähe von Dacca (im heutigen Bangladesh) stationiert. Es gab dort eine Universität, die ich zusammen mit einem Kollegen oft besuchte; dieser Offizier war beinahe grotesk fett. Eines Tages nahm mich ein Mitglied der Fakultät zur Seite und vertraute mir an: „Vielleicht könnten Sie Ihrem Kollegen etwas sagen, das ich selber mich auszusprechen scheue. Ich glaube, er ist der schönste Mensch, den ich je gesehen habe." Daran sieht man, wie ephemer dieses Ideal ist! Inzwischen ist es durch sein Gegenteil ersetzt worden.

Eine weitere Konnotation des Begriffs „Wachstum" ist „Fortschritt", ein Wort, das beinahe nur im Kontext jener Ideologie vorkommt, welche aus der wissenschaftlichen und industriellen Revolution in Europa hervorging, und dessen Abwesenheit in anderen Gegenden und anderen Sachgebieten auffällig ist.

Abbildung 6: Szenario 12 (nach Meadows et al. 1992)

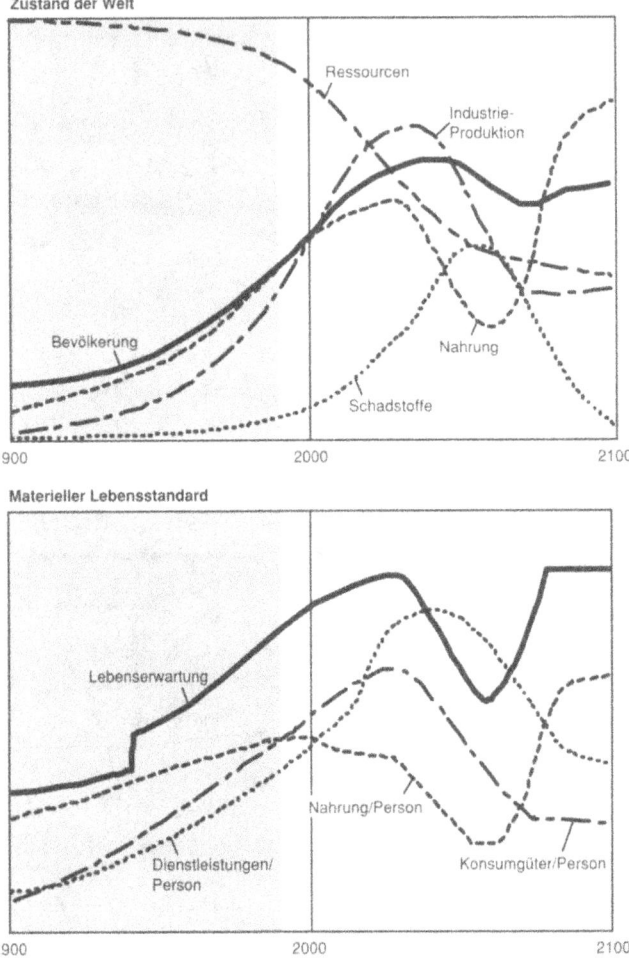

Was die Vorstellung angeht, der einzelne Mensch sei „das Maß aller Dinge", so läßt sich zeigen, daß auch sie in Europa entstanden ist, genauer während der Renaissance, und daß sie besonders mit der Reformation verbunden ist. Sie wurde gewaltig verstärkt während der Ära des Liberalismus, der vom Aufschwung des Kapitalismus hervorgebrachten siegreichen Ideologie.

Die systemische Sichtweise, so wie sie von Hughes oder Meadows vertreten wird, behält sowohl ein positives Konzept von Wachstum als auch eine Vorstellung vom Wert des einzelnen Menschen bei, aber in anderem Kontext. Wachstum wird eher mit Qualität als mit Quantität assoziiert, wie zum Beispiel bei Reifung, die sich in kognitiver und moralischer Entwicklung ausdrückt, wobei der Begriff Reife in diesem Sinn sowohl auf der Ebene der Gesellschaft, also mit Bezug auf die Spezies, als auch mit Blick auf das Individuum verstanden wird. Was den einzelnen Menschen anbetrifft, so wird auch er/sie als eine „Ebene" in einer Hierarchie von Systemen verstanden, die als konzentrische Sphären gedacht sind und Gruppen, Gesellschaften, Kulturen, die Menschheit, die Biosphäre und etwas noch Größeres umfassen.

Diese Sphäre jenseits der Biosphäre ist *Noosphäre* genannt worden. Das Präfix „noo" bezieht sich auf „Geist" (vgl. Noologie – die Wissenschaft von den geistigen Phänomenen). Soweit ich weiß, wurde der Terminus zum ersten Mal von dem russischen Geophysiker V.I. Vernadsky (1863-1945) eingeführt, der ihn als die Gesamtsumme aller wissenschaftlichen Kenntnisse definierte. So wie er hier benutzt wird, bezieht er sich auf die Gesamtheit von Überzeugungen, Konzepten, Werten und dergleichen, kurz, auf die gesamte Sphäre des Wissens *und Pseudowissens,* der Haltungen und Überzeugungen, die man als den Inhalt des mentalen, emotionalen und spirituellen Lebens der Menschen ansehen kann. Da in unserer Diskussion der Begriff System auf nicht-materielle Wesenheiten (z.B. die Sprache) ausgedehnt worden ist, gibt es keine Probleme, die Noosphäre als ein System zu verstehen, und zwar selbstverständlich ein sich entwickelndes. Ebensowenig ist es schwierig, sich Interaktionen zwischen der Noosphäre und zumindest der menschlichen Spezies vorzustellen, welche ihrerseits mit andern Subsystemen der Biosphäre interagiert. Tatsächlich bescheinigt das exponentielle Wachstum wissenschaftlichen Wissens (das sich grob am Umfang der wissenschaftlichen Publikationen messen läßt) das positive Feedback zwischen der Noosphäre und Institutionen, Technologien etc.

Die Noosphäre scheint das Produkt einer sonderbaren Mutation zu sein, welche für den einzigartigen Verlauf der menschlichen Evolution verantwortlich gewesen sein muß, nämlich der Fähigkeit, mit Symbolen zu kommunizieren anstatt mit Signalen, wie es alle andern Wesen offenbar tun. Ein Signal ist gebunden an irgendetwas in der unmittelbaren Nachbarschaft, zu einem bestimmten Zeitpunkt. Viele nicht menschliche Lebewesen können „Essen!" oder „Gefahr!" sagen oder „Mein Gebiet, bleib draußen!" oder „Ich bin zur Paarung bereit!". Jeder Hundebesitzer wird bezeugen, daß ein Hund sagen kann: „Hör mal, da kommt jemand!" oder „Gib mir was von dem, was du ißt!" oder „Ich liebe dich!" oder sogar „Es tut mir leid." Aber kein Hund kann sagen: „Während du weg warst, hat jemand versucht einzubrechen, aber ich habe ihn mit Bellen in die Flucht gejagt" oder „Wenn du mir nichts von dem gibst, was du ißt, werde ich dich nicht mehr lieben, und dann wirst *du* traurig sein!"

Die Eigenschaft von Symbolen (im Unterschied zu Signalen), welche eine Kommunikation solcher komplexer Ideen möglich macht, ist ihr Charakter reiner Konventionen. Eine Wolke ist ein Signal, das Regen ankündigt, weil Regen aus Wolken kommt. Aber das *Wort* „Regen" (ein Symbol) hat mit Regen (einem Ereignis, das in den verschiedenen Sprachen mit verschiedenen Klangbildern und Tintenzeichen assoziiert wird) ebensowenig zu tun, wie die Worte „Krieg" oder „Wachstum" oder „Sicherheit" oder „Freiheit" oder „Liebe" oder „Umweltverschmutzung" irgendwie notwendig mit Ereignissen verbunden sind, welche Menschen aus verschiedenen Kulturen oder mit unterschiedlichen Erfahrungen mit ihnen assoziieren. Diese Dissoziation zwischen den Symbolen und dem, für das sie stehen, hat es möglich gemacht, daß sich die Noosphäre entwickelt, die unter anderem der Aufbewahrungsort für „Wissen" ist (sei es wahr, falsch oder sinnlos, d.h. ohne Bezug zur Realität). Falsches und sinnloses Wissen läßt sich mit einiger Berechtigung als ein Analogon zu Umweltverschmutzung ansehen. Vielleicht war es das, was Alfred Korzybski (1933) meinte, als er von „Sprachhygiene" sprach: im wesentlichen eine Säuberung der

Noosphäre, d.h. eine Formung der Alltagssprache nach dem Muster der Sprache der Wissenschaft.

Einige systemorientierte Sozialwissenschaftler und Philosophen, vor allem Niklas Luhmann (1990) und Francisco J. Varela (1991), widmeten den systemischen Eigenschaften der Noosphäre viel Aufmerksamkeit, insbesondere der Selbstorganisation, einem kennzeichnenden Merkmal komplexer Systeme. Varela stellt zwei Ansätze der kognitiven Wissenschaften gegenüber, von denen er den einen „Kognitivismus" und den andern „Konnektivismus" nennt. Ersterer ist ein deutliches Beispiel eines reduktionistischen Ansatzes, ganz klar von der explosiven Entwicklung der Computertechnologie inspiriert. In seiner kruden Form scheint der Kognitivismus auf der grundlegenden Annahme zu fußen, „Geist" sei nichts weiter als ein Wort, das eine subjektivistische Konzeption des Gehirns wiedergebe, und das menschliche Gehirn sei ein gigantischer Computer.[5] Der Konnektivismus hebt demgegenüber emergente Eigenschaften des Geistes hervor, die nicht auf strukturelle Eigenschaften menschlicher Artefakte zurückführbar sind.

Es ist interessant zu sehen, daß der Konnektivismus den Kognitivismus herausfordert, so wie es seinerzeit die Gestaltpsychologie (d.h. eine holistische Psychologie) gegenüber dem Behaviorismus (einer reduktionistischen Psychologie) getan hat. In der konnektivistischen Kognitionstheorie ist, wie in der Gestaltpsychologie, das Phänomen des *Erkennens* (eines emergenten Ganzen) ein zentraler Bezugspunkt. Bemerkenswerterweise ist etwa die beeindruckende Zunahme der Fähigkeiten von Schachspielprogrammen nicht allein der ungeheuer gesteigerten Speicherkapazität der Computer zuzuschreiben. Die entscheidende Zutat war die Einführung von „Werten" von seiten der Schachexperten, also von Regeln über Rangordnungen unter möglichen zukünftigen Positionen, welche die Experten als „ganze", d.h. intuitiv, wahrnehmen. Um dieselben Fragen geht es bei den anhaltenden Diskussionen darüber, ob Computer je in der Lage sein werden, Alltagssprache zu verstehen (im Unterschied zu Sprache, die auf das, was Computer „verstehen" können, zugeschnitten ist) oder Poesie oder Humor zu „schätzen".

In der Evolution der Noosphäre spielen Selbstreferenz und Selbstbeobachtung eine speziell signifikante Rolle. Man ist sich allgemein einig darüber, daß Behauptungen über menschliches Verhalten – von Individuen oder Massen – gerade die vorausgesagte Wirkung oder deren Gegenteil hervorrufen können. Die aus dem bloßen Akt des Beobachtens resultierende Wirkung des Beobachters auf das Beobachtete wurde bei einigen physikalischen Phänomenen (z.B. Quanteneffekten) entdeckt. Zwar ist dies in der Welt der physikalischen Phänomene die Ausnahme. In der Welt menschlichen Verhaltens kommt es aber ganz geläufig vor. Also kann Selbstbeobachtung eine tiefgreifende Wirkung auf die Noosphäre haben, insbesondere ihr die Fähigkeit der Selbstorganisation verleihen, eine Fähigkeit analog dem „Bewußtsein", das sich bei den sog. „höheren Tieren" entwickelt und in der Evolution der Menschen eine ausschlaggebende Rolle gespielt hat. In der Tat ist es vielleicht diese Entwicklung – im wesentlichen die Entwicklung eines „Weltbewußtseins" –, die zu einem unverzichtbaren Überlebensmechanismus der Noosphäre und damit der Menschheit, deren materiellem Substrat, werden könnte.

Diese Spekulationen mögen abstrus scheinen und ihre Relevanz für das, was gemeinhin als Wissenschaft oder deren Anwendungen auf menschliche Angelegenheiten angesehen wird, mag in Frage gestellt werden. Betrachten wir aber folgende konkrete Situation. Das

---

5 Vgl. den zukunftsweisenden Text zu diesem Thema von McCulloch und Pitts (1943).

Nashorn ist vom Aussterben bedroht. Die Öko-Holisten halten das allgemein für ein Unglück, nicht notwendig deshalb, weil das Nashorn als solches ein entscheidender Bestandteil der Biosphäre wäre, sondern aus prinzipiellen Erwägungen heraus. Die Biosphäre ist eine lebendes System; Artenvielfalt ist ein Index für ihre Gesundheit. Der Ausrottung einer Spezies sollte man deshalb, wenn möglich und praktikabel, zuvorkommen, nicht allein im Interesse der Erhaltung von Vielfalt, sondern auch, um öffentlich auf das Problem der Verarmung der Biosphäre aufmerksam zu machen.

Daher ist es unsere Aufgabe zu verstehen, warum das Nashorn bedroht ist. Zwei unmittelbare Ursachen liegen auf der Hand: die Kraft des Aberglaubens bei der Ausformung von Überzeugungen und die Hegemonie des Marktes bei der Ausformung von Motivationen. Der erste Grund rührt von einer falschen Analogie her: Das Horn sieht wie ein erigierter Penis aus und verspricht damit, Quelle einer aphrodisischen Droge zu sein. Der zweite Grund erwächst aus der verführerischen Natur des Reduktionismus.

Die Tendenz, Geld zum gemeinsamen Nenner aller Werte zu machen, wurzelt nicht notwendig in Habgier. Viel wahrscheinlicher verdankt das Geld seine wachsende Universalität, insbesondere in der Welt der Unternehmen, seinem Potential, Zweifel und innere Konflikte zu lösen. Die mit einer einzigen Variablen gemessene Höhe des eigenen Wohlstandes oder des Wohlstandes einer Organisation, der man dient, bietet ein objektives Kriterium für Wert. Sie beantwortet die Frage „Wie gut mache ich meine Sache?" immer unzweideutig. Sind einmal vernünftige Prognosen über den erwarteten Nutzen verschiedener Handlungsmöglichkeiten gemacht, so beseitigt sie alle Zweifel darüber, wie man handeln sollte. Sie stellt eine Theorie menschlichen Verhaltens mit solider empirischer Grundlage und gut funktionierenden deduktiven Verfahrensweisen bereit, die jenen der phänomenal erfolgreichen Physik ähneln.

Wenn der systemische Ansatz die reduktionistische Sichtweise herausfordert, so greift er damit auch die Hegemonie des Marktes an. Meadows et al. schreiben mit Bezug auf die Rolle des Marktes bei der möglicherweise irreversiblen Dezimierung von Fisch als Nahrungsquelle: „Fische sind eine Ressource, die allen gehört. Der Markt gibt kein korrigierendes Feedback, welches Konkurrenten von einem Raubbau an einem gemeinsamen Gut abhalten würde. Im Gegenteil, er unterstützt jene aktiv, die zuerst kommen und am meisten nehmen. Wenn der Markt durch steigende Preise für Fisch Knappheit signalisiert, werden die reichsten Leute immer noch bereit sein, diesen Preis zu zahlen. In Tokio kann der Preis für roten Thunfisch auf dem Sushimarkt bis zu 100$ pro Pfund betragen. Ein so hoher Preis signalisiert aber nicht Knappheit und Achtsamkeit; er führt nicht zu Naturschutzmaßnahmen; perverserweise motiviert er die Fischer, in dem Maß wie die Population der roten Thunfische dezimiert wird, zu noch größeren Bemühungen" (Meadows et al. 1992: 186f.).

Das gleiche läßt sich vom Nashorn sagen. Der Öko-Holist macht sich um beide Sorgen, weil die Hegemonie des Marktes beide Probleme verursacht. Die Analogie ist begründeter struktureller Natur und deshalb erhellend.

Die angenommene Analogie zwischen dem Horn des Nashorns und dem Phallus (welche dem Aberglauben Vorschub geleistet haben mag) ist hingegen zufälliger Natur. Vor dem Hintergrund einer langen und kumulativ entwickelten Analyse (die weitgehend in der Theorie der Evolution wurzelt), legt der systemische Ansatz die von Aberglauben hervorgerufenen Täuschungen bloß. Der Wert solcher Entlarvungen beschränkt sich nicht auf die mögliche Neutralisierung des Schadens, den ein bestimmter Aberglauben anrichtet. Er liegt auch in ihrem Beitrag zu heilsamen Veränderungen von Denkmodi, zu „Sprachhygiene", zum Kampf gegen die Verschmutzung der Noosphäre und somit zu ihrer „Gesundheit", also letztlich zur Lebensfähigkeit der Menschheit.

Zum Schluß möchte ich auf die allererste Warnung vor den verzögerten, aber letztlich vernichtenden Auswirkungen unkontrollierten Wachstums eingehen – auf Malthus' Prognose. Die vorausgesagte Bevölkerungsexplosion fand wirklich statt. Es folgten jedoch keine umfassenden Hungersnöte, und das führte die technokratischen Enthusiasten dazu, Untergangsprognosen abzutun. Es lohnt sich vielleicht zu untersuchen, warum die Bevölkerungsexplosion überhaupt stattfand. Man schätzt, daß es um das Jahr 8000 v. Chr. etwa fünf Millionen Menschen auf der Erde gab (Ehrlich und Ehrlich 1972). Bis zum Jahre 1000 n. Chr. hatte sich diese Zahl verfünfzigfacht. Der erste Zeitpunkt, so wird manchmal angenommen, markiert den Beginn der landwirtschaftlichen Revolution, einer Transformation vieler Jäger und Sammler zu Bauern. Die Nahrungsversorgung wurde viel reichlicher und sicherer, daher das beschleunigte Bevölkerungswachstum.

Es gab aber auch Nebeneffekte. Die Menschen mußten viel mehr arbeiten. Seßhaftigkeit führte zur Abgrenzung von Kulturland. Das Konzept des Eigentums war geboren. Es gab Überschüsse. Ein paar Menschen konnten andere als landwirtschaftliche Arbeit ausüben. Die Arbeitsteilung war geboren und mit ihr die Klassenunterschiede. Neben Bauern kamen Handwerker, Krieger, Priester und Könige auf. Aber immer noch wuchs die Bevölkerung während einer Periode von beinahe 10000 Jahren mit einer Rate von ungefähr 0,05 Prozent pro Jahr.

Gegen Ende des 18. Jahrhunderts stieg diese *Wachstumsrate* um das Zehnfache auf 0,5 Prozent pro Jahr. Dieser Zeitpunkt markiert den Beginn der ersten industriellen Revolution. Auch sie hatte Nebeneffekte. Die Menschen strömten in die Städte. Neue Produktionsweisen, welche die Koordination großer Massen von Menschen erforderlich machten, verdrängten die Landwirtschaft. Darüber hinaus wurde für viele Arbeiten die Fähigkeit des Lesens und Schreibens unerläßlich. Denkmodi veränderten und vervielfachten sich. Die Menschen begannen, etablierte soziale Beziehungen zu überdenken und zu hinterfragen und Denkweisen in Frage zu stellen. Es entwickelte sich eine Form kollektiven Bewußtseins und gleichzeitig eine Bewußtheit der Noosphäre. Der zugängliche Schatz akkumulierten Wissens war ganz offensichtlich verantwortlich für jene radikalen Veränderungen der Lage der Menschen, die, was immer sonst ihre Auswirkungen gewesen sein mögen, die Rate des Bevölkerungswachstums auf 2,0 Prozent hinauftrieben. Dies ist ein vierfacher Anstieg in nur 200 Jahren, verglichen mit dem zehnfachen Anstieg in den vorangegangenen 10000 Jahren.

Heute durchleben wir das, was Norbert Wiener als zweite industrielle Revolution vorausgesagt hat und wofür Informations-Revolution wohl ein passenderer Name ist. Während die Antriebskraft der industriellen Revolution in der enorm gesteigerten Kapazität lag, gespeicherte Energie aus der Erde zu holen und in andere Energieformen zu transformieren, leitet sich die Antriebskraft der Informations-Revolution aus dem enorm gesteigerten Volumen der gespeicherten Information und deren Verbreitungsrate ab. Was bringt dieser Trend mit sich? Die einzig ehrliche Antwort ist: Wir wissen es nicht. Sicher sein können wir lediglich – das lehrt uns die Geschichte unserer Spezies – über die

Gültigkeit des Gesetzes der unbeabsichtigten Konsequenzen. Diese sind den Nebenwirkungen in der Medizin vergleichbar. Manche mögen tödlich sein. Manche sind aber vielleicht auch zuträglich, indem sie unsere Langlebigkeit als lebendes System vergrößern, die, wie wir heute wissen, eng mit der „Gesundheit" der Biosphäre und, wie es nun scheint, der Noosphäre verbunden ist. Wie in der Medizin, ist es aber auch in der Systemanalyse viel einfacher, Krankheit zu definieren als Gesundheit. Die rein auf Wachstum gerichtete Orientierung (Wachstum des Konsumvolumens, der Macht usw.), der Egozentrismus und seine Varianten (Ethnozentrismus, epidemische Ausbreitung von Machtsucht) scheinen heute die am deutlichsten identifizierbaren pathologischen Nebenwirkungen der ersten industriellen Revolution zu sein.

Zur Einschätzung der Wirkungen radikaler „Zustandsveränderungen" der Lage des Menschen richten wir nun unsere Aufmerksamkeit auf deren Auswirkungen auf die Noosphäre. Die Evolution der Landwirtschaft hatte ganz sicher einschneidende Wirkungen, indem sie große Ansammlungen von Menschen in enger Nachbarschaft hervorbrachte, was die Geburt eines kollektiven Bewußtseins gefördert haben mag, das sicherlich durch Wir-Sie-Dichotomien verschärft wurde: Loyalität und Kooperation innerhalb organisierter Bevölkerungsgruppen, Mißtrauen, Furcht und Haß gegen Außenstehende. Die Erfindung des Schreibens vor etwa 5000 Jahren führte durch positives Feedback zu einer zunehmend schnelleren Akkumulation der gespeicherten Elemente des kollektiven Gedächtnisses. Das signifikanteste Produkt der ersten industriellen Revolution war die Geburt der modernen Wissenschaft und die damit einhergehende radikale Transformation menschlicher Erkenntnis, welche in der Folge der Trennung von Wissenschaft und Philosophie in ihren am meisten entwickelten Gebieten vom Reduktionismus dominiert zu werden begann, jenem großen organisierenden Prinzip „modernistischer" Wissenschaft, das auch die Sozialphilosophie „infizierte". Es wurde hier bereits die These vertreten, daß die obenerwähnten „pathologischen" Nebenwirkungen der ersten industriellen Revolution aus diesen Auswirkungen auf die Noosphäre entstanden sind.

Vielleicht kann der systemische Ansatz zu einer Aufklärung beitragen, die Gegenmittel gegen diese Krankheiten bereithält. Wiederum ist es instruktiv, die möglichen Auswirkungen dieses Ansatzes auf die Noosphäre einzuschätzen. Die Noosphäre ist heute mehr denn je ein gemeinsames Erbe der Menschheit. Der systemische Ansatz bietet, indem er holistisch ist, ein Gegengewicht zu reduktionistischem Druck. Er stellt auch einen ernstzunehmenden Versuch dar, den philosophischen Denkmodus mit dem wissenschaftlichen wieder zu vereinen, vielleicht letztlich zu beider Nutzen. Man denke nur an Varelas Versuch, die positiven Beiträge buddhistischer Philosophie zur Kognitionswissenschaft zu evaluieren. Vielleicht verdient die Psychoanalyse die gleiche Art Aufmerksamkeit, wobei wohl wegen des beinahe vollständigen Mangels an Interesse oder Kompetenz ihrer Anhänger an exakter wissenschaftlicher Erkenntnis eine große Chance verpaßt worden ist. Beachten Sie, daß sowohl buddhistische Philosophie als auch die Psychoanalyse die menschliche Erkenntnis als Selbsterforschung untersuchen. Es gibt keinen guten Grund, weshalb Introspektion (einst eine natürliche Methode psychologischer Untersuchungen) über so lange Zeit von der Psychologie hätte ausgeschlossen sein sollen. Selbstreferenz und Selbstbeobachtung sind respektable Studiengebiete beim wissenschaftlichen Ansatz der Sozialwissenschaften. Es gibt keinen Grund, weshalb sie nicht mit wissenschaftlich disziplinierten Untersuchungsmethoden durchgeführt werden könnten. Beachten Sie, wie verschieden die Sackgasse, in die Hilberts *Entscheidungsprogramm* geriet, aus reduktionistischer und aus holistischer Sicht interpretiert wird. Für erstere markiert sie einen Fehlschlag, für letztere eine Rechtfertigung und eine Gelegenheit, das Studium der Kognition auszudehnen, so daß es die logischen, psycho-logischen und vielleicht die „ideo-logischen" Aspekte (ideologischen Untertöne) von Selbstreferenz und Selbstbewußtheit einbezieht. Das Problem ist spezifisch die Entmystifizierung und Entromantisierung des Diskurses der idealistischen Philosophie, der „idealen" Welten Platos und Hegels etwa, indem man „harte" Methoden zur Untersuchung von Beziehungen zwischen dem Verhalten materieller Systeme (etwa eines Gehirns) und dem Inhalt direkter Erfahrung entwickelt. Denken Sie nur daran, daß diese Methoden, angewandt auf die Evolution eines gänzlich „immateriellen" Systems wie der Sprache, verblüffende Parallelen zu der Evolution „materieller" Biosysteme aufdecken. Denken Sie an die ideologischen Untertöne der Dichotomie von „Geist und Körper", die Lenin (1909) in seinem ungehobelten Angriff auf seine Kollegen ausgeschlachtet hat, als er sie beschuldigte, dem korrumpierenden Einfluß des „Idealismus" anheimzufallen.[6] Und schließlich sind es die ideologischen Untertöne des Öko-Holismus, welche die Hoffnung auf einen heilsamen Wandel unserer Denkweise nähren.

Die Programme, die der systemische Ansatz für Untersuchung und Aktion vorschlägt, haben eine Chance, implementiert zu werden, wenn Wissenschaft als ein Weg zur Aufklärung betrieben wird, anstatt, wie heute, als ein Weg zur Akkumulation von Macht. Dieses mögliche (aber keineswegs garantierte) Nebenprodukt der Informations-Revolution könnte einen Notausstieg aus unserer gegenwärtigen mißlichen Lage bieten.

Literatur

Balfour, Arthur James, 1916: Introduction. In: *Heinrich von Treitschke: Politics.* New York: Macmillan.
Dyson, Freeman, 1995: The Scientist as a Rebel, New York Review of Books, May 25: 31-33.
Ehrlich, Paul R., und *Anne H. Ehrlich*, 1972: Population, Sources, Environment. San Francisco: W.H. Freeman.
Gerard, R. W., 1958: Concepts and Principles of Biology, Behavioral Science 3: 95-102.
Hobbes, Thomas, 1881 [1651]: Leviathan. Oxford: J. Thornton.
Hughes, Barry B., 1993: International Futures. Boulder, CO: Westview Press.
Korzybski, Alfred, 1933: Science and Sanity. Lancaster, Pennsylvania: Science Press.
Lenin, Wladimir I., 1909/1964: Materialism and Empiriocriticism. Moskau: Progress Publishers.
Luhmann, Niklas, 1990: Ökologische Kommunikation. Opladen: Westdeutscher Verlag.
McCulloch, W. S., und *W. Pitts*, 1943: A Logical Calculus of the Ideas Immanent in Nervous Activity, Bulletin of Mathematical Biophysics 5: 115-133.
Meadows, Donella H., Dennis L. Meadows, Jorgen Randers und *William W. Behrens III*, 1992: Beyond the Limits. Post Mills, Vermont: Chelsea Green.
Schotter, Andrew, 1981: The Economic Theory of Social Institutions. Cambridge: Cambridge University Press.
Treitschke, Heinrich von, 1897-98/1915: Deutsche Politik. Jena: Eugen Dietrichs, S. 27-28.
Varela, Francisco J., 1991: The Embodied Mind. Cambridge, MA: The MIT Press.
Whitehead, Alfred N., und *Bertrand Russell*, 1910: Principia Mathematica. Cambridge: Cambridge University Press.

Aus dem Amerikanischen übersetzt von *Gisela Jaeger-Weise*.

---

6 Indem sie ein Interesse an Relativitätstheorie und Quantenphysik bekundeten, stellten sie das Konzept einer vom Beobachter unabhängigen „Realität" in Frage.

Homo ÖKOnomicus

Anwendungen und Probleme der Theorie rationalen Handelns im Umweltbereich*

Andreas Diekmann

Zusammenfassung: Das Homo-oeconomicus-Modell der Umweltökonomie ist nur begrenzt tauglich, das tatsächlich beobachtbare Umweltverhalten zu erklären. Zwar ist die hypothetisch-deduktive Strategie der Modellkonstruktion ad-hoc-Erklärungen überlegen, doch werden umweltbezogene Handlungen nicht allein durch ökonomische Anreize gesteuert. Beide Aspekte werden am Beispiel eines umweltökonomischen Modells zum Recyclingverhalten diskutiert. Wie weiterhin an einer Reihe empirischer Beispiele gezeigt wird, sind soziale Anreize und das Umweltbewußtsein besonders in Low-cost-Situationen von Bedeutung. Die aggregierten Folgen individueller Handlungen in Low-cost-Situationen können aber für korporative Akteure, z.B. Wirtschaftsunternehmen oder politische Parteien, durchaus mit hohen Kosten verbunden sein. Prominente Beispiele sind das Wahlverhalten oder Konsumentenstreiks. Zentral ist daher nicht der direkte Effekt des Umweltbewußtseins auf das Handeln, sondern der indirekte Einfluß auf die Strategien von Organisationen. Rational-choice-Theorien sollten daher sowohl ökonomische als auch „weiche" Anreize (soziale Anerkennung, intrinsische Motivation) umweltorientierten Handelns berücksichtigen. Der Homo ÖKOnomicus ist ein realistischeres Modell des Umwelthandelns als der restriktive Homo oeconomicus. Es wird daher für eine Synthese plädiert, die grundlegende Konzepte der Soziologie und Ökonomie vereinigt.

I. Einleitung

In der Umweltpolitik hat der Homo oeconomicus eine erstaunliche Karriere gemacht. Wurde in der Vergangenheit noch der Konflikt zwischen Ökonomie und Ökologie beschworen, so finden sich heute in der Programmatik aller Parteien von grün bis konservativ Bekenntnisse zur ökologischen Marktwirtschaft. Ob Greenpeace, Gewerkschaften, Stimmen aus dem Arbeitgeberlager, Opposition oder Regierungsparteien: Mit der Forderung nach Einführung von Lenkungsabgaben, einer ökologischen Steuerreform, Ökobonus-Systemen, Emissionszertifikaten oder anderen marktwirtschaftlich-ökologischen Steuerungsinstrumenten ziehen Umweltpolitiker verschiedenster Couleur an einem Strang. Zwar werden die einzelnen Maßnahmen unterschiedlich bewertet, und viel zu selten noch folgen den Worten konkrete Taten. So wird das Projekt einer ökologischen Steuerreform seit Jahren diskutiert und läuft gegenwärtig Gefahr, am Widerstand der Interessengruppen zu

---

* Dieser Artikel entstand im Rahmen des „Schwerpunktprogramms Umwelt", gefördert vom Schweizerischen Nationalfonds. Edith Peier gilt mein Dank für die Textverarbeitung, Herbert Iff und Vincenza Trivigno für die Anfertigung der Graphiken. Für kritische Hinweise bedanke ich mich bei Norman Braun, Carlo C. Jaeger, Peter Preisendörfer und Volker Täube.

scheitern. Bei der Zielrichtung der Maßnahmen aber besteht Konsens: Die Veränderung der relativen Preise zu Gunsten umweltgerechter Aktivitäten.

In einer Studie von Weizsäcker, Lovins und Lovins (1995) werden zahlreiche konkrete Projekte zur Steigerung der Energieeffizienz um mindestens den „Faktor vier" vorgestellt. Die Beispiele erstrecken sich vom Tomatenanbau über Niedrigenergiehäuser, Car-pooling-Projekten und ökologischer Büroumrüstung bis hin zu neuen Rahmenbedingungen der Energieversorgung („Negawatt statt Megawatt"). Allen Projekten ist nicht nur gemeinsam, daß der Energieverbrauch bei erhöhter Produktqualität auf mindestens die Hälfte gesenkt werden kann. Darüber hinaus wird auch von der Prämisse ausgegangen, daß die Maßnahmen ‚anreizkompatibel' sind und dem individuellen Eigeninteresse der beteiligten Akteure wie Haushalte und Unternehmungen entsprechen. Nicht viel anders, wenn auch bisweilen mit kritischen Untertönen zum „allumfassenden Kommerzialisierungstrend" (S. 174), wird in der Untersuchung von BUND und Misereor (1996) „Zukunftsfähiges Deutschland" argumentiert. Geht es um konkrete Maßnahmen, so gibt man sich nicht mit missionarischen Appellen zur Umkehr und Bewußtseinsbildung zufrieden, sondern empfiehlt anreizorientierte Instrumente. „Vielmehr müssen marktwirtschaftliche Anreizinstrumente wie die ökologische Steuerreform eingesetzt werden, weil der Preis das wirksamste Steuerungsinstrument der Marktwirtschaft ist" (S. 185), heißt es in der BUND-Misereor-Studie.

Wenn auch in der Umweltgesetzgebung noch das herkömmliche Ordnungsrecht mit Grenzwerten, Geboten und Verboten dominiert, so ist doch bemerkenswert, daß die moderne Umweltökonomie mittlerweile immerhin die Programmatik der meisten mit Umweltfragen befaßten Verbände, Parteien und Institutionen geprägt hat.

Den theoretischen Hintergrund bildet die Denkfigur des Homo oeconomicus, des nutzenmaximierenden, auf ökonomische Eigeninteressen hin orientierten Individuums (vgl. auch Brennan und Lomasky 1993). Durch die Veränderung der Anreizstruktur sollen die Interessen des Homo oeconomicus mit den Umwelterfordernissen harmonisiert werden. Haushalte werden umweltfreundliche Aktivitäten dann ausführen, wenn sie dafür finanziell belohnt werden. Umweltgüter werden nicht der Umwelt zuliebe produziert, sondern nur, wenn dafür ökonomische Anreize existieren. Auch bei hohem Umweltbewußtsein, Kenntnis der ökologischen Zusammenhänge und starker Präferenz für eine intakte Umwelt werden eigeninteressierte Akteure keinen Beitrag zum Kollektivgut der Verbesserung der Umweltqualität leisten, sofern keine individuellen Anreize vorliegen. In Allmende- oder Kollektivgutsituationen handeln rational denkende, egoistische Akteure als Trittbrettfahrer. Erscheint es manchen Psychologen oder Soziologen paradox, daß zwischen Umweltbewußtsein und Umweltverhalten eine erhebliche Kluft besteht, so verhält es sich aus der Homo-oeconomicus-Perspektive genau umgekehrt: „Paradox" ist hier, wenn sich Personen trotz fehlender individueller Anreize für Belange des Umweltschutzes engagieren. Offenbar weisen beide Sichtweisen gewisse Defizite bei der Erklärung empirisch beobachtbaren Verhaltens auf.

Hypothesen und Konzepte der Rational-choice-Theorie wie „soziale Dilemmata", „Allmendeprobleme", „Kollektivgüter", „externe Effekte", „Free Riding" und generell die Kooperationsproblematik in sozialen Dilemmata werden mittlerweile in der Umweltsoziologie nicht mehr als exotische Vokabeln buchstabiert, sondern auch dort rezipiert, wo man dieser Perspektive eher skeptisch begegnet ist (vgl. z.B. Münch 1996 sowie den instruktiven Beitrag von Berger 1994). Die soziologische Rational-Choice-Theorie geht dabei über das eingeschränkte Homo-oeconomicus-Modell hinaus, insofern auch nicht-ökonomische Interessen, altruistische Handlungen, der Einfluß sozialer Strukturen (Institutionen, sozialer Kontext, Netzwerke, Sozialkapital) auf die Handlungsbedingungen und die häufig nichtintendierten, aggregierten Handlungsfolgen den Gegenstand der Theorie bilden. Die empirischen Beispiele in dem vorliegenden Artikel beziehen sich zwar weitgehend auf das persönliche Umwelthandeln im Alltag, wobei aber im Schlußteil einige Makro-Konsequenzen in Niedrigkostensituationen aufgezeigt werden. Gleichwohl ist der Erklärungsanspruch nicht auf individuelle Alltagshandlungen beschränkt. Handlungen von Akteuren in Unternehmen und anderen Organisationen (z.B. Managemententscheidungen) gehören ebenso zum Anwendungsbereich der Theorie wie die Erklärung aggregierter Handlungsfolgen auf der Makroebene von Institutionen und sozialen Systemen.

Das Anliegen des vorliegenden Artikels ist nicht, eine Übersicht zu den Problemen und Anwendungen der Rational-Choice-Theorie zu präsentieren. Dazu liegt mittlerweile eine ganze Reihe von Überblicksartikeln und Sammelbänden vor (siehe z.B. Cook und Levi 1990; Coleman und Fararo 1992; Coleman 1994; Elster 1986; Hogarth und Reder 1986). Vielmehr werden einige zentrale Probleme der Anwendung von Rational-Choice-Theorien im Umweltbereich herausgegriffen und anhand von Beispielen diskutiert.

Bereits die Redeweise vom Homo-oeconomicus-Modell als einer restriktiven Variante der Rational-Choice-Theorie deutet an, daß es nicht *die* Theorie rationalen Handelns (RH-Theorie) gibt, sondern eine Menge von Varianten. Diese unterscheiden sich, wie in Abschnitt II erläutert wird, u.a. durch die zugrunde gelegte Entscheidungsregel, die zulässigen Nutzenargumente und die Modellierungsstrategie. Es wird die These vertreten, daß die Strategie indirekter Modellierung im allgemeinen direkten Anwendungen der Erwartungsnutzentheorie überlegen ist. Dies wird in Teil III an einem Beispiel zum Recycling-Verhalten demonstriert. Teil IV behandelt Niedrigkostensituationen, die für die Theorie rationalen Handelns eine besondere Herausforderung darstellen. Wie Fallbeispiele und zahlreiche empirisch-experimentelle Untersuchungen zeigen, kann die restriktive Version des Homo-oeconomicus-Modells umweltbezogenes, kooperatives Verhalten in Niedrigkostensituationen nicht erklären. Daraus ergeben sich einige Probleme und Forschungsperspektiven, die im Schlußteil angesprochen werden.

II. Theorien rationalen Handelns

Betrachten wir zunächst die Gemeinsamkeiten zwischen den einzelnen Theorien rationalen Handelns. Eine RH-Theorie erfüllt mindestens die folgenden drei Kriterien:
(1) Den Ausgangspunkt bilden Akteure.
(2) Die Akteure können zwischen mindestens zwei Alternativen wählen.
(3) Die Theorie enthält eine Entscheidungsregel, die angibt, welche Handlung ein Akteur ausführen wird.
Bewußt steckt diese Definition von RH-Theorien einen weitgespannten Rahmen ab.[1] Kriterium eins ist das Postulat des methodologischen Individualismus. In den meisten

---

1 Ähnlich äußert sich Thomas Schelling in einem Gespräch mit Swedberg (1990). „I wouldn't abandon the rationality approach at all. I would instead like to enlarge or enrich it by systematically relaxing certain assumptions of rationality" (zitiert nach Snijders 1996).

Anwendungen von RH-Theorien sind die Akteure Individuen, aber es kann sich dabei auch um korporative Akteure wie Organisationen oder sogar Staaten handeln. Kriterium zwei besagt, daß überhaupt eine Entscheidungssituation vorliegen muß. Spielraum für weitere Differenzierungen bietet Kriterium drei. Die Entscheidungsregel der meisten RH-Theorien ist ein Maximierungsprinzip: Die Maximierung des Erwartungsnutzens in der Neumann-Morgenstern-Theorie, die Maximierung des subjektiv erwarteten Nutzens in der SEU-Theorie oder die Maximierung von „prospects" in Kahnemann und Tverskys „Prospect-Theorie". Andere Entscheidungsregeln sind bekanntlich Maximin, minimales „Bedauern" oder auch nicht-maximierende Prinzipien wie „satisficing behavior" in „bounded-rationality"-Theorien (Überblick in Schoemaker 1982; Machina 1987; Elster 1986). Was ist dann überhaupt „rationales Handeln"? Das ist eine Frage der Definition, und meine lautet wie folgt: Rationales Handeln ist Handeln in Übereinstimmung mit einer Entscheidungsregel. Freilich ist die Annahme einer spezifischen Entscheidungsregel nicht willkürlich. Zentrale Kriterien sind die theoretische Fruchtbarkeit und empirische Triftigkeit der abgeleiteten Konsequenzen. Dabei ist durchaus denkbar, daß für unterschiedliche Probleme unterschiedliche Entscheidungsregeln zugrunde gelegt werden können. Das Minimalkriterium prognosefähiger Theorien ist aber wohl die Transitivität von Präferenzen, ein Axiom, das (fast) allen Entscheidungstheorien zugrunde liegt. Wem diese Definition zu weit gefaßt erscheint, kann Rationalität im engeren Sinne als konsistente Auswahl von Alternativen in Übereinstimmung mit den Axiomen der Neumann-Morgenstern-Theorie definieren. Nur würde die enge Definition bedeuten, daß alternative Entscheidungstheorien nicht mehr als RH-Theorien gelten können (siehe *Abbildung 1*).[2]

Ohnehin ist es nur sinnvoll, sich den Kopf über Rationalitätsdefinitionen zu zerbrechen, wenn *normative* Entscheidungstheorien im Mittelpunkt des Interesses stehen. Bei Anwendungen von RH-Theorien zur Erklärung und Prognose sozialer Zusammenhänge geht es aber ausschließlich um *deskriptive* Entscheidungstheorie. Die Frage lautet nicht, wie Menschen gemäß einer bestimmten Rationalitätsdefinition handeln *sollen,* sondern wie Akteure unter spezifischen Bedingungen in einer Wahlsituation handeln *werden.* Die Bezeichnung „rational", „rational choice" oder „rationales" Handeln hat in diesem Zusammenhang nur Verwirrung gestiftet. Es wäre der Sache viel angemessener, neutral von *Entscheidungstheorie* zu sprechen.[3] Leider ist der Begriff „rational choice" inzwischen zu einem (unscharfen) Markenzeichen geworden. Man wird sich daran gewöhnen müssen wie an einen „Bleistift", der mit Graphit schreibt.

In der Soziologie, der Politikwissenschaft und der Ökonomie ist die Zielsetzung im allgemeinen, mittels einer RH-Theorie (einer Mikro-Theorie) Zusammenhänge auf der Makroebene zu erklären. Dazu sind Aggregationsregeln erforderlich, die von der einfachen Summen- und Durchschnittsbildung bis hin zu komplexen „synthetischen Theorien"

---

2 Demnach handelt es sich um eine *RH-Theorie im weiteren Sinne*, wenn die Kriterien (1) bis (3) vorliegen. Eine *RH-Theorie im engeren Sinne* unterstellt die spezifische Entscheidungsregel der Maximierung des Erwartungsnutzens. Das *Homo-oeconomicus-Modell* verlangt eine weitere Einschränkung bezüglich der Präferenzen. Neben der Maximierung des Erwartungsnutzens wird davon ausgegangen, daß sich die Nutzenfunktion der Akteure ausschließlich auf das ökonomische Selbstinteresse bezieht (vgl. zur Definition des Homo oeconomicus Brennan und Lomasky 1993).

3 So auch die „neutralen" Buchtitel „The Theory of Choice" (Heap et al. 1992) oder „Decision Theory" (Rapoport 1988).

Abbildung 1: Varianten von Theorien rationalen Handelns nach dem Ausmaß der Beschränkung der Annahmen

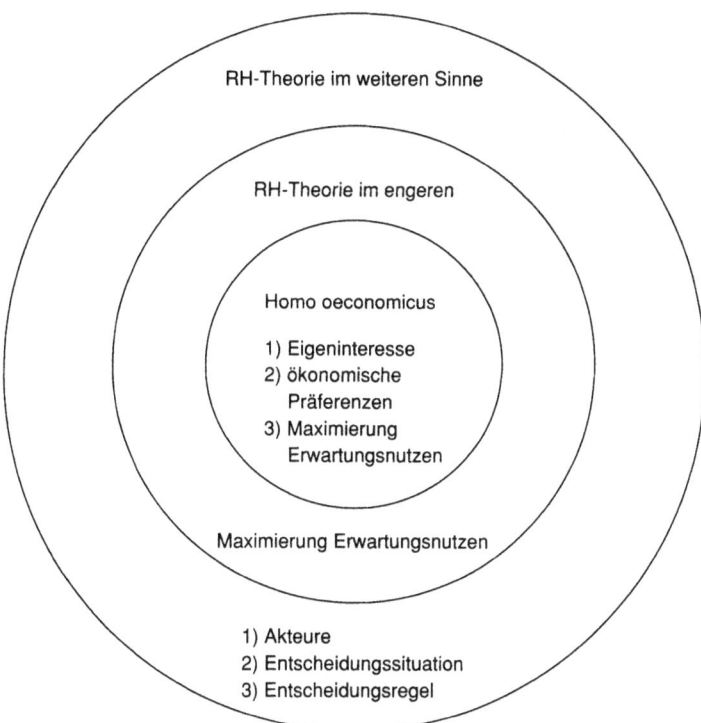

(Coleman 1964) reichen können. Neben dem (4) Typ der Aggregationsregel unterscheiden sich RH-Theorien durch eine Reihe weiterer Merkmale: (5) Die Berücksichtigung strategischer Interdependenz (spieltheoretische Modelle), (6) Informationsannahmen, (7) einschränkende Annahmen bezüglich der Präferenzen (zeitliche und interpersonelle Konstanz, Becker und Stigler 1977), (8) die Art der verwendeten „Brückenhypothesen" (Lindenberg 1996), insbesondere Hypothesen zu Kontexteffekten und dem Einfluß sozialer Institutionen auf die Handlungsbedingungen, (9) die Zulässigkeit „weicher" Nutzenargumente (soziale Normen, moralische Überzeugungen) und (10) die Strategie der Modellierung und empirischen Umsetzung von RH-Theorien.

Zwei gegensätzliche Varianten in bezug auf die zuletzt erwähnten beiden Merkmale sind das Homo-oeconomicus-Modell und die von einigen Vertretern des Rational-Choice-Ansatzes in der Soziologie praktizierte Methode „direkter" Anwendung der SEU-Theorie (siehe zur Kritik auch Diekmann und Preisendörfer 1993; Braun und Franzen 1995).

Direkte empirische Umsetzung heißt, daß die subjektiv erwarteten Nutzenwerte der einzelnen Handlungsalternativen (subjektive Wahrscheinlichkeiten und „Nutzenwerte" der Handlungskonsequenzen) unmittelbar über Ratingskalen erhoben werden. Dabei werden „harte" Präferenzen, d.h. ökonomische Anreize wie Geld-, Zeitgewinn etc. ebenso wie „weiche" Präferenzen (subjektive Normen, soziale Anerkennung) berücksichtigt. Die aus der Sozialpsychologie stammende Theorie von Ajzen (1991), die in jüngster Zeit häufiger auf Umweltprobleme angewandt wurde, ist im Prinzip nur eine besondere Spielart direkter Anwendung des SEU-Modells. In der Ajzen-Theorie werden spezielle, für das Verhalten als wichtig erachtete Nutzenkomponenten, nämlich soziale Normen und Belohnungen durch Bezugsgruppen, gesondert aufgeführt. Die nachfolgend erwähnten Kritikpunkte beziehen sich daher gleichermaßen auf die Ajzen-Theorie.

Obwohl die unmittelbare empirische Umsetzung der SEU-Theorie als „ökonomisches Programm" (Opp 1979) bezeichnet wurde, findet man diese Vorgehensweise in der Ökonomie nur äußerst selten. Auch in den Arbeiten des soziologischen Rational-Choice-Theoretikers James Coleman wird man vergeblich nach Beispielen für die direkte Anwendung der SEU-Theorie suchen. Die Strategie der Modellierung in der Ökonomie und Umweltökonomie ist dagegen indirekt.[4] Die Erwartungsnutzenhypothese bildet den Kern eines Modells, aus dem mittels Zusatzannahmen (konkave Nutzenfunktion, Diskontierungshypothese, Produktionsfunktion) Deduktionen abgeleitet werden. Die indirekte Modellierung ist kein „Modellplatonismus", sofern die deduzierten Hypothesen einer empirischen Prüfung zugänglich sind. Die Leistungsfähigkeit eines Modells (Informations- und Wahrheitsgehalt) ist an der Reichhaltigkeit der deduzierten Hypothesen und ihrer empirischen Stimmigkeit zu bemessen. Stehen die abgeleiteten Hypothesen mit bekannten empirischen Sachverhalten im Einklang? Sind überdies neue Hypothesen und Prognosen ableitbar? Halten die neuen Hypothesen empirischen Prüfungsversuchen stand?

Am radikalsten hat diese Position Milton Friedman (1953) formuliert. Nach Friedman ist es sogar eine Tugend, wenn die Modellannahmen kontrafaktisch sind. Je „unrealistischer", desto besser; entscheidend sei nur die prognostische Leistungsfähigkeit eines Modells (zu einer Diskussion Blaug 1980). Soweit muß man nicht gehen. Sofern möglich, können empirische Tests von Modellannahmen auch aufschlußreiche Hinweise zur Modifikation von Modellen liefern. Der zentrale Punkt der Friedman-Doktrin bleibt aber: Qualitätsmaßstab eines ökonomischen Modells ist die „predictive power", die prognostische Kraft der indirekt aus den Annahmen gewonnenen Hypothesen.

Dieses Kriterium gilt auch für Anwendungen des Homo-oeconomicus-Modells in der Umweltökonomie. Bezüglich der Annahmen kann das Homo-oeconomicus-Modell als eine restriktive Variante der Theorie rationalen Handelns gelten. Entscheidungsregel ist die Hypothese der Maximierung des Erwartungsnutzens, wobei aber als Nutzenargumente nur „harte", „objektiv" meßbare Größen wie Geld und Gütermengen zugelassen sind. Aus der Nutzenmaximierung unter Restriktionen (Einkommens-, Zeitrestriktionen) werden sodann Hypothesen abgeleitet, die mittels statistisch-ökonometrischer Schätzverfahren an empirischen Daten überprüfbar sind.

Die direkte Anwendung der SEU-Theorie auf Entscheidungsprobleme und das Homo-oeconomicus-Modell sind zwei extreme Varianten der RH-Theorie. Die Mängel und Vorzüge lassen sich am besten anhand eines Beispiels herausarbeiten.

---

[4] Und nicht nur in der Ökonomie, sondern generell in der soziologischen Theoriekonstruktion mit Hilfe formaler Modelle. Zahlreiche Beispiele finden sich dazu in dem Sammelband von Esser und Troitzsch (1991) zur „Modellierung sozialer Prozesse".

III. Zwei Strategien der Modellierung: Anwendungsbeispiel Recycling

Anders als Deutschlands duales System haben Schweizer Kommunen seit Ende der achtziger Jahre in wachsender Zahl die konventionelle Regelung pauschaler Abfallgebühren durch anreizbezogene Entsorgungsregelungen ersetzt. Heute werden in fast der Hälfte der Schweizer Gemeinden volumenabhängige, neuerdings in einigen Gemeinden sogar gewichtsabhängige Abfallgebühren erhoben. Damit wurde eine Emissionsabgabe eingeführt, von der man sich eine umweltfreundliche Lenkungswirkung erhofft. In der Region Bern beispielsweise kaufen die Haushalte im Supermarkt Abfallsäcke und Gebührenmarken, wobei die Sackgebühr für einen 35-Liter-Sack rund 1,50 sFr. beträgt. Zusätzlich wird pro Haushalt in der Regel noch eine Pauschale erhoben. Das Prinzip ist verblüffend einfach: Wer beim Einkauf verpackungsintensive Waren vermeidet oder in hohem Maße Abfallsortierung und Recycling praktiziert, soll finanziell belohnt werden. Wenn man so will, handelt es sich um ein großangelegtes Sozialexperiment, dessen Evaluation aufschlußreich für die praktische Umweltpolitik sein dürfte.

Offenbar befinden sich die Haushaltsmitglieder in einer Entscheidungssituation. Sie können beim Einkauf verpackungsintensive Waren vermeiden, vermehrt Abfalltrennung praktizieren, eventuell Abfälle „schwarz" deponieren oder wie gehabt die Abfälle als Restmüll entsorgen, allerdings zu entsprechend höheren Gebühren. Von welchen Bedingungen hängt die Entscheidung für die eine oder andere Handlungsalternative ab und welche Rolle spielt dabei eine anreizbezogene Abfallgebühr?

Eine direkte Anwendung der SEU-Theorie auf das vorliegende Entscheidungsproblem sieht folgende Schritte vor (vgl. ausführlich Opp 1983, insbesondere Schema II-1, S. 40): Zunächst wird erhoben, welche Handlungen eine Person in Betracht zieht. Sodann werden für jede dieser Handlungen die perzipierten Konsequenzen ermittelt. Weiterhin werden dann, in der Regel mittels Ratingskalen im Fragebogen, für jede Handlungskonsequenz die subjektiven Eintretenswahrscheinlichkeiten und Nutzenwerte erhoben. Handlungskonsequenzen für Abfalltrennung sind z.B. der Aufwand der Separierung und Lagerung, der Transport von Recyclinggut zu Sammelstellen, der psychische Nutzen umweltbewußten Handelns usw. Konsequenzen der Handlungsalternative „Restmüllentsorgung via Kehrichtsack" sind Kosten der Gebührenmarke, Aufwand und eventuell Kosten kognitiver Dissonanz, wenn Recyclinggut bequemerweise mit dem Restmüll entsorgt wird. Die Nutzenwerte können dabei auf Skalen von -1 bis $+1$, die subjektiven Wahrscheinlichkeiten auf Skalen von 0 bis 1 ermittelt werden (vgl. das Beispiel in Opp 1983: 37). Die Summe der Produkte aus Nutzen und Wahrscheinlichkeit jeder Handlungskonsequenz einer Handlung ergibt den subjektiv erwarteten Nutzen (SEU) dieser Handlung. Gemäß der Maximierungshypothese wird prognostiziert, daß sich eine Person für die Handlung mit dem relativ höchsten SEU-Wert entscheidet.

Eine Variante der SEU-Theorie ist die mittlerweile mehrfach modifizierte „Theorie des geplanten Verhaltens" (Ajzen 1991; zu Vorläufer-Versionen siehe Fishbein und Ajzen 1975; Ajzen und Fishbein 1980). Neben den Handlungskonsequenzen („Handlungseffizienz") werden zusätzlich explizit soziale Normen und soziale Erwartungen wichtiger Bezugspersonen berücksichtigt. Wie bei der SEU-Theorie werden auch hier die subjektiven Wahrscheinlichkeiten („beliefs") und Bewertungen der Handlungskonsequenzen jeweils multipliziert und für jede Handlungsoption aufaddiert. Die Messung erfolgt ebenfalls auf

Ratingskalen, z.B. mit den Polen 0 bis 3 oder −3 bis +3. Wohlgemerkt sind die „beliefs" damit nicht, wie üblicherweise Wahrscheinlichkeiten, auf den Bereich [0,1] beschränkt. Zur Erklärung von Umwelthandlungen (Verkehrsverhalten, Energiesparen, Recycling) liegen mittlerweile eine ganze Reihe von Untersuchungen auf der Basis der Ajzen-Fishbein-Theorie vor. Empirische Anwendungen auf das Recyclingverhalten werden z.B. von Altenburg und Balderjahn (1993) und Lüdemann (1995) berichtet.

Gegen die direkte Anwendung der Erwartungsnutzentheorie (bzw. ihrer Varianten) mit der Erhebung von Nutzen und subjektiven Wahrscheinlichkeiten auf Ratingskalen lassen sich die folgenden Einwände vorbringen.

1. *Problem der Messung*. Bei der Messung handelt es sich um eine per-fiat-Messung, die ein hohes Skalenniveau voraussetzt (dazu weiter unten). Die der Messung zugrunde liegenden Annahmen werden nicht überprüft. Der Begriff „Nutzen" der derart angewandten SEU-Theorie hat mit der axiomatischen Neumann-Morgenstern-Nutzentheorie nicht viel mehr als den Namen gemein.
2. *Handlungsrestriktionen*, ein zentraler Punkt im Restriktions-Präferenz-Modell der Ökonomie, werden allenfalls implizit über die erhobenen subjektiven Wahrscheinlichkeiten der Handlungsfolgen erfaßt. Effekte von Veränderungen der Restriktionen auf das Handeln (z.B. Einkommensveränderungen), eine Aussage hierüber ist einer der Hauptvorteile ökonomischer Modelle, sind mit der Methode direkter Anwendung der SEU-Theorie nicht systematisch prognostizierbar.
3. *Problem empirisch-statistischer Umsetzung*. Mit der SEU-Theorie wird die Auswahl einer Handlung durch eine Person in einer Entscheidungssituation prognostiziert. Die empirische Anwendung bei einer Stichprobe von N Personen ermöglicht mithin N Prognosen der ausgeführten Handlungen. Ein empirischer Test bestünde darin, die prognostizierten mit den tatsächlich gewählten Handlungen zu vergleichen.[5] (Bei einem harten Test wären die Handlungen *nach* der Prognose per Verhaltensbeobachtung zu erheben.) Statt dessen wird bei empirischen Anwendungen der Theorie häufig das Instrument der Regressionsanalyse eingesetzt. Der Übergang vom theoretischen Modell (SEU-Theorie) zum statistischen Schätzmodell (Regressionsanalyse) erfolgt nicht deduktiv, sondern ad hoc und wird nicht näher begründet.
4. *Problem von ex– post-Anwendungen*. Einige Anwendungen der SEU-Theorie beziehen sich auf historische Ereignisse. Hierbei kann es sich um aufschlußreiche Illustrationen und Spekulationen handeln, nicht aber um Prüfungen der Theorie. Werden beliebige Nutzenargumente zugelassen, dann sind ex– post-Erklärungen tautologisch. Der häufig vorgebrachte Tautologie-Einwand trifft aber nicht bei ex– ante-Anwendungen der Theorie zu.
5. *Problem geringen Deduktionspotentials*. Die direkte Anwendung der SEU-Theorie birgt ein geringes Potential zur Ableitung neuer Hypothesen. Hier macht sich auch besonders der Verzicht auf den expliziten Einbezug von Restriktionen bemerkbar. Aus der SEU-

---

5 Ein Beispiel findet sich in Lüdemann (1995: 103). Für 215 Personen wird auf Ratingskalen der „Nettonutzen" für Hausmüll- und Containerentsorgung erhoben. In der gleichen Befragung wird das (selbstberichtete) Verhalten registriert. Der Anteil korrekter Vorhersagen beträgt 73 Prozent. Würde man ohne Kenntnis der Nettonutzen den Modalwert „Containerentsorgung" prognostizieren, erhielte man eine Trefferquote von 59 Prozent. Das Nettonutzenmodell verbesserte in diesem Fall die Prognose um 14 Prozentpunkte.

Theorie allein sind im allgemeinen keine Hypothesen zu den Effekten von Restriktionsänderungen auf das Verhalten ableitbar. Die Deduktion neuer, gelegentlich auch überraschender Hypothesen ist aber eine der wichtigsten Stärken der Modellbildung. Dieser Vorteil von RH-Modellen wird bei der Strategie direkter Anwendung der SEU-Theorie nicht genutzt.

Das Problem der „Messung" von Nutzen und subjektiven Wahrscheinlichkeiten mittels Ratingskalen bedarf noch einer genaueren Erläuterung.

Gehen wir von der Wahl zwischen zwei Handlungen H_1 und H_2 aus. Die erwarteten Nutzenwerte berechnen sich nach der Formel:

$$SEU_1 = \Sigma\, p_{1i}\, u_{1i}\,;\ SEU_2 = \Sigma\, p_{2i}\, u_{2i}$$

mit den Nutzenwerten u und den subjektiven Wahrscheinlichkeiten p. Nehmen wir weiter an, die Theorie prognostiziere für eine Person die Wahl von H_1, d.h. es gelte

$$SEU_1 > SEU_2.$$

Diese Ungleichung sollte nun bei allen zulässigen Skalentransformationen erhalten bleiben. Wird für die Nutzenmessung Intervallskalenniveau angenommen, d.h. gilt:

$$u^* = au + b \text{ mit } a > 0,$$

so folgt:

$$SEU_1^* = \Sigma\, p_{1i}\, (au_{1i} + b)$$
$$SEU_2^* = \Sigma\, p_{2i}\, (au_{2i} + b).$$

Durch einfache Umformung erhalten wir die Ungleichung:

$$SEU_1^* > SEU_2^* + b\, (\Sigma\, p_{1i} - \Sigma\, p_{2i}). \qquad (1)$$

Die Robustheit von Prognosen bei zulässigen Skalentransformationen, d.h. die Anforderung $SEU_1^* > SEU_2^*$ ist ein Minimalkriterium jeder Entscheidungstheorie. Anhand von (1) ist ablesbar, daß hierfür gelten muß:

b = 0 (der Nutzen wird auf einer Ratioskala gemessen, vgl. auch Orth 1987)

oder:

$$\Sigma\, p_{1i} = \Sigma\, p_{2i}.$$

Geht man also von der (ungeprüften) Annahme einer Nutzen-Intervallskala aus, dann müssen sich die subjektiven Wahrscheinlichkeiten der Handlungskonsequenzen jeder Handlung zu einem konstanten Wert addieren (bei objektiven Wahrscheinlichkeiten ist die Summe = 1). Ob die simple Messung per Ratingskala dieses Kriterium erfüllt, ist zweifelhaft. Man mache sich aber die Konsequenzen einer Verletzung klar. Die Prognosen wären dann willkürlich abhängig von der jeweils gewählten Skalentransformation.

Hierbei wurde davon ausgegangen, daß die subjektiven Wahrscheinlichkeiten auf einer Ratioskala mit einem „natürlichen" Nullpunkt gemessen werden, z.B. einer Skala mit den Polen 0 und 1 gemäß Opp (1983). Noch problematischer sind Anwendungen der Ajzen-Fishbein-Theorie wahlweise mit z.B. vier-poligen Skalen oder bipolaren Skalen von − 3 bis + 3 für „beliefs" und Bewertungen. Implizit muß von Ratioskalen sowohl für die „Wahrscheinlichkeiten" als auch für die „Nutzenwerte" ausgegangen werden. Transformiert man z.B. eine Skala der beliefs mit den Polen −3 und + 3 linear auf den Bereich [0,1], dann ändern sich Prognosen und Korrelationen. Daß diese Zusammenhänge in vielen Anwendungen nicht einmal erwähnt werden, demonstriert eine gewisse Nonchalance, mit der man sich über gravierende Probleme der Messung hinwegsetzt.

Ganz anders verhält es sich bei der Nutzenmessung nach Neumann und Morgenstern (1944). Die Messung erfolgt nicht mit Ratingskalen, sondern anhand von Wahlhandlungen mit vorgegebenen Wahrscheinlichkeiten. Weiterhin wird die Messung axiomatisch begründet, wobei die wichtigsten Axiome empirisch prüfbar sind. Für die Wahrscheinlichkeiten werden die üblichen Axiome der Wahrscheinlichkeitstheorie unterstellt, d.h. es gilt für sämtliche disjunkten Handlungskonsequenzen $\Sigma\ p_i = 1$. In diesem Fall gilt bei linearer Skalentransformation $u^* = au + b$:

$$SEU^* = a\ SEU + b.$$

Hieraus oder aus (1) folgt unmittelbar, daß für $SEU_1 > SEU_2$ mit $a > 0$ immer gilt:

$$SEU^*_1 > SEU_2^*.$$

Lineare Transformationen der Neumann-Morgenstern-Nutzen führen immer auch zu entsprechenden linearen Transformationen der Erwartungswerte. Prognosen zur Auswahl von Handlungsalternativen sind bezüglich linearer Skalentransformationen robust. Gleiches kann man von den per-fiat-Messungen mit Ratingskalen nicht behaupten.

Um nicht mißverstanden zu werden: Anwendungen der Ajzen-Theorie oder der SEU-Theorie im Umweltbereich können empirisch durchaus wichtige Aufschlüsse über die relative Einflußstärke von Faktoren wie Handlungseffizienz und soziale Normen auf das Umwelthandeln liefern. Auch per-fiat-Messungen lassen sich pragmatisch durch den Prognoseerfolg von Theorien rechtfertigen. Die Meßlatte für RH-Theorien liegt jedoch höher. Es ist die deduktive Stärke, die die Strategie indirekter Modellbildung vor den direkten Anwendungen der Erwartungsnutzentheorie auszeichnet.

Betrachten wir als Beispiel ein umweltökonomisches Modell von Hausheer (1991) zur Analyse der Wirkungen einer anreizbezogenen Abfallgebühr. Das Modell ist relativ einfach (möglicherweise zu einfach);[6] es eignet sich aber gut, um das Prinzip indirekter Anwendung der Nutzenmaximierung zu diskutieren.

Es wird davon ausgegangen, daß ein Haushalt bzw. Konsument zwischen einem abfallintensiven Gut 1 und einem abfallfreundlichen Gut 2 wählen kann. Die Abfallentsorgung ist mit Gebühren verbunden, die jedoch teilweise durch Abfalltrennung von Recyclingmaterial vermindert werden können. Eine mengenabhängige Emissionsabgabe wird nur auf Deponieabfall erhoben. Allerdings erfordert auch die Abfallsortierung zusätzlichen Aufwand, d.h. Separierung ist nicht kostenlos. Der Haushalt muß somit einen optimalen, seinen Nutzen maximierenden Kompromiß aus Vermeidung (Verringerung der Nachfrage nach Gut 1), Entsorgung von gebührenpflichtigen Deponieabfällen und Recycling finden.

Formal sieht das so aus (Hausheer 1991: 36ff.):

---

6 Zur Analyse der Auswirkungen einer Deponieabgabe im Rahmen eines komplexen, gesamtwirtschaftlichen Gleichgewichtsmodells siehe Faber, Stephan und Michaelis (1990). Ein allgemeineres Modell der Abfallwirtschaft wurde von Michaelis (1991) entwickelt.

x_1, x_2 sind die Mengen von Gut 1 bzw. Gut 2 und p_1, p_2 die entprechenden „Bruttopreise" unter Einschluß der vom Konsumenten zu tragenden Entsorgungskosten. Zu maximieren ist die Nutzenfunktion:

$$U = f(x_1, x_2)$$

unter der Budgetrestriktion:

$$E = p_1 x_1 + p_2 x_2.$$

Als Lösung erhält man die Nachfragefunktionen:

$$x_1 = f(p_1, p_2, E)$$
$$x_2 = f(p_1, p_2, E).$$

Wir gehen davon aus, daß Gut 2 keinerlei Abfall verursacht. p_2 entspricht demnach dem Ladenpreis. Dagegen ist p_1 die Summe von Ladenpreis p_1^* und Entsorgungskosten. Es gilt:

$$p_1 = p_1^* + G(1-\alpha)T + K_v + K_f \tag{2}$$

mit:
G = gesamte Abfallmenge von Gut 1
T = mengenproportionale Abfallgebühr,
α = Anteil separierten Recyclingabfalls,
K_v = variable Separierungskosten,
K_f = fixe Separierungskosten (K_f = konstant).

K_v wächst mit der Recyclingmenge bei steigenden Grenzkosten. Durchaus plausibel lautet die Annahme, daß der Aufwand der Abfalltrennung mit der Ausnutzung weiterer Separierungsmöglichkeiten überproportional ansteigt. Es wird die folgende, einfache Kostenfunktion gewählt:

$$K_v = A(G\alpha)^2, \tag{3}$$

wobei A einen Kostenparameter bezeichnet. Wir gehen davon aus, daß der Haushalt die gesamten Entsorgungskosten K_g des Guts 1 bei gegebenem Tarif T durch optimales Recycling (Wahl von α) minimiert. Gemäß (2) und (3) erhalten wir für K_g:

$$K_g = G(1-\alpha)T + A(G\alpha)^2 + K_f.$$

Minimierung von K_g in bezug auf α liefert die Lösung:

$$\alpha = \frac{T}{2AG}, \quad 0 \leq \alpha \leq 1. \tag{4}$$

Hausheer wählt allerdings eine spezielle Funktion der variablen Kosten. Diese müßte entweder empirisch gerechtfertigt werden oder aber es müßte demonstrierbar sein, daß die Modellimplikationen robust sind gegenüber gleichermaßen plausiblen Kostenfunktionen mit steigenden Grenzkosten. (Verzichtet man auf die Annahme steigender Grenzkosten, so erhält man eine „corner solution". Die Gesamtmenge wird dann entweder zu 100 oder 0 Prozent recycelt.)

Geht man allgemein von einer Kostenfunktion $K_v = f(G\alpha)$ mit $K_v' > 0$ (steigende Grenzkosten) aus und minimiert die Kosten in bezug auf die Recyclingmenge $G\alpha$, so erhält man die Beziehung:

$$K_v' = T$$

Ein Homo-oeconomicus-Haushalt, vom Umweltbewußtsein ist hier noch gar nicht die Rede, wird also gerade so viel Abfalltrennung praktizieren, bis die zusätzlichen Recyclingkosten einer Einheit Abfall genau dem Abfalltarif dieser Einheit für Deponiemüll entsprechen.

Vom kostenminimierenden Recyclinganteil $\alpha = T/2AG$ hängt wiederum der Bruttopreis p_1 des abfallverursachenden Konsumguts und damit auch die Nachfrage nach diesem Gut ab. Durch Einsetzen von α in die Preisfunktion (2) erhält man:

$$p_1 = p_1^* + GT - T^2/4A + K_f \qquad (5)$$
mit $0 \leq T \leq 2AG$.

Das Modell verbindet die Lehrbuchversion der mikroökonomischen Konsumtheorie mit einer Abfall-Entsorgungstheorie. Dadurch rücken die Wechselwirkungen zwischen zwei Entscheidungsproblemen – Nachfrage nach abfallfreundlichen Konsumgütern und Ausmaß der Abfalltrennung – ins Blickfeld.

Wie ist nun das deduktive Potential der Theorie zu beurteilen? Hausheer untersucht Effekte von Änderungen des Tarifs für Deponieabfall (T), der Fixkosten und variablen Kosten für Abfalltrennung und des Einkommens auf die gesamte Abfallmenge (Gx_1), den Recyclinganteil (α) und die Recyclingmenge (αGx_1). Insgesamt werden vierzehn Hypothesen abgeleitet, wobei einige der Hypothesen aber zusätzliche Annahmen über Preiselastizitäten erfordern. Betrachten wir einige Beispiele.

1. Relativ offensichtlich sind die folgenden Auswirkungen von Tariferhöhungen: Eine Erhöhung von T erhöht den Recycling*anteil* α (Gleichung 4), verringert die Gesamtabfallmenge aufgrund des Preisanstiegs des abfallintensiven Guts 1 (Gleichung 5) und verringert damit auch die Menge des Deponieabfalls. Das Ausmaß der Abfallvermeidung hängt von der Preiselastizität der Nachfrage nach Gut 1 ab.

2. Wird sich mit T auch die Recycling*menge* erhöhen? Intuitiv ist man versucht, „ja" zu sagen, doch hängt die Mengenwirkung von der Preiselastizität der Nachfrage nach Gut 1 und der Stärke des Effekts von T auf α ab. Ist der Vermeidungseffekt stärker als der „α-Effekt", dann kann die Menge des Recyclingabfalls sogar zurückgehen. (Empirisch ist dies nicht der Fall, da die Preiselastizität – und damit der Vermeidungseffekt – relativ gering ist.)

3. Weniger offensichtlich sind die Auswirkungen einer Kostensenkung der Abfallseparierung. Verringern sich die variablen Kosten (geringerer Wert des Kostenparameters A), so erhöht sich wegen (4) zwar der Recyclinganteil α, wegen (5) aber auch die Nachfrage nach abfallintensiven Gütern. Positive Umweltwirkungen werden nur erzielt, wenn die Preiselastizität gering ist (was empirisch wohl zutrifft). Eine Senkung der Fixkosten hat dagegen – dem Modell zufolge – immer schädliche Umweltwirkungen. Die Reduktion von K_f hat ausschließlich einen Preiseffekt (5) und erhöht damit die Nachfrage nach abfallverursachenden Gütern. (Hausheer empfiehlt daher, die fixen Kosten von Separat-

sammlungsinfrastrukturen bei steigender Preiselastizität abfallverursachender Güter oder Produktionsfaktoren nicht durch die öffentliche Hand zu subventionieren.)

4. Ein weiterer Vorteil des Modells ist, daß damit nicht nur die Auswirkungen von Abfallabgaben, sondern (eventuell mit Modifikationen bezüglich der Kostenfunktion) generell die Wirkungen von Emisssionsabgaben analysiert werden können. Ein Beispiel wäre eine CO_2-Abgabe mit den Handlungsalternativen Vermeidung (weniger Nachfrage nach CO_2-intensiven Gütern), Verbrauch bei höheren Kosten und Einleitung von Maßnahmen zur Steigerung der Energieeffizienz.

Doch weist das vorliegende Modell auch Schwächen auf. Erwähnenswert erscheinen insbesondere drei Probleme:

1. Mehrere Modellimplikationen hängen kritisch von Zusatzinformationen über Preiselastizitäten ab. Ohne Kenntnis der Elastizitäten ist eine Teilmenge der deduzierten Hypothesen empirisch gehaltlos. Wie in den meisten umweltökonomischen Modellen werden die Preiselastizitäten als exogen angenommen (vgl. dazu auch die Kritik von Lindenberg und Frey 1993). Daraus resultiert eine wichtige Aufgabe empirisch-sozialwissenschaftlicher Umweltforschung: Die empirische Schätzung von Preiselastizitäten.

2. Das Modell berücksichtigt nicht die Möglichkeit illegaler Entsorgung von Abfällen. Das ist nicht nur eine theoretische Möglichkeit, sondern – wie man heute mehrere Jahre nach der Einführung mengenproportionaler Abgaben weiß – empirisch eine gravierende Nebenfolge der Reform. So betrug der zur Deponie verbrachte Straßenkehricht der Stadt Bern vor Einführung der Sackgebühr Anfang 1991 gerade 718 Tonnen. Bis 1994 stieg die Menge der großenteils schwarz entsorgten Hausabfälle (an Sammelcontainern, Bushaltestellen usw.) auf ca. 3400 Tonnen (*Abbildung 1*).[7]

3. Das Modell impliziert eine Hypothese, die als eindeutig falsifiziert gelten kann. Ist T = 0, so folgt aus Gleichung (4) unmittelbar, daß auch α = 0 gelten muß. Tatsächlich wurde aber bereits vor Einführung der Sackgebühr in hohem Ausmaß Abfalltrennung praktiziert. In der Stadt Bern waren es vor der Reform im Jahre 1990 insgesamt (Papier, Altglas, Kompost) rund 11.000 Tonnen; vier Jahre nach der Reform sind es ca. 17.800 Tonnen (*Abbildung 2*).[8]

Die Abfallabgabe hat das hohe Niveau der Recyclingbemühungen zusätzlich noch verstärkt, allerdings unter der unerwünschten Nebenfolge steigender Schwarzentsorgung. Die gesamte, zur Deponie verbrachte Abfallmenge ist abgesunken (*Abbildung 1*), nicht aber die gesamte Abfallmenge inklusive recyclierter Abfälle. Der erhoffte Vermeidungseffekt hat sich empirisch kaum bemerkbar gemacht.

Weiterhin demonstriert auch das deutsche duale System, daß sich die Haushalte in starkem Maße an der Abfallseparierung beteiligen, obwohl dafür keine finanziellen Belohnungen winken.

Den offensichtlichen Widerspruch zwischen der Modellimplikation und der Beobachtung erklärt Hausheer (1991: 43f.) mit dem Umweltbewußtsein in der Bevölkerung. Das

---

[7] Ein weiteres Problem ist die private Verbrennung von Abfällen, z.B. in Hauskaminen. Man schätzt, daß hierdurch von Schweizer Haushalten fast so viele Dioxine freigesetzt werden, wie in sämtlichen Verbrennungsanlagen der Eidgenossenschaft.

[8] Wobei aber zur Abschätzung der Größenordnung des Kausaleffektes der Abfallabgabe auch noch Veränderungen in der Sammelinfrastruktur berücksichtigt werden müssen.

Abbildung 2: Entwicklung der Siedlungsabfälle in der Stadt Bern vor und nach Einführung der Abfallgebühr

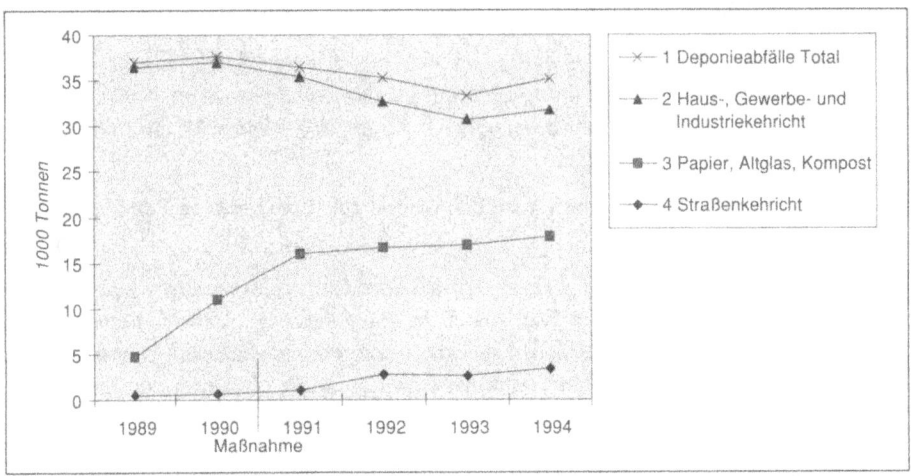

1 = Legale und illegale Deponieabfälle (2+4);
2 = Mit Gebühren entsorgte Deponieabfälle (bis 1990 pauschal, ab 1.1.1991 volumenabhängige Gebühr);
3 = Separate, recyclierbare Abfälle;
4 = Zur Deponie verbrachter Straßenkehricht, weitgehend illegale Hausabfälle.
Graphik nach Zahlenangaben des Tiefbauamtes Bern in „Der Bund" vom 21.12.1995.

Homo-oeconomicus Modell mit ausschließlich „harten" Nutzenargumenten ist demnach unzureichend, das tatsächliche Umwelthandeln zu erklären.

Man könnte nun das Emissionsabgabenmodell derart modifizieren, daß die Defizite bezüglich Schwarzentsorgung und abgabenunabhängiges Recycling behoben werden. So könnte für die illegale Entsorgung eine Kostenfunktion formuliert werden. Die Kosten illegaler Entsorgung hängen von folgenden Komponenten ab: Dem Aufwand, der Entdeckungswahrscheinlichkeit q und Höhe der Strafe S (bzw. den erwarteten Bestrafungskosten qS), dem Umweltbewußtsein U und dem Ausmaß der Loyalität gegenüber gesetzlichen Normen L.

Das Modell wird damit quasi durch eine Kriminalitätstheorie der illegalen Abfallentsorgung ergänzt. Ist β der Anteil schwarz entsorgter Abfälle, so wird der kostenminimierende Haushalt die optimale Kombination der Anteile gebührenpflichtiger Abfälle $(1 - \alpha - \beta)$, Recyclingabfälle α und schwarz entsorgter Abfälle β wählen. Dabei ist anzunehmen, daß für einen Großteil der Haushalte wegen hohen Umweltbewußtseins oder größerer Loyalität gegenüber gesetzlichen Normen die Kosten der Schwarzentsorgung prohibitiv hoch sind, so daß $\beta = 0$ gewählt wird.

Auch ein derart modifiziertes Modell wird immer noch das Problem aufweisen, daß aus $T = 0$ im Widerspruch zu den Fakten $\alpha = 0$ folgt. Nehmen wir nun an, ein umweltbewußtes, intrinsisch motiviertes Haushaltsmitglied realisiert pro Einheit Abfalltrennung einen Nutzengewinn Z. Durch Hinzufügung des Terms $(-G\alpha Z)$ in der Gleichung der Kosten K_g kann der Effekt des Umweltbewußtseins berücksichtigt werden. Für den kostenminimierenden Haushalt folgt allgemein bei steigenden Grenzkosten der Abfalltrennung:

$T + Z = K_v'$.

Für $Z > 0$ wird auch dann Abfalltrennung praktiziert, wenn keine mengenabhängigen Abgaben erhoben werden ($T = 0$). Recyclinggut wird in dem Ausmaß α gesammelt, bis die Grenzkosten der Abfalltrennung der Emissionsabgabe plus dem Nutzen aus dem umweltbewußten Verhalten entsprechen.

Die hier nur in Ansätzen skizzierten Möglichkeiten der Modellerweiterung sind allerdings dann unfruchtbar, wenn sich mit ihrer Hilfe nicht weitere, informative Modellimplikationen ergeben, die an Daten testbar sind. Die explizite Einbeziehung des Umweltbewußtseins in der Kostengleichung hat immerhin eine interessante Konsequenz. Mit steigendem Umweltbewußtsein sinken die Entsorgungskosten, so daß gemäß Gleichung (2) p1 zurückgeht. Umweltbewußte Haushalte würden dann zwar mehr Abfalltrennung, aber weniger Abfallvermeidung praktizieren, d.h. Gut 1 vermehrt nachfragen.[9]

Mit der expliziten Berücksichtigung „weicher" Nutzenargumente wie Umweltbewußtsein, Befolgung sozialer Normen u.a.m. entfernen wir uns vom Homo-oeconomicus-Modell im engeren Sinne. Den erweiterten Modellen liegt gewissermaßen die Vorstellung eines Homo ökologicus zugrunde, dessen Handlungen u.a. auch durch das Umweltbewußtsein motiviert sind.

Für den Ansatz der Erweiterung umweltökonomischer Modelle durch soziologische und psychologische Hypothesen finden sich bereits eine Reihe aufschlußreicher Beispiele. So analysieren Seel und Hufnagel (1994) die Aktivitäten privater Haushalte unter der Annahme kantianischer Umweltpräferenzen. Bei gegebenen Einkommen und begrenztem Zeitbudget bestehen Freiheitsgrade für die Wahl einer spezifischen „Konsumtechnologie". Beispielsweise „kann man viel Zeit auf das Kochen verwenden und nebenbei den Wäschetrockner laufen lassen oder umgekehrt die Wäsche von Hand aufhängen und dann Zeit sparen, indem man ein Fertiggericht in das Mikrowellengerät schiebt" (S. 683). Abhängig von Präferenzen, Produktionsfunktionen, Einkommens- und Zeitrestriktionen werden „Haushaltsendgüter" produziert, die aber nicht nur Nutzen stiften, sondern auch externe Umweltbelastungen hervorrufen. Wer in der Freizeit mit dem Auto herumkurvt, produziert nicht nur das Haushaltsendgut „Freizeitvergnügen", sondern gleichzeitig das „Gut" (oder „Schlecht") CO_2-Emissionen. Die „Verbundproduktion" von Haushaltsendgütern und Umweltschädigung ist dementsprechend ein zentrales Element des Modells. Die Implikationen des Modells lassen die einfache Abfrage von Umweltaktivitäten und die Bildung von Verhaltensindices in Umweltbefragungen problematisch erscheinen und werfen zudem ein neues Licht auf Interpretationen der Diskrepanz zwischen Umweltbewußtsein und Umweltverhalten. Unter gewissen Parameterkonstellationen des Modells zeigt sich weiterhin, daß umweltfreundliche Aktivitäten U-förmig vom Einkommen abhängen können. Fahrräder beispielsweise gehören überproportional häufig zur Ausstattung

---

[9] Das Ausmaß des Effekts hängt von der Preiselastizität der Nachfrage nach Gut 1 ab. Der Effekt wird allerdings dann nicht auftreten, wenn die Nachfrage nach Gut 1 zusätzlich direkt vom Umweltbewußtsein abhängt und der direkte Effekt den indirekten Effekt kompensiert.

von Haushalten mit geringen wie auch höheren Einkommen (Seel und Hufnagel 1994, Abbildung 3).

Einen alternativen Ansatz, aber gleichwohl im Rahmen der hier skizzierten Modellierungsstrategie, wählen Braun und Franzen (1995). Im Unterschied zu Seel und Hufnagel wird von eigennützigen Akteuren ausgegangen, d.h. es wird kein Umweltbewußtsein im Sinne kantianischer Umweltpräferenzen unterstellt. Weshalb handeln dann Akteure dennoch „umweltbewußt"? Die zentrale Annahme von Braun und Franzen lautet, daß umweltgerechtes Handeln dem Ziel der Gewinnung sozialer Anerkennung dient. Wer mit dem Fahrrad ins Büro fährt oder mit dem Kauf eines Swatch-Mobils liebäugelt, tut dies zum Zweck demonstrativen Umweltkonsums. Aus dieser einfachen und in ihrer Ausschließlichkeit sicher problematischen Annahme sind eine Reihe informativer und empirisch prüfbarer Konsequenzen ableitbar.

Bezüglich des Einkommens folgt – im Gegensatz zu Seel und Hufnagel – ein durchgehend positiver Zusammenhang zwischen Einkommen und Umwelthandeln. Anhand gegensätzlicher Modellprognosen kann dann auch zwischen alternativen Modellen des Umwelthandelns empirisch unterschieden werden.

Mit einem der Hauptprobleme umweltökonomischer Maßnahmen, dem Auftreten unerwünschter Nebenwirkungen, wurden wir bereits konfrontiert. Im Fallbeispiel der Abfallabgabe zeigt sich eindeutig der Effekt vermehrter, umweltschädlicher Schwarzentsorgung. Frey (1992, siehe auch Frey und Busenhart 1995) befaßt sich mit einem besonderen, psychologischen Nebeneffekt ökonomischer Anreizmaßnahmen, der in umweltökonomischen Standardmodellen unberücksichtigt bleibt. Mit dem „crowding-out"-Effekt ist gemeint, daß externe Anreize die intrinsische Motivation zum Umwelthandeln schwächen oder gar zerstören können. Dieser Effekt könnte auch den ‚rationalen' Kern einer oftmals geäußerten Kritik darstellen, die sich gegen eine umfassende Kommerzialisierung oder „Kolonialisierung von Lebenswelten" wendet. Allerdings gibt es nicht nur „crowding out", sondern auch „crowding in". Unter bestimmten Bedingungen können finanzielle Belohnungen die intrinsische Motivation verstärken. Mit Hilfe der Marginalkostenanalyse formuliert Frey (1992) ein einfaches Modell, das den Effekt ökonomischer Anreize, der intrinsischen Motivation sowie den Interaktionseffekt zwischen ökonomischen Anreizen und intrinsischer Motivation integriert. Psychologische Hypothesen der Motivationstheorie informieren über die Bedingungen für ein positives („crowding in") oder negatives Vorzeichen („crowding out") des Interaktionseffekts. Je mehr externe Anreize die Selbstbestimmung einschränken und die Selbsteinschätzung (self-evaluation) verringern, desto größer ist das Ausmaß der Schwächung intrinsischer Motivation. Umgekehrt ist eine Verstärkung intrinsischer Motivation zu erwarten, wenn externe Anreize die Selbstbestimmung und Selbsteinschätzung erhöhen. Aus dem Modell plus psychologischen Zusatzhypothesen leitet Frey Hypothesen über das Ausmaß der Nebenwirkungen verschiedener umweltökonomischer Instrumente ab. Gemessen am Kriterium der Erhöhung oder zumindest einer möglichst geringen Schwächung intrinsischer Motivation ergibt sich die Rangfolge: (1) Belohnung umweltgerechten Handelns, (2) Preisanreize durch Abgaben oder Steuern, (3) Verbote und Gebote sowie (4) Emissionszertifikate. Wohlgemerkt bezieht sich die Rangfolge nur auf die psychologischen Nebenwirkungen. Welche Maßnahme sich in einer konkreten Situation empfiehlt, hängt natürlich auch von der direkten ökonomischen Anreizwirkung (sowie weiteren Nebenwirkungen) ab.

Die Beispiele demonstrieren die Probleme und das Potential eines neuen Programms sozialwissenschaftlicher Umweltforschung, das Theorie und Empirie gleichermaßen einen hohen Stellenwert zuweist. Dieses Programm sieht die Verbindung umweltökonomischer Modelle mit soziologischen und psychologischen Theorien kooperativen Umwelthandelns vor. Warum nicht die Stärken der jeweiligen Disziplinen – stringente hypothetisch-deduktive Modellkonstruktion in der Ökonomie, verfeinerte Hypothesen über menschliches Sozialverhalten in Soziologie und Psychologie – miteinander kombinieren? Homo oeconomicus und Homo ökologicus können so eine fruchtbare Liaison eingehen.

IV. Umweltverhalten in Niedrigkostensituationen

Wie Weizsäcker, Lovins und Lovins (1995: 166f.) berichten, hat die Stadt Bremen „einen mutigen Entschluß gefaßt: Sie plant am Stadtrand einen völlig autofreien Stadtteil (...). Die Bauarbeiten für einen Komplex mit Eigentumswohnungen und Mietwohnungen, die nur von Familien ohne Autos gemietet oder gekauft werden dürfen, beginnen im Herbst 1995 in Bremen-Hollerland." Das Modellprojekt, für das sich rund 300 Interessenten vormerken ließen, sollte Schule machen. Als Weizsäcker et al. ihr Manuskript in Druck gaben, konnten sie nicht wissen, daß Ende des Jahres 1995 gerade noch vier Interessenten übrig bleiben werden. Als es Ernst wurde und die Unterschrift unter den Kaufvertrag mit der Klausel des Autoverzichts anstand, sind die allermeisten Bewerber abgesprungen (Süddeutsche Zeitung vom 9./10.12.1995). Dies ist sicher nicht das einzige Beispiel für das Scheitern kooperativer Umweltprojekte. Auf der anderen Seite finden sich zahlreiche Beispiele gelungener Kooperation – von der erfolgreichen Bewirtschaftung der Allmende in Alpengemeinden über Bürgerinitiativen zum Umweltschutz bis hin zum umweltbewußten Handeln ohne erkennbare ökonomische Anreize. Welches sind die Bedingungen kooperativen Handelns in Situationen, in denen das Gut „intakte Umwelt" den Charakter eines Kollektivguts aufweist? Es lassen sich drei Kategorien von Faktoren benennen: 1. Reziprozität, 2. individuelle ökonomische und soziale Anreize, 3. intrinsische Motivation.

Scheinbar altruistisches, kooperatives Handeln auf der Basis von Reziprozität ist unter bestimmten Bedingungen durch Homo-oeconomicus-Modelle erklärbar. Dies gilt etwa für Situationen vom Typ des wiederholten Gefangenendilemmas unter der Voraussetzung, daß der Wert der Zukunft als genügend hoch eingeschätzt wird (Axelrod 1986; Taylor 1976). Soziologische Theorien wiederum verweisen auf Bedingungen, die die Chancen der Kooperation in iterierten Dilemma-Situationen erhöhen. Dazu zählen kleine Gruppen, stabile Beziehungen zwischen den Gruppenmitgliedern, kohäsive soziale Netzwerke, Reputationseffekte u.a.m. (vgl. Raub und Voss 1986; Raub und Weesie 1990). Coleman (1990) faßt diese Konstellation kooperationsfördernder Faktoren summarisch unter dem Begriff „Sozialkapital" zusammen.

In wiederholten sozialen Beziehungen zwischen den gleichen Akteuren bilden sich zudem mit großer Häufigkeit Vertrauen und soziale Normen heraus, die die Kooperation wiederum verstärken. Wie Axelrod (1986) betont, sind soziale Normen nicht notwendigerweise Voraussetzung reziproker Sozialbeziehungen, sondern oftmals deren Folge. Mithin ist in sozialen Gruppen mit wechselseitig häufigen Kontakten eher als in anonymen Großgruppen zu erwarten, daß die einzelnen Akteure „altruistisch" einen Beitrag zum Kollektivgut leisten und Umweltprobleme mit Kollektivgutcharakter gelöst werden. Hinzu kommt noch, daß sich in sozial integrierten Gruppen leichter Übereinkünfte für Koordinationsprobleme erzielen lassen.

Ein Beispiel ist die Respektierung von „Schrittempo" oder „Tempo 30" in verkehrsberuhigten Wohngegenden durch Autofahrer. Auch wenn, wie es häufig der Fall ist, keine „exogene", staatliche Kontrolle durch die Verkehrspolizei erfolgt, bilden sich in solchen Wohngegenden oftmals Kooperationssysteme unter den Anwohnern heraus. Für einen typischen Anwohner ist es am günstigsten, wenn er selbst das Limit überschreiten kann, die Nachbarn aber „Schrittempo" einhalten. Die Situation, in der alle die Norm befolgen, zieht er aber noch einer Situation vor, in der alle Autofahrer durch das Wohnviertel rasen. Ein typisches soziales „Dilemmaspiel". Wie die Erfahrung zeigt, können unter bestimmten Bedingungen Kooperationssysteme entstehen, die durch soziale Normen stabilisiert werden. In dem angeführten Beispiel sind die Chancen dafür in abgeschlossenen Wohnvierteln natürlich größer als in offenen Wohnvierteln mit einem höheren Anteil fremder Verkehrsteilnehmer.

Eine empirische Bestätigung finden wir in mehreren Untersuchungen, so in der Bern-Münchner Umweltstudie und dem Schweizer Umweltsurvey. In beiden Untersuchungen ist auch unter Kontrolle des Einkommens und weiterer sozialdemographischer Merkmale eine signifikante Beziehung zwischen der Anzahl der Nachbarschaftskontakte und dem Umweltverhalten nachweisbar (Diekmann und Preisendörfer 1992; Diekmann, Franzen und Preisendörfer 1995). Das gleiche Ergebnis erzielten Hormuth und Katzenstein (1993) bezüglich der Abfallsortierung (siehe Schahn und Giesinger 1993: 127). Im Schweizer Umweltsurvey zeigt sich zudem ein signifikanter Zusammenhang zwischen der Eingebundenheit in umweltfreundliche soziale Netzwerke und dem eigenen Umweltverhalten. In sozialen Gruppen steigt eben die Fähigkeit, Kollektivgutprobleme zu lösen, mit dem Ausmaß des verfügbaren Sozialkapitals (vgl. auch Diekmann 1993). Soweit nicht nur politisches Programm, sondern auch deskriptive Theorie, sind an dieser Stelle Gemeinsamkeiten zwischen Kommunitarismus und Rational-Choice-Erklärungen erkennbar. Allerdings sind auch die Grenzen des Erklärungsmodells von Kooperation auf der Basis dauerhafter, wechselseitiger Sozialbeziehungen nicht zu übersehen. Insbesondere sind die Chancen endogener Kooperationsentwicklung gering, wenn a) eine integrierte soziale Gemeinschaft durch Umweltbelastungen Dritter beeinträchtigt wird (z.B. Industrieemissionen am Rande einer Wohnsiedlung) oder b) die in einer sozialen Gruppe erzeugte Umweltbelastung nicht lokal begrenzt ist und die Gruppe selbst nur marginal betrifft, wenn also die Gruppe der potentiellen Verursacher nicht mit der Gruppe der Betroffenen und potentiellen Problemlöser übereinstimmt. Immerhin demonstrieren spieltheoretische Modelle wiederholter Entscheidungen der gleichen Akteure in Dilemmasituationen, daß kooperatives, scheinbar altruistisches Verhalten nicht notwendigerweise den Prämissen des Homo-oeconomicus-Modells widerspricht.

Anders verhält es sich dagegen in einmaligen, nicht wiederholten Dilemmasituationen. Die Teilnahme an Wahlen, obwohl der Einfluß der einzelnen Stimme verschwindend gering ist, Trinkgelder auf Reisen in Restaurants, die mutmaßlich nicht wieder besucht werden, Hilfeleistungen gegenüber Fremden und anonyme Spenden für humanitäre Zwecke sind nur einige Beispiele altruistischen Verhaltens, die offenbar im Widerspruch zur zentralen Annahme des Homo-oeconomicus-Modells stehen. Auch zahlreiche Experimente mit dem „One-shot-Gefangenendilemma" oder ähnlichen Dilemmaspielen liefern das Ergebnis, daß die Kooperationsraten nicht – wie von der strikten Rationalitätstheorie vorhergesagt – null betragen, sondern je nach Präsentation des Spiels und experimentellen Bedingungen (anonym versus nicht-anonym, mit oder ohne vorhergehende Kommunikation) teilweise beträchtliche Werte im Bereich von 10 – 50 Prozent aufweisen (vgl. Frey und Bohnet 1996; Franzen 1995; Snijders 1996). Aufschlußreich ist das einfache Ultimatumspiel, in dem der erste Spieler die Aufteilung eines Geldbetrags vorschlägt und der zweite Spieler entscheiden muß, ob er den Vorschlag akzeptiert oder zurückweist. Im Falle der Zurückweisung gehen beide Spieler leer aus. Im diskreten Fall der Aufteilung von x Geldeinheiten oder Punkten sollte ein Homo oeconomicus x – 1 Punkte für sich reklamieren und gerade einen Punkt an Spieler 2 abgeben. Ein strikt rationaler Spieler 2 sollte das Angebot annehmen, da er dann immerhin noch einen Punkt erhält, ansonsten aber leer ausgeht. In spieltheoretischen Termini ist die Aufteilungsstrategie (x – 1,1) eine „payoff-dominante", pareto-optimale Nash-Gleichgewichtsstrategie. Diese „Friß-Vogel-oder-stirb-Strategie" wird empirisch allerdings äußerst selten beobachtet (Güth, Schmittberger und Schwarz 1982). Statt dessen wählen viele Spieler eine 50:50-Aufteilung. Offenbar ist das Verhalten in Ultimatumspielen in erheblichem Maße an Fairneßnormen orientiert. Wird die Fairneßnorm aber auch befolgt, wenn größere Geldbeträge auf dem Spiel stehen? In Experimenten betragen die Auszahlungen an die Versuchspersonen in der Regel nur wenige Dollar oder DM, in Einzelfällen auch mal bis zu 100 US $. Wie aber würden die Akteure entscheiden, wenn 10 Punkte aufgeteilt werden sollen und ein Punkt mit 1, 10, 100, 1000 oder gar 100.000 Dollar vergütet wird? Vermutlich wird die Fairneßnorm um so weniger befolgt, je größer die absolute Höhe des Auszahlungsbetrags ist (vgl. auch Voss 1996). So hat North (1986) die Hypothese formuliert, daß der Einfluß von Ideologien – und dazu zählen auch Fairneßnormen oder generell moralische Überzeugungen – mit wachsenden Kosten des ideologisch verpflichtenden Handelns abnimmt.

Die Hypothese des stärkeren Einflusses moralischer Überzeugungen in Niedrigkostensituationen ist keineswegs neu. Sie gehört zu jener Kategorie alter Weisheiten, die aber alles andere als trivial sind. Gemäß der Niedrigkostenhypothese wird auch nicht einfach ein additiver Effekt moralischer „Kosten", sondern – in statistischen Termini formuliert – ein *Interaktionseffekt* zwischen Moral und Verhaltenskosten auf die Wahrscheinlichkeit der Entscheidung für die moralisch verpflichtende Alternative erwartet. Dem scholastischen Philosophen Buridan wird die Anekdote mit dem Esel zugeschrieben, der von zwei Heubündeln exakt gleich weit entfernt nicht in der Lage ist, eine Entscheidung zu treffen und deshalb verhungert. „Buridans Esel" sollte veranschaulichen, daß sich bei Menschen, die zu moralischen Entscheidungen fähig sind, besonders in Situationen der Indifferenz moralische Überzeugungen auf das Handeln auswirken. Die Moral spielt hier die Rolle des ‚Zünglein an der Waage'. Daß in „High-cost-Situationen" (meist) das Gegenteil zu erwarten ist, lehrt uns Dürrenmatts Schauspiel vom „Besuch der alten Dame". In dem Stück wird den Bürgern einer kleinen, verarmten Stadt eine ungeheure Summe angeboten, wenn sie dafür einen ihrer Mitbürger ermorden. Das Angebot wird zunächst entrüstet zurückgewiesen. Im Laufe der Zeit schwinden die zuvor pathetisch beschworenen humanistischen Werte, bis schließlich der Plan ausgeführt wird. Natürlich sind die Bürger der Stadt einfallsreich genug, die Tat mit allerlei Rationalisierungen zu begründen. Gewissermaßen könnte man anstelle der „Niedrigkostenhypothese" auch von der Buridan-Dürrenmatt-Hypothese sprechen.

Die Niedrigkostenhypothese bezieht sich auf das durchschnittliche Handeln einer Personenmehrheit. Natürlich gibt es immer wieder Ausnahmen von Menschen, die für ihre moralischen Überzeugungen einen hohen Preis zu zahlen bereit sind. Je nach Stärke der Moral ist der Effekt der Ideologie bezüglich der Verhaltenskosten mehr oder minder unelastisch. Man könnte aber noch einen Schritt weiter gehen und die Niedrigkostenhypothese nicht nur auf individuelles Verhalten, sondern auf die Makroebene des Effekts von Ideologien auf Gesellschaften anwenden. Dann ist es plausibel, davon auszugehen, daß sich Ideologien, die von ihren Anhängern einen hohen Preis verlangen, im Laufe der Zeit abnutzen werden. Ist anfänglich noch eine Minderheit bereit, die Verpflichtungen strikt zu erfüllen, so wird bereits die nächste Generation Rationalisierungen zur Umgehung der Gebote finden. Historische Beispiele für die Makrohypothese des Verfalls oder der Aufweichung von „High-cost-Ideologien" finden sich in großer Zahl – vom Niedergang strikt christlicher bis hin zur Erosion sozialistischer Moral.

Als ein Beispiel für viele sei die Aufweichung des Fastengebots bei bayerischen Mönchen in vormodernen Zeiten angeführt, offenbar eine High-cost-Verpflichtung. Das Verbot, Fleisch zu essen, wurde nach und nach dadurch umgangen, daß man Biber als Tiere mit fischartigem Schwanz und damit als eigentlich den Fischen zugehörig definierte. Die Bereicherung des Speisezettels in der Fastenzeit um Biberfleisch blieb, nebenbei bemerkt, nicht ohne Auswirkungen auf die Umwelt. Die Biber in Bayern wurden dadurch nahezu ausgerottet.

Überlebensfähig sind Ideologien wie religiöse Systeme oder eine neue Umweltmoral auf breiter Basis und auf Dauer nur, wenn sie ihren Adressaten in Befolgung der auferlegten Pflichten keinen übermäßig hohen Preis abverlangen. Will man mehr, muß man institutionelle Vorkehrungen treffen und die Anreizstrukturen verändern.

Demgegenüber sind in Niedrigkostensituationen empirisch durchaus Effekte der Umweltmoral, d.h. der intrinsischen Motivation zum Umwelthandeln oder des Umweltbewußtseins auf das persönliche Umweltverhalten nachweisbar (Diekmann und Preisendörfer 1991, 1992; Diekmann 1995). Zusammenhangsanalysen auf der Ebene globaler Indizes des Umweltbewußtseins und Umweltverhaltens meist auf der Basis von Surveystudien liefern immerhin das Resultat einer moderaten Korrelation im Bereich von r = 0,30 (Überblick in Hines et al. 1986). Aufschlußreicher sind aber Untersuchungen, in denen das allgemeine Umweltverhalten disaggregiert wird. Betrachtet man einzelne Verhaltensweisen wie Recycling- oder Energiesparbemühungen, das Konsumverhalten oder die Verkehrsmittelwahl, so sind bei einigen umweltbezogenen Handlungen signifikante Einflüsse des Umweltbewußtseins erkennbar. Dies gilt etwa für Recyclingbemühungen oder unter bestimmten Bedingungen für das Konsumverhalten. Bei anderen Handlungen aber, insbesondere bei der Wahl von Verkehrsmitteln oder Maßnahmen zum Energiesparen, spielt das Umweltbewußtsein kaum eine Rolle. Sehen wir uns dazu genauer einige empirische Beispiele an.

In mehreren Arbeiten wurde die Verkehrsmittelwahl von Berufspendlern untersucht. Die Untersuchung der Entscheidung zwischen der Nutzung öffentlicher Verkehrsmittel oder des privaten Autos auf dem Weg zur Arbeitsstätte eignet sich gut, um die relativen Einflußgewichte des Umweltbewußtseins und einzelner ökonomischer Anreizkomponenten

Abbildung 3: Energiesparverhalten in Abhängigkeit vom Umweltbewußtsein und der Anreizstruktur

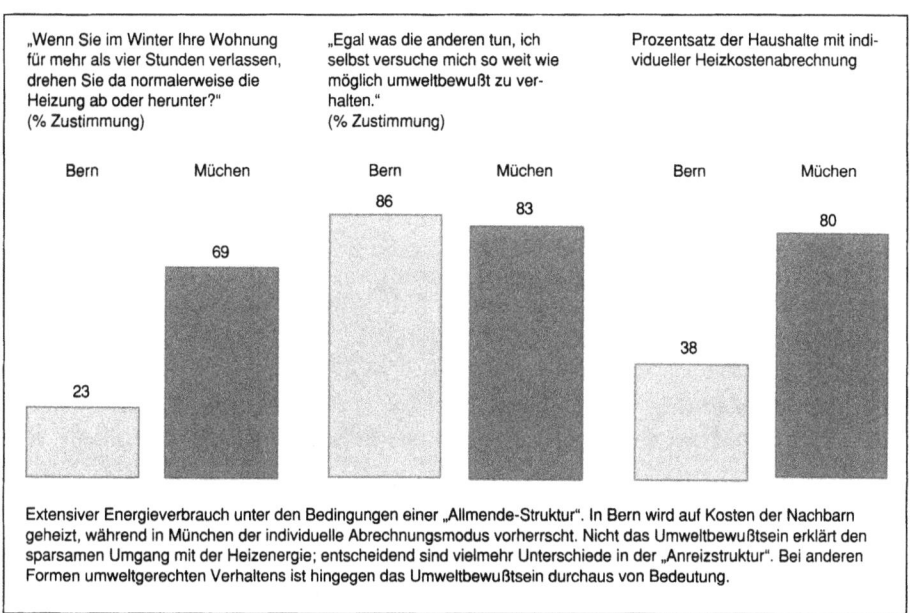

auf die Verkehrsmittelwahl empirisch zu bestimmen. Die Befunde ergeben übereinstimmend, daß Zeitgewinn, Kosten und Fahrkomfort entscheidend sind, nicht aber das Umweltbewußtsein (Brüderl und Preisendörfer 1995; Diekmann 1995). Beim Sparen von Heizenergie können wir wiederum den ökonomischen Anreizfaktor „Art der Heizkostenabrechnung" (verbrauchsabhängig versus Umlageregel) mit dem Umweltbewußtsein bezüglich der Einflußstärke auf das Energiesparverhalten (gemessen mit dem Indikator „Abdrehen der Heizung bei längerem Verlassen der Wohnung") anhand empirischer Daten schätzen. Die Heizkostenabrechnung per Umlage (meist nach der Wohnungsgröße) entspricht einem typischen Allmendedilemma. Wenn jemand in einem Mietshaus mit zehn Parteien wohnt und die Heizung aufdreht, so wird 90 Prozent des Mehrverbrauchs durch die Nachbarn subventioniert. Da jeder Mieter gleichzeitig auch Nachbar ist, führt dies zu einem Prozeß kollektiver Selbstschädigung mit insgesamt aufgeblähten Energiekosten. Die Entstehung endogener Kooperation in dem wiederholten Allmendedilemma ist höchst unwahrscheinlich, da das Verhalten der einzelnen Mieter nicht wechselseitig sichtbar wird. Empirisch zeigt sich in multivariaten Analysen, daß nur der Anreizfaktor „Art der Heizkostenabrechnung" einen signifikanten Effekt aufweist. Das Umweltbewußtsein spielt überhaupt keine Rolle. Besonders anschaulich werden die Zusammenhänge beim Vergleich der Städte München (überwiegend verbrauchsabhängige Abrechnung) und Bern (überwiegend Umlageregel). Die Ergebnisse gehen aus *Abbildung 3* hervor.

Nicht überraschend ergaben weiterhin Längsschnittanalysen mit dem objektiven, anhand der Abrechnung ermittelten Verbrauch, daß die Höhe der Heizkosten nach der Umstellung auf den verbrauchsabhängigen Abrechnungsmodus in Wohnhäusern zurück-

Abbildung 4: Heizenergieverbrauch in kWh vor und nach Einführung der verbrauchsabhängigen Abrechnung[1]

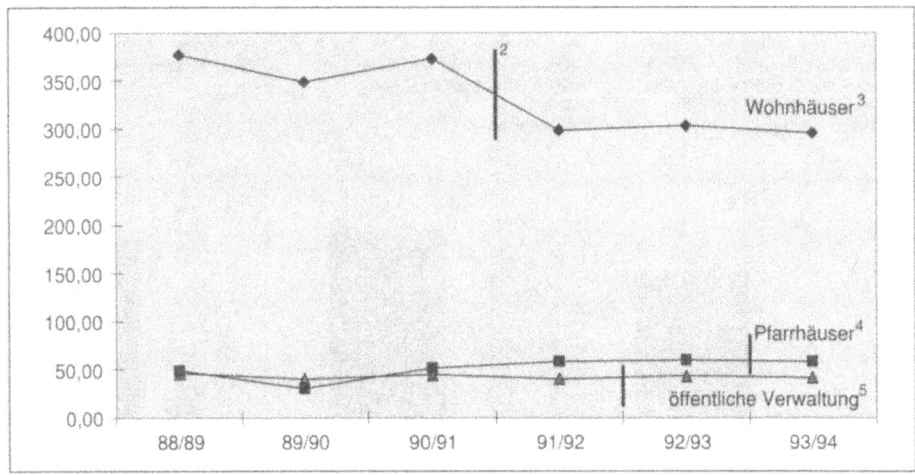

1 pro Heizgradtag („wetterbereinigter", vergleichbarer Verbrauch);
2 Umstellung auf verbrauchsabhängige Abrechnung;
3 vier Wohnblocks mit rund 100 Wohnungen;
4 drei Pfarrhäuser;
5 hauptsächlich Verwaltungsgebäude plus einige Wohnungen.
Die Untersuchung wurde von Beat Glusstein im Rahmen eines vom Verfasser geleiteten Forschungspraktikums durchgeführt.

ging. Das gleiche quasi-experimentelle Vorher-Nachher-Design lieferte jedoch keinen Hinweis auf Energiespareffekte nach der Umstellung bei öffentlichen Verwaltungen und Pfarrhäusern (!) (*Abbildung 4*). Sind letztere bereits vor Einführung der neuen Abrechnungsmethode haushälterisch mit der Heizenergie umgegangen, oder wird in öffentlichen Verwaltungen und Pfarrhäusern auch bei verbrauchsabhängiger Abrechnung keine Energie eingespart, weil sich der Effekt nicht im eigenen Portemonnaie bemerkbar macht?

Wie bereits im vorhergehenden Abschnitt erwähnt, hat das Umweltbewußtsein dagegen erheblichen Anteil an den Recyclingbemühungen. Abfalltrennung wurde in hohem Maße auch vor der Einführung anreizbezogener Maßnahmen praktiziert (vgl. *Abbildung 1*). Die Anreizmaßnahme der volumenabhängigen Gebühr hat aber die Recyclingaktivitäten, allerdings bei einer Reihe unerwünschter Nebenwirkungen, noch zusätzlich verstärkt. Hier sind also beide Faktoren – Umweltbewußtsein und ökonomische Anreize – von Bedeutung. Auch das auf Freiwilligkeit angelegte „Duale System Deutschland" demonstriert immerhin, daß unter Low-cost-Bedingungen auf der Basis eines ausgeprägten Umweltbewußtseins in der Bevölkerung in Millionen Haushalten Umweltleistungen erbracht werden, ohne daß damit für die einzelnen Akteure irgendwelche finanziellen Anreize verbunden wären.[10]

---

10 Daß Abfalltrennung oder ähnliche Low-cost-Aktivitäten bequeme Wege zur Beruhigung des Umweltgewissens darstellen und der Umweltnutzen sämtlicher Sammelaktivitäten eines Jahres wahrscheinlich durch eine Flugreise mehr als zunichte gemacht wird, ist eine andere Frage. Skeptisch darf man auch bezüglich einer Gesamtbilanz des Dualen Systems sein.

Ein geradezu paradigmatisches Beispiel für die Low-cost-Hypothese sind Boykotte umweltfeindlicher Produkte oder Firmen, die tatsächliche oder vermeintliche Umweltsünden auf dem Gewissen haben. Voraussetzung ist, daß der Käuferstreik von einer glaubwürdigen Koordinationsinstanz initiiert wird. Wahrscheinlich ist auch, daß ein häufiger Gebrauch dieses Instruments zu Abnutzungserscheinungen führen wird. Gemäß der Niedrigkostenhypothese wird ein Boykott um so erfolgreicher sein, je leichter ein „bestreiktes" Produkt substituierbar ist. Ein Aufruf zu einem generellen Boykott von Benzin wird außer bei Dieselfahrern wohl kaum ein Echo finden. Der Shell-Boykott anläßlich der geplanten Versenkung der Bohrinsel „Brent Spar" war dagegen für den „umweltbewußten" Autofahrer zum Nulltarif zu haben. Wie bei der Anekdote mit dem Buridanschen Esel zeigt sich auch hier, daß moralische Überzeugungen in maximalem Maße handlungsbestimmend sind, wenn näherungsweise Indifferenz zwischen den Alternativen vorliegt. Der Einfluß der Umweltmoral nimmt aber in dem Maße ab, in dem die Kostendifferenz zwischen den Alternativen anwächst. Genauer läßt sich eine Niedrigkostensituation wie folgt definieren. Eine solche Situation liegt bezüglich des Umwelthandelns vor, wenn die Kosten der weniger umweltfreundlichen Alternative minus der Kosten der umweltfreundlichen Alternative für möglichst viele Personen negativ, aber nahe null sind. Gemäß der Low-cost-Hypothese ist der Effekt des Umweltbewußtseins auf eine spezielle Umweltaktivität dann stärker ausgeprägt, wenn ein relativ hoher Anteil der Personen in die „linksseitige Indifferenzzone" fällt (vgl. auch Brüderl und Preisendörfer 1995). In *Abbildung 5* ist die ungefähre, linksseitige Indifferenzzone schraffiert ausgewiesen. Personen, die in diesen Bereich fallen, sind als Zielgruppe besonders für Aufklärungs- und Werbemaßnahmen zur Beeinflussung des Umweltverhaltens ansprechbar. Anwendungsbeispiele zum Verkehrsverhalten finden sich bei Brüderl und Preisendörfer (1995) sowie Petersen (1995).

Neben dem Umweltbewußtsein dürfte auch schwachen sozialen Anreizen und Sanktionen eine größere Erklärungskraft in Niedrigkostensituationen zukommen. Hier ist aber als weiteres Merkmal die *Sichtbarkeit* des Verhaltens anzuführen. Werden in der Nachbarschaft, in Bezugsgruppen oder den Freundschafts- und Bekanntschaftsnetzwerken Umweltaktivitäten sozial belohnt, so werden eher öffentlich sichtbare als rein private Umweltaktivitäten im Haushalt ausgeführt. Die Absenkung der Raumtemperatur bedeutet „Frieren ohne soziale Anerkennung", während z.B. Recyclingaktivitäten gegenüber anderen Personen demonstrierbar sind.

Hinweise zum Einfluß des Umweltbewußtseins, ökonomischer und sozialer Anreize auf das Konsumentenverhalten liefern unsere folgenden Feldexperimente. Es wurden zwei substituierbare Güter ausgewählt, wobei Gut 1 billiger ist als Gut 2, dafür aber eine geringere Umweltqualität aufweist. Bei Gut 1 handelte es sich um Packungen mit Eiern aus Bodenhaltung (Käfighaltung ist in der Schweiz gesetzlich verboten), bei Gut 2 Ökoeier aus Freilandhaltung. Untersucht werden sollte die Nachfragewirkung eines Preiseffekts versus eines moralischen Appells an das Umweltgewissen. „Moral versus Ökonomie" lautete, auf eine Kurzformel gebracht, die Fragestellung des Experiments. Weiterhin wurde eines der Experimente in einem kleinen, ländlichen Dorfladen mit untereinander bekanntem

---

M.W. existiert bislang noch nicht einmal eine Evaluation unter Berücksichtigung sämtlicher tatsächlichen Kosten und Umweltleistungen.

Abbildung 5: High- und Low-cost-Situation, definiert durch die Verteilung der Kostendifferenzen für zwei Handlungsalternativen

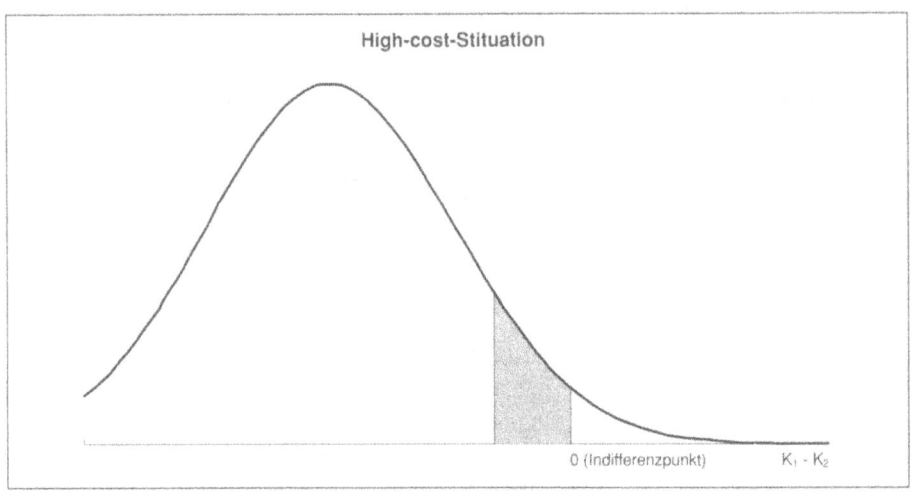

K_1 = Kosten der weniger umweltgerechten Alternative (z.B. private Autonutzung);
K_2 = Kosten der umweltgerechten Alternative (z.B. Wahl öffentlicher Verkehrsmittel).

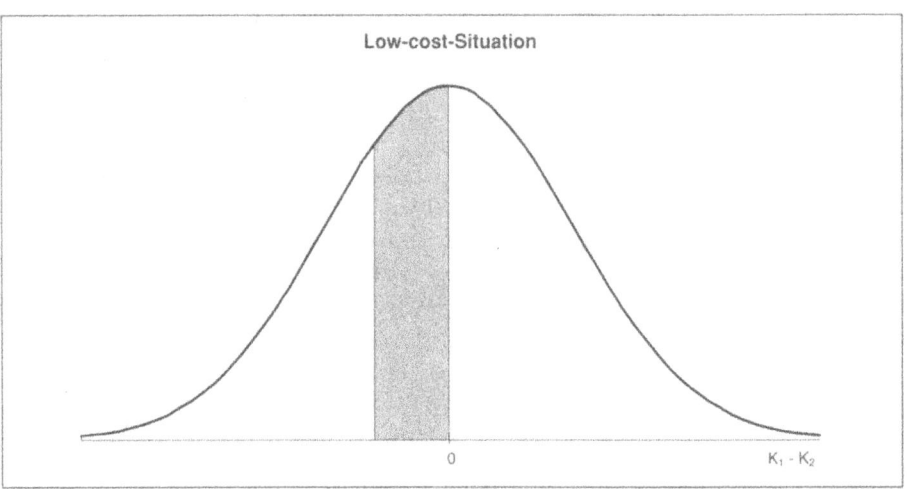

$K_1 - K_2$ z.B. Kostendifferenz für die Alternativen ‚keine Abfalltrennung' contra ‚Recyclingbemühungen'.

Nach der Low-cost-Hypothese sind Umweltbewußtsein und (schwache) soziale Anreize besonders wirksam bezüglich des Umwelthandelns bei Personen im schraffierten Bereich. Diese Personen bilden dann auch die Zielgruppe für Aufklärungs- und Werbemaßnahmen zur Beeinflussung des Umwelthandelns.

Stammpublikum, das zweite Experiment dagegen in einem größeren, städtischen Supermarkt durchgeführt.[11]

Das Design sah zunächst eine Kontrollphase vor. Sodann wurden in einer „Aktion" die Ökoeier auf das Preisniveau der Bodenhaltungseier herabgesetzt (Preiseffekt). Es folgte wiederum eine mehrwöchige Kontrollphase mit den ursprünglichen Preisen. Im Anschluß hieran wurde mit Plakaten vor dem Regal (bei Beibehaltung der Preisdifferenz) an das Umweltgewissen appelliert. Hieran schloß sich wieder eine Kontrollphase an.

Übereinstimmend zeigten sich markante Preiseffekte. Die Herabsetzung des Preises (von Fr. 3,60 auf 3,20 für eine 6er-Packung in Experiment 1, von Fr. 3,40 auf Fr. 2,80 in Experiment 2) führte in beiden Experimenten zu einem erheblichen Anstieg der Nachfrage nach Ökoeiern. Der moralische Appell bewirkte in dem Dorfladen eine fast ebenso hohe Nachfragesteigerung, nicht jedoch in dem größeren Supermarkt. Hier lag die Nachfrageerhöhung in der Phase „moralischer Appell" bei knapp 10-20 Prozent (*Abbildung 6*).[12] Eine Interpretation der Ergebnisse, die aber noch durch weitere Untersuchungen zu überprüfen wäre, lautet wie folgt: Der Preiseffekt setzt sich generell durch, während Appelle an die Umweltmoral von einem Verstärkereffekt sozialer Bekräftigung abhängig sind. Demnach hätten Appelle an die Umweltmoral unter Bedingungen der Anonymität keine oder nur eine sehr geringe Wirkung auf das Umweltverhalten.

Einschneidende Veränderungen umweltbezogener Handlungen wie der Umstieg auf umweltfreundliche Verkehrsmittel und die Reduktion von Mobilität überhaupt, Energiesparen und Abfallvermeidung sind sicher nur durch eine Änderung der Anreizstrukturen, d.h. der relativen Preise zu Gunsten umweltfreundlicher Aktivitäten zu erzielen. In Niedrigkostensituationen dagegen machen die hier diskutierten Beispiele auf gravierende Defizite der restriktiven Version des Homo-oeconomicus Modells aufmerksam.[13] Die Einbeziehung des Umweltbewußtseins und sozialer Anreize in erklärende Modelle des Umweltverhaltens ist auch aus Gründen der Umweltpolitik geboten. Denn das Umweltbewußtsein ist aus den folgenden Gründen nicht zu vernachlässigen:

---

11 Experiment 1 wurde im Rahmen eines Forschungspraktikums des Verfassers von Felix Minder und Daniel Landorf geplant und durchgeführt. Das Experiment wurde allerdings nicht unter strikt kontrollierten Bedingungen realisiert. Die Verkaufszahlen in der Normalphase beruhen auf Schätzungen. Es handelt sich eher um eine Pilotstudie. Bei der Replikation in dem Supermarkt wurde auf eine sehr sorgfältige Planung und Kontrolle des Ablaufs Wert gelegt. Die Replikation wurde von Matthias Burki, Sibylle Steinmann und Bernhard Weber unternommen. Experiment 1 wird derzeit in einem kleinen Berner Quartierladen wiederholt. Die bereits vorliegenden Befunde stimmen mit den Ergebnissen des Experiments 1 weitgehend überein.

12 Ein hiermit übereinstimmender Befund wird in zwei Untersuchungen von Geller et al. angegeben. Mittels Informationsstrategien sollte das Kaufverhalten bei Einwegverpackungen verändert werden. Ein Erfolg der Bemühungen zeigte sich nur in einer „kleinen, überschaubaren Ladeneinheit" (Schaible-Rapp 1993: 109f.).

13 Womit weder besagt ist, daß sich das restriktive Homo-oeconomicus-Modell mit ausschließlich „ökonomischen" Nutzenargumenten stets im High-cost-Bereich bewährt, noch der Einfluß sozialer Anreize nur auf Niedrigkostensituationen beschränkt sei. Die Teilnahme an einem Duell z.B. ist zweifellos eine High-cost-Entscheidung, aber zumeist ausschließlich durch soziale Anreize motiviert.

Abbildung 6: Die Wirkung von Preisnachlaß contra moralischer Appell auf die Nachfrage nach Öko-Produkten

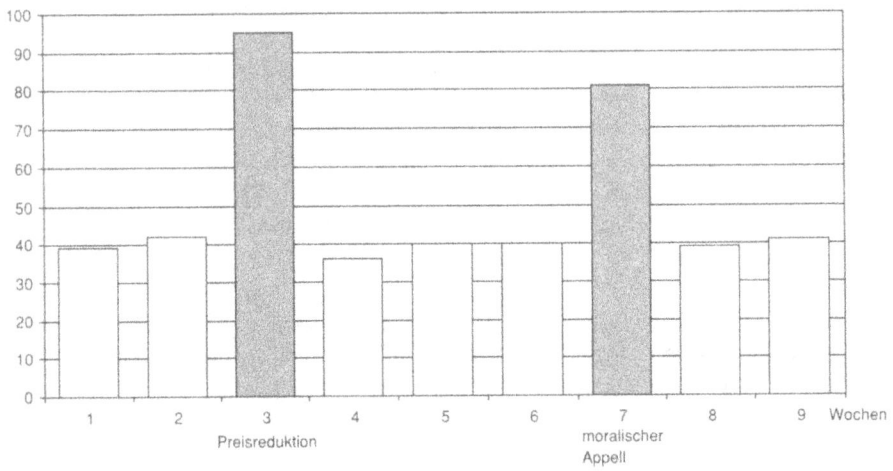

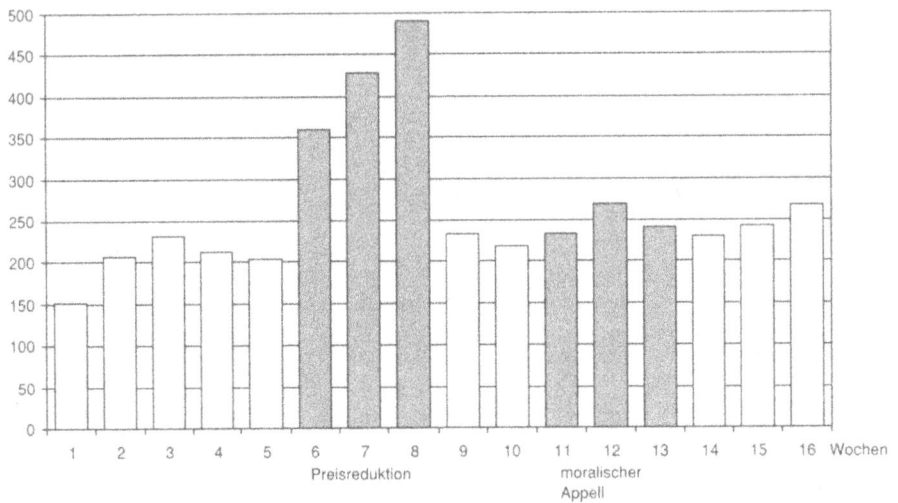

1. Das Umweltbewußtsein beeinflußt das Verhalten in Low-cost-Situationen. Umweltökonomische Instrumente sind dagegen nicht frei von Transaktionskosten und selten ohne unerwünschte Nebenwirkungen.

2. Ohne ein stark verankertes Umweltbewußtsein in der Bevölkerung haben gesetzliche Maßnahmen zur Veränderung der Anreizstrukturen – von Umweltabgaben über Emissionszertifikate bis hin zur ökologischen Steuerreform – keine Durchsetzungschance im politischen Prozeß.

3. Die Low-cost-Entscheidungen vieler einzelner Akteure können sich zu High-cost-Resultaten bei Dritten addieren, insbesondere auch bei korporativen Akteuren wie politischen Parteien und Unternehmen.[14]

Punkt 3 bezeichnet die Schnittstelle zwischen Entscheidungen in Niedrigkostensituationen auf der Mikro-Ebene und High-cost-Konsequenzen auf der Makro-Ebene. Klassisches Beispiel sind politische Wahlen, aber für den Umweltbereich zentral ist besonders auch das Konsumentenverhalten. Ein Boykott leicht substituierbarer Produkte ist für den Konsumenten billig, aber teuer für die Produzenten. Wenn Personen umweltfreundliche Produkte herkömmlichen Produkten gleicher Qualität vorziehen oder sogar bereit sind, einen (geringen) Aufpreis zu zahlen, dann wirken sich freiwillige Umweltinvestitionen positiv auf die Unternehmensrendite aus. Gleiches gilt für die Präferenz einiger umweltmoralischer Investoren und das aufkeimende Angebot umweltethischer Aktienfonds. Es besteht dann auch sowohl von der Konsumenten- als auch von der Produzentenseite her ein Interesse daran, Mimikry-Strategien vorgetäuschten Umweltengagements zu unterbinden. Ähnlich wie bei der Entwicklung hin zu vertrauensstiftenden Markennamen sind Umweltzertifikate und Öko-Audits Gegenstrategien. Denn wenn Free-Rider-Firmen, die Umweltengagement nur vortäuschen, scheinbar umweltfreundliche Produkte zu günstigeren Preisen anbieten, lohnen sich freiwillige Umweltinvestitionen nicht. Mithin stellen genormte, glaubwürdige Zertifikate und Öko-Audits die Lösung eines Kooperationsproblems auf der Ebene von Unternehmen dar. Auslöser der institutionellen Veränderungen ist das persönliche Umwelthandeln in Niedrigkostensituationen. Das persönliche Umweltverhalten im Alltag ist im Aggregat mit den Handlungen und Reaktionen der Akteure in Organisationen wie Unternehmen, Verbänden und Parteien verknüpft. Es ist nicht der direkte Einfluß des Umweltbewußtseins im Alltag, sondern der mittelbare Effekt, der dem Anwachsen des Umweltbewußtseins in den vergangenen zwei Jahrzehnten Bedeutung verliehen hat.

Die Niedrigkostenhypothese hat allerdings noch nicht den Status einer präzise ausgearbeiteten Theorie. Positiv gewendet ist damit zugleich ein Forschungsprogramm angedeutet: Die Konstruktion von Modellen für Niedrigkostensituationen, die Ableitung von prüfbaren Hypothesen und die empirische Untersuchung der Einflußgewichte von moralischen und sozialen Anreizen auf das Umwelthandeln bei variierenden Verhaltenskosten. Erklärende Modelle des Umwelthandelns sollten soziale Anreize und die intrinsische Motivation zum umweltbewußten Handeln neben ökonomischen Anreizen integrieren. Ausgangspunkt derartiger Modellerweiterungen sind die Präferenzen und Handlungsrestriktionen des Homo ÖKOnomicus.

---

14 Kirchgässner und Pommerehne (1993) unterscheiden zwei Arten von Low-cost-Situationen. (1) Eine Low-cost-Entscheidung einer einzelnen Person ist mit hohen Kosten für eine andere Person verbunden. Ein Beispiel sind Entscheidungen von Richtern. (2) Viele Low-cost-Entscheidungen einzelner Akteure haben hohe Kosten für alle zur Folge. Die unter Punkt 3 angesprochene Situation ist ein dritter Typ von Low-cost-Situationen: (3) Viele Low-cost-Entscheidungen einzelner Akteure resultieren in hohen Kosten für dritte Akteure.

Literatur

Ajzen, Icek, 1991: The Theory of Planned Behavior, Organizational Behavior and Human Decision Processes: 179-211.
Ajzen, Icek, und Martin Fishbein, 1980: Understanding Attitudes and Predicting Social Behavior. Englewood Cliffs, NJ.
Altenburg, Ursula, und Ingo Balderjahn, 1993: Bestimmungsgründe des Abfallverhaltens privater Haushalte: Ein Vergleich zwischen den Städten Hannover und Leipzig, Jahrbuch der Absatz- und Verbrauchsforschung 39, 61-86.
Axelrod, Robert, 1986: Die Evolution der Kooperation. München: Oldenbourg.
Becker, Gary, und Stigler, George, 1977: De gustibus non est disputandum, American Economic Review 67: 76-90.
Berger, Johannes, 1996: Umweltnormen und Umweltschutz. S. 36-48 in: P. Eichhorn (Hg.), Ökologie und Marktwirtschaft. Wiesbaden, Gabler.
Blaug, Mark, 1980: The Methodology of Economics – or how Economists Explain. Cambridge: Cambridge University Press.
Braun, Norman, und Axel Franzen, 1995: Umweltverhalten und Rationalität, Kölner Zeitschrift für Soziologie und Sozialpsychologie 47: 231-248.
Brennan, Geoffrey, und Loren Lomasky, 1993: Democracy and Decision. Cambridge: Cambridge University Press.
Brüderl, Josef, und Peter Preisendörfer, 1995: Der Weg zum Arbeitsplatz: Eine empirische Untersuchung zur Verkehrsmittelwahl. S. 69-88 in: Andreas Diekmann und Axel Franzen (Hg.), Kooperatives Umwelthandeln. Chur und Zürich: Rüegger.
BUND und Misereor (Hg.), 1996: Zukunftsfähiges Deutschland. Ein Beitrag zu einer global nachhaltigen Entwicklung. Basel: Birkhäuser.
Coleman, James S., 1964: Introduction to Mathematical Sociology. New York: The Free Press.
Coleman, James S., 1990: Foundations of Social Theory. Cambridge, Mass.: Belknap Press.
Coleman, James S., 1994: A Rational Choice Perspective on Economic Sociology. S. 166-180 in: Neil J. Smelser und Richard Swedberg (Hg.), The Handbook of Economic Sociology. Princeton: Princeton University Press.
Coleman, James S., und Thomas J. Fararo (Hg.), 1992: Rational Choice Theory. London: Sage.
Cook, Karen S., und Margaret Levi (Hg.), 1990: The Limits of Rationality. Chicago: University of Chicago Press.
Diekmann, Andreas, 1993: Sozialkapital und das Kooperationsproblem in sozialen Dilemmata, Analyse und Kritik 15: 22-35.
Diekmann, Andreas, 1995: Umweltbewußtsein oder Anreizstrukturen? Empirische Befunde zum Energiesparen, der Verkehrsmittelwahl und zum Konsumverhalten. S. 39-68 in: Andreas Diekmann und Axel Franzen (Hg.), Kooperatives Umwelthandeln. Chur und Zürich: Rüegger.
Diekmann, Andreas, und Peter Preisendörfer, 1991: Umweltbewußtsein, ökonomische Anreize und Umweltverhalten, Schweizerische Zeitschrift für Soziologie: 207-231.
Diekmann, Andreas, und Peter Preisendörfer, 1992: Persönliches Umweltverhalten. Diskrepanz zwischen Anspruch und Wirklichkeit, Kölner Zeitschrift für Soziologie und Sozialpsychologie 44: 226-251.
Diekmann, Andreas, und Peter Preisendörfer, 1993: Zur Anwendung der Theorie rationalen Handelns in der Umweltforschung. Eine Antwort auf die Kritik von Christian Lüdemann, Kölner Zeitschrift für Soziologie und Sozialpsychologie 45: 125-134.
Diekmann, Andreas, Axel Franzen und Peter Preisendörfer, 1995: Explaining and Promoting Ecological Behavior. The Role of Environmental Attitudes, Structural Incentives, and Social Embeddednes. Universität Bern: mimeo.
Elster, John (Hg.), 1986: Rational Choice. New York: New York University Press.
Esser, Hartmut, 1996: Die Definition der Situation, Kölner Zeitschrift für Soziologie und Sozialpsychologie 48: 1-34.
Esser, Hartmut, und Klaus G. Troitzsch (Hg.), 1991: Modellierung sozialer Prozesse. Bonn: Informationszentrum Sozialwissenschaften.

Faber, Malte, Gunter Stephan und *Peter Michaelis,* 1990: Das Mengenproblem der Abfallwirtschaft, Spektrum der Wissenschaft 6/1990.
Fishbein, Martin, und *Icek Ajzen,* 1975: Belief, Attitude, Intention, and Behavior. An Introduction to Theory and Research. Reading, Mass.: Addison Wesley.
Franzen, Axel, 1995: Group Size and One-Shot Collective Action, Rationality and Society 7: 183-200.
Frey, Bruno S., 1992: Tertium Datur: Pricing, Regulating and Intrinsic Motivation, Kyklos 45: 161-184:
Frey, Bruno S., und *Iris Bohnet,* 1996: Tragik der Allmende: Einsicht, Perversion und Überwindung (in diesem Band).
Frey, Bruno S., und *Isabelle Busenhart,* 1995: Umweltpolitik: Ökonomie oder Moral? S. 9-12 in: *Andreas Diekmann* und *Axel Franzen* (Hg.), Kooperatives Umwelthandeln. Chur und Zürich: Rüegger.
Friedman, Milton, 1953: On the Methodology of Positive Economics, in: Essays on Positive Economics. Chicago: Chicago University Press.
Güth, Werner, R. Schmittberger und *B. Schwarz,* 1982: An Experimental Analysis of Ultimatum Bargaining, Journal of Economic Behavior and Organization 3: 367-388.
Hormuth, S. E., und *H. Katzenstein,* 1993: Sozialer Wandel und Bedeutung der Umwelt im umweltbezogenen Handeln, in: *L. Montada* (Hg.), Bericht über den 38. Kongress der Deutschen Gesellschaft für Psychologie in Trier 1992, Band 2. Göttingen: Hogrefe.
Hogarth, Robin M., und *Melvin W. Reder* (Hg.), 1986: Rational Choice. Chicago: University of Chicago Press.
Hausheer, Othmar, 1991: Die Kehrichtsackgebühr – Ein wirkungsvolles umweltpolitisches Instrument? Eine empirische Untersuchung. Chur und Zürich: Rüegger.
Heap, Shaun H., Martin Hollis, Bruce Lyons, Robert Sugden und *Albert Weale,* 1992: The Theory of Choice. A Critical Guide. Oxford: Blackwell.
Hines, Jody M., Albert R. Hungerford, und *Albert N. Tomera,* 1986: Analysis and Synthesis of Research on Responsible Environmental Behavior. A Meta-Analysis, The Journal of Environmental Education 18: 1-8.
Kirchgässner, Gebhard, und *Werner W. Pommerehne,* 1993: Low-cost Decisions as a Challenge to Public Choice, Public Choice 77: 107-115.
Lindenberg, Siegwart, 1996: Die Relevanz theoriereicher Brückenannahmen, Kölner Zeitschrift für Soziologie und Sozialpsychologie 48: 126-140.
Lindenberg, Siegwart, und *Bruno S. Frey,* 1993: Alternatives, Frames, and Relative Prices: A Broader View of Rational Choice Theory, Acta Sociologica 36: 191-205.
Lüdemann, Christian, 1995: Rational Choice und Umweltverhalten. Ein empirischer Test in den Bereichen Recycling und Verkehrsmittelwahl. Habilitation, Universität Bremen.
Machina, Mark J., 1990: Choice under Uncertainty: Problems Solved and Unsolved. S. 90-132 in: *Karen S. Cook* und *Margaret Levi* (Hg.), The Limits of Rationality. Chicago: University of Chicago Press.
Michaelis, Peter, 1991: Theorie und Politik der Abfallwirtschaft. Berlin: Springer.
Münch, Richard, 1996: Risikopolitik. Frankfurt a.M.: Suhrkamp.
Neumann, John, und *Oskar Morgenstern,* 1944: Theory of Games and Economic Behavior. Princeton: Princeton University Press.
North, Douglas C., 1986: The New Institutional Economics, Journal of Institutional and Theoretical Economics 142: 230-237.
Opp, Karl-Dieter, 1979: Das „ökonomische Programm" in der Soziologie. In: *Hans Albert* und *Kurt H. Stapf* (Hg.), Theorie und Erfahrung. Beiträge zur Grundlagenproblematik der Sozialwissenschaften. Stuttgart: Klett-Cotta.
Opp, Karl-Dieter, 1983: Die Entstehung sozialer Normen. Ein Integrationsversuch soziologischer, sozialpsychologischer und ökonomischer Erklärungen. Tübingen: Mohr.
Orth, Bernhard, 1987: Formale Untersuchungen des Modells von Fishbein und Ajzen zur Einstellungs-Verhaltensbeziehung: I. Bedeutsamkeit und erforderliches Skalenniveau, Zeitschrift für Sozialpsychologie 18: 152-159.

Petersen, Rudolf, 1995: Umweltbewußtsein und Umweltverhalten. Das Beispiel Verkehr. S. 89-104 in: *Wolfgang Joußen* und *Armin G. Hessler* (Hg.), Umwelt und Gesellschaft. Berlin: Akademie Verlag.

Rapoport, Anatol, 1988: Decision Theory. Dordrecht: Reidel.

Raub, Werner, und *Thomas Voss,* 1986: Die Sozialstruktur der Kooperation rationaler Egoisten, Zeitschrift für Soziologie 15: 309-323.

Raub, Werner, und *Jeroen Weesie,* 1990: Reputation and Efficiency in Social Interactions: An Example of Network Effects, American Journal of Sociology 96: 626-654.

Schahn, Joachim, und *Thomas Giesinger* (Hg.), 1993: Psychologie für den Umweltschutz. Weinheim: Beltz.

Schaible-Rapp, Agnes, 1993: Das Entsorgungsproblem. S. 103-121 in: *Joachim Schahn* und *Thomas Giesinger* (Hg.), Psychologie für den Umweltschutz. Weinheim: Beltz.

Schoemaker, P., 1982: The Expected Utility Model: Its Variants, Purposes, Evidence and Limitations, Journal of Economic Literature 20: 529-563.

Seel, Barbara, und *Rainer Hufnagel,* 1994: Umwelthandeln und Konsumtechnologie, Jahrbücher für Nationalökonomie und Statistik 213/6: 680-698.

Snijders, Chris, 1996: Trust and Commitments. Diss. Universität Utrecht.

Swedberg, Richard, 1990: Economics and Sociology. Redefining their Boundaries: Conversations with Economists and Sociologists. Princeton: Princeton University Press.

Taylor, Michael, 1976: Anarchy and Cooperation. Chichester: Wiley.

Voss, Thomas, 1996: Erfolgs- versus eigenwertorientiertes Handeln. Anmerkungen aus Sicht der Rational Choice Theorie. In: *Gerhard Wagner* (Hg.), Die Tragik der entzauberten Welt. Frankfurt a.M.: Suhrkamp.

Weizsäcker, Ernst Ulrich von, Rainer B. Lovins und *L. Hunter Lovins,* 1995: Faktor Vier. Doppelter Wohlstand – halbierter Naturverbrauch. München: Droemer Knaur.

WELTRISIKOGESELLSCHAFT, WELTÖFFENTLICHKEIT UND GLOBALE SUBPOLITIK

Ökologische Fragen im Bezugsrahmen fabrizierter Unsicherheiten

Ulrich Beck

Zusammenfassung: Die gegenwärtigen zivilisatorischen Gefahren der Naturzerstörung lassen sich nicht mehr räumlich, zeitlich oder sozial eingrenzen. Das hat zur Folge, daß sich die nationalstaatlichen Risikogesellschaften zu einer Weltrisikogesellschaft entwickeln werden. Die Entstehung internationaler Diskurse und Institutionen wird notwendig, um mit den globalen Gefahren umgehen zu können. Dabei sind die verschiedenen nationalen Muster kultureller Wahrnehmung von Natur und Naturzerstörung zu berücksichtigen. Schließlich wird die Weltrisikogesellschaft die Grundlagen der ersten, industriellen Moderne unterlaufen (wie Klassenantagonismus, Nationalstaatlichkeit sowie die Vorstellungen einer linearen technisch-ökonomischen Rationalität und Kontrolle) und den bestehenden Dualismus von Natur und Gesellschaft aufheben.

Risikogesellschaft meint – zu Ende gedacht – Weltrisikogesellschaft. Denn ihr axiales Prinzip – ihre Herausforderungen – sind zivilisatorisch erzeugte Gefahren, welche sich weder räumlich noch zeitlich noch sozial eingrenzen lassen. Auf diese Weise werden die Rahmenbedingungen und Grundlagen der ersten, industriellen Moderne – Klassenantagonismus, Nationalstaatlichkeit sowie die Bilder linearer, technisch-ökonomischer Rationalität und Kontrolle – unterlaufen und aufgehoben.[1]

Dabei fällt auf, welche Begriffe zur soziologischen Kennzeichnung ökologischer Fragen hier *nicht* verwendet werden: Es ist vordergründig nicht von „Natur" oder „Naturzerstörung", auch nicht von „Ökologie" oder „Umweltproblemen" die Rede. Verbinden sich damit systematische Absichten? Das ist, wie zu zeigen sein wird, der Fall. Tatsächlich wird hier ein Begriffsrahmen zur sozialwissenschaftlichen Analyse ökologischer Fragen vorgeschlagen, welcher diese gerade nicht als *Um*welt-, sondern *Innen*welt-Probleme von Gesellschaft aufzufassen erlaubt. An die Stelle der scheinbar selbstverständlichen Schlüssel-

---

1 Etwas vollmundig habe ich in diesem Sinne vor zehn Jahren verkündet: In und mit der Risikogesellschaft bricht „die Gewalt der Gefahr hervor, die alle Schutzzonen und sozialen Differenzierungen innerhalb und zwischen den Nationalstaaten aufhebt". So entstehen „Länder, Branchen und Unternehmen, die von der Risikoerzeugung *profitieren*, und andere, die mit ihrer gesundheitlichen zugleich ihre ökonomische Existenz *bedroht* sehen ... An den Spitzen der Zukunft, die in den Horizont der Gegenwart hineinreichen, verwandelt sich die Industriezivilisation in einen ‚Länderkampf' der Weltrisikogesellschaft"(1986: 61ff.; 1990: 10 und 116). Es ist an der Zeit, für diese schnelle These einige begriffliche Klärungen, Unterscheidungen, Belege, Korrekturen, Anreicherungen mit Ergebnissen und Diskussionen z.B. aus der Wissenschaft von der internationalen Politik und der internationalen Konfliktforschung nachzuliefern – was in diesem Aufsatz geschehen soll.

begriffe „Natur", „Ökologie" und „Umwelt", die aus der Differenz zum Gesellschaftlichen entstanden und begründet sind, wird hier eine Begrifflichkeit skizziert, die jenseits des Dualismus von Gesellschaft und Natur ansetzt und Gesichtspunkte und Themenfelder zivilisatorisch *fabrizierter Unsicherheit* ins Zentrum stellt: Risiko, Gefahr, Nebenwirkung, Versicherbarkeit, Individualisierung und Globalisierung.

Dieser Rede von der Weltrisikogesellschaft wird immer wieder entgegengehalten, daß sie eine Art Neospenglerismus begünstigt und politisches Handeln blockiert. Das Gegenteil ist – wie hier gezeigt werden soll – ebenso richtig: Im Selbstverständnis der Weltrisikogesellschaft wird die Gesellschaft *reflexiv*,[2] d.h. sie wird erstens sich selbst zum Thema und Problem; globale Gefahren stiften globale Gemeinsamkeiten, ja es bilden sich die Konturen einer (virtuellen) Weltöffentlichkeit heraus; zweitens setzt die wahrgenommene Globalität zivilisatorischer Selbstgefährdungen einen politisch gestaltbaren Impuls frei zur Ausbildung und Ausgestaltung kooperativer internationaler Institutionen; drittens kommt es zur Entgrenzung des Politischen. D.h.: Es entstehen Konstellationen einer zugleich globalen und direkten Subpolitik, welche die Koordinaten und Koalitionen nationalstaatlicher Politik relativieren, unterlaufen und zu weltweiten „Bündnissen sich ausschließender Überzeugungen" führen können. Mit anderen Worten: In der wahrgenommenen Not der Weltrisikogesellschaft kann die „Weltbürgergesellschaft" (Kant) Konturen gewinnen.

I. Bezugspunkte einer Theorie der Weltrisikogesellschaft

1. Von der Unbestimmtheit der Begriffe Natur und Ökologie

Der Begriff Ökologie hat eine eindrucksvolle Erfolgsgeschichte vorzuweisen. Heute liegt die Verantwortung für den Zustand der Natur bei Ministern und Managern. Der Nachweis, daß „Nebenfolgen" von Produkten oder Produktionsverfahren die Lebensgrundlagen gefährden, kann Märkte zum Einsturz bringen, politisches Vertrauen ebenso zerstören wie ökonomisches Kapital und den Glauben an die überlegene Rationalität von Experten. Dieser (in mancher Hinsicht durchaus subversive) Erfolg verdeckt, daß „Ökologie" ein ganz unbestimmter Begriff ist, und jeder auf die Frage, was zu erhalten sei, eine andere Antwort gibt.[3]

„Wieder ging mir der große Humbug mit der Natur auf", schreibt Gottfried Benn, „Schnee, auch wenn er nicht taut, gibt kaum sprachliche und emotionelle Motive, seine zweifellose Monotonie kann man gedanklich vollkommen von der Wohnung aus erledigen. Die Natur ist leer, öde; nur Spießer sehen was in sie hinein, arme Schlucker, die sich dauernd ergehen müssen. Z.B. Wälder sind vollkommen motivlos, alles unter 1500 m

---

2 Zu verschiedenen Positionen in der Theorie reflexiver Modernisierung siehe Beck/Giddens/Lash (1996).

3 Siehe dazu die geistes- und theoriegeschichtliche Darstellung der verschiedenen Grundverständnisse von Natur in Mayer-Tasch (1993); zur Debatte um Naturbegriffe nach dem Ende der Natur, vgl. Gernot Böhme, „Die Natur im Zeitalter ihrer technischen Reproduzierbarkeit" (1991), für zugleich möglicherweise universelle und subkulturell verschiedenartige Naturbilder der Umweltbewegten, des Industriemanagers usw. in der Sicht der Kulturtheorie M. Schwarz/M. Thompson (1990) sowie für Naturbilder in der modernen Gesellschaft allgemein Ronald Hitzler (1991), Wolfgang van den Daele (1992).

ist überholt, seit sie den Piz Palü für 1.– DM im Kino erblicken und erleben können ... Fliehen sie vor der Natur, sie vermasselt die Gedanken und verdirbt notorisch den Stil! Natura – ein femininum, natürlich! Immer auf Abzapfung von Samen bedacht, auf Bebeischläferung und Ermüdung des Mannes. Die Natur, ist sie überhaupt natürlich? Beginnt und läßt liegen, Ansätze und eben so viele Unterbrechungen, Wendungen, Mißlingen, im Stich lassen, Widersprüche, Aufblitzen, sinnloses Sterben, Versuche, Spiele, Scheinbarkeiten –: das Schulbeispiel des Widernatürlichen! Außerdem ist sie noch ungemein beschwerlich, bergauf, bergab; Steigungen, die sich wieder aufheben, Fernblicke, die sich wieder verwischen, Auslüge, von denen man vorher nichts wußte, und die man wieder vergißt, kurz –: Blödsinn" (Benn 1986: 71f.).

Wenn jemand das Wort „Natur" in den Mund nimmt, stellt sich gleich die Frage: Welches *kulturelle Muster* von „Natur" wird hier vorausgesetzt: Die Ist-, also die industriell geschundene Natur? Das Landleben der fünfziger Jahre (wie es sich heute im Rückblick darstellt oder wie es sich damals den auf dem Lande Lebenden dargestellt hat)? Die Bergeinsamkeit, bevor es das Buch „Wandern in den einsamen Bergen" gab? Die Natur der Naturwissenschaft? Die ersehnte Natur (im Sinne von Ruhe, Gebirgsbach, innerer Versenkung)? Wie sie in den Tourismuskatalogen der Welteinsamkeits-Supermärkte angepriesen wird? Das „robuste" Naturbild der Manager, nach dem Eingriffe der Industrie von der Natur durchaus kompensierbar sind? Oder das Bild der „sensiblen" Naturbewegten, nach dem selbst kleine Eingriffe u.U. irreparable Schäden bewirken können?

Also: Auch und gerade Natur ist nicht Natur, sondern ein Begriff, eine Norm, eine Erinnerung, eine Utopie, ein Gegenentwurf. Heute mehr denn je. Natur wird zu einem Zeitpunkt wiederentdeckt, verzärtelt, wo es sie nicht mehr gibt. Die Ökologiebewegung reagiert auf den Globalzustand einer widerspruchsvollen Verschmelzung von Natur und Gesellschaft, die beide Begriffe aufgehoben hat in einem Vermischungsverhältnis wechselseitiger Vernetzungen und Verletzungen, von denen wir noch keine Vorstellung, geschweige denn ein Konzept haben. In der ökologischen Debatte sitzen Versuche, die Natur als Maßstab gegen ihre Zerstörung zu benutzen, einem *naturalistischen Mißverständnis* auf. Die Natur, auf die man sich beruft, gibt es nicht mehr (Beck 1986, 1988; Oechsle 1988). Was es gibt und was politisch rumort, das sind verschiedene Vergesellschaftungsformen und symbolische Vermittlungen von Natur(zerstörungen), *Kulturbegriffe* der Natur, gegensätzliche Naturverständnisse und ihre (national)kulturellen Traditionen, die hinter der Oberfläche von Expertenkontroversen, technischen Formeln und Gefahren die Ökologiekonflikte innerhalb Europas sowie mit und in den Ländern der „Dritten Welt" bestimmen (werden).[4]

---

[4] Damit geht ein langer Abschnitt Soziologiegeschichte zu Ende, in dem die Soziologie, strikt im Rahmen ihrer Gründungsarbeitsteilung mit den Naturwissenschaften, von „Natur" als dem anderen, der Umwelt, dem Vorgegebenen abstrahieren konnte. Dieses Absehen von Natur entsprach durchaus einem bestimmten Verhältnis zu ihr. Bei Comte kommt dies unverhüllt zur Sprache. Er will ausdrücklich das Eroberungsverhältnis der Völker durch ein Eroberungsverhältnis der Natur durch die aufkommende bürgerliche Industriegesellschaft ersetzen, um auf diese Weise die innergesellschaftlichen Konflikte zu entschärfen – ein Motiv, das bis heute nichts von seiner Bedeutung verloren hat. Abstraktion von der Natur setzt also Herrschaft über die Natur voraus. So konnte der „Konsumtionsprozeß" der Natur, als den Marx den Arbeits- und Produktionsprozeß faßte, vorangetrieben werden. Wenn heute von „ecological citizenship" die Rede ist, also Grundrechte auf Tiere, Pflanzen usw.

Wenn aber Natur „an sich" die ökologische Krise und Kritik am Industriesystem nicht begründen kann – was dann? Auf diese Frage sind mehrere Antworten möglich. Die erste und gebräuchlichste lautet: Natur*wissenschaft*. Demnach sind es technische Formeln – Giftgehalte in Luft, Wasser und Nahrungsmitteln, die Modelle der Klimaforscher oder die kybernetisch gedachten Rückkoppelungsschleifen der Ökosystemwissenschaft –, die über die Tolerierbarkeit von Belastungen und Zerstörungen entscheiden. Doch in dieser Sicht verbergen sich mindestens drei Fußangeln: Erstens ist dies der gerade Weg in die Ökokratie, die sich von der Technokratie durch Potenzierung, nämlich globales Management unterscheidet, gekrönt durch ein ausgeprägt gutes Gewissen.

Zweitens werden die Bedeutung kultureller Wahrnehmungen sowie von interkulturellen Konflikten und Dialogen unterschätzt und ausgeklammert. Denn dieselben Gefahren erscheinen dem einen als Drachen, dem anderen als Regenwurm. Das ist exemplarisch in der Einschätzung der Gefährlichkeit der Kernenergie der Fall. Für unsere französischen Nachbarn symbolisieren Atomkraftwerke den Gipfel der Modernität. Durch sie pilgern an Feiertagen bewundernd die Eltern mit ihren Kindern. Daran hat auch Tschernobyl und die Einsicht, daß selbst heute, zehn Jahre danach, die Verletzten und Toten dieses „Unfalls" noch nicht einmal alle *geboren* sind, nichts geändert.

Drittens stecken in naturwissenschaftlichen Modellen ökologischer Fragen auch wieder implizite kulturelle Entwürfe von Natur (z.B. die der Systemwissenschaft, die sich vom Naturverständnis des frühen Naturschutzes deutlich unterscheidet).

Sicher, alle müssen in naturwissenschaftlichen Begriffen denken, um die Welt überhaupt als ökologisch gefährdet wahrzunehmen. Das ökologische Alltagsbewußtsein ist also das genaue Gegenteil eines „natürlichen" Bewußtseins, nämlich eine hochgradig verwissenschaftlichte Weltsicht, in der chemische Formeln alltägliches Handeln bestimmen.[5]

Doch alle Kunst der Experten kann niemals die Frage beantworten: Wie wollen wir leben? Was die Menschen noch hinzunehmen bereit sind und was nicht mehr, dies folgt aus keiner technischen oder ökologischen Gefahrendiagnose. Diese Frage muß vielmehr zum Gegenstand eines globalen Gesprächs der Kulturen gemacht werden. Genau hierauf zielt eine zweite, *kultur*wissenschaftliche Sicht. Sie besagt: Ausmaß und Dringlichkeit der ökologischen Krise schwanken mit der intra- und interkulturellen Wahrnehmung und Wertung.

Was ist das für eine Wahrheit, könnte man mit Montaigne fragen, die an der Grenze zu Frankreich endet und jenseits davon als Trug und Einbildung gilt? Gefahren sind in dieser Sicht nichts, das draußen in der Welt unabhängig von unseren Wahrnehmungen „an sich" existiert. Sie werden vielmehr erst mit ihrer allgemeinen Bewußtwerdung zum

---

übertragen werden sollen, kommt genau das Aufbrechen dieses Unterwerfungs-Abstraktions-Verhältnisses in seinem Gegen-Extrem zur Sprache.

5 Margit Eichler berichtet von einem kleinen Lese-Experiment, das sie als Soziologin machte, um dem sozialen Gehalt von Umweltfragen auf die Spur zu kommen. Sie las ein Semester lang *Globe and Mail* sowie andere Zeitungen und wertete sie systematisch aus mit dem Ergebnis, daß sie von weitgehend naturwissenschaftlichen Gefahrennachrichten buchstäblich zugeschwemmt wurde. Im Gesamtbild erhält sie das Bild einer Welt in einer enormen Umweltkrise. „Ich schließe daraus, daß wir als WissenschaftlerInnengemeinde mutwillig Barrieren gegen ein Wissen aufrichten, das zu erschreckend, zu überwältigend erscheint und zu hohe Anforderungen stellt, die uns zwingen, nicht nur unser Privatleben, sondern auch unsere berufliche Arbeit neu zu durchdenken" (Eichler 1994: 372).

Politikum, sind soziale Konstruktionen, die mit wissenschaftlichem Argumentationsmaterial strategisch in der Öffentlichkeit definiert, verschleiert, dramatisiert werden. Es ist wohl kein Zufall, daß diese Sicht schon 1983 von zwei angelsächsischen Sozialanthropologen – Mary Douglas und Aaron Wildavsky – in ihrem Buch „Risk and Culture" ausgearbeitet wurde. Die Autorin und ihr Koautor entwickeln darin (als Affront gegen das aufkommende Umweltbewußtsein gedacht) die Auffassung, daß zwischen den Gefahren der Frühzeit und der Hochzivilisation kein substantieller Unterschied besteht – außer in der Art der kulturellen Wahrnehmung und wie diese weltgesellschaftlich organisiert ist.

Bei aller Richtigkeit und Wichtigkeit bleibt diese Sicht unbefriedigend, u.a. weil die Steinzeitmenschen bekanntlich noch nicht über die Möglichkeit der atomaren und ökologischen Selbstvernichtung verfügten und weil überhaupt Gefahren, die von Dämonen drohen, eben nicht dieselbe politische Dynamik aufweisen wie die menschengemachten Gefahren der ökologischen Selbstzerstörung.[6]

2. Die Realismus-Konstruktivismus-Debatte

Hier nun setzt die Theorie der Weltrisikogesellschaft an. Auf die Frage, was den Begriff Weltrisikogesellschaft rechtfertige, sind zwei Antworten möglich – eine *realistische* und eine *konstruktivistische*. In realistischer Einstellung „sind" die Folgen und Gefahren entwickelter industrieller Produktionen inzwischen global. Dieses „sind" stützt sich auf naturwissenschaftliche Befunde und Debatten über laufende Zerstörungen (Ozonloch etc.). In dieser Sicht greifen die Entfaltung von Produktivkräften und die Entfaltung von Destruktivkräften ineinander und erzeugen so – im Sichtschatten latenter Nebenfolgen – die zu entschlüsselnde, neuartige Konfliktdynamik einer Weltrisikogesellschaft. Diese drückt sich u.a. in einschlägigen Erfahrungen aus wie dem Reaktorunfall von Tschernobyl, wo die „atomare Wolke" ganz Europa in Schrecken versetzt und die Menschen bis hinein in ihren privaten Alltag zu einschneidenden Verhaltensänderungen gezwungen hat. Dazu gehört aber auch das Wissen jedes mündigen Zeitungslesers und Fernsehzuschauers westlicher Gesellschaften, daß Gifte in Luft, Wasser, Boden, Pflanzen und Nahrungsmitteln „keine Grenzen kennen".

In dieser „realistischen" Sichtweise spiegelt die Rede von der Weltrisikogesellschaft also den inzwischen erzwungenen Grad globaler Vergesellschaftung durch zivilisatorisch erzeugte Gefahren wider. Diese neue Weltlage ermöglicht die wachsende Bedeutung transnationaler Institutionen. Den globalen Gefahren entsprechen also – „realistischerweise" – globale Wahrnehmungsmuster, Öffentlichkeits- und Handlungsforen und schließlich, wenn die unterstellte Objektivität dem Handeln hinreichend Schwung verleiht, transnationale Akteure und Institutionen.

Die Kraft des Realismus zeigt sich überdies in einer klaren, historischen „story-line". Danach lassen sich zwei Phasen der industriellen oder industriegesellschaftlichen Entwick-

---

[6] Es ist im übrigen auch schwer, den überzeitlichen, kontextunabhängigen Allgemeingültigkeitsanspruch der Kulturtheorie mit deren Interesse an kontextueller Genauigkeit, Relativität, kultureller Konstruiertheit in Einklang zu bringen. Welcher Kontext-Kultur entstammt dieser fast bedenkenlose Universalismus? Es ist schwer, darauf nicht mit einem Hinweis auf Eurozentrismus zu antworten.

lung unterscheiden. In einer ersten Phase dominiert die Klassen- oder soziale Frage, in einer zweiten die ökologische Frage. Wobei in einer komplizierteren Sicht keineswegs unterstellt werden muß, daß die ökologische die Klassenfrage verdrängt, sondern durchaus gesehen und betont werden kann, daß ökologische, Arbeitsmarkt- und Wirtschaftskrisen sich überlagern und wechselseitig verschärfen können. Für die zwingende Kraft eines Phasenmodells ist es allerdings nützlich, der Armuts- und Klassenfrage einer nationalstaatlichen Phase des Industriekapitalismus die Globalität der ökologischen Frage gegenüberzustellen. Denn damit werden industriegesellschaftliche Konfliktmuster insgesamt entwertet. Wer die Objektivität globaler Gefahren unterstellt, begünstigt die Herausbildung (zentralistischer) transnationaler Institutionen. Diese oft als naiv verdächtigte Sicht stellt also einen nicht unerheblichen Machtimpuls dar oder sogar her, um eine Politik des – um ein neues Zauberwort aufzugreifen – „sustainable development" durchzusetzen.

Doch bereits ein oberflächlicher Blick auf derartig realistische Begründungen der Weltrisikogesellschaft zeigt, wie zerbrechlich diese sind: Erstens beruht die unreflektierte realistische Sicht auf dem Vergessen oder Verdrängen, daß ihr „Realismus" sedimentiertes, fragmentiertes, massenmediales Kollektivbewußtsein ist. Die Bilder, Symbole, das Wissen um die ökologischen Fragen ist keineswegs ursprünglich, selbstgewiß, in Eigenerfahrung begründet. Es ist geborgt, durch und durch aus „zweiter Hand", also konstruiert, medialisiert, setzt die großen gesellschaftlichen Wissens- und Wissenschaftsorganisationen voraus (wie Fernsehen, Tageszeitungen, soziale Bewegungen, Umweltorganisationen, Forschungsinstitute usw.). Die Definitionsmacht des Realismus beruht auf dem Ausschluß von Fragen, welche umgekehrt die Deutungs-Überlegenheit konstruktivistischer Sichtweisen begründen. Wie beispielsweise die geborgte Selbstverständlichkeit „realistischer" Gefahren *hergestellt* wird, welche Akteure, Institutionen, Strategien und Ressourcen dafür ausschlaggebend sind, kann überhaupt erst sinnvoll in einer anti-realistischen, konstruktivistischen Einstellung erfragt und erfaßt werden.

In sozialkonstruktivistischer Sicht beruht dann auch die Rede von der „Weltrisikogesellschaft" nicht auf der (naturwissenschaftlich diagnostizierten) Globalität von Problemlagen, sondern auf *transnationalen „Diskurs-Koalitionen"* (Maarten Hajer), welche die Agenda und Themen der globalen Umweltfragen im öffentlichen Raum durchsetzen. Diese sind überhaupt erst in den 70er und 80er Jahren geschmiedet und machtvoll geworden und haben in den 90er Jahren, insbesondere seit dem Erdgipfel in Rio, begonnen, die Themenlandschaft im Sinne globaler Erdprobleme umzugestalten. Hierfür sind die Institutionalisierung der Umweltbewegung, der Aufbau von Netzwerken und transnationalen Akteuren (wie IUN, WWF, Greenpeace, aber auch die Einrichtung von Umweltministerien, nationale und internationale Gesetze und Verträge, der Aufschwung von Umweltindustrien sowie big science zum globalen Management von Welt-Problemen) vorausgesetzt und unverzichtbar. Nicht nur das, diese müssen auch *erfolgreich* agieren und sich immer aufs neue gegen mächtige Gegenkoalitionen durchsetzen.

So trifft bis heute die globale Problemordnung – eben die Rede von der Weltrisikogesellschaft – auf drei Arten von Gegenargumenten: Erstens wird die Unsicherheit des entsprechenden (wissenschaftlichen) Gefährdungswissens betont; manche weisen auch auf Diskrepanzen zwischen dem tatsächlichen Wissensstand der Wissenschaften und der öffentlichen Dramaturgie von Gefahren hin. Zweitens wird – insbesondere von Akteuren und Regierungen der sogenannten Dritten Welt – die Globalität der Umweltprobleme als eine Art ökologischer Neoimperialismus der westlichen Staaten kritisiert. Diese, so heißt es, würden sich auf diese Art nicht nur einen Wissens- und Entwicklungsvorsprung gegenüber den armen Ländern sichern, sondern insbesondere auch ihre Rolle als Hauptverursacher der globalen zivilisatorischen Selbstgefährdungen verschleiern. Schließlich wird drittens eingewendet, daß die Globalität der ökologischen Frage zu einer Pervertierung des „Natur-Schutzes" in sein Gegenteil, nämlich eine Art globales Welt-Management führt. Zugleich würden auf diese Weise auch neue Wissensmonopole, eben die hochtechnisierten „Welt-(Klima-)Modelle" (Global Circulation Models des International Panel for Climate Change, IPCC) sowie die in sie eingebauten Politikformen und disziplinären Deutungs- und Kontrollansprüche (insbesondere der Natur- und Computerwissenschaften) aufgebaut.

Darüber hinaus wird inzwischen erkennbar, daß die Rede von der Weltrisikogesellschaft keineswegs mit der Überwindung, sondern genau im Gegenteil mit dem Hervortreten ethnisch-nationalistischer Wahrnehmungs- und Wertungsgegensätze (z.B. im Streit um die „Gefährlichkeit" von Gefahren, ihre „Verursacher", die Notwendigkeit von Gegenmaßnahmen) einhergeht, die ihrerseits nationale Gewinner und Verlierer ein- bzw. ausgrenzen.

So gegensätzlich essentialistisch-realistische und konstruktivistische Ansätze im Ausgangspunkt in ihren Methoden und Grundannahmen auch sein mögen, sie stimmen doch in ihrer Diagnose überein. Rechtfertigen sie doch beide auf verschiedenen Wegen die Rede von der Weltrisikogesellschaft. Durch diesen Hinweis sollen die Unterschiede keineswegs kleingeschrieben werden. Besonders bemerkenswert ist, daß der Realismus die Betonung auf *Weltrisiko*gesellschaft, der Konstruktivismus dagegen den Akzent auf Weltrisiko*gesellschaft* legt. In konstruktivistischer Sicht müssen nämlich transnationale Akteure ihre diskursive Politik bereits *durchgesetzt* haben, damit die Globalität der Umweltthemen für soziale Wahrnehmungen und Handlungsforderungen bestimmend wird. Demgegenüber gründet in ‚realistischer' Sicht diese Globalität *nur* in der schwebend unterstellten Eigenmacht objektiver Gefahren. Wenn man will, kann man sagen, daß der Realismus die ökologische Problematik als „*geschlossen*" vorstellt, während der Konstruktivismus die prinzipielle *Offenheit* betont. Dort stehen die *Gefahren* (Drohszenarien) hier die *Chancen* (Akteurskontexte) der Weltrisikogesellschaft im Zentrum. Dort müssen globale Gefahren internationale Institutionen und Verträge überhaupt erst stiften. Hier setzt die Rede von globalen Umweltgefahren bereits übernational erfolgreich agierende Diskurs-Koalitionen voraus.

Doch stellt sich auch die Frage: Schließen realistische und konstruktivistische Zugangsweisen und Begründungsformen der Weltrisikogesellschaft sich wirklich in jeder Hinsicht aus? Dies gilt wohl nur so lange, wie auf beiden Seiten *naive* Spielarten unterstellt werden. Es gibt nämlich nicht nur einen Glauben an die real existierende Natur und Wirklichkeit, sondern auch einen Glauben an die Reinheit eines nichts als konstruktivistischen Konstruktivismus. Dabei wird u.a. der deutungs- und daher machtstrategische Gehalt eines reflektierten Realismus verkannt. Dieser verfügt über die Quellen, welche Wirklichkeits„konstruktionen" überhaupt erst zur „Wirklichkeit" machen, untersucht, wie Selbstverständlichkeit hergestellt, Fragen gekappt, Deutungsalternativen in ‚black boxes' verschlossen werden usw.

Man kann, wenn man einfachen Gegenüberstellungen mißtraut, also einem „naiven" Konstruktivismus einen „reflexiven" Realismus gegenüber- oder zur Seite stellen. Der naive Konstruktivismus verkennt die Spielarten eines konstruktivistischen Realismus und bleibt insofern in einem gleichsam realistischen Selbstmißverständnis seines Nur-Konstruktivismus hängen. Er verkennt sozusagen, daß Wirklichkeitskonstruktionen, die halten (und Handeln anleiten) sollen, ihren Konstruktionscharakter zurücknehmen müssen, weil sie ansonsten als *Konstruktionen* von Wirklichkeit und nicht als *Wirklichkeit* konstruiert werden. Darüber hinaus verkennt der naive Konstruktivismus die Materialität, die Eigenzwänge globaler Gefahren, welche der ökonomischer Zwänge keineswegs nachstehen. Konstruktivistische Analysen, die blind werden für die Differenz zwischen der Zerstörung als *Ereignis* und der *Rede* über dieses Ereignis, können Gefahren kognitivistisch verharmlosen. Unter Hinweis auf „kognitive Elemente" wird u.U. davon abgesehen, daß Gefahren zerstörerisch, schmerzhaft und auflösend wirken und insofern chaotisch-diabolische Bedeutung haben.

3. Wie wird die Differenz von Natur und Gesellschaft innergesellschaftlich konstruiert und soziologisch rekonstruiert?

An dieser Frage, wie der alte Dualismus zwischen Natur und Gesellschaft zugleich aufgehoben und im Sinne symbolisch vermittelter gesellschaftlicher Naturverhältnisse neu bestimmt und begriffen werden kann, arbeiten in der Soziologie unterschiedliche Theorie- und Forschungsprogramme von verschiedenen Ausgangspunkten her.

Aus dem Kontext der Wissenschafts- und Technikforschung hat Bruno Latour vorgeschlagen, an die Stelle des Dualismus von Natur und Gesellschaft eine *Soziologie der Artefakte* oder – wie er es nennt – der *Hybriden* zu setzen. Auf die Frage, was an die Stelle der Basisunterscheidung von Gesellschaft und Natur (Gesellschaft und Technik) tritt, antwortet Latour: die neuartige Einheit ihrer Nichtunterscheidbarkeit. Diese vermag er sehr überzeugend *in der Negation* auszubuchstabieren, nicht aber in dem, was sie für sich selbst darstellt. Dem Leser geht es wie dem Engel in der Parabel von Walter Benjamin: Er kann im Gegenwind der Argumente nur rückwärts gewandt den Sinn des Textes entschlüsseln. Will er mehr wissen und verstehen, muß er die empirisch-historischen Studien Latours zur Akteur-Netzwerk-Theorie heranziehen.[7]

Im Zusammenhang mit der Gender-Forschung sind eine Reihe durchaus konkurrierender Ansätze zu einer *feministischen Ökosoziologie* vorgetragen worden. Gemeinsam ist diesen die Unterstellung eines besonderen Verhältnisses zwischen Frau und Natur. Das „Besondere" setzt einen Begriff des „Normalen" oder „Anderen" voraus. Dieser wird in dem im Patriachiat bedingten Verhältnis zwischen Mann und Natur gesehen. Danach hat die technisch-industrielle Herrschaft über die Natur ihre Parallele (ihren Grund?) in der Herrschaft der Männer über die Frauen. Woraus folgt: Jene kann nur mit dieser abgestreift werden. Das besondere Verhältnis zwischen Frau und Natur wird entweder essentialistisch oder konstruktivistisch oder als Verbindung von beidem gedacht. So oder so erscheinen Frauen – nicht zuletzt aufgrund der Erfahrung der Mutterschaft – der Natur näher zu sein. Diese größere Naturnähe der Frauen kann symbolisch-spiritualistisch verstanden werden, etwa in dem Sinne, daß „Frauen immer wie Berge gedacht haben" (Doubiago 1989).

Erfahrungen in weiblichen Lebenszusammenhängen umfaßt, schreibt in diesem Sinne

---

[7] Vgl. Latour (1993; deutsche Übers. 1995); sein Buch „We have never been modern" gehört allerdings zu den herausragenden und herausfordernsten Schriften in der Technik-Soziologie seit Jahren.

Charlene Spretnak, „die Wahrheit des Naturalismus und die ganzheitlichen Neigungen von Frauen ... Ich meine nicht ‚nur' unsere Macht, Menschen aus unserem eigenen Fleisch und Blut auszubilden und sie mit unseren Brüsten zu nähren ... Ich denke, daß es viele Momente im Leben einer Frau gibt, in denen sie in einer mächtigen Vereinigung von Körper und Geist die ganzheitlichen Wahrheiten der Spiritualität erfährt" (Spretnak 1989: 128f., zit. nach Eichler 1994).

Ynesta King wendet diese essentialistische Sicht in eine politische. Unter der Voraussetzung, daß die unterstellte Naturnähe von Frauen ein soziales Konstrukt ist, gebe es für Feministinnen drei Optionen: Erstens können sich die Frauen in die Männer-Welt integrieren, also die Frau-Natur-Bindung durchtrennen; zweitens können Frauen diese verstärken; und drittens „können wir uns, obwohl der Dualismus von Natur und Kultur ein kulturelles Produkt ist, gleichwohl *bewußt entscheiden*, die Frau-Natur-Bindung nicht zu durchtrennen, indem wir uns der männlichen Kultur *nicht* anschließen. Wir können sie vielmehr als Ausgangspunkt zur Bildung einer anderen Kultur und einer anderen Politik benutzen, die intuitive, spirituelle und rationale Formen der Erkenntnis integriert und Wissenschaft und Magie insoweit einschließt, als sie uns in die Lage versetzen, die Natur-Kultur-Unterscheidung zu transformieren und eine freie, ökologische Gesellschaft zu ersinnen und zu schaffen" (King 1989: 22f., zit. nach Eichler 1994).

Im Zusammendenken von Techniksoziologie und feministischer Ökologie hat Donna Haraway mit großer intellektueller und politischer Ausstrahlung herausgearbeitet, wie sich unter dem Einfluß von Informations- und Biotechnologien die traditionellen Grenzen zwischen den Geschlechtern (ebenso wie zwischen Natur und Kultur, zwischen Mensch und Tier, zwischen Mensch und Maschine) überhaupt verwischen. Sie plädiert dafür, dies nicht als Auflösung zu beklagen, sondern die Chance zu begreifen, das „Durcheinander aller Grenzen zu genießen und diese selbstbewußt neu abzustecken" (Haraway 1984: 66).

In Anknüpfung an die Spätkapitalismustheorie wird in der *sozialökologischen Forschung* theoretisch und empirisch an dem gearbeitet, was die Autoren die *gesellschaftliche Krise der Naturverhältnisse* nennen. Sie wenden sich ebenso gegen die Sackgassen des Naturalismus wie gegen die eines Soziozentrismus und versuchen zugleich, die Leistungen beider zu verbinden. Entsprechend wird argumentiert, daß weder die materialen (naturwissenschaftlich beschreibbaren) Probleme allein, noch die vom Konstruktivismus hervorgehobenen, kulturell symbolischen (Über)Formungen der Naturzerstörungen, für sich genommen den Kern der ökologischen Krise ausmachen. Zentral sei vielmehr, daß und wie diese sich scheinbar ausschließenden disziplinären Zugänge und Gewißheiten zusammengedacht und in konkreten Forschungen mit ihren historisch zwangsläufigen, wissenschaftsdisziplinären Widersprüchen verbunden werden.

Der sozialökologische Ansatz versucht, die Dilemmata jeder Ökosoziologie zwischen Naturalismus und Soziozentrismus also im Zusammenspiel zwischen verschiedenen *Wissenschafts-* und *Wissen*formen aufzulösen. „Es zeichnet diesen Ansatz aus, daß die pluralen Naturverhältnisse erstens als je spezifisch umkämpfte Felder aufgefaßt werden, daß ihre wissenschaftliche Bearbeitung zweitens mit der Forderung nach einer *neuen Interdisziplinarität*, nach einem neuen Verhältnis von Natur- und Sozialwissenschaften verknüpft ist, jedoch drittens die Pluralität in ein übergreifendes gesellschaftstheoretisches Erklärungsmuster eingebettet ist: im Modell von ‚Transformationskern und kultureller Hülle' (Egon Becker)" (Scharping/Görg 1994: 190; siehe auch Becker 1990). Die Bedeutung dieser drei Motive einer „Krise der gesellschaftlichen Naturverhältnisse" könnte allerdings erst in ihrer Ausformulierung und Umsetzung in (sozial)wissenschaftliche Forschungen wirklich verstanden und beurteilt werden.

Wird hier der essentialistische Bedeutungsgehalt in der Rede von Natur(zerstörung) durch entsprechendes *Experten- und Antiexperten-Wissen* ersetzt, so hat Maarten Hajer in Auseinandersetzung mit der vor allem im angelsächsischen Sprachraum ausdifferenzierten Diskurs- und Kulturtheorie diese Wissensdimension zugleich analytisch und politisch radikalisiert. Damit erhält – nur scheinbar paradox – der naturalistisch-essentialistische Gehalt der Rede von „Naturzerstörung" eine Wende zur *handlungsbezogenen Akteurs- und Institutionentheorie*. Ins Zentrum rücken nämlich vorgegebene Klassen-, Nationalstaats- und System-Grenzen übergreifende „*Diskurs-Koalitionen*". Diese sind sozusagen diskursive Landschaftsarchitekten. Sie schaffen, gestalten und verändern ‚cognitive maps', ‚story lines', ‚taboos'. Wirklichkeit wird im strengen Sinne zum Handlungsprojekt und -produkt. Wobei eine bislang nicht klar ausargumentierte Doppeldeutigkeit in der Rede vom „Herstellen" der Wirklichkeit wichtig wird. Dieses kann zum einen im Schwerpunkt *kognitiv* gemeint sein, also *nur* auf die Konstruktion von Wissen zielen, zum anderen im engeren Sinne *Handlung* (Entscheidung, Arbeit, Produktion) einschließen, also produzierendes materiales Verändern, Gestalten von Wirklichkeiten meinen. So schwer diese zwei Bedeutungsaspekte von Herstellen im Konkreten oft gegeneinander abzugrenzen sind, sie verweisen doch auf unterschiedliche Arten der „Hervorbringung von Wirklichkeit", der „Weltgestaltung". Die Leistung Hajers besteht u.a. darin, daß er den kognitivistischen Bias der Diskurs- und Kulturtheorie handlungs- und institutionentheoretisch korrigiert. Es geht damit nicht mehr nur darum, wie Wirklichkeiten in der Weltrisikogesellschaft (z.B. in der Öffentlichkeit, in den Massenmedien durch entsprechende Gefahrennachrichten) konstruiert werden, sondern auch darum, wie das An-Sich der Wirklichkeit durch diskursive Politik und Koalitionen in institutionellen Entscheidungs-, Handlungs- und Arbeitszusammenhängen (re-) produziert wird.

Man kann „Wirklichkeits-Konstruktionen" sozusagen nach mehr oder weniger „Wirklichkeit" unterscheiden: Je näher an und in Institutionen (verstanden als die Institutionalisierung gesellschaftlicher Praktiken), desto machtvoller, entscheidungs-, handlungsnäher, also „wirklicher" sind (werden oder erscheinen) Wirklichkeitskonstruktionen. Essentialismus, wissenssoziologisch durchleuchtet und aufgelöst, verwandelt sich in eine Art macht- und handlungsorientierten Institutionalismus. In einer zivilisatorischen Welt, die alles in Entscheidungen auflöst, entsteht das „An-Sich" aus machtvollen Handlungsstrukturen, eingefleischten Entscheidungs- und Arbeitsroutinen, in denen cognitive maps „verwirklicht" oder eben umgestaltet werden. Die ungebrochene Art, wie im Alltag weiterhin von „Natur" und „Naturzerstörung" die Rede ist, verweist u.U. auf die paradoxe Strategie der Konstruktion der Dekonstruktion. So wird (mehr oder weniger) reflektiert und machtvoll der Anschein der Konstruktion zerstört und das (Als-Ob des) An-Sich hergestellt.

Obwohl Maarten Hajer diese Fragen nach den Möglichkeiten „wirklich wirklicher", also dekonstruierter Konstruktionen gesellschaftlicher Wirklichkeit nur streift, arbeitet er heraus und veranschaulicht in international vergleichenden Fallstudien eine Fülle diskursiver (Politik)-Strategien: symbolische Strohfeuer-Politik, gezielte Ausgrenzung von Themen und Fragen als „unvergleichbar"; die Herstellung von Vertrauen durch die Verbildlichung und Sensualisierung von Gefahren; die diskursive Kreation von Makro-Akteuren; soziale

Konstruktionen von Ignoranz; besonders wichtig, weil Indikator und Gradmesser für Macht: „black boxing", d.h. die Herstellung von Selbstverständlichkeiten, die nun wirklich selbstverständlich sind; funktionale Analogisierungen, um Widersprüche zu überdecken und so integrierbar erscheinen zu lassen usw. „In my terms the ecological crisis is then a ‚discourse of self-confrontation' that calls for a reconsideration of the institutional practices that brought it about" (Hajer 1996: 280).[8]

4. Jenseits der Versicherbarkeit

Vor diesem Hintergrund läßt sich die Theorie der Weltrisikogesellschaft weiter konkretisieren. Sie teilt den Abschied vom Dualismus von Gesellschaft und Natur, den Bruno Latour und Donna Haraway mit intellektueller Bravour vollziehen. Die Frage ist nur oder allerdings: Wie gehen wir mit der Natur *nach* ihrem Ende um? Diese Frage, die sowohl vom Ökofeminismus wie von der Krisentheorie gesellschaftlicher Naturverhältnisse verschieden beleuchtet und versuchsweise beantwortet wird, wird in der Theorie der Weltrisikogesellschaft – die politisch-institutionelle Wende der Diskurstheorie Maarten Hajers aufgreifend – im Sinne eines *institutionellen Konstruktivismus* weiter entwickelt: „Natur" und „Naturzerstörung" werden in der industriell internalisierten Natur institutionell produziert und definiert. Ihr An-Sich, ihr essentieller Gehalt, korreliert mit institutioneller Handlungs- und Gestaltungsmacht. Produktion und Definition sind dabei zwei Aspekte der materialen *und* symbolischen „Herstellung" von „Natur(Zerstörung)", die – wenn man so will – auf Diskurs-Koalitionen innerhalb und zwischen ganz verschiedenen, letztlich global vernetzten Handlungszusammenhängen verweisen. *Wie* diese Differenz der „Natürlichkeit" der Natur, ihrer „Zerstörung", ihrer „Renaturalisierung" innerinstitutionell und im Gegeneinander der Wissenakteure im einzelnen, mit welchen diskursiven und industriellen Ressourcen und Strategien hergestellt, verdrängt, normalisiert, integriert werden, bleibt Aufgabe zukünftiger Forschung.

Die Theorie der Weltrisikogesellschaft übersetzt die Frage nach den Naturzerstörungen in die Frage: Wie geht die moderne Gesellschaft mit selbstfabrizierten Unsicherheiten um? Ihre Pointe ist die Unterscheidung zwischen entscheidungsabhängig erzeugten *Risiken*, die im Prinzip kontrollierbar sind, und ebensolchen *Gefahren*, die den Kontrollanspruch der Industriegesellschaft unterlaufen bzw. aufgehoben haben und zwar mindestens in zweierlei Hinsicht: Erstens versagen die mit der Industriegesellschaft entwickelten und

---

8 „Politics is a process of the creation of discourse-coalitions based on a shared definition of reality. We suggested that credibility, acceptability, and trust determine the extent to which this process of world-making is successful. This implies, first of all, that if one seeks to design reflexive institutional arrangements one should take into consideration the socio-cognitive basis of discourse-coalitions. For instance, the fact that Third World platforms refute the new construct of global environmental problems seems not so much due to a scientific doubt about the importance of global threats. It is more likely that it was the result of the complete lack of trust on their part towards supra-national institutions such as the World Bank that were given a central role in the implementation of Agenda 21. ... Reflexive institutional arrangements can therefore never be based on pre-conceived problem definitions. Indeed, reflexive practices should in large part be oriented towards constructing the social problem" (Hajer 1995: 287; vgl. auch Bonß 1995).

perfektionierten Institutionen und Normen – Risikokalkül, Versicherungsprinzip, Unfallbegriff, Katastrophenschutz, vorsorgende Nachsorge. Gibt es dafür einen handlichen Indikator? Das ist der Fall: Umstrittene Industrien und Technologien sind nämlich oft solche, die nicht nur privat nicht versichert sind, sondern sich offenbar sogar der privaten Versicherbarkeit gänzlich entziehen. Dies gilt für die Kernenergie, für die Gentechnologie (auch Forschung), aber auch für weitere Bereiche hochriskanter chemischer Produktionen. Was für jeden Autofahrer selbstverständlich ist, nämlich sein Fahrzeug nur mit Versicherungsschutz zu benutzen, wurde angesichts der Not der Gefahren im Hochindustrialismus offenbar für ganze Industriezweige und Zukunftstechnologien klammheimlich suspendiert. Es gibt – anders gesagt – hochglaubwürdige „technologische Pessimisten", die den Technikern und Betreibern, die die Harmlosigkeit ihrer Produktionen und Technologien behaupten, widersprechen: Versicherungsexperten und Versicherungsgesellschaften, deren ökonomischer Realismus es ihnen verbietet, das Mammutgeschäft mit dem angeblichen technischen „Nullrisiko" überhaupt einzugehen. Das heißt: die Weltrisikogesellschaft balanciert und operiert *jenseits der Versicherbarkeitsgrenze*. Was umgekehrt heißt: Die Vorsorgekriterien der Industriemoderne im Umgang mit selbsterzeugten Gefahren können in Maßstäbe der Kritik umgemünzt werden.[9]

---

9 In der Besprechung meines Buches „Die Erfindung des Politischen" hat sich Wolfgang van den Daele auch differenziert mit diesem Schlüsselkriterium auseinandergesetzt. Er schreibt: „Die Haftung für die Gesamtheit der Folgen technischer Unfälle (Modell: Betreiber eines Kernkraftwerks) wird tatsächlich in manchen Fällen die Kapazität des privatwirtschaftlichen Versicherungssystems übersteigen. Bei der Deckung des individuellen Schadens, der durch solche Unfälle oder andere neue Gefährdungen entstehen kann, sind jedoch keine Grenzen der privaten Versicherbarkeit erkennbar. Auch für jemand, der neben einem Kernkraftwerk oder einer Chemiefabrik wohnt, werden Lebensversicherungen angeboten." Dies ist ein interessanter Irrtum: das Gegenteil ist tatsächlich der Fall, auch Individualversicherer im Umkreis von Kernkraftwerken haben erhebliche Schwierigkeiten, Lebensversicherungen abzuschließen.
Van den Daele fährt fort: „Wenn infolge des Klimawechsels die Sturmschäden in unseren Breiten dramatisch zunehmen, steigen die Prämien – auf das Niveau, das heute schon für Regionen gilt, die häufig von Wirbelstürmen oder Erdbeben heimgesucht werden." Dies nimmt inzwischen in einem Ausmaß zu, daß auch hier ganze Bereiche zu „versicherungsfreien" Zonen werden und/oder Versicherungsgesellschaften weltweit in Krisen geraten. „Ferner sind Grenzen der Versicherbarkeit nicht einfach das soziologische Korrelat zunehmender objektiver Gefährdungslagen. Sie entstehen auch durch *Veränderung des Zurechnungsrahmens*." Selbstverständlich, denn: „Die Auswirkungen eines Tankerunglücks überschreiten die Grenzen der Versicherbarkeit, sobald die Reinigung von Küsten, die toten Seevögel und die Einbußen für den Tourismus als Schaden geltend gemacht werden können, für den die Reederei haftet. Die Auswirkungen selber sind aber (mit Ausnahme eben der Haftung) nicht größer als vorher, als sie noch als Unglück verbucht wurden, das von den Betroffenen oder der Allgemeinheit zu tragen ist. In einigen Staaten der USA liegt inzwischen das Risiko der Geburtshilfe ‚jenseits der Versicherbarkeit', weil die Gerichte bei Kunstfehlern willkürlich hohe Schadensersatzansprüche gewähren. Eine verschuldungsabhängige, der Höhe nach unbegrenzte Gefährdung für unbekannte Gefahren würde für viele Handlungen Unversicherbarkeit bedeuten. Daß eine solche Haftung von einigen für die Einführung neuer Technik (beispielsweise der Gentechnik) gefordert wird, ist eher ein Indiz für den Grad der politischen Ablehnung der Technik als für deren objektives Gefährdungspotential." Hier wird eine Unterscheidung gemacht, die ich nicht teilen kann; beide Gesichtspunkte fallen in einer „realistisch-konstruktivistischen" Sicht zusammen (s.o.).

Zweitens gehören das Muster industriegesellschaftlicher Entscheidungen und die Globalität ihrer Summennebenfolgen zwei verschiedenen Epochen an: Sind die Entscheidungen der wissenschaftlichen, technisch-ökonomischen Dynamik noch nationalstaatlich und betrieblich organisiert, so sind wir in ihren bedrohlichen Folgen bereits heute alle Mitglieder einer Weltrisikogesellschaft. Die Sicherheit und Gesundheit der Bürger zu gewährleisten, ist im entfalteten Gefahrenindustrialismus keine nationalstaatlich zu lösende Aufgabe mehr. Dies ist eine der wesentlichen Lehren der ökologischen Krise. Mit dem ökologischen Diskurs wird das Ende der „Außenpolitik", das Ende der „inneren Angelegenheiten eines anderen Landes", das Ende des Nationalstaates alltäglich erfahrbar.

Zugleich wird hier eine Zentralstrategie der Herstellung von Differenz und Indifferenz erkennbar. Die etablierten Regeln der Zurechnung und Verantwortung – Kausalität und Schuld – versagen. Das heißt, deren unverdrossene Anwendung in Verwaltung, Management und Rechtsprechung bewirkt das Gegenteil: Die Gefahren wachsen *durch* ihre Anonymisierung. Anders formuliert: Die alten Entscheidungs-, Kontrollroutinen und Produktionsweisen (im Recht, in der Wissenschaft, Verwaltung, Industrie und Politik) erzeugen beides: die materiale Naturzerstörung *und* deren symbolische Normalisierung. Beides ergänzt und verschärft sich wechselseitig. Konkreter gesprochen: Nicht die Regelverletzung, sondern die Regel „normalisiert" das Arten-, Flüsse-, Meeressterben.

Diesen Zirkel zwischen symbolischer Normalisierung und dadurch auf Dauer gestellter materieller Gefährdung und Zerstörung meint der Begriff „organisierte Unverantwortlichkeit": Verwaltung, Politik, Industriemanagement und Forschung handeln aus, was nach ihren immanenten Rationalitäts- und Sicherheitskriterien „rational und sicher" ist – mit der Folge: das Ozonloch wächst, Allergien werden zur Massenkrankheit usw.

Neben der physischen Explosivität (und unabhängig von dieser) entsteht durch diskurs-strategisches Handeln potentiell eine *politische* Explosivität von Gefahren, die im Legitimationszirkel von Verwaltung, Politik, Recht und Management permanent normalisiert werden und daher ins unkontrollierbar Globale wachsen. Um es mit und gegen Max Weber zu formulieren: Die zweckrationale Bürokratie verwandelt Alltäterschaft in Freispruch – und gefährdet damit als ungewollte Nebenwirkung die Grundlagen ihres Rationalitäts- und Kontrollanspruchs.

An die Stelle der Rede von „Naturzerstörungen" tritt also in der Theorie der Weltrisikogesellschaft diese Schlüsselthese: Die Verwandlung der ungesehenen Nebenfolgen in-

---

Van den Daele zieht die Schlußfolgerung: „Grenzen der Versicherbarkeit sind kein eindeutiger Indikator; sie diskriminieren nicht, ob die Gefährdung größer oder die Risikowahrnehmung schärfer geworden ist. Politisch mag das gleichgültig sein, wenn beide Faktoren das Bewußtsein erzeugen, in einer riskanten Welt zu leben. Soziologisch aber knüpfen sich an die Unterscheidung dieser Faktoren relevante Fragen: Warum werden bestimmte Risiken und Unsicherheiten in verschiedenen Ländern unterschiedlich virulent? Warum geht Deutschland offenbar auf dem Weg in die ‚Risikogesellschaft' voran, obwohl die meisten Atomkraftwerke in Frankreich laufen und die meisten gentechnisch veränderten Organismen in den USA freigesetzt werden? Welche Rolle spielt die Geschichte eines Landes, das Rechtssystem, die Durchlässigkeit der politischen Entscheidungshierarchie etc.?" Auch ich halte diese Fragen für wichtig. Sie markieren aber keine Einwände, sondern Gesichtspunkte für produktive Ausarbeitungen nach dem Motto „further research is necessary". Bezeichnenderweise argumentiert Daele allerdings ganz im Rahmen einer nationalstaatlichen Risikogesellschaft, die Dynamik globaler Gefahren einer Weltrisikogesellschaft tritt bei ihm nicht in den Blick; siehe dazu später Abschnitt I.5.

dustrieller Produktion in globale ökologische Krisenherde ist gerade kein Problem der uns umgebenden Welt – kein sogenanntes „Umweltproblem" –, sondern *eine tiefgreifende Institutionenkrise der ersten, nationalstaatlichen Industriemoderne selbst* („reflexive Modernisierung"). Solange diese Entwicklungen im Begriffshorizont der Industriegesellschaft gesehen werden, bleiben sie als negative Nebenfolgen scheinbar verantwortbaren und kalkulierbaren Handelns („Restrisiken") in ihren systemerodierenden, die Rationalitätsgrundlagen delegitimierenden Folgen unerkannt. Sie treten erst im Begriff und Blickwinkel der Weltrisikogesellschaft in ihrer zentralen politischen und kulturellen Bedeutung hervor und machen auf die Notwendigkeit einer reflexiven Selbst- und Neubestimmung des westlichen Modells der Moderne aufmerksam. In der Phase des Weltrisikogesellschafts-Diskurses setzt sich u.U. die Auffassung durch, daß die mit der technisch-industriellen Entwicklung ausgelösten Gefahren, gemessen an den institutionalisierten Maßstäben, unkalkulierbar und unkontrollierbar sind. Dies zwingt zur Selbstreflexion auf die Grundlagen des demokratischen, nationalstaatlichen, ökonomischen Modells der ersten Moderne, zur Überprüfung geltender Institutionen (der Externalisierung von Folgen in der Wirtschaft, im Recht, in der Wissenschaft usw.), ihrer historisch entwerteten Rationalitätsgrundlagen; ja hier entsteht eine globale Herausforderung, aus der sich neue, weltweite Konfliktherde bis hin zu Kriegen, aber auch übernationale Institutionen der Kooperation, Konfliktregulierung, Konsensfindung „schmieden" lassen (dazu später Abschnitt I.5).

Auch für die Wirtschaft ändert sich die Lage radikal. Es gab einmal eine Zeit – das frühkapitalistische Unternehmerparadies –, da konnte die Industrie Projekte starten, *ohne* sich besonderen Kontrollen und Absprachen zu unterwerfen. Dann kam die Periode des staatlich normierten Wirtschaftens, in der dies nur im Rahmen von Arbeitsrecht, Sicherheitsverordnungen, Tarifvereinbarungen usw. möglich war. In der Weltrisikogesellschaft, dies ist eine einschneidende Veränderung, kann man alle diese Instanzen und Normen einbeziehen und die so getroffenen Vereinbarungen halten, und doch stiftet dies keine Sicherheit mehr. Gerade das normenkonforme Management kann plötzlich an den Pranger der Weltöffentlichkeit gebunden und als „Umweltschwein" gegeißelt werden. Entsprechend werden Märkte für Produkte und Dienstleistungen prinzipiell, d.h. für die Unternehmen und Konzerne mit Hausmitteln unkontrollierbar instabil. Die Nomalreaktionen auf diese grundsätzlich veränderte Situation hergestellter Unsicherheit in den Kernzonen ökonomisch-rationalen Handelns und Steuerns sind das Abblocken der Zumutung umzudenken und die Verurteilung des *trotzdem*, sozusagen vertragsdiskonform ausbrechenden Proteststurms als „irrational" und „hysterisch". Dies ist der Einstieg in eine Serie von Fehlern: Im stolzen Gefühl, die überlegene Ratio in einem Meer des Irrationalen zu repräsentieren, tappt man in die Falle schwer beherrschbarer Risikokonflikte.[10]

In der Weltrisikogesellschaft werden Industrieprojekte zu einer *politischen* Unternehmung in dem Sinne, daß hohe Investitionen dauerhaften Konsens voraussetzen, dieser aber mit den alten Routinen einfacher Modernisierung nicht mehr gewährleistet, sondern gefährdet wird. Was bisher in Form von „Sachzwängen" hinter verschlossenen Türen ausgehandelt und exekutiert werden konnte – zum Beispiel Müllprobleme, die Entsorgung

---

10 Zur Logik von Risikokonflikten vgl. Lau et al. (1990, 1994), Nelkin (1992), Hildebrandt et al. (1994), Hennen (1994), Bonß (1991, 1995), Giddens (1995, 1997).

der Brent Spar, aber auch Produktionsweise, Produktplanungen usw. –, muß nun potentiell dem Kreuzfeuer öffentlicher Kritik standhalten.[11]

Denn auf die alte „Fortschrittskoalition" zwischen Verwaltung, Staat, Wirtschaft und Wissenschaft ist u.U. kein Verlaß mehr, weil die Industrie zwar Produktivität steigert, zugleich aber die Legitimität aufs Spiel setzt. Die Rechtsordnung stiftet keinen sozialen Frieden mehr, weil sie mit den Gefahren auch die Lebensbedrohungen verallgemeinert und legitimiert. Infolgedessen kommt es zu einer Umkehrung von Politik und Nichtpolitik: Das Politische wird unpolitisch und das Unpolitische politisch. Die Stunde der *Subpolitik* schlägt (siehe später Kapitel II).

5. Eine Typologie globaler Gefahren

In der Anwendung dieser Theorie lassen sich drei Arten globaler Gefahren unterscheiden: Erstens Konflikte um „bads", die als die Gegenseite von „goods" erzeugt werden, d.h. *reichtumsbedingte* ökologische Zerstörungen und technisch-industrielle Gefahren (wie das Ozonloch, der Treibhauseffekt, aber auch die unvorhersehbaren und unkalkulierbaren Folgen der Gentechnik und der Fortpflanzungsmedizin).

Zweitens *armutsbedingte* ökologische Zerstörungen und technisch-industrielle Gefahren. Es war die Brundtland-Kommission, die erstmals darauf hingewiesen hat, daß Umweltzerstörung nicht nur der Gefahrenschatten der Wachstumsmoderne ist, sondern ganz im Gegenteil auch ein enger Zusammenhang zwischen Armut und Umweltzerstörung besteht. „Die Ungleichheit ist das wichtigste ‚Umwelt'-Problem des Planeten; sie ist zugleich sein wichtigstes ‚Entwicklungs'-Problem." (United Nations 1987: 6) Folgerichtig zeigt eine integrierte Analyse zu Bevölkerungs- und Ernährungsweise, Verlust an Arten und genetischen Ressourcen, Energie, Industrie und menschlicher Besiedelung, daß all dies im Zusammenhang steht und nicht unabhängig voneinander behandelt werden kann.

„Zwischen Umweltzerstörung als Resultat von Wohlstand und Umweltzerstörung als Resultat von Armut", schreibt Michael Zürn (1995), „ist jedoch ein wesentlicher Unterschied hervorzuheben: Während viele der reichtumsbedingten ökologischen Gefährdungen aus der *Externalisierung von Produktionskosten* resultieren, handelt es sich bei der armutsbedingten ökologischen Zerstörung um eine *Selbstzerstörung der Armen* mit Nebenwirkungen auch für die Reichen. M.a.W.: reichtumsbedingte Umweltzerstörungen verteilen sich gleichmäßig auf dem Globus, während armutsbedingte Umweltzerstörungen vorrangig

---

[11] Ein Beispiel für diese neuen Verhandlungszwänge ist der sogenannte „Auto-Konsens", erzielt zwischen Industrie und Politik im Sommer 1995, dessen Haltbarkeit allerdings durchaus offen ist: „Mit einer breiten Palette eigener Maßnahmen und Zusicherungen der Politik wollen die Autohersteller VW, BMW, Mercedes-Benz und Porsche erreichen, daß Deutschland Produktionsstandort für Autos bleibt. In einem gemeinsamen Konsenspapier mit den ‚Heimatländern' Niedersachsen, Bayern und Baden-Württemberg verpflichteten sie sich zur weiteren Verbesserung ihrer Autos insbesondere im Umweltinteresse. Zudem bekannten sie sich zum Ziel stabiler Beschäftigungsverhältnisse. Voraussetzung ist, daß die Politik klare Rahmenbedingungen setze, keine zusätzlichen Belastungen bei Steuern und Lohnnebenkosten auferlege und der Autofahrer nicht von generellen Geschwindigkeitsbegrenzungen betroffen werde. Spätestens im Jahr 2000 sollen Drei-Liter-Autos auf dem Markt sein", meldet die FAZ am 12.8.1995.

an Ort und Stelle anfallen und sich erst in Form von mittelfristig auftretenden Nebeneffekten internationalisieren."¹² Das bekannteste Beispiel dafür ist das Abholzen der tropischen Regenwälder, wobei zur Zeit jährlich rund 17 Millionen Hektar Tropenwälder verloren gehen; andere Beispiele sind Giftmüll (auch importierter) und veraltete Großtechnologien (z.B. der chemischen, aber auch der atomaren Industrie, in Zukunft auch Genindustrien sowie gentechnische und humangenetische Forschungslabors). Diese Gefahren entstehen aus dem Kontext an- und abgebrochener Modernisierungsprozesse. So wachsen Industrien, die technologische Möglichkeiten zur Gefährdung von Umwelt und Leben haben, ohne daß diese Länder über die institutionellen und politischen Mittel verfügen, um die mögliche Zerstörung zu verhindern.

Handelt es sich bei reichtums- und armutsbedingten sozusagen um „Normalitäts"gefahren, die meistens regelkonform aus der Anwendung nicht vorhandener oder löchriger Normen der Vorsorge und Sicherheit entstehen, aber eben deshalb auch kontinuierlich in die Welt gesetzt werden, so sind *drittens* die Gefahren von *Massenvernichtungswaffen* (ABC-Waffen) in ihrem Einsatz (nicht in ihrem Drohpotential) an die Ausnahmesituation des Krieges gebunden. Auch nach dem Ende der Ost-West-Konfrontation sind die Gefahren regionaler oder globaler Selbstvernichtung durch nukleare, chemische oder biologische Waffen keineswegs gebannt, eher im Gegenteil aus der Kontrollstruktur – dem „atomaren Patt" der Supermächte – ausgebrochen. Zu den Gefahren der militärisch-staatlichen Konfrontation addieren sich die Gefahren eines (sich abzeichnenden) fundamentalistischen oder privaten Terrorismus. Es ist immer weniger auszuschließen, daß in Zukunft nicht nur staatlich-militärische, sondern auch private Verfügung über Massenvernichtungsmittel sowie die damit erreichbaren (politischen) Drohpotentiale zu einer neuartigen Gefahrenquelle der Weltrisikogesellschaft werden.

Diese verschiedenen globalen Gefahrenherde können und werden sich nun sehr wohl ergänzen und verschärfen; d.h. man wird nach den Wechselwirkungen zwischen ökologischer Zerstörung, Kriegen und den Auswirkungen abgebrochener Modernisierung fragen müssen: In welcher Weise begünstigen ökologische Zerstörungen Kriege – sei es, daß ein bewaffneter Konflikt um die lebensnotwendigen Ressourcen (z.B. Wasser) ausbricht, sei es, daß ökologische Fundamentalisten im Westen nach dem Einsatz militärischer Gewalt rufen, um laufende Zerstörungen zu stoppen (wie dies z.B. zur Beendigung des Abholzens der Tropenwälder gefordert wurde)? Es ist leicht vorstellbar, daß ein Land, das in wachsender Armut lebt, die Umwelt bis zum letzten ausbeuten wird. In der Verzweiflung (oder auch zur politischen Verschleierung der Verzweiflung) mag auch mit Waffengewalt nach fremden Ressourcen des Überlebens gegriffen werden. Ökologische Zerstörungen (z.B. das Überfluten Bangladeschs) können Massenfluchtbewegungen auslösen, die ihrerseits in kriegerische Konflikte münden. Oder im Krieg befindliche, von Niederlagen bedrohte Staaten mögen zum „letzten Mittel", der Selbst- und Fremdvernichtung von Atom- und Chemiewerken greifen, um angrenzende Regionen und Großstädte mit atomarer Vernichtung zu bedrohen. Der Phantasie, Horrorszenarien, welche die Gefahrenquellen zueinander in Beziehung setzen, zu konstruieren, sind keine Grenzen gesetzt. Zürn (1995) spricht von einer „Zerstörungenspirale", deren Aufschaukelungseffekte sich zu einer großen Krise addieren können, in die alle anderen Krisenerscheinungen einmünden.¹³

---

12 Vgl. Zürn (1995: 51), dem die Ideen und Daten dieser Typologien entnommen sind.
13 Ernst Ulrich von Weizsäcker weist darauf hin, daß es auch in früheren Zeiten zu bewaffneten

Alles dies bestätigt die Diagnose der Weltrisikogesellschaft. Denn die genannten globalen Gefährdungen haben in ihrer Summe zu einer Welt geführt, in der die Grundlagen der etablierten Risikologik unterlaufen und außer Kraft gesetzt sind, in der statt berechenbarer Risiken nur noch schwer kontrollierbare Gefahren herrschen. Die neuen Gefahren heben tragende Säulen des herkömmlichen Sicherheitskalküls auf: Schäden verlieren ihre raum-zeitliche Beschränkung – sie sind global und nachhaltig; Schäden sind kaum mehr bestimmten Verantwortlichen zuzuschreiben – das Verursacherprinzip verliert an Trennungsschärfe; Schäden können auch nicht mehr finanziell kompensiert werden – es ist sinnlos, sich gegen die worst-case-Auswirkungen der globalen Bedrohungsspirale zu versichern. Folglich existieren auch keine Pläne für die Nachsorge, falls der schlimmste Fall eintreten sollte.

Schon an dieser Betrachtung wird deutlich, daß es globale Gefahren als solche nicht gibt, daß sie vielmehr untermischt und bis zur Unkenntlichkeit aufgeladen werden mit den Armuts-, ethnischen und Nationalitätskonflikten, welche die Welt insbesondere nach dem Ende der Ost-West-Konflikt-Ordnung heimsuchen. Darauf hat u.a. Eva Senghaas-Knobloch hingewiesen. So verbindet sich in den nachsowjetischen Republiken die schonungslose Diagnose von Umweltzerstörungen mit der politischen Kritik imperialer Nutzung natürlicher Ressourcen. Die Rede vom „eigenen Boden" wird in diesem Sinne zur gleichzeitigen Beanspruchung des Rechts auf natürliche Ressourcen *und* nationaler Souveränität.

„Es ist nicht zufällig, wenn militante, separatistische Autonomiebewegungen in den verschiedenen Republiken der Sowjetunion, wie in der Bretagne, in Okzitanien, auf Korsika, sich in der Regel um zwei Motive sammeln: das Motiv der Sprache und das Motiv der Erhaltung der natürlichen Umwelt; beides Motive von Heimatschutz, die sich zunächst gegen die Folgen eines industriellen Entwicklungsmodells richten, die als ökonomisch

---

Konflikten um natürliche Ressourcen gekommen ist, daß allerdings diese Konflikte heute und in Zukunft um allgemeinere und globale Güter und Herausforderungen kreisen: „In argentinischen und chilenischen Zeitungen kann man seit einigen Jahren regelmäßig über das hauptsächlich vom industriellen Norden verursachte *Ozonloch* über der Antarktis lesen, welches für Menschen und Tiere an der Südspitze Südamerikas zur akuten Bedrohung geworden ist. Die tiefliegenden Insel-Staaten der Welt haben sich seit der Zweiten Weltklimakonferenz in Genf 1990 als eigene diplomatische Gruppe etabliert (AOSIS), die sich in der Befürchtung gegen den verstärkten Treibhauseffekt wendet, daß der *Meeresspiegel* rasch und unkontrolliert ansteigen könnte. Das *Überfischen der Weltmeere*, insbesondere durch japanische und russische Flotten, hat nicht nur Umweltschützer, sondern auch zahlreiche vom kleinräumigen Fischfang abhängige Nationen auf den Plan gerufen. Und die ganze Debatte für den Schutz der *Tropenwälder* etwa durch einen Tropenholzboykott hat schon im Vorfeld des ‚Erdgipfels' von Rio de Janeiro, Juni 1992, schwere diplomatische Spannungen zwischen Industrieländern und waldreichen Tropenländern ausgelöst.

Ein Ende dieser neuartigen ökologischen Konflikte ist nicht abzusehen. Mit zunehmender Bedrohung des Weltklimas, der globalen Artenvielfalt, des Ozonschutzschildes, der Wasserressourcen einschließlich der Ozeane sowie mit zunehmend höherer Bevölkerungsdichte wächst die Nervosität bei den Hauptbetroffenen. Streitobjekt der neuen ökologischen Konflikte sind also allgemeine Umweltgüter, weniger die natürlichen Ressourcen, die Hoheitsgebieten einzelner Staaten zuzuordnen sind. Das *Völkerrecht* tut sich mit diesen Allgemeingütern bislang noch schwer. Es ist nicht auszuschließen, daß die Spannungen um diese ökologischen Konflikte ein Ausmaß erreichen, bei welchem ein größerer Krieg, ja ein Dritter Weltkrieg ausgelöst werden könnten" (von Weizsäcker 1995: 57).

ungerecht erlebt werden, die sich dann aber auch mit kulturellen Identitätsfragen verbinden. ... Die neuen Konfliktlinien ... sind nicht in erster Linie entlang der Achse ‚Risikogewinner' und ‚Risikoverlierer' begründet. Insoweit diese Achse einen Sinn macht, wird es hier eher zu großen Flüchtlingsströmen kommen, die im Ergebnis dann allerdings zu neuen sozialen, politischen und kulturellen Konflikten beitragen können. Das Bewußtsein von Umweltschäden und Gefahren für die natürlichen Lebensbedingungen verbindet sich vielmehr regional und lokal mit Autonomiebestrebungen und Gerechtigkeitsansprüchen. Diese Verbindung führt insbesondere in Regionen, in denen sich bisher eine eigenständige ‚civil society' nicht entfalten konnte, vor allem also in den ‚etatistischen Gesellschaften' des frühen Ostblocks" (Senghaas-Knobloch 1992: 66) zur Aufladung globaler Gefahren mit ethnonationalistischen, teils militanten Abgrenzungskonflikten.

II. Anzeichen, Entstehungbedingungen und Ausdrucksformen einer Weltöffentlichkeit und einer globalen Subpolitik

1. Zum Begriff der Subpolitik

Von einer Weltrisikogesellschaft zu sprechen erfordert allerdings auch, daß die globalen Gefährdungen handlungsstiftend sind bzw. werden. Dabei lassen sich zwei Gesichtspunkte – Arenen, Akteure – unterscheiden: einmal Globalisierung *von oben* (z.B. die Ausbildung internationaler Verträge und Institutionen), zum anderen Globalisierung *von unten* (z.B. neue transnationale Akteure jenseits des politisch-parlamentarischen Systems, die die etablierten Politik- und Interessenorganisationen in Frage stellen). Für beides – Globalisierung von oben und von unten – sprechen gewichtige Tatsachen. So läßt sich zeigen, daß die Mehrzahl der internationalen Umweltvereinbarungen in einer äußerst kurzen Zeitspanne, nämlich während der letzten zwei Jahrzehnte, geschlossen wurden.[14]

Richard Falk nennt eine Reihe von Politik-Arenen, in denen Globalisierung von oben verhandelt und vorangetrieben werden: „The response to threats against strategic oil reserves in the Middle East, the efforts to expand the GATT framework, the coercive implementation of the nuclear nonproliferation regime, the containment of South-North migration and refugees flows. ... The law implications of globalization-from-above would tend to supplant interstate law with a species of global law, but one at odds in most respects with ‚the law of humanity'" (Falk 1995: 117).

Es bedarf kaum eines weiteren Nachweises, daß es sich bislang im Feld globaler Umweltpolitik – bestenfalls – um den legendären Tropfen auf den heißen Stein handelt. Doch zugleich wurde durch spektakuläre interkulturelle, globale Boykott-Bewegungen deutlich, daß die Ohnmacht offizieller Politik gegenüber dem industriellen Block die Ohnmacht gegenüber dem klassischen Setting ist. Es sind nämlich inzwischen auch machtvolle Akteure einer Globalisierung *von unten* hervorgetreten, insbesondere Non-Governmental Organizations (NGOs) – wie etwa Robin Wood, Greenpeace, amnesty international, terre des hommes. Die UNO schätzt, daß es inzwischen etwa 50.000 dieser Gruppen auf

---

14 Zu der Frage, unter welchen Rahmenbedingungen internationale Regimes kreiert werden können, siehe Zürn (1995: 54ff.).

der Welt gibt, aber das besagt wenig, da (fast) jede anders ist. Die ZEIT spricht von der „Neuen Internationale" (Merz/Wernicke, 25.8.95: 9ff.), die zwar per definitionem zwischen den Stühlen, zwischen Markt und Staat sitzt und agiert, aber als dritte Kraft zunehmend an Einfluß gewinnt, gegenüber Regierungen, internationalen Konzernen und Behörden ihre politische Muskelkraft beweist. Hier zeigen sich in ersten Umrissen die Züge einer „global citizenship" (Richard Falk und Bart van Steenbergen) – oder wie wir sagen wollen: die neue Konstellation einer globalen Subpolitik. Wodurch diese entsteht, möglich wird, soll nun untersucht werden.

Mit dem Siegeszug der Industriemoderne setzt sich überall eine zweckrationale Ordnungspolitik durch. Das Selbstverständnis dieser Epoche wird getragen von einer Alles-im-Griff-Mentalität, die auch das selbsterzeugte Unkontrollierbare für kontrollierbar hält. Allerdings: Die Durchsetzung dieser Ordnungs- und Kontrollform bewirkt ihr Gegenteil – die Wiederkehr von Ungewißheit und Unsicherheit. Es entstehen Gefahren „zweiter Ordnung" (Wolfgang Bonß) als Kehrseite aller Versuche, diese „in den Griff" zu bekommen. So öffnet sich – ungewollt im Sichtschatten der „Nebenfolgen" globaler Gefahren – die Gesellschaft ins (Sub)Politische: In allen Handlungsfeldern – in der Wirtschaft ebenso wie in der Wissenschaft, in Privatheit und Familie wie in Politik – geraten die Handlungsgrundlagen in die Entscheidung, müssen neu gerechtfertigt, verhandelt, austariert werden. Wie läßt sich dies begrifflich fassen?

„Krise" paßt dafür ebensowenig wie „Dysfunktion" oder „Auflösung", denn es sind ja gerade die *Siege* ungehemmter Industriemodernisierung, welche diese dauerhaft in Frage stellen. Genau dies meint „reflexive Modernisierung" – theoretisch: Selbstanwendung, empirisch: Selbsttransformation (z.B. durch Individualisierungs- und Globalisierungsprozesse), politisch: Legitimationsverfall und Machtvakuum; was das heißt, läßt sich mit dem Staatstheoretiker Thomas Hobbes verdeutlichen. Dieser plädiert bekanntlich für einen starken, autoritären Staat, nennt aber *ein* individuelles Widerstandsrecht der Bürger. Wenn ein Staat lebensgefährdende Verhältnisse erzeugt oder duldet, so daß der Bürger „sich der Nahrungsmittel, der Arznei, der Luft und dessen, was sonst zur Erhaltung des Lebens nötig ist, enthalten soll", dann, so Hobbes, „steht es dem Bürger frei, das zu verweigern" (Hobbes 1968: 271).

Gesellschaftspolitisch gewendet, handelt es sich bei der ökologischen Krise also um eine *systematische Verletzung von Grundrechten*, um eine Grundrechtskrise, deren gesellschaftlich labilisierende Langzeitwirkung kaum überschätzt werden kann. Denn Gefahren werden industriell erzeugt, ökonomisch externalisiert, juristisch individualisiert, naturwissenschaftlich legitimiert und politisch verharmlost. Daß dadurch Macht und Glaubwürdigkeit der Institutionen zerfällt, tritt erst dann hervor, wenn das System auf die Probe gestellt wird, wie dies z.B. Greenpeace gezielt tut: Subpolitisierung der Weltgesellschaft.

Der Begriff „Subpolitik" zielt auf Politik jenseits der repräsentativen Institutionen des nationalstaatlichen politischen Systems. Er lenkt die Aufmerksamkeit auf Anzeichen für eine (letztlich globale) Selbstorganisation von Politik, die tendenziell alle gesellschaftlichen Felder in Bewegung setzt. Subpolitik meint „*direkte*" Politik, d.h. punktuelle individuelle Teilhabe an politischen Entscheidungen, vorbei an den Institutionen repräsentativer Willensbildung (politische Parteien, Parlamente), oft sogar ohne rechtliche Sicherungen. Subpolitik meint, anders gesagt, Gesellschaftsgestaltung von unten. Dadurch geraten Wirtschaft, Wissenschaft, Beruf, Alltag, Privatheit in die Stürme politischer Auseinandersetzungen. Diese gehorchen allerdings nicht dem überkommenen Spektrum parteipolitischer Gegensätze. Insofern sind für weltgesellschaftliche Subpolitik *punktuelle, themenspezifische „Koalitionen der Gegensätze"* (der politischen Parteien, Nationen, Regionen, Religionen, Regierungen, Rebellen, Klassen) geradezu charakteristisch. Entscheidend aber ist, daß auf diese Weise Subpolitik Politik freisetzt, indem sie die Regeln und Grenzen des Politischen verschiebt, öffnet, vernetzt sowie verhandelbar und gestaltbar macht.

2. Symbolisch inszenierter Massenboykott: Fallstudien globaler Subpolitik

Im Sommer 1995 hat der moderne Held für die gute Sache, Greenpeace, zunächst erfolgreich den Ölmulti Shell dazu gebracht, eine abgewrackte Bohrinsel nicht im Atlantik zu versenken, sondern an Land zu entsorgen; dann hat dieser multinationale Aktionskonzern für gezielte Regelverletzungen den französischen Staatspräsidenten Chirac öffentlich an den Pranger gestellt, um so die Wiederaufnahme französischer Atomtests zu verhindern. Viele fragen: Werden nicht grundlegende Regeln der (Außen)Politik ausgehebelt, wenn ein unautorisierter Akteur wie Greenpeace seine eigene Weltinnenpolitik ohne Rücksicht auf nationale Souveränität und diplomatische Normen betreibt? Morgen kommt vielleicht die Moon-Sekte und übermorgen eine dritte private Organisation, die auf ihre Weise die Allgemeinheit beglücken wollen.

Dabei wird verkannt: Nicht Greepeace hat den Ölkonzern in die Knie gezwungen, sondern der massenhafte Boykott der Bürger, vermittelt über die inszenierte weltweite Fernseh-Anklage. Nicht Greenpeace erschüttert das politische System, sondern Greenpeace macht das entstandene Legitimations- und Machtvakuum des politischen Systems sichtbar, das in manchem durchaus Parallelen zu dem hat, was in der DDR geschah.

Durchgängig zeigt sich dabei dieses Koalitionsmuster globaler Sub- oder Direkt-Politik: Es entstehen Bündnisse der „eigentlich" Nicht-Bündnisfähigen. So hat Bundeskanzler Helmut Kohl im Sinne eines direkten Bürgerprotestes des Regierungschefs die Greenpeace-Aktion selbst gegen den britischen Premier Major unterstützt. Plötzlich werden politische Momente im Alltagshandeln aufgedeckt und eingesetzt – zum Beispiel im Tanken. Autofahrer verbünden sich gegen die Ölindustrie (das muß man sich erst einmal ‚auf der Zunge zergehen lassen'). Am Ende koaliert die Staatsmacht mit der illegitimen Aktion und ihren Organisatoren. Auf diese Weise wurde mit den Mitteln staatsmächtiger Legitimität der Bruch mit dieser, nämlich die gezielte, außerparlamentarische Regelverletzung einer Direkt-Politik gerechtfertigt, die sich gerade dem engen Rahmen indirekter rechtsstaatlicher Instanzen und Regeln mit einer Art „ökologischer Selbstjustiz" zu entziehen versucht. Es vollzog sich mit dem Anti-Shell-Bündnis schließlich ein Szenenwechsel zwischen der Politik der ersten und der zweiten Moderne: Die nationalstaatlichen Regierungen saßen auf der Zuschauerbank, während nicht-autorisierte Akteure der zweiten Moderne in eigener Regie das Geschehen bestimmten.

Im Fall der weltweiten Anti-Atomtest-Bewegung gegen die Entscheidung des französischen Staatspräsidenten Chirac, diese Tests wieder aufzunehmen, kommt es sogar spontan zu einem globalen Bündnis zwischen Regierungen, Greenpeace-Akteuren und verschiedenartigsten Protest-Gruppen. Die französische Fehleinschätzung der Lage spiegelt sich in zwei Ereignissen wider: dem zeitlichen Zusammentreffen der Mururoa-Entscheidung mit dem Gedenken an den fünfzigsten Jahrestag von Hieroshima und Nagasaki sowie in der einhelligen Verurteilung dieses Unterfangens durch das Asean-Forum, an der sich obendrein auch noch die USA und Rußland beteiligten. Inzwischen haben sich neben der Ausrufung „champagnerfreier Zonen" auch internationale Bischofskonferenzen sowie Tagungen der nordischen Regierungschefs dem Protest angeschlossen. Alles dies verweist auf ein nationalstaatliche, ökonomische, religiöse und politisch-ideologische Gegensätze übergreifendes Augenblicks-Bündnis direkter Politik. Was z.B. das europäische Parlament oder die sowieso ruhige innerfranzösische Öffentlichkeit niemals vermocht hätte, scheint dieser globalen Koalition der Widersprüche und ihrer symbolischen und ökonomischen Macht zu gelingen. Sie hat die französische Regierung immerhin unter erheblichen Rechtfertigungsdruck gesetzt, wenn auch nicht zur Aufgabe ihrer Atomtestserie zwingen können. Hier wird zugleich deutlich: Ein besonderes Merkmal dieser Politik der zweiten Moderne liegt darin, daß ihre „Globalität" nicht nur sozial, sondern auch moralisch-ideologisch praktisch niemanden und nichts ausschließt. Es handelt sich – zu Ende gedacht – um eine Art „feindloser Politik", um eine Politik *ohne Gegner und Gegenwehr*.

Das politisch Neue ist also nicht, daß David Goliath besiegt hat. Sondern daß David *plus Goliath*, und zwar global, sich zunächst gegen einen Weltkonzern, das andere Mal gegen eine nationale Regierung und ihre Politik erfolgreich verbündeten. Neu ist das Bündnis zwischen außerparlamentarischen und parlamentarischen Gewalten, Bürgern und Regierungen rund um den Globus für eine im höheren Sinne legitime Sache: die Rettung der (Um)Welt.

Hier zeigt sich, daß die nachtraditionale Welt nur scheinbar in anomische Individualisierungen zerfällt. Sie besitzt – paradox genug – mit den Herausforderungen globaler Gefahren auch einen Jungbrunnen für transnationale Remoralisierungen, Aktivierungen, Protestformen und -foren – und Hysterien. An die Stelle des Standes- und Klassenbewußtseins, des Fortschritts- oder Untergangsglaubens und dem Feindbild des Kommunismus könnte das Menschheitsprojekt der Rettung der (Um)Welt treten. Gobale Gefahren stiften globale Gemeinschaften, wenigstens punktuell und für den historischen Augenblick.

Selbstverständlich war z.B. das Anti-Shell-Bündnis moralisch halbseiden und verdächtig. Beruhte es doch ganz unverblümt auf Scheinheiligkeit. Helmut Kohl beispielsweise konnte mit dieser symbolischen Handlung, die ihn gar nichts kostete, darüber hinwegtäuschen, daß er mit seiner ungebremsten Hochgeschwindigkeitspolitik auf deutschen Autobahnen die Luft in Europa verpestet.

Auch deutsch-grüner Nationalismus und Besserwisserei meldeten sich hier untergründig zu Wort. Viele Deutsche wollen eine Art grüner Großschweiz. Sie träumen von einem Deutschland des ökologischen Weltgewissens. Trat hier nicht eine zweite, nun ökologisch motivierte „Wiedergutmachung" aus den Kulissen, untermischt mit „Wiederüberlegenheit", dieses Mal in Umweltfragen, die alles andere sind als Umweltfragen, nämlich eine Art Neureligion der säkularisierten und individualisierten Gesellschaft? Was wäre, wenn Greenpeace international eines Tages zum Boykott gegen Mercedes und Volkswagen aufriefe, um endlich den Hochgeschwindigkeitsterror auf deutschen Autobahnen zu brechen und dafür die Unterstützung der Schweiz, Schwedens, Dänemarks, Österreichs, aber auch Frankreichs erhielte, weil Frankreich sich ganz unökologisch-nüchtern Vorteile auf dem europäischen Automarkt erhofft und für diese Zwecke wahrscheinlich sogar bereit wäre, die Kröte Greenpeace zu schlucken? Doch die Lehren der Politik sind andere als die der

Moral. Gerade in diesem Bündnis der sich ausschließenden Überzeugungen – von Bundeskanzler Kohl bis zur Greenpeace-Kämpferin, vom Porsche-Fetischisten bis zum Brandsatz-Werfer – zeigt sich die neue Qualität des Politischen.

Auch für die Wirtschaft hat sich die Situation radikal geändert. Shell hat beispielsweise aus seiner Sicht alles getan, um das Problem zu kontrollieren. Man hatte einen Konsens mit Regierung, Experten und Verwaltung erzeugt, der hieß: Versenkung im Meer, und dies war für sie die optimale Lösung. Als sie sie praktizieren wollten, geschah genau das Gegenteil – die Märkte drohten zusammenzubrechen. Die Lehre lautet: Es gibt in Risikodiskursen keine Expertenlösungen, weil Experten immer nur Sachinformationen zur Verfügung stellen können, aber niemals werten können, welche dieser Lösungen kulturell akzeptabel sind.

Auch dies ist das Neue: Politik und Moral erobern eine Priorität gegenüber der Expertenrationalität. Ob man mit dieser Politisierung über das jeweilige ‚single issue' hinaus eine maßgebliche Umweltpolitik betreiben kann, ist eine ganz andere Frage. Hier liegen wahrscheinlich die Grenzen globaler Subpolitisierung, die gerade nicht mit nationaler Regierungspolitik verwechselt werden darf. Umgekehrt ist diese Entwicklung keineswegs als irrational anzusehen, weil sie alle Merkmale einer republikanischen Moderne im Unterschied zur repräsentativen, nationalstaatlich-parlamentarischen Parteiendemokratie aufweist: Das Handeln von Weltkonzernen und nationalen Regierungen gerät unter den Druck einer Weltöffentlichkeit. Dabei ist die individuell-kollektive Partizipation in globale Handlungszusammenhänge entscheidend und bemerkenswert: Der Bürger entdeckt den Kaufakt als direkten Stimmzettel, den er immer und überall politisch anwenden kann. Im Boykott verbindet und verbündet sich derart die aktive Konsumgesellschaft mit der direkten Demokratie – und dies weltweit.

Das kommt – exemplarisch – dem nahe, was Kant vor genau 200 Jahren in seiner Schrift „Zum ewigen Frieden" als Utopie einer Weltbürgergesellschaft entwarf und der repräsentativen Demokratie, die er „despotisch" nannte, gegenüberstellte: Ein globaler Verantwortungszusammenhang, in dem die einzelnen – und nicht nur ihre organisatorischen Repräsentanten – direkt an politischen Entscheidungen teilnehmen können. Damit wird zugleich greifbar, was gegenwärtig in den USA als „technological citizenship" diskutiert und gefordert wird: Das Einklagen demokratischer Grundrechte gegen die „Niemandsherrschaft" technologischer Entwicklungen.

In seinem Buch „Autonomous Technology" zieht Langdon Winner den Schluß, daß die meisten sozialwischenschaftlichen Analysen der Technikentwicklung den Unterschied zwischen den Aussagen verkennen, „technology *requires* legislation" und „technology *is* legislation" (Zimmerman 1995: 88). Lewis Mumford hat vor mehr als 30 Jahren geschrieben, großtechnische Systeme seien die einflußreichsten Formen und Quellen der Tyrannei in der Moderne. Soziale Autonomie, argumentiert Andrew Zimmerman in diesem Sinne, wird unterhöhlt durch technologische Autonomie. In der ersten Moderne ist das Wohlbefinden und die „Freiheit" der Bürger eine Funktion des Wohlbefindens und der Freiheit technischer Systeme. Dagegen wird der Anspruch auf technologische Partizipation geltend gemacht: „The status of technological citizenship may be enjoyed at the national, state, local, or global level or at levels in between. Hence one can be a technological citizen of ... the Chernobyl ecosphere of the plastic explosives production and use ‚noösphere' – which is global in scale – of a particular nuclear-free zone in the noncontiguous network of them, of the realm covered by the nonproliferation treaty. ... Currently, there is no there there, and there is no of many of these realms of impacts of technologies to make these „realms" – let alone citizenship within them – meaningful. However, one *would* be a technological citizen *of* any of these spheres of impact *if* their inhabitants deigned to create a set of agencies, a cocoon of protections or benefits, or a cocoon of rights and responsibilities granting subjects status in relation to impacts of technologies with a specific overarching purpose" (Frankenfeld 1962: 463f.).[15]

Als normativ überschießende Ziele des citizenship nennt Frankenfeld: „(1) autonomy, (2) dignity, and (3) assimilation – versus alienation – of members of the polity" (Frankenfeld 1995: 462). Dies schließt infolgedessen ein: „1. rights to knowledge or information; 2. rights to participation; 3. rights to guarantees of informed consent; and 4. rights to the limitation on the total amount of endangerment of collectivities and individuals" (ebd.: 465).

Die Direktheit der globalen technologischen Partizipation stellt sich z.B. in der *Einheit von Kaufakt und Stimmzettel* her. Hier gibt es keine organisatorischen Zwischeninstanzen, keine repräsentativen Willensvermittlungen, keine Bürokratie, keine Eintragungen ins Wählerverzeichnis, keine Käufer-Polizei, keine Wasserwerfer, keine Demonstrationsanmeldeformulare! Das ist eine direkte anarchistische Überall-und-immer-Politik und Protestform, die die einzelnen oft nichts kostet, sozusagen in den Küchenzettel integrierbar ist. So kann Politik zum integralen Bestandteil des Alltagshandelns werden und zugleich zu einer aktiven Intergration in die (posttraditionale) kosmopolitische (Un)Ordnung beitragen.

Doch was sind die Orte, die Instrumente und Medien dieser direkten Politik einer „global technological citizenship"? Der politische Ort der Weltrisikogesellschaft ist nicht die Straße, sondern das *Fernsehen*. Ihr politisches Subjekt ist nicht die Arbeiterschaft und ihre Organisation, nicht die Gewerkschaft. An diese Stelle tritt die *massenmediale Inszenierung kultureller Symbole,* an denen sich das angesammelte schlechte Gewissen der industriegesellschaftlichen Akteure und Konsumenten entladen kann. Diese Einschätzung kann von drei Seiten her veranschaulicht werden: In der abstrakten Allgegenwart von Gefahren sind erstens Zerstörung und Protest symbolisch vermittelt. Zweitens: Im Handeln gegen die ökologische Zerstörung ist jeder auch sein eigener Gegner. Drittens erzeugt, züchtet die ökologische Krise ein kulturelles Rotkreuzbewußtsein. Wer, wie Greenpeace, dieses auf seine Fahnen schreibt, wird in den ökologischen Adelsstand gehoben und mit einem fast grenzenlosen Blankoscheck auf Vertrauen belohnt. Was den Vorteil hat, daß im Zweifelsfall seinen und nicht den Informationen der Industrieakteure geglaubt wird.

Hier liegt eine zentrale Grenze direkter Politik: Der Mensch ist ein in den „Wäldern von Symbolen" (Baudelaire) verirrtes Kind. Anders gesagt: Er ist auf die symbolische Politik der Medien angewiesen. Dies gilt gerade in der Abstraktheit und Allgegenwart der Zerstörung, die die Weltrisikogesellschaft in Gang hält. Hier gewinnen erfahrbare, vereinfachende Symbole, in denen kulturelle Nervenstränge berührt und alarmiert werden, eine politische Schlüsselbedeutung. Diese Symbole müssen hergestellt, geschmiedet werden, und zwar im offenen Feuer der Konfliktprovokation, vor den gespannt-entsetzten Fern-

---

15 Zit. nach Zimmerman (1995: 89); siehe auch die Beiträge in van Steenbergen (1994) sowie Archibugi/Held (1995).

sehaugen der Öffentlichkeit. Die entscheidende Frage lautet: Wer (er)findet wie Symbole, die einerseits den strukturellen Charakter der Probleme aufdecken, aufzeigen, andererseits handlungsfähig machen? Letzteres dürfte um so besser gelingen, je einfacher und eingängiger das inszenierte Symbol ist, je weniger Kosten das Protesthandeln der mobilisierten Öffentlichkeit für den einzelnen verursacht, und je leichter jeder dadurch sein eigenes Gewissen entlasten kann.

Einfachheit meint vieles. Erstens *Übertragbarkeit*: Wir alle sind Umweltsünder; ebenso wie Shell die Ölinsel im Meer versenken wollte, juckt es ‚uns alle' in den Fingern, Cola-Dosen aus dem fahrenden Auto zu werfen. Es ist die Jedermann-Situation, die den Shell-Fall (der sozialen Konstruktion nach) so „durchsichtig" macht. Mit dem allerdings wesentlichen Unterschied, daß offenbar mit der Größe der Sünde die Wahrscheinlichkeit des amtlichen Freispruchs lockt. Zweitens *moralischer Aufschrei*: „Die da oben" dürfen mit dem Segen der Regierung und ihrer Experten eine mit Giftmüll angefüllte Ölbohrinsel im Atlantik versenken, während „wir hier unten" zur Rettung der Welt jeden Teebeutel dreiteilen müssen in Papier, Faden und Blättermasse, um diese getrennt zu entsorgen. Drittens *politische Opportunität*: Wird Kohl auch bei den Greenpeace-Aktionen gegen die Atomwaffenversuche Frankreichs für diese Partei ergreifen und bei Chirac für den Abbruch der Versuche intervenieren? Wohl kaum. Denn hier geht es um einen nationalen Machtpoker und eben nicht nur um die Marktinteressen von Shell. Viertens *einfache Handlungsalternativen*: Um Shell zu treffen, mußte und konnte man „moralisch gutes" Benzin bei der Konkurrenz tanken. Wenn Regierungen weltweit den Boykott französischer Produkte anführen, bekommt das Ganze natürlich eine neue Dimension. Fünftens *ökologischer Ablaßhandel*: Der Boykott gewinnt mit dem schlechten Gewissen der Industriegesellschaft an Bedeutung, weil durch ihn eine Art *ego te absolvo* ohne eigene Kosten in eigener Regie erteilt werden kann.

Globale ökologische Gefahren, weit davon entfernt, eine allgemeine Sinnlosigkeit und Sinnleere der Moderne zu verschärfen, erschaffen einen Sinnhorizont des Vermeidens, Abwehrens, Helfens, ein mit der Größe der wahrgenommenen Gefahr sich verschärfendes moralisches Klima, in dem die dramatischen Rollen von Heroen und Schurken eine neue politische Bedeutung bekommen. Die Wahrnehmung der Welt in den Koordinaten ökologisch-industrieller Selbstgefährdung läßt Moral, Religion, Fundamentalismus, Aussichtslosigkeit, Tragik und Tragikomödie – verflochten immer mit dem Gegenteil: Rettung, Hilfe, Befreiung – zu einem Universaldrama werden. Der Wirtschaft steht es frei, in dieser weltweiten Tragikomödie entweder die Rolle des Giftmischers zu übernehmen oder aber in die des Helden und Helfers zu schlüpfen. Genau dies ist der Hintergrund, vor dem es Greenpeace gelingt, sich mit Listen der Ohnmacht in Szene zu setzen. Greenpeace verfolgt eine Art *Judo-Politik*, die das Ziel hat, die Übermacht der Umweltsünder gegen diese selbst zu mobilisieren.

Die Greenpeace-Aktiven sind multinationale Medienprofis, die wissen, wie Fallen des Selbstwiderspruchs zwischen Verkündung und Verletzung von Sicherheits- und Kontrollnormen so aufgestellt werden müßten, daß die Großen (Konzerne, Regierungen) machtblind hineintappen und zum Vergnügen der Weltöffentlichkeit telegen darin zappeln. Henry David Thoreau und Mahatma Gandhi hätten ihre Freude, denn Greenpeace inszeniert den weltweiten zivilen Massenwiderstand im und mit den Mitteln des Medienzeitalters. Greenpeace ist zugleich eine politische Symbolschmiede. Hier werden mit den

Kunstmitteln des Schwarz-Weiß-Konflikts kulturelle Sünden und Sündensymbole geschmiedet, welche die Proteste bündeln und zum Blitzableiter des kollektiv schlechten Gewissens werden können. So werden in der feindlosen Demokratie (nach dem Ende der Ost-West-Feindbilder) neue Eindeutigkeiten und Wut-Ventile konstruiert. Das ist und bleibt Teil des Weltrummelplatzes symbolischer Politik. Was ändert sich schon am Zustand der Welt, wenn die Bohrinsel an Land entsorgt wird? Wenn die französischen Atomtests schließlich nicht stattfinden? Ist das Ganze also nicht geradezu eine lächerliche Ablenkung von den zentralen Herausforderungen der Weltrisikogesellschaft?

Doch wenn man nicht das jeweilige single issue, sondern die neue politische Konstellation ins Auge faßt, zeigt sich das Anspornende eines Erfolgserlebnisses: Im spielerischen Zusammenschluß der Gegensätze zum überkulturellen zivilen Widerstand erfährt eine Weltbürgergesellschaft ihre direkte Macht. Bekanntlich ist nichts so ansteckend wie der Erfolg. Wer dem Mitreißenden auf die Spur kommen will, entdeckt, daß hier Massensport und Politik im globalen Maßstab direkt miteinander verschmelzen. Es handelt sich sozusagen um einen Polit-Boxkampf mit aktiver Zuschauerbeteiligung, weltweit, über viele Wochen-Runden bis zum K.o. des französischen Präsidenten Chirac und seiner „Grande Nation". Damit kann ein normales Fernsehunterhaltungsprogramm nicht konkurrieren, nicht nur fehlt jenem der Extra-Kick des Realen, sondern auch der ökologische Glorienschein des modernen Weltrettertums, das letztlich kein Dagegen, keine Opposition mehr kennt. Jedenfalls wird an *dieser* Fallstudie deutlich, daß die verbreitete Rede vom Ende der Politik, der Demokratie, vom Verfall aller Werte, der ganze Kanon der Kulturkritik töricht, weil historisch blind ist. Die Menschen müssen nur einen Zipfel direkter Teilhabe mit „erfahrbarem" Erfolg in die Hände bekommen – und sie sind dabei.

Mit dem Bewußtwerden der Gefahren wird die Weltrisikogesellschaft selbstkritisch. Ihre Grundlagen, Koordinaten und vorgestanzten Koalitionen geraten in Bewegung. Das Politische bricht neu, andersartig auf und aus und zwar jenseits der formalen Zuständigkeiten und Hierarchien. Also: Wir suchen das Politische am falschen Ort, mit den falschen Begriffen, in den falschen Etagen, auf den falschen Seiten der Tageszeitungen. Genau die Entscheidungsbereiche, die im Modell des Industriekapitalismus im Windschatten des Politischen liegen – Werbung, Wirtschaft, Verwaltung, Konsum, Wissenschaft, Privatheit –, geraten in der reflexiven Risikomoderne in die Stürme politischer Auseinandersetzung. Wer verstehen will, warum, muß nach der kulturell-politischen Bedeutung erzeugter Gefahren fragen.

Auch die Gefahr ist entäußerte, gebündelte Subjektivität und Geschichte. Sie ist eine Art kollektive Zwangserinnerung daran, daß in dem, dem wir uns ausgesetzt sehen, unsere Entscheidungen und Fehler stecken. Globale Gefahren sind die Verkörperung der Irrtümer einer ganzen Epoche des Industrialismus, sie sind eine Art kollektive Wiederkehr des Verdrängten. In deren bewußter Durchdringung liegt vielleicht die Chance, den Bann des industriellen Fatalismus zu brechen. Wenn jemand eine Maschine bauen wollte zur Aufhebung der Maschine, müßte er den Bauplan der ökologischen Selbstgefährdung verwenden. Sie ist die Verdinglichung, die nach ihrer Aufhebung schreit. Dies ist die zugegeben winzige Chance globaler Subpolitik in der Weltrisikogesellschaft.

Doch nimmt man die Notwendigkeit einer (Um)Welt-Politik von oben hinzu, wird deutlich: Es bleibt möglich, das Vakuum, zu dem Europa und die Welt nach dem Ende der Ost-West-Konfrontation geworden ist, von der aktiven Seite her zu begreifen: Unser Schicksal ist die Nötigung, das Politische neu zu erfinden.

Literatur

Adam, Barbara, 1996: Re-Vision: The Centrality of Time for an Ecological Social Science Perspective. S. 84-137 in: *Scott Lash, Bronislaw Szerszynski* und *Brian Wynne* (Hg.): Risk, Environment and Modernity: Towards a New Ecology. London: Sage.
Adamy, Barbara, 1995: Timewatch: The Social Analysis of Time. Cambridge: Polity Press.
Archibugi, Daniele, und *David Held* (Hg.), 1995: Cosmopolitan Democracy. Cambridge: Polity Press.
Barber, Benjamin, 1984: Strong Democracy. Berkeley: University of California Press.
Beck, Ulrich, 1986: Risikogesellschaft: Auf dem Weg in eine andere Moderne. Frankfurt a.M.: Suhrkamp.
Beck, Ulrich, 1988: Gegengifte – Die organisierte Unverantwortlichkeit. Frankfurt a.M.: Suhrkamp.
Beck, Ulrich, 1990: Politik in der Risikogesellschaft. Frankfurt a.M.: Suhrkamp.
Beck, Ulrich, 1991: Die Soziologie und die ökologische Frage, Berliner Journal für Soziologie 3: 331-341 (englische Fassung vgl. Beck et al. (Hg.) 1994).
Beck, Ulrich, 1992a: From Industrial to Risk Society, Theory, Culture und Society 9: 97-123.
Beck, Ulrich, 1993: Die Erfindung des Politischen. Frankfurt a.M.: Suhrkamp.
Beck, Ulrich, Anthony Giddens und *Scott Lash,* 1994: Reflexive Modernization: Politics, Tradition and Aesthetics in the Modern Social Order. Cambridge: Polity Press Press (deutsche Übersetzung 1996. Frankfurt a.M.: Suhrkamp).
Becker, Egon, 1990: Transformation und Kulturelle Hülle, Prokla: 12-27.
Benn, Gottfried, 1986: Das Gottfried Benn Brevier. München: Deutscher Taschenbuchverlag.
Bogun, Roland, und *Günter Warsewa,* 1992: Großindustrie und ökologische Probleme in der Region – Wie reagieren Industriearbeiter?, Soziale Welt 43: 237-245.
Böhme, Gernot, 1991: Die Natur im Zeitalter ihrer technischen Reproduzierbarkeit. In: *Ders.*: Die Natur im Zeitalter ihrer technischen Reproduzierbarkeit. Frankfurt a.M.: Suhrkamp.
Bonß, Wolfgang, 1991: Unsicherheit und Gesellschaft – Argumente für eine soziologische Risikoforschung, Soziale Welt 42: 258-277.
Bonß, Wolfgang, 1995: Vom Risiko. Unsicherheit und Ungewißheit in der Moderne. Hamburg: Bund Verlag.
Brand, Karl-Werner, und *Angelika Poferl,* 1996: Ökologische Kommunikation in Deutschland. Opladen: Westdeutscher Verlag.
Bühl, Walter, 1981: Ökologische Knappheit – Gesellschaftliche und technologische Bedingungen ihrer Bewältigung. Göttingen: Vandenhoeck & Ruprecht.
Claus, Frank, und *Peter Wiedermann,* 1994: Umweltkonflikte. Taunusstein: Biedermann.
de Haan, Gerhard (Hg.),1995: Umweltbewußtsein und Massenmedien. Perspektiven ökologischer Kommunikation. Berlin: Akademie Verlag.
Doubiago, Sharon, 1989: Mama Coyote Talks to the Boys. S. 40-44 in: *Judith Plant* (Hg.): Healing the Wounds: The Promise of Ecofeminism. Philadelphia: Green Print.
Douglas, Mary, 1992: Risk and Blame: Essays in Cultural Theory. London: Routledge.
Douglas, Mary, und *Aaron Wildavsky,* 1983: Risk and Culture. Los Angeles: University of California Press.
Dunlap, Riley E., und *William R. Catton,* 1994: Toward an Ecological Sociology: The Development, Current Status, and Probable Future of Environmental Sociology. S. 11-31 in: *William V. Antonio, Masamichi Sasaki* und *Yoshio Yonebayashi* (Hg.): Ecology, Society and the Quality of Social Life. New Brunswick/London: Transaction Publication.
Eder, Klaus, 1988: Die Vergesellschaftung der Natur – Studien zur sozialen Evolution der praktischen Vernunft. Frankfurt a.M.: Suhrkamp.
Eichler, Margit, 1994: ‚Umwelt' als soziologisches Problem, Das Argument 205: 359-376.

Ewald, François, 1991: Die Versicherungsgesellschaft. S. 288-301 in: *Ulrich Beck* (Hg.): Politik in der Risikogesellschaft. Frankfurt a.M.: Suhrkamp.
Falk, Richard, 1994: The Making of Global Citizenship. S. 127-140 in: *Bart van Steenbergen* (Hg.): The Conditions of Citizenship. London: Sage.
Frankenfeld, Philip J., 1992: Technological Citizenship, Science, Technology and Human Values 17: 459-484.
Giddens, Anthony, 1995: Die Konsequenzen der Moderne. Frankfurt a.M.: Suhrkamp.
Giddens, Anthony, 1997: Jenseits von Links und Rechts. Frankfurt a.M.: Suhrkamp.
Görg, Christoph, 1992: Neue soziale Bewegungen und kritische Theorie. Wiesbaden: Deutscher Universitäts Verlag.
Hajer, Maarten, 1996: The Politics of Environmental Discourse. Ecological Modernization and the Policy Process. Oxford: Clarendon Press.
Halfmann, Jost, und *Klaus Peter Japp* (Hg.), 1990: Riskante Entscheidungen und Katastrophenpotentiale – Elemente einer soziologischen Risikoforschung. Opladen: Westdeutscher Verlag.
Haraway, Donna, 1991: Simians, Cyborgs and Women: The Reinvention of Nature. London: Free Association Books.
Heine, Hartwig, und *Rüdiger Mautz,* 1989: Industriearbeiter contra Umweltschutz? Frankfurt a.M./New York: Campus.
Hildebrandt, Eckart, Udo Gerhardt, Christoph Kühleis, Sabine Schenk und *Beate Zimpelmann,* 1994: Politisierung und Entgrenzung – Am Beispiel ökologisch erweiterter Arbeitspolitik, Soziale Welt, Sonderband 9.
Hitzler, Ronald, 1991: Zur gesellschaftlichen Konstruktion von Natur: Kulturelle Hintergründe und ideologische Positionen des aktuellen Öko-Diskurses. S. 58-75 in: Wechselwirkung, Nr. 50, Aug. 1991, Aachen.
Hobbes, Thomas, 1968: Leviathan. Stuttgart: Reclam.
Horlick-Jones, Thomas, 1995: Urban Disasters and Megacities in a Risk Society, Geo Journal 37: 329-334.
Horlick-Jones, Thomas, 1996: Modern Disasters as Outrage and Betrayal, International Journal of Mass Emergencies and Disasters (im Druck).
Jahn, Thomas, 1990: Das Problemverständniß sozial-ökologischer Forschung. Umrisse einer kritischen Theorie gesellschaflicher Naturverhältnisse, Jahrbuch für sozial-ökologische Forschung 1: 15-41.
King, Ynesta, 1989: The Ecology of Feminism and the Feminism of Ecology. S. 18-28 in: *Judith Plant* (Hg.): Healing the Wounds: The Promise of Ecofeminism. Philadelphia: Green Print.
Laird, Frank N., 1993: Participatory Analysis, Democracy and Technological Decision-Making, Science, Technology and Human Values 18: 341-361.
Lash, Scott, und *John Urry,* 1994: Economics of Signs and Space. London: Sage.
Latour, Bruno, 1993: We Have Never Been Modern. Cambridge: Harvard University Press (deutsche Fassung: *Bruno Latour,* 1995: Wir sind niemals modern gewesen. Berlin: Akademie Verlag).
Latour, Bruno, 1991: Technology Is Society Made Durable. S. 103-131 in: *John Law* (Hg.): A Sociology of Monsters: Essays on Power, Technology and Domination. London: Routledge.
Lau, Christoph, 1989: Risikodiskurse, Soziale Welt 3: 271-292.
Liberatoire, Angela, 1994: Facing Global Warming: The Interaction between Science and Policy-Making in the European Community. S. 190-204 in: *Michael R. Redclift* und *Thomas Benton* (Hg.): Social Theory and the Global Environment. London: Routledge.
Luhmann, Niklas, 1991: Die Soziologie des Risikos. Berlin: de Gruyter.
Luhmann, Niklas, 1986: Ökologische Kommunikation – Kann die moderne Gesellschaft sich auf ökologische Gefährdungen einstellen? Opladen: Westdeutscher Verlag.
Merz, Hans, und *Walter Wernicke,* 1995: Die neue Internationale, Die Zeit vom 25.8.95: 9ff.
Metzner, Andreas, 1994: Offenheit und Geschlossenheit in der Ökologie der Gesellschaft. S. 349-391 in: *Frank Beckenbach* und *Hans Diefenbacher* (Hg.): Zwischen Entropie und Selbstorganisation: Perspektiven einer ökologischen Ökonomie. Marburg: Metropolis Verlag.
Moscovici, Serge, 1976: Society Against Nature. The Emergence of Human Societies. Hassocks: Harvester.
Nelkin, Dorothy (Hg.), 1992: Controversy: Politics of Technical Decisions, 3. Aufl. London: Sage.

Oechsle, Mechthild, 1988: Der ökologische Naturalismus. Frankfurt a.M.: Suhrkamp.
Osterland, Martin, 1994: Der ‚grüne' Industriearbeiter – Arbeitsbewußtsein als Risikobewußtsein, Soziale Welt, Sonderband 9.
Perrow, Charles, 1988: Komplexität, Kopplung und Katastrophe. In: *Ders.*: Normale Katastrophen – Die unvermeidbaren Risiken der Großtechnik. Frankfurt a.M.: Campus.
Plant, Christopher, und *Judith Plant* (Hg.), 1991: Green Business: Hope or Hoax? Philadelphia: Green Print.
Rammert, Werner, 1993: Wer oder was steuert den technischen Fortschritt. S. 151-176 in: *Ders.,* Technik aus soziologischer Perspektive. Opladen: Westdeutscher Verlag.
Redclift, Michael R., und *Thomas Benton* (Hg.), 1994: Social Theory and the Global Environment. London: Routledge.
Reusswig, Frank, 1994: Lebensstile und Ökologie, Sozialökologische Arbeitspapiere 43. Frankfurt a.M.: Institut für Sozialökologische Forschung.
Rosenmayr, Leopold, 1989: Soziologie und Natur, Soziale Welt 40.
Scharping, Michael, und *Christoph Görg,* 1994: Natur in der Soziologie. S. 179-201 in: *Christoph Görg* (Hg.): Gesellschaft im Übergang. Darmstadt: Wissenschaftliche Buchgesellschaft.
Schwarz, Michael, und *Michael Thompson,* 1990: Divided We Stand: Redefining Politics, Technology and Social Choice. New York: Harvester Wheatsheaf.
Senghaas-Knobloch, Eva, 1992: Industriezivilisatorische Risiken als Herausforderung für die Friedens- und Konfliktforschung. S. 53-71 in: *Berthold Meyer* und *Christoph Wellmann* (Hg.): Umweltzerstörung: Kriegsfolge und Kriegsursache. Frankfurt a.M.: Suhrkamp.
Shiva, Vandana, 1988: Staying Alive. Women, Ecology and Development. London: Zed Press.
Shiva, Vandana, 1991: Ecology and the Politics of Survival: Conflicts over Natural Resources in India. London/New Delhi: Sage.
Sontheimer, Sally, 1991: Women and the Environment: A Reader. Crisis and Development in the Third World. London: Earthscan.
Spretnak, Charlene, 1990: Ecofeminism: Our Roots and Flowering. In: *Irene Diamond* und *Gloria F. Orenstein* (Hg.): Reweaving the World. The Emergence of Ecofeminism. San Francisco: Sierre Club & Knopf.
Spretnak, Charlene, 1989: Towards an Ecofeminist Spirituality. S. 127-132 in: *Judith Plant* (Hg.): Healing the Wounds: The Promise of Ecofeminism. Philadelphia: Green Print.
Slovic, Paul, 1993: Perceived Risk, Trust and Democracy, Risk Analysis 13: 675-682.
Symposium on Sociology of the Environment, 1994, American Sociologist 25: 152-178.
Szerszynski, Bronislaw, Scott Lash und *Brian Wynne,* 1996: Ecologies, Realism and the Social Sciences. S. 1-26 in: *Scott Lash, Bronislaw Szerszynski* und *Brian Wynne* (Hg.): Risk, Environment and Modernity: Towards a New Ecology. London: Sage.
Tucker, Alphones, 1996: The Fallout from the Fallout, The Guardian Weekend 17.2: 12-16.
van den Daele, Wolfgang, 1995: Politik in der ökologischen Krise, Soziologische Revue 18: 501-508.
van den Daele, Wolfgang, 1992: Concepts of Nature in Modern Societies. S. 205-231 in: *Meinolf Dierkes* und *Bernd Biervert* (Hg.): European Social Science in Transition. Frankfurt a.M.: Campus.
van Steenbergen, Bart (Hg.), 1994: The Conditions of Citizenship. London: Sage.
Wehling, Peter, 1989: Ökologische Orientierung in der Soziologie, Sozial-ökologische Arbeitspapiere 26. Frankfurt a.M.
Weizsäcker, Ulrich von, 1995: Hätte ein Dritter Weltkrieg ökologische Ursachen?, Der Bürger im Staat 45: 57f.
Welsh, Ian, 1995: Risk, Reflexivity and the Globalization of Environmental Politics, Centre for Social and Economic Research Publications, Working Paper No. 1, Bristol.
Wynne, Brian, 1991: Knowledges in Context, Science, Technology and Human Values 16: 111-121.
Wynne, Brian, 1992: Misunderstood Misunderstandings: Social Identities and Public Uptake of Science, Public Understanding of Science 1: 281-304.
Wynne, Brian, 1996a: May the Sheep Safely Graze? S. 44-83 in: *Lash et al.*: Risk, Environment and Modernity: Towards a New Ecology. London: Sage.
Wynne, Brian, 1996b: The Identity Parades of SSK: Reflexivity, Engagement and Politics, Social Studies of Science 26 (im Druck).

Winner, Langdon, 1992: Citizen Virtues in a Technological Order, Inquiry 35/3-4.
Winner, Langdon, 1986: Do Artifacts Have Politics? S. 19-39 in: *Ders.*: The Whale and the Reactor: A Search for Limits in an Age of High Technology. Chicago: University of Chicago Press.
World Commission on Environment and Development „1987: Our Common Future. Oxford: OUP.
Yearley, Steven, 1994: Social Movements and Environmental Change. S. 150-168 in: *Michael Redclift* und *Thomas Benton* (Hg.): Social Theory and the Global Environment. London: Routledge.
Zimmerman, Andrew D., 1995: Towards a More Democratic Ethic of Technological Governance, Science, Technology, Human Values 20: 86-107.
Zürn, Michael, 1995: Globale Gefährdungen und internationale Kooperation, Der Bürger im Staat 45: 49-56.

UMWELT, ZEIT, KOMPLEXITÄT:
AUF DEM WEG ZUR ENDOSOZIOLOGIE

Helga Nowotny

Zusammenfassung: Der Artikel analysiert zunächst die ‚Implosion der Moderne', wie sie sich in den 70er Jahren in den westlichen Industriestaaten durch größere Strukturbrüche und Veränderungen im wissenschaftlichen Weltbild ereignet hat. Kennzeichen waren die Erosion zentral organisierter Strukturen, die Anfänge eines Umweltbewußtseins globalen Ausmaßes, die Konfrontation mit Überraschungen und das Sichtbarwerden der Grenzen wissenschaftlicher Vorhersagen. Diese Veränderungen führten zu einer Ausweitung des gesellschaftlichen Bereichs, in den nun die Analyse komplexer Wechselbeziehungen mit der natürlichen Umwelt miteingeschlossen werden muß. Im zweiten Abschnitt werden die Annahmen und Folgerungen aus einer endosoziologischen Perspektive näher dargestellt. Ein zentrales Kennzeichen einer endosoziologischen Perspektive ist die zeitliche Komplexität. Im letzten Abschnitt wird die daraus resultierende Multiplizität der Zeiten, vor allem im Lichte der Notwendigkeit, die Zukunft offen zu halten, näher untersucht. Dies erfordert eine Auseinandersetzung mit den im sozio-ökologischen System selbst erzeugten Unbestimmtheiten. Aus endosoziologischer Perspektive wird daher der Analyse von Prozessen und prozessualem Denken vorrangige Aufmerksamkeit eingeräumt.

I. Die Implosion der Moderne

Die 70er Jahre dieses Jahrhunderts markierten einen jener unerwarteten Brüche, deren Ausmaße und Folgewirkungen erst später in ihrer vollen Tragweite erkennbar werden. In den drei ‚goldenen' Jahrzehnten der Nachkriegszeit erreichte die Moderne in den reichen Industrieländern ihren seit langem angekündigten, jedoch immer wieder aufgeschobenen sozialen Höhepunkt. Ein Programm, das Wohlstand, Vollbeschäftigung und Sicherheit für alle, jetzt und für die Zukunft versprach, schien sich endlich zu verwirklichen. Der Fortschrittsglaube, der immer wieder Einbrüche hatte hinnehmen müssen, schien mit der gleichzeitigen Verwirklichung von wissenschaftlich-technischen und sozialen Erfolgen rehabilitiert; seine Kritiker eine unbedeutende Minderheit. Für einen kurzen Augenblick in diesem ‚kurzen (und schrecklichen) Jahrhundert' (Hobsbawm 1994) war die erträumte Zukunft zum Greifen nahe: vorhersehbar, kontrollierbar und auf weiteres Wachstum ausgerichtet. Die seit Beginn der Industrialisierung angestrebte und mühsam errichtete soziale Ordnung schien gefestigt: Der wirtschaftlichen Integration der Arbeitskräfte war die politische und soziale Integration durch sozialstaatlich garantierte Rechte und durch Massenkonsum gefolgt. Wissenschaft und Technik spielten dabei eine tragende instrumentelle Rolle; sie verhalfen zum materiellen Wohlstand, der sodann zur politischen Verteilung gelangen würde. Die Botschaft der erfolgreichen Modernisierung sollte nicht auf die reichen westlichen Industrieländer beschränkt bleiben. Vielmehr war es ihr Modell, das exemplarisch dem Rest der Welt anzeigte, wie das Aufholen der Entkolonialisierten zu bewerkstelligen sei. ‚Angepaßte' Technologien offerierten eine billigere Variante zum Einstieg in die technisch-soziale Fortschrittsspirale, in der die expandierende Naturbeherrschung durch Wissenschaft, Technik und Wirtschaft auch weiterhin jene Bedingungen schaffen würde, die als Voraussetzung für das weitere Wachstum galten.

Zur selben Zeit hatten sich in vielen westlichen Ländern neue Eliten etabliert, deren technokratische Einstellung sich mit sozialer Progressivität verband. Ihnen boten sich die Sozialwissenschaften, die durch die historische Expansion des Bildungssektors zu Modernisierungswissenschaften katapultiert worden waren, als Reformverbündete und Berater an. Kein Wunder daher, daß auch für die Sozialwissenschaften die Zukunft in vielversprechendem Licht erschien. Die Vollbeschäftigung war praktisch ein politisch verwirklichtes Ziel; der staatliche Dienstleistungssektor expandierte und bot vielen der erstmals zum Hochschulstudium zugelassenen sozialen Gruppierungen nicht nur Zugang zu neuem Wissen, sondern auch neue Beschäftigungschancen. Der Nationalstaat, in dessen Schatten die Sozialwissenschaften mit vielen unliebsamen Unterbrechungen groß geworden waren, erschien genügend stark und stabil, um im Verein mit anderen korporatistischen Akteuren und Strukturen den Siegeszug der Modernisierung fortsetzen zu können. Der kalte Krieg zwischen den Supermächten und ihren Einflußsphären sollte zwar noch unterschiedliche Phasen der Eskalation durchlaufen, doch das hinderte einen bedeutenden amerikanischen Soziologen nicht daran, das „Ende der Ideologie" zu verkünden.

Doch die Gewißheiten des sozialen Weltbildes, die sich auf ein wissenschaftliches zu stützen glaubten, wurden bereits unterminiert. Schon in den 60er Jahren begannen neue Einsichten in das Chaos die herkömmlichen Auffassungen von Vorhersehbarkeit und Kontrolle innerhalb der Naturwissenschaften in Frage zu stellen. Das auf Newton und Laplace zurückgehende Bild einer makroskopischen Welt, der Bereich, in dem es als anwendbar galt, verblaßte zusehends. Das Paradigma einer Welt als gigantischem Automaton, das von deterministischen und zeitlich irreversiblen Gesetzen regiert wurde, wich einer neuen Konzeptualisierung des Ursprungs der beobachteten Regelmäßigkeiten, für die Zufall und Kontingenz, eine hierarchische Schichtung und die Emergenz des Neuen wesentliche Bestandteile bildeten. Diese tiefe epistemologische Veränderung im wissenschaftlichen Weltbild mündete schließlich in der Annahme, daß sogar die für unwandelbar gehaltenen Naturgesetze eine Geschichte haben und daß auch sie möglicherweise den Auswahlgesetzen der Evolution unterworfen sind. Waren früher die ‚fundamentalen' Gesetze und Annahmen der Physik, die auf grundsätzlichen Prinzipien und Begriffen aufbauten, durch die Untersuchung an einfachen Systemen, oder zumindest an geordneten Systemen bestätigt worden, so stellte sich nun heraus, daß es eine Illusion war zu meinen, daß Einfachheit in der Formulierung oder Formalisierung auch zu einfachen Resultaten führen würde. Die Welt entsprach nicht diesem Muster. Sie hat eine Geschichte, selbst in der Physik. Jede Geschichte gestaltet jedoch die weitere Entwicklung und ist nicht vorhersehbar (Schweber 1995).

Das Unvorhersehbare trat inmitten des auch für die Sozialwissenschaften so euphorisch begonnen Modernisierungsschubs in Form des Ölembargos am Beginn der 70er Jahre ein. Es wurde als ein Schock erlebt, der die westliche Industriewelt erschütterte.[1] Die

---

1 Siehe dazu die interessanten Ausführungen in Jaeger et al. 1988, die den ökonomischen Hintergrund der Ölkrise im Kontext der Lohnexplosion erörtern.

„Grenzen des Wachstums" wurden zum diskutablen Thema. Aus heutiger Sicht wurde damals der noch unausgereifte Versuch unternommen, sich mit einem erstmals weltweit wahrgenommen Phänomen auseinanderzusetzen: mit Komplexität. In seinen Modellierungen und Berechnungen ging der Club of Rome teilweise noch von exponentiellen Wachstumsfunktionen der Weltbevölkerung und der Weltwirtschaft aus, die durch verstärkende und dämpfende Regelkreise rückgekoppelt wurden. Heute weiß man, daß die Annahme eines damals für wünschenswert gehaltenen globalen Gleichgewichtszustands, in dem es galt, Energieverbrauch, Industrieproduktion, Umweltbelastung und andere Faktoren konstant zu halten, um die natürlichen Ressourcen zu schonen, mehr einer Wunschvorstellung als einem plausiblen Kalkül entsprach. Der Bericht erzielte weltweites Aufsehen. Methodisch entsprach die Modellierung jedoch noch weitgehend einem Denken, in dem sich lineare und nicht-lineare Annahmen überlappten. Begriffe wie Kontingenz und Schwellenwerte, die der komplexen Dynamik von gleichzeitig ablaufenden und sich gegenseitig beeinflussenden Wachstumsvorgängen anhaften, wurden in Umrissen sichtbar. Doch die zentrale Botschaft, vermittelt in nicht-mathematischer Sprache, wurde von allen verstanden: Es könnte zum möglichen Zusammenbruch der bisher bestehenden alten Ordnung kommen, Instabilitäten und Bedrohungen ungeahnten Ausmaßes und im erstmals globalen Sinn konfrontieren die Menschheit, die direkten und indirekten Anteil an diesen Entwicklungen hat. Das Schicksal des einzelnen wurde in einem sichtbar gewordenen irreversiblen Prozeß mit jenem der Menschheit verknüpft.

Für die modernen – im Unterschied zu den vormodernen – Umweltbewegungen schlug die Geburtsstunde. In der westlich-industrialisierten Welt formierte sich am Hintergrund einer erneut erfahrbar gewordenen, sich erstmals global manifestierenden existentiellen Unsicherheit zunächst der Widerstand gegen eine wachstumsbesessene und risikoverneinende Industrie. Der weitere Ausbau der Kernenergie wurde zum symbolträchtigen Angriffsobjekt, in dem das Fehlen von Transparenz der Entscheidungsprozesse und die mangelnde demokratische Beteiligung der Betroffenen mit den für nicht mehr abschätzbar gehaltenen Risiken einer unerprobten Großtechnologie zusammentraf. Lokale Bürgerinitiativen formierten sich zu Protestaktionen, die bald zu transnationalen Netzwerken mutierten. Nicht-staatliche Umweltorganisationen erreichten einen ungewohnt hohen Mobilisierungsgrad auch dort, wo bisher wenig Interesse für die Mobilisierung der StaatsbürgerInnen außerhalb der offiziellen staatlichen Kanäle bestanden hatte. Selbstorganisation wurde zum gängigen Schlagwort und zunehmend auf gesellschaftliche Organisationsformen angewandt oder in politische Programme aufgenommen.

Die auf Wachstum und Expansion eingestellte Wirtschafts- und Sozialordnung der Moderne realisierte ihre Grenzen mit unerwarteten und unbeabsichtigten Folgen. Die Kontrolle der Gegenwart und die Vorhersehbarkeit der Zukunft, die auf den zentralistisch organisierten Strukturen aufbaute und auf die technische Beherrschung und Beherrschbarkeit sowohl der menschlichen Zivilisation wie der Natur setzte, erwies sich als zu krude, einfach, kurzsichtig und als zu linear für ein System konzipiert, das durch den Ausbau der Moderne seine Qualität verändert hatte. Die so beliebten Trendextrapolationen griffen plötzlich nicht mehr, weil sich die Annahmen grundsätzlich geändert hatten. Statt nach außen hin zu wachsen und weitere Differenzierungsprozesse zu entfalten, erfolgte die Implosion nach innen. Statt linearer Wachstumsstränge in einfachen und überschaubaren, voneinander trennbaren Bereichen, fand eine Konfrontation mit einer unüberschaubar gewordenen Komplexität und der ihr innewohnenden nicht-linearen Dynamik statt.

Die zentral organisierten Strukturen, die den Prozeß der Modernisierung nachhaltig geprägt hatten, konnten diesem Ansturm nicht standhalten. Das Zentrum, an der Spitze der Macht aller hierarchisch organisierten Institutionen, kam zunehmend in Bedrängnis; die gewohnten und verläßlichen korporatistischen Allianzen verloren wechselseitig ihre Ansprechpartner. Die wirtschaftliche Expansion hatte längst die Grenzen der Nationalstaaten übersprungen und weltweit neue Interdependenzen eingeleitet. Der so einsetzende Prozeß der Globalisierung begann die Souveränität der Staaten auszuhöhlen; die Bedrängnis des Staates durch den Markt nahm zu. Die neuen Informations- und Kommunikationstechnologien ließen nicht nur geographische Distanzen schrumpfen, sie schufen nicht nur neue zeitliche Verfügbarkeiten, sondern leiteten eine radikale Dezentralisierung und Deregulierung ein, die bis heute noch nicht abgeschlossen ist. Die technokratischen Eliten hielten lange, vielleicht zu lange, an ihrem illusorischen Optimismus fest und vermeinten, den Krisen mit den gewohnten Expertenlösungen beikommen zu können – bis sie selbst von der gewaltigen Umstrukturierung der globalisierten Weltwirtschaft erfaßt wurden.

Die Implosion der Moderne hat zu einer Erweiterung der Außengrenzen geführt, die das frühere Außen in ein Innen verwandelten. Die sich dabei entladende Energie eines brisanten Gemisches von frei fluktuierendem Finanzkapital, einer ungebremsten Beschleunigung von high tech Innovationen im weltweiten wirtschaftlichen Konkurrenzkampf der Industrieländer, denen nach wie vor lediglich nationalstaatlich geprägte soziale Bindungen und abnehmende Solidaritäten gegenüberstehen, ist nach innen losgegangen. Die Implosion der Moderne hat auch die frühere Außengrenze zwischen Umwelt und Gesellschaft obsolet gemacht. Die Menschheit steht nicht außerhalb der Natur, um sie zu manipulieren und zu beherrschen, sondern Umwelt, ihre Befindlichkeit und Bewertung, wird im Inneren der Gesellschaft gemacht.

II. Von der Endophysik zur Endosoziologie

Die Implosion der Moderne bewirkte auch eine veränderte Wahrnehmung der mit den wissenschaftlich-technischen Entwicklungsmöglichkeiten verbundenen Risiken. Diese lassen sich nicht mehr als von außen kommende, von einer bedrohlichen Natur ausgehende Gefahren begreifen, sondern müssen als zivilisatorisch erzeugt angesehen werden. Exemplarisch wurde am Fall der Risiken der Kernenergie klar, daß diese sich nicht an staatliche Grenzen zu halten bereit waren, daß sie ebenso soziale Unterschiede ignorierten und daß ein global auftretendes Phänomen große lokale Schwankungen aufweisen kann. Unter der radioaktiven Wolke von Tschernobyl schrumpfte die Erde geographisch und zeitlich zusammen. Das Außen wurde zum Innen; alles, was beobachtbar war, konnte nur von innen gesehen werden mit Methoden und Beobachtungsinstrumenten, die nur im Innensystem verfügbar sind. Es sind wissenschaftlich-technische Instrumente, die neue historische Entdeckungen und eine entsprechende Bewußtseinsveränderung ermöglichen.

Die Entdeckung der Erde ereignete sich, wie es Wolfgang Sachs ausdrückte, auf der Fahrt zum Mond (Sachs 1993). Als der Astronaut Neil Armstrong seinen Blick von der Leere und Stille des Nachbarplaneten zurückwandte, brach er in helle Begeisterung aus.

In Blau getaucht, schwebte die Erde wie ein kreisrunder Juwel im pechschwarzen Weltraum. Weiße Wirbel von Wolken umgaben sie, und darunter leuchteten sanft bräunlich und tiefblau die Kontinente und Ozeane. Dieses Bild des blauen Planeten wurde zum symbolträchtigen Inbegriff der einzigartigen Schönheit dieser Erde – und ihrer tiefen Verletzlichkeit. Die Bilder aus dem Weltraum rückten nachdrücklich ins globale Bewußtsein, was die Erde von allen anderen Planeten auszeichnet: eine dünne Schicht von Luft und Wasser, von Boden und Organismen, welche Lebewesen gedeihen läßt und ihnen eine Heimstatt gibt. Nicht dicker als 17.000 Meter oder ein Vierhundertstel des Erdradius umschließt jene atmosphärische Hülle die Erde, die alles Leben trägt. Der Blick aus dem All hat die Erde als Biosphäre ins Bewußtsein gerückt, sie im wörtlichen Sinn als Lebenskugel enthüllt. Das Schicksal der Menschheit spiegelt sich seither in dieser neuen Ikone wieder – Beweis für die Erfolge von Wissenschaft und Technik und Mahnmal an die Verantwortung dieser Menschheit, die zur neuen sozialen Überlebenseinheit geworden war.

Die Umwelt hörte auf, ein von der Gesellschaft abgetrenntes Stück Natur zu sein; wie Ulrich Beck (dieser Band) anmerkt, wurden Umweltprobleme zu Innenweltproblemen der Gesellschaft. Naturwissenschaftlich-technische Instrumente werden zur Überwachung des ‚Gesundheitszustands' der Erde eingesetzt und ihre beunruhigenden Befunde zeigen die durch menschliches Handeln verursachten, teilweise irreversiblen Veränderungen und fortgesetzten Bedrohungen an. Solche zur Routine gewordenen Selbstbeobachtungen, ihre Befunde und Interpretationen sind seither die konstituierenden Bestandteile einer Vielzahl von eigenläufigen Umwelt- und Risikodiskursen geworden. Freilich schält sich nur allmählich ein Konsens über Ursachen und Wirkung, über die Dringlichkeit bestimmter Probleme und die Effizienz möglicher und politisch durchsetzbarer Gegenmaßnahmen heraus. Dem veränderten Umweltbewußtsein steht oft die Ohnmacht einer in die Privatsphäre abgedrängten Forderung nach Änderung des Lebensstils gegenüber, obwohl sich proökologische Verhaltensweisen ebenso nur im gesellschaftlichen Kontext entwickeln können (Gillwald 1995).

Das Sichtbarwerden der Folgen menschlichen Einwirkens auf Naturvorgänge und deren globale wie auch lokale Auswirkungen haben zur Verlängerung der Interdependenzketten zwischen Natur, Gesellschaft und zurück zur Natur sowie zur Erweiterung der Grenzen des Innensystems geführt. Was als issue-orientierter Diskurs begonnen hatte, was sich als Protest in unzähligen lokalen Problemlagen und Initiativen entzündete, bevor er wie ein Flächenbrand anderswo lokale Betroffenheiten entfachte, hat seither einen festen Platz sowohl in der wissenschaftlichen Agenda als auch in der politischen Arena gefunden. In den internationalen und nationalen Forschungsprogrammen rückten Umweltprobleme bald auf die vordersten Plätze vor. Der globale Klimawandel wurde zum Herzeigestück der internationalen Großforschung ausgebaut (Hart et. al. 1993), und vielerorts wurden die Umweltnaturwissenschaften in Lehre und Forschung institutionalisiert. In einem kurz vor seinem Tod im Jahr 1945 veröffentlichten Artikel beschrieb der russische Ökologe Vernadsky die neu entstandene Einheit von Bio- und Soziosphäre als Noosphäre, in der das Wissen über die komplexen Interdependenzen und die Durchlässigkeit der Grenzen zwischen Natur und Gesellschaft konkret Gestalt anzunehmen begann (Vernadsky 1945). Vernadsky, der bereits in den 20er Jahren die Biosphäre als ein Stadium in der evolutionären Entwicklung der Erde beschrieben hatte, adaptierte später den von Teilhard de Chardin eingeführten Begriff der Noosphäre. Er verband damit die Hoffnung, daß das zunehmende Bewußtsein über die Folgen der menschlichen Eingriffe in die planetaren biogeochemischen Zyklen zu einer neuen Stufe der Evolution führen würde, in der eine bewußte Lenkung der menschlichen Transformation der Biosphäre möglich werden würde. Während Vernadskys Sichtweise noch stark vom technokratischen Glauben in die technische Machbarkeit und Beeinflussung der Natur getragen war, wurde dadurch dennoch eine analytische Basis für die Ausweitung des Verständnisses der biogeochemischen Prozesse gelegt. Sie führte letztlich zu Forschungsfragen, in denen Bio- und Soziosphäre im Bereich der Evolution des menschlichen Wissens nach weiterführender Ergänzung und empirischer Konkretisierung streben konnten (Serafin 1987).

Für die Soziologie hatte die Stunde ihrer Verwandlung in eine Endosoziologie geschlagen. Die Trennung in einen der menschlichen Einwirkung nicht zugänglichen Bereich der Natur und einen von der Natur abgekoppelten gesellschaftlichen Bereich, die die Soziologie seit ihrer Gründung internalisiert hatte, konnte angesichts der neueren Entwicklungen und Fragestellungen nicht aufrecht erhalten werden. Das vermeintliche ‚Draußen' einer physikalischen Wirklichkeit entpuppte sich in beträchtlichem Maße als vom gesellschaftlichen ‚Innen' gewollt und ungewollt beeinflußt. Die soziologische Perspektive mußte durch eine reflexive Sichtweise gebrochen und gleichzeitig durch sie erweitert werden. Das vermeintliche Außen wurde nach Innen geholt und das Innen um ein erweitertes Verständnis des Außen ausgedehnt. Im Mittelpunkt der neuen Sichtweise standen nunmehr die vielfältigen Interdependenzen zwischen Wissen, politischem und ökonomisch motiviertem Handeln, gesellschaftlicher Wahrnehmung und Problemdefinition und den daraus resultierenden Veränderungen der natürlichen Umwelt, die wiederum diese Interdependenzen laufend verändern.

Unter Endosoziologie ist generell eine Perspektive zu verstehen, die der Erweiterung der Systemgrenzen des Gesellschaftssystems und der inneren Betrachtungsweise Rechnung zu tragen versucht, nachdem realisiert wurde, daß die Grenzen zwischen Natur und Gesellschaft zunehmend durchlässig werden. Die Betonung liegt auf ‚innen' und auf dem sozialen Umwelthandeln. Die Benennung des Begriffs folgt einem zunächst für die Physik, später für Biologie und Kognitionswissenschaften unter dem Namen Endophysik bekannt gewordenen interdisziplinärem Ansatz, der sich mit der Innenwelt der Beobachter auseinandersetzt (Rössler 1992; Kampis et. al. 1993). Die Grundidee der kurzen und abwechslungsreichen Geschichte der dabei verfolgten Ideen besteht in der Suche nach einer Methodologie für die innerhalb eines Systems situierte BeobachterIn, die einen direkten Anschluß an die (in diesem Fall) Naturgesetze des beobachteten Systems erlaubt. Dadurch erfolgt eine enge Koppelung an die Struktur des Wissens, mit dessen Hilfe das System beschrieben und erklärt wird. Jede Beschränkung dieses Wissens wird zum Element seiner Strukturierung. Als ein metaphorischer Leitfaden könnte die Maxime gelten: „Was wir nicht wissen können, kann das System auch nicht wissen."

Für die Umweltsoziologie, wie für die Soziologie generell, tat sich zunächst das Problem ihrer historischen Gründungsgeschichte auf, die auf der strikten Trennung von Natur und Gesellschaft beruht. In diesem überkommenen Selbstverständnis waren Natur und Umwelt physikalisch und biologisch vorgegebene Phänomene, die mit einem höheren Anspruch an ontologischem Status, dem Anspruch an der Teilnahme an einer ‚anderen' als der sozialen Wirklichkeit und einem höheren Grad an Objektivität oder Objektivierung auftraten. Thematisch hatte sich die Umweltsoziologie auf klassische soziologische Untersuchungsfelder beschränkt: auf Veränderung in der individuellen und sozialen Wahrnehmung von Natur und Umwelt; auf Entstehung, Verlauf und Dynamik sozialer Bewegungen und deren ideologische Orientierungen sowie auf Lern- und Kommunikationsprozesse in gesellschaftspolitischen Konfliktfeldern, in denen das Objekt ‚Umwelt' neu definiert und ausgehandelt wurde. Soziale Beziehungen, Veränderungen im Umwelthandeln, Bewußtseins- und Einstellungswandel auf der Mikro- wie auf der Makroebene bildeten einige der bekanntesten Themen im Rahmen einer ‚Soziologie über die Umwelt' als Diskurstopos. Die von der Anthropologin Mary Douglas entwickelte Typologie, die unterschiedliche Wahrnehmungen der Natur und die Zuschreibung verschiedener Eigenschaften und Erwartungen an sie mit der sozialen Einbettung in vier idealtypische Organisationsformen korrelierte, fand unter dem Namen ‚cultural theory' vielseitige Verwendung (Douglas 1992). Doch selbst solche theoretische Rekonzeptualisierungen wurden schließlich als nicht ausreichender Beitrag seitens der Sozialwissenschaft in der notwendigerweise interdisziplinären Zusammenarbeit mit den Naturwissenschaften befunden (Newby 1991).

In der langen und wechselvollen Geschichte der Beziehungen zur Natur war paradoxerweise der Augenblick gekommen, den anthropozentrischen Standpunkt sowohl abzuschwächen, wie ihn durch eine begriffliche Erweiterung an die veränderte Situation anzupassen. Indem sich die Systemgrenzen zwischen natürlicher Umwelt und Gesellschaft veränderten, durchlässiger und unübersichtlicher wurden, verlor die Definition des Anderen, des Nicht-Menschlichen, rasch an Schärfe der Unterscheidungsmerkmale. Heute erstreckt sich eine neue Welle der Solidarität und des Mitgefühls auf alles, was vom Verschwinden bedroht erscheint: Tiere, Landschaft, Biotope. Die Diskussion um Ausweitung bestehender Rechte und die Forderung nach erst zu formulierenden Rechten für neue Rechtssubjekte ist voll in Gang. Sie betrifft die Mitsprache der Ungeborenen ebenso wie die Forderung nach Rechten für Tiere und selbst für die Natur. Die ‚Sorge um sich' (Foucault 1984) hat sich am Ende des 20. Jahrhunderts in die Sorge um das Nicht-Ich, um das Andere und um die Natur, ausgeweitet. Sie ist Teil des Endogenisierungsprozesses, mit der die natürliche Umwelt der Gesellschaft einverleibt wird. Gesellschaft besteht nicht mehr nur aus sozialen Beziehungen ihrer Mitglieder zueinander. Sie wird zunehmend durch ein dichtes Netz gemachter Dinge und technischer Artefakte, durch technische Infrastrukturen und in der Natur nicht vorkommende Substanzen und Phänomene geprägt, durch deren komplexe Mediatisierungsprozesse und -strategien die Beziehungen der Menschen untereinander, zu sich selbst und zur Natur verändert werden. Die sozialwissenschaftliche Umweltforschung hat seither die komplexe Abhängigkeit von ökologischen, von und mit der Natur erbrachten Vermittlungs- und Austauschprozessen ins Bewußtsein gerückt, durch die eine Vielzahl ökologischer Dienstleistungen erbracht werden und durch die die Art und das Ausmaß der Beanspruchung natürlicher Ressourcen, deren Ersetzbarkeit und Nachhaltigkeit, geprägt wird.

Schlagartig werden in einer endosoziologischen Betrachtungsweise dadurch Probleme sichtbar, die einer Neukonzeptualisierung, einer Entnennung und Umbenennung, bedürfen. Rückblickend wird deutlicher, was im letzten Drittel dieses Jahrhunderts zu jener unerwarteten Veränderung der Wahrnehmung zwischen innen und außen, zwischen Gesellschaft und Natur und zu einem veränderten Bewußtsein für die conditio humana inmitten einer sie bedingenden und durch sie bedingten veränderten natürlichen Umwelt führte. Die Erweiterung der Kontrolle und Vorsehbarkeit durch die zentralistisch organisierten Strukturen der Moderne, die auf technische Beherrschung sowohl der menschlichen Zivilisation wie der sie umgebenden Natur setzte, erwies sich letztlich als zu krude, kurzsichtig und linear. Die soziale Konstruktion der Wirklichkeit wurde von deren Evolution überholt. Überraschungen waren in jener Wirklichkeitskonstruktion nicht vorgesehen, noch eine Zukunft, die sich anders entwickeln würde, als die damals so beliebten Trendextrapolationen einer sich wissenschaftlich gebärdenden Futurologie vorspiegelten. Der Glaube an technische und soziale Machbarkeit sah sich als Ausfluß jener Macht bestätigt, die in den zentralistischen Strukturen residierte. Jede größere technische Innovation diente als riesige Projektionsfläche, auf die die jeweiligen Hoffnungen oder Befürchtungen geworfen wurden. Zukünftige Gesellschaftsbilder existierten nur als Utopien oder Dystopien, und beide wurden in der Regel linear gedacht.

Doch wenn ein relativ geringfügiger Anlaß ausreichte, um die Kluft zwischen Modell und Wirklichkeit aufbrechen zu lassen, dann war eine Korrektur des Modells dringend nötig. Die Vorstellung von Ordnung, die zu errichten die Wissenschaften ebenso wie die Nationalstaaten über lange Zeit hinweg bemüht waren, kippte jäh um in ein Bild der Unordnung als Grundbefindlichkeit der Welt. Die technokratische Effizienz und die Vorhersehbarkeit, die als Wahrzeichen der modernen Ordnung gegolten hatten, brachen jäh angesichts nicht vorhersehbarer und kaum kontrollierbarer Risiken in sich zusammen. Das Ansehen der Wissenschaft und das Vertrauen in sie erlitt in der Öffentlichkeit eine starke Einbuße. Das glatte und effiziente Funktionieren von Wissenschaft und Technik hatte im öffentlichen Bild, in der Metapher der Maschine seinen kulminierenden Ausdruck gefunden. Die Maschine war zum Symbol, und Wissenschaft und Technik zum dominanten instrumentellen Paradigma des Funktionierens auch und gerade der staatlich-politischen Maschinerie der liberalen Demokratien geworden. Jetzt trug der Verlust ihrer Autorität auch zum Legitimitätsverlust der öffentlichen politischen Einrichtungen bei. Wie es Ezrahi zugespitzt formuliert: ‚statecraft' wurde durch ‚stagecraft' ersetzt (Ezrahi 1990). Die kurzfristige Geste ersetzte den mühsam aufgebauten, auf mittelfristiger Überzeugungsarbeit beruhenden Konsens. Der Staat als dominanter und mächtiger Akteur erwies sich in seinen zentralistischen Strukturen letztlich als zu schwach, um den sich ausbreitenden dezentralistischen Tendenzen, die von einem grenzüberschreitenden Markt kamen und durch die neuen Informations- und Kommunikationstechnologien in nicht vorhersehbarer Weise gestärkt und gestützt wurden, standzuhalten.

Als das Zentrum nachzugeben begann, entstanden unzählig viele, lokale und überaus heterogene Zentren. In einem Individualisierungsschub ungeahnten Ausmaßes wurde das Selbst zum Zentrum, wohl wissend um die instabile, weil ständig fluktuierende Einbettung in unübersehbare Interdependenzketten und Netzwerke. Auch die Umwelt konnte ihren stabilen Außenplatz nicht halten. Sie war plötzlich allgegenwärtig und hautnah geworden: in der Nahrungskette, in den Atmungsorganen, in den Klimaveränderungen. Sie war lokal sichtbar und greifbar geworden; sie fand überall statt und ließ sich überall inszenieren. Ursachen und Wirkungen ließen sich nicht mehr eindeutig zuschreiben; zu komplex und unüberschaubar waren ihre Interdependenzen geworden. Das Lokale wurde zum janusköpfigen Gesicht des Globalen und umgekehrt. Beide lassen sich zweidimensional abbilden, doch ihre holographische Repräsentation steht noch aus. Umwelt findet auf der Mikroebene und auf der Makroebene mit beängstigender Gleichzeitigkeit und noch bedrohlicherer

Ungleichzeitigkeit statt, denn was immer der einzelne tut oder unterläßt, kann verspätete Rückwirkungen auf die Gesamtheit haben. Das Beunruhigendste an globalen Phänomenen ist freilich, daß sie keiner zentralen Autorität unterstehen, sondern selbstorganisierend, fluktuierend, volatil sind – kurzum, unkontrollierbar und nicht vorhersagbar. Umwelt erweist sich als ebenso unvorhersagbar und unkontrollierbar wie das Verhalten der Finanzmärkte. Was auf der Bühne der Weltwirtschaft von der Vielzahl der neuen Akteure und den sich frei ins Spiel mischenden globalen Spielern inszeniert wurde oder was im staatlichen Rahmen das Vordringen des Marktes verursachte, fand im Bereich der Umwelt seine Entsprechung im komplexen Ineinandergreifen von Prozessen und in deren nichtlinearer Dynamik, die zu unerwarteten Katastrophen oder irreversiblen Veränderungen führen konnte. Umwelt begann sich zu entwickeln, im Sinn ihrer Auflösung in eine Vielzahl lokaler Bedingungen und Instabilitäten, die unter veränderten Bedingungen erneut Stabilität annehmen konnten (Pimm 1984).

Dadurch wird die ökologische Sichtweise der Probleme von einer sozialwissenschaftlichen kaum mehr unterscheidbar: beide werden endosoziologisch. Es herrscht Einigkeit darüber, daß es das lokale menschliche Einwirken auf Wasser, Land und Luft ist, das zu langsam akkumulierenden Wirkungen führt, die zu abrupten und meist negativen Veränderungen überleiten. Die zunehmende Globalisierung vieler biophysischer Phänomene verbindet sich mit den sozioökonomischen der weltweiten Mobilität und des Transports ungeheuren Ausmaßes von Menschen und Gütern. Die räumliche Spannweite der Verknüpfungen intensiviert sich dadurch über neue räumliche und zeitliche Skalen. Lokale Probleme und Maßnahmen haben daher zunehmend ihre Ursachen und oft auch ihre Lösungen an anderen, weit entfernten Orten. Das frühere menschliche Abwarten eines Warnsignals, dem eine Maßnahme folgte, funktioniert nicht mehr, wenn viele der Probleme gleichzeitig, plötzlich und an mehreren Orten entstehen, statt sich langsam an einem Ort konzentriert zu entwickeln, an dem Gegenmaßnahmen gesetzt werden können. Schließlich sind Gesellschafts- und Umweltsysteme so eng ineinander verwachsen, daß sie ein unbekanntes und unvertrautes neues Territorium zu bilden begonnen haben, das noch zu explorieren ist. In ihm gilt jedoch, daß die Zukunft nicht nur inhärent ungewiß, sondern inhärent unvorhersehbar ist. Im Ökogesellschaftssystem sind die Probleme selbst evolutionär (Holling 1994: 80).

Der geradezu enthusiastische Empfang, der dem Chaosbegriff sowohl innerhalb der Sozialwissenschaften als auch in der Öffentlichkeit zuteil wurde, kann als einer jener erfolgreichen Transfers einer Metapher gelten, durch die ein Begriff, der in einem eingegrenzten technischen Bereich entstanden ist, die öffentliche Imagination erobert. Der Siegeszug des Chaosbegriffs markierte das offizielle Ende des linearen Denkens und Modellierens. Viele der beeindruckenden Einsichten der Chaostheorie wurden durch die Weiterentwicklung der Computer überhaupt erst ermöglicht, doch die Rezeption des Begriffs und der Wechsel in der Sichtweise, der damit einher ging, wäre ohne die oben beschriebenen gesellschaftlichen Veränderungen kaum erfolgt. Ein Regime, das Homogenität hoch ansetzte, machte einem Regime Platz, das durch Heterogenität geprägt war. Die neuen rhetorischen Verwendungen, in die der Chaosbegriff von einer interessierten Öffentlichkeit und den dafür aufgeschlossenen Sozialwissenschaften gleichermaßen gekleidet wurde, bestärkte die tief sitzende allgemeine Skepsis gegenüber den Ansprüchen der Naturwissenschaften, Vorhersagen machen zu können. Das Chaos und die mit kleinen Unterscheidungen in den Anfangsbedingungen behaftete spätere Unsicherheit oder Unmöglichkeit, Vorhersagen über den weiteren Prozeßverlauf zu machen, wurden als Bestätigung des eigenen Verständnisses und der tief sitzenden Erfahrung über die allgemeine Unvorhersagbarkeit gesellschaftlicher und naturhafter Prozesse interpretiert. Das intuitive Laienverständnis nicht-linearer Dynamiken hatte sich letztendlich als richtig erwiesen, selbst wenn weder Laien noch SozialwissenschaftlerInnen vorher diesen Ausdruck je verwendet hatten.

Die endosoziologische Sichtweise des Ökogesellschaftssystems entstand aus dem zeitlichen Zusammentreffen koevolutionärer Prozesse, die selbst unvorhersehbar waren. Durch die Erweiterung der Systemgrenzen, durch die Entgrenzung von Innen und Außen und durch die Ent-Wicklung der Umwelt zu einem Bestandteil der gesellschaftlichen Ordnung, entstand zugleich mit dem Verlust der Zentralperspektive eine neue Unordnung. Die endosoziologische Perspektive setzt jedoch einen Doppelzugang zur Welt voraus, der versucht, die heterogenen, lokalen, gesellschaftlich wie geographisch distribuierten Sichtweisen mit bereits gesellschaftlich-ökologisch ,zusammengeschauten' zu integrieren. Sie steht für ein komplexes Netzwerk von Interdependenzen, in denen die von der Moderne ausdifferenzierten gesellschaftlichen Subsysteme endogen wieder zueinander in Beziehung zu setzen sind, unter Einschluß der sich dabei ergebenden Widersprüche. Risiken, jener Inbegriff einer immer schon durch die Koexistenz von Ordnung und Unordnung, von Sicherheit und Unsicherheit gekennzeichneten Moderne, die es jedoch vorgezogen hatte, nur ihren Fortschrittsglauben zur Schau zu tragen, wurden zur generalisierbaren Schlüsselmetapher der zivilisatorischen Existenz. In einem tiefen epistemologischen Sinn wurde die robuste Verbindung, die es zwischen Determinismus und der Fähigkeit, Vorhersagen zu treffen, gegeben hatte, aufgebrochen. Seither gilt es, mit einer im System selbst erzeugten Unbestimmtheit leben zu lernen und dennoch die Zukunft offen zu halten.

III. Die Zukunft offen halten

Mit zunehmender Komplexität wächst auch das Wissen über die Multiplizität der Zeit. Zeit ist ein symbolisches Konstrukt, ein mächtiges Werkzeug der Synthese des Denkens und sozialen Interagierens. Doch Zeit ist auch in der materiellen, sowohl der organischen wie inorganischen Welt, in der wir leben und die in uns lebt, enthalten. Diese Zeitstrukturen variieren stark, sie haben unterschiedliche Rhythmen. Die sozialen Zeiten und die eingebettete Zeit der materiellen Dinge und Artefakte sind miteinander vielfältig verbunden. Sie haben verknüpfte Biographien, die den Blick für die Wahrnehmung, das Verständnis und das Interagieren mit Prozessen schärfen, die in unterschiedliche Zeitstrukturen eingebettet, von unterschiedlicher Dauer und Dringlichkeit sind (Nowotny 1994). In einer endosoziologischen Betrachtungsweise wird die Dichotomie zwischen natürlicher oder physikalischer und sozialer Zeit aufgehoben. Sie bietet der Soziologie die Befreiung vom Primat der physikalischen Zeit an, ein emanzipativer Akt, der freilich mit der Notwendigkeit verbunden ist, die Zeit im Plural, als multiple Zeiten, zu rekonzeptualisieren (Nowotny 1995).

Konfrontationen zwischen unterschiedlichen Zeithorizonten, wie die als kurz-, mittel- oder langfristig erlebte zeitliche Begrenztheit, sind dabei unvermeidlich. Zeit wird hier, wie auch sonst, als Konflikt erfahrbar. Der kurzfristig, in Legislaturperioden angelegte

Zyklus des politischen Lebens, der mit den mittel- oder langfristig erfolgenden Auswirkungen der Umweltschädigung konfligiert, die sich erst Generationen später manifestieren können, ist vielleicht das bekannteste Beispiel, in dem sich hinter unterschiedlichen Zeithorizonten nicht nur andere Interessenlagen, sondern auch Handlungsspielräume eröffnen. Im Strom des öffentlichen Bewußtseins werden Umweltprobleme durch die Aufmerksamkeit, die sie durch die Wissenschaft und Medien erfahren, in dem Sinn zeitlich erst erzeugt, als Wissenschaft und Medien für die Problemdefinition konstitutiv sind. Aufmerksamkeit ist jedoch auch ein zeitliches Phänomen, eine Ressource, die von begrenzter Dauer und nur über eine bestimmte Zeit aufrechtzuerhalten ist.

In einer endosoziologischen Perspektive ist die zeitliche Struktur des Wissens über die behandelten Probleme mit enthalten. So ist etwa die um das Phänomen des globalen Klimawandels herum entstandene internationale Großforschung, die sich den Ursachen und Auswirkungen des Klimawandels durch Beobachtung und Modellierung annahm, selbst wiederum als zeitlicher Bestandteil der Wissensstruktur analysierbar, durch die ein wissenschaftliches Phänomen entdeckt und definiert, organisiert und mediatisiert wird. Ein Phänomen wie das Ozonloch besteht auch zeitlich nicht einfach ‚draußen' in der Natur, sondern es wird, legitimiert durch wissenschaftliche Autorität und in die Zeitstrukturen der wissenschaftlichen Tätigkeit eingebettet, zu einem bestimmten Zeitpunkt Gegenstand öffentlicher und politischer Aufmerksamkeit. Es unterliegt, wie andere Phänomene des öffentlichen Diskurses auch, den zeitlichen Fluktuationen der politischen und wissenschaftlichen Agenda. Die globale Gegenwart verlangt, daß Vorhersagen, Handeln und Kontrolle auf veränderten zeitlichen Parametern aufbauen müssen. Maßnahmen müssen nach einer politisch erst auszuhandelnden, oft mit wissenschaftlicher Unsicherheit behafteten Dringlichkeit gesetzt werden. Persönliche wie kollektive Verantwortung muß sich in eine zeitlich offene Zukunft erstrecken, deren Referenzpunkte ebenso verhandelbar sind. Oder, wie Barbara Adam ihre Forderung nach einer temporal fundierten soziologischen Theorie ausdrückt: „Once we shift position from exterior explicator to implicated participant, the environment no longer constitutes the ‚other': it becomes an extension of physical, living, cultural selves, networked in never-ending relations. Importantly, this is achieveable without losing sight of the workings of political interests and economic power. Finally, it involves social theorists in the transgression of disciplinary boundaries, the transcendance of dualism and a coming to terms with uncertainty: the very approach necessary for a theory adequate to environmental matters. Environmentally engaged and time-based social theory converge" (Adam 1993: 412).

Die Steigerung der Komplexität, die durch eine endosoziologische Betrachtungsweise in das Zentrum des Umdenkens rückt, fordert vor allem eine Auseinandersetzung mit der im System selbst erzeugten Unbestimmtheit. Die nicht-lineare Dynamik, die in komplexen Systemen die Regel ist, eröffnet den Blick auf die Evolution der Zeit, die durch eine Abfolge von Symmetriebrüchen gekennzeichnet ist. Jantsch zufolge führen Symmetriebrüche neue dynamische Möglichkeiten der Morphogenese ein und signalisieren, was er einen „Akt der Selbsttranszendenz" nennt. Komplexität wird erst durch Symmetriebrüche ermöglicht. Die Welt, die durch sie entsteht, wird zunehmend unreduzierbar auf eine einzige Ebene fundamentaler Gesetzmäßigkeiten, sondern präsentiert sich als eine vielschichtige Anordnung, die auf vielen Ebenen koordiniert ist. Innerhalb der Mikro- und der Makrowelt findet eine Koevolution statt, deren Prozesse die gegenseitigen Bedingungen für gleichzeitige Differenzierung und Komplexitätssteigerung setzen (Jantsch 1980). Obwohl es keine theoretisch einsichtigen Gründe für die Zunahme an Komplexität über die Zeit hinweg gibt und dies auch empirisch nicht immer der Fall ist, haben die großen Transformationen in der Geschichte der Evolution zu einer Steigerung der Komplexität geführt (Maynard Smith und Szathmáry 1995).

Der Übergang zu einer endogenen sozioökologisch erfahrbaren Systemwelt wird vor allem durch die im System selbst erzeugte Unbestimmtheit charakterisiert. Dabei kommt erneut die zeitliche Dimension zum Vorschein. Jede zeitliche Strukturierung ist zugleich eine Strategie, um Unsicherheit zu konfrontieren. Die schmale Grenze, die Gegenwart von der Zukunft trennt, wird historisch und kulturell unterschiedlich gezogen, und sie muß angesichts der neu erzeugten und erlebten Unbestimmtheit den Umständen angemessen neu konstituiert werden. Der Gedanke an die Zukunft muß daher heute eine neue Qualität erhalten, die diese zusätzliche und unlösbare Unbestimmtheit und die damit verknüpfte Unsicherheit nicht leugnet, sondern zur zeitlichen Konstitution unserer Gegenwart erhebt. Zukunft ist immer ungewiß, doch wenn Unsicherheit nicht mehr als exogener, auf die Gesellschaft einwirkender Faktor gedacht werden kann, sondern als Ergebnis der selbsterzeugten Unbestimmtheit erkannt wird, dann müssen auch andere Strategien entwickelt werden, um der Unbestimmtheit zu begegnen. Auf die Zukunft gewandt sind dies Strategien, die ermöglichen, die Zukunft für bestimmte Entwicklungen offen zu halten. Solche Optionen sind selbst unbestimmt und unbestimmbar. Sie sind als Prozesse, nicht als Endzustände oder visionäre Utopien zu denken, selbst wenn Zukunftsbilder immer ein unabdingbarer Bestandteil des Prozeßdenkens bleiben mögen. Prozesse sind der Evolution der Wirklichkeit unterworfen, die niemand voraussehen kann und die sich dennoch im Nachhinein als rekonstruierte Trajektorien und Entwicklungsbahnen zu erkennen geben. Das Wissen um den zeitlichen Ablauf von Prozessen und die zeitliche Struktur und Situiertheit dieses Wissens müssen daher zusammentreffen.

Eine wichtige, doch nicht ausreichende Strategie, die an der Grenze zwischen Vergangenheit und Gegenwart operiert, ist die Wahrung der Bestände, deren Erhebung, Bewertung und Konservierung ein Bündel von Maßnahmen ausmacht, um eine weitere Erosion des biologischen, physischen und kulturellen Erbes zu verhindern. Die Konservierung des kulturellen Erbes erreichte in der westlichen Welt einen vorläufigen Höhepunkt als Reaktion auf die durch die Welle der Industrialisierung ausgelöste Zerstörung. Sie bestand darin, ästhetisch ansprechende oder den Zusammenhalt der nationalen Kultur fördernde Artefakte, Gebräuche und Eigenheiten einer ansonsten offensichtlich zum Untergang bestimmten Welt zu retten. Am Ende dieses Jahrhunderts hat die Bewahrung der Bestände sowohl globale als auch inhaltlich wesentlich ausgeweitete Dimensionen angenommen. Die bedrohten Völker des Amazonasgebiets oder in Papua Neuguinea, die über die Erde verstreute sprachliche und kulturelle Vielfalt gehört ebenso dazu wie bedrohte Tierarten, Pflanzensamen und generell die Artenvielfalt, die unter Schutz gestellt wird. Der Kampf um die ‚letzten Paradiese' hat angesichts der rasanten Beschleunigung der Umwandlung von Landnutzung, Eigentumsrechten und Ökotopen weltweit und medial entsprechend aufbereitet eingesetzt.

Die Erhaltung der Vielfalt – ob Arten, Biotope, Landschaften, Sprachen oder Völker – ist jedoch noch immer eine der Moderne verhaftete Strategie. Sie bleibt dem Versicherungsgedanken verhaftet. Dieser bietet Schutz gegen unvorhersehbare Risiken und verspricht

Kompensation. „Ein Risiko zu kalkulieren heißt die Zeit zu beherrschen und die Zukunft zu disziplinieren" ist das Urteil von François Ewald über die Sicherheitsleistungen der Moderne (Ewald 1989: 387). Die Zukunft soll durch die wahrscheinlichkeitstheoretische Kalkulierbarkeit eines Risikos oder eines Bündels von Risiken für klassifizierbare, klar angebbare Fälle überlistet werden, indem ihr ein Beharren auf dem Bewährten entgegengesetzt wird. Aus evolutionärer Sicht gesehen mag dies einiges für sich haben, doch kann es letztlich nicht vor den Überraschungen und unvorhersehbaren Wendungen einer nichtlinear verlaufenden, komplex-evolutionären Entwicklung schützen.

Wenn wir jedoch, wie Ulrich Beck (dieser Band) meint, in einer Weltrisikogesellschaft jenseits der Versicherbarkeit angelangt sind – was bleibt dann an möglichen und alternativen Strategien? Wie kann, wie soll ein Begriff wie jener der nachhaltigen Entwicklung angesichts einer Zukunft eingelöst werden, in der immer wieder neue Ungewißheiten und Unbestimmtheiten erzeugt werden? Ist es doch gerade diese inhärente Unbestimmtheit, die immer wieder neue Entscheidungen herausfordert, die ihrerseits zu einer Vielzahl neuer Unbestimmtheiten führen. Ein Leitbild wie jenes der nachhaltigen Entwicklung setzt auf einen Entwicklungspfad, der sich angesichts der ungewissen Entwicklung und der vielen vorhandenen lokalen Instabilitäten so robust oder resilient wie möglich – und das heißt einer ungewissen Zukunft gegenüber offen und in multipler Weise anschlußfähig – erweisen soll. Statt auf das Kalkül einer universell geltenden Wahrscheinlichkeitstheorie zu setzen, die notwendigerweise die vielen unabwägbaren lokalen Variationen nur wahrscheinlichkeitstheoretisch generalisieren kann, trägt Resilienz den lokalen Variationen und den zeitlich fluktuierenden Instabilitäten Rechnung. Wo eine Vorhersehbarkeit der zukünftigen Entwicklung nicht möglich, geschweige denn beherrschbar ist, gewinnt der lokale, variable, zeitlich und räumliche Kontext an Bedeutung. Die Vielzahl multipler Endoperspektiven gewinnt Vorrang vor einer universellen oder generalisierbaren Exoperspektive. In einem Meer an Instabilität entstehen kleine Inseln von relativer Stabilität, die sich in einem emergenten, selbstorganisierenden Prozeß untereinander verbinden können.

Die Zukunft in einem von inhärenter Unbestimmtheit geprägten System offen zu halten, verlangt von einer endosoziologischen Perspektive ein Prozeßdenken, wie es bereits von Norbert Elias gefordert wurde. Elias war am Verstehen langfristiger gesellschaftlicher Entwicklungsprozesse interessiert, in denen sich in bestimmten, aber wandelnden Figurationen immer mehrere Entwicklungstränge und Prozesse verbanden. So interessierte ihn das langsame, langfristige Herausbilden von „Überlebenseinheiten", die vom nomadisierenden Stamm über die Herausbildung der Nationalstaaten zur gesamten Menschheit als Überlebenseinheit führt. Die jeweilige gesellschaftliche Überlebenseinheit wird auf jeder Entwicklungsstufe zum Bezugsrahmen vieler anderer Entwicklungsvorgänge und Strukturwandlungen. Jeder Durchbruch zu einer neuen Integrationsebene ist freilich immer ein prekäres Unternehmen. Nicht nur gingen und gehen solche Integrationsschübe mit zahlreichen untergeordneten Desintegrationsschüben Hand in Hand, sondern sie können auch jederzeit einem Rückfall in einen sich ausbreitenden Desintegrationsprozeß Platz machen. Gesellschaftliche Entwicklungsprozesse schließen die Begriffsentwicklung, das jeweils mit hervorgebrachte, synthesierende Wissen und die Symbolbildung, die auf jeder Synthese- oder Integrationsebene erfolgt, mit ein.

Es ist wichtig, den zentralen Stellenwert, den Wissen und Wissensentwicklung einnehmen, hervorzuheben. Wissen ist kein Epiphänomen, das auf einer der Gesellschaftsentwicklung über- oder nachgeordneten Metaebene zur Reflexion des Geschehnisses angesiedelt ist. Es ist nicht ein jederzeit abtrennbarer Teil eines „reflexiven Modernisierungsprozesses", sondern Bedingung und Bestandteil der Art und Weise, wie Gesellschaften zu neuen Integrationsstufen gelangen und wie sich neue Überlebenseinheiten als Vorgabe und Ergebnis eines Entwicklungsprozesses zugleich konstituieren. Dies kommt bei ansonsten so unterschiedlichen Autoren wie Elias, Vernadsky oder Whitehead (Whitehead 1929) zum Ausdruck. Nur so wird verständlich, warum die Frage nach der „Großen Evolution" auf die Klärung der Beziehung zwischen biologischer Evolution, gesellschaftlicher Entwicklung und der Erweiterung des menschlichen Orientierungshorizonts durch wissenschaftliches und anderes Wissen und ihre multiplen gegenseitigen Abhängigkeiten drängen muß. Denn: „Die natürliche Konstitution menschlicher Lebewesen bereitet sie vor, voneinander zu lernen, mit anderen zu leben, von anderen umsorgt zu werden und für andere zu sorgen. Es ist schwer sich vorzustellen, wie Sozialwissenschaftler ein klareres Verständnis der Tatsache erlangen können, daß die Natur die Menschen für das Leben in der Gesellschaft vorbereitet, ohne Aspekte des Evolutionsprozesses und der gesellschaftlichen Entwicklung der Menschheit in ihr Blickfeld aufzunehmen" (Elias 1989: 145).

An der Schnittstelle dieser Evolutionsprozesse, der biologischen, geochemisch-physikalischen und der gesellschaftlich-kulturellen, berühren einander zwei Integrationsebenen, die in relativer Autonomie voneinander getrennt und dennoch miteinander verbunden sind. An dieser Schnittstelle entsteht auch das Neue in der Evolution: die menschliche Fähigkeit, sich der Sprache zu bedienen und miteinander durch Symbole zu kommunizieren. Für Norbert Elias hat die blinde Erfindungsmacht der Natur, die die Menschen befähigt, ihr eigenes Verhalten durch erlerntes Wissen zu kontrollieren, einen großen Überlebensvorteil mit sich gebracht. Der menschlichen Entwicklung, selbst wenn sie prekär, weil jederzeit umkehrbar ist, ist eine Gerichtetheit eingeschrieben. Die Menschheit kann sich durch Wissen emanzipieren. Unsere Überlebenschancen lassen sich steigern, indem das Wissen, das durch Symbolbildung, -verarbeitung und Kommunikation hervorgebracht wird, „wirklichkeitskongruenter" wird. Wenn diese Wirklichkeit jedoch selbst einer evolutionären Dynamik unterliegt, wenn sich das, was unsere Auffassung von Wirklichkeit ist, ebenso als prozessuales Geschehen weiter entwickelt, dann gilt dies notwendigerweise auch für das Kriterium der Wirklichkeitskongruenz.

Prozeßdenken bedeutet dann ein verstärktes Einlassen auf die durch den jeweiligen Wirklichkeitsraum sich eröffnenden Möglichkeitsräume. Dies hat wenig mit dem utopischen Denken und der Sehnsucht nach Alternativen zu tun, wie es als Geste des Widerstands einer gegen den mainstream gerichteten sozialen Bewegung in den 70er Jahren verbreitet war. Noch ist es der effektvollen symbolischen Politik einer inzwischen hochprofessionalisierten und mediatisierten Umweltbewegung, wie sie von Greenpeace praktiziert wird, verwandt. Es schwankt auch nicht zwischen der enthusiastischen Zuwendung an eine konstruktivistische „soziale Gestaltung der Technik" oder der technoökologischen Umwelt und einer zutiefst pessimistischen Abwehr der sich dabei manifestierenden Mächte, wie sie etwa von Jacques Ellul vertreten wurde (Winner 1995). Bei der Erkundung neuer Möglichkeitsräume mag das methodische Instrumentarium der Komplexitätswissenschaften, die Simulation und Modellierung, auch für die Sozialwissenschaften ihren Reiz und Nutzen haben, wie Rapoport (dieser Band) ausführt. Doch wie die Beiträge von Dietrich Dörner (dieser Band) und von Bruno Frey (dieser Band) zeigen, bleibt es ein Instrumentarium, dessen sich eröffnende Möglichkeitsräume durch eine mögliche Wirklichkeit überprüfbar bleiben müssen. Ansonsten entsteht eine ‚content-free science' – ein Glasperlenspiel mit Hilfe des Computers.

Auch die Sozialwissenschaften haben längst begonnen, sich von Descartes' Suche nach unverbrüchlicher Gewißheit zu verabschieden. Sie begnügen sich mit provisorischen Gewißheiten; sie üben sich erneut in moralischer Aufmerksamkeit. Gesucht wird dabei mehr als die alten Gewißheiten, die auf dem einst so sicher scheinenden Boden der positivistischen Empirie hervorsprossen. Wollen sie nicht im postmodernen Lamento oder in gespielter moralischer Gleichgültigkeit untergehen, müssen die Sozialwissenschaften eine neue Wachheit und Aufmerksamkeit kultivieren, die sich ihrer Ursprünge als ‚moral sciences' besinnt und sich dennoch anschickt, diese für die Aufrechterhaltung des demokratischen Diskurses und demokratischer Partizipationsmöglichkeiten im 21. Jahrhundert zu adaptieren. Moralische Aufmerksamkeit ist im Wissen und in der Reflexion über die soziale Situiertheit dieses Wissens und somit in seiner Kontextualisierung begründet. Doch sie nimmt gleichzeitig die widersprüchlichen Erwartungen ernst, die an dieses Wissen und seine Verwendung geknüpft sind. Wolf Lepenies hat hierbei ‚sozialwissenschaftliche Theorien mit ausgeprägter Bodenhaftung' vor Augen, die empirisch vielschichtig vorgehen. Die Sozialwissenschaften sind Möglichkeitswissenschaften: „Hier geht es nicht mehr um die ‚Suche nach Wirklichkeit'. Die Wirklichkeit ist da, sie muß mit empirischen Mitteln erfaßt, aber – was weit wichtiger ist – sie muß vor allem auf die in ihr liegenden Möglichkeiten befragt werden. Die Sozialwissenschaften prägt ihr Möglichkeitssinn" (Lepenies 1995: 32ff.).

Zeit, Umwelt, Komplexität – am Beispiel einer endosoziologischen Umweltforschung – laden dazu ein, diesen Möglichkeitssinn zu erproben.

Literatur

Adam, Barbara, 1993: Time and Environmental Crisis. An Exploration with Special Reference to Pollution, Innovation 6: 399-413.
Beck, Ulrich, 1996: Weltrisikogesellschaft, Weltöffentlichkeit und globale Subpolitik – Ökologische Fragen im Bezugsrahmen fabrizierter Unsicherheiten. In: *Andeas Diekmann* und *Carlo C. Jaeger* (Hg.): Sonderheft 36 der Kölner Zeitschrift für Soziologie und Sozialpsychologie. Opladen: Westdeutscher Verlag.
Douglas, Mary, 1992: Risk and Blame. Essays in Cultural Theory. London: Routledge.
Dörner, Dietrich, 1996: Der Umgang mit Unbestimmtheit und Komplexität und der Gebrauch von Computersimulationen. In: *Andreas Diekmann* und *Carlo C. Jaeger* (Hg.): Sonderheft 36 der Kölner Zeitschrift für Soziologie und Sozialpsychologie. Opladen: Westdeutscher Verlag.
Elias, Norbert, 1989: The Symbol Theory. London: Sage Publications.
Ewald, François, 1989: Die Versicherungsgesellschaft, Kritische Justiz 22: 385-393.
Ezrahi, Yaron, 1990: The Descent of Icarus. Science and the Transformation of Contemporary Democracy. Cambridge, Mass.: Harvard University Press.
Foucault, Michel, 1984: Histoire de la sexualité, vol. 3. Le souci de soi. Paris: Gallimard.
Frey, Bruno S., und *Iris Bohnet*, 1996: Tragik der Allmende: Einsicht, Perversion und Überwindung. In: *Andreas Diekmann* und *Carlo C. Jaeger* (Hg.): Sonderheft 36 der Kölner Zeitschrift für Soziologie und Sozialpsychologie. Opladen: Westdeutscher Verlag.
Gillwald, Katrin, 1995: Ökologisierung von Lebensstilen. Argumente, Beispiele, Einflußgrößen. Berlin: Wissenschaftszentrum für Sozialforschung, FS III 95-408.
Hart, David M., und *David Victor*, 1993: Scientific Elites and the Making of US Policy for Climate Change Research, Social Studies of Science 23: 643-80.

Hobsbawn, Eric, 1994: Age of Extrems. The Short Twentieth Century. London: Michael Joseph.
Holling, C. S., 1994: An Ecologist View of the Malthusian Conflict. S. 79-103 in: *Kerstin Lindahl Kiessling* und *Hans Landberg* (Hg.): Population, Economic Development and the Environment. The Making of Our Common Future. Oxford: Oxford University Press.
Holling, C. S., 1986: The Resilience of Ecosystems. Local Surprise and Global Change. S. 292-317 in: *W. C. Clark* und *R. E. Munn* (Hg.): Sustainable Development of the Biosphere. Cambridge: Cambridge University Press.
Jaeger, Carlo C., und *Arnd Weber,* 1988: Lohndynamik und Arbeitslosigkeit, Kyklos 41: 479-506.
Jantsch, Erich, 1980: The Self-Organizing Universe. Scientific and Human Implications of the Emerging Paradigm of Evolution. Oxford: Pergamon Press.
Kampis, Georg, und *Peter Weibel,* (Hg.), 1993: Endophysics. The World From Within. A New Approach to the Observer-Problem with Applications in Physics, Biology and Mathematics. Santa Cruz: Aerial.
Kampis, Georg, 1994: Biological Evolution as a Process Viewed Internally. S. 85-110 in: *H. Atmanspacher* und *G. J. Dalenoort* (Hg.): Inside Versus Outside: Endo- and Exo-Concepts of Observation and Knowledge in Physics, Philosophy and Cognitive Science. Berlin: Springer Verlag.
Lepenies, Wolf, 1995: Die Sozialwissenschaften nach dem Ende der Geschichte: „Gesellschaften im Umbau", Kongreß der Schweizerischen Sozialwissenschaften, Bern, 12. Oktober 1995. Ms.
Maynard Smith, John, und *Eörs Szathmáry,* 1995: The Major Transitions in Evolution. Oxford: W.H. Freeman.
Newby, Howard, 1991: One World, Two Cultures. Sociology and the Environment, Network 50: 1-8.
Nowotny, Helga, 1995: Times of Complexity. Presidential Address, International Society for the Study of Time. 9th International Conference, St. Adèle (Québec), July 2-8. Ms.
Nowotny, Helga, 1994: Die Bedeutung der Dimension Zeit in Umwelt und Entwicklung. S. 105-122 in: *Arnulf Grübler, Otmar Höll, Walther Lichem* und *Christian Rakos* (Hg.): Umwelt und Entwicklung. Wien: Jugend & Volk.
Pimm, Stuart, 1984: The Complexity and Stability of Ecosystems, Nature 307: 321-326.
Rössler, Otto, 1992: Endophysik. Die Welt des inneren Beobachters. Berlin: Merve.
Rapoport, Anatol, 1996: Der systemische Ansatz in der Umweltsoziologie. In: *Andreas Diekmann* und *Carlo C. Jaeger* (Hg.): Sonderheft 36 der Kölner Zeitschrift für Soziologie und Sozialpsychologie. Opladen: Westdeutscher Verlag.
Sachs, Wolfgang, 1993: Die lebende Erde. Ein technogener Mythos mit Folgen für Wissenschaft und Technik. S. 61-77 in: *Ursula Hoffmann* (Hg.): Wunschträume Knickträume. Berlin: Wissenschaftszentrum für Sozialforschung Papers, FS II 93-101.
Schweber, Sam, 1995: The Metaphysics of Science at the End of a Heroic Age. Unveröffentl. Ms.
Serafin, Rafal, 1987: Vernadsky's Biosphere, Teilhard's Noosphere and Lovelock's Gaia. Perspectives on Human Intervention in Global Biochemical Cycles. Laxenburg: IIASA WP-87-96.
Vernadsky, Vladimir, 1945: The Biosphere and Noosphere, American Scientist 33: 1-12.
Whitehead, Alfred North, 1929: Process and Reality. New York: MacMillan.
Winner, Langdon, 1995: The Enduring Dilemmas of Autonomous Technique, The Bulletin of Science, Technology & Society 15: 67-72.

HUMANÖKOLOGIE UND DER BLINDE FLECK DER WISSENSCHAFT*

Carlo C. Jaeger

Zusammenfassung: Umweltprobleme passen selten in das Raster bestehender wissenschaftlicher Disziplinen. Im Rahmen der Soziologie hat das Forschungsprogramm der Humanökologie seit Beginn dieses Jahrhunderts zu einer Reihe von Arbeiten geführt, welche einen explizit integrativen Anspruch erheben. Die Humanökologie griff schon früh Konzepte der Systemtheorie auf, welche bei der Entstehung der heutigen Umweltdebatte eine entscheidende Rolle spielen sollten. Allerdings ist mittlerweile die Umweltdebatte durch ein anderes Paradigma: das „Rational Actor Paradigm" (RAP), geprägt. Es hat zur Analyse von Umweltproblemen als sozialen Dilemmata geführt und zur Entwicklung marktwirtschaftlicher Instrumente des Umweltschutzes. Diese verstricken sich jedoch in erhebliche Vollzugsprobleme, wann immer umweltpolitische Entscheidungen nicht auf inhaltlich zuverlässiges und sozial akzeptiertes Expertenwissen abgestützt werden können. Deshalb sind neuere humanökologische Arbeiten wichtig, welche die Rolle wissenschaftlicher Laien bei der Lösung von Umweltproblemen betonen. Sodann weist RAP gerade in der Behandlung wirtschaftlicher Fragen erhebliche Schwächen auf. Zu ihrer Überwindung bietet sich eine humanökologische Theorie kultureller Evolution an. Sie kann wichtige Aspekte einer innovationsorientierten Wirtschaft beleuchten und zugleich Einsichten der kritischen Theorie aufgreifen. Daraus ergeben sich sowohl fruchtbare Forschungsperspektiven als auch praktische Handlungsempfehlungen im Hinblick auf die heutige Umweltkrise.

I. Einleitung

„An einem Sommernachmittag ruhend einem Gebirgszug am Horizont oder einem Zweig folgen, der seinen Schatten auf den Ruhenden wirft – das heißt die Aura dieser Berge, dieses Zweiges atmen", schrieb Walter Benjamin vor über einem halben Jahrhundert (Benjamin [1935] 1980: 440). Sein Denkbild bringt ein Glück zur Sprache, dessen – erlebter und noch mehr befürchteter – Verlust einen Grundzug der gegenwärtigen Umweltkrise darstellt. Die Umweltkrise ist nicht einfach ein „objektiver" Sachverhalt, noch weniger ist sie bloß „subjektive" Einbildung. Es ist gerade die Beziehung von Subjekt und Objekt, die in dieser Krise erschüttert wird. Derartige Veränderungen sind ein wesentliches Thema der Soziologie, denn: „Innerhalb großer geschichtlicher Zeiträume verändert sich mit der

---

* Für hilfreiche Diskussionen und Kommentare danke ich O. Edenhofer, S. Funtowicz, B. Kasemir, C. Pahl-Wostl, S. Rayner, O. Renn, M. Rohner, E. Rosa, A. Rust, W. Schneider, R. Schüle, B. Truffer, M. Wächter und T. Webler. Die Verantwortung für allfällige Fehler liegt bei mir.
Der vorliegende Beitrag beruht auf Forschungsarbeiten, die durch das Projekt Nr. 4031-33525 (NFP 31) des SNF (Schweizerischer Nationalfonds) sowie durch den Projektverbund „CLEAR" des Schwerpunktprogramms Umwelt des SNF unterstützt wurden.

gesamten Daseinsweise der historischen Kollektiva auch ihre Wahrnehmung" (ebenda: 439).

Benjamins Anliegen war es, den historischen Schock zu begreifen, den er als „die Zertrümmerung der Aura" bezeichnete (ebenda). Er untersuchte diesen Schock an Veränderungen im sozialen Gebrauch von Kunstwerken, insbesondere am Unterschied zwischen Malerei und Film. Er war überzeugt, daß auf diesem Weg Aufschluß über eine Gesellschaft zu gewinnen sei, die den Faschismus hervorbrachte. Gemäß seinem Denkansatz verfiel im Zuge der industriellen Revolution die Aura von Menschen und Dingen – Zusammenhänge und Beziehungen, die vordem unauflöslich schienen, wurden nun frei manipulierbar. Das ermöglichte die Emanzipation von vielerlei Lasten der Vergangenheit. Doch es ermöglichte auch einen wahnhaften Wahrnehmungsmodus, in dem Millionen von Menschen den Zusammenhang zwischen ihren Lebensperspektiven und umfassenden gesellschaftlichen Entwicklungen fast völlig aus den Augen verloren.

Eben dadurch wurden viele von ihnen bereit, sich als Kollektiv auf Leben und Tod einem einzelnen Irren anzuvertrauen. Benjamin begriff das schon früh mit Bezug auf Hitler; er realisierte nicht, daß es auch mit Bezug auf Stalin galt. Das Grauen, dessen Ausbruch er nicht überlebte, ist heute Vergangenheit. Wer die Ökokatastrophe als Zukunft erwartet, sollte nicht übersehen, welch apokalyptische Katastrophe hinter uns liegt. Es ist zu hoffen, daß im 21. Jahrhundert eine Bewältigung der globalen Umweltkrise mit weniger Schrecken gelingen wird, als sie die totalitären Amokläufe des 20. Jahrhunderts verbreitet haben.

Heute sind es die Veränderungen der Gebirgszüge und der Zweige selbst, an denen die Zertrümmerung der Aura erfahren wird. Wichtiger als die Kunst ist für die entsprechende Veränderung der menschlichen Naturwahrnehmung die Wissenschaft. In dieser Perspektive befaßt sich der vorliegende Aufsatz mit der wissenschaftlichen, speziell der sozialwissenschaftlichen, Wahrnehmung von Mensch-Umwelt-Beziehungen. Dabei verspricht die Untersuchung der Veränderungen sozialer Wahrnehmung Aufschluß über eine Gesellschaft, welche sich durch die Gefährdung ihrer Umwelt selbst bedroht.

Ein solches Vorgehen paßt gut zum gegenwärtigen Stand der Umweltdebatte. Denn die verschiedensten Ansätze zur Erklärung anthropogener Umweltschäden „teilen ein gemeinsames Merkmal: sie beziehen die Umweltproblematik auf eine Art ‚mangelhafter Sichtweise' oder Blindheit, welche die Perspektive der Entscheidungsträger in einer der Natur abträglichen Art und Weise verzerrt" (Berger 1994: 786). Ein gutes Beispiel bietet Luhmanns (1986) These, wonach die heutige Gesellschaft in Subsysteme zerfalle, von denen keines in der Lage sei, die Beziehung dieser Gesellschaft zu ihrer Umwelt – wozu auch, aber keineswegs nur, die biophysische Umwelt gehöre – angemessen zu reflektieren.

Es ist, als hätte jedes Subsystem in seiner Wahrnehmung einen blinden Fleck, und zwar jedes einen anderen. Auch die Wissenschaft hat in dieser Sicht ihren blinden Fleck, da ihre Vorgehensweise notwendig dazu führt, daß bedeutende Aspekte der Wirklichkeit in der wissenschaftlichen Erkenntnis ausgeblendet werden. Das ist an sich auch kein Problem. Das wirkliche Problem ist die Unfähigkeit der Subsysteme, die unvermeidbare Begrenzung ihres jeweiligen Wahrnehmungsvermögens in einem gemeinsamen Kommunikationszusammenhang zu reflektieren und eben dadurch zu überwinden.

Dieses Problem ist schon innerhalb der wissenschaftlichen Institutionen durch die Zersplitterung der Wissenschaft in eine Vielzahl spezialisierter Disziplinen gegeben. Gerade im Hinblick auf Umweltprobleme liegt darin eine ernsthafte Schwierigkeit, da diese Probleme selten in das Raster bestehender Disziplinen passen. Allerdings hat es auch immer wieder Versuche gegeben, der Zersplitterung der Wissenschaft entgegenzuwirken. Im Rahmen der Soziologie hat insbesondere das Forschungsprogramm der Humanökologie seit Beginn dieses Jahrhunderts zu einer Reihe von Arbeiten geführt, welche einen explizit integrativen Anspruch erheben. Die Humanökologie griff schon früh Konzepte der Systemtheorie auf, welche später bei der Entstehung der heutigen Umweltdebatte eine entscheidende Rolle spielen sollten. Die Bedeutung der Systemtheorie für das humanökologische Forschungsprogramm wird deshalb im Anschluß an diese Einleitung erörtert (Abschnitt II).

Allerdings ist mittlerweile die Umweltdebatte durch ein anderes Paradigma: das „Rational Actor Paradigm" (RAP), geprägt. Es hat zur Analyse von Umweltproblemen als sozialen Dilemmata geführt und zur Entwicklung marktwirtschaftlicher Instrumente des Umweltschutzes. RAP identifiziert als Ursache der Umweltkrise einen blinden Fleck der heutigen Wirtschaft, der mit einer marktwirtschaftlich orientierten Umweltpolitik zu beseitigen sei. Damit wird die Umweltsoziologie mit einer weitreichenden Herausforderung konfrontiert (Abschnitt III). Der blinde Fleck der Wissenschaft allerdings ist für RAP kein Thema. Deshalb werden neuere humanökologische Arbeiten wichtig, welche in neoinstitutionalistischer Manier betonen, welch wesentliche Rolle wissenschaftliche Laien bei der Lösung von Umweltproblemen spielen müssen (IV). Darüber hinaus stellt sich die Frage, wie die gravierenden Schwächen von RAP in der Behandlung wirtschaftlicher Fragen behoben werden können. Diese Schwächen sind weniger mit einem unvermeidbaren blinden Fleck als mit einer durchaus vermeidbaren Wahrnehmungsstörung zu vergleichen. Zu ihrer Überwindung bietet sich eine humanökologische Theorie kultureller Evolution an. Sie kann wichtige Aspekte einer innovationsorientierten Wirtschaft beleuchten und zugleich Einsichten der kritischen Theorie aufgreifen (V). Daraus ergeben sich sowohl fruchtbare Forschungsperspektiven als auch praktische Handlungsempfehlungen im Hinblick auf die heutige Umweltkrise.

II. Humanökologie und Systemtheorie

Das Thema der Umweltsoziologie ist nicht einfach „Umwelt", sondern die Beziehung zwischen Gesellschaft und Umwelt (vgl. dazu den Beitrag von Renn in diesem Band). Dagegen sperrt sich allerdings die überlieferte Form wissenschaftlicher Arbeitsteilung. Wie viele SoziologInnen verfügen über ein ernsthaftes Verständnis naturwissenschaftlicher Zusammenhänge und deren mathematischer Analyse? Wieviele ExpertInnen aus dem naturwissenschaftlich-technischen Bereich sind in der Lage, sozialwissenschaftliche Argumente abzuwägen und ihre eigene Arbeit in einem gesellschaftlichen Kontext zu sehen?

Vor diesem Hintergrund verdient ein Forschungsprogramm Beachtung, das seit Anfang dieses Jahrhunderts in der Soziologie und in verwandten Wissenschaften versucht, eine Brücke zwischen Natur- und Sozialwissenschaften zu schlagen: das Forschungsprogramm der Humanökologie. Es entstand nach dem Ersten Weltkrieg im Rahmen der Chicago-Schule der Soziologie (zur Frühgeschichte der Humanökologie vgl. Gaziano 1996). Park (1925), einer der Gründer der Humanökologie, skizzierte in seinem Aufsatz „The Urban

Community as a Spatial Pattern and a Moral Order" wichtige Elemente des humanökologischen Forschungsprogramms. Dabei wird die Leiblichkeit der Menschen entschiedener in den Vordergrund gerückt als in den meisten sozialwissenschaftlichen Ansätzen.

Wie alle Lebewesen bilden Menschen komplexe räumliche Strukturen, welche ihr Zusammenleben in hohem Maße prägen. Die Einwanderungswellen in eine Metropole wie Chicago etwa wurden von Park und seinen Kollegen in Analogie zu den von Pflanzenökologen beschriebenen Sukzessionsmustern untersucht. Die Entstehung von Slums und Ghettos wurde dabei ebenso thematisiert wie jene von Villen- und Geschäftsvierteln. Im Unterschied zu anderen Lebewesen ist jedoch das Zusammenleben der Menschen ganz wesentlich eine Frage moralischer Ordnungen. Nach der Auffassung Parks werden menschliche Individuen erst durch den Versuch, sich in solchen Ordnungen zurechtzufinden, zu Personen. Die Spannung zwischen dem Gewicht räumlicher Zusammenhänge, in denen wir Menschen als leibliche Wesen stehen, und der Bedeutung moralischer Ordnungen, an denen wir als verantwortungsfähige Personen teilhaben, ist ein zentrales Thema des humanökologischen Forschungsprogramms.

Die Vertreter der Chicago-Schule entwickelten kein ausformuliertes theoretisches Gebäude, doch es ist deutlich, daß sie manchmal hofften, die Bewegungen menschlicher Individuen im Raum mit einer axiomatischen Struktur zu erfassen, ähnlich wie es einst Newton für physikalische Körper gelungen war. (Es ist deshalb nicht ganz unverständlich, daß Barrows (1923) in einer Präsidialansprache der Association of American Geographers vorschlug, fortan Geographie direkt als Humanökologie weiterzuentwickeln; eine neuere Diskussion der Beziehung zwischen Geographie und Humanökologie findet sich bei Steiner/Nauser 1993.) Diesem Versuch einer humanökologischen Mechanik war allerdings wenig Erfolg beschieden. Das ist aus zwei Gründen leicht verständlich. Zum einen war das Programm einer sozialen Physik zu der Zeit bei den Ökonomen schon viel weiter gediehen. Zum anderen ging auf diesem Weg gerade die Spannung zwischen leiblicher Existenz und moralischer Ordnung, die das humanökologische Forschungsprogramm mitkonstituierte, verloren.

Ganz anders setzte Hawleys hartnäckiger Versuch an, die theoretischen Schwächen der Chicago-Schule zu überwinden (Hawley 1950, 1981, 1986). Hawley behielt die Idee einer axiomatischen Theorie bei, aber statt soziale Phänomene in Begriffen räumlicher Bewegungen von Individuen erklären zu wollen, suchte er nach einer strikt sozialen Theorie, welche auf Aussagen über Individuen völlig verzichten sollte. Ein Hauptmerkmal dieses Ansatzes ist die Übertragung des Konzepts eines ökologischen Gleichgewichts von Ökosystemen auf soziale Systeme, welche in ein größeres Umfeld eingebettet sind. Hawley griff mit anderen Worten das Instrumentarium der Systemtheorie auf, um das humanökologische Forschungsprogramm weiterzuentwickeln. Schon früh brachte er damit eine Begrifflichkeit ins Spiel, welche in der Folge die Debatte zur Umweltkrise maßgebend strukturieren sollte.

Die heutige Umweltdebatte setzte in den 60er Jahren dieses Jahrhunderts ein. Bemerkenswerterweise entsprang sie an der Schnittstelle von wissenschaftlichen Institutionen und politischer Öffentlichkeit. Ausgelöst wurde sie durch ein Zusammentreffen mehrerer Entwicklungen. Erstens nahmen dank der historisch beispiellosen Ausweitung wissenschaftlich fundierter und kommerziell eingesetzter Technologien anthropogene Umweltschäden in gewaltigem Maße zu. Zweitens gewann dank dem historisch ebenso beispiellosen Wachstum an massenhaftem Wohlstand der Wunsch nach einer ästhetisch ansprechenden und von gesundheitlichen Risiken möglichst freien Umwelt an Gewicht, da der Kampf ums nackte Überleben für breite Bevölkerungsschichten nicht mehr im Vordergrund stand. Drittens verlor angesichts der Realität technisierter Kriege und atomarer Rüstung der wissenschaftlich-technische Fortschritt viel von der fraglosen Legitimität, die er seit den Tagen der Aufklärung genossen hatte.

Viertens entstand mit der Systemtheorie ein begriffliches Instrumentarium, das eine Überwindung der Fragmentierung der Wissenschaft in eine Vielzahl von Disziplinen, die kaum mehr miteinander kommunizieren können, versprach. In der Umweltdebatte fand dieser Ansatz seinen bisher wohl einflußreichsten Ausdruck im Bericht des Club of Rome zu den Grenzen des Wachstums. Im vorliegenden Band gibt der Beitrag von Rapoport einen aktuellen Einblick in die Möglichkeiten einer systemtheoretischen Untersuchung von Umweltproblemen.

In der Systemtheorie schossen zunächst ganz verschiedene Denkansätze zusammen. Da waren einmal die Versuche von Elektroingenieuren, dynamische Strukturen aus einer Vielfalt interagierender Elemente so darzustellen, daß ein meßbares Verhalten des Gesamtsystems überschaubar wurde. Dazu kamen die Vorschläge von Mathematikern, dynamische Systeme so zu modellieren, daß ihre Steuerung angesichts äußerer Störungen untersucht werden konnte. Ein weiterer einflußreicher Beitrag war Whiteheads (1929) Prozeßphilosophie. Whitehead hatte früher gemeinsam mit Russell die Paradoxien der Mengenlehre zu beseitigen versucht. Dazu konzipierten sie die Mathematik als eine Wissenschaft, welche Mengen untersucht, die ihrerseits wieder Elemente höherstufiger Mengen sein können. Der Realitätsbezug des ganzen Gedankengebäudes wird in dieser Sicht dadurch gesichert, daß die unterste Stufe von Mengen reale Objekte umfaßt. Nun schlug Whitehead ein Begriffsnetz vor, welches erfassen sollte, wie sich im Lauf der Zeit in der realen Welt immer neue Wesen bilden, die sich ebenso durch einen inneren Zusammenhang wie durch eine äußere Einbettung auszeichnen. Die Welt der mathematischen Gebilde sah er dabei als Beschreibung der Fülle von Möglichkeiten, von denen manche im Lauf der Welt realisiert werden. Schließlich ist der kulturanthropologische Beitrag von Bateson (1978) zu erwähnen. Er benutzte die mengentheoretischen Paradoxien, welche Whitehead und Russell inspiriert hatten, als Modelle geistiger Verstrickung. Das führte ihn dazu, eine Theorie menschlicher Kommunikation zu formulieren, in der die Entstehung von Schizophrenie ebenso wie das Problem anthropogener Umweltschäden untersucht werden konnte.

In der Folge profitierte die systemtheoretische Untersuchung von Umweltproblemen von zwei weiteren Entwicklungen. Erstens wurde in der biologischen Ökologie der Begriff des Ökosystems zu einer Schlüsselkategorie. Wie wir am Beispiel Hawleys gesehen haben, wurde das naturwissenschaftliche Konzept des Ökosystems auch von manchen Sozialwissenschaftlern als hilfreiche Metapher aufgegriffen. Zweitens entstand mit der Computertechnologie eine völlig neue Möglichkeit, dynamische Systeme zu modellieren. Die Berechnungen, die von Menschenhand mit Papier und Bleistift durchgeführt werden können, unterliegen einschneidenden Kapazitätsbeschränkungen. Deshalb konzentrierten sich die quantitativ orientierten Wissenschaften lange Zeit auf die Untersuchung von Prozessen, deren Verhalten durch die analytische Lösung von Gleichungssystemen beschrieben werden konnte. Es steht jedoch außer Frage, daß es eine Unzahl von Systemen gibt, deren Dynamik auf diesem Wege nicht erfaßbar ist. Sie kann nur untersucht werden, indem aufgrund vorgegebener Ausgangsbedingungen der weitere Verlauf numerisch berechnet wird. Das gilt insbesondere für viele Netzwerke – von Organismen, Neuronen, Personen, Institutionen –, die sich aufgrund ihrer inneren Dynamik sprunghaft verändern können. Mit der Computertechnik wurde es erstmals möglich, mit Hilfe von Simulationsmodellen derartige Systemdynamiken in großem Umfang zu untersuchen (vgl. auch den Beitrag von Dörner in diesem Band).

Zweifellos ist die Umweltdebatte ganz entscheidend durch eine systemtheoretische Begrifflichkeit geprägt. Man könnte deshalb vermuten, daß die systemtheoretische Forschungstradition in der Soziologie, die im Anschluß an die Arbeiten von Parsons (1951) entwickelt wurde, in dieser Debatte eine prominente Rolle spielt. Das ist jedoch keineswegs der Fall. Die Überlegungen von Luhmann (1986) stellen die Ausnahme dar, welche die Regel bestätigt. Diese eigentümliche Situation hat wohl einiges damit zu tun, daß die meisten soziologischen Systemtheoretiker nie gelernt haben, die Sprache der Mathematik zu gebrauchen. Darüber hinaus teilen sie mit anderen soziologischen Ansätzen das Bedürfnis, ihre eigenständige Bedeutung gegenüber den Natur- und Ingenieurwissenschaften durch eine dezidierte methodische und thematische Abgrenzung hervorzuheben.

Demgegenüber betont das Forschungsprogramm der Humanökologie gerade die Fruchtbarkeit von Grenzgängen zwischen Natur- und Sozialwissenschaften. Und die erwähnten Arbeiten von Hawley haben schon früh versucht, die systemtheoretische Begrifflichkeit in einer solchen Perspektive nutzbar zu machen. Hawleys theoretische Überlegungen haben den empirischen Arbeiten, die unter den Begriffen soziale Ökologie und Stadtökologie zusammengefaßt werden, wichtige Impulse gegeben. Erstere befaßt sich mit den Interaktionen zwischen Organisationen und deren sozioökonomischem Umfeld (Emery/Trist 1972; Micklin/Choldin 1984; Hannan/Freeman 1989). Letztere hat eine beeindruckende Serie von stadtsoziologischen Untersuchungen hervorgebracht (Berry/Kasarda 1977).

In mancher Hinsicht setzten diese Untersuchungen die Studien der Chicago-Schule fort. Aber jetzt wurden neue Instrumente gebraucht, beispielsweise die Mathematik der Faktorenanalyse mit Hilfe von Computern. Aus großen Mengen von Daten über die räumliche Verteilung zahlreicher Variablen, von Bevölkerungsdichte bis hin zu Steueraufkommen, wurde ein Konzentrat einiger wesentlicher Dimensionen hergestellt (ein Überblick findet sich bei Timms 1971: 54ff.). In modernen Städten scheint die wichtigste dieser Dimensionen der sozio-ökonomische Status ihrer verschiedenen Bewohner zu sein, während der Haushalts- oder Familientyp eine zweite wichtige Rolle spielt. Schließlich wurde in US-Städten die ethnische Zusammensetzung der Bevölkerung als eine unabhängige Dimension identifiziert. In Städten mit geringerer ethnischer Differenzierung – wie beispielsweise in einigen europäischen Fällen – spielen die Mobilitätscharakteristika der Bevölkerung eine vergleichbare Rolle (Friedrichs 1977: 187). Die Entdeckung dieser dreifachen Differenzierung zeitgenössischer Städte ist ein gewichtiges Forschungsergebnis, das einiges Licht auf die Problematik sozialer Subsysteme wirft. Welche Unzulänglichkeiten man im Ansatz der Humanökologie auch finden mag, eine solche Entdeckung belegt seine Fruchtbarkeit.

Im Kontext von Chicago-Schule und Stadtökologie bedeutete „Umwelt" eine städtische, weitgehend von Menschen geprägte Umwelt, die vor allem aus Gebäuden und Straßen besteht. In theoretischen Überlegungen wurde diese Umwelt oft als eine euklidische Ebene, in der Punkte und Linien angesiedelt sind, konzipiert. Die Ethnologie hingegen hat sich immer stark mit den Beziehungen zwischen menschlichen Kulturen und einer naturwüchsigen Umwelt beschäftigt. Hier umfaßt die Umwelt primär Ökosysteme und die Ressourcen, auf die Menschen und andere Lebewesen angewiesen sind. Unter anderen gehört der oben erwähnte Beitrag von Bateson (1978) in diese Tradition. (Der locus classicus für die Beziehungen zwischen Humanökologie und Ethnologie ist Steward 1955. Einen hervorragenden Überblick bietet Bargatzky 1986.)

Einen anderen Ansatz zur Untersuchung der Beziehung von Gesellschaft und Umwelt wählte Duncan (1964) mit dem POET-Konzept. Er schlug vor, bei der Untersuchung sozialer Systeme zu fragen, wie Bevölkerung (P für Population), Organisation (O), Umwelt (E für Environment) und Technik (T) miteinander zusammenhängen. Dieses Konzept wurde in der Folge zum IPAT Modell verfeinert (Ehrlich/Holdren 1971). Dieses stellt die Umweltbelastung (I für Impact) als Produkt von Bevölkerung (P), Wohlstand (A für Affluence) und Technik (T) dar. Neuere Arbeiten zur Humanökologie versuchen, diese Modellstruktur statistischen Schätzverfahren zugänglich zu machen (Rosa/Dietz 1994).

Insgesamt scheint das humanökologische Forschungsprogramm gut geeignet, die Errungenschaften der Systemtheorie zu nutzen, um die Zersplitterung der Wissenschaft zu überwinden und dadurch eine Bewältigung der von Menschen verursachten Umweltprobleme zu fördern. Mittlerweile sieht sich aber jeder systemtheoretische Zugang zur Umweltproblematik mit einem radikalen Einwand konfrontiert, daß nämlich die Untersuchung anthropogener Umweltprobleme gerade nicht von irgendwelchen sozialen Systemen ausgehen soll, sondern von den Individuen, welche diese Systeme konstituieren. Das ist der Ansatz der Umweltökonomie, der die Umweltdebatte inzwischen sehr viel stärker prägt als systemtheoretische Ansätze, und der in der Soziologie in der Rational Choice Theory seine Entsprechung findet.

III. Umweltdebatte und RAP: das „Rational Actor Paradigm"

Der systemtheoretische Zugang zur Umweltproblematik gipfelte in der Kritik am wirtschaftlichen Wachstum, das mit der Erhaltung ökologischer Gleichgewichte als unvereinbar erschien. Diese Kritik rief die Zunft der Ökonomen auf den Plan (z.B. Beckermann 1974), und zwar aus mindestens zwei Gründen. Erstens kam eine Kritik am wirtschaftlichen Wachstum all denen ungelegen, denen an eben diesem Wachstum liegt. Das gilt einerseits für privilegierte Akteure, die daran interessiert sind, durch Wirtschaftswachstum Verteilungskonflikte zu neutralisieren. Andererseits gilt es für all jene, die dem Wirtschaftswachstum einen vielleicht bescheidenen, aber jedenfalls erwünschten Wohlstand verdanken. Insbesondere, und das sollte sich für den weiteren Verlauf der Umweltdebatte als entscheidend erweisen, gilt es für die sogenannten Entwicklungsländer. Diesen erschien die ökologisch begründete Kritik des Wirtschaftswachstums als bedrohlicher Versuch der Reichen dieser Erde, der armen Mehrheit den Zugang zu vergleichbarem Reichtum zu verwehren.

Zweitens war an der systemtheoretisch geprägten Umweltdiskussion wissenschaftlich unbefriedigend, daß die Rolle von Preissignalen in marktwirtschaftlichen Systemen weitgehend ausgeblendet blieb. Niemand kann im Ernst leugnen, daß die Wechselwirkung zwischen der heutigen Menschheit und deren natürlicher Umwelt in sehr hohem Maße durch Preissignale gesteuert wird. Und wenn es darum geht, Preise zu erklären, steht heute eine ausgefeilte Theorie zur Verfügung, welche das Marktgeschehen als Interaktion zwischen einer Vielzahl rationaler Akteure analysiert.

In der Soziologie werden Ansätze, welche sich auf eine derartige Struktur beziehen, gerne unter dem Begriff der Rational Choice Theory zusammengefaßt (vgl. den Beitrag von Diekmann in diesem Band). Da jedoch derartige Ansätze in anderen Disziplinen, etwa den politischen Wissenschaften, der Betriebswirtschaftslehre und vor allem der Ökonomie, ebenfalls gepflegt werden, ziehe ich es vor, vom Rational Actor Paradigm, RAP, zu sprechen (Jaeger et al. 1995). RAP ist keineswegs auf die Untersuchung ökonomischer Prozesse beschränkt. Zu seinen wichtigsten Ursprüngen gehört ja insbesondere Hobbes' Analyse des Staates. Hobbes hatte argumentiert, daß die Menschen im Krieg aller gegen alle verharren können, obschon ein für alle Beteiligten angenehmerer Zustand gedeihlichen Zusammenlebens möglich wäre. Die Akteure sind mit anderen Worten in einem sozialen Dilemma gefangen. Und bekanntlich lassen sich viele Umweltprobleme als soziale Dilemmata untersuchen (vgl. dazu den Beitrag von Edenhofer in diesem Band).

In einer beeindruckenden intellektuellen Entwicklung, an der neben einer Vielzahl von Ökonomen und Mathematikern auch der Soziologe Pareto maßgebend beteiligt war, wurde es möglich, RAP in mathematischer Strenge zu verfeinern und auf eine Vielzahl empirischer Probleme anzuwenden. Dazu gehören insbesondere, aber eben keineswegs ausschließlich, wirtschaftliche Probleme. Es ist wichtig, sich die Grundstruktur von RAP zu vergegenwärtigen. Betrachten wir dazu eine beliebige Menge von Akteuren. Für jeden Akteur ist eine Menge möglicher Handlungen spezifiziert, aus denen eine ausgewählt werden kann. Zu den Handlungen kann auch gehören, daß Erwartungen über andere Akteure gebildet werden. In diesem Sinne wird in der Spieltheorie – einem wichtigen Anwendungsbereich von RAP – untersucht, wie ein Akteur Erwartungen bezüglich der möglichen Züge anderer Akteure bilden kann.

Die Situation eines Akteurs ist des weiteren durch einen Satz von Randbedingungen beeinflußt. Diese Randbedingungen können bestimmen, ob eine bestimmte Handlungsalternative realisierbar ist oder nicht, und sie können bestimmen, welche Konsequenzen eine Handlungsalternative hat. Wichtige Randbedingungen drücken technologische Zwänge in der Produktion von Gütern aus. Sie werden oft durch Produktionsfunktionen dargestellt. Zu den Randbedingungen mag auch der Sachverhalt gehören, daß die anderen Akteure bestimmte Eigenschaften haben. So wird in der Spieltheorie meist angenommen, daß die anderen Akteure ebenso rational sind wie der gerade betrachtete Akteur.

Akteure ordnen mögliche Handlungskonsequenzen gemäß ihren Präferenzen. Die Präferenzen mögen im Sinne der „bounded rationality" (im Anschluß an Simon 1955) eine grobe Einteilung in akzeptable und inakzeptable Situationen vornehmen. Auch setzen sie keineswegs vollständige Information voraus: Ein Akteur kann ohne weiteres ein Bündel von vage umrissenen Möglichkeiten einem anderen Möglichkeitsbündel vorziehen. Insbesondere können Präferenzen eine Unterscheidung zwischen akzeptablen und inakzeptablen Risiken ausdrücken. Präferenzordnungen können oft durch Nutzenfunktionen dargestellt werden.

Grundsätzlich versucht jeder Akteur, eine Handlung zu finden, deren Konsequenzen unter den gegebenen Randbedingungen im Sinne seiner Präferenzordnung optimal sind. Dabei liegt die Pointe der Untersuchung nicht in der Betrachtung eines einzelnen Akteurs, sondern in der Untersuchung der vielfältigen Interdependenzen und makroskopischen Konstellationen, die sich zwischen einer Vielzahl solcher Akteure herausbilden können. Und zwar wird der Zusammenhang zwischen den Akteuren dadurch hergestellt, daß die Randbedingungen eines Akteurs von den Handlungen der anderen abhängen.

Das Argument von Hobbes läßt sich in diesem Rahmen behandeln, indem etwa die Verteilung von Waffen auf die verschiedenen Akteure als relevante Randbedingung betrachtet wird. Wenn eine Vielzahl von Akteuren über Waffen vergleichbarer Stärke verfügt, so ist nach Hobbes mit dem Krieg aller gegen alle zu rechnen. Verfügt dagegen ein einzelner Akteur über ein Waffenarsenal von erdrückender Übermacht, so ist ein Gewaltmonopol herstellbar. Die übrigen Akteure verfügen dadurch zwar über weniger Handlungsoptionen. Gerade dadurch wird sich aber ihre Situation verbessern.

Drei Begriffe, die auch für die aktuelle Umweltproblematik bedeutsam sind, werden hier relevant. Der erste ist der Begriff des individuellen Optimums. Das ist jede Handlungskombination, welche für einen gegebenen Akteur unter gegebenen Randbedingungen optimal ist. Der zweite Begriff ist der des Nash-Gleichgewichts. Das ist eine Konstellation, in der alle Akteure ein individuelles Optimum realisieren. In einem Nash-Gleichgewicht realisiert jeder Akteur eine individuell optimale Antwort auf die Entscheide der anderen Akteure. Der dritte hier wichtige Begriff ist derjenige des Pareto-Optimums. Das ist eine Situation, gegenüber der kein Akteur besser gestellt werden kann, ohne daß ein anderer Akteur schlechter gestellt werden muß.

Die These von Hobbes lautet dann, daß bei ungünstiger (weil ausgeglichener) Waffenverteilung kein Pareto-optimales Nash-Gleichgewicht existiert, wohl aber bei günstiger (weil einseitiger) Waffenverteilung. Eine entscheidende Frage ist also, ob die Struktur der Randbedingungen dazu führt, daß Nash-Gleichgewichte und Pareto-Optima zusammenfallen oder nicht. Soziale Dilemmata beruhen darauf, daß das nicht der Fall ist. Wie wir gleich sehen werden, ist damit auch der RAP-Zugang zur Umweltproblematik markiert.

Dazu ist es nötig, unser Augenmerk auf die RAP-Analyse von Märkten zu richten. Die Randbedingungen beschreiben in diesem Zusammenhang zwei Situationsmerkmale: Die Vermögensausstattung der verschiedenen Akteure und die Preise der verschiedenen Güter. Die Handlungsalternativen betreffen Konsum- und Produktionsentscheide. Sie lassen sich als Listen von (konsumierten bzw. in der Produktion eingesetzten und hergestellten) Gütern darstellen. Der Siegeszug von RAP in der modernen Ökonomie, um nicht zu sagen in der zeitgenössischen Kultur, beruht wesentlich auf einer Reihe von mathematischen Sätzen, die in diesem Rahmen bewiesen wurden.

Das wichtigste dieser Theoreme bezieht sich auf die Interaktion zwischen einer großen Anzahl von Akteuren. Jeder Akteur läßt sich dabei durch wohlgeformte Nutzen- und Produktionsfunktionen für eine gegebene Menge von Gütern beschreiben, und jeder Akteur verfügt über eine gegebene Anfangsausstattung an diesen Gütern. (Auf den Begriff „wohlgeformt" komme ich in Abschnitt V zurück.) Die Akteure können neue Güter produzieren und zu vorgegebenen Preisen untereinander Güter tauschen. Der Marktmechanismus wird durch einen fiktiven Akteur dargestellt, der beliebige nicht-negative Preise vorgeben kann, und der sein individuelles Optimum erreicht, wenn für kein Gut die Nachfrage das Angebot übersteigt. Dann gibt es mindestens eine Kombination nicht-negativer Preise für alle betrachteten Güter, die ein Nash-Gleichgewicht ermöglicht. Eine solche Situation stellt ein sogenanntes Wettbewerbsgleichgewicht dar. Ein weiteres Theorem von ähnlicher Bedeutung besagt, daß unter diesen Umständen jedes Nash-Gleichgewicht ein Pareto-Optimum darstellt. Diese Theoreme liegen dem zeitgenössischen Verständnis der Marktwirtschaft als eines dezentralen Koordinationsmechanismus zwischen arbeitsteiligen Akteuren zugrunde.

Aus der Sicht von RAP gerät nun die Umweltproblematik ins Blickfeld, wenn wir bei der Analyse von Märkten die Güter unterteilen in natürliche Ressourcen und menschliche Produkte. Luftverschmutzung kann dann als Verbrauch der natürlichen Ressource „Luft" dargestellt werden. Zur Vermögensausstattung der Akteure gehören jetzt auch ihre jeweiligen Zugangschancen zu natürlichen Ressourcen. In diesem Rahmen läßt sich relativ leicht zeigen, daß Pareto-Optima und Nash-Gleichgewichte auseinanderfallen, wenn es Ressourcen gibt, deren Preis nicht positiv werden kann. Das ist von Bedeutung für Ressourcen wie unberührte Landschaften, Grundwasser, reine Luft, die tropischen Regenwälder, die stratosphärische Ozonschicht und viele mehr. Ein analoges Problem entsteht, wenn die Produktion von Dienstleistungen, welche den Erhalt oder die Regeneration natürlicher Ressourcen fördern könnten, keinen positiven Preis abwirft. Das gilt für die Herstellung neuer Lebensräume für bedrohte Arten ebenso wie für das Einsammeln von radioaktiven Abfällen auf dem Meeresgrund.

Befindet sich ein Marktsystem mit natürlichen Ressourcen in einem Pareto-optimalen Nash-Gleichgewicht, so läßt sich das Ausmaß an Umweltbelastung als „optimal" bezeichnen (das heißt allerdings auch, daß es eine optimale Ausrottungsrate für bengalische Tiger und Blauwale geben kann). Können die Preise einzelner Ressourcen (bzw. von für den Ressourcenerhalt wichtigen Dienstleistungen) nicht positiv werden, so ist damit zu rechnen, daß die Umweltbelastung größer wird, als einer Pareto-optimalen Situation entsprechen würde. Es gilt dann: Mindestens ein Akteur steigert seinen Nutzen, indem er den Zugang eines anderen Akteurs zu einer natürlichen Ressource schmälert – und zwar, ohne dafür einen Preis zu bezahlen. Eine solche Situation wird mit dem Begriff des negativen externen Effekts beschrieben.

Ein externer Effekt liegt vor, wenn ein Akteur den Nutzen eines anderen beeinflußt, ohne daß diesem Effekt eine Markttransaktion entspricht (wenn sich etwa jemand über einen Witz, der ihm erzählt wird, freut, ohne dafür zu bezahlen). Der Effekt heißt positiv, wenn er den Nutzen des anderen steigert, negativ, wenn er ihn senkt. Gemäß RAP führen externe Effekte in einer Marktwirtschaft dazu, daß Pareto-Optima und Nash-Gleichgewichte auseinanderfallen. Externe Effekte können mit anderen Worten zu sozialen Dilemmata führen.

Das Konzept des externen Effektes kann mit eindrücklichen Metaphern wie der Allmendetragödie oder auch dem Gefangenendilemma erläutert werden. Die RAP-Analyse von Umweltproblemen sollte jedoch keinesfalls auf diese Metaphern reduziert werden (vgl. dazu den Beitrag von Frey und Bohnet in diesem Band). Grundsätzlich betont der RAP-Zugang zum Problem anthropogener Umweltschäden die Notwendigkeit, Güter mit positiven Preisen einzuführen, wo vorher freie Güter waren. Dieser Zugang hat den doppelten Vorzug, eine empirisch gehaltvolle Analyse von Umweltproblemen zu ermöglichen und zugleich praktische Lösungsstrategien anzubieten. Diese Strategien umfassen eine reiche Palette, die insbesondere Lenkungsabgaben, handelbare Zertifikate und neue Eigentumsrechte umfaßt. Eine zentrale Fragestellung betrifft dann das Verhältnis von staatlichem Zwang, marktwirtschaftlichen Mechanismen und freiwilligen Vereinbarungen bei der Bewältigung von Umweltproblemen.

Was die Beschreibung und Erklärung wirtschaftlicher Sachverhalte angeht, steht RAP gegenwärtig praktisch konkurrenzlos da. Das heißt nicht, daß es nicht andere interessante Ansätze gäbe, aber es heißt, daß der Einfluß von RAP auf das zeitgenössische Verständnis wirtschaftlicher Fragen jenen anderer Ansätze um Größenordnungen übertrifft. Und ganz dasselbe gilt für die Ressourcen, welche in verschiedene Forschungstraditionen investiert werden. Für die Soziologie könnte die Frage, ob sie sich mit dieser Situation kompetent auseinanderzusetzen vermag, durchaus zu einer Existenzfrage werden.

Auch die soziale Wahrnehmung der heutigen Umweltproblematik wird mittlerweile viel mehr durch RAP als durch die Systemtheorie geprägt. Dafür gibt es mindestens drei Gründe. RAP ist erstens in der Lage, Preissignale ernst zu nehmen. Systemtheoretischen Ansätzen gelingt das bis heute höchstens in bescheidenen Ansätzen. Zweitens bietet RAP praktische Vorschläge zur Vermeidung einer suboptimalen Nutzung der natürlichen Umwelt, die beanspruchen, ein ökologisch bedenkenloses Wirtschaftswachstum zu ermöglichen. In theoretischer Hinsicht ist drittens zu bemerken, daß RAP die Freiheit individueller Akteure explizit zu berücksichtigen sucht. Letztlich beschränkt sich diese Freiheit zwar auf die Wahl von Mitteln zur Erreichung gegebener Ziele, doch selbst damit tun sich systemtheoretische Ansätze schwer.

Im Hinblick auf die soziale Wahrnehmung von Umweltproblemen lohnen zwei Aspekte von RAP besondere Aufmerksamkeit. Zum einen prägt RAP eine atomistische Sicht des menschlichen Zusammenlebens. Die Gesellschaft besteht aus sozialen Atomen, den individuellen Akteuren. Natürlich stehen diese in Wechselwirkung miteinander, und selbstverständlich kennt RAP soziale Phänomene, insbesondere Märkte. Auch können Individuen sich zu kollektiven Akteuren aggregieren, etwa in Unternehmungen oder privaten und öffentlichen Haushalten. Doch grundsätzlich wird die Gesellschaft als Resultat der Wechselwirkung atomistischer Akteure wahrgenommen. Dabei stellt das atomistische Denkmuster bemerkenswerte Bezüge zwischen RAP und der klassischen Physik her (Freudenthal 1982). Es ist diese atomistische Sicht von Menschen und Dingen, die Benjamin mit dem Bild des Verfalls der Aura zu erfassen suchte (vgl. auch Stoessel 1983).

Zum andern führt RAP eine scharfe Trennung zwischen subjektiver und objektiver Realität ein. Im Unterschied zu den Atomen der Physik sind die Atome von RAP menschliche Subjekte. Deshalb wird subjektive Realität von RAP auch keineswegs ausgeblendet. Sie steht vielmehr in der Gestalt von Präferenzen im Zentrum des Interesses. Bei der Untersuchung von Entscheiden unter Unsicherheit werden diese Präferenzen manchmal auch noch mit subjektiven Wahrscheinlichkeiten verknüpft. Der Spielraum der Subjekte erschöpft sich aber für RAP darin, Präferenzen und subjektive Wahrscheinlichkeiten zu erzeugen und dann eine optimale Handlungsalternative zu suchen.

Welche Alternative unter gegebenen Voraussetzungen optimal ist, steht demgegenüber objektiv fest. Und ebenso objektiv steht fest, welche Voraussetzungen zu Pareto-optimalen Nash-Gleichgewichten führen und welche nicht. Sind also die Präferenzen und subjektiven Wahrscheinlichkeiten der Akteure einmal gegeben, so lassen sich nach Auffassung von RAP mögliche Lösungen von Umweltproblemen mit wissenschaftlicher Objektivität bestimmen.

IV. Ist Humanökologie möglich?

Wenn RAP das objektive Wissen darstellt, das wir von der Gesellschaft gewinnen können, so besteht für das Forschungsprogramm der Humanökologie kein Bedarf. Denn die Gründe für die heutige Umweltkrise sind dann mit dem Begriff der externen Effekte angebbar und die Lösungsstrategie ist mit dem Konzept ihrer Internalisierung gegeben. Zu den subjektiven Präferenzen aber, nach denen die verschiedenen Akteure den Schutz der Umwelt gegen andere Ziele abwägen, hat die Wissenschaft nichts zu sagen.

Allerdings erscheint die Unterscheidung von subjektiver und objektiver Realität in neuem Licht, wenn sie auf die Unterscheidung von lokalem und globalem Wissen bezogen wird. In der Sicht von RAP entspricht die subjektive Realität sozusagen der lokalen Welt des jeweiligen Akteurs, die objektive Realität ist dann die globale Welt aller Akteure. Jeder Akteur verfügt über ein lokales Wissen, das ihn befähigt, seine Handlungen individuell zu optimieren. RAP aber beansprucht ein globales Wissen, das nicht wie das lokale Wissen der Akteure subjektiv, sondern objektiv ist. Darin teilt RAP das Wissenschaftsverständnis der klassischen Physik. Aus dem lokalen Blickwinkel des Erdenbürgers scheint es, als würde die Sonne des Morgens aufgehen. Die Wissenschaft aber kennt die globale Realität, in der die Drehung der Erde um ihre Achse diesen Eindruck erzeugt. In welchem Ausmaß diese Auffassung die soziale Wahrnehmung in der Neuzeit geformt hat, ist bekannt.

Die Unterscheidung von lokal und global bezieht sich hier auf mentale Räume, nicht auf geographische Distanzen. Warum aber nicht einfach bei den guten alten Begriffen von Subjekt und Objekt bleiben? Weil sie es ungemein erschweren, sich von der Vorstellung eines isolierten Subjekts zu lösen, und weil sie es zudem erschweren, die banale Tatsache ins Auge zu fassen, daß manche Objekte, nämlich Menschen, eben auch Subjekte sind. Der Begriff des lokalen Wissens hingegen macht es leicht zu beachten, daß Subjekte sich stets im Rahmen sozialer Beziehungen bilden. Umgekehrt braucht der Begriff des lokalen Wissens die Autonomie der Subjekte auch nicht zu leugnen, weil er mit der Vielfalt an lokalem Wissen Spielraum für Mehrdeutigkeit, und damit auch für individuelle Interpretationsleistungen schafft.

Ein weiterer Vorteil der Unterscheidung von lokalem und globalem Wissen liegt im Anschluß an Instrumente der mathematischen Logik. Aus der Quantenlogik sind Strukturen bekannt, in denen jede Aussage mit einigen anderen Aussagen nach den Regeln der klassischen Logik verknüpft ist, aber die Aussagen in ihrer Gesamtheit diesen Regeln nicht folgen. Die klassische Logik gilt dann lokal, aber nicht global. Das ergibt eine eigentümliche Spannung von lokaler Konsistenz und globalem Pluralismus, die schlecht in das mechanistische Weltbild paßt. Dafür paßt sie sowohl zum heutigen Stand der Naturwissenschaft als auch zur Realität komplexer Gesellschaften.

Die Unterscheidung von lokalem und globalem Wissen ist für die Umweltproblematik besonders relevant. Denn die genaue Untersuchung traditioneller Nutzungsformen von Umweltressourcen schärft den Blick dafür, wie unterschiedlich verschiedene soziale Gemeinschaften die für sie relevante Umwelt beschreiben und begreifen können. Vor allem aber fördert sie die Einsicht, daß Umweltprobleme selten gelöst werden können, ohne das lokale Wissen betroffener Gemeinschaften ins Spiel zu bringen.

Diese Einsicht motivierte in den letzten Jahren eine Vielzahl von Forschungsanstrengungen. Zu ihren Früchten gehört eine „neue Humanökologie", die in der angelsächsischen wie in der deutschsprachigen Literatur vielfältigen Ausdruck gefunden hat (Borden et al. 1988; Boyden et al. 1981; Glaeser 1989; Glaeser/Teherani-Kroenner 1992; Huber 1983; Schmid 1994; Steiner/Nauser 1993; Teherani-Kroenner 1992; Wehrt 1991; Weichhart 1990; Young 1974, 1983). Im vorliegenden Band zeigt der Beitrag von McCay, wie gegenwärtig die humanökologische Forschungstradition erneuert wird, indem sie mit neoinstitutionalistischen Ansätzen (di Maggio/Powell 1991; Granovetter/Swedberg 1992) verbunden wird (vgl. auch die Beiträge von Cebon und von Redclift und Skea in diesem Band). In eine ähnliche Richtung zielt der angesehene Managementwissenschaftler Drucker mit dem Forschungsprogramm, das er „soziale Ökologie" nennt (Drucker 1993a; vgl. auch Emery/Trist 1972). Im Verhältnis zu RAP besteht eine entscheidende Stoßrichtung dieser Forschungen darin, die Bedeutung nicht-monetärer Faktoren wie kultureller Orientierungen und institutioneller Strukturen hervorzuheben.

Hintergrund dieser Erneuerung des humanökologischen Forschungsprogramms ist die neuartige Verbindung zwischen WissenschaftlerInnen sehr verschiedener Disziplinen, die durch die gemeinsame Sorge um die Umwelt entstanden ist. Dabei wurde sozialwissenschaftliche Umweltforschung in dem Sinne reflexiv, als sie das wachsende Umweltbewußtsein, durch das sie wesentlich motiviert war, zugleich zum Forschungsthema machte (Dunlap/Catton 1994; vgl. auch den Beitrag von Dunlap in diesem Band). Das Bewußtsein von ForscherInnen, miteinander und mit anderen gesellschaftlichen Gruppierungen eine wachsende Sorge um die Umwelt zu teilen, erleichtert auch das Bewußtsein, daß die Gemeinschaft der WissenschaftlerInnen ein sozialer Zusammenhang unter vielen ist. Die Vorstellung, daß die Wissenschaft einen Monopolanspruch auf Wahrheit anmelden könne, verliert damit viel von ihrer scheinbaren Plausibilität. Eben dadurch werden wissenschaftliche ExpertInnen befähigt, angesichts konkreter Umweltprobleme in einen ernsthaften Dialog mit den jeweiligen „Laien" zu treten (Renn et al. 1995).

Die Frage ist dann, ob das erforderliche wissenschaftliche Expertenwissen als eine spezifische Art von lokalem Wissen eingebracht wird oder aber als das globale Wissen, in das das lokale Wissen von Laien bestenfalls eingegliedert werden kann. Die Vermutung, daß das letztere Muster charakteristisch sei für die Art von Wissenschaft, welche die heutigen Umweltprobleme mitverursacht hat, ist nicht leicht von der Hand zu weisen (Primas 1992). Wenn das humanökologische Forschungsprogramm zu einer Lösung dieser Probleme genutzt werden soll, scheint deshalb das erste Muster, in dem die Wissenschaft selbst als lokales Wissen der WissenschaftlerInnen behandelt wird, empfehlenswert.

Dieses Vorgehen birgt allerdings die Gefahr in sich, in post-moderner Beliebigkeit das Vertrauen, das der Wissenschaft entgegengebracht wird, zu mißbrauchen. Wenn Wissenschaft als lokales Wissen von wissenschaftlichen Gemeinschaften verstanden wird, so ist deshalb sicherzustellen, daß der Horizont eines globalen Wissens nicht verloren geht. Globales Wissen ist dabei kein Privileg der Wissenschaft mehr. Vielmehr steht die Wissenschaft durch die Konfrontation mit lokalem Wissen aus anderen Kontexten immer neu vor einer hermeneutischen Aufgabe. Und anders als je in der Neuzeit gehört dazu die Bereitschaft von WissenschaftlerInnen zu akzeptieren, daß die sogenannten Laien eine symmetrische Aufgabe haben: sich Expertenwissen soweit anzueignen, daß sie das lokale Wissen von wissenschaftlichen Experten in den Horizont einer größeren Gemeinschaft einbeziehen können (Beck 1986; vgl. auch den Beitrag von Beck in diesem Band). Es scheint, als könnte die Sorge um die lokale und globale Umwelt eine derartige Gemeinschaft konstituieren. Damit wäre die Frage von Picht (1979): „Ist Humanökologie möglich?" grundsätzlich positiv zu beantworten. Ob bei einer Verwirklichung dieser Möglichkeit der Name „Humanökologie" noch Verwendung finden wird oder nicht, ist dabei durchaus sekundär.

Die vorliegende Argumentation bedeutet, daß wissenschaftliche Gemeinschaften mit einer eigentümlichen geistigen Spannung leben müssen. Einerseits müssen sie fähig sein, die Wahrheit von Behauptungen anzuerkennen, die im Rahmen der klassischen Logik mit wissenschaftlichen Erkenntnissen inkompatibel sind. Andererseits müssen sie interne Standards von Sorgfalt pflegen, die darauf ausgerichtet sind, Irrtümer zu erkennen und zu beseitigen. Nicht alles, was einer wissenschaftlichen Erkenntnis widerspricht, ist deshalb falsch. Umgekehrt ist auch nicht alles, was sich behaupten läßt, gleichermaßen wahr.

Wenn dadurch die Wissenschaft die hermeneutische Fähigkeit entwickeln sollte, eine Vielfalt von lokalem Wissen zur Geltung kommen zu lassen, so wäre auch eine neue Möglichkeit greifbar, der Zersplitterung der Wissenschaft entgegenzuwirken. An die Stelle des aussichtslosen Versuchs, die Vielfalt der wissenschaftlichen Disziplinen in das globale Wissen einer Einheitswissenschaft einzufügen, träte die Fähigkeit, verschiedene Disziplinen als Formen von lokalem Wissen weiterzuentwickeln, die sich in der Lösung von Umwelt- und anderen Problemen ebenso ergänzen können wie das lokale Wissen von WissenschaftlerInnen und das von Laien.

Das Bild vom blinden Fleck der Wissenschaft läßt sich vor diesem Hintergrund neu fassen. Wissenschaftliche Gemeinschaften erzeugen Wissen, das in sich bemerkenswert konsistent sein kann. Eben deshalb ist es ein lokales Wissen. Es wird irreführend, wenn es als globales Wissen ausgegeben wird. Doch den blinden Fleck der Wissenschaft bewältigen, heißt nicht, eine Wissenschaft ohne blinden Fleck zu realisieren. Jedes lokale Wissen hat seinen blinden Fleck. Wenn er die Lösung eines Problems behindert, läßt er sich überwinden, indem vielfältiges lokales Wissen so kombiniert wird, daß die unterschiedlichen blinden Flecken neutralisiert werden. Für die Soziologie wie für jede andere wissenschaftliche Disziplin bedeutet das den Verzicht auf den Anspruch, globales Wissen anzubieten. Eben dadurch entsteht die Fähigkeit, globales Wissen im Gespräch mit anderen Formen lokalen Wissens zu erzeugen. Das Konzept der Endosoziologie, das im Beitrag von Nowotny in diesem Band entwickelt wird, skizziert die Richtung, in der sich eine so verstandene Sozialwissenschaft entwickeln könnte.

In dieser Perspektive könnte eine hermeneutisch orientierte Sozialwissenschaft zur Lösung konkreter Umweltprobleme beitragen, indem sie das lokale Wissen relevanter Gemeinschaften – einschließlich wissenschaftlicher Gemeinschaften – in einen integrativen Kommunikationsprozeß einbringt. In gewisser Hinsicht entspricht das der von Habermas (1981) formulierten kommunikationstheoretischen Grundlegung einer kritischen Sozialwissenschaft (Renn et al. 1995). Allerdings liegt ein interessanter Unterschied darin, daß hier von einer problembezogenen Integration von lokalem Wissen die Rede ist, während Habermas eine Verständigung vorschwebt, die unabhängig von jedem Problemdruck zustande kommt. Bei Habermas verständigen sich sozusagen unsterbliche vernunftbegabte Wesen (Engel, hätte man früher gesagt), hier geht es um die Verständigung zwischen sterblichen Menschen, die in begrenzter Zeit lebenspraktische Probleme lösen wollen. Dies dürfte durchaus der Intention einer kritischen Theorie im weiteren Sinne entsprechen (dazu auch: Calhoun 1996).

VertreterInnen einer hermeneutisch orientierten Sozialwissenschaft neigen oft dazu, RAP links liegen zu lassen, nachdem sie mehr oder weniger ausführlich dargelegt haben, worin sie die Hauptmängel dieser Forschungstradition sehen. Das ist vielleicht eine verständliche Reaktion auf den Anspruch von RAP, globales Wissen darzustellen. Dennoch ist die Reaktion verfehlt. Denn sie übersieht, daß RAP über weite Strecken als lokales Wissen der Sozialwissenschaften rekonstruiert werden kann.

Damit ist nicht gemeint, daß RAP zwar in ökonomischen Belangen angemessen sei, zur Untersuchung anderer gesellschaftlicher Phänomene jedoch wenig tauge. Wie ich schon dargelegt habe, ist der Anwendungsbereich von RAP keineswegs auf Marktprozesse beschränkt, da staatliches Handeln vielfältigen Analysen im Sinne von RAP zugänglich ist. Doch RAP kann auch auf Situationen bezogen werden, in denen weder Macht noch Geld, sondern persönliche Anerkennung den entscheidenden Handlungsanreiz bildet (Holländer 1990). Der Kampf um Anerkennung, den Honneth (1992) zum Ausgangspunkt seiner Rekonstruktion der kritischen Theorie gemacht hat, kann von RAP zwar nicht identitätsphilosophisch reflektiert, aber sehr wohl explizit dargestellt werden. Die beachtliche Spannweite von RAP ist gerade für die Umweltdebatte relevant. Denn sie erweitert das Spektrum der denkbaren Lösungen für ökologische Probleme weit über den unmittelbar wirtschaftlichen Bereich.

Der Versuch, RAP als lokales Wissen zu rekonstruieren, kann davon ausgehen, daß RAP den Laienverstand in bestimmten Bereichen durchaus als kompetenten Gesprächspartner akzeptiert. RAP hat seit jeher betont, daß Präferenzen wissenschaftlich ebensowenig begründbar wie kritisierbar sind. Offensichtlich eröffnet diese Haltung beträchtliche Spielräume für den Laienverstand, und zwar bei der Definition von Problemen ebenso wie bei der Bestimmung dessen, was als akzeptable Lösung gelten kann.

Die Autonomie des Laienverstands wird durch die Anwendung von RAP auf Entscheidungen unter Unsicherheit – und welche Entscheidung ist das nicht? – noch weiter betont. Denn Wahrscheinlichkeit tritt im Rahmen von RAP als Maß einer subjektiven Risikoabschätzung auf (Savage 1954). Angesichts intersubjektiv erfahrener Häufigkeitsverteilungen mögen subjektive Wahrscheinlichkeiten durch Bayessche Lernprozesse (Kadane 1984) auf gemeinsame Werte hin konvergieren. Im Bereich von Umweltproblemen sind jedoch solche Häufigkeitsverteilungen nicht gerade häufig. Das Problem anthropogener Klimaveränderungen etwa läßt sich nicht angehen, indem zuerst einmal ein paar hundert Klimakatastrophen inszeniert werden, um die nötigen Informationen bereitzustellen. Handlungsbereitschaft beruht deshalb notwendigerweise auf der Kombination subjektiver Präferenzen mit ebenso subjektiven Wahrscheinlichkeiten. RAP ist grundsätzlich in der Lage, diesen Sachverhalt anzuerkennen und im Entwurf praktischer Problemlösungen umzusetzen.

Wenn also die Lösung von Umweltproblemen angestrebt wird, sollte der Beitrag von RAP ausgesprochen ernst genommen werden. Ist damit RAP selbst schon die Gestalt, in der das humanökologische Forschungsprogramm realisiert werden kann, wenn nur betont wird, daß RAP nicht anders als der Laienverstand lokales Wissen darstellt?

V. Umweltkrise und kulturelle Evolution

Es ist keine leichte Aufgabe, den Anspruch von RAP, globales Wissen darzustellen, wirksam zurückzuweisen. Natürlich ist es keine Kunst, diesen Anspruch für verfehlt zu halten. Doch damit ist an den realen Entscheidungsabläufen, die RAP als globales Wissen behandeln, noch gar nichts geändert. Bourdieu (1995) hat betont, daß es gegenwärtig zur Verantwortung von Intellektuellen gehört, der technokratischen Stoßrichtung der heutigen Wirtschaftswissenschaften wirksam entgegenzutreten, und zwar gerade auch im Rahmen wissenschaftlicher Institutionen. Das ist die Herausforderung, mit der wir hier konfrontiert sind. Es geht nicht darum, sozusagen neben dem Wirtschaftsteil der heutigen Wissenschaft noch ein soziologisches Feuilleton zu pflegen, in dem ergänzende Interpretationen zur Umweltkrise geliefert werden, während RAP die realen Entscheide strukturiert. Es geht darum, bei der Lösung von Umweltproblemen die zweifellos vorhandenen Einsichten von RAP als lokales Wissen einzusetzen, und zugleich den Anspruch auf globales Wissen, der damit de facto immer wieder verbunden wird, zurückzuweisen.

Was könnte es genau heißen, RAP als lokales Wissen zu behandeln? Ich will das in drei Schritten erörtern. Betrachten wir in einem ersten Schritt folgende Aussagen: „Akteure haben manchmal klare Präferenzen gegenüber einer überschaubaren Menge von Handlungsalternativen, die in verschiedenen Situationen denkbar sind. Welche Alternativen realisierbar sind, hängt dabei von situationsabhängigen Randbedingungen ab. Zu den Randbedingungen können auch soziale Normen gehören. Solche Akteure wählen in der Regel eine Alternative, die gemäß ihren Präferenzen optimal ist. Als Akteure kommen dabei sowohl Personen als auch manche Institutionen in Frage." Durch die Worte „manchmal" und „überschaubar" wird es leicht, diese Aussagen als lokales Wissen zu handhaben. Demgegenüber wird ein Anspruch auf globales Wissen gestellt, wenn wir statt „manchmal" „immer" einsetzen und das Wort „überschaubar" weglassen. Genau das geschieht in Paradedisziplinen von RAP wie der Mikroökonomie, aber auch in den üblichen Darstellungen der Spieltheorie. Das Handeln von Akteuren, auf die die obigen Aussagen passen, bezeichne ich als Optimierungshandeln. RAP unterstellt, daß jedes Handeln Optimierungshandeln sei.

In einem zweiten Schritt können wir jetzt Aussagen wie die folgenden beifügen: „Akteure bilden manchmal soziale Systeme, in denen Nash-Gleichgewichte möglich sind. Dazu sind geeignete soziale Normen erforderlich. Nur in solchen Systemen kann sich Optimierungshandeln stabilisieren. Ob die Nash-Gleichgewichte Pareto-optimal sind oder nicht, hängt von der Struktur der Randbedingungen ab." Wieder machen es diese Formulierungen leicht, wichtige Aussagen von RAP als lokales Wissen zu handhaben. Der Anspruch auf globales Wissen hingegen wird gestellt, wenn die Worte „manchmal" und „nur" sowie die Aussage über soziale Normen gestrichen werden. Für RAP ist die Vorstellung eines isolierten optimierenden Akteurs (etwa des sprichwörtlichen Robinson Crusoe) sinnvoll; durch die eben gewählten Formulierungen wird diese Vorstellung verworfen.

Der dritte Schritt ist für die Umweltdebatte, aber auch für andere Problemkreise, entscheidend. Diesmal betrachten wir Aussagen, die sich auf Marktsituationen beziehen: „Manchmal laufen die Präferenzen von Akteuren darauf hinaus, daß sie von bestimmten Waren unter gewissen Randbedingungen möglichst viel besitzen möchten. Zu den Randbedingungen gehören die Einkommen der Akteure und die Preise der Waren. Wenn nun der Preis einer Ware sinkt, während die Preise aller übrigen Waren und das Einkommen eines Akteurs konstant bleiben, so wird dieser Akteur eine größere Menge dieser Ware kaufen." Diese Aussagen erklären, warum sich das Verhalten von Märkten, an denen der relevante Preis unabhängig von anderen Preisen und unabhängig von Einkommensströmen variiert, oft durch eine fallende Nachfragekurve charakterisieren lassen.

Die erwähnten Aussagen zum Nachfrageverhalten optimierender Akteure sind eine wesentliche Grundlage für die verbreitete Überzeugung, zur Reduktion von Umweltschäden sei vor allem eine Verteuerung von Waren, deren Produktion und/oder Konsum die Umwelt belasten, erforderlich. Sie sind auch die Grundlage für die Überzeugung, zur Reduktion der Arbeitslosigkeit sei vor allem eine Senkung der Lohnkosten erforderlich. Doch beide Überzeugungen sind durch die obigen Aussagen keineswegs gedeckt.

Zum einen sagen die bisherigen Aussagen nichts darüber, was passiert, wenn sich nicht nur ein einzelner Preis, sondern mehrere Preise und Einkommensströme verändern. Es läßt sich zeigen, daß unter diesen Umständen selbst unter den üblichen Annahmen der Mikroökonomie ohne weiteres kontraintuitive Effekte möglich sind, bei denen ein steigender Preis mit steigender Nachfrage einhergeht (Kirman 1989). Der Grund liegt darin, daß sich die Nachfragekurve verschiebt, wenn sich die Konstellation der übrigen Märkte verändert. Zum andern sagen die bisherigen Aussagen nichts darüber, wie die Anbieter auf eine Nachfragesenkung reagieren. Unter Umständen können sie die Nachfragesenkung rückgängig machen, indem sie durch technische Neuerungen ihre Ware attraktiver machen und/oder deren Preis wieder senken.

Man kann nun versuchen, obige Aussagen zum Preismechanismus so zu erweitern, daß die erwähnten Überzeugungen zum Umweltschutz und zur Arbeitslosigkeit gestützt werden. Das wird im Rahmen von RAP auch ausgiebig getan. Bemerkenswerterweise verlangt es jedoch eine Reihe abenteuerlicher Annahmen über Technologien und Präferenzen (für eine durchaus unpolemische Darstellung vgl. Kreps 1990). Zwei Beispiele: eine Steigerung der absetzbaren Produktionsmenge darf keine Senkung der Stückkosten bewirken, und die KonsumentInnen dürfen sich zwar in ihren Einkommen, aber nicht in ihren Präferenzen unterscheiden. Das alles und einiges mehr verbirgt sich hinter der Rede von „wohlgeformten" Produktions- und Nutzenfunktionen. Es ist hier nicht der Ort, diese Probleme im einzelnen zu erörtern. Für unsere Zwecke ist entscheidend, daß wir an einen Punkt geraten, an dem RAP nicht nur bezüglich seines Anspruchs, globales Wissen darzustellen, sondern auch bezüglich des Anspruchs, lokales Wissen anzubieten, fragwürdig wird.

Wenn RAP, auch und gerade in der Umweltdebatte, als lokales Wissen eingesetzt werden soll, ist also zweierlei erforderlich. Einerseits müssen die Aussagen von RAP so formuliert werden, daß der Anspruch auf globales Wissen vermieden wird. Wie die obigen Beispiele zeigen, ist das durchaus möglich (für eine Kombination von RAP mit anderen theoretischen Ansätzen in der Untersuchung umweltpolitischer Probleme vgl. den Beitrag von Héritier in diesem Band). Allerdings hat das erhebliche Konsequenzen für die praktische Anwendung. Denn es gilt nun, die Aussagen von RAP auch mit lokalem Wissen aus außerwissenschaftlichen Zusammenhängen zu kombinieren. Institutionelle Formen zu entwickeln, die das gewährleisten, ist selbst wieder eine anspruchsvolle Aufgabe, zu der die Sozialwissenschaften beitragen können und wohl auch sollen.

Zweitens müssen die Aussagen von RAP zur Funktionsweise von Märkten so korrigiert werden, daß auch lokale Irrtümer vermieden werden. Diese Irrtümer sind nicht mit dem Bild des unvermeidbaren blinden Flecks zu fassen, eher schon mit dem einer vermeidbaren, aber hartnäckigen Wahrnehmungsstörung. Sie ist alles andere als harmlos, denn sie trägt unter Umständen zu millionenfacher Arbeitslosigkeit ebenso bei wie zu weltweiter Umweltzerstörung. Vor diesem Hintergrund wende ich mich nun der Frage zu, wie sich die Aussagen, welche RAP über die Funktionsweise von Märkten macht, so korrigieren lassen, daß sie als lokales Wissen zur Lösung von Umweltproblemen eingesetzt werden können. Dabei werden sozio-technische Innovationsprozesse eine entscheidende Rolle spielen. Das wird zu einem Verständnis kultureller Evolution führen, welches wieder an das humanökologische Forschungsprogramm anknüpft.

Drucker (1993b) hat darauf hingewiesen, daß in einer hochinnovativen Wirtschaft die Erklärung von Preisen aus Angebot und Nachfrage nicht greifen kann. Produkte werden entwickelt, bevor eine Nachfrage für sie gegeben ist. Die Größenordnung des Preises wird vom Management als Randbedingung festgelegt, die die Ingenieure bei der Entwicklung des Produkts und der Produktionstechnik zu berücksichtigen haben. Eine Angebotskurve ist aber erst definierbar, wenn diese Entwicklung abgeschlossen ist. Drucker betont, daß deshalb gegenwärtig eine Werttheorie erforderlich ist, welche die Erklärung von Preisen aus Angebot und Nachfrage ablösen könnte.

Ansätze einer solchen Werttheorie finden sich schon bei einem der Gründungsväter von RAP: bei Adam Smith. Denn Smith (1776) ging davon aus, daß die Akteure in einer Marktwirtschaft gemeinsame Vorstellungen davon haben, was der normale Preis einer Ware sei. Fluktuationen von Angebot und Nachfrage bewirken kurzfristige Abweichungen der Marktpreise von diesen Richtwerten. Diese Abweichungen sind für die Anpassungsprozesse, die in einer Marktwirtschaft ununterbrochen in Gang sind, wesentliche Signale. Die Unterscheidung von normalen Preisen und Marktpreisen ermöglicht eine vernünftige Rekonstruktion der heute üblichen Aussagen von RAP über Marktprozesse. Optimierungshandeln erklärt dabei Anpassungsprozesse, die im Rahmen eines vorgegebenen Systems von normalen Preisen stattfinden. Es erklärt nicht die Entstehung und Dynamik dieses Systems.

Smith versuchte, das System der normalen Preise aus technologischen Bedingungen zu erklären. Doch in einer Wirtschaft, deren Dynamik wesentlich durch sozio-technische Innovationen bestimmt ist, trägt ein solcher Ansatz nicht weit. Die Preisrelationen zwischen einem Laib Brot, einem Stuhl, einem Klavier und einem Haus haben sich nicht dramatisch verschoben, während die Technologien, mit denen diese Waren erzeugt werden, in der Tat dramatische Umwälzungen erfahren haben. In anderen Fällen wiederum, etwa im Bereich von Transport und Kommunikation, haben sozio-technische Innovationen zu drastischen Preissenkungen bei steigender Angebotsmenge geführt. Das Verhältnis von Technologie und normalen Preisen stellt eine dynamische Wechselwirkung, keine einseitige Kausalbeziehung dar.

Diese Sachlage erfordert eine soziologisch informierte Analyse von Preisbildungsprozessen (Jaeger 1996). Dabei können normale Preise als soziale Normen untersucht werden. In der Marktforschung spielen sogenannte Referenzpreise manchmal eine entsprechende Rolle. Derartige Preisnormen können nur stabil sein, wenn das Gefüge der normalen Preise mit den eingesetzten Technologien konsistent ist und wenn diese Technologien wiederum mit dem Konsum- und Investitionsverhalten der relevanten Akteure konsistent sind. Diese Konsistenzbedingungen besagen folgendes: Normale Preise gestatten es, die Warenmengen, die zu diesen Preisen nachgefragt werden, mit den bestehenden Technologien so zu produzieren, daß die Produktionskosten, die bei diesen Preisen entstehen, gedeckt werden. In die Produktionskosten gehen dabei Zinssätze und Profitraten ein, die als normale Preise für Kredit und Kapital aufgefaßt werden können. Die Konsistenzbedingungen lassen sich mathematisch analysieren, z.T. mit dem Instrumentarium von RAP. Sie führen insbesondere dazu, daß in einer Marktwirtschaft Nash-Gleichgewichte möglich sind.

Entscheidend ist nun, daß die erwähnten Konsistenzbedingungen im Zuge eines evolutionären Prozesses reproduziert werden. Firmen, welche die Konsistenzbedingungen dauerhaft verletzen, werden defizitär und können dem Marktwettbewerb nicht standhalten. Dadurch verschwinden soziale Normen, welche für solche Firmen spezifisch sind. Dazu können insbesondere Normen der Preisbildung gehören. Allerdings verletzt jede soziotechnische Innovation zunächst die Konsistenzbedingungen. Wenn sie überleben soll, muß mindestens eine der drei Komponenten – normaler Preis, Technologie, Nachfrageverhalten – nachgeben. Welche das allenfalls sein wird, läßt sich nicht im voraus sagen, auch wenn sich ex post im Einzelfall durchaus plausible Erklärungen finden lassen.

Eine derartige soziologische Marktanalyse läßt sich gut mit den Arbeiten von Burt (1992, vgl. auch Burt/Carlton 1989) und White (1993, 1981) zu Märkten als sozialen Netzwerken verbinden. Optimierungshandeln wird dabei ermöglicht, wenn verschiedene Akteure ein Netzwerk bilden, in dem unterschiedliche Marktpreise unterschiedliche Marktnischen signalisieren. Ein solches Netzwerk wird als Produzentenmarkt bezeichnet. Das System der normalen Preise regelt die Beziehungen zwischen verschiedenen Produzentenmärkten. Ein wichtiger Aspekt sind dabei unterschiedliche Profitraten. Wie Burt (1992) betont, hängen sie nicht zuletzt davon ab, wie groß die strukturelle Autonomie der jeweiligen Akteure im gesamtwirtschaftlichen Netzwerk ist.

Damit ist eine Endosoziologie von Preismechanismen skizziert, die es ermöglicht, RAP als lokales Wissen für die Bewältigung der Umweltkrise fruchtbar zu machen. Endosoziologie deshalb, weil Prozesse kultureller Evolution aus einer Binnenperspektive untersucht werden. Darum ist vieles nicht prognostizierbar, selbst wenn es im Nachhinein erklärbar sein mag. Bevor nun eine praktische Anwendung im Hinblick auf Umweltprobleme erörtert wird, lohnt es sich, die Dynamik kultureller Evolution noch etwas näher zu betrachten.

In der biologischen Evolution passen sich die Organismen primär einer vorgegebenen Umwelt an. Allerdings spielen auch Prozesse der Ko-evolution, in denen Organismen sich gegenseitig aneinander anpassen, eine bedeutende Rolle (Pahl-Wostl 1995). Bei Prozessen kultureller Evolution ist zunächst zu fragen, was die Einheit ist, deren Ausbreitung oder Verschwinden zur Diskussion steht. Im vorliegenden Zusammenhang sind es bestimmte soziale Normen, nämlich normale Preise. Die Frage, welche Akteure überleben und welche nicht, ist nur insofern wichtig, als sie beeinflussen kann, welche Preisnormen überleben und welche nicht. Die oben angegebenen Konsistenzbedingungen besagen nun, daß das Überleben eines normalen Preises wesentlich davon abhängt, ob er mit anderen Normen kompatibel ist. Dazu gehören weitere normale Preise ebenso wie technologische Normen und Normen, welche das Nachfrageverhalten beeinflussen. Hier stehen also Prozesse der Ko-evolution eindeutig im Vordergrund. Allerdings verlangen die Konsistenzbedingungen auch, daß ein normaler Preis mit einer weiteren Umwelt kompatibel ist. Diese umfaßt insbesondere ökologische Sachverhalte (etwa Rohstoffvorkommen) und individuelle Handlungen (etwa Konsumentscheidungen).

Es ist naheliegend, die obige Analyse von Preismechanismen in eine Theorie der Evolution von Regeln in sozialen Netzwerken einzubetten. Das ist nichts anderes als eine humanökologische Theorie der kulturellen Evolution. Ansätze einer solchen Theorie werden gegenwärtig von sehr verschiedenen Autoren erarbeitet (Boyd/Richerson 1989; Burns/Dietz 1992; Eder 1988; Freese 1988; Lenski/Nolan 1984). Ihnen allen ist gemeinsam, daß sie eine Brücke zwischen biologischer und kultureller Evolution schlagen, ohne den Unterschied zwischen den beiden in sozio-biologischer Manier einzuebnen. Eben dadurch sind sie in der Lage, dem eingangs skizzierten Anspruch des humanökologischen Forschungsprogramms gerecht zu werden.

Eine Theorie der kulturellen Evolution braucht nicht unbedingt mit allgemeinen Gesetzen der Variation und Selektion sozialer Normen aufzuwarten. Es ist durchaus denkbar, daß interessante Aussagen in diesem Bereich nur möglich werden, wenn spezifiziert wird, von welchen Normen die Rede ist. Betrachten wir als Beispiel die Rolle von sozialen Normen in Beziehungen der Anerkennung. Eine Theorie der kulturellen Evolution wird in diesem Zusammenhang fragen, wie sich in der Evolution von Menschen aus höheren Primaten Beziehungen der Anerkennung entwickeln konnten. Dabei bildet die Tatsache, daß die biologische Evolution primär Fortpflanzung fördert und nicht individuelles Überleben, einen wichtigen Ausgangspunkt. Beziehungen der Anerkennung knüpfen sicher nicht ausschließlich, aber ganz wesentlich an die Anerkennung der Fortpflanzungsfähigkeit an. Sie sind damit tief im Verhältnis der Geschlechter verwurzelt und haben eine erotische Dimension, die bei einer rein sprachanalytischen oder bewußtseinsphilosophischen Betrachtung leicht übersehen wird. Zum Kernbereich der Normen, welche Beziehungen der Anerkennung regeln, gehören deshalb Normen, welche die Geschlechterdifferenz betreffen.

Die Mißachtung der Frauen, welche mit der Entstehung von Hochkulturen in großem Umfang sozial fixiert wurde, dürfte einen der ältesten Anlässe für soziale Kämpfe um Anerkennung darstellen. Auch ist nicht von der Hand zu weisen, daß mit der Entstehung von Hochkulturen nicht nur die Mißachtung von Frauen, sondern auch die Schädigung der biophysischen Umwelt in großem Umfang um sich griff. Inwiefern hier kausale Zusammenhänge vorliegen, ist offensichtlich eine wichtige Forschungsfrage. Ich will ihr hier nicht nachgehen, sondern zweierlei festhalten. Zum einen wird eine brauchbare Theorie der kulturellen Evolution sehr langfristige Entwicklungen wie jene der Diskriminierung von Frauen ebenso untersuchen wie schnellebige Prozesse in zeitgenössischen Märkten. Zum anderen wird eine solche Theorie nicht unbedingt allgemeine Aussagen über die Dynamik sozialer Regeln machen, sondern diese Dynamik anhand spezifischer Kategorien solcher Regeln untersuchen.

Ältere Theorien kultureller Evolution betonten Stufenfolgen gesellschaftlicher Entwicklung. Marx etwa sah den Übergang von Feudalismus zu Kapitalismus in einer solchen Perspektive, Parsons denjenigen von traditionalen zu modernen Gesellschaften. Neuere Arbeiten betonen zunächst das Zusammenspiel von Variation und Selektion in der Dynamik sozialer Normen. Lautverschiebungen in der Entwicklung einer Sprache können in diesem Rahmen ebenso untersucht werden wie die Einführung der Gabel in der Geschichte der Eßsitten. Gesellschaftsformationen können dann in einem zweiten Schritt als komplexe Gefüge aus sozialen Normen und den entsprechenden sozialen Strukturen analysiert werden.

Da mathematische Algorithmen als Muster für regelgeleitete Operationen aufgefaßt werden können, ist es durchaus möglich, die Evolution von Regeln mathematisch darzustellen. Insbesondere sind Computersimulationen möglich, in denen Populationen von Algorithmen evolutionäre Prozesse durchlaufen. Eines der berühmtesten Computerexperimente dieser Art ist das Experiment von Axelrod (1984) zur Evolution von Kooperation.

Das Instrument der Computersimulation ermöglicht es auch, in der Untersuchung kultureller Evolution Einsichten der Systemtheorie neu aufzugreifen. Dabei sind Fortschritte zu berücksichtigen, die in der Erforschung komplexer Systeme gemacht worden sind (Stein/Nadel 1991). Solche Systeme können zufällige Ereignisse aufgreifen, um anhaltende Prozesse in Gang zu setzen und weiterzuentwickeln. In diesem beschränkten, aber wichtigen Sinn haben sie eine Geschichte. Im Zusammenhang des Santa Fe Institute werden seit einiger Zeit Märkte als komplexe evolutionäre Systeme untersucht (Anderson et al. 1988; Arthur 1989).

Allerdings ist hier noch einmal zwischen reflexiven und nicht-reflexiven Systemen zu unterscheiden (Funtowicz/Ravetz 1994). Reflexive Systeme umfassen Akteure, die sich für ihre Handlungen verantworten können. Die Praxis des sich Verantwortens bezieht sich auf soziale Normen. Eine solche Norm kann etwa in einem Reglement für eine bestimmte Sportart dokumentiert sein. Einzelne Menschen können sie dort nachschlagen, sie befolgen oder verletzen, sich auf sie berufen oder sie kritisieren, sie zu verändern oder zu bewahren versuchen. Zur Dokumentation ist nicht unbedingt ein materielles Artefakt vonnöten, die gelebte Praxis einer sozialen Gemeinschaft hält ein reiches Reservoir an sozialen Normen auch ohne diese Stütze bereit.

Von einem solchen Verständnis sozialer Normen ist eine Auffassung zu unterscheiden, die sich in letzter Zeit beträchtlicher Beliebtheit erfreut. Danach wird regelgeleitetes Handeln nach dem Muster von Computerprogrammen beschrieben. Die Regeln werden dabei als Programme, die im Gehirn eines handelnden Individuums abgespeichert sind, aufgefaßt. Ich nenne das die solipsistische Auffassung von Regeln. In der Untersuchung der kulturellen Evolution führt diese Auffassung zu einem reduktionistischen Forschungsprogramm, das zu zeigen versucht, wie soziale Phänomene aus psychologischen Tatbeständen (und allenfalls deren „materieller Basis" in neuronalen Strukturen) hervorgehen.

Demgegenüber impliziert das Argument von Wittgenstein (1953), wonach die Idee einer „Privatsprache", einer Sprache ohne Sprachgemeinschaft, unsinnig ist, daß sprachliche Regeln nur „solipsistisch" gebraucht werden können, wenn schon ein tragfähiges Gewebe von sozialen Normen gegeben ist. Das geschieht etwa, wenn ein Programmierer eine neue Programmiersprache definiert und eine Weile für sich allein erprobt. Diese sprachphilosophischen Argumente sind bedeutsam, da sie eine Verbindung zu den Überlegungen von Habermas (1981) zur Kritik systematisch verzerrter Kommunikation und zu denen von Honneth (1992) zur moralischen Grammatik sozialer Konflikte schlagen. Eine entscheidende Schwäche jener Überlegungen besteht darin, daß sie kaum empirisch gehaltvolle Aussagen zur Dynamik heutiger Märkte gestatten. Durch die Verbindung mit einem Konzept der Evolution sozialer Normen läßt sich diese Schwäche beheben. Das dürfte auch für neuere Versuche, den Zusammenhang von Umweltkrise und Gesellschaft kritisch zu reflektieren (Becker/Jahn 1989; Scharping/Görg 1994), bedeutsam sein.

Es ist hier nicht der Ort, den Querverbindungen von Sprachphilosophie, Evolution sozialer Regeln und wirtschaftlicher Dynamik nachzugehen (dazu ausführlicher: Jaeger 1996). Es muß der Hinweis genügen, daß in reflexiven Systemen die Möglichkeit anomischer Situationen stets gegeben ist. Anomie aber ist eine Quelle von sozialer Kritik und von sozialem Wandel. Wenn etwa eine sozio-technische Innovation die Konsistenzbedingungen für normale Preise verletzt, so kann einerseits die Innovation im Namen des Status quo kritisiert werden, andererseits der Status quo im Namen der Innovation. Nicht jedes Mal, aber immer wieder wird sich die anomische Spannung, die mit dem Auftreten inkonsistenter Normen verbunden ist, in der Ausbreitung der Innovation entladen.

Die Dynamik von Innovationen ist gerade im Hinblick auf die Umweltkrise von zentraler Bedeutung. Betrachten wir zum Beispiel das umweltpolitische Ziel einer Reduktion und Stabilisierung des gesellschaftlichen Energieverbrauchs. Daß dieses Ziel ökologisch sinnvoll wäre, läßt sich mit einer Vielzahl von Argumenten vertreten. Sie reichen vom Problem des anthropogenen Treibhauseffektes zu den Risiken der Kernenergie, von der Barbarei der täglichen Verkehrsopfer bis zu vielfältigen Belastungen natürlicher Ökosysteme. Dennoch ist es ganz unmöglich, mit naturwissenschaftlichen Argumenten einen Schwellenwert des zulässigen Energieverbrauchs z.B. der Europäischen Union zu definieren. Dazu ist eine politisch-moralische Debatte erforderlich, welche verschiedene Varianten abwägt (vgl. auch den Beitrag von van den Daele in diesem Band). Es ist offensichtlich, daß das hermeneutische Wissenschaftsverständnis, das in Abschnitt IV skizziert wurde, dabei hilfreich sein könnte.

Wozu wäre in dieser Debatte ein humanökologisches Verständnis von kultureller Evolution brauchbar? Es könnte zum Beispiel den Blick für die Möglichkeit schärfen, die Energieeffizienz der Wirtschaft so zu steigern, daß die Energiepreise langfristig gar nicht steigen müssen (Jaeger/Kasemir 1996). Auf den ersten Blick scheint das ganz unrealistisch. Denn die Einsicht, daß ein steigender Energiepreis den Energieverbrauch tendenziell reduziert, wird vorschnell zu der Überzeugung stilisiert, daß nur bei steigendem Energiepreis der Energieverbrauch reduziert werde. Die Entwicklung des Ölmarkts zeigt allerdings ein anderes Bild. Seit Anfang dieses Jahrhunderts wuchs die globale Ölproduktion, während der Marktpreis für Öl um einen bemerkenswert stabilen normalen Preis fluktuierte. 1973 und 1979 führten Beschränkungen der Ölproduktion durch die OPEC zu drastischen Steigerungen des Marktpreises. Es hätte durchaus sein können, daß dadurch der normale Preis für Öl langfristig angestiegen wäre. Statt dessen reagierte die Weltwirtschaft mit enormen Effizienzsteigerungen. Heute wird eine viel größere wirtschaftliche Produktion mit etwa derselben Ölmenge wie vor zwanzig Jahren erzeugt, während der Marktpreis für Öl wieder um den alten normalen Preis fluktuiert.

Diese Erfahrung läßt sich mit der oben dargestellten Analyse von Preisbildungsprozessen gut verstehen. Zugleich läßt sie sich für das umweltpolitische Projekt einer Energieschranke (Jaeger 1996) fruchtbar machen. Im europäischen Rahmen könnte diese ein Mengenziel für den Verbrauch an handelbarer Energie darstellen. In einer innovativen Wirtschaft ist es möglich, den Energieverbrauch deutlich zu senken, ohne daß die Energiepreise langfristig steigen müssen. Eben deshalb ist es wichtig, nicht ein Preis-, sondern ein Mengenziel als Richtschnur zu nehmen.

Von der systemtheoretisch gefärbten Auseinandersetzung mit der Umweltkrise nimmt das Konzept der Energieschranke die grundlegende These auf, daß ein unbegrenztes Wachstum anthropogener Umweltbelastungen mit der materiellen Begrenztheit der biophysischen Umwelt nicht vereinbar ist. Von der durch RAP geprägten neueren Umweltdebatte übernimmt das Konzept Energieschranke die Aufmerksamkeit für wirtschaftliche Zusammenhänge und insbesondere für Preismechanismen. Von der neo-institutionalistischen Humanökologie greift das Konzept Energieschranke die Einsicht auf, daß weder naturwissenschaftliche Fakten noch ökonomische Optimierungskalküle das „richtige" Niveau einer Energieschranke bestimmen können, sondern nur eine öffentliche Debatte, in die das lokale Wissen von Laien ebenso eingeht wie dasjenige wissenschaftlicher Experten.

Die Theorie kultureller Evolution schließlich ist für das Konzept Energieschranke aus zwei Gründen von Belang. Zum einen rückt sie sozio-technische Innovationsprozesse in den Vordergrund des Interesses. Zum andern fördert sie das Verständnis dafür, daß Optimierungskalküle nur für eine relativ geringe Menge von Problemen eine angemessene Lösungsstrategie darstellen. In vielen Fällen können Optimierungsaufgaben erst sinnvoll gestellt werden, wenn vorher anders gelagerte Probleme gelöst wurden. Im Falle der Umweltkrise wäre es durchaus sinnvoll zu fragen, wie eine beschränkte Menge an handelbarer Energie optimal einzusetzen wäre. Dazu ist es aber zuerst nötig, in öffentlicher Debatte und politischer Entscheidungsfindung eine Mengenbeschränkung für handelbare Energie zu institutionalisieren. Das ist kein Optimierungsproblem, sondern ein sozialer Lernprozeß, in dem neue soziale Normen institutionalisiert werden, um der Umweltkrise wirksam zu begegnen.

VI. Schlußbemerkung

Die Umweltkrise ergibt sich nicht einfach daraus, daß soziale Subsysteme nicht in der Lage wären, die Gesellschaft als ganze zu reflektieren. Die Tatsache, daß kein Subsystem der heutigen Weltgesellschaft – schon gar nicht die Wissenschaft – in der Lage ist, diese Weltgesellschaft in ihrer Gesamtheit zu steuern, ist kein Problem, sondern eine erfreuliche Voraussetzung demokratischer Verhältnisse. Hingegen liegt ein ernsthaftes Problem darin, daß verschiedene Subsysteme sich manchmal – keineswegs immer – ausgesprochen schwer darin tun, miteinander wirksam zu kommunizieren. In der Wissenschaft zeigt sich dieses Problem in der disziplinären Zersplitterung. Diese erschwert es ganz erheblich, die Beziehung zwischen Gesellschaft und Umwelt zu untersuchen. Die Systemtheorie hat hier Fortschritte gebracht, aber die Realität der heutigen Wirtschaft allzu weitgehend ausgeblendet. Demgegenüber macht RAP plausibel, daß die Umweltkrise aus einem Wahrnehmungsproblem eben dieser Wirtschaft resultiert. Wiederum besteht das Problem nicht einfach in der Tatsache, daß die Wirtschaft nur ein Subsystem der Gesellschaft ist, sondern darin, daß viele Umweltbelastungen, die durchaus ökonomisch sichtbar sein könnten, faktisch ökonomisch unsichtbar sind, weil sie nichts kosten. Die Wahrnehmungsprobleme der Wissenschaft allerdings sind damit noch nicht thematisiert.

Das Forschungsprogramm der Humanökologie kann in zweierlei Hinsicht aktualisiert werden, um diese Wahrnehmungsprobleme zu überwinden. Zum einen kann die Bedeutung von lokalem Wissen bei der Lösung von Umweltproblemen ernst genommen werden, indem neue Formen des Dialogs zwischen wissenschaftlichen Experten und Laien entwickelt werden. Dadurch können auch unterschiedliche Wissenschaftstraditionen leichter in einen Dialog treten, indem sie sich als lokales Wissen unterschiedlicher wissenschaftlicher Gemeinschaften begreifen lernen. Zum andern kann die Theorie der kulturellen Evolution so weiterentwickelt werden, daß die Untersuchung der Dynamik von Ökosystemen und die Erforschung der Dynamik von sozialen Normen – zu denen auch normale Preise gehören – sich gegenseitig in vielfältiger Weise bereichern können. Wenn auf diesem Weg die innerwissenschaftlichen Wahrnehmungsprobleme angesichts der Umweltkrise abgebaut werden, so ist damit beileibe nicht die Umweltkrise bewältigt. Dazu muß insbesondere ein Innovationsprozeß in Gang gesetzt werden, der die Wirtschaft befähigt, die Belastung der Umwelt auf niedrigem Niveau zu stabilisieren. Die Umweltsoziologie kann dazu fruchtbare Erkenntnisse beisteuern, wenn sie sich nicht mit der Platitüde zufrieden gibt, daß jedes soziale Teilsystem seinen speziellen Blickwinkel hat, sondern angesichts der Umweltkrise die Chancen für soziale Lernprozesse auslotet.

Literatur

Anderson, Philip W., Kenneth J. Arrow und *David Pines*, 1988: The Economy as an Evolving Complex System. Redwood City, CA: Addison-Wesley (Santa Fe Institute Studies in the Sciences of Complexity).
Arthur, W. Brian, 1989: Competing Technologies, Increasing Returns, and Lock in by Historical Events, The Economic Journal 99: 116-131.
Axelrod, Robert, 1984: The Evolution of Cooperation. New York: Basic Books.
Bargatzky, Thomas, 1986: Einführung in die Kulturökologie. Umwelt, Kultur und Gesellschaft. Berlin: Reimer.
Barrows, Howard H., 1923: Geography as Human Ecology, Annals of the Association of American Geographers 13: 1-14.
Bateson, Gregory (Hg.), 1978: Steps to an Ecology of Mind. London: Granada Publishing.
Beck, Ulrich, 1996: Weltrisikogesellschaft, Weltöffentlichkeit und globale Subpolitik – Ökologische Fragen im Bezugsrahmen fabrizierter Unsicherheiten. S. 119-147 in: *Andreas Diekmann* und *Carlo C. Jaeger* (Hg.): Sonderheft 36 der Kölner Zeitschrift für Soziologie und Sozialpsychologie. Opladen: Westdeutscher Verlag.
Beck, Ulrich, 1986: Risikogesellschaft. Auf dem Weg in eine andere Moderne. Frankfurt a.M.: Suhrkamp.
Becker, Egon, und *Thomas Jahn*, 1989: Soziale Ökologie als Krisenwissenschaft. Frankfurt a.M.: Verlag für Interkulturelle Kommunikation.
Beckermann, Wilfred, 1974: In Defence of Economic Growth. London: Jonathan Cape.
Benjamin, Walter, 1980 [1935]: Das Kunstwerk im Zeitalter seiner technischen Reproduzierbarkeit. S. 431-469 in: *Ders.*: Gesammelte Schriften, Band I/2. Frankfurt a.M.: Suhrkamp.
Berger, Johannes, 1994: The Economy and the Environment. S. 766-797 in: *Neil J. Smelser* und *Richard Swedberg*: The Handbook of Economic Sociology. Princeton N.J.: Princeton University Press.
Berry, Brian J.L., und *John D. Kasarda*, 1977: Contemporary Urban Ecology. New York: Macmillan.
Borden, Richard J., in Zusammenarbeit mit *Jerry Jacobs* und *Gerald L. Young* (Hg.), 1988: Human Ecology. A Gathering of Perspectives. College Park, Md: Society for Human Ecology.
Bourdieu, Pierre, 1995: ... bonjour les citoyens, WoZ (WochenZeitung, Zürich) 15.12.1995: 2.
Boyd, Robert, und *Peter Richerson* (Hg.), 1989: Culture and the Evolutionary Process. Chicago: University of Chicago Press.
Boyden, Stephen, Sheelagh Milar, Ken Newcombe und *Beverly O'Neill*, 1981: The Ecology of a City and its People. The Case of Hong Kong. Canberra: Australian National University Press.
Burns, Tom R., und *Thomas Dietz*, 1992: Cultural Evolution: Social Rule Systems, Selection and Human Agency, International Sociology 7: 259-283.

Burt, Ronald S., 1992: Structural Holes. The Social Structure of Competition. Cambridge, MA: Harvard University Press.
Burt, Ronald S., und *Debbie S. Carlton*, 1989: Another Look at the Network Boundaries of American Markets, American Journal of Sociology 95: 723-753.
Calhoun, Craig, 1996: Critical Social Theory. Culture, History and the Challenge of Difference. Cambridge, MA: Blackwell.
Cebon, Peter B., 1996: Eine organisationstheoretische Analyse von Maßnahmen gegen Punktquellenverschmutzung. S. 441-471 in: *Andreas Diekmann* und *Carlo C. Jaeger* (Hg.): Sonderheft 36 der Kölner Zeitschrift für Soziologie und Sozialpsychologie. Opladen: Westdeutscher Verlag.
Diekmann, Andreas, 1996: Homo ÖKOnomicus. S. 89-118 in: *Andreas Diekmann* und *Carlo C. Jaeger* (Hg.): Sonderheft 36 der Kölner Zeitschrift für Soziologie und Sozialpsychologie. Opladen: Westdeutscher Verlag.
DiMaggio, Paul J., und *Walter W. Powell* (Hg.), 1991: The New Institutionalism in Organizational Analysis. Chicago: The University of Chicago Press.
Dörner, Dietrich, 1996: Der Umgang mit Unbestimmtheit und Komplexität und der Gebrauch von Computersimulationen. S. 489-515 in: *Andreas Diekmann* und *Carlo C. Jaeger* (Hg.): Sonderheft 36 der Kölner Zeitschrift für Soziologie und Sozialpsychologie. Opladen: Westdeutscher Verlag.
Drucker, Peter F., 1993a: The Ecological Vision. New Brunswick, NJ: Transaction.
Drucker, Peter F., 1993b: Post-capitalist Society. New York: Harper Collins.
Duncan, Otis T., 1964: From Social System to Ecosystem, Sociological Inquiry 31: 140-149.
Dunlap, Riley E., und *Angela G. Mertig*, 1996: Weltweites Umweltbewußtsein: Eine Herausforderung für die sozialwissenshaftliche Theorie. S. 193-218 in: *Andreas Diekmann* und *Carlo C. Jaeger* (Hg.): Sonderheft 36 der Kölner Zeitschrift für Soziologie und Sozialpsychologie. Opladen: Westdeutscher Verlag.
Dunlap, Riley E., und *William R. Catton*, 1994: Toward an Ecological Sociology: The Development, Current Status, and Probable Future of Environmental Sociology. S. 11-31 in: *William V. D'Antonio, Masamichi Sasaki* und *Yoshio Yonebayashi* (Hg.): Ecology, Society and the Quality of Social Life. New Brunswick, NJ: Transaction.
Edenhofer, Ottmar, 1996: Das Management globaler Allmenden. S. 390-419 in: *Andreas Diekmann* und *Carlo C. Jaeger* (Hg.): Sonderheft 36 der Kölner Zeitschrift für Soziologie und Sozialpsychologie. Opladen: Westdeutscher Verlag.
Eder, Klaus, 1988: Die Vergesellschaftung der Natur. Studien zur sozialen Evolution der praktischen Vernunft. Frankfurt a.M.: Suhrkamp.
Ehrlich, Paul R., und *John P. Holdren*, 1971: Impact of Population Growth, Science 171: 1212-17.
Emery, Fred E., und *Eric L. Trist*, 1972: Towards a Social Ecology. London: Plenum Press.
Freese, Lee, 1988: Evolution and Sociogenesis, Part 1: Ecological Origins, Part 2: Social Continuities. S. 53-89, 91-118 in: *Edward J. Lawler* und *Barry Markovsky* (Hg.): Advances in Group Processes, Vol. 5. Greenwich, CT: JAI Press.
Frey, Bruno S., und *Iris Bohnet*, 1996: Tragik der Allmende: Einsicht, Perversion und Überwindung. S. 292-307 in: *Andreas Diekmann* und *Carlo C. Jaeger* (Hg.): Sonderheft 36 der Kölner Zeitschrift für Soziologie und Sozialpsychologie. Opladen: Westdeutscher Verlag.
Friedrichs, Jürgen, 1977: Stadtanalyse. Soziale und räumliche Organisation der Gesellschaft. Hamburg: Rowohlt.
Freudenthal, Giedeon, 1982: Atom und Individuum im Zeitalter Newtons. Zur Genese der mechanistischen Natur- und Sozialphilosophie. Frankfurt a.M.: Suhrkamp.
Funtowicz, Silvio O., und *Jerome R. Ravetz*, 1994: Emergent Complex Systems, Futures 26: 568-582.
Gaziano, Emanuel, 1996: Ecological Metaphors as Scientific Boundary Work: Innovation and Authority in Interwar Sociology and Biology, American Journal of Sociology 101: 874-907.
Glaeser, Bernhard, und *Parto Teherani-Kroenner* (Hg.), 1992: Humanökologie und Kulturökologie: Grundlagen, Ansätze, Praxis. Opladen: Westdeutscher Verlag.
Glaeser, Bernhard (Hg.), 1989: Humanökologie. Grundlagen präventiver Umweltpolitik. Opladen: Westdeutscher Verlag.
Granovetter, Mark, und *Richard Swedberg* (Hg.), 1992: The Sociology of Economic Life. Boulder: Westview Press.

Habermas, Jürgen, 1981: Theorie des kommunikativen Handelns. Frankfurt a.M.: Suhrkamp.
Hannan, Michael T., und *John Freeman,* 1989: Organizational Ecology. Cambridge, MA: Harvard University Press.
Hawley, Amos H., 1950: Human Ecology: A Theory of Community Structure. New York: Ronald.
Hawley, Amos H., 1981: Human Ecology: Persistence and Change. S. 119-140 in: *James F. Short* (Hg.): The State of Sociology. Problems and Prospects. Beverly Hills: Sage.
Hawley, Amos H., 1986: Human Ecology: A Theoretical Essay. Chicago: University of Chicago Press.
Héritier, Adrienne, 1996: Muster Europäischer Umweltpolitik. S. 472-486 in: *Andreas Diekmann* und *Carlo C. Jaeger* (Hg.): Sonderheft 36 der Kölner Zeitschrift für Soziologie und Sozialpsychologie. Opladen: Westdeutscher Verlag.
Holländer, Heinz, 1990: A Social Exchange Approach to Voluntary Cooperation, The American Economic Review 80: 1157-67.
Honneth, Axel, 1992: Kampf um Anerkennung. Zur moralischen Grammatik sozialer Konflikte. Frankfurt a.M.: Suhrkamp.
Huber, Joseph, 1983: Humanökologie als Grundlage einer präventiven Umweltpolitik. Berlin: WZB.
Jaeger, Carlo C., 1996: Zähmung des Drachens – Globaler Schock, ökologische Wende. Opladen: Westdeutscher Verlag.
Jaeger, Carlo C., und *Bernd Kasemir,* 1996: Climatic Risks and Rational Actors. Global Environmental Change. Oxford: Elsevier.
Jaeger, Carlo C., Ortwin Renn, Eugene Rosa und *Thomas Webler,* 1995: Risk, Uncertainty, and Rational Action. Manuskript. Zürich: EAWAG.
Kadane, Joseph B. (Hg.), 1984: Robustness of Bayesian Analysis. Amsterdam: North Holland.
Kirman, Alan, 1989: The Intrinsic Limits of Modern Economic Theory: The Emperor has no Clothes, The Economic Journal 99: 126-139.
Kreps, David M., 1990: A Course in Microeconomic Theory. New York: Harvester Wheatsheaf.
Lenski, Gerhard, und *Patrick D. Nolan,* 1984: Trajectories of Development: A Test of Ecological-Evolutionary Theory, Social Forces 63: 1-23.
Luhmann, Niklas, 1986: Ökologische Kommunikation. Opladen: Westdeutscher Verlag.
McCay, Bonnie, und *Svein Jentoft,* 1996: Unvertrautes Gelände: Gemeineigentum unter der sozialwissenschaftlichen Lupe. S. 272-291 in: *Andreas Diekmann* und *Carlo C. Jaeger* (Hg.): Sonderheft 36 der Kölner Zeitschrift für Soziologie und Sozialpsychologie. Opladen: Westdeutscher Verlag.
Micklin, Michael, und *Harvey M. Choldin* (Hg.), 1984: Sociological Human Ecology: Contemporary Issues and Applications. London: Westview Press.
Nowotny, Helga, 1996: Umwelt, Zeit, Komplexität: Auf dem Weg zur Endosoziologie. S. 148-163 in: *Andreas Diekmann* und *Carlo C. Jaeger* (Hg.): Sonderheft 36 der Kölner Zeitschrift für Soziologie und Sozialpsychologie. Opladen: Westdeutscher Verlag.
Pahl-Wostl, Claudia, 1995: The Dynamic Nature of Ecosystems. Chaos and Order Entwined. New York: Wiley.
Park, Robert E., 1925: The Urban Community as a Spatial Pattern and a Moral Order. S. 3-18 in: *Ernest W. Burgess* (Hg.): The Urban Community. New York: Greenwood Press.
Parsons, Talcott, 1951: The Social System. Glencoe, Ill: Free Press.
Picht, Georg, 1979: Ist Humanökologie möglich? S. 14-123 in: *Constanze Eisenbarth* (Hg.): Humanökologie und Frieden. Stuttgart: Klett.
Primas, Hans, 1992: Umdenken in der Naturwissenschaft, Gaia 1: 5-15.
Rapoport, Anatol, 1996: Der systemische Ansatz der Umweltsoziologie. S. 61-88 in: *Andreas Diekmann* und *Carlo C. Jaeger* (Hg.): Sonderheft 36 der Kölner Zeitschrift für Soziologie und Sozialpsychologie. Opladen: Westdeutscher Verlag.
Redclift, Michael R., und *James Skea,* 1996: Globale Umweltveränderungen: Der Beitrag der Sozialwissenschaften. S. 380-389 in: *Andreas Diekmann* und *Carlo C. Jaeger* (Hg.): Sonderheft 36 der Kölner Zeitschrift für Soziologie und Sozialpsychologie. Opladen: Westdeutscher Verlag.
Renn, Ortwin, 1996: Rolle und Stellenwert der Soziologie in der Umweltforschung. S. 28-58 in: *Andreas Diekmann* und *Carlo C. Jaeger* (Hg.): Sonderheft 36 der Kölner Zeitschrift für Soziologie und Sozialpsychologie. Opladen: Westdeutscher Verlag.

Renn, Ortwin, Thomas Webler und *Peter Wiedemann,* 1995: Fairness and Competence in Citizen Participation. Evaluating Models for Environmental Discourse. Dordrecht: Kluwer.

Rosa, Eugene A., und *Thomas Dietz,* 1994: Rethinking the Environmental Impacts of Population, Affluence and Technology, Human Ecology Review 1: 277-300.

Savage, Leonard J., 1972 [1954]: The Foundations of Statistics. New York: Dover Publications.

Scharping, Michael, und *Christoph Görg,* 1994: Natur in der Soziologie. Ökologische Krise und Naturverhältnis. S. 179-201 in: *Christoph Görg* (Hg.): Gesellschaft im Übergang. Perspektiven kritischer Soziologie. Darmstadt: Wissenschaftliche Buchgesellschaft.

Schmid, Josef (Hg.), 1994: Bevölkerung – Umwelt – Entwicklung: eine humanökologische Perspektive. Opladen: Westdeutscher Verlag.

Simon, Herbert, 1955: A Behavioral Model of Rational Choice, Quarterly Journal of Economics 69: 99-118.

Smith, Adam, 1976 [1776]: An Inquiry into the Nature and Causes of the Wealth of Nations. Oxford: Clarendon Press.

Stein, Daniel L., und *Lynn Nadel,* 1991: Lectures in Complex Systems. Redwood City, CA: Addison-Wesley (Santa Fe Institute Studies in the Science of Complexity).

Steiner, Dieter, und *Markus Nauser,* 1993: Human Ecology. Fragments of Anti-Fragmentary Views of the World. London: Routledge.

Steward, Julian H., 1955: Theory of Culture Change. Urbana Ill.: University of Illinois Press.

Stoessel, Margrit, 1983: Aura. Das vergessene Menschliche. Zu Sprache und Erfahrung bei Walter Benjamin. München: Hanser.

Teherani-Kroenner, Parto, 1992: Human- und kulturökologische Ansätze zur Umweltforschung: ein Beitrag zur Umweltsoziologie mit einer Fallstudie zur Grundwasserbelastung mit Nitrat. Wiesbaden: Deutscher Universitäts-Verlag.

Timms, Duncan, 1971: The Urban Mosaic. Towards a Theory of Residential Differentiation. Cambridge: Cambridge University Press.

van den Daele, Wolfgang, 1996: Soziologische Beobachtung und ökologische Krise. S. 420-440 in: *Andreas Diekmann* und *Carlo C. Jaeger* (Hg.): Sonderheft 36 der Kölner Zeitschrift für Soziologie und Sozialpsychologie. Opladen: Westdeutscher Verlag.

Wehrt, Hartmut, und *Rainer Heege* (Hg.), 1991: Ökologie und Humanökologie: Beiträge zu einem ganzheitlichen Verstehen unserer geschichtlichen Lebenswelt. Frankfurt a.M.: P. Lang.

Weichhart, Peter, 1990: Raumbezogene Identität. Bausteine zu einer Theorie räumlich-sozialer Kognition und Identifikation, Erdkundliches Wissen 102. Stuttgart: Franz Steiner.

White, Harrison C., 1993: Markets, Networks and Control. S. 223-239 in: *Osmund Schreuder* und *Siegwart M. Lindenberg* (Hg.): Interdisciplinary Perspectives on Organization Studies. Oxford: Pergamon Press.

White, Harrison C., 1981: Where Do Markets Come From?, American Journal of Sociology 87: 517-547.

Whitehead, Alfred N., 1978 [1929]: Process and Reality. New York: The Free Press.

Wittgenstein, Ludwig, 1982 [1953]: Philosophische Untersuchungen. Frankfurt a.M.: Suhrkamp.

Young, Gerald L. (Hg.), 1983: Origins of Human Ecology. Stroudsburg, PA: Hutchinson Ross.

Young, Gerald L., 1974: Human Ecology as an Interdisciplinary Concept: A Critical Inquiry. S. 1-105 in: *A. Macfayden* (Hg.): Advances in Ecological Research 8. New York: Academic Press.

III.
Themen und Forschungsfragen

Umweltbewußtsein

WELTWEITES UMWELTBEWUSSTSEIN

Eine Herausforderung für die sozialwissenschaftliche Theorie*

Riley E. Dunlap und Angela G. Mertig

Zusammenfassung: Sowohl nach landläufiger Meinung als auch gemäß sozialwissenschaftlicher Theorien hängt die öffentliche Besorgnis um die Qualität der Umwelt vom Wohlstand ab, ist also in reichen Nationen stärker als in armen. Diese Wohlstands-/Postmaterialismus-These wurde durch das weltweite Auftreten von Umweltschutzaktivitäten in Frage gestellt, könnte aber für die allgemeine Öffentlichkeit doch zutreffen. Anhand von Ergebnissen einer 1992 durchgeführten internationalen Umfrage des 'George H. Gallup International Institute', die für einen großen Bereich ökologischer Wahrnehmungen und Meinungen von Bürgern aus 24 ökonomisch und geographisch verschiedenen Nationen Daten erbrachte, haben wir die These für die allgemeine Öffentlichkeit geprüft. Wir haben bei einer Reihe von Maßgrößen für die öffentliche Besorgnis um Umweltqualität aggregierte nationale Werte erstellt und sie mit dem Bruttosozialprodukt pro Kopf korreliert. Obwohl die Ergebnisse je nach Maßgröße beträchtlich variieren, gibt es zwischen der Sorge der Bürger um die Umweltqualität und dem nationalen Wohlstand insgesamt häufiger eine negative als eine positive Korrelation – im direkten Widerspruch zur Wohlstands-/Postmaterialismus-These.

I. Einleitung

Zu den populärsten Gegenständen soziologischer Forschung im Bereich von Umweltfragen gehören Untersuchungen darüber, wie die Menschen Umweltprobleme und Umweltpolitik sehen. Bei der Leichtigkeit, mit der sich Umfragen durchführen lassen, dem den Soziologen eigenen Interesse an der Erforschung öffentlicher Meinungen und Wahrnehmungen und dem Interesse, auf das Umfrageergebnisse unter Politikern und andern Bürgern typischerweise stoßen, überrascht das nicht. Ein tieferer Grund liegt darin, daß solche Forschung, zumindest manchmal, durch das Wissen darum stimuliert wird, daß menschliche Inter-

---

* Dies ist eine revidierte und erweiterte Version eines Vortrags, der im Juli 1994 auf dem XIII. Weltkongreß für Soziologie der International Sociological Association in Bielefeld gehalten wurde. Dunlap war Projektleiter des Projekts „Health of the Planet Survey" des George H. Gallup International Institute, und dem Institut sei gedankt, daß es die Daten für eine Analyse zur Verfügung stellte. Des weiteren sei der National Science Foundation gedankt für finanzielle Mittel, mit denen an der Washington State University detaillierte Datenanalysen durchgeführt werden konnten.

aktion mit der Umwelt – wohl der zentrale Gegenstand der Umweltsoziologie – oft durch kognitive Prozesse vermittelt wird. Es ist also nicht überraschend, daß die Untersuchung von Meinungen, Einstellungen, Überzeugungen, Werten und Wahrnehmungen der Menschen in bezug auf Umweltfragen für Umweltsoziologen und andere Umweltsozialwissenschaftler zu einem Hauptforschungsthema geworden ist (Buttel 1987; Dunlap/Catton 1979, 1994; Lowe/Rudig 1986).

Buchstäblich Hunderte von Untersuchungen wurden in Europa und Nordamerika durchgeführt, um das Ausmaß einzuschätzen, in dem die allgemeine Öffentlichkeit oder spezifischere Teile der Gesellschaft, wie etwa die Studenten, um die Qualität der Umwelt „besorgt" sind. Untersucht wurden Änderungen im Niveau des Umweltbewußtseins über gewisse Zeiträume hinweg (z.B. Dunlap 1992), zwischen verschiedenen Ländern (z.B. Hofrichter/Reif 1990) und sogar zwischen verschiedenen Ländern über bestimmte Zeiträume hinweg (z.B. Dalton 1994). Andere Studien befaßten sich mit den sozialen Grundlagen oder „Korrelaten" des Umweltbewußtseins (z.B. Langeheine/Lehmann 1986; van Liere/Dunlap 1980), sowohl über Zeiträume hinweg (z.B. Jones/Dunlap 1992) als auch zwischen verschiedenen Ländern (z.B. Skrentny 1994). Wieder andere Forschungsprojekte untersuchten die Beziehung zwischen artikuliertem Umweltbewußtsein und umweltschützerischem Verhalten, wobei sie manchmal zu recht unterschiedlichen Schlußfolgerungen kamen (man vergleiche etwa Diekmann/Preisendorfer 1992 mit Weigel 1985). Dessen ungeachtet wurden aber doch Fortschritte in Richtung auf ein Verständnis jener Bedingungen erzielt, die die Umsetzung von Umweltbewußtsein in Verhalten fördern (z.B. Diekmann/Franzen 1995; Guagnano et al. 1995). Schließlich haben einige wenige Studien das Konzept „Umweltbewußtsein" detaillierter untersucht, um seine Facetten und möglichen Dimensionen zu erhellen (z.B. Ester/van der Meer 1982; Schahn/Holzer 1990; Urban 1986; van Liere/Dunlap 1981).

Obgleich das umfängliche Forschungswerk zu ökologischen Einstellungen, Verhaltensweisen und verwandten Phänomenen oft als theoretisch unterentwickelt und nicht kumulativ charakterisiert worden ist (z.B. Heberlein 1981), scheint sich die Situation nun zu ändern. Zum Teil liegt dies daran, daß sich manche Forschungsergebnisse – z.B. diejenigen über die soziale Basis von Umweltbewußtsein – als recht robust über Zeiträume und Ländergrenzen hinweg erwiesen haben (Jones/Dunlap 1992; Skrentny 1994). Mit herbeigeführt haben diese Änderung auch einige neuere theoretisch integrierende Arbeiten von Forschern wie Stern und Dietz (1994) und ihren Kollegen (Stern et al. 1995a; Stern et al. 1995b). Und doch hat die enorm umfangreiche gesamte Forschung auf dem Gebiet des Umweltbewußtseins eine ins Auge springende Schwäche, insbesondere in einer Epoche globaler Umweltprobleme, nämlich ihre ganz überwiegende Bezogenheit auf Untersuchungen in ökonomisch wohlhabenden, hochindustrialisierten und vorwiegend westlichen Nationen – z.B. Europa und Nordamerika. Zu einer Zeit, wo Umweltzerstörung fast überall auf der Welt als Problem erkannt worden ist und wo Probleme wie Ozonloch und Klimaveränderungen wahrhaft globales Ausmaß haben, ist es nötig, unser Wissen über Umweltbewußtsein auf den Rest der Welt auszudehnen. Diese Arbeit ist ein vorläufiger Bericht über die Resultate eines kürzlich durchgeführten Versuchs, die öffentliche Besorgnis um Umweltqualität im Rahmen einer sehr viel größeren und repräsentativeren Auswahl von Nationen zu untersuchen. Insbesondere enthält sie Daten, die einen Vergleich der Niveaus von Umweltbewußtsein bei Bewohnern reicher und armer Länder erlauben, was bis heute oft Gegenstand von Spekulationen aber praktisch niemals von Forschung war.

II. Landläufige Meinung und sozialwissenschaftliche Theorien

Lange war es die allgemeine Überzeugung, Umweltbewußtsein sei vorwiegend auf Bewohner der reichen, hochindustrialisierten Nationen der nördlichen Hemisphäre beschränkt, denn man nahm an, die Bewohner der ärmeren, nichtindustrialisierten Nationen seien zu sehr mit ökonomischem und physischem Überleben beschäftigt, um sich um Umweltprobleme zu sorgen (z.B. Beckermann 1974: 89). Diese Annahme kam in den Medienberichten zur UN-Konferenz über Umwelt und Entwicklung 1992 in Rio de Janeiro deutlich zum Ausdruck (z.B. Elmer-Dewitt 1992), und ihr Fortbestehen mag ebenso sehr auf das Fehlen gegenteiligen Faktenmaterials zurückzuführen sein wie auf ihren ideologischen Wert zur Rechtfertigung der Führungsrolle der reichen Nationen bei der Festlegung internationaler Umweltpolitik (Brechin/Kempton 1994).

Die Annahme, Umweltbewußtsein sei auf Bürger der reichen, vorwiegend westlichen Nationen beschränkt, hat seitens sozialwissenschaftlicher Theorienbildung zum Thema Umweltbewegung starke Unterstützung erfahren. Als Erklärung für die Entwicklung grüner Parteien und die öffentliche Unterstützung des Umweltschutzes geben Politikwissenschaftler typischerweise das Entstehen „postmaterialistischer Werte" an (Inglehart 1977, 1990a). Solche Werte, so wird argumentiert, seien die Folge des Wohlstands in den industrialisierten Nationen nach dem Zweiten Weltkrieg und seien Zeugnis dafür, daß unter den jüngeren Generationen, welche ökonomischen Wohlstand für selbstverständlich hielten, die Sorge um Lebensqualität gegenüber der Sorge um Wohlstand wachse. Dieser Unterscheidung von materialistisch/postmaterialistisch liegt Maslows Annahme einer Hierarchie menschlicher Bedürfnisse und Werte zugrunde; es überrascht daher nicht, daß diese Sichtweise kompatibel ist mit jener psychologischen, welche besagt, Umweltbewußtsein entwickle sich wahrscheinlich nicht in Gesellschaften, in denen elementare Bedürfnisse der Menschen nur schlecht zufriedengestellt werden (Leff 1978: 50).[1] Ähnlich verstehen Soziologen die Umweltbewegung typischerweise als ein Exemplar der „neuen sozialen Bewegungen" (z.B. Umwelt-, Friedens-, Anti-Kernkraft- und Frauenbewegung), die in den reichen Industriegesellschaften entstanden sind und deren Ziele eher auf Lebensstil und Lebensqualität als auf wirtschaftliche Interessen gerichtet sind (Buttel 1992). Schließlich betrachten sehr viele Ökonomen Umweltqualität als ein „Luxusgut", das vermutlich nur diejenigen kümmert, welche sich um Nahrung, Unterkunft und wirtschaftliches Überleben keine Sorgen zu machen brauchen (Baumol/Oates 1979). Da diese konvergenten theoretischen Perspektiven alle die Sichtweise vertreten, das Aufkommen postmaterialistischer Werte (und höherrangiger Bedürfnisse) und die Entwicklung neuer sozialer Bewegungen, die solche auf ihre Fahnen schreiben, sei abhängig von einem weitverbreiteten und dauernden Wohlstand, so legen sie damit nahe, die Bewohner armer, nichtindustrialisierter Länder seien über Umweltprobleme weniger besorgt und unterstützten Umweltschutz weniger als ihre

---

1 Im Grunde genommen stellt Ingleharts (1977, 1990a) Theorie des Postmaterialismus eine Synthese von Maslows Bedürfnispyramide, Rokeachs Werttheorie und Mannheims Theorie der generationsweisen Sozialisation dar (Dunlap et al. 1983; Lowe/Rudig 1986).

Gegenüber in den reichen Ländern. Insofern läßt sich sozialwissenschaftliche Theoriebildung über internationales Umweltbewußtsein als die „Wohlstands-These" zusammenfassen oder als die Annahme, nur die Reichen könnten es sich leisten, um Umweltqualität besorgt zu sein.[2]

Trotz dieser komplementären Theoriestränge, welche sich durchgängig in den Sozialwissenschaften finden und die Wohlstandsthese stützen, ist es doch deutlich der Postmaterialismus, welcher die meiste Aufmerksamkeit erfahren und einen nahezu hegemonialen Status als *die* Erklärung für die Umweltbewegung erreicht hat. Dies spiegelt sich in dem Kommentar von Lowe und Rudig wider (der im Zuge einer Kritik des Postmaterialismus als einer Erklärung für die Umweltbewegung gegeben wird): „Es erscheint somit als fragwürdig, Ingleharts Theorie der veränderten Werte zur Grundlage der Umweltsoziologie zu machen."[3] Die Unterstellung, dieses Fachgebiet basiere auf Ingleharts Arbeiten, ist ganz klar eine Übertreibung,[4] wenn man bedenkt, daß die Postmaterialismus-These unter Politikwissenschaftlern populärer war und ist als unter Soziologen und daß Umweltsoziologie aus mehr besteht als aus Analysen der Umweltbewegung; aber diese Auffassung ist ein guter Hinweis auf die Dominanz der Postmaterialismus-These. Wir werden also die „Wohlstands-These" und die „Postmaterialismus-These" als im wesentlichen synonym behandeln.

Postmaterialismus und die andern sozialwissenschaftlichen Sichtweisen teilen die Annahme, die Umweltbewegung sei ein Produkt rein sozialer Veränderungen, und Umweltbedingungen spielten wenig bis gar keine Rolle. In ihrer Sicht ist die gesellschaftliche Besorgnis um die Qualität der Umwelt aufgrund veränderter sozialer Bedingungen entstanden – seien es die neue Klassenstruktur der Industriegesellschaften, der langfristige Wohlstand, der Wertewandel zwischen den Generationen oder persönliche Präferenzen – und nicht als Folge von Veränderungen der Umwelt, welche durch menschliche Einwirkung bisher nicht gekannten Ausmaßes in großen Teilen der Welt hervorgerufen wurden.[5] Wenn diese Betonung der sozialen Ursachen sozialer Phänomene sich auch durch die gesamte Sozialwissenschaft hindurchzieht, zum Teil als Reaktion auf frühere Exzesse eines „ökologischen Determinismus" (Catton/Dunlap 1980), so scheint es doch eigenartig, daß Erklärungen für das Entstehen einer gesellschaftlichen Bewußtheit von und Besorgnis über Umweltprobleme die potentielle Relevanz ökologischer Umstände praktisch ignorieren. Die implizite Anerkennung der Tatsache, daß menschliche Interaktionen mit der Umwelt typischerweise durch kognitive Prozesse vermittelt sind, heißt ja nicht, daß die Umwelt

---

2 In kleinerem Rahmen machte sich diese Annahme darin bemerkbar, daß die Umweltbewegung beharrlich als elitär porträtiert wurde, besonders in den USA. Eine Analyse dieser Anklage und eine Übersicht über das für die Situation in den USA relevante Faktenmaterial findet sich bei Morrison/Dunlap (1986).
3 Dieses und alle folgenden Zitate sind aus dem Original übersetzt.
4 Vielleicht liegt ein Grund dafür, daß Lowe und Rudig übertreiben, darin, daß sie einen weiten Bereich von Arbeiten als Beispiele für die postmaterialistische These auffassen, einschließlich Forschungsarbeiten über das mögliche Entstehen eines „neuen ökologischen Paradigmas" (Cotgrove 1982; Dunlap/van Liere 1978; Milbrath 1984). Wir glauben jedoch, daß Überlegungen über das Entstehen eines „NEP" (New Environmental Paradigm) mehr repräsentieren als bloß das Wachstum postmaterialistischer Werte (siehe etwa Milbrath 1993).
5 Diese Annahme wird auch von Anthropologen geteilt, welche die „kulturelle Konstruktion" von Umweltproblemen hervorheben, wenn sie auch nicht notwendig die Rolle des Wohlstands per se betonen (siehe etwa Douglas/Wildavsky 1982).

völlig irrelevant oder bloß eine „soziale Konstruktion" sei (Dunlap/Catton 1994; Soule/ Lease 1995).

In der Tat argumentieren Lowe und Rudig in ihrer Kritik des Postmaterialismus (Lowe/ Rudig 1986: 318): „Nach unserer Sicht ist die Beziehung zwischen Umweltproblemen und ökologischen Einstellungen eines der wesentlichen Forschungsgebiete, welches bis jetzt nicht in adäquater Weise in Angriff genommen wurde." Andere Forscher haben ebenfalls darauf hingewiesen, daß mit großer Wahrscheinlichkeit das Anwachsen einer weitverbreiteten Sorge um die Umwelt das Bewußtsein widerspiegelt (sei es zurückzuführen auf persönliche Erfahrung oder auf Berichte der Medien), daß sich ökologische Bedingungen tatsächlich verschlechtern (siehe etwa Brechin/Kempton 1994; Hofrichter/Reif 1990). Es ist zwar extrem schwierig, die Verbindung zwischen objektiven Umweltbedingungen und deren Wahrnehmung durch die Menschen zu untersuchen, besonders über die Gemeindeebene hinaus, aber der Gedanke, daß Sorge um die Qualität der Umwelt tatsächlich zu einem gewissen Grad mit wirklicher Umweltzerstörung in Bezug steht, hat mit neuerdings in der Dritten Welt entstandenen Umweltbewegungen von großer Verbreitung und deutlicher Sichtbarkeit neue Glaubwürdigkeit erlangt.

III. Die Anomalie einer weltweiten Umweltbewegung

Jene konventionellen Sichtweisen, welche betonten, Wohlstand sei notwendig für das Entstehen von Umweltbewegung und grünen Parteien, wurden durch deren frühes Entstehen in der industrialisierten Welt (primär in Nordamerika und Westeuropa) untermauert, ebenso wie durch die argwöhnische Reaktion der nichtindustrialisierten Länder auf die UN-Konferenz zur menschlichen Umwelt 1972 in Stockholm. Die engagiertere Teilnahme der Entwicklungsländer am Umweltgipfel von 1992 in Rio, einem Nachfolger der vorangegangenen UN-Konferenz (Rogers 1993), und insbesondere das allmähliche Aufkommen ökologischer Aktivitäten in vielen Teilen der nichtindustrialisierten Welt stellt aber ganz klar eine Herausforderung dieser gängigen Überzeugung dar.

Zwar sind die Analysen von ökologischem Engagement in der Dritten Welt und anderen nicht westlichen Ländern nach wie vor fragmentarisch (Brechin/Kempton 1994; Durning 1989; Finger 1992; McCormick 1989), aber die große Zahl ökologischer NGOs (Non-Governmental Organizations/nichtstaatliche Organisationen), welche in den letzten Jahren auf der ganzen Welt entstanden sind, zeigt deutlich, daß ökologisches Engagement zu einem weltweiten Phänomen geworden ist (Fisher 1993). Dies stellt aus der Sicht des Postmaterialismus offensichtlich eine Anomalie dar, denn wie weit auch immer die Vorstellungskraft strapaziert wird, können doch solche Länder wie Indien oder südamerikanische Länder – Schauplätze sehr heftigen ökologischen Engagements – nicht als wohlhabend angesehen werden. Es wird jedoch immer mehr erkannt, daß das Ausmaß einer Schädigung der Umwelt in armen Ländern (der Dritten Welt ebenso wie Osteuropas) oft größer ist als in reichen (Weltbank 1992, Kapitel 2). Dies legt nahe, daß das Entstehen von Umweltbewegungen in jenen Ländern eine wachsende Bewußtheit gegenüber umweltschädigenden Bedingungen widerspiegelt.

Trotz der zunehmenden Beweise dafür, daß ökologisches Engagement ein weltweites Phänomen ist, könnte argumentiert werden, Umweltangelegenheiten und NGOs rekrutierten in den ärmeren Ländern nur eine kleine Anzahl von Aktivisten, und die enthusiastische Teilnahme dieser Länder am Rio-Gipfel sei nur der Ausdruck der Aktionen einiger weniger Regierungsoffizieller und anderer Eliten. Mit anderen Worten, die gängige Überzeugung über armuts-/reichtumsbedingtes national unterschiedliches Umweltbewußtsein könnte auf der Ebene der allgemeinen Öffentlichkeit zutreffen. Da existierende Umfragen über die öffentliche Meinung zu Umweltproblemen tendenziell primär auf Nordamerika und Westeuropa beschränkt sind (welche nur mäßig unterschiedliche Wohlstandsniveaus aufweisen), weiß man nur sehr wenig über die Ansichten des allgemeinen Publikums zu Umweltfragen in armen Ländern, speziell jenen der südlichen Hemisphäre. Infolgedessen war es bisher nicht möglich, die – für die Wohlstands-/Postmaterialismus-These zentrale – weitverbreitete Annahme zu überprüfen, Bewohner armer Länder seien weniger umweltbewußt als ihre Gegenüber in den reichen Ländern.[6] Diese Situation hat sich nun geändert zufolge einer neueren internationalen Meinungsumfrage zum Thema Umwelt, gefördert vom 'George H. Gallup International Institute'.

IV. Methodologie

1. Stichprobenauswahl und Datenerhebung

Die vom Gallup-Institut koordinierte Umfrage „Health of the Planet" (HOP) wurde in 24 ökonomisch und geographisch unterschiedlichen Ländern durch Mitglieder des weltweiten Netzwerks von Gallup-Filialen durchgeführt. Die Auswahl der Länder hing von der Existenz einer Gallup-Filiale (oder eines zur Zusammenarbeit bereiten Partners) und der Verfügbarkeit der entsprechenden Mittel ab. Zwar sind demzufolge die ärmeren, wirtschaftlich weniger entwickelten Länder (insbesondere afrikanische Länder) unterrepräsentiert, aber die Absicht war auch *nicht*, eine weltweite Umfrage durchzuführen, deren Ergebnisse sich auf die ganze Welt würden verallgemeinern lassen (ein unrealistisches Ziel). Ziel war es vielmehr, die Ansichten der Menschen zu Umweltfragen über eine sowohl geographisch als auch vom ökonomischen Entwicklungsstand her große Bandbreite von Ländern zu vergleichen. Wie *Tabelle 1* zeigt, gehören zu den 24 von der HOP-Umfrage erfaßten Ländern sieben, welche von der Weltbank auf der Grundlage ihres Bruttosozialprodukts pro Kopf als Länder mit „niedrigem" Einkommen eingestuft werden, sechs als Länder mit „mittlerem" Einkommen und elf als Länder mit „hohem" Einkommen (Weltbank 1994).[7] Ein Vergleich der Ansichten der Bürger zu Umweltfragen über eine so breite

---

6 Vor der Gallup-Umfrage war der umfassendste Versuch eine von Louis Harris et al. 1988 und 1989 für das Umweltprogramm der Vereinten Nationen in 16 Ländern durchgeführte Umfrage (Louis Harris et al. 1989). In den meisten der einbezogenen Länder waren jedoch die Stichproben recht klein (300 bis 600 Befragte) und in den nichtindustrialisierten Ländern typischerweise auf Bewohner städtischer Ballungsgebiete beschränkt, so daß eine Verallgemeinerung der Ergebnisse auf die nationale Bevölkerung problematisch ist. Aus diesen Gründen ist die Harris-Umfrage von Sozialwissenschaftlern kritisch aufgenommen (Stycos 1994) und selten auch nur in ihren Analysen anerkannt worden (wenige Ausnahmen sind erwähnt bei Brechin/Kempton 1994 und bei Milbrath 1993).
7 Die Zahlenangaben werden in US-Dollar von 1992 gemacht, und die Kategorien wurden von der Weltbank übernommen (Weltbank 1994).

Tabelle 1: BSP pro Kopf und Stichprobengröße nach Nationen

Land[1]	BSP/Kopf	Stichprobengröße
Niedriges Einkommen		
Indien	310	4984
Nigeria	320	1195
Philippinen	770	1000
Polen	1910	989
Türkei	1980	1000
Rußland	2510	964
Chile	2730	1000
Mittleres Einkommen		
Brasilien	2770	1414
Ungarn	2970	1000
Uruguay	3340	800
Mexiko	3470	1502
Korea (Rep.)	6790	1500
Portugal	7450	1000
Hohes Einkommen		
Irland	12210	928
Großbritannien	17790	1105
Niederlande	20480	1011
Kanada	20710	1011
Finnland	21970	770
Deutschland (West)	23030	1048
USA	23240	1032
Norwegen	25820	991
Dänemark	26000	1019
Japan	28190	1434
Schweiz	36080	1011

1 BSP pro Kopf und Einkommenskategorien entnommen aus: Weltbank (1994), entsprechende Werte in US-$.

Palette von Ländern sollte ein vernünftiger Test der Annahme sein, die Besorgnis der Öffentlichkeit um die Qualität der Umwelt sei unter den reichen, industrialisierten Nationen viel stärker verbreitet als unter ihren wirtschaftlich weniger entwickelten Nachbarn. Daß ein solcher Vergleich auch einen angemessenen Test der Wohlstands-/Postmaterialismus-These darstellt, läßt sich daraus entnehmen, daß Inglehart kürzlich internationale Daten von nationalen Maßgrößen für Postmaterialismus vorgelegt hat, welche stark (r = .71) mit dem Bruttosozialprodukt pro Kopf korrelieren.[8] Ein solcher Vergleich wird auch ein wesentlicher Schritt auf dem Wege sein, unsere Kenntnisse über ökologische Einstellungen auf Gegenden außerhalb Europas und Nordamerikas zu erweitern.

Jede Filiale war dafür verantwortlich, den Fragebogen in die jeweilige(n) Sprache(n) ihres Landes zu übersetzen, und anschließend ließ das Gallup-Institut ihn ins Englische

---

8 Diese Zahl haben wir berechnet, indem wir für die 33 Nationen, für die wir Weltbankdaten erhalten konnten, Schätzwerte der in Ingleharts Graphik (Inglehart 1995: 71) angegebenen Indexwerte für Postmaterialismus mit dem Bruttosozialprodukt pro Kopf von 1990 korrelierten.

„zurückübersetzen", um Vergleichbarkeit zu gewährleisten. Die Umfragen wurden in persönlichen Interviews zu Hause durchgeführt (so daß das Problem des Analphabetismus eine möglichst geringe Rolle spielt), und alle wurden während der ersten vier Monate des Jahres 1992 fertiggestellt. Benutzt wurden national repräsentative Stichproben in allen Ländern außer Deutschland, wo sich die Umfrage auf Westdeutschland beschränkte, und Indien, wo ländliche Regionen und solche mit terroristischen Aktivitäten unterrepräsentiert sind. Daher ist bei der Interpretation der Ergebnisse für diese beiden Länder Vorsicht angebracht. Wie aus *Tabelle 1* zu entnehmen ist, bewegt sich die Stichprobengröße von einem Minimum von 770 in Finnland bis zu 5000 in Indien, und die meisten Stichproben liegen zwischen 1000 und 1500; somit ergeben sich Resultate, die eine Fehlermarge von ungefähr 3 Prozent für die jeweiligen nationalen Bevölkerungen haben sollten.

2. Messung der Variablen

Die HOP-Umfrage untersuchte einen großen Bereich von Themen, die mit ökologischen Fragen zusammenhängen (Dunlap et al. 1993a, 1993b). Obwohl es uns unmöglich war, detaillierte (Multi-Item) Maßgrößen für alle Konzepte zu verwenden oder erklärende Schlüsselvariablen heranzuziehen, wie die grundlegenden Wertorientierungen, die Stern und Dietz für nützlich befunden hatten, bezogen wir uns auf existierende Forschung, um zu gewährleisten, daß die entscheidenden eigenständigen Bereiche und theoretischen Konzeptualisierungen ökologischer Einstellungen erfaßt waren (Ester/van der Meer 1982; Schahn/Holzer 1990; van Liere/Dunlap 1981). Insbesondere gingen wir über jene soziologischen und politikwissenschaftlichen Studien hinaus, die sich eng auf „ökologischen Aktivismus" konzentrieren (z.B. Inglehart 1990a, 1990b), indem wir eine große Bandbreite von Indikatoren für öffentliche Besorgnis um die Qualität der Umwelt heranzogen.

Zur detaillierten Prüfung der postmaterialistischen Annahme sehr großer Unterschiede zwischen Bewohnern armer und reicher Länder werden wir verschiedene Maßgrößen untersuchen, die sich mit persönlicher Besorgnis über Umweltprobleme, mit Unterstützung von Umweltschutzmaßnahmen und mit dem wahrgenommenen Schweregrad ökologischer Probleme befassen. Einige unserer Variablen sind einzelne Items, während andere aus vielen Items zusammengesetzt sind. Letztere haben eine vernünftige interne Konsistenz über die Länder hinweg, so daß es in der Tat sinnvoll erscheint, „ökologische Einstellungen" über eine große Bandbreite verschiedener Länder zu untersuchen. (Die relativen Niveaus von „Konsistenz der Einstellungen" oder „Beschränkung" über Länder hinweg werden Gegenstand zukünftiger Untersuchungen sein.) Die Variablen, die Items, auf denen sie basieren, und die Kodierungsprozeduren werden detailliert im *Anhang* aufgeführt (Häufigkeitsverteilungen für alle Items werden angegeben in Dunlap et al. 1993a).

Zu jeder der 14 ökologischen Variablen haben wir für jede Nation national aggregierte Indexwerte erarbeitet, indem wir den nationalen Mittelwert aller Antworten berechneten. (Mittelwerte und Standardabweichungen für alle Variablen werden für die einzelnen Nationen in *Tabelle 3* im Anhang angegeben.) Wir taten dies, weil unser Interesse nationalen Unterschieden im Umweltbewußtsein gilt – speziell der Antwort auf die Frage, ob, wie gemeinhin angenommen, Niveaus von Umweltbewußtsein mit nationalem Wohlstand positiv korreliert sind. Um letzteren zu messen, bedienten wir uns des Bruttosozialprodukts

Abbildung 1: Beziehung zwischen Wohlstand und Umweltbewußtsein, wie sie die Postmaterialismus-These voraussagt

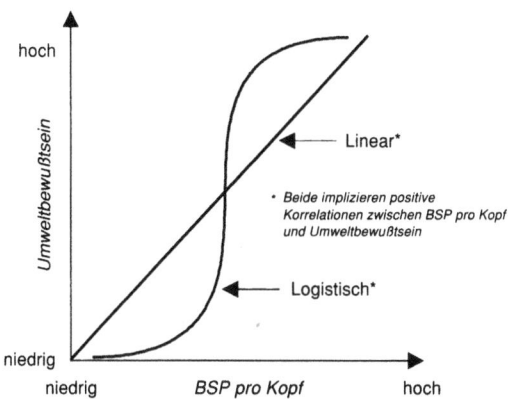

pro Kopf, wie es in *Tabelle 1* angegeben ist. Wir planen, in zukünftigen Analysen eine Vielzahl von Indikatoren für nationalen Wohlstand und Lebensqualität zu untersuchen, aber da das Bruttosozialprodukt pro Kopf die am häufigsten benutzte Maßgröße für nationalen Wohlstand ist, ermöglicht es auch am direktesten eine Überprüfung der landläufigen Meinung. In Zukunft werden wir auch Individualdatenanalysen durchführen, welche die Beziehungen zwischen sozioökonomischem Status und Umweltbewußtsein innerhalb einzelner Länder untersuchen, und ebenso Kontextanalysen zur Erforschung möglicher Unterschiede zwischen verschiedenen Ländern in der sozialen Basis für Umweltbewußtsein; aber solche Analysen führen über den Rahmen der vorliegenden Arbeit hinaus.

3. Datenanalyse

Obwohl nach landläufiger Meinung und gemäß der Wohlstands-/Postmaterialismus-These das öffentliche Umweltbewußtsein in reichen Ländern höher ist als in armen, ist nicht spezifiziert worden, welcher Art denn die erwartete Beziehung zwischen nationalem Wohlstand und dem Niveau des Umweltbewußtseins der Bürger genau sei. Während die implizite Annahme zu sein scheint, solches Bewußtsein nehme mit zunehmendem Wohlstand mehr oder weniger linear zu, wurde zuweilen auch argumentiert, der Anstieg sei dramatischer, wenn eine Nation erst hochindustrialisiert sei – d.h. zwischen den Bevölkerungen ärmerer Nationen gebe es begrenzte Unterschiede im Umweltbewußtsein, aber wenn erst ein genügendes Wohlstandsniveau erreicht sei, so steige dieses Bewußtsein dramatisch an (Brechin/Kempton 1994). Letzteres Szenario impliziert eher eine logistische als eine lineare Beziehung zwischen nationalem Wohlstand und Umweltbewußtsein, wie in *Abbildung 1* dargestellt. Angesichts des ungewissen Charakters der erwarteten positiven Beziehung zwischen nationalem Wohlstand und Umweltbewußtsein der Bürger haben wir Pearsons Korrelationskoeffizienten zwischen *sowohl* Bruttosozialprodukt pro Kopf *als auch* Logarithmus des Bruttosozialprodukts pro Kopf und jeder der 14 abhängigen Variablen für die 24

Nationen berechnet.⁹ Beide Mengen von Korrelationen werden in *Tabelle 2* aufgeführt, aber wir werden diejenige des Logarithmus des BSP pro Kopf nicht kommentieren, mit Ausnahme des einzigen Falles, wo beide nennenswert differieren.

V. Ergebnisse

1. Wahrgenommener Schweregrad und persönliche Besorgnis

Es ist eine gängige Kritik an Öko-Umfragen, daß sie oft versäumen, ökologische Fragen im Kontext anderer wichtiger Fragen zu untersuchen und daß sich deshalb irreführend starke Anzeichen öffentlicher Besorgnis um die Qualität der Umwelt ergeben (Dunlap/ Scarce 1991). Um mit dieser Schwierigkeit umzugehen, haben wir die HOP-Umfrage damit begonnen, eine Reihe von Fragen über nationale Probleme zu stellen, *bevor* es den Befragten bewußt war, daß das Schwergewicht der Umfrage auf ökologischen Themen lag. Zuerst stellten wir eine Frage ohne vorgegebene Antwort: „Was, glauben Sie, ist das wichtigste Problem, dem sich unser Land heute gegenüber sieht?" Die Ergebnisse werden in dieser Arbeit nicht ausgewertet, denn dieses Item ergibt eine dichotome Variable (werden Umweltprobleme spontan genannt oder nicht), welche sich in Korrelationsanalysen nicht gebrauchen läßt, aber sie werden an anderer Stelle aufgeführt (Dunlap et al. 1993a, 1993b). Insgesamt nennen Bewohner der reichen Länder mit etwas größerer Wahrscheinlichkeit von sich aus die Umwelt als „das wichtigste Problem" ihres Landes, aber die Ergebnisse lassen erkennen, daß Umweltqualität in allen 24 Ländern ein überraschend herausragendes öffentliches Thema ist – und damit in allen sinnvoller Gegenstand von Meinungsumfragen.

Dann gaben wir den Befragten eine Liste von sechs Problemen und strittigen Fragen auf nationaler Ebene, einschließlich des Umweltthemas, und baten sie, in einer vierstufigen Skala einzustufen, für wie ernst sie jedes einzelne hielten. Die Häufigkeitsverteilungen davon und von weiteren Items werden an anderer Stelle aufgeführt (Dunlap et al. 1993a; 1993b), aber hier soll doch erwähnt werden, daß in allen 24 Ländern große Mehrheiten der Bürger dazu neigen, Umweltprobleme als mindestens „einigermaßen ernst" einzustufen. Wie aber *Tabelle 2* zeigt, gibt es eine leicht negative (wenn auch nicht signifikante) Beziehung (r = –.17, n.s.) zwischen BSP pro Kopf und *Wahrgenommenem Schweregrad ökologischer Probleme im eigenen Land* – das Gegenteil dessen, was die Postmaterialismus-These vorhersagen würde.

Da in den ärmeren Ländern alle sechs nationalen Probleme/Fragen als wichtiger eingestuft wurden, schufen wir eine neue Variable zur Messung der wahrgenommenen Wichtigkeit der Umwelt *relativ* zu den andern Problemen, indem wir den Mittelwert der Einstufungen dieser fünf von der Einstufung der Umwelt abzogen. Die Korrelation zwischen BSP pro Kopf und *Wahrgenommener Wichtigkeit der Umwelt im Verhältnis zu andern nationalen Problemen* ist stark positiv und signifikant (r = .70, p < .001), was zeigt, daß Umweltfragen in Ländern mit niedrigem Einkommen als *relativ* weniger wichtig eingestuft

---

9 Wir haben auch Streuungsdiagramme erstellt, um die Möglichkeit von kurvilinearen Verläufen zu überprüfen. Da wir keine bemerkenswerten Muster entdeckt haben, werden wir angesichts des beschränkten Platzes die Streuungsdiagramme hier nicht zeigen.

Tabelle 2: Korrelationen zwischen nationalen Maßgrößen für ökologische Bewußtheit und Besorgnis und BSP pro Kopf respektive Logarithmus von BSP pro Kopf

Variable	BSP/Kopf	log (BSP/Kopf)
Wahrgenommener Schweregrad ökologischer Fragen im eigenen Land	– 0.17	– 0.12
Wahrgenommene Wichtigkeit der Umwelt im Verhältnis zu andern nationalen Problemen	0.70***	0.72***
Persönliche Besorgnis über Umweltprobleme[a]	– 0.50*	– 0.48*
Wahrgenommene Qualität der nationalen Umwelt	– 0.58**	– 0.49*
Wahrgenommene Qualität der lokalen Umwelt	– 0.63***	– 0.57**
Wahrgenommene Qualität der globalen Umwelt	0.47*	0.66***
Wahrgenommene gesundheitliche Auswirkungen von Umweltproblemen heute	– 0.70***	– 0.66***
Wahrgenommene gesundheitliche Auswirkungen von Umweltproblemen in der Vergangenheit	– 0.29	– 0.38
Wahrgenommene gesundheitliche Auswirkungen von Umweltproblemen in der Zukunft	– 0.55**	– 0.45*
Durchschnittlich wahrgenommener Schweregrad von sechs kommunalen Umweltproblemen	– 0.56**	– 0.60**
Durchschnittlich wahrgenommener Schweregrad von sieben globalen Umweltproblemen	0.07	0.33
Durchschnittliches Ausmaß der Unterstützung für sechs Umweltschutzmaßnahmen	– 0.78***	– 0.64***
Bevorzugte Prioritätensetzung zwischen Umweltschutz und Wirtschaftswachstum	0.55**	0.74***
Bereitschaft, für den Umweltschutz höhere Preise zu zahlen	0.54**	0.69***

* $p < .05$ ** $p < .01$ *** $p < .001$
[a] Polen weggelassen.

werden. Man beachte jedoch, daß sogar in einer Mehrheit der armen Länder (d.h. jenen mit einem BSP pro Kopf von 5.000 $ oder weniger) die Umwelt als von *überdurchschnittlicher* Wichtigkeit eingestuft wird.

Es läßt sich darüber debattieren, welche der oben beschriebenen beiden Variablen der bessere Indikator für den wahrgenommenen Schweregrad ökologischer Probleme ist, aber die Resultate scheinen deutlich: Einwohner von Ländern mit niedrigem Einkommen stufen Umweltprobleme mit leicht größerer Wahrscheinlichkeit als ernstes Problem ein als ihre Nachbarn in Ländern mit hohem Einkommen, aber mit signifikant geringerer Wahrscheinlichkeit als ernst im Verhältnis zu andern nationalen Problemen. In allen 24 Nationen jedoch neigen die Bürger dazu, Umweltfragen als ein relativ ernstes Problem anzusehen.

Ein direkterer Indikator persönlicher Besorgnis um die Qualität der Umwelt wurde in der HOP-Umfrage benutzt, nachdem wir die Befragten über unser besonderes Interesse an ökologischen Fragen informiert hatten (wie weiter unten erklärt wird). Wir verwendeten ein Standardmaß für Umweltbewußtsein, indem wir die Teilnehmer direkt fragten: „Wie besorgt sind Sie persönlich über Umweltprobleme?", was sie in einer vierstufigen Antwortskala beantworten konnten. (In Polen wurde die Frage inkorrekt übersetzt als „Wieviel Aufmerksamkeit richten Sie auf Umweltprobleme?"; daher haben wir die polnischen Daten für diese Variable nicht ausgewertet.) Die Korrelation zwischen *Persönlicher Besorgnis über Umweltprobleme* und BSP pro Kopf ist überraschenderweise das Gegenteil dessen, was der Postmaterialismus voraussagt (r = –.50, p < .05), da die Einwohner von Ländern mit niedrigem Einkommen tendenziell ein höheres Ausmaß an Besorgnis über Umweltprobleme ausdrücken als die Einwohner von Ländern mit hohem Einkommen.

2. Beurteilungen der Umweltqualität

Um ein Gefühl dafür zu erhalten, warum Menschen auf der ganzen Welt über Umweltprobleme besorgt sind, bat die HOP-Umfrage um eine Beurteilung der Umweltqualität auf nationaler, lokaler und globaler Ebene. Diese Frage stellte auch einen Übergang zu dem spezifisch ökologischen Schwerpunkt des Fragebogens dar (sie wurde unmittelbar *vor* dem gerade diskutierten Item der „persönlichen Besorgnis" gestellt) und diente auch dazu, genau zu klären, was wir mit „Umwelt" meinten. Nachdem wir definiert hatten, was wir mit Umwelt meinten (siehe Dunlap et al. 1993a, 1993b), baten wir die Befragten, für ihr Land, dann für ihre Gemeinde und schließlich für die Erde als ganze „die Qualität der Umwelt zu beurteilen". Übereinstimmend mit früheren Forschungen (z.B. Murch 1971) fanden wir, daß in den meisten Nationen die globale Umwelt am schlechtesten eingestuft wurde, die lokale Umwelt am besten und die nationale Umwelt dazwischen.

Das Muster der Korrelationen zwischen BSP pro Kopf und Beurteilungen der Umweltqualität auf diesen drei geographischen Ebenen ist sehr interessant. Die Beziehungen sind signifikant negativ sowohl für die nationale Ebene (r = –.58, p < .01 für *Wahrgenommene Qualität der nationalen Umwelt*) als auch für die Gemeindeebene (r = –.63, p < .001 für *Wahrgenommene Qualität der lokalen Umwelt*), was zeigt, daß die Menschen ihre lokale und nationale Umwelt mit um so größerer Wahrscheinlichkeit als schlecht einstufen, je ärmer ihr Land ist. Im Gegensatz dazu ist die Beziehung für *Wahrgenommene Qualität der globalen Umwelt* umgekehrt, insofern als Einwohner von Ländern mit hohem Einkommen mit größerer Wahrscheinlichkeit glauben, die globale Umwelt sei in schlechter Verfassung, als Bewohner von Ländern mit niedrigem Einkommen (r = .47, p < .05).

Die Ergebnisse bieten einen weiteren Hinweis darauf, daß die üblichen Vorstellungen über national unterschiedliches Umweltbewußtsein trügen. Bürger ärmerer Länder beurteilen nicht nur die Umwelt ihrer Gemeinde signifikant schlechter als ihre Gegenüber in reicheren Ländern (was vielleicht nicht so sehr überrascht angesichts der starken Umweltverschmutzung in vielen Städten der Dritten Welt – siehe Weltbank 1992), sondern dasselbe Muster gilt auch für die Umwelt der Nation. Erst wenn wir den Blick auf die globale Umwelt richten, finden wir, daß Bewohner reicher Nationen mit größerer Wahrscheinlichkeit negative Beurteilungen abgeben. Allermindestens geht aus diesen Ergebnissen hervor, wie wichtig es ist, den geographischen Bezugspunkt zu spezifizieren, wenn die in verschiedenen Ländern unterschiedliche Besorgnis der Öffentlichkeit über Umweltprobleme diskutiert wird.

3. Umweltprobleme als Bedrohung der Gesundheit

Zu Zeiten der Stockholmer Konferenz von 1972 wurden Umweltprobleme sehr häufig als weitgehend ästhetische Fragen oder Bedrohungen der Schönheit der Natur angesehen. Dies trug wahrscheinlich dazu bei, daß seinerzeit die ärmeren Länder skeptisch auf Umweltschutz reagierten und mehr Gewicht auf wirtschaftliche Entwicklung legten (Rogers 1993). Eine wesentliche Veränderung in den letzten beiden Jahrzehnten ist ein wachsendes Bewußtsein davon, daß Umweltzerstörung für die menschliche Gesundheit und das menschliche Wohlbefinden eine direkte Bedrohung darstellt; und dies scheint zu der wachsenden Sorge über Umweltzerstörung, wie sie in den USA und in Europa beobachtet wurde, beigetragen zu haben (siehe z.B. Dunlap 1992; Dunlap/Scarce 1991).

Um in der HOP-Umfrage zu untersuchen, welche Auswirkungen ökologischer Probleme auf die Gesundheit wahrgenommen werden, baten wir die Befragten anzugeben: „Wie sehr, wenn überhaupt, glauben Sie, belasten Umweltprobleme *jetzt* Ihre Gesundheit?", und fragten sie dann, ob Umweltprobleme ihre Gesundheit *vor 10 Jahren* belastet hätten und ob sie glaubten, dadurch würde „die Gesundheit unserer Kinder und Enkelkinder – sagen wir während der *nächsten 25 Jahre* – belastet". Wir fanden ein starkes Ansteigen der angegebenen Auswirkungen auf die Gesundheit im Verlauf der Zeit. Während in nur vier Ländern die Mehrheit sagt, Umweltprobleme hätten ihre Gesundheit vor zehn Jahren zumindest „einigermaßen" betroffen, so berichtet in 16 Ländern die Mehrheit von solchen gesundheitlichen Auswirkungen heute, und in allen 24 Ländern erwartet die Mehrheit solche Auswirkungen in den nächsten 25 Jahren.

In allen drei Fällen – *Wahrgenommene gesundheitliche Auswirkungen von Umweltproblemen heute*, in der *Vergangenheit* und in der *Zukunft* – ist die Beziehung zwischen der Wahrnehmung gesundheitlicher Auswirkungen von Umweltproblemen und dem nationalen Wohlstand negativ, was anzeigt, daß Bewohner ärmerer Länder mit höherer Wahrscheinlichkeit als ihre Nachbarn in den reicheren Ländern Umweltprobleme als Bedrohung ihrer Gesundheit ansehen. Obwohl die Beziehung für vergangene gesundheitliche Auswirkungen nicht statistisch signifikant ist ($r = -.29$, n.s.), ist sie signifikant sowohl für heutige ($r = -.70$, $p < .001$) als auch für zukünftige ($r = -.55$, $p < 0.1$) gesundheitliche Effekte.

Die Tatsache, daß Bewohner ärmerer Länder mit signifikant größerer Wahrscheinlichkeit glauben, ihre jetzige (und zukünftige) Gesundheit sei (oder werde) durch Umweltprobleme betroffen, gibt einen Einblick in ihre bereits erwähnte stärkere Besorgnis über diese Probleme. Es ist ein zentraler Mangel des Postmaterialismus, daß er Umweltqualität als eine Art „Luxus" ansieht; die Ergebnisse der HOP-Umfrage (und andere) ergeben hingegen, daß Umweltprobleme nicht mehr bloß als eine Bedrohung der Lebensqualität gesehen werden, sondern als eine fundamentale Bedrohung menschlichen Wohlergehens. Dies trifft besonders für arme Länder zu, in denen der Lebensunterhalt der Menschen (Nahrung, Wasser, Brenn- und Baumaterial) oft direkt von ihrer unmittelbaren Umgebung abhängt und Umweltzerstörung daher wirklich ihr Überleben in Frage stellt.

4. Wahrgenommener Schweregrad spezifischer Umweltprobleme

Wir baten die Befragten nicht nur, wie bereits erläutert, die Qualität der Umwelt auf verschiedenen geographischen Ebenen zu beurteilen, wir wollten auch wissen, welche Art von Umweltproblemen sie auf jeder Ebene als am gravierendsten ansahen. Für die nationale Ebene benutzten wir dazu eine Frage ohne vorgegebene Antwort, die die Befragten bat, von sich aus zu sagen, was sie für das wichtigste Umweltproblem hielten (siehe Dunlap et al. 1993a: 18); auf Gemeinde- und globaler Ebene hingegen gaben wir ihnen Listen potentieller Probleme und baten sie einzuschätzen, für wie ernst sie ein jedes hielten.

Für die Gemeinde benutzten wir eine Liste mit sechs Arten von Problemen und berechneten den Mittelwert ihrer Einstufungen, um damit einen Gesamtindikator für *Durchschnittlich wahrgenommenen Schweregrad von sechs kommunalen Umweltproblemen* zu erhalten. Wie aus *Tabelle 2* zu entnehmen ist, gibt es eine signifikant negative Beziehung (r = –.56, p < .01) zwischen nationalem Wohlstand und dem insgesamt wahrgenommenen Schweregrad kommunaler Umweltprobleme (z.B. Verschmutzung von Luft und Wasser). Bewohner der ärmeren Länder meinten mit signifikant größerer Wahrscheinlichkeit, ihre lokale Gemeinde leide unter verschiedenen Formen von Umweltzerstörung, so wie sie auch mit größerer Wahrscheinlichkeit die Qualität ihrer lokalen Umgebung als niedriger einstuften (wie weiter oben erwähnt).

Wir berechneten auch den Mittelwert der Beurteilungen, mit denen die Befragten sieben globale Umweltprobleme einstuften, um damit ein Maß für *Durchschnittlich wahrgenommenen Schweregrad von sieben globalen Umweltproblemen* zu erhalten. Anders als bei den bereits erwähnten Beurteilungen der globalen Umweltqualität ist hier die Beziehung zu nationalem Wohlstand nicht entgegengesetzt zu jener für wahrgenommenen Schweregrad kommunaler Umweltprobleme. Tatsächlich gibt es zwischen nationalem Wohlstand und durchschnittlich wahrgenommenem Schweregrad spezifischer globaler Umweltprobleme gar keine Beziehung (r = .07, n.s.), wenn auch die Bewohner der ärmeren Länder eher antworten, sie „wüßten nicht genug ..., um dies zu beurteilen" (Dunlap et al. 1993a) – eine Antwort, die als fehlende Angabe für diese Variable behandelt wird. Wir sollten jedoch zur Kenntnis nehmen, daß dies die Variable ist, für die die Resultate zwischen BSP pro Kopf und Logarithmus von BSP pro Kopf am deutlichsten differieren, da im zweiten Fall die Korrelation etwas stärker ist (r = .33, n.s.), wenn auch immer noch nicht signifikant. Über diese bestenfalls schwache Beziehung zwischen nationalem Wohlstand und der hohen Besorgnis angesichts der Wahrnehmung von Problemen wie Treibhauseffekt und Ozonloch seitens der Befragten werden diejenigen Forscher, die sich an die herkömmliche Meinung halten, wohl überrascht sein.

5. Unterstützung für Umweltschutzmaßnahmen

Zusätzlich zu unseren Recherchen darüber, als wie ernst die Befragten Umweltprobleme ansehen und wie sehr sie persönlich darüber besorgt sind, wollten wir auch das Ausmaß von Unterstützung für spezifische Umweltschutzmaßnahmen untersuchen, welche verschiedene Länder vielleicht ergreifen könnten. Wir fügten eine Liste von sechs ziemlich verschiedenen Maßnahmen in die HOP-Umfrage ein und fragten die Beteiligten zu jeder einzelnen, ob sie sie befürworteten oder ablehnten (wahrscheinlich ist die Verschiedenheit der Maßnahmen verantwortlich für die relativ niedrigen Alphas, die sich in einigen Ländern für diese Variable ergaben (aufgeführt in *Anhang II*)).[10] Um einen Indikator für die generelle Unterstützung von Umweltschutz zu erhalten, berechneten wir den Mittelwert der diesen Items gegebenen Bewertungen. Die resultierende Korrelation zwischen *Durchschnittlichem Ausmaß der Unterstützung für sechs Umweltschutzmaßnahmen* und BSP pro Kopf steht in außerordentlich frappantem Widerspruch zu den Voraussagen des Postmaterialismus, denn sie ist stark negativ (r = –.78, p < .001). Dieses Ergebnis untermauert noch einmal die schon aufgeführten negativen Beziehungen und zeigt, daß die Bewohner ärmerer Länder nicht nur Umweltprobleme tendenziell als gravierender ansehen als ihre Gegenüber in den reichen Ländern, sondern auch Bemühungen um Verbesserung mehr unterstützen.

6. Umweltschutz und Wirtschaft

Obgleich die Ziele einer nachhaltigen Entwicklung oder eines Wirtschaftswachstums ohne Umweltzerstörung immer mehr betont werden (Fisher 1993), ist die Ansicht immer noch verbreitet, Umweltschutz und Wirtschaftswachstum lägen im Widerstreit miteinander. Wir sind uns der potentiellen Voreingenommenheit von Fragen, welche Umwelt und Wirtschaft gegenüberstellen, wohl bewußt; dennoch haben wir eine Reihe von Items aufgenommen, die die Befragten zwingen, zwischen beiden abzuwägen, weil diese Fragen in den USA so vielfach benutzt worden sind (Dunlap/Scarce 1991). Wir taten dies mit einigem Widerstreben, weil wir fürchteten, solche Items seien inhärent parteiisch gegen Bewohner von Ländern mit niedrigem Einkommen; denn selbst wenn jene ebenso besorgt um Umweltqualität wären wie ihre Gegenüber in den reichen Ländern, so könnten sie doch – notgedrungen – weniger bereit (und in der Lage) sein, wirtschaftliche Opfer zu bringen.

Das erste Item verlangte das Abwägen zwischen Umwelt und Wirtschaft auf der Ebene der Gesellschaft, indem die Befragten gebeten wurden, entweder dem Umweltschutz oder dem Wirtschaftswachstum den Vorrang zu geben. Das zweite Item richtete sich auf die mehr persönliche Ebene, indem die Beteiligten gefragt wurden, ob sie „bereit wären, höhere Preise zu zahlen, damit die Industrie die Umwelt besser schützen könne". Wie zu erwarten war, sind die Korrelationen zwischen BSP pro Kopf und sowohl einer *Bevorzugten Prioritätensetzung zwischen Umweltschutz und Wirtschaftswachstum* (r = .55, p < .01) als auch einer *Bereitschaft, für den Umweltschutz höhere Preise zu zahlen* (r = .54, p < .01) signifikant positiv. Verständlicherweise (angesichts ihres höheren Einkommens und Lebensstandards) befürworten die Angehörigen der reicheren Nationen eher Umweltschutz als Wirtschaftswachstum und drücken eher ihre Bereitschaft aus, höhere Preise zu zahlen, als Angehörige ärmerer Nationen.

Ein paar wichtige Merkmale der Antworten zu diesen beiden Items, welche in den Korrelationen nicht zum Ausdruck kommen, lohnt es jedoch zu erwähnen. Erstens legen die Bürger in einer großen Mehrheit dieser 24 Länder mehr Wert auf Umweltschutz als auf Wirtschaftswachstum und befürworten auch höhere Preise (Dunlap et al. 1993a, 1993b). Insbesondere gaben die Bürger in allen Ländern bis auf einem (Nigeria) insgesamt

---

10 Wenn man Familienplanung wegließe, so würde das die Alphas in den meisten Ländern mit niedrigem Einkommen erhöhen.

dem Umweltschutz höhere Priorität als dem Wirtschaftswachstum, und in nur drei Ländern sind die Bürger insgesamt eher unwillig als bereit, höhere Preise zu zahlen (Nigeria, Philippinen und interessanterweise Japan). Zweitens zeigt es sich in beiden Fällen, daß die signifikante Korrelation durch Ergebnisse in einigen der allerärmsten Länder stark beeinflußt ist. Mit anderen Worten, obwohl wir die erwarteten positiven Beziehungen vorfinden zwischen nationalem Wohlstand und der Bereitschaft, ökonomische Kompromisse zugunsten der Umwelt zu machen, sollten wir nicht aus den Augen verlieren, daß auch in einer Mehrheit der Länder mit niedrigem Einkommen dem Umweltschutz immer noch der Vorrang gegeben wird.[11]

VI. Zusammenfassung und Schlußfolgerung

Wenn es stimmen würde, daß die allgemeine Besorgnis der Öffentlichkeit um Umweltqualität in den reichen Industrieländern weiter verbreitet ist als in ärmeren Ländern – wie es sowohl die allgemeine Meinung als auch sozialwissenschaftliche Theorien lange Zeit behaupteten – dann sollten alle in *Tabelle 2* aufgeführten Korrelationen positiv sein. Es sind jedoch nur vier der Variablen für ökologische Einstellungen positiv und signifikant mit dem Pro-Kopf-BSP korreliert, wohingegen sieben negativ und signifikant mit nationalem Wohlstand korrelieren (drei korrelieren negativ aber nicht signifikant). Zwei der positiven Korrelationen betreffen Variablen, die Trade-offs zwischen Umwelt und Wirtschaft messen, Maße, bei denen die Bewohner ärmerer Länder schon an sich benachteiligt sind, und eine dritte betrifft die Frage, als wie ernst Umweltprobleme im Verhältnis zu anderen nationalen Problemen wahrgenommen werden, wie etwa Hunger oder Obdachlosigkeit (die in armen Ländern sicher drückender sind). Die einzige andere Variable, die mit dem Pro-Kopf-BSP positiv korreliert ist, ist die Einschätzung der Qualität der globalen Umwelt. Im Gegensatz dazu erfassen die sieben Variablen, die negativ mit dem BSP pro Kopf korreliert sind, eine große Palette von Bereichen, einschließlich der persönlichen Besorgnis über Umweltprobleme, der wahrgenommenen Qualität der kommunalen und nationalen Umwelt, der wahrgenommenen gesundheitlichen Auswirkungen von Umweltproblemen (jetzt und in Zukunft), dem wahrgenommenen Schweregrad von Umweltproblemen auf

---

[11] Man sollte auch beachten, daß Brechin und Kempton (1994) Ergebnisse der obenerwähnten multinationalen Louis-Harris-Umfrage nehmen, um die Beziehung zwischen BSP pro Kopf und zwei Formen der „Bereitschaft", für Umweltschutz „zu zahlen", zu berechnen: höhere Steuern und zwei Stunden freiwilliger Gemeinschaftsarbeit pro Woche zugunsten der Umwelt. Sie fanden eine mäßig positive, aber nicht signifikante Korrelation ($r = .21$, $p < .44$) zwischen nationalem Wohlstand und der Bereitschaft, höhere Steuern zu zahlen, aber eine stark negative, sehr signifikante Korrelation ($r = -.78$, $p < .001$) zwischen Wohlstand und Bereitschaft zu freiwilliger Arbeit. Mit anderen Worten, in der Harris-Umfrage waren die Bewohner armer Länder etwas weniger bereit, höhere Steuern zu zahlen, aber weit mehr bereit, ihre Zeit freiwillig für Umweltschutzanliegen zur Verfügung zu stellen. Brechin und Kempton schließen daraus, „daß das beobachtete Widerstreben zu zahlen bei [Bewohnern] einiger der ärmsten Länder extreme wirtschaftliche Not verrät und nicht das Fehlen ökologischer Werte." Diese Schlußfolgerung ist auch mit dem Gesamtmuster der Feststellungen der HOP-Umfrage kompatibel und legt nahe, daß Vorsicht geboten ist, wenn internationale Vergleiche von Umweltbewußtsein primär auf Grund von Items angestellt werden, welche die Bereitschaft (und Fähigkeit) messen, für den Umweltschutz zu zahlen (Inglehart 1995).

Gemeindeebene und der Unterstützung für Umweltschutzmaßnahmen. Damit ist klar, daß das überwiegende Datenmaterial der verbreiteten Ansicht widerspricht, die Bürger der armen Länder seien weniger umweltbewußt als ihre Gegenüber in reichen Ländern.

Unsere Ergebnisse stellen nicht nur „Laien"meinungen in Frage, sondern auch landläufige sozialwissenschaftliche Analysen der Umweltbewegung. Die Vorstellung, Umweltqualität sei ein Luxus, den sich nur jene leisten könnten, die genügend wirtschaftliche Sicherheit haben, um postmaterialistische Ziele zu verfolgen, stimmt mit den beobachteten Korrelationen ebensowenig überein wie mit den insgesamt hohen Niveaus von Umweltbewußtsein, welche die HOP-Umfrage bei den Bewohnern von Ländern mit niedrigem Einkommen festgestellt hat. (Wir hätten zwar in Ländern, deren Lage verzweifelt ist, wie Somalia, wahrscheinlich ein niedrigeres Umweltbewußtsein festgestellt, aber auch Länder wie Nigeria, Indien und die Philippinen sind ja nach allen vernünftigen Maßstäben arm.) Somit sind unsere Ergebnisse kompatibel mit zunehmenden Anzeichen starker grass-roots-Umweltaktivitäten in großen Teilen der Dritten Welt (Durning 1989; Finger 1992; Fisher 1993; McCormick 1989; Taylor et al. 1993) und legen nahe, daß solche Aktivitäten viel eher eine Sorge um Umweltqualität in diesen Ländern auf breiter Basis widerspiegeln als anomale Aktionen kleiner Minderheiten.

Es scheint, daß gängige sozialwissenschaftliche Sichtweisen des globalen ökologischen Engagements revisionsbedürftig sind. Theorien, deren Prämisse das Entstehen postmaterialistischer Werte und neuer sozialer Bewegungen ist, waren nützlich zur Erklärung der Umweltbewegung in den meisten reichen, westlichen Nationen (obwohl Pierce et al. (1987) die Anwendbarkeit der postmaterialistischen Erklärung auf Japan in Frage stellen). Zur Erklärung des Aufkommens von grass-roots-Umweltaktivitäten und weitverbreiteter öffentlicher Besorgnis um die Umweltqualität in ärmeren Ländern und ebenso zur Erklärung des neueren Wachstums lokaler grass-roots-Aktivitäten in den reichen Ländern zur Erreichung „ökologischer Gerechtigkeit" durch Gruppen, die der Arbeiterklasse oder Minoritäten zugehören (Bullard/Wright 1992; Freudenberg/Steinsapir 1992), scheinen sie hingegen inadäquat. Dies mag zum Teil daher rühren, daß Umweltzerstörung, besonders in armen Ländern und Gemeinschaften, zunehmend nicht als eine Frage postmaterialistischer Lebensqualität angesehen wird, sondern als eine grundlegende Bedrohung des menschlichen Wohlergehens. Mit anderen Worten, Umweltqualität scheint sich, in Maslowschen Begriffen, von einem „höherrangigen" Wert zu einem Bedürfnis „niedrigerer Ordnung" zu bewegen (Brechin/Kempton 1994; Dunlap et al. 1983).

Unsere Ergebnisse lassen es auch als wahrscheinlich erscheinen, daß öffentliche Besorgnis um Umweltqualität durch Erfahrung mit Umweltzerstörung stimuliert wird – also etwa durch persönliches Betroffensein, Kommunikation mit andern Menschen und Medienberichte.[12] In der Tat scheint das verhältnismäßig größere Ausmaß der heute in armen Ländern vorkommenden Umweltzerstörung (Weltbank 1992) die wahrscheinlichste Er-

---

12 Weil für die meisten Städte oder gar ganzen Nationen die Menge der Daten über objektive ökologische Bedingungen wie etwa Luft- und Wasserverschmutzung extrem beschränkt ist, ist es schwierig, solche Bedingungen mit Indexwerten über nationale Einstellungen, wie die in dieser Arbeit aufgeführten, zu korrelieren. Wir versuchen, mehr adäquate Daten über objektive Bedingungen ausfindig zu machen, damit in Zukunft solche Analysen möglich werden. Natürlich beachten wir auch die individuellen Korrelationen zwischen persönlichen Charakteristika wie Geschlecht, Ausbildung und Wohnort und unseren verschiedenen Indikatoren für Umweltbewußtsein.

klärung für unsere Feststellungen zu sein. Ironischerweise ist kürzlich Inglehart (1995) zu einer ähnlichen Schlußfolgerung gekommen, auf Grund der Umfrage 'World Value Survey' von 1990/91, die er und seine Kollegen in 43 „Gesellschaften" (nicht unbedingt Nationen) durchgeführt haben. Sie fanden auch, daß Bürger ärmerer Länder oft ein höheres Niveau von Umweltbewußtsein haben als ihre Gegenüber in den reichen Nationen – und dies obwohl dies primär anhand der Bereitschaft, für Umweltschutz zu zahlen, gemessen wurde. Inglehart tut diese Erkenntnis jedoch als „Binsenweisheit" ab und versucht, seine Postmaterialismus-Theorie zu retten, indem er zeigt, daß es auf der individuellen Ebene (in Gesellschaften) eine Beziehung zwischen der Billigung postmaterialistischer Werte und der Unterstützung des Umweltschutzes gibt. Leider gilt diese Beziehung deutlich nur für Bürger der hochindustrialisierten Gesellschaften, ist für die drei armen Länder in seiner Stichprobe sehr schwach und existiert für die osteuropäischen Länder überhaupt nicht. Tatsächlich haben wir für die 33 *Nationen*, für die wir Daten für das BSP pro Kopf ausfindig machen konnten, Korrelationen berechnet zwischen sowohl Wohlstand als auch nationalen Indexwerten für Postmaterialismus und den vier ökologischen Maßgrößen, für die Inglehart Ergebnisse angibt. Drei der Maßgrößen korrelieren negativ sowohl mit Postmaterialismus als auch mit dem BSP pro Kopf, und sein Gesamtindex für „Unterstützung des Umweltschutzes" (der hauptsächlich aus Items von der Form: 'ökonomisch versus ökologisch' besteht) korreliert nur .10 mit Postmaterialismus und .22 mit dem BSP pro Kopf (beides nicht signifikant). Kurz gesagt, Ingleharts eigene Daten widersprechen der Postmaterialismus-These, und sein Bemühen, objektive Bedingungen als theoretisch „exogen" zu trivialisieren, illustriert ausgezeichnet die Neigung von Sozialwissenschaftlern, nur soziale Faktoren als Erklärung für soziale Bedingungen ins Blickfeld zu nehmen (Catton/Dunlap 1980).

Es täte zukünftiger Forschung zur Besorgnis der Bürger über den Zustand der Umwelt wahrscheinlich gut, der direkten Erfahrung mit lokaler Umweltzerstörung (tendenziell sichtbarer in armen Ländern) mehr Aufmerksamkeit zu widmen, ebenso wie der wachsenden Bewußtheit bezüglich globaler ökologischer Bedrohungen des menschlichen Wohlergehens (etwa durch das Ozonloch). Wahrscheinlich beginnen diese Wahrnehmungen einer Bedrohung durch Umweltzerstörung auf lokaler, nationaler und globaler Ebene – stimuliert und verstärkt durch Aktivisten, Wissenschaftler und Medien sowie durch ein gewisses Maß an persönlicher Beobachtung – sich gegenseitig zu verstärken. Das mag in manchen Fällen eine anthropozentrische Sorge um das eigene Wohlergehen, das der Familie und der Nachkommen auslösen, in andern Fällen könnte es aber auch zu einer ökologischeren Sichtweise führen, welche erkennt, daß das menschliche Wohlergehen unabdingbar mit dem der Umwelt verbunden ist (Caldwell 1990; Oates 1989; Stern/Dietz 1994).

Unabhängig von Art und Ursprung öffentlicher Besorgnis um die Umweltqualität (welche zweifellos zwischen den Ländern und auch innerhalb eines Landes variieren) sollten die Erkenntnisse der Umfrage „Health of the Planet" jenen willkommen sein, die eine nachhaltigere Zukunft anstreben. Die alte Annahme, nicht industrialisierte Länder sorgten sich nicht um Umweltschutz, bis sie wirtschaftliches Wachstum erreicht hätten, stimmt mit den Tatsachen nicht überein. Die Bürger dieser Nationen sind deutlich besorgt über die Umweltqualität; die Frage heißt somit, ob die reichen, hochindustrialisierten Länder (welche unverhältnismäßig stark zur weltweiten Umweltzerstörung beigetragen haben) ihnen helfen werden oder nicht, ihre Besorgnis in wirksame Aktionen umzusetzen.

Anhang I

Tabelle 3: Indexwerte und Standardabweichungen (in Klammern) für die einzelnen Länder

	Usa	Kanada	Brasilien	Mexiko	Rußland	Portugal
Wahrgenommener Schweregrad ökologischer Fragen im eigenen Land	3.44 (0.64)	3.46 (0.66)	3.25 (0.87)	3.56 (0.70)	3.59 (0.55)	3.36 (0.78)
Wahrgenommene Wichtigkeit der Umwelt im Verhältnis zu anderen nationalen Problemen	−0.08 (0.62)	0.41 (0.68)	−0.22 (0.84)	0.19 (0.61)	0.24 (0.59)	0.07 (0.64)
Persönliche Besorgnis über Umweltprobleme	3.23 (0.73)	3.26 (0.66)	3.27 (0.93)	3.29 (0.86)	3.19 (0.85)	3.37 (0.68)
Wahrgenommene Qualität der nationalen Umwelt	2.55 (0.72)	2.26 (0.64)	2.67 (0.89)	2.76 (0.84)	3.33 (0.65)	2.36 (0.75)
Wahrgenommene Qualität der lokalen Umwelt	2.16 (0.76)	2.00 (0.70)	2.49 (0.93)	2.20 (0.88)	3.01 (0.86)	2.18 (0.79)
Wahrgenommene Qualität der globalen Umwelt	2.92 (0.77)	3.07 (0.68)	3.05 (0.86)	3.14 (0.80)	3.09 (0.66)	3.23 (0.81)
Wahrgenommene gesundheitliche Auswirkungen von Umweltproblemen heute	2.90 (0.93)	2.59 (0.90)	2.61 (1.15)	3.05 (1.11)	3.44 (0.69)	3.00 (0.93)
Wahrgenommene gesundheitliche Auswirkungen von Umweltproblemen in der Vergangenheit	2.43 (0.96)	2.04 (0.85)	1.76 (0.96)	1.85 (0.97)	3.01 (0.89)	2.29 (1.01)
Wahrgenommene gesundheitliche Auswirkungen von Umweltproblemen in der Zukunft	3.46 (0.72)	3.43 (0.69)	3.34 (0.90)	3.70 (0.65)	3.53 (0.69)	3.63 (0.61)
Durchschnittlich wahrgenommener Schweregrad von sechs kommunalen Umweltproblemen	14.02 (4.35)	13.46 (4.07)	15.30 (5.15)	14.77 (5.42)	15.87 (4.36)	15.85 (5.10)
Durchschnittlich wahrgenommener Schweregrad von sieben globalen Umweltproblemen	24.66 (3.34)	25.44 (2.67)	25.60 (2.88)	26.26 (2.93)	25.52 (2.84)	26.43 (2.17)
Durchschnittliches Ausmaß der Unterstützung für sechs Umweltschutzmaßnahmen	20.25 (3.05)	20.25 (2.48)	21.38 (2.74)	21.98 (2.52)	21.21 (2.11)	20.69 (2.51)
Bevorzugte Prioritätensetzung zwischen Umweltschutz und Wirtschaftswachstum	2.33 (0.86)	2.50 (0.77)	2.49 (0.83)	2.58 (0.72)	2.47 (0.67)	2.43 (0.68)
Bereitschaft, für den Umweltschutz höhere Preise zu zahlen	2.42 (0.85)	2.34 (0.88)	2.11 (0.98)	2.24 (0.93)	2.00 (0.89)	2.34 (0.89)

Tabelle 3: (Fortsetzung): Indexwerte und Standardabweichungen (in Klammern) für die einzelnen Länder

	Chile	Dänemark	Finnland	Deutschland	Ungarn	Indien
Wahrgenommener Schweregrad ökologischer Fragen im eigenen Land	3.46 (0.68)	3.01 (0.76)	2.92 (0.73)	3.63 (0.59)	3.43 (0.72)	3.40 (0.73)
Wahrgenommene Wichtigkeit der Umwelt im Verhältnis zu anderen nationalen Problemen	0.05 (0.69)	0.62 (0.76)	0.45 (0.75)	0.61 (0.63)	0.24 (0.67)	−0.04 (0.72)
Persönliche Besorgnis über Umweltprobleme	2.99 (0.81)	2.62 (0.76)	2.78 (0.75)	2.73 (0.80)	3.10 (0.76)	3.07 (0.85)
Wahrgenommene Qualität der nationalen Umwelt	2.86 (0.73)	2.06 (0.63)	2.09 (0.43)	2.47 (0.70)	2.91 (0.66)	2.66 (0.89)
Wahrgenommene Qualität der lokalen Umwelt	2.41 (0.82)	1.76 (0.68)	2.02 (0.57)	2.12 (0.69)	2.61 (0.76)	2.51 (0.95)
Wahrgenommene Qualität der globalen Umwelt	3.34 (0.68)	3.39 (0.60)	2.88 (0.68)	3.24 (0.74)	3.03 (0.63)	2.71 (0.90)
Wahrgenommene gesundheitliche Auswirkungen von Umweltproblemen heute	2.71 (0.92)	1.63 (0.80)	2.04 (0.72)	2.88 (0.83)	2.64 (0.84)	3.03 (0.90)
Wahrgenommene gesundheitliche Auswirkungen von Umweltproblemen in der Vergangenheit	1.70 (0.80)	1.49 (0.74)	1.78 (0.65)	2.69 (0.87)	2.13 (0.81)	2.38 (0.86)
Wahrgenommene gesundheitliche Auswirkungen von Umweltproblemen in der Zukunft	3.59 (0.61)	2.91 (0.80)	3.11 (0.66)	3.52 (0.71)	3.01 (0.90)	3.55 (0.69)
Durchschnittlich wahrgenommener Schweregrad von sechs kommunalen Umweltproblemen	13.47 (4.73)	9.09 (3.36)	13.12 (4.42)	14.46 (4.36)	13.64 (3.88)	18.37 (4.06)
Durchschnittlich wahrgenommener Schweregrad von sieben globalen Umweltproblemen	25.78 (2.68)	25.23 (2.77)	24.40 (3.21)	25.69 (2.87)	24.28 (3.11)	23.80 (3.11)
Durchschnittliches Ausmaß der Unterstützung für sechs Umweltschutzmaßnahmen	21.02 (2.49)	18.38 (2.78)	18.63 (2.53)	20.21 (2.73)	19.65 (2.54)	20.89 (2.55)
Bevorzugte Prioritätensetzung zwischen Umweltschutz und Wirtschaftswachstum	2.54 (0.69)	2.68 (0.64)	2.62 (0.65)	2.68 (0.58)	2.40 (0.71)	2.13 (0.85)
Bereitschaft, für den Umweltschutz höhere Preise zu zahlen	2.33 (0.93)	2.63 (0.73)	2.26 (0.85)	2.39 (0.81)	2.32 (0.76)	2.24 (0.92)

	Japan	Niederlande	Nigeria	Philippinen	Polen	Korea	Türkei	Uruguay	Schweiz	Norwegen	Irland	Großbritannien
	3.34	3.09	3.19	3.13	3.63	3.61	3.51	3.22	3.56	3.28	3.08	3.19
	(0.69)	(0.69)	(0.88)	(0.81)	(0.57)	(0.62)	(0.71)	(0.84)	(0.65)	(0.70)	(0.80)	(0.73)
	0.76	0.75	0.47	0.14	0.20	0.64	0.03	0.07	0.65	0.52	0.02	0.05
	(0.66)	(0.75)	(0.84)	(0.74)	(0.56)	(0.62)	(0.63)	(0.72)	(0.75)	(0.69)	(0.73)	(0.76)
	2.94	2.87	3.63	3.49	2.12	3.02	2.28	3.15	2.41	2.95	2.90	3.06
	(0.75)	(0.69)	(0.72)	(0.62)	(0.72)	(0.68)	(0.99)	(0.83)	(0.88)	(0.69)	(0.79)	(0.74)
	2.65	2.51	2.49	2.61	3.33	3.01	2.42	2.36	2.19	1.96	1.99	2.44
	(0.76)	(0.58)	(0.97)	(0.80)	(0.73)	(0.79)	(0.92)	(0.74)	(0.62)	(0.55)	(0.64)	(0.70)
	2.29	2.20	2.37	2.21	3.02	2.70	2.48	2.22	2.07	1.78	1.78	2.23
	(0.69)	(0.62)	(0.95)	(0.75)	(0.87)	(0.90)	(1.03)	(0.78)	(0.66)	(0.65)	(0.70)	(0.78)
	3.27	3.18	2.35	2.75	3.06	3.08	2.58	3.20	3.23	3.21	3.03	3.09
	(0.63)	(0.61)	(0.99)	(0.78)	(0.69)	(0.70)	(0.95)	(0.83)	(0.68)	(0.65)	(0.75)	(0.72)
	2.23	2.35	3.24	2.94	3.30	3.03	2.90	2.29	2.06	1.95	2.35	2.56
	(0.72)	(0.65)	(1.05)	(0.85)	(0.82)	(0.79)	(1.09)	(1.19)	(0.84)	(0.94)	(1.03)	(0.94)
	2.01	2.01	2.50	2.48	2.87	1.77	2.03	1.73	1.92	1.70	1.89	2.09
	(0.70)	(0.66)	(1.15)	(0.89)	(0.97)	(0.65)	(1.04)	(1.01)	(0.77)	(0.89)	(0.88)	(0.87)
	3.17	2.93	3.36	3.43	3.60	3.69	3.56	3.29	3.12	3.17	3.21	3.35
	(0.69)	(0.66)	(0.95)	(0.80)	(0.67)	(0.65)	(0.79)	(0.94)	(0.82)	(0.75)	(0.87)	(0.76)
	14.01	11.99	16.13	14.28	18.03	16.70	16.67	10.47	12.30	11.23	10.69	14.36
	(3.86)	(3.23)	(4.46)	(4.66)	(4.05)	(4.21)	(5.15)	(4.06)	(4.15)	(4.85)	(4.61)	(4.69)
	23.95	23.73	21.69	23.09	26.19	23.55	25.02	26.36	25.14	25.64	25.39	25.29
	(3.42)	(2.94)	(5.42)	(4.09)	(2.61)	(3.16)	(3.32)	(2.66)	(2.99)	(2.71)	(2.89)	(2.90)
	18.43	19.36	21.37	21.56	19.37	21.12	21.96	22.42	18.07	18.39	20.98	20.79
	(2.21)	(2.52)	(2.47)	(2.46)	(4.36)	(2.25)	(2.14)	(1.93)	(3.19)	(3.03)	(2.33)	(2.40)
	2.54	2.51	1.95	2.31	2.44	2.43	2.26	2.49	2.56	2.59	2.45	2.38
	(0.58)	(0.62)	(0.81)	(0.88)	(0.73)	(0.81)	(0.74)	(0.74)	(0.62)	(0.73)	(0.80)	(0.78)
	1.92	2.51	1.61	1.66	2.09	2.54	2.03	2.18	2.50	2.54	2.39	2.54
	(0.84)	(0.74)	(0.90)	(0.91)	(0.95)	(0.77)	(0.93)	(0.94)	(0.82)	(0.79)	(0.81)	(0.75)

Anhang II: Beschreibung der Variablen

Wahrgenommener Schweregrad ökologischer Fragen im eigenen Land
Wortlaut der Frage: „Ich lese Ihnen jetzt eine Liste von Fragen und Problemen vor, mit denen gegenwärtig viele Länder konfrontiert sind. Bitte sagen Sie mir für jeden Punkt, für wie ernst Sie dieses Problem *in unserem Land halten* ... Umweltprobleme." Kodiert als: 1 = überhaupt nicht ernst, 2 = nicht sehr ernst, 3 = einigermaßen ernst, 4 = sehr ernst. ('Nicht sicher', 'weiß nicht' und 'keine Antwort' wurden aus der Analyse weggelassen.)

Wahrgenommene Wichtigkeit der Umwelt im Verhältnis zu anderen nationalen Problemen
Wortlaut der Frage: Genau wie voriges Item. Andere nationale Probleme: Hunger und Obdachlosigkeit; Verbrechen und Gewalt; schlechte Gesundheitsfürsorge; hohe Lebenshaltungskosten; rassische, ethnische oder religiöse Vorurteile und Diskriminierung. *Kodiert als:* Indexwert für das vorige Item minus Mittelwert der Beurteilungen der andern fünf nationalen Probleme.

Persönliche Besorgnis über Umweltprobleme
Wortlaut der Frage: „Wie besorgt sind Sie persönlich über Umweltprobleme?" *Kodiert als:* 1 = überhaupt nicht, 2 = nicht sehr, 3 = ziemlich, 4 = sehr stark. ('Nicht sicher' und 'keine Antwort' wurden aus der Analyse weggelassen.)

Wahrgenommene Qualität der nationalen Umwelt
Wortlaut der Frage: „Wie würden Sie insgesamt die Umweltqualität in unserem *Land* beurteilen?" *Kodiert als:* 1 = sehr gut, 2 = recht gut, 3 = recht schlecht, 4 = sehr schlecht. ('Nicht sicher', 'weiß nicht' und 'keine Antwort' wurden aus der Analyse weggelassen.)

Wahrgenommene Qualität der lokalen Umwelt
Wortlaut der Frage: „Wie würden Sie insgesamt die Umweltqualität in Ihrer lokalen *Gemeinde* bewerten?" *Kodiert* wie voriges Item.

Wahrgenommene Qualität der globalen Umwelt
Wortlaut der Frage: „Wie würden Sie insgesamt die Umweltqualität auf der ganzen *Erde* bewerten?" *Kodiert* wie voriges Item.

Wahrgenommene gesundheitliche Auswirkungen von Umweltproblemen heute
Wortlaut der Frage: „Sagen Sie mir bitte – wie stark, wenn überhaupt, glauben Sie, belasten Umweltprobleme jetzt ihre Gesundheit?" *Kodiert als:* 1 = überhaupt nicht, 2 = nicht sehr, 3 = ziemlich, 4 = sehr stark. ('Nicht sicher', 'weiß nicht' und 'keine Antwort' wurden aus der Analyse weggelassen.)

Wahrgenommene gesundheitliche Auswirkungen von Umweltproblemen in der Vergangenheit
Wortlaut der Frage: „Sagen Sie mir bitte – wie stark, wenn überhaupt, haben Ihrer Meinung nach Umweltprobleme in der Vergangenheit ihre Gesundheit belastet – sagen wir, vor zehn Jahren?" *Kodiert* wie voriges Item.

Wahrgenommene gesundheitliche Auswirkungen von Umweltproblemen in der Zukunft
Wortlaut der Frage: „Sagen Sie mir bitte – wie stark, wenn überhaupt, werden Ihrer Meinung nach Umweltprobleme die Gesundheit unserer Kinder und Enkelkinder belasten – sagen wir, in den nächsten 25 Jahren?" *Kodiert* wie voriges Item.

Durchschnittlich wahrgenommener Schweregrad von sechs kommunalen Umweltproblemen
Wortlaut der Frage: „Hier ist eine Liste von Umweltproblemen, mit denen viele *Gemeinden* heute konfrontiert sind. Bitte sagen Sie mir, für wie ernst Sie jedes von ihnen hier *in Ihrer Gemeinde* halten ... schlechte Wasserqualität, schlechte Luftqualität; verseuchter Boden; unzu-

längliche Kanalisation, sanitäre Einrichtungen und Abfallbeseitigung; zu viele Menschen, Überbevölkerung; zu viel Lärm." *Kodiert als*: 1 = überhaupt nicht ernst, 2 = nicht sehr ernst, 3 = einigermaßen ernst, 4 = sehr ernst. ('Nicht sicher' und 'keine Antwort' wurden aus der Analyse weggelassen, ebenso wie Fragebögen mit weniger als vier gültigen Antworten.) Die *standardisierten Alphas* für jedes Land reichen von .74 (Uruguay) bis .89 (Finnland, Norwegen).

Durchschnittlich wahrgenommener Schweregrad von sieben globalen Umweltproblemen
Wortlaut der Frage: „Lassen Sie uns jetzt von der *ganzen Erde* reden. Hier ist eine Liste von Umweltfragen, die die ganze Erde betreffen können. Sagen Sie mir bitte für jedes Problem, das ich Ihnen vorlese, für wie ernst Sie *persönlich* dies für die *Erde* halten ... oder ob Sie nicht genug darüber wissen, um zu urteilen ... Luftverschmutzung und Smog; Verschmutzung der Flüsse, Seen und Meere; Bodenerosion, verseuchter Boden und Verlust von Landwirtschaftsland; Aussterben von Tier- und Pflanzenarten; Zerstörung von Regenwald und Dschungel; globale Erwärmung oder 'Treibhauseffekt'; Verringerung von Ozon in der Erdatmosphäre." *Kodiert* wie das vorige Item. ('Kann ich nicht beurteilen' und 'keine Antwort' wurden aus der Analyse weggelassen, ebenso wie Fragebögen mit weniger als fünf gültigen Antworten.) Die *standardisierten Alphas* für jedes Land reichen von .72 (Indien) bis .90 (Mexiko).

Durchschnittliches Ausmaß der Unterstützung für sechs Umweltschutzmaßnahmen
Wortlaut der Frage: „Hier sind einige Maßnahmen, die unsere Regierung ergreifen könnte, um zur Lösung unserer nationalen Umweltprobleme beizutragen. Sagen Sie mir bitte – und *vergessen Sie nicht, daß diese Maßnahmen mit Kosten verbunden sind* – zu jeder Maßnahme, die ich vorlese, ob Sie sie stark befürworten, eher befürworten, eher dagegen sind oder stark dagegen sind ... Strengere Umweltschutzgesetze für Handel und Industrie erlassen; Gesetze erlassen, die allen Bürgern vorschreiben, die natürlichen Reichtümer zu erhalten und die Umweltverschmutzung zu verringern; allen Bürgern, die zu einer Senkung der Geburtenraten beitragen wollen, Information über Familienplanung und Gratis-Geburtenkontrolle zugänglich machen; wissenschaftliche Forschung unterstützen, damit neue Wege zur Eindämmung der Umweltverschmutzung gefunden werden; Exporte unserer natürlichen Reichtümer in andere Länder begrenzen; den Verkauf von Produkten verbieten, die für die Umwelt nicht ungefährlich sind." *Kodiert als*: 1 = stark dagegen, 2 = eher dagegen, 3 = eher dafür, 4 = stark dafür. ('Nicht sicher,' 'weiß nicht' und 'keine Antwort' wurden aus der Analyse weggelassen, ebenso wie Fragebögen mit weniger als vier gültigen Antworten.) Die *standardisierten Alphas* für jedes Land reichen von .46 (Nigeria) bis .86 (Polen), wobei sich die Mehrheit zwischen .60 und .69 bewegt.

Bevorzugte Prioritätensetzung zwischen Umweltschutz und Wirtschaftswachstum
Wortlaut der Frage: „Mit welcher dieser Aussagen über Umwelt und Wirtschaft stimmen Sie am meisten überein? Dem Umweltschutz sollte Vorrang gegeben werden, selbst auf das Risiko hin, daß sich das Wirtschaftswachstum verlangsamt; Dem Wirtschaftswachstum sollte Vorrang gegeben werden, selbst wenn die Umwelt zu einem gewissen Maß darunter leidet." *Kodiert als*: 1 = Wirtschaftswachstum vorrangig; 2 = beides gleich wichtig (bei spontanen Antworten), 3 = Umwelt vorrangig. ('Nicht sicher' wurde als 'gleich wichtig' kodiert, und 'keine Antwort' wurde aus der Analyse weggelassen.)

Bereitschaft, für den Umweltschutz höhere Preise zu zahlen
Wortlaut der Frage: „Verstärkte Bemühungen von Handel und Industrie, die Umweltqualität zu verbessern, könnten zu höheren Preisen für die Dinge führen, die Sie kaufen. Wären Sie bereit, höhere Preise zu zahlen, damit die Industrie die Umwelt besser schützen könnte, oder nicht?" *Kodiert als*: 1 = nicht bereit; 2 = nicht sicher/weiß nicht; 3 = ja, bereit. ('Keine Antwort' wurde aus der Analyse weggelassen.)

Literatur

Baumol, William J., und *Wallace E. Oates*, 1979: Economics, Environmental Policy, and the Quality of Life. Englewood Cliffs, NJ: Prentice Hall.

Beckerman, Wilfred, 1974: Two Cheers for the Affluent Society. New York: St. Martin's Press.

Brechin, Steven R., und *Willett Kempton*, 1994: Global Environmentalism: A Challenge to the Postmaterialism Thesis?, Social Science Quarterly 75: 245-269.

Bullard, Robert D., und *Beverly H. Wright*, 1992: The Quest for Environmental Equity: Mobilizing the African-American Community for Social Change. S. 39-49 in: *Riley E. Dunlap* und *Angela G. Mertig* (Hg.): American Environmentalism. Washington, D.C.: Taylor and Francis.

Buttel, Frederick H., 1987: New Directions in Environmental Sociology, Annual Review of Sociology 13: 465-488.

Buttel, Frederick H., 1992: Environmentalization: Origins, Processes, and Implications for Rural Social Change, Rural Sociology 57: 1-27.

Caldwell, Lynton K., 1990: Between Two Worlds: Science, the Environmental Movement, and Policy Choice. Cambridge/New York: Cambridge University Press.

Catton, William R., Jr., und *Riley E. Dunlap*, 1980: A New Ecological Paradigm for Post-Exuberant Sociology, American Behavioral Scientist 24: 15-47.

Cotgrove, Stephen, 1982: Catastrophe or Cornucopia: The Environment, Politics and the Future. Chicester/New York: John Wiley.

Dalton, Russel J., 1994: The Green Rainbow: Environmental Groups in Western Europe. New Haven, CT: Yale University Press.

Diekmann, Andreas, und *Axel Franzen*, 1995: Determinants of Pro-Environmental Behavior. Paper Presented at the Annual Meeting of the American Sociological Association. Washington, D.C., August.

Diekmann, Andreas, und *Peter Preisendörfer*, 1992: Persönliches Umweltverhalten: Diskrepanzen zwischen Anspruch und Wirklichkeit, Kölner Zeitschrift für Soziologie und Sozialpsychologie 44: 226-251.

Douglas, Mary, und *Aaron Wildavsky*, 1982: Risk and Culture. Berkeley: University of California Press.

Dunlap, Riley E., 1992: Trends in Public Opinion toward Environmental Issues: 1965-1990. S. 89-116 in: *Riley E. Dunlap* und *Angela G. Mertig* (Hg.): American Environmentalism. Washington, D.C.: Taylor and Francis.

Dunlap, Riley E., und *William R. Catton, Jr.*, 1979: Environmental Sociology, Annual Review of Sociology 5: 243-273.

Dunlap, Riley E., und *William R. Catton, Jr.*, 1994: Struggling with Human Exemptionalism: the Rise, Decline and Revitalization of Environmental Sociology, The American Sociologist 25: 5-30.

Dunlap, Riley E., George H. Gallup, Jr. und *Alec M. Gallup*, 1993a: Health of the Planet. Princeton, NJ: George H. Gallup International Institute.

Dunlap, Riley E., George H. Gallup, Jr. und *Alec M. Gallup*, 1993b: Of Global Concern: Results of the Health of the Planet Survey, Environment 35: 33-39.

Dunlap, Riley E., J. Keith Grieneeks und *Milton Rokeach*, 1983: Human Values and Pro-Environmental Behavior. S. 145-168 in: *W. David Conn* (Hg.): Energy and Material Resources: Attitudes, Values and Public Policy. Boulder, CO: Westview.

Dunlap, Riley E., und *Rik Scarce*, 1991: The Polls-Poll Trends: Environmental Problems and Protection, Public Opinion Quarterly 55: 651-672.

Dunlap, Riley E., und *Kent D. van Liere*, 1978: The „New Environmental Paradigm": A Proposed Measuring Instrument and Preliminary Results, Journal of Environmental Education 9: 10-19.

Durning, Alan, 1989: Mobilizing at the Grassroots. S. 154-173 in: *Lester R. Brown et al.* (Hg.): State of the World 1989. New York: Norton.

Elmer-Dewitt, P., 1992: Rich vs. Poor: Summit to Save the Earth. Time 1. 6.: 42-58.

Ester, Peter, und *Frans-Bauke van der Meer*, 1982: Determinants of Individual Environmental Behaviour: An Outline of a Behavioural Model and Some Research Findings, Netherlands' Journal of Sociology 18: 57-94.

Finger, Matthias, 1992: The Changing Green Movement – a Clarification. Research in Social Movements, Conflicts and Change, Supplement 2: 229-246.
Fisher, Julie, 1993: The Road from Rio: Sustainable Development and the Nongovernmental Movement in the Third World. Westport, CT: Praeger.
Guagnano, Gregory A., Paul C. Stern und *Thomas Dietz,* 1995: Influence on Attitude-Behavior Relationships: A Natural Experiment with Curbside Recycling, Environment and Behavior 27: 699-718.
Harris, Louis, et al., 1989: Public and Leadership Attitudes to the Environment. New York: Louis Harris and Associates.
Heberlein, Thomas A., 1981: Environmental Attitudes, Zeitschrift für Umweltpolitik 2: 241-270.
Hofrichter, Jürgen, und *Karlheinz Reif,* 1990: Evolution of Environmental Attitudes in the European Community, Scandinavian Political Studies 13: 119-146.
Inglehart, Ronald, 1977: The Silent Revolution. Princeton, NJ: Princeton University Press.
Inglehart, Ronald, 1990a: Culture Shift in Advanced Industrial Society. Princeton, NJ: Princeton University Press.
Inglehart, Ronald, 1990b: Values, Ideology and Cognitive Mobilization in New Social Movements. S. 43-66 in: *Russel J. Dalton* und *Manfred Kuechler* (Hg.): Challenging the Political Order. London: Polity Press.
Inglehart, Ronald, 1995: Public Support for Environmental Protection: Objective Problems and Subjective Values in 43 Societies, PS: Political Science and Politics 28: 57-71.
Jones, R. E., und *Riley E. Dunlap,* 1992: The Social Bases of Environmental Concern: Have They Changed over Time? Rural Sociology 57: 28-47.
Langeheine, Rolf, und *Jürgen Lehmann,* 1986: Ein neuer Blick auf die soziale Basis des Umweltbewußtseins, Zeitschrift für Soziologie 15: 376-384.
Leff, H. L., 1978: Experience, Environment, and Human Potentials. New York: Oxford.
Lowe, Philip D., und *Wolfgang Rudig,* 1986: Political Ecology and the Social Sciences: The State of the Art, British Journal of Political Science 16: 513-550.
McCormick, John, 1989: Reclaiming Paradise: The Global Environmental Movement. Bloomington: Indiana University Press.
Milbrath, Lester W., 1984: Environmentalists: Vanguard for a New Society. Albany: State University of New York Press.
Milbrath, Lester W., 1993: The World is Relearning its Story about how the World Works. S. 21-40 in: *Sheldon Kamieniecki* (Hg.): Environmental Politics in the International Arena. Albany: State University of New York Press.
Morrison, Denton E., und *Riley E. Dunlap,* 1986: Environmentalism and Elitism: A Conceptual and Empirical Analysis, Environmental Management 10: 581-589.
Murch, A. W., 1971: Public Concern for Environmental Pollution, Public Opinion Quarterly 35: 102-108.
Oates, David, 1989: Earth Rising: Ecological Belief in an Age of Science. Corvallis: Oregon State University Press.
Pierce, John C., Nicholas P. Lovrich Jr., Taketsugu Tsurutani und *Takematsu Abe,* 1987: Vanguards and Rearguards in Environmental Politics: A Comparison of Activists in Japan and the United States, Comparative Political Studies 18: 419-447.
Rogers, Adam, 1993: The Earth Summit: A Planetary Reckoning. Los Angeles: Global View Press.
Schahn, Joachim, und *Erwin Holzer,* 1990: Studies of Individual Environmental Concern: The Role of Knowledge, Gender and Background Variables, Environment and Behavior 2: 767-786.
Skrentny, J. D., 1994: Concern for the Environment: A Cross-National Perspective, International Journal of Public Opinion Research 5: 335-352.
Soule, Michael E., und *Gary Lease,* 1995: Reinventing Nature? Responses to Postmodern Deconstruction. Washington, D.C.: Island Press.
Stern, Paul C., und *Thomas Dietz,* 1994: The Value Basis of Environmental Concern, Journal of Social Issues 50: 65-84.
Stern, Paul C., Thomas Dietz und *Gregory A. Guagnano,* 1995a: The New Ecological Paradigm in Social-Psychological Context, Environment and Behavior 27: 723-743.

Stern, Paul C., Thomas Dietz, Linda Kalof und Gregory A. Guagnano, 1995b: Values, Beliefs and Proenvironmental Action: Attitude Formation toward Emergent Attitude Objects, Journal of Applied Social Psychology 25: 1611-1636.
Stycos, J. Mayone, 1994: Population and the Environment: Polls, Policies, and Public Opinion. EPAT/MUCIA Working Paper 15. Madison: EPAT/MUCIA Research and Training, University of Wisconsin.
Taylor, Bron, Heidi Hadsell, Lois Lorentzen und Rik Scarce, 1993: Grass-Roots Resistance: The Emergence of Popular Environmental Movements in Less Affluent Countries. S. 69-79 in: Sheldon Kamieniecki (Hg.): Environmental Politics in the International Arena. Albany: State University of New York Press.
Urban, Dieter, 1986: Was ist Umweltbewußtsein? Exploration eines mehrdimensionalen Einstellungskonstruktes, Zeitschrift für Soziologie 15: 363-377.
van Liere, Kent D., und Riley E. Dunlap, 1980: The Social Bases of Environmental Concern: A Review of Hypotheses, Explanations and Empirical Evidence, Public Opinion Quarterly 44: 181-197.
van Liere, Kent D., und Riley E. Dunlap, 1981: Environmental Concern: Does It Make a Difference How It's Measured?, Environment and Behavior 13: 651-76.
Weigel, Russell H., 1985: Ecological Attitudes and Actions. S. 57-85 in: D. B. Gray: Ecological Beliefs and Behaviors. Westport, CT: Greenwood Press.
World Bank, 1992: World Development Report 1992. Washington, D.C.: World Bank.
World Bank, 1994: World Development Report 1994. Washington, D.C.: World Bank.

Aus dem Amerikanischen übersetzt von *Gisela Jaeger-Weise.*

DER SCHÖNE SCHEIN DES UMWELTBEWUSSTSEINS

Zu den Ursachen und Konsequenzen von Umwelteinstellungen in der Bevölkerung*

Peter Preisendörfer und Axel Franzen

Zusammenfassung: Die soziologische Forschung zum Umweltbewußtsein hat sich bisher vor allem mit drei Themen beschäftigt: der Ermittlung des Ausmaßes von Umwelteinstellungen und -werthaltungen in der Bevölkerung, der Untersuchung der ‚sozialen Basis' des Umweltbewußtseins und der Frage nach den Determinanten umweltgerechter Verhaltensweisen. In dem Beitrag werden die wichtigsten Ergebnisse dieser Forschung zusammengefaßt und einige ihrer Probleme diskutiert. Die Frage, was unter Umweltbewußtsein verstanden werden soll, ist für alle drei Bereiche von zentraler Bedeutung. Aus diesem Grund werden im zweiten Abschnitt zunächst die unterschiedlichen Operationalisierungen und Befunde zum Ausmaß des Umweltbewußtseins in unterschiedlichen Ländern diskutiert. Abschnitt III beschäftigt sich mit Ergebnissen und Erklärungen zu den Zusammenhängen zwischen umweltrelevanten Einstellungen und individuellen sowie strukturellen Merkmalen. Im vierten Abschnitt wird schließlich der Befund diskutiert, daß in den meisten westlichen Industrieländern zwar ein hohes Umweltbewußtsein weit verbreitet ist, aber nur geringe Korrelationen der Umwelteinstellungen mit alltäglichen Verhaltensweisen beobachtet werden.

I. Einführung

Die Beschäftigung mit Umwelteinstellungen und Umweltwerthaltungen in der Bevölkerung gehört zu den Standardthemen der Umweltsoziologie (vgl. Dunlap/Catton 1979; Buttel 1987; Spaargaren 1987; Berger 1994; Wiesenthal 1995). Die Frage nach dem Ausmaß ökologischer Einstellungen und Werthaltungen in der Bevölkerung kann dabei allein für sich genommen von Interesse sein, z.B. wenn es darum geht, Aspekte des gesellschaftlichen Wertewandels zu untersuchen. Unabhängig vom Problem der genauen „Vermessung" des ökologischen Bewußtseins befaßt sich die Wertwandelforschung in der Regel noch mit der Anschlußfrage, welche sozialen Gruppen die Träger und Promotoren dieses Bewußtseins sind und vor welchen gesellschaftlichen Rahmenbedingungen sich die Thematisierung des Umweltproblems vollzieht. Nichtsdestotrotz ergibt sich die Bedeutung von Umwelteinstellungen und -werthaltungen in erster Linie aus der Erwartung, daß sie sich in tatsächliches Verhalten umsetzen. Regelmäßige Meldungen aus diversen empirischen Studien bestärken uns in dem Glauben, daß sich in der Bevölkerung inzwischen ein hohes Umweltbewußtsein durchgesetzt hat, und mit diesem Glauben ist die mehr oder weniger

---

* Der vorliegende Beitrag entstand im Rahmen des „Schwerpunktprogramms Umwelt", gefördert vom Schweizerischen Nationalfonds.

begründete Hoffnung verbunden, daß nennenswerte Verhaltensänderungen die Folge sein werden. Solche Verhaltensänderungen können auf direktem Weg über die Einlösung der subjektiven Überzeugungen in praktisches Alltagshandeln erfolgen, möglicherweise aber auch indirekt z.B. in der Form, daß das Meinungsbild in der Bevölkerung die politischen und wirtschaftlichen Entscheidungsträger beeinflußt und so die Voraussetzungen für eine Durchsetzung von Maßnahmen und Aktivitäten zum Schutz der natürlichen Lebensgrundlagen geschaffen werden.

Ob und inwieweit die Hoffnung einer verhaltenssteuernden Kraft des Umweltbewußtseins gerechtfertigt ist, was Umwelteinstellungen und -werthaltungen auf der Meß- und Operationalisierungsebene konkret bedeuten und wie sich ihre soziale Basis gestaltet, ist das Thema des vorliegenden Artikels. Im Rahmen dieser Themenstellung zielt der Beitrag zunächst darauf ab, einen Ein- und Überblick über den Stand der einschlägigen Forschung zu vermitteln. Ein zweites Anliegen besteht darin, auf Lücken im bisherigen Forschungsgeschehen hinzuweisen, Vorschläge anzubieten, wichtige Kontroversen zu verdeutlichen und Ansatzpunkte für eine theoretische Fundierung aufzuzeigen. In seiner Gliederung folgt der Beitrag der naheliegenden Dreiteilung der Thematik in Probleme der Diagnose und Messung ökologischer Orientierungen (Abschnitt II), Bestimmungsfaktoren von Umwelteinstellungen und -werthaltungen (Abschnitt III) und Konsequenzen für das Umwelthandeln (Abschnitt IV).

II. Wichtige Dimensionen umweltorientierter Einstellungen und Werthaltungen

Eine befriedigende Diagnose des Standes und der Entwicklung umweltorientierter Einstellungen und Werthaltungen in der Bevölkerung kommt nicht umhin, sich mit dem Problem der Konzeptualisierung und Operationalisierung des ökologischen Bewußtseins auseinanderzusetzen. Dazu soll im folgenden zuerst die bisherige Forschung resümiert werden. Darauf aufbauend wird sodann ein Progammvorschlag zu einer schrittweise vertiefenden Erfassung des Umweltbewußtseins bzw. von Umwelteinstellungen und -werthaltungen präsentiert.

Der weitverbreitete und bereits einleitend angesprochene Eindruck einer hohen ökologischen Sensibilisierung der Bevölkerung stützt sich zumeist auf die Ergebnisse von Umfragestudien, die z.T. mit sehr elementaren und groben Messungen arbeiten. Eindeutig am häufigsten wird dabei auf Einschätzungen der (relativen) Wichtigkeit bzw. Dringlichkeit des Umweltproblems zurückgegriffen. So wird z.B. in den Eurobarometer-Studien seit Jahren erhoben, in welchem Ausmaß die Bevölkerung den Umweltschutz als ein dringendes politisches Anliegen einstuft. Mit gewissen Schwankungen im Zeitablauf stuften in den 80er und zu Beginn der 90er Jahre mindestens 80 Prozent der EG-Büger/innen den Umweltschutz als „wichtiges bzw. sehr wichtiges Problem" ein (Hofrichter/Reif 1990; Eurobarometer 1992; Berger 1994). In Ländern wie Japan, den USA, Kanada oder Australien sieht das Bild nicht wesentlich anders aus (Harris 1989; Blaikie/Drysdale 1994; Dunlap/Mertig 1994).

Aber bereits auf dieser Ebene globaler Messungen gerät der schöne Schein des Umweltbewußtseins zum Teil ins Wanken. In Abhängigkeit vom Erhebungsmodus ergeben sich nämlich beträchtliche Unterschiede (Hofrichter/Reif 1990; Blaikie/Drysdale 1994;

Tabelle 1: Umweltbewußtsein in Deutschland und der Schweiz

	% Zustimmung					
	Deutschland			Schweiz		
	Alle	West-D	Ost-D	Alle	D-CH	W-CH
Wenn wir so weiter machen wie bisher, steuern wir auf eine Umweltkatastrophe zu.	66	65	68	70	73	59
Es ist noch immer so, daß die Politiker viel zu wenig für den Umweltschutz tun.	66	65	71	62	61	67
Wissenschaft und Technik werden viele Umweltprobleme lösen, ohne daß wir unsere Lebensweise ändern müssen.	26	26	27	27	29	21
Wir machen uns zu viele Sorgen über die Zukunft der Umwelt und denken dabei zu wenig an die Arbeitsplätze.	32	29	43	28	26	34
Umweltschutzmaßnahmen sollten auch dann durchgesetzt werden, wenn dadurch Arbeitsplätze verloren gehen.	27	28	25	45	45	43
Zugunsten der Umwelt sollten wir alle bereit sein, unseren derzeitigen Lebensstandard einzuschränken.	54	56	46	69	72	59

Erläuterung: Die Schweizer Daten wurden im Winter/Frühjahr 1993/94 erhoben und beziehen sich auf eine Zufallsstichprobe von 3019 Fällen. Die Deutsche Befragung wurde im Frühjahr 1996 durchgeführt und bezieht sich auf eine Stichprobe von 2307 Befragten. Angegeben ist jeweils der Anteil an Befragten, die der Aussage (auf einer fünfstufigen Skala) weitgehend oder voll und ganz zustimmen. Für Details zum Schweizer Umweltsurvey vgl. Diekmann/Franzen (1995, 1996) und zur Deutschen Umwelterhebung Preisendörfer (1996a).

Dunlap/Mertig 1994). Das Umweltproblem aus der Sicht der Bevölkerung erscheint immer dann besonders wichtig und erweist sich nur dann als einigermaßen stabil, wenn es – in Verbindung mit anderen gesellschaftspolitischen Problemen – auf einer separaten Rating-Skala erhoben wird. Werden die Befragten um eine Rangordnung verschiedener Probleme gebeten, kann es mitunter vorkommen, daß das Umweltproblem auf der Dringlichkeitsskala weit nach hinten abrutscht. Bei der dritten Variante schließlich, einer offenen Frage nach den wichtigsten gesellschaftspolitischen Problemen, wird das Umweltproblem z.B. in Deutschland in der Regel von kaum mehr als 10 Prozent der Bevölkerung explizit genannt (IPOS 1994). Diese Regelhaftigkeit im Antwortmuster signalisiert, daß das Umweltproblem leicht Gefahr läuft, angesichts scheinbar dringenderer, aktueller Probleme aus dem Blickfeld der Bevölkerung zu verschwinden.

Typische Reaktionen zeigen sich auch in zwei neueren Studien zum Umweltbewußtsein und Umwelthandeln, die in der Schweiz und in Deutschland durchgeführt wurden (*Tabelle 1*). Betrachtet man die Zustimmungsquoten zu den ersten beiden Aussagen, fällt zunächst auf, daß sich die Bevölkerung beider Länder durch ein ausgeprägtes Umweltbewußtsein auszeichnet. 66 Prozent der Deutschen bzw. 70 Prozent der Schweizer stimmen der Aussage zu, daß ‚wir auf eine Umweltkatastrophe zusteuern, wenn wir so weiter machen wir bisher', und 66 Prozent der Deutschen bzw. 62 Prozent der Schweizer sind der Meinung, daß ‚die Politiker viel zu wenig für den Umweltschutz tun'. Bedeutend niedriger fallen die Zustimmungen aber aus, wenn in den Aussagen die möglichen Kosten eines verbesserten Umweltschutzes, nämlich geringerer Lebensstandard bzw. weniger Arbeitsplätze zur Sprache kommen. Der Aussage ‚Zugunsten der Umwelt sollten wir alle bereit sein, unseren derzeitigen Lebensstandard einzuschränken' stimmen nur noch rund die Hälfte der Befragten in Deutschland zu. Im Vergleich zu Deutschland kann für die Schweiz eine höhere Bereitschaft beobachtet werden, zugunsten des Umweltschutzes auf Arbeitsplätze und Lebensstandard zu verzichten. Neben diesem Unterschied zwischen den Ländern zeigen sich interessante Parallelen in den Unterschieden innerhalb der beiden Länder. In Deutschland zeigen Befragte aus dem Westen eine höhere Handlungsbereitschaft als die Bewohner der neuen Bundesländer. Für die Schweiz ist eine ähnliche Differenzierung in der Bevölkerung zu beobachten. Die Deutschschweizer zeichnen sich insgesamt durch ein höheres Umweltbewußtsein aus als die Westschweizer. Auffallend ist, daß in beiden Ländern ein niedrigeres Umweltbewußtsein in denjenigen Landesteilen besteht, die von höherer Arbeitslosigkeit betroffen sind und in denen niedrigere Einkommen erzielt werden.

Noch größer werden die Zweifel an der Relevanz der Dringlichkeitsbekundungen, wenn man Umfrageergebnisse betrachtet, die sich mit spezifischen Einzelproblemen im Bereich des Umweltschutzes befassen. In einer Erhebung in Finnland z.B. interessierte sich Liisa Uusitalo (1990) dafür, welchen Maßnahmen die Bevölkerung zustimmt, um die umweltschädigenden Effekte des Autoverkehrs zu reduzieren. Eine klare Mehrheit äußerte starke Unterstützung für verkehrserzieherische Maßnahmen (68 Prozent) und für billigere öffentliche Verkehrsmittel (64 Prozent). Im Mittelbereich lag die Zustimmung zur gesetzlichen Vorschrift von bleifreiem Benzin und Katalysatoren (51 Prozent) sowie zu schärferen Geschwindigkeitskontrollen (39 Prozent). Kaum Anklang aber fanden höhere Benzinpreise (11 Prozent) und höhere KfZ-Steuern (5 Prozent).[1] Bei einem Vergleich alternativer Operationalisierungen von „environmental concern" gelangten Kent Van Liere und Riley Dunlap (1981) zu der Schlußfolgerung, daß die Befunde je nach inhaltlichem Gegenstandsbereich, auf den sich die Fragen zum Umweltbewußtsein beziehen, sehr unterschiedlich ausfallen. Solange die Erhebungsfragen das Umweltproblem und den Umweltschutz allgemein ansprechen, wird eine hohe Dringlichkeit deklariert. In konkreten Anwendungsfällen jedoch sinken die Zustimmungsquoten zum Teil drastisch ab. Dabei ist es wohl noch immer so, daß sich in den meisten Umwelterhebungen letztlich am Auto „die Geister scheiden" (Heine/Mautz 1988: 128). Weiterhin wird bei Van Liere und Dunlap (1981) deutlich, daß inhaltliche Fragen, die auf das Problem der Bevölkerungszahl, der vermeintlichen Überbevölkerung, der Geburtenkontrolle u.ä. abzielen, ein Thema sind, bei dem sich die Antworten nicht ohne weiteres in das gängige Bild eines hohen Umweltbewußtseins einfügen.

Die Brüchigkeit der Ergebnisse bei Rückgriff auf globale Einzelindikatoren und die Irritationen beim Übergang zu spezifischen Themenbereichen verweisen darauf, daß es offenbar eines differenzierteren Instrumentariums bedarf, um ökologische Einstellungen und Werthaltungen in der Bevölkerung systematisch zu erfassen. Zahlreiche Studien (z.B. Diekmann/Preisendörfer 1992; Hanfstein et al. 1992; Waldmann 1992; IPOS 1994; Billig

---

1 Umfragen in Deutschland liefern strukturell ähnliche Ergebnisse, wobei die Zustimmungsquoten vom Niveau her etwas höher liegen (vgl. z. B. IPOS 1994; Preisendörfer 1996a).

1994; Grob 1995; Diekmann/Franzen 1996) bemühen sich zwar, mit eher ad-hoc entworfenen Itembatterien verschiedene Facetten des ökologischen Bewußtseins zu erfassen, es mangelt jedoch an bewährten und hinreichend getesteten Meßverfahren. Im amerikanischen Sprachraum können lediglich die Maloney/Ward-Skala und die sog. NEP-Skala (New Environmental Paradigm) auf eine gewisse Tradition und Kontinuität zurückblicken; im deutschen Sprachraum konzentrieren sich die Bemühungen darauf, das Konstrukt des Umweltbewußtseins genauer auszuarbeiten und einer Messung zugänglich zu machen. Diese drei Diskussionsstränge sollen im folgenden kurz skizziert werden.

Die von Michael Maloney und Michael Ward (1973) entwickelte Ökologie-Skala (ecology scale) sieht die ökologische Orientierung als eine Einstellung bzw. Attitüde und geht von der Dreiteilung des Einstellungskonzepts in eine affektive, kognitive und konative Komponente aus. Die aus insgesamt 130 Items bestehende Skala gliedert sich in vier Unterskalen: eine Affektskala mit 34 Items, eine Wissensskala mit 24 Items, eine Skala der Handlungsbereitschaft (verbal commitment) mit 36 Items und eine Verhaltensskala (actual commitment) mit 36 Items. Die Affektskala zielt auf die affektive Einstellungskomponente ab und versucht das Ausmaß der gefühlsmäßigen Betroffenheit einer Person über die Umweltzerstörung (Angst, Wut, Empörung, Hilflosigkeit usw.) zu erfassen. Sie trifft den Kern dessen, was im Englischen mit „environmental concern" im Sinne von Umweltbesorgnis bezeichnet wird. Die Wissensskala spricht die kognitive Einstellungskomponente an. Bei ihren Einzelitems geht es nicht darum, die bloße Einsicht in die ökologische Gefährdung zu erheben, vielmehr handelt es sich um spezifische Wissensfragen zu Fakten und Kausalzusammenhängen im Bereich des Umweltschutzes. Die „Verbal Commitment"-Skala bezieht sich auf die konative Einstellungskomponente, wobei sich die Handlungsbereitschaft auf persönliches Verhalten im alltäglichen Leben, auf öffentliches Engagement im Bereich des Umweltschutzes und auch auf Forderungen nach politischen Maßnahmen erstreckt. Die vierte Teilskala schließlich, das selbstberichtete Verhalten, ist kein genuiner Bestandteil einer Messung der ökologischen Orientierung. Sie wird von Maloney und Ward in erster Linie für Validierungszwecke verwendet. In einer späteren Arbeit präsentieren Maloney et al. (1975) eine Kurzversion ihrer Skala, die mit 45 Items auskommt und strukturell äquivalent aufgebaut ist. Vor allem diese Kurzskala oder zumindest Teile davon gelangten in mehreren amerikanischen Studien zum Einsatz (z.B. Borden/Francis 1977; Borden/Schettino 1979). Manfred Amelang et al. (1977) haben die ursprüngliche Maloney/Ward-Skala – mit gewissen Modifikationen, die dabei erforderlich waren – ins Deutsche übertragen, und auch Jürgen Kley und Hans-Joachim Fietkau (1979) sowie Joachim Schahn und Erwin Holzer (1990a, 1990b) greifen in ihren empirischen Arbeiten auf diese Skala zurück.

Während die Maloney/Ward-Skala der Tradition der psychologischen Einstellungsforschung folgt, ist der Ausgangspunkt der NEP-Skala ein gänzlich anderer. William Catton und Riley Dunlap (Catton/Dunlap 1978; Dunlap/Catton 1979), die mit zu den Begründern und Promotoren der amerikanischen Umweltsoziologie gehören, glaubten in der gesellschaftspolitischen Diskussion Ende der 70er Jahre ein neues ökologisches Paradigma ausmachen zu können, das sich deutlich von dem dominierenden sozialen Paradigma der westlichen Industrieländer abhebt. Dieses „new environmental/ecological paradigm", dessen inhaltliche Kernelemente aus diversen Publikationen herausgefiltert wurden, wurde von Riley Dunlap und Kent Van Liere (1978) in eine vereinfachende Skala umgesetzt, um die Verankerung dieser „neuen Weltsicht" in der Bevölkerung abzuschätzen. In ihrer ursprünglichen Form besteht die NEP-Skala (new environmental paradigm scale) lediglich aus zwölf, sehr allgemein formulierten Items, die eindeutig auf grundlegende Wertvorstellungen abheben.[2] Auf der Grundlage ihrer empirischen Erhebungen geben Dunlap und Van Liere Reliabilitäts- und Validitätsmaße für diese Skala, und zudem wird deren Eindimensionalität behauptet. Weitere Anwendungen der Skala (Albrecht et al. 1982; Geller/Lasley 1985) ließen jedoch Zweifel an der Eindimensionalität aufkommen. Den Grundstock für eine beträchtliche Erweiterung haben Dunlap und Van Liere (1984) gelegt, als sie noch eine zusätzliche und konkurrierende DSP-Skala (dominant social paradigm scale) entwickelten. Mit acht verschiedenen Unterdimensionen bzw. Subskalen[3] und insgesamt 37 Items bezieht sich diese Skala auf die Akzeptanz herkömmlicher Grundwerte und Grundüberzeugungen der westlichen Industriegesellschaften, die angeblich in Kontrast zu einer umweltethischen Weltsicht stehen. In neueren Arbeiten werden die NEP- und DSP-Items kombiniert (z.B. Kuhn/Jackson 1989; Steger/Witt 1989), so daß – unter Berücksichtigung weiterer Vorschläge auf diesem Gebiet (z.B. Cotgrove/Duff 1981; Richmond/Baumgart 1981; Schahn/Holzer 1990a, 1990b; Schahn 1991) – nunmehr ein gewisses Instrumentarium zur Erfassung ökologischer Wertorientierungen bereitsteht. Einen zusammenfassenden Einblick in den Stand dieser Diskussion geben Norman Blaikie und Malcolm Drysdale (Blaikie 1992; Blaikie/Drysdale 1994), die die von ihnen bevorzugten Items unter dem Titel einer „ecological world view scale" anbieten.

Zum Teil in Anlehnung an die zwei skizzierten Traditionen, zum Teil aber auch unabhängig davon richten sich die Forschungsbemühungen im deutschsprachigen Raum vor allem auf das Konzept des Umweltbewußtseins. Hierbei erscheinen insbesondere die Arbeiten von Dieter Urban (1986, 1991) erwähnenswert. Urban (1986) schlägt zunächst vor, umweltbezogenes Verhalten und Wissen nicht unter das Konstrukt ‚Umweltbewußtsein' zu subsumieren. Er unterscheidet drei relativ breite Dimensionen, nämlich umweltrelevante Wertorientierungen, umweltbezogene Einstellungen und umweltorientierte Handlungsbereitschaften. Die umweltrelevanten Wertorientierungen wirken als allgemeine Sinngebungsmuster für die Individuen, sie sind abstrakter als Einstellungen und beschreiben gleichsam die Wertbasis des Umweltbewußtseins. Die umweltbezogenen Einstellungen „machen den Kernbereich des Umweltbewußtseins aus" (Urban 1986: 365), wobei Urban an dieser Stelle in erster Linie auf den Grad der emotionalen Besetztheit der Umweltgefährdung abstellt. Mit den umweltorientierten Handlungsbereitschaften schließlich wird auf der Abstraktionsleiter eine Stufe tiefer gegangen. Die Eigenständigkeit dieser Dimension ergibt sich nach Urban nicht zuletzt daraus, daß aufgrund objektiver Handlungsbarrieren Wertvorstellungen und Einstellungen blockiert werden können. In der Tat trifft Urban mit dieser Systematisierung (unabhängig von den Operationalisierungsschwächen in seinem Datenmaterial) die wesentlichen Diskussionslinien dessen, was im deutschen Sprachraum

---

2 Drei Beispielitems: 1) Mankind was created to rule over the rest of nature. 2) Plants and animals exist primarily to be used by humans. 3) There are limits to growth beyond which our industrialized society can not expand.

3 Deren Obertitel lauten: 1) faith in science and technology, 2) support for economic growth, 3) faith in material abundance, 4) faith in future prosperity, 5) support for individual rights, 6) support for private property rights, 7) support for the status quo, 8) support for laissez faire goverment.

unter dem Konzept des Umweltbewußtseins erörtert wird (für Quervergleiche z.B. Kaase 1986; Dierkes/Fietkau 1988; Schahn/Holzer 1990a, 1990b; Spada 1990; Waldmann 1992; Grob 1995; Preisendörfer 1996a).

Welche Bedeutung haben nun die voranstehenden Ausführungen für die Diagnose und Erhebung des Umweltbewußtseins bzw. umweltbezogener Einstellungen und Werthaltungen? Klar und unbestritten dürfte sein, daß die üblichen „Einpunktmessungen" der demoskopischen Forschung mit Sicherheit nicht ausreichen. Wie bei vielen anderen subjektiven Orientierungsmustern gestaltet sich das Feld offenbar mehrdimensional, und diese Mehrdimensionalität wird rasch erkennbar, sobald man sich etwas genauer in die einschlägige Diskussion vertieft. Trotz der Vielfalt läßt sich aber durchaus eine gemeinsame Grundlinie erkennen, die in folgendem Programmvorschlag zur Erfassung des Umweltbewußtseins mündet.

Unverzichtbar im Sinne eines Mindestmoduls erscheint die Berücksichtigung der affektiven und kognitiven Einstellungsdimension des Umweltbewußtseins (Heberlein 1981). Die affektive Dimension, die in der Prioritätenliste wohl noch vor die kognitive Dimension zu setzen ist, zielt darauf ab, das Ausmaß der emotionalen Betroffenheit angesichts der Umweltbelastungen zu erheben. Die kognitive Dimension spricht den Aspekt der Einsicht in die Gefährdung der natürlichen Umwelt an; sie bezieht sich darauf, ob und inwieweit das Umweltproblem überhaupt als ein Problem gesehen, erkannt und akzeptiert wird. Diese Einsicht muß sich nicht notwendig auf fundiertes Wissen stützen und erfordert deshalb keinen umfangreichen Wissenstest zu verschiedenen Sachverhalten im Bereich des Umweltschutzes.

Je nach Problemstellung und möglichem Detailliertheitsgrad kann ein zweites und ergänzendes Modul auf die umweltbezogene Wertbasis und/oder die umweltorientierte Handlungsbereitschaft abstellen. Im Vergleich zur affektiven und kognitiven Einstellungsdimension geht man bei der Wertbasis auf der Abstraktionsleiter eine Stufe höher, bei der Handlungsbereitschaft eine Stufe tiefer. Drei zentrale Werthaltungen, die in fast allen Arbeiten zur „ökologischen Weltsicht" thematisiert werden, sind das Vertrauen in die Problemlösungskraft von Wissenschaft und Technik, mögliche Grenzen des Wachstums und die sog. anthropozentristische Position. Vielfältige weitere Anregungen zur Wertbasis des Umweltbewußtseins können aus der Diskussion um die NEP- und DSP-Skalen bezogen werden. Die umweltorientierte Handlungsbereitschaft müßte in Anlehnung an Maloney et al. wohl die drei Aspekte der Bereitschaft zu umweltgerechtem Verhalten im persönlichen Alltagsleben, der Bereitschaft zu öffentlichem Engagement im Bereich des Umweltschutzes sowie der Bereitschaft zur Unterstützung bzw. Hinnahme umweltschutzpolitischer Maßnahmen gleichermaßen abdecken.

Für ein drittes Modul würden dann noch das Umweltwissen und das tatsächliche Umweltverhalten verbleiben. Das Umweltwissen läßt sich in Faktenwissen, Wissen um Kausalzusammenhänge und Wissen um persönliche und allgemeine Handlungsmöglichkeiten unterteilen, wobei die zwei erstgenannten Komponenten wohl eine Art Wissenstest erfordern würden. Daß das Faktenwissen und das Wissen um Kausalzusammenhänge im Bereich des Umweltschutzes eine eigenständige und relativ handlungsferne Dimension konstituieren, ist das Ergebnis zahlreicher empirischer Studien (Maloney/Ward 1973; Maloney et al. 1975; Borden/Schettino 1979; Schahn/Holzer 1990a, 1990b; Diekmann/Preisendörfer 1992). Die Erfassung von Aspekten des tatsächlichen Umweltverhaltens erscheint selbst in Studien, die sich inhaltlich auf das Umweltbewußtsein konzentrieren, nicht zuletzt deshalb angebracht, weil sich nur so Möglichkeiten für eine Konstruktvalidierung eröffnen.

Die bedeutsame Aufgabe der Umsetzung dieser Dimensionen in konkrete Itembatterien kann im Rahmen dieses Beitrags nicht geleistet werden. Hingewiesen sei aber auf zwei Probleme, die sich dabei mit Sicherheit stellen werden: 1. Angesichts der Tatsache, daß sich in vielen Bereichen des Umweltschutzes schon so etwas wie eine „ökologische Korrektheit" herausgebildet hat, muß in Befragungsstudien, insbesondere wenn sich diese explizit mit der Umweltthematik befassen, in hohem Maße mit sozial erwünschten Antworten gerechnet werden. Das Problem der sozialen/ökologischen Erwünschtheit läßt sich wohl nur mit einer gehörigen Portion an Kreativität seitens der Testkonstrukteure bewältigen. 2. Spätestens dann, wenn man auf die Ebene der Handlungsbereitschaft geht, taucht das Problem auf, welche substantiellen Bereiche des Umweltschutzes (Verkehr, Recycling, Einkaufsverhalten o.ä.) angesprochen werden sollen. Die Arbeiten von Van Liere und Dunlap (1981) und von Schahn und Holzer (1990a, 1990b; Schahn 1991) geben dazu zwar einige Hinweise, weitere Testläufe und systematische Erprobungen verschiedener inhaltlicher Bereiche erscheinen jedoch dringend notwendig.

III. Die soziale Basis des Umweltbewußtseins

Die Frage danach, von welchen Faktoren und Umständen das Umweltbewußtsein beeinflußt wird, setzt im Grunde genommen voraus, daß von einem hinreichend einheitlichen Begriffsbild ausgegangen werden kann. Da dies nicht der Fall ist, muß bei der Einschätzung des Stellenwerts einzelner Befunde stets die Art der Messung des Umweltbewußtseins im Auge behalten werden. Van Liere und Dunlap (1981) haben in diesem Zusammenhang anschaulich demonstriert, daß verschiedene Messungen des ökologischen Bewußtseins unterschiedliche Schlußfolgerungen hinsichtlich der Stärke und zum Teil sogar der Richtung einzelner Einflußfaktoren nahelegen. Auch die Diagnose, wie sich das Umweltbewußtsein in der Bevölkerung im Zeitablauf entwickelt hat, hängt von der Art seiner Messung ab. Auf der Basis der gängigen Wichtigkeitsurteile z.B. zeigt sich für die USA ein starker Anstieg der Dringlichkeitsbekundungen in der zweiten Hälfte der 60er Jahre mit einem Spitzenwert im Jahr 1970, dann ein deutlich abnehmendes Interesse am Umweltschutz im Verlauf der 70er Jahre, und schließlich ein erneuter Anstieg in den 80er Jahren (Dunlap/Scarce 1991).[4] Andere Maße, z.B. die von Gigliotti (1992) beobachtete „persönliche Opferbereitschaft" für den Umweltschutz, bestätigen diesen Trend nur teilweise, wobei insbesondere der Wiederanstieg des Umweltbewußtseins in den 80er Jahren nicht ganz so eindeutig erscheint.

Trotz dieser Vorbehalte soll im folgenden der Versuch einer zusammenfassenden Einschätzung der sozialen Basis des Umweltbewußtseins gemacht werden. Dabei wird im ersten Schritt auf soziodemographische Korrelate des Umweltbewußtseins eingegangen, im zweiten Schritt auf die Bedeutung struktureller Faktoren.

---

4 Ohne daß dazu systematische Daten über den gesamten Zeitraum seit Mitte der 60er Jahre vorliegen, scheint dieser Trend – mit einer Zeitverzögerung von zwei bis drei Jahren – auch für die Bundesrepublik Deutschland und andere westeuropäische Länder zu gelten (Kaase 1986; Hofrichter/Reif 1990).

Wie so oft in der Praxis der empirischen Sozialforschung haben sich die bisherigen Studien bevorzugt mit soziodemographischen Korrelaten des Umweltbewußtseins auseinandergesetzt (für Übersichten Van Liere/Dunlap 1980; Langeheine/Lehmann 1986). Am meisten Aufmerksamkeit haben dabei die Merkmale „Alter", „Geschlecht", „Bildung", „Beruf", „Einkommen" und „politische Orientierung" gefunden. Für das Alter, die Bildung und die politische Orientierung sind die Befunde überraschend einheitlich in der Form, daß die jüngeren Geburtskohorten, Personen mit einer höheren schulischen Bildung und Personen im links-liberalen Politikspektrum dem Umweltschutz ein höheres Gewicht einräumen. Bei den drei verbleibenden Merkmalen gestalten sich die empirischen Evidenzen eher heterogen. Wenngleich solche Aufgliederungen nach soziodemographischen Faktoren auf den ersten Blick relativ trivial erscheinen, ergeben sich an dieser Stelle durchaus eine Reihe von theoretisch interessanten Anknüpfungspunkten, wenn man im zweiten Schritt nach möglichen Erklärungen für die beobachtbaren (oder auch fehlenden) Unterschiede fragt.

Die feststellbaren Altersunterschiede etwa münden fast zwangsläufig in die Diskussion um die postmaterialistische Wertorientierung, so daß sich hier die gesamte Bandbreite der Kontroversen um dieses (angebliche) Wertesyndrom öffnet. Relevant erscheinen in diesem Zusammenhang auch die empirischen Hinweise darauf, daß – bedingt durch eine gewisse Distanzierung der jüngeren Generation von der Umweltthematik – der Alterszusammenhang inzwischen eher umgekehrt u-förmig verläuft (Blaikie 1992). Interessanterweise zeichnen sich ältere Personen trotz des niedrigeren Umweltbewußtseins durch ein umweltbewußteres Handeln aus (Uusitalo 1990; Blaikie/Drysdale 1994; Diekmann/Franzen 1996; Preisendörfer 1996a, 1996b).

Bei den geschlechtsspezifischen Unterschieden erweist sich am deutlichsten, daß man sehr genau auf die Art der Messung des Umweltbewußtseins achten muß (Milbrath 1984; Blocker/Eckberg 1989; Steger/Witt 1989; Schahn/Holzer 1990a, 1990b). Diejenigen Studien, die sich auf die emotionale Betroffenheit durch die Umweltbelastung und insbesondere auf die Betroffenheit durch lokale Umweltbelastungen konzentrieren, ergeben in der Tat relativ einheitlich, daß die Frauen eine stärkere gefühlsmäßige Betroffenheit artikulieren. Erst dann, wenn die Studien Aspekte des Umweltwissens einbeziehen, werden die Befunde uneinheitlich, da Frauen in den bisher erprobten Wissenstests eher schlechter abschneiden (Langeheine/Lehmann 1986; Steger/Witt 1989; Schahn/Holzer 1990a, 1990b; Pfligersdorffer 1991; Diekmann/Preisendörfer 1992; Preisendörfer 1996a). Weshalb die Frauen auf die Gefährdung der Umwelt emotional stärker reagieren und gleichzeitig in den naturwissenschaftlich inspirierten Wissenstests tendenziell abfallen, bleibt unklar.

Der Zusammenhang zwischen dem Umweltbewußtsein und den drei herkömmlichen Schichtungsindikatoren (Bildung, Beruf, Einkommen) erscheint auf der theoretischen Ebene vor allem mit Blick auf die mutmaßliche Mittelstandszentriertheit der ökologischen Diskussion bedeutsam. Die These dabei ist, daß das Umweltproblem eine Art „Luxusproblem" ist, mit dem sich bevorzugt die wohlhabenderen, materiell abgesicherten Statusgruppen beschäftigen. In der Startphase der ökologischen Bewegung Mitte der 60er bzw. Anfang der 70er Jahre mag dies durchaus der Fall gewesen sein, inzwischen jedoch scheint das Umweltbewußtsein nach unten diffundiert zu sein, so daß sich – bei nach wie vor bestehenden Bildungsunterschieden – Unterschiede in Abhängigkeit von der beruflichen Stellung und vom Einkommen nur noch tendenziell nachweisen lassen (Buttel

1987: 474). Selbst für Facharbeiter der chemischen Industrie (Heine/Mautz 1988; Bogun et al. 1992) oder in der Automobilindustrie (Hanfstein et al. 1992; Lange 1995) läßt sich inzwischen eine hohe ökologischen Sensibilisierung beobachten. Etwas abseits von dieser Diskussion und speziell mit Bezug auf die berufliche Stellung wird in der einschlägigen Forschung allerdings noch immer die sog. Berufserfahrungshypothese untersucht (Urban 1986). Eine überdurchschnittliche Verankerung des Umweltbewußtseins wird dabei für die Berufsgruppen im Dienstleistungssektor mit eher „naturfremden" Arbeitsinhalten behauptet, während umgekehrt für die Berufsgruppen mit einem mehr instrumentellen Naturverhältnis eine geringere Umweltsensibilität vermutet wird. Die exakte Bestimmung der Art des Naturverhältnisses in verschiedenen Berufen erweist sich bei Überprüfungsversuchen dieser Hypothese als ein ziemlich sperriges Problem.

Die stärkere Affinität zur Umweltthematik bei Personen, die sich politisch im linksliberalen Spektrum ansiedeln, läßt sich in fast allen empirischen Studien nachweisen. Dennoch legt die Alltagserfahrung nahe, daß die Ökologiedimension eine eigene Achse im Feld der politischen Orientierungen darstellt, die zum Teil quer zur gängigen Links-Rechts-Dimension liegt. So vermuten z.B. auch Dunlap und Van Liere (1984), daß das dominierende soziale Paradigma (im Sinne der DSP-Skala) sowohl bei Konservativen als auch bei Liberalen stark ausgeprägt ist. Die Pro-Anti-Haltung zu ökologischen Fragen wäre damit eine Beschreibungsdimension, die – zusätzlich zur Links-Rechts- bzw. Liberal-Konservativ-Dimensionierung – eventuell eine genauere Lokalisierung und Messung politischer Grundüberzeugungen ermöglicht.[5]

Beschränkt man sich auf soziodemographische Merkmale (oder auch andere, differenziertere Persönlichkeitsdispositionen), wird die Frage nach der sozialen Basis des Umweltbewußtseins auf eine personenbezogene Sichtweise verengt, bei der die Bedeutung gesamtgesellschaftlicher, gesamtwirtschaftlicher und struktureller Kontextfaktoren weitgehend ausgeklammert bleibt. Die Berücksichtigung solcher Faktoren erscheint jedoch unverzichtbar, wenn es z.B. um Fragen des generellen Niveaus oder auch von Niveauveränderungen des Umweltbewußtseins im Zeitablauf geht. Letztlich ist es wohl nur aus der „Forschungsökonomie" (einfachere und problemlosere Designs) erklärbar, weshalb sich die bisherige Forschung bevorzugt mit der soziodemographischen und nicht mit der gesellschaftlichen Basis des Umweltbewußtseins auseinandergesetzt hat.

Ländervergleichende Studien bieten sich als eine erste Möglichkeit an, strukturelle Faktoren zumindest partiell einzufangen. Zwei international vergleichende Erhebungen zu Umwelteinstellungen und -werthaltungen in der Bevölkerung seien an dieser Stelle beispielhaft erwähnt. Die erste Studie ist die 1992 vom Gallup Institut in 24 Ländern durchgeführte HOP-Studie (Health of the Planet; Dunlap et al. 1993). Die wichtigste Schlußfolgerung der Autoren der HOP-Studie ist, daß – auf der Aggregatebene – die Sensibilisierung der Bevölkerung für Probleme des Umweltschutzes nicht systematisch mit dem Wohlstandsniveau eines Landes verknüpft ist (Dunlap/Mertig 1994). Dunlap et al. argumentieren, daß ein ausgeprägtes Umweltbewußtsein mittlerweile auch für Nicht-OECD-Staaten beobachtet werden kann. Korreliert man aber das Bruttosozialprodukt pro Kopf mit den

---

5 Vgl. dazu auch die Hinweise auf eine ‚rechtsgerichtete Ökologie' bei Lantermann/Döring-Seipel (1990) und die Diskussion von ‚Konturen einer Ökologie von rechts' bei Jahn/Wehling (1991).

Abbildung 1: Inwieweit fänden Sie es persönlich akzeptabel, viel höhere Preise zu bezahlen, um die Umwelt zu schützen? (Anteil der Befragten, die mit der Antwort ‚eher akzeptabel' bzw. ‚sehr akzeptabel' zustimmen)

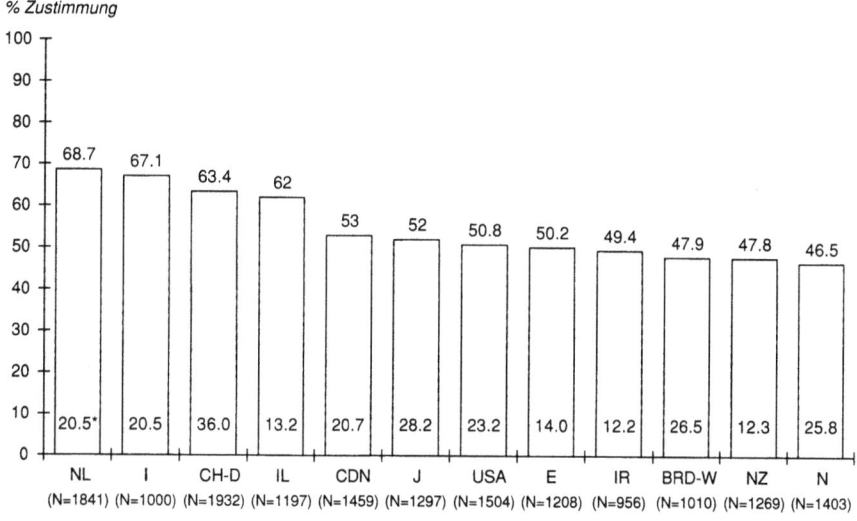

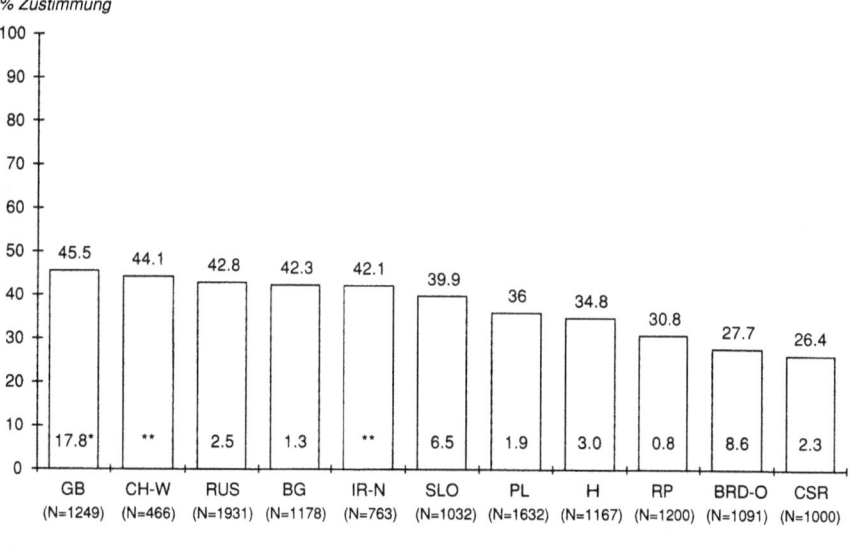

BG:	Bulgarien	GB:	Großbritannien	NL:	Niederlande
BRD-W:	Westdeutschland	H:	Ungarn	NZ:	Neuseeland
BRD-O:	Ostdeutschland	I:	Italien	PL:	Polen
CH-D:	Deutschschweiz	IL:	Israel	RP:	Philippinen
CH-W:	Westschweiz	IR:	Irland	RUS:	Rußland
CDN:	Kanada	IR-N:	Nordirland	SLO:	Slowenien
CSR:	Tschechische Republik	J:	Japan	USA:	Ver. Staaten v. Amerika
E:	Spanien	N:	Norwegen		

* BSP pro Kopf in 1000$ im Jahre 1992 (Quelle: Der Fischer Weltalmanach '95). ** Für die Westschweiz und Nordirland sind keine Angaben verfügbar. Der Spearman Rangkorrelationskoeffizient zwischen dem BSP pro Kopf und der Zustimmung beträgt 0.75. Datenquelle ist der ISSP 1993.

von Dunlap et al. publizierten Angaben zu Umwelteinstellungen, zeigt sich sehr wohl ein Zusammenhang zwischen dem Wohlstandsniveau und dem Ausmaß des Umweltbewußtseins in einem Land.[6] Zu genau dieser Schlußfolgerung führt auch eine Korrelationsanalyse der Daten, die 1993 im Rahmen der ISSP-Studie (International Social Survey Program) zum Thema Umwelt in 20 Ländern erhoben wurden (vgl. Diekmann/Franzen 1996). Insgesamt weisen 8 von 10 Items zur Messung des Umweltbewußtseins in der ISSP-Studie signifikant positive Korrelationen mit dem Bruttosozialprodukt auf. Beispielhaft sind in *Abbildung 1* die Zustimmungsquoten zu der Frage dargestellt: ‚Inwieweit fänden Sie es persönlich akzeptabel, viel höhere Preise zu bezahlen, um die Umwelt zu schützen?'

Die Befunde der ISSP-Studie stehen in Einklang mit (allerdings lückenhaften) Trenduntersuchungen, die den Stellenwert des Umweltproblems innerhalb eines Landes in Abhängigkeit von der konjunkturellen Situation untersuchen. Ausgehend von einem ähnlichen Niveau der „Umweltbesorgnis" in Ost- und Westdeutschland im Jahre 1989/90, diagnostiziert z.B. Friedrich Schuster (1992) auf der Grundlage des soziökonomischen Panels einen starken Rückgang der Umweltbesorgnis in Ostdeutschland (so auch IPOS 1994; Kramer 1994; Winkler 1994). Blaikie und Drysdale (1994) belegen für Australien, daß in der Rezession von 1989-94 die Bevölkerung den Umweltschutz gegenüber wirtschaftlichem Wachstum und der Bekämpfung der Arbeitslosigkeit zunehmend hintan gestellt hat. Als bedeutsam erwies sich bei Blaikie und Drysdale aber erneut die Art der Messung der ökologischen Orientierung, denn im Lichte ihrer „ecological world view scale" beobachteten sie praktisch keine Änderung im genannten Zeitraum.

Ein anderer Zyklus als der der Konjunktur ist der von Antony Downs (1972) propagierte „Issue-Attention-Cycle". Bereits in der Anfangsphase der Diskussion des Umweltproblems in den USA gab Downs die Prognose ab, daß die öffentliche Aufmerksamkeit für das Umweltproblem und die Form seiner politischen Bewältigung dem von ihm entwickelten Problem-Moden-Zyklus folgt. Dies nach dem Muster: Die Medien bringen das Problem in die öffentliche Diskussion ein, die Bevölkerung ist in hohem Maße interessiert und reagiert mehr oder weniger alarmiert, und die politischen Entscheidungsträger mischen sich mit vollmundigen Versprechungen und Aktionsplänen in die Diskussion ein; nach einiger Zeit aber verlieren zuerst die Medien und dann die Öffentlichkeit das Interesse und wenden sich neuen Themen zu, und die großen Pläne der Politiker reduzieren sich im Abarbeitungsprozeß der Gremien und Kommissionen im Endergebnis auf eher kosmetische Korrekturen. Der deutliche Rückgang des Umweltinteresses in den USA in der ersten Hälfte der 70er Jahre schien die Downssche Vorhersage zu bestätigen. Dennoch hat sich das Umweltproblem inzwischen als erstaunlich hartnäckig erwiesen, und immer neue Manifestationen der ökologischen Krise (Waldsterben, Unfälle in Atomkraftwerken, Treibhauseffekt, Ozonloch usw.) haben wohl eine ganze Serie von Aufmerksamkeitsschüben

---

6 Der Spearman Rangkorrelationskoeffizient zwischen der Zustimmung zu der Frage ‚Increased efforts by business and industry to improve environmental quality might lead to higher prices for the things you buy. Would you be willing to pay higher prices so that industry could better protect the environment or not?' und dem BSP pro Kopf beträgt 0.62. Positive Zusammenhänge lassen sich insgesamt für drei von fünf Indikatoren des Umweltbewußtseins finden, die von Dunlap et al. berichtet werden. Negative Korrelationen ergeben sich aber für Fragen nach der wahrgenommenen Umweltqualität (–0.70) oder der Beeinträchtigung der Gesundheit durch Umweltprobleme (–0.63).

ausgelöst.[7] Welche Merkmale einzelne Ereignisse, Geschehnisse und Prozesse im Bereich der Umweltgefährdung haben müssen, damit sie sich relativ dauerhaft und nicht nur vorübergehend im Bewußtsein der Bevölkerung niederschlagen, wäre in diesem Zusammenhang eine Forschungsfrage, die die relativ allgemeine Diskussion um den Downsschen Problem-Moden-Zyklus fortführen könnte. Punktuelle Hinweise z.B. auf einen mutmaßlichen Tschernobyl-Effekt (etwa bei Hofrichter/Reif 1990; Schuster 1992) reichen hier nicht aus, vielmehr müßten inhaltlich unterschiedliche Ereignisse, die die Aufmerksamkeitsschwelle passiert haben, systematisch über eine längere Zeit in ihrer Wirkung auf die Bevölkerung untersucht werden.

Bereits beim „Issue-Attention-Cycle" wird die Rolle der Medien thematisiert. Ausgangspunkt dabei ist die Feststellung, daß zahlreiche Gefährdungen der natürlichen Umwelt auf Wahrnehmungsbarrieren stoßen (Preuss 1991) und nicht auf Erfahrungen aus erster Hand basieren, sondern im Grunde genommen medienvermittelt sind. Die Vermittlung über die Medien bedeutet zwar nicht, daß die jeweiligen Gefährdungen nicht real sind, dennoch kommt der Form der Berichterstattung seitens der Medien zweifellos eine große Bedeutung zu (Heberlein 1981; Kaase 1986; Roqueplo 1986). Empirische Studien belegen, daß Beeinträchtigungen der Umweltqualität im eigenen Lebensbereich in der Regel nur einen schwachen Effekt auf die Höhe des Umweltbewußtseins einer Person haben und daß andere Faktoren (wie z.B. die postmaterialistische Wertorientierung oder politische Grundüberzeugungen) an der Generierung umweltorientierter Einstellungen offenbar einen stärkeren Anteil haben (Ester/Van der Meer 1982; Rohrschneider 1988; Diekmann/Preisendörfer 1992; Kals/Montada 1994).[8] Selbst die Wahrnehmung einer Person, wie stark sie in ihrem persönlichen Umfeld von Umweltbelastungen betroffen ist, scheint stärker von allgemeinen Werthaltungen und Einstellungen denn von objektiven Gegebenheiten beeinflußt zu sein (Hagstotz/Kösters 1986). Schließlich zeigt sich regelmäßig, daß die Einschätzungen, wie stark die Umwelt allgemein von verschiedenen Faktoren (Luftverschmutzung, Verkehrslärm usw.) belastet ist, deutlich höher ausfallen als die entsprechenden Einschätzungen dieser Belastungen im persönlichen Nahumfeld (Hagstotz/Kösters 1986; Hofrichter/Reif 1990; Wasmer 1990; Landua 1992; Blasius 1994). All diese Befunde verweisen darauf, daß die Wahrnehmungen des Umweltproblems und die damit verknüpften Einstellungen vom direkten Erfahrungshorizont der Bevölkerung relativ abgehoben sind, so daß den Medien als Vermittlungsinstanzen und anderen „sozialen Institutionalisierungsmustern" (Urban 1986) eine beträchtliche Bedeutung zukommen dürfte. Detailstudien über den Modus der Bearbeitung einzelner Umweltprobleme in den Medien und über Formen der Rezeption der Informationen seitens der Bevölkerung könnten an dieser Stelle hilfreich sein, den Grad der „Medienvermitteltheit" des Umweltproblems zu erhellen.

Insgesamt sollte aus diesen Andeutungen einiger struktureller Faktoren (Wohlstandsniveau, Konjunkturschwankungen, Problem-Moden-Zyklus, markante Ereignisse, Medien)

---

7 Eine aufschlußreiche Analyse der Sequenzen in der Diskussion um den sauren Regen bzw. das Waldsterben findet sich z.B. bei Philippe Roqueplo (1986).
8 Auf der Grundlage von amerikanischen Studien verweist Thomas Heberlein (1981) darauf, daß sich die Umweltbelastung im eigenen Lebensbereich in den 50er und 60er Jahren noch als ein relativ guter Prädiktor für umweltorientierte Einstellungen erwies. Dies änderte sich erst Ende der 60er bzw. Anfang der 70er Jahre, nachdem das Umweltproblem zu einem wichtigen Thema in der öffentlichen Diskussion geworden war.

hervorgegangen sein, daß die Erforschung struktureller Determinanten des Umweltbewußtseins zumeist wohl komplexere und diversifiziertere Forschungsdesigns verlangt als die Erforschung soziodemographischer Bestimmungsfaktoren. Wenngleich sich auch bei der Untersuchung der soziodemographischen Basis des Umweltbewußtseins gewisse theoretische Anknüpfungspunkte ergeben, erscheint für die künftige Forschung – soweit sie sich der soziologischen Tradition verpflichtet fühlt – eine stärkere Konzentration auf strukturelle Faktoren angezeigt, da sich auf diesem Weg der Brückenschlag zur allgemeineren soziologischen Theorie vermutlich leichter vollziehen läßt (ausführlicher dazu Spaargaren 1987).

IV. Zur Verhaltensrelevanz umweltbezogener Einstellungen

Von den Anfängen der Umweltsoziologie bis zum heutigen Zeitpunkt war und ist die Haupttriebfeder für die Beschäftigung mit Umwelteinstellungen und -werthaltungen in der Bevölkerung die Hoffnung, daß ein ausgeprägtes ökologisches Bewußtsein mehr oder weniger automatisch ein entsprechendes Verhalten nach sich zieht. Der vielbeachtete Aufruf von Maloney und Ward (1973: 583f.) „Let's hear from the people" definierte die ökologische Krise als „a crisis of maladaptive behavior" und die Beeinflussung der emotionalen Reaktionen, der Wissensbestände und der Handlungsbereitschaften als „necessary antecedent steps ... to modify critically relevant behaviors". Vorgewarnt durch die zwischenzeitlich gesammelten Erfahrungen, stuft z.B. Klaus Waldmann (1992: 71) – als „Quintessenz der bisherigen Debatte" – umweltbewußte Denkmuster und Umweltkenntnisse nur noch als „zwar notwendige jedoch noch lange nicht hinreichende Bedingungen ökologisch orientierten Verhaltens" ein. Der einfache Gedanke an einen Lehrling, der aus Geldmangel kein Auto fährt, läßt freilich auch an der Notwendigkeit umweltbezogener Denkmuster gewisse Zweifel aufkommen.

Ob hinreichend, notwendig oder unnötig, läßt sich am ehesten durch einen Blick in die einschlägige Forschung zum Zusammenhang von Umwelteinstellungen und Umweltverhalten entscheiden, und ein solcher Einblick soll im folgenden zuerst gegeben werden. Im zweiten Schritt soll dann eine wichtige Gegenposition zum „Einstellungsansatz" angesprochen werden, eine Gegenposition, die bei der Erklärung von Umweltverhalten in erster Linie auf strukturelle Verhaltensangebote und ökonomische Anreize abstellt.[9]

---

9 Auf das Problem einer genaueren Konzipierung dessen, was Umweltverhalten bzw. umweltgerechtes Verhalten ausmacht, kann an dieser Stelle nicht eingegangen werden. Sieht man mit Ester und Van der Meer (1982: 58) Umweltverhalten als menschliches Verhalten ‚in as far as it has consequences for the physical environment', fällt der größte Teil menschlichen Verhaltens unter das Umweltverhalten. Unbestritten dürfte sein, daß das, was jeweils als Umweltverhalten thematisiert und was dabei als umweltfreundlich eingestuft wird, sich zu einem beträchtlichen Teil aus gesellschaftlichen Konventionen herleitet (Kirsch 1991). Eingebunden in diese Konventionen und in die damit einhergehende gesellschaftspolitische Diskussion untersucht die einschlägige Literatur unter der Rubrik des Umweltverhaltens Dinge wie den privaten Energieverbrauch, Recycling, die Verkehrsmittelwahl, Konsumentscheidungen u.ä. Gemeint ist also umweltrelevantes Verhalten im alltäglichen Lebenszusammenhang. Umweltverhalten im Sinne von öffentlichem Engagement für Belange des Umweltschutzes wird aufgrund seiner eher indirekten Wirkung in der Regel als separate Kategorie untersucht.

Tabelle 2: Ergebnisse multivariater Analysen des Umweltverhaltens

	Langeheine/ Lehmann (1986)	Balderjahn (1988)	Urban (1991)	Diekmann/ Preisendörfer (1992)	Derksen/ Gartrell (1993)	Scott/ Willits (1994)	Diekmann/ Franzen (1996)
Alter	+	+	0	0	+	0	+
Geschlecht (Frau)	+			+		+	+
Bildung	+	+	+	+	+	+	–
Einkommen	–	+			0	+	–
Pol. Orientierung	0			+		+	+
Handlungsbereitschaft	+	+					
Umweltwissen	0			+			+
Umweltbewußtsein	0	+	0	+	0	+	+
	R^2=.14 N=994	R^2=* N=791	R^2=.24 N=216	R^2=.16 N=1357	R^2=.43 N=1245	R^2=.11 N=3632	R^2=.33 N=1482

Erläuterung: Da die Studien zum Teil die standardisierten und zum Teil die unstandardisierten Koeffizienten berichten, wurde hier nur die Richtung der signifikanten (mindestens a ≤ 0.05) Effekte berücksichtigt. Falls eine Studie die Variable nicht enthält, wurde eine Leerstelle eingefügt. * keine Angabe.

Wenn es eine „Quintessenz der bisherigen Debatte" zum Zusammenhang von Umweltbewußtsein und Umwelthandeln gibt, dann die, daß umweltorientierte Einstellungen und Werthaltungen nur einen begrenzten Einfluß auf das tatsächliche Umweltverhalten haben. In einer Metaanalyse zahlreicher amerikanischer Studien gelangten z.B. Jody Hines, Harold Hungerford und Audrey Tomera (1986/87) zu dem Ergebnis, daß im Durchschnitt eine bivariate Korrelation von 0,35 zwischen dem Umweltbewußtsein und dem Umweltverhalten beobachtet wurde und damit also ‚nur' 10 bis 15 Prozent der Verhaltensvarianz erklärt werden. Bei den relativ wenigen Studien, die sich in der Verhaltensmessung auf beobachtetes Verhalten stützten, war die Korrelation überraschenderweise sogar höher als beim Gros der Studien, die sich auf Selbstauskünfte von Personen in Befragungen verließen (0,43 versus 0,33). Wie *Tabelle 2* zu entnehmen ist, wird auch in den meisten multivariaten Analysen ein positiver Zusammenhang zwischen Umweltbewußtsein und Umweltverhalten berichtet. Kein direkter Einfluß zeigt sich bei simultaner Berücksichtigung der Handlungsbereitschaft. In diesen Fällen korreliert das Umweltbewußtsein aber mit der Handlungsbereitschaft, so daß sich ein indirekter Effekt auf das Umweltverhalten ergibt. Insgesamt ist der Effekt des Umweltbewußtseins auf das Umwelthandeln aber nur als moderat zu bezeichnen.

Vor allem in der öffentlichen Diskussion hat die Kunde von der mäßigen Verhaltenswirksamkeit umweltorientierter Einstellungen und Werthaltungen lebhafte Kontroversen ausgelöst. „Der lange Weg vom Kopf zur Hand", „das Umweltgewissen als sanftes Ruhekissen", „der Umweltschutz in der Verhaltensklemme" und „die Kluft zwischen Anspruch und Wirklichkeit" fungieren als Obertitel für Klagen darüber, daß das Umweltbewußtsein nicht die erhofften Verhaltenseffekte zeigt. Nicht selten schwingt dabei die Vorstellung mit, daß ein richtig verstandenes Umweltbewußtsein sich doch eigentlich auch in entsprechendes Verhalten umsetzen müßte. Michael Miersch und Marcus Langer (1993) z.B. enttarnen die „typischen Ökoheuchler" mit Hinweisen darauf, daß die Sympathisanten der Grünen weit häufiger um den Globus fliegen als der Rest der Bevölkerung, daß es in der westdeutschen Alternativszene mehr Porschefahrer gibt als in der Normalbevölkerung, daß das Energiesparhaus auf der grünen Wiese oft mit langen Pendelwegen zum Arbeitsplatz verbunden ist usw. Auch Andreas Diekmann und Peter Preisendörfer (1992) können der Versuchung nicht widerstehen, akribisch zu berichten, daß von dem oberen Drittel ihrer Umweltbewußten rund drei Viertel mit dem Flugzeug bzw. Auto in die letzten Ferien gingen, mehr als die Hälfte ein Auto besitzt, ein Viertel in ihrem Haushalt einen Wäschetrockner benutzt usw. So wichtig es sein mag, die Hürden auf dem Weg vom Kopf zur Hand zu verdeutlichen, ist die gesamte Diskussion doch mit der Gefahr verbunden, daß diejenigen, die sich (mit all ihren Schwächen) redlich bemühen, zusätzlich noch diskreditiert und umgekehrt diejenigen, die das Umweltschutzanliegen in ihrem Alltagshandeln ausblenden, in ihrem gewohnten Verhalten bestärkt werden.

Mit größerer Gelassenheit wurden die Unstimmigkeiten zwischen Umwelteinstellungen und Umwelthandeln in der genuin wissenschaftlichen Diskussion zur Kenntnis genommen (vgl. z.B. Fuhrer 1995). Gewappnet mit den umfangreichen Erfahrungen der Einstellungs-Verhaltens-Forschung, hat man es hier angeblich schon immer gewußt, und die von Hines et al. berichtete Durchschnittskorrelation entspricht mehr oder weniger genau den Erwartungen. Blaikie und Drysdale (1994) verweisen darauf, daß die Forschung zum Zusammenhang von Umwelteinstellungen und -verhalten im Grunde genommen im Zeitraffertempo dieselben drei Phasen durchlaufen hat, die auch die allgemeine Einstellungs-Verhaltens-Forschung charakterisieren. Nachdem die Eingangsphase mit der Annahme einer „Eins-zu-Eins-Korrespondenz" überwunden war, wandte sich die Forschung in der zweiten Phase der Frage zu, unter welchen zusätzlichen Bedingungen am ehesten mit einer Umsetzung des Umweltbewußtseins in tatsächliches Verhalten zu rechnen ist. In der derzeitigen dritten Phase lautet die Leitfrage schließlich, auf welche Weise Einstellungen eventuell das Verhalten beeinflussen können, z.B. über Effekte auf die Wahrnehmung, auf die Situationsdefinition oder über die Intervention sozialer Normen.

Beispielhaft für die erste Phase in der Untersuchung des Zusammenhangs von Umwelteinstellungen und -verhalten können, wenn man die Grundintentionen betrachtet, die Arbeiten von Maloney et al. stehen. Hinsichtlich spezifischer Bedingungen, die den Umsetzungsprozeß von Umwelteinstellungen in Verhalten erleichtern sollen, also mit Blick auf Phase 2, ist das Angebot inzwischen recht breit gestreut (für Übersichten Weigel 1983; Spada 1990; Schahn 1993a). Eine solche Bedingung wird z.B. in der aus der Ökonomik bekannten „Low-Cost-Hypothese" von Diekmann und Preisendörfer (1992) angesprochen. Diese These behauptet, daß das Umweltbewußtsein bevorzugt bei solchen Verhaltensweisen eingelöst wird, die mit geringen Kosten bzw. Verhaltenszumutungen verbunden sind (zu dieser These bereits Tyler et al. 1982; Stern/Aronson 1984: 71ff.; vgl. weiterhin Derksen/Gartrell 1993; Franzen 1995). Das Paradepferd der Sozialpsychologen für die dritte Phase dürften wohl noch immer die verschiedenen Varianten der Theorie des geplanten Verhaltens von Icek Ajzen und Martin Fishbein sein (Ajzen/Fishbein 1980; Ajzen 1991; vgl. auch Herkner 1991: 215ff.), in der Verhaltensintentionen bzw. das Verhalten selbst über Einstellungen gegenüber dem Verhalten, subjektive Normen und die wahrgenommene Verhaltenskontrolle erklärt werden. Betrachtet man konkrete Anwendungen dieser Theorie auf umweltrelevantes Verhalten, z.B. auf die Verkehrsmittelwahl bei Sebastian Bamberg und Peter Schmidt (1993, 1994) oder auf das Energiesparverhalten bei P. Ester (1985), wird deutlich, daß für relativ globale Einstellungskonzepte wie das Umweltbewußtsein kein Platz mehr verbleibt. Neben zahlreichen anderen Einschätzungen geht der Aspekt der ökologischen Folgen lediglich als ein Gesichtspunkt unter vielen in das subjektive Handlungs- und Entscheidungskalkül ein.[10]

Eine extreme Schlußfolgerung aus der gesamten Einstellungs-Verhaltens-Debatte wäre denn auch, daß man auf übergreifende Konzepte wie das Umweltbewußtsein, „environmental concern", Umweltwissen usw. gänzlich verzichten sollte (so z.B. Lüdemann 1993). Dem freilich stehen mehrere Argumente entgegen: Wie schon betont, sind in vielen Bereichen positive Zusammenhänge zwischen Umweltbewußtsein und -verhalten immerhin vorhanden. In Übereinstimmung mit dem sogenannten Kongruenzpostulat lassen sich mit globalen Umweltbewußtseinsmaßen spezifische Verhaltensweisen schlecht prognostizieren; die Korrelationen fallen jedoch in der Regel höher aus, wenn man auch beim Verhaltensmaß auf ein breiteres Spektrum von Verhaltensweisen zurückgreift (ausführlicher dazu Weigel 1983). Mit einer Verbannung globaler Umweltbewußtseinskonzepte würde sich die wissenschaftliche Forschung gänzlich von der alltagssprachlichen Diskussion abkoppeln, in der ja solche Konzepte und deren Implikationen emotional heftig erörtert werden. Weiterhin sind, was ebenfalls schon erwähnt wurde und was durch die intensive gesellschaftspolitische Rezeption der sozialwissenschaftlichen Wertwandeldebatte belegt wird, Umwelteinstellungen und -werthaltungen offenbar in vielen Fällen per se von Interesse. Dieses Interesse dürfte sich nicht zuletzt aus der Vermutung speisen, daß Einstellungen und Werthaltungen der Bevölkerung zur Umweltproblematik auch in politische, wirtschaftliche und administrative Entscheidungsprozesse einfließen und somit eine indirekte Wirkung entfalten (zu dieser Vermutung z.B. Held 1984; Diekmann/Preisendörfer 1992; Frey 1992a: Kap. VII). Hält man angesichts dieser Argumente an einer eigenständigen Forschung zu Umwelteinstellungen und -werthaltungen fest, muß und sollte dies nicht bedeuten, daß in irgendeiner Weise der lange Weg vom Kopf zur Hand negiert wird.

Unabhängig davon, daß sich die Forschung zum Zusammenhang von Umwelteinstellungen und Umweltverhalten inzwischen fast schon zu einem klassischen Anwendungsfall der allgemeinen Einstellungs-Verhaltens-Forschung entwickelt hat, und zwar zu einem Anwendungsfall, bei dessen Bearbeitung die Sozialpsychologie ihr Instrumentarium verfeinern und ausdifferenzieren konnte, steckt in der gesamten Debatte noch eine weitere theoretische Kontroverse. Hinweise auf diese Kontroverse finden sich dann, wenn man die konkrete Detailforschung zu einzelnen, umweltrelevanten Verhaltensweisen betrachtet. Um dabei nicht in der gesamten Bandbreite des „Umweltverhaltens" zu versinken, werden die folgenden Ausführungen im wesentlichen auf die drei Bereiche Bezug nehmen, die in der bisherigen Forschung wohl am intensivsten untersucht wurden, nämlich auf den Bereich des Energiesparens, Recycling bzw. Mülltrennung sowie die Verkehrsmittelwahl.[11]

---

10 Tom Tyler et al. (1982) belegen zudem, daß bei umweltrelevanten Verhaltensweisen, die mit hohen Verhaltenszumutungen verbunden sind, die Situation subjektiv so (um)definiert wird, daß ökologische Kriterien bzw. das Umweltbewußtsein erst gar nicht in das Entscheidungskalkül eingehen.

11 Interessanterweise haben sich diese drei Forschungsfelder unabhängig vom ‚ökologischen Diskurs' herausgebildet. Umweltgesichtspunkte und die Rolle ökologischer Orientierungen sind erst in einer späteren Phase dazugekommen. Für Literatur im Bereich Energiesparen

Gleichsam wie ein roter Faden durch die Diskussion zieht sich die Frage, ob umweltgerechtes Verhalten eher von den jeweiligen Rahmenbedingungen, also von strukturell-situativen Faktoren, oder eher von Einstellungen, Wahrnehmungsmustern und sonstigen individuellen Dispositionen beeinflußt wird. Geht es speziell um Programme der Verhaltensmodifikation, lautet die analoge Fragestellung, ob eher der „ökonomische Weg" mit Handlungsanreizen und strukturellen Neusetzungen oder eher der „erzieherisch-aufklärerische Weg" mit Einstellungsänderungen, Wissensvermittlung, Appellen u.ä. erfolgversprechend ist. Mithin sieht sich die Tradition der Einstellungsforschung mit einer ernstzunehmenden Gegenposition konfrontiert, die in der Regel dem sog. ökonomischen Paradigma verpflichtet ist. In der Forschung zum Energieverbrauch manifestiert sich diese Frontstellung in einem „economic rationality model", das einem „attitude-behavior consistency model" gegenübersteht (Rosa et al. 1988: 160ff.). In Recycling-Studien wird die Wirksamkeit von Verhaltensangeboten und extrinsischen Belohnungen mit der Wirksamkeit von Informations- und Aufklärungskampagnen verglichen (Schaible-Rapp 1993). Und beim Thema Verkehr konkurrieren seit langem „verhaltensorientierte Verkehrsmittelwahlmodelle" mit „einstellungsorientierten Modellen" (Held 1982).

Obwohl das Bild der empirischen Evidenzen im einzelnen sehr vielschichtig ist, erweist sich in der Regel doch, daß zumindest im ersten Zugriff ein Blick auf die jeweiligen Rahmenbedingungen und Anreizstrukturen durchaus angebracht erscheint. Höhere Energiepreise stimulieren – speziell bei Wohnungseigentümern und finanziell besser gestellten Bevölkerungsgruppen – Investitionen, die den Energieverbrauch eines Haushalts senken sollen (Stern/Aronson 1984; Black et al. 1985); Mieter, deren Heizkosten individuell abgerechnet werden, gehen sorgsamer mit Heizenergie um als Mieter mit einer kollektiven Heizkostenabrechnung (Diekmann/Preisendörfer 1991); organisatorisch-technische Vorkehrungen, die eine direkte Rückmeldung des Energieverbrauchs geben und z.B. Billigtarifzeiten anzeigen, ermuntern zur Energieeinsparung bzw. zu einer Verschiebung des Verbrauchs (Rosa et al. 1988; Wortmann et al. 1993); näher gelegene Recycling-Container werden häufiger genutzt (Reid et al. 1976; Luyben/Bailey 1979); finanzielle oder andere Belohnungen für Altpapier steigern die in einem Wohnbezirk anfallende Menge des gesammelten Papiers (Jacobs/Bailey 1982); und öffentliche Nahverkehrsmittel, die einen vergleichsweise schnellen, bequemen und billigen Transfer zwischen Wohnung und Arbeitsstätte gewährleisten, werden durchaus angenommen (Brüderl/Preisendörfer 1995). Einstellungen und Wahrnehmungsmuster können zwar als die direkteren Verhaltensdeterminanten gesehen werden, aber sie bilden sich vor dem Hintergrund objektiver Anreizstrukturen und Rahmenbedingungen; und je stärker man geneigt ist, von der Annahme „intelligenter Akteure" auszugehen (intelligent in dem Sinne, daß die Akteure ihre Situa-

---

vgl. Heberlein/Warringer (1983), Stern/Aronson (1984), Black et al. (1985), Ester (1985), Rosa et al. (1988), Frey et al. (1990), Wortmann et al. (1993); für den Bereich Recycling und Mülltrennung vgl. Reid et al. (1976), Luyben/Bailey (1979), Jacobs/Bailey (1982), Mielke (1985), Nöldner (1990), Vining/Ebreo (1990), Diamond/Loewy (1991), Oskamp et al. (1991), Derksen/Gartell (1993), Schahn (1993b), Schaible-Rapp (1993); für die Verkehrsmittelwahl vgl. Domencich/McFadden (1975), Thomas (1976), Hensher/Dalvi (1978), Held (1982), Ben-Akiva/Lerman (1985), Molt (1990), Bamberg/Schmidt (1993, 1994), Flade (1994), Bamberg et al. (1995), Brüderl/Preisendörfer (1995), Diekmann (1995), Littig (1995).

tionsumstände korrekt perzipieren), um so höher wird man das Gewicht der jeweiligen Gelegenheitsstrukturen veranschlagen.

Wichtig erscheint in diesem Zusammenhang vor allem die Frage, in welchen Bereichen eher der ökonomische Weg oder eher der Weg über Einstellungsänderungen und Wissensvermittlung aussichtsreich ist. Im Bereich des privaten Energieverbrauchs etwa zeigt sich, daß größere Investitionen in Energiesparmaßnahmen offenbar stärker einer ökonomischen Kalkulation unterliegen als z.B. die Regulierung der Raumtemperatur (Stern/Aronson 1984; Black et al. 1985).[12] Geld und andere Belohnungen für gesammeltes Altpapier sind zwar sehr effektiv, aber bei einer umfassenderen Nutzen-Kosten-Analyse erscheint der Aufwand in den meisten Fällen nicht vertretbar (Luyben/Bailey 1979). Im Bereich der Verkehrsmittelwahl ist bekannt, daß nicht der Preis, sondern der relative Zeitbedarf bei verschiedenen Verkehrsmitteln offensichtlich der entscheidende Faktor ist, aber auch, daß es vielen Autofahrer/innen schlicht an der Kompetenz im Umgang mit öffentlichen Verkehrsmitteln mangelt (Bamberg et al. 1995). Bedeutsam bei der Einschätzung der Wirksamkeit unterschiedlicher Maßnahmen ist zweifellos auch das jeweilige Niveau der ökologischen Sensibilisierung, von dem man in der Bevölkerung ausgehen kann. Der Weg der Umweltaufklärung scheint in vielen Bereichen inzwischen „ausgereizt", so daß sich das Gewicht eher auf die Anreizstrukturen verschieben müßte. Aufklärerische und erzieherische Maßnahmen, die nicht von entsprechenden strukturellen Setzungen begleitet werden, laufen in der aktuellen Situation leicht Gefahr, daß sie eine zynische Haltung bei den Betroffenen provozieren.

Schließlich ist die eigentlich zentrale Frage in vielen Fällen die nach dem konkreten Zusammenwirken bzw. Zusammenspiel von Einstellungen einerseits und Verhaltensangeboten und Handlungsanreizen andererseits. Im Normalfall wird man wohl davon ausgehen können, daß es ein positives (additives oder sogar interaktives) Zusammenwirken gibt, was eine wechselseitige Kopplung nahelegt. Gelegentlich muß man aber auch mit Wirkungen rechnen, die – als „hidden costs of reward" – auf eine „Untergrabung von Moral durch Ökonomie" hinauslaufen (ausführlicher dazu z.B. Deci/Ryan 1985; Frey 1992b; Frey/Busenhart 1995). Wer im Rahmen von Recyclingprogrammen Kinder für das Sammeln von Altpapier mit Geld oder Geschenken belohnt, muß damit rechnen, daß die Sammelbereitschaft nach Wegfall der Belohnungen unter das Ausgangsniveau sinkt (Luyben/Bailey 1979; Diamond/Loewy 1991). Wer auf Campingplätzen ein finanzielles Entgelt für Müll anbietet, der bei der Verwaltung abgegeben wird, muß zur schmerzlichen Einsicht gelangen, daß erfahrene Camper/innen Abfälle von zu Hause mitbringen, um die Belohnung zu erhalten (Schahn 1993a: 39). Wer Verschmutzungszertifikate gewährt, baut ein verbrieftes Recht und einen legitimen Anspruch auf Verschmutzung auf (Frey 1992b). Und wer Bürger/innen, die durch Mülltrennung ihre Restmüllmenge reduzieren, gleichzeitig mit höheren Müllgebühren belegt, so daß die Kosten der Müllabfuhr steigen, kann kaum erwarten, daß dies die Motivation zur Mülltrennung positiv beeinflußt. Für detailliertere Analysen des Zusammenspiels von intrinsischen und extrinsischen Anreizen bieten sich gerade im Bereich des Umweltverhaltens vielfältige inhaltliche Anwendungsmöglich-

---

12 Auf der Basis dieses Befundes formulieren Klaus Wortmann et al. (1993: 83) die Hypothese, daß Einstellungen als kognitive Unterstützung bei oft wiederkehrenden energiesparenden Verhaltensweisen eine größere Rolle spielen als bei einmaligen Kauf- und Investitionsentscheidungen (ähnlich bereits Held 1982).

keiten, und die Ergebnisse einer solchen Forschung könnten durchaus auch für andere Politikbereiche und gesellschaftspolitische Handlungsfelder von Bedeutung sein.

V. Schlußbemerkung

Der schöne Schein des Umweltbewußtseins, wie ihn die Umfrageforschung in immer neuen Varianten entwirft, bedarf der kritisch-rationalen Reflexion. Nachdem das ‚miracle of public opinion' (Dunlap/Scarce 1991: 651), das die Umweltthematik mit ihrem Start in den 60er Jahren zweifellos bietet, lange genug bestaunt wurde, erscheint der Übergang in eine zweite Phase notwendig, die auf begriffliche Kodifizierung, auf eine stärkere theoretische Fundierung und auf vermehrten Anwendungsbezug hinarbeitet.

Das Erfordernis begrifflicher Kodifizierung verweist dabei in erster Linie auf konzeptuelle und meßtechnische Probleme. In Abschnitt II wurde zu zeigen versucht, daß sich in der Tat bereits eine gemeinsame Grundlinie abzeichnet, so daß es in naher Zukunft möglich sein sollte, zumindest gewisse Mindeststandards bei der Messung ökologischer Orientierungen einzufordern. Zu diesen Mindeststandards würde auch gehören, daß regelmäßig Reliabilitäts- und Validitätskennziffern für die verwendeten Skalen berichtet werden.

Für die theoretische Fundierung bietet sich die ökonomische Entscheidungstheorie an, die aber um Einsichten aus der sozialpsychologischen Entscheidungsforschung (Framing-Effekte, subjektive Wahrnehmung von Handlungsoptionen u.a.m.) bereichert werden sollte. Anschluß an genuin soziologische Theorien ließe sich gewinnen, wenn man sich – wie in Abschnitt III argumentiert – nicht weiterhin auf die Analyse soziodemographischer Korrelate konzentriert, sondern die Untersuchung struktureller Bestimmungsfaktoren von Umwelteinstellungen und -werthaltungen in den Mittelpunkt der Analyse rückt. Hierbei erscheinen – neben der vorherrschenden Survey-Methodologie (mit Querschnittserhebungen) – z.B. auch inhaltsanalytische Studien sinnvoll, die den „gesellschaftlichen Diskurs" zu verschiedenen Einzelproblemen im Bereich des Umweltschutzes nachvollziehen.

Um schließlich einen stärkeren Anwendungsbezug zu erreichen, muß sich die Forschung zu Umwelteinstellungen und -werthaltungen mehr als bisher dem ‚Verhaltenstest' stellen. Das Verhalten wäre dabei so weit wie möglich in der Form tatsächlich beobachteten Verhaltens zu erfassen, so daß sich Feldstudien, Feldexperimente und die systematische Evaluation von Maßnahmen als Methode der Wahl anbieten. Einer der Hauptpunkte von Abschnitt IV war, daß es für die Lösung vieler (nicht aller) Umweltprobleme letztlich auf das Verhalten der Bevölkerung ankommt, und ein forschungspraktisches ‚Mirakel' bleibt, weshalb zahlreiche Studien noch immer auf der Ebene von Einstellungen und Werthaltungen stehen bleiben.

Literatur

Ajzen, Icek, 1991: The Theory of Planned Behavior. Some Unresolved Issues, Organizational Behavior and Human Decision Processes 50: 179-211.

Ajzen, Icek, und Martin Fishbein, 1980: Understanding Attitudes and Predicting Social Behavior. Englewood Cliffs, N.J.: Prentice Hall.

Albrecht, Don, Gordon Bultena, Eric Hoiberg und *Peter Nowak,* 1982: The New Environmental Paradigm Scale, Journal of Environmental Education 13: 39-43.
Amelang, Manfred, Karin Tepe, Gerhard Vagt und *Wolfgang Wendt,* 1977: Mitteilung über einige Schritte der Entwicklung einer Skala zum Umweltbewußtsein, Diagnostica 23: 86-88.
Balderjahn, Ingo, 1988: Personality Variables and Environmental Attitudes as Predictors of Ecologically Responsible Behavior, Journal of Business Research 17: 51-56.
Bamberg, Sebastian, Walter Bien und *Peter Schmidt,* 1995: Wann steigen Autofahrer auf den Bus um? Oder: Lassen sich aus sozial-psychologischen Handlungstheorien praktische Maßnahmen ableiten? S. 89-111 in: *Andreas Diekmann* und *Axel Franzen* (Hg.): Kooperatives Umwelthandeln. Zürich: Rüegger.
Bamberg, Sebastian, und *Peter Schmidt,* 1993: Verkehrsmittelwahl – eine Anwendung der Theorie geplantes Verhalten, Zeitschrift für Sozialpsychologie 24: 25-37.
Bamberg, Sebastian, und *Peter Schmidt,* 1994: Auto oder Fahrrad? Empirischer Test einer Handlungstheorie zur Erklärung der Verkehrsmittelwahl, Kölner Zeitschrift für Soziologie und Sozialpsychologie 46: 80-102.
Ben-Akiva, Moshe, und *Steven Lerman,* 1985: Discrete Choice Analysis: Theory and Application to Travel Demand. Cambridge: MIT Press.
Berger, Johannes, 1994: The Economy and the Environment. S. 766-797 in: *Neil J. Smelser* und *Richard Swedberg* (Hg.): The Handbook of Economic Sociology. New York: Princeton University Press.
Billig, Axel, 1994: Ermittlung des ökologischen Problembewußtseins der Bevölkerung. Berlin: Umweltbundesamt.
Black, Stanley J., Paul C. Stern und *Julie T. Elworth,* 1985: Personal and Contextual Influences on Household Energy Adaptations, Journal of Applied Psychology 70: 3-21.
Blaikie, Norman W. H., 1992: The Nature and Origins of Ecological World Views: An Australian Study, Social Science Quarterly 73: 144-165.
Blaikie, Norman W. H., und *Malcolm Drysdale,* 1994: Changes in Ecological World Views and Environmental Responsible Behaviour between 1989 and 1994: An Australian Study. Paper presented at the XIII World Congress of Sociology in Bielefeld (mimeo).
Blasius, Jörg, 1994: Subjektive Umweltwahrnehmung – eine Trendbeschreibung. S. 107-132 in: *Michael Braun* und *Peter Ph. Mohler* (Hg.): Blickpunkt Gesellschaft 3. Einstellungen und Verhalten der Bundesbürger. Opladen: Westdeutscher Verlag.
Blocker, Jean T., und *Douglas L. Eckberg,* 1989: Environmental Issues as Women's Issues: General Concerns and Local Hazards, Social Science Quarterly 70: 586-593.
Bogun, Roland, Martin Osterland und *Günter Warsewa,* 1992: Arbeit und Umwelt im Risikobewußtsein von Industriearbeitern, Soziale Welt 43: 237-245.
Borden, Richard J., und *Janice L. Francis,* 1977: Who Cares about Ecology? Personality and Sex Differences in Environmental Concern, Journal of Personality 46: 190-203.
Borden, Richard J., und *Andrew P. Schettino,* 1979: Determinants of Environmentally Responsible Behavior, Journal of Environmental Education 10: 35-39.
Brüderl, Josef, und *Peter Preisendörfer,* 1995: Der Weg zum Arbeitsplatz: Eine empirische Untersuchung zur Verkehrsmittelwahl. S. 69-88 in: *Andreas Diekmann* und *Axel Franzen* (Hg.): Kooperatives Umwelthandeln. Zürich: Rüegger.
Buttel, Frederick H., 1987: New Directions in Environmental Sociology, Annual Review of Sociology 13: 465-488.
Catton, William R., und *Riley E. Dunlap,* 1978: Environmental Sociology: A New Paradigm, American Sociologist 13: 41-49.
Cotgrove, Stephen, und *Andrew Duff,* 1981: Environmentalism, Values, and Social Change, British Journal of Sociology 32: 92-110.
Deci, Edward L., und *Richard M. Ryan,* 1985: Intrinsic Motivation and Self-Determination in Human Behavior. New York: Plenum Press.
Derksen, Linda, und *John Gartrell,* 1993: The Social Context of Recycling, American Sociological Review 58: 434-442.

Diamond, William D., und *Ben Z. Loewy*, 1991: Effects of Probabilistic Rewards on Recycling Attitudes and Behavior, Journal of Applied Social Psychology 21: 1590-1607.
Diekmann, Andreas, 1995: Umweltbewußtsein oder Anreizstrukturen? Empirische Befunde zum Energiesparen, der Verkehrsmittelwahl und zum Konsumverhalten. S. 39-68 in: *Andreas Diekmann* und *Axel Franzen* (Hg.): Kooperatives Umwelthandeln. Zürich: Rüegger.
Diekmann, Andreas, und *Axel Franzen*, 1995: Der Schweizer Umweltsurvey 1994 – Codebuch. Bern: Institut für Soziologie der Universität Bern (mimeo).
Diekmann, Andreas, und *Axel Franzen*, 1996: Einsicht in ökologische Zusammenhänge und Umweltverhalten. In: *Ruth Kaufmann-Hayoz* und *Antonietta Giulio* (Hg.): Umweltproblem Mensch? Bern: Haupt.
Diekmann, Andreas, und *Peter Preisendörfer*, 1991: Umweltbewußtsein, ökonomische Anreize und Umweltverhalten, Schweizerische Zeitschrift für Soziologie 17: 207-231.
Diekmann, Andreas, und *Peter Preisendörfer*, 1992: Persönliches Umweltverhalten. Diskrepanzen zwischen Anspruch und Wirklichkeit, Kölner Zeitschrift für Soziologie und Sozialpsychologie 44: 226-251.
Dierkes, Meinolf, und *Hans-Joachim Fietkau*, 1988: Umweltbewußtsein – Umweltverhalten. Mainz: Kohlhammer.
Domencich, Thomas, und *Daniel McFadden*, 1975: Urban Travel Demand. Amsterdam: North-Holland.
Downs, Antony, 1972: Up and Down with Ecology – The „Issue-Attention Cycle", Public Interest 28: 38-50.
Dunlap, Riley E., und *William R. Catton*, 1979: Environmental Sociology, Annual Review of Sociology 5: 243-273.
Dunlap, Riley E., *George H. Gallup* und *Alec M. Gallup*, 1993: Of Global Concern, Environment 35: 7-39.
Dunlap, Riley E., und *Angela G. Mertig*, 1994: Global Environmental Concern: A Challenge to the Post-Materialism Thesis. Paper presented at the XIII. World Congress of Sociology in Bielefeld (mimeo).
Dunlap, Riley E., und *Rik Scarce*, 1991: The Polls-Poll Trends: Environmental Problems and Protection, Public Opinion Quarterly 55: 651-672.
Dunlap, Riley E., und *Kent D. Van Liere*, 1978: The „New Environmental Paradigm". A Proposed Measuring Instrument and Preliminary Results, Journal of Environmental Education 9: 10-19.
Dunlap, Riley E., und *Kent D. Van Liere*, 1984: Commitment to the Dominant Social Paradigm and Concern for Environmental Quality, Social Science Quarterly 65: 1013-1028.
Ester, P., 1985: Consumer Behavior and Energy Consumption. Dordrecht: Nijhoff.
Ester, P., und *F. Van der Meer*, 1982: Determinants of Individual Environmental Behaviour: An Outline of a Behavioural Model and some Research Findings, Netherlands' Journal of Sociology 18: 57-94.
Eurobarometer, 1992: Europeans and the Environment in 1992. Report to the European Commission. Brüssel: Documentation Center.
Flade, Antje (Hg.), 1994: Mobilitätsverhalten. Weinheim: Psychologie Unions Verlag.
Franzen, Axel, 1995: Trittbrettfahren oder Engagement? Überlegungen zum Zusammenhang zwischen Umweltbewußtsein und Umweltverhalten. S. 133-149 in: *Andreas Diekmann* und *Axel Franzen* (Hg.): Kooperatives Umwelthandeln. Zürich: Rüegger.
Frey, Bruno S., 1992a: Umweltökonomie. 3. Aufl., Göttingen: Vandenhoeck & Ruprecht.
Frey, Bruno S., 1992b: Tertium Datur: Pricing, Regulating and Intrinsic Motivation, Kyklos 45: 161-184.
Frey, Bruno S., und *Isabelle Busenhart*, 1995: Umweltpolitik: Ökonomie oder Moral? S. 9-20 in: *Andreas Diekmann* und *Axel Franzen* (Hg.): Kooperatives Umwelthandeln. Zürich: Rüegger.
Frey, Dieter, *Dagmar Stahlberg* und *Klaus Wortmann*, 1990: Energieverbrauch und Energiesparen. S. 680-690 in: *Lenelies Kruse*, *Carl-Friedrich Graumann* und *Ernst-Dieter Lantermann* (Hg.): Ökologische Psychologie. München: Psychologie Verlags Union.
Fuhrer, Urs, 1995: Sozialpsychologisch fundierter Theorierahmen für eine Umweltbewußtseinsforschung, Psychologische Rundschau 46: 93-103.

Geller, Jack M., und *Paul Lasley*, 1985: The New Environmental Paradigm Scale: A Reexamination, Journal of Environmental Education 17: 9-12.

Gigliotti, Larry M., 1992: Environmental Attitudes: 20 Years of Change, Journal of Environmental Education 24: 15-26.

Grob, Alexander, 1995: A Structural Model of Environmental Attitudes and Behaviour, Journal of Environmental Psychology 15: 209-220.

Hagstotz, Werner, und *Walther Kösters*, 1986: Bestimmungsfaktoren subjektiver Umweltbelastung: Wahrnehmung der Wirklichkeit oder Wirklichkeit per Wahrnehmung?, Politische Vierteljahresschrift 27: 347-356.

Hanfstein, Wolfgang, Hellmuth Lange und *Susanne Lörx*, 1992: Umweltbewußtsein von Beschäftigten in der Automobilindustrie. Ergebnisse einer Repräsentativbefragung. Düsseldorf: Hans-Böckler-Stiftung.

Harris, Louis, et al., 1989: Public and Leadership Attitudes to the Environment. New York: Louis Harris and Associates.

Heberlein, Thomas A., 1981: Environmental Attitudes, Zeitschrift für Umweltpolitik 4: 241-270.

Heberlein, Thomas A., und *G. Keith Warriner*, 1983: The Influence of Price and Attitude on Shifting Residential Electricity Comsumption from On- to Off-Peak Periods, Journal of Economic Psychology 4: 107-130.

Heine, Hartwig, und *Rüdiger Mautz*, 1988: Haben Industriefacharbeiter besondere Probleme mit dem Umweltthema?, Soziale Welt 39: 123-143.

Held, Martin, 1982: Verkehrsmittelwahl der Verbraucher. Berlin: Duncker und Humblot.

Held, Martin, 1984: Wertwandel und energiesparendes Verhalten der privaten Konsumenten, Zeitschrift für Umweltpolitik 7: 295-314.

Hensher, David, und *Quasim Dalvi*, 1978: Determinants of Travel Choice. Westmead: Saxon House.

Herkner, Werner, 1991: Lehrbuch Sozialpsychologie. 5. Aufl., Bern: Huber.

Hines, Jody M., Harold R. Hungerford und *Audrey N. Tomera*, 1986/87: Analysis and Synthesis of Research on Responsible Environmental Behavior: A Meta-Analysis, Journal of Environmental Education 18(2): 1-8.

Hofrichter, Jürgen, und *Karlheinz Reif*, 1990: Evolution of Environmental Attitudes in the European Community, Scandinavian Political Studies 13: 119-146.

IPOS, 1994: Einstellungen zu Fragen des Umweltschutzes 1994. Mannheim: Institut für praxisorientierte Sozialforschung (mimeo).

Jacobs, Harvey E., und *Jon S. Bailey*, 1982: Evaluating Participation in a Residential Recycling Program, Journal of Environmental Systems 12: 141-152.

Jahn, Thomas, und *Peter Wehling*, 1991: „Wir sind die nationalen Umweltschützer ..." – Konturen einer Ökologie von rechts in der Bundesrepublik Deutschland, Soziale Welt 42: 473-488.

Kaase, Max, 1986: Die Entwicklung des Umweltbewußtseins in der Bundesrepublik Deutschland. S. 289-316 in: *Rudolf Wildenmann* (Hg.): Umwelt, Wirtschaft, Gesellschaft – Wege zu einem neuen Grundverständnis. Stuttgart: Staatsministerium Baden-Württemberg.

Kals, Elisabeth, und *Leo Montada*, 1994: Umweltschutz und die Verantwortung der Bürger, Zeitschrift für Sozialpsychologie 25: 326-337.

Kirsch, Guy, 1991: Umweltbewußtsein und Umweltverhalten. Eine theoretische Skizze eines empirischen Problems, Zeitschrift für Umweltpolitik 14: 249-261.

Kley, Jürgen, und *Hans-Joachim Fietkau*, 1979: Verhaltenswirksame Variablen des Umweltbewußtseins, Psychologie und Praxis 23: 13-22.

Kramer, Caroline, 1994: Verbesserungen der Umwelt im Osten – doch für die Bürger gibt es zur Zeit Wichtigeres, ISI – Informationsdienst Soziale Indikatoren, Nr. 12: 10-14.

Kuhn, Richard G., und *Edgar L. Jackson*, 1989: Stability of Factor Structures in the Measurement of Public Environmental Attitudes, Journal of Environmental Education 20: 27-32.

Landua, Detlef, 1992: Umwelt. S. 517-525 in: *Statistisches Bundesamt* (Hg.): Datenreport 1992. Zahlen und Fakten über die Bundesrepublik Deutschland. Bonn: Bundeszentrale für politische Bildung.

Lange, Hellmuth, 1995: Automobilarbeiter über die Zukunft von Auto und Verkehr, Kölner Zeitschrift für Soziologie und Sozialpsychologie 47: 141-156.

Langeheine, Rolf, und *Jürgen Lehmann,* 1986: Ein neuer Blick auf die soziale Basis des Umweltbewußtseins, Zeitschrift für Soziologie 15: 378-384.

Lantermann, Ernst-Dieter, und *Elke Döring-Seipel,* 1990: Umwelt und Werte. S. 632-639 in: *Lenelies Kruse, Carl-Friedrich Graumann* und *Ernst-Dieter Lantermann* (Hg.): Ökologische Psychologie. München: Psychologie Verlags Union.

Littig, Beate, 1995: Die Bedeutung von Umweltbewußtsein im Alltag. Frankfurt/Main: Peter Lang.

Lüdemann, Christian, 1993: Diskrepanzen zwischen theoretischem Anspruch und forschungspraktischer Wirklichkeit. Eine Kritik der Untersuchung über „Persönliches Umweltverhalten: Diskrepanzen zwischen Anspruch und Wirklichkeit" von Andreas Diekmann und Peter Preisendörfer, Kölner Zeitschrift für Soziologie und Sozialpsychologie 45: 116-124.

Luyben, Paul D., und *Jon S. Bailey,* 1979: Newspaper Recycling. The Effects of Rewards and Proximity of Containers, Environment and Behavior 11: 539-557.

Maloney, Michael P., und *Michael P. Ward,* 1973: Ecology: Let's Hear from the People. An Objective Scale for the Measurement of Ecological Attitudes and Knowledge, American Psychologist 28: 583-586.

Maloney, Michael P., Michael P. Ward und *G. Nicholas Braucht,* 1975: A Revised Scale for the Measurement of Ecological Attitudes and Knowledge, American Psychologist 30: 787-790.

Mielke, Rosemarie, 1985: Eine Untersuchung zum Umweltschutz-Verhalten (Wegwerf-Verhalten): Einstellung, Einstellungs-Verfügbarkeit und soziale Normen als Verhaltensprädiktoren, Zeitschrift für Sozialpsychologie 16: 196-205.

Miersch, Michael, und *Marcus Langer,* 1993: Alles öko, oder was?, ZEIT-Magazin, Nr. 48: 46-55.

Milbrath, Lester W., 1984: Environmentalists: Vanguard for a New Society. Albany, NY: State University of New York Press.

Molt, Walter, 1990: Verkehrsmittelnutzung. S. 555-559 in: *Lenelies Kruse, Carl-Friedrich Graumann* und *Ernst-Dieter Lantermann* (Hg.): Ökologische Psychologie. München: Psychologie Verlags Union.

Nöldner, Wolfgang, 1990: Abfall. S. 673-679 in: *Lenelies Kruse, Carl-Friedrich Graumann* und *Ernst-Dieter Lantermann* (Hg.): Ökologische Psychologie. München: Psychologie Verlags Union.

Oskamp, Stuart, Maura J. Harrington, Todd C. Edwards, Deborah L. Sherwood, Shawn M. Okuda und *Deborah C. Swanson,* 1991: Factors Influencing Household Recycling Behavior, Environment and Behavior 23: 494-519.

Pfligersdorffer, Georg, 1991: Die biologisch-ökologische Bildungssituation von Schulabgängern. Salzburg: Abakus.

Preisendörfer, Peter, 1996a: Umweltbewußtsein in Deutschland 1996. Bonn: Bundesministerium für Umwelt, Naturschutz und Reaktorsicherheit.

Preisendörfer, Peter, 1996b: Ökologisches Bewußtsein in Ost- und Westdeutschland, Zeitschrift für Umweltpolitik und Umweltrecht 19: 1-20.

Preuss, Sigrun, 1991: Umweltkatastrophe Mensch. Über unsere Grenzen und Möglichkeiten, ökologisch bewußt zu handeln. Heidelberg: Ansanger.

Reid, Dennis H., Paul D. Luyben, Robert J. Rawers und *Jon S. Bailey,* 1976: Newspaper Recycling Behavior. The Effects of Prompting and Proximity of Containers, Environment and Behavior 8: 471-482.

Richmond, James M., und *Neil Baumgart,* 1981: A Hierarchical Analysis of Environmental Attitudes, Journal of Environmental Education 13: 31-37.

Rohrschneider, Robert, 1988: Citizens' Attitudes toward Environmental Issues. Selfish or Selfless?, Comparative Political Studies 21: 347-367.

Roqueplo, Philippe, 1986: Der saure Regen: Ein „Unfall in Zeitlupe", Soziale Welt 37: 402-426.

Rosa, Eugene A., Gary E. Machlis und *Kenneth M. Keating,* 1988: Energy and Society, Annual Review of Sociology 14: 149-172.

Schahn, Joachim, 1991: Skalensystem zur Erfassung des Umweltbewußtseins (SEU): Zweite, überarbeitete Version (1991). Heidelberg: Psychologisches Institut der Universität Heidelberg (mimeo).

Schahn, Joachim, 1993a: Die Kluft zwischen Einstellung und Verhalten beim individuellen Umweltschutz. S. 29-49 in: *Joachim Schahn* und *Thomas Giesinger* (Hg.): Psychologie für den Umweltschutz. Weinheim: Psychologie Verlags Union.
Schahn, Joachim, 1993b: Psychologische Maßnahmen zur Förderung von Mülltrennung und -vermeidung: Ein Anwendungsbeispiel für das Modell von Fietkau und Kessel. S. 123-131 in: *Joachim Schahn* und *Thomas Giesinger* (Hg.): Psychologie für den Umweltschutz. Weinheim: Psychologie Verlags Union.
Schahn, Joachim, und *Erwin Holzer*, 1990a: Konstruktion, Validierung und Anwendung von Skalen zur Erfassung des individuellen Umweltbewußtseins, Zeitschrift für Differentielle und Diagnostische Psychologie 11: 185-204.
Schahn, Joachim, und *Erwin Holzer*, 1990b: Studies of Individual Environmental Concern. The Role of Knowledge, Gender, and Background Variables, Environment and Behavior 22: 767-786.
Schaible-Rapp, Agnes, 1993: Das Entsorgungsproblem. S. 103-121 in: *Joachim Schahn* und *Thomas Giesinger* (Hg.): Psychologie für den Umweltschutz. Weinheim: Psychologie Verlags Union.
Scott, David, und *Fern K. Willits*, 1994: Environmental Attitudes and Behavior: A Pennsylvania Survey, Environment and Behavior 26: 239-260.
Schuster, Friedrich, 1992: Starker Rückgang der Umweltbesorgnis in Ostdeutschland, ISI – Informationsdienst Soziale Indikatoren, Nr. 8: 1-5.
Spaargaren, E., 1987: Environment and Society: Environmental Sociology in the Netherlands, Netherlands' Journal of Sociology 23: 54-72.
Spada, Hans, 1990: Umweltbewußtsein: Einstellung und Verhalten. S. 623-631 in: *Lenelies Kruse, Carl-Friedrich Graumann* und *Ernst-Dieter Lantermann* (Hg.): Ökologische Psychologie. München: Psychologie Verlags Union.
Steger, Mary Ann E., und *Stephanie L. Witt*, 1989: Gender Differences in Environmental Orientations: A Comparison of Publics and Activists in Canada and the U.S., Western Political Quarterly 42: 627-649.
Stern, Paul C., und *Elliot Aronson* (Hg.), 1984: Energy Use. The Human Dimension. New York: Freeman.
Thomas, K., 1976: A Reinterpretation of the ‚Attitude' Approach to Transport-Mode Choice and an Exploratory Empirical Test, Environment and Planning 8: 793-810.
Tyler, Tom R., Robert Orwin und *Lisa Schurer*, 1982: Defensive Denial and High Cost Prosocial Behavior, Basic and Applied Social Psychology 3: 267-281.
Urban, Dieter, 1986: Was ist Umweltbewußtsein? Exploration eines mehrdimensionalen Einstellungskonstruktes, Zeitschrift für Soziologie 15: 363-377.
Urban, Dieter, 1991: Die kognitive Struktur von Umweltbewußtsein. Ein kausalanalytischer Modelltest, Zeitschrift für Sozialpsychologie 20: 166-180.
Uusitalo, Liisa, 1990: Are Environmental Attitudes and Behaviour Inconsistent? Findings from a Finnish Study, Scandinavian Political Studies 13: 211-226.
Van Liere, Kent D., und *Riley E. Dunlap*, 1980: The Social Bases of Environmental Concern: A Review of Hypotheses, Explanations and Empirical Evidence, Public Opinion Quarterly 44: 181-197.
Van Liere, Kent D., und *Riley E. Dunlap*, 1981: Environmental Concern: Does It Make a Difference How It's Measured?, Environment and Behavior 13: 651-676.
Vining, Joanne, und *Angela Ebreo*, 1990: What Makes a Recycler? A Comparison of Recyclers and Nonrecyclers, Environment and Behavior 22: 55-73.
Waldmann, Klaus, 1992: Interessiert – gefahrenbewußt – besorgt – handlungswillig. Eine explorative Studie zum Umweltbewußtsein Jugendlicher. S. 19-89 in: *Klaus Waldmann* (Hg.): Umweltbewußtsein und ökologische Bildung. Opladen: Leske + Budrich.
Wasmer, Martina, 1990: Umweltprobleme aus der Sicht der Bevölkerung. Die subjektive Wahrnehmung allgemeiner und persönlicher Umweltbelastungen. S. 118-143 in: *Walter Müller, Peter Ph. Mohler, Barbara Erbslöh* und *Martina Wasmer* (Hg.): Blickpunkt Gesellschaft. Einstellungen und Verhalten der Bundesbürger. Opladen: Westdeutscher Verlag.
Weigel, Russell H., 1983: Environmental Attitudes and the Prediction of Behavior. S. 257-287 in: *Nickolaus R. Feimer* und *E. Scott Geller* (Hg.): Environmental Psychology. New York: Praeger.

Wiesenthal, Helmut, 1995: Zwischen Gesellschaftsdiagnose und Handlungsappell: Das schwierige Projekt der Umweltsoziologie, Soziologische Revue 18: 369-378.
Winkler, Gunnar, 1994: Umwelt. S. 236-256 in: *Ingrid Kurz-Scherf* und *Gunnar Winkler* (Hg.): Sozialreport 1994. Daten und Fakten zur sozialen Lage in den neuen Bundesländern. Berlin: SFZ Sozialwissenschaftliches Forschungszentrum Berlin Brandenburg e.V.
Wortmann, Klaus, Dagmar Stahlberg und *Dieter Frey,* 1993: Energiesparen. S. 77-101 in: *Joachim Schahn* und *Thomas Giesinger* (Hg.): Psychologie für den Umweltschutz. Weinheim: Psychologie Verlags Union.

UMWELTWAHRNEHMUNG, UMWELTBEWUSSTSEIN UND UMWELTVERHALTEN*

Carmen Tanner und Klaus Foppa

Zusammenfassung: Ein besseres Verständnis für die Bedingungen ökologischen Handelns wird als notwendige Voraussetzung für wirksame Interventionen angesehen. Im vorliegenden Beitrag werden zusammenfassend wichtige theoretische und methodische Probleme der Umweltforschung diskutiert. Es wird die Auffassung vertreten, daß den Handlungsrestriktionen sowie der Wahrnehmung und Bewertung von Umweltveränderungen und der Wahrnehmung und Bewertung von Handlungskonsequenzen vermehrt Rechnung getragen und nicht nur die objektiven, sondern auch die ipsativen Restriktionen (die verhindern, daß dem Handelnden gewisse Optionen vor der eigentlichen Handlung überhaupt „in den Sinn" kommen) berücksichtigt werden sollten. Im Hinblick auf effiziente Interventionsmaßnahmen erscheint es im übrigen wichtig, Methoden einzusetzen, welche nicht nur die Analyse von Populationen zulassen, sondern auch den Nachweis homogener Subgruppen („Typen") gestatten.

I. Einleitung

Psychologische Modelle zur Erklärung des Umweltverhaltens basieren im wesentlichen auf dem Konzept des Umweltbewußtseins und der Annahme, daß umweltverträgliches Verhalten durch personale Faktoren hinreichend bestimmt ist. Im folgenden kritischen Überblick über die empirische Umweltbewußtseinsforschung werden wir auf einige theoretische und methodische Unzulänglichkeiten hinweisen und drei für die Analyse menschlichen Handelns und Denkens wichtige Problemkomplexe diskutieren, welche bisher zu wenig beachtet wurden. Es handelt sich dabei erstens um die Rolle der *persönlichen Wahrnehmung und Bewertung von Umweltproblemen und -risiken* und die Diskrepanz zwischen objektiven Umweltgegebenheiten und subjektiven Bewertungs- und Belastungsreaktionen. Zweitens werden wir die Auffassung vertreten, daß eine differenzierte Analyse von Einstellungen gegenüber Umweltveränderungen für das Verständnis des menschlichen Erlebens und Verhaltens zwar notwendig, aber nicht hinreichend ist: Berücksichtigt werden muß auch die *Begrenztheit unserer Handlungsspielräume*. Drittens, Umwelthandeln ist auch im Zusammenhang mit verschiedenen inhaltlichen Dimensionen von Handlungskonsequenzen bzw.

---

* Die in diesem Beitrag vorgestellten Befunde eigener Untersuchungen entstanden im Rahmen des Forschungsprojektes „Subjektives Problembewußtsein und Determinanten umweltgerechten Handelns" im Schwerpunktprogramm Umwelt. Das Projekt wurde vom Schweizerischen Nationalfonds zur Förderung der wissenschaftlichen Forschung finanziert. Unser besonderer Dank gilt Arne Raeithel für die Bereitstellung der Software zur Auswertung des Repertory Grid und für seine engagierte Unterstützung. Danken möchten wir aber auch A. Diekmann und einem anonymen Gutachter für kritische Kommentare und wertvolle Korrekturvorschläge zu einer früheren Version dieses Artikels.

Anreizen zu sehen, insofern diese Einfluß auf die Handlungssteuerung nehmen. Deshalb werden wir auch noch kurz auf das Problem der *Wahrnehmung und Bewertung von Handlungsfolgen* eingehen.

Diese Themenbereiche werden auf dem Hintergrund der ipsativen Handlungstheorie ausgeführt (Foppa 1989; Frey und Foppa 1986; Frey 1990). Dieser Ansatz geht von der (trivialen) Annahme aus, daß Handlungen nur dann ausgeführt werden können, wenn zwei notwendige Voraussetzungen erfüllt sind: Erstens muß die Handlung objektiv möglich sein, und zweitens muß die handelnde Person die fragliche Option im gegebenen Moment auch „in Betracht ziehen". Die Menge der objektiv verfügbaren Handlungsalternativen stellen den *objektiven Möglichkeitsraum* dar, während jene Optionen, die einem Individuum im Moment der Entscheidung auch tatsächlich „in den Sinn" kommen, den *ipsativen Handlungsspielraum* konstituieren. Im Unterschied zu anderen Sozial- und Humanwissenschaften werden in der psychologischen Grundlagenforschung insbesondere von „außen" auferlegte Begrenzungen von Handlungsspielräumen kaum thematisiert (Frey und Foppa 1986; siehe aber Lewin 1982). Berücksichtigt werden (in der differentiellen Psychologie) lediglich Beschränkungen von Handlungsmöglichkeiten auf Grund persönlicher Defizite, wie z.B. Begabungsmängeln. Wir gehen jedoch im folgenden noch einen Schritt weiter. Die ipsative Handlungstheorie setzt sich nicht nur mit den externen Handlungsrestriktionen und ihren Konsequenzen auseinander, sondern sie behandelt auch die „ipsativen" Restriktionen, denen die Handlungen des Individuums unterliegen. Zum Unterschied von den externen Restriktionen (wie z.B. der Begrenztheit unserer Zeitbudgets) machen sie Handlungen nicht unmöglich, sondern sie verhindern ihre Ausführung einfach dadurch, daß dem handelnden Individuum eine Alternative im entscheidenden Moment nicht „in den Sinn" kommt. Diese Reduktion der in Betracht gezogenen Optionen (zwischen denen im weiteren Verlauf entschieden werden muß) ist jedoch nicht als Ergebnis eines marginalen Abwägungsprozesses zu verstehen. Sie spiegelt vielmehr die unreflektierte Wirkung der individuellen Vorlieben, Abneigungen und Gewohnheiten wider. Ipsative Restriktionen gehen einerseits auf die individuellen Erfahrungen mit der „Welt" zurück und sind andererseits das Ergebnis der individuellen sozialen Biographie. Dieser allgemeine Ansatz ist als *Heuristik* oder Perspektive aufzufassen, die lediglich im Hinblick auf ihre empirische Fruchtbarkeit zu qualifizieren ist. Dafür sind nicht nur prinzipielle, sondern ganz praktische Gründe verantwortlich: Die Erfassung der vom Individuum in einer Handlungsvorbereitungssituation in Betracht gezogenen Optionen ist notwendigerweise *obtrusiv*. Das heißt: Jeder Versuch, vom Individuum zu erfahren, welche Alternativen es in Betracht zieht, führt unweigerlich zu einer möglichen (aber nicht notwendigerweise erkennbaren) Veränderung dieser Möglichkeiten.[1]

Unabhängig davon hat sich die Perspektive der Handlungsrestriktionen gerade im Kontext psychologischer Untersuchungen ökologischen Handelns als nützlich erwiesen (Fietkau und Kessel 1981; Stern 1992; Preuss 1991; Tanner 1995a). Das darf freilich nicht darüber hinwegtäuschen, daß unsere Vorstellungen über die *Genese* dieser Restriktionen noch recht unpräzise sind. So sind mit dem, was wir oben „soziale Biographie" genannt haben, natürlich im wesentlichen Lern- und Sozialisationsprozesse gemeint. Das

---

1 Erst die entscheidungstheoretischen Modellvorstellungen, die aus diesem Ansatz folgen, sind, weil es sich dabei um eine Prozeßtheorie handelt, falsifizierbar. Darauf kann hier jedoch nicht näher eingegangen werden; siehe aber Foppa (1996).

könnte man für ausreichend halten; da nun aber herkömmliche lerntheoretische Konzeptionen zur Erklärung komplexerer Prozesse der Erfahrungsbildung nicht ausreichen (siehe u.a. Foppa 1994), ist mit diesem Hinweis in Wirklichkeit nicht allzuviel gewonnen. Weitgehend unklar ist auch die Frage, von welchen psychologischen Prozessen die *Aktivierung* von ipsativen Handlungsoptionen abhängt. Neben kontextabhängigen Merkmalen der Wahrnehmungssituation (z.B. diskriminativen Stimuli) dürften auch Einstellungen gegenüber Umweltproblemen, kognitive Repräsentationen von Umweltveränderungen und deren Deutung dafür verantwortlich sein, daß spezifische Alternativen im gegebenen Moment zu Bestandteilen des ipsativen Möglichkeitssets werden. Angesichts der an den Umweltveränderungen beteiligten komplexen Prozesse und der Unsicherheit über die Qualität, das Ausmaß und den Zeitpunkt der zu erwartenden Folgen besteht viel Spielraum für alternative und widersprüchliche Interpretationen, Meinungen und Lösungsvorschläge. Es kann deshalb nicht als selbstverständlich angesehen werden, daß Umweltprobleme von allen tatsächlich „als Problem" eingestuft werden. Von einer Person, für die Umweltrisiken „kein Problem" darstellen, wird man aber andererseits nicht erwarten, daß sie umweltverantwortliche Handlungsoptionen in Betracht zieht bzw. daß entsprechende Optionen in ihrem ipsativen Handlungsspielraum aufscheinen.

Aber die ipsative Perspektive betrifft nicht nur die Phase *vor* der Handlung. Sie gilt ebenso für die Handlungskonsequenzen. Nicht nur in ökonomischen und entscheidungstheoretischen, sondern auch in psychologischen Handlungsmodellen spielen die Folgen, die eine Person bei ihren Handlungen erwartet, eine wichtige, handlungssteuernde Rolle und bilden die Grundlage für den Entscheidungsprozeß zwischen mehreren Alternativen. Insofern diese Konsequenzen aus der Sicht des Handelnden mit erwünschten und unerwünschten Bewertungen assoziert werden, haben sie Anreizcharakter. Für den einen mag das Autofahren z.B. mit Nervenkitzel und Spaß verbunden sein, für den anderen mit Streß. Auch hier ist zu bedenken, daß für den Handelnden nicht primär die tatsächlichen Konsequenzen (*objektiver Konsequenzenraum*) von Belang sind, sondern jene, welche sich in seinem *ipsativen Konsequenzenraum* befinden, die er also „in Betracht zieht". Analog zum ipsativen Handlungsspielraum, wonach nicht in Betracht gezogene Optionen nicht handlungswirksam werden, können jene Konsequenzen, die jemandem vor der Ausführung einer Handlung nicht gegenwärtig sind, auch keine Steuerungsfunktion übernehmen. Wenn ich sicher bin, daß Gleitschirmfliegen *für mich* völlig ungefährlich ist, wird mich die relativ große objektive Unfallhäufigkeit nicht daran hindern, diesen Sport trotzdem weiter auszuüben.

Wenn es nun zutrifft, daß diese ipsativen Handlungsoptionen und Konsequenzen *unreflektiert*, d.h. nicht auf Grund marginaler Abwägungsprozesse salient werden, muß man sich natürlich fragen, wie das mit Erklärungsansätzen in Einklang zu bringen ist, welche die rationale Entscheidung zwischen Alternativen dafür verantwortlich machen. Diese „Passung" wird tatsächlich nicht leicht zu erreichen sein, wobei der ipsative Ansatz für sich in Anspruch nehmen kann, besser mit gut gesicherten Befunden aus verschiedenen Bereichen *deskriptiver* psychologischer Forschung in Einklang zu stehen als die „rationaleren" Konzeptionen (Rational Choice; SEU; aber auch die in der Psychologie favorisierten Erwartungs-Werte-Theorien in Motivations- und Handlungspsychologie). So zeigen Beobachtungen, daß sich Personen sehr viel stärker an verschiedenen, „pragmatischen" Heuristiken als den objektiven Verhältnissen orientieren, wenn Entscheidungen nötig sind (z.B. Kahnemann et al. 1982), und von Kontrollüberzeugungen offenbar stärker beeinflußt werden als von subjektiven Wahrscheinlichkeiten (Huber 1995); daß Menschen Informationen nur sehr selektiv nutzen, sich insbesondere in komplexen Entscheidungssituationen nicht „rational" (im Sinne der Theorie) verhalten, Informationen eliminieren und Entscheidungsprobleme vereinfachen (Payne 1976; Ford et al. 1989) etc. Darüber hinaus sollte das Auftreten von „echten" Entscheidungssituationen, welche voraussetzen, daß das Individuum unter mindestens zwei Alternativen bewußt auswählt, im Alltagshandeln nicht überschätzt werden. Beispielsweise zeichnen sich Routinehandlungen dadurch aus, daß andere alternative Optionen „außer Betracht" bleiben. Das Individuum folgt dabei automatisierten Verhaltensschemata, ohne sich Gedanken über das Für und Wider von verschiedenen Alternativen zu machen. In der modernen Konsumforschung etwa betrachtet man die bewußte Entscheidung zwischen Produkten eher als Sonderfall (Kroeber-Riel 1992). Mit Fazio (1990) muß man deshalb wohl annehmen, daß handlungstheoretische Ansätze, die das nicht berücksichtigen, aus diesem Grund wohl nur einen eingeschränkten Geltungsbereich haben (was im übrigen auch für die erwähnten, psychologischen Erwartungs-mal-Wert-Modelle, z.B. Ajzen und Fishbein 1980 gelten dürfte). Diese Vorbehalte gegen *normative* Entscheidungsansätze weisen vorderhand lediglich darauf hin, daß es im Hinblick auf eine realistische Modellierung von Entscheidungs- und Handlungsprozessen angezeigt scheint, solche Forschungsergebnisse zum Ausgangspunkt und zur Leitlinie theoretischer Überlegungen zu machen.

II. Dimensionen der Umweltwahrnehmung und Umweltbewertung

Ein zentrales Forschungsthema der ökologischen Psychologie betrifft die Art und Weise, wie sich Menschen mit Umweltproblemen auseinandersetzen. Das umfaßt zum einen Fragen zu deren Wahrnehmung und Bewertung; zum anderen werden auch physische und psychische Streßreaktionen auf Umweltbelastungen untersucht. Der Wahrnehmung kommt insofern grundlegende Bedeutung zu, als unser sensorisches System das direkte Bindeglied zu der uns umgebenden Wirklichkeit bildet. Trotzdem geht es in diesem Zusammenhang natürlich nicht in erster Linie um die entsprechenden Basisprozesse. Zwar spielen Schwellenprobleme (absolute und Unterschieds-Schwellen), wie sie seit jeher in der Psychophysik untersucht wurden, auch im ökologischen Bereich eine gewisse Rolle (insofern z.B. die Wahrnehmbarkeit umweltschädlicher Handlungskonsequenzen nicht nur unter der großen Latenz ihres Auftretens leiden kann, sondern auch daran, daß das Ausmaß dieser Konsequenzen nicht über einer gegebenen Schwelle liegt). Wahrnehmung läßt sich jedoch nicht auf die Wirkung objektiver Umgebungsmerkmale reduzieren, sondern wird in wesentlichem Maße durch personale und kontextuelle Faktoren, durch Erwartungshaltungen, Aufmerksamkeitsprozesse, Erfahrungen, Einstellungen, Bedürfnisse und Stimmungen (Coren et al. 1978) beeinflußt. In Anlehnung an die gestaltpsychologische (Metzger 1968) und kognitive Forschungstradition (Neisser 1976) wird sie als ein aktiver und konstruktiver Prozeß verstanden, in dessen Verlauf Wahrnehmungsinhalte nach bestimmten Gesetzmäßigkeiten organisiert, ergänzt oder sogar neu geschaffen werden.

Im Bereich der *Umweltwahrnehmung* stellen sich diese Probleme nicht grundsätzlich anders. Allerdings spielen noch andere Aspekte eine wichtige Rolle. So ist z.B. die Frage, nach welchen Kriterien z.B. die wahrnehmbare Qualität der Luft oder eines Gewässers beurteilt werden soll (Stewart et al. 1983; Moser 1984) durchaus nicht definitiv zu beantworten. Denn es finden sich interindividuelle Unterschiede und große Schwankungen in der Beurteilung eines spezifischen Umweltaspekts. Erwartungsgemäß lassen sich auch keine starken Beziehungen zwischen objektiven und subjektiven Maßen nachweisen. Indessen zeigt sich wiederum, daß für die Wahrnehmung von Umweltzuständen physikalische Stimuli zwar notwendige, aber nicht hinreichende Determinanten der subjektiven Wahrnehmung sind. Zumindest trifft dies für Laien zu. Interessanterweise erzielten Stewart et al. (1983) nämlich positive Ergebnisse, wenn die Beobachter hinsichtlich der Bewertung von visuell wahrgenommener Luftqualität trainiert wurden. Die im Anschluß an das Training gemachten subjektiven Urteile waren nicht nur reliabel, sondern in bezug auf die Korrelation mit objektiven Messungen (z.B. photometrisch erfaßte Dunstwerte) auch valide.

Dem Forschungsfeld der Umweltwahrnehmung sind allerdings aufgrund der Tatsache, daß viele Umweltschäden und -belastungen (Radioaktivität, Bleigehalt im Boden, Schadstoffe in der Nahrung) für den Menschen grundsätzlich nicht wahrnehmbar sind, von vornherein enge Grenzen gesetzt. Dies ist auf Beschränkungen des sensorischen Wahrnehmungssystems zurückzuführen, welches nicht für alle Arten und Ausprägungen physikalischer Energie empfindlich ist. Wir sehen oder riechen nicht, welche Schadstoffe wir selber produzieren (schon gar nicht hinter der Windschutzscheibe) und welche Veränderungen diese für Luft, Pflanzen, Tiere oder Mensch mit sich bringen. Hinzu kommt, daß viele Auswirkungen umweltschädlicher Aktivitäten häufig erst zeitlich verzögert und räumlich entfernt auftreten. Wir bemerken die Umweltschäden oder die Veränderungen in unserem Körper nicht, die aufgrund der Einatmung von Schadstoffen stetig, aber schleichend ablaufen. Erst zu einem späteren Zeitpunkt überschreiten die Immissionen eine Schwelle, bei der eine Störung offenkundig und bewußt wird. Mit anderen Worten: Die Wahrnehmbarkeit umweltrelevanter Sachverhalte ist allenfalls „mittelbar" gewährleistet.

Die räumlich-zeitliche Verzögerung, mit der negative Folgen für Mensch und Umwelt in der Regel erst offensichtlich werden, steht in Relation zur Komplexität der ökologischen Zusammenhänge. In Anlehnung an Dörner und seine Mitarbeiter (Dörner et al., 1983; Dörner 1989, 1993; siehe auch Dörner in diesem Band) lassen sich Umweltprobleme als komplexe Problemsituationen mit den charakteristischen Eigenschaften Komplexität, Vernetztheit, Eigendynamik sowie Intransparenz auffassen. Diese Merkmale definieren das Ausmaß der *Unbestimmtheit* einer Problemsituation. Sie sind dafür verantwortlich, daß die Ursachen von Systemveränderungen häufig unklar sind und aus den Symptomen erschlossen werden müssen. Die Unbestimmtheit eröffnet gleichzeitig einen größeren Spielraum für subjektive Deutungen der Problemlage sowie Ableitungen von verschiedenen Lösungsalternativen, denn ein einziger optimaler Lösungsweg ist nicht mehr eruierbar (Eyferth et al. 1986).

In den vergangenen Jahren hat sich die Problemlösepsychologie deshalb verstärkt mit der Frage beschäftigt, wie Menschen mit komplexen Systemen umgehen. Die Annahme rationaler Entscheider erweist sich auch hier als unzureichend (z.B. Stäudel 1983). Insgesamt weisen die Befunde darauf hin, daß Personen beim Versuch, die Anforderungen komplexer Realitäten zu bewältigen, eine Reihe von charakteristischen, aber unangemessenen Verhaltensweisen zeigen. Unzulänglichkeiten werden z.B. bei der Erfassung von *zeitlichen Abläufen* deutlich. Menschen haben offensichtlich Schwierigkeiten, sich ein adäquates Bild von zeitlichen Mustern zu machen, insbesondere dann, wenn die Verläufe nicht-linear sind und die Rückmeldungen über die Folgen der Systemeingriffe nur verzögert erfolgen (Dörner und Preussler 1990). Unter solchen Umständen sind die Kontingenzen zwischen dem Verhalten und den Folgen nicht mehr oder zumindest nur erschwert einsehbar (Reichert und Dörner 1988). Menschen berücksichtigen zudem häufig nicht, daß Eingriffe in ein System nicht nur die beabsichtigten Effekte, sondern auch unerwünschte *Neben- und Fernwirkungen* mit sich bringen.

Aus der Unbestimmtheit ökologischer Zusammenhänge einerseits und der begrenzten sensorischen Wahrnehmungsfähigkeit des Menschen andererseits resultiert eine weitgehende sinnliche *Nicht-Wahrnehmbarkeit* bzw. *Nicht-Erfahrbarkeit* (Preuss 1991) umweltrelevanter Tatsachen. Diese Schwierigkeit ist für die Umweltproblematik typisch und nicht ohne Konsequenzen für das Handeln. Wir werden im letzten Abschnitt auf diesen Punkt nochmals zurückkommen. Nicht allein wegen der fehlenden Erfahrbarkeit von unmittelbaren Umweltrisiken, sondern insbesondere aufgrund der oben erwähnten aktiven und konstruktiven Natur menschlicher Wahrnehmungsprozesse, rückt jedoch für das Verständnis menschlichen Erlebens und Verhaltens die Analyse der subjektiven Deutung und Einschätzung von aktuellen und antizipierten Umweltveränderungen zunehmend in den Vordergrund.

Diesem Aspekt trägt etwa die Umweltstreß- und Risikoforschung Rechnung. Ausgehend von der Tatsache, daß die subjektiven Einschätzungen von verschiedenen Risiken nur mäßig mit den statistischen Unfall- und Todeshäufigkeiten übereinstimmen, richtete sich das Augenmerk der psychologischen *Risikoforschung* inbesondere auf die der Beurteilung von Risiken zugrundeliegenden qualitativen Strukturdimensionen. U.a. erwiesen sich Faktoren wie die Schrecklichkeit, Bekanntheit, Kontrollierbarkeit einer Gefahr, die Freiwilligkeit, mit der ein Risiko eingegangen wird, oder das einer Gefahrenquelle zugeschriebene Katastrophenpotential als wichtige Determinanten der Einschätzung der Risikowahrscheinlichkeit (vgl. Jungermann und Slovic 1993). In diesem Zusammenhang ist auch das Phänomen des „unrealistischen Optimismus" erwähnenswert. Damit wird die Neigung vieler Menschen angesprochen, Risiken auch dann zu unterschätzen, wenn sie über die objektive Gefahrenlage informiert sind, und sich gegenüber vielen Gefahren wie z.B. Autounfall oder Krankheit für relativ immun zu halten (Weinstein 1980). Dieses Phänomen spielt auch eine Rolle bei der vielfach replizierten Diskrepanz zwischen *allgemeinen* und *persönlichen Risikobewertungen* aus. In einer Studie von Ruff (1990), in der nebst Risiken der Lebensführung auch Gefährdungen durch Umweltbelastungen eingeschätzt werden mußten, bestätigte sich ebenfalls, daß Personen die Gefahr dauerhafter Gesundheitsschäden für sich persönlich durchweg geringer einstufen als für die allgemeine Bevölkerung (siehe *Abbildung 1*). Insgesamt ist jedoch die persönliche Risikobewertung bei den Umweltgefährdungen höher als bei den anderen Themen.[2]

Wie Untersuchungen aus dem Bereich der *Umweltstreßforschung* verdeutlichen, ist die Auseinandersetzung mit aktuellen oder zukünftig erwarteten Umweltproblemen häufig mit Streßreaktionen verbunden. Die Beschäftigung mit der Umweltkatastrophe und der

---

2 Die geringe durchschnittliche persönliche Bewertung bei den Risiken der Lebensführung (Rauchen, Medikamentenkonsum, Ernährungsweise und Alkoholkonsum) kann allerdings auch damit zusammenhängen, daß sich nicht alle Befragten diesen Risiken aussetzen.

Abbildung 1: Einschätzung verschiedener Gesundheitsrisiken

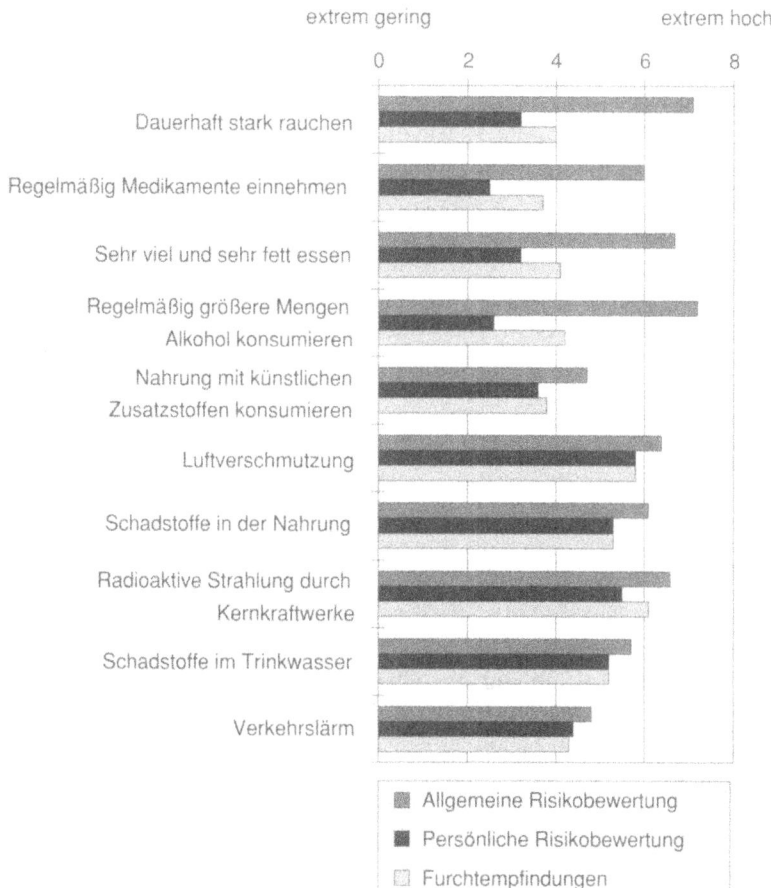

Quelle: nach Ruff (1990: 168).

damit verbundenen existentiellen Bedrohung ruft bei vielen Menschen starke emotionale Belastungen (Ängste, Furcht, Sorgen, Panik, usw.) hervor, welche im weiteren Verlauf Gegenstand von Bewältigungsmaßnahmen werden. Wie z.B. die oben erwähnte Studie von Ruff (1990) ebenfalls zeigt (siehe *Abbildung 1*), werden die Umweltrisiken (Luftverschmutzung, Schadstoffe in Nahrungsmitteln, radioaktive Strahlung durch Kernkraftwerke, Schadstoffe in Nahrung oder Trinkwasser) stärker mit Furchtempfindungen und Bedrohungsgefühlen assoziiert als die anderen Gefahren (Rauchen, Alkohol- und Medikamentenkonsum, Ernährung). Der Eindruck geringerer subjektiver Kontrollierbarkeit von Umweltbelastungen dürfte hier einen zentralen Faktor darstellen, der die Risikobewertung beeinflußt. Im Unterschied zur kognitiven Risikoforschung werden in der Umweltstreßforschung die Reaktionsweisen vermehrt vor dem Hintergrund charakteristischer Merkmale von verschiedenen Umweltbelastungen betrachtet. Einerseits sind in Abhängigkeit von den Eigenschaften der Stressoren bestimmte Belastungsreaktionen zu erwarten, und andererseits erwachsen daraus bestimmte Anforderungen an die Copingstrategien. So stellen chronische Umweltbelastungen (z.B. Luftverschmutzung oder Lärm) gegenüber einmaligen und akut auftretenden Umweltereignissen (natürliche oder technologische Katastrophen wie z.B. Überschwemmungen, Erdbeben, Reaktorunfall) gänzlich andersgeartete Probleme dar (Campbell 1983). Als Hintergrundphänomene sind chronische Umweltstressoren zwar kontinuierlich präsent und latent wirksam, aber es fehlt ihnen der Dringlichkeitscharakter (Ruff 1990). Überdies sind sie im Unterschied etwa zu persönlichen Alltagsproblemen vom Individuum objektiv praktisch nicht beeinflußbar. Daß unterschiedliche Umweltrisiken mit unterschiedlichen Belastungsreaktionen einhergehen, zeigt z.b. eine Studie von Baum et al. (Baum et al. 1992). Die Autoren untersuchten dabei langfristige Streßeffekte sowohl bei Personen aus einem Überschwemmungsgebiet als auch bei Personen, welche in einer Region mit einer toxischen Abfalldeponie lebten, und bei einer Kontrollgruppe. Die Bewohner der giftigen Region wiesen gegenüber den anderen Gruppen deutlich mehr Ängstlichkeits-, Depressions- und Erregungssymptome auf. Ferner berichteten sie über mehr Hilflosigkeitsgefühle, chronische Belastungsempfindungen und Bedrohungswahrnehmungen.

In der Streßforschung ist indessen seit langem bekannt, daß dieselben Belastungssituationen bei verschiedenen Betroffenen verschiedene Reaktionen hervorrufen. In Anlehnung an das bekannte Belastungs-Bewältigungsmodell von Lazarus (u.a. Lazarus und Folkman 1987) werden subjektive Bewertungen der Situation und Einschätzungen der eigenen Bewältigungsmöglichkeiten für die große Reaktionsvarianz verantwortlich gemacht. Im Bereich der Lärmforschung wird diese einerseits auf moderierende Faktoren im Umfeld des Hauses und andererseits auf persönliche Merkmale zurückgeführt. So werden die Auswirkungen von Geräuschbelastungen offensichtlich durch die Bewertung der Schallquelle, die selbsteingeschätzte Lärmempfindlichkeit und die selbsteingeschätzten Bewältigungsmöglichkeiten verändert (Guski 1987). Während die Wirkungen von Geräuschen bereits intensiv untersucht worden sind, fehlen Arbeiten zu den psychologischen Auswirkungen von anderen chronischen und vor allem nicht wahrnehmbaren Umweltstressoren weitgehend. Trotzdem kann man davon ausgehen, daß unmittelbare Umweltrisiken – ihrer fehlenden Sichtbarkeit wegen – nicht selbstverständlich als „problematisch" wahrgenommen werden.

Deshalb besteht auch Interesse an der Frage nach der subjektiven Vergegenwärtigung von verschiedenen Umweltproblemen. Die Aufmerksamkeit richtet sich dabei zum einen auf die Erfassung struktureller Merkmale von subjektiven Problemrepräsentationen. Man interessiert sich z.B. für die *subjektive Theorie* (Groeben und Scheele 1982) bzw. die individuellen und mehr oder weniger differenzierten Vorstellungen über Ursache-Wirkungs-Zusammenhänge, aufgrund derer spezifische Erwartungen über zukünftige Ereignisse abgeleitet werden. Zum anderen können die *qualitativen* Merkmale subjektiver Umweltkognitionen, welche die Art der *Person-Umwelt-Beziehung* charakterisieren, im Vordergrund stehen. Wesentlich ist dabei, daß die relevanten Merkmalsdimensionen nicht einfach als bekannt vorausgesetzt werden dürfen. Eine durchaus ernstzunehmende Kritik an der sozialwissenschaftlichen Forschung im allgemeinen und der Umweltforschung im besonderen betrifft gerade die *subjektive Relevanz* der mittels Befragungen erhobenen Konstrukte. Da diese in der Regel den Probanden zur Einschätzung *vorgegeben* werden, ist fraglich, ob damit tatsächlich subjektiv bedeutsame Merkmalsdimensionen erfaßt und nicht lediglich die Bewertungskategorien der Forscher untersucht werden. Nicht umsonst ist in den letzten

Jahren vermehrt der Ruf nach qualitativer Forschung und Entwicklung neuer Meßinstrumente, welche sich sowohl verstärkt an den Sichtweisen der Probanden orientieren als auch mehr in die „Tiefe" gehen, wach geworden. In einer eigenen explorativen Studie mit 50 Personen haben wir deshalb ein methodisches Verfahren eingesetzt und erprobt, bei dem die Identifikation subjektiv relevanter Inhalte der Problem- und Umweltwahrnehmung im Vordergrund steht. Es handelt sich um die *Repertory-Grid-Technik* nach Kelly (Kelly 1955; Scheer und Catina 1993; Riemann 1991). Theoretische Grundlage dieses Verfahrens ist ein konstruktivistischer Ansatz. Es wird davon ausgegangen, daß jeder Mensch die Realität auf seine spezifische Art und Weise begreift und organisiert. Mit anderen Worten: Jeder Mensch „konstruiert" sich seine mehr oder minder persönliche Wirklichkeit. Bausteine dieses Konstruktionsprozesses sind die *persönlichen Konstrukte*. Diese geben die mit spezifischen Ereignissen gemachten Erfahrungen und verbundenen Bedeutungen wieder. Jedes Konstruktsystem enthält dabei sowohl sozial geteilte als auch persönliche Anteile. Das Ziel des Grid-Verfahrens besteht in der Erfassung dieser Konstrukte. Der Theorie entsprechend werden deshalb die inhaltlichen Dimensionen nicht, wie z.B. bei Fragebogen üblich, vorgegeben, sondern von den Personen selber entwickelt. Dies geschieht in der Weise, daß die Auskunftspersonen Vergleiche zwischen verschiedenen thematisierten Ereignissen (Situationen, Objekten oder Personen) anstellen und nach ähnlichen bzw. unähnlichen Merkmalen suchen. Auf diese Weise werden bipolare Dimensionen gewonnen. Es wird postuliert, daß die von den Personen genannten Klassifikationsmerkmale für sie besonders bedeutsame Bewertungsdimensionen darstellen. Ihre Dichotomie stellt ein wesentliches Merkmal der Konstrukte dar. Denn ein Konstrukt unterstellt einerseits, daß sich eine bestimmte Klasse von Dingen in bestimmter Hinsicht untereinander ähnlich sind. Andererseits impliziert die Feststellung der Ähnlichkeit notwendigerweise die Bezugnahme auf eine andere Klasse von Objekten, die sich in dieser Hinsicht von den ersteren unterscheiden.

In unserer Untersuchung bestand das Ziel konkret in der Erfassung subjektiv salienter Bewertungskriterien in der Auseinandersetzung mit verschiedenen Umweltproblemen wie Treibhauseffekt, Ozonloch, Abfall, Waldsterben, Gewässerverschmutzung und Sommersmog (siehe Tanner und Foppa 1995; Foppa et al. 1995; Tanner 1995b). Zu diesem Zweck wurden den Personen zu den genannten Umweltthemen (Elemente) konkrete Szenarien zur Beurteilung vorgegeben mit der Aufforderung, sich zu überlegen, aufgrund welcher Merkmale jeweils zwei Umweltthemen einander ähnlich oder unterschiedlich sind (Paarvergleich). Auf diese Weise erfolgte – im qualitativen Teil – die Gewinnung der dichotomen persönlichen Konstrukte (jede Person generierte 13-17 Konstrukte). Die Konstrukte wurden anschließend in eine mehrstufige Ratingskala (von –3 bis +3) übertragen. Im quantitativen Teil des Verfahrens erfolgte schließlich die Einschätzung der Elemente hinsichtlich der Konstrukte. Die Personen wurden dabei aufgefordert, mit Hilfe der mehrstufigen Skala anzugeben, in welchem Ausmaß jedes der Konstrukte auf jedes Umweltelement zutrifft. Überdies erhielten die Probanden zusätzlich noch einige vorgegebene Konstruktdimensionen, auf denen die Szenarien ebenfalls einzustufen waren. Die von den Probanden erarbeiteten Konstruktdimensionen wurden anschließend von uns kategorisiert. Die Kategorien und Konstrukthäufigkeiten sind in *Tabelle 1* ersichtlich.

Tabelle 1: Thematische Schwerpunkte in der Auseinandersetzung mit verschiedenen Umweltproblemen. Themenbereiche mit zugehörigen Kategorien, Konstrukthäufigkeiten und einigen Beispielen

Bezugnahme auf	Kategorien	Anzahl Konstrukte	Konstruktbeispiele
Subjektives Wissen	1. Wahrgenommene Merkmale	64	direkt erlebbar – nicht unmittelbar sichtbar; leicht verständlich – komplex
	2. Glaubwürdigkeit	41	wissenschaftlich belegt – nicht belegt
Affektiv-evaluative Dimensionen	3. Angst, Traurigkeit	48	macht mich sicher – beängstigend; macht mich froh – macht mich traurig
	4. Emotionale Betroffenheit	59	läßt mich kalt – rüttelt mich auf
	5. Ärger, Wut	65	läßt mich kühl – macht mich wütend
	6. Kognitive Beschäftigung	57	sorglos – macht mich nachdenklich
Existentielle Auswirkungen	7. Allgemeine Bedrohung	56	unproblematisch – katastrophal; kann damit umgehen – beeinträchtigt Leben
	8. Persönliche Bedrohung	37	keine Einschränkung meiner Lebensqualität – Einschränkung meiner Lebensqualität
Handlungsbezogene Aspekte	9. Allgemeine Verantwortung	23	Problem nicht vordergründig – Problem muß dringend gelöst werden
	10. Persönliche Verantwortung	34	nicht persönlich verantwortlich – persönlich verantwortlich; geht mich nichts an – müßte aktiver werden
	11. Allgemeine Kontroll-, Handlungsmöglichkeiten	26	löst Hoffnung aus – löst Ohnmacht aus; veränderbar – nicht veränderbar
	12. Persönliche Kontroll-, Handlungsmöglichkeiten	31	kann Einfluß nehmen – fühle mich machtlos; von jederman beeinflußbar – von mir nicht beeinflußbar

Wie *Tabelle 1* ebenfalls zeigt, zeichneten sich dabei vier allgemeine Themenbereiche ab:
- Bezugnahme auf subjektives Wissen über Umweltprobleme, wobei über deren Komplexität, Konkretheit oder über die Erfahrbarkeit der zugrundeliegenden Wirkungszusammenhänge und deren Folgen reflektiert wird.
- Bezugnahme auf affektiv-evaluative Dimensionen: In diesen Bereich gehören Angst-, Betroffenheits-, Ärger-Äußerungen oder Andeutungen der Nachdenklichkeit.

– Bezugnahme auf existentielle Auswirkungen von Umweltbelastungen. Darunter fallen Einschätzungen einer Gefährdung oder Bedrohung. Die Bedrohungswahrnehmungen reflektieren die Einschätzung darüber, daß man selbst und andere davon betroffen sind oder sein könnten.
– Bezugnahme auf handlungsbezogene Aspekte: Dieser Schwerpunkt umfaßt Konstrukte, bei denen die Notwendigkeit und Möglichkeit von umweltbezogenen Handlungsstrategien sowie deren Wirksamkeit für die Bewältigung von Umweltveränderungen im Vordergrund steht.

Insgesamt fällt auf, daß handlungsbezogene, konative Konstrukte weit weniger zur Sprache kommen als affektive und kognitive Bewertungsdimensionen. Aus subjektiver Sicht dominieren eindeutig emotionale Belastungs- und Bedrohungsmomente in der Beschäftigung mit Umweltproblemen (rund 60 Prozent aller Nennungen). Hinweise auf subjektiv wahrgenommene Handlungs- oder Problembewältigungsmöglichkeiten kommen seltener vor, und wenn, dann dominieren Hilflosigkeits- und Ohnmachtsäußerungen (21 Prozent der Nennungen). Dieses Ergebnis deutet auf ein Defizit von Handlungswissen hin und macht auf die Notwendigkeit des Aufzeigens und Einübens von Möglichkeiten umweltrelevanter Verhaltensweisen aufmerksam. Möglicherweise widerspiegeln sich in diesen Befunden einerseits die Wirkungen der Medien, welche bislang ihr Schwergewicht v.a. auf Aufklärungs- und Angstkampagnen gelegt haben. Andererseits verweisen individuelle Einschätzungen und Bewertungen sowohl auf eigene Erfahrungen als auch auf soziale Wert- und Deutungsmuster, welche über soziale Interaktionen vermittelt und von Individuen übernommen werden. Tatsächlich zeigen neuere Befunde, daß individuelle umweltbezogene Meinungen und Interpretationen in erster Linie über face-to-face Kommunikation und weniger über Medieneinflüsse bestimmt werden (Fuhrer et al. 1994; Fuhrer 1995).

Das führt zur Annahme, daß sich in Abhängigkeit von sozialen Bezugssystemen und den Tätigkeitsfeldern der Betroffenen gruppenspezifische Muster in der Auseinandersetzung mit lokalen oder globalen Umweltproblemen herausbilden. In unserer Studie ließen sich aufgrund einer Clusteranalyse vor allem zwei Extremgruppen erkennen, welche in ihrer Umweltwahrnehmung offensichtlich verschiedene Akzente setzen. Bemerkenswerterweise unterscheiden sich diese beiden Subgruppen auch in geschlechtsspezifischer Hinsicht voneinander. Während sich in Gruppe I (N=12) in erster Linie „Frauen" befinden (9 Frauen/3 Männer), wird Gruppe IV (N=15) stärker von „Männern" besetzt (5 Frauen/10 Männer). In *Tabelle 2* sind im Hinblick auf die oben erwähnten thematischen Schwerpunkte inhaltliche Unterschiede ersichtlich.

Tabelle 2: Absolute und prozentuale Verteilung der Konstrukte auf die vier Themenbereiche bei Gruppe I und IV

Themenbereiche	Gruppe I		Gruppe IV	
	Anzahl Konstrukte	%	Anzahl Konstrukte	%
Subjektives Wissen	13	9	19	23
Affektiv-evaluative Dimensionen	62	45	60	34
Existentielle Auswirkungen	41	29	29	17
Handlungsbezogene Aspekte	23	17	46	26
Gesamt	139		154	

Abbildung 2: Kategorienmittelwertsunterschiede zwischen Gruppe I und IV

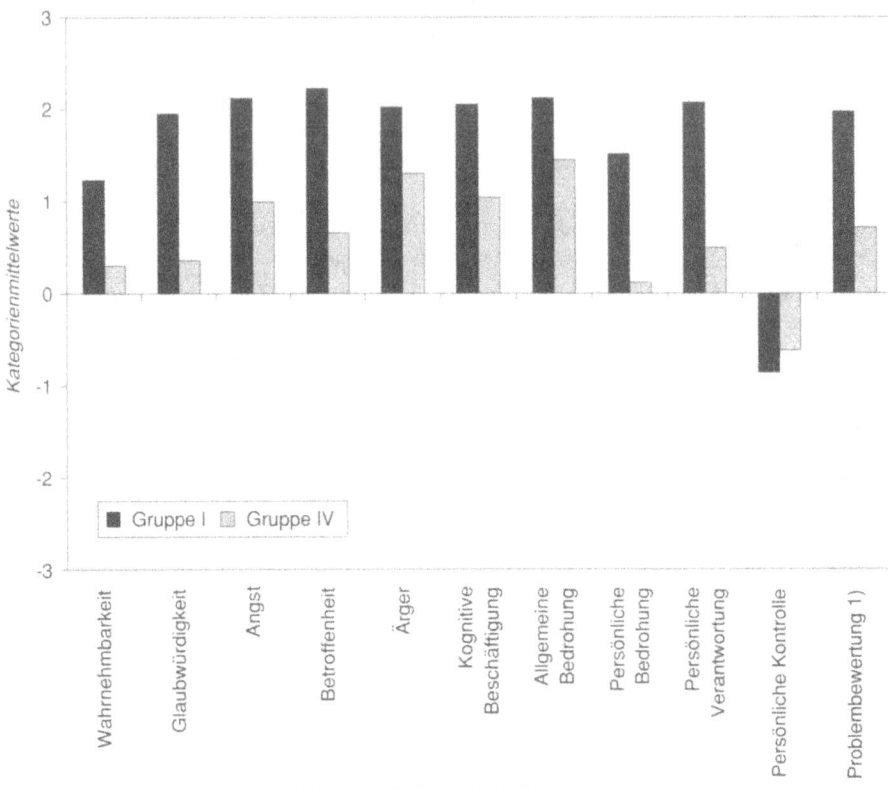

1) vorgegebenes Konstrukt: „ist kein Problem für mich" vs. „ist ein Problem für mich"

Bei der „Frauengruppe" stehen emotionale Belastungs- (45 Prozent der Konstrukte) und Bedrohungsmomente (29 Prozent der Konstrukte) gegenüber Umweltrisiken im Vordergrund. Im Unterschied dazu deutet sich bei der „Männergruppe" in größerem Maße eine nüchterne Orientierung an: Sie stellt vermehrt Wissensbezüge (23 Prozent der Konstrukte) her und reflektiert stärker über (fehlende) Handlungsmöglichkeiten (26 Prozent der Konstrukte). Der Vergleich der Kategorienmittelwerte (siehe *Abbildung 2*) verdeutlicht die wichtigsten quantitativen Unterschiede zwischen den beiden Gruppen.

Die „Frauengruppe" äußert starke affektive Belastungserlebnisse. Sie erlebt gegenüber Gruppe IV mehr Ängste ($F=29.07$, $df=1$, $p<.001$), Betroffenheit ($F=50.22$, $df=1$, $p<.001$), Ärger ($F=11.41$, $df=1$, $p<.01$), und sie setzt sich gedanklich intensiver mit Umweltrisiken auseinander ($F=15.82$, $df=1$, $p<.001$). In ihren Augen sind die Umweltprobleme in höherem Masse „ein Problem" als dies für die Gruppe IV gilt ($F=12.53$, $df=1$, $p<.001$). Wiederum fällt auf, daß bei beiden Gruppen die allgemeine Risikobewertung höher liegt als bei der persönlichen Gefährdungseinschätzung. Auffälligerweise nimmt lediglich Gruppe I die Problemeinschätzung auch für sich persönlich ernst. Sie fühlt sich durch die Umweltrisiken in hohem Masse persönlich gefährdet, während die „Männergruppe" darin kaum eine Einschränkung des persönlichen Wohlbefindens wahrnimmt ($F=18.45$, $df=1$, $p<.001$).

Nichtsdestoweniger (oder vielleicht gerade deswegen) fühlt sich Gruppe I in stärkerem Masse zur Verantwortlichkeitsübernahme verpflichtet (F=18.38, df=1, p<.001). Es handelt sich überdies bei diesen Personen auch um diejenige Gruppe, welche in den umweltbezogenen Verhaltensbereichen (selbstberichtetes Verhalten in den Bereichen Verkehr, Abfall, politisches Engagement, Vermeidung von FCKW-haltigen Produkten, Kauf von gewässerbelasteten Produkten) positiver abschneidet.

Strukturelle gruppenspezifische Unterschiede in der Person-Umwelt-Beziehung lassen sich auch auf andere Weise veranschaulichen. Speziell für Repertory Grid-Erhebungen sind eine Reihe von grafischen und computerunterstützten Verfahren zur Nutzung und Darstellung der in den Daten enthaltenen Komplexitäts- und Ähnlichkeitsstruktur verfügbar. Eine interessante Variante, die persönliche oder gruppenspezifische Merkmalsstrukturen grafisch umsetzt, ist das *ESA-Diagramm* (Raeithel 1989, 1992, 1994). Dabei werden die Elemente und Konstrukte als Vektoren verstanden und in einem dreidimensionalen Raum als Punkte gezeichnet. Das Ergebnis ist dann eine Art „Wolkenbild". Die beiden Punkte, die den zu einem Konstrukt zugehörigen positiven und negativen Pol kennzeichnen, lassen sich dabei zu einer geraden Linie verbinden, die durch den Nullpunkt geht. Diesem Verfahren liegt eine zweifache Hauptkomponentenanalyse der Grid-Daten zugrunde. Hierdurch werden sowohl für die Elemente als auch für die Konstrukte aus den ursprünglichen Rohdaten Koordinaten (Ladungen) auf den Hauptachsen errechnet. Die beiden Punktwolken werden dann auf ihren gemeinsamen Hauptachsen aufeinandergelegt und in eine optimale Lage rotiert, die die bestmögliche Unterschiedlichkeit und Ähnlichkeit der Elemente und Konstrukte wiedergibt. *Abbildungen 3* und *4* geben die entsprechenden ESA-Diagramme von Gruppe I und IV wieder.

Abbildung 3: ESA-Diagramm von Gruppe I

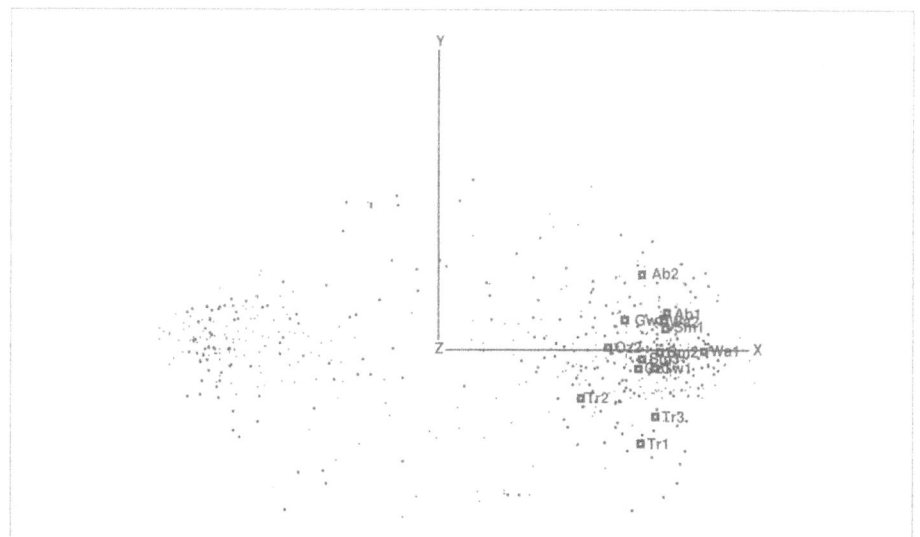

Erläuterung: Große Punkte: Umweltelemente; Ab1,2: Abfall; Tr1,2,3: Treibhauseffekt; Oz1,2: Ozonloch; Sm1,2,3: Sommersmog; Gw1,2: Gewässerverschmutzung; Wa1,2: Waldsterben. Kleine Punkte: Konstrukte.

Abbildung 4: ESA-Diagramm von Gruppe IV

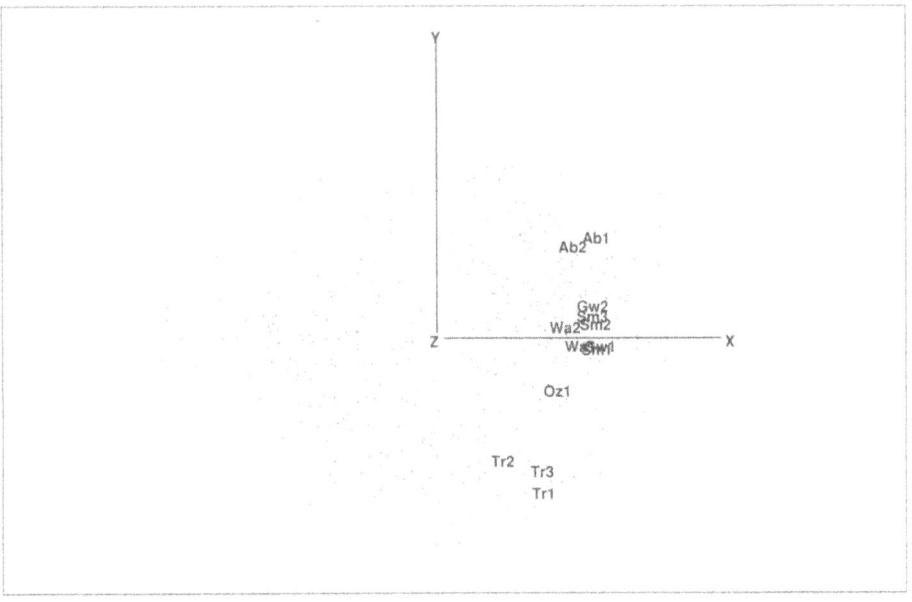

Erläuterung: Große Punkte: Umweltelemente; Ab1,2: Abfall; Tr1,2,3: Treibhauseffekt; Oz1,2: Ozonloch; Sm1,2,3: Sommersmog; Gw1,2: Gewässerverschmutzung; Wa1,2: Waldsterben. Kleine Punkte: Konstrukte.

Die großen Punkte repräsentieren die im Repgrid vorgegebenen Umweltelemente, die kleinen Punkte stehen für die einzelnen Konstrukte. Für das Verständnis eines ESA-Diagrammes genügt es vorderhand festzuhalten, daß die räumliche Distanz zweier Punkte deren Ähnlichkeit bzw. Unähnlichkeit reflektiert. Gleichzeitig signalisieren die Abstände der Elemente oder Konstrukte zum Nullpunkt deren Wichtigkeit bzw. *„Salienz"*. Die Vektorlänge eines Punktes entspricht mathematisch der Varianz der Eintragungen im Grid. D.h. je weiter weg ein Punkt vom Zentrum entfernt ist, um so extremer streuen die Urteile auf den Ratings. Der Vergleich zwischen den beiden ESA-Diagrammen ergibt zweierlei: Zum einen weisen die Elemente bei der Gruppe I eine größere Entfernung zum Zentrum auf als dies bei der Gruppe IV der Fall ist, d.h. jene Personen sind in ihren Urteilen extremer (dies bestätigt die Befunde beim Vergleich der Kategorienmittelwerte). Zum anderen ist sichtbar, daß bei der „Männergruppe" die Elemente untereinander weiter auseinanderliegen. Diese Streuung gilt als Hinweis auf das den Personen zugrundeliegende Differenzierungsniveau. Je weiter die Punkte auseinanderliegen, umso deutlicher wird zwischen den Umweltthemen unterschieden resp. umso differenzierter oder komplexer sind die individuellen Konstruktionen. Die Gruppe IV differenziert in ihrer Umweltwahrnehmung und -bewertung demzufolge deutlicher zwischen den verschiedenen Umweltereignissen, während bei der „Frauengruppe" weniger ins Gewicht fällt, ob es sich dabei um Klimaerwärmung, Abfall, Waldsterben, Ozonloch oder Sommersmog handelt.

Auch wenn diese Befunde aufgrund der kleinen und selektiven Stichprobe natürlich nicht ohne weiteres generalisiert werden dürfen, verdeutlichen sie dennoch die Notwendigkeit, in verstärktem Maße *kultur- und gruppenspezifische Besonderheiten*, sowohl auf der

Bewertungs- und Deutungs- als auch auf der Verhaltensebene herauszuarbeiten. Diese Frage erscheint insbesondere für die Optimierung von Interventionsmaßnahmen von grundlegender Bedeutung. Denn es ist anzunehmen, daß verschiedene Typen auch unterschiedliche Änderungsstrategien erforderlich machen. Diese müssen sich an den unterschiedlichen Voraussetzungen orientieren. Laut Schahn (1995) sind die bisher angewandten Maßnahmen zur Bewältigung der Umweltkrise in der Regel lediglich auf die „Maximierung eines mittleren Effekts" ausgerichtet, wodurch spezifische Gruppen nicht angemessen erreicht werden.

Als wichtig erweist sich auch die Frage, in welcher Weise sich persönliche Deutungs- und Bewertungsmuster auf das Verhalten auswirken. Unseres Erachtens beeinflussen sie die Aufmerksamkeit und Sensibilität gegenüber ökologischen Themen, die Akzeptanz technologischer und umweltpolitischer Maßnahmen. Wir nehmen überdies an, daß die Art der Umweltwahrnehmung auch die Art und Anzahl der Handlungsalternativen mitbestimmt, die einem im gegebenen Moment „in den Sinn" kommen (d.h. im ipsativen Möglichkeitsraum repräsentiert sind). In welcher Weise jedoch subjektive Bewertungen mit der Aktivierung von ipsativen Handlungsalternativen genau zusammenhängen, muß allerdings als Gegenstand zukünftiger Forschungsarbeit betrachtet werden.

III. Umweltbewußtseinsforschung und ihre Defizite

In der sozialwissenschaftlichen Umweltforschung stellte bislang die Beschäftigung mit dem Umweltbewußtsein das zentrale Thema dar. Dabei steht die Frage nach dem Zusammenhang zwischen Umweltbewußtsein und Umweltverhalten im Vordergrund. Versucht man ein Fazit über die recht umfangreiche Forschung zu ziehen, so fallen verschiedene inhaltliche und methodische Probleme auf. So existiert bis heute keine eindeutige und allgemeinverbindliche Definition von Umweltbewußtsein (Spada 1990), was die theoretische Diskussion und einen Vergleich der Ergebnisse erheblich erschwert. Zwar besteht Einigkeit darüber, daß dieses Konstrukt mehrdimensional ist, doch unterscheiden sich die Ansätze hinsichtlich der als konstitutiv erachteten Komponenten (siehe Ruff 1990; Kastenholz 1994; Tanner 1995b). Mit Recht weist Fuhrer (1995) deshalb auf ein ausgeprägtes Theoriedefizit der Umweltbewußtseinsforschung hin.

Zahlreich sind aber auch die Operationalisierungen der Dimensionen des Umweltbewußtseins, welche in der Regel über Fragebogen vorgenommen werden. Fuhrer (1995) bemängelt, daß die Meßinstrumente hinsichtlich ihrer psychometrischen Eigenschaften und Gütekriterien oft unzureichend überprüft und deshalb die Ergebnisse mit Vorsicht zu interpretieren sind. Beispielsweise werden die interessierenden Konstrukte häufig nur mit wenigen Items erfaßt, was die Reliabilität der Messung beeinträchtigt. Hinzu kommt, daß – wie aus der empirischen Sozialforschung bekannt ist – Personen in Fragebogenerhebungen für Tendenzen der sozialen Erwünschtheit anfällig sind (Mummenday 1987). Es ist deshalb nicht auszuschließen, daß die Antworten – ob bewußt oder weniger bewußt – „nach oben" verzerrt sind. Daneben ist mit weiteren urteilsverzerrenden Faktoren (wie z.B. Stimmungseinflüssen) zu rechnen, die das Vertrauen in die Richtigkeit der jeweils geäußerten Meinung relativieren (z.B. Strack und Gonzales 1993; Bless et al. 1992; Schwarz et al. 1991). Außerdem darf man nicht übersehen, daß einstellungsbezogene Subskalen meistens mit dem selbstberichteten und nicht mit dem tatsächlichen Umweltverhalten in Beziehung gesetzt werden.

Vor diesem Hintergrund überrascht der stets hohe Anteil an Personen nicht, die in Umfragen ein ausgeprägtes Umweltbewußtsein angeben. So lassen die Resultate der Umfragen in vielen Ländern regelmäßig ein recht hohes Ausmaß an umweltbezogenen Werten, Einstellungen oder Umweltbewußtsein in der Bevölkerung erkennen (Fietkau et al. 1982; Diekmann 1995; Diekmann und Preisendörfer 1992; Krause 1993). Ob allerdings die erhaltenen Angaben zum Umweltbewußtsein über Selbstauskünfte tatsächlich ein verändertes Verhältnis zur Natur widerspiegeln, bleibt fraglich. Mindestens kommt aber zum Ausdruck, daß positives, umweltbezogenes Denken sich mehr oder weniger zu einer sozialen Norm entwickelt hat. Gemäß Schahn (1993a) ist es im Verlaufe der letzten Jahrzehnte nicht nur gesellschaftsfähig, sondern in hohem Maße sozial erwünscht geworden, sich für den Umweltschutz auszusprechen.

Von Interesse ist aber, und zwar nicht nur für die Forschung, sondern auch für die Umwelterziehung, Umweltbildung und Umweltpolitik, die Frage nach der Handlungsrelevanz des Umweltbewußtseins. Selbstverständlich erwartet man, daß Umweltbewußtsein umweltfreundliches Verhalten vorherzusagen gestattet. Diese Erwartungen haben sich jedoch – auch wenn man von den definitorischen und methodischen Schwierigkeiten absieht – nicht bestätigt. Meistens können nur schwache bis mäßige – wenn auch häufig statistisch signifikante – Assoziationen zwischen umweltbezogenen Einstellungen und umweltbezogenem (selbstberichtetem) Verhalten nachgewiesen werden (vgl. Hines et al. 1986/87; Spada 1990). Korrekterweise muß man daher wohl feststellen: Umweltbewußtsein kann nicht als *hinreichende* Voraussetzung für umweltverträgliches Handeln angesehen werden.

Nun ist die fehlende Einstellungs-Verhaltens-Konsistenz in der Sozialpsychologie ein bekanntes Problem. In den späten 60er Jahren stellten die wiederholten Mißerfolge, eine enge Beziehung zwischen Einstellungen und Verhalten empirisch zu belegen, den Nutzen des Einstellungskonzepts in Frage. Die ursprünglich forschungsleitende Fragestellung nach dem Ausmaß des Zusammenhangs zwischen Einstellungen und Verhalten wurde schließlich abgelöst durch die Suche nach intervenierenden Variablen, welche die Attitüden-Verhaltens-Konsistenz steuern (für einen Überblick vgl. Stahlberg und Frey 1992; Olson und Zanna 1993). Ajzen und Fishbein (1980; Ajzen 1988) wiesen dabei auf ein wichtiges methodologisches Problem hin. Die mangelnde Übereinstimmung zwischen Einstellungen und Handeln könnte darauf zurückzuführen sein, daß allgemeine Einstellungen häufig mit spezifischen, einzelnen Verhaltensbeobachtungen verglichen werden. Gemäß dem von den Autoren postulierten *Korrespondenzprinzip* sind höhere Korrelationen zwischen Attitüden und Verhalten nur dann zu erzielen, wenn beide Variablen auf einem vergleichbaren Generalisierungsniveau erhoben werden. Soll z.B. die Beziehung zwischen globalen Einstellungen und Verhalten überprüft werden, so müssen entsprechend wiederholte Verhaltensbeobachtungen zu einem reliablen Verhaltensmaß „aggregiert" werden, welches besser als die Messung von Einzelreaktionen geeignet ist, Verhaltenstendenzen wiederzugeben (Epstein 1984). Zusätzlich muß berücksichtigt werden, daß eine hohe Übereinstimmung zwischen Umweltbewußtsein und umweltbezogenem Handeln schon allein deshalb nicht selbstverständlich zu erwarten ist, da ersteres in der Regel *handlungsfern* ist. „Umweltbewußtsein" schließt in der Regel Bewertungen von Umweltproblemen und nicht Bewertungen des Verhaltens ein. Die fehlende Einstellungs-Verhaltens-Konsistenz kann also damit zusammenhängen, daß die Konzeption des Umweltbewußtseins nicht handlungsbezogen ist.

Ajzen und Fishbein (1980; Ajzen 1988) haben ihrerseits alternative Vorstellungen über die Beziehung zwischen Einstellungen und Verhalten entwickelt. Ihre *„theory of reasoned action"* (Theorie des überlegten Handelns) und deren spätere Weiterentwicklung (*„theory of planned action"*, Theorie des geplanten Verhaltens) reihen sich in die rationalen Erwartungs-mal-Wert-Ansätze ein. Ziel dieser Theorie ist die Aufdeckung der kausalen Determinanten *willentlicher* Handlungen. Im Gegensatz zu früheren Einstellungsmodellen wird nunmehr die *Intention* als unmittelbare Determinante des Verhaltens angesehen, während Attitüden das Verhalten nur noch indirekt lenken. Bamberg und Schmidt (1993; Bamberg et al. 1995) haben dieses Modell ebenfalls zur Aufklärung relevanter Einflußfaktoren der Intention zur Nutzung spezifischer Verkehrsmittel wie Auto, Bus oder Fahrrad angewendet. Allerdings konnte das Modell nur teilweise bestätigt werden.

Auf die Bedeutung der Intention als relevante Determinante des Verhaltens hat nicht nur die Sozialpsychologie hingewiesen. Auch in der Motivationspsychologie (Heckhausen 1989; Schmalt und Heckhausen 1990) hat sich gezeigt, daß Einstellungen bzw. Entscheidungen keine ausreichende Basis für eine Verhaltensinitiierung bilden. „Es ist ja eine Sache, wozu man etwas tun möchte und tun will und was dies alles sei und eine andere, was man davon tatsächlich auszuführen beginnt und zu einem erfolgreichen Ende bringt" (Heckhausen 1989: 189). Entsprechend werden zwei Phasen unterschieden. In einem ersten Schritt – in der *Motivationsphase* – findet ein Abwägen zwischen verschiedenen Handlungsalternativen statt. Das hierbei ablaufende Geschehen wird als rationaler Entscheidungsprozeß begriffen, in dessen Folge spezifische Motivationstendenzen resultieren. Erst willentliche Prozesse – die Generierung einer Intention – leiten jedoch über zur *Volitionsphase*, in der es um die konkrete Realisierung einer Handlung geht. In der Tat fällt es nicht schwer, sich die Bedeutung der Intention für den Umweltbereich zu vergegenwärtigen. Die Förderung und Generierung einer bewußten Absicht zu einer umweltfreundlichen Verhaltensänderung scheint insbesondere dann ins Gewicht zu fallen, wenn es darum geht, Menschen zur Aufgabe gewohnheitsmäßigen umweltschädlichen und zur Umsetzung umweltfreundlichen Handelns zu bewegen.

Bezüglich des Modells von Ajzen und Fishbein weisen allerdings neuere Untersuchungen darauf hin, daß sich die Relation zwischen Einstellung, Intention und Verhalten durch das Ausmaß des mit einer Handlung verbundenen Aufwandes verändert. Bagozzi et al. (1990) stellten in einer Feldstudie fest, daß unter der Bedingung „low effort", d.h. das interessierende Verhalten war mit einer geringen Anstrengung verbunden, die Einstellung einen direkten Einfluß auf das Verhalten ausübte, während die Intention ohne Bedeutung blieb.[3] Lediglich unter der Voraussetzung, daß das Verhalten einen hohen Aufwand er-

---

3 Die „low effort"-Bedingung läßt sich nicht ohne weiteres im Sinne der „low cost"-Hypothese interpretieren. Während nämlich der Aufwand, den eine Handlung erfordert, quasi absolut bestimmt werden kann (z.B. in Termini physikalischer Arbeit oder als Zeitaufwand), werden die Kosten, sofern es sich nicht um monetäre Kosten handelt, *aus den (längerfristigen) Wirkungen auf die Handlung erschlossen*. Dagegen ist zwar nichts einzuwenden, man muß sich aber darüber im klaren sein, daß man sich damit der Möglichkeit begibt, „Kosten" als Erklärung bestimmter Handlungen oder Handlungsmerkmale einzuführen. Ihrer Zirkularität

forderlich machte („high effort"), wurde das Verhalten durch die Intention gesteuert. Dieser Befund verdeutlicht zum einen, daß die Modellkomponenten der Theorie der geplanten Handlung nicht alle Determinanten des Verhaltens abbilden. Zum anderen stellt sich die Frage nach dem Geltungsbereich des Ansatzes. Problematisch erscheint, daß jedes Verhalten als Folge eines rationalen Entscheidungsprozesses angesehen wird. Laut Fazio (1990) wird die Häufigkeit des Auftretens von Entscheidungssituationen aber deutlich überschätzt. Für ihn ist soziales Verhalten in geringerem Maße Resultat bewußten, überlegten Planens. Im Alltag wäre es auch höchst dysfunktional, wenn wir immer darüber reflektieren und entscheiden müßten, wie wir uns zu verhalten haben. Entsprechend schränkt Fazio den Geltungsbereich von Erwartungs-mal-Wert-Modellen auf jene Situationen ein, in denen Individuen zu überlegtem Handeln besonders motiviert sind und die Situationsumstände aufwendige kognitive Prozesse auch erlauben. Zur Erklärung von Routinehandlungen sind Erwartungs-mal-Wert-Modelle wenig geeignet.

Insgesamt sind immer noch viele Fragen offen, gerade was die Umsetzung ökologisch relevanter Einstellungen und Wertorientierungen in Verhalten anbelangt. Bislang blieb zudem unberücksichtigt, daß die Unterlassung umweltbewußten Handelns auch ein Produkt spezifischer *Handlungsrestriktionen* sein kann. Die Umsetzung umweltbewußter Einstellungen und Absichten setzt die Verfügbarkeit objektiver Möglichkeiten voraus (siehe auch Fietkau und Kessel 1981; Preuss 1991). Verschiedene Umweltstudien haben z.B. gezeigt, daß für den häufig vorfindbaren Unterschied im Verhalten von Frauen und Männern – zumindest im Bereich der Verkehrsmittelwahl – weniger das Umweltbewußtsein als vielmehr eine geschlechtstypische Verhaltenslimitierung verantwortlich ist (Diekmann 1995; Flade 1990; Tanner 1995b). So benutzen Frauen möglicherweise einfach deshalb häufiger öffentliche Verkehrsmittel, weil sie kein Auto zur Verfügung haben. Daß das Ausbleiben umweltfreundlicher Verhaltensweisen nicht notwendigerweise auf mangelnde motivationale Voraussetzungen zurückzuführen ist, zeichnete sich ebenfalls in einer eigenen Fragebogenstudie (N=114) ab. Zur Ermittlung von homogenen Subgruppen wurde die Stichprobe aufgrund der stärksten Prädiktorvariablen des Mobilitätsverhaltens in Typen aufgeteilt, die die gleichen Merkmalsausprägungen aufwiesen. Als die wichtigsten direkten Prädiktoren des individuellen Mobilitätsverhaltens (operationalisiert als Häufigkeit der Autonutzung bei verschiedenen Gelegenheiten wie Arbeitsweg, Einkäufe und Ausflüge) erwiesen sich dabei: Die *Autoverfügbarkeit*, die *Verpflichtung* (im Sinne einer persönlichen

---

wegen führt diese Argumentationsfigur nämlich zu bekannten Schwierigkeiten, die erstmals an Thorndikes „Gesetz des Effektes" offenkundig geworden waren. Dort heißt es nämlich sinngemäß u.a. „Wird die Verknüpfung" (zwischen einer Situation und einer Reaktion) „von einem ‚satisfying state of affairs' begleitet, so wird die Stärke der Verknüpfung erhöht; wird sie von einem ‚annoying state of affairs' gefolgt, nimmt die Stärke der Verknüpfung ab" (siehe Foppa 1965: 333). Es liegt auf der Hand, daß eine eindeutige Interpretation dieses Gesetzes nur unter der Voraussetzung möglich ist, daß unabhängig vom zu erklärenden Verhalten festgestellt werden kann, ob ein ‚satisfying' oder ein ‚annoying state of affairs' vorliegt. Thorndike hat das mit einer unglücklichen Definition versucht. Unter ‚satisfying states' versteht er solche, bei denen „das Tier nichts unternimmt, um sie zu vermeiden, aber oft bestrebt ist, sie zu erreichen oder zu erhalten", was Postman (1947) zu der sarkastischen reductio ad absurdum des Thorndikeschen Gesetzes veranlaßte: „Das Tier tut das, was es tut, weil es das tut, und es unterläßt das, was es nicht tut, weil es das nicht tut" (zit. n. Foppa 1965: 335). Man muß offenen Auges bereit sein zu sehen, daß man z.B. auch bei „low (high) cost" – Erklärungen leicht in einen ähnlichen Zirkel läuft.

Tabelle 3: Typenbeschreibung bezogen auf die Merkmale Autobesitz, Verpflichtung, subjektiv wahrgenommene Hindernisse sowie das Verhalten

	Typ I (N=20)	Typ II (N=47)	Typ III (N=36)	Typ IV (N=30)	Typ V (N=19)
Autobesitz	JA	JA	JA	JA	NEIN
Verpflichtung	TIEF	TIEF	HOCH	HOCH	HOCH
Subjektive Hindernisse	WENIGE	VIELE	WENIGE	VIELE	
Häufigkeit der Autonutzung	HOCH	HOCH	TIEF	HOCH	TIEF[1]

den Autoverzicht hemmende Bedingungen

den Autoverzicht fördernde Bedingungen

1 Mitfahrergelegenheiten

Norm „Ich sollte etwas tun") und die Wahrnehmung *subjektiver Hindernisse* (wie Zeitaufwand, Kosten, Materialtransport usw.), die den Verzicht auf das Auto erschweren. In *Tabelle 3* sind die Typen mit den entsprechenden Merkmalskombinationen ersichtlich.

Während sich bei den Typen I und II aufgrund der Merkmalskonstellationen erwartungsgemäß eine höhere bzw. bei Typ III und V eine tiefere Autonutzungshäufigkeit abzeichnet, ergibt sich jedoch vor allem bei Typ IV ein interessantes Bild. Diese Subgruppe sieht sich in hohem Maße zu umweltschützerischen Beitragsleistungen verpflichtet. Sie zeichnet sich ebenfalls durch hohes soziales und politisches Umweltengagement aus (siehe *Abbilddung 6*). Betrachtet man die detailliertere Aufstellung in *Abbildung 5*, welche den Anteil der Autonutzer getrennt nach Gelegenheit (Arbeitsweg, Einkauf, Ausflüge) wiedergibt, so fällt auf, daß in erster Linie im *Einkaufsbereich* der Typ IV überraschenderweise eine relativ hohe Autonutzungsquote aufweist.

Hinsichtlich der subjektiv wahrgenommenen Restriktionen, welche einen Verzicht auf das Auto behindern, nannte diese Subgruppe als Hauptschwierigkeit den *Materialtransport*. Daß diese Angabe sehr wahrscheinlich mit einer realen Einschränkung korrespondiert, dafür spricht der Umstand, daß diese Gruppe im Unterschied zu den anderen in erster Linie aus kinderreichen Familien besteht. Auf diesem Hintergrund leuchtet ein, daß der Transport des für einen größeren Haushalt notwendigerweise größeren Bedarfs an Lebensmitteln den Verzicht auf das Auto erschwert. Die positiven motivationalen Voraussetzungen scheinen sich aber insbesondere im Vergleich zu Typ I und II durchaus in anderen Bereichen vermehrt durchzusetzen, wie z.B. beim sozialen und politischen Engagement (*Abbildung 6*) oder etwa bei den Ausflügen (*Abbildung 5*).

Diese Befunde deuten darauf hin, daß die Determination des Umweltverhaltens nicht allein von personalen Faktoren her begriffen werden darf. Die Auffassung, Verhalten primär als Funktion persönlicher Variablen zu sehen, ist für die Umweltbewußtseinsforschung allerdings charakteristisch. Demgegenüber wird die Eingebundenheit des Verhaltens in kontextuale Bedingungen vernachlässigt. Die konkreten Alltagsbedingungen sind jedoch für die Umsetzung umweltrelevanter Einstellungen von großer Bedeutung. Mehr noch können Situationsbedingungen die Eigenschaft einer realen Restriktion haben, die be-

Abbildung 5: Anteil der Autonutzer pro Typ und nach Mobilitätsbereich

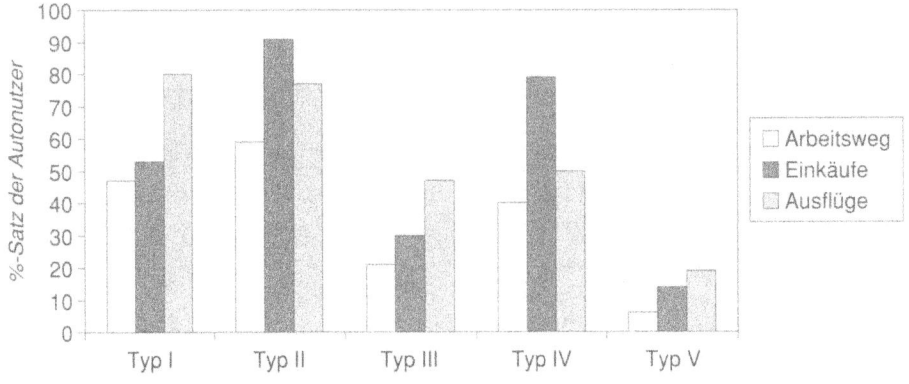

Abbildung 6: Ausmaß an sozialem/politischem Engagement pro Typ

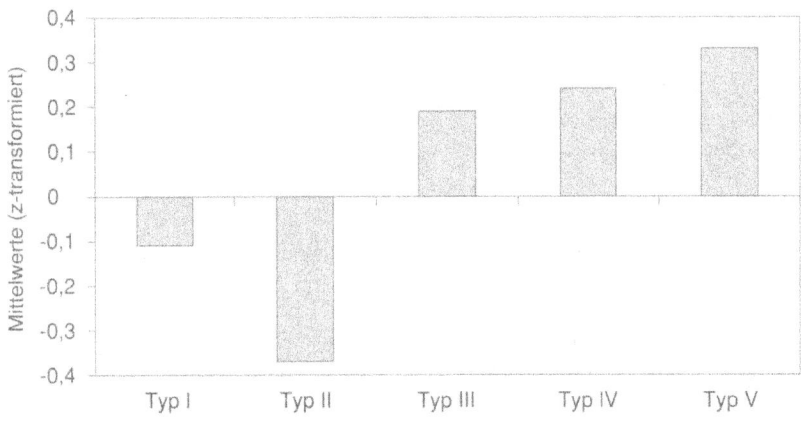

stimmte Möglichkeiten des individuellen Handlungsspielraumes definitiv ausschließen und damit verhaltensdeterminierend sind.

IV. Dimensionen von Handlungskonsequenzen und ihre Bewertung

Ökologisches Handeln wird nicht nur durch situative Rahmenbedingungen und die Bewertung von Umweltproblemen beeinflußt. Es gilt auch zu berücksichtigen, welche Konsequenzen die Person durch ihr Tun erfährt oder für dieses antizipiert, wie sie diese Konsequenzen bewertet und bei ihren Entscheidungen miteinbezieht. Die wichtige Funktion von Konsequenzen für die Handlungssteuerung ist vor allem in der Lernpsychologie hervorgehoben worden. So verändern, z.B. nach der Theorie des operanten Lernens, die auf das Verhalten folgenden Verstärker dessen Auftretenshäufigkeit (Skinner 1973). Steigt die Reaktionsrate, wenn ein bestimmtes Ereignis eintritt, handelt es sich nach dieser Auffassung um einen positiven Verstärker. Steigt sie jedoch nach Beendigung oder Beseitigung spezifischer situativer Gegebenheiten, spricht man von negativer Verstärkung. Über die Wirkungsweise dieser Verstärker werden jedoch keine Aussagen gemacht. Das ist insofern konsequent, weil man nur auf diese Weise einen Zirkel vermeiden kann, gleichzeitig aber natürlich unbefriedigend, weil es den Verzicht auf eine Erklärung der Verstärkungswirkungen beinhaltet.[4]

Die Bekräftigungstheorie im engeren Sinne wurde in der Folge im Rahmen kognitiver Lernmodelle durch eher *anreiztheoretische Überlegungen* ersetzt, bei denen Antizipation und Bewertung der Konsequenzen durch den Handelnden eine größere Bedeutung eingeräumt wird (Bandura 1986). Diese Anreize gelten als Grundlage sowohl für die Handlungsregulation als auch für den Entscheidungsprozeß. Wie bereits erwähnt worden ist, entsprechen die antizipierten Handlungsfolgen unter dem Gesichtspunkt der ipsativen Handlungstheorie dem „ipsativen Konsequenzenraum".

Beginnen wir die Liste der potentiellen Konsequenzendimensionen mit einer wichtigen Gruppe von Handlungsfolgen, welche *nicht* im ipsativen Konsequenzenraum integriert sind. Wie bereits im zweiten Abschnitt erwähnt wurde, entziehen sich viele Auswirkungen menschlicher Aktivitäten der unmittelbaren und direkten Wahrnehmung (Preuss 1991). Dies hat zur Folge, daß die für eine Handlungsanpassung wichtigen unmittelbaren ökologischen Rückmeldungen fehlen. Die Umweltveränderungen sind bestenfalls erst mittelbar wahrnehmbar. Befunde zeigen aber, daß der Effekt auf die Handlungsregulation umso geringer ist, je weniger unmittelbar die Konsequenzen eintreten (Dörner und Preussler 1990). Außerdem wird so die Einsicht in die Zusammenhänge zwischen dem Verhalten und seinen Konsequenzen (Handlungs-Folge-Kontingenzen) erheblich erschwert. Rückmeldungen über umweltrelevante Handlungen fehlen dem einzelnen also weitgehend. Die Aufrechterhaltung etablierter umweltschädlicher Verhaltensgewohnheiten wird dadurch indirekt unterstützt. Eine Konsequenz dieser Tatsache manifestiert sich entsprechend in der Forderung nach der Schaffung von Feedback-Möglichkeiten bzw. von „sekundären Wahrnehmungshilfen", die die Folgen des eigenen Tuns quasi visualisieren (siehe Fietkau und Kessel 1981; Preuss 1991; Guski 1990; Schahn 1993a). Allerdings ist zu beachten, daß nicht nur die für die Handlungsregulation wichtigen Rückmeldungen *negativer Folgen* umweltschädlichen Tuns fehlen, sondern es fehlen ebenso *positive Verstärker* für umwelt-

---

4 Es mag der Hinweis genügen, daß es hier um das bereits (in Anmerkung 3) angesprochene Tautologieproblem geht, vor dem natürlich auch der Rational-Choice-Ansatz keineswegs gefeit ist. In diesem Zusammenhang tritt als zusätzliche Schwierigkeit die Tatsache auf, daß offenbar nicht von der Unveränderlichkeit der Präferenzen ausgegangen werden kann. Im Widerspruch zum Invarianzprinzip steht der vielfach replizierte Effekt der „*Präferenzumkehr*" (Slovic 1995). Werden Personen z.B. aufgefordert, zwischen zwei Alternativen zu wählen (choice) und ein anderes mal, diese in Geld zu bewerten (matching), resultieren paradoxerweise unterschiedliche Präferenzordnungen (Tversky et al. 1988). Irwin et al. (1993) haben den Präferenzumkehr-Effekt auch bei der Messung von Umweltwerten nachweisen können. In ihrer Studie hatten die Probanden die Wahl zwischen einer Verbesserung der Luftqualität und einem besseren Drucker. Darüber hinaus wurde ihre Zahlungsbereitschaft für die vorgegebenen Alternativen ermittelt. Unter der „choice"-Bedingung wurde die Verbesserung der Luftqualität in 86 Prozent der Fälle gewählt, unter der „willingness to pay"-Bedingung nur noch in 40 Prozent der Fälle. Generell legen die Befunde den Schluß nahe, daß die Präferenzen (und letztlich auch Kosten und Nutzen) wahrscheinlich in hohem Maß kontextabhängig sind.

schonendes Verhalten. Insbesondere für eine langfristige Stabilisierung umweltverträglichen Verhaltens erscheint es wichtig, daß Personen Informationen darüber erhalten, daß ihr umweltschonendes Verhalten auch positive Effekte mit sich bringt. Die Schaffung geeigneter Rückmeldungen, welche hohen Informationswert haben und das Verständnis der Handlungs-Folge-Kontingenzen fördern, ist natürlich nicht immer einfach. Aus psychologischer Sicht liefert z.B. eine Sackgebühr, die pro Müllsack entrichtet werden muß (wie es in vielen Gemeinden der Schweiz momentan der Fall ist) zwar eine Rückmeldung, diese ist aber gegenüber einer gewichtsabhängigen Müllgebühr weniger aussagekräftig bezüglich des eigenen Abfallverhaltens.

Die Schaffung von ökologisch relevanten Rückmeldungen ist eine Sache. In der Literatur werden weitere Anreizfaktoren des Umwelthandelns thematisiert. Stern et al. (1993) etwa sehen ökologisches Handeln durch dreierlei wertabhängige Kategorien von Verhaltenskonsequenzen motiviert. So ist Umweltverhalten als „prosoziales" Verhalten aufzufassen, sofern für den Handelnden der *Schutz und das Wohlbefinden anderer Menschen* im Vordergrund steht. Das Verhalten gilt als „biozentrisch", wenn es allgemein auf den *Schutz der natürlichen Umwelt* ausgerichtet ist. Im Zentrum „egoistisch" motivierten Umweltverhaltens dagegen steht der *persönliche Nutzen*. Ob auf diese Weise alle relevanten Facetten des Umweltverhaltens abgedeckt sind, ist fraglich. In diesem Ansatz werden z.B. *soziale Anreize*, wie soziale Anerkennung oder Mißbilligung, vernachlässigt. Denn Menschen tun nicht nur, was sie für richtig halten, sondern auch das, was andere von ihnen erwarten (Ajzen und Fishbein 1980; Ajzen 1988). Die Wirkung von sozialen Anreizen setzt allerdings voraus, daß in einer Gesellschaft soziale Normen für umweltbewußtes Handeln existieren und daß das Verhalten sozial wahrnehmbar ist. Beides ist im Umweltbereich nicht selbstverständlich gegeben. Der Verzicht auf das Auto hat vermutlich kaum Auswirkungen auf das soziale Ansehen der Person. Umgekehrt erfährt eine Person, welche jedes Jahr in den Ferien nach Thailand fliegt, kaum soziale Konsequenzen in Form von Mißbilligung.

Speziell beim Auto ist nicht zu vernachlässigen, daß die intensiv betriebene Werbepolitik der Automobilbranche dazu beiträgt, daß das Verhältnis zum Auto nicht primär instrumentell definiert ist, sondern mit sozialen und emotionalen Vorteilen wie gesellschaftliche Anerkennung, Prestige, Freiheit, Erregung oder Identifikation (Flade 1993; Schahn 1993b; Kaiser et al. 1994) in Beziehung gebracht wird. Daß das Auto bereits bei Kindern und Jugendlichen eine große Anziehungskraft besitzt, zeigte sich in einer Studie von Flade (1992). Je näher das Alter heranrückt, in dem der Führerschein erworben werden kann, umso größer ist die Wertschätzung des Autos. Gleichzeitig erhält das Auto als potentielles Verkehrsmittel einen zunehmend dominanten Stellenwert.

Im Mobilitätsbereich werden häufig die Anreizfaktoren Bequemlichkeit, Zeitaufwand und Kosten (als subjektive Größen aufgefaßt) als wesentliche Kriterien bei der Verkehrsmittelwahl (Auto vs. öffentliche Verkehrsmittel) betrachtet (vgl. Brüderl und Preisendörfer 1995; Diekmann 1995; Schahn 1993b). Tatsächlich wird umweltbewußtes Verhalten allgemein kaum positiv bekräftigt. Es ist nicht schwer, sich auszumalen, daß öffentliche Verkehrsmittel bezüglich der genannten Kriterien Bequemlichkeit, Zeit und Kosten meist den kürzeren ziehen. Vom methodischen Gesichtspunkt her muß allerdings vor einer voreiligen Schlußfolgerung, daß Autofahrer deshalb nicht auf öffentliche Verkehrsmittel umsteigen, weil diese zu unbequem und zeitaufwendig sind, gewarnt werden. Denn bei der Bewertung dieser Attribute handelt es sich gewöhnlich nicht um objektive, sondern um *subjektive Einschätzungen*. Es erhebt sich die Frage, ob die vorteilhaftere Bewertung des Autos nicht aufgrund eines Rechtfertigungsdrucks und zwecks Vermeidung von Dissonanzeffekten zustande kommt und deshalb weniger eine Ursache als vielmehr eine Folge des eigenen Verhaltens darstellt. Wie Kalwitzki (1994) in Anlehnung an die Dissonanztheorie bemerkt, ist für jemanden, der sein Verhalten nicht ändern will, die Suche nach Gründen für dessen Beibehaltung eine bewährte Strategie. Inwieweit der Einwand tatsächlich zutrifft, ist jedoch auf der Basis von Querschnittsuntersuchungen nicht schlüssig zu beantworten.

Vorausgesetzt, daß die jeweils ermittelten subjektiven Anreizfaktoren tatsächlich als Determinanten des Verhaltens anzusehen sind, stellt sich im weiteren die wichtige Frage, inwieweit sich diese durch Veränderungen äußerer Bedingungen wie z.B. der Verkehrsinfrastruktur verändern lassen. Sofern subjektive Einschätzungen primär durch Verzerrungen oder Über- und Unterschätzungen geprägt werden, besteht jedoch keine Garantie, daß mit Veränderungen objektiver Charakteristika auch Anpassungen der Einschätzungen hinsichtlich der Anreize erreicht werden. Objektiv würde zwar die infrastrukturelle Situation verbessert, aber aus der Sicht der Person sind z.B. öffentliche Verkehrsmittel nach wie vor unbequem und zeitaufwendig. Die Annahme, daß Komforteinschätzungen und wahrgenommener Zeitaufwand mit der Verkehrsinfrastruktur wie Umsteigehäufigkeit bei ÖV-Nutzung, Distanz zum Arbeitsplatz, Parkplatzangebot, Entfernung zur ÖV-Haltestelle korrespondieren, konnte teilweise bestätigt werden (vgl. Diekmann 1995; Tanner 1995b). Doch unterstützen eigene Befunde ebenfalls, daß die subjektiven Bewertungen Verzerrungen unterliegen. Ein Vergleich zwischen Auto- und ÖV-Benutzern zeigte, daß selbst unter gleichen situativen Ausgangsbedingungen Einschätzungen des Komforts und der Zeitdifferenz deutlich zugunsten der jeweils benutzten Verkehrsmittel differierten (Tanner 1995b). Dies scheint darauf hinzuweisen, daß man allein von infrastrukturellen Maßnahmen keine allzu positiven Umsteigeffekte auf den öffentlichen Verkehr erwarten sollte.

Kutscher (1994) hält die Forderung nach schnelleren, komfortableren oder billigeren öffentlichen Verkehrsmitteln bei gleichbleibendem Mobilitätsniveau ohnehin für illusorisch. Ein zentrales Problem liegt laut Kutscher vielmehr in den fragwürdigen, maßlosen Mobilitätsansprüchen der Menschen in den Industriestaaten und die damit einhergehende stetige Vergrößerung der individuellen Aktionsräume. Eine Beeinflussung des umweltschädlichen Verhaltens müßte deshalb auch darauf hinauslaufen, Vorteile des umweltfreundlichen und Nachteile des umweltschädlichen Handelns verstärkt zu betonen (Bliersbach 1992; Flade 1992). Im allgemeinen wird Umweltschutz immer noch mit Verlust von Lebensqualität und Verzicht assoziiert, während positive Aspekte wie z.B. Spaß, Entspannung, Naturfreude, Beitrag zum Umweltschutz kaum zum Tragen kommen. Bislang werden solche Aspekte in der Umweltplanung und -politik kaum einbezogen. Umweltverträgliches Handeln muß jedoch nicht notwendigerweise Verzicht- oder Verlustcharakter haben.

In Anbetracht der regulierenden Funktion von Handlungskonsequenzen erhalten *monetäre Kosten* (z.B. in Form von Lenkungsabgaben) eine wichtige Bedeutung für die Steuerung des Umweltverhaltens. Die Nutzung der Umwelt – verstanden als knappes Umweltgut – sollte etwas kosten. Doch muß man – von dem Problem der politischen Durchsetzbarkeit einmal abgesehen – bei der Einführung solcher Instrumente auch mit unerwünschten psychologischen Nebeneffekten rechnen. Wird die Maßnahme als Einengung der persönlichen Freiheit empfunden, werden dadurch Widerstandsreaktionen (Reaktanz) oder verschiedene Formen von Ausweichverhalten hervorgerufen. Es kann aber auch zum *Korrumpierungseffekt* kommen, wenn ursprünglich intrinsisch motiviertes Verhalten durch die Einführung externer Anreize zerstört wird (siehe auch Frey 1992). Es erscheint deshalb wichtig, insbesondere auch nicht-monetäre Anreizfaktoren für umweltschonendes Verhalten zu berücksichtigen und nach Möglichkeit zu fördern.

Insgesamt erscheint eine differenzierte Analyse der mit dem Handeln verbundenen Anreizdimensionen nicht nur für die Erklärung, sondern auch für die Förderung von umweltverantwortlichem Handeln bedeutsam. Gleichzeitig sollte aber auch hier vermehrt berücksichtigt werden, daß die jeweils „salienten" Anreizfaktoren nicht für alle Menschen gleich sind, sondern vermutlich nach Gruppenzugehörigkeit, Rolle oder Tätigkeit variieren.

Bezüglich der gruppenspezifischen Besonderheiten müßte vermehrt Forschungsarbeit geleistet werden, nicht nur zugunsten eines besseren Verständnisses des Umwelthandelns, sondern auch zugunsten einer Optimierung von Interventionsstrategien.

Literatur

Ajzen, Icek, und *Martin Fishbein,* 1980: Understanding Attitudes and Predicting Social Behavior. Englewood Cliffs, New Jersey: Prentice Hall.
Ajzen, Icek, 1988: Attitudes, Personality, and Behavior. Milton Keynes: Open University Press.
Bagozzi, Richard P., Youjae Yi und *Johann Baumgartner,* 1990: The Level of Effort Required for Behavior as a Moderator of the Attitude-Behavior Relation, European Journal of Social Psychology 20: 45-59.
Bamberg, Sebastian, Walter Bien und *Peter Schmidt,* 1994: Wann steigen Autofahrer auf den Bus um? Oder: Lassen sich aus sozialpsychologischen Handlungstheorien praktische Maßnahmen ableiten? S. 89-111 in: *Andreas Diekmann* und *Axel Franzen* (Hg.): Kooperatives Umwelthandeln. Modelle, Erfahrungen, Maßnahmen. Chur: Rüegger.
Bamberg, Sebastian, und *Peter Schmidt,* 1993: Verkehrsmittelwahl – eine Anwendung der Theorie des geplanten Verhaltens, Zeitschrift für Sozialpsychologie 24: 25-37.
Bandura, Albert, 1986: Social Foundations of Thought and Action: A Social Cognitive Theory. New Jersey: Prentice-Hall.
Baum, Andrew, India Fleming, Ann Israel und *Mary K. O'Keeffe,* 1992: Symptoms of Chronic Streß Following a Natural Disaster and Discovery of a Human-Made Hazard, Environment and Behavior 3: 347-365.
Bless, Herbert, Diane M. Mackie und *Norbert Schwarz,* 1992: Mood Effects on Attitude Judgements: Independent Effects of Mood before and after Message Elaboration, Journal of Personality and Social Psychology 63: 585-595.
Bliersbach, Gerhard, 1990: Gibt es ein Leben nach dem Auto?, Psychologie Heute 19(11): 27-33.
Brüderl, Josef, und *Peter Preisendörfer,* 1993: Der Weg zum Arbeitsplatz: Eine empirische Untersuchung zur Verkehrsmittelwahl. S. 69-88 in: *Andreas Diekmann* und *Axel Franzen* (Hg.): Kooperatives Umwelthandeln. Modelle, Erfahrungen, Maßnahmen. Chur: Rüegger.
Campbell, Joan M., 1983: Ambient Stressors, Environment and Behavior 15: 355-380.
Coren, Stanley, Clare Porac und *Lawrence M. Ward,* 1978: Sensation and Perception. New York: Academic Press.
Diekmann, Andreas, 1995: Umweltbewußtsein oder Anreizstrukturen? Empirische Befunde zum Energiesparen, der Verkehrsmittelwahl und zum Konsumverhalten. S. 39-68 in: *Andreas Diekmann* und *Axel Franzen* (Hg.): Kooperatives Umwelthandeln. Modelle, Erfahrungen, Maßnahmen. Chur: Rüegger.

Diekmann, Andreas, und *Peter Preisendörfer,* 1992: Persönliches Umweltverhalten: Diskrepanzen zwischen Anspruch und Wirklichkeit, Kölner Zeitschrift für Soziologie und Sozialpsychologie 44: 226-251.
Dörner, Dietrich, 1989: Die Logik des Mißlingens. Strategisches Denken in komplexen Situationen. Reinbek bei Hamburg: Rowohlt.
Dörner, Dietrich, 1993: Denken und Handeln in Unbestimmtheit und Komplexität, Gaia 2(3): 128-138.
Dörner, Dietrich, Heinz W. Kreuzig, Franz Reither und *Thea Stäudel* (Hg.), 1983: Lohhausen: Vom Umgang mit Unbestimmtheit und Komplexität. Bern: Huber.
Dörner, Dietrich, und *Walburga Preussler,* 1990: Die Kontrolle eines einfachen ökologischen Systems, Sprache und Kognition 9: 205-217.
Epstein, Seymour, 1984: The Stability of Behavior across Time and Situations. S. 209-269 in: *Robert A. Zucker, Joel Aronoff* und *Albert I. Rabin* (Hg.): Personality and the Prediction of Behavior. New York: Academic Press, Inc.
Eyferth, Klaus, Munira Schömann und *Detlef Widwoski,* 1986: Der Umgang von Psychologen mit Komplexität, Sprache und Kognition 1: 11-26.
Fazio, Russell H., 1990: Multiple Processes by which Attitude Guide Behavior: The MODE Model as an Integrative Framework, Advances in Experimental Social Psychology 23: 75-109.
Fietkau, Hans-Joachim, und *Hans Kessel* (Hg.), 1981: Umweltlernen. Königstein/Ts.: Hain.
Fietkau, Hans-Joachim, Hans Kessel und *Wolfgang Tischler,* 1982: Umwelt im Spiegel der öffentlichen Meinung. Frankfurt a.M.: Campus.
Flade, Antje, 1990: Einstellungen zum öffentlichen Verkehr und zur Verkehrsmittelnutzung von Frauen und Männern, Zeitschrift für experimentelle und angewandte Psychologie 37(2): 218-229.
Flade, Antje, 1992: Mobilitätsprobleme von Kindern und Jugendlichen, Report Psychologie 17(10): 24-33.
Flade, Antje, 1993: Homo Mobilis, Verkehr und Mobilität aus umweltpsychologischer Sicht. S. 133-137 in: *Joachim Schahn* und *Thomas Giesinger* (Hg.): Psychologie für den Umweltschutz. Weinheim: Psychologie Verlags Union.
Foppa, Klaus, 1965: Lernen, Gedächtnis, Verhalten. Köln: Kiepenheuer & Witsch.
Foppa, Klaus, 1989: Grundlagen einer ipsativen Theorie des Handelns. Unveröffentlichtes Manuskript. Institut für Psychologie, Universität Bern.
Foppa, Klaus, 1994: Über eine Repräsentationstheorie des Lernens. S. 15-24 in: *Herbert Janig* (Hg): Psychologische Forschung in Österreich. Klagenfurt: Carinthia.
Foppa, Klaus, 1996: Überlegungen zur ipsativen Handlungstheorie. Unveröffentlichtes Arbeitspapier. Institut für Psychologie, Universität Bern.
Foppa, Klaus, Carmen Tanner, Christian Jaeggi und *Stephan Arnold,* 1995: Umweltverantwortliches Handeln: Was hindert uns daran zu tun, was man tun müßte?, Unipress 85: 15-17.
Ford, J. Kevin, Neal Schmitt, Susan L. Schechtman, Brian M. Hults und *Mary L. Doherty,* 1989: Process Tracing Methods: Contributions, Problems, and Neglected Research Questions, Organizational Behavior and Human Decision Processes 43: 73-117.
Frey, Bruno S., 1990: Ökonomie ist Sozialwissenschaft: Die Anwendung der Ökonomie auf neue Gebiete. München: Vahlen.
Frey, Bruno S., 1992: Pricing and Regulating Affect Environmental Ethics, Environmental and Resource Economics 2: 399-414.
Frey, Bruno S., und *Klaus Foppa,* 1986: Human Behavior: Possibilities Explain Action, Journal of Economic Psychology 7: 137-160.
Fuhrer, Urs, 1995: Sozialpsychologisch fundierter Theorierahmen für eine Umweltbewußtseinsforschung, Psychologische Rundschau 46: 93-103.
Fuhrer, Urs, Florian G. Kaiser, Iris Seiler, Markus Maggi, Marianna Jöri und *Sibylle Steinmann,* 1994: Umweltverantwortliches Handeln hat soziale Grundlagen, Panorama 3: 7-13.
Groeben, Norbert, und *Brigitte Scheele,* 1982: Einige Sprachregelungsvorschläge für die Erforschung subjektiver Theorien. S. 13-39 in: *Hanns-Dietrich* (Hg.): Analyse und Modifikation subjektiver Theorien von Lehrern. Konstanz.
Guski, Rainer, 1987: Lärm – Wirkungen unerwünschter Geräusche. Bern: Huber.

Guski, Rainer, 1990: Prävention im Umweltschutz durch direkte Wahrnehmung von Konsequenzen und Bereitstellung von Handlungsalternativen. S. 471-472 in: *Dieter Frey* (Hg.): Bericht über den 37. Kongress der Deutschen Gesellschaft für Psychologie in Kiel 1990, Band 1. Göttingen: Hogrefe.
Heckhausen, Heinz, 1989: Motivation und Handlung. Berlin: Springer.
Hines, Jody M., Harold R. Hungerford und *Audrey N. Tomera,* 1986/87: Analysis and Synthesis of Research on Environmental Behavior. A Meta-Analysis, Journal of Environmental Education 18: 1-8.
Huber, Oswald, 1995, Ambiguity and Perceived Control, Swiss Journal of Psychology 54: 200-210.
Irwin, Julie, Paul Slovic, Sarah Lichtenstein und *Gary H. McClelland,* 1993: Preference Reversals and the Measurement of Environmental Values, Journal of Risk and Uncertainty 6: 5-18.
Jungermann, Helmut, und *Paul Slovic,* 1993: Die Psychologie der Kognition und Evaluation von Risiko. S. 167-208 in: *Gotthard Bechmann* (Hg.): Risiko und Gesellschaft. Opladen: Westdeutscher Verlag.
Kaiser, Florian G., Erwin Schreiber und *Urs Fuhrer,* 1994: Mobilität und emotionale Bedeutung des Autos: Ein Extremgruppenvergleich zwischen Viel- und Wenigfahrern. S. 113-130 in: *Antje Flade* (Hg.): Mobilitätsverhalten. Bedingungen und Veränderungsmöglichkeiten aus umweltpsychologischer Sicht. Weinheim: Beltz/Psychologie Verlags Union.
Kahnemann, Daniel, Paul Slovic und *Amos Tversky,* 1982: Judgement under Uncertainty: Heuristics and Biases. Cambridge: Cambridge University Press.
Kalwitzki, Klaus-Peter, 1994: Einladung zur Veränderung: Mobil ohne Auto. S. 239-254 in: *Antje Flade* (Hg.): Mobilitätsverhalten. Bedingungen und Veränderungsmöglichkeiten aus umweltpsychologischer Sicht. Weinheim: Beltz/Psychologie Verlags Union.
Kastenholz, Hans G., 1994: Bedingungen umweltverantwortlichen Handelns in einer Schweizer Bergregion. Bern: Lang.
Kelly, George A., 1955: The Psychology of Personal Constructs. New York: Norton.
Krause, Daniel, 1993: Environmental Consciousness. An Empirical Study, Environment and Behavior 25(1): 126-142.
Kroeber-Riel, Werner, 1992: Konsumentenverhalten. München: Vahlen.
Kutscher, Jan, 1994: Verkehr(te) Welt: Erlebnis- und Verhaltensweisen in der automobilen Gesellschaft. S. 269-276 in: *Antje Flade* (Hg.): Mobilitätsverhalten. Bedingungen und Veränderungsmöglichkeiten aus umweltpsychologischer Sicht. Weinheim: Beltz/Psychologie Verlags Union.
Lazarus, Richard S., und *Susan Folkman,* 1987: Transactional Theory and Research on Emotions and Coping, European Journal of Personality 1: 141-169.
Lewin, Kurt, 1982. Psychologische Ökologie. S. 291-310 in: *Carl-Friedrich Graumann* (Hg.): Kurt Lewin-Werkausgabe, Feldtheorie, Band 4. Bern: Huber.
Metzger, Wolfgang, 1968: Psychologie. Darmstadt: Dr. Dietrich Steinkopff.
Moser, G., 1984: Water Quality Perception, a Dynamic Evaluation, Journal of Environmental Psychology 4: 201-210.
Mummenday, Hans-Dieter, 1987: Die Fragebogen-Methode: Grundlagen und Anwendung in Persönlichkeits-, Einstellungs- und Selbstkonzeptforschung. Göttingen: Verlag für Psychologie.
Neisser, Ulric, 1976: Cognition and Reality: Principles and Implications of Cognitive Psychology. San Francisco: Freeman.
Olson, James M., und *Mark P. Zanna,* 1993: Attitudes and Attiudes Change, Annual Review of Psychology 44: 117-154.
Payne, John W., 1976: Task Complexity and Contingent Processing in Decision Making: An Information Search and Protocol Analysis, Organizational Behavior and Human Performance 16: 366-387.
Preuss, Sigrun, 1991: Umweltkatastrophe Mensch: Über unsere Grenzen und Möglichkeiten, ökologisch bewußt zu handeln. Heidelberg: Asanger.
Raeithel, Arne, 1989. Grid Notes 1. Vectorial Analysis of Kelly-Grids. Printed from an Executable Mathematica Notebook. Hamburg: Fachbereich Psychologie.
Raeithel, Arne, 1992. Eigenstrukturanalyse von Kelly-Matrizen. Hamburg: Fachbereich Psychologie.

Raeithel, Arne, 1994. Kooperative Modelllproduktion von Professionellen und Klienten. Mitteilungen der Arbeitsgruppe zur Psychologie der Persönlichen Konstrukte. Universität Giessen.
Reichert, Ute, und Dietrich Dörner, 1988: Heurismen beim Umgang mit einem einfachen dynamischen System, Sprache und Kognition 7: 12-24.
Riemann, Rainer, 1991: Repertory Grid-Technik: Handanweisung. Göttingen: Hogrefe.
Ruff, Frank M., 1990: Ökologische Krise und Risikobewußtsein: Zur psychischen Verarbeitung von Umweltbelastungen. Wiesbaden: Deutscher Universitäts-Verlag.
Schahn, Joachim, 1993a: Die Kluft zwischen Einstellung und Verhalten beim individuellen Umweltschutz. S. 29-49 in: Joachim Schahn und Thomas Giesinger (Hg.): Psychologie für den Umweltschutz. Weinheim: Psychologie Verlags Union.
Schahn, Joachim, 1993b: Umgehungsstraßen, Beschränkungen für private Pkws, ÖPNV-Förderung: Lösungen für unsere Verkehrsprobleme? S. 145-161 in: Joachim Schahn und Thomas Giesinger (Hg.): Psychologie für den Umweltschutz. Weinheim: Psychologie Verlags Union.
Schahn, Joachim, 1995: Psychologische Forschung zu Mülltrennung und Müllvermeidung: Möglichkeiten und Grenzen psychologischer Ansätze zur Förderung umweltschonenden Verhaltens, Psychologische Rundschau 46: 104-114.
Scheer, Jörg W., und Ana Catina (Hg.) 1993: Einführung in die Repertory Grid-Technik. Band 1: Grundlagen und Methoden. Band 2: Klinische Forschung und Praxis. Bern: Huber.
Schmalt, Heinz-Dieter, und Heinz Heckhausen, 1990: Motivation. S. 451-494 in: Hans Spada (Hg.): Allgemeine Psychologie. Bern: Huber.
Schwarz, Norbert, Fritz Strack, Hans-J. Hippler und George Bishop, 1991: The Impact of Administration Mode on Response Effects in Survey Measurements, Applied Cognitive Psychology 5: 193-212.
Skinner, Burrhus F., 1973: Wissenschaft und menschliches Verhalten. München: Kindler.
Slovic, Paul, 1995: The Construction of Preference, American Psychologist 50: 364-371.
Spada, Hans, 1990: Umweltbewußtsein: Einstellung und Verhalten. S. 623-631 in: Lenelis Kruse, Carl-Friedrich Graumann und Ernst D. Lantermann (Hg.): Ökologische Psychologie München: Psychologie Verlags Union.
Stahlberg, Dagmar, und Dieter Frey, 1992: Einstellungen I: Struktur, Messung und Funktionen. S. 144-170 in: Wolfgang Stroebe, Miles Hewstone, Jean-Paul Codol und Geoffrey M. Stephenson (Hg.): Sozialpsychologie. Berlin: Springer.
Stäudel, Thea, 1983: Entscheidungsverhalten aus präskriptiver und deskriptiver Sicht. S. 54-100 in: Dietrich Dörner, Heinz W. Kreuzig, Franz Reither und Thea Stäudel (Hg.): Lohhausen: Vom Umgang mit Unbestimmtheit und Komplexität. Bern: Huber.
Strack, Fritz, und Marti H. Gonzales, 1993: Wissen und Fühlen: Noetische und experimentelle Grundlagen heuristischer Urteilsbildung. S. 291-315 in: Wolfgang Hell, Klaus Fiedler und Gerd Gigerenzer. Kognitive Täuschungen. Heidelberg: Spektrum Akademischer Verlag.
Stern, Paul C., 1992: Psychological Dimensions of Global Environmental Change, Annual Review of Psychology 43: 269-302.
Stern, Paul C., Thomas Dietz und Linda Kalof, 1993: Value Orientations, Gender, and Environmental Concern, Environment and Behavior 25: 322-348.
Stewart, Thomas, R., Paulette Middleton und Daniel Ely, 1983: Urban Visual Air Quality Judgements: Reliability and Validity, Journal of Environmental Psychology 2: 129-145.
Tanner, Carmen, 1995a: Warum handeln wir nicht umweltgerecht?, Psychoscope 3: 7-10.
Tanner, Carmen, 1995b: Wahrnehmung von Umweltproblemen und Barrieren umweltgerechten Handelns. Dissertation. Universität Bern.
Tanner, Carmen, und Klaus Foppa, 1995: Wahrnehmung von Umweltproblemen. S. 113-132 in: Andreas Diekmann und Axel Franzen (Hg.): Kooperatives Umwelthandeln. Modelle, Erfahrungen, Maßnahmen. Chur: Rüegger.
Tversky, Amos, Shmuel Sattath und Paul Slovic, 1988: Contingent Weighting in Judgement and Choice, Psychological Review 95: 371-384.
Weinstein, Neil D., 1980: Unrealistic Optimism about Future Life Events, Journal of Personality and Social Psychology 39: 806-820.

Allmende-Probleme

UNVERTRAUTES GELÄNDE: GEMEINEIGENTUM UNTER DER SOZIALWISSENSCHAFTLICHEN LUPE*

Bonnie McCay und Svein Jentoft

Zusammenfassung: In der neueren Literatur über Gemeineigentum gewinnen kritische Sichtweisen eines verbreiteten Modells ökologischer und sozialer Probleme an Gewicht. Gemäß diesem Modell führt individuelle Rationalität unter Bedingungen von Gemeineigentum zu unerwünschten und unbeabsichtigten sozialen und ökologischen Konsequenzen. Die bekannteste revisionistische Sicht der sogenannten „Tragödie der Allmende" unterstreicht wichtige konzeptionelle und somit politik-relevante Fehler. Sie hat wesentlich dazu beigetragen zu verstehen, unter welchen Umständen kollektives Handeln zu gemeinsamem Nutzen im Hinblick auf einen gemeinsamen Pool von Ressourcen führen kann. Wir charakterisieren diesen Ansatz als ein „dürres" oder abstraktes, verallgemeinerndes Erklärungsmodell, mit entsprechenden Stärken und Schwächen. Vor diesem Hintergrund diskutieren wir eine „dichtere" oder ethnographischere Perspektive, welche betont, wie wichtig es ist, Eigentumsrechte und ihre Einbettung in verschiedene und sich wandelnde historische Situationen, in soziale und politische Beziehungen zu spezifizieren.

I. Die „Tragödie der Allmende"

Man ist sich seit langem klar darüber, daß die Abwesenheit wohldefinierter oder exklusiver Eigentumsrechte an Ressourcen die Menschen dazu bringen kann, diese Ressourcen zu übernutzen. Ein intuitiveres und allgemeines Verständnis davon wird ausgedrückt in der Wendung „jedermanns Recht, niemandes Verantwortung". Aristoteles erkannte das schon vor zweitausend Jahren: „wenn die größte Zahl von Menschen etwas gemeinsam besitzt, erfährt dies die geringste Pflege und Sorgfalt. Man kümmert sich ja am ehesten um persönliches Eigentum, um das der Allgemeinheit dagegen weniger" (Politik, Buch II, Kap. 3). In den 50er Jahren wurde dies von Ökonomen formalisiert, die sich mit Fischerei befaßten (Gordon 1954; Scott 1955), und dann fand es auch Ausdruck in Olsons Analyse (1965) des sozialen Dilemmas, in dem eine Gruppe von Menschen mit denselben Interessen nicht notwendig kollektiv handeln wird, um diese Interessen zu verwirklichen, weil es für jeden den Anreiz gibt, vom Einsatz der andern zu schmarotzen. Dieser Gedanke wurde

---

* Das unübersetzbare Wortspiel des englischen Originaltitels lautet: „Uncommon ground: critical perspectives on common property".

1968 von Hardin, der ihn auf das Problem der Überbevölkerung ausdehnte, als „die Tragödie der Allmende" popularisiert.

Die akademischen Überlegungen, welche die Allmende in moderner Zeit betreffen, rühren aus Versuchen her, die politische Ökonomie des Kapitalismus und insbesondere das „Versagen" kapitalistischer Märkte aus der Sicht liberaler Wirtschaftstheorie zu verstehen. Warum gibt es in der kapitalistischen Wirtschaft, die so viel Reichtum hervorbringt, so viele arme Leute? Das war die Frage, die am Beginn von William Forster Lloyds Vorlesungen an der Universität Oxford in den Dreißiger Jahren des vergangenen Jahrhunderts stand (Lloyd 1837/1833). Er erklärte Armut mit Hilfe einer Analogie zwischen Gemeinde-Weideland und dem englischen Arbeitsmarkt, und mit der Analogie zwischen einem Kalb und einem Kind, gemäß der das Kalb ausgerüstet ist mit „Zähnen und der Fähigkeit zu grasen" und das Kind mit „einem Paar zur Arbeit tauglicher Hände" (Lloyd 1977: 11).[1] Der Zugang zur Weide oder zum Arbeitsmarkt ist frei – deshalb werden die Weiden überweidet und die Arbeitsmärkte übersättigt, was zu den niedrigen Löhnen und dem Elend der arbeitenden Klassen führt. Solange der Zugang frei ist, würde eine Neueinsaat der Weide oder eine Erhöhung der Löhne wenig nützen, denn Überweidung und Überbevölkerung kämen einfach erneut vor.

Lloyds malthusianische Sichtweise wurde in den sechziger Jahren dieses Jahrhunderts von Garrett Hardin (1968) wieder aufgegriffen. Dessen Darlegungen schließen sich eng an Lloyd an, wie Hardin selbst sagt (Hardin/Baden 1977). Hardin kombinierte die Analogie aus dem Bereich des Viehweidens mit der Terminologie des Grenznutzens aus dem Bereich der Ökonomie. Auch wenn es Anzeichen für Überweidung geben mag, ist es für den einzelnen Tierhalter doch rational, mehr Tiere auf die Weide zu schicken, denn sein Nutzen wird positiv sein, etwa +1, während als negativer Nutzen auf ihn nur ein Bruchteil von –1 entfällt, da die Kosten der Überweidung auch von seinen Nachbarn getragen werden. Die rationalen Entscheidungen aller Individuen addieren sich zu einem irrationalen Dilemma für die Gruppe, und die Freiheit wird tragisch: „Der rationale Herdenbesitzer schlußfolgert, daß es für ihn das einzig Vernünftige ist, seiner Herde ein weiteres Tier hinzuzufügen. Und noch eines, und noch eines ... zu diesem Schluß kommt aber jeder einzelne rationale Herdenbesitzer, der an gemeinsamem Weideland partizipiert. Darin liegt die Tragödie. Jeder Mensch funktioniert in einem System, welches ihn zwingt, seine Herde unbegrenzt zu vergrößern – in einer begrenzten Welt. ... Freiheit bezüglich einer Allmende ruiniert alle" (Hardin 1968: 1244).

In Hardins Essay ging es vornehmlich um Überbevölkerung, aber die Kraft der Parabel führte schnell dazu, daß natürliche Ressourcen zum Kernpunkt der Forschung über „die Tragödie der Allmende" wurden. Das Modell, das Hardin neu belebt hatte, wurde von Wissenschaftlern aufgegriffen, die die Ökonomie der institutionellen und natürlichen Ressourcen und die Evolution der Eigentumsrechte untersuchten (z.B. Hardin/Baden 1977; Stroup/Baden 1983; Anderson/Hill 1975; Anderson 1983). Die Fragestellung verschob sich von „warum so viele arme Leute" zu „warum werden natürliche und ökonomische Ressourcen verschwendet und erschöpft". Wenn sie auch auf der ökonomischen Theorie der Transaktionskosten und Externalitäten basierte (Coase 1988; Cheung 1970), so benutzte diese Forschung doch Hardins Modell, um das „Gemeineigentum" (in seinen ver-

---

1 Dieses und alle folgenden Zitate sind aus dem Original übersetzt.

schiedenen Formen; siehe unten) als den Schuldigen zu identifizieren, als die entscheidende Ursache fehlgerichteter Anreize und Externalitäten.

Das Modell der „Tragödie der Allmende" hat tendenziell zwei allgemeine Lösungen hervorgebracht: Regierungseingriffe, um das Versagen von Marktmechanismen zu kompensieren, und Privatisierung, um das Funktionieren von Marktmechanismen wiederherzustellen. Die offizielle Rechtsprechung bezüglich Ozeanen, schiffbaren Flüssen, vielen Wäldern, Straßen, der Atmosphäre, der Tier- und Pflanzenwelt und anderer derartiger Ressourcen, hält sich an das wesentliche Grundprinzip, daß diese Ressourcen aus verschiedenen Gründen nicht privatisiert werden können oder sollten, daß aber ihre Nutzung geregelt werden muß, um Konfliktmöglichkeiten zu verringern und eine langfristig vorteilhafte Nutzung zu sichern. Regierungsamtliche Stellen und Gesetzgebung haben jedoch unterschiedliche Fähigkeiten, die ihnen anvertrauten „Allmenden" zu handhaben, woraus sich, wie wir wissen, Ungerechtigkeiten, Ineffizienzen und grobes Mißmanagement ergeben können.

So gibt es unter den Ökonomen, besonders unter jenen, die sich zur „neuen Ressourcen-Ökonomie" (Anderson 1983b) zählen, zum Teil als Reaktion auf wahrgenommene Probleme bei staatlichem Management, eine Tendenz, die Abschaffung der genannten Freiheiten durch Schaffung von Privateigentum zu befürworten. Ein Beispiel ist Gary Libecaps Buch „Locking Up the Range" (1981), in dem die Privatisierung der ausgedehnten öffentlichen Ländereien des amerikanischen Westens vorgeschlagen wird. (Entsprechende Literatur gibt es auch zu den Vorzügen der Privatisierung von Land und anderen Ressourcen in der Dritten Welt.) Der Wissenschaft obliege die Aufgabe zu ergründen, wieso es noch nicht zu diesen Lösungen des Privateigentums gekommen ist. Dementsprechend wird „das Fortbestehen anscheinend perverser Eigentumsrechte angesichts offensichtlich einleuchtender Alternativen" (Libecap 1989: 3) als ein wichtiger Einstiegspunkt für Untersuchungen von Prozessen institutionellen Wandels identifiziert.

Hardins „Tragödie der Allmende" ist enorm populär, sie wird sowohl von Laien als auch von Akademikern zur Erklärung vieler sozialer und ökologischer Probleme herangezogen (Literaturangaben finden sich bei McCay/Acheson 1987b: 2; Ostrom 1990: 3). Zweifellos liegt ein Grund für ihre Attraktivität darin, daß ihre Rezepte und Annahmen, wie bei ihrem nahen Verwandten in den Politikwissenschaften, der Public-Choice-Theorie, sowohl der politischen Linken als auch der politischen Rechten zusagen können (DeGregori 1974). Aber unumstritten ist sie nicht.

1. Kritik

Das Modell der „Tragödie der Allmende" hat zahlreiche und tiefgehende Auswirkungen auf Politik und Forschung gehabt. Und dennoch wird ihm von vielen innerhalb der wissenschaftlichen Gemeinschaft mit gemischten Gefühlen begegnet. Gegen einige seiner impliziten und expliziten Annahmen wurden Einwände vorgebracht. Auch politische Empfehlungen, die aus der Theorie abgeleitet wurden, sind ernsthaft in Frage gestellt worden.

Die Annahmen dieses Modells – wie jedes auf neoklassischer Ökonomie basierenden Modells – sind:

- Gemeineigentum sei immer vom frei zugänglichen Typ,
- diejenigen, die es nutzen, seien egoistisch, nicht durch soziale Normen der Gemeinschaft eingeschränkt, und trachteten, kurzfristige Gewinne zu maximieren,
- sie verfügten über vollkommene Informationen und
- die Ressource werde so intensiv genutzt, daß Übernutzung und vollständige Ausschöpfung möglich seien (McCay/Acheson 1987b: 7).

Wir diskutieren hier die ersten beiden Punkte (die beiden andern findet man bei Runge 1981 und Berkes 1987). Man kann Hardin und andere (z.B. Gordon 1954) dafür kritisieren, daß sie Gemeineigentum auf freien Zugang reduzieren und dabei die große Vielfalt von Eigentumsbeziehungen außer acht lassen, welche dieser Begriff umfassen kann. Als erste haben Ciriacy-Wantrup und Bishop (1975: 715) darauf hingewiesen, daß zwischen „Gemeineigentum" und „jedermanns Eigentum" unterschieden werden muß (bei letzterem gibt es überhaupt keine Eigentumsrechte). Gemeineigentum bezeichnet eine Klasse äußerst verschiedener Eigentumsrechte. Zu den Merkmalen, die man typischerweise vorfindet, gehört ein Recht, etwas mit andern gemeinsam zu nutzen, ein Recht, nicht von der Nutzung von etwas ausgeschlossen zu werden (MacPherson 1978) und irgendeine Form von Gleichheit oder Fairneß bei der Zuteilung von Rechten, „eine Verteilung von Eigentumsrechten an Ressourcen, bei der eine bestimmte Anzahl von Eigentümern gleich sind in ihrem Recht, die Ressource zu *nutzen*" (Ciriacy-Wantrup/Bishop 1975: 714; Hervorhebung im Original, um deutlich zu machen, daß dies andere Rechte nicht unbedingt beinhalten muß, etwa das Recht auf Veräußerung).

Gemeineigentum ist, wie jede andere Eigentumsform, eine soziale Institution, keine Eigenschaft der Natur (Bohannan 1963; Furubotn/Pejovich 1972; McCay/Acheson 1987b). „Manchmal werden sowohl die Institution als auch die ihr unterliegende Ressource 'Allmende' genannt. Es ist aber hilfreich, zwischen dem Konzept, der Institution .... und der speziellen Ressource, die entsprechend dieser Institution genutzt wird, zu unterscheiden" (Ciriacy-Wantrup/Bishop 1975: 715). Vincent und Elinor Ostrom (1977) schlagen vor, den Begriff *'common pool'* statt *'Gemeineigentum'* für jene Klasse von Ressourcen zu verwenden, die für die menschliche institutionelle Ordnung spezielle Probleme aufwerfen, weil es schwierig ist, sie zu begrenzen oder zu teilen, weil die Handlungen des einen wahrscheinlich des anderen Genuß der Ressource beeinträchtigen usw. Daher lautet ein zentrales Argument der revisionistischen Sichtweise zu Fragen der „Allmende", es sei zu unterscheiden zwischen Merkmalen der Ressource und Merkmalen der Art und Weise, wie sich Menschen auf die Ressource und zueinander beziehen wollen (Feeny et al. 1990; Berkes et al. 1989; Ostrom 1990).

Ciriacy-Wantrups und Bishops Kritik (1975) eröffnete die Möglichkeit, in Gemeineigentum eine positive, nicht eine negative Institution zu sehen. Wie sie (und andere seither) bemerkten, haben sich viele Institutionen entwickelt, die den Zugang zu Common-Pool-Ressourcen regeln, etwa Institutionen der Anrainer zur Bewirtschaftung von Wasservorkommen; und manche solche Institutionen schließen auch eine Rechtsprechung durch eine nichtstaatliche soziale Gemeinschaft mit ein (Berkes 1987; Bromley 1992; McCay/Acheson 1987). Die optimistischere Vorstellung von Gemeineigentum wird durch Simulationsmodelle gestützt (z.B. Axelrod 1984; Feeny 1992), welche zeigen, daß sich selbst ohne externe Initiative eine Koordination durch Kooperation zwischen Nutzern entwickeln kann, die das Entstehen von „Tragödien" zu verhindern vermag.

Also sind unter bestimmten Bedingungen die Nutzer einer Ressource in der Lage, die Ressource selbst zu bewirtschaften. Dies hat dazu geführt, daß man sich für das Management von Common-Pool-Ressourcen durch Gemeinschaften interessiert, aber auch für die Delegation der Management-Hoheit vom Staat an lokale Gruppen, bekannt unter dem Begriff „Co-Management" (Jentoft 1989; Pinkerton 1989). Co-Management wird vielleicht dadurch gestärkt, daß es auf exklusive Eigentumsrechte gründet, wie sich etwa am Beispiel der von Ruddle (1989) beschriebenen japanischen Küstenfischer zeigt, aber es kann auch unter Bedingungen freien Zugangs funktionieren (Jentoft/Kristoffersen 1989).

Obwohl man solche Institutionen aus der Hobbesschen Sicht eines von Eigeninteresse angetriebenen kollektiven Entscheids erklären kann (Bates 1992; Olson 1965), wird auch die Annahme eines Verhaltens aus Eigeninteresse kritisch betrachtet. Viele Sozialforscher empfinden Unbehagen gegenüber der neoklassisch-ökonomischen Vorstellung von Ressourcen-Nutzern als atomisierten, egoistischen Nutzen-Maximierern. „Als ein Paradigma reduziert sie Menschen auf räuberische Wesen, die weder durch kollektive Strategien noch durch Verantwortung in Schranken gehalten werden" (Bjørklund 1990: 83). Im Gegensatz dazu unterstreichen Sozialwissenschaftler die sozialen und moralischen Aspekte von Nutzer-Verhalten. Nutzer bilden Gemeinschaften. Die Ausbeutung natürlicher Ressourcen orientiert sich an sozialen Werten und Normen, darunter vielen nicht vertraglich kodifizierten (Durkheim 1902), welche durchaus Mäßigung und Vorsicht anstatt Übermaß und Rücksichtslosigkeit betonen können. Wie sogar die Anhänger der Public-Choice-Theorie zugeben, ist „Gemeinschaft" in einem moralischen und direkt erfahrbaren Sinn entscheidend für die Entwicklung lebensfähiger „Allmende"-Institutionen (Ostrom 1992; Singleton/Taylor 1992).

2. Der Wert von Modellen

In einer Widerrede gegen viele Kritiker besteht Ottar Brox (1990) darauf, daß das Modell der Tragödie der Allmende nomothetisch sei, ein Versuch, das Operieren allgemeiner Gesetze und Prinzipien modellhaft darzustellen. Auch wenn Hardins Parabel von Hirten mit ihren Herden auf der gemeinsamen Weide eine repräsentative, empirische Realität nahelegt, beschreibt nach Brox das Modell einen „Idealtyp" im Weberschen Sinne, d.h. ein Modell, das „die Beschreibung empirischer Phänomene in miteinander vergleichbaren und eindeutigen Begriffen ermöglicht" (Brox 1990: 230; Weber 1922). Es solle nicht als eine idiographische Beschreibung eines wirklichen Falles verstanden werden. Und entsprechend werde es auch nicht durch einen konkreten Fall widerlegt, in dem eine oder mehrere seiner Annahmen nicht zutreffen (vgl. Berkes 1987). Es könne bei vergleichender Analyse nützlich sein.

Als Antwort auf Brox muß bemerkt werden, daß die Kritik am Modell der Tragödie der Allmende ihrerseits zu Modellen geführt hat, welche ebenfalls nützliche vergleichende Forschung und kritische Überlegungen ermöglichen. Eines davon ist ein sich entwickelndes theoretisches Modell der Bedingungen, unter denen Gruppen von Ressourcen-Nutzern in der Lage sein können, lebensfähige und wirksame Systeme gemeinsamen Ressourcen-Managements zu entwickeln und aufrechtzuerhalten. Ostrom (1990) hat am meisten zu dieser Theorie beigetragen (siehe auch McKean 1992). Beispielsweise identifiziert Ostrom situationsbedingte Variablen, welche das Urteil über die Vorteile einer institutionellen Entscheidung für oder gegen eine bestimmte Art kollektiven Handelns beeinflussen. Dazu gehört die Zahl derer, die sich die Ressource aneignen, die Größe der Common-Pool-Ressource, die zeitliche und räumliche Verschiedenheit von Einheiten der Ressource sowie Ausmaß und Art potentieller Konflikte (Ostrom 1990: 197); diese und andere Variablen, insbesondere jene, die sich auf die Kosten von Überwachung und Durchsetzung von Regeln richten, spielen bei institutionellen Veränderungen eine Rolle. Ein verwandtes theoretisches Gerüst ist im Entstehen begriffen, welches sich auf die Bedingungen für erfolgreiches „Co-Management" oder Zusammenarbeit zwischen verschiedenen Interessengruppen konzentriert, von den Nutzern der Ressource über regierungsamtliche Stellen bis hin zu nichtstaatlichen öffentlichen Interessengruppen (Pinkerton 1989; Jentoft 1989; Pinkerton 1994).

Ungeachtet dessen ist es immer gefährlich, sich sehr stark auf irgendein Modell zu stützen, wenn man versucht, spezifische Situationen zu erklären. Als Folge der Popularität des Modells der Tragödie der Allmende mitsamt seiner inhärenten Annahmen und der von ihm abgeleiteten Verallgemeinerungen werden zahlreiche Fälle von Ressourcengebrauch und -mißbrauch fast vollständig in Begriffen von „Gemeineigentum" oder „freiem Zugang" analysiert. Dies kann selbst dann der Fall sein, wenn es überhaupt nicht um Eigentumsrechte geht (Emmerson 1980; Franke/Chasin 1980), wenn das soziale Dilemma und ein Trittbrettfahrerverhalten keine erkennbare Rolle spielen oder wenn die Eigentumsrechte, die einen Unterschied ausmachen, nicht jene sind, die analysiert werden.

Einen Fall von falsch gesetztem analytischem Schwerpunkt findet man zum Beispiel in den politischen Analysen der Fischereiprobleme Neufundlands in Kanada und der darauf basierenden Politik. In den frühen siebziger Jahren hatte die teilregulierte, aber frei zugänglich geregelte küstennahe Fischerei wenig Auswirkung auf die Gesundheit der Fischbestände, verglichen mit der gratis-für-alle geregelten internationalen Hochseefischerei, die in größerer Entfernung von den Küsten stattfand (McCay 1978, 1979). Dennoch wurde, basierend auf dem Modell der Tragödie der Allmende, eine nationale Politik empfohlen und schließlich implementiert, die den Zugang zur küstennahen Fischerei beschränkte (The Kirby Report 1982), während dem Management der küstenfernen und internationalen Fischerei ungenügende politische Aufmerksamkeit gewidmet wurde (Steele et al. 1992; Matthews 1993). Die wirklich tragische Konsequenz davon ist, daß 1992 die Kabeljaufischerei aufgegeben werden mußte, weil die Fischbestände, weitgehend auf Grund von küstenferner Überfischung, kollabiert waren, wozu sowohl wissenschaftliche als auch politische Fehler der Regierung beigetragen hatten (Finlayson 1994) – und doch betont die Politik selbst noch 1995 eine Beschränkung des Zugangs zur küstennahen Fischerei (McCay/Finlayson 1995).

Wenn es unser Ziel ist, die Interaktionen zwischen Menschen und Umwelt und ihre sozialen und ökologischen Konsequenzen besser zu erklären – im Gegensatz zu einem Ziel wie der Verteidigung oder Infragestellung eines bestimmten Modells –, gibt es darüber hinaus philosophische Gründe, uns nur mit Vorsicht auf große oder mittelgroße Theorien und Modelle zu verlassen und sie zum Zentrum unserer Analysen zu machen (McCay/Vayda 1992). Der „kausal/mechanische" Ansatz zu wissenschaftlicher Erklärung (Kitcher 1985, 1989) legt vor allem Wert darauf, die Ursachen aufzuzeigen, welche tatsächlich in einer bestimmten Situation zum Tragen kommen; der Gebrauch eines Modells wie dem der

Allmende-Tragödie mag dabei von Nutzen sein oder nicht. Ein solcher Erklärungsansatz ist in den Sozialwissenschaften dem „Vereinheitlichungs"-Ansatz vorzuziehen, dessen Schwergewicht eher darauf liegt, Übereinstimmungen mit Gesetzen oder Verallgemeinerungen aufzuzeigen, die aus einer umfassenden Theorie herrühren (vgl. Salmon 1984, 1989; Brandon 1990: 159ff.).

II. 'Dichte' Analysen und eingebettete Systeme

1. 'Dürr' und 'dicht'

Der oben beschriebene revisionistische Ansatz läuft Gefahr, daß seine Aussagen als Gebot aufgefaßt werden (du sollst klein und selbstverwaltet sein!) und als allzu optimistisch (wenn man die Menschen nur mit ihren eigenen Mitteln verfahren läßt, werden sie schon tragfähige Lösungen für ihre kollektiven Dilemmata finden!). Außerdem ist er immer noch deutlich modernistisch, bei bloßer Verschiebung der Annahmen über die menschliche Natur (mehr Kooperation) und den Grad sozialer Interaktion (mehr Kollektivität). Ein befriedigenderer Ansatz würde zusätzlich das Zusammenspiel widerstreitender Interessen sowie umstrittener und unumstrittener Bedeutungen und Definitionen berücksichtigen (Peters 1987). Er würde die Spezifikation von Eigentumsrechten und anderen institutionellen Arrangements an konkreten Schnittstellen von Geschichte, Politik, Kultur, Zeit und Raum betrachten. „Wenn man Allmende-Dilemmata erklären will, so muß man die Dynamik von Konflikt und Konkurrenz zwischen verschiedenen sozialen Gruppen im Kontext von Geschichte und sozialen Systemen erklären, anstatt jene zwischen dem – unspezifizierten – rationalen wirtschaftenden Individuum und der – ebenfalls unspezifizierten – Gruppe" (McCay/Acheson 1987b: 22).

Das Modell der Tragödie der Allmende und seine Alternativen von Selbstverwaltung und Co-Management sind in starkem Maß das, was der Philosoph Daniel Little (1991) als „dürre" oder abstrakte, verallgemeinernde Erklärungsmodelle bezeichnen würde. Sie können als Richtschnur bei der Fragestellung (Brox 1990) und als Rahmen für vergleichende Analyse sehr hilfreich sein. Solche „dürren" Untersuchungen von Gemeineigentum waren außerordentlich wertvoll beim Herausschälen derjenigen Kriterien, von denen Erfolg oder Scheitern gemeinschaftlichen Managements (Ostrom 1990; McKean 1992) und Co-Managements (Pinkerton 1994; Pinkerton/Weinberg 1995) abzuhängen scheint. Diese Untersuchungen anerkennen auf die eine oder andere Weise die Bedeutung von Kultur und „Gemeinschaft", auch wenn das Wesen dieser "Variablen" durchaus Gegenstand von Diskussionen (z.B. Singleton/Taylor 1992; Ostrom 1992) und jedenfalls abstrakt und generalisiert ist.

Der Terminus „dürr" wurde gewählt, um sein Gegenteil „dicht" nahezulegen, womit eine eher ethnographische Sichtweise gekennzeichnet werden soll, in Anlehnung an die Begriffsbildung des Anthropologen Clifford Geertz vom Stellenwert der „dichten Beschreibung" in der interpretierenden Kulturanthropologie (Geertz 1971). Hier nehmen wir uns die Freiheit, Geertz' Gebrauch des Terminus abzuschwächen, und eine „dichtere" oder ethnographischere Sichtweise zu bezeichnen, die eine sorgfältige Spezifikation von Eigentumsrechten und ihrer Einbettung in verschiedene und sich wandelnde historische Situationen, in soziale und politische Beziehungen und Umweltbedingungen erfordert.

Wie andernorts diskutiert (McCay 1995), ist der nordamerikanische akademische Mißbrauch des Begriffs „Gemeineigentum" als gleichbedeutend mit „keinerlei Eigentumsrechten" ein gutes Beispiel dafür, daß der Begriff „Allmende" kulturell und historisch spezifische Bedeutung hat. In Nordamerika hat „Gemeineigentum" generell nur noch den Status von allgemeiner Macht des Staates, im Sinne legaler Doktrinen und eines allgemeinen Gefühls von „öffentlicher Treuhänderschaft". Damit reduziert sich das Thema zur Frage von kompensierbarem „Nehmen" versus privaten Eigentumsrechten. Versuche, dieses Phänomen zu erklären, finden sich in den Arbeiten von Carol Rose (1994), die die besonders faszinierende Bemerkung macht, der legale Status eines gemeinschaftlichen „Brauches" habe die Reise über den Atlantik, vom englischen „Common Law" zum amerikanischen Recht, nicht sehr gut überstanden, zum Teil deshalb, weil die Amerikaner entschlossen schienen, nichts zwischen das Individuum und seine politischen Repräsentanten treten zu lassen. Allgemeiner gesagt, verbanden sich in der westlichen Welt der Aufstieg eines radikalen Individualismus, die kapitalistische Praxis und die liberale Wirtschaftstheorie mit einer Verschiebung in der Auffassung von Eigentum. Es kam dahin, daß Eigentum nur noch als ein individuelles Recht angesehen wurde, andere vom Gebrauch oder Nutzen an etwas – nämlich privatem Eigentum – auszuschließen, wo es doch logisch und historisch zu einer größeren Klasse individueller Rechte gehört, die auch das individuelle Recht umfaßt, nicht von etwas ausgeschlossen zu werden (MacPherson 1978: 202).

2. Soziale Einbettung

Die oben genannte analytische Sichtweise wird gut erfaßt durch das Konzept der sozialen „Einbettung", zuerst in die Sozialwissenschaften eingeführt von Karl Polanyi, der sagte, „die Wirtschaft der Menschen" sei „in der Regel mit ihren sozialen Beziehungen verflochten" (Polanyi 1957: 46). Ähnlich meinen Granovetter und Swedberg (1992) in einer programmatischen Darstellung der Wirtschaftssoziologie, ökonomisches Handeln sei sozial situiert, d.h. verwoben mit ökonomischen und nicht-ökonomischen Institutionen und Netzwerken fortlaufender sozialer Beziehungen. In ihrer Arbeit wird „eingebettet" in zweierlei verschiedenem, wichtigem, wenn auch oft verwechseltem Sinn verwendet. Einmal ist da die methodologische Vorschrift, Analysen anscheinend ökonomischer Verhaltensweisen sollten sich auf die soziale Dimensionen dieser Verhaltensweisen konzentrieren. Diese Position widerspiegelt die Tatsache, daß alle Ökonomien irgendwie in andere und größere Strukturen eingebettet sind (Barber 1995). Zum zweiten gibt es die ontologische Behauptung, kulturelle Systeme unterschieden sich in dem Ausmaß, in dem ökonomische Transaktionen in Verwandtschaft und andere Dimensionen sozialen Lebens und kultureller Konstrukte eingebettet seien.

Die Position der „Einbettung" eignet sich als analytische Perspektive für die Untersuchung von Problemen des Gemeineigentums. Sie wurde befürwortet und verwandt bei neueren Studien unter Fischern und Hirten. Gísli Pálsson kritisiert den üblichen Ansatz, das „natürliche Modell", weil es nur die technischen und ökologischen Aspekte der Fischerei beschreibt und damit nicht sieht, „auf welche Art und Weise Produktionssysteme bezüglich ihrer sozialen Beziehungen differenziert sind". Als eine Alternative schlägt er ein Modell vor, „welches betont, daß Fischen oder jede andere Art der Ausschöpfung natürlicher Ressourcen unvermeidlich in soziale Beziehungen eingebettet sind" (Pálsson 1991: 157ff.). In ihrer Untersuchung der Weideländer von Botswana meint Pauline Peters (1987), „Definitionen von Rechten, relativen Ansprüchen, angemessener Nutzung und geeigneten Nutzern" seien „nicht nur in spezifische historische Kontexte von politischen und ökonomischen Strukturen eingebettet, sondern auch in kulturelle Systeme von Bedeutungen, Symbolen und Werten" (Peters 1987: 178). An späterer Stelle schreibt sie: „Ohne einen empfindlicheren Sinn für die Beziehungen, in die individuelle Nutzer eingebettet sind, können wir die Dynamik einer Allmende, die notwendig ein soziales System ist, nicht verstehen" (1987: 193). Robert Paines Untersuchung der lappischen Rentierhaltung in Skandinavien entwickelt das Argument weiter: „Die Kosten, die entstehen, wenn der Faktor der Einbettung unbeachtet bleibt (oder, noch schlimmer, durch Gesetzgebung abgeschafft wird), können, sogar in ökonomischen Begriffen, enorm sein" (Paine 1994: 193).

Im Gegensatz zu der neoklassischen ökonomischen Vorstellung, rationales Verhalten sei motiviert durch das Bestreben, individuelle Gewinne zu maximieren, ist Rationalität aus der Perspektive der Einbettung „verankert" in dem sozialen Kontext, in dem sich das Individuum bewegt. Wie Selznick (1992: 57) sagt, hat verankerte Rationalität die Wirkung, Bindungen zu vervielfachen. Der Nutzer ist durch eine Reihe von Rücksichten gebunden, beispielsweise durch jene, die seine Rollen als Mitglied der Gemeinschaft betreffen. So gesehen ist es eine entscheidende Frage, warum sich Menschen in bestimmten Situationen bei ihren Entscheidungen anscheinend auf individuelle, rationalisierende Kosten-Nutzen-Berechnungen stützen. Und diese Frage sollte nicht durch grundlegende Annahmen oder heuristische Betrachtungen bezüglich der menschlichen Natur stillgelegt werden. „Es ist ein Irrtum anzunehmen, individuelles Kalkulieren könne ein Allmende-System erklären, man muß vielmehr die sozial und politisch eingebettete Allmende verstehen, um individuelles Kalkulieren zu erklären" (Peters 1987: 178). Daher bemühen sich Davis und Jentoft (1989), welche die gängige Annahme von Individualismus als grundlegendem Wesenszug bei Kleinfischern kritisieren, das Wesen des Individualismus unter Kleinfischern in Neuschottland zu spezifizieren. Sie unterscheiden zwei Typen von Individualismus („utilitaristischen" und „hemdsärmligen"),[2] von denen nur einer zum Szenario der Tragödie der Allmende paßt, und sie versuchen, die Bedingungen aufzuzeigen, welche zu einem Anstieg der einen Form gegenüber der andern führen, einschließlich hypothetischer Konsequenzen für angemessenes kollektives Handeln.

Das neoklassische ökonomische Modell der Tragödie der Allmende stellt solche Tragödien als das Ergebnis eines Versagens des Marktes dar, als Folge unvollkommener Ei-

---

2 Utilitaristischer Individualismus „drückt eine explizitere, instrumentelle Beziehung zu Arbeitsprozeß und Tätigkeit des Fischens aus". „Hemdsärmliger Individualismus andererseits hat seine Wurzeln und findet seinen Ausdruck in einem von den Fischern kontrollierten Arbeitsprozeß, d.h. in den Beziehungen, die in die soziale Organisation der Arbeit eingebettet sind." Die Eigenschaften des Arbeitsprozesses werden hier, so sagen die Autoren, „normalerweise innerhalb eines Netzes persönlicher sozialer Beziehungen deutlich ... und sind Ausdruck einer Lebensweise und eines Lebensunterhalts, der im direkten persönlichen Umgang mit der Familie und mit Freunden erarbeitet wird" (Davis/Jentoft 1993: 358).

gentumsrechte und damit unvollkommener Anreizstrukturen. Der Ansatz, den wir hier vertreten, könnte solche Tragödien als das Ergebnis eines „Versagens der Gemeinschaft" darstellen. Wir haben die Arbeitshypothese, daß sich die für die Tragödie der Allmende erforderlichen sozialen Bedingungen vielleicht aus Prozessen der „Aufhebung von Eingebettetsein" ergeben, auf Grund derer sich Nutzer von Ressorcen ohne die sozialen Bindungen vorfinden, welche sie untereinander und mit ihren Gemeinschaften verknüpfen. Wenn das stimmt, dann ist die Tragödie der Allmende das Produkt sozialer Zerrüttung und Anomie, und nicht die „natürliche" Folge individuellen, rationalen Verhaltens; dann sollte sie als eine soziale Pathologie und ein Epiphänomen verstanden werden und nicht als der normale Gang der Dinge.

Der Begriff Gemeinschaft fehlt im wesentlichen in Hardins Modell (Fife 1977). Hingegen führt Hardin aus, daß die Gemeinschaft den Nutzer vor eine schwierige Wahl stellen kann. Er argumentiert, das Befolgen der Stimme der Gemeinschaft („Wenn du nicht das tust, was wir verlangen, dann werden wir dich offen dafür verdammen, daß du nicht wie ein verantwortungsvoller Bürger handelst") sei „ein ursächlicher Faktor bei der Entstehung der Schizophrenie" (Hardin 1968: 1246). Die Einbettungs-Sichtweise würde hier genau gegenteilig argumentieren. Wie Amitai Etzioni darlegt: „Es ist zwar möglich, abstrakt über Individuen, losgelöst von einer Gemeinschaft, nachzudenken. Wären aber Individuen wirklich ohne Gemeinschaft, so hätten sie sehr wenige der Eigenschaften, die gewöhnlich mit dem Begriff einer individuellen Person verbunden werden. Solche Individuen sind typischerweise psychisch unstabil, impulsiv, anfällig für Selbstmord und anderweitig seelisch und psychosomatisch krank" (Etzioni 1988: 9). Mit anderen Worten, die Gemeinschaft konfrontiert den Nutzer nicht etwa mit einem unlösbaren Dilemma, sondern sie bietet ihm normative Richtlinien und Sinn in privatem Opfer, wodurch der Streß für das Individuum verringert wird (Boulding 1977).

Die soziale Matrix der Nutzer geht über die lokale Gemeinschaft hinaus. Nutzer sind in größere soziale Systeme eingebettet, wozu Märkte gehören und organisatorische Bereiche aus Industrien, Berufen oder nationalen Gesellschaften (DiMaggio/Powell 1991). Zunehmend sind Nutzer Kräften ausgesetzt, die wahrhaft global sind. Nicht nur ökologische Krisen haben globale Ausbreitung, sondern auch präskriptive Problemlösungsmodelle. In diesem Prozeß spielen die Vertreter des Hardin-Modells innerhalb der wissenschaftlichen Gemeinschaft eine große Rolle. Sie haben nicht nur eine einfache und leicht erkennbare Definition des Problems des Gemeineigentums anzubieten, sondern sie schlagen auch einige explizite Richtlinien für politisches Handeln vor. Darin liegt die Macht der Metapher von der Allmende-Tragödie (Boulding 1977; vgl. Leary 1995). So wird das Problem der Rentierhaltung der Lappen als strukturell identisch mit jenen Problemen angesehen, mit denen sich die Kleinfischerei in Maine oder die Viehzucht in Botswana konfrontiert sieht. Und in allen Fällen sind die vorgeschlagenen Lösungen im Grunde gleich: Einfriedung der Allmende, am besten durch Privatisierung.

Daher muß die Einbettungs-Sichtweise auch die Wirkung solcher extralokaler Kräfte auf Systeme natürlicher Ressourcen beleuchten, einschließlich der Rolle der Wissenschaft und anderen Sachverstandes. Typischerweise werden Management-Systeme entsprechend universellen Prinzipien entworfen, die aus lokalen Zusammenhängen abstrahiert wurden. In diesen Systemen werden die Nutzer am Empfängerende eines Entscheidungsprozesses plaziert, der auf nationaler und internationaler Ebene stattfindet. Aber auch Management-

Systeme auf solchen Ebenen sind eingebettet. In einer international vergleichenden Studie von Systemen der Nutzer-Beteiligung bei der Bewirtschaftung von Fischgründen kamen wir zu dem Schluß, daß die spezifischen organisatorischen Modelle die größeren institutionellen Muster und Praktiken widerspiegeln, welche in jedem Land vorherrschen (Jentoft/McCay 1995). Mit Bezug auf Meyer und Rowan (1977) vertraten wir den Standpunkt, aus Gründen der Legitimität und Effizienz müsse eine spezifische Management-Institution zu dem größeren institutionellen Rahmen isomorph sein, in den sie eingebettet ist: „Institutionen des Fischerei-Managements entstehen nicht in einem institutionellen Vakuum. ... Ihre Form ist weitgehend analog jener von Institutionen in andern Bereichen der Gesellschaft. Beispielsweise zeigt der korporatistische Charakter der Fischereiwirtschaft in Skandinavien Parallelen zu Institutionen in andern Industrien. Systeme von Konsultation und Verhandlung zwischen Industrie und Regierung sind in Skandinavien seit jeher ein zentrales Element öffentlicher Verwaltung. Und auch in den USA beschränken sich öffentliche Anhörungen nicht auf das Gebiet der Fischerei" (Jentoft/McCay 1995: 236).

III. Die Rolle des Staates

Beim Ressourcen-Management übernimmt der Staat oft die Rolle einer externen Autorität, welche im Gefangenendilemma fehlt. Der Staat ist aktiv bei Entwurf, Implementierung und Durchsetzung von Regelungen, die Ressourcen betreffen. Damit ein System von Eigentumsrechten institutionalisiert wird, bedarf es bürokratischer Beteiligung und legislativer Entscheide. Wie gut sie auch immer gemeint sein mögen, staatliche Initiativen haben oft problematische und unbeabsichtigte Auswirkungen. Die Sozialforschung hat gezeigt, daß Systeme von Regulierungen oft fehlgerichtete oder geradezu kontraproduktive Auswirkungen haben. Oft erzeugen sie auch Nebenwirkungen wie soziale Ungerechtigkeit und Anomie. Manchmal sind die Auswirkungen staatlicher Eingriffe sogar noch subtiler: „Es ist vielleicht ironisch, den Staat als Retter von Menschen zu präsentieren, die auf der Ebene einer großen Gesellschaft in deren Gefangendilemmata (und anderen Problemen kollektiven Handelns) verstrickt sind. Denn historisch hat der Staat zweifellos eine große Rolle dabei gespielt, die Bedingungen herzustellen, unter denen Gesellschaften wachsen konnten, und eben auch dabei, systematisch große Gesellschaften aufzubauen und kleine Gemeinschaften zu zerstören. Der Staat hat auf diese Weise gehandelt, um sich selbst immer unentbehrlicher zu machen" (Taylor 1987: 167).

Eine verwandte Kritik wird auch in bezug auf die Bewirtschaftung der Fischbestände vorgebracht. Kasdan (1993: 7ff.) schreibt: „Wenn man die Sichtweise der 'Tragödie der Allmende' einnimmt, welche Gemeinschaften behandelt, als fehle ihnen auf Grund unbeschränkter individueller Konkurrenz völlig jegliche Fähigkeit, lokale Ressourcen zu bewirtschaften, dann ergibt sich daraus eine Politik, die genau jene Bedingungen hervorbringt, welche diese Sichtweise voraussetzt." Davis und Jentoft (1989: 208) meinen, „die Redefinition einer Teilnahme am Fischen als eines Privilegs, das Individuen von der Regierung durch die Ausgabe begrenzter Zugangslizenzen gewährt wird, wirk[e] jenen Praktiken und Einstellungen unter den Kleinfischern entgegen, welche individuelles Eigeninteresse mit kollektiver Organisation und kollektivem Ergebnis in Bezug setzen". So kann die Anwendung von Hardins Modell auf reale Management-Situationen durchaus zu einer selbsterfüllenden Prophezeiung werden, wie es, nach Maurstad (1992: 16) gegenwärtig unter den norwegischen Kleinfischern geschieht: „Die Tragödie ist, daß es vor der Einführung von Lösungen zu ihrer Bewältigung gar keine Tragödie gab. Zumindest können wir dessen nicht sicher sein. Was wir wissen, ist, daß jetzt die Voraussetzungen für Hardins Tragödie geschaffen werden."

Aus der Perspektive der lokalen Gemeinschaft hat eine bürokratische Einmischung in das Ressourcen-Management die latente Funktion, Einbettung aufzuheben. Praktisch bedeutet sie ein „'Herausheben' sozialer Beziehungen aus lokalen Interaktionszusammenhängen" (Giddens 1991: 21), ein Herausheben der Verantwortung, die zuvor Angelegenheit der Nutzer war. Vertikale Verbindungen – der individuellen Nutzer gegenüber der Regierung – haben Vorrang vor horizontalen Verbindungen, d.h. solchen, die die Nutzer untereinander haben und die innerhalb ihrer lokalen Gemeinschaft und auf der Allmende gelebt werden. Ehemals kooperative und symbiotische Beziehungen werden zu kompetitiven und „positionalen" (Hirsch 1976), sie bringen die Nutzer in ihrem Verhältnis zur Regierung in eine Position der Abhängigkeit. Damit werden diejenigen sozialen Bedingungen, die zu sozialem Handeln führen – Solidarität, Vertrauen, Gleichheit – erodiert.

Gleiche Wirkungen werden den Marktmechanismen zugeschrieben. Mit Bezug auf die asiatisch-pazifische Region schreibt Kenneth Ruddle, „die Kommerzialisierung und Monetarisierung von ehemals lokalen Wirtschaften, hauptsächlich Subsistenz- oder Tauschwirtschaften, wodurch diese nun mit externen Märkten verbunden sind" ... führe „zum Zusammenbruch traditioneller Management-Systeme durch die Schwächung oder den totalen Kollaps traditioneller moralischer Autorität" (Ruddle 1993: 1). Zu Ende gedacht, kann der Prozess zu der umgekehrten Situation führen, in der der Markt die sozialen Beziehungen durchdringt. Wie schon Polanyi (1957: 57) gesagt hat: „Anstatt daß die Wirtschaft in soziale Beziehungen eingebettet ist, sind soziale Beziehungen in das Wirtschaftssystem eingebettet." Dies ist auch Jürgen Habermas' Argument über die „Kolonialisierung der Lebenswelt", die Tatsache, daß das tägliche Leben der Menschen immer mehr durch bürokratische Kontrolle und die Logik von Geldtransaktionen dominiert wird (Habermas 1981).

Ruddle und viele andere Sozialforscher (z.B. Inglis 1993; Johannes 1989) setzen starkes Vertrauen in die Rolle von Institutionen des Co-Managements und in die Einbeziehung von Nutzer-Wissen in das Ressourcen-Management bei der Wiedereinbettung der Management-Verantwortung in die lokale Gemeinschaft. Kommerzialisierung und andere Kräfte haben aber die Fähigkeiten lokaler Gemeinschaften möglicherweise geschwächt. Die Ökonomen sprechen vom Problem der Allmende als von einem „Versagen des Marktes", aber in einem sehr realen Sinne hat das Eindringen ferner Märkte zu der schwindenden Fähigkeit lokaler Gemeinschaften beigetragen, lokale Ressourcen zu bewirtschaften. So mögen die Ursachen vieler Allmende-Tragödien Situationen sein, in denen der Erfolg des Marktes zum Scheitern der Gemeinschaft beigetragen hat.

IV. Über Soziologie und Gemeinschaft

In Hardins Parabel „handelt jeder Herdenbesitzer (Unternehmer) im wesentlichen allein, zu seinem eigenen Besten, ohne Rücksicht auf das Wohl der andern, *es gibt keine Ge-*

meinschaft" (Fife 1977: 76; Hervorhebung hinzugefügt). Kritiken an Hardins Modell stützen sich auf Sichtweisen und Behauptungen, die für das Verständnis der Sozialwissenschaften von sozialen Gemeinschaften grundlegend sind. Zum Beispiel:
- Soziale Akteure haben multiple Ziele und nehmen eine Vielzahl von Rollen ein, die manchmal miteinander konfligieren (Goffman 1969);
- sowohl in Ziele als auch in Mittel gehen Normen und Werte ein (Parsons 1937);
- Menschen bilden vielstrangige Netze und Gruppen von grundlegend moralischer Natur (Durkheim 1964);
- sie schreiben ihrer Umgebung Bedeutung zu (Weber 1922);
- die Gemeinschaft „addiert" sich nicht einfach aus ihren Einzelteilen, sondern bildet ein integriertes Ganzes (Durkheim 1964).

Deshalb sieht man in einer Fischereiflotte mehr als nur eine Kombination einzelner Schiffe, sie ist auch ein System sozialer Beziehungen, welches unter bestimmten Umständen eine korporative Gruppe bilden kann (Jentoft/Wadel 1982). Die „Lobster Gangs" von Maine, die Acheson (1988) porträtiert hat, illustrieren das sehr gut: „Während die Hummerfischer selber oft dem Stereotyp des unabhängigen Mannes auf See beipflichten, sind sie in Wirklichkeit Teil eines komplizierten sozialen Netzwerks. ... Um Hummer fischen zu gehen, muß man zuerst Mitglied einer Hafen-Gang werden. Ist eine Person einmal zugelassen, so kann sie nur in dem Territorium fischen gehen, das den Mitgliedern dieser Gang gemeinschaftlich 'gehört'. ... Die Fischer identifizieren sich mit einer bestimmten Hafen-Gang und werden als ihre Mitglieder identifiziert. ... Hafen-Gangs sind auch Bezugsgruppen ... Hummerfischer derselben Hafen-Gang haben gewöhnlich langanhaltende, vielstrangige Bindungen untereinander. ... Viele sind Mitglieder von seit langem etablierten Familien und teilen auch verwandtschaftliche Bindungen miteinander" (Acheson 1988: 48ff.).

In ähnlicher Weise bilden die Hirten bei den Lappen in Nordnorwegen Haushalte, die wiederum Gruppen bilden, etwa die „siida", die elementare Hüteeinheit: „Dies ist eine Form der Kooperation zwischen Rentierhaltern, die durch Verwandtschafts- und Bekanntschaftsbeziehungen organisiert ist. ... Der Begriff meint eine Gruppe von Rentierhaltern, die zusammen lebt und weiterzieht, und dazu die ihnen gehörende und von ihnen gehütete Rentierherde. ... So wie die Größe der Herden gemäß den Weidebedingungen das Jahr hindurch verschieden ist, so variiert auch der notwendige Hüteaufwand und die Arbeit. Entsprechend ändert die siida während des Jahres Größe und Zusammensetzung, wenn die Hirten ihre Herden teilen und regruppieren. ... Die siida ist, mit anderen Worten, eine Allianz, die sich aus Bekanntschafts- und Verwandtschaftsbeziehungen nährt und auf den gegenseitigen Weidestrategien ihrer Mitglieder basiert. Durch dieses Organisationsprinzip hat jeder Rentierhalter potentiellen Zugang zu Weiden und anderen Hirten in einem großen Gebiet" (Bjørklund 1990: 80ff.).

Die von den Nutzern gebildeten Gruppen haben ihren Platz in einem größeren System oder in Systemen verschiedener Schichten und Stufen und müssen dementsprechend analysiert werden (Ostrom 1995). Wie Durrenberger und Pálsson (1987: 508) über die Fischerei sagen: „Regeln über den Zugang zu Meeresressourcen lassen sich nur im Kontext des gesamten sozioökonomischen Systems verstehen, von dem sie Teil sind, dessen Festlands-Komponente inbegriffen." Wenn also Nutzer konkurrieren, so ist, hypothetisch gesehen, ihre Interaktion eingebunden. Es gibt Spielregeln, beispielsweise bezüglich Territorialität. Als Mitglieder einer lokalen Gemeinschaft oder einer ethnischen Gruppe orientieren sich die Nutzer an ethischen Prinzipien und/oder sozialen Pflichten und Verantwortungen. Damit kann sich Konkurrenz ausbilden, ohne soziale Zerrüttung und Chaos zu verursachen.

In der Tat sollten Konkurrenz und Kooperation nicht als sich gegenseitig ausschließende Aktivitäten angesehen werden (Taylor 1987). Man könnte sagen, Konkurrenz könne ohne Kooperation nicht stattfinden. Es muß unter konkurrierenden Nutzern irgendeine Übereinkunft darüber bestehen, um was es bei dem Wettbewerb überhaupt geht, wer teilnehmen darf, welche Strategien erlaubt sind, welche Rechte Gewinner und Verlierer haben. Man könnte sogar sagen, Kooperation werde durch Konkurrenz gestärkt. Die Spielregeln brauchen immer wieder Bestätigung. Dies ist, auf allgemeinerer Ebene, das Argument von Georg Simmel, der meinte, man solle soziale Konflikte als integrierende Mechanismen ansehen, und von Lewis Coser, der aufzeigte, daß Konflikte oft dazu beitragen, bestehende Normen mit neuem Leben zu erfüllen (siehe Rex 1961: 115ff.).

Aufgabe des Sozialforschers ist es zu beschreiben, welches diese bindenden sozialen Mechanismen bei der Ausbeutung von Ressourcen sind und wie sie in der Praxis operieren. Ohne das Potential für soziale Konflikte, für Stratifikation und für Desintegration ignorieren zu wollen, muß man annehmen, daß Mit-Nutzer von Ressourcen nicht immer affektiv neutral behandelt und als entfernte „Sie" gesehen werden. Wie uns Etzioni (1988: 9) in Erinnerung ruft, ist „die Gesellschaft nicht eine 'Beschränkung' oder eine 'Gelegenheit', die Gesellschaft sind wir." Anstatt andere als außerhalb oder gar als Eindringlinge wahrzunehmen, betrachten sich Nutzer unter Umständen oft als Mit-Abenteurer eines sozial integrierten „Wir". Unter den Mitgliedern von Nutzer-Gruppen gibt es Solidarität, Vertrauen und Altruismus. Aber, wie Portes und Sensenbrenner(1993) bemerken, diese Eigenschaften sind oft „gebunden", d.h. auf die spezifische Gemeinschaft oder Gruppe beschränkt. Nutzer-Gruppen stellen also nicht bloß eine Gesamtheit individueller Handlungen dar. Oft ergeben sie sich aus bewußt kollektivem Handeln oder sind aus sozialer Interaktion im Verlauf der Zeit zu einer Einheit zusammengewachsen. Was Gemeinschaften ausmacht, sind oft organisierte Aktivitäten von Mitgliedern, die soziale Bindungen und eine gemeinsame Geschichte haben und sich selbst als Menschen mit gemeinsamer Zukunft sehen. Man sollte aber aufpassen, die darin enthaltenen Wesenszüge von Einheit, Homogenität, Kohärenz und Stabilität nicht übertrieben zu sehen. Wie Young (1995) bemerkt, sind Gemeinschaften nicht statisch, sondern wandeln sich im Laufe der Zeit. Sie sind oft durch soziale Risse gekennzeichnet, wie Barett und Okudaira (1995) sogar für die japanischen Fischer-Kooperativen gezeigt haben, die man üblicherweise als Modelle erfolgreicher lokaler gemeinschaftlicher Fischereiwirtschaft ansieht (z.B. Ruddle 1989).

Man sollte Gemeinschaft nicht nur im strukturellen und geographischen Sinn verstehen. Eine Gemeinschaft wird auch symbolisch konstruiert (Cohen 1985). Sie existiert in den Köpfen der Menschen als eine Quelle von Sinn und ein Bezugspunkt für Identität und Zugehörigkeit. Dies macht Gemeinschaft zu mehr als einer Koalition und einem Transaktionsverhältnis. Daher ergeben sich Beständigkeit und Loyalität der Mitglieder aus Beteiligung und Engagement und nicht bloß aus einem Kalkül. Mit andern Worten, Nutzer halten ihre Mitgliedschaft in einer Gemeinschaft nicht notwendig deshalb aufrecht und bleiben Normen und Werten treu, weil sich das auszahlt oder weil Sanktionen zu fürchten sind. Sie tun es, weil sie sich moralisch verpflichtet fühlen. Der Trittbrettfahrer im Gefangenendilemma, das alter ego des Nutzers im Modell der Allmende-Tragödie, ist im engen Sinn ein rationaler Akteur, aber er handelt vielleicht auch als ein unmoralischer.

V. Abschließende Bemerkungen

Beim Gebrauch des Modells der Allmende-Tragödie wurden bestimmte institutionelle und menschliche Gegebenheiten – freier Zugang, Habgier, Konkurrenz – als natürliche aufgefaßt und gemeinsames Eigentum und Gemeinschafter dämonisiert. Während der vergangenen zwei Jahrzehnte hat Kritik aus vielen Disziplinen versucht, die kulturelle und situationsbedingte Relativität der Bedingungen für diese Tragödie und die Werte und Potentiale gemeinschaftlicher Rechte aufs neue festzuhalten. Diese Kritik ist in Kernbereichen der Sozialwissenschaften verwurzelt, wie sich an der Aufmerksamkeit zeigt, die sie den sozialen und kulturellen Inhalten und Kontexten von Situationen gibt, die als „Allmende" beschrieben werden. Grundlegende Fragen der Sozialwissenschaften, darunter jene nach den Beziehungen zwischen Individuum und Gesellschaft, dem Wesen von Gemeinschaft und dem Eingebettetsein ökonomischen Verhaltens, prägen die neueren Debatten darüber, wie die Humanökologie der Allmende verstanden und gehandhabt werden soll.

Wir schlagen vor, Allmende-Tragödien als Fälle eines „Versagens der Gemeinschaft" aufzufassen und nicht als „Versagen des Marktes". Die Perspektive des „Versagens der Gemeinschaft" ist weiter, sie betont eher die Prozesse der Moderne, welche Einbettung zersetzen, als daß sie sich auf die einzige Frage von Eigentumsrechten oder deren Fehlen beschränkt. Die Erosion von zwischenmenschlichen Verpflichtungen, von Solidarität und moralischen Standards, welche die engebettete Gemeinschaft charakterisieren, eine Erosion, die durch globale Marktkräfte ebenso wie durch bürokratische Staatspraktiken ausgelöst wird, sollte mehr als mögliche Ursache denn als wahrscheinliche Folge der Allmendetragödie gesehen werden. Wir argumentieren des weiteren, daß die Wiederherstellung oder Erneuerung von Merkmalen eingebetteter Gemeinschaften wesentlich ist, wenn Regulierungssysteme die Zerrüttung natürlicher Ressourcen wirksam vermeiden sollen. Gemeinschaften Eigentumsrechte zu verleihen, ist ein Instrument dazu; ein anderes besteht im Gebrauch des Co-Management-Prinzips für regulatorische Entscheidungsfindung. Beide trachten danach, Regulierungssysteme wieder in Gemeinschaften einzubetten.

In diesem Zusammenhang braucht es unserer Meinung nach ein loses und ausweitungsfähiges Verständnis von Gemeinschaft, eines, das sich von einzelnen Anwesen über Gemeinden bis zu den Sitzen der Zentralregierung erstreckt und weiter zu losen Allianzen zwischen Umweltschützern oder Unternehmern, zu den fragilen Institutionen internationaler Beziehungen, den robusteren Institutionen des globalen Handels und sogar zu den „epistemischen Gemeinschaften" der Wissenschaftler und anderer Menschen, die engagiert versuchen, mit ökologischen Problemen von Common Pools umzugehen (vgl. Young 1989). Die Aufgabe ist dann, in jedem konkreten Fall offenbaren Mißbrauchs gemeinsamer Ressourcen festzustellen, wo die Fehler liegen und was dagegen getan werden kann. Dies in jedem bestimmten Fall tun zu können erfordert, daß wir erforschen, wie Eigentumsrechte von verschiedenen Parteien verstanden werden und wie diese Bedeutungen sich in Verhalten, Sitte und Gesetz umsetzen. Es erfordert, daß wir das Wesen von Konflikten um Rechte und Verantwortungen verstehen, die Rolle der Wissenschaft und anderer Formen des Sachverstands und die Rolle größerer globaler Prozesse, welche das Management von Boden und anderen natürlichen Ressourcen auf der ganzen Welt beeinflussen. Es verlangt auch, daß wir die sozialen und politischen Fähigkeiten von Gemeinschaften verstehen, respektieren und auf sie bauen.

Literatur

Acheson, James M., 1988: The Lobster Gangs of Maine. Hanover, NH: University Press of New England.
Anderson, Terry L., und P. J. Hill, 1975: The Evolution of Property Rights, A Study of the American West, Journal of Law and Economics 18: 163-179.
Anderson, Terry L. (Hg.), 1983a: Water Rights; Scarce Resource Allocation, Bureaucracy, and the Environment. San Francisco, CA: Pacific Institute for Public Policy Research.
Anderson, Terry L., 1983b: Introduction: The Water Crisis and the New Resource Economics. In: Terry L. Anderson (Hg.): Water Rights, Scarce Resource Allocation, Bureaucracy, and the Environment. San Francisco CA: Pacific Institute for Public Policy Research.
Axelrod, Robert, 1984: The Evolution of Cooperation. New York: Basic Books.
Barber, Bernard, 1995: All Economies are „Embedded": The Career of a Concept, and Beyond, Social Resarch 62: 387-413.
Barrett, Gene, und Tadahi Okudaira, 1995: The Limits of Fishery Cooperatives? Community Development and Rural Depopulation in Hokkaido, Japan, Economic and Industrial Democracy 16: 201-232.
Bates, Robert H., 1992: Social Dilemmas and Rational Individuals: An Essay on the New Institutionalism. Duke University Program in Political Economy, Papers in International Political Economy, Working Paper Number 164.
Berkes, Fikret, 1987: Common-Property Resource Management and Cree Indian Fisheries in Subarctic Canada. S. 66-91 in: Bonnie J. McCay und James M. Acheson (Hg.): The Question of the Commons. Tucson: University of Arizona Press.
Berkes, Fikret, 1989: Common Property Resources: Ecology and Community-Based Sustainable Development. London: Belhaven Press.
Berkes, Fikret, David Feeny, Bonnie J. McCay und James M. Acheson, 1989: The Benefits of the Commons, Nature 340: 91-93.
Bjørklund, Ivar, 1990: Sami Reindeer Pastoralism as an Indigenous Resource Management System in Northern Norway: A Contribution to the Common Property Debate, Development and Change 21: 75-86.
Bohannan, Paul, 1963: Land Tenure. In: D. Biebuyk (Hg.): African Agrarian Systems. Oxford: Oxford University Press.
Boulding, Kenneth, 1977: Commons and Community: The Idea of a Public. In: Garrett Hardin und John Baden (Hg.): Managing the Commons. San Francisco: W.E. Freeman and Company.
Brandon, Robert N., 1990: Adaptation and Environment. Princeton, N.J.: Princeton University Press.
Bromley, Daniel W. (Hg.), 1992: Making the Commons Work; Theory, Practice, and Policy. San Francisco, CA: International Center for Self-Governance.
Brox, Ottar, 1990: Common Property Theory: Epistemological Status and Analytical Utility, Human Organization 49: 227-35.
Cheung, S.N.S., 1970: The Structure of a Contract and the Theory of a Non-Exclusive Resource, Journal of Law and Economics 13: 45-70.
Ciriacy-Wantrup, S., und R. Bishop, 1975: „Common Property" as a Concept in Natural Resources Policy, Natural Resources Journal 15: 713-727.
Coase, Ronald H., 1988: The Firm, the Market, and the Law. Chicago: University of Chicago Press.
Cohen, Anthony P., 1985: The Symbolic Construction of Community. London: Tavistock Publications.
Davis, Anthony, und Leonard Kasdan, 1984: Bankrupt Government Policies and Belligerent Fishermen Responses: Dependency and Conflict in the Southwest Nova Scotia Small Boat Fisheries, Journal of Canadian Studies 19: 108-124.
Davis, Anthony, und Svein Jentoft, 1989: Ambivalent Co-operators: Organisational Slack and Utilitarian Rationality in an Eastern Nova Scotian Fisheries Co-operative, Maritime Anthropological Studies 2: 194-211.
DeGregori, T. R., 1974: Caveat Emptor: A Critique of the Emerging Paradigm of Public Choice, Administration and Society 6: 205-228.

DiMaggio, Paul J., und *Walter W. Powell* (Hg.), 1991: The New Institutionalism in Organizational Analysis. Chicago: The University of Chicago Press.
Durkheim, Emile, 1967 [1902]: De la division du travail social. Paris: Presses universitaires de France.
Durrenberger, Paul, und *Gísli Pálsson,* 1987: Ownership at Sea: Fishing Territories and Access to Sea Resources, American Ethnologist 14: 508-21.
Emmerson, Donald K., 1980: Rethinking Artisanal Fisheries Development: Western Concepts, Asian Experiences. World Bank Staff Working Paper No.423. Washington, D.C.: The World Bank.
Etzioni, Amitai, 1988: The Moral Dimension: Toward a New Economics. New York: The Free Press.
Feeny, David, 1992: Where Do We Go From Here? Implications for the Research Agenda. In: *Daniel W. Bromley* (Hg.): Making the Commons Work: Theory, Practice, and Policy. San Francisco: Institute for Contemporary Studies Press.
Fife, D., 1977: Killing the Goose. Pp. 76-81 in: *Garrett Hardin* und *John Baden* (Hg.): Managing the Commons. San Francisco: W.H. Freeman.
Finlayson, Alan C., 1994: Fishing for Truth: A Sociological Analysis of Northern Cod Stock Assessments from 1977 to 1990. St. John's: Institute of Social and Economic Research.
Franke, Richard W., und *Barbara H. Chasin,* 1980: Seeds of Famine; Ecological Destruction and the Development Dilemma in the West African Sahel. Montclair, NJ: Allenheld, Osmun.
Furubotn, Erik G., und *S. Pejovich,* 1972: Property Rights and Economic Theory: A Survey of Recent Literature, Journal of Economic Literature 10: 1137-1162.
Geertz, Clifford, 1971: Thick Description: Toward an Interpretive Theory of Culture. In *Clifford Geertz,* The Interpretation of Cultures. New York: Basic Books (dt. *Clifford Geertz,* 1983: Dichte Beschreibung. Bemerkungen zu einer deutenden Theorie von Kultur. In: *Clifford Geertz:* Dichte Beschreibung. Beiträge zum Verstehen kultureller Systeme. Frankfurt a.M.: Suhrkamp).
Giddens, Anthony, 1991: The Consequences of Modernity. Cambridge: Polity Press.
Goffman, Erving, 1969: The Presentation of Self in Everyday Life. New York: Penguin Books.
Gordon, H. S., 1954: The Economic Theory of a Common Property Resource: The Fishery, Journal of Political Economy 62: 124-142.
Granovetter, Mark, 1992: Economic Action and Social Structure: The Problem of Embeddedness. In: *Mark Granovetter* und *Richard Swedberg* (Hg.): The Sociology of Economic Life. Boulder: Westview Press.
Granovetter, Mark, und *Richard Swedberg* (Hg.), 1992: The Sociology of Economic Life. Boulder: Westview Press.
Habermas, Jürgen, 1981: Theorie des kommunikativen Handelns. Frankfurt a.M.: Suhrkamp.
Hardin, Garrett, 1968: The Tragedy of the Commons, Science 162: 1243-1248.
Hardin, Garrett, und *John Baden* (Hg.), 1977: Managing the Commons. San Francisco: W.H. Freeman.
Hirsch, Fred, 1976: Social Limits to Growth. Cambridge, MA: Harvard University Press.
Inglis, Julian T. (Hg.), 1993: Traditional Ecological Knowledge: Concepts and Cases. Ottawa: Canadian Museum of Nature.
Jentoft, Svein, 1989: Fisheries Co-management: Delegating Government Responsibility to Fishermen's Organizations, Marine Policy, April: 137-154.
Jentoft, Svein, und *Cato Wadel* (Hg.), 1984: I samme båt: Sysselsettingssystemer i fiskerinæringen. Oslo: Universitetsforlaget.
Jentoft, Svein, und *Trond Kristoffersen,* 1989: Fishermen's Co-management: The Case of the Lofoten Fishery, Human Organization 48: 355-67.
Jentoft, Svein, und *Bonnie J. McCay,* 1995: User Participation in Fisheries Management. Lessons Drawn from International Experiences, Marine Policy 19: 227-246.
Johannes, Robert E. (Hg.), 1989: Traditional Ecological Knowledge: A Collection of Essays. Gland: IUCN, The World Conservation Union.
Kasdan, Leonard, 1993: Market Rationality, Productive Efficiency, Environment and Community: The Relevance of Local Experience. Paper presented at the International Congress on Ecology, Hermosillo, Mexico, April 15-17.
Kitcher, Philip, 1985: Two Approaches to Explanation, Journal of Philosophy 82: 632-639.

Kitcher, Philip, 1989: Explanatory Unification and the Causal Structure of the World. S.410-505 in: *Philip Kitcher* und *Wesley C. Salmon* (Hg.): Scientific Explanation. Minneapolis: University of Minnesota Press.

Leary, David E., 1995: Naming and Knowing; Giving Forms to Things Unknown, Social Research 62: 267-298.

Libecap, Gary D., 1981: Locking up the Range. Cambridge, MA: Ballinger Pub. Co.

Libecap, Gary D., 1989: Contracting for Property Rights. New York: Cambridge University Press.

Little, Daniel, 1991: Varieties of Social Explanation. An Introduction to the Philosophy of Social Science. Boulder: Westview Press.

Lloyd, William Forster, 1968 [1837]: Lectures on Population, Value, Poor-Laws, and Rent, Delivered in the University of Oxford during the Years 1832, 1833, 1834, 1835, und 1836. Reprint. New York: Augustus M. Kelley.

Lloyd, William Forster, 1977 [1833]: On the Checks to Population. Reprinted in: *Garrett Hardin* und *John Baden* (Hg.): Managing the Commons. San Francisco: W.H. Freeman.

MacPherson, C. B., 1978: The Meaning of Property. S. 1-13 in: *C. B. MacPherson* (Hg.): Property: Mainstream and Critical Positions. Toronto: University of Toronto Press.

Matthews, David Ralph, 1993: Controlling Common Property; Regulating Canada's East Coast Fishery. Toronto: University of Toronto Press.

Maurstad, Anita, 1992: Closing the Commons – Opening the „Tragedy": Regulating North-Norwegian Small-Scale Fishing. Paper presented at the 3rd Common Property Conference of the International Association for the Study of Common Property. Sept. 17-20. Washington D.C.

McCay, Bonnie J., 1978: Systems Ecology, People Ecology, and the Anthropology of Fishing Communities, Human Ecology 6: 397-422.

McCay, Bonnie J., 1979: Fish is Scarce: Fisheries Modernization on Fogo Island, Newfoundland. S. 155-189 in: *Raoul Andersen* (Hg.): North Atlantic Maritime Cultures. Den Haag: Mouton.

McCay, Bonnie J., 1995: „Common and Private Concerns." S. 89-116 in: *Lee Freese* (Hg.): Advances in Human Ecology 4. Greenwich, CT: JAI Press.

McCay, Bonnie J., und *James M. Acheson,* 1987a: Human Ecology of the Commons. S. 1-34 in: *Bonnie J. McCay* und *James M. Acheson* (Hg.): The Question of the Commons. Tucson: University of Arizona Press.

McCay, Bonnie J., und *James M. Acheson* (Hg.), 1987b: The Question of the Commons: The Culture and Ecology of Communal Resources. Tucson: University of Arizona Press.

McCay, Bonnie J., und *Alan Christopher Finlayson,* 1995: The Political Ecology of Crisis and Institutional Change: The Case of the Northern Cod. Paper presented to the Annual Meetings of the American Anthropological Association. Washington, D.C., November 15-19, 1995.

McCay, Bonnie J., und *Andrew P. Vayda,* 1992: The Ecology of Natural Resource and Conservation Management: A Question-Based Approach to Research in Ecological Anthropology. Paper presented to the Annual Meetings of the American Anthropological Association. San Francisco, CA, December 3, 1992.

McKean, M. A., 1992: Success on the Commons: A Comparative Examination of Institutions for Common Property Resource Management, Journal of Theoretical Politics 4: 247-281.

Meyer, John W., und *Brian Rowan,* 1977: Institutionalized Organizations: Formal Structure as Myth and Ceremony, American Journal of Sociology 83: 340-363.

Olson, Mancur, 1965: The Logic of Collective Action; Public Goods and the Theory of Groups. Cambridge, MA: Harvard University Press.

Ostrom, Vincent, und *Elinor Ostrom,* 1977: A Theory for Institutional Analysis of Common Pool Problems. S. 157-172 in: *Garrett Hardin* und *John Baden* (Hg.): Managing the Commons. San Francisco: W.H. Freeman.

Ostrom, Elinor, 1990: Governing the Commons: The Evolution of Institutions for Collective Action. New York: Cambridge University Press.

Ostrom, Elinor, 1992: Community as the Endogenous Solution of Commons Problems, Journal of Theoretical Politics 4: 343-351.

Ostrom, Elinor, 1995: Designing Complexity to Govern Complexity. S. 33-46 in: *Susan Hanna* und *Mohan Munasinghe* (Hg.): Property Rights and the Environment; Social and Ecological Issues. Washington, D.C.: The Beijer International Institute of Ecological Economics and the World Bank.

Paine, Robert, 1994: Herders of the Tundra: A Portrait of Sami Reindeer Pastoralism. Washington: Smithsonian Institution Press.

Pálsson, Gísli, 1991: Coastal Economies, Cultural Accounts: Human Ecology and Icelandic Discourse. Manchester: Manchester University Press.

Parsons, Talcott, 1968 [1937]: The Structure of Social Action. New York: The Free Press.

Peters, Pauline E., 1987: Embedded Systems and Rooted Models: The Grazing Lands of Botswana and the Commons Debate. S. 171-194 in: *Bonnie McCay* und *James M. Acheson* (Hg.): The Question of the Commons. Tucson: University of Arizona Press.

Pinkerton, Evelyn (Hg.), 1989: Co-Operative Management of Local Fisheries; New Directions for Improved Management and Community Development. Vancouver: University of British Columbia Press.

Pinkerton, Evelyn, 1994: Local Fisheries Co-Management: A Review of International Experiences and their Implications for Salmon Management in British Columbia, Canadian Journal of Fisheries and Aquatic Sciences 51: 1-17.

Pinkerton, Evelyn, und *Martin Weinstein*, 1995: Fisheries That Work; Sustainability through Community-Based Management. A Report of the David Suzuki Foundation. Vancouver, BC: The David Suzuki Foundation.

Polanyi, Karl, 1957: The Great Transformation. Boston: Beacon Press.

Portes, Alejandro, und *Julia Sensenbrenner*, 1993: Embeddedness and Immigration: Notes on the Social Determinants of Economic Action, American Journal of Sociology 98: 1320-1350.

Rex, John, 1961: Key Problems of Sociological Theory. London: Routledge and Kegan Paul.

Rose, Carol M., 1994: Property und Persuasion; Essays on the History, Theory, and Rhetoric of Ownership. Boulder: Westview Press.

Ruddle, Kenneth, 1989: Solving the Common-Property Dilemma: Village Fisheries Rights in Japanese Coastal Waters. In: *Fikred Berkes* (Hg.): Common Property Resources: Ecology and Community-Based Sustainable Development. London: Belhaven Press.

Ruddle, Kenneth, 1993: External Forces and Change in Traditional Community-Based Fishery Management Systems in the Asia-Pacific Region, Maritime Anthropological Studies 6: 1-37.

Runge, C. F., 1981: Common Property Externalities: Isolation, Assurance and Resource Depletion in a Traditional Grazing Context, American Journal of Agricultural Economics 63: 595-606.

Salmon, Wesley C., 1984: Scientific Explanation and the Causal Structure of the World. Princeton, NJ: Princeton University Press.

Salmon, Wesley C., 1989: Four Decades of Scientific Explanation. Minneapolis: University of Minnesota Press.

Scott, Alan, 1955: The Fishery: The Objectives of Sole Ownership, Journal of Political Economy 63: 116-124.

Selznick, Philip, 1992: The Moral Commonwealth; Social Theory and the Promise of Community. Berkeley: University of California Press.

Singleton, S., und *Michael Taylor*, 1992: Common Property, Collective Action and Community, Journal of Theoretical Politics 4: 309-324.

Steele, D. H., *Raoul Andersen* und *J. M. Green*, 1992: The Managed Commercial Annihilation of Northern Cod, Newfoundland Studies 8: 34-68.

Stroup, Richard L., und *John A. Baden*, 1983: Natural Resources; Bureaucratic Myths and Environmental Management. San Francisco, CA: Pacific Institute for Public Policy Research.

Taylor, Michael, 1987: The Possibility of Cooperation. Cambridge: Cambridge University Press.

The Kirby Report: Task Force on Atlantic Fisheries, 1982: Navigating Troubled Waters: A New Policy for the Atlantic Fisheries. Ottawa, December 1982.

Warming, Jens, 1911: Grundrente af fiskegrunde. Kopenhagen: National Ekonomisk Tidsskrift.

Weber, Max, 1980 [1922]: Wirtschaft und Gesellschaft. Tübingen: Mohr (Paul Siebeck).

Wrong, Dennis, 1961: The Oversocialized Conception of Man in Sociology, American Sociological Review 26: 183-93.
Young, Oran, 1989: The Politics of International Regime Formation: Managing Natural Resources and the Environment, International Organization 43: 349-375.
Young, Oran, 1995: The Problem of Scale in Human/Environment Relationships. In: *Robert O. Keohane* und *Elinor Ostrom* (Hg.): Local Commons and Global Interdependence. London: Sage Publications.

Aus dem Amerikanischen übersetzt von *Gisela Jaeger-Weise*.

TRAGIK DER ALLMENDE

Einsicht, Perversion und Überwindung*

Bruno S. Frey und Iris Bohnet

Zusammenfassung: Das Umweltproblem als das Problem der Allmende oder das öffentlicher Güter zu sehen, ist wichtig und unverzichtbar. Trittbrettfahren als allein rationale Strategie im Rahmen der analytischen Darstellung als Gefangenen-Dilemma wurde jedoch überbetont. Empirische (experimentelle) Evidenz widerspricht in vielen Fällen den Annahmen des spieltheoretischen Modells. Als zentrale Bedingung für das Überwinden von Allmendeproblemen erweist sich die individuelle Zurechenbarkeit von Entscheidungen. Werden Individuen mit ihrem Handeln identifiziert, erhöht sich die Kooperationsbereitschaft beträchtlich. Die Dezentralisierung der Entscheidungsfindung ist ein wirksames Mittel, um Handlungen zu individualisieren. In kleinen politischen und gesellschaftlichen Einheiten bringen Menschen die Umweltnutzen eher mit den entsprechenden Kosten in Verbindung und können sich eher auf andere, nicht-monetäre und daher günstigere Anreizmechanismen wie Umweltnormen verlassen. Wenn die politischen Einheiten in Konkurrenz zueinander stehen, werden sich öffentliche Anbieter von Umweltleistungen auf die Bedürfnisse der Bürgerinnen und Bürger einstellen, ihre Flexibilität erhöhen und durch die Spezialisierung auf eine Aufgabe effizienter handeln können.

I. Einsicht

Garrett Hardins 'Tragedy of the Commons' (1968) zählt zu Recht zu den bekanntesten sozialwissenschaftlichen Aufsätzen. Bei freiem Zutritt zu einer knappen Ressource – seien es Rohstoffe, Wälder, Fisch- oder Wildbestände – führt das Verhalten rationaler Menschen zu einer Übernutzung und damit zu Umweltschäden. Im Extrem werden die Grundlagen für das menschliche Leben unwiederbringlich zerstört; individuell rationales Handeln führt zu kollektiver Irrationalität. Dieser Zusammenhang wurde bereits von Aristoteles (in seiner Politik, Buch II, Kapitel 3) gesehen, ist bei Hobbes nachweisbar und wurde bereits früh von Ökonomen (Gordon 1954; Dales 1968) präzise beschrieben. Die Tragik der Allmende wurde auf alle möglichen Umweltbereiche (wie die Überfischung der Weltmeere, den sauren Regen, die Erderwärmung oder das Ozonloch) übertragen und sogar weit darüber hinaus auf Hungersnöte in Entwicklungsländern, die Unfähigkeit von Parlamenten zur Ausgabenbeschränkung, die städtische Kriminalität und die internationale Kooperation angewandt (vgl. Snidal 1985; Frey 1985). Um den Gegensatz zwischen individueller und gesellschaftlicher Rationalität zu betonen, wird dabei von 'sozialen Dilemmata' gesprochen.

---

* Für hilfreiche Kritik und Verbesserungsvorschläge danken wir Felix Oberholzer. Die Arbeit wurde im Rahmen des Nationalfondsprojektes (12-42480.94) über die 'Grenzen des Preissystems' verfaßt.

In der Wirtschaftswissenschaft wird das gleiche Problem unter der Rubrik des 'öffentlichen Gutes' abgehandelt, das ebenfalls durch den freien Zugang (sog. Nichtausschlußprinzip) charakterisiert ist. Häufig wird *das* Umweltproblem mit dem Problem des öffentlichen Gutes gleichgesetzt (so etwa bei Weimann 1995: 72). Dieses wiederum wird in aller Regel mit Hilfe des Gefangenen-Dilemmas analysiert,[1] das dadurch in der Ökonomik – und weit darüber hinaus – eine zentrale Bedeutung erlangt hat. In diesem Spiel stehen sich zwei Personen gegenüber, die durch den Staatsanwalt eines gemeinsam begangenen Verbrechens bezichtigt werden. Streiten beide ihre Schuld ab, kommt jeder mit einer eher geringen Strafe davon. Gibt aber einer der beiden das Verbrechen zu, wird er selbst nur ganz milde, der andere aber hart bestraft (Kronzeugenregelung). Bekennen sich beide zum Verbrechen, kommen sie insgesamt bei weitem am schlechtesten davon. Gemäß Spieltheorie gibt es (bei einer einmaligen Situation) eine eindeutige Lösung: Individuell rationale Spieler bekennen sich zum Verbrechen, so daß kollektiv (d.h. für die beiden Spieler gemeinsam) das schlechtmöglichste Ergebnis folgt. Dieses Ergebnis gilt selbst, wenn die beiden Spieler sich vor der (getrennten) Befragung durch den Staatsanwalt miteinander verständigen können, denn jeder von ihnen weiß, daß etwaige Vereinbarungen nicht bindend sind und im nachhinein von einem rational handelnden Spieler gebrochen werden müssen. Das Gespräch an sich erweist sich gemäß Spieltheorie als völlig irrelevant und wird deshalb als 'cheap talk' (Farrell 1987; Johnson 1993) bezeichnet. Entsprechend ist die Prognose über das Verhalten bei öffentlichen Gütern und somit (fast) allen Umweltproblemen extrem pessimistisch: Das Trittbrettfahren dominiert; die Menschen sind ihres Eigennutzens willen bereit, die Umwelt zu schädigen oder gar endgültig zu zerstören.

Zwei Lösungsmechanismen bieten sich an: Entweder wird die Struktur des Problems durch Zuordnung privater Eigentumsrechte so verändert, daß rational eigennütziges Handeln auch zu gesellschaftlich erwünschten Ergebnissen führt, oder aber die Bereitstellung öffentlicher Güter wird dem individuellen Entscheidungskalkül entzogen und dem Staat übertragen. Beide Wege erweisen sich jedoch häufig als problematisch. Gerade bei Allmendeproblemen ist eine Privatisierung der betreffenden Ressourcen (insbes. von Luft und Wasser) entweder grundsätzlich nicht möglich oder kann nur mit immensen Kosten durchgesetzt werden. Die Lösung der Umweltprobleme dem Staat zu übertragen, ist oft ineffektiv und kostspielig und führt zuweilen zu katastrophalen Auswirkungen. Die Verstaatlichung der sich bisher in kommunalem Besitz befindlichen Wälder in Thailand, Niger, Nepal und Indien z.B. hat wesentlich zu deren Zerstörung beigetragen. Den Schutz der Fischgründe an den Meeresküsten dem Staat zuzuordnen, hat ebenfalls zu einem Mißerfolg geführt (vgl. ausführlich Ostrom 1990: 23).

Ein dritter Weg drängt sich auf – ein Weg, der nicht in erster Linie nach Lösungsstrategien für ein gegebenes Problem sucht, sondern danach fragt, ob wir das Problem als solches überhaupt richtig verstehen. Aus unserer Sicht entspricht die Umweltfrage nur in beschränktem Masse einem sozialen Dilemma. Ebensowenig sollte das Umweltproblem mit öffentlichen Gütern und dem Gefangenen-Dilemma gleichgesetzt werden.[2] Die heute

---

[1] Als erstes von Dawes (1973). Das Spiel selbst wird Merrill M. Flood und Melvin Dresher zugeschrieben, wurde durch Albert W. Tucker formalisiert und durch Luce und Raiffa (1957) allgemein bekannt gemacht.

[2] Vgl. die gleiche Folgerung bei Goodwin and Shepard (1979), Kimber (1981) und Taylor (1987), die jedoch nicht die gleichen Gründe anführen.

übliche Identifikation kann sogar die Umweltsituation verschlechtern, weil sich eine auf globale Allmendeprobleme oder öffentliche Güter stützende Argumentation trefflich als Ablenkungsmanöver mißbrauchen läßt. Die meisten und dringendsten Umweltprobleme sind jedoch *lokaler* Natur und entsprechen einer *Kleingruppensituation* (vgl. Olson 1965). Die für ein öffentliches Gut und für ein Gefangenen-Dilemma typischen Probleme werden nicht oder nur abgeschwächt akut. Diese Aussage gilt gerade auch für die von Hardin (1968: 1244) metaphorisch beschriebene Allmende in Form eines allen Viehhaltern zugänglichen Weidelandes: „Each rational herdsman concludes that the only sensible course for him to pursue is to add another animal to his herd. And another; and another. ... A conclusion reached by each and every rational herdsman sharing a commons."

Empirische Untersuchungen zeigen (vgl. Netting 1981; Ostrom 1990; Bromley 1992), daß sich bei Alpweiden hervorragend funktionierende Institutionen entwickelt haben, die eine Übernutzung verhindern. Die Vorstellung, Umweltprobleme könnten nur durch Staatsintervention oder durch Privatisierung gelöst werden, übersieht die Vielfalt wirksamer alternativer Institutionen. Insbesondere gibt es neben Staats- und Privatangebot die *Selbstorganisation* der mit einem Umweltproblem konfrontierten Individuen und Gruppen. Wie Ostrom (1990) und Ostrom, Gardner und Walker (1994) anhand einer großen Zahl von Fällen empirisch nachgewiesen haben, sind Menschen durchaus fähig, eine Übernutzung von Umweltgütern zu verhindern. Damit wird der zum herrschenden Paradigma emporstilisierte Gegensatz zwischen individueller und kollektiver Rationalität zwar nicht hinfällig, verliert aber seine dominante Bedeutung.

Selbstorganisation ist allerdings nur unter bestimmten Bedingungen möglich und langfristig wirksam. Notwendig sind u.a. klar definierte Grenzen; Regeln zur Ressourcenaneignung, die den lokalen Bedingungen entsprechen; allgemeine Teilnahme an den kollektiven Entscheidungen; Überwachung des Ressourcenverbrauchs; abgestufte Sanktionen bei einer Regelverletzung; Konfliktregelungsmechanismen; keine störende Intervention des Staates und (bei größeren Ressourcensystemen) ein mehrstufiges System miteinander verbundener lokaler Organisationen (vgl. Ostrom 1990: 90-120). Diese Bedingungen sind nicht immer erfüllt oder erfüllbar; wesentlich ist jedoch, daß eine Vielfalt von beeinflußbaren Faktoren aufgezeigt wird, mit deren Hilfe Umweltprobleme wirksam angegangen werden können, ohne daß zu den Extremen 'Staat' oder 'Privatisierung' gegriffen werden muß. Insgesamt wird die Betrachtung wesentlich optimistischer, als sie auf Grundlage einer Analyse mit dem Gefangenen-Dilemma erscheint und eröffnet neuartige Forschungsperspektiven.

Im Abschnitt II (Perversion) wird die Gleichsetzung des Gefangenen-Dilemmas mit dem Umweltproblem einer differenzierten Kritik unterzogen. Insbesondere wird gezeigt, daß die empirischen (experimentellen) Befunde den spieltheoretischen Voraussagen eklatant widersprechen und daß Menschen unter vielerlei Bedingungen ein umweltmoralisches Verhalten zeigen. Im folgenden Abschnitt III wird der Zusammenhang zwischen der Umweltmoral und der Umweltpolitik behandelt. Abschnitt IV (Überwindung) propagiert eine Dezentralisierung als notwendige Voraussetzung zur Lösung von Umweltproblemen. Zu diesem Zweck wird die Bildung von funktionalen, übergreifenden und kompetitiven Jurisdiktionen (FOCJ) vorgeschlagen. In Abschnitt V finden sich abschließende Folgerungen für die Umweltpolitik und für die zukünftige Forschung.

II. Perversion

Bei näherer Betrachtung muß erstaunen, daß Umweltprobleme so weitgehend mit Hilfe des Gefangenen-Dilemmas analysiert werden. Es lassen sich drei Kritikpunkte unterscheiden: 1. die logische Äquivalenz des Gefangenendilemmas und typischer Umweltprobleme, 2. die illustrative Einsichtigkeit des Paradigmas und 3. die empirische Relevanz der spieltheoretischen Annahmen.

1. Werden typische Umweltprobleme durch das Gefangenendilemma adäquat erfaßt?

Eine typische Umweltsituation ist dadurch charakterisiert, daß der einzelne keinen Beitrag zur Erhaltung der Umwelt leistet, weil er deren Qualität nicht beeinflussen kann. Verzichtet z.B. eine Person auf die Benutzung ihres Autos, wird die Umweltqualität dadurch nicht (oder zumindest nur vernachlässigbar wenig) verbessert. Im Zwei-Personen-Gefangenendilemma scheitert die Kooperation hingegen keineswegs an der Unbedeutsamkeit der individuellen Entscheidung, sondern an der spezifischen strategischen Interaktion. Unterstellen die Gefangenen einander rationale Eigennutzmaximierung, kooperieren sie nie miteinander, gleichgültig wie der andere Spieler handelt (Defektion ist eine dominante Strategie).

Schon vor vielen Jahren wurde darauf hingewiesen (Buchanan 1965; vgl. auch Frey 1990, Kap. 3), daß das Zwei-Personen-Spiel des Gefangenen-Dilemmas gerade nicht die typische Umweltsituation widerspiegelt, bei der ein Individuum mit dem Verhalten einer großen Zahl anderer Aktoren konfrontiert ist, die in aller Regel nicht auf die Entscheidungen des betrachteten Individuums reagieren. Es handelt sich in der Tat um ein 'Spiel gegen die Natur', wobei 'Natur' hier als 'Rest der Gesellschaft' verstanden werden sollte, von deren Handeln das einzelne Individuum notwendigerweise betroffen wird: Es kann nicht auf andere Interaktionspartner ausweichen, da die Gesellschaft allen anderen Spieler umfaßt. In Zwei-Personen-Spielen hingegen ist 'Exit' eine der möglichen und häufig gewinnbringenden Strategien (vgl. Vanberg und Congleton 1992). Die für ein Individuum optimale Entscheidung bei Allmendeproblemen entspricht daher allenfalls in einem institutionenlosen Raum, in dem alle Ausweichmöglichkeiten unterbunden werden, derjenigen des Gefangenen-Dilemmas.

Nun könnte argumentiert werden, daß es ja nur auf das formale Ergebnis ankomme. Dies mag richtig sein, wenn das Zwei-Personen-Spiel nur metaphorisch verwendet wird, nicht aber, wenn aus der formalen Analyse direkt umweltpolitische Folgerungen abgeleitet werden. Spiele gegen die Natur werden durch intervenierende Variablen ganz anders beeinflußt als das Spiel gegen eine andere Person. In Spielen gegen die Natur wird die individuelle Kooperationsbereitschaft erhöht, wenn ein individueller Beitrag entscheidend für die Bereitstellung des öffentlichen Gutes ist. Umweltprobleme werden so zu 'Assurance-Spielen' (Sen 1967), in denen Defektion keine dominante Strategie mehr darstellt. Vielmehr bestimmen die Beteiligten, inwieweit ihr Beitrag entscheidend ist (criticalness), d.h. die Wahrscheinlichkeit, mit der die Bereitstellung des öffentlichen Guts genau von ihnen abhängt. Diese 'konditionale Kooperation' hängt davon ab, inwieweit Individuen das Verhalten der anderen Spielteilnehmer vorhersehen können (Heiner und Schmidtchen

1995). Gegenseitige Verhaltenserwartungen können durch Kommunikation spezifiziert werden. Nach einer halbstündigen Diskussion konnten die Versuchspersonen in einem Experiment zur öffentlichen Gutsproblematik (Frank 1988) relativ gut einschätzen, ob ihre Diskussionspartner im nachfolgenden Spiel kooperieren oder defektieren würden. Die Kooperationsbereitschaft wurde in 75 Prozent der Fälle richtig vorhergesagt.

Empirische Studien zu Protestverhalten zeigen, daß die Teilnahme an kollektiven Aktionen häufig als 'pivotale' Entscheidung verstanden wird, so daß jede einzelne Defektion zu einem Zusammenbruch der Aktion führen würde (Crenson 1987; Chong 1991). Auch in experimentellen Untersuchungen mit eindeutigem, minimalen Kooperationserfordernis ('minimal contributing set' oder 'step-level') werden durch die Individualisierung der Beitragsleistung die Kooperationsquoten erhöht (Marwell und Ames 1979; van de Kragt, Orbell und Dawes 1983; Sandler 1992).

2. Ist das Gefangenendilemma einsichtig?

Wird die Situation des Dilemmas der beiden Gefangenen ernst genommen – und immerhin wird es ganzen Generationen von Studierenden zur Illustration vorgeführt – stimmen die zugrundegelegten Spielannahmen zu einem großen Teil nicht mit der realen Situation von Gefangenen überein. Sogar die Geschichte selbst ist widersprüchlich, denn sie geht von einem *gemeinsam* unternommenen Verbrechen aus, d.h. die beiden Spieler kennen sich. Aus diesem Grund werden sie höchstwahrscheinlich nach dem (einmaligen) Spiel weiter interagieren. Insbesondere wird derjenige, der das Verbrechen zugibt und somit seinen Kollegen anschwärzt, zur Rechenschaft gezogen werden. Viele Kriminalfilme beruhen genau auf diesem Sachverhalt; es ist nicht einmal notwendig, daß die beiden Verbrecher Mitglieder der Mafia oder einer ähnlichen Organisation sind. Ein zentrales Gesetz der Mafia ist jedoch, daß gegenüber staatlichen Organen ein eisernes Schweigen zu bewahren ist (die 'Omerta', vgl. z.B. Gambetta 1994). Damit erweist sich die (einmalige) Gefangenen-Situation als denkbar schlechte Illustration des Dilemmas, weil die Auszahlungen wegen dieser die gesellschaftliche Situation charakterisierenden Reputations- und Bestrafungseffekte völlig anders aussehen, als sie in der Lehrbuchversion dargestellt werden.

Die zur Illustration verwendete Gefangenen-Situation ist auch aus einem weiteren Grund unrealistisch. Alle Erfahrung zeigt, daß Gefangene auch bei strenger Überwachung Mittel und Wege finden, miteinander zu kommunizieren. Das Beispiel der Bader-Meinhoff-Gruppe, die sicherlich zu den am besten bewachten Gefangenen der Bundesrepublik gehörte, aber sogar einen Radioempfänger und eine Pistole in ihren Zellen verstecken konnten, belegt diese Aussage nachdrücklich.

Experimentelle Evidenz unterstreicht, daß identifizierte Spielteilnehmer ganz anders entscheiden als bei anonymen Interaktionen (Bohnet und Frey 1994a; Bohnet 1996). Sobald Entscheidungen individuell zurechenbar werden, können Individuen nicht mehr in einem 'sea of anonymous others' untertauchen (Coleman 1986: 66-67). Ein Spiel gegen die Natur wird zu einer interdependenten Beziehung, in der ein Individuum z.B. wie ein Glied in einer Kette mit den benachbarten Gliedern in Verbindung steht. Ein See wird weniger überfischt, wenn durch Reihenfolgeabkommen das Verhalten des Vorgängers überprüft werden kann; gemeinsame Wasserreserven werden weniger übernutzt, wenn Nachbarn den individuellen Verbrauch beobachten können (Macy 1991: 831).

Es ist somit nicht gleichgültig, welche Annahmen gemacht werden. Kann ein einzelner mit seinen Handlungen identifiziert werden, erhöhen sich die Kosten der Defektion, da individuell abweichendes Verhalten sanktioniert werden kann. Ganz andere Pay-offs werden damit in der Gefangenensituation relevant. Dies spricht nicht gegen die Spieltheorie an sich, wohl aber gegen die verwendete Illustration. Wenn schon aus didaktischen Gründen eine 'praktische Anwendung' benutzt wird, warum dann nicht eine stimmige? Wenn das entsprechende Zwei-Personen-Spiel gesellschaftlich von Bedeutung ist, sollte sich doch leicht eine inhaltlich treffende Situation finden lassen.

3. Bestätigt die Empirie die spieltheoretischen Annahmen?

Wird das Gefangenen-Dilemma zur Erklärung der Wirklichkeit herangezogen, ergibt sich eine weitere Schwierigkeit, die über die bisher geäußerte Relevanzkritik hinausgeht, nämlich die empirische Gültigkeit der auf diesem Spiel gründenden Voraussagen. Wie kürzlich (übrigens von einem Anhänger der Spieltheorie) festgestellt wurde, sind „keine der [experimentellen] Beobachtungen mit der Prognose der ökonomischen [Spiel-]Theorie in Einklang zu bringen" (Weimann 1995: 91). Ledyards (1995: 172) umfassende und sehr sorgfältige Übersicht über Experimente zu öffentlichen Guts-Problemen kommt zum Schluß, daß „hard-nosed game theory cannot explain the data". Diese Aussage bezieht sich besonders auf die zentrale Voraussage, daß sich Individuen als Trittbrettfahrer verhalten: „in public goods experiments where the dominant payoff maximizing strategy is to give nothing and where the group optimum is to give everything, in one-shot decisions or in the early round of respective decisions contributions from 30% to 70% occur" (Ledyard 1995: 169). Einige Individuen kooperieren auch unter für sie selbst ungünstigsten Bedingungen: „Even the most fervent economic experimentalists can not force rates of contribution much below 10%" (ebd.: 172).

Das gleiche Ergebnis findet Sally (1995) in einer Metaanalyse von 130 Versuchsanordnungen aus über 100 Studien in ökonomischen, politikwissenschaftlichen, sozialpsychologischen und soziologischen Zeitschriften. Die im spieltheoretischen Modell relevanten Variablen haben im Schnitt gleich häufig ein signifikant positives wie ein signifikant negatives Vorzeichen und erweisen sich in mehr als doppelt so vielen Fällen als insignifikant. Für unseren Zusammenhang ebenso wichtig ist jedoch, daß zusätzliche Faktoren – also Einflüsse, die Gefangenen-Dilemma-Modelle (auch mit mehr als zwei Personen) explizit als irrelevant bezeichnen oder überhaupt nicht thematisieren, häufig eine statistisch signifikante Wirkung auf die Experimentergebnisse ausüben. Zu den wichtigsten Faktoren gehören das Ausmaß an Wiederholungen (Kreps, Milgrom, Roberts und Wilson 1982),[3]

---

3 In wiederholten Spielen führt eine Zunahme der Runden von 1 auf 100 zu einer Verringerung der Kooperationswahrscheinlichkeit um durchschnittlich 15 Prozentpunkte (Sally 1995: 78).

die Gruppenzugehörigkeit (Orbell, Dawes und van de Kragt 1988)[4] und die Ausbildung (Frank, Gilovich und Regan 1993).[5]

Besonders hervorzuheben ist die Rolle der Kommunikation. Der Theorie des 'cheap talk' folgend sollte ein Gespräch vor dem Spiel keinerlei Einfluß auf das Ergebnis haben. Experimente ergeben genau das Gegenteil: Kommunikation als menschliche Ausdrucksform ist von geradezu entscheidender Bedeutung. In einmaligen Spielen erhöhen nicht-bindende Gespräche vor der eigentlichen Entscheidung die Kooperationswahrscheinlichkeit um 45 Prozentpunkte (Sally 1995: 78). In den Experimenten zum öffentlichen Gut-Problem von Bohnet und Frey (1994a) z.B. beträgt die Kooperationsquote in anonymen Spielen 12 Prozent, während sie nach einem zehnminütigen Gespräch auf 78 Prozent steigt. In wiederholten Spielen kooperieren Menschen um so eher, je häufiger sie miteinander sprechen können. Ist Kommunikation vor jeder neuen Entscheidungsrunde erlaubt, steigt die Kooperationswahrscheinlichkeit um 40 Prozentpunkte (Sally 1995: 78).

Aus unserer Diskussion folgt, daß die Gleichsetzung von Allmende- und Umweltproblemen mit dem Gefangenen-Dilemma nur in ganz wenigen Fällen akzeptabel ist, die allermeisten gesellschaftlichen Situationen jedoch nicht adäquat abbildet und empirisch unzutreffende Prognosen liefert.

III. Umweltmoral und Politik

Die Bereitschaft von Personen, im (perzipierten) Gemeininteresse zu handeln, selbst wenn dies nicht individuell rationalem Handeln entspricht, kann als moralisches Verhalten interpretiert werden. Es dürfte allerdings schwer fallen zu erklären, ob Umweltmoral erst heute wichtig geworden ist, warum sie nicht schon früher bedeutsam war (nämlich als die Umweltschäden in vielen Bereichen noch gravierender als heute waren),[6] oder ob sie vielleicht erst zukünftig in großem Ausmaß auftreten wird. Zumindest die Ökonomie kann wenig zum *Niveau* der Umweltmoral sagen; hingegen ist das wirtschaftswissenschaftliche Instrumentarium gut geeignet, Bestimmungsgründe für *Veränderungen* in der Ausprägung der Umweltmoral, d.h. marginale Unterschiede, aufzuzeigen.

Das Ausmaß an *ausgeübter* Umweltmoral wird wesentlich durch die dadurch entstehenden Kosten beeinflußt. *Abbildung 1* zeigt diese Nachfragefunktion graphisch.

---

4 Fühlen sich Individuen nur mit einem Teil der Gruppe verbunden, kooperieren sie mit dieser Untergruppe häufiger, während sie mit Mitgliedern der Außengruppe weniger oft kooperieren. Aus dieser Teilgruppenidentität folgt, daß das öffentliche Gut für die Gesamtgruppe weniger häufig erstellt wird: Die Kooperationswahrscheinlichkeit sinkt um durchschnittlich 14 Prozentpunkte (Sally 1995: 78).

5 Während Psychologiestudenten häufiger kooperieren, tendieren Ökonomiestudenten zu mehr Defektion. Umstritten ist, ob sich Psychologen und Ökonomen bereits bei Studienanfang unterscheiden (Selektionseffekt) oder ob sich Individuen während des Studiums unterschiedliche Verhaltensmuster aneignen (Ausbildungseffekt), vgl. Frey und Pommerehne (1993), Frey und Bohnet (1995).

6 Vgl. dazu die historische Betrachtung der Umweltsituation von Zirnstein (1994), z.B. für die Übernutzung des Waldes (S. 41, 58, 72), für Wasserprobleme (S. 50, 120) und für umweltabhängige Krankheiten wie die Pest (S. 48).

Abbildung 1: Das Ausmaß an ausgeübter Umweltmoral hängt von den Kosten ab

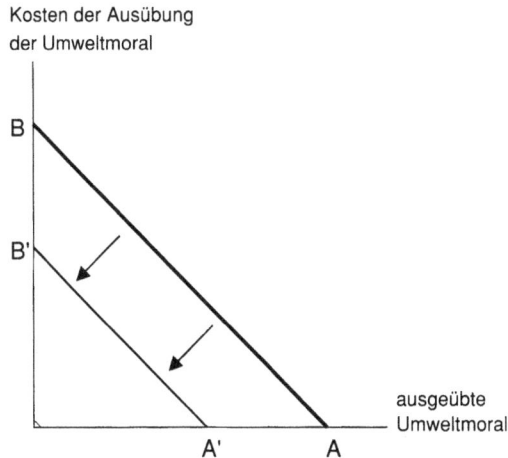

Umweltmoralisch wird vor allem dann gehandelt, wenn die daraus folgenden Kosten gering oder vernachlässigbar sind (Punkt A). Erleiden Individuen hingegen erhebliche Einbußen, werden sie den Umweltnormen weniger folgen (Punkt B). Wie bei jedem anderen Gut (inklusive Ideologie, vgl. North 1988) ist die Nachfragefunktion negativ geneigt. Dieser 'relative Preiseffekt' ist empirisch gerade auch im Zusammenhang mit dem Gefangenen-Dilemma gut gesichert (vgl. z.B. Smith 1994: 127; Ledyard 1995: 149ff.; Weimann 1995: 90).[7] Empirische Untersuchungen zum Umweltverhalten (Diekmann und Preisendörfer 1991) unterstreichen diesen relativen Preiseffekt: Umweltschonend wird dort geheizt, wo umweltverträgliches Verhalten mit einer Minderung der (monetären) Heizkosten einhergeht. Mieter in Bern und München unterscheiden sich nicht in bezug auf das Umweltbewußtsein oder das Umweltwissen, wohl aber werden Heizkosten unterschiedlich abgerechnet. Individuelle Abrechnungen führen dazu, daß Münchner ihre Heizungen signifikant häufiger abdrehen, wenn sie die Wohnung verlassen, als Berner, die infolge kollektiver Abrechnungen keinen persönlichen Vorteil aus dem sparsamen Heizen ziehen.

Die Verwendung einer Nachfragefunktion bezüglicher der Umweltmoral (oder allgemeiner von gemeinnützigem Verhalten) lenkt die Aufmerksamkeit auf das Ausmaß der in einer Situation relevanten Kosten, sowie auf die Reagibilität der Umweltmoral auf die Kosten ihrer Ausübung. Demgegenüber ist die bloße Aussage, daß Trittbrettfahren *immer* die dominante Strategie ist, wenig nützlich.

Der politische Bereich ist weitgehend dadurch charakterisiert, daß die Äußerung der Umweltmoral geringe oder gar keine Kosten zeitigt:[8] Das ist der wesentliche Grund, warum in der Politik viel über Umweltmoral geredet wird. Umweltmoral wird auch dann

---

7 Ein Vergleich verschiedenster experimenteller Studien zeigt, daß eine Verdoppelung der Auszahlung für nicht-kooperatives Verhalten die Wahrscheinlichkeit der Kooperation um 11 bis 16 Prozentpunkte vermindert (Sally 1995: 75).
8 Sog. Niedrigkostensituation, vgl. Kliemt (1986), Kirchgäßner und Pommerehne (1993).

besonders intensiv vertreten, wenn die dabei entstehenden Kosten entweder noch unklar sind, nicht bestimmt ist, wer sie zu tragen hat, oder man sich eine gute Chance ausrechnet, von den in der Zukunft anfallenden Kosten verschont zu bleiben. Es erstaunt deshalb nicht, daß allgemein gehaltene Umweltgesetze in Parlamenten in aller Regel die Unterstützung der meisten Parteien und Abgeordneten finden. Das gleiche gilt für Verfassungsbestimmungen zum Umweltschutz. In der Schweiz z.B. wurde der entsprechende Verfassungsartikel im Jahre 1971 mit einer überwältigenden Mehrheit von 92,7 Prozent der Bürger angenommen, weit mehr als vergleichbare andere Vorlagen. Dieses Verhalten ist wohlbekannt und in der Politischen Ökonomie analysiert worden.[9]

Die (kostenlose) Äußerung der Umweltmoral bleibt nicht ohne negative Auswirkungen. Gewiefte Politiker verstehen sich darauf, ernsthafte Umweltprobleme auf eine allgemeine und möglichst globale Ebene zu verlagern, auf der ihnen eine hohe und begeisterte Zustimmung sicher ist. Aus diesem Grund sind globale Umweltprobleme wie das Ozonloch oder die Erderwärmung bei Politikern so beliebt, während lokale und konkrete Umweltprobleme weniger angegangen werden. Die Politiker handeln nicht widersprüchlich, sondern passen sich unterschiedlichen Kosten an. Der bewirkte 'Umweltzyklus' (vgl. Frey 1992) ist das Ergebnis des rationalen Handelns der im öffentlichen Sektor Tätigen. Er sollte nicht nur als zeitliche Abfolge verstanden werden, sondern kann sich auch als Nebeneinander von extensiv geäußerter Umweltmoral und zögerlichem Umwelthandeln zeigen.

Die in *Abbildung 1* gezeigte Nachfragefunktion nach Umweltmoral hängt von verschiedenen weiteren Faktoren ab, die sich graphisch in einer Kurvenverschiebung äußern. Eine Umweltpolitik, sei es in Form von Geboten und Verboten oder einer Steuerung mittels anreizorientierter Instrumente (Umweltsteuern, Umweltzertifikaten), kann unter identifizierbaren Bedingungen die Umweltmoral beeinträchtigen und damit die Kurve AB nach innen verschieben (zur Kurve A' B'). Diese 'Verdrängung intrinsischer Motivation' durch externe Intervention ist empirisch gut gesichert (vgl. Frey 1990). Dieser 'Verdrängungseffekt' infolge externer Eingriffe ist in der Psychologie als 'verborgene Kosten der Belohnung' bekannt. Extrinsische Anreize führen zu einer Überrechtfertigung: Wird eine Person für eine Aktivität belohnt, die sie ohnehin unternehmen würde, wird diejenige Motivation abgebaut, über die ein Individuum selbst befinden kann. Eine Anpassung der intrinsischen und wenn möglich auch der sozialen Motivation wird vorgenommen, um die Überrechtfertigung zu vermeiden (Deci und Ryan 1985).

Der 'Verdrängungseffekt' hat bisher in der Umweltdebatte wenig oder keine Beachtung gefunden (Frey und Busenhart 1995); er legt eine generelle Vorsicht gegenüber externen Eingriffen nahe. Es gibt durchaus Situationen, in denen auf eine äußere Einwirkung verzichtet werden sollte. Dies gilt sowohl für die Umweltpolitik als 'nationale staatliche Aufgabe' wie auch für die Zuordnung privater Eigentumsrechte, soweit sie mit der Einführung expliziter Preise für die Umweltnutzung verbunden sind.

---

9 Vgl. Bohnet und Frey (1994b), die auch diskutieren, warum Individuen überhaupt an Wahlen und Abstimmungen teilnehmen.

IV. Überwindung mittels Dezentralisierung

Wie können Umweltprobleme, die auf durch das Handeln einzelner erzeugten externen Effekten beruhen, erfolgreich angegangen werden? Die gewählte Formulierung als 'externe Effekte' verdeutlicht zwar, daß kollektiv unerwünschte Umweltbeeinträchtigungen hervorgerufen werden, nicht aber, daß es sich um öffentliche Güter im Sinne des Gefangenen-Dilemmas handelt. Damit wird vermieden, daß die Situation als ausweglos angesehen wird, weil rationale Individuen das Grundproblem öffentlicher Umweltgüter nicht lösen können.[10]

Eine *Dezentralisierung* der Entscheidungsfindung kann wesentlich zu einer Überwindung der bestehenden Umweltprobleme beitragen. Menschen verhalten sich in kleinräumigen Einheiten anders als in anonymen Großgruppen, da die Einschränkungen (die relativen Preise) unterschiedlich sind.[11] Die für Allmenden und öffentliche Güter typischen Schwierigkeiten wie die Unbedeutsamkeit einer individuellen Entscheidung können überwunden werden, ohne einen 'besseren' bzw. 'umweltbewußteren' Menschen herbeizuwünschen. In kleinen politischen und gesellschaftlichen Einheiten bringen Individuen erstens die Umweltnutzen eher mit den entsprechenden Kosten in Verbindung und können sich zweitens eher auf andere, nicht-monetäre und daher günstigere Anreizmechanismen verlassen.

1. Verbindung von Umweltnutzen und Umweltkosten

In kleinräumigen Entscheidungseinheiten werden Umweltprobleme für alle Beteiligten eher sichtbar und erlebbar. Diese direktere Beziehung ist Voraussetzung für eine ernsthafte Beschäftigung mit den Nutzen und Kosten unterschiedlicher Umweltzustände. Die Diskussion rückt wegen der klarer implizierten Kosten von ideologisch geprägten Schlagworten ab und konzentriert sich auf das an Ort und Stelle Machbare. Damit wird die Gefahr verringert, Umweltprobleme zu zerreden und auf eine für den einzelnen unbeeinflußbare globale Ebene zu verlagern. Sicherlich werden in kleinen Einheiten wie Gemeinden neben den Nutzen auch die Kosten einer Verbesserung der Umwelt deutlicher als auf einer gesamtgesellschaftlichen Ebene. Rhetorisch wird deshalb vielleicht weniger für die Umwelt 'geleistet'. Verbesserungen der Umwelt werden aber immer dann durchgeführt, wenn für die kleine Einheit die Nutzen die Kosten übersteigen. Selbst wenn die Maßnahmen geringer ausfallen als 'gesellschaftlich' optimal wäre, z.B. Skalenerträge mißachtet werden, da externe Nutznießer nicht zu einer Übernahme der entsprechenden Kosten gezwungen werden können (regionale positive 'Spill-over'-Effekte), ist dieser Nachteil dem Vorteil entgegen-

---

10 Irrationale Individuen zu unterstellen, ist ein Irrweg, zumindest wenn impliziert wird, daß viele Menschen langfristig und systematisch inkonsistent handeln. Alle empirische Evidenz spricht gegen diese Vorstellung. Menschen handeln in dem (wichtigen) Sinne rational als sie systematisch auf Änderungen relativer Preise reagieren. Insbesondere kaufen sie von einem Gut weniger oder unternehmen eine Aktivität seltener, wenn sich der entsprechende Preis (im Vergleich zu anderen relevanten Preisen) erhöht. Vgl. ausführlich Becker (1982), Frey (1990), Kirchgäßner (1991).
11 Für eine ähnliche Argumentation siehe Johansen (1977).

zusetzen, daß die Maßnahmen überhaupt *verwirklicht* werden. Für all diejenigen Umweltprobleme, die eine starke lokale Komponente haben, ist es angesichts dieses Trade-offs weit günstiger, die Entscheidungen dezentral zu fällen.

Diese Annäherung von Nutzen und Kosten des Umweltgutes entspricht dem Prinzip der 'fiskalischen Äquivalenz'. Sie ist dann gewährleistet, wenn die Empfänger von Umweltleistungen auch das Erbringen dieser Leistung übernehmen. Idealerweise sollte daher für ein Umweltproblem jeweils eine eigene Jurisdiktion zuständig sein, die die Steuerhoheit besitzt, um die Kosten für die jeweilige Umweltpolitik zu decken. Dies bedeutet eine Vielzahl von sich gegenseitig überlappenden, auf ein spezielles Umweltproblem (d.h. funktional) ausgerichteten Jurisdiktionen. Hinsichtlich ihres Beitrags zur Umweltverbesserung stehen sie in Konkurrenz zueinander, was willkommene Anreize für eine wirksame Umweltpolitik erzeugt.[12] Von einer Übertragung des Marktprinzips 'Wettbewerb' auf die politische Entscheidungsfindung werden ähnlich positive Effekte erwartet, wie sie sich bei einer Verminderung von Monopolen und Kartellen im wirtschaftlichen Bereich einstellen. Öffentliche Anbieter von Umweltleistungen werden sich auf die Bedürfnisse der Bürgerinnen und Bürger einstellen, ihre Flexibilität erhöhen und durch die Spezialisierung auf eine Aufgabe effizienter handeln können.

Obwohl diese funktionalen Einheiten dank ihrer räumlichen Flexibilität 'Spill-over'-Effekte minimieren, werden infolge von Transaktionskosten nicht alle (positiven und negativen) externen Effekte internalisiert. Verhandlungen über die Abgeltung externer Effekte durch Kompensationszahlungen werden notwendig. Freiwillige Vereinbarungen kommen dabei um so eher zustande, desto geringer die Zahl der Beteiligten ist und desto einfacher ex post abweichendes Verhalten unterbunden werden kann. Bei Umweltgütern mit externen Effekten, die über die Grenzen von lokalen Entscheidungseinheiten hinausreichen, sind häufig nur wenige andere, benachbarte funktionale Einheiten betroffen. Mit ihnen lassen sich in aller Regel bilaterale Abkommen treffen, die das Spill-over-Problem entweder völlig beseitigen oder aber stark vermindern.

2. Aktivierung der Umweltmoral

Die Verlagerung der Umweltpolitik auf überschaubare lokale Einheiten erlaubt es, die am Konsum eines öffentlichen Gutes Beteiligten zu bestimmen. Der Kreis der die Allmende benutzenden Personen ist abgegrenzt. Diese Identifikation der potentiellen Benutzer ermöglicht nicht nur, partizipativ Ausbeutungsregeln festzulegen, sondern erhöht ceteris paribus auch die Bereitschaft zur Kooperation. Die 1993/94 an der Universität Zürich durchgeführten Experimente belegen, wie stark eine Identifikation der Beteiligten die Kooperation in einem Vier-Personen-Gefangenen-Dilemma beeinflußt (Bohnet 1996). Bleibt den Beteiligten verborgen, wer die anderen Gruppenmitglieder sind (Anonymität), verhalten sich 12 Prozent kooperativ (N = 172). Sobald ihnen aber bekannt ist, wer die anderen Gruppenmitglieder sind, erhöht sich die Kooperation auf 23 Prozent (N = 64). Dieses Ergebnis läßt sich zu einem guten Teil als eine Verstärkung der Moral interpretieren,

---

12 Für eine allgemeine Darstellung dieses Konzeptes von '*f*unctional, *o*verlapping, *c*ompeting *j*urisdictions' – es wurde dafür das Akronym FOCJ gewählt – vgl. Frey und Eichenberger (1995).

was durch eine die Experimente folgende Befragung unterstützt wird. Identifikation bewirkt, daß Kooperationsnormen aktiviert werden.

Normen schränken den individuellen Möglichkeitsraum um so stärker ein, je stärker ein Individuum in einer Gemeinschaft verankert ist. Individuen werden sich vor allem dann an Normen halten, wenn ihr Verhalten durch ihnen nahestehende Personen wie Familie, Freunde oder Arbeitskollegen bewertet wird. Die Bedeutung dieser „weak ties" oder der „social embeddedness" (Granovetter 1985) ist offensichtlich: Je wichtiger die direkte Interaktion der Individuen im Vergleich zu anderen Interaktionsmöglichkeiten (etwa über Preissignale), je höher die Eintritts- und Austrittsschranken (z.B. bei Sekten) und je häufiger die Interaktionen sind, desto stärker wirkt Identifikation als Normaktivierung.

Identifikation erhält dabei zwei Bedeutungen: Neben die Identifizierbarkeit des Handlungsträgers mit einer Handlung tritt die Identifikation des Handlungsträgers mit dem ihn Beobachtenden. Gerade die kollektive Identifikation mit einer bestimmten Gruppe wird häufig über geteilte Normen hergestellt. Sen (1979) betont, daß sich Individuen nicht nur aufgrund der potentiellen Sanktionierbarkeit an Normen halten, sondern auch, um die eigene Nachfrage nach Identifikation mit einem 'Kollektiv' (z.B. Ethnien, Religionsgemeinschaften, politische Parteien oder Nationen) befriedigen zu können. Mittels 'commitment' schränken Menschen ihren Möglichkeitsraum daher selbst ein.

Beispiele für diese Ausprägung von Gruppen finden sich bei Ostrom (1990). Gemeinschaftliche Verankerung und die Langfristigkeit der Interaktion sind wesentliche Charakterzüge derjenigen Gebiete, die erfolgreich Übernutzungsprobleme lösen können: „the populations in these locations have remained stable over long periods of time. Individuals have shared a past and expect to share a future. It is important for individuals to maintain their reputations as reliable members of the community. ... In other words, their discount rates are low" (Ostrom 1990: 88). Koordination durch Normen ist im Vergleich zu anderen Koordinationsmechanismen relativ kostengünstig. Gruppen mit schwacher Normbindung greifen auf externe Durchsetzungsinstrumente zurück, wodurch sie Übernutzungsprobleme jedoch entweder gar nicht oder nur viel langsamer und aufwendiger lösen können (Ostrom 1990: 200).

Ein Beispiel aus Sri Lanka macht dies deutlich (Ostrom 1990: 157ff.). Ein Bewässerungssystem konnte nicht erfolgreich installiert werden, weil die Wasserversorgung durch Übernutzung immer wieder zusammenbrach. Auf geteilte Normen konnte nicht zurückgegriffen werden, da die meisten Bauern speziell für dieses Projekt im Gebiet von Kirindi Oya angesiedelt worden waren. Weder fühlten sich die Bauern mit dem Land verbunden, noch hatten sie eine langfristige Perspektive im Auge. Zudem waren ganz unterschiedliche Kulturen und Ethnien zusammengewürfelt worden. Koordination durch Normen war daher nicht möglich. Vielmehr mußte die Koordinationsfunktion an externe Organisatoren und Überwacher delegiert werden. Diese jedoch waren noch weniger an einer produktiven, langfristigen Interaktion interessiert als die Bauern, was sich in Korruption und Diebstahl äußerte. Koordination durch Normen ist daher um so erstrebenswerter, je ineffizienter externe Koordination durch staatliche Eingriffe ist.

Versuche, Kooperation durch externe Regulierung zu erzwingen, scheitern häufig. Sie unterdrücken zudem das Potential, Allmendeprobleme durch Selbstorganisation oder durch das Rekurrieren auf Normen zu lösen und leisten damit dem Verdrängungseffekt Vorschub.

Intrinsische Motivation wird vor allem dann verdrängt, wenn die Interaktion durch Identifikation geprägt ist. Implizite, psychisch bindende und auf Normen aufbauende Verträge bestehen typischerweise zwischen Menschen, die in einer engen persönlichen Beziehung stehen, wie etwa ein Ehepaar. Würde ein Heiratskontrakt allzu genau festschreiben, welche Rechte und Pflichten jeder der Partner in allen erdenklichen Situationen hat und welche Strafen auf Vertragsverletzung folgen, würden Liebe und Vertrauen, die oft als Essenz einer Partnerschaft angesehen werden, unnötig und würden deshalb verschwinden. Eine solch detaillierte Regulierung könnte jedoch die Gefühle nicht ersetzen und würde die Beziehung zerstören. Stehen Individuen in einer anonymen Beziehung zueinander, also z.B. unter den typischen Bedingungen des Modells vollständiger Konkurrenz, existiert kein Verdrängungseffekt, weil weder Normen aktiviert werden, noch psychisch bindende Verträge bestehen.

V. Abschließende Bemerkungen

Das Umweltproblem als das Problem der Allmende oder das öffentlicher Güter zu sehen, war sicherlich wichtig und unverzichtbar. Trittbrettfahren als allein rationale Strategie im Rahmen der analytischen Darstellung als Gefangenen-Dilemma wurde jedoch überbetont und zu sehr als alleingültiges Paradigma angesehen. Empirische (experimentelle) Evidenz widerspricht in vielen Fällen den Annahmen des spieltheoretischen Modells. Unter identifizierbaren Bedingungen verhalten sich Menschen umweltmoralisch, wobei sie Umweltmoral genauso nachfragen wie andere Güter: Je teurer das Ausüben von Moral wird, desto weniger handeln die Menschen moralisch. Als zentrale Bedingung für das Überwinden von Allmendeproblemen erweist sich die individuelle Zurechenbarkeit von Entscheidungen. Werden Individuen mit ihrem Handeln identifiziert, erhöht sich die Kooperationsbereitschaft beträchtlich. Identifikation schafft Anreize für die Individuen, ihr eigenes Verhalten wie auch ihre Erwartungen über das Verhalten der anderen an gesellschaftlich verankerten Normen auszurichten, da Normabweichung sozial sanktioniert werden kann.

Die Dezentralisierung der Entscheidungsfindung ist ein wirksames Mittel, um Handlungen zu individualisieren. In kleinen politischen und gesellschaftlichen Einheiten bringen Menschen die Umweltnutzen eher mit den entsprechenden Kosten in Verbindung und können sich eher auf andere, nicht-monetäre und daher günstigere Anreizmechanismen wie Umweltnormen verlassen. Eine Dezentralisierung sollte so flexibel sein, daß möglichst jede Gruppe von Umweltproblemen in einer räumlich adäquaten Jurisdiktion angegangen werden kann. Die Jurisdiktionen stehen in Konkurrenz zueinander, was willkommene Anreize für eine wirksame Umweltpolitik erzeugt. Öffentliche Anbieter von Umweltleistungen werden sich auf die Bedürfnisse der Bürgerinnen und Bürger einstellen, ihre Flexibilität erhöhen und durch die Spezialisierung auf eine Aufgabe effizienter handeln können.

Literatur

Becker, Gary S., 1982: Der ökonomische Ansatz zur Erklärung menschlichen Verhaltens. Tübingen: Mohr.
Bohnet, Iris, 1996: Kooperation und Kommunikation. Eine ökonomische Analyse individueller Entscheidungen. Tübingen: Mohr (im Erscheinen).
Bohnet, Iris, und *Bruno S. Frey*, 1994a: Kooperation, Kommunikation und Kommunitarismus. Eine experimentelle Analyse, Kölner Zeitschrift für Soziologie und Sozialpsychologie 46: 453-463.
Bohnet, Iris, und *Bruno S. Frey*, 1994b: Direct-Democratic Rules: The Role of Discussion, Kyklos 47: 341-354.
Bromley, Daniel W. (Hg.), 1992: Making the Commons Work. Theory, Practice and Policy. San Francisco: ICS.
Buchanan, James M., 1965: Ethical Rules, Expected Values and Large Numbers, Ethics 76: 1-13.
Chong, Dennis, 1991: Collective Action and the Civil Rights Movement. Chicago: University of Chicago Press.
Coleman, James S., 1986: Social Structure and the Emergence of Norms among Rational Actors. S. 55-84 in: *Andreas Diekmann* und *Peter Mitter* (Hg.): Paradoxical Effects of Social Behavior. Heidelberg/Wien: Physica.
Crenson, Mathew A., 1987: The Private Stake in Public Goods: Overcoming the Logic of Collective Action, Policy Sciences 20: 259-276.
Dales, John H., 1968: Pollution, Property, and Prices: An Essay in Policy-making and Economics. Toronto: University of Toronto Press.
Dawes, Robyn M., 1973: The Commons Dilemma Game: An N-Person Mixed-Motive Game with a Dominating Strategy for Defection, ORI Research Bulletin 13: 1-12.
Deci, Edward L., und *Richard M. Ryan*, 1985: Intrinsic Motivation and Self-Determination in Human Behavior. New York: Plenum Press.
Diekmann, Andreas, und *Peter Preisendörfer*, 1991: Umweltbewußtsein, ökonomische Anreize und Umweltverhalten, Schweizerische Zeitschrift für Soziologie: 207-231.
Farrell, Joseph, 1987: Cheap Talk, Coordination, and Entry, Rand Journal of Economics 18: 34-39.
Frank, Robert H., 1988: Passions Within Reason. New York: W.W. Norton.
Frank, Robert H., Thomas Gilovich und *Dennis T. Regan*, 1993: Does Studying Economics Inhibit Cooperation?, Journal of Economic Perspectives 7: 159-171.
Frey, Bruno S., 1985: Internationale Politische Ökonomie. München: Vahlen.
Frey, Bruno S., 1990: Ökonomie ist Sozialwissenschaft. München: Vahlen.
Frey, Bruno S., 1992: Umweltökonomie. Göttingen: Vandenhoeck & Ruprecht, 3., erweiterte Auflage.
Frey, Bruno S., und *Iris Bohnet*, 1995: Institutions Affect Fairness, Journal of Institutional and Theoretical Economics 151: 286-303.
Frey, Bruno S., und *Isabelle Busenhart*, 1995: Umweltpolitik: Moral oder Ökonomie? S. 9-20 in: *Andreas Diekmann* und *Axel Franzen* (Hg.): Kooperatives Umwelthandeln. Rüegger: Chur/Zürich.
Frey, Bruno S., und *Reiner Eichenberger*, 1995. Competition Among Jurisdictions: The Idea of FOCJ. S. 209-229 in: *Lüder Gerken* (Hg.): Competition Among Institutions. London: Macmillan.
Frey, Bruno S., und *Werner W. Pommerehne*, 1993: On the Fairness of Pricing – An Empirical Survey among the General Population, Journal of Economic Behavior and Organization 20: 295-307.
Gambetta, Diego, 1994: Die Firma der Paten. Die sizilianische Mafia und ihre Geschäftspraktiken. München: dtv.
Godwin, R. Kenneth, und *W. Bruce Shepard*, 1979: Forcing Squares, Triangles and Ellipses into a Circular Paradigm: The Use of the Commons Dilemma in Examining the Allocation of Common Resources, Western Political Quarterly 32: 265-277.
Gordon, Henry S., 1954: The Economic Theory of a Common-Property Resource: The Fishery, Journal of Political Economy 62: 124-142.
Granovetter, Mark, 1985: Economic Action and Social Structure: The Problem of Embeddedness, American Journal of Sociology 91: 481-510.
Hardin, Garrett, 1968: The Tragedy of the Commons, Science 162: 1243-1248.

Heiner, Ronald A., und *Dieter Schmidtchen*, 1995: Rational Cooperation in One-Shot Simultaneous PD-Situations. Universitäten George Mason und Saarbrücken: Mimeo.
Johansen, Leif, 1977: The Theory of Public Goods: Misplaced Emphasis?, Journal of Public Economics 7: 147-152.
Johnson, James, 1993: Is Talk Really Cheap? Prompting Conversation Between Critical Theory and Rational Choice, American Political Science Review 87: 74-86.
Kimber, Ronald, 1981: Collective Action and the Fallacy of the Liberal Fallacy, World Politics 33: 178-196.
Kirchgäßner, Gebhard, 1991: Homo Oeconomicus: Das ökonomische Modell individuellen Verhaltens und seine Anwendung in den Wirtschafts- und Sozialwissenschaften. Tübingen: Mohr (Siebeck).
Kirchgäßner, Gebhard, und *Werner W. Pommerehne,* 1993: Low Cost Decisions as a Challenge to Public Choice, Public Choice 77: 107-115..
Kliemt, Hartmut, 1986: The Veil of Insignificance, European Journal of Political Economy 2/3: 333-344.
Kreps, David M., Paul Milgrom, John Roberts und *Robert Wilson,* 1982: Rational Cooperation in the Finitely Repeated Prisoner's Dilemma, Journal of Economic Theory 27: 245-252.
Lane, Robert E., 1991: The Market Experience. Cambridge: Cambridge University Press.
Ledyard, John O., 1995: Public Goods: A Survey of Experimental Research. S. 111-194 in: *John Kagel* und *Alvin E. Roth* (Hg.): Handbook of Experimental Economics. Princeton: Princeton University Press.
Luce, R. Duncan, und *Howard Raiffa,* 1957: Games and Decisions. Introduction and Critical Survey. New York/London/Sydney: John Wiley & Sons, Inc.
Macy, Michael W., 1991: Chains of Cooperation: Threshold Effects in Collective Action, American Sociological Review 56: 730-747.
Marwell, Gerald, und *Ruth Ames,* 1979: Experiments on the Provision of Public Goods I: Resources, Interest, Group Size, and the Free-rider Problem, American Journal of Sociology 84: 1335-1360.
Netting, R. McC., 1981: Balancing on an Alp. Cambridge University Press.
North, Douglass C., 1988: Theorie des institutionellen Wandels. Tübingen: Mohr (Siebeck).
Olson, Mancur, 1965: Die Logik kollektiven Handelns: Kollektivgüter und die Theorie der Gruppen. Tübingen: Mohr (Siebeck).
Orbell, John M., Alphons J.C. van de Kragt und *Robyn M., Dawes,* 1988. Explaining Discussion-Induced Cooperation, Journal of Personality and Social Psychology 54: 811-819.
Ostrom, Elinor, 1990: Governing the Commons. The Evolution of Institutions for Collective Action. Cambridge: Cambridge University Press.
Ostrom, Elinor, Roy Gardner und *James Walker,* 1994: Rules, Games, and Common-Pool Resources. Ann Arbor: University of Michigan Press.
Sally, David, 1995: Conversation and Cooperation in Social Dilemmas. A Meta-Analysis of Experiments from 1958 to 1992, Rationality and Society 7: 58-92.
Sandler, Todd, 1992: Collective Action: Theory and Applications. Ann Arbour: University of Michigan Press.
Sen, Amartya K, 1967: Isolation, Assurance and the Social Rate of Discount, Quarterly Journal of Economics 81: 112-124.
Sen, Amartya K., 1979: Rational Fools: A Critique of the Behavioural Foundations of Economic Theory. S. 87-109 in: Frank *Hahn* und *Martin Hollis* (Hg.): Philosophy and Economic Theory. Oxford: Oxford University Press:.
Smith, Vernon L., 1994: Economics in the Laboratory, Journal of Economic Perspectives 8: 113-131.
Snidal, Duncan, 1985: Coordination Versus Prisoner's Dilemma: Implications for International Cooperation and Regimes, American Political Science Review 79: 923-947.
Taylor, Michael, 1987: The Possibility of Cooperation. Cambridge: Cambridge University Press.
Vanberg, Viktor J., und *Roger D. Congleton,* 1992: Rationality, Morality, and Exit, American Political Science Review 86: 418-431.
van de Kragt, Alphons J.C., John M. Orbell und *Robyn M. Dawes,* 1983: The Minimal Contributing Set as a Solution to Public Goods Problems, American Political Science Review 77: 112-122.

Weimann, Joachim, 1995: Umweltökonomik. Eine theorieorientierte Einführung. Berlin: Springer, 3. Aufl.
Zirnstein, Gottfried, 1994: Ökologie und Umwelt in der Geschichte. Marburg: Metropolis.

KOOPERATION DURCH SELBSTVERPFLICHTUNG IM ALLMENDE-DILEMMA

Hans-Joachim Mosler und Heinz Gutscher

Zusammenfassung: Die aktuelle Diskussion um Möglichkeiten der Förderung von umweltgerechtem Handeln dreht sich hauptsächlich um gesetzliche oder ökonomische Maßnahmen; daneben werden allenfalls noch Informationskampagnen in die Überlegungen einbezogen. Weniger bekannt sind Möglichkeiten, welche sich aus der experimentellen Sozialpsychologie herleiten lassen. Dabei handelt es sich um Interventionsformen, welche darauf gerichtet sind, spezifisch sozialpsychologische Hemmnisse umweltgerechten Handelns in großen, anonymen Kollektiven zu beseitigen. Im Sinne einer Weiterentwicklung vorhandener Lösungsvorschläge wurden im vorliegenden Beitrag die Möglichkeiten und Effekte von neuartigen Aktionsgemeinschaften untersucht. Das besondere an diesen Aktionsgemeinschaften besteht darin, daß sich deren Mitglieder öffentlich zu ressourcenschonendem Handeln verpflichten und sich freiwillig einer Kontrolle dieser Selbstverpflichtung unterziehen. Die Elemente der Kontrolle und der Öffentlichkeit sollen in großen, anonymen Kollektiven als ‚Ersatz' dienen für das nicht länger über persönliche Beziehungen etablierbare Vertrauen in die Zusagen anderer, Ressourcen in Zukunft zurückhaltender nutzen zu wollen. Unsere experimentellen Untersuchungen ergaben: Nur denjenigen Gruppen, welchen die Möglichkeit einer Aktionsgemeinschaft mit öffentlicher und kontrollierter Selbstverpflichtung offenstand, gelang es, den selbstverursachten Niedergang einer Ressource aufzuhalten oder gar eine Trendumkehr einzuleiten. Es handelt sich dabei nicht um einen Wissens-Effekt: Sowohl in den Versuchs- als auch in den Kontrollgruppen wußten ungefähr gleich viele Personen, wie man handeln müßte, damit sich die Ressource wieder erholt. Die Einrichtung derartig ausgestalteter Aktionsgemeinschaften könnte dazu beitragen, natürliche Umweltressourcen zum Nutzen aller zukunftsfähig zu bewirtschaften.

I. Einleitung: Die fatalen Wechselwirkungen zwischen Umweltressource, Individuum und Sozialsystem

Umweltprobleme entstehen sehr oft aus einer massenhaften, kollektiven Überbeanspruchung einer allgemein zugänglichen und nutzbaren Ressource, eines Gemeingutes. Werden Umweltschäden von sehr vielen Personen verursacht, so fällt es den einzelnen schwer, sich selbst als Mitverursachende zu sehen. Bei der Verschmutzung der Luft über einer Agglomeration, der Überlastung eines Erholungs- oder eines Naturschutzgebietes, bei der Wasserverschmutzung infolge Überdüngung oder der Übernutzung von Wildtierbeständen: Das einzelne Individuum mag zwar die Umweltfolgen bedauern, verkennt aber die eigene Beteiligung oder wird sie bagatellisieren. Trotz prinzipiell vorhandenem Wissen und trotz der hohen Priorität, welche den resultierenden Umweltproblemen eingeräumt wird, handeln die Beteiligten nicht entsprechend, wie immer wieder in Umfragen bestätigt wird.

Als verantwortlich für diese Kluft zwischen Wissen und Handeln sehen wir Wechsel-

Abbildung 1: Wechselwirkungen zwischen Individuum, Sozialsystem und Umweltressource

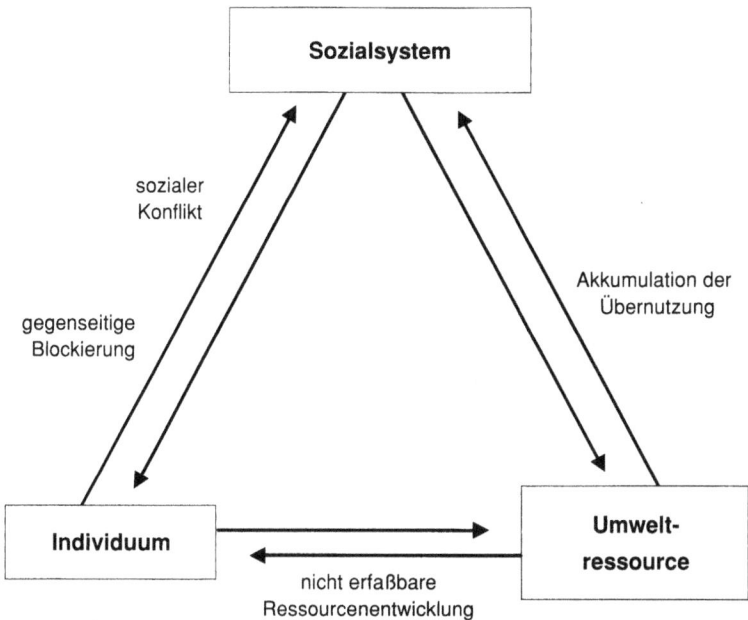

wirkungen zwischen Umweltressource, Individuum und Sozialsystem, aus welchen sich spezifisch sozialpsychologische Hemmnisse für das Handeln des Individuums ergeben (vgl. Abbildung 1).

a) Individuum – Ressource: Die nicht erfaßbare Ressourcenentwicklung. Umweltbezogenem Handeln liegt fast immer eine Nutzung von natürlichen, sich selbst regenerierenden Ressourcen zugrunde. Wildtierpopulationen (z.B. Wale, Heringe) und Pflanzenbestände (z.B. tropischer Regenwald, Grasland), aber auch Luft, Wasser und Boden sind solche Ressourcen, die in irgendeiner Weise vom Menschen in Anspruch genommen werden. Häufig ist es so, daß den Nutzenden die Regenerationsgesetzmäßigkeiten dieser Ressourcen unbekannt sind. Die mangelnde Zugänglichkeit und Anschaulichkeit der Entwicklungs- und Regenerationsgesetzmäßigkeiten liegt in der Komplexität und Vernetzung der Einflußfaktoren der beteiligten Ökosysteme begründet. Das Erkennen der Entwicklung und des Verlaufs des Ressourcenzustands wird weiter dadurch erschwert, daß Schäden durch Übernutzung meist zeitverzögert und nicht-linear in ihrem Ablauf auftreten. Menschen scheinen eher in linearen Verläufen zu denken (Dörner/Preussler 1990; Dörner 1993), was sich zum Verständnis der Ressourcenentwicklung in ökologischen Systemen als hinderlich erweist. Außerdem ist für den einzelnen die Versuchung groß, zugunsten des momentanen Gewinns aus der Ressourcenübernutzung den irgendwann später eintretenden Verlust infolge (irreversibler) Schädigung der Ressource zunächst zu vernachlässigen.

b) Individuum – Sozialsystem: Der soziale Konflikt und die gegenseitige Blockierung. Bei der Nutzung einer Umweltressource durch mehrere Personen entsteht ein sozialer Konflikt, weil der Gewinn aus der Übernutzung der Einzelperson zugute kommt, wohingegen der dadurch entstehende Schaden an der Ressource sich auf alle an der Nutzung Beteiligten verteilt. Der Nutzen wird individualisiert und der Schaden sozialisiert (Spada/Opwis 1985; Ernst/Spada 1993). Oft übersteigt der individuelle Gewinn aus der Übernutzung den auf den einzelnen zurückfallenden längerfristigen Schaden: Für das einzelne Individuum besteht somit ein Anreiz zur Übernutzung. Einer zurückhaltenderen Nutzung steht die Ungewißheit über das Verhalten der anderen Beteiligten im Weg: z.B. die Angst, mit ressourcengerechtem Handeln alleine die oder der Betrogene zu sein. Die Größe der Gruppe der Nutzenden setzt den Absicherungsbemühungen des einzelnen Grenzen: Im Gegensatz zur Situation kleiner, überschaubarer Gruppen ist es dem einzelnen Individuum in großen, anonymen Kollektiven nicht mehr möglich, zwecks Vertrauensbildung auf persönlichen Beziehungen aufbauende kollektive Sicherungssysteme zu etablieren, welche für alle Nutzenden gleichermaßen bindend sind.

In großen anonymen Sozialsystemen müssen wir somit davon ausgehen, daß deren Mitglieder sich gegenseitig in ihren umweltgefährdenden Handlungen ‚blockieren' und ‚gefangen halten'. Alle behindern durch ihr umweltgefährdendes Handeln bei anderen alternative, umweltgerechte Verhaltensweisen (vgl. Gutscher/Mosler 1992). Die Art der Ressourcennutzung eines Sozialsystems beeinflußt ganz wesentlich das Handeln der Einzelperson, weil sie den potentiellen Gesamtertrag für die individuelle Ressourcennutzung bestimmt: Übernutzen viele eine noch ergiebige Umweltressource, so muß die Einzelperson auch übernutzen. Tut sie dies nicht, hat sie neben dem alle gleichermaßen treffenden langfristigen Schaden durch die Übernutzung auch noch den geringeren unmittelbaren Ertrag.

Übernutzt das Kollektiv, erscheint individuell übernutzendes Handeln ‚rational'. Hierdurch erhält sich das kollektive Handlungsmuster bis zur endgültigen Erschöpfung der Ressource. Der eigene mögliche Beitrag zur Entlastung einer Ressource durch eine zurückhaltendere Nutzung erscheint dem Individuum angesichts der massenhaften Umweltschädigung durch die anderen unerheblich und auch nicht ‚vernünftig'. Daraus ergibt sich das folgenschwere Resultat, daß sich Personen sogar wider besseres Wissen umweltschädigend verhalten können.

c) Sozialsystem – Ressource: Die Akkumulation der Übernutzung. Meist gibt es eine optimale Bewirtschaftungsstrategie einer Ressource. Daraus abgeleitet ergeben sich individuelle Nutzungsquoten, welche eine ständige Regeneration der Ressource garantieren. Würden sich alle Nutzenden an diese Nutzungsgröße halten, zöge jede(r) der Beteiligten über die Zeit hinweg den größten Gewinn aus der Nutzung der Ressource. Aufgrund der meistenorts geltenden Regelsysteme sind jedoch fatale Anreizbedingungen wirksam: Jede Einzelperson verschafft sich einen Zusatzvorteil, wenn sie die Ressource intensiver nutzt. Übernutzen aber viele Personen auch nur ‚wenig', wird die Ressource über kurz oder lang zugrunde gerichtet. Erst die vielfache individuelle Übernutzung und deren Akkumulation schafft das Umweltproblem, wobei der schädigende Einflußanteil der Einzelperson auf die gesamte Ressource bezogen minimal ist. Für das Individuum ist es deshalb kaum ersichtlich und noch weniger begreifbar, warum aus seinem kleinen Mehrnutzen derart verheerende Folgen erwachsen sollen.

II. Forschungsstand: Ressourcenmanagementprobleme

In der wissenschaftlichen Literatur werden die hier umschriebenen Problemfelder als Ressourcenmanagementprobleme (Diekmann 1991a), ökologisch-soziale Dilemmata oder Allmende-Probleme (Spada/Opwis 1985; Ernst/Spada 1993; engl. Commons-Dilemma nach Hardin 1968) behandelt. Folgende Haupteinflußfaktoren zum Ressourcennutzungsverhalten können herauskristallisiert werden:

- Die *persönliche Orientierung*, d.h. ob sich eine Person in sozialen Situationen nur am eigenen Nutzen orientiert (individualistische, ‚unsoziale' Orientierung), oder ob sie auch den Nutzen der anderen Beteiligten bei ihrer Entscheidung berücksichtigt (kooperative, ‚soziale' Orientierung; vgl. auch Kramer/McClintock/Messick 1986; Liebrand 1984; Liebrand et al. 1986; McClintock/Liebrand 1988; Dawes et al. 1977). Es zeigt sich, daß sozial orientierte Personen eine Ressource angemessener nutzen als individualistisch orientierte. Dies trifft in besonderem Masse dann zu, wenn die Ressource bereits bedroht erscheint. Außerdem nehmen sozial orientierte Personen eher an, daß andere ebenfalls sozial orientiert entscheiden, während individualistisch orientierte Personen bei anderen vor allem individualistische Orientierungen erwarten.
- Die *Einschätzung des Ressourcenzustands*, d.h. wie Personen den Zustand einer Ressource beurteilen (Jorgenson/Papciak 1981; Samuelson et al. 1984; Messick et al. 1983; Kramer et al. 1986). Wissen Personen, daß eine Ressource in einem übernutzten Zustand ist, nehmen sie im allgemeinen ihre Nutzung zurück. Wird dieses Wissen erschüttert – beispielsweise im Rahmen eines Experiments – wird die Ressource wiederum vermehrt genutzt (Budescu et al. 1990). Außerdem scheinen Ursachenattributionen eine moderierende Rolle zu spielen: Personen nutzen eine Ressource stärker, wenn sie wissen, daß ihre Mitnutzer den Niedergang der Ressource verursacht haben, als wenn sie den Niedergang auf andere Ursachen zurückführen können (Rutte et al. 1987).
- Der *mögliche Nutzungsgewinn*, d.h. der mögliche individuelle Nutzen aus einer Ressource, welcher von der Anzahl Personen abhängig ist, die sie ressourcengerecht bzw. -unangemessen nutzen (Komorita et al. 1980; Liebrand et al. 1986). Folgendes konnte nachgewiesen werden: Je größer der Anreiz ist, eine Ressource unangemessen zu nutzen, desto eher übernutzen Personen. Hier spielen Faktoren wie die Kosten (Investitionen) für die Ressourcennutzung, der Gewinn aus der Ressourcennutzung und die Regenerationsrate der Ressource eine Rolle (Diekmann 1991a).
- Das *Wissen um die Nutzung anderer* (Liebrand et al. 1986; Kramer/Brewer 1984; Fox/Guyer 1978; Jorgenson/Papciak 1981). Wissen Personen, daß andere eine Ressource mehrheitlich unangemessen nutzen, so steigern auch sie ihre Nutzung. Wissen individualistisch orientierte Personen, daß andere eine Ressource unangemessen nutzen, so übernutzen sie vermehrt. Sozial orientierte Personen dagegen lassen sich von diesem Wissen nicht beinflussen (Liebrand et al. 1986).

Weitere gut untersuchte Bedingungsfaktoren sind: Allein das *Wissen* um den sozialen Konflikt bei der Nutzung eines Gemeinguts trägt wesentlich zu einer gemeinsamen, angemessenen Nutzungsweise bei (Thompson/Stoutemyer 1991). *Kommunikation* vermag den dahinterliegenden Konflikt zu entschärfen (Liebrand 1984; Dawes et al. 1977), vor allem, wenn Informationen über den Ressourcenzustand und das Verhalten anderer fehlen (Jorgenson/Papciak 1981). Verbindliche *Abmachungen* darüber, wie man gemeinsam in

Zukunft die Ressource nutzen will, führen zu einer angemessenen, kollektiven Ressourcenbewirtschaftung (Orbell, Van de Kragt/Dawes 1988). Eine kollektive *Identität*, die ein Zugehörigkeitsgefühl (‚Wir'-Gefühl) hervorbringt, führt ebenfalls zu einer nachhaltigen Bewirtschaftung (Kramer et al. 1986; Kramer/Brewer 1984).

Sehr viele Untersuchungen beziehen sich auf eher kleine, überschaubare Gruppen, teilweise unter Bedingungen der unmittelbaren Sichtbarkeit der Ressourcennutzung durch die Gruppenmitglieder. Demgegenüber dürfte aber Anonymität und Unüberblickbarkeit eher der Situation des realen Alltagshandeln entsprechen (zur Gruppengröße: Hamburger et al. 1975; Franzen 1993; zur Sichtbarkeit der Ressourcennutzung: Jorgenson/Papciak 1981).

Für ein Durchbrechen der gegenseitigen Blockierung in umweltübernutzenden Handlungsmustern in anonymen Großgruppen schlagen wir Interventionen vor, welche auf folgenden Komponenten aufbauen (für eine ausführliche theoretische Begründung vgl. Mosler 1993):

1. Schaffung einer für weitere Beitritte jederzeit offenen, ressourcengerecht handelnden *Aktionsgemeinschaft* (in der nachfolgenden Untersuchung als Interessengemeinschaft[IG] bezeichnet). Die Möglichkeit, sich nach dem Aufgeben der vorherigen umweltschädigenden Gruppennorm mit Mitgliedern einer neuen Gruppe identifizieren zu können, schafft die Grundlage für ein neues Zugehörigkeits-, ein neues ‚Wir'-Gefühl, welches die zukunftsfähige Bewirtschaftung einer Umweltressource zu fördern vermag (vgl. Brewer/Kramer 1986; Kramer/Brewer 1986).

2. Die Mitglieder der Aktionsgemeinschaft verpflichten sich, eine klar umschriebene Ressource angemessen zu nutzen; diese *Selbstverpflichtungen* sind öffentlich zu machen. Zu den sozialen Effekten der Öffentlichkeit der Selbstverpflichtung ist einerseits die größere Verbindlichkeit für die Mitglieder der Aktionsgemeinschaft zu nennen, außerdem macht die Öffentlichkeit die Selbstverpflichtungen für andere innerhalb und außerhalb der Aktionsgemeinschaft sichtbar (Appelleffekt) und damit potentiell auch überprüfbar (Vertrauens-, Sicherheitseffekt). Auf der Ebene des Individuums ist von folgenden psychologischen Prozessen infolge der Selbstverpflichtung auszugehen: Wer freiwillig eine Entscheidung fällt, welche (zunächst nur bzw. auch) negative Konsequenzen hat (Abkehr von einer Routinehandlung, Aufwand zur Etablierung einer neuen Routine, evtl. Verluste in Form entgangener Ressourcenausbeutungsgewinne usw.) und diese Konsequenzen voraussieht, ist im Interesse einer eindeutigen Handlungsorientierung motiviert, einen erhöhten kognitiven Aufwand zur Stützung einer solchen Entscheidung zu betreiben (Gerard 1968). Zusätzliche starke extrinsische Anreize (Belohnungen, Strafandrohung usw.) machen diesen Aufwand hinfällig, was zu einer Schwächung der psychologischen Bindung an die Entscheidung führen kann. Öffentlichkeit, d.h. Sichtbarkeit der Selbstverpflichtung vergrößert die psychologischen Kosten allfälliger Revisionen von Entscheidungen; zudem wird die Rechtfertigungsmotivation weiter gesteigert, indem die Wahrscheinlichkeit, das eigene (neue) Verhalten anderen ‚erklären' zu müssen, ebenfalls steigt. Empirische Studien zeigen, daß gemeinsame, verbindliche Abmachungen darüber, wie man eine Ressource zukünftig nutzen will, zu einer angemessenen kollektiven Ressourcenbewirtschaftung führen (Orbell et al. 1988). Aus der experimentellen Feldinterventionsforschung ist bekannt, daß Selbstverpflichtungen bei Personen zu einer Einschränkung im Ressourcenverbrauch führen kann

(Pallak/Cummings 1976; Pallak, Cook/Sullivan 1980; Burn/Oskamp 1986; Katzev/Pardini 1987: 88; Wang/Katzev 1990).

3. Um die Einhaltung der Selbstverpflichtungen nach innen und nach außen zu garantieren, sollen die Selbstverpflichtungen einer *Kontrolle* unterzogen werden. Das Element der Kontrolle wirkt gleichsam als Ersatz für Vertrauen, welches in sehr großen Kollektiven nicht mehr über persönliche Beziehungen und durch unmittelbare soziale Kontrolle aufgebaut werden kann. Kontrolle schafft Klarheit darüber, ob eingegangene Verpflichtungen auch tatsächlich eingehalten werden. Untersuchungen zeigen, daß Formen der Kontrolle, welcher die Beteiligten zustimmen (z.B. aus Einsicht in die größere Wirksamkeit und stärkere Ausstrahlung des eigenen Handelns), einer nachhaltigen Ressourcenbewirtschaftung förderlich sind (vgl. Edney/Harper 1978b; Edney/Harper 1978a).

Die Wirksamkeit dieser Bedingungen zu analysieren war Ziel der nachfolgend dargestellten Untersuchung. Da in letzter Zeit die Frage von Anreizen für umweltgerechtes Handeln sehr kontrovers diskutiert wurde (vgl. Diekmann/Preisendörfer 1992; Frey/Busenhart 1995; Mosler 1995), führten wir in der vorliegenden Studie auch die zusätzliche Bedingung eines (eher symbolischen) Anreizes zum Anschluß an eine ressourcengerecht handelnde Aktionsgemeinschaft ein.

III. Untersuchung

1. Experimentaldesign

In den Experimenten spielten jeweils Gruppen von 20 Personen ein Fischereiwirtschaftsspiel miteinander. Die Probanden saßen – durch eine Kartonwand getrennt – nebeneinander; sie konnten sich zum Teil sehen, durften aber nicht miteinander kommunizieren. Die Präsenz der ganzen Gruppe in einem Raum schuf eine intensive soziale Situation, da der Fortbestand der Umweltressource (der Fischbestand) und somit auch die Verdienstmöglichkeit vom Verhalten aller abhängig war. Die Teilnehmenden bewirtschafteten den Fischbestand eines Sees und wurden entsprechend ihren Fangmengen ausbezahlt. In jeder Saison konnten sie zwischen einer Fangquote von 0 Prozent und 4 Prozent des gesamten Bestandes wählen. In Abhängigkeit der Größe des Fischbestandes ‚fingen' die Versuchspersonen entsprechend der Wahl ihrer Fangquote eine bestimmte Anzahl Tonnen Fische. Der Bruttoverdienst betrug pro Tonne SFr. 6.000,–; es wurden aber pro Saison SFr. 60.000,– Lebenshaltungskosten in Rechnung gestellt. Pro Saison mußten die Teilnehmenden somit mindestens 10 Tonnen fischen, um diese Fixkosten zu decken. Am Ende des Spiels wurden die aufaddierten Nettogewinne durch einen Faktor von 40.000 dividiert und effektiv ausbezahlt. Die Versuchspersonen ‚verdienten' so zwischen 0 und 50 SFr., Verluste wurden nicht berücksichtigt.

Der Fischbestand wurde zu Beginn des Spiels auf 800 Tonnen festgelegt; dies stellt die maximale Kapazität des Sees dar und kann nicht überschritten werden. Sinkt der Fischbestand während des Spiels unter 100 Tonnen, so gilt der Fischbestand als nicht mehr regenerierbar und das Spiel wird abgebrochen. Nach jeder Saison regeneriert sich der Fischbestand mit dem Faktor 2. Dies bedeutet, daß bei 20 Nutzenden und individuellen

Fangquoten von je 2,5 Prozent der Fischbestand eine Saison später wieder auf seine Ausgangsgröße anwächst [(100% − (20 × 2,5%)) × 2 = 100%]. Eine Fangquote von 2,5 Prozent entspricht somit einer ressourcengerechten Nutzung.

Jeweils am Ende einer Saison wurde den Teilnehmenden die gesamte gefangene Menge mitgeteilt. Sie wußten somit, wieviel die gesamte Gruppe dem Gewässer entnommen, nicht aber, wer wieviel genutzt hatte. Danach erfuhren die Spielenden den Fischbestand der nächsten Saison. Die gesamte Spieldauer umfaßte 15 Saisons; die Teilnehmenden erfuhren aber die Gesamtzahl der zu spielenden Saisons nicht im voraus.

Die Untersuchung wurde mit zwei Kontrollgruppen und vier Versuchsgruppen durchgeführt. Die Versuchspersonen in den Experimentalgruppen erhielten ab der siebten Saison die Möglichkeit, einer Interessengemeinschaft (IG) ‚Maßvolles Fischen' beizutreten. Sie mußten sich verpflichten, eine Fangquote von nicht mehr als 2,25 Prozent einzuhalten. Das Einhalten der Selbstverpflichtung wurde durch den Spielleiter kontrolliert. Nicht-Einhalten führte zum Ausschluß aus der IG für eine Saison. Die Spielenden mußten die Frage der IG-Teilnahme vor jeder Saison erneut entscheiden. Ein Beitritt wurde mit einer für alle gut sichtbaren Flagge am Sitzplatz öffentlich gemacht. In zwei der vier Versuchsgruppen wurde der Beitritt zur Interessengemeinschaft zusätzlich mit einem bescheidenen Bonus von SFr. 10.000 belohnt (entspricht effektiv ausbezahlten SFr. 0.25). Die beiden Kontrollgruppen bewirtschafteten die Ressource ohne Angebot zu einem IG-Beitritt.

2. Datenerhebung

Vor den Spielterminen füllten die Versuchspersonen einen Fragebogen aus, in welchem neben demographischen Variablen auch Variablen des Umweltbewußtseins erhoben wurden (nach Kley/Fietkau 1979; Diekmann 1991b; Grob 1991). Während des Spiels wurden nach jeder dritten Saison im Rahmen einer Zwischenbefragung die aktuellen Spielziele, eine Einschätzung des Fischbestands sowie eine Einschätzung der Mitspielenden erfaßt.

Alle für den Spielverlauf direkt relevanten Daten wie Fangquote, IG-Beitritt etc. wurden von den teilnehmenden Personen auf vorbereitete Formulare eingetragen. Am Schluß jeder Saison gab die Spielleitung diese Angaben an einem PC in ein Tabellenkalkulationsprogramm ein, welches die aktuelle Ausgangssituation für die nächste Saison errechnete.

3. Versuchspersonen und Versuchsbedingungen

Die Experimente sollten mit sechs Gruppen à 20 Personen durchgeführt werden; aufgrund von Ausfällen nahmen schließlich 114 Personen teil. Die Versuchspersonen stammten aus dem weiteren Bekanntenkreis von Studierenden. Je ca. ein Viertel verteilten sich auf folgende Berufskategorien: In Ausbildung, akademische Berufe, kaufmännische Berufe, handwerkliche Berufe. Es nahmen 54 Prozent Frauen und 46 Prozent Männer am Versuch teil. Bei der Altersverteilung ergab sich ein Übergewicht der jüngeren Versuchspersonen: 12 Prozent waren in der Kategorie 16-19 Jahre, 58 Prozent in der Kategorie 20-29, 13 Prozent waren zwischen 30-39 Jahre alt und 17 Prozent waren 40 Jahre alt oder älter.

Die Versuchspersonen wurden nach einem Zufallsverfahren auf folgende sechs Gruppen verteilt: Versuchsgruppen, Nr. 1 und 2: Angebot zum Beitritt in eine Interessengemeinschaft (IG) ‚Maßvolles Fischen' und zusätzlicher Bonus für den Beitritt zur IG. Versuchsgruppen, Nr. 3 und 4: Angebot zum Beitritt in eine Interessengemeinschaft (IG) ‚Maßvolles Fischen'. Kontrollgruppen, Nr. 5 und 6: Ohne Angebot zum Beitritt in eine IG.

4. Ergebnisse

a) Fangquoten und Fischbestand. Die Möglichkeit, einer ressourcengerecht nutzenden Interessengemeinschaft beitreten zu können, scheint einen entscheidenden Einfluß auf die Bewirtschaftung der Ressource zu haben (vgl. Abb. 2). Der Fischbestand sank zunächst bei allen Gruppen bis zum Ende der sechsten Saison kontinuierlich; nach dem Angebot eines Eintritts in eine Interessengemeinschaft ‚Maßvolles Fischen' ab der siebten Saison gelang es den Versuchsgruppen aber, ihren Fischbestand zu stabilisieren und z.T. sogar wieder anwachsen zu lassen.

Abbildung 2: Die Entwicklung des Fischbestandes bei Versuchs- (VG) und Kontrollgruppen (KG) in den Saisons (jeweils drei Saisons werden zusammengefaßt)

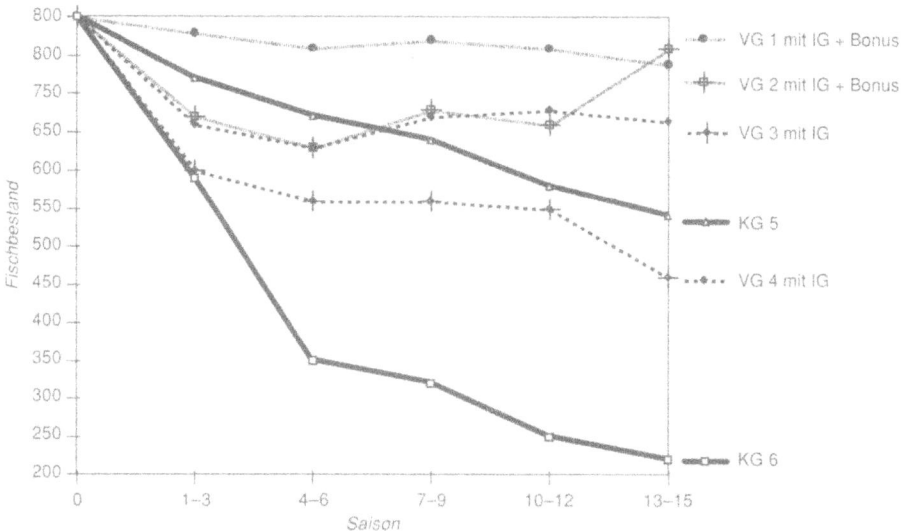

Dies schlägt sich auch im Vergleich der durchschnittlichen Fangquoten der Versuchs- und Kontrollgruppen nieder (vgl. auch *Abbildung 3*). In einer multivariaten Varianzanalyse mit dem Meßwiederholungsfaktor ‚Saison' wurde ein signifikanter Unterschied der Verläufe der Fangquotendurchschnitte (7. bis 15. Saison) festgestellt ($F(8,105)=2.64$; $p=0.011$). Bei einem Vergleich der durchschnittlichen Fangquotenverläufe unter den verschiedenen Versuchsbedingungen erhalten wir folgende Ergebnisse (*Tabelle 1*):

Tabelle 1: Vergleich der durchschnittlichen Fangquotenverläufe (Saison 7-15)

Vergleiche		
VG 1 u. 2 (IG + Bonus) ↔ KG 5 u. 6:		F(8,67)=4.28; p=0.000
VG 3 u. 4 (IG) ↔ KG 5 u. 6:		F(8,69)=1.85; p=0.081
VG 1 u. 2 (IG + Bonus) ↔ VG 3 u. 4 (IG):		F(8,65)=2.03; p=0.056

Die Versuchsgruppen, in welchen eine Anreizbedingung zum IG-Beitritt bestand, wiesen die niedrigsten Fangquotendurchschnitte auf; sie unterschieden sich in ihrem Fangverhalten sowohl von der Kontrollgruppe als auch von denjenigen Versuchsgruppen, in welchen lediglich die Beitrittsmöglichkeit zur IG (ohne Beitritts-Bonus) bestand.

Abbildung 3: Verlauf der Fangquotendurchschnitte bei Versuchs- (VGn) und Kontrollgruppen (KGn) in den Saisons 7 bis 15

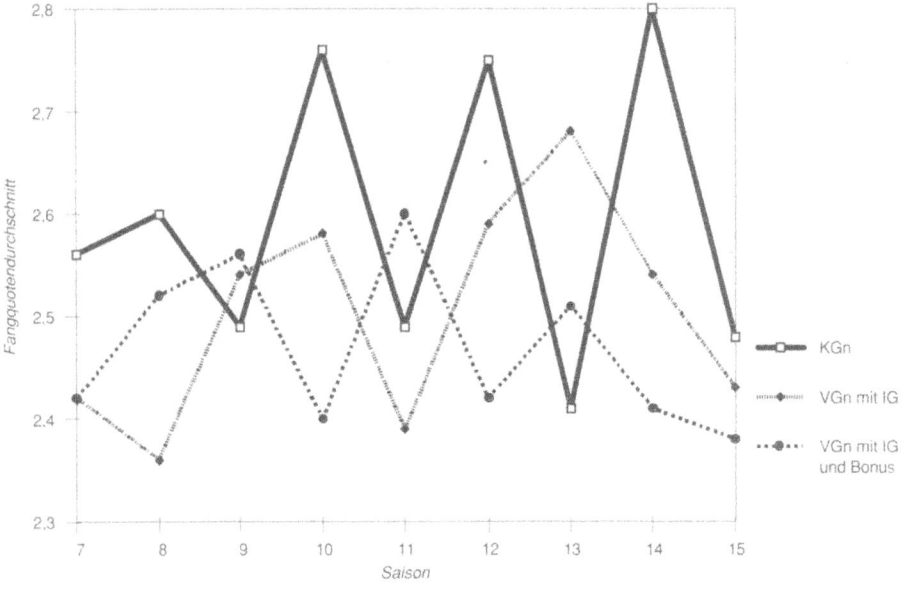

Die oszillierenden und sich überlagernden Verläufe der Fangquotendurchschnitte in *Abbildung 3* wurden einer Trendanalyse mittels orthogonaler Polynome unterworfen (vgl. *Abbildung 4*). Wir fanden einen signifikanten Interaktionseffekt bei der Trendkomponente 6. Ordnung (F(2,111)=4.93; p<0.05); d.h. daß die Profile der Fangquotendurchschnitte, wenn man sie mit einer Funktion 6. Ordnung beschreibt, deutlich unterschiedlich verlaufen. Auf diese Weise wurden die unmittelbar kaum ‚lesbaren' Profile aus *Abbildung 3* gleichsam geglättet, um Tendenzen in den Verläufen deutlicher hervortreten zu lassen.

Zwischen den drei Kurven werden deutliche Unterschiede in der Form erkennbar. Die Kontrollgruppen weisen den höchsten Fangquotenverlauf über die gesamte Dauer der Spiels auf. Von der 7. bis zur 14. Saison steigt das Trendprofil mehr oder weniger langsam an, in der letzten Saison fällt es stark ab. Das Profil der Versuchsgruppen mit IG beginnt ab der Beitrittsmöglichkeit in der 7. Saison mit einem tiefen Wert, steigt dann im Durchschnitt über den Idealwert von 2.5 an und fällt in der 14. und 15. Saison wieder ab. Einen in der Form ganz anderen Verlauf weist das Trendprofil der Gruppen ‚IG mit Eintritts-Bonus' auf. Nach zwei Spielsaisons wird der Höhepunkt dieses Profils bereits erreicht, danach sinken die Fangquoten stetig ab bis zur Beendigung des Spiels.

Zusammenfassend läßt sich feststellen, daß die Trendprofile der beiden Gruppen, in welchen die Möglichkeit zu einem Beitritt zu einer maßvoll nutzenden Interessengemeinschaft vorhanden war, deutlich unter dem Profil der Kontrollgruppen liegen: Die Beitrittsmöglichkeit zu einer ressourcengerecht nutzenden Interessengemeinschaft vermag die durchschnittlichen Fangquoten offenbar erfolgreich zu senken.

Abbildung 4: Verlauf der Fangquotendurchschnitte als Trendprofile bei Versuchs- (VG) und Kontrollgruppen (KG) in den Saisons 7 bis 15

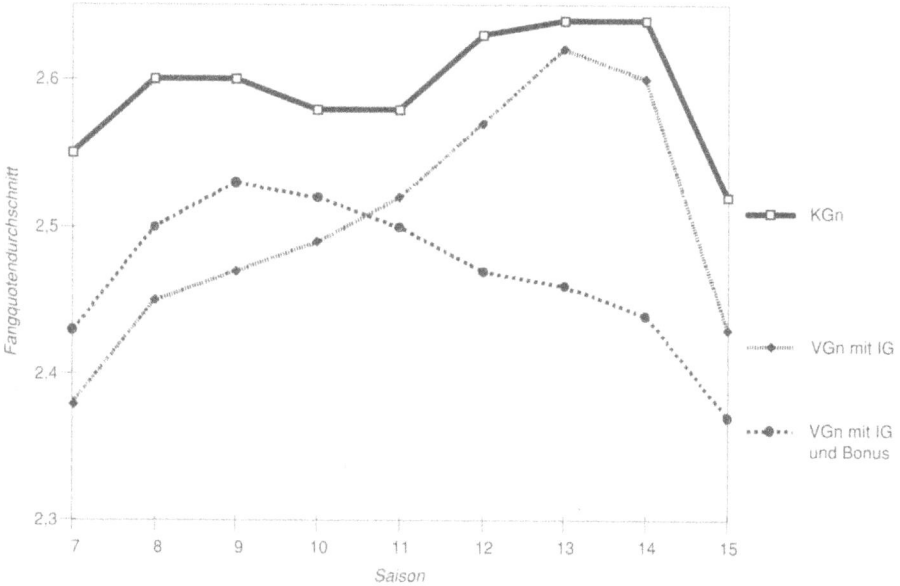

b) Ökologisches (Spiel)Wissen und Umweltbewußtsein. Könnte es sein, daß gerade die Personen in den Kontrollgruppen nicht verstanden hatten, wie sie den Fischbestand nutzen mußten, damit er sich stabilisiert oder sogar wieder erholt? Um diese Alternativerklärung auszuschließen wurde jeweils nach der 3., 6., 9., 12. und 15. Saison folgende Frage gestellt: „Welche Fangquote dürfte Ihrer Meinung nach jeder Teilnehmer wählen, damit sich der Fischbestand wieder erholen kann?" Es stellte sich heraus, daß die Anteile der Personen, welche die Frage richtig beantworteten (Richtige Antwort: weniger als 2,5 Prozent) in den Versuchs- und in den Kontrollgruppen ungefähr gleich sind (vgl. *Tabelle 2*). In einer statistischen Auswertung über alle Zwischenbefragungen (‚Erholungsfangquote' unter bzw. über 2,5 Prozent) zeigte sich kein signifikanter Unterschied zwischen Versuchs- und Kontrollgruppen (Chi-Quadrat(1)=0.226, p=0.634).

Tabelle 2: Prozentzahl der Personen in den Versuchs- und Kontrollgruppen, die richtig angeben, daß eine Fangquote unter 2,5 Prozent bei allen Personen notwendig wäre, damit sich der Fischbestand wieder erholt

	Saison				
	3	6	9	12	15
% Personen in den Versuchsgruppen	85	80	83	89	87
% Personen in den Kontrollgruppen	75	80	76	73	90

Auch in den Umweltbewußtseinsvariablen (Betroffenheit, Wahrnehmung der Umweltproblematik, wahrgenommene Verantwortlichkeit, Umwelteinstellungen, selbstberichtetes Umweltverhalten), die wir vor dem Spiel erhoben hatten, konnten wir keine a priori Unterschiede zwischen den Personen in Versuchs- und Kontrollgruppen feststellen.

c) Beitritte zur IG und ressourcengerechtes Nutzen. Der Anteil derjenigen Personen, welche der IG beitraten – eine Entscheidung, welche von den Teilnehmenden vor jeder Saison erneut gefällt werden mußte – bewegte sich zwischen 54 und 62 Prozent. Das bedeutet, daß von den maximal 20 Personen lediglich 1-2 Personen jeweils ihre Beitrittsentscheidung im Vergleich zur vorherigen Saison revidierten.

Ab der 7. Saison (Beitrittsmöglichkeit zu einer IG) betrug der Anteil der Personen, welche eine Fangquote < 2,5 Prozent wählten, in den Versuchsgruppen immer über 60 Prozent. In den Kontrollgruppen hingegen schwankte er weiterhin zwischen 40 Prozent und maximal 55 Prozent. Dieser Effekt ließ sich auch statistisch sichern, wenn die Anteile ressourcengerecht nutzender Personen vor und nach dem Angebot zum Beitritt zu einer ressourcengerecht nutzenden Interessengemeinschaft verglichen werden (*Tabelle 3*).

Tabelle 3: Anzahl (Prozent) ressourcengerecht nutzender vs. übernutzender Personen in den Versuchs- und Kontrollgruppen vor und nach der 7. Saison (Versuchsgruppen: ab 7. Saison Beitrittsmöglichkeit zu einer IG)

	Saison 1 – 6		Saison 7 – 15	
	Anzahl (Prozent) Personen mit Fangquoten			
	< 2,5%	> 2,5%	< 2,5%	> 2,5%
Versuchsgruppen	33 (45%)	41 (55%)	43 (58%)	31 (42%)
Kontrollgruppen	14 (35%)	26 (65%)	16 (40%)	24 (60%)
Chi-Quadrat(1)	0.986		3.409	
p	0.320		0.064	

Aus *Tabelle 3* wird deutlich, daß während der Saisons 1-6 prozentual ungefähr gleich viele Personen in den Versuchs- und Kontrollgruppen die Ressource übernutzten. Ab der 7. Saison, d.h. nach dem Angebot für die Personen in den Versuchsgruppen, in einer ressourcengerecht nutzenden Interessengemeinschaft mitzumachen, steigt dort der Anteil der zurückhaltend Nutzenden; in den Kontrollgruppen bleibt er konstant.

IV. Diskussion

Das Angebot zum Beitritt zu einer ressourcenschonenden Interessen- oder Aktionsgemeinschaft, welche die Verpflichtungen ihrer Mitglieder öffentlich macht und kontrolliert, bewirkt offenbar, daß ein namhafter Anteil – auch unter Inkaufnahme kurzfristiger Nachteile in Form entgangener Ausbeutungsgewinne – von ressourcenübernutzenden zu ressourcenschonenden Handlungsmustern wechselt. Die Ergebnisse machen auch deutlich, daß ein solcher Wechsel ohne dieses Beitrittsangebot auch wider besseres Wissen nicht vollzogen wird: Drei Viertel aller Nutzenden wußten, wie intensiv die Umweltressource genutzt werden durfte – und hielten sich nicht daran.

Das ist ein bekannter Befund aus der Umweltbewußtseinsforschung: Die meisten Menschen in den industrialisierten Zonen der nördlichen Hemisphäre haben ein hohes Umweltwissen, sie verfügen sogar über konkretes handlungsbezogenes Umweltwissen (Sie wüßten, was sie selbst zur Entlastung der Umwelt tun könnten), aber sie handeln nicht danach. Einen relativ schwachen Zusammenhang zwischen Umweltwissen und Umwelthandeln zeigen die Studien von Schahn/Holzer (1990), Diekmann/Preisendörfer (1992) und Sia/Hungerford/Tomera (1985); kein direkter Zusammenhang findet sich in den Studien von Diekmann/Preisendörfer (1991) und Langeheine/Lehmann (1986). Zwar bleibt Umweltwissen unbestrittenermaßen eine notwendige Bedingung für Umwelthandeln, was auch die Untersuchungen von Spada/Opwis (1985) zeigen. Umweltwissen ist aber keine hinreichende Bedingung für Umwelthandeln: Umweltwissen löst bestenfalls das eingangs behandelte Problem der nicht erfaßbaren Ressourcenentwicklung, tangiert aber in keiner Weise die anderen Probleme der Akkumulation der Übernutzung, des sozialen Konflikts und der gegenseitigen Blockierung.

Eine Aktionsgemeinschaft mit einer kontrollierten, öffentlichen Selbstverpflichtung zu umweltgerechtem Handeln vermag allerdings auch nicht alle der dabei angesprochenen Wechselwirkungsprobleme vollständig zu lösen. Der soziale Konflikt bleibt weiterhin bestehen, weil sich noch immer ein namhafter Anteil nicht umweltgerecht verhält. Dem Problem wird aber die Spitze genommen, indem die Nachteile zurückhaltenderer Nutzung teilweise ausgeglichen werden, zum einen beispielsweise durch eine kleine (eher symbolische) Belohnung für umweltgerechtes Verhalten (Eintrittsbonus) und zum anderen infolge der neuen Zugehörigkeit durch die Vermittlung einer sozial abgesicherten und geteilten Selbstbestätigung, zu denen zu gehören, welche gemeinsam das Notwendige und Richtige tun.

Die Akkumulation der Übernutzung ließ sich in unserer Untersuchung mit der Einführung einer Aktionsgemeinschaft erfolgreich bremsen oder gar umkehren. Dadurch konnte auch ein wesentlicher Teil der gegenseitigen Blockierung aufgehoben werden: Es lohnt sich jetzt, umweltgerecht zu handeln, weil durch ein Umschwenken der meisten anderen die Ressource nachhaltig (sustainable) bewirtschaftet werden kann. Die Einzelperson wird nicht mehr doppelt betrogen, wenn sie sich in der Ressourcennutzung zurückhält, weil sie von einem Prosperieren der Ressource ebenfalls profitiert.

Wer allerdings eine Ressource weiterhin übernutzen will, zieht aus dem Verhalten der ressourcengerecht Nutzenden weiterhin überproportionale Vorteile: Der soziale Konflikt kann durch die Einführung einer kontrollierten, öffentlichen Selbstverpflichtung im Rahmen einer Aktionsgemeinschaft lediglich abgeschwächt werden. Deshalb ist es wichtig, weiterhin nach Möglichkeiten zu suchen, neu entstehende Gemeinschaften ressourcengerecht Nutzender exklusiv, d.h. unter Ausschluß der Nicht-Mitglieder, sowohl ideell als eventuell auch materiell zu ‚entschädigen'.

Der Befund, daß nicht alle der Beteiligten zu umweltgerechten Handlungsmustern umschwenkten, widerspricht auf den ersten Blick der Selbstverbreitungstheorie von umweltgerechtem Verhalten durch Einführung einer Aktionsgemeinschaft mit einer kontrollierten, öffentlichen Selbstverpflichtung (Mosler 1992, 1994). Ein Schneeballeffekt unter den potentiellen Mitgliedern fand nicht statt; der Großteil der Versuchspersonen entschloß sich unmittelbar nach Auftreten des Beitrittsangebots zur definitiven Teilnahme oder Nicht-Teilnahme in der Aktionsgemeinschaft. Spätere Revisionen der Entscheidungen waren selten. Für den Prozeß der Selbstverbreitung, hier im Sinne eines allmählichen Herausbildens eines neuen umweltgerechten Handlungsmusters, waren die Anzahl und die Schwankungen im Verhalten der beteiligten ‚Elemente' vermutlich noch zu gering. Für einen echten Ausbreitungsprozeß war die Gruppengröße einfach zu klein. Zudem: Menschen bleiben gerne bei den Handlungsmustern, die sie einmal gezeigt haben, u.a. gerade deshalb, um nicht als schwankend oder unzuverlässig zu erscheinen.

Wahrscheinlich muß sich eine Sozietät immer mit einem gewissen Anteil an nicht umweltgerechten Handlungsmustern abfinden. In einer anderen Untersuchung (Mosler 1990) konnten drei Verhaltenstypen eruiert werden:
- Der ‚asoziale Übernutzer': Personen mit niedrigem Umweltbewußtsein, negativer sozialer Einstellung und unbeirrbar in der Tendenz zur Übernutzung der Ressource.
- Der ‚bedingungslose Grüne': Personen mit hohem Umweltbewußtsein, positiver sozialer Einstellung und einer Toleranz für soziale Ungerechtigkeiten bei der Ressourcennutzung.
- Der ‚skeptische Anpasser': Personen mit niedrigem Umweltbewußtsein und negativer sozialer Einstellung, welche ihr Verhalten sehr stark von dem der sozialen Umgebung abhängig machen.

Wir vermuten, daß unsere Intervention in realen Sozialsystemen vor allem die ‚skeptischen Anpasser' (eine Gruppe, welche bei unseren Versuchspersonen sicher unterrepräsentiert war) ins Lager der bereits umweltgerecht handelnden Personen (‚bedingungslose Grüne') hinüberziehen könnte.

Aus einem experimentellen Umweltspiel direkt Empfehlungen für die Praxis abzuleiten, wäre vermessen; auch dann, wenn ein Großteil der Beteiligten den Realitätsbezug des Spiels nach eigenem Bekunden sehr deutlich spürten und angaben, sie würden sich in der Realität genauso verhalten. Immerhin eröffnen sich aufgrund unserer Daten für die Situation anonymer Großgruppen theoretisch und empirisch begründete neue Wege, den selbstverursachten Niedergang von Umweltressourcen aufzufangen. Ressourcenschonende Interessen- oder Aktionsgemeinschaften scheinen in dem Sinne unterstützungswürdig zu sein, da deren Mitglieder berechenbar (weil öffentlich) und zuverlässig (weil kontrolliert) handeln. Die Größenordnungen der dadurch erzielbaren umweltentlastenden Effekte sollten im Rahmen von größeren Feldexperimenten weiter untersucht werden.

Literatur

Budescu, David V., Anatol Rapoport und Ramzi Suleiman, 1990: Resource Dilemmas with Environmental Uncertainty and Asymmetric Players, European Journal of Social Psychology 20: 475-487.

Brewer, Marilynn B., und Roderick M. Kramer, 1986: Choice Behavior in Social Dilemmas: Effects of Social Identity, Group Size, and Decision Framing, Journal of Personality and Social Psychology 50: 543-549.

Burn, Shawn M., und Stuart Oskamp, 1986: Increasing Community Recycling with Persuasive Communication and Public Commitment, Journal of Applied Social Psychology 16: 29-41.

Dawes, Robyn M., Jeanne McTavish und Harriet Shaklee, 1977: Behavior, Communication, and Assumptions about other Peoples Behavior in a Commons Dilemma Situation, Journal of Personality and Social Psychology 35: 1-11.

Diekmann, Andreas, 1991a: Soziale Dilemmata. Modelle, Typisierungen und empirische Resultate. S. 417-456 in: Hartmut Esser und Klaus G. Troitzsch (Hg.): Modellierung sozialer Prozesse. Bonn: Informationszentrum Sozialwissenschaften.

Diekmann, Andreas, 1991b: Umweltbewußtsein und Umweltverhalten, Unipress 71: 22-25.

Diekmann, Andreas, und Peter Preisendörfer, 1991: Umweltbewußtsein, ökonomische Anreize und Umweltverhalten, Schweizerische Zeitschrift für Soziologie 2: 207-231.

Diekmann, Andreas, und Peter Preisendörfer, 1992: Persönliches Umweltverhalten: Diskrepanzen zwischen Anspruch und Wirklichkeit, Kölner Zeitschrift für Soziologie und Sozialpsychologie 44: 226-251.

Dörner, Dietrich, 1993: Denken und Handeln in Unbestimmtheit und Komplexität, Gaia 2: 128-138.

Dörner, Dietrich, und Walburga Preussler, 1990: Die Kontrolle eines einfachen ökologischen Systems, Sprache und Kognition 9: 205-217.

Edney, Julian J., und Christopher S. Harper, 1978a: The Commons Dilemma. A Review of Contributions from Psychology, Environmental Management 2: 491-507.

Edney, Julian J., und Christopher S. Harper, 1978b: The Effect of Information in a Resource Management Problem: A Social Trap Analog, Human Ecology 6: 387-395.

Ernst, Andreas M., und Hans Spada, 1993: Bis zum bitteren Ende? S. 17-27 in: Joachim Schahn und Thomas Giesinger (Hg.): Psychologie für den Umweltschutz. Weinheim: Psychologie Verlags Union.

Franzen, Axel, 1993: Group Size Effects in Social Dilemmas: A Review of the Experimental Literature and some new Results for One-Shot N-PD Games. S. 117-146 in: Ulrich Schulz, Wulf Albers und Ulrich Mueller (Hg.): Social Dilemmas and Cooperation. Berlin: Springer.

Frey, Bruno S., und Isabelle Busenhart, 1995: Umweltpolitik: Ökonomie oder Moral? S. 9-20 in: Andreas Diekmann und Axel Franzen (Hg.): Kooperatives Umwelthandeln. Zürich: Rüegger.

Gerard, Harold B., 1966: Basic Features of Commitment. S. 456-463 in: Robert P. Abelson, Elliot Aronson, William J. McGuire, Theodore M. Newcomb, Milton J. Rosenberg und Percy H. Tannenbaum (Hg.): Theories of Cognitive Consistency: A Sourcebook. Chicago: Rand McNally.

Grob, Alexander, 1991: Meinung Verhalten Umwelt. Bern: Peter Lang.

Gutscher, Heinz, und Hans-Joachim Mosler, 1992: Menschliche Einfalt gegen natürliche Vielfalt? Unizürich 3: 25-27.

Fox, John, und Melvin Guyer, 1978: „Public" Choice and Cooperation in N-Person Prisoner's Dilemma, Journal of Conflict Resolution 22: 469-481.

Hamburger, Henry, Melvin Guyer und John Fox, 1975: Group Size and Cooperation, Journal of Conflict Resolution 19: 503-531.

Hardin, Garrett, 1968: The Tragedy of the Commons, Science 162: 1243-1248.

Jorgenson, Dale O., und Anthony S. Papciak, 1981: The Effects of Communication, Resource Feedback, and Identifiability on Behavior in a Stimulated Commons, Journal of Experimental Social Psychology 17: 373-385.

Katzev, Richard D., und Anne U. Pardini, 1987-88: The Comparative Effectiveness of Reward and Commitment Approaches in Motivating Community Recycling, Journal of Environmental Systems 17: 93-113.

Kley, Jürgen, und *Hans-Joachim Fietkau*, 1979: Verhaltenswirksame Variablen des Umweltbewußtseins, Psychologie und Praxis 23: 13-22.

Komorita, S. S., James Sweeney und *David A Kravitz*, 1980: Cooperative Choice in the N-Person Dilemma Situation, Journal of Personality and Social Psychology 38: 504-516.

Kramer, Roderick M., und *Marilynn B. Brewer*, 1984: Effects of Group Identity on Resource Use in a simulated Commons Dilemma, Journal of Personality and Social Psychology 46: 1044-1057.

Kramer, Roderick M., und *Marilynn B. Brewer*, 1986: Social Group Identity and the Emergence of Cooperation in Resource Conservation Dilemma. In: *Henk A.M. Wilke, David M. Messick* und *Christel G. Rutte* (Hg.): Experimental Social Dilemmas. Frankfurt a.M.: Verlag Peter Lang.

Kramer, Roderick M., Charles G. McClintock und *David M Messick*, 1986: Social Values and Cooperative Response to a Simulated Resource Conservation Crisis, Journal of Personality 54: 576-592.

Langeheine, Rolf, und *Jürgen Lehmann*, 1986: Ein neuer Blick auf die soziale Basis des Umweltbewußtseins, Zeitschrift für Soziologie 15: 378-384.

Liebrand, Wim B. G., 1984: The Effect of Social Motives, Communications and Group Size on Behavior in an N-Person Multi-Stage Mixed-Motive Game, European Journal of Social Psychology 14: 239-264.

Liebrand, Wim B. G., Henk A. M. Wilke und *F. J. M. Wolters*, 1986: Value Orientation and Conformity. A Study using three Types of Social Dilemma Games, Journal of conflict resolution 30: 77-97.

McClintock, Charles G., und *Wim B. G. Liebrand*, 1988: Role of Interdependence Structure, Individual Value Orientation, and Anothers Strategy in Social Decision Making: A Transformal Analysis, Journal of Personality and Social Psychology 55: 396-409.

Messick, David M., Henk Wilke, Marilynn B Brewer und *Roderick M Kramer*, 1983: Individual Adaptations and Structural Change as Solutions to Social Dilemmas, Journal of Personality and Social Psychology 44: 294-309.

Mosler, Hans-Joachim, 1990: Selbstorganisation von umweltgerechtem Handeln: Der Einfluß von Vertrauensbildung auf die Ressourcennutzung in einem Umweltspiel. Zürich: Zentralstelle der Studentenschaft.

Mosler, Hans-Joachim, 1993a: The Self-Organization of Ecologically-Sound Behavior. S. 176-194 in: *Dieter Steiner* und *Markus Nauser* (Hg.): Human Ecology: Fragments of Anti-Fragmentary Views of the World. London: Routledge.

Mosler, Hans-Joachim, 1993b: Self-Dissemination of Environmentally-Responsible Behavior: The Influence of Trust in a Commons Dilemma Game, Journal of Environmental Psychology 13: 111-123.

Mosler, Hans-Joachim, 1994: Eine Strategie zur selbsttätigen Verbreitung von umweltgerechtem Handeln, Zeitschrift für Umweltpolitik und Umweltrecht 2: 241-255.

Mosler, Hans-Joachim, 1995: Selbstverpflichtung zu umweltgerechtem Handeln. S. 171-175 in: *Andreas Diekmann* und *Axel Franzen* (Hg.): Kooperatives Umwelthandeln. Zürich: Rüegger.

Orbell, John M., Alphons J. C. Van de Kragt und *Robyn M. Dawes*, 1988: Explaining Discussion-induced Cooperation, Journal of Personality and Social Psychology 54: 811-819.

Pallak, Michael S., David A. Cook und *John J. Sullivan*, 1980: Commitment and Energy Conservation, Applied Social Psychology Annual 1: 235-253.

Pallak, Michael S., und *William Cummings*, 1976: Commitment and Voluntary Energy Conservation, Personality and Social Psychology Bulletin 2: 27-30.

Rutte, Christel G., Henk A. M. Wilke und *David M. Messick*, 1987. Scarcity or Abundance caused by People or the Environment as Determinants of Behavior in the Resource Dilemma, Journal of Experimental Social Psycology 23: 208-216.

Samuelson, Charles D., David M. Messick, Christel G. Rutte und *Henk Wilke*, 1984. Individual and Structural Solutions to Resource Dilemmas in Two Cultures, Journal of Personality and Social Psychology 47: 94-104.

Schahn, Joachim, und *Erwin Holzer*, 1990: Konstruktion und Validierung von Skalen zur Erfassung des Umweltbewußtseins, Zeitschrift für Differentielle und Diagnostische Psychologie 11: 185-204.

Sia, Archibald P., Harold R. Hungerford und *Audrey N. Tomera*, 1985: Selected Predictors of Responsible Environmental Behavior: An Analysis, Journal of Environmental Education 17: 31-40.

Spada, Hans, und *Klaus Opwis,* 1985: Ökologisches Handeln im Konflikt: Die Allmende Klemme. In: *Peter Day, Urs Fuhrer* und *Uwe Laucken* (Hg.): Umwelt und Handeln – Ökologische Anforderungen und Handeln im Alltag. Tübingen: Attempto Verlag.

Thompson, Suzanne C., und *Kirsten Stoutemyer,* 1991. Water Use as a Commons Dilemma. The Effects of Education that focuses on long-term Consequences and Individual Action, Environment and Behavior 23: 314-333.

Wang, Theodore H., und *Richard D. Katzev,* 1990: Group Commitment and Resource Conservation: Two Field Experiments on Promoting Recycling, Journal of Applied Social Psychology 20: 265-275.

Soziale Bewegungen

ÖKOLOGISCHE BEWEGUNGEN IM INTERNATIONALEN VERGLEICH: ZWISCHEN KONFLIKT UND KOOPERATION

Hanspeter Kriesi und Marco G. Giugni

Zusammenfassung: Ausgehend vom politischen Prozeßansatz diskutieren wir die Entwicklung der Ökologiebewegung in den letzten zwei Jahrzehnten in mehreren westlichen Ländern. Abgesehen von Frankreich, wo sie aufgrund des spezifischen politischen Kontextes organisatorisch schwach, in ihren Aktionen radikal und weitgehend ohne Erfolg blieb, hat diese Bewegung in den untersuchten Ländern mitgliederstarke, professionalisierte Organisationen hervorgebracht, sich weitgehend deradikalisiert und zum Teil beachtliche Erfolge erzielht. Zudem steht die Bevölkerung dieser Länder mehrheitlich hinter ihren Forderungen. Als Folge dieser Entwicklung hat sich die Bewegung auf Kooperationsformen mit den jeweiligen Regierungen eingelassen, ohne dabei auf konflikthafte Mobilisierung vollends zu verzichten. Die beiden Forschungszweige der Bewegungs- und der Policyforschung sollten zur Analyse des Interaktionsprozesses zwischen Ökologiebewegung und Regierungen miteinander verbunden werden. Dies würde es erlauben, den Beitrag, den die Ökologiebewegung zur Politikformulierung und zum Politikvollzug leistet, systematisch zu berücksichtigen. In der Analyse der wechselseitigen Abhängigkeit von Konfrontation und Kooperation in diesem Interaktionsprozeß sehen wir eine vielversprechende Forschungsperspektive.

I. Einleitung: Die verschiedenen Strömungen der Ökologiebewegung in westlichen Demokratien

Die Ökologiebewegung in westlichen Demokratien ist Teil einer umfassenderen Kategorie oder „Familie" sozialer Bewegungen, die in der Literatur als *„neue soziale Bewegungen"* bezeichnet werden. Zu diesen Bewegungen zählen u.a. auch die Studentenbewegung, die Frauenbewegung, die Friedensbewegung, die Solidaritätsbewegung mit der Dritten Welt, Menschenrechtsbewegungen, Hausbesetzer und städtische Autonome sowie eine Vielzahl von Bewegungen von diskriminierten Minderheiten. Innerhalb der neuen sozialen Bewegungen deckt die ökologische Bewegung ein relativ heterogenes Feld von Akteuren, Aktionen, Organisationen und Diskursen ab, deren gemeinsamer Nenner im Versuch zu finden ist, das Gleichgewicht zwischen dem Menschen und seiner natürlichen Umwelt zu bewahren und zu verbessern.

In den westlichen Ökologiebewegungen lassen sich typischerweise *drei Strömungen* unterscheiden (z.B. Diani 1988; Diani/Lodi 1988; Lowe/Goyder 1983; Rucht 1989; Rüdig 1988): traditioneller Naturschutz, politische Ökologie und Umweltschutz. Jede dieser drei

Strömungen ist kennzeichnend für eine spezifische Entwicklungsphase dieser Bewegungen, aber wir finden in den gegenwärtigen Ökologiebewegungen noch stets Elemente jeder der drei Strömungen. So bildet der traditionelle *Naturschutz* sowohl einen ihrer Vorläufer als auch eine ihrer heutigen Hauptströmungen. Der Naturschutz reicht bis in die zweite Hälfte des letzten Jahrhunderts zurück, blieb aber lange Zeit ein Stiefkind der Politik wie der öffentlichen Diskussion (Rucht 1994: 235). Erst mit der Mobilisierung der neuen sozialen Bewegungen in den sechziger und siebziger Jahren und mit der Entstehung neuerer Zweige der Ökologiebewegung wurde er neu belebt und radikalisiert. Einzelne Organisationen, insbesondere der WWF, haben dabei ihren Charakter grundlegend verändert und repräsentieren heute eher die dritte Strömung. Im großen und ganzen behielt der Naturschutz aber seinen defensiven Charakter und die Gruppierungen, die zum Naturschutz zu rechnen sind – zum Beispiel Vogelschutzvereine oder ähnliche Vereine zum Schutz anderer Tier- und Pflanzenarten, setzen auch heute noch in erster Linie auf konventionelle Strategien wie die Interessenvertretung durch Lobbying oder das Aufrütteln der Öffentlichkeit durch Information über Umweltprobleme.

Seit Ende der fünfziger Jahre haben sich neben diesem traditionellen Zweig der Ökologiebewegung neue Gruppierungen – Bürgerinitiativen unterschiedlichster Ausprägung – entwickelt, die sich insbesondere gegen die Folgeprobleme des Wachstumsprozesses und die damit verbundenen Gefahren richteten. Ihrerseits stark beeinflußt durch alarmierende wissenschaftliche Berichte (Carson 1962; Commoner 1972, 1976; Ehrlich 1968; Meadows et al. 1972, 1992; Mishan 1967), bildeten diese Gruppierungen in gewisser Weise den Übergang vom traditionellen Naturschutz zur *politischen Ökologie*. Letztere hat ihren unmittelbaren Ursprung in der umfassenderen Mobilisierung der neuen sozialen Bewegungen und zeichnet sich durch ihre starke Politisierung aus. Rucht (1989: 64) weist darauf hin, daß diese neue Strömung weit über den engen Bereich umweltbezogener Probleme hinausreicht und die holistische Vision einer dezentralisierten, demokratischen, egalitären Gesellschaft vertritt, die sich in Harmonie mit der Natur entwickelt. Für die politische Ökologie geht es nicht mehr nur um den Schutz der Natur, sondern um ein gewandeltes Verhältnis zur inneren und äußeren Natur, das nun als Teil eines umfassenden Konzepts gesellschaftlichen Wandels betrachtet wird. Der Slogan „small is beautiful" (Schumacher 1973) illustriert diesen neuen Ansatz ebenso wie Theorien zur Ökologie, welche von Autoren aus einer kritischen, marxistischen Tradition entwickelt worden sind (Gorz 1977; Jänicke 1978). Im Hinblick auf ihre Strategien unterscheidet sich diese zweite Strömung ebenfalls vom klassischen Naturschutz, indem sie stärker auf unkonventionelle, direkte Aktionen und Massendemonstrationen setzt. Die *Anti-Atomkraftbewegung* gehört zu diesem politisierteren Bereich der umfassenden Ökologiebewegung. In der Literatur zu den sozialen Bewegungen werden die Anti-Atomkraftbewegung und die Ökologiebewegung zuweilen gemeinsam, zuweilen aber auch getrennt behandelt. Wir sind der Ansicht, daß die Anti-Atomkraftbewegung die typischste Ausprägung der politischen Ökologie darstellt. Es ist in der Tat die zentrale Bedeutung des Atomkonflikts, die dazu führte, daß die politische Ökologie die Ökologiebewegung insgesamt in den späten siebziger und frühen achtziger Jahren dominiert hat.

Seither ist die politische Ökologie jedoch durch die gemäßigteren Organisationen der dritten Strömung – des *Umweltschutzes* – in den Hintergrund gedrängt worden. Gemäß Rucht (1989: 64) handelt es sich dabei um eine pragmatische Strömung, welche die

Erhaltung und Verbesserung der menschlichen Umwelt in einem sehr weit gefaßten Sinne anstrebt und welche sich auf Probleme wie die Ausbeutung der natürlichen Ressourcen, Boden-, Wasser- und Luftverschmutzung, Lärm, und die Qualität der Ernährung konzentriert. Im Gegensatz zum Naturschutz betrachtet der Umweltschutz die politische Arena als zentralen Austragungsort von Konflikten, im Unterschied zur politischen Ökologie sind seine Kampagnen aber konkreter, auf einzelne Themen gerichtet, und je nach dem anvisierten Ziel kombinieren sie in stärkerem Maße konventionelle und unkonventionelle Aktionsformen. Die meisten großen Organisationen der Ökologiebewegung können heute dieser Strömung zugerechnet werden.

In den achtziger Jahren ist schließlich mit der *globalen Ökologie* noch eine vierte Strömung aufgekommen (Finger 1992; Lipschutz/Conca 1993; McCormick 1989). Die Globalisierung der Umweltprobleme – Radioaktivität, Treibhauseffekt, Ozonloch, saurer Regen, Waldsterben, Zerstörung des tropischen Regenwalds Amazoniens sowie die Schaffung neuer, supranationaler Arenen zur Diskussion dieser Probleme – vor allem im Rahmen der UNO und der Europäischen Union – gaben Anlaß zur Formierung transnationaler Umweltschutzorganisationen, allen voran Greenpeace.

II. Die Mobilisierung der Ökologiebewegungen in ihrem politischen Kontext

Wir diskutieren die Ökologiebewegung und ihre verschiedenen Strömungen *in vergleichender Perspektive*. Wir versuchen mit anderen Worten, länderspezifischen Unterschieden in bezug auf ihre Mobilisierung und ihre Konsequenzen Rechnung zu tragen. Dabei gehen wir vom sog. „*politischen Prozeßansatz*" aus, der soziale Bewegungen vor dem Hintergrund ihres politischen Kontextes interpretiert. Gemäß unserer Variante dieses Ansatzes bildet die Existenz eines strukturell, kulturell und politisch bestimmten *Mobilisierungspotentials* eine notwendige, wenn auch nicht hinreichende Vorbedingung für die Mobilisierung einer sozialen Bewegung. Was die Ökologiebewegung im besonderen betrifft, so muß in einer Gesellschaft die Bereitschaft bestehen, sich für die Erhaltung der natürlichen Umwelt in kollektiven Aktionen einzusetzen. Damit dieses Potential auch manifest wird, ist zusätzlich ein Minimum an Organisation bzw. *Mobilisierungsstrukturen* erforderlich. Der Ressourcenmobilisierungsansatz, der die Analysen sozialer Bewegungen in den letzten zwanzig Jahren dominiert hat, wies stets darauf hin, wie wichtig formelle und informelle Organisationen für die Mobilisierung von Bewegungen sind. Formale Organisationen und informelle solidarische Netzwerke bilden die Basis für die Entwicklung gemeinsamer Attitüden und Identitäten und für deren Artikulation in kollektiven Aktionen. Wie der politische Prozeßansatz hervorhebt, kommt es aber nur dann zu tatsächlicher *Mobilisierung* mit entsprechenden politischen, sozialen und kulturellen *Konsequenzen*, wenn dazu politische Chancen gegeben sind.

Der politische Prozeßansatz wurde vor allem anhand der vergleichenden Analyse der Anti-Atomkraftbewegung entwickelt. In einem einflußreichen Artikel hat erstmals Kitschelt (1986) diesen Ansatz zum Vergleich der Anti-Atomkraftbewegung in vier Ländern – Deutschland, Frankreich, Schweden und USA – angewendet. Er zeigte dabei, in welchem Maße die Handlungsstrategien und die Erfolgsmöglichkeiten dieser Bewegung durch die institutionelle „politische Chancenstruktur" („political opportunity structure") im Input-

und Outputbereich des Staates bestimmt werden. Abgesehen von der Arbeit Kitschelts haben noch weitere Studien die Bedeutung des politischen Kontexts für die Mobilisierung der Anti-Atomkraftbewegung hervorgehoben (Duyvendak/Koopmans 1995; Flam et al. 1994; Joppke 1993; Nelkin/Pollak 1981; Rucht 1990, 1994: 405ff.; Rüdig 1988, 1990a).[1]

Der *politische Kontext* wurde bisher je nach Autor auf sehr unterschiedliche Weise konzeptualisiert. Obowohl sich unter Bewegungsforschern die Überzeugung durchzusetzen scheint, daß politische Kontextvariablen einen entscheidenden Beitrag zum Verständnis von Mobilisierungsprozessen sozialer Bewegungen leisten, gibt es doch bisher keinen Konsens in bezug auf einen gemeinsamen konzeptuellen Apparat. Um etwas Ordnung in die unübersichtliche Vielfalt von Konzeptualisierungen zu bringen, schlagen wir vorerst die Unterscheidung von drei größeren Variablengruppen vor. Die erste Gruppe betrifft *strukturelle Aspekte*, welche eine große zeitliche Stabilität aufweisen. Dazu gehören die nationale politische Konfliktstruktur,[2] die institutionelle politische Struktur, sowie die Tradition dominanter Strategien der Behörden gegenüber sozialen Bewegungen. Die zweite Gruppe betrifft *Aspekte der politischen Machtkonfiguration*. Diese Aspekte sind stärker abhängig von der politischen Konjunktur. Sie betreffen die politischen Allianz- und Konfliktstrukturen, die sich aus den Machtverhältnissen und den mittelfristigen Strategien der einzelnen politischen Akteure ergeben.[3] Schließlich gibt es eine dritte Gruppe von Aspekten, die den *Interaktionsprozeß* zwischen einer sozialen Bewegung und ihren Adressaten, Bündnispartnern und Gegnern betreffen. Hier geht es um kurzfristige Strategien und Reaktionen der verschiedenen, im Interaktionsfeld beteiligten Akteure auf spezifische Ereignisse („encounters") in der Interaktionskette.[4] *Abbildung 1* zeigt, wie die einzelnen Konzepte miteinander verbunden sind.

1. Das Mobilisierungspotential

Rucht (1994: 237ff.) nennt *vier auslösende Faktoren* für die heutigen Ökologiebewegungen. Die Expansion des Wissens, d.h. das Verständnis ökologischer Zusammenhänge bildete ein erstes, entscheidendes Moment, das späteren Mobilisierungserfolgen den Boden bereitete. Umweltkatastrophen und -skandale – zum Beispiel Tankerunfälle (Perrow 1987) – trugen zweitens zur Sensibilisierung einer breiten Öffentlichkeit bei. Umweltpolitische Regierungsinitiativen haben ebenfalls zum Durchbruch des Umweltthemas beigetragen und schließlich gaben diverse konkrete Streitfälle den wohl unmittelbarsten Anlaß, um die Problematik zu politisieren und Zustimmung für die Anliegen der Ökologiebewegung zu mobilisieren. Umfragen in Europa (z.B. Fuchs/Rucht 1992; Kriesi 1993; Watts 1987) und in den USA (z.B. Dunlap 1989, 1992; Mitchell 1980, 1984) zeigen, daß das Mo-

---

1 Es gibt auch vergleichende Analysen der Ökologiebewegung in verschiedenen Ländern (Finger 1992; Rüdig 1990b), die nicht von einem spezifischen theoretischen Ansatz ausgehen.
2 Diese wurde etwa von Lipset und Rokkan (1967) konzeptualisiert und von Kriesi und Duyvendak (1995) auf die Analyse von neuen sozialen Bewegungen angewendet.
3 Um eine Konzeptualisierung dieser Aspekte hat sich vor allem Tarrow (1989, 1989a, 1994, 1995) bemüht.
4 Diese prozessualen Aspekte wurden insbesondere von Koopmans (1992) sowie von Flam (1994) und ihren Mitautoren hervorgehoben.

Abbildung 1: Übersicht über die Konzepte zur Analyse der Mobilisierung und des Erfolgs der Ökologiebewegungen in vergleichender Perspektive

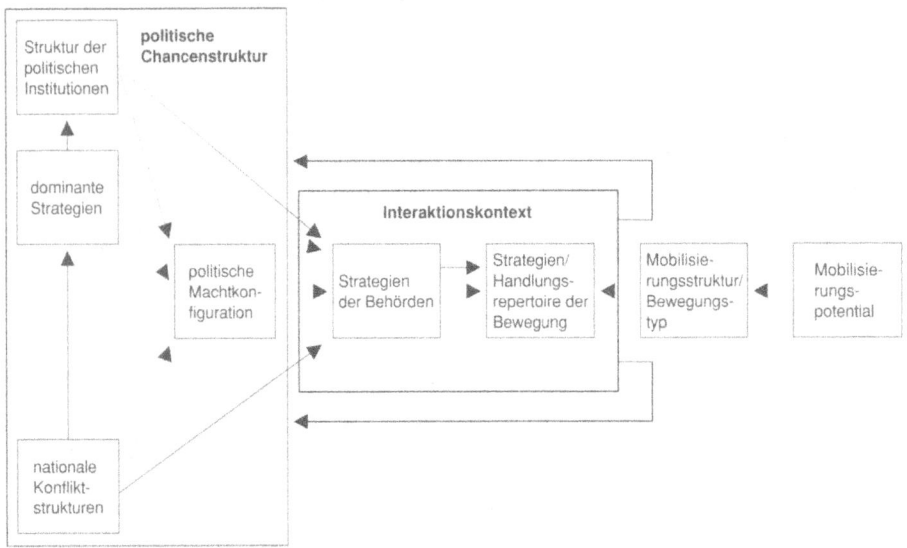

bilisierungspotential der Ökologiebewegung heute *enorme Ausmaße* erreicht. So sympathisiert die überwiegende Mehrheit der britischen, deutschen, französischen, italienischen und niederländischen Bevölkerung Ende der achtziger Jahre (1989) mit den Zielen der Ökologiebewegung und zwischen 13,1 Prozent (Frankreich) und 45,0 Prozent (Niederlande) sind in diesen Ländern bereit, an Aktionen dieser Bewegung teilzunehmen bzw. haben bereits daran teilgenommen (vgl. Fuchs/Rucht 1992).

Obwohl es in allen Teilen der Bevölkerung ein Mobilisierungspotential für diese Bewegung gibt, so konzentriert es sich doch in der *neuen Mittelklasse*, in den neuen Bildungsschichten und vor allem in der Gruppe der *sozial-kulturellen Professionellen*, d.h. in jenem Teil der Mittelschicht, der im Bildungs- und Gesundheitswesen sowie in der sozialen Wohlfahrt beschäftigt ist (Kriesi 1982, 1989, 1993). Die Ökologiebewegung wendet sich nicht nur gegen neue Risiken – wie Radioaktivität, Ozon-Loch oder Treibhauseffekt –, die jedermann in derselben Weise betreffen. In dem Maße, wie sie eine neue Vision der Gesellschaft artikuliert, wendet sich die Ökologiebewegung auch gegen neue Formen der Bedrohung der individuellen Autonomie durch Organisationen im öffentlichen und privaten Bereich – gegen die „Kolonisierung der Lebenswelt durch Systemimperative", wie es in Habermas' Formulierung heißt, bzw. gegen das „eherne Gehäuse" Max Webers. Diese zweite Form der Bedrohung hat in der neuen Mittelklasse die Abhängigkeit von traditionellen Bindungen und die materielle Deprivation ersetzt. Die sozial-kulturellen Professionellen sind im allgemeinen besonders sensibel in bezug auf die Bedrohung ihrer individuellen Autonomie am Arbeitsplatz und gleichzeitig dieser Bedrohung stärker ausgesetzt als die Manager und Technokraten, welche die Kontrolle über die Organisationen, und damit über die Arbeit der sozial-kulturellen Professionellen ausüben.[5] Dieses Segment

---

5 Esping-Andersen (1993:13) macht eine ähnliche Unterscheidung zwischen „wissenschaftli-

der neuen Mittelklasse teilt auch am ehesten die Werte, welche von den neuen sozialen Bewegungen im allgemeinen und von der Ökologiebewegung im besonderen artikuliert werden und die als post-materialistisch (Inglehart 1977, 1990; auch Cotgrove 1982; Cotgrove/Duff 1980, 1981), bzw. als links-libertär (Kitschelt 1990) oder als anti-autoritär und emanzipatorisch (Kriesi 1993) umschrieben werden.

Das Mobilisierungspotential der Ökologiebewegung variiert von Land zu Land und innerhalb eines Landes lassen sich ebenfalls zeitbedingte Schwankungen feststellen. Die *zeitabhängige Variation des Potentials* ist insbesondere in den USA untersucht worden. Verschiedene Autoren (z.B. Mitchell 1984; Lowe/Morrison 1984) haben dabei eine hohe Stabilität der allgemeinen Tendenzen und selbst gewisser spezifischer Attitüden festgestellt. Andere (z.B. Downs 1972; Joppke 1991) haben dagegen den zyklischen Charakter der ökologischen und atomkraftbezogenen Attitüden betont. Umweltbezogene Attitüden fluktuieren ganz allgemein auch in Abhängigkeit spezifischer Umweltkatastrophen (Walsh 1981), wie der Katastrophen von Seveso (1976), Love Canal (1978), Three Miles Island (1979), Bophal (1984), Tschernobyl (1986) oder Schweizerhalle (1986). Besonders interessant erscheint uns in diesem Zusammenhang die Analyse von Dunlap (1989: 119). Sie zeigt, daß das Mobilisierungspotential politisch konstruiert ist – durch die Anstrengungen der Ökologiebewegung einerseits, und die Umweltpolitik der Regierung andererseits.[6] Insgesamt stellt Dunlap für die USA fest, daß für die Anliegen der Ökologiebewegung heute ein Konsens besteht („valence issues"), daß diese Anliegen aber nicht zentral für die amerikanischen Bürgerinnen und Bürger und deshalb kaum wahlentscheidend sind. In der Terminologie von McCarthy und Wolfson (1992) bildet die Ökologiebewegung in den USA somit eine *„konsensuelle Bewegung"* („consensus movement").

Fuchs und Rucht (1992) analysieren anhand von Eurobarometer-Daten die *länderspezifische Variabilität* des Mobilisierungspotentials der Ökologiebewegung im allgemeinen und der Anti-Atomkraftbewegung im speziellen. Dabei ziehen sie auch die Opposition zu den beiden Bewegungen in Betracht. Es zeigt sich, daß Deutschland einen Sonderfall darstellt, indem hier sowohl die Anhängerschaft, als auch die Opposition beider Bewegungen sehr umfangreich ist. In Deutschland handelt es sich somit in beiden Fällen um „polarisierende Bewegungen". In Großbritannien und den Niederlanden bildet die Ökologiebewegung dagegen wie in den USA eine breit abgestützte, kaum in Frage gestellte „konsensuelle Bewegung" („valence movement"), während die Anti-Atomkraftbewegung in beiden Ländern wenig Anhänger und viele Opponenten zählt, was sie zur „provokativen Bewegung" macht. In den lateinischen Ländern – Italien und Frankreich – ist die Anti-Atomkraftbewegung ebenfalls provokativ, während die Ökologiebewegung als „marginal" (wenig Anhänger und wenig Opponenten) bezeichnet werden kann.

---

chen Professionnellen" und „Managern und Administratoren". Kitschelts (1994:29) zentrale sozio-ökonomische Determinante kommunitärer Orientierungen – die Unterscheidung zwischen Klienten-interaktiven Berufen und Berufen, welche Klienten als standardisierte Fälle behandeln oder Objekte und Dokumente manipulieren – versucht ebenfalls, diese Unterscheidung zu operationalisieren.

6 Wie Lowe und Rüdig (1986: 520) schon festgestellt haben: „Werte, die vom Kontext abstrahieren, haben praktisch keinen Sinn".

2. Die Mobilisierungsstruktur

Ein heute allgemein akzeptiertes Resultat in der Bewegungsforschung betrifft die Bedeutung der Mobilisierungsstruktur für die Entwicklung sozialer Bewegungen. Die Ökologiebewegung bildet in dieser Hinsicht keine Ausnahme. Verglichen mit anderen neuen sozialen Bewegungen hat die Ökologiebewegung praktisch in allen Ländern eine *besonders starke Mobilisierungsstruktur* entwickelt. So hat sie heute in den meisten Ländern mehr Mitglieder und mehr Ressourcen als alle anderen neuen sozialen Bewegungen. Dies ist das Resultat eines enormen Wachstumsprozesses, den die Bewegung in den letzten zwanzig Jahren durchgemacht hat. *Abbildung 2* illustriert diesen Wachstumsprozeß am Beispiel der Mitgliederentwicklung der vier wichtigsten Umweltschutzorganisationen in Deutschland, den Niederlanden, der Schweiz und den USA. Wie die Abbildung zeigt, fand dieser Wachstumsprozeß in den betreffenden Ländern vor allem in den achtziger Jahren statt.[7] Entsprechend ihrer Mitgliederzahl sind in diesen Ländern auch die finanziellen Mittel der Bewegungsorganisationen gewachsen (Kriesi 1996; Sale 1993).

Abbildung 2: Mitgliederwachstum der vier wichtigsten Umweltschutzorganisationen in vier westlichen Demokratien (in 1000)

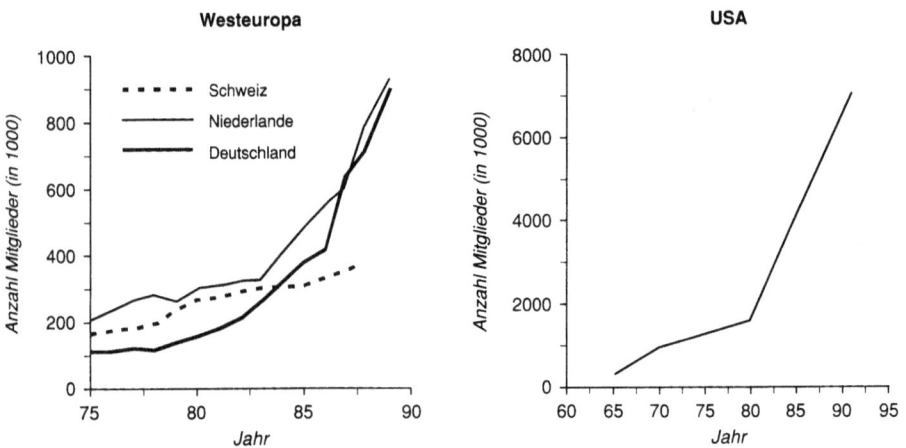

Quellen: Für Westeuropa: Kriesi (1996: 170); für USA: Sale (1993: 23, 33, 80).

Es gibt in dieser Hinsicht aber bedeutende länderspezifische Unterschiede. So erscheint insbesondere die französische Bewegung im Vergleich mit den in *Abbildung 2* präsentierten Bewegungen als relativ ressourcenschwach, weitaus weniger dicht, und weniger ausdifferenziert. Mit ihrem geringen Organisationsgrad und ihrer starken politisch-ideologischen Fragmentierung spiegelt die französische Ökologiebewegung generelle Merkmale des Sy-

---

7 Vergleiche dazu auch Rucht (1994: 253ff.; Diani 1995). Das Mitgliederwachstum in Deutschland und in den Niederlanden ist vor allem auf die enorme Zunahme der Mitgliederzahl von Greenpeace zurückzuführen. In den USA konnte die National Wildlife Federation expandieren, die 1991 allein 5,6 Millionen Mitglieder zählt. In der Schweiz dagegen sticht keine einzelne Organisation derart hervor.

stems der Interessenvermittlung in Frankreich wider, die durch die institutionellen politischen Rahmenbedingungen bestimmt werden (vgl. auch Duyvendak 1994: 239ff.; Kriesi 1995). Darüber hinaus bestehen in dieser Hinsicht Unterschiede innerhalb der Ökologiebewegungen in den einzelnen Ländern. So sind Gruppierungen der politischen Ökologie im allgemeinen und die Anti-Atomkraftbewegung im besonderen organisatorisch wesentlich weniger stark als der Umweltschutz, was sich zum Teil auf die Intensität des Konflikts, zum Teil aber auch auf bewußte Strategien der Aktivisten zurückführen läßt. In den europäischen Anti-Atomkraftbewegungen spielten radikale, expressive Strömungen – die „gegenkulturellen" Bewegungen von Koopmans (1992) – stets eine bedeutende Rolle.

Die Ergebnisse zahlloser Studien zur Organisationsstruktur der Ökologiebewegung lassen sich dahingehend zusammenfassen, daß diese Bewegung – abgesehen von einzelnen länderspezifischen Ausnahmen und abgesehen von der Anti-Atomkraftbewegung – einen *Professionalisierungsgrad* erreicht hat, der wesentlich über demjenigen der anderen neuen sozialen Bewegungen liegt. Parallel zum Ressourcen- und Mitgliederwachstum hat auch die Zahl der bezahlten Mitarbeiter der Umweltschutzorganisationen im Laufe der letzten dreißig Jahre beträchtlich zugenommen. Das Ressourcenwachstum wird dabei nicht nur durch die wachsende Zahl von Mitgliedern bestimmt, sondern einzelne nationale Bewegungen – etwa die niederländische – erhalten auch immer umfangreichere staatliche Subventionen. Zudem haben die großen Organisationen der Ökologiebewegung auch kommerzielle Aktivitäten entwickelt: der Verkauf von Publikationen, die Einrichtung von auf Umweltschutz spezialisierten Geschäften und Werbeverträge mit Unternehmen sind nur einige Beispiele der starken Kommerzialisierung dieser Organisationen, die sich insbesondere im Bereich des am wenigsten politisierten, traditionellen Naturschutzes feststellen läßt.

Insgesamt ergibt sich aufgrund der Organisationsentwicklung ein *heterogenes* Bild für die Ökologiebewegung. Dies zeigt Diani (1988, 1995) anhand des italienischen Beispiels mit Hilfe von netzwerkanalytischen Konzepten und Techniken. Er zeichnet das Bild einer Bewegung mit einem kleinen, stabilen Kern von zentralen Organisationen, einer variablen Zahl von intermediären Akteuren, die in spezifischen Teilbereichen tätig sind, und einer großen Zahl von randständigen Gruppierungen, welche sich auf ihre lokalen Anliegen konzentrieren. Vergleichbare Analysen in anderen Ländern sind uns nicht bekannt. Ideal wäre eine vergleichende Analyse derartiger, umfassender Organisationsstrukturen in verschiedenen politischen Kontexten – seien diese nationaler, regionaler oder lokaler Art, die zugleich zu zeigen hätte, in welcher Weise die Organisationsstrukturen durch den jeweiligen politischen Kontext geprägt werden.

Der in der Ökologiebewegung zum Teil weit fortgeschrittene Prozeß der Organisationsentwicklung erleichtert die Integration ihrer großen Organisationen in politische Kooperationsstrukturen. Verglichen mit den Organisationen anderer neuer sozialer Bewegungen sind die Organisationen der Ökologiebewegung somit stark *institutionalisiert*. Sie verfügen oft über einen privilegierten Zugang zu den politischen Entscheidungsarenen und werden immer stärker in politische Netzwerke integriert. Dieser Prozeß spielt sich sowohl auf nationaler, als auch auf internationaler Ebene – etwa im Rahmen der Europäischen Union (Marks/McAdam 1995) – ab. Die staatlichen Apparate wählen ihre Gesprächspartner nicht zufällig aus, sondern bevorzugen Organisationen mit Arbeitsabläufen, die ihren eigenen Routinen mehr oder weniger entsprechen. Wie der institutionelle Ansatz der Organisationssoziologie (Meyer/Rowan 1977; Zucker 1987) hervorhebt, haben formalisierte, zentralisierte und professionalisierte Organisationen einen erleichterten Zugang zu staatlichen Stellen. Sie sind mit anderen Worten eher integrierbar in politische Kooperationsstrukturen als informelle Netzwerke, die sich intern nur schwach koordinieren. Die Integration formeller Organisationen wird auch durch ihre eigene strategische Ausrichtung erleichtert (Staggenborg 1988). So bevorzugen diese Organisationen institutionelle Handlungsalternativen, da sie ihren formellen Strukturen und den Routinen ihres professionellen Stabs besser entsprechen.

Als Folge ihrer Integration in politische Netzwerke verlieren die großen Organisationen der Ökologiebewegungen allmählich ihren ursprünglichen Charakter und entwickeln sich tendenziell zu konventionellen Interessenverbänden, die sich auf Interessenrepräsentation beschränken und kaum mehr auf unkonventionelle Art sozialen Protest mobilisieren. In diesem Zusammenhang sind schließlich auch die Grünen Parteien zu erwähnen, welche die Ökologiebewegung in die parlamentarische Arena integrieren.[8] Nicht alle Teile der Ökologiebewegung entwickeln sich jedoch in dieser Richtung. So erschwert die Bedeutung „gegenkultureller" Elemente in der Anti-Atomkraftbewegung deren Integration in das politische System. In der Ökologiebewegung im weiteren Sinne finden sich auch zahlreiche subkulturelle Gruppierungen, welche sich vom Rest der Gesellschaft zurückgezogen haben und kaum an der Integration in das politische System interessiert sind. Der überwiegende Teil der Bewegung im engeren Sinne ist jedoch instrumentell orientiert und verschließt sich möglichen Kooperationsbeziehungen nicht.

3. Die Mobilisierung: Niveau und Entwicklung

Die Mobilisierung sozialer Bewegungen bildet den am einfachsten zu beobachtenden Aspekt, vor allem dank der Massenmedien, welche die einzelnen Kampagnen und Ereignisse dokumentieren. Es ist deshalb verständlich, daß die Ökologiebewegung oft unter diesem Aspekt analysiert worden ist. Einzelne Arbeiten geben eine Übersicht über die Bewegung aus einer eher journalistischen Perspektive (z.B. Sale 1993; Shabecoff 1993). Andere präsentieren eine historische Interpretation der Ereignisse (z.B. Bailes 1985; Caulfield 1989; Hays 1987, 1989). Manchmal richtet sich das Interesse der Autoren auf einzelne Kampagnen oder Sektoren der Bewegung – der Anti-Atomkraftbewegung (Bedford 1990; Ebbin/Kasper 1974; Kriesi 1982; Nelkin 1971) der Bewegung gegen toxische Abfälle (Szasz 1994) – oder auf begrenzte Perioden ihrer Mobilisierung (z.B. Joppke 1990; Vig/Kraft 1984, 1994). Es wurden aber auch Versuche unternommen, die Mobilisierung der gesamten Bewegung anhand systematischer Inhaltsanalysen von Zeitungen zu untersuchen.[9] Der-

---

8 Die Literatur zu den Grünen ist sehr umfangreich. Beispiele vergleichender Studien sind Kitschelt (1989), Müller-Rommel (1982, 1989), Rüdig und Lowe (1991). Daneben gibt es eine Vielzahl von Studien zu den Grünen Parteien in einzelnen Ländern, zum Beispiel Meninchini (1983) für Italien, Bürklin (1984), Poguntke (1993) und Rothacher (1984) für Deutschland, Rüdig und Lowe (1986) für England und Hug (1990) für die Schweiz.

9 Diese Methode spielt in der Analyse sozialer Bewegungen eine stets bedeutendere Rolle. Der interessierte Leser sei auf die zusammenfassende Diskussion von Rucht und Ohlemacher (1992) verwiesen. Bekannte Anwendungsbeispiele, in denen die Ökologiebewegung nicht

artige Versuche gibt es für einzelne Länder – Giugni (1995) und Kriesi et al. (1981) für die Schweiz, Koopmans (1992) für Deutschland, Duyvendak (1994) für Frankreich – sowie für einen Vergleich zwischen vier europäischen Ländern (van der Heijden et al. 1992; Kriesi et al. 1992, 1995).

Die vergleichende Studie über neue soziale Bewegungen in Europa (Kriesi et al. 1992, 1995) gibt uns Hinweise über das Niveau und die Entwicklung der Mobilisierung der Ökologiebewegungen in Deutschland, Frankreich, den Niederlanden und der Schweiz während der Periode von 1975 bis 1989. In bezug auf das *Niveau* zeigt uns *Tabelle 1* pro Land den Anteil der Ökologiebewegung am Total der unkonventionellen Protestereignisse und der bei diesen Ereignissen mobilisierten Personen.[10] Drei Aspekte dieser Ergebnisse verdienen es, hervorgehoben zu werden: Erstens nimmt die Ökologiebewegung in allen vier Ländern einen bedeutenden Stellenwert im jeweiligen nationalen Bewegungssektor ein. Zweitens ist es überall die Anti-Atomkraftbewegung, welche innerhalb der Ökologiebewegung am meisten unkonventionelle Protestereignisse organisiert hat. Drittens aber variiert die Bedeutung des Protests der Ökologiebewegung insgesamt erheblich von Land zu Land, insbesondere wenn wir das Kriterium der Zahl der mobilisierten Personen zugrunde legen. Während die Ökologiebewegung in der Schweiz in der betrachteten Periode mit Abstand die wichtigste Bewegung darstellt, wurde sie in Deutschland und in den Niederlanden von der Friedensbewegung, in Frankreich von der Arbeiterbewegung und vom Protest gegen Bildungsreformen überflügelt. Diese Variationen sind einerseits auf die noch stets traditionale Konfliktstruktur Frankreichs (Kriesi/Duyvendak 1995), andererseits

Tabelle 1: Bedeutung der Ökologiebewegung in vier westeuropäischen Ländern: Prozentanteile an der Zahl der Protestereignisse und der mobilisierten Personen pro Land für die Periode 1975-89

Anteil an:	Deutschland	Frankreich	Niederlande	Schweiz
Protestereignissen				
Anti-Atomkraftbewegung	12,8	12,8	5,1	7,2
übrige Ökologiebewegung	11,3	4,4	8,0	10,6
Zusammen	24,1	17,2	13,1	17,8
n (Total Anzahl Ereignisse)	(2343)	(2132)	(1319)	(1215)
mobilisierten Personen				
Anti-Atomkraftbewegung	12,3	5,1	7,6	15,4
übrige Ökologiebewegung	5,2	1,1	2,5	25,7
Zusammen	17,5	6,2	10,1	25,7
n (Totale Anzahl mobilisierte Personen; in 1000 pro Million Einw.)	(211)	(178)	(198)	(176)

Quelle: Kriesi und Duyvendak (1995: 20, 22).

---

explizite thematisiert wurde, stammen von Tilly, Tilly und Tilly (1975), McAdam (1983) und Tarrow (1989a).

10 Unkonventionelle Protestereignisse umfassen eine breite Palette von Protestformen, die von der Petition bis zur politischen Gewalt reichen. Zum methodischen Vorgehen dieser Studie und den damit verbundenen Problemen sei auf Koopmans (1995) verwiesen.

Abbildung 3: Anzahl konventioneller und unkonventioneller Protestereignisse der Ökologiebewegungen und Anti-Atomkraftbewegungen in der Schweiz, den Niederlanden, Frankreich und Deutschland (1975-89)

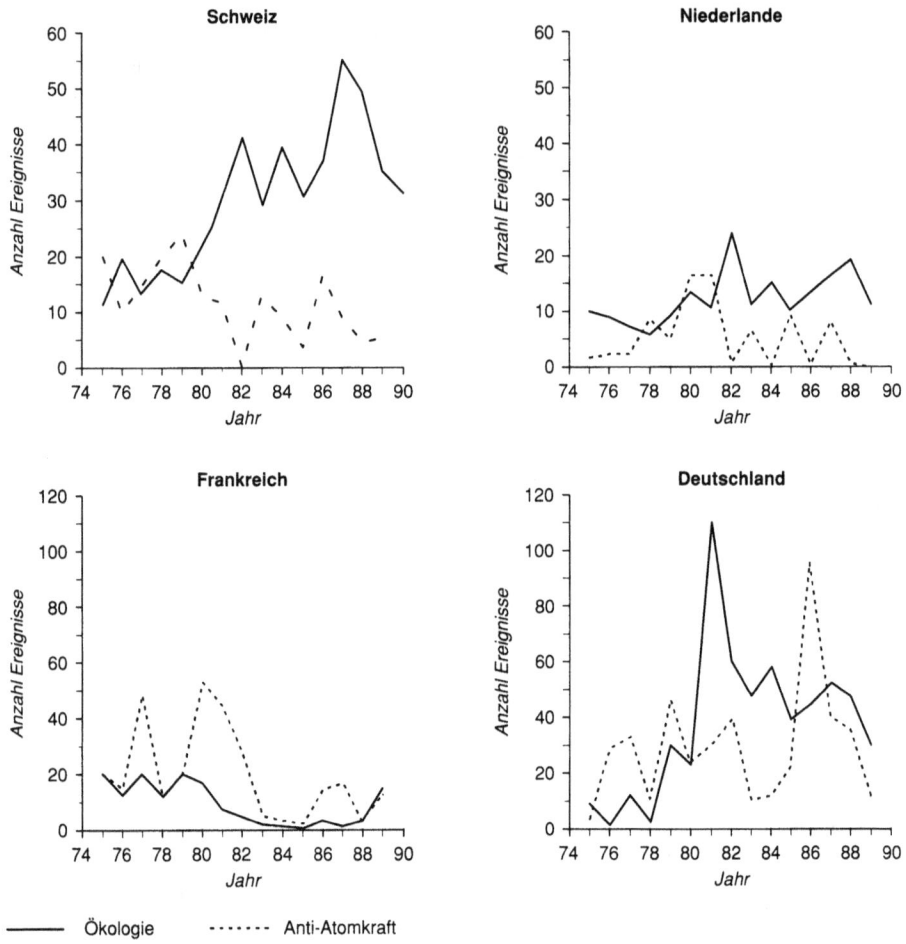

Quelle: Datenbank von Kriesi et al. (1995).

auf die spezifische Bedeutung der Friedensbewegung für die parteipolitischen Auseinandersetzungen in Deutschland (Koopmans 1992) und den Niederlanden (van Praag, Jr. 1992) zurückzuführen.

Abbildung 3 zeigt die länderspezifische *Entwicklung* der Gesamtheit der konventionellen und unkonventionellen Protestereignisse der Anti-Atomkraftbewegung und der übrigen Teile der Ökologiebewegung in der betrachteten Periode.[11] Dabei fallen vor allem die

---

11 In dieser Abbildung sind im Gegensatz zu *Tabelle 1* nicht nur die unkonventionellen Protestereignisse, sondern auch konventionelle Protestereignisse enthalten. Dazu zählen gerichtliche, politische (Teilnahme an Hearings, Briefaktionen, Lobbying etc.), medienorientierte (Pressekonferenzen etc.) und direkt-demokratische (v.a. in der Schweiz) Formen des Protests.

Unterschiede zwischen den einzelnen Ländern auf: Wie alle anderen neuen sozialen Bewegungen, sind in Frankreich auch alle Teile der Ökologiebewegung zu Beginn der achtziger Jahre zusammengebrochen. Dies ist darauf zurückzuführen (vgl. Kriesi 1995), daß die französischen neuen sozialen Bewegungen mit dem Machtantritt der Linken ihren zentralen Allianzpartner, von dem sie stärker als die entsprechenden Bewegungen anderer Länder abhängig waren, verloren haben. Im Unterschied zu Frankreich haben sich die Anti-Atomkraftbewegung und die übrigen Teile der Ökologiebewegung in den beiden kleinen Ländern auseinanderentwickelt. Während die Anti-Atomkraftbewegung in diesen Ländern aufgrund ihres (teilweisen) Erfolgs weitgehend demobilisierte, hat sich die Mobilisierung der übrigen Teile der Ökologiebewegung entweder kontinuierlich verstärkt (Schweiz) oder stabilisiert (Niederlande). In Deutschland schließlich verlief der ökologische Protest in den achtziger Jahren stärker zyklisch und die Anti-Atombewegung erlebte in der zweiten Hälfte der achtziger Jahre aufgrund spezieller Umstände einen „zweiten Frühling": Der Reaktorunfall in Tschernobyl ereignete sich zu einem Zeitpunkt, als sich die deutsche Anti-Atomkraftbewegung mitten im Kampf gegen Atommüllanlagen befand, was ihre spezifische Mobilisierung gegen den Reaktorunfall erleichterte. Zudem wurde die deutsche Bewegung zu diesem Zeitpunkt durch die Reaktionen der politischen Parteien (Duyvendak/Koopmans 1995: 150f.) gestärkt. Die Demobilisierung der Anti-Atomkraftbewegungen in den andern drei Ländern erklärt dagegen ihre verhältnismäßig schwachen Reaktionen auf Tschernobyl.

4. Mobilisierung und Handlungsrepertoires

Die Handlungsrepertoires der Akteure werden sowohl durch den politischen Kontext als auch durch die Eigenheiten der betreffenden Bewegungen beeinflußt. Was den *politischen Kontext* betrifft, so spielen die institutionellen Rahmenbedingungen sowie die dominanten informellen Strategien der staatlichen Akteure generell eine entscheidende Rolle (Koopmans/Kriesi 1995). Diese beiden Aspekte bestimmen die Offenheit des Zugangs für Außenseiter zum politischen System. Territoriale Dezentralisierung des Staates, ausgeprägte Gewaltenteilung, Fragmentierung des administrativen Apparats und direkt-demokratische Institutionen erhöhen dabei die Zugänglichkeit für soziale Bewegungen. Dasselbe gilt für kooperative dominante Strategien seitens der Behörden. Zentralisierte staatliche Institutionen und exklusive (repressive bzw. polarisierende) Strategien seitens der Behörden verringern dagegen die Zugänglichkeit. In institutionell offenen Staaten wie der Schweiz, wo die Behörden zudem integrative Strategien anwenden, haben soziale Bewegungen insgesamt mehr Zugangsmöglichkeiten als in institutionell geschlossenen Staaten mit exklusiven Strategien wie Frankreich, Spanien oder Italien. Institutionelle Öffnung kombiniert mit exklusiven Strategien (z.B. Deutschland) bzw. institutionelle Schließung kombiniert mit kooperativen Strategien (z.B. Niederlande) bieten intermediäre Zugangsbedingungen.

Ganz allgemein gilt: je offener der Zugang zum politischen System, desto gemäßigter das Handlungsrepertoire der sozialen Bewegungen. Wie *Abbildung 4* zeigt, wird dies auch für die Ökologiebewegung bestätigt. Die Abbildung zeigt die länderspezifische Entwicklung des Anteils unkonventioneller Ereignisse am Handlungsrepertoire der Ökologiebewegung insgesamt (inkl. Anti-Atomkraftbewegung). Dabei zeigt es sich, daß die Schweizer Bewegung stets besonders gemäßigt mobilisierte, während die französische Bewegung stets be-

Abbildung 4: Entwicklung des Handlungsrepertoires der Ökologiebewegungen in vier Ländern

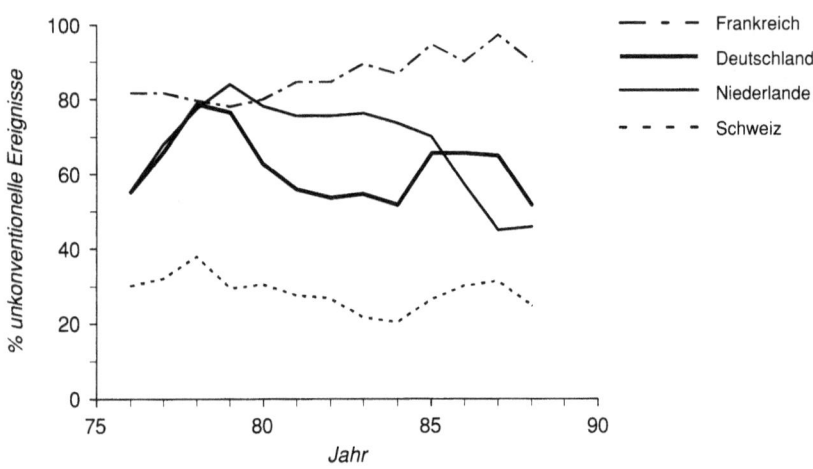

Quelle: Kriesi (1996: 180).

sonders radikal auftrat und sich im Laufe der achtziger Jahre gar noch weiter radikalisierte. Dies ganz im Gegensatz zu den deutschen und niederländischen Bewegungen, welche sehr deutlich (Niederlande) bzw. tendenziell (Deutschland) gemäßigter wurden.

Die mäßigende Tendenz in den beiden intermediären Fällen haben mit *Entwicklungen in der Bewegung selbst* zu tun. Der Anti-Atomkraftkonflikt, der die Ökologiebewegungen in den späten siebziger und frühen achtziger Jahren dominiert hat, führte allenthalben zu einer Radikalisierung der Bewegung. Dies hat einerseits mit den Forderungen der Anti-Atomkraftbewegung zu tun, die ganz direkt zentrale Interessen in der Industrie-, Energie-, Forschungs- und Technologiepolitik tangierten. Bei anderen Zweigen der Ökologiebewegung steht nicht immer so viel auf dem Spiel. Forderungen, welche zentrale Interessen bedrohen, treffen aber im allgemeinen auf härteren Widerstand der Eliten, was wiederum das Vorgehen der Herausforderer radikalisiert (Duyvendak 1994; Duyvendak/ Giugni 1995). Zudem lehnen „gegenkulturelle" Strömungen, wie sie in der Anti-Atomkraftbewegung vertreten sind, Integrationsangebote explizit ab, da ihre Identität gerade von der konflikthaften Beziehung mit dem politischen System und seinen Repräsentanten geprägt wird (Koopmans 1992). Die Deradikalisierung des Handlungsrepertoires der Ökologiebewegung in Deutschland und den Niederlanden ist eine Folge des Niedergangs der Anti-Atomkraftbewegung und des mehr oder weniger gleichzeitigen Aufstiegs der großen, professionalisierten Umweltschutzorganisationen.

Die großen Umweltschutzorganisationen ziehen heute konventionelle Aktionsformen der direkten Aktion vor. Radikalere Aktionen werden nur punktuell und nur von einzelnen Organisationen angewendet. Greenpeace hat insbesondere eine Strategie entwickelt, welche die Partizipation in Kooperationssystemen mit gezielten *„professionalisierten"* Mobilisierungsprozessen kombiniert. Bei den radikalen Aktionen von Greenpeace beschränkt sich die Aktivität der überwiegenden Mehrheit der Mitglieder auf finanzielle Beiträge an die Zentrale. Die radikalen Aktionen werden ausschließlich von kleinen Teams professioneller

Aktivisten ausgeführt. Wir haben es hier mit einem neuen Phänomen der Delegation von Militanz zu tun, die der Delegation von Interessenvertretung oder Repräsentation im Parlament durchaus entspricht. Man könnte in diesem Zusammenhang auch von „*stellvertretender Radikalität*" sprechen. Dieser dosierte und professionalisierte Umgang mit Radikalität trägt ebenfalls zur allgemeinen Mäßigung der Ökologiebewegung bei.

5. Die Konsequenzen

Die Mobilisierung der Ökologiebewegung hat interne und externe Konsequenzen. Beispiele interner Konsequenzen sind die Gewährung von Vergünstigungen für Organisationsmitglieder, Veränderungen der Organisationsstruktur oder Auswirkungen auf die individuelle Biographie der Teilnehmer an kollektiven Aktionen. Externe Effekte reichen von der Sensibilisierung der öffentlichen Meinung über die Beeinflussung der politischen Agenda und die prozedurale Beeinflussung des Bewegungskontextes bis hin zu materiellen Konzessionen im Bereich der Gesetzgebung und des Vollzugs. Die Literatur zu sozialen Bewegungen hat vor allem die Entstehung und Mobilisierung von Bewegungen diskutiert, die vielfältigen Aspekte ihrer Konsequenzen jedoch lange Zeit vernachlässigt (McAdam et al. 1988). Dennoch gibt es einzelne bedeutende Studien zu den Konsequenzen. Vor allem die Anti-Atomkraftbewegung ist in diesem Zusammenhang verschiedentlich untersucht worden, wahrscheinlich, weil sich in ihrem Fall die Messung der materiellen Konzessionen als relativ einfach erweist: Verschiedene Autoren (Campell 1988; Jasper 1990; Nichols 1987) betonen dabei die Bedeutung interner Faktoren – wie Managementdefizite und hohe Kosten – der amerikanischen Nuklearindustrie, aber auch den Einfluß der Anti-Atomkraftbewegung, deren Mobilisierung zu Verzögerungen Anlaß gab, welche diese Probleme verschärften (Joppke 1993). Andere Autoren heben vor allem Aspekte des politischen, kulturellen und ökonomischen Kontextes hervor (Kitschelt 1986; Middtun/Rucht 1994; Flam 1994a; Diani/van der Heijden 1994).

Rucht (1994: 405-473) präsentiert eine besonders detaillierte Analyse des Atomkonflikts in vergleichender Perspektive. Er analysiert diesen Konflikt in drei Ländern – Deutschland, Frankreich und den Vereinigten Staaten – und zeigt, daß er je nach Land fundamental unterschiedliche Ergebnisse zeitigte. Der totalen Niederlage der französischen Bewegung stehen die Erfolge der Bewegungen in den USA und in der Bundesrepublik gegenüber. Bemerkenswert ist ebenfalls, daß die amerikanische Bewegung früher erfolgreich war als die deutsche. Wie Rucht (1994: 472f.) bemerkt, ist es wohl „historisch einmalig, daß es oppositionelle Bewegungen vermochten, eine Forschungs-, Technologie- und Industriepolitik, die zunächst von einem allseitigen Konsens getragen war und bei der es um gigantische Investitionssummen ging, nachhaltig zu beeinflussen und einen tiefgreifenden Prozeß des Umdenkens einzuleiten. Dies ist um so erstaunlicher, als die Bewegungen über keinerlei der im üblichen politischen Prozeß eingesetzten Machtmittel verfügen". Im weiteren (S. 493ff.) versucht er zu erklären, wieso die Bewegung in den USA früher erfolgreich war als in Deutschland, und weshalb die französische Bewegung eine totale Niederlage erlitt. Zur Beantwortung der ersten Frage führt er eine Reihe von Faktoren an: einen politikökonomischen Faktor – die stärkere Marktorientierung der amerikanischen Atomwirtschaft, welche sie schneller auf politische und wirtschaftliche Signale reagieren ließ; einen bewegungsspezifischen Aspekt – die frühe und insgesamt höhere Fachkompetenz der amerikanischen Bewegung; zwei Aspekte des politischen Prozesses – die frühzeitige Unterstützung der amerikanischen Bewegung durch Teile der politischen und administrativen Eliten, die stark mit der Marginalisierung der Anti-Atomkraftbewegung in Deutschland kontrastiert; frühe politische Signale zugunsten der Bewegung – wachsender Widerstand in der öffentlichen Meinung und zunehmende Skepsis in der Verwaltung; sowie den exogenen Faktor der Katastrophe von Three Miles Island (1979). Die Niederlage der französischen Bewegung erklärt er mit ihrer schwachen Mobilisierungsstruktur, ihrer ungünstigen politischen Chancenstruktur im hochzentralisierten französischen Staat, mit dem ausgeprägten Fehlen von Bündnispartnern unter den etablierten politischen Kräften sowie mit der fehlenden Resonanz kontingenter Ereignisse.

Wieso kontingente Ereignisse in Frankreich keine Resonanz fanden, erläutert er allerdings nicht. In diesem Zusammenhang sei auf Duyvendak und Koopmans (1995) verwiesen, die den politischen Prozeßansatz mit Einsichten von sozialen Konstruktivisten wie Blumer (1971) oder Hilgartner und Bosk (1988) verknüpfen. Anhand des Beispiels des Unfalls von Tschernobyl weisen sie darauf hin, daß „Fakten" nicht für sich selbst sprechen. Damit „Fakten" zu „sozialen Problemen" werden, müssen sie als solche wahrgenommen werden. Die Wahrnehmung von sozialen Problemen basiert aber auf Aspekten des politischen Kontextes, insbesondere auf politischen Machtkonfigurationen. Duyvendak und Koopmans zeigen, daß im Falle von Tschernobyl der starke französische Staat die Existenz eines Problems erfolgreich negierte und daß die französischen politischen Eliten angesichts des Fehlens alternativer Interpretationen in der Lage waren, die Bevölkerung von der Undurchdringlichkeit der französischen Grenze für radioaktive Strahlung und von der Irrelevanz sowjetischer Reaktorunfälle für die überlegene französische Reaktortechnologie zu überzeugen.

Im Gegensatz zur Anti-Atomkraftbewegung bestehen kaum Studien zum Erfolg anderer Zweige der Ökologiebewegung. Es gibt allerdings eine Reihe von Studien, welche indirekt etwas über den Erfolg dieser Teile der Bewegung aussagen, die aber nicht zur Literatur über soziale Bewegungen zu rechnen sind. In dieser vor allem in den USA florierenden Literatur wird die Ökologiebewegung als ein Akteur unter einer Vielzahl von Akteuren behandelt, die den Gesetzgebungsprozeß in Bereichen wie der Energiepolitik (Campbell 1988; Jasper 1990; Tomain 1987) oder der Politik zu toxischen Abfällen (Mazmanian/Morell 1992) beeinflussen. Ein wichtiges Resultat, das sich aus dieser Literatur ergibt, betrifft das Auseinanderklaffen zwischen einer beeindruckenden Gesetzgebung und ihrem oft unzureichenden Vollzug. In den USA – ein Vorreiter bei der Umweltschutzgesetzgebung und ein Land, in dem die Zahl der gesetzgeberischen Akte rapide zugenommen hat – stieß die Implementierung der Gesetzgebung auf unüberwindliche Hindernisse. Die Ökologiebewegung hat mit anderen Worten in den USA oft einen legislativen Erfolg erzielt, dem aber dann keine Taten gefolgt sind.

III. Die Ökologiebewegung zwischen Konflikt und Kooperation

Wie gezeigt wurde, hat sich die Ökologiebewegung in den letzten zwei Jahrzehnten in mehreren Ländern sehr stark entwickelt. Der Fall Frankreichs erinnert daran, daß es sich dabei nicht um eine generelle Entwicklung handelt. Aufgrund des spezifischen politischen Kontextes blieb die französische Bewegung organisatorisch stets schwach, in ihren Aktionen sehr radikal und weitgehend ohne Erfolg. In den anderen Ländern aber, auf die wir uns hier konzentriert haben, hat die Ökologiebewegung mitgliederstarke, professionalisierte Organisationen hervorgebracht, sich deradikalisiert und zum Teil beachtliche politische Erfolge erzielt. Zudem steht eine Mehrheit der Bevölkerung hinter ihren Forderungen und ein sehr beträchtlicher Teil ist auch bereit, sich konkret für diese Forderungen einzusetzen. Als Folge dieser Entwicklung hat sich diese Bewegung, dem Beispiel der Arbeiterbewegung folgend, vermehrt in das politische System der betreffenden Länder integriert.

Die Analyse der neuen sozialen Bewegungen hat bis jetzt vor allem den *Konfliktcharakter* dieser Bewegungen hervorgehoben. In dieser Optik sind die Ökologiebewegungen Teil eines Konfliktsystems, dessen Gegenstück die politischen Eliten, allen voran die nationalen Eliten, bilden. Die starke Entwicklung der Ökologiebewegung in zahlreichen Ländern legt es nun aber nahe, daß die Betonung ihres Konfliktcharakters zu einseitig ist. Es gibt vor allem in der konventionellen Politikanalyse einzelne Ansätze, die sich stärker mit Aspekten der Kooperation zwischen den sozialen Bewegungen und ihren Gegenspielern beschäftigen. Diese Ansätze ignorieren aber ihrerseits weitgehend die Ergebnisse der Bewegungsforschung. Die beiden Forschungszweige der *Bewegungs- und der Politikanalyse* bilden noch stets zwei voneinander getrennte Bereiche, welche sich gegenseitig kaum zur Kenntnis nehmen. Eine für die Zukunft vielversprechende Forschungsperspektive könnte darin bestehen, diese beiden Forschungszweige miteinander zu verbinden, mit dem Ziel, den Beitrag der sozialen Bewegungen zur Politikformulierung und zum Politikvollzug systematisch zu berücksichtigen. Eine derartige Forschungsperspektive würde der realen Entwicklung speziell der Ökologiebewegung und der neuen sozialen Bewegungen allgemein Rechnung tragen.

Es ist dabei jedoch zu beachten, daß die Ökologiebewegungen in den einzelnen Ländern nicht vollständig auf die Mobilisierung zugunsten des Schutzes und der Erhaltung der natürlichen Umwelt verzichtet haben. Die Organisationen der Ökologiebewegung operieren heute gleichzeitig *innerhalb und außerhalb der parlamentarischen und administrativen Arenen*. Sie bewegen sich nicht nur innerhalb des politischen Systems, sondern sie richten ihre Appelle via Mobilisierungsprozesse auch direkt ans allgemeine Publikum, dessen Reaktionen – verstärkt durch Massenmedien, repräsentative Umfragen und Sprecher verschiedenster Provenienz – ihren Positionen innerhalb des politischen Systems ein größeres Gewicht verleihen. Ganz allgemein dient die Mobilisierung sozialer Bewegungen, wie Neidhardt (1994: 32) betont, „als Geräuschverstärker für die Themen und Beiträge, für die sie öffentliche Aufmerksamkeit und Zustimmung anstreben". Indem sie nicht nur Aufmerksamkeit, sondern auch Zustimmung gewinnen, etablieren sich die Organisationen der Ökologiebewegung zugleich als „neue Sprecher mit neuen Themen und Meinungen, welche die Agenden und Programme öffentlicher Kommunikation erweitern", *und* als Akteure, die innerhalb des politischen Systems ernst genommen und deren Positionen mitberücksichtigt werden. Eine soziale Bewegung kann im allgemeinen nur in dem Maße mit Konzessionen rechnen, in dem es ihr gelingt, die öffentliche Meinung für ihre Forderungen zu mobilisieren.

Es gilt in diesem Zusammenhang auch zu beachten, daß die *öffentliche Kommunikation* – die Kommunikation vor einem Publikum, dessen Grenzen der Sprecher nicht bestimmen kann (Neidhardt 1994: 10) – für eine soziale Bewegung nicht nur in bezug auf ihre Position innerhalb des politischen Systems von Bedeutung ist. Vielmehr konstituiert sie eine eigenständige dritte Arena, die in der modernen Gesellschaft für die Austragung von gesellschaftlichen Konflikten zunehmend an Bedeutung gewinnt. Niemand hat dies besser begriffen als Greenpeace, eine Umweltorganisation, welche die Konflikte mit ihren Gegnern mit Vorliebe „in aller Öffentlichkeit" austrägt. Dabei handelt es sich nicht immer um Gegner aus dem politischen System, sondern zum Teil auch um andere gesellschaftliche Akteure, wie multinationale Unternehmungen. Im Fall der Bohrinsel „Brent Spar" in der Nordsee im Sommer 1995 wurde exemplarisch vorexerziert,[12] daß die Regulierung des Konflikts kurzgeschlossen werden kann, d.h. daß es unter Umständen nicht zu einer politischen Intervention kommt, weil das Publikum auf die gezielte, „stellvertretende" Mobilisierung der Bewegungsorganisation so stark und so effektvoll reagiert, daß der Gegner – im Beispiel Royal Dutch/Shell – ohne Verzug zu Konzessionen gezwungen ist, um seine Verluste zu begrenzen. Es versteht sich, daß nicht alle Fälle so einfach liegen wie dieses typisch „reaktive" Beispiel. „Proaktive" Mobilisierungen, bei denen es nicht einfach um die Verhinderung von Aktionen, sondern um die Durchsetzung neuer, allgemein verbindlicher Regelungen geht, können nicht auf diese Art und Weise kurzgeschlossen werden. Wie dieses Beispiel ebenfalls deutlich macht, bilden die Regierungen – etwa die deutsche Regierung Helmut Kohls – zwar bedeutende Teilnehmer an dieser öffentlichen Kommunikation, aber sie sind dennoch nur ein Teilnehmer unter anderen Akteuren, die via die öffentliche, durch die Ökologiebewegung ausgelöste Kommunikation zur gesellschaftlichen Selbstregulierung beitragen.

Bei ihrem Versuch, die öffentliche Meinung zu mobilisieren, kann eine soziale Bewegung auf drei Arten von *Ressourcen* zurückgreifen (Koopmans 1992: 157ff., 1993): taktische Innovationen, die Macht der großen Zahl („power of numbers", DeNardo 1985) und die Radikalität der Aktionen. Der Nachrichtenwert eines Mobilisierungsereignisses und damit die Aufmerksamkeit der Öffentlichkeit hängen von jedem dieser drei Faktoren ab. Die Bewegung kann also auf Mobilisierung selbst dann nicht verzichten, wenn sie zur Kooperation bereit ist. Innerhalb der Bewegung gibt es dabei oft eine Art „Arbeitsteilung" zwischen den Gemäßigten und den Radikalen: Die von den Gemäßigten in Kooperationsbeziehungen zu erzielenden Konzessionen sind unter anderem von der Mobilisierungsfähigkeit der Radikalen abhängig. Die Details dieser „Arbeitsteilung" und ihr Erfolg werden in erster Linie durch die Koordination der beiden Flügel der Bewegung bestimmt. Je besser die Koordination zwischen den beiden Flügeln funktioniert, desto eher kann die Bewegung Mobilisierungsstrategien zur Erzielung von Konzessionen einsetzen. Die Koordination gelingt dabei am ehesten, wenn ein und dieselbe Organisation eine Doppelstrategie führt und die Option der Mobilisierung gezielt und dosiert zur Verstärkung ihrer Position in Kooperationsbeziehungen einzusetzen versteht. Greenpeace erscheint uns in dieser Hinsicht vorbildlich. Wenn dagegen zwischen den beiden Flügeln der Bewegung keine Koordination besteht, wenn die beiden selbst miteinander in Konflikt stehen, wie das oft in der Anti-Atomkraftbewegung der Fall war,[13] dann ist es wahrscheinlich, daß die Mo-

---

12 Siehe Economist, vom 24. Juni 1995, S. 13f. und 62f.
13 Für das Beispiel der Schweiz vgl. Kriesi (1982).

bilisierung der Radikalen die Position der Gemäßigten in den Kooperationsbeziehungen eher untergräbt als stärkt.

Beide Seiten im Interaktionskontext lernen, sich auf die Strategien der jeweils anderen Seite einzustellen. Die vorausgegangenen Episoden in einer *Interaktionskette* bestimmen somit die Strategien, die in den späteren Episoden zur Anwendung kommen. Verschiedene Autoren haben Modelle für die Entfaltung der Strategien im Laufe eines Interaktionsprozesses zwischen Bewegungen und Regierungen entworfen (Karstedt-Henke 1980; McAdam 1983; Tarrow 1989a; Koopmans 1992, 1993). Wir halten diese Modelle für sehr nützlich zur Entwicklung der Analyse der Integration der Ökologiebewegungen in den politischen Prozeß, können hier aber nicht auf ihre Details eingehen. Gemeinsam ist allen diesen Modellen, daß sie für beide Seiten des Interaktionsprozesses strategische Anpassungen im Laufe der Interaktionskette vorsehen. Zur Formalisierung der verschiedenen möglichen Episoden des Interaktionsprozesses schlagen wir vor, zwischen Konfrontationsepisoden und Kooperationsepisoden zu unterscheiden. Die Interaktion zwischen der Regierung und einer sozialen Bewegung kann als eine Serie von Konfrontations- und Kooperationsepisoden dargestellt werden.

In *Konfrontationsepisoden* wird aufgrund machtmäßiger Überlegenheit entschieden. Sowohl die Regierung als auch die Ökologiebewegung versuchen, sich gegen den jeweils anderen durchzusetzen. Kennzeichen derartiger Episoden sind abrupte Entscheidungen und Repression auf seiten der Regierung, Mobilisierung auf seiten der Bewegung; einseitiges Pochen auf Recht einerseits und ebenso einseitiges Pochen auf moralische Prinzipien andererseits. Die Regierung will in diesen Situationen in erster Linie Akzeptanz erzwingen. Sofern sie nicht nur auf Zwang, sondern auch auf Argumente setzt, beschränkt sie sich in diesen Episoden in der Regel auf einseitige Informationskampagnen und politisches Marketing. Im Atomkonflikt wurde in verschiedenen europäischen Ländern in diesen Episoden versucht, über rein „monologische" Informationskampagnen hinauszugehen und die Anti-Atomkraftbewegung in einen Dialog einzubeziehen (Flam 1994). Am weitesten gediehen dialogische Ansätze dabei in vier Ländern: in Deutschland wurde ein Bürgerdialog (1975-79) zur Atomenergie organisiert, in den Niederlanden kam es zu einer breiten, öffentlichen Debatte zur Atomenergie (1978-84) und in Österreich (1976-78) und Schweden (1973-74) wurden Informationskampagnen durchgeführt, in denen die Anti-Atomkraftbewegung formell den gleichen Status wie die Regierungsseite hatte. Wie Flam (1994b: 337) ausführt, blieb der dialogische Charakter aber selbst in diesen Fällen begrenzt. So versuchte die Regierung in zwei der vier Fälle (Österreich und Niederlande) sogleich, die formelle Gleichheit zu untergraben und die Agenda und den Zugang zur Debatte zu kontrollieren. In den beiden anderen Fällen (Schweden und Deutschland) nahm sie zunächst an, die Befürworter der Atomenergie würden sich durchsetzen und den öffentlichen Rückhalt der Anti-Atomkraftbewegung schwächen. Als dieser Effekt ausblieb, reduzierte sie entweder (in Schweden) das Resultat der Debatte auf ein Mindestmaß oder (in Deutschland) beendete sie den Dialog mit den Bürgern.

In *Kooperationsepisoden* werden aufgrund beidseitiger Kooperationsbereitschaft Kompromisse gesucht. Man setzt sich gemeinsam an einen Tisch und handelt gegenseitige Konzessionen aus. Die Bewegung erzielt materielle Teilerfolge auf der Basis von Mobilisierungsverzichten. Derartige Episoden setzen auf beiden Seiten eine pragmatische Orientierung sowie die Möglichkeit zur Erzielung von Teilerfolgen voraus. Im Normalfall lassen sich die an den Verhandlungen Beteiligten allein von ihren Eigeninteressen leiten und sind nur dann zu Konzessionen an die Gegenseite bereit, wenn sie entsprechende Gegenleistungen erhalten. Im Idealfall wird dagegen in den Verhandlungen ein Entscheidungsstil entwickelt, bei dem beide Seiten über die strategische Handlungsorientierung hinaus gemeinsam nach Lösungen für die umstrittenen Probleme suchen. Dieser sogenannte Problemlösungsstil ist allerdings sehr voraussetzungsvoll (Scharpf 1989). Er setzt einen Grundkonsens über das zu erreichende Ziel, wechselseitiges Vertrauen, Konsensfähigkeit und ein Machtgleichgewicht zwischen den Parteien voraus. Alle Beteiligten müssen vom guten Willen der übrigen Teilnehmer überzeugt sein. Sie müssen darauf bauen können, daß ihre Kooperationsbereitschaft von den übrigen Beteiligten nicht zu eigennützigen Zwecken ausgebeutet wird, und sie müssen bereit sein, sich auf eine sachliche Diskussion einzulassen. Kooperations- und kompromißfördernde Instrumente gelten deshalb als besonders geeignete Steuerungsmittel eines modernen Staates.

Zur Lösung umweltpolitischer Konflikte werden insbesondere in den USA, Kanada und Japan, aber auch ansatzweise in Deutschland und in der Schweiz *an einer kooperativen Problemlösung orientierte Verfahren* getestet und zum Teil erfolgreich angewendet (Amy 1990; Fietkau 1991; Fietkau/Weidner 1991; Wälti 1993; Weidner 1993; Zillessen/Barbian 1992). In Ergänzung zu traditionellen Verhandlungsverfahren suchen die Gegenspieler am „runden Tisch" in einer Art „Familientherapie" nach einer gemeinsamen Lösung. In den auch als „Risiko-Dialog" bezeichneten Verfahren soll das monologische Prinzip durch das dialogische ersetzt werden, indem anstelle der Konfrontation die Kooperation tritt und Information durch Konsultation bzw. einen gemeinsamen Dialog ersetzt wird. Vielversprechend erscheinen insbesondere Mediationsverfahren, bei denen die Konfliktparteien mithilfe eines neutraler Vermittlers (Mediator) nach vollzugsfähigen Kompromissen suchen.

Die *wissenschaftliche Expertise* spielt in diesem Zusammenhang schließlich eine zentrale Rolle. Die enorme Komplexität ökologischer Probleme führt dazu, daß der Staat auf externe wissenschaftliche Expertise angewiesen ist. In dem Maße, wie die Ökologiebewegung über derartige Expertise verfügt, wird sie für den Staat zu einem interessanten Kooperationspartner. Darüber hinaus hängt die Glaubwürdigkeit der Forderungen der Ökologiebewegungen in der breiten Öffentlichkeit ebenfalls stark von ihrer wissenschaftlichen Expertise ab. Wie wir anhand der amerikanischen Anti-Atomkraftbewegung ausgeführt haben, wurde diese u.a. deshalb so früh in Verhandlungssysteme integriert, weil sie von Anfang an über beträchtliche Sachkompetenz verfügte und bei Anhörungen und Gerichtsverfahren von Wissenschaftlern und versierten Juristen unterstützt wurde. Das Konzept der *„epistemic community"*, das aus der Wissenschaftssoziologie stammt (Holzner/Marx 1979) und das später Eingang in die Analyse internationaler Beziehungen gefunden hat, könnte sich in diesem Zusammenhang als nützlich erweisen. Es bezieht sich auf eine spezifische Expertengemeinschaft mit einem gemeinsamen Satz von Vorstellungen über kausale Beziehungen und von handlungsleitenden Werten (Haas 1989: 384). Damit stellt sich die Frage, inwiefern die Vertreter der Organisationen der Ökologiebewegung und die politische und administrative Elite in den betreffenden Politikbereichen eine „epistemic community" bilden. Es ist zu vermuten, daß es mit der Institutionalisierung des Umweltschutzes im staatlichen Verwaltungsapparat und der zunehmenden Rekrutierung ehemaliger Bewegungsaktivisten bzw. -sympathisanten in die Umweltverwaltung um die Chancen für die Herausbildung einer derartigen „epistemic community" nicht schlecht bestellt ist.

IV. Schluß

Die Entwicklung der Ökologiebewegung läßt sich als eine Abfolge von themenspezifischen Konfrontations- und Kooperationsepisoden beschreiben, die zum Teil parallel verlaufen, zum Teil sich wechselseitig ablösen und bedingen. Die zunehmende Integration der Ökologiebewegung in den politischen Prozeß entspricht aus dieser Perspektive einer Folge von Kooperationsepisoden, welche immer seltener durch Konfrontationsepisoden unterbrochen wird, bzw. die sich immer seltener auf parallel ablaufende Konfrontationsepisoden stützt. Es ist anzunehmen, daß der zunehmende Rückhalt der Ökologiebewegung in der Öffentlichkeit zur Herausbildung eines Grundkonsens über die zu lösenden Probleme beiträgt und über eine Stärkung der Bewegung ein Machtgleichgewicht zwischen den Parteien herbeiführt, welches die Kooperationsbereitschaft bei allen Beteiligten verstärkt. Es ist darüber hinaus anzunehmen, daß sich in diesem Prozeß die eigentliche Handlungslogik der Ökologiebewegungen verändert. In dem Maße, wie Verhandlungen an die Stelle von Mobilisierungsprozessen treten, ersetzt eine Repräsentationslogik die ursprüngliche Mobilisierungslogik dieser Bewegungen. Ihre Organisationen werden zu Interessenverbänden. Die Regierung (der Staat) verändert sich ebenfalls im Zuge dieses Prozesses. Die Kontrollfunktion, welche sie gegenüber der Ökologiebewegung ausgeübt hat, verliert ihren Sinn in dem Maße, in dem die Organisationen dieser Bewegung zu Partnern in der Regulierung von Umweltproblemen werden. Anstatt die Problemlösungskapazität des Staates in Frage zu stellen, tragen diese Organisationen mit ihrer Sensibilität für Umweltprobleme, ihrem Wissen und ihrer Legitimität in der Öffentlichkeit vermehrt zur Lösung dieser Probleme bei.

Vorläufig haben die Kooperationsepisoden allerdings die Konfrontation zwischen den Regierungen und den Ökologiebewegungen noch nicht vollständig abgelöst. In der Analyse der wechselseitigen Abhängigkeit der beiden Artikulationsformen der Ökologiebewegung sehen wir eine wesentliche Forschungsperspektive. Die vergleichende Analyse der Rolle der Ökologiebewegungen im Vollzug, die sich zugleich auf die soziale Bewegungsliteratur und auf die Literatur zur Politikanalyse stützt, erscheint uns in dieser Hinsicht als besonders vielversprechend.

Literatur

Albrechts, Stan L., 1975: The Environment as Social Problem. In: *Armand L. Mauss* (Hg.): Social Problems as Social Movements. New York: Lippincott.
Amy, Douglas J., 1990: Environmental Dispute Resolution: The Promise and the Pitfalls. S. 211-234 in: *J. Vig Norman* und *Michael E. Kraft* (Hg.): Environmental Policy in the 1990s. Toward a New Agenda. Washington: CQ-Press.
Bailes, Kendall E., 1985: Environmental History. Denver, CO: University Press of America.
Bedford, Henry F., 1990: Seabrook Station. Citizen Politics and Nuclear Power. Amherst, MA: Massachussetts University Press.
Blumer, Herbert, 1971: Social Problems as Collective Behavior, Social Problems 18: 298-306.
Bürklin, Wilhelm P., 1984: Grüne Politik. Ideologische Zyklen, Wähler und Parteiensystem. Opladen: Westdeutscher Verlag.
Buttel, F., und *C. Humphrey*, 1982: Environment, Energy and Society. Belmont.

Caldwell, Lynton K., Lynton R. Hayes und Isabel M. MacWhirter (Hg.), 1976: Citizens and the Environment. Bloomington, IA: Indiana University Press.
Campbell, John L., 1988: Collapse of an Industry. Nuclear Power and the Contradictions of U.S. Policy. Ithaca, NY/London: Cornell University Press.
Carson, Rachel, 1962: Silent Spring. Boston: Houghton Mifflin.
Caulfield, Henry P., 1989: The Conservation and Environmental Movements: An Historical Analysis. S. 13-56 in: *James P. Lester* (Hg.): Environmental Politics and Policy. Theories and Evidence. Durham, NC/London: Duke University Press.
Cohen, Jean L., 1985: Strategy or Identity: New Theoretical Paradigms and Contemporary Social Movements, Social Research 52: 663-717.
Commoner, Barry, 1972: The Closing Circle. Man, Nature, and Technology. New York: Alfred A. Knopf.
Commoner, Barry, 1976: The Poverty of Power. New York: Bantam Books.
Cotgrove, Stephen, 1982: Catastrophe or Cornucopia. The Environment, Politics, and the Future. Chichester: Wiley.
Cotgrove, Stephen, und *Andrew Duff*, 1980: Environmentalism, Middle Class Radicalism and Politics, Sociological Review 28: 333-351.
Cotgrove, Stephen, und *Andrew Duff*, 1981: Environmentalism, Values and Social Change, British Journal of Sociology 32: 92-110.
DeNardo, James, 1985: Power in Numbers. The Political Strategy of Protest and Rebellion. Princeton: Princeton University Press.
Diani, Mario, 1988: Isole nell'arcipelago. Il movimento ecologista in Italia. Bologna: Il Mulino.
Diani, Mario, 1995: Green Networks. A Structural Analysis of the Italian Environmental Movement. Edinburgh: Edinburgh University Press.
Diani, Mario, und *Giovanni Lodi*, 1988: Three in One: Currents in the Milan Ecology Movement. S. 103-124 in: *Bert Klandermans, Hanspeter Kriesi* und *Sidney Tarrow* (Hg.): From Structure to Action. Social Movement Participation Across Cultures. Greenwich, CT: JAI Press.
Diani, Mario, und *Hein-Anton van der Heijden*, 1994: Anti-Nuclear Movements Across States: Explaining Patterns of Development. S. 355-382 in: *Helena Flam* (Hg.): States and Anti-nuclear Movements. Edinburgh: Edinburgh University Press.
Downs, Anthony, 1972: Up and Down with Ecology – the Issue-Attention Cycle, Public Interest 28: 38-50.
Dunlap, Riley E., 1989: Public Opinion and Public Policy. S. 87-134 in: *James P. Lester* (Hg.): Environmental Politics and Policy. Theories and Evidence. Durham, NC/London: Duke University Press.
Dunlap, Riley E., 1992: Trends in Public Opinion Toward Environmental Issues: 1965-1990. S. 89-116 in: *Riley E. Dunlap* und *Angela G. Mertig* (Hg.): American Environmentalism. The U.S. Environmental Movement, 1970-1990. New York: Taylor and Francis.
Duyvendak, Jan Willem, 1994: Le poids du politique. Nouveaux mouvements soicaux en France. Paris: L'Harmattan.
Duyvendak, Jan Willem, und *Marco G. Giugni*, 1995: Social Movement Types and Policy Domains. S. 82-110 in: *Hanspeter Kriesi* et al. (Hg.): New Social Movements in Western Europe. Minneapolis: University of Minnesota Press.
Duyvendak, Jan Willem, und *Ruud Koopmans*, 1995: The Political Construction of the Nuclear Energy Issue. S. 145-64 in: *Hanspeter Kriesi, Ruud Koopmans, Jan Willem Duyvendak* und *Marco G. Giugini:* New Social Movements in Western Europe. Minneapolis: University of Minnesota Press.
Ebbin, Steven, und *Raphael Kasper*, 1974: Citizen Groups and the Nuclear Power Controversy. Cambridge, MA: MIT Press.
Ehrlich, Paul, 1968: The Population Bomb. New York: Sierra Club/Ballantine.
Erskine, Hazel, 1972: The Polls: Pollution and its Costs, Public Opinion Quarterly 36: 120-135.
Esping-Andersen, Gösta, 1993: Post-industrial Class Structures: An Analytical Framework. S. 7-31 in: *Gösta Esping-Andersen* (Hg.): Changing Classes. Stratification and Mobility in Post-industrial Societies. London: Sage.

Farro, Antimo, 1991: La lente verde. Cultura, politica e azione collettiva ambientaliste. Milano: Franco Angeli.
Fietkau, Hans-Joachim, 1991: Psychologische Ansätze zu Mediationsverfahren im Umweltschutz. Schriften zu Mediationsverfahren im Umweltschutz Nr. 1, FS II 91-302, Wissenschaftszentrum Berlin.
Fietkau, Hans-Joachim, und Helmut Weidner, 1992: Mediationsverfahren in der Umweltpolitik, Aus Politik und Zeitgeschichte B 39-40/92: 24-34.
Finger, Matthias (Hg.), 1992: The Green Movement Worldwide. Greenwich, CT: JAI Press.
Flam, Helena (Hg.), 1994: States and Anti-Nuclear Movements. Edinburgh: Edinburgh University Press.
Flam, Helena, 1994a: Political Responses to the Anti-nuclear Challenge: (1) Standard Deliberative and Decision-making Settings. S. 299-328 in: Helena Flam (Hg.): States and Anti-nuclear Movements. Edinburgh: Edinburgh University Press.
Flam, Helena, 1994b: Political Responses to the Anti-nucelar Challenge: (2) Democratic Experiments and the Use of Force. S. 329-354 in: Helena Flam (Hg.): States and Anti-nuclear Movements. Edinburgh: Edinburgh University Press.
Fuchs, Dieter, und Dieter Rucht, 1992: Support for New Social Movements in Five Western European Countries. FS III 92-102, Berlin: Wissenschaftszentrum.
Gorz, André, 1977: Ecologie et liberté. Paris: Editions Galilé.
Gottlieb, Robert, 1993: Forcing the Spring. The Transformation of the American Environmental Movement. Washington, DC/Covelo, CA: Island Press.
Giugni, Marco G., 1995: Entre stratégie et opportunité. Les nouveaux mouvements sociaux en Suisse. Zürich: Seismo.
Haas, Peter M., 1989: Do Regimes Matter? Epistemic Communities and Mediterranean Pollution Control, International Organization 43: 377-403.
Hays, Samuel P., 1987: Beauty, Health, and Permanence. Environmental Politics in the United States, 1955-1985. Cambridge: Cambridge University Press.
Hays, Samuel P., 1989: Three Decades of Environmental Politics: The Historical Context. S. 19-79 in: Michael J. Lacey (Hg.): Government and Environmental Politics. Essays on Historical Developments Since World War Two. Washington, DC: The Woodrow Wilson Center Press.
Heijden, Hein-Anton, van der, Ruud Koopmans und Marco G. Giugni, 1992: The West European Environmental Movement. S. 1-40 in: Matthias Finger (Hg.): The Green Movement Worldwide. Greenwich, CT: JAI Press.
Hilgartner, Stephen, und Charles L. Bosk, 1988: The Rise and Fall of Social Problems, American Journal of Sociology 94: 53-78.
Holzner, Burkart, und John Marx, 1979: Knowledge Application: The Knowledge System in Society. Boston, MA: Allyn and Bacon.
Hug, Simon, 1990: The Emergence of the Swiss Ecology Party: A Dynamic Model, European Journal of Political Research 18: 645-670.
Inglehart, Ronald, 1977: The Silent Revolution. Changing Values and Political Styles Among Western Publics. Princeton, NJ: Princeton University Press.
Inglehart, Ronald, 1990. Culture Shift in Advanced Industrial Societies. Princeton, NJ: Princeton University Press.
Jamison, Andrew, Ron Eyerman und Jacqueline Cramer, 1990: The Making of the New Environmental Consciousness. A Comparative Study of the Environmental Movements in Sweden, Denmark and the Netherlands. Edinburgh: Edinburgh University Press.
Jänicke, Martin (Hg.), 1978: Umweltpolitik. Beitrage zur Politologie des Umweltschutzes. Opladen: Leske + Budrich.
Jasper, James M., 1990: Nuclear Politics. Energy and the State in the United States, Sweden, and France. Princeton, NJ: Princeton University Press.
Joppke, Christian, 1990: Nuclear Power Struggles After Chernobyl: The Case of West Germany, West European Politics 13: 178-191.
Joppke, Christian, 1991: Social Movements During Cycles of Issue-Attention, British Journal of Sociology 42: 43-60.

Joppke, Christian, 1993: Mobilizing Against Nuclear Energy. A Comparison of Germany and the United States. Berkeley, CA u.a.: Berkeley University Press.
Karstedt-Henke, Susanne, 1980: Theorien zur Erklärung terroristischer Bewegungen. S. 198-234 in: *Erhard Blankenberg* (Hg.): Politik der inneren Sicherheit. Frankfurt a.M./New York: Campus.
Kitschelt, Herbert, 1986: Political Opportunity Structures and Political Protest: Anti-Nuclear Movements in Four Democracies, British Journal of Political Science 16: 57-85.
Kitschelt, Herbert, 1989: The Logics of Party Formation. Ecological Politics in Belgium and West Germany. Ithaca, NY: Cornell University Press.
Kitschelt, Herbert, 1990: New Social Movements and the Decline of Party Organization. S. 179-208 in: *Russell J. Dalton* und *Manfred Küchler* (Hg.): Challenging the Political Order. Cambridge: Polity Press.
Kitschelt, Herbert, 1994: The Transformation of European Social Democracy. Cambridge: Cambridge University Press.
Koopmans, Ruud, 1992: Democracy from Below. New Social Movements and the Political System in West Germany. PhD Dissertation, University of Amsterdam.
Koopmans, Ruud, 1993: The Dynamics of Protest Waves: West Germany, 1965 to 1989, American Sociological Review 58.
Kriesi, Hanspeter, 1982: AKW-Gegner in der Schweiz. Diessenhofen: Rüegger.
Kriesi, Hanspeter, 1989: New Social Movements and the New Class in the Netherlands, American Journal of Sociology 94: 1078-1116.
Kriesi, Hanspeter, 1993: Political Mobilization and Social Change. The Dutch Case in Comparative Perspective. Aldershot: Avebury.
Kriesi, Hanspeter, 1995: Alliance Structures. S. 53-81 in: *Hanspeter Kriesi, Ruud Koopmans, Jan Willem Duyvendak* und *Marco G. Giugni* (Hg.): New Social Movements in Western Europe. A Comparative Analysis. Minneapolis: University of Minnesota Press.
Kriesi, Hanspeter, 1996: The Organizational Structure of New Social Movements in Relation to their Political Context. S. 152-84 in: *John McCarthy, Doug McAdam* und *Mayer N. Zald* (Hg.): Opportunities, Mobilizing Structures and Framing: Comparative Applications of Contemporary Movement Theory. New York/London: Cambridge University Press.
Kriesi, Hanspeter, René Levy, Gilbert Ganguillet und *Heinz Zwicky* (Hg.), 1981: Politische Aktivierung in der Schweiz, 1945-78. Diessenhofen: Rüegger.
Kriesi, Hanspeter, Ruud Koopmans, Jan Willem Duyvendak und *Marco G. Giugni*, 1992: New Social Movements and Political Opportunities in Western Europe, European Journal of Political Research 22: 219-244.
Kriesi, Hanspeter, Ruud Koopmans, Jan Willem Duyvendak und *Marco G. Giugni*, 1995: New Social Movements in Western Europe. A Comparative Analysis. Minneapolis: University of Minnesota Press.
Kriesi, Hanspeter, und *Jan Willem Duyvendak*, 1995: National Cleavage Structures. S. 3-25 in: *Hanspeter Kriesi, Ruud Koopmans, Jan Willem Duyvendak* und *Marco G. Giugni* (Hg.): New Social Movements in Western Europe. A Comparative Analysis. Minneapolis: University of Minnesota Press.
Lipschutz, Ronnie D., und *Ken Conca* (Hg.), 1993: The State and Social Power in Global Environmental Politics. New York: Columbia University Press.
Lipset, Seymour M., und *Stein Rokkan*, 1967: Cleavage Structures, Party Systems and Voter Alignments: An Introduction, S. 1-64 in: *Seymour M. Lipset* und *Stein Rokkan* (Hg.): Party Systems and Voter Alignments. New York: The Free Press.
Lowe, Philip D., und *J. M. Goyder*, 1983: Environmental Groups in Politics. London: Allen and Unwin.
Lowe, Philip D., und *Denton E. Morrison*, 1984: Bad News or Good News: Environmental Politics and the Mass Media, Sociological Review 32: 75-90.
Lowe, Philip D., und *Wolfgang Rüdig*, 1986: Political Ecology and the Social Sciences – The State of the Art, British Journal of Political Science 16: 513-550.
Mazmanian, Daniel, und *David Morell*, 1992: Beyond Superfailure. America's Toxics Policy for the 1990s. Boulder, CO u.a.: Westview Press.

McAdam, Doug, 1983: Tactical Innovation and the Pace of Insurgency, American Sociological Review 48: 735-754.
McAdam, Doug, John McCarthy, und *Mayer N. Zald,* 1988: Social Movements. S. 695-737 in: *Neil J. Smelser* (Hg.): Handbook of Sociology. London: Sage.
McCarthy, John, und *Mark Wolfson,* 1992: Consensus Movements, Conflict Movements, and the Cooptation of Civic and State Infrastructures. S. 273-298 in: *Aldon D. Morris* und *Carol McClurg Mueller* (Hg.): Frontiers in Social Movement Theory. New Haven: Yale University Press.
McCormick, John, 1989: Reclaiming Paradise. The Global Environmental Movement. Bloomington, IA: Indiana University Press.
Meadows, Donella H., Dennis L. Meadows, Jorgen Randers und *William W. Behrens III,* 1972: The Limits to Growth. New York: Universe Books.
Meadows, Donella H., Dennis L. Meadows, Jorgen Randers und *William W. Behrens III,* 1992: Beyond the Limits. Post Mills, VT: Chelsea Green.
Menichini, S. (Hg.), 1983: I verdi. Chi sono, cosa vogliono. Roma: Savelli.
Meyer, John W., und *Brian Rowan,* 1977: Institutional Organizations: Formal Structure as Myth and Ceremony, American Journal of Sociology 83: 364-385.
Midttun, Atle, und *Dieter Rucht,* 1994: Comparing Policy Outcomes of Conflicts over Nuclear Power: Description and Explanation. S. 383-415 in: *Helena Flam* (Hg.): States and Anti-Nuclear Movements. Edinburgh: Edinburgh University Press.
Mishan, Ezra J., 1967: The Costs of Economic Growth. London: Staples Press.
Mitchell, Robert Cameron, 1980: Public Opinion on Environmental Issues. Results of a National Opinion Survey. Washington, DC: President's Council on Environmental Quality.
Mitchell, Robert Cameron, 1981: From Elite Quarrel to Mass Movement, Society 18: 76-84.
Mitchell, Robert Cameron, 1984: Public Opinion and Environmental Policy in the 1970s and 1980s. In: *Norman J. Vig* und *Michael E. Kraft* (Hg.): Environmental Policy in the 1980s. Reagan's New Agenda. Washington, DC: CQ Press.
Mitchell, Robert Cameron, 1989: From Conservation to Environmental Movement: The Development of the Modern Environmental Lobbies. S. 82-113 in: *Michael J. Lacey* (Hg.): Government and Environmental Politics. Essays on Historical Developments Since World War Two. Washington, DC: The Woodrow Wilson Center Press.
Mitchell, Robert Cameron, Angela G. Mertig und *Riley E. Dunlap,* 1992: Twenty Years of Environmental Mobilization: Trends Among National Environmental Organizations. S. 11-26 in: *Riley E. Dunlap* und *Angela G. Mertig* (Hg.): American Environmentalism. The U.S. Environmental Movement, 1970-1990. New York: Taylor and Francis.
Müller-Rommel, Ferdinand, 1982: Ecology Parties in Western Europe, West European Politics 5: 68-74.
Müller-Rommel, Ferdinand (Hg.), 1989: New Politics in Western Europe. The Rise and Success of Green Parties and Alternative Lists. Boulder, CO: Westview Press.
Neidhardt, Friedhelm, 1994: Öffentlichkeit, öffentliche Meinung, soziale Bewegungen, Kölner Zeitschrift für Soziologie und Sozialpsychologie, Sonderheft 34: 7-41.
Nelkin, Dorothy, 1971: Nuclear Power and its Critics. The Cayuga Lake Controversy. Ithaca, NY: Cornell University Press.
Nelkin, Dorothy, und *Michael Pollak,* 1981: The Atom Besieged. Extraparliamentary Dissent in France and Germany. Cambridge, MA: MIT Press.
Nichols, Elisabeth, 1987: U.S. Nuclear Power and the Success of the American Anti-Nuclear Movement, Berkeley Journal of Sociology 32: 167-192.
Perrow, Charles, 1987: Normale Katastrophen. Die unvermeidbaren Risiken der Grosstechnik. Frankfurt a.M./New York: Campus.
Pizzorno, Alessandro, 1978: Political Exchange and Collective Identity in Industrial Conflict, S. 277-298 in: *Colin Crouch* und *Alessandro Pizzorno* (Hg.): The Resurgence of Class Conflict in Western Europe Since 1968, Vol. 2. London: Macmillan.
Paehlke, Robert C., 1989: Environmentalism and the Future of Progressive Politics. New Haven, CT/London: Yale University Press.

Poguntke, Thomas, 1993: Alternative Politics. The German Green Party. Edinburgh: Edinburgh University Press.
Raschke, Joachim, 1985: Soziale Bewegungen. Ein historisch-systematischer Grundriss, Frankfurt a.M./New York: Campus.
Rothacher, Albrecht, 1984: The Green Party in German Politics, West European Politics 7: 109-116.
Rucht, Dieter, 1988: Themes, Logics, and Arenas of Social Movements: A Structural Approach, S. 305-328 in: *Bert Klandermans, Hanspeter Kriesi* und *Sidney Tarrow* (Hg.): From Structure to Action: Comparing Social Movement Research Across Cultures, International Social Movement Research, Vol. 1. Greenwich, Conn.: JAI Press.
Rucht, Dieter, 1989: Environmental Movement Organizations in West Germany and France: Structure and Interorganizational Relations. S. 61-94 in: *Bert Klandermans* (Hg.): Organizing for Change. Social Movement Organizations in Europe and the United States. Greenwich, CT: JAI Press.
Rucht, Dieter, 1990: Campaigns, Skirmishes, and Battles: Anti-Nuclear Movements in the USA, France and West Germany, Industrial Crisis Quarterly 4: 193-222.
Rucht, Dieter, 1994: Modernisierung und neue soziale Bewegungen. Frankfurt a.M./New York: Campus.
Rucht, Dieter, und *Thomas Ohlemacher*, 1992: Protest Event Data: Collection, Uses and Perspectives. S. 76-106 in: *Mario Diani* und *Ron Eyerman* (Hg.): Studying Collective Action. London: Sage.
Rüdig, Wolfgang, 1988: Peace and Ecology Movements in Western Europe, West European Politics 11: 26-39.
Rüdig, Wolfgang, 1990a: Anti-Nuclear Movements. A World Survey to Opposition to Nuclear Energy. Harlow: Longman.
Rüdig, Wolfgang (Hg.), 1990b: Green Politics One. 1990. Edinburgh: Edinburgh University Press.
Rüdig, Wolfgang, und *Philip D. Lowe*, 1986: The Withered „Greening" of British Politics: A Study of the Ecology Party, Political Studies 34: 262-284.
Rüdig, Wolfgang, und *Philip D. Lowe*, 1991: The Green Wave. A Comparative Analysis of Ecology Parties. Cambridge: Polity Press.
Sale, Kirkpatrick, 1993: The Green Revolution. The American Environmental Movement 1962-1992. New York: Hill and Wang.
Scharpf, Fritz, 1989: Decision Rules, Decision Styles and Policy Choices, Journal of Theoretical Politics 1: 149-179.
Schumacher, Ernst Friedrich, 1973: Small is Beautiful. London: Blond and Briggs.
Shabecoff, Philip, 1993: A Fierce Green Fire. The American Environmental Movement. New York: Hill and Wang.
Staggenborg, Susan, 1988: The Consequences of Professionalization and Formalization in the Pro-Choice Movement, American Sociological Review 53: 585-605.
Szasz, Andrew, 1994: EcoPopulism. Toxic Waste and the Movement for Environmental Justice. Minneapolis. MN/London: Minnesota University Press.
Tarrow, Sidney, 1989: Struggle, Politics, and Reform: Collective Action, Social Movements, and Cycles of Protest, Western Societies Program Occasional Paper Nr. 21. Ithaca, N.Y.: Cornell University.
Tarrow, Sidney, 1989a: Democracy and Disorder. Protest and Politics in Italy 1965-1975. Oxford: Clarendon Press.
Tarrow, Sidney, 1994: Power in Movement. Social Movements, Collective Action and Mass Politics. New York/London: Cambridge University Press.
Tarrow, Sidney, 1995: States and Opportunities: the Political Structuring of Social Movements. In: *John McCarthy, Dough McAdam* und *Mayer N. Zald* (Hg.): Opportunities, Mobilizing Structures and Framing: Comparative Applications of Contemporary Movement Theory. New York: Cambridge University Press.
Tilly, Charles, Louise Tilly, und *Richard Tilly*, 1975: The Rebellious Century, 1830-1930. Cambridge, MA: Harvard University Press.
Tomain, Joseph P., 1987: Nuclear Power Transformation. Bloomington, IA/Indianapolis, IA: Indiana University Press.

Vig, Norman J., und *Michael E. Kraft* (Hg.), 1984: Environmental Policy in the 1980s. Reagan's New Agenda. Washington, DC: CQ Press.
Vig, Norman J., und *Michael E. Kraft* (Hg.) 1994 (1990): Environmental Policy in the 1990s. Toward a New Agenda. Second Edition. Washington, DC: CQ Press.
Walsh, Edward J., 1981: Resource Mobilization and Citizen Protest in Communities Around Three Mile Island, Social Problems 29: 1-21.
Wälti, Sonja, 1993: Neue Problemlösungsstrategien in der nuklearen Entsorgung, Schweizerisches Jahrbuch für Politische Wissenschaft 33: 205-224.
Watts, Nicholas J. 1987: Mobilisierungspotential und gesellschaftspolitische Bedeutung der neuen sozialen Bewegungen. S. 47-67 in: *Roland Roth* und *Dieter Rucht* (Hg.): Neue soziale Bewegungen in der Bundesrepublik Deutschland. Frankfurt a.M./New York: Campus.
Weidner, Helmut, 1993: Der verhandelnde Staat. Minderung von Vollzugskonflikten durch Mediationsverfahren, Schweizerisches Jahrbuch für Politische Wissenschaft 33: 225-244.
Wisler, Dominique, 1994: Violence politique et mouvements sociaux. Etude sur les radicalisations sociales de 1969 à 1990. Genève: Georg.
Zillesen, Horst, und *Thomas Barbian*, 1992: Neue Formen der Konfliktregelung in der Umweltpolitik, Aus Politik und Zeitgeschichte B 39-40/92: 14-23.
Zucker, Lynne G., 1987: Institutional Theories of Organization, Annual Review of Sociology 13: 443-464.
Zwicky, Heinrich, 1993: Umweltaktivierungen in den 80-er Jahren, Schweizerisches Jahrbuch für Politische Wissenschaft 33: 185-203.

AUFSTIEG UND NIEDERGANG DER ÖKOLOGIEBEWEGUNG IN DER BUNDESREPUBLIK*

Karl-Dieter Opp

Zusammenfassung: Nach dem Zweiten Weltkrieg haben die Proteste für Umweltschutz Anfang der 80er Jahre ihren Höhepunkt erreicht und sind dann zurückgegangen. Andererseits sind die Ressourcen von Umweltorganisationen im Zeitablauf gestiegen. Im Mittelpunkt dieses Aufsatzes steht eine Erklärung dieser Entwicklungen. In einem ersten Schritt wird – auf der Grundlage vorliegender Forschungsergebnisse – angenommen, daß Unzufriedenheit mit der Umwelt, wahrgenommener politischer Einfluß, moralische und soziale Anreize die Hauptursachen für *individuelles* Engagement sind. Sodann werden Hypothesen darüber formuliert, wie die folgenden Makrofaktoren die genannten individuellen Anreize beeinflussen: Umweltqualität, Zielkonflikte zwischen Kollektivgütern, die Institutionalisierung von Umweltpolitik, die Infrastruktur des Protests und die Globalisierung von Umweltproblemen und von Umweltpolitik. Eine Analyse der zeitlichen Veränderung dieser Faktoren ergibt, daß insbesondere die Institutionalisierung der Umweltpolitik die Hauptursache für den Rückgang der Umweltproteste ist. Wenn auch die Anreize für Umweltproteste zurückgegangen sind, so werden Umweltprobleme keineswegs als gelöst betrachtet. Die oft spektakulären Aktionen von Umweltorganisationen erwecken den Eindruck, daß diese erfolgreich für Umweltschutz eintreten. Dies läßt aus der Sicht von Individuen, die Umweltschutz als Problem ansehen, einen Transfer von Ressourcen an diese Organisationen als kostengünstigsten Beitrag zur Herstellung des Kollektivgutes „saubere Umwelt" erscheinen.

Es gibt wohl kaum ein gesellschaftliches Problem, für dessen Lösung sich so viele Menschen in aller Welt politisch engagieren wie der Schutz der Umwelt. Entsprechend ist auch die Literatur über die Ökologiebewegung kaum mehr zu überblicken. Dies gilt sowohl für die Beschreibung der Entwicklung der Ökologiebewegung als auch für die Erklärung ihrer Entstehung und ihrer Wirkungen. Trotz dieser umfangreichen Literatur kann kaum behauptet werden, daß eine befriedigende Erklärung der Entwicklung der Ökologiebewegung gelungen ist. In diesem Aufsatz stehen zwei Entwicklungstrends der Ökologiebewegung im Mittelpunkt: Es hat sich zum einen gezeigt, daß die Proteste für Umweltschutz zurückgegangen sind. Zweitens verzeichnen jedoch Umweltorganisationen einen Zuwachs an Ressourcen. Wie sind diese gegenläufigen Entwicklungstrends zu erklären? Zur Beantwortung dieser Frage schlagen wir eine neue Erklärung vor. Dabei wenden wir ein theoretisches Modell an, das auf der Theorie kollektiven Handelns beruht. Zunächst werden wir jedoch kurz die Entwicklung der Ökologiebewegung skizzieren und das Erklärungsproblem genauer beschreiben.

---

* Mein besonderer Dank gilt Theo Baumgärtner (Universität Leipzig), Norman Braun (Universität Bern) und Torsten Schröder (Universität Leipzig) für wertvolle kritische Hinweise.

I. Wie hat sich die Ökologiebewegung entwickelt?

Die Entwicklung der Ökologiebewegung in der Bundesrepublik ist in der Literatur gut dokumentiert.[1] Deshalb soll diese Entwicklung hier nur kurz dargestellt werden. Dabei wird insbesondere über solche Sachverhalte berichtet, deren Erklärung im folgenden von Interesse ist.

Als „Ökologiebewegung" bezeichnen wir zum einen die Gesamtheit der Proteste, deren Ziel eine Verbesserung des Umweltschutzes ist, und zwar aus der Perspektive der Akteure der Bewegung. Zu diesen Protesten gehören insbesondere Proteste gegen die Nutzung der Atomenergie, gegen den Bau von Startbahnen oder Straßen, gegen die Ansiedlung von Industrieunternehmen oder gegen die Verschmutzung von Luft, Boden und Gewässern. Zur Ökologiebewegung gehören sowohl Proteste organisierter Gruppen als auch Proteste nicht organisierter Einzelpersonen, etwa in Form der Teilnahme an einer von Gruppen organisierten Demonstration. Im folgenden ist von Interesse, wie sich das Ausmaß der Umweltproteste im Zeitablauf in der Bundesrepublik verändert hat. Personen oder Gruppen, die sich an Umweltprotesten beteiligen oder diese organisieren, sind definitionsgemäß die Akteure der Ökologiebewegung.

Zweitens zählen wir definitionsgemäß diejenigen Ressourcen zur Ökologiebewegung, die für die Unterstützung von Umweltprotesten eingesetzt werden. Hierzu zählen z.B. finanzielle Mittel oder auch zeitliche Ressourcen. Gruppen, die Ressourcen für Umweltproteste beisteuern, sind z.B. Greenpeace und Robin Wood, aber auch Parteien wie die Grünen. Wiederum zählen wir diejenigen, die Ressourcen für Umweltproteste beisteuern, zu den Akteuren der Ökologiebewegung. Sie können, brauchen aber nicht identisch mit denjenigen Akteuren zu sein, die sich direkt an Protesten beteiligen oder diese organisieren. Im folgenden ist von Interesse, inwieweit im Zeitablauf Personen oder Gruppen Ressourcen für Umweltproteste investiert haben. Ein Indikator hierfür ist die Mitgliederentwicklung und das Spendenaufkommen von Umweltorganisationen wie Greenpeace.[2]

Betrachten wir nun die Entwicklung der Ökologiebewegung in der Bundesrepublik. Als Vorläufer gelten zum einen die Studentenbewegung, die etwa 1965 entstand, und die Bürgerinitiativbewegung, deren Beginn Ende der sechziger Jahre anzusetzen ist. Bei der Bürgerinitiativbewegung handelt es sich um eine Vielzahl von einzelnen Gruppen, die unabhängig voneinander etwa zur gleichen Zeit entstanden (vgl. im einzelnen Mayer-Tasch 1976). Meist ging es um „Ein-Punkt-Aktionen", d.h. um konkrete politische Entscheidungen im lokalen oder regionalen Bereich wie den Bau einer Straße durch ein Wohngebiet.

---

1 Zur Entwicklung der Ökologiebewegung vgl. insbesondere Brand et al. (1986: 85-117); Rucht (1994: Kap. 6). Dieses Kapitel enthält die neueste und auch umfassendste Darstellung der Struktur und Entwicklung der Ökologiebewegung. Zur Entwicklung sozialer Bewegungen generell in der Bundesrepublik vgl. neben den beiden genannten Büchern insbes. Brand (1985), Langguth (1983), Koopmans (1993), Rolke (1987), Roth/Rucht (1987). Vgl. auch das Sonderheft „40 Jahre Soziale Bewegungen: Von der verordneten zur erstrittenen Demokratie" der Zeitschrift „Forschungsjournal Neue Soziale Bewegungen", erschienen 1989. Dort findet sich auf S. 142-157 eine Chronologie von Protestereignissen in der Bundesrepublik seit 1945.
2 In der Literatur finden sich auch andere Definitionen des Begriffs „soziale Bewegung" oder „Ökologiebewegung", etwa bei Rucht (1994: 240). Wir haben unsere Definition deshalb gewählt, weil sie die Tatbestände bezeichnet, die wir erklären wollen.

Man kann die Studenten- und Bürgerinitiativbewegung in dem Sinne als Vorläufer der Ökologiebewegung bezeichnen, als viele Mitglieder dieser Bewegungen bzw. Gruppen auch in der Ökologiebewegung aktiv waren. Darüber hinaus ist die Studentenbewegung in der Hinsicht ein Vorläufer der Ökologiebewegung, als sie – genau wie die Akteure der Ökologiebewegung – Ideen des linken politischen Spektrums vertraten.

Die Proteste der Studentenbewegung waren jedoch nicht die ersten Proteste in der Bundesrepublik nach dem Ende des Zweiten Weltkrieges. So fanden im Jahre 1952 Proteste gegen die Wiederbewaffnung der Bundesrepublik statt. In den Jahren 1957 und 1958 beginnen Proteste gegen Atomkraftwerke – 1957 geht der erste Versuchsreaktor in Garching bei München in Betrieb. 1960 beginnen die Proteste gegen die Notstandsgesetze, und der erste Ostermarsch findet statt. Später folgen die Vietnam-Demonstrationen. Auch diese und eine Vielzahl anderer Proteste können als Vorläufer der Ökologiebewegung im genannten Sinne gesehen werden.

Zu Beginn der siebziger Jahre entstand dann die Ökologiebewegung. Der Ausgangspunkt waren Bürgerinitiativen, die sich mit Umweltproblemen befaßten und die sich zum Teil zusammenschlossen. So bildeten sich 1972 der Bundesverband Bürgerinitiativen Umweltschutz (BBU) und 1972/73 das „Oberrheinische Aktionskomitee gegen Umweltgefährdung durch Kernkraftwerke". Zunächst richtete sich der Schwerpunkt des Engagements gegen die Atomkraft. Erinnert sei an die Auseinandersetzungen um Brokdorf und Wyhl Mitte der siebziger Jahre. Etwa 1977 entstanden dann Gruppen bzw. Netzwerke, die sich mit ökologischen Problemen im engeren Sinne (z.B. Umweltschutz, Alternativenergien, Verkehrspolitik, Gesundheit) befaßten.

Aus solchen Gruppierungen entstand auch die Partei der Grünen.[3] Bei den Wahlen in Bremen im Jahre 1979 ziehen zum ersten Mal Abgeordnete der Grünen in ein Landesparlament ein. Im Jahre 1980 wird die Bundespartei „Die Grünen" gegründet. Bei der Bundestagswahl 1983 gewinnen dann erstmals Abgeordnete der Grünen Mandate im Bundestag. Zu den Akteuren der Ökologiebewegung gehören auch Umweltschutzverbände[4] wie Greenpeace, Robin Wood, BUND (Bund für Umwelt und Naturschutz Deutschland), der Naturschutzbund Deutschland (ehemals Deutscher Bund für Vogelschutz) und der WWF (World Wide Fund for Nature). Nach wie vor gibt es „einige tausend" Gruppen (Rucht 1994: 263), die sich mit Umweltproblemen befassen und auch an Protesten teilnehmen oder diese organisieren.

Wie hat sich das *Ausmaß* von Umweltprotesten und der *Einsatz von Ressourcen* zur Förderung von Umweltprotesten im Zeitablauf entwickelt? Die *Anzahl der Umweltproteste* (also die Anzahl der Protestereignisse) stieg bis zum Jahre 1981 an und ging dann bis 1989 zurück. Die Entwicklung verläuft dabei in Sprüngen. Es ist jedoch insgesamt eindeutig eine Verminderung der Proteste zu verzeichnen. Die *Teilnehmerzahlen* entwickeln sich ähnlich (vgl. Rucht 1994: 273; Kriesi et al. 1992). Wir vermuten, daß sich der Trend bis heute nicht verändert hat, d.h. daß weder die Anzahl der Umweltproteste noch die Anzahl der Teilnehmer heute höher ist als 1989.[5] Die *Anzahl der Mitglieder* in den wich-

---

3 Vgl. hierzu insbesondere die Arbeiten von Raschke (etwa Raschke 1993).
4 Vgl. zu einer Übersicht über die Umweltschutzverbände in der Bundesrepublik Cornelsen (1991). Speziell zu Greenpeace vgl. Reiss (1988), Rucht (1992), Altmann/Fritzler (1995). Vgl. auch den Artikel im Spiegel (Nr. 38, 1991).
5 Ein ähnlicher Verlauf gilt auch für Proteste generell in der Bundesrepublik. Vgl. hierzu im einzelnen Rucht (1994: 180).

tigsten Umweltorganisationen hat sich zwischen 1975 und 1992 erhöht (vgl. Rucht 1994: 266). Dies gilt insbesondere für Greenpeace[6], für den BUND und für Robin Wood. Eine Ausnahme bildet der BBU, dessen Mitgliederzahl 1992 geringer als 1985 war. Bei den Grünen, die allerdings keine Umweltorganisation sind, stagniert die Mitgliederzahl seit etwa 1983. Weiter hat sich auch das *Budget* der Organisationen erhöht: Vergleicht man die vorliegenden Zahlen für 1985 und 1992, dann zeigt sich, daß das Budget 1992 deutlich höher als 1985 ist (Rucht 1994: 265). Für den BBU liegen keine neueren Zahlen vor. Insgesamt sind also die Ressourcen, die für Umweltproteste aufgewendet werden, gestiegen, wohingegen die Proteste selbst zurückgegangen sind.

II. Das Erklärungsproblem

Will man die Entwicklung der Ökologiebewegung erklären, so ist zunächst zu fragen, was genau erklärt werden soll. Aufgrund der vorangegangenen Ausführungen liegt es nahe, sich mit zwei Sachverhalten zu befassen: 1. Warum haben die Proteste (d.h. die Anzahl der Protestereignisse und die Teilnehmerzahlen an den Protesten) Anfang der 80er Jahre ihren Höhepunkt erreicht und sind dann zurückgegangen? 2. Warum hat sich das Ausmaß der Ressourcen, die für Umweltproteste investiert wurden, im Zeitablauf erhöht?

Wenn wir uns auch auf diese Fragen konzentrieren wollen, so sind es nicht die einzigen möglichen Erklärungsfragen, die zur Entwicklung der Ökologiebewegung in der Bundesrepublik gestellt werden können. Eine andere Frage ist, warum die Umweltproteste meist gewaltfrei blieben und sich im gesetzlichen Rahmen bewegten. Weiter könnte man fragen, warum sich die Bedingungen selbst, die für die Veränderung oder für das Auftreten der Proteste von Bedeutung sind, in bestimmter Weise verändert haben. Wenn z.B. die Umweltbelastung als Ursache für die Umweltproteste angesehen wird, könnte man zu erklären versuchen, warum die gewählten Regierungen nicht eine andere Umweltpolitik wählten. In diesem Aufsatz werden wir uns jedoch nur mit den beiden genannten Fragen befassen.

---

6 Rucht (1994) gibt widersprüchliche Zahlen an: In einer Tabelle (S. 265) wird von einem Zuwachs von Mitgliedern zwischen 1985 und 1992 gesprochen, auf S. 266 jedoch von einem Rückgang von 1991 auf 1992. Altmann/Fritzler (1995: 92) berichten jedoch zwischen 1980 und 1994 von einem Zuwachs an „Förderern" und auch an „Finanzen". Dies stimmt auch mit Informationen aus dem „Spiegel" überein (vgl. Spiegel Special, Nr. 11, 1995, Politik von unten: Greenpeace, Amnesty & Co. Die Macht der Mutigen). Dort wird berichtet, daß Greenpeace Deutschland im Jahre 1994 Rekordeinnahmen verzeichnen kann. Für die Gesamtorganisation geht allerdings das Spendenaufkommen zurück: Dieses scheint sich zwischen 1991 und 1994 von 177 auf 144 Millionen Dollar vermindert zu haben (vgl. DIE ZEIT Nr. 29, vom 14. Juli 1995, S. 10: Dossier „Manager unter dem Regenbogen"). Vgl. auch DER SPIEGEL (Nr. 38/1991); dort wird berichtet, daß in einigen Ländern ein „drastischer Rückgang der Spenden" gemeldet wird (S. 89). Siehe weiter das genannte „Special" des Spiegel (S. 45). Vgl. auch andere Pressemeldungen, z.B. in The Economist (19. August 1995, S. 59-62). Im folgenden steht jedoch die Entwicklung der Proteste und Ressourcen für Umweltorganisationen in Deutschland zur Diskussion.

III. Grundzüge einer dynamischen Theorie sozialer Bewegungen

In diesem Abschnitt soll gezeigt werden, wie auf der Basis der Theorie rationalen Handelns die Entwicklung der Ökologiebewegung erklärt werden kann. Obwohl diese Theorie bereits zur Erklärung politischen Protests angewendet wurde,[7] wird sie bei den Versuchen, politisches Engagement für den Umweltschutz zu erklären, nicht einmal in Betracht gezogen. Dies gilt etwa für das umfangreiche Buch von Rucht (1994), in dem die Erklärung der Entwicklung der Ökologiebewegung ausführlich behandelt wird, ohne daß die Theorie rationalen Handelns auch nur erwähnt wird. Zumindest eine Diskussion dieser Theorie hätte nahegelegen, da Rucht dafür plädiert, Systemtheorie und Handlungstheorie – und hierzu gehört die Theorie rationalen Handelns – zu verbinden (Rucht 1994: 21). Im folgenden werden zuerst die Grundlagen einer dynamischen Theorie sozialer Bewegungen – auf der Grundlage der Theorie rationalen Handelns – skizziert.[8] Sodann wird versucht, mit diesem Modell den Rückgang der Umweltproteste seit Beginn der achtziger Jahre und den Anstieg der bei den Umweltorganisationen investierten Ressourcen zu erklären.

1. Die Grundannahmen des Erklärungsmodells

Wir beginnen unsere Überlegungen mit einigen generellen Annahmen, die der folgenden Erklärung der Entwicklung der Ökologiebewegung zugrundeliegen.

(1) Prozesse kollektiven politischen Handelns sind ein Ergebnis des Interaktionsprozesses verschiedener Akteure.

Welche Akteure in eine Erklärung einzubeziehen sind, hängt von dem Erklärungsproblem ab.

(2) Alle Akteure handeln nach Nutzen- und Kostenerwägungen.

Dies gilt nicht nur für die Bürger, die sich engagieren oder auch nicht engagieren, sondern auch z.B. für die Vertreter einer Partei, eines Interessenverbandes und für die Mitglieder einer sozialen Bewegung. Wenn also z.B. Handlungen von Politikern erklärt werden sollen, dann kann die Theorie rationalen Handelns ebenfalls angewendet werden.

(3) Alle Akteure versuchen, im Rahmen der aus ihrer Sicht gegebenen Handlungsmöglichkeiten oder -beschränkungen ihre Ziele in möglichst hohem Maße zu realisieren.

Dies ist die zentrale These der Theorie rationalen Handelns. Sie geht davon aus, daß sowohl Präferenzen (Ziele bzw. Motive) als auch Handlungsbeschränkungen soziales Han-

---

7 Vgl. hierzu die zusammenfassenden Darstellungen bei Opp (1993, 1994c). Vgl. weiter Leighley (1995), Opp (1996a), Whitely (1995). Zur Messung von Nutzen und Kosten, die für Umwelthandeln von Bedeutung sind, vgl. Diekmann/Franzen (1995).

8 In dem folgenden Modell werden einige Annahmen aus Opp (1991a) übernommen. Dort wird ebenfalls ein dynamisches Modell kollektiven politischen Handelns vorgeschlagen, dessen Konsequenzen mittels einer Computersimulation überprüft werden. Das in Opp (1991a) entwickelte Modell geht jedoch von einer gänzlich anderen Situation aus als das in dem vorliegenden Aufsatz vorgeschlagene Modell.

deln verursachen, und daß die individuellen Akteure versuchen, ihre Ziele aus ihrer Sicht in höchstmöglichem Maße zu erreichen. Weiter impliziert die genannte These, daß die *Art* politischen Handelns von der *Art* der Anreize abhängt. Wenn man z.B. glaubt, vor allem durch legales politisches Engagement seine Ziele erreichen zu können, dann ist dies ein Anreiz für die Entscheidung, sich in legaler Weise zu engagieren.

These 3 implizirt nicht, daß eine Veränderung von Handlungen immer durch eine Veränderung von Präferenzen *und* Restriktionen zu erklären ist. Häufig ändert sich Handeln allein durch eine Änderung der Restriktionen. So werden wir sehen, daß eine Veränderung der Umweltproteste vor allem durch eine Veränderung der Handlungsbeschränkungen erklärt werden kann.

(4) Die Art der Nutzen und Kosten sind je nach Art der Situation und je nach Art der Akteure verschieden.

So unterscheiden sich die Nutzen, nach denen Politiker handeln, von den Nutzen, die für Wähler von Bedeutung sind.

(5) Als mögliche Nutzen und Kosten sind sowohl materielle als auch „weiche" Nutzen bzw. Kosten (z.B. internalisierte Normen und informelle soziale Anreize) in Betracht zu ziehen.

Welche Arten von Nutzen im konkreten Falle soziales Handeln beeinflussen, ist empirisch zu ermitteln. Wir verwenden also ein relativ weites Modell rationalen Handelns, das keine Einschränkungen hinsichtlich der zulässigen Arten von Nutzen und Kosten macht. Ein solches Modell ist keineswegs ad hoc oder tautologisch, da gefordert wird, die Arten von Nutzen und Kosten, die in eine Erklärung eingehen, empirisch zu ermitteln. Wir gehen davon aus – auch wenn dies umstritten ist, daß dies prinzipiell möglich und auch sinnvoll ist. So sind bisher in Umfragen zum politischen Protest internalisierte Normen, wahrgenommener politischer Einfluß oder auch die Ermutigung von Protest durch soziale Netzwerke ermittelt worden (siehe zusammenfassend die in Anmerkung 7 genannten Schriften).

(6) Der Verlauf des Prozesses kollektiven politischen Handelns hängt u.a. ab von der *Verteilung* von Nutzen und Kosten bei den verschiedenen Akteuren zu Beginn und während des zu erklärenden Prozesses.

Wenn z.B. die Zufriedenheit mit der Nutzung der Kernenergie relativ groß ist, dann wird ein Reaktorunfall wie 1986 in Tschernobyl die Unzufriedenheit mit der Kernenergie weitaus stärker erhöhen als wenn die Unzufriedenheit mit der Kernenergie relativ groß ist: Für diejenigen, die der Nutzung der Kernenergie relativ positiv gegenüberstanden, führte Tschernobyl zu einem Schockeffekt. Für diejenigen, die die Kernenergie ablehnten, war Tschernobyl kaum eine Überraschung (vgl. Opp 1988; Opp/Roehl 1990).

(7) Will man eine Veränderung kollektiven Handelns erklären, dann sind sowohl exogene Ereignisse als auch eine Veränderung der Handlungen einzelner Akteure in Betracht zu ziehen. Solche Ereignisse und Handlungen verändern oft die Nutzen und Kosten, d.h. die Anreize für gemeinsames Handelns.

Eine Veränderung politischen Engagements entsteht also dadurch, daß exogene Ereignisse (z.B. ein Reaktorunfall) oder Handlungen einzelner Akteure oder Gruppen von Akteuren

Abbildung 1: Ein Mikro-Makromodell zur Erklärung kollektiven politischen Handelns

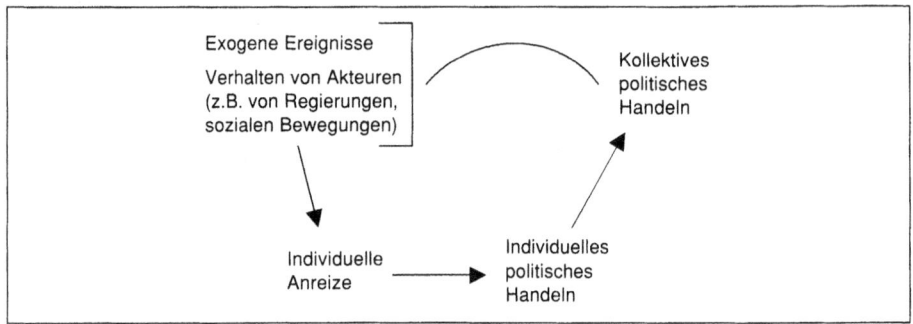

(z.B. die Entscheidung des Shell-Konzerns, die Ölplattform „Brent Spar" im Juni 1995 im Atlantik zu versenken) die Nutzen oder Kosten politischen Engagements verändern und somit – indirekt – zu einer Veränderung politischen Engagements führen. *Abbildung 1* verdeutlicht diese Idee.

Wie ermittelt man, inwieweit exogene Ereignisse oder Verhaltensweisen von Akteuren die Anreize für Engagement verändern? Oft werden solche Beziehungen einfach aufgrund von Plausibilitätsüberlegungen behauptet. Man könnte jedoch auch theoretische Hypothesen anwenden. Weiter ist es möglich, die genannten Beziehungen direkt empirisch zu ermitteln, etwa durch Befragungen.[9]

Will man das skizzierte Erklärungsmodell anwenden, um die Entwicklung von Umweltprotesten zu erklären, dann sind folgende Fragen zu beantworten: 1. Welches sind die individuellen Anreize für Umweltproteste? 2. Wie haben sich diese Anreize im Laufe der Zeit verändert? 3. Welche Faktoren (exogene Ereignisse oder Verhaltensweisen von Akteuren) haben zur Veränderung der Anreize geführt?[10]

Geht man von dem hier angewendeten Ansatz aus, ist bei der Erklärung von Protesten eine weitere Frage zu beantworten. Selbst wenn die Nutzen für Protest bei einer Vielzahl von Personen relativ groß sind, wird ein gemeinsamer Protest erst dann zustande kommen, wenn eine Koordination stattfindet. D.h. es müssen Anreize der Art vorhanden sein, daß an einem bestimmten Ort und Zeitpunkt protestiert werden kann. In westlichen Demokratien wie der Bundesrepublik erfolgt diese Koordination normalerweise durch politische Unternehmer, also insbesondere durch Mitglieder sozialer Bewegungen oder durch Mitglieder anderer Gruppen wie z.B. Gewerkschaften. Im folgenden gehen wir davon aus, daß es immer genügend politische Unternehmer gibt, die eine „Nachfrage" nach Protesten koordinieren.

Aus den vorangegangenen Überlegungen folgt, daß eine Erklärung des Verlaufs kol-

---

9 In einer empirischen Untersuchung über die Proteste in der DDR haben wir z.B. mittels Befragung ermittelt, inwieweit exogene Ereignisse wie die Niederschlagung der Demokratiebewegung in China 1989 einen Einfluß auf die erwartete Repression in der DDR hatte. Vgl. insbesondere Opp/Gern (1993), Opp et al. (1993).
10 Zur Illustration der beschriebenen Vorgehensweise sei auf die Schriften des Verfassers zur Erklärung der Revolution in der DDR im Jahre 1989 verwiesen – vgl. insbesondere Opp (1991b), Opp/Gern (1993), Opp et al. (1993).

lektiven politischen Handelns kein reines Makromodell ist, wie es die herrschenden Theorien politischen Engagements anstreben. Will man die Entwicklung der Ökologiebewegung erklären, ist vielmehr ein Mikro-Makromodell erforderlich. Ein Modell, das auf den genannten Grundannahmen basiert, leistet eine *Verbindung von Makro- und Mikroebene.* Dies wird besonders deutlich in *Abbildung 1.* Wenn z.B. eine Veränderung der Regierungspolitik (Makrovariable) kollektive Proteste (Makrovariable) erhöht, dann wird dies über eine Veränderung der Anreize der individuellen Akteure erklärt. Selbst wenn man also eine Beziehung auf der Makroebene erklären will, dann ist keineswegs ein reines Makromodell erforderlich, wie etwa Raschke (1985: 117) behauptet.

Typisch für unseren Erklärungsansatz ist weiter, daß sowohl die individuellen Akteure als auch der soziale Kontext explizit einbezogen werden. Zweitens erlaubt es unser Erklärungsansatz, einen komplexen kausalen Prozeß zu modellieren.

2. Anreize für politisches Engagement

Diejenigen, die sich politisch für Umweltschutz engagieren, sind individuelle Akteure. Will man die Entwicklung der Ökologiebewegung erklären, dann liegt es nahe, zuerst zu fragen, wovon das Engagement dieser individuellen Akteure abhängt. Zur Beantwortung dieser Frage gehen wir von dem Modell rationalen Handelns und von empirischen Untersuchungen aus, in denen dieses Modell zur Erklärung politischen Engagements angewendet und überprüft wurde.[11] Dabei hat sich gezeigt, daß insbesondere folgende Arten von Anreizen dazu führen, daß sich Individuen politisch engagieren – zu den folgenden Überlegungen siehe die Pfeile 1 bis 4 in *Abbildung 2.* Von Bedeutung sind erstens *Kollektivgut-Anreize.* Damit ist zunächst das Ausmaß der politischen Unzufriedenheit gemeint, also in diesem Zusammenhang die Unzufriedenheit mit der Qualität der Umwelt. Eine Veränderung der Unzufriedenheit allein führt jedoch nicht zu einer Veränderung politischen Engagements. Inwieweit Unzufriedenheit auf politisches Engagement wirkt, hängt ab von dem Ausmaß, in dem Personen glauben, politisch einflußreich zu sein. Wenn z.B. eine Gruppe von Personen meint, durch ihr Engagement die Herstellung des Kollektivgutes nicht beeinflussen zu können, wird Unzufriedenheit keinen Effekt auf politisches Engagement haben.

Moralische Anreize, also das Ausmaß, in dem man sich zu politischem Engagement verpflichtet fühlt, haben ebenfalls einen Effekt auf politisches Engagement: Je stärker Personen glauben, sich für Umweltschutz engagieren zu müssen, desto eher werden sie an Umweltprotesten teilnehmen.

Schließlich spielen *soziale Anreize* eine wichtige Rolle für die Teilnahme an politischem Protest. Mit „sozialen Anreizen" meinen wir erwartete Belohnungen oder Bestrafungen für politisches Engagement durch die soziale Umwelt. Solche Belohnungen reichen von Ermutigungen, sich zu engagieren, bis zur Ausübung von Druck, an bestimmten Aktionen teilzunehmen. Wir wollen festlegen: In je stärkerem Maße Belohnungen und in je geringerem Maße Bestrafungen für politischen Protest erwartet werden, desto größer seien

---
11 Vgl. hierzu zusammenfassend Opp (1993), Opp/Gern (1993), Opp (1994a). Vgl. auch die in Fußnote 7 genannten Schriften.

Abbildung 2: Ein Modell zur Erklärung individuellen politischen Handelns

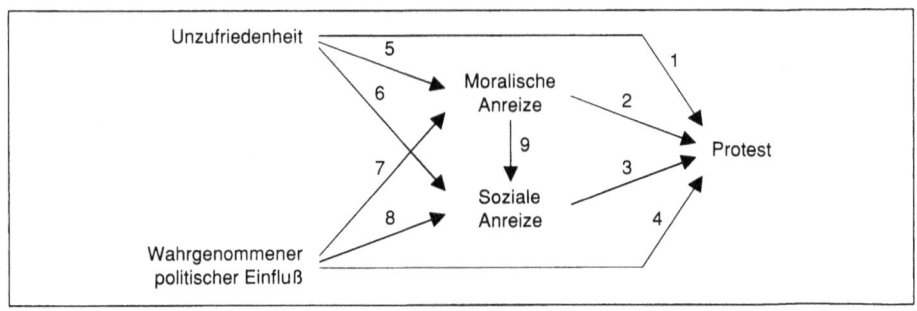

Anmerkung: Unzufriedenheit und Einfluß wirken multiplikativ auf Protest. Alle anderen Effekte sind additiv.

definitionsgemäß die sozialen Anreize. Soziale Anreize für Protest gehen insbesondere von Gruppen – etwa von Umweltgruppen, aber auch von persönlichen Netzwerken wie Freunden und Bekannten – aus.

Eine wichtige Annahme des Modells rationalen Handelns, die auch empirisch bestätigt wurde, ist, daß die *Art* politischen Engagements von der *Art* der Anreize abhängt. Wenn z.B. Personen glauben, eine Verbesserung der Umweltqualität könne vorwiegend durch Gesetzesverletzungen erreicht werden, da nur dies die Aufmerksamkeit von Politikern auf sich lenke, dann ist die Wahrscheinlichkeit groß, daß illegale Handlungen gewählt werden. Wenn weiter in hohem Maße Rechtfertigungen für Gewalt akzeptiert werden, dann sind die moralischen Anreize für legales politisches Engagement gering und die Anreize für die Ausübung politischer Gewalt groß. Schließlich hängt die Art politischen Engagements davon ab, welche Art von Engagement von der sozialen Umwelt bestärkt wird. In einer Terroristengruppe werden andere Handlungen sozial belohnt und es werden entsprechend auch andere Belohnungen erwartet als in einer normalen Bürgerinitiative.[12]

Diese Überlegungen lassen einige Spekulationen zu der Frage zu: Warum gibt es kaum Gruppen mit dem Ziel, das Ausmaß umweltfreundlichen Verhaltens *bei Mitbürgern* zu beeinflussen? Dies wäre – neben Umweltprotesten – auch eine Möglichkeit, den Umweltschutz zu verbessern. Vermutlich herrscht die Meinung vor, daß man eine saubere Umwelt

---

12 Ein aktuelles Beispiel, das diese Thesen illustriert, ist der Boykott von Shell-Tankstellen im Juni 1995 aufgrund der Absicht des Shell-Konzerns, die Ölplattform „Brent Spar" im Atlantik zu versenken. Diese Entscheidung hat in hohem Maße Unzufriedenheit ausgelöst. Die Handlungsoption „Boykott" wurde von mehreren Personen vorgeschlagen und in der Presse diskutiert. Vermutlich ist Boykott dadurch bei vielen Bürgern als Art möglichen Protests in Betracht gezogen worden. In der aktuellen Situation schien vermutlich der Boykott von Shell aus der Sicht der Akteure diejenige Handlung zu sein, mit der sie am wirksamsten glaubten, die Versenkung der Ölplattform verhindern zu können. Vermutlich hat die genannte Entscheidung auch Protestnormen aktualisiert: Der Plan, die Ölplattform zu versenken, hat moralische Entrüstung hervorgerufen, und damit entstanden moralische Anreize. Vermutlich wurde der Boykott auch sozial unterstützt, d.h. es lagen soziale Anreize vor. In diesem speziellen Falle spielte vermutlich eine Rolle, daß der Boykott keine finanziellen Kosten verursachte. Wenn z.B. Shell-Benzin erheblich billiger als das Benzin anderer Firmen gewesen wäre, würde der Boykott sicherlich in geringerem Ausmaß stattgefunden haben.

eher erreichen kann, wenn man Druck auf staatliche Stellen ausübt. Der Staat kann nach der Meinung vieler Bürger sozusagen durch einen Federstrich Umweltverhalten beeinflussen. Die Bedeutung der Art der Anreize wird uns später noch beschäftigen, wenn wir fragen, warum Umweltproteste seit Anfang der achtziger Jahre zurückgegangen sind und warum die für Umweltgruppen investierten Ressourcen anstiegen.

3. Die Interdependenz der Anreize

Wir haben bisher angenommen, daß die genannten Anreize die unabhängigen Variablen sind und daß Protest die abhängige Variable ist. Es hat sich jedoch gezeigt, daß die Anreize nicht unabhängig voneinander, d.h. daß sie interdependent sind.[13] Viele Personen meinen, daß man bei hoher Unzufriedenheit verpflichtet ist, sich zu engagieren. Wenn also die Unzufriedenheit hoch ist, werden Protestnormen angewendet (Pfeil 5 in *Abbildung 2*). Weiter wird man bei hoher Unzufriedenheit auch andere Personen ermutigen, sich zu engagieren (Pfeil 6 in *Abbildung 2*). Es gibt eine weitere Bedingung, die zur Aktualisierung von Protestnormen führt: Viele Personen sind der Meinung, daß man sich insbesondere dann engagieren sollte, wenn der wahrgenommene politische Einfluß relativ hoch ist, d.h. wenn man glaubt, durch das eigene Engagement etwas bewirken zu können (Pfeil 7 in *Abbildung 2*). In diesem Falle wird man andere darin bestärken, sich zu engagieren (Pfeil 8). Auch wenn die moralischen Anreize groß sind, wird man andere Personen ermutigen, sich politisch zu engagieren (Pfeil 9 in *Abbildung 2*).

Warum ist es wichtig, sich mit den Beziehungen zwischen den Anreizen zu befassen? Will man die gesamten Wirkungen einer Variablen auf die abhängige Variable ermitteln, dann sind auch Informationen über die indirekten Wirkungen von Variablen unerläßlich. Wenn unser in *Abbildung 2* dargestelltes Modell zutrifft, dann führt ein Ansteigen der Unzufriedenheit zum einen zu einer Erhöhung der moralischen Anreize, die wiederum Protest erhöhen, und zum zweiten direkt zu einer Erhöhung politischen Protests. Eine wichtige Konsequenz ist, daß es Fälle geben könnte, in denen Unzufriedenheit keinen direkten Effekt auf politisches Handeln hat – wie die Standardtheorie kollektiven Handelns behauptet –, aber über die moralischen und sozialen Anreize politisches Handeln beeinflußt.

4. Ein Makro-Mikromodell: Wie gesellschaftliche Strukturen individuelle Anreize für politisches Engagement beeinflussen

Will man den Rückgang der Umweltproteste und den Anstieg der Ressourcen der Umweltgruppen erklären, dann muß ermittelt werden, wie sich die beschriebenen Anreize im Zeitablauf geändert haben. Es ist aber unbefriedigend, die zeitliche Entwicklung der Anreize lediglich zu beschreiben. Es ist vielmehr wichtig zu erklären, *warum* sich die Anreize verändert haben. Im folgenden werden zunächst die Faktoren beschrieben, die die genannten Anreize beeinflußt haben. Sodann werden wir einige Hypothesen darüber

---

13 Vgl. hierzu im einzelnen Opp et al. (1993: 242-244), Opp (1994b).

formulieren, welche Wirkungen genau diese Faktoren auf die Anreize haben. Schließlich werden wir fragen, wie sich diese Faktoren im Zeitablauf verändert haben.

Wir gehen zunächst davon aus, daß die faktische *Umweltqualität*, also die vorfindbaren Eigenschaften der Umwelt, einen Einfluß auf die Veränderung der genannten Anreize hat und damit die Entwicklung der Ökologiebewegung beeinflußt.

Umweltschutz steht in einem *Zielkonflikt* mit anderen Kollektivgütern. Bürger, die z.B. für die Einschränkung des Flugverkehrs eintreten, müssen mit höheren Flugpreisen, einer geringeren Anzahl von Flügen zu bestimmten Zielorten oder mit längeren Reisezeiten wegen der Wahl anderer Verkehrsmittel rechnen. Treten Bürger z.B. dafür ein, zur Reinhaltung der Luft bei bestimmten Wetterlagen ein Fahrverbot zu verhängen, dann schafft dies für die Nutzer von Kraftfahrzeugen Probleme. Das Ausmaß, in dem Bürger wahrnehmen, daß eine Verbesserung der Umweltqualität gleichzeitig die Erreichung anderer persönlicher Ziele beeinträchtigt, hat einen Einfluß auf die Anreize für Protest.

Für die Entwicklung einer sozialen Bewegung ist von Bedeutung, inwieweit ihre Ziele bei den führenden Parteien und Politikern und auch bei anderen gesellschaftlichen Gruppen Akzeptanz finden, d.h. inwieweit eine *Institutionalisierung von Umweltpolitik* stattgefunden hat oder stattfindet.

Viele Kollektivgüter, für deren Herstellung sich Bürger engagieren, können durch eine nationale Regierung oder durch regionale bzw. lokale politische Instanzen hergestellt werden. Dies gilt nur in eingeschränktem Maße für Umweltqualität. So ist die Bundesregierung nicht allein in der Lage, die Verschmutzung des Rheins oder der Ostsee zu kontrollieren. Wir wollen dies so ausdrücken: Die *Globalisierung der Umweltprobleme und der Umweltpolitik* spielt eine Rolle für die Entwicklung der Ökologiebewegung.

Proteste in westlichen Industriegesellschaften werden normalerweise organisiert. Für diese Organisation stehen *protestfördernde Netzwerke* zur Verfügung. D.h. es gibt Gruppen von Personen, die in bestimmten Vierteln wohnen, relativ enge Kontakte zueinander haben – zum Teil über Zeitungen oder Zeitschriften –, die als Kommunikationsmedium für die betreffenden Gruppen dienen – und ideologisch relativ homogen sind. Das Ausmaß politischen Engagements wird durch diese Infrastruktur beeinflußt.

Damit sind die Faktoren beschrieben, die die Anreize für politisches Engagement im Zeitablauf verändert haben. Bisher ist jedoch die Frage offen, welche Wirkungen genau diese Faktoren auf die vorher beschriebenen Anreize für politisches Engagement haben. Im folgenden werden wir eine Reihe von Hypothesen zur Beantwortung dieser Frage vorschlagen. Unsere Überlegungen sind in *Abbildung 3* zusammengefaßt. In der mittleren Ebene dieser Abbildung sind die behandelten Anreize aufgeführt. Die Variablen oberhalb und unterhalb dieser Ebene sind die genannten Faktoren, die einen Einfluß auf die Anreize ausüben. Die Pfeile symbolisieren die kausalen Beziehungen zwischen diesen Faktoren und den Anreizen, die wir nun behandeln wollen.

a) Wie wirken Umweltverbesserungen? Eine zentrale Variable unseres Erklärungsmodells ist die Unzufriedenheit mit der Beschaffenheit der Umwelt. Diese Unzufriedenheit bezieht sich auf *wahrgenommene* Umwelteigenschaften. Wenn z.B. Personen glauben, die sichtbaren Abgase eines Industrieunternehmens seien nicht gesundheitsschädlich, dann werden Anwohner mit diesen Abgasen weniger unzufrieden sein als wenn sie diese z.B. für krebsfördernd halten. Die Wahrnehmung von Umwelteigenschaften ist zwar eine Funktion der

Abbildung 3: Ein Modell zur Erklärung von Umweltprotesten

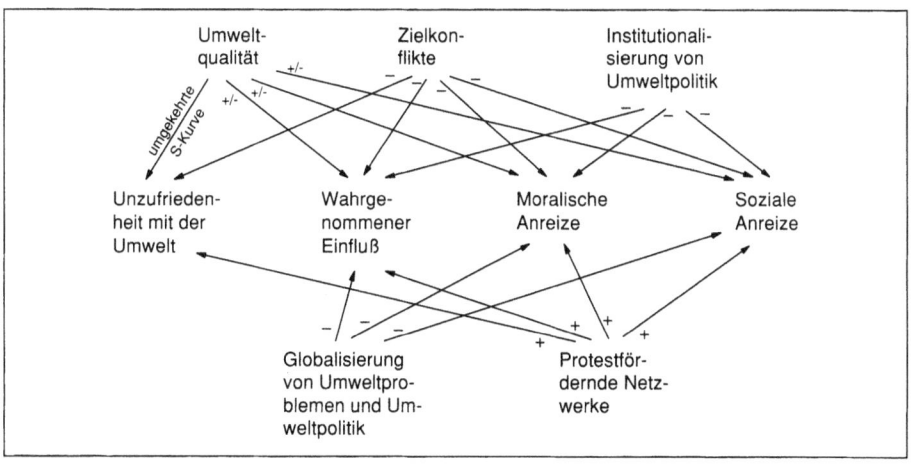

Anmerkung: +/– symbolisiert, daß die Beziehung zwischen den Variablen einer umgekehrten u-Kurve entspricht. Siehe den Text. + bedeutet eine positive, – eine negative Beziehung.

tatsächlichen Beschaffenheit der Umwelt, hängt jedoch von einer Reihe weiterer Faktoren ab. Solche Faktoren sind insbesondere die Sichtbarkeit von Umwelteigenschaften und das Vorliegen „glaubwürdiger" Information über die Wirkungen solcher Eigenschaften. Die beschriebene Kausalkette ist also:

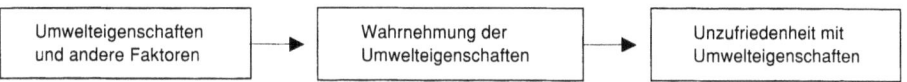

Im folgenden werden wir uns nicht mit der Frage befassen, unter welchen Bedingungen Umwelteigenschaften korrekt wahrgenommen werden oder inwieweit gegebene Umwelteigenschaften gleiche Unzufriedenheit oder gleiche Wahrnehmungen hervorrufen.[14] Eine Behandlung dieses Themas würde den Umfang dieses Aufsatzes sprengen. Wir gehen davon aus, daß insgesamt die Wahrnehmung korrekt erfolgt – „korrekt" im Sinne unseres Wissens über die Umwelt. Informationen über Umwelteigenschaften, die aufgrund von Expertenmeinungen oder aus der Sicht der Bürger unerwünschte Effekte haben, werden durch Massenkommunikationsmittel verbreitet. Die Bürger haben im allgemeinen einen Anreiz, sich Informationen über solche Effekte zu verschaffen, um sich dagegen schützen zu können. Wir gehen weiter davon aus, daß Expertenmeinungen über Umweltschäden im Zeitablauf zunehmend homogen werden, so daß generell ein weitgehend akzeptierter Wissensstand über Umweltschutz besteht. Dies schließt nicht aus, daß einzelne Gruppen von Bürgern bestimmte Sachverhalte – etwa Gesundheitsschäden aufgrund von Kernkraft-

---

14 Interessante Überlegungen und Forschungsergebnisse zu dieser Frage enthält der von Aurand et al. (1993) herausgegebene Band. Vgl. auch Dierkes/Fietkau (1988).

Abbildung 4: Die Beziehung zwischen Umweltqualität und Unzufriedenheit

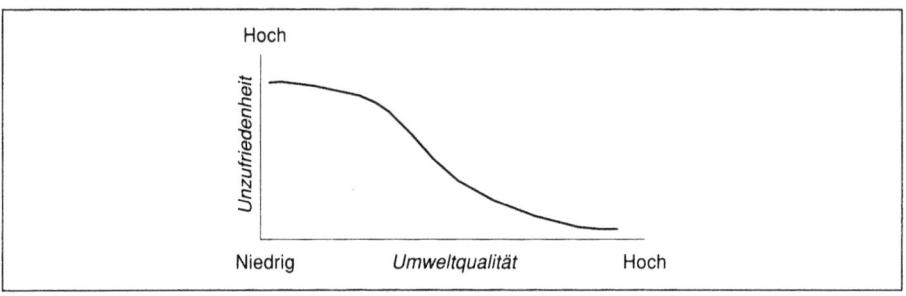

Abbildung 5: Die Beziehung zwischen Einfluß und Umweltqualität

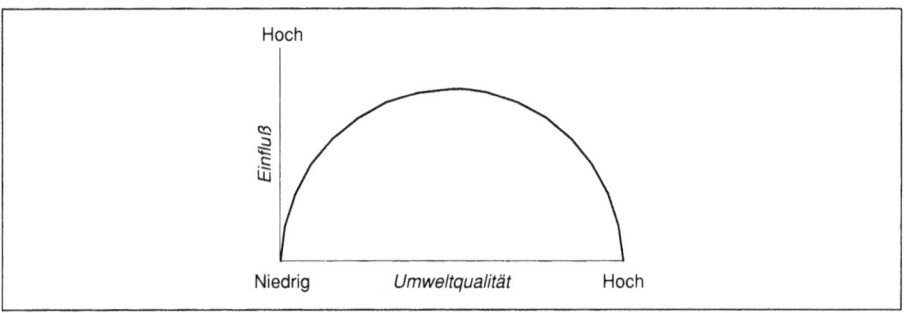

Abbildung 6: Die Beziehung zwischen moralischen/sozialen Anreizen und Umweltqualität

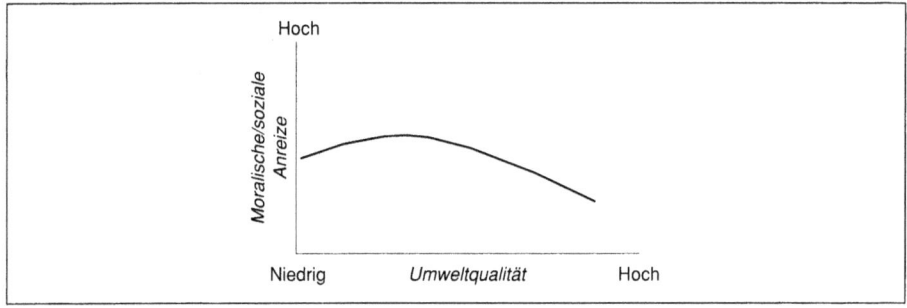

werken – unterschiedlich beurteilen. Es ist jedoch anzunehmen, daß sich in einer Bevölkerung die Fehler bzw. Abweichungen vom Kenntnisstand im Zeitablauf angleichen.

Wir gehen weiter davon aus, daß die Beziehung zwischen *Umweltqualität* – also bestimmten empirischen Sachverhalten wie hohe Schadstoffemission – und *Unzufriedenheit mit der Umweltqualität* der in *Abbildung 4* dargestellten Kurve entspricht. Auf der x-Achse ist die Umweltqualität, auf der y-Achse das Ausmaß der Unzufriedenheit abgetragen. Wir vermuten, daß dann, wenn die Umweltqualität relativ gering ist, eine marginale Verbesserung die Unzufriedenheit zunächst nur wenig ändert, d.h. eine Abnahme der Umweltbelastung ist kaum „spürbar". Zu Beginn sinkt die Kurve also nur wenig. Steigt die Umweltqualität weiter, so daß Umweltverbesserungen sichtbar oder spürbar werden, dann nimmt die Unzufriedenheit relativ stark ab. Ist ein gewisses Ausmaß an Umweltqualität erreicht, dann wird eine weitere Verbesserung die Unzufriedenheit nur noch wenig vermindern. Die Kurve wird entsprechend flacher. Insgesamt gleicht die Kurve einer spiegelbildlich S-förmigen Funktion.

Eine steigende Umweltqualität hat folgenden Effekt auf den wahrgenommenen persönlichen Einfluß (siehe *Abbildung 5*). Angenommen, die Umweltqualität ist relativ niedrig. Unter den oben beschriebenen Annahmen wird es möglich sein, relativ viele Bürger zu mobilisieren. Wenn die Regierung nach Protesten von Bürgern Maßnahmen zur Verbesserung der Umweltqualität trifft, dann wird dies folgende Konsequenz haben: Die Bürger werden erwarten, daß die Regierung weitere Maßnahmen trifft, wenn sich viele Bürger engagieren. „Steigende Erwartungen" („rising expectations") bedeutet, daß der wahrgenommen Einfluß der Bürger steigt. Wenn die Regierung weitere Maßnahmen zur Umweltverbesserung ergreift und die Umweltqualität ein relativ hohes Niveau erreicht hat, dann wird der wahrgenommene Einfluß zurückgehen: Die Zufriedenheit der Bürger wird relativ stark gestiegen sein und immer weniger Bürger werden bereit sein, sich für Umweltverbesserungen zu engagieren. Entsprechend wird der wahrgenommene persönliche Einfluß sinken. In Abbildung 3 ist diese Beziehung durch +/– auf dem Pfeil von „Umweltqualität" auf „Wahrgenommener Einfluß" symbolisiert.

Einen ähnlichen Effekt hat steigende Umweltqualität auf moralische und soziale Anreize (*Abbildung 6*). Angenommen, die Umweltqualität ist relativ niedrig und steigt an. In diesem Falle bleibt die Unzufriedenheit zunächst fast stabil (*Abbildung 4*), der wahrgenommene Einfluß steigt jedoch stark an (*Abbildung 5*). Da gemäß unserem in *Abbildung 2* dargestellten Modell Unzufriedenheit und Einfluß die moralischen und sozialen Anreize erhöhen, müßten bei steigender Umweltqualität zunächst die moralischen und sozialen Anreize leicht ansteigen, wie *Abbildung 6* zeigt. Der Anstieg ist nur gering, da ja die Unzufriedenheit leicht zurückgeht (*Abbildung 4*). Ist nun die Umweltqualität relativ hoch, dann sinken Unzufriedenheit (*Abbildung 4*) und Einfluß (*Abbildung 5*) relativ stark. Entsprechend müßten auch die moralischen und sozialen Anreize relativ stark sinken (*Abbildung 6*).

b) Umweltschutz und andere Kollektivgüter: Das Problem der Zielkonflikte. Wir wiesen bereits darauf hin, daß die Verbesserung der Umweltqualität andere Ziele der Bürger beeinträchtigt. Dies gilt insbesondere in Zeiten wirtschaftlicher Rezession. Je höher die wahrgenommenen Kosten von Umweltverbesserungen, d.h. je stärker die Zielkonflikte sind, desto geringer wird die Unzufriedenheit mit der Umwelt sein. Wir nehmen an, daß Bürger wissen, daß bei Zielkonflikten auch der persönliche Einfluß, Umweltverbesserungen zu erreichen, gering ist: Es wird aufgrund von Interessenkonflikten schwerer, andere für den Umweltschutz zu mobilisieren. Damit nehmen auch die moralischen und sozialen Anreize ab – siehe unser Anreizmodell in *Abbildung 2*.

c) Die Institutionalisierung der Umweltpolitik. Nehmen wir an, die Ziele sozialer Bewegungen werden in einer Gesellschaft zunehmend akzeptiert – sowohl von der Bevölkerung als auch von Politikern und Interessengruppen. Dies könnte zum einen dazu führen, daß die Erwartungen der Bürger steigen, durch eigene Proteste ihre Ziele in noch stärkerem Maße als bisher zu realisieren. Dies ist der *Effekt der steigenden Erwartungen* („rising expectations"). In diesem Falle wird man voraussagen, daß mit zunehmender politischer Akzeptanz der Ziele sozialer Bewegungen die Proteste steigen.

Zum anderen könnte ein *Stellvertreter-Effekt* auftreten. Man glaubt, daß nun andere sich für die eigene Sache in wirksamer Weise einsetzen. Eigener Protest wird kaum die „Sache" der Umwelt weiterbringen. In diesem Falle wird man voraussagen, daß mit zunehmender politischer Akzeptanz der Ziele sozialer Bewegungen die Proteste für eine bessere Umwelt sinken.

Unter welchen Bedingungen wird welcher Effekt auftreten? Von Bedeutung ist das *Ausmaß* der Akzeptanz der genannten Ziele. Ist die Akzeptanz relativ groß, dann wird man annehmen, daß die Repräsentanten wirksame Arbeit leisten, ohne daß zusätzliche Proteste die Herstellung des Kollektivgutes entscheidend fördern. Man wird annehmen, daß der eigene Einfluß relativ gering ist. Die moralischen und sozialen Anreize werden ebenfalls sinken.

d) Die Globalisierung von Umweltproblemen und Umweltpolitik. Viele Umweltprobleme sind lokaler Art: der Bau einer Autobahntrasse, eines Flughafens, einer Startbahn etc. Solche Probleme können durch politische Entscheidungen von lokalen oder regionalen Institutionen gelöst werden. Viele Umweltprobleme sind jedoch gänzlich anderer Art. So tragen alle Länder der Erde zu der erwarteten Klimakatastrophe bei. Auch an der Verschmutzung der Meere sind viele Länder beteiligt. Schließlich sind für viele politische Entscheidungen der Bundesregierung Richtlinien der Europäischen Gemeinschaft bindend. Selbst wenn also die Bundesregierung solche Richtlinien aufgrund von Protesten ändern wollte, so ist dies mit einem schwierigen Verhandlungsprozeß verbunden.

Diese Globalisierung von Umweltproblemen und Umweltpolitik dürfte zwar nicht die Unzufriedenheit mit der Qualität der Umwelt beeinflussen, die Bürger eines Landes werden jedoch kaum davon ausgehen, daß sie durch Proteste eine Änderung der Umweltqualität herbeiführen können. D.h. der wahrgenommene persönliche politische Einfluß wird gering sein. Dies hat die Konsequenz, daß auch moralische und soziale Anreize gering sein werden.

e) Protestfördernde Netzwerke. Die genannten individuellen Anreize für Protest sind um so höher, in je stärkerem Maße protestfördernde Netzwerke in einer Gesellschaft bestehen. Bei Mitgliedern solcher Netzwerke dürfte die Unzufriedenheit mit politischen Entscheidungen relativ groß sein. Da die meisten Mitglieder solcher Netzwerke eher dem linken politischen Spektrum angehören, dürften in hohem Maße Argumente *gegen* politische Entscheidungen gesucht und ausgetauscht werden. Auch der wahrgenommene Einfluß dürfte relativ groß sein: Kontakte mit vielen Gleichgesinnten dürften das Gefühl verstärken, durch die Teilnahme an Protesten etwas erreichen zu können. Entsprechend dürften auch die moralischen und sozialen Anreize stark sein.

In derartigen Netzwerken findet man auch viele politische Unternehmer – d.h. Personen, die die Kosten der Organisation von Protesten übernehmen und somit die Teilnahme an Protesten für andere Bürger kostengünstiger machen. Wenn also in einer Gesellschaft eine relativ stark ausgebaute Infrastruktur politischen Protests besteht, dann sind alle Anreize und somit auch Proteste relativ häufig.

Die von protestfördernden Netzwerken ausgehenden Anreize politischen Engagements sind für die Mobilisierung um so stärker, je größer die *Homogenität der Ideologie* der

Angehörigen dieser Netzwerke ist. Bestehen unterschiedliche Vorstellungen über die Art der politischen Ziele oder über die Art der moralisch zulässigen Proteste, dann sind die von dem Protestsektor ausgehenden Anreize weniger wirksam für Mobilisierungen als bei einer relativ homogenen Ideologie.

f) Redundanzkosten: Das natürliche Siechtum sozialer Bewegungen. Bei sozialen Bewegungen besteht eine Tendenz zum Niedergang. Wenn Protestaktionen stattgefunden haben und wenn diese nicht erfolgreich waren, gehen die Anreize, sich zu engagieren, zurück. Die Aufrufe zu Protesten enthalten dieselben Argumente – es wird auf die bekannten Probleme hingewiesen, Appelle an die moralische Pflicht zum Engagement werden wiederholt und erneut wird ein Erfolg von den Aktivisten prognostiziert. Die Aufrufe sind redundant – sie bringen für die zu Mobilisierenden nichts Neues. Entsprechend werden Aufrufe zur Teilnahme an einer politischen Aktion von den Medien nicht mehr aufgegriffen und somit kaum wahrgenommen. Wenn Aufrufe bekannt werden, dann wird vermutlich das Gefühl potentieller Teilnehmer, bei einer erneuten Aktion etwas erreichen zu können, wenig ausgeprägt sein. Redundanz ist also für eine Bewegung kostspielig und vermindert die Anreize für weiteres Engagement.

Die Situation ist anders, wenn Ereignisse auftreten wie z.B. Umweltkatastrophen, neue wissenschaftliche Erkenntnisse etwa über die Gefahren der Atomenergie oder wenn neue Aktionsformen erfunden werden. In diesem Falle können neue Argumente vorgebracht werden, die Unzufriedenheit wird sich erhöhen und neue „Hoffnung" – auch aufgrund neuer Aktionsformen –, nun erfolgreich zu sein, keimt auf. Auch neue politische Entscheidungen wie z.B. der geplante Bau eines Atomkraftwerks haben oft dieselben Konsequenzen. Die Anreize für Engagement steigen und die politischen Unternehmer sind erneut in der Lage, Bürger zu mobilisieren.

5. Eine Erklärung der Entwicklung der Umweltproteste in der Bundesrepublik

In den vorangegangenen Abschnitten haben wir die Faktoren genannt, die ursächlich für die Entwicklung der Ökologiebewegung sind. In diesem Abschnitt fragen wir, wie sich diese Faktoren im Zeitablauf verändert haben.

a) Wie hat sich die Umweltqualität und die Unzufriedenheit mit der Umwelt verändert? Der Umweltschutz wurde nach dem Zweiten Weltkrieg bis in die sechziger Jahre zunächst nicht als problematisch betrachtet. Im Zuge des Wiederaufbaus und des wirtschaftlichen Wachstums entstanden zunehmend Umweltschäden. Diese wurden zum Teil sichtbar oder wurden von Experten nachgewiesen bzw. behauptet. „Umweltschutz" wurde zunehmend ein Thema der Medien und der Politik. Auch Umweltkatastrophen wie Tankerunglücke bzw. Ölkatastrophen, Lecks in Atomkraftwerken oder chemischen Fabriken waren ein Anreiz für breite Schichten der Bevölkerung, sich über die Umwelt zu informieren.[15]

---

15 Wenn wir sagen, daß sich die „Unzufriedenheit" verändert hat, dann kann dies zweierlei bedeuten: Erstens könnte sich – bei gegebenen Präferenzen bzw. Einstellungen – die Umweltqualität verbessert haben. Wenn sich z.B. bei gegebenen Einstellungen die Luftverschmutzung vermindert, dann sinkt die Unzufriedenheit. Zweitens könnten sich auch die Einstellungen verändert haben: Eine gegebene Umweltverschmutzung wird negativer bewer-

Seit Ende der sechziger Jahre ist die Umweltqualität durch eine Vielzahl von Maßnahmen der Parlamente und Behörden verbessert worden. Dies bedeutet, daß die überwiegend größte Zahl von Indikatoren für die Umweltbelastung sich in Richtung auf eine Verminderung der Umweltbelastung verändert hat.[16] Beispiele sind der Schadstoffausstoß und die Belastung des Grundwassers. Ob man die Umweltpolitik generell als „erfolgreich" bezeichnet, hängt davon ab, was man jeweils als „Erfolg" bezeichnet. Setzt man z.B. a priori bestimmte Kriterien – etwa eine jährliche Verminderung aller Indikatoren um 10 Prozent (oder mehr) –, dann wird man die Umweltpolitik nicht als „erfolgreich" bezeichnen. Es geht hier jedoch um eine Verbesserung der Umweltqualität im Zeitablauf. Die überwiegend meisten Bürger würden die Verminderung der Umweltbelastung im Zeitablauf als eine solche „Verbesserung" bezeichnen – und dies geschieht auch hier.

Ist entsprechend auch die Unzufriedenheit mit der Umweltqualität gesunken? Umfragen wie das Eurobarometer und der Wohlfahrtssurvey zeigen, daß Umweltschutz seit den siebziger Jahren von der Bevölkerung der Bundesrepublik als ein *wichtiger* Problembereich angesehen wird.[17] So betrachteten in Westdeutschland den Umweltschutz 98 Prozent der Befragten im Jahre 1988 als sehr wichtig oder wichtig, 1993 waren dies 99 Prozent – also zu beiden Zeitpunkten fast alle Befragten. Die Einschätzung der „Wichtigkeit" des Umweltschutzes hat sich vermutlich im Laufe der Zeit nicht verändert. Messen Fragen nach der Wichtigkeit von Umweltschutz die Unzufriedenheit mit der Umweltqualität, die in diesem Zusammenhang von Bedeutung ist? Angenommen, eine Person äußere, sie halte Umweltschutz für sehr wichtig. Bedeutet dies, daß sie mit dem Umweltschutz *unzufrieden* ist? Keineswegs. Es wäre denkbar, daß die Person mit dem Umweltschutz äußerst zufrieden ist. Wenn sie dennoch Umweltschutz als „wichtig" bezeichnet, dann könnte dies bedeuten, daß man nach ihrer Meinung die Umwelt nicht verschmutzen sollte, daß die Sauberkeit der Umwelt staatlich kontrolliert werden muß oder daß weiter bzw. in hohem Maße in den Umweltschutz investiert werden sollte. Wenn jemand Umweltschutz als „wichtig" bezeichnet, dann wäre es aber auch denkbar, daß die Person mit dem Umweltschutz *unzufrieden* ist und zusätzlich der Meinung ist, daß man die Umwelt nicht verschmutzen soll etc. Betrachten wir ein anderes Beispiel: Die Äußerung einer Person, die Beziehung zu ihrem Lebenspartner sei ihr sehr „wichtig", sagt nichts darüber aus, wie zufrieden oder unzufrieden die Person mit ihrem Lebenspartner ist. Diese Überlegungen zeigen, daß Fragen nach der „Wichtigkeit" von Lebensbereichen, wie sie üblicherweise in Umfragen gestellt werden (vgl. etwa die Zusammenstellung in Statistisches Bundesamt 1994: Teil II, Kap. 4), nicht Zufriedenheit oder Unzufriedenheit messen. Umfrageergebnisse über die „Wichtigkeit" von Umweltschutz sind also als Indikatoren für die Unzufriedenheit nicht brauchbar.

Einen Hinweis auf die zeitliche Veränderung der Umweltzufriedenheit geben die Daten des ALLBUS (Allgemeine Bevölkerungsumfrage der Sozialwissenschaften). Dort wurden 1984, 1988 und 1992 Fragen nach der wahrgenommenen *Umweltbelastung* gestellt. Die

---

tet. Ein Grund könnte sein, daß durch wissenschaftliche Untersuchungen gezeigt wurde, daß die betreffende Umweltbelastung in hohem Maße gesundheitsgefährdend ist. Wir wollen im folgenden offen lassen, inwieweit sich die Einstellungen geändert haben. Für unsere Argumentation ist die Veränderung der Unzufriedenheit von Bedeutung.

16 Vgl. z.B. Statistisches Bundesamt (1994: Teil I, Kapitel 19).
17 Siehe die Zusammenstellung bei Rucht (1994: 281), vgl. insbesondere Statistisches Bundesamt (1994: Teil II, Kap. 4).

Befragten wurden gebeten anzugeben, „wie stark unsere Umwelt allgemein belastet wird". Eine weitere Frage lautete, wie stark man sich *persönlich* in der „eigenen Umwelt belastet" fühlt durch: Fluglärm, Bleigehalt im Benzin, Industrieabfälle im Wasser, Kernkraftwerke, Industrieabgase und Verkehrslärm/Autoabgase. Sowohl für jede allgemeine als auch für jede persönliche Belastung konnte eine der folgenden vier Antwortkategorien gewählt werden: sehr stark, ziemlich stark, eher schwach, überhaupt nicht. Die Ergebnisse dieser Befragungen werfen zwei Fragen auf. Die erste Frage lautet, ob mit Fragen nach der „Umweltbelastung" wirklich Unzufriedenheit gemessen wird. Es ist zu vermuten, daß die Frage sowohl die Wahrnehmung von Sachverhalten (etwa Stärke des Fluglärms) als auch die Unzufriedenheit mit diesen Sachverhalten mißt. Es ist kaum anzunehmen, daß Personen z.B. eine sehr starke persönliche Belastung angeben, aber damit in hohem Maße zufrieden sind. Je stärker also die genannten Umweltbelastungen wahrgenommen werden, desto höher ist die Unzufriedenheit. Die zweite Frage ist, ob für die Teilnahme an Umweltprotesten eher die Unzufriedenheit mit der *allgemeinen* oder der *persönlichen* Umweltbelastung von Bedeutung ist. Wir vermuten, daß eine hohe persönliche Belastung ein stärkerer Anreiz für Engagement ist als die allgemeine wahrgenommene Belastung. Wenn man z.B. täglich mit „sehr starkem" Fluglärm belastet ist, dann wird die Unzufriedenheit größer sein als wenn man generell die Belastung der Bevölkerung mit Fluglärm als „sehr stark" einschätzt. Entsprechend vermuten wir, daß persönliche Umweltbelastung stärkere Wirkungen auf Protest hat als allgemeine Umweltbelastung.[18]

Entsprechend ist von Bedeutung, wie sich die Einschätzung der persönlichen Umweltbelastung in den Jahren 1984, 1988 und 1992 entwickelt hat. Von 1984 bis 1988 hat sich eher eine leichte Erhöhung der Umweltbelastung ergeben, von 1988 bis 1992 bei allen Arten der Belastung eine Verminderung.[19]

Am besten kann man die Unzufriedenheit mit der Umwelt durch direkte Fragen nach der Unzufriedenheit ermitteln. Solche Fragen werden regelmäßig im Wohlfahrtssurvey gestellt (vgl. zusammenfassend Statistisches Bundesamt 1994: Teil II, Kap. 16). Die Frage nach der Zufriedenheit mit dem Umweltschutz wurde in Westdeutschland 1978, 1984, 1988 und 1993 gestellt. Eher zufrieden sind insgesamt 40 Prozent (1978), 22 Prozent (1984), 30 Prozent (1988), 37 Prozent (1993) – vgl. Statistisches Bundesamt (1994: 564). Vergleicht man für 1988 und 1993, wieviel Prozent der Befragten „sehr" oder „ziemlich" starke Klagen und Sorgen äußern über Lärm, Luftverschmutzung, Mangel an Zugang zu Grünflächen, Landschaftszerstörung, Reinheit des Leitungswassers, so ist dies jeweils 1993

---

18 Wir haben diese These mit den Daten des Allbus 1988 überprüft. Dies war möglich, da neben der Umweltbelastung auch politische Partizipation gemessen wurde. Dabei haben wir – auf der Grundlage von Faktorenanalysen – folgende additive Skalen gebildet: legaler Protest (aus v34 bis v37), konventionelle Partizipation (aus v30 bis v33), persönliche Umweltbelastung (aus v25 bis v29) und allgemeine Umweltbelastung (v19 bis v23). Zwei Regressionsanalysen, jeweils mit den beiden Partizipationsvariablen als abhängigen und den beiden Skalen für Umweltbelastung als unabhängigen Variablen, zeigten, daß die standardisierten Regressionskoeffizienten für die persönliche Umweltbelastung deutlich größer waren als für die allgemeine Umweltbelastung. Nebenbei bemerkt: Die beiden Belastungsskalen korrelieren mit 0,60.

19 Vgl. im einzelnen Blasius (1994: 110-111). Die Veränderungen ergaben sich in den Kategorien „sehr stark" und „ziemlich stark" für die genannten Umweltbelastungen. Die genannten Veränderungen beziehen sich auf die alten Bundesländer.

Abbildung 7: Die Bedeutung von Unzufriedenheit: Änderung der Umweltqualität oder Präferenzänderung?

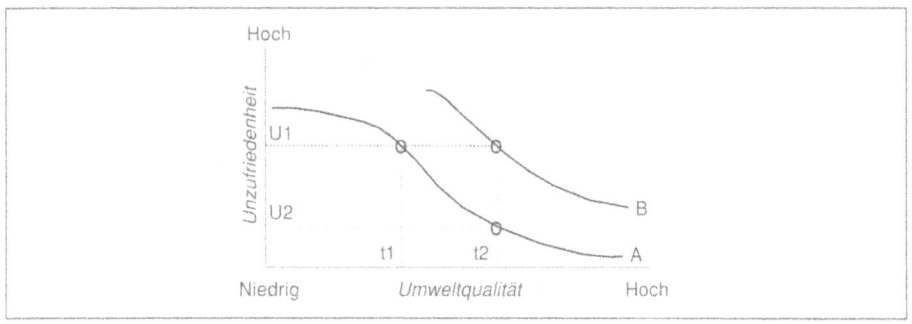

ein geringerer Prozentsatz als 1988 (Statistisches Bundesamt 1994: 570). Die Prozentsätze liegen dabei meist unter 20 Prozent. Im Ostdeutschland ist die Zufriedenheit von 1990 bis 1993 deutlich gestiegen.[20]

Aus diesen Daten kann man folgendes Resümee ziehen: In Westdeutschland ist die Zufriedenheit mit der Qualität der Umwelt zumindest seit Mitte der achtziger Jahre gestiegen.

Ist die Qualität der Umwelt so stark gewachsen, daß eine weitere Verbesserung nur wenig zusätzlichen Nutzen bringt? Wenn dies der Fall wäre, müßten die Bürger in Umfragen ein relativ hohes Ausmaß an Zufriedenheit bzw. ein relativ geringes Ausmaß an Unzufriedenheit äußern. Wir berichteten oben, daß bei den konkreten Arten von Umweltproblemen nur ein relativ geringer Prozentsatz „sehr" oder „ziemlich" starke Klagen äußerte. Diese Daten weisen darauf hin, daß vermutlich der Umweltschutz aus der Sicht der Bürger ein solches Maß erreicht hat, daß Proteste für weitere Umweltverbesserungen im Laufe der Zeit immer weniger zusätzlichen Nutzen versprachen.

Kann die Veränderung der Umweltzufriedenheit den Rückgang der Umweltproteste seit 1980 erklären? Unsere vorangegangenen Ausführungen zeigen, daß es keine Hinweise für eine kontinuierliche Abnahme der Unzufriedenheit mit der Umwelt seit 1980 gibt. Die Umweltzufriedenheit nimmt erst kontinuierlich zu seit etwa 1984.

Dies ist ein erstaunlicher Sachverhalt: Einerseits ist die Umweltqualität laufend gestiegen, andererseits ist aber die Zufriedenheit mit der Umwelt erst seit Mitte der achtziger Jahre gestiegen. Wie ist dies zu erklären? Erstens könnte unsere Annahme der korrekten Wahrnehmung von Umweltveränderungen falsch sein. Eine andere Erklärung ist jedoch plausibler: Die Einstellungen zur Umwelt könnten sich geändert haben. Genauer gesagt: Ab einem bestimmten Zeitpunkt könnten Personen mit einer gegebenen Umweltqualität unzufriedener geworden sein. Illustrieren wir dies an *Abbildung 7*. Die Kurve A entspricht der in *Abbildung 4* dargestellten Unzufriedenheitskurve. Sie beschreibt, mit welchem Ausmaß von Umweltqualität welches Ausmaß von Unzufriedenheit verbunden ist. Mit der Umweltqualität zum Zeitpunkt t1 ist z.B. die Unzufriedenheit U1 verbunden. Steigt die Umweltqualität bis zum Punkt t2, dann sinkt die Unzufriedenheit auf U2.

---

20 Vgl. ISI (Informationsdienst Soziale Indikatoren) Nr. 12, Juli 1994 (hrsgg. vom ZUMA), S. 12.

Es wäre nun denkbar, daß sich die Unzufriedenheitskurve zwischen t1 und t2 verändert hat: Kurz vor dem Zeitpunkt t2 wird *bei gegebener Umweltqualität* die Unzufriedenheit größer. Die Kurve verschiebt sich also nach oben – siehe die Kurve B. In diesem Falle würde sich die Unzufriedenheit trotz steigender Umweltqualität nicht ändern. Wenn wir also Fragen nach der Veränderung der Unzufriedenheit stellen, dann können wir nicht ermitteln, inwieweit sich die Unzufriedenheitskurve verändert hat.

Wie plausibel ist die Annahme, daß sich die Unzufriedenheitskurve in der beschriebenen Weise verändert hat? Wenn gesagt wird, daß sich durch wissenschaftliche Forschungsergebnisse und Diskussionen in den Medien das „Umweltbewußtsein" geändert hat oder daß die Bürger sensibler gegenüber der Umwelt geworden sind, dann bedeutet dies, daß die Bürger einen gegebenen Zustand der Umwelt „kritischer" betrachten. Entsprechend vermuten wir, daß generell die Bürger mit einer gegebenen Umweltqualität unzufriedener geworden sind. D.h. die „Einstellungen" zur Umwelt haben sich geändert.[21]

b) Steigende Zielkonflikte. Steigen die Zielkonflikte besonders seit 1980? Wir verfügen zwar nicht über Daten zur Beantwortung dieser Frage. Wenn wir jedoch davon ausgehen, daß bei wirtschaftlicher Rezession Zielkonflikte in besonders hohem Maße wahrgenommen werden, dann müßten ab 1980 Zielkonflikte auch in besonders hohem Maße wahrgenommen worden sein. Die zentralen Indikatoren für die wirtschaftliche Lage verschlechterten sich seit 1980. Die Arbeitslosenquote stieg von 2,6 Prozent im Jahre 1974 auf 4,7 Prozent im Jahre 1975 an. Sie ging dann kontinuierlich bis 1980 auf 3,8 Prozent zurück. Sie stieg 1981 auf 5,5 Prozent, 1982 auf 7,5 Prozent. Bis 1994 sank sie nicht unter 6,3 Prozent (Statistisches Bundesamt 1994: 89). Diese Zahlen mögen problematisch sein, u.a. deshalb, weil sie davon abhängen, daß sich Personen selbst beim Arbeitsamt melden. Es wäre denkbar, daß ein Teil der Arbeitslosigkeit durch im Zeitablauf unterschiedliche Neigungen der Bürger, sich arbeitslos zu melden, bedingt ist. Allerdings stimmt mit den genannten Zahlen die Entwicklung der Reallöhne überein. Der Reallohnindex ging 1980 zum erstenmal zurück, stieg dann ab 1984 wieder an, allerdings in geringem Maße. Diese Entwicklungen lassen es plausibel erscheinen, daß die Zielkonflikte seit 1980 leicht ansteigen.

c) Die Institutionalisierung von Umweltpolitik. Man kann den Beginn der Institutionalisierung von Umweltpolitik (vgl. Kaczor 1989) mit dem Jahre 1970 ansetzen: In diesem Jahr entstand das Umweltsofortprogramm und im Jahre 1971 ein Umweltprogramm (Rucht 1994: 238). Im Jahre 1971 wurde der Sachverständigenrat für Umweltfragen (SRU) gegründet (vgl. hierzu im einzelnen z.B. Schreiber/Timm 1990). Er berät die Bundesregierung in Umweltfragen. In den Jahren 1970 und 1971 wurden weiter in fünf Bundes-

---

21 Die Veränderung der Einstellungen zur Umwelt kann durch die Theorie von Ajzen/Fishbein (1980, siehe auch Ajzen 1988) erklärt werden. Danach wird die Einstellung zu bestimmten Objekten – z.B. zu einem bestimmten Ausmaß von Umweltverschmutzung – negativer, wenn mit diesem Objekt andere Objekte gemeinsam auftreten, die negativ bewertet werden. Wenn z.B. durch wissenschaftliche Untersuchungen die Konsequenzen von Umweltschäden etwa für die Gesundheit aufgezeigt werden und wenn dies von den Bürgern geglaubt wird, dann werden diese negativ bewerteten Sachverhalte mit der Umwelt in Zusammenhang gebracht. Entsprechend müßte die Einstellung zu einem gegebenen Ausmaß von Umweltverschmutzung negativer werden.

ländern Umweltministerien eingerichtet. 1974 erfolgte die Gründung des Bundesumweltamtes.

Insbesondere Anfang der achtziger Jahre läßt sich in der Bundesrepublik eine weitere Welle der Institutionalisierung von Umweltpolitik beobachten. Diese fällt zusammen mit der bundesweiten Gründung der Partei der Grünen 1980 und deren Wahlerfolgen. Im März 1979 erfolgte die Gründung der politischen Vereinigung „Die Grünen" in Frankfurt; im Oktober 1979 ziehen grüne Abgeordnete in Bremen erstmals in ein Landesparlament ein. Im Januar 1980 wird die Bundespartei der Grünen gegründet. Im März 1983 ziehen 27 Abgeordnete der Grünen in den Bundestag ein. Seitdem sind die Grünen in vielen Parlamenten, im Bundestag und in Landesregierungen vertreten. Auch das Erscheinungsbild der Grünen ändert sich: Sie werden nicht mehr als eine Chaotengruppe oder als eine politisch bedeutungslose Minorität betrachtet, sondern sie werden respektiert.[22] Ein Indikator hierfür ist, daß sie bei den üblichen Interviews nach Wahlen gleichberechtigt mit den Vertretern anderer Parteien behandelt und auch in Talkshows eingeladen werden.

Die Institutionalisierung der Umweltpolitik zeigt sich nicht nur in der steigenden Bedeutung der Grünen, sondern auch etwa in der Gründung eines Bundesumweltministeriums im Jahre 1986. Umweltpolitische Maßnahmen wie die Einführung des Katalysators oder die Aktion „grüner Punkt" finden weite Zustimmung.

Es wäre denkbar, daß zwar die Verbesserung der Umwelt allgemein akzeptiert wird, daß jedoch solche Verbesserungen nur als marginal, d.h. als absolut unzureichend bewertet werden. Dies ist jedoch nicht der Fall. „Radikale" Forderungen, wie sie etwa von den „Fundis" bei den Grünen erhoben wurden, sind selten.

Wenn das Ziel, die Umweltqualität zu verbessern, eine so weite Zustimmung findet, dann lohnt es sich, wie wir früher ausführten, aus der Sicht des einzelnen Bürgers immer weniger, sich zu engagieren: der wahrgenommene Einfluß, weitere Verbesserungen zu erreichen, wird relativ gering sein.

Die Institutionalisierung der Umweltpolitik ist der einzige bisher behandelte Faktor, der deutlich ab 1980 steigt und damit entscheidend zum Niedergang der Ökologiebewegung beigetragen hat.

d) Die zunehmende Globalisierung der Umweltprobleme. Für die Bundesrepublik hat sich insbesondere im Zuge der europäischen Einigung eine zunehmende Globalisierung der Umweltprobleme und der Umweltpolitik ergeben (vgl. z.B. Kirchgässner 1994). Auch die zentralen Probleme, die mit einer erwarteten „Klimakatastrophe" zusammenhängen, sind nur gemeinsam mit anderen Ländern zu lösen. Wie sich bei internationalen Verhandlungen und Konferenzen immer wieder zeigt, sind gemeinsame Aktionen zur Lösung der globalen Umweltprobleme eher die Ausnahme. Es gibt keine Hinweise darauf, daß die Globalisierung seit 1980 in besonderem Maße zugenommen hat. Entsprechend dürfte die wachsende Globalisierung zwar generell zum Niedergang der Umweltbewegung beigetragen haben, sie kann aber nicht den Rückgang seit dem Jahre 1980 erklären.

e) Die Veränderung protestfördernder Netzwerke. Wir haben zu Beginn dieses Aufsatzes kurz die Entwicklung verschiedener Arten von Protesten nach dem Zweiten Weltkrieg dargestellt. Im Zuge dieser Proteste entwickelten sich protestfördernde Netzwerke in fast allen größeren

---

22 Vgl. zur Geschichte der Grünen insbesondere die Arbeiten von Raschke (1993).

Städten (z.B. in Frankfurt-Bockenheim, Hamburg-Eimsbüttel bzw. Hamburg-Altona oder Berlin-Kreuzberg). Diese Netzwerke waren sozusagen die Infrastruktur der Ökologiebewegung, da sich die Mitglieder dieser Netzwerke im allgemeinen auch für eine bessere Umwelt engagierten. Wie haben sich diese Netzwerke im Zeitablauf verändert?

Es gibt unseres Wissens keine Untersuchungen, die die Entwicklung des alternativen Sektors der Bundesrepublik beschreiben. Es gibt auch keine Studien, die genau den Umfang der Infrastruktur sozialer Bewegungen ermitteln (so auch Rucht 1994: 176). Ein Hinweis darauf, daß die protestfördernden Netzwerke zumindest bis 1980 wuchsen, ist die Gründung der Tageszeitung TAZ – die Nullnummer erschien im Jahre 1978. Zu diesem Zeitpunkt scheint die Alternativkultur ein solches Ausmaß erreicht zu haben, daß eine alternative Tageszeitung existieren kann. Da unseres Wissens die Auflage der TAZ nicht gestiegen ist, mag man dies als Hinweis dafür nehmen, daß auch der alternative Sektor nach 1980 zumindest nicht weiter zugenommen hat.[23] Diese These stimmt überein mit der Einschätzung von Rucht (1994: 178): Er vermutet aufgrund einiger lokaler Studien, daß „die Zahl der Ökologiegruppen relativ stabil geblieben ist". Der Niedergang der Ökologiebewegung seit 1980 kann also nicht durch die Veränderung von protestfördernden Netzwerken erklärt werden.

Weiter vermuten wir, daß sich die Ideologie der verschiedenen Umweltgruppen im Zeitablauf nicht so stark differenziert hat, daß hierdurch der Rückgang der Umweltproteste erklärt werden kann.

f) Gab es neue Argumente zur Umweltpolitik? Seit dem Einzug der Grünen in die Parlamente Anfang der achtziger Jahre und nach den großen Demonstrationen gegen die Atomkraft – etwa gegen Brokdorf 1981 – dürfte es kaum neue Argumente für den Umweltschutz gegeben haben. Es dürfte auch kaum Ereignisse gegeben haben, die die Anreize für Proteste so erhöhten, daß umfangreiche Mobilisierungen möglich wurden. Ereignisse wie der Castor-Transport, Ölkatastrophen oder der Austritt von Giftgasen aus Fabriken waren keine Katastrophen von einem Ausmaß, das der Ökologiebewegung zu neuen Argumenten verhalf. Der Niedergang der Ökologiebewegung ist somit auch ein Problem von Redundanzkosten.

6. Resümee: Was sind die Ursachen für die Veränderung der Umweltproteste?

Wir haben im vorangegangenen Abschnitt die Veränderung einer Reihe von gesellschaftlichen Sachverhalten und entsprechend deren Effekte auf die individuellen Anreize für politisches Engagement behandelt. Unsere Überlegungen sind in *Tabelle 1* zusammengefaßt. Der einzige Faktor, der sich deutlich seit dem Beginn der achtziger Jahre geändert hat,

---

23 In der ZEIT (vom 22.9.95, S. 79), wird berichtet, daß die tageszeitung (TAZ) im Jahre 1995 den geringsten Kioskverkauf in ihrer Geschichte hatte, nämlich 60.000 Exemplare; es wird weiter berichtet, daß nach einer Untersuchung die Zahl der Leser 410.000 betrug. Es wäre denkbar, daß sich im Laufe der Zeit zwar die Zahl der Käufer vermindert, die Zahl der Trittbrettfahrer – die also die Zeitung lesen, ohne sie zu bezahlen – aber erhöht hat. In diesem Falle wäre die geringe Auflage der TAZ kein Indiz dafür, daß der alternative Sektor zumindest nicht gewachsen ist. Es gibt allerdings keine Hinweise dafür, daß sich die Zahl der „Trittbrettleser" vermehrt hat.

Tabelle 1: Die Veränderung der Faktoren für Umweltproteste von 1970 bis 1992

Faktoren	Erhöht (+)/vermindert (–) Protest	Veränderung 1970 bis 1992
Umweltqualität	–	Steigt seit 1970
Umweltzufriedenheit	–	Steigt seit etwa 1985
Zielkonflikte	–	Steigen seit 1980
Institutionalisierung von Umweltpolitik	–	*Deutlicher Anstieg seit* 1980
Globalisierung von Umweltproblemen und Umweltpolitik	–	Steigt langsam
Protestfördernde Netzwerke	+	Anstieg bis 1980, dann stabil
Redundanz der Argumente	–	Redundanz hoch seit Anfang der achtziger Jahre

ist die Institutionalisierung von Umweltpolitik. Alle anderen Faktoren haben den Effekt der Institutionalisierung der Umweltpolitik verstärkt. Der Umschwung 1980 kann also vor allem durch die Institutionalisierung der Umweltpolitik erklärt werden. Die paradoxe Konsequenz ist also, daß eine Partei, die aus der Protestbewegung hervorgegangen ist, entscheidend zum Niedergang dieser Bewegung beigetragen hat und weiter beiträgt.

7. Warum nehmen die Ressourcen der Umweltorganisationen zu?

Wenn die Anreize für Umweltengagement insgesamt zurückgegangen sind, warum nimmt dann die Investition von Ressourcen in Umweltverbände nicht in gleichem Maße ab? Sollte man nicht eigentlich erwarten, daß die genannten Anreize gleichzeitig sowohl das Engagement für Umweltschutz vermindern als auch dazu führen, daß der Ressourcentransfer an Umweltgruppen zurückgeht?

Wir haben uns bisher mit der Veränderung der Anreize für die Teilnahme an politischen Protesten befaßt. Wir sahen, daß die Anreize hierfür seit dem Beginn der achtziger Jahre geringer wurden. Wenn nun die Attraktivität einzelner Handlungen zurückgeht, dann werden oft andere Handlungsalternativen attraktiver. Dies ist auch hier der Fall. Wir sahen, daß insbesondere die Globalisierung der Umweltpolitik und der Umweltprobleme zu einem Sinken des wahrgenommenen Einflusses führten. Dabei werden jedoch die Umweltprobleme keineswegs als gelöst angesehen, wenn auch die Unzufriedenheit mit der Umwelt gesunken ist. Andererseits existieren Organisationen, die teils durch illegale, aber spektakuläre und allseits als legitim betrachtete Aktionen im großen und ganzen als relativ erfolgreich im Kampf gegen Umweltprobleme angesehen werden. In dieser Situation besteht für einen Bürger eine Möglichkeit, einen wirksamen Beitrag zur Umweltverbesserung zu leisten, darin, Ressourcen an die betreffenden Organisationen zu übertragen. Da der Bürger an den Aktionen selbst nur unter hohen Kosten teilnehmen kann, ist es aus seiner Sicht am kostengünstigsten, Ressourcen in Form von Geldspenden oder Mitgliedsbeiträgen zu „opfern".

Eine solche Situation, daß man nämlich nicht direkt aktiv wird, um bestimmte Ziele zu erreichen, sondern an kompetent erscheinende Organisationen finanzielle Mittel überträgt, ist keineswegs selten. Man denke an Spenden für Entwicklungsländer oder für sonstige karitative Zwecke. Auch hier überläßt man es Organisationen, die Probleme sozusagen vor Ort zu lösen.

Wenn dieses Argument zutrifft, dann wird man erwarten, daß an die einzelnen Umweltorganisationen in unterschiedlichem Maße Ressourcen gegeben werden. Je größer der Erfolg solcher Organisationen eingeschätzt wird, desto größer ist der Zufluß von Ressourcen. Eine Organisation, der es längere Zeit nicht gelingt, die Aufmerksamkeit der Öffentlichkeit auf sich zu lenken oder die aus Sicht vieler Bürger „Fehler" macht, wird Ressourcen verlieren.

IV. Alternative Erklärungen

Gibt es theoretische Ansätze, die unsere beiden Erklärungsfragen – warum nehmen die Umweltproteste ab und warum steigen die Zuwendungen an Umweltorganisationen? – besser beantworten können als der von uns angewendete theoretische Ansatz? Wir wollen diese Frage zum einen für die – insbesondere im deutschen Sprachbereich – wohl am meisten verbreitete These behandeln, die besagt: Gesellschaftliche Krisen verursachen die Entstehung sozialer Bewegungen. Wir nennen diese These die *Krisentheorie sozialer Bewegungen*. Zweitens wählen wir den gegenwärtig auch international am stärksten diskutierten Ansatz zur Erklärung sozialer Bewegungen aus: die *Theorie der Gelegenheitsstrukturen*. Beide Theorien wurden auch zur Erklärung der Ökologiebewegung herangezogen. Es ist in diesem Rahmen nicht möglich, diese Theorien im einzelnen einer kritischen Analyse zu unterziehen und sie mit unserem eigenen Erklärungsmodell zu konfrontieren (vgl. hierzu Opp 1996b). Es soll nur gefragt werden, inwieweit diese theoretischen Ansätze in der Lage sind, die in diesem Aufsatz behandelten Fragen zu beantworten.

1. Protest als Reaktion auf die Krise der Industriegesellschaft: Die Krisentheorie sozialer Bewegungen

Die grundlegende Idee der Krisentheorie sozialer Bewegungen läßt sich in folgender Weise rekonstruieren: Soziale Bewegungen zielen auf sozialen Wandel; entsprechend muß das, was sie verändern wollen, auch ihr Entstehungsgrund sein. Demnach müssen die sozialen Bewegungen, die nach dem Zweiten Weltkrieg in der Bundesrepublik entstanden, etwas mit der wirtschaftlichen, sozialen und politischen Ordnung der Bundesrepublik und deren Veränderung zu tun haben. Da es sich bei dieser Ordnung um ein kapitalistisches System bestimmter Art handelt, muß in bestimmten Eigenschaften dieses Systems auch die Ursache für politischen Protest gesehen werden. Da die sozialen Bewegungen eine Vielzahl von Problemen dieses Systems thematisieren, ist die Krisenhaftigkeit dieses Systems auch die zentrale Ursache für die Entstehung und Entwicklung sozialer Bewegungen.[24]

Geht man von dieser These aus, dann ist zu erwarten, daß sich das Ausmaß der

---

24 Vgl. hierzu insbesondere Brand et al. (1986, insbes. 13-99), Raschke (1985: 117), Rucht (1994: 139).

Proteste und auch das Ausmaß der Ressourcen von Umweltorganisationen gleichsinnig entwickeln, also entweder generell ansteigen oder generell zurückgehen. Wenn eine Krise herrscht oder wenn sich eine Krise verschärft, dann müßten die Bürger generell aktiver werden. Eine Krise ist ein gesamtgesellschaftliches Merkmal. Entsprechend kann nicht erklärt werden, daß Gruppen von Bürgern ihr Engagement differenzieren. Die Krisentheorie ist also nicht in der Lage, die oben beschriebenen Sachverhalte zu erklären.

2. Gelegenheitsstrukturen und politischer Protest

Die Theorie der Gelegenheitsstrukturen behauptet: Wenn in einer Gesellschaft die Gelegenheitsstrukturen für politisches Engagement steigen, dann nimmt auch das Ausmaß politischen Engagements zu. Die grundlegende Arbeit zur Theorie der Gelegenheitsstrukturen ist der Aufsatz von Eisinger (1973). Er beschreibt die Theorie der Gelegenheitsstrukturen in folgender Weise: „environmental factors, such as the climate of governmental responsiveness and the level of community resources, help to establish the chances of success of citizen political activity. In short, elements in the environment impose certain constraints on political activity or open avenues for it. The manner in which individuals and groups in the political system behave, then, is not simply of function of the resources they command but of the openings, weak spots, barriers, and resources of the political system itself. There is, in this sense, interaction, or linkage, between the environment, understood in terms of the notion of a structure of political opportunities, and political behavior" (Eisinger 1973: 11-12).

In diesem Zitat zählt Eisinger zunächst eine Reihe von Faktoren wie „governmental responsiveness" auf, die für die Erreichung der Ziele individueller Akteure von Bedeutung ist, d.h. für „the chances of success of political activity". Diese Faktoren erleichtern oder erschweren die Zielerreichung, d.h. sie legen den Akteuren Handlungsbeschränkungen auf oder eröffnen ihnen Handlungsmöglichkeiten. Eisinger nennt solche Faktoren „Gelegenheitsstrukturen". Es handelt sich dabei um Makrovariablen. Diese Makrovariablen beziehen sich auf den sozialen Kontext: Sie sind – vom Individuum aus gesehen – externe Faktoren.[25]

Welche Voraussagen macht die Theorie der Gelegenheitsstrukturen über den Rückgang der Umweltproteste und über die Zunahme der Ressourcen von Umweltorganisationen? Wenn man davon ausgeht, daß Vertreter der Theorie der Gelegenheitsstrukturen annehmen, daß die Art der politischen Handlungen durch die Art der Gelegenheitsstrukturen bedingt ist, dann lautet die Antwort auf die genannte Frage: Die Gelegenheitsstrukturen für Umweltproteste müßten zurückgegangen und für die Investition in Umweltgruppen gestiegen sein. Es fragt sich, welche der vorher genannten Faktoren als Gelegenheitsstrukturen bezeichnet werden könnten oder ob es andere Sachverhalte gibt, die „Gelegenheitsstrukturen" genannt werden könnten. Diese Frage ist schwer zu beantworten, weil nicht klar ist, was genau unter „Gelegenheitsstrukturen" zu verstehen ist. Man könnte z.B. behaupten, die

---

25 Vgl. zu dieser Theorie insbesondere die folgenden Schriften: Amenta/Zylan (1991), Kitschelt (1986), Kriesi (1995), Kriesi et al. (1992), McAdam (1982), Rucht (1994), Tarrow (1983, 1991, 1994), Tilly (1978).

Institutionalisierung von Umweltpolitik erhöht die Gelegenheiten für Proteste. Dann wäre gemäß der Theorie der Gelegenheitsstrukturen eine Zunahme der Umweltproteste im Zeitablauf zu erwarten gewesen. Welche Ereignisse man auch immer als Gelegenheitsstrukturen bezeichnen mag, die die Umweltproteste vermindert haben könnten: Wir sehen nicht, welche „Gelegenheitsstrukturen" man anführen könnte, die sich so verändert haben, daß eine Verminderung der Umweltproteste und eine Erhöhung der Ressourcen von Umweltgruppen entstand. Bei der Beantwortung unserer zentralen Erklärungsfragen gerät die Theorie der Gelegenheitsstrukturen in Schwierigkeiten.

V. Resümee, Probleme und weitere Forschung

Bei unserem Erklärungsvorschlag sind folgende Fragen offengeblieben. 1. Die beschriebenen Anreizvariablen wurden zwar bereits in mehreren Umfragen operationalisiert, es fehlen jedoch Untersuchungen, die die Werte dieser Variablen im Zeitablauf ermitteln. Es fehlen weiter Daten zu einigen der Makrofaktoren: Wir wissen nicht, wie sich z.B. die protestfördernden Netzwerke im Zeitablauf verändert haben. Um dies zu ermitteln, wäre zunächst eine Operationalisierung dieser Faktoren zu leisten, bevor weitere Daten gesammelt werden können.

2. Eine weitere Überprüfung unseres Mikromodells, insbesondere hinsichtlich der Interdependenz der Anreize, wäre wichtig. Dabei könnte versucht werden, im Rahmen von Umfragen zu ermitteln, wie die Makrofaktoren auf die Anreize wirken. Eine solche Umfrage könnte sich an der Untersuchung von Opp et al. (1993) über die Proteste in der DDR 1989 orientieren, die Interviewfragen über die wahrgenommene Wirkung von Makrofaktoren wie die Ausreisewelle auf die Unzufriedenheit und den wahrgenommenen politischen Einfluß enthält.

3. Wir sagten, daß in der bundesdeutschen Literatur über soziale Bewegungen eine detaillierte Auseinandersetzung mit dem hier angewendeten Erklärungsansatz fehlt. Von Bedeutung wäre jedoch nicht eine generelle Diskussion, sondern ein *empirischer Theorienvergleich* (siehe hierzu etwa Opp/Wippler 1990).

In unserer Erklärung wurde der Interaktionsprozeß zwischen den verschiedenen Akteuren nicht modelliert, z.B. zwischen der Ökologiebewegung, dem Staat, den Bürgern und den Parteien. Unser Modell enthält Faktoren, die das *Ergebnis dieses Interaktionsprozesses* sind. So ist die Verbesserung der Umweltqualität das Ergebnis der Aktionen verschiedener Akteure. Der Beginn der Umweltpolitik im Jahre 1970 war vor allem die Entscheidung eines kollektiven Akteurs, nämlich der damaligen Regierung (vgl. insbes. Kaczor 1989). Ergebnisse wissenschaftlicher Untersuchungen, die Aktionen von Bürgerinitiativen und die öffentliche Meinung haben die weiteren Entscheidungen dieses kollektiven Akteurs beeinflußt. Wir haben diesen Interaktionsprozeß aus zwei Gründen nicht behandelt. Erstens liegen hierzu kaum Daten vor. Zweitens ist die Modellierung dieses Prozesses für unsere Fragestellung nicht erforderlich. Eine solche Modellierung unter Anwendung der Theorie rationalen Handelns wäre jedoch ein wichtiges Thema für die künftige Forschung. Dabei könnten Forschungergebnisse der Neuen Politischen Ökonomie, etwa über das Verhalten von Politikern und Bürokraten, verwendet werden.

In unserem Anreizmodell für individuelles politisches Engagement sind die Kosten des Engagements im Sinne von Opportunitätskosten nicht explizit berücksichtigt. Mit „Opportunitätskosten" ist gemeint, daß die Teilnahme an Umweltprotesten Zeit kostet, die auch anderweitig verwendet werden kann. Wir haben in verschiedenen empirischen Studien versucht zu ermitteln, inwieweit Akteure die aufgewendete Zeit als Kosten betrachten (vgl. z.B. Opp/Roehl 1990: Kap. V). Die Kosten der Zeit hatten jedoch kaum einen direkten Effekt auf politisches Engagement. Es wäre zu prüfen, inwieweit dies auch für Umweltproteste gilt. Wer sich für die Umwelt engagiert, muß enorme Kosten aufwenden: Man muß sich mit dem Wissensstand über die Umwelt und auch mit der Umweltpolitik vertraut machen, um argumentieren zu können. Wie kompliziert dies ist, zeigt etwa eine Lektüre der vom Bundesumweltministerium herausgegebenen Bände „Umweltschutz in Deutschland. Nationalbericht der Bundesrepublik Deutschland für die Konferenz der Vereinten Nationen über Umwelt und Entwicklung in Brasilien im Juni 1992" (1992) und „Umweltpolitik" (1994, Drucksache 12/8451, Deutscher Bundestag, 12. Wahlperiode, 6.9.94). Weiter muß man herausfinden, wer für die Lösung eines Umweltproblems zuständig ist – auch dies kostet Zeit. Dies ist nicht nur für globale, sondern auch für lokale oder regionale Probleme schwierig. So heißt es in einer Broschüre des Bundesumweltministeriums: „Inzwischen hat nahezu jede Ebene der staatlichen Verwaltung, jede Behörde mit Umweltschutz zu tun. Die Verantwortung teilen sich in der Bundesrepublik Deutschland entsprechend der föderativen Struktur Bund, Länder und Gemeinden."[26] Es hat also eine *Diffusion von Verantwortung* stattgefunden. Es wäre empirisch zu prüfen, inwieweit die einzelnen Akteure derartige Kosten in Betracht ziehen oder ob vielleicht die skizzierten Sachverhalte den wahrgenommenen politischen Einfluß, durch Proteste etwas erreichen zu können, vermindern.

Wir haben bisher die *Konsequenzen der Wiedervereinigung* für die Entwicklung von Umweltprotesten nicht behandelt. Wir vermuten, daß angesichts der nach dem Zusammenbruch der DDR bekanntgewordenen katastrophalen Umweltschäden die Unzufriedenheit mit dem Zustand der Umwelt in den neuen Bundesländern enorm gesunken ist. Dies hätte zu einem weiteren Rückgang der Umweltproteste ab 1990 führen müssen. Die vorliegenden Daten über die Umweltzufriedenheit bestätigen diese Vermutung nicht. Es scheint, daß der Zustand der Umwelt nicht beurteilt wird im Vergleich zu dem Zustand der Umwelt in anderen Ländern, selbst nicht in „relevanten" anderen Ländern. Es wäre interessant zu untersuchen, warum dies der Fall ist.

In der Literatur ist mehrfach versucht worden, typische, d.h. gesetzmäßige Verläufe von sozialen Bewegungen zu finden.[27] Gibt es solche gesetzmäßigen Verläufe von sozialen Bewegungen und zeigt die Ökologiebewegung einen solchen Verlauf? Es gibt sicherlich eine Vielzahl von sozialen Bewegungen, denen in hohem Maße eine Mobilisierung gelingt und die dann sukzessive Mitglieder verlieren. Die Ökologiebewegung ist ein Beispiel hierfür. Allerdings unterscheiden sich soziale Bewegungen u.a. darin, in welchem Ausmaß ihnen eine Mobilisierung gelingt, wie lange sie „erfolgreich" sind und wie stark der Mitglieder-

---

26 Vgl. S. 8 der Broschüre: Das Bundesumweltministerium, hrsgg. vom Bundesministerium für Umwelt, Naturschutz und Reaktorsicherheit (BMU), Referat Öffentlichkeitsarbeit, Bonn, Februar 1994.
27 Vgl. insbesondere die Idee der „cycles of protest" von Tarrow (z.B. 1991, 1994), den „issue-attention cycle" von Downs (1972) und die Stufentheorie sozialer Bewegungen von Rammstedt (1978).

schwund dann ist. Wir halten es für wenig sinnvoll, generell nach solchen gesetzmäßigen Entwicklungsmustern zu suchen. Es erscheint uns weit fruchtbarer zu sein zu fragen, *unter welchen Bedingungen* sich soziale Bewegungen in welcher Weise entwickeln. Der vorliegende Aufsatz ist ein Beispiel für eine solche Fragestellung.

Literatur

Ajzen, Icek, 1988: Attitudes, Personality, and Behavior. Open University Press: Milton Keynes.
Altmann, Christian, und *Marc Fritzler,* 1995: Greenpeace. Ist die Welt noch zu retten? Düsseldorf: Econ
Ajzen, Icek, und *Martin Fishbein,* 1980: Understanding and Predicting Social Behavior. Englewood Cliffs, N.J.: Prentice Hall.
Amenta, Edwin, und *Yvonne Zylan,* 1991: Political Opportunity, the New Institutionalism, and the Townsend Movement, American Sociological Review 56: 250-265.
Aurand, Karl, Barbara P. Hazard und *Felix Tretter,* 1993: Umweltbelastungen und Ängste. Erkennen – Bewerten – Vermeiden. Opladen: Westdeutscher Verlag.
Blasius, Jörg, 1994: Subjektive Umweltwahrnehmung – eine Trendbeschreibung. S. 107-133 in: *Michael Braun* und *Peter Ph. Mohler* (Hg.): Blickpunkt Gesellschaft 3. Einstellungen und Verhalten der Bundesbürger. Opladen: Westdeutscher Verlag.
Brand, Karl-Werner, 1985: Neue soziale Bewegungen in Westeuropa und den USA. Ein internationaler Vergleich. Frankfurt a.M.: Campus.
Brand, Karl-Werner, Detlef Büsser und *Dieter Rucht,* 1986: Aufbruch in eine andere Gesellschaft. Neue soziale Bewegungen in der Bundesrepublik. Frankfurt a.M.: Campus.
Cornelsen, Dirk, 1991: Anwälte der Natur. Umweltschutzverbände in Deutschland. München: C.H. Beck.
Diekmann, Andreas, und *Axel Franzen* (Hg.), 1995: Kooperatives Umwelthandeln. Modelle, Erfahrungen, Maßnahmen. Chur und Zürich: Verlag Rüegger.
Dierkes, Meinolf, und *Hans-Joachim Fietkau,* 1988: Umweltbewußtsein – Umweltverhalten. Karlsruhe: W. Kohlhammer.
Downs, Anthony, 1972: Up and Down with Ecology – the „Issue-attention Cycle", The Public Interest 28: 38-50.
Eisinger, Peter K., 1973: The Conditions of Protest Behavior in American Cities, American Political Science Review 67: 11-28.
Kaczor, Markus, 1989: Institutionen der Umweltpolitik – Erfolg der Ökologiebewegung?, Forschungsjournal Neune Soziale Bewegungen 2 (Heft 3/4): 47-62.
Kirchgässner, Gebhard, 1994: Internationale Umweltprobleme und die Problematik internationaler öffentlicher Güter. Diskussionspaper 9406, Hochschule St. Gallen, Vorlkswirtschaftliche Abteilung.
Kitschelt, Herbert, 1986: Political Opportunity Structures and Political Protest: Anti-Nuclear Movements in Four Democracies, British Journal of Political Science 16: 57-85.
Koopmans, Ruud, 1993: The Dynamics of Protest Waves: West Germany, 1965 to 1989, American Sociological Review 58: 637-659.
Kriesi, Hanspeter, 1995: The Political Opportunity Structure of New Social Movements: Its Impact on Their Mobilization. S. 167-198 in: *Craig J. Jenkins* und *Bert Klandermans* (Hg.): The Politics of Social Protest. Comparative Perspectives on States and Social Movements. Minneapolis: University of Minnesota Press.
Kriesi, Hanspeter, Ruud Koopmans, Jan Willem Duyvendak und *Marco G. Giugni,* 1992: New Social Movements and Political Opportunities in Western Europe, European Journal of Political Research 22: 219-244.
Langguth, Gerd, 1983: Protestbewegung. Entwicklung – Niedergang – Renaissance. Die Neue Linke seit 1968. Köln: Wissenschaft und Politik.

Leighley, Jan E., 1995: Attitudes, Opportunities and Incentives: A Field Essay on Political Participation, Political Research Quarterly 48: 181-209.
Mayer-Tasch, Peter Cornelius, 1976: Die Bürgerinitiativbewegung. Der aktive Bürger als rechts- und politikwissenschaftliches Problem. Reinbek: Rowohlt.
McAdam, Doug, 1982: Political Process and the Development of Black Insurgency 1930 – 1970. Chicago & London: University of Chicago Press.
Opp, Karl-Dieter, 1988: Grievances and Participation in Social Movements, American Sociological Review 53: 853-864.
Opp, Karl-Dieter, 1991a: Processes of Collective Political Action: A Dynamic Model and the Results of a Computer Simulation, Rationality and Society 3: 215-251.
Opp, Karl-Dieter, 1991b: DDR '89. Zu den Ursachen einer spontanen Revolution, Kölner Zeitschrift für Soziologie und Sozialpsychologie 43: 302-321.
Opp, Karl-Dieter, 1993: Politischer Protest als rationales Handeln: Eine Anwendung des ökonomischen Ansatzes zur Erklärung von Protest. S. 207-246 in: *Bernd-Thomas Ramb* und *Manfred Tietzel* (Hg.): Ökonomische Verhaltenstheorie. München: Vahlen.
Opp, Karl-Dieter, 1994a: Repression and Revolutionary Action. East Germany in 1989, Rationality and Society 6: 101-138.
Opp, Karl-Dieter, 1994b: The Role of Voice in a Future Europe, Kyklos 47: 385-402.
Opp, Karl-Dieter, 1994c: Der „Rational Choice"-Ansatz in der Soziologie sozialer Bewegungen, Forschungsjournal Neue Soziale Bewegungen (2): 11-26.
Opp, Karl-Dieter, 1996a: Die enttäuschten Revolutionäre. Politisches Engagement vor und nach der Wende. Opladen: Leske + Budrich.
Opp, Karl-Dieter, 1996b: Gesellschaftliche Krisen, Gelegenheitsstrukturen oder rationales Handeln? Ein kritischer Theorienvergleich von Erklärungen politischen Protests, Zeitschrift für Soziologie 25: 223-242.
Opp, Karl-Dieter, und *Christiane Gern*, 1993: Dissident Groups, Personal Networks, and Spontaneous Cooperation: The East German Revolution of 1989, American Sociological Review 58: 659-680.
Opp, Karl-Dieter, und *Wolfgang Roehl*, 1990: Der Tschernobyl-Effekt. Eine Untersuchung über die Determinanten politischen Protests. Opladen: Westdeutscher Verlag.
Opp, Karl-Dieter, und *Reinhard Wippler* (Hg.), 1990: Empirischer Theorienvergleich. Erklärungen sozialen Verhaltens in Problemsituationen. Opladen: Westdeutscher Verlag.
Opp, Karl-Dieter, Peter Voß und *Christiane Gern*, 1993: Die volkseigene Revolution. Stuttgart: Klett-Cotta.
Rammstedt, Otthein, 1978: Soziale Bewegung. Frankfurt a.M.: Suhrkamp.
Raschke, Joachim, 1985: Soziale Bewegungen. Ein historisch-systematischer Grundriß. Frankfurt a.M.: Campus.
Raschke, Joachim, 1993: Die Grünen. Wie sie wurden, was sie sind. Köln: Bund Verlag.
Reiss, Jochen, 1988: Greenpeace. Der Umweltmulti – sein Apparat, seine Aktionen. Rheda-Wiedenbrück: Daedalus.
Rolke, Lothar, 1987: Protestbewegungen in der Bundesrepublik. Eine analytische Sozialgeschichte des politischen Widerspruchs. Opladen: Westdeutscher Verlag.
Roth, Roland, und *Dieter Rucht* (Hg.), 1987: Neue soziale Bewegungen in der Bundesrepublik Deutschland. Frankfurt a.M.: Campus.
Rucht, Dieter, 1992: Ökologischer Protest als kalkulierte Rechtsverletzung: Struktur, Aktionen und Wirkungen von Greenpeace und Earth First. S. 283-304 in: *Komitee für Grundrechte und Demokratie e.V.* (Hg.): Ziviler Ungehorsam. Traditionen, Konzepte, Erfahrungen, Perspektiven. Sensbachtal: Komitee für Grundrechte und Demokratie e.V.
Rucht, Dieter, 1994: Modernisierung und neue soziale Bewegungen. Frankfurt a.M.: Campus.
Schreiber, Helmut, und *Gerhard Timm*, 1990: Im Dienste der Umwelt und der Politik. Zur Kritik der Arbeit des Sachverständigenrates für Umweltfragen. Berlin: Analytica Verlagsgesellschaft.
Statistisches Bundesamt (Hg.), 1994: Datenreport 1994. Zahlen und Fakten über die Bundesrepublik Deutschland. Bonn: Bundeszentrale für politische Bildung.
Tarrow, Sidney, 1983: Struggling to Reform: Social Movements and Policy Change During Cycles of Protest. Cornell University: Center for International Studies.

Tarrow, Sidney, 1991: Struggle, Politics, and Reform: Collective Action, Social Movements, and Cycles of Protest. Ithaca: Cornell University Press.
Tarrow, Sidney, 1994: Power in Movement. Social Movements, Collective Action and Politics. Cambridge: Cambridge University Press.
Tilly, Charles, 1978: From Mobilization to Revolution. New York: Random House.
Whitely, Paul F., 1995: Rational Choice and Political Participation – Evaluating the Debate, Political Research Quarterly 48: 211-233.

Globaler Wandel

GLOBALE UMWELTVERÄNDERUNGEN: DER BEITRAG DER SOZIALWISSENSCHAFTEN*

Michael R. Redclift und James F. Skea

Zusammenfassung: Forschungen über globale Umweltprobleme (GEC: Global Environmental Change) haben versucht, politische Maßnahmen zu beeinflussen und zu kritisieren. In Großbritannien haben sie auch dazu geführt, die Sozialwissenschaften zu verändern, indem sie diese dazu gedrängt haben, Nachhaltigkeit als wichtige Dimension allen sozialen und wirtschaftlichen Handelns zu berücksichtigen. Der Aufsatz erörtert einige Lehren, die wir aus dem britischen GEC-Programm gezogen haben. Eine Vielzahl von Untersuchungen über die ökologische Tragweite konkreter Verhaltensweisen, Technologien und Institutionen in Großbritannien und in verschiedenen Entwicklungsländern betont die Bedeutung sozialer Werte für die heutigen Umweltprobleme. Es scheint wenig aussichtsreich, das Ziel einer nachhaltigen Entwicklung aufgrund eben der Werte, welche zu diesen Problemen geführt haben, erreichen zu wollen. Und es ist fragwürdig, neue Werte definieren zu wollen, ohne die Menschen einzubeziehen, welche von globalen und lokalen Umweltproblemen betroffen sind. Angesichts eines modernistischen Fortschrittsglaubens erfordert nachhaltige Entwicklung eine Vision einer alternativen Zukunft.

I. Einleitung

Die Umwelt stellt für die Soziologie in mehrfacher Hinsicht eine Herausforderung dar. Zum einen läßt sich jede menschliche Aktivität ganz selbstverständlich in der „Umwelt" lokalisieren, was es unmöglich macht, die üblichen Unterscheidungen innerhalb der Disziplin aufrechtzuerhalten. Es gibt keine „Soziologie der Umwelt", welche Wissenssoziologie, Industriesoziologie, Medizinsoziologie oder Soziologie der Geschlechter ausschließen könnte. Auf einer bestimmten Ebene muß die Umweltsoziologie ganz klar aus all diesen „Soziologien" gebildet werden.

Zum andern, und dies steht durchaus im Zusammenhang mit der obigen Bemerkung, neigten Soziologen bisher dazu, die Umwelt als ein Terrain für Ideen und eigenständige

---

* *Anmerkung der Herausgeber:* Das größte sozialwissenschaftliche Forschungsprogramm, das je in Großbritannien finanziert worden ist, gilt dem Thema der globalen Umweltveränderungen. Im Bereich der sozialwissenschaftlichen Umweltforschung handelt es sich bis jetzt um das weltweit aufwendigste Programm. Im vorliegenden Beitrag berichten der erste Direktor des Programms, Michael Redclift, und sein Nachfolger, James F. Skea, über den konzeptionellen Ansatz der in diesem Rahmen laufenden Forschungsarbeiten.

Forschung zu übersehen. Dies läßt sich zurückverfolgen bis zu der Trennung der Natur- und Geisteswissenschaften, zu denen die Soziologie gehörte, im 19. Jahrhundert.

Auch noch auf eine dritte Weise stellt die Umwelt für die zeitgenössische Soziologie eine Herausforderung dar, und zwar durch das Ausmaß, in dem sich einer der alten „Dualismen" innerhalb der Soziologie – der Dualismus von Struktur und Handeln – im Diskurs über die Umwelt ausdrückt. Es ist offensichtlich, daß in den meisten Gesellschaften die Angst der Öffentlichkeit im Zusammenhang mit der Umwelt immer mehr an Bedeutung gewinnt. In der entwickelten Welt geht es bei dieser Angst um Umweltverschmutzung, Verkehrsprobleme in den Städten, Nahrungsmittelzusätze und das Versagen der Schulmedizin. In den Entwicklungsländern ist die Umwelt nicht weniger wichtig, aber die hauptsächlichen Steine des Anstoßes sind andere, betreffen eher den elementaren Lebensunterhalt. Dazu gehören die Versorgung mit Nahrungsmitteln, Wasserqualität, ausreichende Unterkünfte und adäquate Energiequellen.

Während wir uns der Umweltfragen immer mehr bewußt werden, wird jedoch deutlich, daß sowohl unsere Art, Umweltprobleme zu formulieren, als auch unsere Handlungen zur Abwehr oder Linderung solcher Probleme im wesentlichen soziale Prozesse sind. Unsere Umweltwissenschaft ist ein kulturelles Produkt, genau wie die Organisationen, die wir einrichten, um ökologische Kampagnen durchzuführen oder uns Veränderungen zu widersetzen, welche schlimme ökologische Auswirkungen mit sich bringen. Hier hat die Soziologie eine Verantwortung, derer sie sich, unserer Meinung nach, erst kürzlich bewußt geworden ist.

Wer hätte 1987, vor der Veröffentlichung des Berichts der Brundtland-Kommission „Unsere gemeinsame Zukunft" gedacht, daß binnen fünf Jahren jedes Land der Welt aufgerufen sein würde, sein eigenes Umweltinventar zu erstellen und seine Leistungen einer globalen Körperschaft, der *Kommission für nachhaltige Entwicklung*, zur Prüfung vorzulegen? Natürlich ist Vorsicht geboten, wenn bei globalen Initiativen großer Optimismus verbreitet wird; aber es ist unbestreitbar, daß Nachhaltigkeit auf der internationalen Agenda jetzt im Mittelpunkt steht. Die Herausforderung für die Soziologie, so meinen wir, besteht darin, gleichzeitig in zwei Richtungen zu arbeiten: die spezifischen Kenntnisse und Erkenntnisse der Soziologie für mehr Nachhaltigkeit einzusetzen, und zugleich bereit zu sein, von den Überzeugungen, welche die Umweltdebatte bestimmen, Abstand zu nehmen und sie genauer soziologischer Prüfung zu unterziehen. Tatsächlich liegt darin eine Chance für die Soziologie, in der Umweltdebatte eine einfallsreichere Rolle zu spielen und die Wissensproduktion bezüglich der Umwelt sowie die Auswirkungen von Umweltveränderungen zu untersuchen.

II. Das Britische Forschungsprogramm „Globale Umweltveränderungen"

Der „Economic and Social Research Council" initiierte 1991 das 10-Jahres-Forschungsprogramm „Globale Umweltveränderungen" (GEC-Global Environmental Change), welches die Ursachen und Konsequenzen von globalen Umweltveränderungen, unter anderm von Klimaveränderungen, erforscht. In diesem Programm wird versucht, mit besonderem Nachdruck auf die treibenden Kräfte hinter globalen Veränderungen einzugehen, darunter technologische Entwicklungen, Bevölkerungszuwachs und sich verschiebende Muster bei internationalem Handel und ökonomischen Aktivitäten. Weiter werden einige der Auswirkungen von Veränderungen der globalen Umwelt betrachtet, etwa auf Bodennutzung und Landwirtschaft, auf Wasserressourcen und auf Wälder. Schließlich geht es auch um die Prozesse, durch welche globale Umweltveränderungen hervorgerufen wurden, mit besonderer Aufmerksamkeit für die Rollen von Kultur, Meinungsbildung, Erziehung und Medien.

Zuvor hatte sich naturwissenschaftliche Forschung auf die physikalischen Prozesse konzentriert, durch welche sich die Umwelt verändert: Entwaldung, Klimaveränderungen, Verschlechterung der Boden- und Wasserressourcen. Im Rahmen dieser Forschung wurde oft die Notwendigkeit einer Untersuchung der „sozialen" Komponente jener Prozesse deutlich, was, wie man annahm, Sozialwissenschaftler, etwa Ökonomen, Politikwissenschaftler und Soziologen, in die Hand nehmen würden. Man ging von „naturwissenschaftlichen Prozessen" aus und untersuchte „Auswirkungen" und „Reaktionen" als sekundäre Phänomene; darin widerspiegelte sich der Ansatz des Intergovernmental Panel on Climate Change (IPCC).

Der Ansatz des GEC-Programms in Großbritannien war sehr anders, er nahm als Ausgangspunkte die sozialen und politischen Dimensionen des Berichts der Brundtland-Kommission (1987), der Dokumente des Rio-Gipfels (1992) und der IPCC-Berichte. Man sah globale Umweltveränderungen nicht als „im wesentlichen" physikalische oder biologische Vorgänge an, sondern als eine Kombination physikalischer und sozialer Prozesse, deren Konsequenzen wohl für die Sozialwissenschaften ebenso relevant sind wie für die Naturwissenschaften. Die Herausforderung bestand darin zu erkennen, wie „natürliche" und „soziale" Veränderungen untereinander verbunden sind und, darauf aufbauend, wie menschliche Aktivitäten, welche physikalischen Prozesse verändert haben, ihrerseits als veränderbar anzusehen sind. Die politische Relevanz eines solchen Forschungsprogramms lag in seiner Fähigkeit, Hintergrundwissen und Voraussetzungen klarzulegen und Bereiche zu identifizieren, in denen öffentliche Politik einen nützlichen Beitrag zur Lösung von Problemen liefern konnte. Dies war also nicht Forschung, die von der Politik bestimmt wurde, sondern Forschung, die offenlegte, um welche Probleme sich die Politik zu kümmern hatte und auf welchen verschiedenen Wegen man diese Probleme angehen konnte.

Eine derartige Orientierung ist notwendig langfristig. Zum ersten Mal mußten sich die Sozialwissenschaften in Großbritannien einer Herausforderung von zwei Seiten gewachsen zeigen: Sie hatten zukünftige Veränderungen von Wirtschaft und Gesellschaft den heutigen Generationen aus deren Sicht verständlich zu machen und zukünftigen Generationen die geeigneten konzeptionellen und methodologischen Werkzeuge in die Hände zu geben, mit den Problemen zurechtzukommen. Gefordert war ein Diskurs, der die räumlichen und zeitlichen Beschränkungen unserer Fähigkeit, richtige Entscheidungen zu treffen, erkannte und der uns spürbar half, mit Ungewißheit umzugehen und nachhaltigere Lebensweisen zu entwickeln.

Globale Umweltveränderungen 383

III. Was haben wir gelernt?

1. Lebensstile und Energieeffizienz

Jacquie Burgess und Carolyn Harrison vom University College London haben in zwei europäischen Städten – Nottingham in Großbritannien und Eindhoven in den Niederlanden – verglichen, welches Verständnis das allgemeine Publikum von Umweltfragen hat (Burgess/Harrison 1995). Sie benutzten Fragebogen, getrenntgeschlechtliche vertiefende Diskussionsgruppen und Spezialisten-Workshops, die analysieren sollten, durch welche sozialen und kulturellen Prozesse das Laienpublikum auf Umweltfragen aufmerksam wird, und die herausfinden sollten, wie ein größeres Verständnis der Öffentlichkeit für eine Politik der nachhaltigen Entwicklung erreicht werden könnte. Sie kamen zu dem Schluß, daß das abstrakte Konzept globaler Umweltveränderungen für die Menschen nur durch Erfahrungen ihres lokalen Lebens an Orten, die sie kennen, real wird. Wenn Regierungen, Unternehmen oder Experten Behauptungen über ökologische Angelegenheiten aufstellen, so wird ihnen mit tiefem Mißtrauen begegnet. Männer waren besonders kritisch bezüglich der Frage, wie unparteiisch Umweltexperten seien. Männer allgemein hatten ökologische Botschaften nicht in dem Maß verinnerlicht wie Frauen. In beiden Ländern gab es die feste Überzeugung, Regierungen hätten in Umweltfragen die Führung zu übernehmen – eine Ermahnung einzelner Bürger, speziell dann, wenn diese Ermahnung vage und ungezielt sei, sei kein Schritt vorwärts. Man glaubte von verschiedenen Aspekten der Organisation der Gesellschaft, sie begrenzten die Wirksamkeit individuellen Handelns – etwa die Abhängigkeit vom Auto oder geheime Absprachen zwischen Privatunternehmen und Regierungen. Statt dessen könnten die Politiker angemessen finanzierte und evaluierte Handlungsprogramme entwickeln und damit den Menschen die Notwendigkeit einer Veränderung ihrer Praktiken vor Augen führen.

Terry Barker und Paul Ekins (1991) haben einige der politischen Optionen für einen nachhaltigen Gebrauch von Energie bis ins nächste Jahrhundert hinein untersucht. Sie zeigen, daß eine in der Europäischen Union erhobene CO_2-Steuer für die britische Wirtschaft nicht unbedingt negative Auswirkungen hätte, insbesondere, falls dieses Steueraufkommen zur Neutralisierung antizipierter inflationärer Effekte wiederverwendet würde. Tatsächlich ergibt sich aus vorläufigen Studien, daß Großbritannien bis zum Jahr 2040 seine Kohlendioxidemissionen um etwa 60 Prozent senken könnte, ohne größere makroökonomische Zerrüttung. Die Auswirkungen der Einführung einer CO_2-Steuer wären wahrscheinlich positiv. Durch eine Steigerung der Energiepreise würde diese Steuer Investitionen auf dem Gebiet erneuerbarer Energie stimulieren und die Verbesserung von Standards der Energieeffizienz beschleunigen. Wenn die Einführung einer CO_2-Steuer mit Verbesserungen der Energieeffizienz von Geräten und Einrichtungen der *ärmeren* Haushalte verbunden würde, könnte sie sich für private Haushalte als gerechter und effizienter erweisen. Die primären Vorteile von Maßnahmen zur Reduktion von Kohlendioxid mögen zwar überschätzt worden sein, aber die *sekundären Gewinne* sind fast mit Sicherheit unterschätzt worden.

Ein weiteres Projekt aus Phase 1 des GEC-Programms, initiiert von Rosemary Clarke (1993) und Kolleginnen und Kollegen an der Universität Birmingham, untersuchte die Implikationen erhöhter Energieproduktion für Entwicklungsländer. China wird üblicherweise zitiert als Beispiel eines Landes, in dem eine Erhöhung des Lebensstandards für den größten Teil seiner riesigen Bevölkerung unweigerlich das Ziel einer Verringerung der Treibhausgase aufs Spiel setzen wird. In ihrer Arbeit haben Rosemary Clarke und ihre Kolleginnen und Kollegen gezeigt, daß das Haupthindernis für eine Reduktion der Emissionen in dem gegenwärtigen hohen Niveau der Subventionen für fossile Brennstoffe in China liegt. Es geht nicht einfach darum, den Lebensstandard der chinesischen Bevölkerung zu erhöhen und ihre Größe zu verringern. Die exzessiven Subventionen für fossile Brennstoffe erzeugen ein Verbrauchsniveau, das sich markant reduzieren ließe, ohne daß dies notwendig den Lebensstandard bedrohen müßte. Der beste Weg, den verschwenderischen Energieverbrauch in China zu überwinden, wäre eine Kürzung der Subventionen, welche ihn anheizen. Betrachtet man den sekundären Nutzen aus einer Reduktion der Treibhausgase, einschließlich einer gesünderen Umwelt, so könnte China aus einer Politik der Bekämpfung der Umweltverschmutzung sogar bescheidene Gewinne ziehen.

Die Rolle, die eine CO_2-Steuer in internationalen Beziehungen spielen könnte, wird auch durch Forschung unterstrichen, die Ulph und Venables (1994) an der Universität Southampton durchgeführt haben. Sie haben gezeigt, daß es für eine wirkungsvolle internationale Umweltpolitik zur Vermeidung des Transfers ökologischer Kosten in ärmere Länder („ökologisches Dumping") eine supranationale Autorität braucht, die sowohl die Festsetzung von Zielwerten für Emissionen als auch die in den verschiedenen Nationen getroffene Wahl politischer Instrumente koordiniert. Erforderlich ist koordiniertes Handeln, welches mehrere politische Instrumente umfaßt und welches durch ein internationales Umweltrecht gestützt wird. Die „Framework Convention on Climate Change" (Klimakonvention) ist eine auf legalem Gebiet unübliche Maßnahme, insofern als sie stillschweigend die Ungewißheit bei der Voraussage klimatischer Veränderungen anerkennt und versucht, aufbauend auf allen möglichen Maßnahmen, die einzelne Nationen für angemessen halten, zu „Ziel"werten zu kommen.

Weitere Forschung hat gezeigt, daß sich größere Energieeffizienz auch erreichen ließe, indem man andere menschliche Dimensionen untersucht, etwa die Faktoren, welche die Planung von Gebäuden beeinflussen. Elizabeth Shove und Simon Guy (1994) haben in ihren Forschungsarbeiten dargelegt, wie Möglichkeiten zur Energieerhaltung in Gebäuden weniger mit der Art des Gebäudes zu tun haben als mit der *Organisation und der kommerziellen Dynamik der Bauindustrie*. Nach ihrer Ansicht ist der beste Weg des Energiesparens nicht eine isolierte Förderung technischer Veränderungen, sondern eine Betrachtung des sich entfaltenden sozialen Prozesses, in dem Gebäude nicht nur entworfen sondern auch *genutzt* werden. Entwurf und Nutzung von Gebäuden stellen einen Bereich dar, in dem soziale Forderungen artikuliert und alternative Visionen von Gesellschaft materialisiert werden. Die diesem Bereich zugrundeliegenden sozialen Orientierungen, welche unsere Konsummuster charakterisieren, zeigen sich durch die Art und Weise, wie Energieerhaltung bei vielen modernen Gebäuden außer acht gelassen wird.

2. Die Entwicklung sauberer Technologien

Eine weitere Arbeit im Rahmen des GEC-Programms hat die Faktoren betrachtet, welche Auswahl und Verbreitung saubererer Technologien beeinflussen, sowie die Rolle staatlicher

Regulierung bei diesem Prozeß. James F. Skea und Roy Rothwell (1994) von der Science Policy Research Unit der Universität Sussex haben eine Reihe von Wirtschaftszweigen untersucht, um Daten über die Auswirkung regulatorischer Rahmenbedingungen zu sammeln. Im Fall der agrochemischen Industrie entschieden sie sich, die Zulassungsregistrierung von Produkten zu beobachten anstatt die Regulierungen, mit denen der Produktionsprozeß beeinflußt werden soll. Sie fanden heraus, daß durch die Zulassungsvorschriften Eintrittsbarrieren geschaffen worden sind, welche die Entwicklung neuer Substanzen für agrochemische Produkte bremsen. Infolgedessen hat sich die industrielle Innovation von neuen Substanzen auf das Gebiet der Vermarktung und Verpackung verlagert.

Für den Energiesektor brachte die Arbeit von Skea und Rothwell jedoch andere Probleme ans Licht. Die vermehrte Sorge um die Umwelt hatte sich auf die Kosten der Energieerzeugung aus fossilen Brennstoffen ausgewirkt, indem sie technische „end-of-pipe"-Verbesserungen verlangte. Es ist aber viel wünschenswerter, sauberere Produktionsprozesse zu entwickeln, als Produktionsverfahren, die ihrem Wesen nach schmutzig sind, zu reinigen. Skea und Rothwell fanden, daß sauberere Verbrennungstechnologien viel langsamere Verbreitung gefunden hatten als „end-of-pipe-Lösungen". Die Entwicklung sauberer Technologien wurde nicht durch Nachfrage ausgelöst, sondern von der Technik selbst vorangetrieben, die auf Leistung und Verläßlichkeit Wert legte. Vom Standpunkt der Energieeffizienz aus könnte eine nachhaltigere Gesellschaft mit einer Verbesserung ihres „Managements der Nachfrageseite" beginnen, mit dem Versuch zu gewährleisten, daß Energieeffizienz und geringere Umweltverschmutzung in den Prozeß industrieller Innovation eingebaut werden.

3. Probleme der Entwicklungsländer

Ein Thema, das für die Steigerung nachhaltiger Entwicklung auf der südlichen Halbkugel beträchtliche Bedeutung hat, ist die Rolle der Frauen auf dem Lande. Roz David, die für eine nichtstaatliche Organisation namens SOS Sahel arbeitet, hat die Auswirkungen eines Wegzugs der Männer auf die Rolle der Frauen beim Umweltmanagement in der afrikanischen Trockenzone untersucht (David 1995). Auf Grund ihrer Arbeit in vier Sahel-Ländern fand David heraus, daß es zwischen einem Wegzug der Männer und einer verbesserten ökologischen Praxis keine *direkte* Korrelation gibt. Sie fand, daß der Wegzug der Männer keine signifikante Wirkung darauf hat, wie die Frauen Einkommen erzielen, und auch keine direkte Auswirkung auf ihre Bemühungen, die lokale Umwelt, von der sie abhängen, zu verbessern.

Sie fand jedoch auch, daß Frauen, nicht nur Ehefrauen, von der Abwesenheit der Männer schwer betroffen waren, insbesondere dadurch, daß sie die Arbeitskraft der Männer in der Landwirtschaft ersetzen mußten. Zusätzlich waren die Frauen durch die Abwesenheit der Männer bei Aktivitäten zur Verbesserung der Umwelt wichtiger geworden. Ihre Beteiligung bei diesen Aktivitäten stand jedoch in engem Verhältnis zu dem Platz, den sie in der Gesellschaft einnahmen, und nicht zu der Abwesenheit der Männer von ihren Gemeinschaften.

Aus ihrer Untersuchung zieht David den Schluß, daß Frauen auf einer frühen Stufe in die Planung nachhaltiger Praktiken auf der Ebene der Haushalte und der Gemeinschaft einbezogen werden müssen. Verfolgt man nur kurzfristige technische und ökonomische Ziele, so heißt das oft, daß es verlorene Mühe ist, Frauen in das Umweltmanagement zu integrieren. Auch hier wieder macht die Untersuchung deutlich, daß wir bei unserem Versuch, ökologische Ziele zu erreichen, die Art und Weise beachten müssen, wie Gesellschaften organisiert sind, und die sozialen und wirtschaftlichen Zwänge, denen diejenigen ausgesetzt sind, die vielleicht helfen könnten, mehr Nachhaltigkeit zu bewirken. Diese Bemerkung hat für die Frauen im Sahel ebenso Gültigkeit wie für die Bauindustrie in Großbritannien oder für Gemeinschaften in Westafrika.

Weitere Forschung fand unter der Schirmherrschaft des GEC-Programms auf internationaler Ebene statt. Jackie Roddick und Philip O'Brien von der Universität Glasgow haben untersucht, was in Lateinamerika geschieht, wenn Umweltbewegungen, deren Ursprung und Identität auf einer Opposition zum Staat basieren, mit dem Staat selbst kooperieren müssen bei der Suche nach einer funktionsfähigen nachhaltigen Entwicklungspolitik (Roddick/O'Brien 1993). Sie fanden heraus, daß Umweltschutzgruppen versucht haben, ihre Fähigkeiten weiterzuentwickeln, so daß sie oft als Berater von Regierungen fungieren, die sich ökologischer Prioritäten nur unzulänglich bewußt sind. Wirkungen des Rio-Gipfels manifestieren sich oft auf lokaler Ebene, wo der Gipfel ökologischer Opposition eine glaubwürdigere Basis verschafft hat. In der Vergangenheit konnten sich lokale Umweltschutzgruppen weniger auf größere, globale Richtlinien berufen. Gleichzeitig konstituieren sich Umweltschutzbewegungen in Lateinamerika primär als soziale Bewegungen mit klaren Zielen, darunter mehr Macht für Menschen und Gemeinschaften auf lokaler Ebene. Umwelt ist ein Thema für soziale Bewegungen und Gruppen, die die Erfahrung sozialer Deprivation gemacht haben. Für Regierungen ist 'nachhaltige Entwicklung' oft ein Weg, ihren internationalen Status zu verbessern, namentlich gegenüber internationalen Behörden.

IV. Globale ökologische Abkommen und menschliche Werte

Die internationalen Abkommen, die am Rio-Gipfel von 1992 unterzeichnet wurden, sind Ausdruck ökologischer Werte, von denen viele weithin anerkannt sind. Gleichzeitig erfordern diese Abkommen, daß unser Eintreten für jene Werte mehr ist als ein bloßes Lippenbekenntnis, wenn sich unsere Art und Weise, mit globalen Ressourcen umzugehen, wirklich ändern soll. Der institutionelle Apparat, der in Rio de Janeiro eingerichtet wurde, zeugt ebenso wie die Abkommen selbst von der Schwierigkeit, einen Konsens über globales Umweltmanagement herzustellen.

Die Konvention über Biodiversität ist ein gutes Beispiel für die Grenzen internationaler Abkommen, welche nicht von gemeinsamen Werten getragen werden. Diese Konvention versucht, die biologische Vielfalt auf dem Planeten zu erhalten, indem sie sowohl Arten als auch Ökosysteme schützt. Sie legt auch politische Optionen für die Nutzung dieser biologischen Ressourcen und damit zusammenhängender Technologien fest (Grubb 1993).

Während der Verhandlungen erstrebten die entwickelten Länder einen Zugang zu den biologischen Ressourcen der Entwicklungsländer und Einfluß auf deren Schutz. Die Entwicklungsländer ihrerseits wünschten bevorzugten Zugang zu den Biotechnologien der Länder auf der Nordhalbkugel. Möglicherweise wurde in der Konvention hauptsächlich die Wertvorstellung bekräftigt, daß Nationen „Hoheitsrechte" über die biologischen Ressourcen in ihren Territorien haben und daß der Nutzen dieser Ressourcen auf der Basis „gegenseitiger Übereinkunft" fairer verteilt werden solle. Die Konvention billigt die Vorstellung, die einzelnen Länder sollten Pläne zum Schutz der Biodiversität entwickeln, die dann zur Prüfung eingereicht werden sollten.

Gegen die dezidierten Einzelinteressen hat es ein Handeln, welches im Interesse der ganzen Erde die Zerstörung biologischer Systeme zu stoppen versucht, allerdings schwer. Keineswegs überraschend bestehen die Länder der Südhalbkugel auf ihren Hoheitsrechten beim Umgang mit ihren eigenen Ökosystemen. Die Länder des Nordens, und namentlich die USA, bestehen gleichermaßen auf ihren Zugangs„rechten" zu diesen Ressourcen, mit der Begründung, die Verhinderung von deren Ausbeutung sei ein Schlag ins Gesicht des wissenschaftlichen Fortschritts. Die modernistische Überzeugung, man könne „Fortschritt" durch die Entwicklung der Wissenschaft erreichen, welche natürlich durch Marktkräfte in Gang gesetzt wird, ist ein Herzstück des Wertsystems der Industrieländer. Die USA unter Präsident Bush weigerten sich sogar, die Konvention zu unterzeichnen.

Tickell hat sehr plastisch gezeigt, wie wir von biologischen Ressourcen abhängen, wie diese der Garant unseres täglichen Lebens sind. „Zur Zeit nehmen wir kostenlos ein weitgehend regelmäßiges Klimasystem mit dazu passenden Land- und Meeresökosystemen in Anspruch. Wir verlassen uns darauf, daß die Wälder und die Vegetation ganz allgemein Humus produzieren, ihn beisammenhalten und die Wasserreserven regulieren, indem sie Auffangbecken erhalten, das Grundwasser erneut auffüllen und Extrembedingungen abpuffern. Wir vertrauen darauf, daß die Böden fruchtbar sind und Schadstoffe absorbieren und abbauen. Wir verlassen uns auf Korallenriffe und Mangrovenwälder als Laichgründe für Fische und als Feuchtgebiete und auf Flußdeltas als Stoßdämpfer gegen Flutwellen. ... Für diese Dienste der Natur läßt sich kein Ersatz vorstellen. Aber wir können auch nicht weiterhin davon ausgehen, diese Gaben der Natur seien auf Dauer garantiert" (Tickell 1994: 3; aus dem Original übersetzt).

Es ist klar, daß in dem, was wir als gegeben seitens natürlicher Systeme ansehen und was wir zum Schutz dieser Systeme vorschlagen, Werte implizit enthalten sind. Gleichzeitig liegen dem Prozeß ökonomischer Entwicklung ganz andere Werte zugrunde. Die Brundtland-Kommission versuchte in ihrem Bericht von 1987, die Umweltdebatte um die explizitere Erwähnung unserer Wertpräferenzen zu erweitern (Brundtland 1987). Anders als die Berichte des IPCC behauptet dieser Bericht nicht, ein wertfreies Dokument zu sein, sondern bekennt offen politische Ziele, von denen viele in der Folge in die Agenda Einundzwanzig aufgenommen wurden. Der Gedanke, daß die Vorstellung von nachhaltiger Entwicklung die Politik durchdringen solle, läßt sich nicht von dem Versuch trennen, ganz verschiedene Wertsysteme zu integrieren.

Ein gut Teil der Konfusion, welche die Diskussion um nachhaltige Entwicklung und die Ausarbeitung internationaler Abkommen begleitet, ergibt sich aus der Beziehung zwischen unseren Werten und unseren Kenntnissen über globale Umweltprobleme. Die wissenschaftliche Kontroverse um globale Klimaveränderungen und die Überlegungen des IPCC legen nahe, ein größeres Wissen um zukünftige Klimaveränderungen und ihre Auswirkungen werde uns in die Lage versetzen, angemessenere Werte zu vertreten, welche langfristige Nachhaltigkeit über kurzfristigen wirtschaftlichen Gewinn stellen. Für die Richtigkeit dieser Annahme gibt es aber nur wenig Anhaltspunkte. Statt dessen läßt sich feststellen, daß wir, solange wir die Umweltprobleme mit unseren heutigen Werten zu lösen versuchen, höchstwahrscheinlich aus dem wachsenden Wissen über die globale Umwelt wenig Nutzen ziehen werden.

Das Ziel nachhaltiger Entwicklung wird, zumindest oberflächlich, von den meisten Regierungen gutgeheißen. Die meisten Länder der Nordhalbkugel haben Abkommen unterzeichnet und in einigen Fällen ratifiziert, welche eine Reihe von Prinzipien und Werten billigen, die globale Nachhaltigkeit über Partikularinteressen und kurzfristigen ökonomischen Vorteil stellen. Auf einer tieferliegenden Ebene gibt es jedoch wenig Einverständnis über die „Werte", von denen nachhaltige Entwicklung durchdrungen sein sollte. Die „natürlichen Dienstleistungen", welche die Umwelt bereitstellt, werden anerkannt, aber nach wie vor glaubt man, sie würden auch in Zukunft zu unserer Verfügung stehen. Die wirklichen ökologischen Kosten und Leistungen der Umwelt werden im alltäglichen wirtschaftlichen Management, welches die Nutzung der Umwelt bestimmt, kaum anerkannt.

In gleicher Weise wird der größte Teil politischer Programme nach wie vor auf der Basis von nicht nachhaltigen Voraussetzungen bezüglich Bevölkerung, Militärausgaben und Wirtschaftswachstum abgefaßt, statt daß im Sinne des Vorsorgeprinzips flexiblere Antworten auf ungewisse Situationen entwickelt werden. Globale Ungleichheiten, insbesondere solche zwischen Norden und Süden, sind Teil der für selbstverständlich gehaltenen Voraussetzungen, welche den Hintergrund internationaler Abkommen auf nicht-ökologischem Gebiet bilden, etwa auf dem Gebiet der Liberalisierung des Handels. Ungleichheiten innerhalb von Entwicklungsländern, so wird uns regelmäßig gesagt, seien Teil des Preises, den jene Länder für ihre fehlende „Entwicklung" zahlen müßten.

Solange nachhaltige Entwicklung nicht unser Verhalten auf allen Ebenen bestimmt, ist es unwahrscheinlich, daß globale Abkommen über Umweltmanagement mehr vermögen werden, als an der Oberfläche der Probleme zu kratzen. Ökologische Werte müssen Änderungen in unserem Verhalten in Gang setzen. Das betrifft unsere Art und Weise, uns auf die Natur und zukünftige Ungewißheiten zu beziehen, ebenso wie unsere Annahmen über die Umwelt, welche Teil routinisierter Praxis geworden sind. Diese Bemerkung ist natürlich selbst ein Werturteil. Solange wir nicht zugeben, daß sowohl Wissenschaft als auch Politik auf Werten basieren, die nicht nachhaltig sind, brauchen wir nicht viel Erfolg bei nachhaltiger Entwicklung zu erwarten. Die Herausforderung besteht darin, eine zuversichtliche Vision einer Gesellschaft anzubieten, welche sehr verschieden ist von jener, die wir heute kennen. Das heißt, wir brauchen nichts Geringeres als eine Vision einer alternativen Zukunft.

Literatur

Barker, Terry, und *Paul Ekins*, 1991: Green Futures for Economic Growth: Britain in 2010. Cambridge: Cambridge Econometrics.
Brundtland, Gro Harlem, 1987: World Commission on Environment and Development. Our Common Future. Oxford: Oxford University Press.
Burgess, Jacquie, und *Carolyn Harrison*, 1995: Making the Abstract Real: A Cross-Cultural Study of Public Understanding of Global Environmental Change. London: University College London.
Clarke, Rosemary, 1993: Energy Taxes and Subsidies; Their Implication for CO_2 Emissions and Abatement Cost, International Journal of Environment and Pollution 3: 168-178.

David, Roz, 1995: Changing Places?: Women, Resource Management and Migration in the Sahel, SOS Sahel UK.

Grubb, Michael, 1993: The Earth Summit Agreements: A Guide and Assessment. London: Earthscan/Royal Institue of International Affairs.

Roddick, Jackie, und *Philip O'Brien*, 1993: Earth Summit, Rio 1992. Modern Studies Association Yearbook.

Shove, Elizabeth, und *Simon Guy*, 1994: Energy Efficiency in the Making: Cultural Contexts of Building Research (University of Sunderland, Juli 1994), Vortrag bei der „Global Forum Academic Conference", Manchester.

Skea, James F., und *Roy Rothwell*, 1994: Environmental Pressures, Competition and Firm Strategy in the European Energy Sector: the Case of Combustion Emissions Controls in Four Countries (SPRU, University of Sussex, November 1994), Vortrag bei der „Greening of Industry Conference", Copenhagen.

Tickell, C., 1994: Biological Diversity and Sustainable Development Since the Earth Summit, Public Lecture Given at Green College, Oxford: Oxford University.

Ulph, A., und *T. Venables*, 1994: Strategic Environmental Policy, International Trade and the single European Market, No. 9403, Discussion Papers in Economics and Econometrics University of Southampton.

Aus dem Englischen übersetzt von *Gisela Jaeger-Weise.*

DAS MANAGEMENT GLOBALER ALLMENDEN*

Ottmar Edenhofer

Zusammenfassung: Die Debatte um die vernünftige Nutzung der Atmosphäre hat noch kein Managementkonzept hervorgebracht, das gleichermaßen wissenschaftlich abgestützt und gesellschaftlich durchsetzbar ist. Dennoch lassen sich aus dem Rational Actor Paradigm (RAP) einige wichtige Erkenntnisse gewinnen: Internationale Umweltabkommen haben nur dann eine Chance, wenn der Strategieraum der Nationalstaaten erweitert wird, wenn soziale Lernprozesse angestoßen werden und sich auf Märkten ökologische Innovationen durchsetzen. Wie jedoch ökologische Innovationen und soziale Lernprozesse gefördert werden können, läßt sich mit dem Instrumentarium von RAP nicht mehr bestimmen. RAP kommt zu der Schlußfolgerung, daß Märkte und freiwillige Verhandlungen allein keine effizienten institutionellen Arrangements sind, um ökologisches Wissen zu entdecken und zu verbreiten. Der Ausweg in RAP, die Nutzung globaler Allmenden einem rationalen Planer zu überlassen, scheitert daran, daß dieser weder demokratisch legitimiert ist noch über das notwendige Wissen für solch weitreichende Entscheidungen verfügt. Die Forschungsrichtung des Integrated Assessments versucht zu erklären, wie das notwendige Wissen für soziale Lernprozesse und ökologische Innovationen entdeckt und verbreitet werden soll. Dabei geht es einmal um die Frage, wie die Arbeitsteilung zwischen Experten und Laien neu bestimmt werden kann, und zum anderen, wie sich das Expertenwissen aus unterschiedlichen Fachdisziplinen durch Computermodelle so in ein Gesamtbild integrieren läßt, daß es in Entscheidungssituationen genutzt werden kann.

I. Einführung

Die besorgten Aktivisten warnen vor einer schleichenden Klimakatastrophe; die berechnenden Skeptiker vor den zusätzlichen Kosten einer Klimaschutzpolitik, die weit über deren zusätzlichen Nutzen lägen. Fordern die einen rasches Handeln, so verweisen die anderen auf die Unsicherheiten langfristiger Klimaprognosen und warnen vor der Irrationalität einer drastischen Reduktion der CO_2-Emissionen. Beide Lager können in Anspruch nehmen, sich auf Experten aus Natur- und Wirtschaftswissenschaft zu stützen. Bezeichnenderweise sind die Vertreter von Unternehmen keineswegs geschlossen gegen eine drastische Reduktion von CO_2: So befürchten vor allem Versicherungsunternehmen, der Klimawandel könnte die Ursache vermehrter Überschwemmungen und Sturmschäden sein; sie erwägen daher, vermehrt Kapital zur Förderung alternativer Energien bereitzustellen (Schmidheiny/Zarraquín 1996: 151-154).

---

* Dieser Beitrag profitierte von zahlreichen Diskussionen und Kommentaren: Mein besonderer Dank geht an zwei anonyme Gutachter, an Reinhard Breßler, Urs Dahinden, Marcel Gruber, Yvonne Haffner, Carlo C. Jaeger, Annette Jakisch, Bernd Kasemir, Meinrad Rohner, Eva Sickmann, Ralf Schuele, Meherangis Steinwandter, Rainer Tautorat, Bernhard Truffer, Matthias Waechter. Die Fehler verantwortet allein der Autor.

Die Begrenzung der CO_2-Emissionen stellt die gängigen Wirtschafts- und Gesellschaftsmodelle in Frage: Denn bereits eine Verlangsamung des weltweiten CO_2-Anstiegs erfordert, daß entweder die Wachstumsraten der Weltbevölkerung und des Weltsozialprodukts gesenkt werden oder die Energieeffizienz erhöht wird. In welcher Kombination auch immer diese drei Größen verändert werden – ohne einen dramatischen Umbau der Weltwirtschaft ist eine Reduzierung der CO_2-Emissionen nicht zu haben. Die Diskussion um die Grenzen des Wachstums ist also noch nicht verstummt, freilich wird sie heute anders geführt. Nicht mehr die Rohstoffquellen drohen zu versiegen, wie dies noch der *Club of Rome 1972* (Meadows 1972) prognostizierte, sondern die Aufnahmekapazität der natürlichen Senken, vor allem der Atmosphäre, scheint sich zu erschöpfen. Der *Brundtlandbericht von 1987* thematisierte diese neuen Grenzen des Wachstums und veränderte damit auch die öffentliche Wahrnehmung globaler Umweltprobleme (The World Commission 1987): Es gehe nicht um „Nullwachstum", sondern um nachhaltige, dauerhafte Entwicklung der Weltwirtschaft. Kurz nach Erscheinen des Berichts haben Naturwissenschaftler begonnen, eindringlich vor den irreversiblen Schäden des CO_2-Ausstoßes zu warnen. Durch die Gründung des Intergovernmental Panel on Climate Change *(IPCC) 1988* gelang es, dieser Besorgnis politisch zum Durchbruch zu verhelfen (Boehmer-Christiansen 1994). Das IPCC wurde zu einem Forum, in dem Wissenschaftler und Regierungsvertreter ihre neuesten Erkenntnisse über die Klimapolitik austauschten, diskutierten und damit die internationalen Verhandlungen beschleunigten, die zur *Konferenz von Rio 1992* und zum *Klimagipfel in Berlin 1995* führten; beide Konferenzen können als politische Erfolge der Warner verbucht werden. Bislang wollen die Industrieländer ihre Emissionen auf das Niveau von 1990 reduzieren; ob sie ihre Emissionen darüber hinaus reduzieren werden, wie dies auf dem Berliner Gipfel in Aussicht gestellt wurde, ist noch ungewiß; auch die politischen Entscheidungsträger stehen vermeintlich vor der Wahl zwischen besorgtem Aktivismus und berechnendem Skeptizismus.

Diese Debatte um die vernünftige Nutzung der Atmosphäre hat zwar noch kein Managementkonzept hervorgebracht, das gleichermaßen wissenschaftlich abgestützt und gesellschaftlich durchsetzbar ist: Dennoch sind die Umrisse eines möglichen Konzepts bereits deutlich erkennbar. Die bisher einflußreichsten Beiträge (Berger 1994) stammen von den Vertretern des Rational Actor Paradigms (RAP), die das Problem des Klimawandels mit Hilfe zweier Theorierichtungen thematisieren: Soziale Dilemmata (Abschnitte II.1 und II.2) und normative Wohlfahrtstheorie (II.3). Erstere kommt zu einem pessimistischen Ergebnis: Die Chancen eines internationalen Umweltabkommens zur Reduktion von CO_2 seien gering und ein nationaler Alleingang riskant, weil dadurch die Weltemissionen paradoxerweise erhöht würden. Einige Vertreter der normativen Ökonomie kommen sogar zu dem Ergebnis, eine internationale Kooperation sei nicht wünschenswert, da eine Reduktion von CO_2 wegen der immensen Kosten ohnehin irrational sei. Der Pessimismus des Rational Actor Pardigms hat zumindest den Vorzug, daß er seine Voraussetzungen geklärt hat und weiß, wann sich der Umschlag in den Optimismus lohnt: wenn Unternehmer, Konsumenten und Politiker zu ökologischen Innovationen fähig sind. Innovationen sind immer mit der Entdeckung neuen Wissens und seiner Verbreitung verbunden. Die Diskussion um das Management globaler Allmenden im Rahmen von RAP wird zeigen, daß Märkte, freiwillige Verhandlungen und staatliche Bürokratie versagen. Daher ist die Rede vom Markt- und Politikversagen irreführend: Dies ist auch der Grund, warum hier vom Management und nicht von der Politik globaler Allmenden die Rede sein soll. Denn auch staatliche Politik allein kann keine vernünftige Nutzung globaler Allmenden garantieren; es bedarf hierzu verschiedener Akteure, die durch ein Netzwerk miteinander verbunden sind, das keiner allein vollständig kontrolliert. Mit der Rede vom Management globaler Allmenden soll die Bedeutung solcher Netzwerke hervorgehoben werden, die einer multiplen Kontrolle unterliegen (Drucker 1993).

Eine neu entstehende Forschungsrichtung versucht sich dieser Herausforderung zu stellen. Im Rahmen des sogenannten Integrated Assessments wird versucht, die soziale Organisation des Wissens weiterzuentwickeln: Die Arbeitsteilung zwischen Experten und Laien soll neu bestimmt (III.1) und neue Formen der Interpretation von Wissen sollen experimentell erprobt werden (III.2). Eine ökologische Erneuerung von Marktwirtschaft und Demokratie bedarf veränderter wissensbasierter Netzwerke. Der Erfolg des Integrated Assessments wird davon abhängen, ob es gelingt, die Leitideen der Innovation und Partizipation zu einem Managementkonzept globaler Allmenden weiterzuentwickeln.

II. Das Managementkonzept des Rational Actor Paradigms

1. Das Paradox internationaler Umweltabkommen

Was ist mit der Metapher gemeint, die Atmosphäre sei eine Allmende der Menschheit? Unter einer Allmende versteht man eine Ressource, die sich im gemeinsamen Eigentum mehrerer Nutzer befindet oder für die keine Eigentumsrechte bestehen. Wenn jeder der Eigentümer z.B. eine gemeinsame Weidefläche nach eigenem Gutdünken nutzen kann, wird die Weidefläche übernutzt oder gar zerstört. Ist diese Tragödie der Allmende (Hardin 1968) geeignet, den Klimawandel als globales Umweltproblem adäquat zu beschreiben? Kommt es zu einer Veränderung des Klimasystems, weil Unternehmen, Haushalte und Staaten die Atmosphäre nach ihrem individuellen Kalkül nutzen, ohne die begrenzte Aufnahmefähigkeit der Atmosphäre dabei in Rechnung zu stellen? Nur unter bestimmten Bedingungen – so lautet die kaum überraschende Antwort. Unter welchen Bedingungen genau ein soziales Dilemma vorliegt, wie es die Tragödie der Allmende beschreibt, soll nun im Detail geklärt werden: Da es im folgenden um die internationale Kooperation von Staaten geht, werden diese wie monolithische Akteure behandelt, wenngleich natürlich nicht „die" Staaten, sondern Unternehmen, Haushalte und Bürokratien Treibhausgase emittieren. Hier soll vorausgesetzt werden, die Staaten verhielten sich rational und seien legitimiert, im Geltungsbereich ihres Gewaltmonopols das Ausmaß der Emission von Treibhausgasen festzulegen. Der empirische Gehalt dieser beiden Voraussetzungen kann zwar mit guten Gründen bestritten werden, dennoch sind sie sinnvoll, weil sie zeigen, welche Schwierigkeiten sich einer internationalen Kooperation stellen, selbst wenn man Rationalität nach außen und Legitimation nach innen unterstellen darf.

Ein Staat verfolgt sein Ziel dann rational, wenn er CO_2 seinem nationalen Kosten-Nutzen-Kalkül entsprechend emittiert, wobei die klimarelevanten Bestandteile der Atmosphäre Schadstoffe sind, die ihre Wirkungen unabhängig vom Ort der Emissionen zeitigen und so nicht nur den emittierenden Staat schädigen, sondern auch alle anderen Staaten. In der Sprache des ökonomischen Kosten-Nutzen-Kalküls läßt sich dies so formulieren:

Jeder der Nationalstaaten, in deren gemeinsamen Besitz sich die Atmosphäre befindet, wird CO_2 solange emittieren, bis die zusätzlichen Kosten (Grenzkosten) der Emissionsreduktion dem zusätzlichen nationalen Nutzen (Grenznutzen) der CO_2-Reduktion entsprechen. Was dies politisch bedeutet, wird sofort ersichtlich, wenn man diese Rechnung für den größten Treibhausemittenten aufstellt: die USA. Der Beitrag der USA zu den Welttreibhausemissionen beträgt etwa 17 Prozent; eine Reduktion um 20 Prozent wäre nach verbreiteter Auffassung unter Ökonomen zwar mit erheblichen Kosten verbunden, würde aber, bezogen auf die Weltemissionen, nicht einmal mit 4 Prozent zu Buche schlagen und hätte kaum nennenswerte Auswirkungen auf das Weltklima. Die nationalstaatlich rationale Strategie bestünde daher darin, keine nennenswerte Reduktion von Treibhausgasen vorzunehmen: *Je steiler die nationalen Grenzkosten mit zunehmender Reduktion ansteigen und je stärker die nationalen Grenznutzen bei zunehmender Reduktion abfallen, um so weniger lohnt sich für einen einzelnen Nationalstaat eine nennenswerte Vermeidung von CO_2, denn ein rationaler Akteur wird die Emissionen nur so weit vermindern, bis die Grenzkosten der Reduktion den Grenznutzen der Reduktion entsprechen.*

Da der nationale Alleingang wenig attraktiv ist, stellt sich die Frage, ob es unter realistischen Bedingungen zu einer internationalen Kooperation zwischen den Nationalstaaten kommt und ob diese Kooperation überhaupt sinnvoll ist. Beide Fragen werden in der Literatur diskutiert. Die Sinnhaftigkeit einer internationalen Kooperation bestreitet implizit Nordhaus: Er kommt mit Hilfe seines Simulationsmodells DICE (Nordhaus 1994) zu dem Ergebnis, daß es für die Staatengemeinschaft günstiger sei, die Treibhausgase (THG) nur geringfügig zu reduzieren und relativ mehr in Anpassungsstrategien angesichts des unvermeidbaren Klimawandels zu investieren, da die weltweiten Grenzkosten einer massiven CO_2-Reduktion höher seien als deren Grenznutzen. Diese Position ist darum nicht zynisch, weil Ressourcen, die für den Klimaschutz eingesetzt werden, für andere Investitionsprojekte nicht mehr zur Verfügung stehen. Eine Reduktion der weltweiten THG-Emissionen stellt sich in diesem Modellrahmen als eine Verschwendung knapper Ressourcen der Weltgesellschaft dar.

Diese politische Empfehlung von Nordhaus ist jedoch nicht zwingend, da sein Modell „katastrophale" Klimaschwankungen ausschließt. Die Vorstellung einer „Katastrophe" ist jedoch keine ausschließlich naturwissenschaftliche, denn selbst wenn die Wahrscheinlichkeit solcher Schwankungen gering ist, können die dadurch verursachten Schäden, wie z.B. Migrationsströme, moralisch inakzeptabel sein. Diese Unsicherheit über die Folgen einer Klimaänderung legt jedoch ein anderes Entscheidungskriterium nahe: Vermeide den „worst case"! Man nennt dieses Kriterium auch Maximin-Regel, weil aus den schlechtesten Fällen, die eintreten können, der am wenigsten schlechte ausgewählt wird (Perrings 1991). Dieses Kriterium ist zwar extrem „risikoavers", hat man jedoch über die Wirkung bestimmter Risiken keine statistischen Kalkulationsgrundlagen, so ist es rational, den vermutlich schlechtesten Fall auszuschließen.

Kann also die Schlußfolgerung aus dem DICE-Modell von Nordhaus, eine internationale Kooperation zur Reduktion von THG sei Verschwendung, mit guten Gründen in Frage gestellt werden, so ist es zumindest gerechtfertigt, die Chancen internationaler Kooperation und deren Stabilität zu erwägen. Eine internationale Kooperation ist jedoch nur dann rational, wenn die beteiligten Nationalstaaten dadurch einen höheren Gewinn erzielen, verglichen mit einer Situation, in der jeder Staat sein nationales Kosten-Nutzen-

Kalkül verfolgt. Die Tatsache, daß jeder der beteiligten Staaten durch Kooperation besser gestellt wird, bedeutet aber noch nicht, daß die Kooperation auch stabil sein muß: Ein einzelner Nationalstaat kann seinen Gewinn durchaus erhöhen, wenn er sich der Kooperation verweigert in der Annahme, daß die anderen Staaten dennoch kooperieren. Kommen alle Staaten in ihren strategischen Überlegungen zum gleichen Ergebnis, müssen internationale Umweltabkommen scheitern. Selbst wenn internationale Kooperation jeden der beteiligten Staaten besser stellen würde, muß der Beitritt zu einem internationalen Umweltabkommen darum nicht stabil sein. Wie Barrett (1991) zeigte, scheitern internationale Umweltabkommen umso wahrscheinlicher, je *steiler* die *Grenzkosten* mit zunehmender Reduktion *ansteigen*, je *stärker* die *Grenznutzen* bei zunehmender Reduktion *abnehmen* und je *mehr Staaten* an der Emission der Treibhausgase *beteiligt* sind.

Die Tatsache, daß zur Zeit etwa 150 internationale Umweltabkommen in Kraft sind (Weimann 1995: 151), spricht auf den ersten Blick nicht gerade für die These, ein internationales Abkommen zur Reduktion von CO_2 müsse scheitern; eine zusätzliche Unterstützung erfährt diese Intuition durch die Tatsache, daß sich im Montrealer Protokoll von 1987 die Unterzeichnerstaaten zu erheblichen Einschränkungen von Substanzen verpflichtet haben, die in Verdacht stehen, die Ozonschicht der Erde anzugreifen; bis heute haben sich 50 Staaten sogar auf ein Verbot von FCKW geeinigt. Der Vergleich zwischen FCKW und CO_2 zeigt jedoch, daß die Grenzkosten des FCKW-Verbotes vergleichsweise gering sind: So wurde ein Ersatzstoff für FCKW entwickelt, der die Grenzkosten auf beinahe null gesenkt hat; außerdem ist die Kausalität zwischen FCKW und Zerstörung der Ozonschicht unumstritten. Da auch nur wenige Staaten FCKW produzieren, können sie durch ein Verbot durchaus Einfluß auf die Ozonschicht nehmen, was bei den CO_2-Emissionen nicht zutrifft: Die Grenznutzen nehmen beim FCKW also keineswegs so schnell ab wie bei einer Reduktion von CO_2. Mit anderen Worten: Der Überwindung des sozialen Dilemmas im Falle des FCKW waren weniger Hürden aufgestellt als im Falle von CO_2, da das nationale Interesse einzelner Staaten ausreichte, um FCKW zu verbieten. Die jüngsten Beobachtungen, daß Staaten der Dritten Welt durch das Verbot in den Industrieländern ermutigt werden, in die FCKW Produktion neu einzusteigen, weist zwar darauf hin, daß das soziale Dilemma der FCKW Produktion bislang unterschätzt wurde – die oben dargelegten Argumente, das soziale Dilemma der CO_2-Emissionen nehme gravierendere Ausmaße an, wird damit noch nicht widerlegt. Der Vergleich des FCKW mit CO_2 verdeutlicht *das Paradox internationaler Umweltabkommen: Sie werden um so wahrscheinlicher abgeschlossen werden, je entbehrlicher sie sind, und scheitern um so eher, je notwendiger sie sind.*

Die Chancen von Umweltabkommen verschlechtern sich zusätzlich, wenn die Annahme aufgegeben wird, alle Staaten hätten identische Grenzkosten und Grenznutzen: So unterscheiden sich die Länder in der Einschätzung des Nutzens, den sie aus einer Verminderung der Emissionen beziehen: Nach einer Querschnittsuntersuchung von 22 Ländern schätzen zwischen 33 und 73 Prozent der Bevölkerung den Klimawandel als ernstes Problem ein (Parson/Zeckhauser 1995: 216). Auch in den Grenzkosten unterscheiden sich die Nationalstaaten: So dürften die Grenzkosten einer Verlangsamung des CO_2-Anstieges in den Entwicklungsländern deutlich geringer sein als in den Industrieländern.

Wird diesen Unterschieden der Kosten und Nutzen in internationalen Abkommen nicht Rechnung getragen, sinken die Chancen der Kooperation: Während der Konferenz von Rio 1992 haben ein Dutzend Industrienationen unverbindlich erklärt, ihre CO_2-Emissionen bis zum Jahr 2005 um 20 Prozent zu reduzieren. Einheitliche prozentuale Reduktionsziele sind jedoch ineffizient, da es der Umgang mit knappen Ressourcen gebietet, daß jene Staaten stärker reduzieren, deren Grenzkosten vergleichsweise gering sind. Einheitliche Reduktionsziele vermindern außerdem das Interesse einzelner Nationalstaaten, einem solchen Abkommen beizutreten, weil dadurch die Kosten den Nutzen des Beitrittes überwögen; dies ist um so eher der Fall, je stärker die Grenzkosten bei zusätzlicher Reduktion ansteigen. Eine einheitliche prozentuale Reduzierung von CO_2-Emissionen, wie es die Vereinbarung von Rio vorsieht, läßt sich daher nur durchsetzen, wenn Transferzahlungen zugelassen werden. Da die Grenzkosten der CO_2-Vermeidung in den Industrieländern höher liegen als in den Entwicklungsländern, müßten entsprechend dieser Logik die Entwicklungsländer den Industrieländern Transfers zahlen (Barrett 1991, 1992), was weder politisch durchsetzbar ist, noch von den Entwicklungsländer als „fair" empfunden werden dürfte.

Interpretiert man diese Modelle als Prognosen, dann steht es schlecht um die internationale Kooperation zur Vermeidung von CO_2. Man sollte sie jedoch nicht als Prognosen betrachten, sondern als Handlungsanweisungen zur Überwindung der Hindernisse einer internationalen Kooperation. Listet man nämlich die Voraussetzungen dieser Modelle auf, dann zeigt sich, daß damit bereits die wichtigsten Hindernisse identifiziert sind.

a) Der *Strategieraum* der Nationalstaaten ist gegeben, wenn die Staaten nur über die Reduktion von Treibhausgasen verhandeln. Werden die Strategieräume der Länder erweitert, so erhöhen sich die Chancen der Kooperation: Bislang werden internationale Umweltabkommen jedoch in Form von Protokollen abgeschlossen, die lediglich die Verpflichtung zur Erreichung eines bestimmten Mengenziels festschreiben. Damit werden jedoch Fragen der CO_2-Reduktion von anderen Fragen internationaler Zusammenarbeit, vor allem von den Fragen des internationalen Handels isoliert, was dazu führt, daß die einzelnen Staaten nicht ermutigt werden, gegenseitig vorteilhafte Tauschgeschäfte zu tätigen (Susskind 1995: 298). Die Forschung, die sich mit dem Zusammenhang von globalen Umweltproblemen und internationalem Handel bereits beschäftigt hat, konnte nachweisen, daß die Bündelung verschiedener Fragen (issue linking) die Lösung von Interessenkonflikten wahrscheinlicher macht, wenn dadurch glaubwürdige Sanktionsmöglichkeiten gegeben sind (Krumm 1996: 184-194). Wie allerdings das Problem der Trittbrettfahrer gelöst werden kann, wenn mehr als zwei Staaten einem Umweltabkommen beitreten sollen, ist offen. Die zunehmende internationale Integration und die Vertiefung der internationalen Arbeitsteilung verdichten das Netz der gegenseitigen Abhängigkeiten. Coleman (1990: 300-321) vermutet, daß in sozialen Netzen gegenseitiger Abhängigkeit und Verpflichtung Normen und Regelverhalten rational sind, weil sich sowohl die Zahl möglicher Koalitionen erhöht als auch die Fähigkeit zur Sanktion. Die Etablierung wechselseitig vorteilhafter Tauschgeschäfte sollte jedoch nicht primär als „moralische" Forderung an die Einzelstaaten verstanden werden, sondern als eine institutionelle Aufgabe, das Design von Umweltabkommen zu verändern (Susskind 1995: 297-299). *Es sollen Tauschgeschäfte zugelassen werden, indem der Strategieraum erweitert wird; ebenso sollte die Vereinbarung einheitlicher Reduktionsziele vermieden werden, da sie die Zahl der Kooperationspartner unnötig verringert.* In einem erweiterten Strategieraum kann leichter ein vernünftiger Kompromiß zwischen dem Prinzip der *effizienten* und dem der *fairen* Lastenverteilung gefunden werden.

b) Die oben diskutierten Modelle setzen weiter voraus, daß die *Grenznutzen* gegeben sind. Die Grenznutzenkurve reflektiert unterschiedliche Faktoren, die sich kaum auf einen Nenner bringen lassen; und es soll hier nicht der Eindruck erweckt werden, als sei eine Reduktion dieser Determinanten auf einen einzigen Indikator möglich. Es spricht jedoch einiges dafür, daß die Stärke von Bürgerinitiativen, Interessengruppen und neuen sozialen Bewegungen ein erhöhtes Umweltbewußtsein der Konsumenten und Wähler widerspiegelt und damit auch einen erhöhten Druck auf die Regierungen. Dieser unterschiedliche Druck auf die Regierungen wurde auf der Rio-Konferenz 1992 in den unterschiedlichen Verhandlungsstrategien der USA und EU deutlich: Die Vertreter der USA argumentierten, man wisse noch nicht genug über die Zusammenhänge; die EU rechtfertigte ihre Reduktionsvorschläge mit dem Hinweis auf den „worst case" eines Klimawandels, der vielleicht nicht sehr wahrscheinlich sei, aber dennoch „katastrophale" Folge haben könne: *Ökologisch aufgeklärte Verbraucher, umweltbewußte Wähler und klug agierende Umweltverbände können auf internationaler Ebene Kooperation erleichtern.*

c) Wird angenommen, daß die *Grenzkostenkurve* gegeben ist, so wird damit unterstellt, daß von technischem Fortschritt abstrahiert werden kann. Die Grenzkostenkurve kann jedoch durch ökologische Innovationen dramatisch nach „unten gedrückt" werden. Die Einführung dieser Innovationen ist zwar nicht kostenlos. Für die Industrieländer könnte sie jedoch dann eine Verbesserung darstellen, wenn sich für sie Zukunftsmärkte eröffneten; Entwicklungsländer, die sich auf dem Weg zur Industrialisierung befinden, könnten dann von vornherein Entwicklungspfade einer höheren Energieeffizienz einschlagen. Wie bereits oben gezeigt wurde, ist die internationale Kooperation zwischen Staaten um so unwahrscheinlicher, je steiler die Grenzkosten sind. Werden die Grenzkosten der CO_2-Reduktion nach unten verschoben, erhöht sich die Chance internationaler Umweltabkommen: *Ökologische Innovationen sind der entscheidende Faktor zur Auflösung des Paradoxes der internationalen Umweltabkommen.*

Erweiterte Strategieräume, starke Umweltverbände und ökologische Innovationen für sich allein sind kein Allheilmittel, sie räumen nur Hindernisse einer Kooperation aus dem Weg. Wer aber den Industrieländern empfiehlt, sie sollten ihre CO_2-Emissionen im Alleingang – ohne Kooperation mit den Ländern der Dritten Welt – reduzieren, muß sich der Tatsache stellen, daß dies zu einem weiteren Anstieg der Weltemissionen von CO_2 führen kann: Wenn es nämlich einer Gruppe von Ländern gelingt, durch Umstrukturierung ihrer Produktion CO_2 zu vermeiden, dann wird dies dazu führen, daß eine geringere Menge energieintensiver Produkte angeboten wird; Länder, die mit einer geringeren Energieeffizienz produzieren, wie etwa die meisten Entwicklungsländer, könnten diese Angebotslücke füllen; im Endergebnis würde dadurch weltweit mehr CO_2 emittiert als zum Ausgangszeitpunkt. Reduzierten darüber hinaus „große" Länder CO_2, so könnte dies zu einem weiteren Sinken des Weltmarktpreises für Rohöl führen, was wiederum in Ländern, die CO_2 nicht vermindern wollen, zu Substitutionseffekten führt: mit dem wenig erfreulichen Ergebnis steigender Weltemissionen (Weimann 1995: 132-136). Für Staaten, die für ihre industrielle Entwicklung auf die Nutzung fossiler Energieträger angewiesen sind (wie etwa China), ist der Anreiz groß, ihre CO_2-Emissionen dennoch zu erhöhen, gerade dann, wenn sich einige wichtige Industrieländer verpflichten, auf eine energieeffizientere Wirtschaftsweise umzustellen. Diese „altruistische" Selbstverpflichtung der Industrieländer könnte die Entwicklungsländer zu einer „egoistischen" Selbstverpflichtung verleiten: ihre Grenzkosten durch eine energieintensive Wirtschaftsstruktur zu erhöhen. Dies könnte zu einem „Selbstverpflichtungswettlauf" zwischen Industrieländern und Entwicklungsländern führen (Schelling 1960: 22; Althammer/Buchholz 1993: 296-300).

Die spieltheoretische Figur des Chicken-Game modelliert diesen Sachverhalt: Land 2 (z.B China) kann durch seine egoistische Selbstverpflichtung ein anderes Industrieland in die Situation des „Chickens" drängen: Je mehr das Entwicklungsland CO_2 emittiert, um so stärker müßte das Industrieland dann seine Emissionen reduzieren. In der Auszahlungsmatrix der *Abbildung 1* steht C für Kooperation und N für eine egoistische nationale Politik. Die Frage ist nun, welche Situation für die beiden Länder stabil ist; eine Spielsituation ist dann stabil, wenn für keines der beiden Länder ein Anreiz besteht, sein Verhalten zu ändern. Man nennt diese Situation ein Nash-Gleichgewicht: Die Auszahlungsmatrix des Spiels in *Abbildung 1* zeigt ein solches Nash-Gleichgewicht. Es beschreibt eine Situation, in der Land 2 (China) glaubwürdig mit einer egoistischen Politik droht (N) und Land 1 (Industrieland) sich kooperativ verhält (C). Dieses Nash-Gleichgewicht, das aufgrund einer glaubwürdigen Drohung zustande kommt, hat eine „seltsame" Eigenschaft – es ist paretooptimal: Land 1 kann nicht besser gestellt werden, ohne Land 2 schlechter zu stellen. Da nun eine beiderseitige Kooperation Land 1 zwar besserstellen würde (seine Auszahlung erhöhte sich von 3 auf 5), jedoch Land 2 schlechter (seine Auszahlung verminderte sich von 10 auf 5), ist eine Situation paretooptimal, in der China rücksichtslos CO_2 emittiert und die Industrieländer CO_2 vermeiden (Land 2 spielt N, Land 1 C).

Abbildung 1: Chicken-Game ohne Transferzahlungen

Land 1 \ Land 2	C	N
C	5 / 5	3 / 10
N	10 / 3	0 / 0

Dieses Spiel zeitigt Folgen, die keiner beabsichtigt hat, am wenigsten das Land, das in einem nationalen Alleingang versucht, das Weltgemeinwohl zu fördern: Durch die Forcierung ökologischer Innovationen senken die Industrieländer die Kosten ihrer CO_2-Reduktion; zugleich schaffen sie dadurch für Länder wie China einen Spielraum, ihre CO_2-Emissionen zu erhöhen (Althammer, Buchholz 1993: 296-300; Hoel 1991). Diese wenig erfreuliche Aussicht zeigt, daß ökologische Innovationen eine notwendige Bedingung für die Reduktion der Treibhausgase sind, keinesfalls jedoch eine hinreichende. Die drohende Gefahr, nationale Alleingänge könnten im Endergebnis zu einem erhöhten Anstieg der Weltemissionen von CO_2 führen, sollte nüchtern einkalkuliert werden. Diese Effekte können jedoch vermieden werden, wenn internationale Verhandlungen zur Reduktion von CO_2 in einem „weiten" Strategieraum diskutiert werden. Spieltheoretisch läßt sich dieser

Sachverhalt so formulieren: Ein Chicken-Game kann durch Transfers in ein anderes Spiel transformiert werden (vgl. *Abbildung 2*).

Abbildung 2: Chicken-Game mit Transferzahlungen

Land 1 \ Land 2	C	N
C	15 / 15	3 / 10
N	10 / 3	0 / 0

Die Industrieländer zahlen den Entwicklungsländern Transfers, damit sich die Einführung energieeffizienter Techniken für die Entwicklungsländer lohnt. Sind die Erträge aus den Innovationen höher als die Transfers, dann lohnen sie sich auch für die Industrieländer. Durch diese Transfers ändert sich die Spielsituation grundlegend: Für beide Länder ist eine Kooperation lohnend, weil beide eine höhere Auszahlung erhalten als im Falle einer einseitig egoistischen Politik. Die Kooperation zwischen beiden Ländern ist aber nicht nur lohnend (paretooptimal), sie ist auch stabil, weil eine egoistische nationale Politik (N) China (Land 2) schlechter stellen würde (vgl. C für Land 1 und N für Land 2). Da dies auch für das Industrieland gilt, ist beiderseitige Kooperation stabil – oder spieltheoretisch ausgedrückt: ein Nash-Gleichgewicht. Die Grundaussage dieses Modells bleibt auch dann erhalten, wenn das Industrieland (Land 1) dabei im Endergebnis mehr gewinnt als das Entwicklungsland; die Gewinne für die Entwicklungsländer müssen in unserem Beispiel höher als 10 sein, damit sie die Bemühungen der Industrieländer nicht unterlaufen.

Es ist nicht unbedingt nötig, daß die Industrieländer den Entwicklungsländern Transfers zahlen. Die Industrieländer können mit Handelssanktionen drohen und sich so aus der Situation des „Chickens" befreien. Sind diese Drohungen glaubwürdig, so kann auf Transferzahlungen verzichtet werden, und dennoch kommt es zu einer stabilen und paretooptimalen Kooperation (Krumm 1996: 183-199).

Diese spieltheoretische Argumentation zeigt, wie aus nationaler Klugheit kollektive Dummheit werden kann. Die Hindernisse, die sich einer kollektiven Klugheit entgegenstellen, konnten damit ebenso beschrieben werden wie die Maßnahmen, die diese Hindernisse aus dem Weg räumen können. Die beschriebenen Konfliktfigurationen waren zwar nur auf zwei Staaten begrenzt; auch wurde angenommen, daß sich die Konflikte im wesentlichen auf Umwelt- und Handelsfragen beschränken. Die Darstellung anspruchsvollerer Konfliktfigurationen bedarf jedoch theoretisch anspruchsvollerer Modelle, deren Entwicklung eine wichtige Forschungsaufgabe darstellt.

Aus der Sicht der Industrieländer ist die entscheidende Frage, wie ökologische Innovationen gefördert werden können (Truffer et al. 1996) und wie diese auf internationaler Ebene so eingesetzt werden, daß sie die Industrieländer und die Entwicklungsländer besser stellen. Ökologische Innovationen würden das Geschäft der internationalen Kooperation enorm erleichtern, wenn es sie gäbe. Innovationen setzen die Entdeckung und Nutzung von Wissen voraus. In den nächsten beiden Abschnitten soll daher geprüft werden, was freiwillige Verhandlungen und Bürokratien hierzu leisten können.

2. Freiwillige Verhandlung auch auf nationaler Ebene?

Die Kooperation zwischen souveränen Staaten(-gemeinschaften) läßt offen, wie eine Regulierung von Märkten innerhalb ihres Gewaltmonopols durchgesetzt werden soll. Denn innerhalb ihres Gewaltmonopols haben Staaten andere Entscheidungs- und Handlungsmöglichkeiten: Ein Staat kann Eigentumsrechte garantieren, Steuern erheben, Verbote erlassen und Höchstmengen von Schadstoffen festschreiben; zwischen souveränen Staaten gilt dies so nicht. Die Schäden des Energie- und Ressourcenverbrauchs werden in der ökonomischen Theorie als externe Effekte diskutiert – externe Effekte oder soziale Kosten darum, weil der Verursacher den Schaden nicht in sein Kalkül einbeziehen muß, obwohl er knappe Ressourcen in Form von Luft, Wasser oder Boden nutzt und dadurch andere Produzenten und Konsumenten schädigt. Man fordert daher, externe Effekte müßten internalisiert werden: Die Schäden müssen so in die Rechnung der Verursacher und Geschädigten eingehen, daß es zu einer optimalen Schadenshöhe kommt. Zwei Verfahren werden diskutiert: freiwillige Verhandlungen und staatlicher Zwang. Liegen soziale Kosten vor, so bedarf es entweder der Verhandlungen zwischen den Verursachern und Geschädigten oder des staatlichen Zwangs, der den Verursachern z.B. Steuern auferlegt oder durch Zertifikate Schadstoffmengen hoheitlich festschreibt, um soziale Kosten zu internalisieren. In der Tradition von Pigou erschien staatlicher Zwang lange Zeit als der Königsweg zur rationalen Lösung von nationalen Umweltproblemen. Dennoch stellt sich seit Coase (1960) auch innerhalb bestehender Gewaltmonopole die Frage, ob nicht freiwillige Vereinbarungen effizienter sein können als staatlicher Zwang.

Coase versuchte den Nachweis zu erbringen, daß externe Effekte allein noch keinen staatlichen Eingriff rechtfertigten, da direkte Verhandlungen zwischen Verursachern und Geschädigten immer dann effizient seien, wenn einklagbare Eigentumsrechte existierten. Diese These läßt sich mit einem Beispiel erläutern: Eine Papierfabrik verschmutze einen Fluß mit Schadstoffen und schädige dadurch die Fischereibetriebe, die ihr Einkommen ausschließlich aus dem Verkauf von Fischen beziehen. Kann es zu einer (pareto-)optimalen Schadenshöhe kommen, wenn der Staat die Papierfabrik nicht besteuert, sondern Fischereibetriebe und Papierfabrik miteinander verhandeln? Sind die Eigentumsrechte definiert, so ist es unerheblich, ob die Papierfabrik für ihren Schaden haften muß oder ob sie von den Fischereibetrieben subventioniert wird, damit diese ihre Schadstoffmenge reduziert. Im ersten Fall wird die Papierfabrik ihren Schaden solange reduzieren, bis die zusätzlichen Kosten der Schadstoffvermeidung denen des zusätzlichen Schadensersatzes entsprechen, die ihr durch das Haftungsrecht auferlegt werden. Im zweiten Fall wird die Papierfabrik ihre Schadstoffe solange reduzieren, bis die zusätzlichen Kosten der Schadstoffreduktion den zusätzlichen Erträgen aus den Subventionen entsprechen, die die Fischereibetriebe zahlen. Die optimale Schadstoffmenge ist in beiden Fällen gleich. Wie immer die Eigentumsrechte verteilt sind – der Verursacher und der Geschädigte werden sich auf die optimale Schadenshöhe einigen. Die Schadenshöhe ist (pareto-)optimal, weil weder der Nutzen des Geschädigten noch der des Verursachers erhöht werden kann, ohne den Nutzen des jeweils anderen zu verringern. Der „Staat" hat vor allem die Aufgabe, *daß* die Eigentumsrechte eindeutig definiert werden und deren Durchsetzung gesichert ist; *wie* die Eigentumsrechte verteilt werden sollen, ist nicht mehr Sache des Ökonomen, sondern Sache des Juristen und Sozialethikers, die den staatlichen Behörden Kriterien einer fairen Verteilung von Eigentumsrechten an die Hand geben können. Welche Kriterien von Fairneß auch immer angewandt werden, die Effizienz der Verhandlungsergebnisse beeinflussen sie nicht.

Hingegen ist der Eingriff in das Preisgefüge durch die Erhebung von Ökosteuern (Pigou-Steuern) dann schädlich, wenn externe Effekte in direkten Verhandlungen kostengünstiger internalisiert werden könnten. Die entscheidende Frage ist nun, unter welchen Bedingungen dieses Theorem gültig ist. Coase (1960) selbst hat eingeräumt, sein Theorem gelte nur unter der Voraussetzung, daß bei den Verhandlungen keine Transaktionskosten entstehen. Diese Voraussetzung ist jedoch nur auf den ersten Blick restriktiv: Es liegt zwar auch für die Vertreter des Property Rights Ansatzes auf der Hand, daß mit steigender Zahl von Papierfabriken und Fischereibetrieben die Transaktionskosten zunehmen, dennoch rechtfertigten hohe Transaktionskosten nicht die These von der Ineffizienz freiwilliger Vereinbarungen. Gerade die Existenz hoher Transaktionskosten führe dazu, daß die Internalisierung externer Effekte volkswirtschaftlich nicht wünschenswert sei, da die zusätzlichen Nutzengewinne einer Internalisierung durch deren volkswirtschaftlichen Kosten aufgezehrt würden. Man dürfe, so diese Argumentation, eben nicht die Realität der Umweltzerstörung mit einem paretooptimalen Nirwana vergleichen, sondern müsse auch die Kosten berücksichtigen, die durch Verhandlungen und staatliche Zwangsmaßnahmen entstehen. Die traditionelle Wohlfahrtstheorie, so der Vorwurf dieser Theorierichtung, vergleiche eine Norm mit der Realität, der Property Rights Ansatz hingegen vergleiche konkrete Institutionen und prüfe ihre relative Effizienz. Ein staatlicher Eingriff ließe sich also nur dann rechtfertigen, wenn sich durch Steuern oder Zertifikate die Transaktionskosten so weit senken ließen, daß der Nettonutzen einer Internalisierung dadurch größer würde als durch freiwillige Verhandlungen. Umweltpolitiker, die soziale Kosten internalisieren wollen, müßten den Beweis erbringen, daß ihr Verfahren geringere Transaktionskosten verursache: *Das Vorliegen externer Effekte rechtfertigt, unter der Voraussetzung des Coase Theorems, noch kein staatliches Management globaler Allmenden.*

Dem Coase Theorem liegen jedoch weitere Voraussetzungen zugrunde, die durch eine spieltheoretische Formulierung offensichtlich werden (Farrel 1987; Schweitzer 1988; Weimann 1995). Der Nachweis der Effizienz freiwilliger Verhandlungen wird unter der Annahme abgeleitet, daß die Verhandlungspartner vollständig informiert sind. Auch hier ist das Beispiel von der Papierfabrik und dem Fischereibetrieb instruktiv: In den Verhandlungen kann die Papierfabrik, die durch ihre Schadstoffe den Fischereibetrieb schädigt, die Kosten einer Verminderung der Schadstoffe übertreiben. Dagegen könnten sich die Fischereibetriebe nur zur Wehr setzen, wenn sie genaue Informationen über den Stand der Vermeidungstechnik hätten. Sind die Informationen über die Vermeidungstechniken asymmetrisch verteilt, drückt sich darin zugleich eine ungleiche Machtverteilung aus. Aufgrund ihres besseren Wissens über die Technik der Schadstoffvermeidung kann die Papierfabrik ein günstigeres Verhandlungsergebnis herausschlagen, das jedoch nicht mehr (pareto-)optimal ist, weil die Papierfabrik die „Wahrheit" nicht auf den Tisch legt. Es läßt sich zeigen, daß die Abweichungen vom Optimum um so gravierender werden, je größer die Zahl der Verursacher und Geschädigten ist (Rob 1989). Nicht die Anzahl der Verhandlungsteilnehmer ist der Grund, sondern die ungleich verteilten Information zwischen den Verhandlungsteilnehmern. Die Suche nach einem Verfahren, das rationale Akteure ohne staatlichen Zwang dazu bringt, die „Wahrheit" über den Stand der Vermeidungstechnik zu sagen, blieb bislang erfolglos (Myerson/Satterthwaite 1983).

Das Coase Theorem wirft damit ein neues Licht auf die Diskussion um Vorzugswürdigkeit dezentraler gegenüber zentralen Allokationsmechanismen (Weimann 1995: 56-59). Hayek (1945) hat die Überlegenheit des dezentralen Marktmechanismus damit begründet, daß Konsumenten und Unternehmen Informationen über Präferenzen und Technik optimal nutzen. Die Information über die beste Nutzung knapper Ressourcen liege nicht „konzentriert" vor, sondern sei verstreut. Der Marktmechanismus überlasse denen die Entscheidung über die Verwendung von Ressourcen, die diese Information optimal verarbeiten und nutzen können. Ein zentraler Planer sei niemals in der Lage, diese Informationen zu verarbeiten und für die Produktionsentscheidungen zu nutzen. Die Überlegenheit des Marktes resultiert gerade aus der Existenz privater Information: Liegen jedoch externe Effekte vor, dann führt die Existenz privater Informationen gerade dazu, daß mit steigender Zahl der Teilnehmer die Wahrscheinlichkeit der Ineffizienz steigt. *Die Hoffnung, dezentrale Verhandlungen garantierten eine effiziente soziale Organisation dieses Wissens, hat sich als trügerisch erwiesen, weil kein Akteur einen Anreiz hat, sein Wissen preiszugeben.*

Der Leviathan scheint trotz des Coase-Theorems die einzig rationale Lösung der Umweltprobleme zu sein: Die Forderung, daß Kollektivgüter durch den „Staat" bereitgestellt werden müssen, wird zwar durch die Einsicht der Neuen Politischen Ökonomie geschwächt, nach der staatliche Akteure weniger die optimale Versorgung mit Kollekivgütern im Auge haben als vielmehr ihre eigennützigen Motive. Gerade angesichts der globalen Umweltprobleme sehen sich aber Umweltökonomen immer wieder gezwungen, auf den rationalen Planer oder die bürokratische Herrschaft zurückzugreifen. Dafür gibt es durchaus gute Gründe! Was aber dürfen wir uns dann von der bürokratischen Herrschaft erhoffen?

3. Notwendige bürokratische Herrschaft?

Trotz der kafkaesken Assoziationen, die das Wort bürokratische Herrschaft auslöst, reden Ökonomen dennoch vom wohlmeinenden Diktator oder – euphemistischer – vom rationalen Planer: In seiner einflußreichen Studie über das Management globaler Allmenden greift Nordhaus (1994) in der Tradition eines Teils der normativen Ökonomik auf den rationalen Planer zurück; dies wohl deshalb, weil er sonst dem Anspruch nicht gerecht würde, Maßnahmen zu empfehlen, die eine noch näher zu bestimmende Wohlfahrt maximieren. Allerdings sollten Ökonomen, die sich der Figur des rationalen Planers bedienen, nicht verdächtigt werden, sie hätten eine politische Vorliebe für den Staatsinterventionismus. Die Figur des rationalen Planers hat die Funktion eines Kunstgriffes, dessen technische Einzelheiten zwar hier nicht diskutiert werden können (Rohner, Edenhofer 1996), dessen Funktion für diese Theorierichtung jedoch charakterisiert werden soll. Mit Hilfe der theoretischen Fiktion des rationalen Planers wird ein soziales Optimum ermittelt, mit dem dann die Ergebnisse bewertet werden sollen, die dezentrale Märkte hervorbringen. Weichen die Ergebnisse dezentraler Märkte vom sozialen Optimum ab, so soll der Staat korrigierend eingreifen. Man kann sagen, mit Hilfe der Fiktion des rationalen Planers wird der Rahmen rationaler Umweltpolitik abgesteckt. Der rationale Planer wird in der ökonomischen Theorie zunächst nicht als ein *gesellschaftliches Entscheidungsverfahren* interpretiert, sondern hat die Funktion eines *rationalen Bewertungsmaßstabes*. Die Frage ist dabei natürlich, ob man von der Rationalität des Bewertungsmaßstabes sinnvoll reden kann, wenn nicht zugleich ein rationales Entscheidungsverfahren angegeben werden kann, durch welches dieser entworfen und angewendet wird. Zunächst aber soll gezeigt werden, welche moralischen Gründe für die theoretische Fiktion des rationalen Planers geltend gemacht werden können.

Die spieltheoretischen Modelle gehen von Spielern aus, die zumindest die notwendige Voraussetzung mitbringen, daß sie leben und sich strategisch verhalten können. Nun lassen sich aber bei Umweltproblemen mindestens zwei problematische Klassen von Spielern identifizieren: die kommenden Generationen und die „Natur". Erstere können sich nicht selbst strategisch verhalten, müssen also durch einen anderen Spieler repräsentiert werden, bei der Natur ist es unklar, durch wen sie in Spielen repräsentiert werden soll. Innerhalb des Paradigmas des Rationalen Akteurs hat der Planer oder die bürokratische Herrschaft die Aufgabe, die kommenden Generationen und die „Natur" zu repräsentieren. Mit Hilfe seines DICE Modells berechnet Nordhaus (1994) einen optimalen Pfad der CO_2-Emissionen: Er setzt dabei eine Wohlfahrtsfunktion voraus, die für das Gesamtkollektiv „Menschheit" unter Nebenbedingungen maximiert wird. Der rationale Planer hat nun die Aufgabe, für den Zeitraum bis zum Jahre 2100 eine rationale Politik zu entwerfen; er kommt in diesem Modell zu dem Ergebnis, daß sich die Wohlfahrt der Menschheit durch eine aktive Klimaschutzpolitik kaum erhöhen würde. Ließen sich bis zum Jahr 2100 die THG-Emissionen nur um 15 Prozent vermindern, ginge damit eine Erwärmung um 3,2° C gegenüber dem vorindustriellen Niveau einher; eine Stabilisierung der Erwärmung auf 1,5° C verminderte das Bruttosozialprodukt um 7 Prozent.

Diese dynamische Kosten-Nutzen-Analyse aus der Perspektive eines rationalen Planers ist keineswegs spezifisch für Nordhaus, sondern kann sich auf eine lange Tradition innerhalb der Wirtschaftswissenschaft stützen und zählt nach wie vor zu ihren Hauptströmungen. Die Arbeit von Nordhaus ist jedoch ein wichtiger Beitrag in der klimaökonomischen Debatte, weil er versucht, das naturwissenschaftliche und ökonomische Expertenwissen in ein Computermodell zu integrieren und verschiedene politische Maßnahmen abzuschätzen. Andere bedeutende Beiträge zur klimaökonomischen Debatte (Cline 1992; Manne/Richels 1995) arbeiten ebenfalls mit der Fiktion des wohlmeinenden Diktators.

Die theoretische Fiktion des rationalen Planers versucht also die kommenden Generationen und die „Natur" in die Formulierung eines sozialen Optimums miteinzubeziehen. Diese Fiktion verliert jedoch an Überzeugungskraft, wenn man sich klar macht, wie in der dynamischen Kosten-Nutzen-Analyse das Entscheidungsproblem formuliert wird: Die Ableitung eines *eindeutigen Optimums* setzt u.a. voraus, daß der Planer *ein Ziel* hat und einen Raum von Möglichkeiten, der mathematisch durch *Nebenbedingungen* beschrieben wird; nur wenn das Ziel und der Raum der Entscheidungsmöglichkeiten hinreichend klar beschrieben werden können, läßt sich ein soziales Optimum ableiten. Diese Voraussetzungen sind jedoch keineswegs gegeben, wie die nachfolgenden Überlegungen zeigen sollen.

Die *Soziale Wohlfahrtsfunktion* repräsentiert das Zielsystem des rationalen Planers. Im DICE Modell wird das Entscheidungsproblem – wie in der dynamischen Kosten-Nutzen-Analyse üblich (Manne/Richels 1995) – so spezifiziert, daß zwischen dem Konsum der heute lebenden und der kommenden Generationen ein Zielkonflikt besteht: Je mehr die heute lebende Generation konsumiert, um so weniger können die künftigen Generationen konsumieren. Diese Abwägung zwischen dem Konsum in der Gegenwart und in der Zukunft wird durch die soziale Diskontrate in der Sozialen Wohlfahrtsfunktion zum Ausdruck gebracht. Die Diskontrate ist dabei das Maß, mit dem die gegenwärtige Generation den Konsum der kommenden Generation gewichtet: Je höher diese Diskontrate ist, um so mehr will die gegenwärtige Generation konsumieren, und je niedriger die Diskontrate ist, um so weniger konsumiert die gegenwärtige Generation. Der künftige Konsum wiederum hängt in dieser Modellwelt davon ab, wie sehr in der Gegenwart gespart wird: Die gegenwärtige Generation muß daher um so mehr sparen, je niedriger ihre Diskontrate ist. In dem Modell von Nordhaus hängt der zukünftige Konsum darüber hinaus davon ab, wie sehr die heutige Generation Anstrengungen unternimmt, ihre CO_2-Emissionen zu verringern. Tatsächlich reagiert der Pfad des optimalen CO_2-Ausstoßes sensitiv auf die Wahl der Diskontrate: Je niedriger die Diskontrate gewählt wird, um so größere Anstrengungen muß die gegenwärtige Generation zur Vermeidung von CO_2 unternehmen.

Die Attraktivität des rationalen Planers mag sich noch erhöhen, wenn man den neoklassischen Zusammenhang zwischen Realzinssatz und Diskontrate herausstellt: Je höher die Diskontrate ist, um so höher ist auch der Realzinssatz, da eine stärkere Präferenz für die Gegenwart Kapital knapper werden läßt und sich damit sein Preis – der Realzinssatz – erhöht. Nordhaus legt seinen Simulationen einen Realzinssatz zugrunde, wie er für die westlichen Marktwirtschaften üblich ist: etwa 6-8 Prozent. So wird verständlich, warum die Wahl dieser Diskontrate unter anderem die Anpassung an den Klimawandel in der Zukunft kostengünstiger erscheinen läßt als die Vermeidung des CO_2 in der Gegenwart. Ein rationaler Planer, der aus Rücksicht auf die kommenden Generationen eine niedrigere Diskontrate ansetzen würde, z.B nahe null, müßte eine vermehrte CO_2-Reduktion befürworten, handelte aber entgegen den auf den Märkten bekundeten Präferenzen. Dies mag – je nach Vertrauen in die Weisheit der Marktteilnehmer – den Planer als notwendiges Korrektiv gegen die Ausbeutung der kommenden Generationen erscheinen lassen oder aber als Bedrohung der Marktwirtschaft: Bezieht man jedoch die kommenden Generationen in das Kalkül ein, ist die Metapher vom sozialen Planer gerade aus sozialethischen Gründen nicht unplausibel. Freilich, auch die Forderung nach einer niedrigen Diskontrate geht davon aus, daß das Konzept der Sozialen Wohlfahrtsfunktion sinnvoll ist.

Radikaler ist die Kritik von Arrow (1963), der bestreitet, daß sich überhaupt eine Soziale Wohlfahrtsfunktion aufstellen läßt. Er hat den Versuch unternommen, auf der Grundlage des methodologischen Individualismus die Bedingungen zu klären, wie sich aus individuellen Präferenzen eine eindeutige Soziale Wohlfahrtsfunktion ableiten läßt. Er kam dabei zu dem Ergebnis, daß es kein gesellschaftliches Entscheidungsverfahren gibt, aus dem eine eindeutige Soziale Wohlfahrtsfunktion hervorgeht, wenn man alle Präferenzen zuläßt, auf kardinale Nutzenmessung und interpersonellen Nutzenvergleich verzichtet, Rationalität der Akteure voraussetzt und Diktaturen ausschließen will (Arrowsches Unmöglichkeitsparadoxon). Die Forderung, daß nicht ein Individuum einfach diktatorisch ein Soziales Optimum festlegen kann (non-dictatorship), dürfte auf weitgehende Zustimmung stoßen. Ist dies aber einmal zugestanden, so läßt sich zeigen, daß die übrigen Bedingungen von Arrow modifiziert werden müssen (Boadway/Bruce 1984; Sen 1989; Sen 1995). Da aber die Berechtigung dieser Modifikationen mit guten Gründen bestritten werden kann,

kann die Verwendung einer Sozialen Wohlfahrtsfunktion auf der Basis des methodologischen Individualismus nicht mehr begründet werden.

Es bleibt dann der Ausweg, sie als Zielfunktion des Staates zu interpretieren. Mit Hilfe der dynamischen Kosten-Nutzen-Analyse lassen sich dann zwar die umweltpolitischen Optionen staatlicher Bürokratien durchspielen. Aus der theoretischen Fiktion *eines rationalen Bewertungsmaßstabes* ist dann aber ein *gesellschaftliches Entscheidungsverfahren* geworden, das sich zwar auf der Grundlage des methodologischen Individualismus nicht mehr rechtfertigen läßt, aber von vielen Ökonomen als die einzige Möglichkeit angesehen wird, die kommenden Generationen und die „Natur" in die Formulierung eines sozialen Optimums miteinzubeziehen. Damit stehen wir aber vor einem Grundproblem, das in der sozialphilosophischen Diskussion nicht neu ist: Soll soziale Rationalität prozedural oder inhaltlich verstanden werden? Geht es um „the rightness of procedures" oder um „the goodness of outcome" (Sen 1989, 1995)? Die Gefahren sind angedeutet: Eine Fixierung auf die Verfahren der Entscheidungsfindung steht in Gefahr, sowohl die kommenden Generationen als auch die „Natur" zu vernachlässigen; eine ausschließliche Fixierung auf „the goodness of outcome" steht in Gefahr, eine elitäre Politik durchzusetzen, die eine Rationalität ohne demokratischen Konsens postuliert. Die Verwendung Sozialer Wohlfahrtsfunktionen als Ersatz gesellschaftlicher Entscheidungsverfahren verstößt daher gegen „the rightness of procedures". Welcher Verfahren es jedoch bedarf, die auch gegenüber den kommenden Generationen „gerecht" sind („the goodness of outcome"), ist eine offene Frage. Diese Frage läßt sich wohl nur mit Hilfe einer Theorie der Gerechtigkeit beantworten. Der drohende Umweg über die Sozialphilosophie läßt jedoch die Hoffnung auf klare politische Empfehlungen schwinden. Ist die Zuflucht zu einer Sozialen Wohlfahrtsfunktion dann nicht doch der vielversprechendere Weg? Dies mag auch der Grund sein, warum der rationale Planer zu einem vielleicht unerwünschten, aber etablierten Dauergast bei neoklassischen Umweltökonomen geworden ist, den auszuladen sich keiner so recht getraut.

Dennoch, selbst wenn sich eine Soziale Wohlfahrtsfunktion irgendwie rechtfertigen ließe, tauchte ein weiteres Problem auf, das zwar von der Gerechtigkeitstheorie wegführte, dafür aber die Metapher des rationalen Planers als unbrauchbar und die Forderung nach bürokratischer Herrschaft als unbegründet erweisen könnte: Ein zentraler Planer kann das notwendige ökonomische und ökologische Wissen nicht ermitteln.

Um diese These zu begründen, will ich mich dem zweiten Bestandteil des Optimierungsproblems zuwenden: den *ökologischen und ökonomischen Restriktionen.* Können diese nicht in einem mathematischen Modell mit relativ klar interpretierbaren Variablen ausgedrückt werden, läßt sich auch kein eindeutiges Optimum ermitteln. Die Kritik an der Modellierung dieser Restriktionen soll von eher harmlosen bis hin zu gravierenden Einwänden „gesteigert" werden.

a) Die empirische Datenbasis für die Berechnung der Schäden ist unzureichend: So schätzt Nordhaus seine Schadensfunktion auf der Basis von Einzelstudien, die sich im wesentlichen auf die USA beziehen. Die Verallgemeinerung auf den Rest der Welt ist damit fragwürdig. Auch die Untersuchungen von Cline (1992) und Manne/Richels (1992) legen ihrer Schadensschätzung vor allem die Minderung des Sozialprodukts zugrunde. Dieser Kritikpunkt führt in die Diskussion, unter welchen Bedingungen die Steigerung des Sozialprodukts menschliches Glück und seine Verminderung menschliches Leid ausdrückt. Dieser grundsätzliche Einwand läßt sich jedoch nicht nur gegen die dynamische Kosten-Nutzen-Analyse geltend machen.

b) Die Annahmen über das Verhalten des Klimasystems sind unsicher: Nordhaus verknüpft ein (neoklassisches) Modell der optimalen Kapitalbildung mit einem Modell der Kohlenstoff-Akkumulation in der Atmosphäre, mit welchem die zu erwartende globale Erwärmung berechnet wird. Bei der Produktion entstehen Treibhausgasemissionen, wodurch sich der atmosphärische Kohlenstoffanteil erhöht; dieser wiederum führt zu einer Verschiebung des Strahlungsgleichgewichts, was schließlich die globale Erwärmung ansteigen läßt; diese führt zu Schäden, die als Minderung des Sozialprodukts in das Modell eingehen. Nordhaus geht davon aus, daß das Klima in stetiger Weise auf die Erhöhung der CO_2-Konzentration reagieren wird; neuere Ergebnisse der Klimaforschung weisen jedoch darauf hin, daß sich das Klima in Sprüngen verändern könnte. Dieser Einwand trifft jedoch nur das spezielle Modell von Nordhaus. Befürchtet man ein chaotisches Verhalten des Klimas, so kann man dem Entscheidungsmodell die Minimax-Regel zugrunde legen (Manne/Richels 1995). Unter dieser Bedingung erscheint eine stärkere Reduktion der Treibhausgase rational. Dies zeigt, daß die dynamische Kosten-Nutzen-Analyse offen ist für die Handhabung von Risiko und Unsicherheit.

c) Die begrenzte Aufnahmefähigkeit der Senken wird nicht berücksichtigt: Dem Modell von Nordhaus liegt die Annahme zugrunde, daß das Wachstum des CO_2 keine Grenzen hat. Nordhaus modelliert den tiefen Ozean nicht als eine begrenzte CO_2-Senke (Schlumpf 1995); wird demgegenüber die Aufnahmekapazität des Ozeans für Kohlenstoff begrenzt, so steigt die atmosphärische CO_2-Konzentration nach 2100 bedeutend schneller an als ursprünglich in DICE prognostiziert. Auch die Modelle von Cline (1992) und Manne/Richels (1995) modellieren keine begrenzte Aufnahmefähigkeit von Senken. Dies ist nicht untypisch für diese Art von Modellen, da sie durchaus „optimistisch" sind, was die Fähigkeit der Natur anbelangt, mit Abfällen und Emissionen fertig zu werden. Dieser Einwand trifft zu für bestimmte Modellspezifikationen innerhalb der dynamischen Kosten-Nutzen-Analyse; grundsätzlich lassen sich jedoch in diesen Modelltyp Grenzen des Wachstums implementieren, sollten sie sich naturwissenschaftlich oder sozialethisch begründen lassen (Clark 1976; Dasgupta 1982; Dasgupta/Heal 1979).

d) Der Top-Down-Ansatz eignet sich nicht zur Modellierung von Innovationen: Besonders problematisch sind jedoch die Annahmen über den technischen Fortschritt, von dem Nordhaus annimmt, daß die Wachstumsrate der Energieeffizienz gegen null konvergiert. Die dynamische Kosten-Nutzen-Analyse muß immer Annahmen darüber machen, welche Steigerungen der Energieeffizienz in einem bestimmten Zeitraum möglich sind. Diese Annahmen sind jedoch mehr oder weniger willkürlich, da dieses Wissen für eine zentrale Instanz nicht abrufbar ist; zu welchen Effizienzsteigerungen Märkte in der Lage sind, läßt sich kaum zuverlässig prognostizieren. Da die Wirtschaftswissenschaft bislang die Bedingungen für Innovationen kaum erhellen konnte, stellt sich die Frage, wie das Entdeckungsverfahren „Markt" reguliert werden muß, damit sich ökologische Innovationen durchsetzen (Porter/Linde 1995; Palmer/Oates 1995). In den Modellen der dynamischen Kosten-Nutzen-Analyse wird jedoch bereits vorausgesetzt, was noch entdeckt werden muß: ökologische Innovationen. Dieses Wissen kann keinen Planer haben, sondern bestenfalls ein Netzwerk von Unternehmen, Universitäten und staatlichen Bürokratien.

Die politischen Empfehlungen der dynamischen Kosten-Nutzen-Analyse im allgemeinen und der von Nordhaus vorgelegten im besonderen stehen damit auf zwei tönernen Füßen: Weder ist die Soziale Wohlfahrtsfunktion hinreichend demokratisch legitimiert, noch ist das ökonomische und naturwissenschaftliche Expertenwissen sicher genug, um wenigstens die ökologischen und ökonomischen Restriktionen mit hinreichend genauer Approximation ermitteln zu können. Es ist auch zu bezweifeln, ob dieses Wissen durch bürokratische Herrschaft jemals produziert werden kann. Wie im Anschluß an Hayek dargelegt, liegt das Wissen über die ökonomisch und ökologisch relevanten Zusammenhänge nicht in konzentrierter Form vor; die Fähigkeit von Bürokratien allein, Informationen effizient zu verarbeiten, schätzt Hayek gering ein, weil es für Bürokraten hierzu keinen ausreichenden Anreiz gibt. Dieser Einwand Hayeks wird auch durch den Hinweis nicht entkräftet, daß auch Märkte versagen können. Denn auch die Verteidiger einer bürokratischen Herrschaft können unter diesen Voraussetzungen nicht verständlich machen, wie eine Planungsbehörde angesichts begrenzter Kapazitäten das verstreute Wissen von Bürgern, Unternehmern und Wissenschaftlern so „konzentrieren" kann, daß rationale Strategien zur Reduktion von CO_2 entworfen werden können.

III. Integrated Assessment: Lernfähige Demokratie und Marktwirtschaft

Das Konzept von RAP führt in eine Sackgasse: Bürokratien, Märkte und freiwillige Verhandlungen sind unbefriedigende Institutionen für das Management globaler Allmenden, weil sie Wissen und Information unzureichend erarbeiten und nutzen. Das Managmentkonzept des Rationalen Akteurs verweist zwar auf die enorme Bedeutung des „Produktionsfaktors Wissen"; etwa wenn gezeigt werden kann, daß sich das Paradox internationaler Umweltabkommen auflösen ließe, käme es in ausreichendem Maße zu Innovationen. Freilich gibt RAP wenig her, will man klären, wie es zu diesem neuenWissen kommt. Denn auf der Ebene der Akteure setzt RAP gegebene Präferenzen und Techniken voraus; auf der Ebene der Institutionen ist RAP von der Dichotomie Markt und Hierarchie geprägt: Die Bereitstellung kollektiver Güter wird dem Staat zugeschrieben, die Produktion sogenannter privater Güter soll dem Markt vorbehalten bleiben. Freiwillige Kooperation und Verhandlungen sind nicht in der Lage, externe Effekte zu internalisieren, wenn die Akteure private Informationen strategisch nutzen können. Diese Dichotomie benennt das Problem, aber nicht seine Lösung: Denn das Gut Wissen kann weder von staatlichen Akteuren noch von der Institution des Marktes allein entdeckt und verbreitet werden. Wie jedoch wissensbasierte Netzwerke von Unternehmen, Bürokratien, Universitäten tatsächlich funktionieren und wie ihre möglichen Defizite beseitigt werden können, ist zweifellos eine interessante soziologische Forschungsfrage.

Da diese Frage noch weitgehend unbeantwortet ist, sollen im folgenden zwei soziale Organisationsformen des Wissens herausgegriffen und daraufhin überprüft werden, wie sie weiterentwickelt werden könnten, damit sie das notwendige Wissen für ein Management globaler Allmenden hervorbringen: Das neutrale Expertengremium und das Gerichtsverfahren.

1. Neutrale Experten und Integrated Assessment

Ohne die Institution der Wissenschaft gäbe es die globalen Umweltprobleme nicht. Und dies in einem zweifachen Sinn: Ohne Wissenschaft gäbe es weder die Industriegesellschaft mit ihren globalen Umweltproblemen, noch wären ohne die Wissenschaft die globalen Umweltprobleme wahrnehmbar. Wir wüßten weder um das Ozonloch noch um den Treibhausgaseffekt, würde nicht die arbeitsteilige und spezialisierte Institution Wissenschaft die Reichweite unseres Wahrnehmungsvermögens beständig erweitern. Die Klimakatastrophe, die sich in hundert Jahren ereignen könnte, ist durch die Wissenschaft erst in den Bereich der Vorstellung und damit auch der Vorsorge gerückt worden. Die unbestrittene Fähigkeit der Wissenschaft, Umweltkatastrophen dieser Tragweite in Computersimulationen vorwegzunehmen, steht jedoch noch in keinem Verhältnis zu ihrer Fähigkeit, Wege zu zeigen, wie der errechneten Apokalypse zu entrinnen sei.

Die Schwierigkeiten der Wissenschaft, zur Entscheidungsfindung beizutragen, liegen an dem breiten und tiefen Graben, der überbrückt werden muß, um von der Wahrnehmung zur Entscheidung zu gelangen. Die Ratschläge der Wissenschaftler sind für Entscheidungsträger häufig wenig brauchbar, weil sie entweder die Zwänge des Alltagsgeschäfts ignorieren oder in keiner erkennbaren Beziehung zur vorgelegten Analyse stehen: Aus dem Modell von Nordhaus folgt die Sinnlosigkeit einer CO_2-Reduktion ebensowenig zwingend wie aus den Energieprognosen der weitere Ausbau der Atomenergie. Politiker, die unter Zeitdruck zu entscheiden haben, können aber nicht nach den versteckten Annahmen in Modellen fahnden. Der Ausweg politischer Entscheidungsträger, nur genehme Expertenmeinungen wahrzunehmen, hat gewiß den Vorzug, die überbordende Komplexität des Daseins zu reduzieren, kann aber kaum für sich beanspruchen, Entscheidungen auch verantworten zu können. Die bislang praktizierte Arbeitsteilung zwischen Experten und Entscheidungsträgern, nach der die einen für die Erkenntnis und die anderen für das praktische Handeln zuständig sind, ist fraglich geworden: Denn weder können Entscheidungsträger ohne Wissenschaftler noch Wissenschaftler ohne Entscheidungsträger Managementkonzepte entwickeln, die sowohl sachgemäß als auch gesellschaftlich akzeptabel sind.

Die Schwierigkeit, die Arbeitsteilung zwischen Wissenschaftlern und Entscheidungsträgern neu zu bestimmen, hat seit den 70er Jahren in Europa und in den USA zur Etablierung des sogenannten Integrated Assessment geführt: Der saure Regen, das Ozonloch und der mögliche Klimawandel trotzten den segmentierten Fachdisziplinen (Rotmans/Dowlatabadi/Parson 1995: 10-13). Die Forderung war nun unabweisbar geworden, die verschiedenen Wissenschaftsdisziplinen so zu einem Gesamtbild zu integrieren, daß Handlungsalternativen und ihre Konsequenzen sichtbar werden. Diese Handlungsalternativen sollten gleichermaßen wissenschaftlich abgestützt und gesellschaftlich akzeptiert sein. Die Integration verschiedener Fachdisziplinen zu Entscheidungszwecken hat jedoch ihre spezifischen Tücken.

Nach gängiger Methode werden Politiker durch wissenschaftliche Gutachten in ihren Entscheidungen unterstützt: Eine Gruppe neutraler Experten versucht, den Stand wissenschaflicher Forschung in den Entscheidungsprozeß einzuspeisen. Unterstellt man einmal, Entscheidungsträger hätten den Willen, wissenschaftliche Erkenntnisse zu nutzen, so stehen dem, unabhängig von den Inhalten des Wissens, einige Hindernisse entgegen, die offensichtlich werden, wenn man sich z.B. den Bericht der Enquêtekommission des Bundestages zum Klimawandel (EK II: 1995) oder den Bericht des IPCC (1994) vor Augen führt. Die Schwierigkeiten der Experten aus verschiedenen Disziplinen, ihr Wissen zur Unterstützung von Entscheidungsträgern aufzubereiten, läßt sich am besten an den Mängeln der literarischen Gattung des Expertengutachtens verdeutlichen:

a) Mangelnde Integration des Wissens für Entscheidungssituationen: Die Ergebnisse der verschiedenen Teildisziplinen sind so komplex, daß sich die Teilergebnisse nicht in ein Gesamtbild integrieren lassen, das auf die Formulierung politischer Empfehlungen zuliefe. Die einzelnen Teildisziplinen beziehen sich daher häufig nicht aufeinander. Informationen, die für Entscheidungen wichtig sind, finden sich „verstreut" in einem linearen Text, die Querverbindungen sind für die Entscheidungsträger häufig nicht durchschaubar.

b) Das Wissen der Forscher ist für Entscheidungsträger häufig irrelevant: Die Debatte zwischen Experten über Desiderate der Forschung, Ansprüche an Daten und Methoden können Entscheidungsträger meist nur ratlos, verwirrt, bestenfalls interessiert verfolgen, da meist nicht klar ist, ob und wie sich die Entscheidungssituation dadurch verändert.

c) Die Wertentscheidungen der Experten werden nicht expliziert: Die politischen Empfehlungen der Gutachter sind häufig nicht durch die Analyse gedeckt (Funtowicz/Ravetz 1992; Funtowicz/Ravetz 1994). Für einen Entscheidungsträger erschließen sich nicht ohne weiteres die Annahmen, unter denen die politischen Maßnahmen zutreffend sind, die z.B Nordhaus in seinem Buch „Managing the Global Commons" empfiehlt (vgl. oben).

d) Mangelnde Kommunikation zwischen Experten und Entscheidungsträgern: Es gibt während der Entstehung der Gutachten meist keine ausreichende Interaktion zwischen den Experten und den Entscheidungsträgern; auch sind die Entscheidungsträger häufig nicht an der Entwicklung der Szenarien beteiligt. Dabei vernachlässigen Experten häufig, daß Reaktionsverzögerungen politischer Maßnahmen das Modellergebnis grundlegend verändern können. Die Theorie dynamischer, nichtlinearer Systeme zeigt, daß der Zeitpunkt, zu dem eine politische Maßnahme eingeführt wird, und wie bei Abweichung von den Zielgrößen reagiert wird, entscheidend dafür ist, ob politische Ziele überhaupt erreicht werden können.

Diese Mängel konventioneller wissenschaftlicher Gutachten sollten im Rahmen des Integrated Assessment durch Computermodelle behoben werden; damit soll jedoch nicht behauptet werden, das Potential der Computermodelle sei bereits ausgeschöpft; auch soll nicht der Eindruck erweckt werden, Computermodelle seien konventionellen Expertengutachten schlechthin überlegen. Vielmehr geht es darum, die Möglichkeiten und Grenzen von Computermodellen innerhalb des Integrated Assessment auszuloten.

a) Integration des Wissens: Hierzu muß das System als Ganzes modelliert werden; die verschiedenen Teildisziplinen müssen sich aufeinander beziehen, da sich sonst kein Modell erstellen läßt. Dieser Vorteil der Computermodelle gegenüber Expertengutachten wird jedoch mit dem Nachteil bezahlt, daß inkommensurable Sprachspiele auf ein einziges Sprachspiel reduziert werden müssen.

b) Modellierung einer Entscheidungssituation: Simulationsmodelle dokumentieren keine Debatte um Forschungsfragen, sondern ein System, das durch Entscheidungen beeinflußt werden kann. Computermodelle können Entscheidungsträgern das Expertenwissen so zur Verfügung stellen, daß sie damit bestimmte Alternativen durchspielen können. Durch

Variation der Annahmen wird für die Experten sichtbar, von welchen Variablen das Ergebnis am stärksten beeinflußt wird.

c) Explikation der Wertentscheidung durch die Experten: Die Wirkungen der politischen Maßnahmen lassen sich durch den Entscheidungsträger bewerten. Das Expertenwissen kann durch die Entscheidungsträger selbst gewichtet und auf ihren Einfluß auf Szenarien geprüft werden. Die Modelle öffnen damit ein „window of decision"; wie weit dieses Fenster geöffnet werden kann, hängt jedoch von den Konstruktionsprinzipien der Modelle ab. Gerade bei Computermodellen liegen diese Konstruktionsprinzipien nicht immer offen zutage.

d) Interaktives Modellieren: Eine Simulation kann z.B. Politikern verständlich machen, daß es nicht nur auf die Reduktion der Treibhausgase ankommt, sondern ebenso auf das Zeitprofil der Maßnahmen: So kann es sinnvoll sein, zunächst mit einer moderaten Reduktion zu beginnen und diese in dem Maße zu steigern, wie das technische Wissen zunimmt. Auch die Zeitverzögerungen des politischen Prozesses müssen prinzipiell berücksichtigt werden: Es ist denkbar, daß der Entscheidungsprozeß Zyklen erzeugt, durch die es abwechselnd zu Phasen der Reduktion und zu solchen der Erhöhung kommt, ohne daß das Emissionsniveau dauerhaft gesenkt wird.

Diese Möglichkeiten von Computermodellen wurden im Rahmen des Integrated Assessment erst in Ansätzen realisiert. Eine bemerkenswerte Richtung schlagen die Modellierer von TARGET (Das Modell wird dargestellt bei Rotmans et al. 1995: 35; Schlumpf 1995: 83-95) ein: Sie fassen eine Entscheidungssituation ins Auge, integrieren naturwissenschaftliches und ökonomisches Expertenwissen und modellieren auf originelle Weise den politischen Prozeß. Die Metapher des rationalen Planers versuchen sie nämlich durch eine Weiterentwicklung der Szenarienmethode zu überwinden. Häufig legen die Entwickler von Computersimulationen Entscheidungsmöglichkeiten fest, ohne zu begründen, wer welche Optionen hat. Mit einer steigenden Zahl von teilweise irrelevanten Entscheidungsmöglichkeiten kommen diese Modelle jedoch bald an Grenzen der Überschaubarkeit und Verständlichkeit. TARGET versucht daher soziologisch zu begründen, welche Optionen bestimmten Entscheidungsträgern zugeschrieben werden können: Menschen in sozialen Netzen reduzieren Unsicherheiten durch eine bestimmte Weltsicht. Der Streit um Risiken und Unsicherheiten ist nicht nur ein Streit um Fakten, sondern ebenso ein Streit um Fairneß und Zumutbarkeit von Risiken. Die unterschiedlichen Perspektiven lassen sich gemäß der „cultural theory of risk" durch drei Typen charakterisieren: Egalitaristen, Individualisten und Hierarchisten. Für die *Egalitaristen* befinden sich Biosphäre und Atmosphäre in einem fragilen Gleichgewicht, das durch risikoreiche menschliche Eingriffe nicht gestört werden darf. Die *Individualisten* hingegen sehen die Welt in einem stabilen Gleichgewicht, das eine dauerhafte Nutzung der beinahe unbegrenzten Ressourcen garantiert. Der rationale Planer im DICE Modell teilt sowohl diese Sicht der Welt als auch die zugrundeliegenden Managementprinzipien. Für die *Hierarchisten* ist die Natur nur innerhalb bestimmter Grenzen robust, deren Einhaltung durch Verbote und Gebote gesichert werden muß (Schwarz/Thompson 1990: 1-13). Mit Hilfe dieser Typologie versuchen die Modellierer von TARGET verschiedene Modellrouten im Rahmen eines Bevölkerungs- und Klimamodells zusammenzustellen. Die unterschiedlichen Alternativen bestehen dann aus verschiedenen Kombinationen von Weltsichten und Managementstilen. Die Übereinstimmung von Managementstil und Weltsicht kennzeichnet ein utopisches Glück, während sich in dystopischen Zuständen jeweils ein Managementstil mit einer der beiden anderen Weltanschauungen überlagert. Das Modell enthält also drei utopische und sechs dystopische Szenarien. In dem Modell kann daher der Managementstil auf seine Risiken hin überprüft werden, etwa in seiner Fähigkeit, das Bevölkerungswachstum oder den Energieverbrauch zu begrenzen. TARGET gelingt damit eine kohärente Methode der Szenarienbildung, gerade weil Wahrnehmung und Akzeptanz von Risiken soziologisch begründet aufgezeigt werden.

Dennoch hat auch TARGET die Figur des rationalen Planers noch nicht überwunden. Denn ebenso wie im DICE-Modell wird der Sektor „Wirtschaft" mit Hilfe weniger makroökonomischer Variablen modelliert, die im Prinzip von wenigen Individuen oder Gruppen kontrolliert werden können.

Offensichtlich ist der rationale Planer nicht so leicht aus der Welt zu schaffen: Das mechanistische Wissenschaftsverständnis und der rationale Planer bedingen sich nämlich gegenseitig. Läßt sich ein System mit Hilfe von Differentialgleichungen beschreiben, so kann durch genaue Spezifikation der Ausgangsbedingungen zu jedem beliebigen Zeitpunkt das Verhalten des Systems vorhergesagt werden. Ein solches Prognosemodell läßt sich in ein Entscheidungsmodell transformieren, wenn die Zielfunktion des Planers bekannt ist. Die genaue Messung der Anfangsbedingungen und die Form der Differentialgleichungen entscheiden dann über den Erfolg des Modells. Ist dieses Modell einmal erstellt und hat es sich an der Realität bewährt, so kann es Entscheidungsträger in der Steuerung des Systems unterstützen. Aber bereits innerhalb dieses mechanistischen Weltbildes werden durch die Theorie des deterministischen Chaos Risse sichtbar, die sich mit dem mechanistischen Instrumentarium nicht mehr kitten lassen. Die Theorie des deterministischen Chaos zeigt nämlich, daß sich selbst einfache Systeme mit wenigen Differentialgleichungen chaotisch verhalten, wenn Parameter bestimmte Grenzwerte übersteigen: Die Ansprüche an die Meßgenauigkeit der Ausgangsbedingungen sind so hoch, daß der Planer auch innerhalb des mechanistischen Weltbildes diskreditiert ist, weil er nicht mehr den Anspruch erheben kann, das System steuern zu können.

Eine grundsätzlichere Kritik geht davon aus, daß Mensch-Umwelt-Systeme jenen unverständlich bleiben müssen, die sich entweder ausschließlich als Akteure oder ausschließlich als Beobachter des Systems begreifen: Das Paradigma des Rationalen Akteurs kennt keine reflexiven Akteure, sondern lediglich Akteure, die Signale aus der Umwelt empfangen und diese entsprechend ihrer Rechenkapazität verarbeiten; es genügen die Kenntnisse der Umweltzustände und der Ziele, um ein bestimmtes Verhalten vorherzusagen (Jaeger 1994; Jaeger 1996 in diesem Band). Das deterministische Wissenschaftsverständnis geht daher davon aus, daß sich ein System im Prinzip durch einen Beobachter vollständig beschreiben läßt.

Soziale Systeme sind jedoch gerade dadurch gekennzeichnet, daß der Beobachter darin immer auch Akteur ist. Die Beobachtungen beschreiben daher nicht den Gegenstand der Beobachtung, sondern sind zugleich eine Selbstreflexion des Akteurs: Diese Selbstbeobachtungen helfen dem Beobachter, sich selber in Entscheidungssituationen besser zu verstehen. Das mechanistische Weltbild und das Paradigma des Rationalen Akteurs zeichnen aber nur ein mögliches Selbstbild von Menschen: Sie hätten über ihre Ziele und über ihre Mittel im voraus und im nachhinein ein vollkommenes Wissen. Es mag Situationen geben, in denen dieses Bild ein zutreffendes Selbstverständnis zeichnet: Wegen ihrer begrenzten Rechenkapazität brechen Menschen jedoch irgendwann die Suche nach einem Optimum ab und entscheiden nach Regeln; die Ziele werden erst im Verlauf eines Entscheidungsprozesses geklärt; auch sind die Ziele nicht unabhängig von den Mitteln. Diese begrenzte Voraussicht besagt, daß Menschen die Zukunft ihrer Umwelt weder vollständig kennen noch vollständig kontrollieren; aber auch im nachhinein wissen sie nicht, wie die Welt aussähe, hätten sie sich anders entschieden. Ist dies einmal zugestanden, dann läßt sich prinzipiell nicht mehr entscheiden, welche Alternative erfolgreicher gewesen wäre. Der Grund liegt in der Tatsache, daß mit jeder Entscheidung auch bestimmte Weltsichten und Perspektiven ausgeschlossen werden: Wer einmal geheiratet hat, wird nicht mehr wissen können, wie er sich entwickelt hätte, wäre er unverheiratet geblieben. Es ist zwar lehrreich, sich die ungeschehene, nur mögliche Geschichte vor Augen zu führen, weil sie den Blick für historische Möglichkeiten wachhält. Es gibt aber in Entscheidungssituationen keine Metaperspektive, von der aus sich wiederum alle möglichen Perspektiven beurteilen ließen. Diese Unmöglichkeit, die Welt auf eine Perspektive zu reduzieren, hat für die Modellierung von Entscheidungen in komplexen Systemen eine wichtige Konsequenz: Die Elemente „Zielfunktion" und „Nebenbedingung" genügen nicht mehr, um menschliches Verhalten zu beschreiben und zu prognostizieren. Damit verliert aber auch der Begriff des eindeutigen Optimums und der Effizienz seinen Sinn, denn dieser setzt voraus, daß alle Alternativen bekannt sind und zwischen einer falschen und richtigen Wahl eindeutig unterschieden werden kann. In einer Welt verschiedener und wechselnder Perspektiven ist dies jedoch nicht mehr der Fall. Die Frage, ob es im Vergleich zu allen anderen Alternativen „besser" gewesen wäre, nicht zu heiraten, läßt sich auch im nachhinein nicht beantworten, weil man nicht abschätzen kann, was es bedeutet hätte, andere Alternativen zu realisieren. Auf die Frage jedoch, ob es richtig oder gut war zu heiraten, werden die meisten Menschen eine Antwort geben können. Diese Antwort ist freilich mehrdeutig, weil sie an eine Perspektive gebunden ist: Ein Mensch, der glücklich verheiratet ist, wird darauf anders antworten als ein Mensch, der es nicht ist.

Ändert ein Mensch seine Perspektive, so wird er auch seinen Zustand anders bewerten. Mit jeder Veränderung der Perspektive erscheinen Entscheidungen in einem anderen Licht: In komplexen Situationen können die Akteure gar nicht vollständig wissen, was sie tun, und sie können daher auch ihr Tun nicht voll verantworten, ja es wäre bereits verantwortungslos so zu tun, als wäre es in einer komplexen Umwelt möglich, die volle Verantwortung übernehmen zu wollen, denn an jeder Entscheidung haften unbeabsichtigte Nebenwirkungen, und es wäre fahrlässig, sie zu ignorieren. Wie aber soll sich ein Entscheidungsträger auf Nebenwirkungen einstellen, die er noch gar nicht kennt? Mit dieser Unsicherheit läßt sich vermutlich nur menschlich leben, wenn die Zukunft offen gehalten wird (Nowotny 1996 in diesem Band). Die Zukunft bleibt nur dann offen, wenn auf diese unbeabsichtigten Nebenwirkungen so reagiert werden kann, daß die Zukunft damit nicht unwiderruflich verbaut oder zerstört wird. Für dynamische Netzwerke von Akteuren kann nicht verständlich gemacht werden, was darin Effizienz bedeuten soll; hingegen gewinnt die Forderung, sie sollten flexibel und fehlerfreundlich sein, eine inhaltlich hinreichend genaue Bedeutung (Burt 1992; Eccles 1992): Netzwerke verlieren ihre Fehlerfreundlichkeit und Flexibilität, wenn Menschen darin so verstrickt sind, daß sie die Fähigkeit verlieren, auf die unbeabsichtigten Folgen ihrer Entscheidungen zu reagieren.

Der Grund, warum sowohl das DICE Modell als auch TARGET die Dynamik von

Märkten nicht einschätzen können, liegt daran, daß sie keine reflexiven Akteure modellieren. Auf realen Märkten ist eine Vielzahl unterschiedlicher Akteure, Firmen und Organisationen tätig, die sich gegenseitig beeinflussen; kein einzelner Akteur kann daher den gesamten Marktprozeß überblicken, geschweige denn steuern. Dieses dezentrale Netzwerk multipler Kontrolle und Perspektiven ist jedoch der Grund für das innovative Potential von Marktwirtschaften. Computersimulationen von Märkten könnten helfen zu verstehen, unter welchen Bedingungen Märkte ihr innovatives Potential verlieren oder entfalten. Die Abschätzung bestimmter umweltpolitischer Maßnahmen auf Energie- und Ressourcenverbrauch in den bisherigen Modellen des Integrated Assessment ist daher in hohem Maße fragwürdig, weil sie das innovative Potential von Marktnetzwerken mit multipler Kontrolle nicht einschätzen können. Damit werden jedoch Optionen verstellt, die für demokratische Marktgesellschaften vorhanden wären: Die „windows of decision" werden unnötigerweise geschlossen.

2. Experten und Bürger

Computermodelle mögen eine faszinierende Technik sein, um Expertenwissen politischen Entscheidungsträgern effizient zur Verfügung zu stellen. Aber wird mit dieser Technik nicht ein gefährlicher Weg beschritten? Besteht nicht die Gefahr, daß Experten Entscheidungen steuern, zu denen sie gar nicht legitimiert sind? Und steigern Simulationsmodelle nicht einfach die Macht der Experten, die kaum mehr kontrolliert werden kann? Die düstere Geschichte vom unaufhaltsamen Aufstieg der Expertenherrschaft hat bereits Max Weber erzählt, freilich noch ohne eine Vorstellung vom Potential moderner Simulationsmodelle zu haben: Die Furcht vor einer Technokratie, die in einem totalen Machbarkeitswahn deliriert und scheinbare Notwendigkeiten exekutiert, hat er auf die Formel vom „eisernen Gehäuse der Hörigkeit" gebracht. Moderne Gesellschaften zeichneten sich durch eine Macht- und Informationsasymmetrie aus: Die Experten verfügten über mehr „Wissen" als die politische Führung. Für Weber war das Dienst- und Fachwissen die entscheidende Machtressource der Experten in Bürokratien. Er mißtraute der Kontrolle der Bürokraten durch Bürokraten und erhoffte sich ein Parlament, das fähig sein könnte, das Fach- und Geheimwissen der Bürokratie zu kontrollieren; er wollte den Parlamentariern hierzu das sogenannte Enquêterecht einräumen, das ihnen das Recht zugestehen sollte, Experten aus der Bürokratie zu jedem beliebigen Thema vor ihren Ausschüssen zu befragen; die Bürokraten wiederum seien verpflichtet, jederzeit dieser Kommission Auskunft zu erteilen (Weber 1980: 571-576). Durch dieses Enquêterecht sollte die Machtbalance zwischen Experten und politischer Führung zugunsten der letzteren verändert werden.

An diesem Vorschlag Webers ist zunächst bemerkenswert, daß er davon ausgeht, daß Expertenwissen eine notwendige, aber keine hinreichende Bedingung ist, politische Entscheidungen zu begründen. Da bei politischen Fragen Tatsachen- und Werturteile gleichermaßen ins Spiel kommen, kann es nach Weber für politische Fragen keine Alleinzuständigkeit der Experten geben, da Experten in der Bewertung von Tatsachen nicht kompetenter seien als Politiker. Selbst wenn man die scharfe Trennung zwischen Werten und Tatsachen nicht mitvollziehen will, so wird man Weber zugestehen müssen, daß es einen Unterschied zwischen beiden Kategorien gibt und ein Expertenurteil nicht ausreicht, um eine politische Entscheidung zu fällen. Will man auch nicht jedermann ein moralisches Urteil zugestehen, so läßt sich dennoch nicht ohne weiteres begründen, warum nur Experten ein moralisches Urteil haben sollten. Weber hat jedoch den Parlamentariern die Rolle der Laien zugedacht, die politisch führen sollten. Da nun aber Politik selber zum Beruf geworden ist, stellt sich die Frage, ob Politiker Bürger in allen öffentlichen Fragen repräsentieren. Gerade die neuen sozialen Bewegungen haben das Repräsentationsmonopol von Berufspolitikern in Frage gestellt. Es kämpfen also nicht mehr nur Experten in den Bürokratien mit Berufsparlamentariern um Einfluß, Macht und Gestaltungsmöglichkeiten; Bürgerinitiativen und neue soziale Bewegungen sind machtvolle Akteure in diesem Kampf um Anerkennung geworden, die sich nicht nur gegen die etablierten Parteien und Interessenverbände stellen, sondern auch ihr eigenes Expertenwissen organisiert haben (Beck 1993: 241-246).

Die unbeantwortete Frage ist jedoch, welcher institutionellen Bedingungen der Streit zwischen Experten und Gegenexperten bedarf, die einem jeweils anderen moralischen Vorverständnis verpflichtet sind. Es geht dabei nicht nur um eine vermehrte Beteiligung der Bürger an politischen Entscheidungen, sondern auch darum, daß neues und anderes Wissen hervorgebracht wird. Die Beteiligung von Bürgern kann man auf zweifache Weise begründen. Einmal steht die Autorität der Experten in Frage, weil sie zu widersprüchlichen Aussagen aufgrund eines anderen moralischen Vorverständnisses kommen; die Entsakralisierung durch die Wissenschaft hat auch vor der Wissenschaft nicht Halt gemacht (Giddens 1994: 88). Zum anderen ist in moralischen Fragen ein Wissenschaftler eben nicht mehr Experte als jeder, dem moralische Zurechnungsfähigkeit zuerkannt werden muß.

Es mag hilfreich sein, sich hierzu eines Vergleiches zu bedienen, den Arrow ins Spiel brachte, um diese komplizierte Beziehung zwischen Laien und Experten klar zu machen – das Gerichtsverfahren: In einem Gerichtsverfahren stehen sich zwei Parteien gegenüber, deren Perspektiven und Interessen nicht aufeinander reduziert werden können. Jede der streitenden Parteien hat einen Anreiz, Beweise für ihre Sicht zu beschaffen, da das Interesse hinreichend stark ist, ihre Sicht durchzusetzen. Arrow (1995) meint, dieses Argument variiere das Argument von der unsichtbaren Hand, da es davon ausgehe, daß das Selbstinteresse der Beteiligten genüge, um Wissen in ausreichendem Maße bereitzustellen. Arrow behauptet, dieses institutionelle Arrangement sei suboptimal, da die Verbreitung des Wissens ein öffentliches Gut sei. Darin ist Arrow sicher zuzustimmen: Er plädiert daher für die Gemeinschaft neutraler Experten. Das Argument von Arrow, Gerichtsverfahren seien suboptimal, verliert jedoch an Überzeugungskraft, wenn man sich vor Augen hält, wie Laien und Experten in Gerichtsverfahren ihre spezifischen Rollen spielen. Der Vergleich zwischen Gerichtsverfahren und umweltpolitischen Entscheidungen ist in mehrfacher Hinsicht interessant.

In beiden sozialen Situationen müssen Handlungen beurteilt werden. Dabei kommen gleichermaßen moralische Urteile und sogenannte Tatsachenurteile ins Spiel: Dies wird sofort deutlich, wenn man versucht, zwei Fragen zu beantworten. Erstens: Was hat jemand getan? Zweitens: Wie hat jemand gehandelt? Auf die erste Frage läßt sich z.B. antworten: Er hat jemanden getötet. Auf die zweite Frage läßt sich nicht mehr ohne Bezug auf die Intention der Handlung antworten, die sich wiederum nicht mehr ohne moralische Prädikate beschreiben läßt: Es kann sich etwa um Mord, Notwehr oder um einen Unfall handeln. Dieses Beispiel zeigt, daß es zwar einen Unterschied zwischen einer Wertung und einem Tatsachenurteil gibt, daß jedoch bereits die Handlungsbeschreibung nicht „wertfrei" möglich ist.

Es gibt unterschiedliche Kompetenzen in der Beantwortung dieser Fragen, die mit der Grenzziehung „Experte" und „Laie" irreführend erfaßt werden. Die genaue Tatbeschreibung ist nicht Sache des Richters, wohl aber der Polizei; in der Beurteilung der Intentionen kommen psychologische Momente ins Spiel, und die Antwort auf die Frage, ob Mord, Notwehr oder Totschlag vorliegt, läßt sich nur mit Hilfe einer ausgefeilten juristischen Theorie der Argumentation finden. Wichtig daran ist, daß Richter und Schöffen in Fragen der Psychiatrie Laien sind, der Psychiater als Gutachter ein Laie in juristischen Fragen ist. Das institutionelle Arrangement des Gerichtsverfahrens kann offensichtlich nicht nur den Rollenwechsel einer Person vom Experten zum Laien handhaben, sondern auch das Aufeinanderprallen von Experten und Gegenexperten: Der Streit zwischen den Experten ist dabei nicht die Ausnahme, sondern die erwünschte Regel. Oberflächlich betrachtet, mag dieser Streit die Urteilsfindung erschweren, genauer betrachtet, macht er das Urteil der Laien erst möglich. Kein Experte könnte zu einem Urteil kommen, solange er nur als Experte argumentiert. Daher ist das Urteil der Laien auch unausweichlich: Denn selbst wenn es gewollt wäre, könnte man die Entscheidung nicht an die Experten delegieren, weil auch ihr Expertenwissen für ein Urteil nicht ausreiche. Gerichtsverfahren haben hierzu Standards der Argumentation entwickelt, die eingehalten werden müssen, damit jemand vor Gericht Gehör findet und die außerdem voraussetzen, daß sich alle Beteiligten gegenseitig moralische Zurechnungsfähigkeit zugestehen, da ansonsten ein Urteil über die Billigung oder Mißbilligung einer Handlung keinerlei Sinn ergäbe.

Wenngleich das Management globaler Allmenden (noch) keine institutionelle Analogie zum Gerichtsverfahren kennt, zeigt dieses Beispiel, daß die Beteiligung von Laien an der Produktion von Wissen konstitutiv ist, denn ohne ihre Partizipation gäbe es das Wissen nicht, das für ein Urteil benötigt wird (Wynne 1992). So wurden erste experimentelle Versuche unternommen, mit Hilfe von „Bürgergerichten" neue Wege in der Entwicklung von Politikalternativen zu gehen. Da es hierfür noch keine bewährten institutionellen Arrangements gibt, müssen sie zunächst in kontrollierten Experimenten erprobt werden. Im Rahmen eines von der EU finanzierten Forschungsprojektes – ULYSSES – wird versucht, Computermodelle auf ihre Brauchbarkeit zur Entscheidungsfindung in unterschiedlichen institutionellen Arrangments zu testen: Bürokraten, Bürger und Unternehmer werden mit Computermodellen wie TARGET und DICE arbeiten, um Szenarien einer künftigen CO_2-Politik zu entwerfen und zu diskutieren. Dabei werden die durch die Computermodelle ausgelösten Lern- oder Verwirrungsprozesse analysiert, um den Modellierern Kriterien für „verständliche" Klimamodelle an die Hand geben zu können. Andererseits sollen institutionelle Arrangements (Gericht, Verhandlungen) getestet werden, bei denen die Wahrscheinlichkeit groß ist, daß es zu angemessenen Ergebnissen kommt (Kasemir et al. 1996).

Die Beteiligung von Bürgern an der Interpretation und Entstehung von Wissen stellt die institutionelle Autonomie der Experten in Frage, denn das Management globaler Allmenden erfordert, daß sich zumindest einige Wissenschaftler Forschungsfragen nicht durch die Eigendynamik ihrer Disziplin vorgeben lassen: Die Reaktion der Ökosysteme auf die Kohlendioxidkonzentration der Atmosphäre ist gewiß keine uninteressante Frage für einen Biologen, die Abschätzung umweltpolitischer Instrumente vielleicht eine Herausforderung für einen Ökonomen und die Erforschung von Einstellungen zu Umweltproblemen eine Gelegenheit, neue Methoden empirischer Sozialforschung zu testen; im Rahmen des Integrated Assessment geht es jedoch nicht in erster Linie um die Beantwortung interessanter Fragen innerhalb einer Disziplin, sondern um akzeptable Reaktionen auf einen drohenden Klimawandel. Wissenschaft genießt gegenüber Politik und Wirtschaft eine Autonomie, die jedoch nicht gleichbedeutend ist mit institutioneller Unabhängigkeit: Wer in die Gemeinschaft der Wissenschaftler aufgenommen wird, bestimmt die „scientific community". Welche Standards der Argumentation in einem Fach zu gelten haben, was als gute, was als schlechte Forschungsfrage zu gelten hat, wird mit Hilfe der „peer review" entschieden: Anonyme Gutachter, die selber Wissenschaftler sind, beurteilen die Qualifikation ihrer Kollegen, die Tauglichkeit von Forschungsanträgen und die Güte von Aufsätzen, die in wissenschaftlichen Zeitschriften veröffentlicht werden sollen. Die Institution der „peer review" war in der Vergangenheit durchaus mit einer institutionellen Abhängigkeit vereinbar: Denn die Institution der Wissenschaft war keineswegs unabhängig vom militärisch-industriellen Komplex, der nicht nur die „angewandte Wissenschaft" finanzierte, sondern auch einen Großteil qualitativ hochwertiger Grundlagenforschung ermöglicht hat. So ist auch a priori kein Grund zu erkennen, warum die Qualität der Forschung leiden sollte, wenn die Auftraggeber wissenschaftlicher Forschung nicht mehr ausschließlich Politiker, Unternehmen und Militärs sind, sondern auch Bürger, die sich z.B. in sozialen Bewegungen organisieren. Die Gründung alternativer Forschungsinstitute hat gezeigt, daß einige dieser Institute längst Teil des etablierten Wissenschaftsbetriebes geworden sind. Diese Entwicklung hat aber auch gezeigt, daß andere Auftraggeber noch keine hinreichende Bedingung dafür sind, daß es zu einem Integrated Assessment kommt. Forschungsrichtungen innerhalb des Integrated Assessements streben daher nicht nur einen veränderten Modus der Auftragsvergabe an, sondern auch eine erweiterte peer review, durch die auch Laien an der Beurteilung beteiligt werden sollen, was als „Wissenschaft" zu gelten hat (Funtowicz/Ravetz 1992; Funtowicz/Ravetz 1994).Welcher institutioneller Sicherung es jedoch bedarf, um die Umweltforschung vor einem Qualitätsverlust durch eine Popularisierung und Politisierung zu schützen, wird noch Gegenstand von Debatten sein.

3. Desiderate des Integrated Assessment: Innovation und Partizipation

Für das Management globaler Allmenden sind wissensbasierte Netzwerke der kritische Punkt. Die Frage, wie solche aufzubauen sind, ist mit den obigen Überlegungen keineswegs beantwortet. Aber es ist die Richtung angedeutet, wie man einer Antwort näher kommen könnte. Die Integration des Expertenwissens mit Hilfe von Simulationsmodellen könnte bei Gruppen von Entscheidungsträgern und Laien Lernprozesse auslösen, wie dies bei konventionellen Gutachten bislang nicht der Fall sein konnte. Welche Lernprozesse diese Modelle nicht nur bei Individuen, sondern in Gruppen von Entscheidungsträgern auslösen, wird Gegenstand weiterer Forschung sein.

Die Suche nach geeigneten Netzwerken, die die einzelnen Akteure einerseits in ihrer Macht begrenzen, diesen aber andererseits auch die notwendige Autonomie zugestehen, ist nicht nur für das Management globaler Allmenden relevant. Das Integrated Assessment nimmt innerhalb der Umweltdebatte ein Anliegen wieder auf, das bereits seit geraumer

Zeit in der Demokratietheorie wieder virulent geworden ist: Die Kunst der Demokratie als die Kunst der Trennung. Checks and balances, lose gekoppelte Systeme sind der Versuch moderner Gesellschaften, mit Risiken zu leben. Märkte und demokratische Institutionen sind dann fehlerfreundlich, offen für die Suche nach neuen Lösungen, wenn die Macht geteilt ist. Die Kunst der Trennung ist die Kunst der Dezentralisierung (Kaufman 1995). Die Suche nach lernfähigen Formen der Dezentralisierung wird daher ebenfalls Gegenstand weiterer Forschung sein.

Das Integrated Assessment kann dazu einen Beitrag leisten, wenn es gelingt, der Metapher des rationalen Planers dezentralisierte Kunstwerke entgegenzusetzen: Die Partizipation der Bürger am politischen Entscheidungsprozeß und an der Entdeckung neuen Wissens sind damit ebenso gemeint wie lernfähige Marktwirtschaften mit innovativen Unternehmen und offenen Kapitalmärkten. Dezentralisierte Netze sind Kunstwerke in einem zweifachen Sinn: Einmal sind sie von Menschen gemacht und hervorgebracht, zum anderen „verkörpern" sie die Vorstellungen, die sich Menschen vom „guten Leben" machen.

Die Kunst der Trennung ist nicht die Aufgabe der Forscher allein, sie ist Gegenstand öffentlicher Auseinandersetzung, zu der uns die globalen Umweltprobleme zwingen. Daß durch neue globale Umweltprobleme alte Fragen neu gestellt werden, sollte bei einer philosophischen Frage nicht überraschen. Auf die Frage, ob der „Rightness of Procedures" oder der „Goodness of Outcomes" der Vorzug gegeben werden soll, hat Sen mit einer Beobachtung geantwortet: Seines Wissens habe es in repräsentativen Demokratien mit Pressefreiheit keine Hungersnöte gegeben. Dieses Beispiel illustriert, daß gerechte Verfahren und das gute Leben wechselseitig aufeinander verweisen, und es (noch) keinen Grund zu geben scheint, vorschnell einen Vorzug zu postulieren. Die Kunst der Trennung ist eben nicht nur eine formale Kunst.

Diese Kunst der Trennung könnte den besorgten Aktivisten zu langatmig und den berechnenden Skeptikern zu utopisch erscheinen. In der Tat, die historische Erfahrung ermuntert aufmerksame Beobachter gewiß nicht, sich von langwierigen demokratischen Entscheidungen, an denen möglichst viele beteiligt sind, schnelle Lösungen zu erwarten. Und utopisch war der Kampf gegen Monopole und für die Teilung der Macht immer: Die Förderung ökologischer Innovationen z.B. durch die Dezentralisierung der Energie- und Verkehrsmärkte fordert gewiß einen Umbau der Wirtschaft, den sich viele wegen der Machtkonzentration in den Händen weniger nicht zutrauen. Wird am Ende auch die Utopie vom ökologischen Umbau von Marktwirtschaft und Demokratie scheitern? Gewiß, viele Utopien sind es nicht, die sich im Leben bewährt haben. Die Kunst der Trennung hat sich bereits bewährt und sie kann sich nochmals bewähren, wenn ihr ein lern- und konsensfähiges Management globaler Allmenden gelingt.

Literatur

Althammer, Wilhelm, und Wolfgang Buchholz, 1993: Internationaler Umweltschutz als Koordinationsproblem. S. 289-315 in: *Adolf Wagner* (Hg.): Dezentrale Entscheidungsfindung bei externen Effekten. Tübingen, Basel: Francke.
Arrow, Kenneth J., 1963 (1951): Social Choice and Individual Values. New York: Wiley.

Arrow, Kenneth J., 1995: Information Acquisition and the Resolution of Conflict. S. 258-272 in: *Kenneth J. Arrow, Robert H. Mnookin, Lee Ross, Amos Tversky* und *Robert B. Wilson* (Hg.): Barriers to Conflict Resolution. New York, London: W.W. Norton & Company.

Beck, Ulrich, 1993: Die Erfindung des Politischen. Zu einer Theorie reflexiver Modernisierung. Frankfurt a.M.: Suhrkamp.

Barrett, Scott, 1991: The Paradox of International Environmental Agreements. London Business School: Mimeo.

Barrett, Scott, 1992: International Enviromental Agreements as Games. S. 11-35 in: *Rüdiger Pethig* (Hg.): Conflicts and Cooperation in Managing Enviromental Resources. Berlin u.a.: Springer Verlag.

Berger, Johannes, 1994: The Economy and the Enviroment. S. 766-797 in: *Neil J. Smelser* und *Richard Swedberg* (Hg.): The Handbook of Economic Sociology. Princeton: Princeton University Press.

Boadway, Robin, und *Neil Bruce*, 1984: Welfare Economics. Oxford: Blackwell.

Boehmer-Christiansen, Sabine, 1994: Global Climate Protection Policy: The Limits of Sientific Advice, Part 2, Global Environmental Change 4: 185-200.

Burt, Ronald S., 1992: Structural Holes. The Social Structure of Competition. Cambridge, Mass.: Harvard University Press.

Coase, Ronald H., 1960: The Problem of Social Cost, Journal of Law and Economics 3: 1-44.

Clark, Colin W., 1976: Mathematical Bioeconomics. The Optimal Management of Renewable Resources. New York: Wiley.

Cline, Wiliam R., 1992: The Economics of Global Warming. Washington D.C.: Institute for International Eonomics.

Coleman, James S., 1990: Foundations of Social Theory. Cambridge, Mass.: The Belknap Press of Harvard University Press.

Dasgupta, Partha, 1982: The Control of Resources. Oxford: Basil Blackwell.

Dasgupta, Partha, und *Geoffrey Heal*, 1979: Economic Theory and Exhaustible Resources. Cambridge: Cambridge University Press.

Drucker, Peter F., 1993: Post-Capitalist Society. New York: Harper Collins.

Eccles, Robert G., und *Nitin Nohria*, 1992: Beyond the Hype: Rediscovering the Essence of Management. Boston: Harvard Business School Press.

EK II: Enquête-Kommission „Schutz der Erdatmosphäre", 1995: Mehr Zukunft für die Erde. Nachhaltige Energiepolitik für dauerhaften Klimaschutz. Bonn: Economica.

Farrel, Joseph, 1987: Information and the Coase Theorem, Journal of Economic Perspectives 1: 113-129.

Funtowicz, Silvio O., und *Jerome R. Ravetz*, 1994: The Worth of a Songbird: Ecological Economics as a Post-Normal Science, Ecological Economics 10: 197-207

Funtowicz, Silvio O., und *Jerome R. Ravetz*, 1992: Three Types of Risk Assessment and the Emergence of Postnormal Science. S. 251-273 in: *Sheldon Krimsky* und *Dominic Golding* (Hg.): Social Theories of Risk. London: Praeger.

Giddens, Anthony, 1994: Living in a Post-Traditional Society. In: *Ulrich Beck, Anthony Giddens* und *Scott Lash* (Hg.): Reflexive Modernization: Politics, Tradition and Aesthetics in the Modern Social Order. Cambridge: Polity Press.

Hardin, Garrett, 1968: The Tragedy of the Commons, Science 162: 1243-1248.

Hayek, Friedrich A. von, 1945: The Use of Knowledge in Society, American Economic Review 35: 519-530.

Hoel, Michael, 1991: Global Environmental Problems: The Effects of Unilateral Actions Taken by One Country, Journal of Environmental Economics and Management 20: 55-70.

IPCC, 1994: Climate Change. The IPCC Scientific Assessment. *J. T. Houghton, G.J. Jenkins* und *J.J. Ephraums* (Hg.), Cambridge: Cambridge University Press.

Jaeger, Carlo C., 1994: Taming the Dragon. Transforming Economic Institutions in the Face of Global Change. Amsterdam: Gordon and Breach.

Jaeger, Carlo C., 1996: Humanökologie und der blinde Fleck der Wissenschaft. S. 164-190 in: *Andreas Diekmann* und *Carlo C. Jaeger* (Hg.): Umweltsoziologie. Sonderheft 36 der Kölner Zeitschrift für Soziologie und Sozialpsychologie. Opladen: Westdeutscher Verlag.

Kasemir, Bernd, Carlo C. Jaeger und *Ottmar Edenhofer*, 1996: Structures of Complementary, Benefit-Cost Analysis and Integrated Enviromental Assessment. Paper presented at the Inaugural Conference of the European branch of the International Society of Ecological Economics: „Ecology, Society, Economy – In pursuit of sustainable development, Paris May 23 to 25.

Kaufman, Stuart, 1995: At Home in the Universe. The Search of Laws of Self-Organization and Complexity. Oxford: Oxford University Press.

Krumm, Raimund, 1996: Internationale Umweltpolitik. Eine Analyse aus umweltökonomischer Sicht. Berlin u.a: Springer.

Manne, Alan, und *Richard Richels*, 1995: The Greenhouse Debate: Economic Efficiency, Burden Sharing and Hedging Strategies, The Energy Journal 16/4: 1-37.

Meadows, Dennis L., et al., 1972: The Limits to Growth. New York: Universe Books.

Myerson, Roger B., und *Mark A. Satterthwaite*, 1983: Efficient Mechanism for Bilateral Trading, Journal of Economic Theory: 265-281.

Nordhaus, William D., 1994: Managing the Global Commons. The Economics of Climate Change. Cambridge, Mass.: The MIT Press.

Nowotny, Helga, 1996: Umwelt, Zeit, Komplexität: Auf dem Weg zur Endosoziologie. S. 148-163 in: *Andreas Diekmann* und *Carlo C. Jaeger* (Hg.): Umweltsoziologie. Sonderheft 36 der Kölner Zeitschrift für Soziologie und Sozialpsychologie. Opladen: Westdeutscher Verlag.

Palmer, Karen, Wallace E. Oates und *Paul Portney*, 1995: Tightening Enviromental Standards: The Benefit-Cost or the No-Cost Paradigm?, Journal of Economic Perspectives 9/4: 119-132.

Parson, Edward A., und *Richard J. Zeckhauser*, 1995: Cooperation in the Unbalanced Commons. S. 212-234 in: *Kenneth J. Arrow, Robert H. Mnookin, Lee Ross, Amos Tversky* und *Robert B. Wilson* (Hg.): Barriers to Conflict Resolution. New York, London: W.W. Norton & Company.

Perrings, Charles, 1991: Reserved Rationality and the Precautionary Principle: Technological Change, Time and Uncertainty in Enviromental Decision Making. S. 153-166 in: *Robert Constanza* (Hg.): Ecological Economics. New York: Columbia.

Porter, Michael E., und *Claas van der Linde*, 1995: Toward a New Conception of the Enviroment-Competitiveness Relationship, Journal of Economic Perspectives 9/4: 97-118.

Rob, Rafael, 1989: Pollution Claim Settlement under Private Information, Journal of Economic Theory 47: 307-333.

Rohner, Meinrad, und *Ottmar Edenhofer*, 1996: Kann sich die Klimapolitik auf die Nutzen-Kosten-Analyse verlassen? In: *Hans Günter Brauch* (Hg.): Klimapolitik. Berlin u.a: Springer Verlag.

Rotmans, Jan, Hadi Dolatabadi und *Edward T. Parson*, 1995: Integrated Assessement of Climate Change: Evaluation of Methods and Strategies. Draft 5 June 1995.

Schlumpf, Christoph, 1995: Verständliche Modelle zur Klima-Problematik. Einführung in die Problematik und Diskussion einiger aktueller Modell. Unveröffentlichte Diplomarbeit in Umweltnaturwissenschaften ETH Zürich.

Schmidheiny, Stefan, und *Federico Zorraquín*, 1996: Finanzierung des Kurswechsels. München: Vahlen.

Sen, Amartya K., 1989: Social Choice Theory. S. 1073-1181 in: *Kenneth J. Arrow* und *Michael D. Intriligator* (Hg.): Handbook of Mathematical Economics. Amsterdam: Elsevier.

Sen, Amartya K., 1995: Rationality and Social Choice, American Economic Review 85/1: 1-24.

Schelling, Thomas C., 1960: The Strategy of Conflict. Cambridge, Mass.: Harvard University Press.

Schweitzer, Urs, 1988: Externalities and the Coase Theorem. Hypothesis or Result?, Journal of Institutional and Theoretical Economics 144: 245-266.

Schwarz, Michiel, und *Michael Thompson*, 1990: Divided We Stand. Redefining Politics, Technology and Social Choice. Philadelphia: University of Pennsylvania Press.

Susskind, Lawrence, 1995: Barriers to Effective Environmental Treaty-Making. S. 292-309 in: *Kenneth J. Arrow, Robert H. Mnookin, Lee Ross, Amos Tversky* und *Robert B. Wilson* (Hg.): Barriers to Conflict Resolution. New York, London: W.W. Norton & Company.

The World Commission on Enviroment and Development, 1987: Our Common Future. Oxford: Oxford University Press.

Truffer, Bernhard, Peter Cebon, Gregor Dürrenberger, Carlo Jaeger, Roman Rudel und *Silvia Rothen,* erscheint 1997: Innovative Responses in the Face of Global Climate Change. In: *Peter Cebon, Urs Dahinden, Huw Davies, Dieter Imboden* und *Carlo Jaeger* (Hg.): A View from the Alps: Regional Perspectives on Climate Change. Boston: MIT Press.
Weber, Max, 1980 (1922): Wirtschaft und Gesellschaft. Tübingen: J.C.B. Mohr.
Weimann, Joachim, 1995: Umweltökonomik. Eine theorieorientierte Einführung. Berlin: Springer.
Wynne, Brian, 1992: Risk and Social Learning: Reification to Engagement. S. 276-297 in: *Sheldon Krimsky* und *Dominic Golding* (Hg.), Social Theories of Risk. London: Praeger.

Umweltpolitik

SOZIOLOGISCHE BEOBACHTUNG UND ÖKOLOGISCHE KRISE

Wolfgang van den Daele

Zusammenfassung: Umweltsoziologie muß mehr sein als bloß Soziologie. Um die Kommunikation über ökologische Probleme von der Wirklichkeit der Probleme unterscheiden zu können, muß man die Gesellschaft in der Natur beobachten und nicht bloß die Konstruktion der Natur in der Gesellschaft. Dazu bedarf die Soziologie der Kooperation mit den Naturwissenschaften. Zwar entfalten sich ökologische Krisenwahrnehmungen und Konflikte nach einer gesellschaftlichen Logik; sie sind nicht durch den objektiven Zustand der Umwelt determiniert. Ob die ‚ökologische Frage' aber die Verfassung moderner Industriegesellschaften sprengen wird, dürfte im Ergebnis wieder von objektiven Fakten abhängen, nämlich von den ökologischen Anpassungen, zu denen diese Gesellschaften tatsächlich in der Lage sind. Die bisherige Umweltpolitik zeigt, daß entgegen der üblichen öffentlichen Rhetorik die Anpassungskapazitäten dieser Gesellschaften erheblich sind.

I. Ökologische Kommunikation und ökologische Krise

Jede Umweltsoziologie, die zum Verständnis und zur Lösung ökologischer Probleme beitragen will, muß in der Lage sein, die Kommunikation über die Probleme von der Wirklichkeit der Probleme zu unterscheiden. Gibt es eine ökologische Krise, oder wird nur über sie geredet? Oder: Gibt es die Krise, obwohl nicht darüber geredet wird? Nur wenn man hier unterscheiden kann, kann man untersuchen, welche sozialen Prozesse und Strukturen zur Entstehung der Probleme beitragen, ob die gesellschaftliche Wahrnehmung der Probleme angemessen ist und welche Politik notwendig wäre, um die Probleme tatsächlich zu lösen und nicht nur an Symptomen zu kurieren. Auch für die Frage, ob die ökologische Anpassung der Gesellschaft eine Transformation der Dynamik moderner Gesellschaften erzwingen wird, wird man sich irgendwie der Wirklichkeit ökologischer Probleme versichern müssen – zumindest wenn man wissen will, ob die Industriegesellschaft durch ökologische Probleme oder (nur) durch ökologische Kommunikationen herausgefordert wird.

Dieser Ausgangspunkt spiegelt naiven Realismus und ist offenkundig nicht auf der Höhe wissenssoziologischer und erkenntnistheoretischer Reflexion. Aber er setzt unterhalb, nicht außerhalb dieser Reflexion an und wird durch sie nicht tangiert. Auch eine Theorie, die alle Realität in soziale Konstruktion einschließt, muß Konstruktionen von ihren Gegenständen unterscheiden können. Natürliche Umwelt ‚gibt es' für uns nur, indem wir sie beobachten, und beobachtet wird in der Gesellschaft – mit den Mitteln (Unterscheidungen, Konzepten, Instrumenten, Verfahren), die dafür im Repertoire der Kultur zur Verfügung stehen. Insoweit gilt, daß die natürliche Umwelt ein Konstrukt in der Gesellschaft ist. Ebenso aber gilt, daß tatsächlich die Gesellschaft in der natürlichen Umwelt ist und es die Natur schon lange gab, bevor irgendwelche Gesellschaften anfingen, sie zu konstruieren. Die Transzendentalphilosophie rekurrierte auf die Konstruktionen des Subjekts, um objektive Realität zu begründen, nicht um sie in Bewußtsein aufzulösen. „Zwar ist der Raum nur in meinem Kopf, aber empirisch ist mein Kopf im Raum" (Schopenhauer). Entsprechend muß soziologischer Konstruktivismus die Differenz von sozialer Konstruktion und Realität reproduzieren; andernfalls konstruiert er schlecht – und läuft auf soziologischen Idealismus hinaus.

Daß man Realität nicht in Konstruktion verschwinden lassen darf, ist sicher unstreitig. Normalerweise wird man die fundamentale Tatsache, daß alle Realität sozial konstruiert ist, bei der Analyse der Realität einfach vernachlässigen können. Man gesteht sie im Prinzip zu, zieht sie aber gewissermaßen vor die Klammer (denn sie gilt ja für alles) und fährt dann fort, in objektivistischer Manier von Dingen und Prozessen zu reden, die es in der Natur oder in der Gesellschaft ‚gibt'. Das ist die übliche Praxis der Wissenschaft und nicht nur unschädlich, sondern notwendig. Man kann sich bei der Untersuchung (Beobachtung) von Gegenständen nicht immer zugleich in die Selbstbezüglichkeiten der Gegenstandskonstitution verstricken lassen. Auf irgendeiner Ebene muß man seinen Gegenstand so behandeln dürfen, ‚als ob' er gegeben ist, ohne daß man selbst an ihm beteiligt ist, und den man deshalb ‚von außen' beobachten kann.[1]

Allerdings geht diese Überlegung an den eigentlichen Komplikationen der soziologischen Beobachtung noch vorbei, denn für diese gilt: das Verhältnis von Konstruktion und Realität wiederholt sich auf der Objektebene, also in der beobachteten Realität. Akteure in der Gesellschaft sind ihrerseits Beobachter, die Realität konstruieren und zwar auf (beobachtbar) unterschiedliche Weise. Die Beziehungen der Gesellschaft zur Natur und die daraus resultierenden ökologischen Probleme werden von vielen Positionen aus beobachtet: von Laien und Experten, von Protestbewegungen, Parteien und Massenmedien, von Gerichten, Behörden, Wirtschaftsverbänden, Kirchen, Sekten etc. Solange die Soziologie sich darauf beschränkt zu untersuchen, mit welchen Mitteln hier jeweils ‚konstruiert' wird, braucht sie nicht selbst Position zu beziehen. Sie kann beschreiben, welche Unterscheidungen und Relevanzkriterien (Naturkonzepte, Interpretationen der Gesellschaft, Wertvorstellungen, politische Ziele) die Beteiligten zugrunde legen, und sie kann versuchen, die Differenzen auf soziale Bedingungen zurückzuführen.[2] Für die Umweltsoziologie sind

---

1 Auch wenn man fragt, ob die Systemtheorie das Verhältnis von Natur und Gesellschaft beschreiben kann (Japp/Krohn 1996), muß man methodisch (nicht ontologisch) so verfahren, „als ob" die Natur und die Gesellschaft (und die Theorie) ‚von außen' beobachtet werden können. Entsprechendes gilt auch für die Physik: Zwar läßt die Quantentheorie eine klare Subjekt-Objekt-Trennung nicht mehr zu: Die Beschreibung der Phänomene ist wesentlich zugleich die Beschreibung unseres Wissens von den Phänomenen; quantenphysikalische Objekte sind nicht abgelöst von der Tatsache ihrer Beobachtung zu greifen. Die Beobachtungen selbst aber (der Meßprozesse und Experimente) müssen auch für diese Theorie in Begriffen beschrieben werden, die voraussetzen, daß man die Phänomene und unser Wissen davon, also das erkannte Objekt und das erkennende Subjekt, unterscheiden kann (vgl. etwa Weizsäcker 1971: 224).
2 Beispielsweise werden im Rahmen der Cultural Theory (Thompson/Ellis/Wildavsky 1990)

solche Untersuchungen aber erst dadurch informativ, daß man die sozialen Konstruktionen der Probleme nicht nur unterscheiden, sondern (in gewissen Grenzen) auch zwischen ihnen entscheiden kann. Ökologische Probleme lassen sich nicht auf gesellschaftliche Wahrnehmung reduzieren; beispielsweise folgt daraus, daß keine Probleme wahrgenommen werden, gerade nicht, daß es tatsächlich keine Probleme gibt. Von der Umweltsoziologie erwartet man Aussagen darüber, ob das Sensorium der Gesellschaft für ökologische Probleme ausreichend ist und wo strategische Interessen, strukturelle Selektivitäten und ‚blinde Flecken' der Beobachtung dazu führen, daß die soziale Konstruktion der Probleme die Wirklichkeit der Probleme verfehlt. Solche Aussagen setzen voraus, daß man über eine (‚richtige') Beobachtung der Probleme verfügt, an der man den Realitätsgehalt gesellschaftlicher Problemwahrnehmung messen kann. Diesen Maßstab kann die Soziologie aber auch wieder nur unter den von ihr in der Gesellschaft beobachteten Problemwahrnehmungen finden. Denn sie kann kaum für sich reklamieren, daß sie die ökologischen Probleme selbst beobachtet; und einen Standpunkt außerhalb der Gesellschaft, von dem her das Verhältnis der Gesellschaft zur Natur beobachtet werden könnte, gibt es nicht. Aber welche gesellschaftliche Beobachtung der ökologischen Probleme ist die ‚richtige'? Welche soziale Konstruktion der Probleme soll zwischen der Konstruktion und der Wirklichkeit der Probleme unterscheiden können? Die Antwort ist: die Wissenschaft.

II. Die Rehabilitation der objektiven Wissenschaft

Die Annahme, daß der Wissenschaft die Aufgabe zufällt, in der Gesellschaft die Kommunikation über ökologische Probleme von der Wirklichkeit der ökologischen Probleme zu unterscheiden, kann selbst nur gesellschaftsintern validiert werden: Sie wird von allen relevanten Akteuren (Behörden, Parteien, sozialen Bewegungen etc.) geteilt. Zwar sind ökologische Konflikte immer auch ein Kampf um Realitätsdeutungen, in dem Ängste, ethische Überzeugungen und politische Ziele eine Rolle spielen. Aber niemand würde behaupten, daß es im Kern um persönliche Gefühle, Glaubensbekenntnisse oder Präferenzen geht, die letztlich unhintergehbar und inkompatibel sind. Nicht Bedrohungsängste sind ein ökologisches Problem, sondern wirkliche Bedrohungen.[3] Für die Frage aber, ob es die Bedrohungen gibt, beziehen sich alle Konfliktparteien auf den gemeinsamen Bezugsrahmen der Wissenschaft.

In diesem Bezugsrahmen werden die kognitiven und sozialen Trennungen reproduziert, die mit der Ausdifferenzierung der Wissenschaft gegeben sind: die Trennung von Tatsachen

---

unterschiedliche ‚Mythen' der Natur auf Unterschiede der Regelungsdichte (grid) und der Gruppenkohäsion (group) zurückgeführt, die den jeweiligen Handlungskontext (meist ist der Beruf gemeint) kennzeichnen. Nach der funktionalen Systemtheorie regulieren die Codes und Programme gesellschaftlicher Teilsysteme die Selektion der Umweltwahrnehmung: „Wenn ökologische Problemlagen diese Doppelfilter der Codierung und Programmierung durchlaufen, gewinnen sie systeminterne Relevanz und gegebenenfalls weitreichende Beachtung – so und nur so!" (Luhmann 1986: 220). Die Selektivitäten der Medienwahrnehumg werden durch Nachrichtenfaktoren erklärt (Peters 1994: 171), die der sozialen Bewegungen durch die Notwendigkeit zu dramatisieren und zu mobilisieren (vgl. Gerhards 1993).

3 Die Ängste können ein reales Problem eigener Art werden, vgl. dazu Aurand/Hazard/Tretter (1993). Es ist daher zweifelhaft, ob es pädagogische Routine werden sollte, Schulanfänger erst einmal auf die örtliche Mülldeponie zu führen.

und Werten und die Trennung von Experten und Laien. Diese Trennungen verschwimmen, wenn man sich auf den öffentlichen Schlagabtausch in der massenmedialen Arena konzentriert, wo die Beteiligten zwar der Form nach argumentieren, tatsächlich aber eher mit nur lose aufeinander bezogenen einseitigen ‚Verlautbarungen' Anhängerschaft zu rekrutieren versuchen (vgl. dazu Neidhardt 1994: 20). Die Trennungen werden jedoch sichtbar, sobald man kontroverse Themen in einen wirklichen Diskurs überführt, in dem mit symmetrischen Rechten und Ressourcen in realer Interaktion unter Anwesenden argumentiert wird. In einem Projekt des Wissenschaftszentrums Berlin, in dem am ‚Runden Tisch' über die Risiken gentechnisch veränderter Kulturpflanzen verhandelt wurde (vgl. van den Daele et al. 1996), akzeptierten alle Beteiligten, daß man zunächst klären muß, was die möglichen Folgen solcher Pflanzen sind („Was kann passieren, mit welcher Wahrscheinlichkeit?"), bevor man zu Bewertungen kommen kann („Sind die Folgen ein Schaden, sind sie unvertretbar?"). Ebenso war unstreitig, daß bei der Antizipation möglicher Folgen das Expertenwissen (von Genetikern, Ökologen und Pflanzenzüchtern) unverzichtbar ist und nicht durch intuitives Laienurteil ersetzt werden kann (van den Daele/Döbert 1994). In der Kontroverse um die Risiken der Gentechnik stand Wissenschaft auf beiden Seiten, aber zwischen den Wissensagenturen der Gegner, etwa dem Öko-Institut (vgl. dazu auch Gellner 1994: 185) und den Insidern der einschlägigen Wissenschafts- und Technikfelder spielte sich eine Arbeitsteilung ein, in der erstere als ‚Gegenexperten' zwar die kritischen Fragen stellen, aber nur letztere die Antworten geben konnten. Vom ‚Elend der Experten', das die Soziologie konstatiert hat (Hartmann/Hartmann 1982), ist im Diskurs wenig zu erkennen. Die Anwesenheit der Gegenexperten schafft eine Transparenz, die in öffentlichen Kontroversen nur schwer erreichbar ist und technokratische Übergriffe der Experten durch einseitige Fragestellungen, Verschweigen von Tatsachen und verdeckte politisch-moralische Wertungen praktisch ausschließt. Auch unter diesen Bedingungen bleibt Kritik am Expertenwissen ein Thema. Aber die Kritik betrifft dann die Grenzen des Wissens, etwa die Aussagefähigkeit von Theorien, Modellen und Experimenten, und über sie wird ebenfalls im Bezugsrahmen der Wissenschaft entschieden. Auch um festzustellen, was man nicht weiß oder was kontrovers ist, muß man auf Expertenwissen zurückgreifen.[4]

Diese Konzeption der Rolle der Wissenschaft ist ebenso klassisch wie konventionell. Sie läßt keinen Raum für „Code-Synthesen" zwischen Wahrheit, Moral und politischen Zielen (Beck 1993: 194). Und sie hält Abstand zu den konstruktivistischen Nebelfeldern, mit denen die empirische Wissenschaftssoziologie die Geltung von Theorien und Tatsachen einhüllt. Am Runden Tisch hat niemand behauptet, daß man Wissen und moralische Wertung nicht unterscheiden könne. Und Metaargumente, die die Möglichkeit von Wahrheit grundsätzlich in Frage stellen, sind in einer Diskussion über die möglichen Risiken der Gentechnik schlechterdings nicht ‚anschlußfähig' – sie wären von den Diskurspartnern mit Kopfschütteln quittiert, mithin als abweichendes Verhalten sanktioniert worden.[5]

---

4 Vgl. auch van den Daele (1993, 1996). Man kann ‚von außen' sehen, daß die Wissenschaft nicht sieht, was sie aus dem Begriff des Wissens ausschließt: nämlich die Zwecke, denen das Wissen dienen soll. Das sehen natürlich sofort auch alle Wissenschaftler (ein) – wenn man sie fragt.
5 Auch für einen Pluralismus inkompatibler epistemischer Kulturen haben sich keine Belege finden lassen. Schomberg (1994) belegt solche Inkompatibilität an einer öffentlichen Risikokontroverse zwischen Genetikern und Ökologen. Am Runden Tisch führt dieselbe Kon-

Theoretisch könnte man vielleicht vermuten, daß die Trennung von Werten und Tatsachen und die Zuständigkeit der Experten erst unter den besonderen Bedingungen eines rationalen Diskurses hergestellt werden, nicht aber ‚in der Gesellschaft' gelten. Ebenso nahe aber liegt es, umgekehrt der Frage nachzugehen, warum kategoriale Unterscheidungen, die in unserer Kultur institutionalisiert sind, in besonderen Handlungskontexten eingeebnet oder verwischt werden können. Dazu wird man untersuchen, wie in den Massenmedien Kontroversen in der Wissenschaft inszeniert werden und wer dabei als Experte gilt (Peters 1994); man wird zeigen, daß in der politischen Öffentlichkeit ein argumentatives Framing zwar die Norm ist, Konstellationen, in denen man wirklich argumentieren muß, aber selten sind, weshalb die Beteiligten zur Mobilisierung von Meinungen gefahrlos Behauptungen mit Werturteilen und Appellen an Gefühle verbinden können; man wird zu prüfen haben, ob Wissensformen, die den Eindruck von Code-Synthesen vermitteln, nicht bloß unklare Verbindungen von Tatsachenbehauptungen und politischen Willenserklärungen sind oder leere Programmatik, die dem offenbar unstillbaren aber noch nie eingelösten Verlangen nach einer ‚alternativen' Wissenschaft entspringt (dazu van den Daele 1987).[6]

In ökologischen Fragen ist das Mandat der Wissenschaft, über die Realität der Probleme zu entscheiden, so gut wie unangefochten. Wissenschaft ist hier vor allem die politische Waffe der Minderheit. Wer unter Berufung auf die Versauerung von Böden oder die Erwärmung der Atmosphäre etc. eine ökologische Krise antizipiert und den Umbau der Industriegesellschaft einklagt, stellt nicht die sozialen Konstruktionen seiner Gruppe zur Diskussion. Er plädiert auch nicht für den Beitritt zu einer Glaubensgemeinschaft, sondern verlangt, daß wissenschaftlich begründete Tatsachen zur Kenntnis genommen und die (nach unbestrittenen Wertvorstellungen) notwendigen Konsequenzen gezogen werden. Die sozialen Bewegungen können daher am wenigsten Interesse haben, ihre wichtigste Berufungsinstanz durch wissenschaftstheoretische und wissenssoziologische Finessen zu relativieren. Freilich müssen sie dann auch damit leben, daß dieselbe positive Wissenschaft, deren Anwendung für viele der ökologischen Probleme verantwortlich gemacht wird, auch die Instanz ist, die über die Wirklichkeit dieser Probleme entscheidet.[7]

---

troverse zu einer Arbeitsteilung, bei der sich die Beteiligten wechselseitig ausschließliche Kompetenz für ihr jeweiliges Gebiet zugestehen.

6 Jedenfalls muß auch die Soziologie damit rechnen, daß sie von der Realität der Wissenschaft in der Gesellschaft nur das erfaßt, was ihr jeweiliger Bobachtungsausschnitt hergibt. Es ist nicht unwahrscheinlich, daß man (wie die cultural theory) empirisch auf inkompatible Perspektiven und Weltbilder stößt, wenn das bevorzugte Beobachtungsfeld Kontroversen in öffentlichen Arenen sind und nicht Diskurse unter Anwesenden (vgl. dazu auch Döbert 1994: 72). Daß soziologische Beobachtungen, die die Inhaltsebene von Argumentationen (auf der Basis philosophischer oder methodologischer Vorentscheidungen) systematisch ausblenden, für die Schließung von wissenschaftlichen Kontroversen nur noch soziale Mechanismen identifizieren können, versteht sich von selbst, beweist aber wenig; vgl. zur frühen Kontroverse über die Risiken der Gentechnik Wright (1986).

7 Natürlich erliegen Wissenschaftler ebenso wie andere Akteure gelegentlich der Versuchung, Tatsachen zu verdrehen, Relevantes wegzulassen, Richtiges in den falschen Kontext zu stellen, wenn es ihren Interessen dient. Das gilt im übrigen ebenso für die Experten der Chemieindustrie, die die Risikolosigkeit ihrer Anlagen behaupten, wie für die Gegenexperten des B.U.N.D., die mit Hilfe des Fernsehens die Angst vor Vergiftung durch Zahnfüllungen (Amalgam) anheizen. Politische Kritik des öffentlichen Gebrauchs von Wissenschaft bleibt notwendig. Soweit es um die Feststellung von Tatsachen geht, kann das Ziel der Kritik aber immer nur sein, die Wissenschaft ‚wiederherzustellen' und nicht, sie als Referenzsystem durch irgendein anderes Wissenssystem zu ersetzen.

III. Die Beobachtung der Gesellschaft als interdisziplinäre Aufgabe

Wenn die Umweltsoziologie auf ökologische Probleme und nicht lediglich auf ökologische Kommunikationen gerichtet sein soll, muß sie die Gesellschaft in der Natur und nicht nur Natur in der Gesellschaft beobachten. Das aber kann sie nicht mit eigenen Mitteln. Soziologisch läßt sich wenig dazu sagen, ob die Auswirkungen industrieller Produktions- und Lebensweise das Klima verändern, die Bodenfruchtbarkeit zerstören, das Grundwasser vergiften, die Artenvielfalt ausrotten – und im Ergebnis die Lebensgrundlagen der Menschen untergraben. Die Soziologie kann ableiten, daß Gesellschaften auf allen Ebenen Probleme der ökologischen Anpassung (,adaptation' im Parsonischen Funktionenschema) lösen müssen; welches diese Probleme sind, muß sie sich von anderen Wissenschaften (Ökologie, Physiologie, Ökonomie etc.) vorgeben lassen.

Bisher sind alle Versuche gescheitert, sich von dieser interdisziplinären Kooperation unabhängig zu machen und die ökologische Beobachtung gleichsam soziologisch zu internalisieren. Der Vorschlag, die Grenzen der privaten Versicherbarkeit zum innergesellschaftlichen Indikator für gestiegene ökologische Bedrohungen zu machen (Beck 1993: 40), scheitert, weil man damit gestiegenes Gefahrenbewußtsein nicht von gestiegenen Gefahren und neue Schadenszurechnung nicht von neuen Schäden unterscheiden kann.[8] Es wird immer wieder einmal gefordert, die Soziologie auf ein ökologisches Paradigma umzustellen, um die Ausblendung der Reproduktionsbedingungen menschlicher Populationen aus der Theorie der Gesellschaft zu korrigieren (vgl. etwa Catton/Dunlap 1980). Meist bleibt es bei der Forderung. Die wenigen Versuche, sie einzulösen, legen den Schluß nahe, daß eine Theorie, die der Fundierung der Gesellschaft in der Natur Rechnung trägt, wohl eher auf (naturwissenschaftlichen) ökologischen Reduktionismus hinauslaufen wird als auf eine neue Soziologie. Diesen Eindruck vermitteln jedenfalls sowohl die frühen ‚humanökologischen' Ansätze der Chicagoer Soziologie (Park 1936), wie auch etwa Howard Odums Vorschlag, alle sozialen und natürlichen Prozesse unter einen einheitlichen Energiebegriff zu bringen (1971). Die sog. Humanökologie hat bisher nicht wirklich zu integrativen theoretischen Konzepten geführt, aber sie hat Untersuchungen vom Typus einer

---

8 Im übrigen sollte die These, daß Industriegesellschaften heute ‚jenseits der Versicherbarkeit' operieren, einmal empirisch substantiiert werden. (Verschuldensfreie) Gefährdungshaftung in unbegrenzter Höhe für sämtliche Folgen einer Handlung, auch die unbekannten und unvorhersehbaren, hat es nie gegeben, und sie wäre zu keiner Zeit je versicherungsfähig gewesen. Wenn sie gegenwärtig beispielsweise für die Einführung der Gentechnik gefordert wird, so ist das nicht ein Indikator für die Größenordnung möglicher Schäden, sondern für den Grad der politischen Ablehnung der Technik. Bestimmte Großrisiken, wie Krieg und Revolution, aber auch die Folgen politischer Gesellschaftsgestaltung (etwa der Einführung der Eurowährung) liegen ohnehin jenseits privater Versicherbarkeit; für sie sind staatliche Mechanismen der Versicherung und Lastenverteilung entwickelt worden. Im Bereich der Individualversicherung (Kranken- und Lebensversicherung) spielen in Europa ökologische und technische Risiken in der Umwelt des Versicherungsnehmers überhaupt keine Rolle. Prämien werden nach der Krankheitsgeschichte differenziert, bis vor kurzem auch nach Geschlecht, ferner ist die Unterscheidung Raucher/Nichtraucher in der Diskussion. Ob jemand neben einer Chemiefabrik oder einem Atomkraftwerk wohnt, ist belanglos – und wäre schon wegen der Mobilität der Versicherungsnehmer während der Vertragslaufzeit auch gar nicht zu berücksichtigen (Auskunft des zuständigen Versicherungsmathematikers bei der IDUNA-Versicherung); vgl. auch van den Daele (1995).

multidisziplinären Kooperation angeregt; diese Untersuchungen dürften denn auch das Paradigma einer gelungenen Verbindung von Soziologie und Ökologie in der Umweltsoziologie repräsentieren.[9]

Die Umweltsoziologie muß sich ihre Kooperationspartner in den einschlägigen Disziplinen suchen und gegebenenfalls auf die entsprechenden Originalarbeiten zurückgreifen. Engagierte Soziologen neigen gelegentlich dazu, sich einfach der Krisendiagnostik gesellschaftlicher Akteure, etwa der sozialen Bewegungen, anzuschließen – ein klassischer Fall von ‚going native'. Daß Informationen von Greenpeace in der Bevölkerung eher Vertrauen genießen als Informationen von Regulierungsbehörden (s.u.), ist ein Phänomen, das soziologischer Analyse bedarf; es macht Greenpeace nicht zu einer verläßlichen Quelle. Die Diskussion um die geplante Versenkung der Ölbohrinsel Brent Spar hat deutlich gemacht, daß Greenpeace-Informationen vertrauenswürdig sind, weil (und solange) die Umweltorganisation als integrer Repräsentant der Wissenschaft gilt. Ob dabei die Öffentlichkeit manipuliert wird, muß in der Umweltsoziologie durch (eigenen) Rekurs auf die Wissenschaft kontrolliert werden.

IV. Naturwissenschaftliche Aufklärung

Welche Veränderungen die industrielle Lebens- und Produktionsweise in der natürlichen Umwelt tatsächlich auslöst, kann (nur) die Wissenschaft beobachten. Ob diese Veränderungen sich zu einer ‚ökologischen Krise' summieren, läßt sich jedoch nicht aus objektiven Daten (allein) ablesen. Zur Krise kommt es, wenn Industriegesellschaften Gefahr laufen, sich durch die von ihnen geschaffenen Umweltprobleme gewissermaßen selbst zu widerlegen, weil sie die natürlichen Bedingungen ihrer Reproduktion zerstören. Um diese Bedingungen zu bestimmen, braucht man kulturell und politisch definierte Standards, die angeben, welcher Zustand der Umwelt in einer Gesellschaft *als notwendig* angesehen wird. Objektive Grenzen, die durch die Natur selbst gezogen werden, gibt es entweder nicht, oder sie sind nicht erkennbar oder nicht informativ, weil unstrittig die ökologische Krise lange eintritt, bevor uns buchstäblich die Luft zum Atmen ausgeht, trinkbares Wasser knapp wird oder die Nahrungsmittelproduktion zusammenbricht.

Daß die Kriterien der ‚ökologischen Krise' nicht wissenschaftlich, sondern politisch zu definieren sind, entspricht nicht der üblichen Rhetorik. Für diese besteht die Krise eben nicht darin, daß die Industriegesellschaft selbst gesetzte Umweltstandards verfehlt, sondern darin, daß die Natur überlastet wird und aus den Fugen gerät. Vor allem gilt die Stabilität der Ökosysteme als eine Überlebensbedingung des Menschen und darum

---

9 Man denke etwa an die Kombination (Addition) von technischen, ökologischen, rechtlichen und institutionellen Faktoren bei der Untersuchung der Voraussetzungen und Konsequenzen des Pestizideinsatzes in der Umwelt (das fordert etwa Egler 1969). Ob in der Umweltforschung mehr als eine solche Kooperation der Disziplinen notwendig und möglich ist, kann man fragen. Fraglich ist auch, ob es eines neuen Wissenschaftsverständnisses bedarf, das sich von dem unterscheidet, was wir als ‚Sciences of the Artificial' (Simon 1971), als Forschung für gesellschaftliche Ziele (im Baubereich, im Design von Gebrauchsgütern, in der Medizintechnik, in der Ergonomie etc.) und als Technikfolgenabschätzung ohnehin kennen (dazu auch van den Daele 1987: 415). Zu den Ambitionen jüngster humanökologischer Programme siehe Jaeger (1996, in diesem Band).

auch als unstrittige Basisnorm jeder Umweltpolitik.[10] Und ob diese Stabilität bedroht ist, sollte keine Frage politischer Präferenzen sein, denen man anhängen mag oder auch nicht, sondern eine Frage objektiver Tatsachen, die man wissenschaftlich aufklären kann und dann zur Kenntnis nehmen muß.

Der Rekurs auf die Wissenschaft läuft jedoch in diesem Fall weitgehend ins Leere. Zwar läßt sich theoretisch begründen, daß Gesellschaften, die mit exponentiell steigenden Umwelteingriffen (durch Stoffeinträge, Biomassenentnahme und Bevölkerungswachstum) verbunden sind, früher oder später die Tragefähigkeit (,carrying capacity') der Ökosphäre überlasten und damit ihre eigenen Existenzgrundlagen in Frage stellen werden. Dies ist das grundsätzlich plausible Argument der „Grenzen des Wachstums" (Meadows et al. 1972). Konkrete Aussagen dazu, wie und wann es zu einer Überlastung kommt, sind dagegen nur selten möglich. Es ist bisher nicht gelungen, Stabilitätsbedingungen von Ökosystemen zu bestimmen, an denen man die Zulässigkeit von Eingriffen in die Umwelt messen könnte (SRU 1994, Nr. 99ff.). Es ist im Gegenteil sogar zweifelhaft, ob dies überhaupt ein sinnvolles Unterfangen ist. Während ökologische Topoi wie ,Gleichgewicht', ,Stabilität' und ,Belastbarkeit' in der politischen Öffentlichkeit als Orientierungsmarken gehandelt werden, herrscht in der Wissenschaft konzeptionelle Konfusion. Schon die Annahme, daß die an der Kybernetik orientierten Systemkonzepte angemessene Modelle der Umwelt sind, ist umstritten. Solche Modelle unterstellen, daß die vielfältigen Lebensprozesse in unserer Umwelt funktional vernetzt und zu ausbalancierten Ganzheiten integriert sind, die durch Rückkopplungen in dynamischen Gleichgewichtszuständen (Homöostasen) gehalten werden. Man kann durchaus fragen, ob es solche Ökosysteme, außer als analytische Konstrukte von Beobachtern, überhaupt gibt.[11]

Jedenfalls ist die natürliche Umwelt kein Organismus, der nur in bestimmten Grenzen lebensfähig ist. Sie ist ein dynamisches System, das ohnehin in Bewegung ist und das der Mensch schon dadurch, daß er in ihr lebt, zwangsläufig verändert. Bei Organismen ist der Zustand der Krankheit durch die Natur selbst definiert. Für die ,Krankheit' der Umwelt gilt das nicht. Sie kann nur relativ zu Umweltstandards und Umweltqualitätszielen diagnostiziert werden, die in der Gesellschaft definiert werden. Der SRU verlangt „Angaben zur gewünschten Struktur und zum gewünschten Niveau des ökologischen Bezugssystems", um die Belastbarkeit der Umwelt zu operationalisieren (1994, Nr. 100). Die Belastbarkeit ist überschritten, wenn Eingriffe in die Umwelt die Strukturen der ökologischen Bezugssysteme in einer Weise verändern, die den Zielvorstellungen widerspricht. „Ohne diese Konkretisierungen gerät auch das Konzept der Belastbarkeit oder Tragekapazität zur Leerformel" (Nr. 105).[12] Als ökologisch unverträglich oder nicht nachhaltig gelten Verände-

---

10 Dieser Norm entspricht die Verankerung der „Funktionsfähigkeit des Naturhaushalts" als Schutzgut in allen deutschen Umweltgesetzen (Wasserhaushaltsgesetz, Chemikaliengesetz, Pflanzenschutzgesetz etc.). Die Norm dürfte auch erklären, warum das Leitbild der ,Nachhaltigkeit' (sustainable development) intuitiv plausibel ist und daher ohne Widerspruch allgemein akzeptiert wird; vgl. auch Huber (1995).
11 Trepl (1988). Denkbar ist, daß die in unserer Umwelt wahrnehmbare Stabilität und Periodizität sich in vielen Bereichen weniger eingeregelten natürlichen Gleichgewichten verdankt als vielmehr der Konstanz der physischen Randbedingungen und der Langsamkeit, mit der sich einmal entstandene Konstellationen evolutionär verschieben. Weitere Hinweise auf die Diskussion in der Ökologie in van den Daele (1993a: 222f.).
12 Ganz analog verlangt Bierhals (1985), daß man sich bei der Auslegung der ,Funktionsfä-

rungen der Umwelt, die dem politisch und kulturell definierten Schutzniveau der betroffenen Umweltgüter (Klima, Boden, Wasser, Luft, Landschaft, Artenvielfalt etc.) widersprechen.

Die positivierten Standards der Naturerhaltung lösen das Konzept der ‚ökologischen Krise' ab vom Katastrophenszenario eines drohenden Zusammenbruchs der ökosystemaren Stabilität. Allerdings werden die Standards häufig mit der Vorsorge vor möglichen Zusammenbrüchen begründet – insofern bleiben sie auf die hypothetische Perspektive einer drohenden Katastrophe bezogen. Dieser Bezug ist jedoch nicht überall gleich plausibel. Beim Klimaschutz dürfte er plausibel sein – weil man massive Umweltveränderungen befürchten muß, falls die mittlere Temperatur auf der Erde steigt (über die Schwankungsbreite hinaus, die für die geologische Epoche gilt, in der sich die uns bekannte Umwelt gebildet hat) (WBGU 1995: 7). Weniger plausibel ist dagegen eine Katastrophenperspektive, wenn Flüsse und Seen verschmutzt werden, seltene Arten verloren gehen, Flächen versiegelt werden, Müllberge wachsen, Verkehrslärm zunimmt oder Pflanzenschutzmittel im Grundwasser auftauchen. Auch in diesen Fällen werden aber ganz eindeutig anerkannte Umweltschutzgüter verletzt. Nur spiegeln sich in diesen Schutzgütern eher die Ansprüche, die Menschen (und Gesellschaften) an eine wünschenswerte Umwelt stellen, als die ökologischen Überlebensbedingungen, die sie bei Strafe des Untergangs einhalten müssen. Für die Wahrnehmung einer ökologischen Krise genügt die Nichterfüllung dieser Ansprüche.

So definiert, hat die ökologische Krise viel mit den Selbstwidersprüchen der Industriegesellschaft zu tun (die ihre Ziele nicht unter einen Hut bringt), aber wenig mit physischer Selbstzerstörung. Ob die Selbstwidersprüche zu einer ‚Selbstgefährdung' führen, ist eher eine Frage der sozialen Integration als der physischen Adaptation; nicht das Ausmaß objektiver ökologischer Fehlanpassung entscheidet, sondern die Kapazität der Gesellschaft, Konflikte, die aus der ökologischen Krise resultieren, zu verarbeiten.[13]

Umweltschutzziele, die nicht ökologische Überlebensnotwendigkeiten repräsentieren, lassen sich nicht gleichsam am politischen Prozeß vorbei etablieren, indem man sie auf wissenschaftliche Erkenntnis und moralische Basisnormen (Erhaltung des Lebens) stützt. Sie sind politische Projekte der Gestaltung gesellschaftlicher Naturverhältnisse. Und sie sind um so politischer, je ganzheitlicher sie ansetzen – beispielsweise wenn sie demokratische Kontrolle, soziale Gerechtigkeit und Entfaltung der Persönlichkeit in ihre Zielkataloge einbeziehen.[14] Diese Umweltschutzziele sind anfällig für die üblichen Interessenkämpfe

---

higkeit des Naturhaushalts' an Funktionen der Natur orientieren müsse, die in politischen Planungszielen festgeschrieben sind: Biotop- und Artenschutz, Naturerlebnis und Erholung, Regeneration von Boden, Wasser und Luft, nachhaltige wirtschaftliche Nutzung der Naturgüter (115/121). Der Versuch einer „ganzheitlichen Erfassung des Naturhaushaltes" müsse aufgegeben werden, da er nur zu leerformalhaften Definitionen führen könne.

13 Damit ist keineswegs gesagt, daß Umweltzerstörungen nicht (regional) physisches Überleben in Frage stellen könnten – etwa durch den Verlust fruchtbarer Böden oder durch großräumige Verseuchung des Trinkwassers. Nur sollte die Definition einer ökologischen Krise, die politisches Handeln gebietet, nicht an solche Extrembedingungen gebunden bleiben. Denn physisch können Industriegesellschaften ‚überleben', auch wenn die Weltmeere leergefischt und die Seen umgekippt sind. Insofern gilt nämlich der zynische Slogan, daß mein Auto auch ohne Wald fährt.

14 Das gilt für das Leitbild der ‚nachhaltigen Entwicklung' (sustainable development) und

und Kompromißzwänge. In manchen Bereichen sind Kompromisse vorprogrammiert. Ein Naturschutz, der auf die Erhaltung der für eine Fläche typischen Artenvielfalt gerichtet ist, ist unvereinbar mit den Produktionserfordernissen der Landwirtschaft (unabhängig davon, ob man für Öko-Landbau oder für konventionelle, intensive Bewirtschaftung plädiert).[15]

Naturwissenschaftliche Aufklärung produziert fortlaufend Befunde, die die Diagnose einer ökologischen Krise bestätigen. Sie macht nicht nur schon eingetretene Umweltschäden sichtbar, die sich der ‚unbewaffneten' Alltagswahrnehmung entziehen. In der Forschung akkumulieren sich Erkenntnisse über die möglichen Auswirkungen unserer Eingriffe in die natürliche Umwelt, die schon im Vorfeld wahrnehmbarer Schäden immer neue ökologische Risiken aufdecken und so die Problemfelder vervielfältigen. Zugleich aber wird auch deutlich, daß Umweltprobleme, die nicht an manifesten Schäden oder an den Zusammenbruchsgrenzen der Natur, sondern an politisch definierten Vorsorgewerten und Umweltqualitätszielen festgemacht werden, nicht zu Fragen von Leben und Tod hochstilisiert werden dürfen. Die Wissenschaft produziert nicht nur Warnungen, sondern gelegentlich auch Entwarnungen. So lösen beispielsweise die im Trinkwasser gemessenen Pflanzenschutzmittelrückstände in den Medien regelmäßig spektakuläre Giftalarme aus. Tatsächlich aber sind sie keine wirkliche Gefahr. Die Grenzwerte liegen nahe an der Nachweisgrenze (praktische Nullbelastung). Ihre Überschreitung verletzt die geltenden Standards, hat jedoch keine toxikologische Bedeutung. Betroffen sind in diesem Fall die Erwartungen an die Reinheit und ‚Natürlichkeit' eines wichtigen Lebensmittels.[16]

(noch deutlicher) für die Szenarien der Studie ‚Zukunftfähiges Deutschland' (B.U.N.D. 1996), aber auch für den Ansatz der Humanökologie (Jaeger, in diesem Band).

15 Ökologen haben abgeschätzt, daß die Menschen heute schon direkt (für die Ernährung) oder indirekt (durch Verschmutzung) etwa 40 Prozent der Nettoproduktion der Biomasse des terrestrischen Ökosystems für sich verbrauchen (Vitousek 1986). Die Nettoproduktion ist derjenige Teil der pflanzlichen Biomasse, den die Pflanzen nicht für ihre eigene Reproduktion verwenden müssen. Dieser Überschuß ist alles, was für die ‚Konsumenten', also alle Pflanzen- und Tierfresser einschließlich der Menschen als Nahrungsbasis zur Verfügung steht. Natürlich ist schwer zu prognostizieren, ob die Menschen sich in 100 Jahren noch von Pflanzen (und Fleisch) ernähren werden. Aber wenn sie es tun, folgt daraus zwingend, daß es für alle anderen Tiere ‚eng' wird. Was immer durch Verzicht auf Fleischkonsum und durch Umweltschutz gewonnen werden kann, wird durch Bevölkerungswachstum absehbar aufgezehrt. Die weitere Ausdehnung der landwirtschaftlich genutzten Flächen vor allem in der Dritten Welt wird überdies auch die Pflanzenwelt stark homogenisieren. Im Ergebnis wird die Artenvielfalt in der Natur zurückgehen und in noch viel stärkerem Maße als schon heute auf Reservate, Zoos, Ackerränder und Genbanken zurückgedrängt werden.

16 Weiter relativiert wird das Problem dadurch, daß für Verunreinigungen durch (pflanzenschutzmittelähnliche) Organochlorverbindungen, die nicht landwirtschaftlich bedingt sind, sondern beispielsweise durch die Desinfektion in den Wasserwerken ausgelöst werden oder aus dem Leitungsnetz stammen, hundertfach höhere oder gar keine Grenzwerte vorgeschrieben sind, obwohl die Substanzen zum Teil krebserregend sind (Häfner 1995). Etwa 50 Prozent des Trinkwassers werden bei uns zusätzlich desinfiziert.

V. „Künstliche Horizonte"?

Ist die Diagnose der ökologischen Krise wirklich eine Frage der naturwissenschaftlichen Beobachtung der Gesellschaft? Die öffentliche Wahrnehmung ökologischer Probleme wird jedenfalls nicht einfach nach Maßgabe wissenschaftlicher Befunde an- oder abgeschaltet. Mit zu wenig oder zu viel Resonanz muß gerechnet werden (Luhmann 1986); kollektive Verdrängung der Probleme ist ebenso möglich wie kollektive Dramatisierung. In der massenmedialen Kommunikation sind systematische Asymmetrien der Wahrnehmung angelegt: Warnungen haben höheren ‚Nachrichtenwert' als Entwarnungen, und Dramatisierungen der Probleme finden eher Aufmerksamkeit als Relativierungen. Auch haben die Gegenexperten der sozialen Bewegungen und Umweltschutzverbände, die stärker an politischer Mobilisierung als an wissenschaftlicher Aufklärung orientiert sind, in den Medien zumindest äquivalente, wenn nicht bessere Publizitätschancen als die Experten der einschlägigen Fachwissenschaften (vgl. z.B. Peters 1994).[17]

Operiert also die gesellschaftliche Wahrnehmung der ökologischen Krise vor ‚künstlichen Horizonten' (Kepplinger 1989), die abgekoppelt sind von objektiven Tatsachen? Das dürfte den Einfluß der Massenmedien überschätzen. Diese präsentieren wechselnde Meinungsoberflächen; sie repräsentieren weder die Bevölkerungsmeinung, noch ist diese in erster Linie ein Reflex massenmedialer Thematisierung (vgl. Schenk/Rössler 1994). Ebensowenig dürfte die publizistische Selbstbeschreibung der Gesellschaft der zentrale Mechanismus sein, über den sich ausdifferenzierte Teilsysteme (Politik, Wirtschaft, Wissenschaft) Informationen über ihre Systemumwelten verschaffen (so aber Marcinkowski 1993: 123f.). Die Teilsysteme haben eigene Formen der Gesellschaftsbeobachtung entwickelt – in der Politik z.B. Umfragen, Anhörungen interessierter Kreise, Enquetekommissionen, Beratungsgremien.

Theoretisch wäre gleichwohl denkbar, daß gerade im Umweltbereich die gesellschaftliche Krisenwahrnehmung sich verselbständigt und gewissermaßen selbstreferentiell hochschaukelt. Das anzunehmen mag nahe liegen, wenn man unterstellt, daß bei ökologischen Problemen in erster Linie soziale Definitionskämpfe um die ‚Konstruktion' von Risiken ausgetragen werden (Lau 1989), wenn man in Verunsicherung das Grundgefühl der Epoche ausgeprägt sieht (Baumann 1992) und wenn man davon ausgeht, daß schon Katastrophenverdacht ausreicht, um Katastrophenängste auszulösen, unter denen alle Legitimationen und Kontrollversprechen zusammenbrechen (Beck 1993: 42/82ff.). Ob diese Kennzeichnungen das ‚Drama des Risikokonflikts' beschreiben oder Teil der Inszenierung sind, mag hier offen bleiben. Für die Umweltsoziologie dürfte zweierlei wichtig sein:

1. Auch wenn man davon ausgeht, daß die gesellschaftliche Wahrnehmung einer ökologischen Krise zuallererst sozial und kulturell determiniert ist, wird man versuchen müssen

---

[17] Die politischen Redaktionen der Medien, die öffentliche Resonanz eher prägen als die Wissenschaftsredaktionen, gehen am häufigsten auf Distanz zu den etablierten Expertenpositionen. Kepplinger/Ehmig haben 1990 je 30 Wissenschafter, Wissenschaftsjournalisten und politische Journalisten (die für ihre Gruppen allerdings nicht repräsentativ waren) gefragt, welche der in der Öffentlichkeit diskutierten Risiken der Gentechnik ernst zu nehmen seien. Zu der vorgelegten Liste von sieben biologisch-naturwissenschaftlichen Risiken gab es bei den Wissenschaftlern 44 Nennungen, bei den Wissenschaftsjournalisten 132 und bei den politischen Journalisten 165 (1995: 502).

zu bestimmen, ob und wie weit diese Wahrnehmung von den tatsächlichen Problemen entfernt ist – und dafür ist naturwissenschaftliche Aufklärung der unverzichtbare Bezugsrahmen.

2. Dramatisierungen und Skandalisierungen von Umweltproblemen sind wirksame Medienereignisse, aber sie schlagen auf das agenda setting im politischen System nur begrenzt durch. Sobald die Probleme in mehr als symbolischer Form aufgegriffen werden, müssen sie Filter von Verhandlungen, Anhörungen, Abstimmungen und zunehmend auch internationaler Harmonisierung passieren, in denen schon die Problemdefinition (außer an sanktionsfähigen Interessen) an wissenschaftlichen Befunden kontrolliert wird. Darüber hinaus wirkt Anschlußfähigkeit an schon getroffene Entscheidungen selektiv. Nach nahezu drei Jahrzehnten Umweltpolitik gibt es für viele Problemfelder elaborierte Routinen, in denen öffentliche ‚issues' gewissermaßen verschwinden, d.h. öffentlichkeitsfern verarbeitet werden, und die immer nur schrittweise weiterentwickelt werden.[18] Am Ende kann dann immer noch eine deutsche Regulierung erheblich schärfer ausfallen als beispielsweise eine britische. Aber die Wahrscheinlichkeit, daß bloß inszenierte Krisendiagnosen in diesem Prozeß auf der Strecke bleiben, ist hoch – selbst wenn sie durch Medienaufmerksamkeit und eine (durch Umfragedaten ausgewiesene) Alarmierung der Bevölkerung gedeckt sein sollten.[19]

Solche Diskrepanzen mögen dazu führen, daß sich das Gefühl verbreitet, es werde nicht genug getan. Eine Krise der politischen Institutionen ist das noch nicht. Die Annahme, ökologische Konflikte seien im Rahmen herkömmlicher politischer Institutionen nicht zu bewältigen (vgl. etwa Lau 1989), dürfte eine unzulässige Extrapolation aus den singulären Auseinandersetzungen über die Kernenergie sein. Zwar zeigen Umfragen eine generelle Skepsis gegenüber der politischen Klasse. So vertrauen beispielsweise in den Diskussionen über die Gentechnik etwa zwei Drittel der Bevölkerung den Verbraucher- Umwelt- und Tierschutzverbänden, aber nur zwei Prozent den politischen Organisationen und acht Prozent den staatlichen Behörden.[20] Diese verbal geäußerte Skepsis darf jedoch nicht mit Legitimationsentzug für das politische System verwechselt werden. In den letzten beiden Jahrzehnten sind in Deutschland auf der Ebene der Normsetzung Hunderte von umweltpolitischen Entscheidungen getroffen worden; die wenigsten davon waren von spektakulären öffentlichen Kontroversen begleitet.[21] Alle diese Entscheidungen wurden (wenn auch

---

18 Auch in dieser Hinsicht gilt: „Der Problembereich determiniert die Möglichkeit der konkurrierenden Akteure, die Agenda zu beeinflussen" (von Beyme 1994: 331).
19 An den Entscheidungsprozessen zum Schutz vor dem sog. Rinderwahnsinn (Frühjahr 1996) läßt sich die Rolle der Medien und der Experten im agenda setting illustrieren: Solange der öffentliche Alarm, die Krankheit könnte auf den Menschen übertragbar sein, ohne Rückhalt in der Wissenschaft nur von den Medien transportiert wurde, hat die Politik schwach reagiert – dazu gehörte, daß einzelne Bundesländer einen Importstopp für britisches Rindfleisch ankündigten, der erkennbar europarechtlich nicht durchzusetzen war. Nachdem auch die Experten Alarm schlugen, waren drastische Maßnahmen eine Frage von wenigen Tagen.
20 Eurobarometer, Studie 35.1 (1992: 98); nur jeweils ein Prozent vertrauen der Industrie und den Gewerkschaften.
21 Die Normierungen gehen in die Tausende, wenn man die Umweltstandards hinzurechnet, die durch die Verwaltungen und die Verbände (in Abstimmung mit den ‚interessierten Kreisen' und den Experten) definiert werden, z.B. Technische Anleitungen und DIN-Normen (zu letzteren etwa Eichner/Voelzkow 1991).

häufig im Dissens) schließlich hingenommen und funktionieren als ‚Arbeitsgrundlage' der Problembewältigung. Öffentliche Proteste auf der Ebene des Verwaltungsvollzugs sind zwar keine Seltenheit. Aber sie betreffen ausgewählte symbolische Objekte, etwa Müllverbrennungsanlagen oder Freisetzungsversuche mit gentechnisch veränderten Organismen. Daraus abzuleiten, daß bei uns ‚nichts mehr geht', ist Schwarzmalerei – oder Wunschdenken. Die überwältigende Zahl aller Verwaltungsverfahren mit Umweltbezügen wird reibungslos und ohne nennenswerte öffentliche Resonanz abgewickelt.

Im Ergebnis wird man annehmen dürfen, daß ökologische Konflikte Sprengkraft für die Industriegesellschaft nicht dadurch entfalten können, daß das Krisenbewußtsein sich verselbständigt und nach Art einer *revolution of rising expectations* explodiert, sondern allenfalls dadurch, daß die Politik sich tatsächlich als unfähig erweist, einer realen ökologischen Krise zu begegnen.

VI. Anpassungsleistungen der Industriegesellschaft

Daß Industriegesellschaften allenfalls an den Symptomen der ökologischen Krise herumkurieren können, aber unfähig sind, an den Ursachen anzusetzen, gehört zu den stabilen Vorurteilen der engagierten Umweltliteratur. Der Realität der Umweltpolitik wird das Urteil kaum gerecht. „Staatsversagen" (Jänicke 1987) mag am Ende der 70er Jahre eine zutreffende Diagnose gewesen sein; aber es war eine voreilige Prognose. Mitte der 90er Jahre ist das Bild differenzierter. Umweltpolitisch ist es sicher klug zu betonen, was alles nicht erreicht worden ist; es besteht kein Anlaß, sich beruhigt zurückzulehnen (vgl. SRU 1996). Für die Analyse der Politikfähigkeit muß man jedoch vor allem registrieren, was in knapp zwei Jahrzehnten in Bewegung gesetzt worden ist. Aus dieser Perspektive spricht eigentlich wenig dafür, daß die ökologische Herausforderung die westlichen Industriegesellschaften politisch und ökonomisch in eine Existenzkrise stürzen wird. Denn diese Gesellschaften haben sich national und international als ökologisch anpassungsfähig erwiesen. Das soll im folgenden an den Tendenzen der (deutschen) Rechtsentwicklung illustriert werden.[22]

Dynamische Vorsorgestandards. Die private (also auch wirtschaftliche) Freiheit, die natürliche Umwelt zu nutzen oder auf sie einzuwirken, ist zunehmend eingeschränkt worden. Für alle Umweltgüter (Wasser, Luft, Boden, Landschaft, Artenvielfalt) sind die Schutzstandards laufend verschärft und weiter in den Vorsorgebereich hineingeschoben worden. Es gelten Minimierungsgebote, die nicht nur erkennbar drohende Schäden abwenden, sondern auch einen Sicherheitsabstand zu schwer abschätzbaren vermuteten Schadensmöglichkeiten schaffen sollen. Bei Industrieanlagen sind die Maßnahmen zur Emissionsbegrenzung dem

---

22 Vgl. auch Kloepfer/Franzius (1994), Kloepfer et al. (1994). Auch Jänicke differenziert seine Bilanz der Umweltpolitik (1993) – allerdings unter Aufrechterhaltung der Diagnose strukturellen ‚Staatsversagens'. Die ökologische Modernisierung sei vor allem neuen Politikformen der koooperativen Intervention und der gesellschaftlichen Selbstregulierung zuzuschreiben. „Nicht der Gesetzgeber, sondern Greenpeace hat chlorfreies Papier und FCKW-freie Kühlschränke erfolgreich ‚verordnet'!" (73).

jeweiligen Stand der Technik entsprechend kontinuierlich zu verbessern (§ 5 Bundesimmissionsschutzgesetz).[23]

Relativierung des Bestandsschutzes für Investitionen. Das Prinzip der dynamischen Vorsorge bricht mit der Vorstellung, daß durch die Genehmigung ein schutzwürdiges Vertrauen begründet wird, die Anlage auf Dauer in der genehmigten Form betreiben zu können. Vielmehr können die Behörden nachträgliche Anordnungen erlassen, um neuen Erkenntnissen über die Umweltauswirkungen der Anlagen, besseren Techniken der Emissionsbegrenzung und dem Wandel von Wertvorstellungen (gestiegenen normativen Anforderungen an den Umweltschutz) Rechnung zu tragen. Das ‚Risiko' veränderter Verhältnisse trägt nicht mehr die Allgemeinheit, sondern grundsätzlich der Betreiber.[24] Die Gewässerbenutzung darf in vielen Fällen (vor allem zur Einleitung von Abwässern) überhaupt nur noch im Rahmen einer kraft Gesetz widerrufbaren Erlaubnis zugelassen werden (§ 7 Wasserhaushaltsgesetz), so daß hier (in Zukunft) Bestandsschutz gar nicht erst entstehen kann.

Bewirtschaftungsregime für öffentliche Umweltgüter. In wichtigen Bereichen wurde der private Zugriff auf knappe Umweltgüter unter den Vorbehalt staatlicher Bewirtschaftung oder Planung gestellt. Dadurch bekommt die Nutzung der Umwelt den Charakter einer Konzession, die nicht nur zur Abwehr von Schäden versagt werden kann, sondern auch, um Ressourcen zu schonen und Nutzungs- und Belastungsreserven für die Zukunft vorzuhalten. Das Bewirtschaftungsprinzip wurde für die Gewässernutzung (die allerdings nach deutschem Recht seit jeher Konzessionscharakter hatte) durch das Wasserhaushaltsgesetz von 1976 umfassend durchgesetzt (Kloepfer 1989: 603). Bewirtschaftung gilt im Ergebnis (wegen der vorausgesetzten Planungsentscheidungen) auch für die Bodennutzung durch Bebauung.[25] Für das knappe Gut Luft eröffnet das Vorsorgeprinzip des Bundesimmissionsschutzgesetzes von 1974 zwar gewisse planerische Spielräume (Feldhaus 1980; Sendler 1983), begründet aber noch keine echte Bewirtschaftungsordnung mit Bewirtschaftungsermessen für die Behörde. Trotzdem wird auch das geltende Immissionsschutzrecht durch das Zusammenwirken aller produkt-, verkehrs- und gebietsbezogenen Regelungen schon

---

23 Die anstehende EG-Richtlinie über die integrierte Vermeidung und Verminderung von Umweltverschmutzung wird die „best available technique" (BAT-Standard) vorschreiben. Ob das für das deutsche Recht eine Verschärfung bringt, ist fraglich, denn der ‚Stand der Technik' ist ohnehin definiert als „das an der jeweiligen Front des technischen Fortschritts als geeignet, notwendig, angemessen oder vermeidbar Erkannte", Bundesverwaltungsgericht Entscheidungen Band 49, 89 (136).
24 Allerdings dürfen die Interessen der Betreiber nicht beliebig überspielt werden. Die Großfeuerungsanlagenverordnung (1983) legte daher für Altanlagen weniger scharfe Grenzwerte und Übergangsfristen mit Restnutzungszeiten fest. Nachträgliche entschädigungsfreie Anordnungen der Behörden sind heute bis zur Grenze der „Unverhältnismäßigkeit" möglich (§ 17 Bundesimmissionsschutzgesetz); bis 1985 galt die Grenze des „wirtschaftlich Vertretbaren".
25 Das Bodenschutzgesetz des Bundes hat zwar immer noch nicht die parlamentarische Hürde genommen, eine Vielzahl von Schutznormen findet sich jedoch schon in anderen Regelungen (Abfall, Pflanzenschutz-, Düngemittel-, Gentechnikrecht etc.), vgl. Schlabach (1996). Die Bodennutzung ist nahezu vollständig von öffentlich-rechtlicher Planung abhängig. Diese hat Umweltgesichtspunkte, etwa das im Baugesetzbuch von 1987 formulierte Ziel einer „sparsamen, schonenden Bodennutzung" (§ 1 Absatz 5), mindestens gleichwertig neben anderen Belangen bei der Planabwägung zu berücksichtigen (Sendler 1995: 42).

„in die Nähe eines verteilenden und beschränkenden Planungs- und Wirtschaftslenkungsrechts" gerückt (Kloepfer/Franzius 1994: 203).[26]

Verfassungsrechtlich abgedeckt wurden die staatlichen Bewirtschaftungsspielräume durch eine Rechtsprechung, in der die Zentralinstitution kapitalistischer Wirtschaft, das Privateigentum, deutlich in ökologische Schranken gewiesen wurde. Das Bundesverfassungsgericht hat 1983 die Regelung des Wasserhaushaltsgesetzes, nach der das Grundeigentum keinen Anspruch auf Gewässernutzung begründet, für zulässig erklärt. Für die Allgemeinheit lebensnotwendige Güter können zur Sicherung überragender Gemeinwohlbelange (und dazu gehört eine optimale Nutzung des knappen Gutes Wasser) einer vom Eigentum getrennten öffentlich-rechtlichen Ordnung unterstellt werden (Entscheidungen Band 58, 300, 339/344/347). Grundsätzlich eröffnet diese Rechtsprechung Spielräume für eine staatliche Bewirtschaftung auch bei der Nutzung anderer Umweltgüter. Allerdings darf das Eigentum dadurch nicht einer ökologischen Totalbindung unterworfen werden, die eine privatwirtschaftliche Nutzung praktisch ausschließt. Mehrheiten für eine solche Politik sind aber ohnehin nicht zu erwarten.

Einstieg in marktwirtschaftliche Instrumente. In der Umweltpolitik zeichnet sich weniger das weitere Vordringen staatlicher Umweltplanung ab als vielmehr ein stärkerer Rückgriff auf dezentral und indirekt wirkende, marktsteuernde Instrumente. Von Abgaben, Steuern und Haftungsregeln verspricht man sich zusätzliche präventive Anreize und eine effizientere Durchsetzung des Verursacherprinzips bei der Schadensverteilung. Das Abwasserabgabengesetz des Bundes von 1976 (die Neufassung ist 1989 in Kraft getreten) war ein erster Einstieg in diese Politik.[27] Daß die gegenwärtigen Diskussionen über die Klimaschutzpolitik zumindest in einzelnen Bereichen (Energie) zu ökologischen Steuern führen werden, ist wahrscheinlich. Die privatrechtliche Haftung für Umweltschäden ist durch das Umwelthaftungsgesetz von 1990 verschuldensunabhängig ausgestaltet (Gefährdungshaftung) und ausgeweitet worden. Allerdings sind ökologische Schäden ausgeschlossen, die lediglich die Natur betreffen (z.B. die Vernichtung einer seltenen Art) und nicht zugleich individuelle Rechtsgüter (Gesundheit, privates Eigentum) verletzen. Es gibt jedoch einen breiten Konsens, daß dieser Ausschluß rechtspolitisch verfehlt ist (EG-Kommission 1993). Voraussichtlich wird die Entwicklung auf einen Schadensersatzanspruch hinauslaufen, der von der öffentlichen Hand geltend zu machen ist. Ein Beispiel bietet das Internationale Haftungsübereinkommen für Ölverschmutzungsschäden von 1969 (seit 1988 deutsches Recht): Gefährdungshaftung für alle ökologischen Schäden, unabhängig davon, ob die geschädigte Natur wirtschaftlichen Wert hat und ob individuelle Rechtsgüter betroffen sind.[28]

Integrierter Umweltschutz – auf dem Wege zur Produktverantwortung. Das Kreislaufwirtschafts-und Abfallgesetz, das im Oktober 1996 in Kraft tritt, ist ein umweltpolitisches

---

26 In anderen Ländern, z.B. Japan, gibt es explizite staatliche Luftbewirtschaftung. Vgl. zur Kontingentierung von Emissionen in Japan Weidner (1996: 209ff.).
27 In einer Reihe von Bundesländern sind Abgabenpflichten für die Entnahme von Wasser festgesetzt worden, die (u.a.) auch Sparanreize schaffen sollen; vgl. Meyer (1995: 100ff.).
28 Vgl. Rehbinder (1988). Zum gesamten Problemkomplex vor allem Kadner (1995). Auch der Richtlinienentwurf der EG zur Haftung für gewerbliche Abfälle von 1991 sieht schon Haftung für den vollen ökologischen Schaden vor: Der Verursacher muß bei einer Schädigung der Natur („impairment of the environment") die Kosten für die Wiederherstellung ersetzen (Com (91)219).

Signal, weil es das Verursacherprinzip zu einer Produktverantwortung weiterentwickelt, die den gesamten Lebenszyklus eines Produkts umfaßt. Wer ein potentiell umweltgefährdendes Produkt in den Wirtschaftskreislauf einbringt, bleibt auch nach dessen Verbrauch oder Gebrauch dafür verantwortlich, daß das Produkt oder was davon übrig bleibt schadlos verwertet oder entsorgt werden kann (vgl. Beckmann 1996: 42). Das Gesetz begünstigt Strategien des integrierten Umweltschutzes, in dem es Druck erzeugt, schon bei der Produktion vom Abfall her zu denken. Vorrangiges Ziel ist die Abfallvermeidung durch anlageninterne Kreislaufführung von Stoffen, abfallarme Produktgestaltung und abfallbewußtes Konsumentenverhalten.[29] Das Gesetz stellt eine Palette von Regulierungsinstrumenten zur Verfügung: Auflagen oder Verkehrsverbote für Produkte mit problematischen Abfällen, Rücknahme- und Pfandpflichten, Kennzeichnungspflichten etc.[30]

Verbindlich wird diese Produktverantwortung allerdings erst, wenn sie durch Rechtsverordnungen, die noch zu erlassen sind, konkretisiert wird. Hier sind am ehesten wohl neue Rücknahmepflichten zu erwarten, etwa für Elektronikschrott und Altautos – falls es nicht unter dem Druck drohender Regulierung zu funktionsfähigen freiwilligen Lösungen kommt. Massive staatliche Eingriffe in Produktionsverfahren und Produkte sind zwar rechtlich möglich, aber politisch kaum wahrscheinlich (vgl. auch Beckmann 1996: 46). Gleichwohl schreibt das Gesetz einen Rahmen fest, in dem weitere Schritte zu einem integrierten Umweltschutz vorgezeichnet sind und die ökologische Steuerung von Stoffströmen ein Dauerthema der umweltpolitischen Agenda bleiben wird.

Man wird die Entwicklung des Rechts nicht mit der Veränderung der Gesellschaft gleichsetzen dürfen. Es gibt gravierende Vollzugsdefizite in der Umweltpolitik (Lübbe-Wolff 1993; SRU 1996). Das heißt nicht, daß nichts umgesetzt ist. Ansprüche, Programme und Normen sind in Bewegung; solange die Umsetzung, wenn auch mit Abstand, folgt, ist der ökologische Umbau der Gesellschaft im Gange. Die ‚Kapazitäten' für eine dynamische Umweltpolitik sind jedenfalls beträchtlich.[31]

Der Institutionalisierungsgrad von Umweltpolitik ist hoch und wird durch Umweltpolitik weiter erhöht. Das gilt nicht nur für den Ausbau umweltspezifischer Regulierungs- und Überwachungsapparaturen in den staatlichen und kommunalen Verwaltungen. Umweltbelange werden langsam auch in klassischen, besser etablierten Politikbereichen (Landwirtschaft, Bau, Verkehr) verankert.[32] Insgesamt nehmen Akteurskonstellationen und ‚Bündnisoptionen' zu, die die Durchsetzung von Umweltpolitiken begünstigen.[33] Die

---

29 Mit dem Erfolg der Strategien zu Begrenzung von Emissionen aus industriellen Anlagen werden nunmehr die Produkte selbst und die durch sie bedingten Stoffströme (Energie, Materialverbrauch, Abfallmengen) die zentralen Themen der Umweltpolitik; vgl. etwa Friege (1995).
30 Viele dieser Möglichkeiten eröffnete seit 1986 auch schon das alte Abfallgesetz (§ 14) – ein Anwendungsfall ist die Verpackungsverordnung von 1991.
31 Zum Kapazitätsbegriff vgl. auch Jänicke/Weidner (1995), Weidner (1996).
32 Dabei übernehmen inzwischen die Richtlinien der EU eine Vorreiterrolle, etwa bei der Umweltverträglichkeitsprüfung für Planungen der Fachbehörden oder beim Öko-Audit, durch das Umweltpolitik auf der Ebene der Betriebe verankert wird (wie schon durch den Umweltschutzbeauftragten).
33 Wobei freilich zu erwarten ist, daß die ‚Ökologisierung' klassischer Politikbereiche auch die Abwägungsgebote und Kompromißzwänge, unter denen die Durchsetzung umweltpolitischer Ziele steht, stärker hervortreten lassen wird.

Selbstbeobachtung der Gesellschaft in bezug auf ihre Umweltbezüge steigt kontinuierlich. Systematische Umweltberichterstattung ist nicht nur die Spezialaufgabe des Umweltbundesamtes, sondern in Form diverser Monitoringprogramme Routine vieler Verwaltungen. Flankiert werden diese Aktivitäten durch eine (forschungspolitisch forcierte) stärkere Thematisierung von Umweltproblemen in allen wissenschaftlichen Institutionen. Eine wichtige Rolle, nicht nur für die Problemdiagnose, sondern auch für die Reflexion von Optionen der Problemlösung, spielt die Ausdifferenzierung von politisch sichtbaren, aber unabhängigen Expertengremien, wie etwa der Rat von Sachverständigen für Umweltfragen.[34] Vor dem Hintergrund eines konstanten, vermutlich eher noch zunehmenden Problembewußtseins in der Bevölkerung und der Öffentlichkeit werden Umweltprobleme einen hohen Rang auf der politischen Agenda behalten.

Schließlich wird die Kapazität der Umweltpolitik durch die ‚Kooptation' der Umweltverbände (und Verbraucherverbände) gesteigert. Diese zählen nicht nur zu den „beteiligten Kreisen", die üblicherweise vor Erlaß neuer Regelungen „anzuhören" sind.[35] Sie haben gelegentlich Sitz und Stimme in formalisierten Beratungsgremien.[36] Sie sind bei einigen Umweltplanungen zu beteiligen (§ 29 Bundesnaturschutzgesetz) und haben in 10 von 12 Bundesländern ein Verbandsklagerecht, über das sie Planungen auf ihre Rechtmäßigkeit überprüfen lassen können. Alles in allem bleiben die formalen Partizipationsrechte der Umweltverbände in der Bundesrepublik rudimentär. Ob sie über das Europarecht signifikant ausgeweitet werden, bleibt abzuwarten. Zur Diskussion steht hier die formale Beteiligung an der untergesetzlichen Normbildung in Normierungsverbänden und öffentlich-rechtlichen Ausschüssen. Der Richtlinienentwurf für die Haftung für Abfälle von 1991 wollte den Umweltverbänden das Recht einräumen, bei Normverstößen Privater neben der öffentlichen Hand, also gewissermaßen treuhänderisch, den Ersatz des ökologischen Schadens einzuklagen.[37] Das Hauptgewicht der Umweltverbände liegt sicher in der zunehmenden Einbindung in die nicht geregelten Kooperations- und Verhandlungskontexte des sog. informalen Verwaltungshandelns im Vorfeld von Planungs- und Genehmigungsentscheidungen. Diese Einbindung ist politisch ambivalent (vor allem, wenn auf der anderen Seite unter der Flagge der Deregulierung die allgemeine Öffentlichkeitsbe-

---

34 Der Rat hat, gleichsam als auf Dauer gestellte Enquêtekommission, in erheblichem Umfang die oben skizzierte Rechtsentwicklung im Umweltbereich beeinflußt. Die eher kritischen Bestandsaufnahmen in Schreiber/Timm (1990) sind insofern zu relativieren. Dem Beirat der Bundesregierung für Globale Umweltveränderungen könnte für die Klimaschutzpolitik eine ähnliche Rolle zuwachsen.

35 Vgl. etwa § 51 Bundesimmissionsschutzgesetz, § 6 Waschmittelgesetz.

36 Vgl. etwa Störfallkommission (§ 51a Bundesimmissionsschutzgesetz), die deshalb im Unterschied zum Technischen Ausschuß für Anlagensicherheit (§ 31a) auch als politisiertes Gremium gilt (Jarras 1995, Nr. 1 zu § 51a). Im Ausschuß für Gefahrstoffe (§ 52 Gefahrstoffverordnung) ist die Arbeitsgemeinschaft der Verbraucher vertreten. Dagegen ist nach § 4 Gentechnikgesetz in die Zentrale Kommission für die Biologische Sicherheit ausdrücklich ein Vertreter des Umweltschutzes zu berufen (und nicht der Umweltverbände), was den technischen Charakter des Gremiums betont und politische Grundsatzdebatten aus der Beratung fernhalten soll (Hirsch/Schmidt-Didzcuhn § 4 Nr. 11).

37 Entsprechende Klagerechte werden in einer Reihe von Ländern (Frankreich, Niederlande, USA) gewährt. Sie erhöhen wegen der Konfliktbereitschaft der Umweltverbände zweifellos das Niveau der umweltpolitischen Vollzugskontrolle. Vgl. dazu Kadner (1995: 168ff.), der die Chancen der Umsetzung in deutsches Recht allerdings zurückhaltend beurteilt.

teiligung eingeschränkt wird), denn sie setzt voraus, daß die Verbände sich auf begrenzte und pragmatische Reformstrategien einlassen. Sie gewährleistet jedoch, daß die Umweltverbände auch bei Konjunkturschwächen der sozialen Bewegungen ein Pfahl im Fleisch der Umweltpolitik bleiben.

VII. Aufbruch in eine andere Moderne?

Ob die Anpassungsleistungen der Industriegesellschaften schließlich ausreichen werden, um ökologische Krisen zu bewältigen, bzw. zu verhindern, wird niemand prognostizieren können. Wenn man die bisherige Dynamik der Umweltpolitik auf die nächsten 100 Jahre extrapoliert, erscheint es jedoch eher unwahrscheinlich, daß die Industriegesellschaften an den von ihr erzeugten Umweltproblemen ‚ersticken' werden. Vermutlich liegen die unlösbaren strukturellen Selbstwidersprüche dieser Gesellschaften doch nicht in der Dimension der ökologischen Anpassung, sondern in der Dimension der sozialen Integration, beispielsweise der gerechten Verteilung von Arbeit und Einkommen.[38] Hinzugefügt werden sollte, daß dies keine umweltpolitische Entwarnung bedeutet. Wir sind mit relevanten ökologischen Krisen konfrontiert, und der ökologische Umbau der Industriegesellschaften steht im wesentlichen noch aus. Aber es besteht weder Anlaß, diesen Umbau für unmöglich zu halten, noch von ihm die Revolution zu erwarten.

Wenn man die Tendenzen der Umweltpolitik auch nur vorsichtig fortschreibt, wird das Verhältnis zur natürlichen Umwelt in wenigen Jahrzehnten in den entwickelten Industriegesellschaften fern jeder kapitalistischen Raubmentalität liegen. Es zeichnet sich vielmehr eine öffentliche Bewirtschaftung der knappen Umweltgüter ab, wobei es eine Frage der Instrumentenwahl, nicht des Ziels ist, wie diese Bewirtschaftung politisch umgesetzt wird: über staatliche Planungen oder über neue Randbedingungen für gesellschaftliche Selbstregulierungen. Im Ergebnis wird die Umweltnutzung aus dem privatwirtschaftlichen Regime bisheriger Art ausgegliedert sein.[39] Das erscheint vor dem Hintergrund einer Theorie der funktionalen Differenzierung als Strukturbruch – aber nur, wenn man Theoreme der Soziologie vorschnell in Gesellschaftsdiagnose übersetzt. Funktionale Differenzierung mag auf der Ebene der Codes durchgesetzt sein; auf der Ebene sozialer Strukturen (realer Subsysteme oder Organisationen) findet man historisch immer nur Differenzierungstendenzen, die mehr oder weniger durchgeschlagen haben (bzw. zugelassen

---

38 Dies gilt für die (national verfaßten) entwickelten Industriegesellschaften. Ob durch deren Anpassungsleistungen Umweltkrisen auf der Ebene der Weltgesellschaft abgewendet werden können, ist eine andere Frage. Allerdings gibt es nicht nur eine zunehmende Globalisierung der Umweltprobleme, sondern auch eine historisch beispiellose Beschleunigung der Entwicklung internationaler ‚Regime' für diese Probleme. Auch diese Entwicklung müßte man extrapolieren. Darüber, ob dann noch eine weltweite ökologische Katastrophe vorprogrammiert ist, kann man nur spekulieren.
39 Die Behauptung, Industriegesellschaften seien nur zu linearer und eindimensionaler ‚Weiter-so-Modernisierung' fähig (Beck 1993), ist, wenn die oben beschriebenen Umweltpolitiken irgendeinen Realitätsgehalt haben, eine Karikatur des Innovationspotentials dieser Gesellschaften. Entsprechend realitätsfern wirkt der Vorwurf, daß in diesen Gesellschaften auf Umweltgefahren mit der Erfindung und Erzeugung patentierbarer Mikroben reagiert wird, die Industriegifte auffressen (74); vgl. auch van den Daele (1995).

worden sind). Ökologischer Umbau ist sicher ein Beispiel für ‚reflexive Modernisierung' (Beck); die Gesellschaften reagieren auf Probleme, mit denen sie durch ihre eigene Dynamik konfrontiert worden sind, mit Korrekturen an dieser Dynamik. Neu ist dieses Reaktionsmuster allerdings nicht. Alle Umweltpolitiken haben historische Vorbilder; viele schreiben jahrzehntelange Steuerungspraktiken fort. Ob die Bündelung und Intensivierung dieser Politiken inkrementalistischer Fortschritt oder Aufbruch in eine ‚andere Moderne' ist, bleibt ein Streit um Worte. Die Durchsetzung des Umweltstaates wird die Industriegesellschaft verändern – ebenso wie die Durchsetzung des Sozialstaats sie verändert hat. Theoretische Gründe dafür, daß der Sozialstaat im Rahmen der Industriegesellschaft entwickelt werden konnte, der Umweltstaat aber diesen Rahmen sprengen muß, sind nicht zu erkennen.

Literatur

Aurand, Karl, Barbara Hazard und *Felix Tretter* (Hg.), 1993: Umweltbelastungen und Ängste. Opladen: Westdeutscher Verlag.
Baumann, Zygmunt, 1992: Moderne und Ambivalenz. Das Ende der Eindeutigkeit. Hamburg: Junius.
Beck, Ulrich, 1986: Risikogesellschaft. Frankfurt a.M.: Suhrkamp.
Beck, Ulrich, 1993: Die Erfindung des Politischen. Frankfurt a.M.: Suhrkamp.
Beckmann, Martin, 1996: Produktverantwortung. In: Umwelt- und Planungsrecht: 41-50.
Beyme, Klaus von, 1994: Die Massenmedien und die politische Agenda des parlamentarischen Systems. S. 320-336 in: *Friedhelm Neidhardt* (Hg.): Öffentlichkeit, öffentliche Meinung, soziale Bewegungen. Sonderheft 34 der Kölner Zeitschrift für Soziologie und Sozialpsychologie. Opladen: Westdeutscher Verlag.
Bierhals, E., 1985: Zur Bewertung der Leistungsfähigkeit des Naturhaushalts. S. 112-135 in: *Institut für Städtebau Berlin der Deutschen Akademie für Städtebau und Landesplanung* (Hg.): Eingriffe in Natur und Landschaft durch Fachplanungen und private Vorhaben. Berlin.
B.U.N.D., 1996: Bund für Umwelt- und Naturschutz Deutschland (Hg.): Zukunftsfähiges Deutschland. Basel: Birkhäuser.
Catton, William R., und *Riley E. Dunlap*, 1980: A New Ecological Paradigm of Post-Exuberant Sociology, American Behavioral Scientist 24: 15-47.
Catton, William R., 1993: Sociology as an Ecological Science. S. 74-86 in: *Scott Wright* et al. (Hg.): Human Ecology Crossing Boundaries. Fort Collins: Society for Human Ecology.
van den Daele, Wolfgang, 1987: Der Traum von der ‚alternativen' Wissenschaft, Zeitschrift für Soziologie 16: 403-418.
van den Daele, Wolfgang, 1993: Zwanzig Jahre politische Kritik an den Experten. S. 173-194 in: *Joseph Huber* und *Georg Thurn* (Hg.): Wissenschaftsmilieus. Berlin: Sigma.
van den Daele, Wolfgang, 1993a: Sozialverträglichkeit und Umweltverträglichkeit. Inhaltliche Mindeststandards und Verfahren bei der Beurteilung neuer Technik, Politische Vierteljahresschrift 34: 219-248.
van den Daele, Wolfgang, und *Rainer Döbert*, 1994: Veränderungen der äußeren Natur – Partizipative Technikfolgenabschätzung. In: *Deutsches Institut für Fernstudienforschung* (Hg.): Funkkolleg: Technik einschätzen – beurteilen – bewerten. Studieneinheit 11/2. Hemsbach: Beltz.
van den Daele, Wolfgang, 1995: Politik in der ökologischen Krise, Soziologische Revue 18: 501-508.
van den Daele, Wolfgang, et al., 1996: Grüne Gentechnik im Widerstreit. Modell einer partizipativen Technikfolgenabschätzung. Weinheim: Verlag Chemie.
van den Daele, Wolfgang, 1996: Experten und Gegenexperten im Diskurs. In: *Ders.* und *Friedhelm Neidhardt* (Hg.): Kommunikation und Entscheidung. WZB Jahrbuch 1996. Berlin: Sigma (im Erscheinen).

Döbert, Rainer, 1994: Handlungs-Partizipationskosten und die Reproduktion neokonstruktivistischer Relativismen. Ein Blick auf ein erhellendes Ende einer Technikfolgenabschätzung. Wissenschaftszentrum Berlin (discussion paper FS II 96 – im Erscheinen).
EG-Kommission, 1993: Kommission der Europäischen Gemeinschaften: Grünbuch. Brüssel (Com (93) 47).
Egler, Frank, 1969: Pesticides – in Our Ecosystem. S. 245-267 in: *Paul Shepard* und *Daniel McKinley* (Hg.): The Subversive Science. Essays Toward an Ecology of Man. Boston: Houghten.
Eichner, Volker, und *Helmut Voelzkow,* 1991: Umweltinteressen in der verbandlichen Techniksteuerung. Dortmund: ILS.
Feldhaus, Gerhard, 1980: Das Vorsorgeprinzip des Bundes-Immissionsschutzgesetzes, Deutsches Verwaltungsblatt: 133-139.
Friege, Hennig, 1995: Auf dem Weg zum Stoffrecht, Zeitschrift für Umweltrecht: 241-248.
Gellner, Winand, 1994: Politikberatung durch nichtstaatliche Akteure – Typen, Funktionen, Strategien. S. 175-192 in: *Axel Murswiek* (Hg.): Regieren und Politikberatung. Opladen: Leske + Budrich.
Gerhards, Jürgen, 1993: Neue Konfliktlinien in der Mobilisierung öffentlicher Meinung. Eine Fallstudie. Opladen: Westdeutscher Verlag.
Häfner, M., 1995: Über die Auslösung von hohen Pflanzenschutzmittel-Belastungen im Trinkwasser durch die Wasserwerke selbst, Gesunde Pflanzen 47: 251-258.
Hartmann, Heinz, und *Marianne Hartmann,* 1982: Vom Elend der Experten, Kölner Zeitschrift für Soziologie und Sozialpsychologie 34: 193-223.
Hirsch, Günter, und *Andrea Schmidt-Didzcuhn,* 1991: Gentechnikgesetz, Kommentar. München: Beck.
Huber, Joseph, 1995: Nachhaltige Entwicklung. Berlin: Sigma.
Jaeger, Carlo, 1996: Humanökologie und der blinde Fleck der Wissenschaft. In: *Carlo Jaeger* und *Andreas Diekmann* (Hg.): Umweltsoziologie. Sonderheft der Kölner Zeitschrift für Soziologie und Sozialpsychologie, in diesem Band.
Jänicke, Martin, 1987: Staatsversagen. Die Ohnmacht der Politik in der Industriegesellschaft. München: Piper.
Jänicke, Martin, 1993: Vom Staatsversagen zur politischen Modernisierung? S. 63-77 in: *Carl Böhret* und *Göttrik Wewer* (Hg.): Regieren im 21. Jahrhundert – zwischen Globalisierung und Regionalisierung. Opladen: Leske + Budrich.
Jänicke, Martin und *Helmut Weidner* (Hg.), 1995: Successful Environmental Policy: A Critical Evaluation of 24 Cases. Berlin: Sigma.
Japp, Klaus, und *Wolfgang Krohn,* 1996: Soziale Systeme und ihre ökologischen Selbstbeschreibungen, Zeitschrift für Soziologie 25: 207-222.
Jarras, Hans, 1995: Bundes-Immissionsschutzgesetz. Kommentar (3. Auflage). München: Beck.
Kadner, Thomas, 1995: Der Ersatz ökologischer Schäden. Berlin: Duncker & Humblot.
Kepplinger, Hans, 1989: Künstliche Horizonte. Folgen, Darstellung und Akzeptanz von Technik in der Bundesrepublik. Frankfurt a.M.: Campus.
Kepplinger, Hans, und *Simone Ehmig,* 1995: Press Coverage and Genetic Engineering in Germany: Facts, Faults and Causes. S. 495-504 in: *Dieter Brauer* (Hg.): Biotechnology. Legal, Economic and Ethical Dimensions. Weinheim: VCH.
Kloepfer, Michael, 1989: Umweltrecht. München: Beck.
Kloepfer, Michael, und *Claudia Franzius,* 1994: Zur Entwicklung des Umweltrechts in der Bundesrepublik Deutschland, Jahrbuch des Umwelt- und Technikrechts 1994: 179-236.
Kloepfer, Michael, Claudia Franzius und *Sigrid Reinert,* 1994: Zur Geschichte des deutschen Umweltrechts. Berlin: Duncker.
Lau, Christoph, 1989: Risikodiskurse, Soziale Welt 40: 418-436.
Lübbe-Wolff, Gertrude, 1993: Vollzugsprobleme der Umweltverwaltung, Natur und Recht: 217ff.
Luhmann, Niklas, 1986: Ökologische Kommunikation. Opladen: Westdeutscher Verlag.
Marcinkowski, Frank, 1993: Publizistik als autopoietisches System. Opladen: Westdeutscher Verlag.
Meadows, Donella, Dennis Meadows, Jorgen Randers und *William Behrens,* 1972: The Limits to Growth. New York: New American Library.

Meyer, Susanne, 1995: Gebühren für die Nutzung von Umweltressourcen. Berlin: Duncker & Humblot.
Neidhardt, Friedhelm, 1994: Öffentlichkeit, öffentliche Meinung, soziale Bewegungen. S. 7-41 in: Ders.: Öffentlichkeit, öffentliche Meinung, soziale Bewegungen. Sonderheft 34 der Kölner Zeitschrift für Soziologie und Sozialpsychologie. Opladen: Westdeutscher Verlag.
Odum, Howard, 1971: Environment, Power and Society. New York: Wiley.
Park, Robert E., 1936: Human Ecology, American Journal of Sociology 42: 1-15.
Peters, Hans Peter, 1994: Wissenschaftliche Experten in der öffentlichen Kommunikation. S. 162-190 in: *Friedhelm Neidhardt* (Hg.): Öffentlichkeit, öffentliche Meinung, soziale Bewegungen. Sonderheft 34 der Kölner Zeitschrift für Soziologie und Sozialpsychologie. Opladen: Westdeutscher Verlag.
Rehbinder, Eckard, 1988: Ersatz ökologischer Schäden, Natur und Recht: 105-115.
Schenk, Michael, und *Patrick Rössler*, 1994: Das unterschätzte Publikum. S. 261-295 in: *Friedhelm Neidhardt* (Hg.): Öffentlichkeit, öffentliche Meinung, soziale Bewegungen. Sonderheft 34 der Kölner Zeitschrift für Soziologie und Sozialpsychologie. Opladen: Westdeutscher Verlag.
Schlabach, Erhard, 1996: Bundesbodenschutzgesetz, UPR (Umwelt- und Planungsrecht): 1-5.
Schomberg, René von, 1994: Der rationale Umgang mit Unsicherheit. Frankfurt a.M.: Lang.
Schreiber, Helmut, und *Gerhard Timm* (Hg.), 1990: Im Dienste der Umwelt und der Politik. Zur Kritik der Arbeit des Sachverständigenrates für Umweltfragen. Berlin: Analytica.
Sendler, Horst, 1983: Wer gefährdet wen: Eigentum und Bestandsschutz den Umweltschutz – oder umgekehrt?, UPR (Umwelt- und Planungsrecht): 33-46.
Sendler, Horst, 1995: Die Bedeutung des Abwägungsgebots des § 1 Abs. 6 Baugesetzbuch für die Berücksichtigung der Belange des Umweltschutzes in der Bauleitplanung, UPR (Umwelt- und Planungsrecht): 41-49.
Simon, Herbert, 1971: The Sciences of the Artifical. Cambridge: MIT.
SRU, 1994: Der Rat von Sachverständigen für Umweltfragen: Umweltgutachten 1994: Für eine dauerhaft umweltgerechte Entwicklung. Stuttgart: Metzler.
SRU, 1996: Der Rat von Sachverständigen für Umweltfragen: Umweltgutachten 1996: Zur Umsetzung einer dauerhaft umweltgerechten Entwicklung. Stuttgart: Metzler.
Thompson, Michael, Richard Ellis und *Aaron Wildavsky*, 1990: Cultural Theory. Boulder: Westview.
WBGU, 1995: Wissenschaftlicher Beirat der Bundesregierung. Globale Umweltveränderungen: Jahresgutachten 1995. Bonn: Economica.
Vitousek, P., et al., 1986: Human Appropriation of the Products of Photosynthesis, Bioscience 36: 368-373.
Weidner, Helmut, 1996: Basiselemente einer erfolgreichen Umweltpolitik. Eine Analyse und Evaluation der Instrumente der japanischen Umweltpolitik. Berlin: Sigma.
Weizsäcker, Carl Friedrich von, 1971: Die Einheit der Natur. München: Hanser.
Wright, Susan, 1986: Die Sozialgeschichte der Kontroverse um die rekombinante DNS in den USA. S. 177-187 in: *Regine Kollek, Beatrix Tappeser* und *Günter Altner* (Hg.): Die ungeklärten Gefahrenpotentiale der Gentechnologie. München: Schweitzer.

EINE ORGANISATIONSTHEORETISCHE ANALYSE VON MASSNAHMEN
GEGEN PUNKTQUELLENVERSCHMUTZUNG*

Peter Cebon

Zusammenfassung: Theorien zu umweltpolitischen Regulierungsmaßnahmen gehen meist von der Annahme aus, daß sich Firmen als rationale Akteure auffassen lassen. In dieser Arbeit wird untersucht, in welchen Fällen eine solche Annahme zutrifft. Es wird das Rüstzeug entwickelt, um einzuschätzen, wie gut politische Instrumente Rationalitätsbarrieren in Firmen überwinden können. Ein prototypischer Fall wird untersucht: Ein Punktquellenverschmutzer, der zur Schadstoffbeseitigung eine bereits existierende Technologie implementiert. Diskutiert werden zunächst Technologien, dann die Personen, welche solche Technologien vorschlagen, die Strategien, die sie anwenden, und die Rolle, welche das institutionelle Umfeld bei ihrer Entscheidung für bestimmte Handlungsoptionen spielt. Das Kernargument lautet, daß die Rationalitätsannahme nur für „nicht eingebettete" neue Technologien zutrifft. Mit großer Wahrscheinlichkeit werden sich Umweltmanager aber nicht für Problemlösungsstrategien entscheiden, die zu eingebetteten Technologien führen; die Rationalitätsannahme gilt somit nur für einen Teilbereich des Maßnahmenspektrums. Für politische Zwecke sind eingebettete Technologien im allgemeinen günstiger. In der weiteren Analyse werden 14 Wege aufgezeigt, wie eine politische Intervention die Fähigkeit einer Firma vergrößern kann, Barrieren gegen die Implementation innovativer Technologien zu überwinden. Anhand dieser Maßnahmen lassen sich politische Instrumente vergleichen. Illustriert wird die Argumentation mit Beispielen aus dem Bereich der Energieersparnis in Universitäten, dem Schadstoffmanagement in Chemiefirmen, dem Einstellen der Nutzung von verbleitem Benzin in den USA und der Emissionsreduktion in der U.S.-Chemieindustrie zu Beginn der 90er Jahre.

I. Einleitung

Industrielle und andere Produktionsprozesse verursachen bedeutende Mengen von Schadstoffen. Da es Organisationen sind, welche diese Prozesse planen und durchführen, da es infolgedessen auch sie sind, die Art und Umfang der Umweltverschmutzung bestimmen, sollten sie im Brennpunkt der analytischen Aufmerksamkeit stehen. Gegenwärtig orien-

---

* Frühere Versionen dieses Textes wurden bei zwei Gelegenheiten vorgestellt: am Kongress 'Human Dimensions of Global Change' an der Duke University, USA, 1.-3. Juni 1995, und auf dem Treffen der Academy of Management, Vancouver, Kanada, am 6.-9. August 1995. Während der langen Entstehungszeit dieses Manuskripts wurde ich von vielen Seiten mit Rat und hilfreichen Kommentaren unterstützt. Mein besonderer Dank geht an Nick Ashford, Petra Christmann, John Ehrenfeld, Tad Homer-Dixon, Henry Jacoby, Suzi Kerr, Art Kleiner, Henry Lee, Yiorgos Mylonadis, Vicky Norberg-Bohm, Ted Parson, James Risbey, Gene Rosa, Richard Scott, Rob Stavins, Bob Thomas, Marcie Tyre, John van Maanen und die Gruppe Humanökologie der EAWAG. Alle Fehler habe ich selbstverständlich selbst zu verantworten.

tieren sich viele Formen der Regulierung sowie die ihnen zugrundeliegenden theoretischen Modelle am 'Rational Actor Paradigm' (Jaeger et al. 1995). Man geht davon aus, daß Organisationen, so wie Individuen, konstante und wohlgeordnete Präferenzen haben, vollständige Information (möglicherweise zu einem entsprechenden Preis) und die Fähigkeit, diese Informationen so zu verarbeiten, daß eine vernünftige Entscheidung getroffen werden kann. Unter diesen Voraussetzungen lassen sich Organisationen als „black boxes" ansehen, welche auf die Eingabe von rational bestimmten Inputs rational reagieren (z.B. Baumol/Oates 1988; Dornbusch/Poterba 1991; Pearce/Turner 1990; Tietenberg 1988).

Wie mehrere Autoren bemerkt haben, läßt sich diese Rationalitätsannahme mit zumindest einigen Aspekten einer innerbetrieblichen Entscheidungsfindung aber nur schwerlich vereinbaren. Beispielsweise benennen diese Autoren sowohl auf dem Sektor des Energiesparens als auch der Schadstoffprävention Marktangebote für technische Änderungen, welche von den Unternehmen zugunsten teurerer und umweltfeindlicherer Alternativen übergangen werden (Cebon 1992; Flavin/Lenssen 1995; Geller 1991; Okken et al. 1989; Sansstad/Howarth 1994; Schipper/Meyers 1992). Vor diesem Hintergrund meinen die Autoren, daß sich tatsächliches Verhalten nur dürftig mit dem Konzept der Rationalität beschreiben lasse.

Ein Vertreter des Rational-Actor-Ansatzes wird dem entgegnen, die Rationalitätsannahme meine nicht, Unternehmen handelten de facto rational. Sie setze nur voraus, Rationalität sei die beste Annahme, die man bei der Planung politischer Instrumente treffen könne (Stavins und Jacoby, im persönlichen Gespräch). Ein Rational-Choice-Ökonom würde sagen, das oben beschriebene offenbare Versagen des Marktes sei eine Illusion, hervorgerufen durch unsichtbare, unvermeidliche, verborgene Kosten, die außerdem unabhängig von der Tatsache seien, daß die Unternehmen auf einen Preis und nicht auf eine andere Form der Regulierung reagieren. Also seien marktkonforme Instrumente, die so angesetzt seien, daß sie „Externalitäten" kompensierten, auch angesichts offenbaren Versagens immer noch die beste Form der Regulierung.

Überraschenderweise wird diese Debatte wesentlich losgelöst davon geführt (und Regulierungen werden losgelöst davon konzipiert), wie Firmen wirklich vorgehen, wenn sie im Bereich des Umweltmanagements Entscheidungen treffen. Weggelassen wird das interne Funktionieren der Organisation – die beteiligten Personen, die Managementstrukturen und -praktiken, Ressourcenbeschränkungen, Politik, institutionelle Gegebenheiten und die Art des Produktionsprozesses, welche allesamt ökologische Politik und Praktiken der Unternehmens bestimmen. Werden sie nicht mit einbezogen, so ist es im wesentlichen unmöglich zu entscheiden, warum vermeintlich rationale Unternehmen scheinbar irrationale Entscheidungen treffen, ob man diese vermeintliche Irrationalität in anderen Bereichen erwarten muß als in jenen, in denen sich der Nutzen in Geld messen läßt (etwa im Bereich des Energiesparens) und nicht im Einhalten von Bestimmungen (etwa von Ge- und Verboten), und welche politischen Instrumente für den Umgang mit ökologischen Problemen am angemessensten sind.

Deshalb zieht die vorliegende Arbeit theoretische Quellen heran, illustriert durch empirische Beispiele, um zu betrachten, auf welche Weise Unternehmen ökologische Entscheidungen treffen, und so zu erkennen, in welchen Situationen die Rationalitätsannahme zutrifft. Unglücklicherweise ist es äußerst schwierig, ein umfassendes Bild des gesamten Ablaufs von Umweltmanagement so zu präsentieren, daß es sich auch zu regulatorischer

Planung verwenden ließe. Wenn man erst beginnt, bestimmte Organisationen zu betrachten, wird man schnell von dem komplexen und kontextabhängigen Zusammenspiel der Faktoren auf zahlreichen Ebenen der Analyse überwältigt. Beispielsweise benötigt Taylor (1984) in seiner exzellenten Untersuchung 370 Seiten, um darzustellen, wie sich die Projekte zweier Arbeitsgebiete von zwei U.S.-Bundesämtern durch eine einzige Bestimmung geändert haben, nämlich durch die Auflage, Umweltverträglichkeitsprüfungen durchzuführen. Ich werde daher in der vorliegenden Arbeit die Fragestellung radikal vereinfachen und nur das prototypische ökologische Problem untersuchen: den Versuch einer einzelnen Fabrik, mit Hilfe bekannter Technologien die Emissionen zu reduzieren.[1] Als ein technisches Problem ist dies praktisch isomorph zu dem Versuch eines Unternehmens, seine Kosten für Prozeßenergie unter Kontrolle zu halten (im letzteren Fall gibt es keine „end-of-pipe"-Option), diesen Fall werde ich also auch behandeln.[2] Ich werde eine bestimmte Sichtweise dessen darlegen, was die organisationstheoretische Literatur über den zu erwartenden Umgang des Unternehmens mit diesem Problem und über die wahrscheinlichen Implikationen seiner Aktivitäten zu sagen hat. Der analytische Rahmen, den ich hier darstellen werde, umfaßt sowohl das interne Funktionieren der Organisation als auch die Kräfte, die aus deren weiterem institutionellen Umfeld auf sie einwirken. Wichtig ist dieser Rahmen nicht nur, weil er unser Verständnis dieses internen Funktionierens systematisiert, sondern auch und besonders, weil er es uns ermöglicht, verschiedene politische Ansätze hinsichtlich ihrer Fähigkeit zur Überwindung von Barrieren gegenüber rationalem Handeln zu vergleichen.

Dieser Text ist wie folgt gegliedert: Abschnitt II diskutiert die technische Seite von Schadstoffbeseitigung und Energieersparnis und ordnet technische Veränderungen ein in ein Kontinuum von „eingebettet" bis zu „nicht eingebettet", je nach ihrer Nähe zu dem eigentlichen Produktionsprozeß der Organisation. Die vorliegende Arbeit kommt wesentlich zu dem Schluß, eingebettete technische Veränderungen seien nur unter großen Schwierigkeiten wirksam einzuführen, während nicht eingebettete Veränderungen sich sehr leicht einführen lassen, und zwar in beiden Fällen praktisch unabhängig von dem politischen Instrument, mit dem dies versucht wird. Unglücklicherweise sind die eingebetteten Veränderungen im allgemeinen viel wünschenswerter als die nicht eingebetteten. Politische Instrumente, welche von einem rationalen Verhalten der Unternehmen ausgehen, sind deshalb nur unter begrenzten Umständen vorteilhafter als andere Maßnahmen. Abschnitt II beschreibt auch die Voraussetzungen für die Implementierung einer Veränderung und erläutert dies am Beispiel des Einbaus von Reglern für Abgasabzüge in Laboratorien. Abschnitt III erörtert, wie die Funktion des Energie- oder Schadstoffmanagements im Unternehmen organisiert ist. Zwei große Theorien und auch empirisches Datenmaterial

---

[1] Man beachte, daß diese Aussage implizit folgende zwei entscheidenden Voraussetzungen enthält: Erstens wird angenommen, äußere Anreize seien so stark, daß sich das Unternehmen bereits zu einer Veränderung entschlossen hat (Cyert/March 1963, Jacobs 1994). Zweitens wird nicht sehr weit auf die Rolle von Regulierung bei der Entwicklung neuer Technologien eingegangen.

[2] Hinsichtlich der ökologischen Probleme, denen sich die meisten entwickelten Länder nach 25 Jahren Regulierung gegenübersehen, wäre es vielleicht angemessener, sehr kleine Produzenten, Nicht-Punktquellen-Umweltverschmutzer oder Produktplanung zu untersuchen. Die Antwort auf eine prototypische Frage hat aber den Vorteil, daß sie sich viel leichter mit Resultaten aus anderer theoretischer Sicht vergleichen läßt (z.B. Baumol/Oates 1988).

aus chemischen Produktionsbetrieben deuten darauf hin, daß UmweltmanagerInnen innerhalb der Organisation nur geringe Macht und eine relativ periphere Position haben. Abschnitt IV beschreibt die Strategien, mit denen Energie- oder SchadstoffmanagerInnen voraussichtlich technische Veränderungen herbeizuführen versuchen, und deren Aussicht auf Erfolg. Dies wird illustriert am Beispiel der Auslaufphase von verbleitem Benzin. Abschnitt V beschreibt dann, wie der ganze Ablauf der Implementierung einer technischen Veränderung durch Vorgänge außerhalb der Organisation beeinflußt werden kann, und schildert als Beispiel dazu die U.S.-amerikanische Bewegung zur Reduktion von Emissionen zu Beginn der 90er Jahre. In Abschnitt VI schließlich wird auf der Basis der zusammengefaßten Argumentation ein analytischer Rahmen für den Vergleich verschiedener Arten regulierender Maßnahmen vorgestellt.

II. Die technische Seite von Energieersparnis oder Schadstoffkontrolle

1. Funktionelle Bedingungen für eine Implementierung

Hier geht es darum, den generellen Vorgang einer betrieblichen Implementierung von neuen Technologien (Veränderungs-Technologien) im Kontext existierender Technologien (Ausgangs-Technologien) zu verstehen. Für eine solche Implementierung sind vier Schritte nötig: das Erkennen einer technischen Möglichkeit, das Konzipieren einer Lösung, welche dieser Möglichkeit gerecht wird, eine Finanzierung der Veränderung und ihre Implementierung. Diese vier Schritte müssen nicht unbedingt in der angegebenen Reihenfolge vorkommen (Cohen et al. 1972). Der komplexe Vorgang, innerhalb dessen sie auftreten, ist Gegenstand dieser Arbeit, aber schon jetzt läßt sich sagen, daß mindestens einige minimale Anforderungen für jede Veränderung erfüllt sein müssen.

Wie Cebon (1992, 1993) darlegt, sind dies Anforderungen in drei Dimensionen, bestimmt durch den Typus von Informationen, die für das Entscheiden über eine Veränderung nötig sind: 1. technische Informationen (im allgemeinen von außerhalb der Organisation), 2. Kontext-Informationen, d.h. die äußerst standortabhängigen Informationen über technische Randbedingungen, die sich durch andere Einrichtungen an dem betreffenden Standort ergeben, sowie die Bedürfnisse, Wünsche und Einwände der Nutzer dieses Raumes und 3. Organisations-Informationen, d.h. Informationen seitens jener Gruppen innerhalb der Organisation, die sich zwar funktionell oder geographisch nicht am Standort der Technologie befinden, aber ein Interesse an ihm haben (Lawrence/Lorsch 1967).[3] Mit diesen drei Typen von Informationen stehen verschiedene Personengruppen

---

3 Die Ökonomen sagen, der Preis stelle für die Unternehmen ein Informationssignal dar. Entsprechend liegt Theorien über Informationsverarbeitung in Organisationen (z.B. Galbraith 1974) und analogen Theorien wie etwa der Transaktionskostenökonomie (Williamson 1986) die Annahme zugrunde, Information könne zur Ware gemacht werden und deshalb beliebig entweder von irgendwo innerhalb der Organisation oder aus ihrer Umgebung kommen. In der oben erläuterten Terminologie ausgedrückt, geht es bei all diesen Theorien nur um technische Informationen. Braucht man technische Informationen, so kann man einen Berater bezahlen. Kontext- oder Organisationsinformation hingegen lassen sich nicht durch einen Preis repräsentieren. Versteht ein Energie- oder Umweltmanager die Idiosynkrasien von Prozessen nicht gut genug, um eine Gelegenheit für grundlegende Veränderungen zu

in Zusammenhang, deren Unterstützung man sowohl braucht, um die Informationen zu erhalten, mit denen sich die Gelegenheit erkennen und die Lösung konzipieren läßt, als auch um die Ressourcen bereitzustellen, mit denen sich die Veränderung konzipieren, finanzieren und implementieren läßt. Sie sind nicht nur diejenigen, die eventuell die Ressourcen für eine Veränderung bereitstellen oder auf sie verzichten müssen, sie haben auch oft ein Interesse an dem physischen Standort, an dem die technische Veränderung vor sich gehen soll, weil sie entweder dort wohnen oder auch daran interessiert sind, die Technologie oder das Verhalten der Menschen an diesem Ort zu kontrollieren.[4]

Denken wir beispielsweise an eine Energiemanagerin, die Mikroprozessorsteuerungen an Abgasabzügen anbringen will. Ein Abgasabzug ist ein Kasten, der potentiell giftige Luft aus einem Laboratorium absaugt, im allgemeinen ist er der einzige Abzug des Laboratoriums. Eine Mikroprozessorsteuerung überwacht die Funktion des Abzugs und reduziert die Luftdurchflußmenge, wenn der Schieber (die Gleittür) des Abzugs gesenkt wird.[5] Außerdem führt sie im allgemeinen zusätzliche Sicherheitsfunktionen aus, sie löst beispielsweise Alarm aus, wenn der Luftstrom völlig zum Erliegen kommt (wenn zum Beispiel der Treibriemen des Abzugsventilators reißt). Um ein solches Gerät installieren zu können, muß die Energiemanagerin über Abgasabzüge Bescheid wissen und das Verhältnis zwischen deren Funktionieren und deren Energieverbrauch kennen. Auch mit Mikroprozessorsteuerung muß sie sich auskennen. Wie funktioniert sie? Welche Marke eignet sich für welches Gerät und bei welchen Anwendungen von Abgasabzügen am besten? Kann man sich auf sie verlassen? Ist sie so einfach, daß sich eine Ausbildung der Beschäftigten im Laboratorium erübrigt? Über dieses technische Wissen hinaus muß sie über jeden einzelnen Abzug und jedes einzelne Laboratorium Bescheid wissen. Ist eine Steuerung mit einem bestimmten Abzug oder mit dessen bestimmtem Gebrauch kompatibel (etwa bei Radioisotopen)? Wird der Abzug auf eine Weise genutzt, welche die Ausgabe rechtfertigt (wird er beispielsweise zur Aufbewahrung der Zutaten zum Kaffeekochen gebraucht)? Werden die Nutzer des Raumes die Umrüstung tolerieren? Schließlich muß sie über die Interessen anderer Parteien in der Organisation Bescheid wissen. Weil die Steuerung die Luftzirkulation in dem Raum reduziert, geht ihr Einbau beispielsweise die Gebäudeverwaltung und das Sicherheitsbüro etwas an.

Wenden wir uns nun der Ressourcen-Seite zu. Die benötigten Finanzen für die Abgasabzugssteuerung könnten von der Zentralverwaltung genehmigt werden, die Auswahl der Geräte von der Gebäudeverwaltung, die Beanspruchung des Raumes und die Arbeitsunterbrechungen während ihrer Installation von den Benutzern des Laboratoriums und

---

erkennen, so wird kein Preissignal diesen Mangel beseitigen. So sagten auch Berater für Energieersparnis und Schadstoffvermeidung, mit denen der Autor gesprochen hat, übereinstimmend, es habe mindestens dreier Besuche einer Fabrik bedurft, ehe sie mit den Leuten dort so gute Beziehungen entwickeln konnten, daß wirksame Projekte möglich wurden.

4 Die Forschungsergebnisse Cebons über Information und Macht stimmen überein mit Ergebnissen anderer Studien über Barrieren bei Schadstoffprävention und Energieersparnis (Ashford 1993; Environmental Protection Agency 1991; King 1993; Office of Technology Assessment 1994; Ross 1986; Tyre 1989). Sie sind auch konsistent mit anderen Untersuchungen informationeller und politischer Barrieren gegen Innovationen (Allen 1977; Cyert/March 1963; Klein 1990; Lawrence/Lorsch 1967; Pettigrew 1972; Roberts/Bluhm 1981; Tyre/Von Hippel, erscheint demnächst).

5 Ende der 80er Jahre kostete eine typische Steuerung 700 $ und ersparte jährlich 1500 $ Energiekosten. Eine typische große Forschungsuniversität hat ungefähr 1000 Abgasabzüge.

446   *Peter Cebon*

ihre Auswirkungen auf die Sicherheit vom Sicherheitsbüro. Genau wie die Aufgabe, verschiedene Typen von Informationen zusammenzubringen, kann auch das Management von Beziehungen über eine große und nicht klar umrissene Anzahl funktioneller Bereiche hinweg ein recht schwieriges Problem sein. In einer Privatuniversität, die Cebon untersuchte, führte schlecht organisierte Interaktion zwischen Gebäudeverwaltung und Sicherheitsbüro dazu, daß nur ein Drittel der in Frage kommenden Abgasabzüge mit Mikroprozessorsteuerungen ausgestattet wurden.[6]

2. Eingebettetsein und funktionelle Bedingungen

Anhand einer dieser Informationsdimensionen, nämlich der Kontext-Information, führen wir jetzt eine Differenzierung zwischen verschiedenen Technologien ein. Wahrscheinlich stimmt man mir allgemein zu, wenn ich behaupte, es sei gewöhnlich einfacher, eine neue Glühbirne in einem Korridor einzuschrauben als in einem Büro. Ebenso verblassen die Schwierigkeiten, welche mit der Abdichtung undichter Fenster oder Fensterrahmen verbunden sind, vor dem Hintergrund der Schwierigkeiten, die sich bei der Installation von Energiesteuerungen an Abgasabzügen ergeben. Der Hauptunterschied innerhalb dieser Paare verschiedener Technologien ist das Maß des Eingebettetseins der Veränderung im organisatorischen System. Das heißt, die erste Technologie jedes Paares liegt irgendwie „abseits vom Geschehen" in der Organisation; und das macht es einfacher, sie zu implementieren, denn die Person, welche die Veränderung plant, benötigt weniger Kontext-Information, weniger Information aus der Organisation überhaupt und die Unterstützung einer kleineren Gruppe von Leuten. Definieren wir nun etwas genauer: Eine Veränderungs-Technologie wird als wenig eingebettet bezeichnet, wenn man zu ihrer Planung und Implementierung nur begrenzte Informationen über Einzelheiten der Ausgangs-Technologie haben muß (d.h. nur begrenzte Kontext-Informationen). Ist weniger Kontext-Information nötig, so verringern sich auch die benötigte Menge von Informationen aus der Organisation und die mit der Implementierung einhergehenden politischen Probleme.[7]

---

6 Ein Reviewer der vorliegenden Arbeit meinte, sowohl die Örtlichkeit (Universität) als auch die spezifischen Umstände (Laboratorien) dieses Falles seien atypisch, somit sei dies Beispiel nicht verallgemeinerbar. Die erwähnte Privatuniversität stand jedoch unter beträchtlichem Kostendruck und war damit (unveröffentlichten) Fallstudien des Autors über Unternehmen verwandter als die staatliche Universität, die er untersuchte. Der Hauptunterschied zwischen Universitäten und dezentralisierten Konzernen liegt darin, daß ein einzelner Standort viel größer ist; also läuft die Kommunikation zwischen verschiedenen Abteilungen möglicherweise schlechter und ist tendenziell weniger hierarchisch. Insbesondere gibt es keinen erreichbaren Manager, der alle relevanten Parteien kontrolliert, wie das bei einem dezentralisierten Fabrikstandort der Fall wäre. Was die wahrgenommene Erwünschtheit von Energieersparnis anbelangt, so wurden keine Unterschiede festgestellt. Arbeit in Forschungslabors ähnelt sehr derjenigen in Industrielabors und Prüfbereichen, kleinen Werkstätten (etwa Malerwerkstätten), Krankenhäusern und Büros.

7 Die hier dargestellte Typologie gründet sich auf Merkmale mit Bezug zu der Veränderungstechnologie, man könnte aber ebensogut ein Modell konstruieren, das sich auf die Ausgangs-Technologie bezieht. Je komplexer die Ausgangs-Technologie, um so wahrscheinlicher rufen in sie eingebettete Veränderungen unerwartete Nebeneffekte hervor (Perrow 1984). Also steigen wahrscheinlich mit organisatorischer und technischer Komplexität die nötigen

Tabelle 1: Kategorien von wenig eingebetteten Veränderungen, für die es entsprechend keine standortspezifischen Informationsbarrieren gibt

Lose Kopplung zur Ausgangs-Technologie (z.B. Altöl-Rezyklierung)
Zusammengefaßte oder serielle Abhängigkeit (z.B. Berieselungstürme in Kraftwerken, Kläranlagen)
Standardisierte technische Schnittstellen (z.B. Austausch von Ventilen, schwefelarme Kohle)

Technische Veränderungen können auf dreierlei Art wenig eingebettet sein (vgl. *Tabelle 1*). Veränderungs-Technologie und Ausgangs-Technologie können lose miteinander gekoppelt sein, sie können in einer einfachen Abhängigkeitsrelation zueinander stehen (zusammengefaßte oder serielle Abhängigkeit), oder die Schnittstelle zwischen beiden kann standardisiert sein.

Wenn zwei Systeme lose gekoppelt sind, heißt das, daß sich eine Störung in dem einen System nur langsam auf das andere überträgt und/oder mit deutlich abgeschwächter Intensität (Meyer/Rowan 1977; Orton/Weick 1990; Thompson 1967; Weick 1976). Ein prototypisches Beispiel dafür ist das Rezyklieren von Altöl. Hier ist die Kopplung so lose, daß die Aufbereitung physisch an einem anderen Ort stattfinden kann. Außerdem kann nur ein vollständiges und langanhaltendes Versagen von einem der beiden Systeme das andere nennenswert zerrütten. Steht die Veränderungs-Technologie entweder in einem zusammengefaßten oder seriellen Abhängigkeitsverhältnis zur Ausgangs-Technologie, so fließen alle Materialien von der Ausgangs-Technologie zur Veränderungs-Technologie, aber nicht zurück (Thompson 1967). Beispielsweise führen Abfallaufbereitungsanlagen nur selten Material in den Ausgangsprozeß zurück oder bereiten Abfälle auf, die miteinander reagieren. Dehnen wir den Begriff „Material" jetzt auch auf Informationen aus, so impliziert diese Abhängigkeitsbedingung, daß die Veränderungs-Technologie allen wie auch immer variierten Output des Ausgangsprozesses handhaben kann, ohne daß die Operateure der Veränderungs-Technologie diejenigen der Ausgangs-Technologie um eine Änderung ihres Vorgehens bitten müßten (siehe auch Perrow 1967). Während in diesen ersten beiden Fällen die Veränderungs-Technologie von der Ausgangs-Technologie räumlich getrennt und daher nicht eingebettet ist, sind im dritten Fall beide am gleichen Ort situiert. Die Beziehung zwischen beiden wird aber dadurch vereinfacht, daß die Art ihrer Verbindung genau bekannt ist. Sie ist standardisiert. Somit kann jemand, der die Installation einer

---

Mengen an Organisations- und Kontext-Informationen zur Vermeidung unvorhergesehener Nebeneffekte an und/oder der Grad der Macht, welche nötig ist, um die Organisation dazu zu bringen, das Risiko unvorhergesehener Nebeneffekte einzugehen. Damit ist zu erwarten, daß sich Veränderungen in komplexeren technischen Umfeldern nicht so leicht durchführen lassen wie in einfacheren. Infolgedessen haben Komplexitätsunterschiede für Vergleiche zwischen verschiedenen Industrien große Bedeutung. Innerhalb einer Organisation sollte die Komplexität aber im wesentlichen konstant sein. Auch wenn also die involvierten Personengruppen und spezifischen Fragen andere sein mögen als bei dem Konzept des Eingebettetseins, bliebe daher die übrige Argumentation die gleiche. Also macht es keinen entscheidenden Unterschied, ob sich diese Arbeit auf Komplexität oder auf Einbettung konzentriert.

Veränderungs-Technologie vorsieht, Aspekte der Schnittstelle zwischen beiden Technologien, welche in anderen Fällen eine Entscheidung unübersichtlich machen können, in diesem Fall faktisch ignorieren. Er/sie muß sich also um den Kontext keine Gedanken machen. Beispiele hierfür sind die Fassungen von Glühbirnen, das Auswechseln undichter Ventile gegen einen neuen Typ von Ventilen oder das Ersetzen stark schwefelhaltiger durch schwefelarme Kohle.

Wenn eine bestimmte Veränderungs-Technologie eine Weile lang auf dem Markt ist, wird sie wahrscheinlich von denjenigen, die mit ihr arbeiten, besser verstanden; ihr Eingebettetsein verursacht also weniger Probleme. Ein vertraglich beauftragter Fachmann lernt beispielsweise, welche Probleme, eventuell stark kontextabhängiger Art, mit einem Stück Ausrüstung verbunden sind, kann sie also vorwegnehmen und durch nur minimale Interaktion mit den Nutzern eines Raumes weiter über sie hinzulernen. Lerneffekte werde ich an späterer Stelle in dieser Arbeit erörtern. Gleichzeitig führt wahrscheinlich die Verbreitung von bestimmten Geräten und ihre Verbesserung durch die Hersteller dazu, daß Schnittstellen stärker standardisiert werden. So sind heute etwa Leuchtstoffröhren in Größe und Gewicht den üblichen Glühbirnen besser angepaßt und sind daher in viel mehr Lampenfassungen verwendbar.

3. Eingebettetsein und Erwünschtheit

In erster Annäherung sind stark eingebettete Veränderungen für politische Zwecke viel erwünschter. So hat etwa das U.S.-Bundesamt für Technikfolgenabschätzung mögliche ökologische Eingriffe nach ihrer Fähigkeit eingestuft, Umweltprobleme zu beseitigen, anstatt sie von einem Medium auf ein anderes zu verlagern, hat sie also nach ihrer Erwünschtheit klassifiziert (Office of Technology Assessment 1986) (siehe *Abbildung 1*).

Es gibt wohl einige Ausnahmen, wie das Auswechseln einer Glühbirne, aber im allgemeinen widerspiegelt die Erwünschtheit von Technologien ihr Eingebettetsein. Außerdem stellt diese Liste auch eine überraschend genaue Anordnung der Kapitalkosten pro Projekt dar. Schadstoffreduktion an der Quelle umfaßt viele kleine Projekte, die über längere Zeiträume hinweg durchgeführt werden, Aufbereitung hingegen bedeutet große Investitionen in einem Block. Recycling liegt gewöhnlich irgendwo zwischen beiden. Ross (1986) hat gezeigt, daß viele Unternehmen sich weit schwerer tun, in Projekte mit geringen Kosten zu investieren als in teure, weil ihre Kapitalallokationssysteme große Projekte begünstigen.[8] Schließlich läßt sich auch der finanzielle Nutzen von Projekten in der Regel gemäß derselben Einstufung anordnen. Das heißt, wenn alle übrigen Bedingungen gleichbleiben, so erbringt normalerweise eine Investition in Projekte der Schadstoffreduzierung an der Quelle die relativ höchsten Erträge, denn hier werden Abfälle in nützliche Produkte umgewandelt. Deponieren andererseits ist teuer und birgt auch eine Reihe gesetzlicher Risiken in sich, etwa durch die Bestimmungen in den Gesetzen vieler Länder über eine unbedingte Haftung für das Deponieren von Sondermüll. Hingegen ist es gewöhnlich mit wachsendem Eingebettetsein des Projektes schwerer, Kosten und Nutzen seiner Im-

---

8 Eine Ausarbeitung dieses Punktes findet man bei Donaldson/Lorsch (1983) oder bei Bromily (1986).

Abbildung 1: Relative Erwünschtheit verschiedener Maßnahmen zur Schadstoffkontrolle (nach: U.S. Office of Technology Assessment 1986) sowie deren relative Einbettung und Kosten

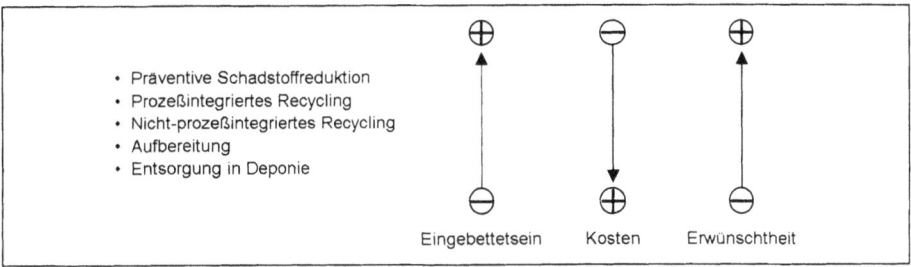

plementierung genau zu bestimmen, denn das Projekt läßt sich schwerer vom übrigen Produktionsprozeß abgrenzen.

Halten wir also zusammenfassend fest, daß es drei Typen von Informationen gibt (technische, Kontext- und Organisations-Informationen), die zusammengetragen werden müssen, wenn eine bestimmte technische Veränderung identifiziert, konzipiert, finanziert und implementiert werden soll. Mit jedem dieser Informationstypen verbinden sich Personengruppen, deren Unterstützung auf jeder dieser vier Stufen gebraucht wird (oder deren Widerstand überwunden werden muß). Ein Teil dieser Informationen ist aber sehr stark kontextabhängig. Je stärker eine bestimmte Veränderung eingebettet ist, d.h. je mehr Kontext-Informationen sie benötigt, um so mehr verschiedene Leute werden voraussichtlich an ihr interessiert sein.

III. Organisation des Energie-/Umweltmanagements

Wie wird eine Organisation nun angesichts dieser informatorischen und politischen Notwendigkeiten bei der Handhabung von Aufgaben des Energie- oder Umweltmanagements vorgehen? Zwei wichtige Organisationstheorien, die Kontingenztheorie und der Neo-Institutionalismus, besagen, die Organisation werde für solche Funktionen eine vom Kernproduktionsbereich abgetrennte spezielle Dienststelle einrichten.

Thompson (1967) stellt die kontingenztheoretische Sicht dar. Ihr zufolge richtet eine rationale Organisation zur Handhabung ihrer Technologie (des Verfahrens, das sie zur Umwandlung von Inputs in Outputs benutzt) und zum Umgang mit ihrem Aufgabenumfeld (den Zulieferern, Kunden, Konkurrenten und den staatlichen Regulierungsstellen) eine Reihe von Dienststellen ein. Die Organisation ist in Kernbereich und Peripherie gegliedert. Die Struktur des Kernbereichs wird von der Produktionstechnologie bestimmt. Die Organisation umgibt diesen Kernbereich mit Input- und Outputaktivitäten, die für dessen Operieren unerläßlich sind, jedoch von entschieden sekundärer Bedeutung. Diese Input- und Outputaktivitäten führt die Organisation selbst aus, anstatt Dienstleistungen und Material auf dem Markt einzukaufen, um damit ihren Kernbereich abzupuffern gegen ein Auseinanderklaffen zwischen dem Bedarf des Kernbereichs und dem Zustand der Umgebung, was andernfalls die Kernproduktion unterbrechen würde. Lawrence und Lorsch

(1967) erweitern dieses Konzept um den Gedanken, bei der Konstruktion der Input- und Outputaktivitäten hätten sowohl die Struktur des Kernbereichs als auch die Struktur der Elemente des Umfelds, mit denen die Input- und Outputaktivitäten interagieren müssen, einen Einfluß. Sie stellen die Hypothese auf, die Input- und Outputaktivitäten würden um so stärker differenziert, je unsicherer das Umfeld werde. So könne ein Unternehmen dazu übergehen, statt einer einzigen Abteilung für Schadstoffkontrolle nun eine Abteilung für Schadstoffkontrolle, eine Abteilung für Einhaltung der Vorschriften, eine Abteilung für Schadstoffprävention und eine Abteilung für ökologische Verfahrens- und Produkttechnik zu haben. Input- und Outputfunktionen puffern nicht nur den Kernbereich ab, sie überblicken auch ihren spezifischen Aspekt des Umfelds und übermitteln der übrigen Organisation relevante Informationen (Daft/Lengel 1986; Tushman/Romanelli 1985; Weick 1979). Mintzberg (1983) meinte, angesichts der Tatsache, daß Organisationen strategische Entscheidungen treffen, gehörten jene Input- und Outputfunktionen, die für die Aufgabe der Organisation entscheidend seien, eigentlich zum Kernbereich der Organisation. Die strategisch wichtigen Input- und Outputfunktionen übermitteln also dem Kernbereich wichtige Informationen (Levitt/Nass 1989) und reduzieren Unsicherheit und Doppeldeutigkeit (Daft/Weick 1984). Die übrigen Input- und Outputfunktionen sind von den Kernfunktionen weitgehend abgekoppelt. Dann ergibt sich aus der strategischen Kontingenztheorie der Macht von Hickson et al. (1971) die Hypothese, Manager im Bereich dieser peripheren Input- und Outputfunktionen von geringer Priorität hätten auch nur wenig Macht.

Während die Kontingenztheoretiker sagen, Organisationen seien so konzipiert, daß sie die Widersprüche zwischen den Anforderungen der Produktionseffizienz und der Unsicherheit im institutionellen Umfeld unter einen Hut zu bringen versuchen, haben die Neo-Institutionalisten einen anderen Ansatz. Sie befassen sich damit, wie Institutionen, in denen die Neo-Institutionalisten die fortdauernden und strukturierten Elemente des sozialen Lebens sehen, Form, Interessen, Handlungen und grundlegende konzeptionelle Kategorien von Individuen und Organisationen beeinflussen und wie diese Individuen und Organisationen wiederum die Institutionen formen (genaueres dazu bei Jepperson 1991).

Trotz ihrer verschiedenen Ausgangsprämissen sagen beide Theorien den gleichen Ausgang voraus: eine relativ abgekoppelte Spezialistenabteilung. Während in der Sicht der Kontingenztheoretiker Struktur von technischer Effizienz bestimmt wird, meinen die Neo-Institutionalisten, Struktur ergebe sich als Folge einer Reihe von sozialen Kräften. Für die Neo-Institutionalisten besteht die Gesellschaft aus einer Ansammlung von Organisationselementen (DiMaggio/Powell 1991), wobei ein Organisationselement eine beliebig große, umgrenzte Gruppe von Leuten ist, welche anderen solchen Gruppen über- oder untergeordnet sein kann. Abteilungen für Schadstoffkontrolle, Fabrikationsanlagen und auch ganze Unternehmen sind Organisationselemente. Jene Organisationselemente, die über längere Zeit hinweg mit dem untersuchten Organisationselement (dem fokalen Organisationselement) in Verbindung stehen, werden als sein institutionelles Feld bezeichnet (DiMaggio/Powell 1983). Das fokale Element steht mit anderen Elementen in seinem Feld entweder durch einen Bedarf an Ressourcen in Verbindung (Pfeffer/Salancik 1978), durch einen Bedarf an Legitimität (Meyer/Rowan 1977) oder durch beides (Scott/Meyer 1991). Eine ressourcenbestimmte Verbindung wird durch Austauschbeziehungen realisiert.

Legitimitätsorientierte Verbindungen hingegen werden dadurch realisiert, daß das fokale Element bestimmte Institutionen übernimmt. Eine Institution in diesem Sinne ist „eine organisierte, etablierte Prozedur" (Jepperson 1991: 143). Das heißt, sie ist eine Art Rezept, etwas zu tun (oder nicht zu tun). Institutionen sind das Mittel, aufgrund dessen die Leute „wissen", was zu tun ist (Pentland 1991) und was nicht. Institutionen definieren, was zulässig ist und was nicht. In diesem Sinne ist eine Abteilung für Schadstoffkontrolle eine Institution. Sie ist die Art und Weise, wie Organisationen ihr Problem der Schadstoffkontrolle lösen. Im selben Sinne ist auch eine Regel, die besagt, vor jeder Handlung solle das Produktions-Management konsultiert werden, eine Institution, ebenso wie die Techniken, die das Totale-Qualitäts-Management anwendet, um Chancen zur Schadstoffvermeidung zu identifizieren. Somit gibt es aus einer institutionellen Sicht vier Bausteine für eine Analyse: Organisationselemente, Menschen, Institutionen und Austauschbeziehungen. Jedes Organisationselement umfaßt Menschen und Institutionen und hat Austauschbeziehungen mit anderen Organisationselementen. Die Menschen sind einerseits Teil von Institutionen und andererseits Individuen (DiMaggio 1988). Die Institutionen erleichtern das Handeln. Die Austauschbeziehungen bewegen Güter, Dienstleistungen und Institutionen zwischen den Organisationen hin und her.

Aus der Tatsache, daß eine Institution dynamisch mit ihrem Umfeld interagiert und intern neue Institutionen bildet, folgt insbesondere, daß das fokale Organisationselement nicht immer Institutionen umfaßt, die ein kohärentes Ganzes darstellen. Tatsächlich ist die Menge der Institutionen angesichts der konfligierenden Ansprüche verschiedener Interessenvertreter wohl nie kohärent. Enthält ein Organisationselement untereinander inkonsistente Institutionen, so hat es zwei klare Optionen. Zum einen kann es seine bisherigen Institutionen oder die neuhinzugekommene Institution so verändern, daß alle kompatibel werden (Zucker 1983). Es kann aber die Divergenzen auch beibehalten, indem es zwischen den Institutionen einen Puffer einrichtet (Meyer/Rowan 1977). Bei Schadstoffmanagement oder Public Relations würden Unternehmen wohl nach dem zweiten Ansatz vorgehen, so wurde bisher von der Wissenschaft immer angenommen. Tatsächlich ist der Gedanke, daß auch der erste Weg eine gangbare Möglichkeit sei, erst kürzlich in der Literatur aufgetaucht (Levitt/Nass 1989).

Die Neo-Institutionalisten machen dreierlei Arten von Aussagen darüber, wie eine Organisation das Problem von Energie- oder Umweltmanagement handhabt. Beim ersten Typ geht es um die Frage, wie die Funktion des Energie- oder Umweltmanagements generell strukturiert ist (darauf wird im laufenden Abschnitt eingegangen). In der zweiten Gruppe geht es darum, wie Energie- und UmweltmanagerInnen voraussichtlich ihre Arbeit angehen (Abschnitt IV), und die dritte Art von Aussagen behandelt die Frage, was geschehen würde, wenn einflußreiche gesellschaftliche Kräfte eine andere Herangehensweise an das Problem verlangen würden (Abschnitt V).

1. Periphere Dienststellen in der Praxis

In erster Annäherung bestätigt die Praxis die obigen Aussagen, zumindest in den USA. Umweltmanagement obliegt meistens Spezialisten in peripherer Position und mit relativ wenig Macht. Wenn es fraglich ist, ob Gesetze eingehalten werden, wächst ihre Macht deutlich an und reflektiert die Macht des Gesetzgebers, aber nur im Kontext dieser Frage (bei King 1993 und Taylor 1984 findet sich eine ausgezeichnete, nuancierte Diskussion der Art und Weise, wie Umweltspezialisten die Beziehung zwischen der Organisation und den umweltpolitischen Bestimmungen einsetzen, um ihre Macht zu handhaben). In kleineren Einrichtungen, in denen ein Großteil des Fachwissens von Beratern gekauft wird, sind UmweltmanagerInnen weniger peripher und weniger spezialisiert. Außerdem sind in manchen Unternehmen aus Industriebranchen, die besonders unter dem Druck der öffentlichen Meinung stehen (wie Öl, Chemie und Konsumgüter), zwei weitere Dinge geschehen, entweder, weil die strategische Bedeutung des Umweltmanagements zunahm oder weil ein institutioneller Druck in diese Richtung verspürt wurde. Erstens wurde die Verantwortung für Umweltmanagement an relativ zentrale Stellen übertragen, indem man die Positionen von Vizepräsidenten für Umweltgesundheit und Sicherheit schuf (Hoffmann 1995) und die Produktionsmanager für das ökologische Abschneiden des Unternehmens verantwortlich machte. Zweitens geht es beim Thema Umwelt heute nicht mehr nur um das Einhalten von Bestimmungen, die Aufmerksamkeit gilt Prozeßemissionen generell sowie der Verfahrens- und Produktplanung (siehe Hoffmann 1995; Mylonadis 1993), wodurch es immer mehr Spezialistenstellen gibt. Energiemanagement ist aber immer noch relativ peripher, falls es überhaupt existiert.

Eine so aufgewertete Rolle der ökologischen Funktionen scheint darauf hinzudeuten, daß die intitutionalistische Analyse unzulänglich ist. Kritisches Datenmaterial aus zwei Situationen legt aber nahe, daß das nicht zutrifft. Erstens wurde die Welle neuer Vizepräsidentschaften (für Gesundheit, Sicherheit und Umwelt) hauptsächlich aus Legitimierungsgründen ausgelöst und nicht aus einer technischen, strategischen Notwendigkeit heraus.

Zweitens haben auch die Unternehmen, welche die Verantwortung für Umweltschutz „in die Linie" verlegt haben, immer noch Mühe, in der Position eines Umweltmanagers etwas anderes als eine periphere Stelle zu sehen. Ich habe bei zwei Chemiekonzernen (an vier Standorten), welche beanspruchen, die Avantgarde auf dem Gebiet des Umweltmanagements zu sein, das Umweltmanagement ziemlich gründlich untersucht. In beiden Unternehmen gab es zwei Probleme. Zum einen war für die Linienmanager ihre neue Verantwortung für Umweltprobleme ganz klar etwas Peripheres und Sekundäres. Wenn sich je Probleme und Chancen zeigten, die mit Umwelt zu tun hatten, bei denen aber weder das Einhalten von Gesetzen noch die Erfüllung von Unternehmenszielen auf dem Spiel stand, zeigten sie dafür deutlich geringe Aufmerksamkeit, anders als bezüglich ihrer Produktionsverantwortung. Beispielsweise waren in einer Fabrik Manager und Operateure auch für die Abfallaufbereitungsanlage an diesem Standort zuständig. Der leitende Ingenieur der Aufbereitungsanlage war dauernd frustriert, weil die Operateure die Anlage oft nicht sorgfältig bedienten, aber die Supervision der Anlage kümmerte sich nur wenig darum. Sie hatte weniger Interesse an der Optimierung dieser Anlage als am Produktionsbetrieb, sie weigerte sich, gegen Operateure vorzugehen, die ihre Arbeit nicht richtig machten, und sie machte den Ingenieur verantwortlich, wenn etwas schiefging. In einer anderen Fabrik wurden viele Verbesserungsvorschläge, die nur wenig gekostet hätten, geradewegs abgelehnt. (Zugegebenermaßen gibt es getrennte Kapital- und Betriebsbudgets. Aber in einem mir bekannten Fall wollte ein Labormanager eine Maschine zum Preis von 8000 $ einbauen (diese Summe betrug etwa 2 – 5 Prozent der Produktionskosten eines

Tages), mit der während eines Jahres Chemikalien und Energie im Wert von 24.000 $ hätten eingespart werden können. Das Projekt wurde wegen Kapitalmangels verworfen. Es wäre hingegen sofort finanziert worden, wenn es zu den angestrebten gemessenen Emissionsreduktionen der Fabrik beigetragen hätte. Hier war nicht nur Energie- und Umweltmanagement weniger wichtig als die Produktion, auch das Laboratoriumsmanagement war relativ peripher.) Noch ein ähnliches Beispiel: In einer relativ marginalen Fabrik des einen Konzerns stieg das Interesse an einer Senkung der Energiekosten drastisch, als das Konzernmanagement beschloß, den Algorithmus für „tasking" (das Entscheiden darüber, welche Fabrik produzieren soll, wenn die Nachfrage geringer ist als die Kapazität) so zu ändern, daß er nicht mehr auf fixen, sondern auf marginalen Kosten basierte.

Zum anderen ließ sich aus der Versicherung beider Konzerne, alle ihre steilen Aufsteiger hätten irgendwann in ihrer Karriere auch Umweltverantwortung übernommen, nicht schlußfolgern, daß alle Personen mit Umweltverantwortung auch steile Aufsteiger gewesen seien. Viele Umweltjobs erfordern in einer Reihe technischer und organisatorischer Bereiche beträchtliche Fähigkeiten. Deshalb braucht man für solche Jobs ältere Leute. Diese Leute sind aber, wie es bei Inhabern vieler funktioneller Jobs der Fall ist, zwar gewöhnlich recht kompetent, befinden sich aber nicht auf einer Laufbahn an die Spitze. In beiden Konzernen, die ich untersuchte, waren deshalb diese Leute nicht sehr hoch geachtet und hatten nicht besonders viel Macht.

IV. Strategien für Energie-/UmweltmanagerInnen

Nunmehr lassen sich die zwei Teile der Geschichte zusammenfügen. Es gibt eine Serie unterschiedlich stark eingebetteter technischer Optionen; sie variieren von stark kontextabhängigen, schwierig zu finanzierenden Veränderungen mit Schadstoffreduktion an der Quelle auf der einen Seite bis hin zu kaum eingebetteten, leicht zu finanzierenden Optionen wie Deponieren und Wiederaufbereitung auf der anderen. Und es gibt ManagerInnen, die wenig Macht haben (außer in Fällen, wo es um das Einhalten von Vorschriften geht), und deren Position von der Kernproduktionsorganisation aus gesehen relativ peripher ist. In diesem Abschnitt fragen wir uns, was ManagerInnen tun werden, um technische Veränderungen herbeizuführen.

Inzwischen gibt es genügend Datenmaterial darüber, daß sich ManagerInnen wohl ziemlich routinierter Vorgehensweisen bedienen werden. Damit meine ich nicht, es gäbe irgendwo ein Handbuch, welches genau spezifiziert, wie sie in Gegenwart anderer handeln sollten (z.B. Nelson/Winter 1982). Ich meine vielmehr, angesichts der Reihe anderer Institutionen, die in der Organisation ihren Platz haben, gibt es für ManagerInnen eine kleine Menge möglicher Vorgehensweisen, welche von der übrigen Organisation vermutlich für legitim gehalten werden, nicht unbedingt erprobt, aber doch von akzeptiertem Typus. Dann gibt es noch eine große Menge von Ansätzen, die zum gegenwärtigen Zeitpunkt nicht akzeptabel sind, wenn auch wahrscheinlich ebenfalls noch nicht erprobt (siehe auch Orlikowski/Yates 1994; Pentland/Reuter 1994). Es gibt mindestens drei Gründe, weshalb zu erwarten ist, daß ManagerInnen eine Vorgehensweise aus der ersten Menge wählen. Erstens läßt sich relativ leicht angeben, welche Wirkung die Intervention wohl haben wird. Das heißt, man kann garantieren, daß das Ergebnis zufriedenstellend sein wird.

Zweitens läßt sich relativ leicht voraussagen, daß dieses Vorgehen keine unerfreulichen und unerwarteten Nebeneffekte mit sich bringen wird. Wenn man etwas Neues probiert, weiß man nie, wen man damit vor den Kopf stoßen könnte oder welche Probleme man dadurch schafft. Drittens ist dieses Vorgehen viel einfacher. Es erspart den ManagerInnen nicht nur das Ausdenken eines Lösungsweges für eine bestimmte Aufgabe, sondern auch die Notwendigkeit, ihn den anderen Mitgliedern der Organisation (über eine Macht- und Kommunikationsbarriere hinweg) zu vermitteln.[9]

Da die spezialisierte Dienststelle zwischen der Organisation und ihrem Umfeld plaziert ist, können Routinen von beiden Seiten entwickelt werden. Wegen potentieller Konflikte zwischen Institutionen kommen sie im allgemeinen aus der Organisation heraus, es sei denn, es ist ihre explizite Aufgabe, bestehende Institutionen zu umgehen (etwa, wenn ein Außenstehender vertraglich beauftragt werden soll) oder aber herauszufordern (etwa mit dem Gesetz). Organisationen unterscheiden sich darin, wie viele interne Routinen ihren ManagerInnen bekannt und verfügbar sind, und ebenso in ihrer Toleranz gegenüber neuen Vorgehensweisen. In starkem Maße sind diese spezifischen Routinen und Toleranzen durch die Organisationskultur bestimmt, welche ihrerseits durch die Gründungsgeschichte der Organisation und ihr seitheriges Lernen bestimmt ist (Schein 1985). Wenn eine Organisation beispielsweise eine lange Tradition der Prozeßinnovation hat, in die Mitarbeiter auf allen Stufen des Unternehmens einbezogen sind, steht den Managern wahrscheinlich eine große Menge möglicher Vorgehensweisen zur Verfügung. Hat die Firma hingegen auf einer anderen Ebene konkurriert – für die große Mehrheit U.S.-amerikanischer Unternehmen ist das der Fall – dann ist, entsprechend der politischen und informationsmäßigen Stellung der Umweltmanager, die Bandbreite verfügbarer Routinen wahrscheinlich sehr klein.

Damit ist nun ziemlich klar, was passieren wird. Der Energie- oder Umweltmanager in seiner peripheren Position hat im allgemeinen keinen Zugang zu Routinen, welche die Kontext-Informationen oder den politischen Einfluß liefern würden, mit denen sich eingebettete Lösungen durchführen lassen. Nicht eingebettete Lösungen hingegen lassen sich viel einfacher realisieren, sie werden also gegenüber eingebetteten Lösungen bevorzugt implementiert werden, auch wenn jene ökonomisch und sozial erwünschter wären. Das sieht man sehr gut, wenn man Energiesparmaßnahmen bei Gebäuden in den USA untersucht. Im allgemeinen werden solche Veränderungen von Beratern oder anderen externen Auftragnehmern konzipiert, welche fast ausschließlich völlig uneingebettete Lösungswege anwenden, etwa das Ersetzen von Beleuchtungskörpern, Gebäudeisolierung und Umrüstung von Motoren. Gelegentlich wählen sie Lösungen, die in die Wartungsorganisation eingebettet sind (die nur wenig Macht hat und leicht zugänglich ist), etwa die Installation von Reglern zu variabler Geschwindigkeitseinstellung an Motoren oder von computergestützten Steuerungssystemen. Lösungswege, die in die Produktionsorganisation eingebettet sind, werden selten angewandt. Welche Chancen damit verpaßt werden, erkennt man am Beispiel einer von Cebon (1992) untersuchten Universität, selbst wenn dies möglicherweise

---

9 Auch im Mülleimer-Modell (Cohen et al. 1972) gibt es ein routinisiertes Problemlösen, aber dort verfolgen die Leute opportunistisch ihre Lieblingsprojekte oder bevorzugten Ansätze. Am meisten bevorzugt ist dabei der Ansatz, welcher am wenigsten Arbeit verlangt. Das Mülleimer-Modell setzt jedoch ein lose gekoppeltes System voraus, welches den Akteuren keine Beschränkungen auferlegt. Das trifft für die hier betrachteten Situationen nicht zu.

ein Extremfall ist. Ein Teilbereich der Universität halbierte den Energieverbrauch hauptsächlich mit Hilfe eingebetteter Lösungen; man stellte z.B. im Sommer die Fernheizung ab und verwendete statt dessen kaltes Wasser und elektrische Boiler oder man senkte die Nachttemperatur in den Schlafräumen auf 18^0 Celsius, so daß die Fenster nicht mehr geöffnet blieben und sich auch undichte Stellen identifizieren ließen.[10] Die meisten Energieberater oder Energiemanager einer Organisation würden derartige Lösungen wohl nur selten erkennen, geschweige denn empfehlen.

1. Routinen in der Praxis: Auslaufphase von verbleitem Benzin in den USA

Das EPA-Programm für handelbare Bleirechte in den USA war Teil des Programms umweltpolitischer Regulierungen zum Herunterfahren der Menge von Bleitetraäthyl, welches dem Benzin beigemischt wurde, um dessen Oktanzahl zu erhöhen und „Klopfen" zu verhindern. Das Programm begann 1982, gleichzeitig mit einer neuen Vorschrift zur weiteren Senkung der Grenzwerte für Blei im Benzin (auf 1,1 Gramm/Gallone) (Hahn/Hester 1989; Nussbaum 1991). 1985 wurde dieser Grenzwert nochmals um 91 Prozent gesenkt (auf 0,1 Gramm/Gallone bis zum ersten Quartal 1986). Die Raffinerien konnten vom Beginn des Programms an bis Ende 1987 mit Bleirechten handeln. „Banking" (eine Rücklagenbildung von Bleirechten innerhalb einer Firma) begann gegen Ende 1985 und dauerte bis Ende 1987. Die Raffinerien konnten die in den Standards festgesetzten Grenzwerte durch Nutzung hinzugekaufter oder noch ungenutzter Bleirechte um die entsprechende Menge überschreiten. Eine Raffinerie, die Benzin mit einer geringeren als der vorgeschriebenen Menge Blei herstellte, konnte Bleirechte in Höhe der Differenz zwischen Standard und Produktanteil rücklegen oder verkaufen.[11]

Dieses Programm war ein Riesenerfolg, und es diente als ein wesentliches Argument zur Rechtfertigung der Vorschriften über den Handel mit Schwefeldioxidrechten in der Ergänzung des Luftreinhaltegesetzes von 1990. Zwischen den etwa 250 Raffinerien in den USA fand ein reger Handel mit Bleirechten statt, alle hielten die Grenzwerte ein, und die Ziele der Regulierung wurden erfüllt (siehe Hahn/Hester 1989; Nussbaum 1991). Das Programm kann in zwei Phasen unterteilt werden. Die erste dauerte bis Ende 1985. In dieser Phase war es allen Raffinerien möglich, ohne irgendwelche technischen Veränderungen das Gesetz im wesentlichen einzuhalten, solange sie mit Bleirechten handelten. Nettoresultat dieses Handels war eine Situation, in der große Raffinerien ihre Emissionen knapp unter dem Standard hielten und den kleinen Raffinerien, deren Emissionen weit darüber lagen, ihre Bleirechte verkauften (Hahn/Hester 1989, Abbildung 1). Es gab aber,

---

10 Solche Senkungen des Energieverbrauchs sind ganz stark eingebettet, weil sie direkt und aktiv die Nutzer des Raumes, nämlich die Studenten, einbeziehen, welche auch die Hauptquelle von Legitimität und Geld für die Universität sind. Insbesondere mußte sich die Gebäudeverwaltung bei 18 ° Innentemperatur in einem Bostoner Winter um jede undichte Stelle (gewöhnlich die Folge stark kontextabhängiger Probleme wie etwa verklemmter Ofenklappen oder undichter Fensterrahmen) zu jeder Tages- und Nachtzeit kümmern und sie sofort schließen.
11 Ein gut Teil der hier vorgestellten Analyse geht, außer auf die genannten Quellen, auf Gespräche mit Barry Nussbaum von der U.S.-EPA am 10. Oktober 1991 und mit Suzi Kerr von der Harvard University im Januar 1994 zurück.

wie Hahn und Hester bemerken, zusätzlich zu diesen dominanten Geschäften noch viele andere. Als 1985 das Banking und neuerlich reduzierte Emissionsgrenzwerte eingeführt wurden, fanden Banking und Handel in bedeutendem Umfang statt, und die Firmen reduzierten ihre Emissionen schnell auf den neuen Standard hin.

Die meisten Analysen dieses Programms übersehen drei wichtige Aspekte, aus denen hervorgeht, daß sich dessen Erfolg nicht unbedingt auf andere Schadstoffe und Industrien verallgemeinern läßt. Erstens hatten die Raffinerien praktisch keine andere Wahl, als technische Veränderungen einzuführen. Die Senkung des zulässigen Bleigehalts um 91 Prozent bedeutete, daß praktisch alle Raffinerien umgerüstet werden mußten. Die Raffinerien hatten nur zwei Optionen, um zu gewährleisten, daß ihnen genügend Blei für ihre Produktion zur Verfügung stand. Die erste Option bestand darin, ihre Technologie zu modifizieren, so daß sich die Oktanzahl von Benzin ohne Zusatz von Blei steigern ließ. Dadurch konnten sie Bleirechte verkaufen. Alternativ konnten sie Bleirechte kaufen und ihr Benzin mit Blei versetzen, um dessen Oktanzahl beizubehalten. Das war aber nur kurzfristig eine Lösung. Nach 1987 würde im wesentlichen nicht mehr genügend Blei erhältlich sein, um ohne umgerüstete Technologie Benzin mit hoher Oktanzahl zu produzieren. So hatten es, um die oben dargelegte Argumentation aufzugreifen, die ManagerInnen, welche mit der Organisation einer Umrüstung beauftragt waren, nicht schwer, genügend Macht für deren rechtzeitige Durchführung zu akkumulieren. Das empirische Datenmaterial scheint diese Behauptung zu bestätigen. Durchschnittlich reduzierten die Raffinerien den Bleigehalt des Benzins schneller, als es der Gesetzgeber vorausgesehen hatte (Hahn/Hester 1989). Im Falle politischer Auseinandersetzungen müßte man statt mit schnellen Reaktionen sicher mit Verzögerungen rechnen.

In einer solchen Situation lassen sich die Zertifikatmärkte und die Preise keineswegs als Anreiz für technischen Wandel verstehen, sie sind vielmehr ein Mittel, das es den Raffinerien erlaubt, nötige Veränderungen frei vom Druck regulatorischer Sanktionen vorzunehmen. Dies war nötig, weil es an Fachleuten fehlte, die man mit einer Umrüstung beauftragen konnte. In der Tat wurden, laut Nussbaum (Telefoninterview), alle Umrüstungen von einem einzigen Unternehmen durchgeführt. Deshalb hätten gar nicht alle Raffinerien sofort reduzieren können, selbst wenn sie gewollt hätten (was sich aufgrund ihrer schnellen Reduktionen und von der Theorie her (Cyert/March 1963) vermuten läßt). Manche mußten eben so lange Blei kaufen, bis sie die Modifikationen vornehmen konnten. Irgendeine zeitliche Reihenfolge mußte ausgearbeitet werden, und das wurde durch den Handel mit Bleirechten vereinfacht. Vermutlich hätte jeder gern die kosteneffizientesten Umrüstungen so schnell wie möglich gehabt, denn dadurch wären mehr handelbare Bleirechte pro investierten Dollar abgefallen. Genau das ist offenbar passiert.

Zweitens waren die technischen Veränderungen, mit den Begriffen der vorliegenden Argumentation ausgedrückt, sehr wenig eingebettet. Der Auftragnehmer war hochspezialisiert und hatte vermutlich genügend Sachkenntnisse, um die Eigenheiten jeder Installation zu verstehen. Daher kamen die Kernorganisationsprozesse der Raffinerie oder Ölgesellschaft, welche die Installation vornehmen ließ, kaum ins Spiel.

Und schließlich betrieben die Raffinerien sowieso schon untereinander Handel mit anderen Rohstoffen. Es gab zwar um die 250 Raffinerien, aber weit weniger Konzerne. Diese Konzerne handelten dauernd untereinander und zwischen ihren einzelnen Fabriken mit chemischen Zusätzen und Produkten, je nachdem, wie die Produktivität der Raffinerien stieg oder fiel oder wie jeder Konzern mehr oder weniger Produkte verschiedener Art verkaufte. Also hatten diese Konzerne eine ganze Reihe etablierter Routinen für einen Handel untereinander, einschließlich spezieller „Handels-Räume", in denen solche Transaktionen abgewickelt wurden (Kerr, im persönlichen Gespräch).

So hat das Programm für diesen Handel mit Bleirechten drei Besonderheiten, durch die es sich, trotz seiner auf den ersten Blick großen Ähnlichkeit mit vielen anderen Initiativen zur Emissionsvermeidung, von diesen doch insgesamt sehr deutlich unterscheidet. Erstens hatten sich die Raffinerien für einen erwünschten technischen Wandel zu entscheiden, gegen den es keine politischen Hindernisse gab. Zweitens ging es um technische Veränderungen, die kaum in die Kernorganisationsprozesse eingebettet waren. Schließlich war der Handel, der dann stattfand, völlig konsistent mit schon älteren Verhaltensroutinen der Raffinerien.

2. Nicht routinisiertes Vorgehen

Bisher habe ich in diesem Abschnitt behauptet, die meisten Energie- und UmweltmanagerInnen bezögen ihre Vorgehensweisen aus dem Repertoire der sicheren und erprobten Lösungen, auf die man in der Organisation zurückgreifen kann. In drei sorgfältigen Studien über Schadstoffprävention in Chemiebetrieben, galvanotechnischen Betrieben und Konsumgüterfabriken ergab sich aber, daß alle besonders erfolgreichen Programme mit Personen zusammenhingen, die von vielen anderen in der Organisation als derart von der Norm abweichend angesehen wurden, daß man sich spontan zu Kommentaren berechtigt fühlte (siehe Cebon 1993; King 1993 bzw. Mylonadis 1993). Diese ManagerInnen riskierten mit ihren abweichenden Strategien eine besonders gefährliche Art des Scheiterns, insofern als sie weit mehr Verantwortung übernehmen mußten, als wenn sie eine allgemein akzeptierte Vorgehensweise gewählt hätten. Wie sicher und erprobt die tatsächlich verfolgte Strategie sein muß, scheint davon abzuhängen, wieviel Macht die ManagerIn hat, wieviel „abweichendes Verhalten" die Organisation zu tolerieren bereit ist und wie sehr die ManagerIn bereit ist, ein Risiko zu übernehmen und etwas Neues zu probieren.

Nach dem bisher Gesagten ist die Macht wahrscheinlich sehr gering. Kann aber die ManagerIn Einfluß aufbauen, so hat sie mehr Spielraum, zu organisatorisch riskanteren Strategien überzugehen. Macht läßt sich vergrößern, indem man Allianzen mit anderen ManagerInnen am Platz aufbaut (etwa durch Handel mit günstigen Beziehungen zum Produktionsmanagement, durch Bereitstellung von Informationen, an die niemand sonst herankommt (King 1993), oder durch Subsumption eines Umweltprogramms unter ein Qualitätsprogramm (Cebon 1993)). Außerdem werden Allianzen mit Schlüsselfiguren wie höheren Managern aufgebaut (Taylor 1984), mit Vorgängern (Taylor 1984), mit UmweltmanagerInnen in ähnlichen Positionen in derselben Firma (etwa innerbetriebliche Netzwerke) oder mit Leuten in anderen Unternehmen (mit Hilfe von Organisationen wie dem Global Environmental Management Institute) (siehe auch Cole 1989), aber selten mit Umweltschützern oder anderen Gruppen von Aktivisten (vgl. Edelman 1992; Taylor 1984).[12] Weiterhin kann die ManagerIn Ihre Macht auch dadurch aufbauen, daß sie die

---

12 Taylor (1984) stellte fest, daß die staatlich angestellten Umweltverträglichkeitsspezialisten,

Art verändert, wie andere Leute das Problem ansehen. Dazu kann sie Schlüsselkonzepte und Ideen von außerhalb der Organisation heranziehen und damit das beabsichtigte Handeln in neuem Licht erscheinen lassen, so daß es legitimer wird (Mylonadis 1993).

Untersuchungen über Unternehmen, die abweichendes Verhalten oder individuelles Versagen tolerieren, finden sich in der Literatur über Unternehmenskultur (z.B. Kunda 1992; Schein 1985) und in Studien über informelle Organisation (siehe Perrow 1986, einen Überblick bietet Scott 1992). Mir ist keine Studie bekannt, die das Wesen dieser Unternehmen untersuchen würde anstatt einfach nur die Existenz des Phänomens.[13] Forschungsarbeiten über Mitarbeiter, die Informationen über fragwürdige Unternehmenspraktiken weiterleiten, ermitteln meist erfolglose Individuen mit abweichendem Verhalten. Für unsere Zwecke sind aber diejenigen interessanter, die erfolgreich sind. Everett, Mack und Oresick (1993) verglichen zwei Gruppen höherer ManagerInnen in Privatunternehmen. Mitglieder der einen Gruppe hatten, nach ihren eigenen Aussagen, für etwas, wovon sie überzeugt waren, im Unternehmen eine riskante Stellungnahme abgegeben. Everett et al. nennen sie grundsatztreue, risikobereite Entscheider. Mitglieder der anderen Gruppe hatten das nicht getan, sie werden konventionelle Entscheider genannt. Everett et al. fanden heraus, daß sich die Mitglieder dieser beiden Gruppen in ihrer grundlegenden Persönlichkeitsstruktur in drei Bereichen unterschieden, was sich über die erwähnte Initiative hinaus auch in ihrem sonstigen Leben bemerkbar machte. Erstens waren die risikobereiten, grundsatztreuen Entscheider viel konsequenter. Das heißt, sie sahen und ergriffen Möglichkeiten zur Eliminierung von Divergenzen zwischen ihren persönlichen Werten und ihrem Geschäftsverhalten. Die konventionellen Entscheider andererseits fanden unterschiedliche Standards in ihrem Privat- und Geschäftsleben vollkommen selbstverständlich. Zweitens hatten die grundsatztreuen, risikobereiten Entscheider im Verhältnis zu den konventionellen Entscheidern eine sehr hohe Auffassung von persönlicher Wirksamkeit oder persönlichem Handeln. Das heißt, sie hatten nicht nur die Fähigkeit, die nötigen Ressourcen zusammenzubringen, um Dinge zu beeinflussen, sondern auch den Impuls zu handeln und ein Bewußtsein für die Auswirkungen ihres Handelns. Schließlich erstreckte sich die alltägliche Aufmerksamkeit der grundsatztreuen, risikobereiten Entscheider auf einen viel breiteren Rahmen. Das heißt, ihre Mitgliedschaft in Gruppen, die nicht notwendig zu ihrem Alltag gehörten (beispielsweise, zusätzlich zu Familie und Unternehmen,

---

die er untersuchte, starke Verbindungen zur Umweltbewegung hatten, und Edelman (1992) fand Entsprechendes für die Gleichstellungsbeauftragten und die Bürgerrechtsbewegung (im weiteren Sinne). Im Gegensatz dazu zeigen UmweltmanagerInnen in der Wirtschaft mit großer Wahrscheinlichkeit eine viel stärkere Verbundenheit mit ihrer Firma als mit Umweltschützern.

13 Dafür gibt es mindestens drei Gründe. Erstens ist etwas nicht länger abweichend, wenn es einmal toleriert wird. Eine solche logische Konstruktion wird man also in keiner Untersuchung vorfinden. Die Autoren würden wohl eher von akzeptierten Verhaltensweisen reden, die den Status quo grundlegend untergraben, oder von Routinen, die einen großen Handlungsspielraum lassen. Zweitens kann man jene Vergleiche zwischen Organisationen, die zur Bestimmung der fraglichen Charakteristika nötig sind, wohl kaum auf der Basis von ethnographischen Einzelfallbeschreibungen anstellen – jenem Forschungsansatz, gemäß dem Organisationskultur meistens untersucht wird. Drittens ist es zwar relativ leicht, informelle Organisation zu charakterisieren, aber viel schwerer, den Grad der Informalität zu kennzeichnen und festzustellen, ob dadurch die formale Organisation unterminiert wird.

die Gemeinde, die Nation, die Menschheit, unser Planet) hielten sie für wichtig und handelten entsprechend.

Verallgemeinert man dieses Ergebnis, so sind wohl diejenigen, die mit Erfolg von organisatorischen Routinen abweichen, wahrhaft außergewöhnliche und reife Persönlichkeiten. Sie haben starke Überzeugungen, die ausschlaggebender sind als Unternehmensdogmen, sie haben die Selbstsicherheit und das Geschick, die nötigen Ressourcen zu mobilisieren, um ihre Ziele auch gegen eine Opposition durchzusetzen, und sie haben eine weitblickende Auffassung von ihrem Unternehmen und seinem Platz in der Gesellschaft. Vernünftigerweise muß man annehmen, daß dies im allgemeinen nicht die psychologischen Merkmale spezialisierter Manager sind, die auf ein Abstellgleis für spezialisierte Organisationsaufgaben manövriert wurden.

3. Wenn Routinen nicht helfen

Es gibt noch eine andere Situation, in der man ein nicht routinemäßiges Vorgehen erwarten muß. Wenn das System einem genügend starken Druck ausgesetzt ist, schließt die Beschränktheit der Routinen möglicherweise eine wirksame Lösung aus. Man stelle sich etwa vor, das Unternehmen sei mit regulatorischen Anforderungen konfrontiert, die es nicht mittels politisch akzeptabler Routinelösungen erfüllen kann. Generell heißt das, es müssen neue Routinen entwickelt werden, oder das Problem muß redefiniert werden, so daß die Organisation es lösen kann. Also muß das kognitive Verständnis von Ereignissen, Ansätzen und Objekten in der Organisation neu gefaßt werden (wenn man davon ausgeht, daß das Unternehmen nicht statt dessen für eine Rücknahme der Bestimmung kämpft oder strategisch reagiert, indem es Konkurs anmeldet (Delaney 1992)). Schein (1992) meint, hier müßten dieselben Prozesse ausgelöst werden, wie sie bei anderen kognitiv bedingten organisatorischen Änderungen vorkommen. Solche Veränderungen beginnen mit einer Krise, welche die Angemessenheit der gegenwärtig gültigen Auffassung der Situation in Frage stellt (Bartunek 1984; Fiol/Lyles 1985; Schein 1992; Tushman/Romanelli 1985). Dies Aufweichen festgefügter Vorstellungen ist für die betroffenen Individuen meistens sehr traumatisch (Bartunek 1988). Erst nachdem das passiert ist, werden die Beteiligten offen für neue Interpretationen und Auffassungen und beginnen, aktiv nach Lösungen für das Problem zu suchen, dem sie sich gegenübersehen. In diesem Stadium werden in verschiedenen Teilen der Organisation große Mengen widersprüchlicher Informationen erzeugt, und wirksame Lösungen erfordern, daß diese Diskrepanzen beibehalten werden, bis die Informationen wieder kohärent zusammengefügt werden können (Bartunek 1988). Im nächsten Stadium werden aus den disparaten Ansichten alternative neue Rahmenvorstellungen gewonnen, und schließlich bewegt sich die Organisation in Richtung auf eine allseits gebilligte Rekonzeptionalisierung des Problems (Bartunek 1988), oder sie wird dorthin bewegt (Schein 1992). Da diese Veränderungen so brisant sind, werden sie allgemein als radikal bezeichnet (Abernathy/Clark 1985). Man beachte, daß dies bedeutet, daß Veränderungen, welche für eine Organisation geringfügig sind, für eine andere sehr radikal sein können. Es gibt natürlich keine Garantie dafür, daß der Suchprozeß erfolgreich verläuft, also können Versuche einer radikalen Veränderung für die Organisation auch ganz katastrophal ausgehen.

Nichtsdestoweniger ist dies der Ansatz, der Regulierungen zugrundeliegt, die bestimmte Technologien erzwingen sollen („technology forcing"; vgl. dazu z.B. Ashford 1993; Ashford et al. 1985; Ashford/Heaton 1983). Seine Grundidee lautet, mit der bestehenden Technologie werde eine Firma die Regelanforderungen nicht erfüllen können. Somit sei sie gezwungen, aktiv nach neuen Wegen des Umgangs mit dem Problem zu suchen. Dabei würden ganze Klassen neuer Technologien entwickelt.

V. Jenseits der Organisation

Angesichts der oben dargelegten Analyse scheint es nur sehr begrenzte Aussichten zu geben, jemanden dazu zu bringen, eingebettete Veränderungen vorzunehmen. Dem scheint aber zu widersprechen, daß es zu Beginn der 90er Jahre bei US-Unternehmen ein geradezu explosionsartig ansteigendes Interesse an Emissionsverringerungen gab. Im vorliegenden Abschnitt soll deshalb diese explosive Entwicklung untersucht werden. Dabei sollen manche der oben genannten Punkte noch einmal hervorgehoben und das fehlende Teil zu dem Bild hinzugefügt werden, nämlich die Rolle der institutionellen Umgebung (oder des Feldes) in dem Prozeß. Es wird auch diskutiert, wie sich der Wunsch nach Emissionsverringerungen und die Praktiken der Emissionsreduktion unter US-Unternehmen verbreiteten.

Von Tolbert und Zucker (1983) stammt die grundlegende Hypothese, eine bestimmte Innovation werde zu Beginn ihrer Existenz von Organisationen aus technischen Gründen übernommen. Das heißt, es gibt einen Bedarf (und eine Kapazität), die Innovation zu nutzen. Verbreitet sich dann die Innovation in der Wirtschaft, so übernimmt man sie mehr und mehr aus „institutionellen" Gründen. Das heißt, man tut es, weil andere es auch tun (mimetischer Isomorphismus) oder weil jemand beschließt, daß man es tun muß, und ein neues Gesetz verkündet (erzwingender Isomorphismus) oder weil die Idee, die Innovation sei gut, in professionellen Kreisen zu zirkulieren beginnt (normativer Isomorphismus) (DiMaggio/Powell 1983).

Im dem Fall, der hier diskutiert werden soll, geht um zwei Typen von Innovationen, nämlich den Wunsch, Emissionen zu reduzieren, und die Techniken, mit denen sich das erreichen läßt. Die hier vorgestellte Analyse ist notwendigerweise knapp und stilisiert. Detaillierter werden einzelne Elemente der Fallgeschichte diskutiert bei Cebon (1991), Coombes (1991), Kleiner (1989), Kleiner (1990), Kleiner (1991), Mylonadis (1993), Rotman (1991) und Simmons (1993).

Anfänglich dominierte bei ökologischen Regulierungen der Wunsch, Wasser und Luft wieder sauber zu machen. Dies führte in den U.S.A. Ende der 60er und Anfang der 70er Jahre zum Erlaß und Ende der 70er Jahre zur Erweiterung und Befugnisvergrößerung der Gesetze zur Reinhaltung von Luft und Wasser. Es wurde für viele Abfälle festgesetzt, daß sie aufzubereiten seien. Der Brennpunkt des Interesses vieler Gruppen verlagerte sich aber gegen Ende der 70er Jahre, mit den Ereignissen von Love Canal und Times Beach, weg von diesen Schadstoffen in der Luft und im Oberflächenwasser, hin zu Giftmüll.[14]

---

14 In Times Beach (Missouri) wurden die Straßen gegen Staubentwicklung mit dioxinhaltigem Altöl besprüht. Als der Boden verseucht war, kaufte die U.S.-Regierung die ganze Stadt

Gleichzeitig realisierte man in vielen akademischen und Aktivistenkreisen, daß ein großer Teil dieses Giftmülls aus dem Schlamm und der Asche von Aufbereitungsprozessen bestand, mit denen die Verschmutzung von Luft und Wasser verringert werden sollte. Deshalb begann eine Gruppe von Meinungsführern unter den Umweltschützern in der ersten Hälfte der 80er Jahre für „Schadstoffprävention" einzutreten, um damit den Kreislauf des Abfalls durch verschiedene Medien zu vermeiden und den Abfall statt dessen völlig zu eliminieren. Diese Arbeit kulminierte 1986 in der Veröffentlichung des OTA-Berichts „Serious reduction of hazardous waste" (Office of Technology Assessment 1986), der den Rahmen für einen Großteil der folgenden Debatten abgab.

Diese Publikation hatte ihren Ursprung in einer Reihe von Interaktionen zwischen Aufsichtsbehörden, Industrie und Bürgerinitiativen, bei denen die Idee von Schadstoffprävention als einer Alternative zur Deponierung von Abfällen Legitimität gewann. Es gab eine Reihe von Kontroversen, besonders im Nordosten der USA, über Standorte von Sondermüllverbrennungsanlagen, in denen die Umweltaktivisten argumentierten, bei Schadstoffprävention benötige man keine neuen Verbrennungskapazitäten (Mylonadis 1993). Gleichzeitig fanden von 1981 bis 1985 im Keystone Center in Colorado informelle Verhandlungen zwischen Interessenvertretern in der Giftmüllangelegenheit statt. Die Gruppe, zu der Industrielle, Umweltaktivisten und Politiker gehörten, war übereingekommen, die Fragen der Entschädigung von Opfern zu lösen, die aus den ursprünglichen „Superfund"-Gesetzen zur Giftmüllbeseitigung herausgenommen und vertagt worden waren, weil der Kongreß sich nicht entscheiden konnte, wie damit umzugehen sei. Dow Chemical hatte zwei Vertreter zu diesem Treffen entsandt. Eine Umweltschützerin, die auch an der Kontroverse um Standorte von Verbrennungsanlagen beteiligt war, insistierte darauf, von den Dow-Mitarbeitern zu fordern, sie sollten ihren Glauben an Müllverbrennung zugunsten einer Schadstoffvermeidung an der Quelle aufgeben. Schließlich überredete sie sie tatsächlich.

In den späten 60er Jahren war Dow Chemical Gegenstand vieler öffentlicher Auseinandersetzungen über die Rolle seines Produkts Napalm in Vietnam gewesen. 15 Jahre später geriet die Firma erneut in die Schlagzeilen, diesmal als der Hauptproduzent von Agent Orange für Vietnam. Der Agent-Orange-Fall wurde aber noch durch zwei weitere Ereignisse verschlimmert: die Entdeckung, daß ein EPA-Bericht über die Auswirkungen von Dioxin auf die Gesundheit zur Begutachtung an Dow gesandt worden war (zu einer Zeit, als Ann Gorsuch, einer der EPA-Spitzen, Parteinahme für die Industrie vorgeworfen wurde), und die Entdeckung von Dioxin im Tittabawasee-Fluß, der durch Midland, Michigan, dem Hauptsitz von Dow, nach Detroit, ebenfalls Michigan, fließt. Diese Ereignisse führten dazu, daß sich Dow nicht mehr, wie im Napalm-Fall, mit auf Wissenschaft und guten Absichten gestützten Argumenten zu verteidigen suchte; es gab vielmehr eine Krise, die zu einer Neufassung seines Verständnisses von Regulierung führte (siehe die Diskussion in Abschnitt IV.3). Man sah nun Regulierung nicht mehr als etwas an, das von der Regierung kommt, sondern verstand die Regierung als einen Vertreter des Volkes. „Exzessive" Regulierung widerspiegelte somit ein geringes Vertrauen des Volkes in die Industrie;

---

auf. In Love Canal (New York) kamen vergrabene Müllfässer wieder an die Oberfläche einer Giftmülldeponie, auf der eine Siedlung errichtet worden war. Viele Bewohner klagten (erfolgreich), weil der Giftmüll eine erhöhte Zahl von Krebsfällen und angeborenen Schäden verursacht hatte.

dem konnte nicht wirksam begegnet werden, indem man der Regierung eine „bessere" Wissenschaft vorhielt. Angesichts der Art, wie der Vertrauensverlust nach Three Mile Island die Atomindustrie ruiniert hatte, entschied man bei Dow, daß es lebenswichtig sei, öffentliches Vertrauen aufzubauen (siehe besonders Kleiner 1989; Kleiner 1991).

Angesichts der Notwendigkeit, der Öffentlichkeit zu beweisen, daß es ihm mit Umweltproblemen ernst sei, startete Dow eine Reihe von Initiativen. Die bekannteste war wohl die Anzeigenkampagne „Dow läßt dich Großes vollbringen" (Kleiner 1990). Anderes dagegen geschah im Stillen. Insbesondere entschloß sich Dow, große Anstrengungen in bezug auf Abfallverringerung zu unternehmen. Es formalisierte dies 1987 in seinem WRAP-Programm (Waste Reduction Always Pays). An dieser Stelle lohnt es sich festzuhalten, daß Dow unter US-Chemiekonzernen einzigartig dasteht. Anders als beispielsweise Monsanto und DuPont, die ihr Geld damit verdient haben, bestimmte Produktsegmente zu monopolisieren, erzielte Dow seine Gewinne traditionell damit, Gebrauchschemikalien und Kunststoffe zu niedrigeren Kosten als andere Firmen herzustellen. Das heißt, daß Prozeßinnovation bei Dow etwas Selbstverständliches ist. Ebenso, und nicht zufällig, ist auch 3M ein Konzern, der sein Geld durch Sachverstand auf dem Gebiet von Prozeß- und Produktinnovation verdient hat. Darüber hinaus sagte während einer Untersuchung bei Dow ein großer Teil der Befragten dem Autor (in ersten Interviews spontan und später, wenn sie danach gefragt wurden, im Detail), daß bei Dow „Versagen erlaubt sei". Nach obigem Modell ist also zu erwarten, daß den Energie- und UmweltmanagerInnen bei Dow (oder 3M) eine Fülle von Routinen zur Verfügung stehen (oder ein breiter Raum für Experimente), womit sich eingebettete Ablaufveränderungen einleiten lassen. Und das scheint auch tatsächlich der Fall zu sein, bedenkt man die angebliche Kostengünstigkeit seiner Abfallreduktionsprogramme (insbesondere verglichen mit der aller anderen).

Unterdessen gab es Veränderungen in der chemischen Industrie als Ganzer. Anfang der 80er Jahre, besonders nach der Verabschiedung der ursprünglichen „Superfund"-Bestimmungen zum Umgang mit Sondermüll, begann die Industrieführung zu realisieren, daß sie den Kampf gegen Regulierungen nicht gewinnen konnte, und befürwortete daher eine offenere Haltung gegenüber der Öffentlichkeit. Zwingend wurde das nach dem Unfall von Bhopal im Dezember 1984. Eilig etablierte die Industrie ihren „Community Awareness and Emergency Response Code" (Kodex für Aufmerksamkeit gegenüber der Öffentlichkeit und für Reaktion auf Notfälle). 1986 wurde ein führender Vertreter der Änderungsbewegung bei Dow, David Buzelli, Chef von Dow Kanada. Kurz danach gab die Canadian Chemical Industry Association, zu der er als eines der Hauptmitglieder gehörte, eine Studie in Auftrag und fand heraus, daß den Generaldirektoren in der chemischen Industrie von allen Berufsgruppen am wenigsten Vertrauen entgegengebracht wurde (Coombes 1991). In den drei Jahren zwischen 1986 und 1989 stellte sie ihr „Responsible Care"-Programm zusammen.

Dann geschahen in den USA um das Jahr 1988 herum fünf Dinge. Als erstes trat das Recht der Öffentlichkeit, gemäß der Vorschriften der neuerlassenen Superfund-Gesetzgebung informiert zu werden, in Kraft, und die Firmen mußten jedes Jahr ihre Emissionsdaten für eine bestimmte Menge von Chemikalien publizieren. Dies wurde bekannt als das „toxics release inventory" (TRI). Als zweites gingen die Reagan-Jahre ihrem Ende entgegen, und mit den US-Präsidentschaftswahlen kam auch der Umweltschutz wieder auf die politische Agenda. Als drittes wurde der Chef von Dow Vorsitzender des „Chemical

Manufacturer's Association's Public Perception"-Komitees. Eine Umfrage ähnlich der kanadischen Untersuchung wurde durchgeführt, mit ähnlichem Ergebnis. Ein „Responsible Care"-Programm nach dem kanadischen Vorbild wurde geschaffen. Auch hier wieder war Schadstoffprävention eines der beiden zentralen Elemente. Als viertes trat das Montreal-Protokoll in Kraft, wodurch die Besorgnis der Öffentlichkeit über toxische Chemikalien anwuchs. Als fünftes und letztes gab es einen furchtbar heißen Sommer in den USA, der zusammenfiel mit wachsender wissenschaftlicher Sorge über eine globale Klimaveränderung durch den Treibhauseffekt.

Die Kombination aller fünf Ereignisse entflammte die öffentliche Sorge um die Umwelt, und Firmen, die im Rampenlicht standen, besonders aus der chemischen und der Konsumgüterindustrie, konkurrierten um eine Senkung ihrer TRI-Indexwerte. Das heißt, sie strebten weder das naheliegende technische Ziel einer maximal kostengünstigen Emissionsreduzierung an noch eine Minimierung ihrer Produktion toxischer Stoffe (eigentliches Ziel der Schadstoffprävention) (Karmali 1990). Statt dessen zielten die meisten Firmen explizit auf die symbolisch wichtige, meßbare Minimierung ihrer TRI-Indexwerte ab.[15] In der Zwischenzeit wurden auf Bundesebene und in vielen Einzelstaaten Gesetze verabschiedet, die von den Firmen eine Schadstoffreduktion an der Quelle verlangten.

Dies wirft zwei Fragen auf. Erstens: Wie stellten es UmweltmanagerInnen in Unternehmen mit geringer Sachkenntnis im Bereich von Prozeßinnovationen an, den Abfall des Unternehmens zu reduzieren, wenn man bedenkt, daß sie nach dem bisher Gesagten wohl keine Routinen zur Hand hatten, um eingebettete Lösungen zu verwirklichen? Die Antwort ist einfach und zerfällt in drei Teile. Zunächst gibt es viele mündliche Berichte wonach Schadstoffprävention, obgleich relativ kostengünstig für Dow und 3M mit ihrem langfristigen Schwerpunkt auf Prozeßinnovation, für alle anderen Firmen extrem teuer war. Also muß man vermuten, daß diese großenteils nach nicht besonders effizienten Routinen vorgingen. Im Gegenteil, sie kamen mit ihren Routinen im allgemeinen zu sehr teuren Lösungen der Emissionsreduktion. Als nächstes gibt es nur wenige Belege dafür, daß eine konzertierte Anstrengung der Industrie insgesamt zur Reduktion von Emissionen stattgefunden hätte. Vielmehr gab es Bemühungen nur in jenen Industrien, die gegen Konsumentendruck anfällig waren, wie Chemie- und Konsumgüterindustrie (nachzulesen etwa in den Arbeiten, die an den Konferenzen des Global Environmental Management Institute präsentiert wurden (Global Environmental Management Initiative 1990 und 1992)). Und als letztes pendelten sich die Vorgehensweisen aller Firmen ziemlich rasch auf denselben Lösungsansatz ein, nämlich den Gebrauch von Techniken des „Totalen-Qualitäts-Managements". Es gibt aber dessenungeachtet deutliche Hinweise darauf, daß diese Techniken nicht besonders effektiv sind (denn Schadstoffprävention ist technisch komplizierter als die meisten Qualitätsverbesserungen (Cebon 1993; Welford 1993) und US-Firmen legten das Schwergewicht beim Qualitätsmanagement auf eine partizipatorische und nicht auf eine von technischen Notwendigkeiten bestimmte Vorgehensweise (Cole 1989)). Insofern bringen diese qualitätsorientierten Ansätze ungenügend technische In-

---

15 Unternehmen können ihre Emissionen mit Hilfe von Aufbereitungsanlagen minimieren, aber die Befürworter von Schadstoffprävention wollten eine Schadstoffreduktion an der Quelle – eine Neukonzipierung der Produktionsprozesse, um Gebrauch und Herstellung der toxischen Stoffe zu beseitigen.

formationen in den Entscheidungsprozeß ein und weichen tendenziell Problemen mit hohen Anforderungen an Organisations-Information aus. An einem der Standorte, die Cebon untersuchte, ging der Manager nach einem qualitätsorientierten Ansatz vor, obwohl er glaubte, andere Ansätze seien potentiell wirksamer, denn so konnte er eher mit politischer Unterstützung rechnen. Für ManagerInnen in anderen Fabriken trifft dies wahrscheinlich auch zu, wenn auch Cebons Datenmaterial aus der Zeit vor der TQEM-Bewegung stammt (TQEM = Total Quality Environmental Management). Angesichts des geradezu explosiven Anwachsens der Literatur über TQEM in der Folgezeit muß wohl der Druck auf die ManagerInnen, sich für diesen Ansatz zu entscheiden, enorm gewesen sein.

Zweitens muß man sich fragen, ob die verschiedenen gesetzlichen Vorstöße irgendwelche Wirkungen zeigten. Greiner (1994) untersuchte detailliert die Reaktionen von Unternehmen aus Massachusetts auf ein Staatsgesetz, das von den Firmen einen Plan zur Schadstoffprävention verlangte. Er fand heraus, daß diese ganze Planungsübung nur bei einer der zwölf von ihm untersuchten Firmen irgendeine Auswirkung auf deren Praktiken hatte. In allen anderen elf Fällen wurde das Planungsdokument, so wie es Meyer und Rowan (1977) vorausgesagt hatten, schlicht zu den Akten gelegt. Es hatte rein symbolischen Wert.

Zusammenfassend läßt sich also wohl sagen, daß der Schritt hin zu Emissionsreduktionen zwar technisch rational, aber entschieden nicht von Marktsignalen oder dem Beispiel einiger führender Unternehmen ausgelöst war. Die große Mehrheit der Firmen beschloß statt dessen aufgrund des Drucks ihres institutionellen Feldes, hauptsächlich der anderen Unternehmen ihrer Branche und der Regierung, Emissionsreduktionen in Angriff zu nehmen, und wählte auch ihre Vorgehensweise dazu aufgrund dieses Drucks aus. Und so waren ihre tatsächlichen Aktivitäten zur Schadstoffprävention tendenziell teuer und zielten auf symbolische Leistungen (Emissionsreduktion) statt auf Maßnahmen, die der Umwelt am meisten nützen würden (präventive Schadstoffreduktion).

Lernmöglichkeiten. TQEM war wahrscheinlich nicht die beste Lösung für das Problem der Emissionsreduktionen, aber vielleicht doch besser als viele jener Alternativen, die den UmweltmanagerInnen vor seiner Verbreitung zur Verfügung gestanden hatten. Insbesondere erhielten die ManagerInnen einen gewissen Zugang zu äußerst kontextabhängigen, in der Organisation eingebetteten Informationen, da die qualitätsorientierten Ansätze eine Beteiligung der Beschäftigten im Produktionsbereich an Managementaufgaben verlangen. Somit ist die Übernahme von TQEM ein Beispiel dafür, wie eine Firma neue Routinen lernen kann, nämlich von Organisationen in ihrem institutionellen Umfeld.

Eine Alternative zu TQEM liegt darin, daß ManagerInnen selbst neue Routinen entwickeln. Man kann sich vorstellen, daß sie dies allein tun, aber es ist auch wahrscheinlich, daß es im Kontext von Allianzen mit Personen innerhalb und außerhalb der Organisation geschieht. Das heißt, auch die politischen Netze könnten als Kontext dienen, in welchem durch ein Zusammenspiel der verschiedenen Beteiligten neue Möglichkeiten entwickelt werden (Cole 1989).

Außerdem ist für viele Probleme die Vergabe eines Auftrags der akzeptierte Lösungsweg. Manche technischen Systeme kommen innerhalb einer Organisation mehrfach vor. Dann ist zu erwarten, daß ein Manager oder jemand, der vertraglich beauftragt ist, sich um diese Systeme zu kümmern, mit der Zeit bei den jeweiligen Installationen genügend

Erfahrung sammelt, um die relevanten Kontextinformationen zu kennen und sogar kodifizieren zu können. Somit kann er/sie die Technologie, obgleich sie stark eingebettet ist, so behandeln, als sei sie nicht eingebettet. Der gleiche Effekt läßt sich, wie in Abschnitt II gesagt wurde, erwarten, wenn der Markt für eine bestimmte Technologie größer und damit differenzierter wird und sich die Auftragnehmer infolgedessen stärker spezialisieren.

VI. Politische Möglichkeiten

Die hier vorgestellte Analyse sollte relativ deutlich gemacht haben, daß es bei der Implementierung von nicht eingebetteten technischen Veränderungen wenig betriebsinterne Hindernisse gibt. Im allgemeinen haben ManagerInnen mit wenig Macht und in peripherer Position oder BeraterInnen mit wenig Macht und in noch stärker peripherer Position ungehindert Zugang zu Routinen, aus denen sich nicht eingebettete Lösungen ergeben; und wahrscheinlich bevorzugen es andere Mitarbeiter in der Organisation, wenn auf jene Routinen zurückgegriffen wird. Die Implementierung von eingebetteten technischen Veränderungen hingegen stößt auf viele Hindernisse. Im folgenden werde ich die bisherige Argumentation zusammenfassen, beleuchten, welche internen Barrieren gegen Veränderung sich daraus ergeben, und die Ziele von Interventionen darlegen, mit denen sich die Fähigkeit einer Firma, eingebettete Veränderungen zu implementieren, voraussichtlich vergrößern läßt.

Der Argumentationsgang umfaßte vier Schritte. Im ersten Schritt ging es um Technologie. Es ist dargelegt worden, daß eine Reihe von Barrieren gegen die erfolgreiche Implementierung einer Veränderungstechnologie daher rühren, daß technische, kontextabhängige und organisationsabhängige Informationen zusammengetragen werden müssen und daß die Beziehungen der Personengruppen, die mit einem Projekt assoziiert sind, während der Etappen des Identifizierens, Konzipierens, Finanzierens und Implementierens des Projekts gehandhabt werden müssen. Generell sind aber weniger Informationen nötig und die politischen Barrieren werden niedriger, je weniger eingebettet die Veränderungstechnologie ist. Genauer gesagt, benötigt man weniger kontextabhängige Informationen. Ein politisches Ziel könnte es also sein, Technologien so zu verändern, daß sie besser implementierbar werden.[16] Drei Veränderungen scheinen sich dazu eindeutig zu eignen (*Tabelle 2*), nämlich eine Verringerung des Bedarfs an technischen Informationen, die für eine Implementierung der Technologie nötig sind, eine Verringerung des Grades ihres Eingebettetseins oder eine Senkung ihres Preises (wenn alle anderen Aspekte unverändert bleiben). Interessanterweise senken drastische Rekonfigurationen der Technologie, welche zu radikal niedrigeren Preisen führen, nicht notwendig die Implementierungsbarrieren, denn sie verändern die Technologie in anderen Dimensionen (die Technologie basiert

---

16 Eine Diskussion der Entwicklung generell neuer Technologien führt über den Rahmen dieser Arbeit hinaus. Hier befassen wir uns nur mit der Implementierbarkeit einer gegebenen Technologie und nicht mit ihrem Nutzen. Noch zu erwähnen wäre auch die Möglichkeit, eine Technologie zu ändern, ohne die Geräte zu ändern. Eine Firma könnte zum Beispiel den Bedarf an technischen Informationen im Zusammenhang mit einer Technologie reduzieren, indem sie die Ausbildung ihrer Verkäufer verbessert.

Tabelle 2: Mögliche Ziele für politische Interventionen*

Veränderung der Technologie
1. Verringerung des Bedarfs an technischer Information
2. Verringerung des Grades von Einbettung
3. Senkung des Preises
Verbesserung der Situation der UmweltmanagerInnen
4. Übertragung von mehr Macht auf die ManagerInnen
5. Schaffung von Möglichkeiten zur Allianzbildung für die ManagerInnen
6. Erreichung einer weniger peripheren Position der ManagerInnen in der Organisation
Veränderung der Routinen, die den UmweltmanagerInnen zur Verfügung stehen
7. Allgemeine Steigerung des Interesses der Firmen an Prozeßinnovation
8. Allgemeine Verbesserung der Toleranz der Firmen gegenüber abweichendem Verhalten von ManagerInnen
9. Allgemeine Verbesserung der Toleranz der Firmen gegenüber Versagen von ManagerInnen
10. Förderung von Überzeugungen bei ManagerInnen, die ausschlaggebender sind als Firmendogmen, Förderung von Selbstsicherheit und Fähigkeiten, mit denen sich die nötigen Ressourcen mobilisieren lassen, um Ziele auch angesichts von Opposition zu erreichen, und Förderung einer weitblickenden Auffassung von den Firmen und deren Platz in der Gesellschaft
11. Erlaß so strenger Gesetze, daß die Firmen ihre bestehenden Routinen nicht anwenden können („Technology forcing")
Einwirkung auf das institutionelle Feld
12. Ausübung erzwingenden, normativen oder mimetischen Drucks zur Erreichung eingebetteter Veränderungen
13. Einführung von Problemlösungsroutinen in das institutionelle Feld zur Weitergabe an die Firmen
14. Förderung der Bildung von Organisationen, die ein Ort zur Schaffung und Verbreitung von Routinen sein können

* Es muß unbedingt betont werden, daß sich diese Tabelle auf einen prototypischen Punktquellenverschmutzer bezieht, der eine bekannte Verfahrenstechnologie implementiert. Faßt man das Problem anders (etwa mit Schwergewicht auf Technologie, auf kleinen Unternehmen, auf Industrie und Institutionen, auf Marktstrukturen, neuen Produkten, Nicht-Punktquellenverschmutzung etc.), so ergeben sich andere Möglichkeiten.

beispielsweise nicht mehr auf zentralen Mini-Computern, sondern auf lokalen Mikro-Computern (Cebon 1992)).[17]

Der zweite Argumentationsschritt befaßte sich mit der strukturellen Position von Ener-

---

17 Ein wichtiger Einwand verdient Beachtung. Das Einbettungs-Argument wurde auf der Basis von zwei qualitativen Studien entwickelt und wird durch die existierende Literatur gestützt. Es gibt aber bis heute keine breitangelegten Untersuchungen darüber, ob sich die Unternehmen bei der Implementierung von Öko-Technologien hinsichtlich der Dimension des Eingebettetseins signifikant unterscheiden.

gie- und UmweltmanagerInnen. Es wurde behauptet, sie hätten voraussichtlich sowohl wenig Macht als auch eine relativ periphere Position innerhalb der Organisation. Die Politik kann also die Situation verbessern, indem sie entweder den ManagerInnen mehr Macht verleiht oder ihnen eine weniger periphere Stellung verschafft.

Der dritte Schritt betraf die Strategien, derer sich ManagerInnen aus ihrer relativ machtlosen und peripheren Position heraus wohl bedienen werden. Dieser Argumentationsschritt zerfiel in mehrere Teile. Erstens werden die ManagerInnen wahrscheinlich Strategien (Routinen) verfolgen, die schon vorher in der Organisation angewandt wurden. Zweitens spiegeln diese Routinen bei der großen Mehrzahl der Organisationen die geringe Macht und periphere Position der ManagerInnen wider. Mit ihnen werden sich also nur relativ gering eingebettete technische Veränderungen herbeiführen lassen. Drittens können aber die ManagerInnen ihre Macht aufbauen, indem sie mit anderen Akteuren innerhalb und außerhalb der Organisation Allianzen schließen. Eine effektive Politik könnte ihnen beim Aufbau solcher Beziehungen helfen oder die Bildung fokaler Organisationen außerhalb der Firma fördern, welche als ein Ort solcher Interaktionen fungieren könnten (siehe insbesondere Cole 1989). Viertens sind in manchen Organisationen, besonders in solchen, in denen mit Prozeßinnovationen Gewinne erzielt wurden, vielleicht einige Routinen für Verfahrensveränderungen verfügbar. Daraus ergibt sich, daß eine Politik, die generell die Innovationsfreudigkeit einer Firma vergrößert, damit auch deren Fähigkeit zur Implementierung eingebetteter ökologischer Veränderungen unterstützt.

Im vierten Schritt stellte ich zunächst fest, daß es manche ManagerInnen gibt, welche versuchen, neue Vorgehensweisen zu implementieren. Man findet sie vorwiegend in Organisationen mit einer Kultur, die abweichendes Verhalten wirklich toleriert oder Versagen zuläßt. Daraus ergibt sich, daß eine wirksame Politik diese Art Toleranz fördern wird. Weiterhin läßt sich aus den empirischen Daten entnehmen, daß ManagerInnen, die sowohl eigenwillig als auch erfolgreich sind, starke Überzeugungen haben, die für sie gewichtiger sind als Firmendogmen, daß sie die Selbstsicherheit und das Geschick haben, Ressourcen zu mobilisieren, mit denen sich ihre Ziele auch gegen eine Opposition erreichen lassen, und daß sie eine weitblickende Auffassung von ihrem Unternehmen und seinem Platz in der Gesellschaft haben. Wohl ist es, wie schon gesagt, unwahrscheinlich, daß solche Personen in machtlosen und abgelegenen Positionen verbleiben werden, aber es könnte gleichwohl ein politisches Ziel sein, Personen mit derartigen Charakteristika hervorzubringen. Sodann wurde darauf hingewiesen, daß es einen weiteren Fall gibt, in dem Firmen von ihren herkömmlichen Routinen abgehen, nämlich in Situationen, in denen die Gesetze so streng sind, daß sich mit den bestehenden Routinen eine wirksame Lösung des durch die Gesetze aufgeworfenen Problems nicht erreichen läßt. Diese Regulierungen werden im allgemeinen als Technologie-erzwingend (technology forcing) bezeichnet.

Schließlich ging es um das institutionelle Umfeld. Es wurde dargelegt, daß Organisationen sowohl Techniken als auch Ziele von anderen Organisationen im institutionellen Umfeld übernehmen. Dies ist ein zweischneidiges Schwert, denn institutionelle Transfers begünstigen tendenziell sehr stark symbolische (nicht eingebette) Veränderungen gegenüber realen. Diese Transfers sind jedoch ein Mittel, Routinen von einer auf die andere Organisation zu übertragen. Demzufolge ist es ein mögliches politisches Ziel, dem institutionellen Feld und damit der Organisation neue Problemlösungsroutinen verfügbar zu machen oder Zusammenhänge zu schaffen, in denen ein Lernprozeß stattfinden kann (beispielsweise Koordinationsorganisationen zu fördern).

Literatur

Abernathy, William J., und *Kim B. Clark,* 1985: Innovation: Mapping the Winds of Creative Destruction, Research Policy 14: 3-22.
Allen, Thomas J., 1977: Managing the Flow of Technology. Cambridge, MA: MIT Press.
Ashford, Nicholas A., 1993: Understanding Technological Responses of Industrial Firms to Environmental Problems: Implications for Government Policy. S. 277-310 in: *Johan Schot* und *Kurt Fischer* (Hg.): Environmental Strategies for Industry: International Perspectives on Research Needs and Policy Implications. Washington D.C.: Island Press.
Ashford, Nicholas A., Christine Ayers und *Robert F. Stone,* 1985: Using Regulation to Change the Market for Innovation, Harvard Environmental Law Review 9: 419-466.
Ashford, Nicholas A., und *George Heaton,* 1983: Regulation and Technological Innovation in the Chemical Industry, Law and Contemporary Problems 46: 109-157.
Bartunek, Jean M., 1984: Changing Interpretive Schemes and Organizational Restructuring: The Example of a Religious Order, Administrative Science Quarterly 29: 355-372.
Bartunek, Jean M., 1988: The Dynamics of Personal and Organizational Reframing. In: *Robert E. Quinn* und *Kim S. Cameron* (Hg.): Paradox and Transformation: Towards a Theory of Change in Organization and Management. Cambridge, MA: Ballinger.
Baumol, William J., und *Wallace E. Oates,* 1988: The Theory of Environmental Policy. 2. Aufl., Cambridge und New York: Cambridge University Press.
Bromily, Philip, 1986: Corporate Capital Investment: A Behavioral Approach. Cambridge: Cambridge University Press.
Cebon, Peter, 1991: Adaptation, Learning, and Change at FLECSOCO. Vortrag auf dem Seminar von 1991 der 'MIT Organization studies group'.
Cebon, Peter B., 1992: Twixt Cup and Lip: Organizational Behavior, Technical Prediction, and Conservation Practice, Energy Policy 20: 802-814.
Cebon, Peter B., 1993: The Myth of Best Practices: The Context Dependence of Two High Performing Waste Reduction Programs. S. 167-200 in: *Johan Schot* und *Kurt Fischer* (Hg.): Environmental Strategies for Industry: International Perspectives on Research Needs and Policy Implications. Washington D.C.: Island Press.
Cohen, Michael D., James G. March und *Johan P. Olsen,* 1972: A Garbage Can Model of Environmental Choice, Administrative Science Quarterly 17: 1-25.
Cole, Robert E., 1989: Strategies for Learning: Small Group Activities in American, Japanese, and Swedish Industry. Berkeley und Los Angeles: University of California Press.
Coombes, Peter, 1991: Responsible Care: A Journey of Profound Cultural Change, Chemical Week, 17. Juli 1991, 9, 12, 14.
Cyert, Richard Michael, und *James G. March,* 1963: A Behavioral Theory of the Firm. Englewood Cliffs, NJ: Prentice Hall.
Daft, Richard L., und *Robert H. Lengel,* 1986: Organizational Information Requirements, Media Richness and Structural Design, Management Science 32: 554-571.
Daft, Richard L., und *Karl E. Weick,* 1984: Toward a Model of Organizations as Interpretation Systems, Academy of Management Review 9: 284-295.
Delaney, Kevin J., 1992: Shifting Risk in Business Bankruptcy. S. 103-118 in: *James F. Short* und *Lee Clark* (Hg.): Organizations, Uncertainties, and Risk. Boulder, CO: Westview.
DiMaggio, Paul, 1988: Interest and Agency in Institutional Theory. In: *Lynne G. Zucker* (Hg.): Institutional Patterns and Organizations: Culture and Environment, Cambridge MA: Ballinger.
DiMaggio, Paul J., und *Walter W. Powell,* 1983: The Iron Cage Revisited: Institutional Isomorphism and Collective Rationality in Organizational Fields, American Sociological Review 48 (April 1983): 147-160.

DiMaggio, Paul J., und Walter W. Powell, 1991: Introduction. S. 1-40 in: Walter W. Powell und Paul J. DiMaggio (Hg.): The New Institutionalism in Organizational Analysis. Chicago und London: University of Chicago Press.
Donaldson, Gordon, und Jay W. Lorsch, 1983: Decision Making at the Top: The Shaping of Strategic Direction. New York: Basic.
Dornbusch, Rudiger, und James M. Poterba, 1991: Global Warming: Economic Policy Responses. Cambridge, MA: MIT Press.
Edelman, Lauren B., 1992: Legal Ambiguity and Symbolic Structures: Organizational Mediation of Civil Rights Law, American Journal of Sociology 97: 1531-76.
Environmental Protection Agency, 1991: Pollution Prevention 1990: Progress on Reducing Industrial Pollution. EPA 21P-3003.
Everett, Melissa, John E. Mack und Robert Oresick, 1993: Toward Greening in the Executive Suite. S. 63-78 in: Johan Schot und Kurt Fischer (Hg.): Environmental Strategies for Industry: International Perspectives on Research Needs and Policy Implications. Washington, D.C.: Island Press.
Fiol, C. Marlene, und M.A. Lyles, 1985: Organizational Learning, Academy of Management Review 10: 803-813.
Flavin, Christopher, und N. Lenssen, 1995: Power Surge: Guide to the Coming Energy Revolution. The Worldwatch Environmental Alert Series. New York: W.W. Norton and Company.
Galbraith, Jay R., 1974: Organization Design, an Information Processing View, Interfaces 4: 28-36.
Geller, Howard S., 1991: Saving Money and Reducing the Risk of Climate Change Through Greater Energy Efficiency. In: J.C. White, W. Wagner und C.N. Beal (Hg.): Global Climate Change: The Economic Costs of Mitigation and Adaptation. New York: Elsevier.
Global Environmental Management Initiative, 1990: Total Quality Environmental Management Workshop. Washington D.C.
Global Environmental Management Initiative, 1992: in: Corporate Quality/Environmental Management II: Measurements and Communications Conference, abgehalten in Arlington VA, Global Environmental Management Initiative.
Greiner, Timothy J., 1994: The Environmental Manager's Perspective on Toxics Use Reduction Planning. Unveröffentlichte Diplomarbeit, Massachusetts Institute of Technology.
Hahn, Robert W., und Gordon L. Hester, 1989: Marketable Permits: Lessons for Theory and Practice, Ecology Law Quarterly 16: 361-406.
Hickson, D.J., 1971: A Strategic Contingencies Theory of Intraorganizational Power, Administrative Science Quarterly 16: 216-229.
Hoffman, Andrew, 1995: The Environmental Transformation of American Industry: An Institutional Account of Organizational Evolution in the Chemical and Petroleum Industries, 1960-1993. Unveröffentlichte Doktorarbeit, M.I.T.
Jacobs, Michael, 1994: The Limits to Neo-classicism: Towards an Institutional Environmental Economics. In: Michael Redclift und Ted Benton (Hg.): Social Theory and the Global Environment. London: Routledge.
Jaeger, Carlo C., Ortwin Renn, Eugene A. Rosa und Thomas Webler, 1995: Risk, Uncertainty, and Rational Action. Manuskript, Zürich: EAWAG.
Jepperson, Ronald L., 1991: Institutions, Institutional Effects, and Institutionalism. S. 1-40 in: Walter W. Powell und Paul J. DiMaggio (Hg.): The New Institutionalism in Organizational Analysis. Chicago und London: University of Chicago Press.
Karmali, Abyd, 1990: Stimulating Cleaner Technologies Through the Design of Pollution Prevention Policies: An Analysis of Impediments and Incentives. Unveröffentlichte Doktorarbeit, Massachusetts Institute of Technology.
King, Andrew, 1993: Directed Organizational Stability and Undirected Evolution: Environmental Regulation in the U.S. Printed Circuit Fabrication Industry. Doktorarbeit, Massachusetts Institute of Technology.
Klein, Janice A., 1990: Revitalizing Manufacturing: Text and Cases. Homewood Il: Irwin.
Kleiner, Art, 1989: Consequential Heresies. Currency, Probenummer eines Business-Magazins.

Kleiner, Art, 1990: How Great are Dow's Great Things: Corporate Image Advertising in the 1990's. Unveröffentlichtes Manuskript.
Kleiner, Art, 1991: Three Faces of Dow: Understanding Dow Chemical's Environmental Change of Heart, Garbage, Juli/August 1991: 52.
Kunda, Gideon, 1992: Engineering Culture: Control and Commitment in a High-tech Corporation. Philadelphia, PA: Temple University Press.
Lawrence, Paul R., und *Jay W. Lorsch*, 1967: Differentiation and Integration in Complex Organizations, Administrative Science Quarterly 12.
Levitt, Barbara, und *Clifford Nass*, 1989: The Lid on the Garbage Can: Institutional Constraints on Decision Making in the Technical Core of College-text Publishers, Administrative Science Quarterly 34: 190-207.
Meyer, John W., und *Brian Rowan*, 1977: Institutional Organizations: Formal Structure as Myth and Ceremony, American Journal of Sociology 83: 440-463.
Mintzberg, Henry, 1983: Structure in Fives: Designing Effective Organizations. Englewood Cliffs, NJ: Prentice-Hall.
Mylonadis, Yiorgos, 1993: The 'Green' Challenge to the Industrial Enterprise Mindset: Survival Threat or Strategic Opportunity. Unveröffentlichte Doktorarbeit, Massachusetts Institute of Technology.
Nelson, Richard R., und *Sidney G. Winter*, 1982: An Evolutionary Theory of Economic Change. Cambridge, MA, und London: Belknap.
Nussbaum, Barry D., 1991: Phasing Down Lead in Gasoline in the U.S.: Mandates, Incentives, Trading, and Banking. In: OECD Workshop on Tradeable Permits to Reduce Greenhouse Gas Emissions, abgehalten in Paris, Frankreich.
Office of Technology Assessment, U.S. Congress, 1986: Serious Reduction of Hazardous Waste.
Office of Technology Assessment, U.S. Congress, 1993: Industrial Energy Efficiency.
Office of Technology Assessment, U.S. Congress, 1994: Industry, Technology, and the Environment: Competitive Challenges and Business Opportunities.
Okken, P.A., R.J. Swart und *S. Zwerver*, 1989: Climate and Energy: The Feasibility of Controlling CO_2 Emissions. Dordrecht: Kluwer Akademischer Verlag.
Orlikowksi, Wanda J., und *Joanne Yates*, 1994: Genre Repertoire: The Structuring of Communicative Practices in Organizations, Administrative Science Quarterly 39: 541-574.
Orton, J. Douglas, und *Karl E. Weick*, 1990: Loosely Coupled Systems: A Reconceptualization, Academy of Management Review 15: 203-223.
Pearce, David W., und *R. Kerry Turner*, 1990: Economics of Natural Resources and the Environment. Baltimore, MD: Johns Hopkins University Press.
Pentland, Brian T., 1991: Making the Right Moves: Toward a Social Grammar of Software Support Hotlines. Unveröffentlichte Doktorarbeit, M.I.T.
Pentland, Brian T., und *Henry H. Reuter*, 1994: Organizational Routines as Grammars of Action, Administrative Science Quarterly 39: 484-510.
Perrow, Charles, 1967: A Framework for the Comparative Analysis of Organizations, American Sociological Review 32: 194-208.
Perrow, Charles, 1984: Normal Accidents: Living with High Risk Technologies. New York: Basic.
Perrow, Charles, 1986: Complex Organizations: A Critical Essay. New York: Random House.
Pettigrew, Andrew M., 1972: Information Control as a Power Resource, Sociology 6: 187-204.
Pfeffer, Jeffrey, und *Gerald R. Salancik*, 1978: The External Control of Organizations: A Resource Dependence Perspective. New York: Harper and Row.
Roberts, Marc J., und *Jeremy S. Bluhm*, 1981: The Choices of Power: Utilities Face the Environmental Challenge. Cambridge, MA: Harvard University Press.
Ross, Marc, 1986: Capital Budgeting Practices of Twelve Large Manufacturers, Financial Management (Winter 1986): 15-22.
Rotman, David, 1991: Pushing Pollution Prevention. Chemical Week, 17. Juli 1991, 30, 32.
Sanstad, A.H., und *R.B. Howarth*, 1994: „Normal" Markets, Market Imperfections, and Energy Efficiency, Energy Policy 22: 811-818.
Schein, Edgar H., 1985: Organizational Culture and Leadership: A Dynamic View. San Francisco: Jossey-Bass.

Schein, Edgar H., 1992: The Role of the CEO in the Management of Change: The Case of Information Technology. S. 80-95 in: *Thomas A. Kochan* und *Michael Useem* (Hg.): Transforming Organizations. New York: Oxford University Press.

Schipper, Lee, und *Steven Meyers*, 1992: Energy Efficiency and Human Activity: Past Trends, Future Prospects. Cambridge: Cambridge University Press.

Scott, W. Richard, 1992: Organizations: Rational, Natural, and Open Systems. 3. Aufl. Englewood Cliffs, N.J.: Prentice Hall.

Scott, W. Richard, und *John W. Meyer*, 1991: The Organization of Societal Sectors: Propositions and Early Evidence. S. 108-140 in: *Walter W. Powell* und *Paul J. DiMaggio* (Hg.): The New Institutionalism in Organizational Analysis. Chicago und London: University of Chicago Press.

Simmons, Peter, und *Brian Wynne*, 1993: Responsible Care: Trust, Credibility and Environmental Management. S. 201-226 in: *Johan Schot* und *Kurt Fischer* (Hg.): Environmental Strategies for Industry: International Perspectives on Research Needs and Policy Implications. Washington, D.C.: Island Press.

Taylor, Serge, 1984: Making Bureaucracies Think: The Environmental Impact Statement Strategy of Administrative Reform. Stanford, CA: Stanford University Press.

Thompson, James D., 1967: Organizations in Action. New York: McGraw-Hill Book Company.

Tietenberg, Thomas H., 1988: Environmental and Natural Resource Economics. 2. Aufl. Glenview Il: Scott, Foreman.

Tolbert, Pamela S., und *Lynne Zucker*, 1983: Institutional Sources of Change in Formal Structure of Organizations: The Diffusion of Civil Service Reform, Adminstrative Science Quarterly 28: 22-39.

Tushman, Michael, und *Elaine Romanelli*, 1985: Organizational Evolution: A Metamorphosis Model of Convergence and Reorientation. S. 171-222 in: *L.L. Cumming* und *Barry M. Staw* (Hg.): Research in Organizational Behavior. Greenwich, CT: JAI Press.

Tyre, Marcie, und *Eric von Hippel*, erscheint demnächst: The Situated Nature of Learning in Organizations. Organizational Science.

Tyre, Marcie, 1989: Interfirm Collaboration in the Development of New Production Technologies: Loose Ties and Fluid Partnerships. Sloan School of Management, Working Paper 3110-90-BPS.

Weick, Karl, 1976: Educational Organizations as Loosely Coupled Systems, Administrative Science Quarterly 21 (März 1976): 1-19.

Weick, Karl E., 1979: The Social Psychology of Organizing. 2. Aufl. Reading, Ma: Addison Wesley.

Welford, 1993: Breaking the Link Between Quality and Environment: Auditing for Sustainability and Life-cycle Assessment, Business Strategy and the Environment 4 (Winter 1993): 25-33.

Williamson, Oliver E., 1986: The Economic Institutions of Capitalism: Firms, Markets, Relational Contracting. New York: Free Press.

Zucker, Lynne G., 1983: Organizations as Institutions. Research in the Sociology of Organizations, Bd. 2. Greenwich, CT: JAI Press.

Aus dem Englischen übersetzt von *Gisela Jaeger-Weise*.

MUSTER EUROPÄISCHER UMWELTPOLITIK

Adrienne Héritier

Zusammenfassung: Die europäische Umweltpolitik war und ist ein schnell wachsendes Politikfeld, obwohl sie zunächst in den Römischen Verträgen nicht verankert war und obwohl das Subsidiaritätsprinzip gegenwärtig neue Regulierungen erschwert. Als politisches Handlungsfeld muß sie unterschiedliche nationale Interessen und Regulierungstraditionen unter einen Hut bringen. Im vorliegenden Beitrag werden die typischen Prozeßmuster herausgearbeitet, die diesen Merkmalen der europäischen Umweltpolitik zugrundeliegen. Von besonderem Interesse sind in diesem Zusammenhang gängige Innovationsstrategien, die Art und Weise des Interessenausgleichs sowie des Regulierungsstils. Diese Politikmuster werden anhand von Beispielen europäischer Umweltgesetzgebung diskutiert.

I. Erstaunenswertes in der europäischen Umweltpolitik

Umweltpolitik in Europa verblüfft aus verschiedenen Gründen: Obgleich in den Römischen Verträgen bis 1986 nicht von Umweltpolitik die Rede war, expandierte dieser Sektor der Politik rasch. Da es sich hier um regulative Politik handelt, muß eine große Vielfalt nationaler Stile unter einen Hut gebracht werden. Und dennoch kommt es nicht zu einem „Wettbewerb nach unten", bei dem die mildesten Regelungen gewinnen. Auch wächst Umweltpolitik als eigenständiger Sektor, obwohl neuerdings, entsprechend dem Subsidiaritätsprinzip, Widerstand gegen gesamteuropäische Regulierungen vorherrscht. Diese bemerkenswerten Charakteristika von Umweltpolitik haben ihren Ursprung in der spezifischen Dynamik des europäischen politischen Prozesses, die kennzeichnend ist für dessen Art der politischen Innovation, dessen Vermittlung zwischen divergierenden Interessen und dessen politische Führung: Erstens expandierte Umweltpolitik rasch – selbst ohne gesetzliches Mandat –, weil die Europäische Kommission als eine Art politischer Unternehmer agierte und eine Vielzahl innovativer Strategien benutzte, um Umweltpolitik zu entwickeln. Zweitens erklärt sich die Tatsache, daß Umweltpolitik trotz unterschiedlicher Regulierungen nicht letzten Endes in eine Konkurrenz um Minimallösungen mündet, aus dem regulativen Wettbewerb zwischen den Mitgliedsstaaten der EU, aus dem Einfluß von Experten bei der Formulierung politischer Maßnahmen und aus dem Schnüren von Paketen. Sowohl der regulative Wettbewerb als auch die Herbeiführung von Paketlösungen sind Mittel zur Herstellung einer Übereinkunft zwischen divergierenden Interessen in Europa. Und drittens wird ökologische Regulierung trotz des Subsidiaritätsprinzips politisch akzeptiert, weil sie zunehmend sanfte Vorgehensweisen wählt, die den Mitgliedsstaaten der EU bei der Implementation von Maßnahmen zur Erreichung ökologischer Ziele breiten Spielraum lassen.

Diese Argumente sollen hier genauer ausgearbeitet und empirisch anhand wichtiger

EU-Richtlinien zur Umwelt untersucht werden. Zuerst wird jedoch der analytische und theoretische Rahmen skizziert, der zur Interpretation dieser Entwicklungen politischer Muster in Europa herangezogen wird.

II. Analytischer und theoretischer Rahmen

Politische Maßnahmen auf europäischer oder auch auf nationaler Ebene lassen sich nicht allein als eine Reihe staatlicher Aktivitäten erklären. Vielmehr sind sie ein Ergebnis des Zusammenspiels privater und öffentlicher Akteure, welche beim Entwickeln und Implementieren politischer Aktivitäten auf die Ressourcen der jeweils anderen Akteure angewiesen sind. Dieses Zusammenspiel ist eingebettet in einen spezifischen institutionellen Kontext, der für das zielorientierte Verhalten der beteiligten Akteure sowohl eine einschränkende als auch eine unterstützende Funktion hat. Es wird angenommen, die Akteure ließen sich beim Entwickeln und Durchsetzen politischer Schritte von Eigeninteresse leiten, sie versuchten, ihre jeweiligen Ressourcen zu maximieren, und dies im Rahmen der gegebenen institutionellen Beschränkungen, Unterstützungen und Anreize. So gesehen stellen Institutionen einen stabilen Hintergrund dar, vor dem Akteure intelligente und „satisficing" Entscheidungen fällen können; sie dienen damit einer Ersparnis von Transaktionskosten (Tsebelis 1990; Williamson 1975). Institutionen und ihre formale Struktur sind aber nicht bloß ein Instrument zur Verringerung von Ungewißheit und Transaktionskosten bei Akteuren mit gegebenen Präferenzen. Vielmehr erlangen sie ein eigenständiges Gewicht und beeinflussen im Verlaufe der Zeit die Präferenzen der Akteure und deren Art, Strategien zu bilden. Während sie also die Entscheidungen der Akteure durchaus beschränken oder begünstigen können, bestimmen sie sie hingegen nicht. Die Akteure haben innerhalb eines gegebenen institutionellen Kontextes einen gewissen Spielraum und müssen Regeln interpretieren. Bei gegebenem Spielraum erklärt zielorientiertes Verhalten (welches nicht allein in materiellen Interessen gründet, sondern auch in Überzeugungen), warum sich ein Akteur für eine spezifische Handlungsweise entscheidet (Mayntz/Scharpf 1995).

Die Gesamtheit aller Interaktionen korporativer Akteure auf einem Gebiet gemeinsamen politischen Interesses läßt sich als ein Politik-Netzwerk auffassen. Was in diesem Zusammenhang zwischen Akteuren ausgetauscht und verhandelt wird, sind Ressourcen sehr verschiedener Art; von finanziellen Mitteln und legalen Kompetenzen reichen sie über Informationen und Sachverstand bis hin zu Vernetzungskapazität und Zugang zu den Medien. „Die heterogenen Interessen [der Akteure] sind eine wesentliche Grundlage für kooperativen Austausch" (Snidal 1994: 466). Entsprechend hängt die Zugehörigkeit zu einem Netzwerk davon ab, ob ein korporativer Akteur über Ressourcen verfügt, die für die Entwicklung der in Frage stehenden Politik von Bedeutung sind (Laumann et al. 1978).

Will man europäische Politik analysieren, so muß man die Strategien untereinander abhängiger nationaler, subnationaler und europäischer Akteure anschauen sowie die Art, wie diese in verflochtenen Netzwerken zusammenhängen. Das heißt nicht, daß in einem bestimmten Politik-Netz „jeder national relevante Akteur auch an der Entwicklung europäischer Politik teilhat oder daß jeder Spieler über die Interessen und Strategien aller anderen (nationalen und europäischen) Spieler Bescheid weiß. ... Man kann aber davon ausgehen, daß mindestens die wichtigsten Spieler auf den verschiedenen Ebenen über ihre gegenseitigen Interessenpositionen informiert sind und sich gegenseitig in Betracht ziehen werden"[1] (Schneider et al. 1994: 478). Was die europäische Politik angeht, so lassen sich deren Muster nicht allein durch nationale Präferenzbildung sowie Effizienz- und Machtüberlegungen der EU-Mitgliedsstaaten erklären, welche den europäischen Verhandlungsprozessen vorgelagert und von ihnen unabhängig sind (Moravscik 1991). Vielmehr können subnationale Akteure in dem europäischen Politik-Netzwerk eine herausragende Rolle spielen; sie umgehen unter Umständen ihre nationalen Regierungen und stellen direkte Kontakte zu europäischen Akteuren her (Héritier et al. 1996). Anders gesagt, die untereinander verbundenen Netzwerke bieten allen beteiligten Akteuren neue Möglichkeiten zu strategischer Interaktion und Koalitionsbildung (Tsebelis 1990).

In einem „multiperspektivischen Gemeinwesen" (Ruggie 1993; Lewis 1995) antizipieren nationale Akteure auf allen Ebenen die möglichen Entwicklungen europäischer Politik, wenn sie ihre politischen Maßnahmen planen, und umgekehrt erwägen auch europäische Akteure die möglichen Reaktionen nationaler und subnationaler öffentlicher und privater Akteure. „Zusätzlich zu dem zentralisierten institutionellen Apparat der EU ist auch die Kollektivität der Mitgliedsländer als etwas Eigenständiges zu einer Partei in dem strategischen Zusammenspiel geworden. ... Bei jenen konstitutiven Prozessen, in denen jeder der zwölf Mitgliedsstaaten seine Identität definiert, ... wird zunehmend die Existenz der anderen elf als etwas Endogenes angesehen" (Ruggie 1993: 172; siehe auch Lewis 1995: 5). Ein Politik-Netz, das über die Zeit hinweg eine gewisse Stabilität und Kontinuität aufweist, hat tendenziell eine Auswirkung auf die sich laufend erneuernde Definition von Interessen und Werten der involvierten Akteure (Haas 1990: 21).

Europäische Netzwerke unterscheiden sich in einigen Aspekten von nationalen Politik-Netzen. Sie umfassen eine größere Anzahl von Akteuren, die von Bedeutung sind, und weisen über längere Zeiträume eine geringere Stabilität auf. Diese relative Beweglichkeit ergibt sich aus verschiedenen Faktoren: Europa ist ein junges Gemeinwesen, welches primär mit der Formulierung, nicht der Implementation von Politik befaßt ist. Bei der Formulierung von Politik findet man typischerweise eine stärkere Fluktuation von Akteuren als bei ihrer Implementation, wo eine größere Stabilität von Akteuren über längere Zeiträume hinweg üblich ist. Die relative Turbulenz europäischer Netzwerke rührt darüber hinaus auch einfach von der Tatsache her, daß eine große Zahl von Akteuren beteiligt ist. Dieses Merkmal wird verstärkt durch den fragmentierten institutionellen Charakter des europäischen Gemeinwesens und seine zentrifugalen Tendenzen. Politik in Europa ist nicht kohärent, da sie nicht auf institutionellen Strukturen basiert, welche klare Muster politischer Verantwortlichkeit und Zuständigkeit begünstigen. Es gibt keine Regierungspartei, die auf Grund eines spezifischen politischen Programms mehrheitlich ins Amt gewählt worden und dann anschließend in ihren politischen Entscheidungen diesem Programm verpflichtet wäre.

Die Muster, welche den besonderen Merkmalen europäischer Umweltpolitik zugrundeliegen, ergeben sich großteils aus dieser institutionellen Fragmentierung und der Unübersichtlichkeit des Politik-Netzwerks. Angesichts der Segmentierung politischer Entscheidungen und der institutionellen Fragmentierung in Europa ist es nicht verwunderlich,

---

[1] Dieses und alle weiteren Zitate übersetzt aus dem Original.

daß die Europäische Kommission mehr Raum hat für eine Improvisierung von Politik, für politisches Unternehmertum und für die Anwendung von Strategien, welche Handlungsgelegenheiten ausnützen (Benz 1992). „Die Tatsache, daß die europäischen Netzwerke eine so stark pluralistische Struktur aufweisen, ergibt sich nicht allein aus den Bestrebungen zahlreicher Akteure, den europäischen politischen Prozeß auf einer frühen Stufe der Politikformulierung zu beeinflussen, sondern auch aus einer (von der Europäischen Kommission, A.H.) bewußt angewendeten vernetzenden Strategie, welche für eine solche Fragmentierung verantwortlich ist" (Kassim 1994).

Vor dem Hintergrund dieses analytischen Gerüstes und der Besonderheiten der europäischen Politik-Netze sollen nun im folgenden typische Muster europäischer Politik diskutiert werden, und zwar im Hinblick auf politische Innovationen, auf einen Ausgleich divergierender Interessen und auf typische Regulierungsinstrumente. Die allgemeinen Muster sollen anhand von Beispielen wichtiger europäischer Umweltgesetzgebung diskutiert werden.

III. Muster europäischer Umweltpolitik

1. Die Europäische Kommission als innovativer Akteur

Da sehr viele Akteure an der Formulierung europäischer Umweltpolitik beteiligt sind und dieser Prozeß sich nicht in klar vorgegebenen institutionellen Bahnen abspielt, die von der Logik einer gewählten und verantwortlichen Parteienregierung bestimmt sind, fällt der Europäischen Kommission bei der Planung von Politik, beim Vorlegen von Gesetzesentwürfen und beim Festlegen einer politischen Tagesordnung beträchtliche Macht zu. Anders gesagt: da das Netzwerk so viele Akteure umfaßt und die wichtigste gesetzgebende Körperschaft, der Ministerrat, zentrifugalen Tendenzen unterliegt, spielt die Europäische Kommission beim Festlegen der politischen Agenda eine Schlüsselrolle. Sie handelt wie ein Unternehmer in Sachen Politik und konnte – insbesondere in den früheren Jahren der Europäischen Gemeinschaft – den Stellenwert europäischer Umweltpolitik vergrößern, obwohl sie bis 1986 dafür kein legales Mandat hatte. Welches sind nun die wichtigsten Strategien, die die Kommission in ihrer Rolle als Policy-Entrepreneur benutzte und benutzt?

Am häufigsten wendet die Kommission die „Verknüpfungs-", oder „Rucksack"-Strategie an, welche ökologische Maßnahmen an einen anderen politischen Bereich anbindet, für den politische Unterstützung und innovativer Impetus entschieden gegeben sind. Ebenso populär ist die „Russische-Puppen"-Strategie (Ross 1995), das heißt, zunächst wird eine Rahmengesetzgebung erlassen, die dann eine „Kaskade" (Leibfried/Pierson 1995) spezifischerer Gesetze nach sich zieht, welche sich unausweichlich aus ihr ergeben. Dann gibt es die Koalitionenbildung mit subnationalen Akteuren gegen deren jeweilige Regierungen, womit die Kommission „einen Fuß in die Tür" eines Politikfeldes setzt. Eine weitere Strategie der Kommission ist das Verlagern von Entscheidungen in Expertenkreise, deren Ergebnisse sich im anschließenden formalen politischen Entscheidungsprozeß von anderen Akteuren aus Mangel an Sachverstand nicht in Frage stellen lassen. Und schließlich hängt eine vielbenutzte Strategie mit dem segmentierten und fragmentierten Charakter europäischer Politik zusammen und besteht darin, daß die Kommission „Gelegenheitsfenster" nutzt und so die Möglichkeiten europäischer Politik erweitert.

a) Innovative Strategie 1: Verknüpfung mit einer anderen Politik („Rucksack"-Strategie). Ein äußerst populärer und vielversprechender Weg zur Erweiterung politischer Möglichkeiten und zur Einführung neuer Maßnahmen ist deren Verknüpfung mit den Zielen des Gemeinsamen Marktes. Anders gesagt, Maßnahmen positiver Integration werden in Begriffen negativer Integration neuformuliert. Während positive Integration die negativen externen Auswirkungen der Marktintegration durch politische Entscheidungen auszugleichen versucht, setzt negative Integration auf Marktprozesse und beseitigt Handelsschranken. Der Gemeinsame Markt ist das Herzstück der EU, daher haben politische Vorschläge, welche die Marktintegration vorantreiben wollen, eine bessere Chance, akzeptiert zu werden (Gehring 1995: 5). Außer daß sie so von der stärkeren ideologischen Unterstützung profitieren, welche das Programm für einen Gemeinsamen Markt erfährt, kommen sie auch in den Genuß zweier prozeduraler Vorteile: Maßnahmen zur Marktintegration können nach der Einheitlichen Europäischen Akte und dem Vertrag von Maastricht mit qualifizierter Mehrheit beschlossen werden, während Umweltmaßnahmen lange Zeit einstimmig beschlossen werden mußten. Ging man vom zweiten zum ersten über, spielte also das „Vertragsbasis-Spiel" (Ross 1995), so konnte man unter Umständen den ökologischen Entscheidungsprozeß beträchtlich vorantreiben. Die zweite Möglichkeit besteht darin, den Gegenstand ökologischer Politik als einen Fall von Produktregulierung zu präsentieren. In diesem Fall wird „gegenseitige Anerkennung" oder der Normierungsprozeß seitens privater Körperschaften herangezogen, um ökologische Themen zu behandeln. Der Normierungsprozeß findet außerhalb des politischen Entscheidungsprozesses im engeren Sinne statt und ist eine Angelegenheit der Selbstregulierung privater Körperschaften. Als solcher nimmt er eine politisch viel weniger herausragende und kontroverse Stelle ein. Ein Beispiel ist etwa die Richtlinie über Verpackungsabfall (Gehring 1995: 5). Die Kommission präsentierte die Verpackungsregulierung, im klaren Bewußtsein des politischen Impetus hinter dem Programm eines Gemeinsamen Marktes, nicht als eine ökologische Maßnahme, sondern als eine des Gemeinsamen Marktes, und machte den Schritt von der Prozeß- zur Produktregulierung: Es werden Qualitätsanforderungen für Verpackung vorgeschlagen, die dann einen Marktzugang für Verpackungsprodukte garantieren unter der Bedingung, daß diese mit den vorgeschlagenen Normen übereinstimmen. „Der Ansatz des ursprünglich rein umweltpolitisch orientierten Vorhabens änderte sich im Laufe der kommissionsinternen Vorbereitungsphase dramatisch, ohne daß die ursprünglich angestrebten hohen Umweltstandards selbst erheblich gesenkt wurden" (Gehring 1995: 32).

b) Innovative Strategie 2: die „Russische-Puppen"-Strategie. Oft nutzt die Kommission eine bloße Rahmengesetzgebung, um den Einflußbereich europäischer Politik zu vergrößern. Da eine Rahmengesetzgebung nur vage politische Ziele formuliert, stößt sie auf weniger politischen Widerstand als detaillierte Regulierungen. Sogenannte „Mutter-Richtlinien" definieren den generellen Zweck und das regulative Prinzip einer Politik, ohne spezifische Maßnahmen zu verlangen. Nachfolgende „Tochter-Richtlinien" legen genauer fest, wie der allgemeine Rahmen ausgefüllt werden muß. Mit diesem Modus wird eine Politik allmählichen Eigenengagements erreicht; er löst eine sich selbst vorantreibende Dynamik der Zustimmung aus, die sich auf Entscheidungssequenzen bezieht, während derer „die

Gründe für eine Zustimmung zu jeder nachfolgenden Maßnahme dadurch gegeben sind, daß die vorausgehende Entscheidung ihrerseits gewisse Verpflichtungen schafft" (Eichener 1995: 38).

Ein Beispiel für diese „Russische-Puppen"-Strategie bietet etwa die Politik zur Bekämpfung von Schwefeldioxidemissionen in Europa. In einer ersten Phase wurde eine Rahmenrichtlinie erlassen (Richtlinie über industrielle Einrichtungen), in der lediglich die allgemeinen Interventionsprinzipien niedergelegt waren, also die Bekämpfung der Umweltverschmutzung an der Quelle und die Nutzung der besten verfügbaren technischen Möglichkeiten. Die „Mutter-Richtlinie" kam ohne längere politische Auseinandersetzungen durch. Eingedenk der Wahrscheinlichkeit aber, daß die „Tochter-Richtlinien", welche folgen und genaue Emissionsgrenzwerte festlegen würden, weit umstrittener sein würden, machten die Briten ihre Unterstützung der „Mutter-Richtlinie" von der Einführung der Einstimmigkeitsregel für die „Tochter-Richtlinien" abhängig. Wie zu erwarten war, brauchte es daraufhin fünfjährige Verhandlungen, bevor 1988 die Richtlinie über Großfeuerungsanlagen verabschiedet werden konnte, welche Grenzwerte für SO_2, NO_X und Schwebstoffe festlegt (Héritier et al. 1996).

c) Innovative Strategie 3: Koalitionsbildung mit subnationalen Akteuren. Eine weitere Strategie zur Durchsetzung politischer Innovationen, welche die Kommission in „verflochtenen Politik-Netzen" anwenden kann, ist Koalitionsbildung mit subnationalen Akteuren. Lokalen Regierungen, Interessengruppen und Firmen werden (finanzielle) Anreize geboten, sich für neue politische Maßnahmen zu engagieren, selbst wenn diese nicht die überzeugte Unterstützung ihrer jeweiligen nationalen Regierungen genießen. So suchte die Kommission bei ihrer Umweltpolitik etwa die Unterstützung der Industrie, um neue Formen von eigenverantwortlicher ökologischer Überwachung und Planung einzuführen. Beispiel einer direkten Zusammenarbeit zwischen Industrie und europäischen Regulierungsstellen ist die Öko-Audit-Verordnung, welche die Industrie auffordert, ihre eigenen Systeme von Umweltmanagement und -überwachung zu entwickeln. Die Berichte über die ökologischen Aktivitäten der Betreiber von Anlagen werden von einem externen Auditor kontrolliert und öffentlich zugänglich gemacht (Héritier et al. 1996).

Eine andere Art von Anreizen für subnationale Akteure bedient sich des Einsatzes von Marktmechanismen. Ein Beispiel hierfür ist etwa das Öko-Labelling, eine Produktkennzeichnung für umweltverträgliche Produkte, welche deren Marktchancen verbessert.

Eine wichtige Strategie, bei der Kommission und subnationale Akteure kooperieren und die immer ausgiebiger benutzt wird, ist der „Zugang zu Informationen": Umweltbehörden und Betreiber von Anlagen müssen die Öffentlichkeit und alle interessierten Gruppen über Genehmigungsverfahren von Produktionsprozessen informieren. Dasselbe gilt für die Emissionsdaten, die im Zusammenhang mit diesen Prozessen erhoben werden. Damit strebt die Kommission eine bessere Kontrolle der Wirksamkeit europäischer Gesetzgebung und ihrer Implementation an.

d) Innovative Strategie 4: Politikgestaltung durch Experten. Umweltpolitische Entscheidungen werden oft substantiell in kleinen Zirkeln von Experten strukturiert, welche die Kommission beim Entwurf von Gesetzen unterstützen. Der Einfluß der Experten ist natürlich dann am wichtigsten, wenn die zu diskutierenden Fragen hochkomplex, von technischer Natur und als solche den politisch Verantwortlichen oder gar der Öffentlichkeit unzugänglich sind. Obgleich die Experten nur beratende Funktion haben, vermögen sie die Inhalte der betreffenden Politik sehr weitgehend zu gestalten. Da sie außerdem mehr um professionelle Standards besorgt sind und „epistemische Gemeinschaften" bilden (Haas 1990), neigen sie dazu, unter Außerachtlassung der ökonomischen Interessen ihres Herkunftslandes die „bestmögliche Problemlösung" zu favorisieren. Insofern stellen sie eine Schranke gegen einen möglichen „Wettbewerb nach unten" dar, bei dem sich Mitgliedsstaaten der EU gegenseitig in der Aufweichung strikter Normen überbieten, um so gegenüber Industrien anderer Mitgliedsstaaten einen Konkurrenzvorteil zu haben. Wenn dann später in der Kommission und dem Ministerrat die wirtschaftlichen Interessen der Mitgliedsländer voll zum Tragen kommen, ist es, wiederum auf Grund der Unzugänglichkeit der diskutierten Fragen, schwierig, die von den Experten vorgeschlagenen Lösungen in Zweifel zu ziehen. Ein Beispiel für eine solche „unzugängliche" Umweltgesetzgebung ist die Volatile Organic Compounds Directive (Richtlinie über nichtflüchtige organische Verbindungen), bei der der erste Entwurf, mit dem weite Bereiche der Industrie erfaßt werden, weitgehend von deutschen Ingenieuren bestimmt wurde (Héritier et al. 1996).

e) Innovative Strategie 5: „Gelegenheitsfenster". Eine letzte innovative Strategie der Kommission besteht darin, „Gelegenheitsfenster" zu nutzen, um eine bestimmte Politik voranzutreiben. Als ‚Prozeß-Manager' (Eichener 1992) hat die Kommission den Überblick über die Gesamtsituation europäischer Politik und die Gelegenheiten, die sich bieten, um bestimmte Maßnahmen gesetzlich zu regeln. Es ist die spezifische institutionelle Struktur des europäischen Gemeinwesens, welche der Kommission ein solches Vorgehen ermöglicht, denn gesetzliche Initiativen bewegen sich nicht im Rahmen eines (Koalitions-)Programms einer gewählten Regierung. Sie entwickeln sich vielmehr aus vielfältigen Quellen, wobei der Kommission eine wichtige Rolle bei der Orchestrierung von Initiativen für politische Schritte zukommt. Da die Kommission der einzige korporative Akteur im Zusammenhang europäischer Politik ist, der alle politischen Stränge, die sich zu einem bestimmten Zeitpunkt entwickeln, überblickt und das Initiativrecht hat, kann sie Pakete vorbereiten, indem sie die politische Tagesordnung festlegt und Fragen in spezifischer Weise kombiniert. Einzelne Anliegen, die für sich allein genommen nur geringe Chancen gehabt hätten, durchzukommen, lassen sich damit fördern.

Alle diese Strategien der Europäischen Kommission – die „Rucksack"-, „Russische-Puppen"-, „Koalitions"-, „Experten"- und die „Gelegenheiten"-Strategie – hängen eng mit einem zentralen Wesensmerkmal der Europäischen Gemeinschaft zusammen: ihrer wirtschaftlichen, sozialen, politischen und kulturellen Vielfalt. Da Europa aus verschiedenen politischen Einheiten besteht, die in sich selbst heterogen sind, wurde seine institutionelle Struktur als ein lose verbundenes System mit zentrifugalen Tendenzen konstruiert. Als Folge davon erwächst in einem solchen fragmentierten und segmentierten System der Politikgestaltung dem korporativen Akteur, nämlich der Kommission, welche mit allen Einheiten in direktem Kontakt steht und alle Policy-Fäden verfolgt, beachtliche Macht. Die Kommission muß jedoch bei ihren innovativen Strategien immer die Unterschiedlichkeit der Mitgliedsländer in Erwägung ziehen und Mittel ersinnen, wie sich diese in Einklang bringen lassen.

2. Einigung zwischen divergierenden Interessen

Die Europäische Kommission als Prozeß-Manager im Mittelpunkt des europäischen Entscheidungsprozesses nimmt laufend politische Vorschläge entgegen, welche die Mitgliedsländer vor dem Hintergrund ihrer verschiedenen Regelungen und Interessen entwickeln. Durch ihre Position im Herzen des europäischen „Politik-Marktes" ist die Kommission Zielpunkt der konkurrierenden Regulierungsvorschläge der führenden Mitgliedsländer. Sie entscheidet – im Rahmen der vom Europäischen Rat gesetzten politischen Gesamtziele –, welche von diesen politischen Vorschlägen sie fördern will. Insofern läßt sich regulative Konkurrenz als ein erster Modus auffassen, wie divergierende europäische Interessen in Einklang gebracht werden (Héritier et al. 1996). Besonders Länder oder Akteure in Mitgliedsstaaten mit einer ausgeprägten regulativen Tradition unterbreiten der Kommission politische Vorschläge, falls Probleme auftauchen, die nach ihrer Meinung Maßnahmen der Gemeinschaft erfordern. Es erübrigt sich zu sagen, daß solche Vorschläge den ökonomischen Interessen und Regulierungstraditionen des „first mover" entsprechen. Der Initiator eines solchen Vorschlags versucht, den Wirkungsbereich europäischer Politik seinen eigenen Präferenzen entsprechend zu vergrößern und seinen eigenen Stil der Regulierung auf die europäische Ebene zu übertragen. Somit ergibt sich aus dieser Konkurrenz das erste Muster einer Koordination divergierender Interessen; seine Kennzeichen sind ein strategischer ‚erster Zug' eines Landes und die anschließende ‚unilaterale Anpassung' aller übrigen Länder während der Phase von Problemdefinition und Festlegen der politischen Agenda. Ein „first mover" ist nur dann erfolgreich, wenn die Kommission, die als eine Art Türhüterin fungiert, seinen Vorschlag annimmt. Dann hat der Initiator die Gelegenheit, Reichweite und wesentliche Aspekte des Problems auf der Tagesordnung der europäischen Institutionen zu definieren und die europäische politische Agenda zu gestalten, während die anderen Mitgliedsländer zu reaktivem Verhalten gezwungen sind.

Der „first mover" schlägt mit seiner Definition des Problems zugleich auch einen praktischen Lösungsansatz vor. Folglich hat er eine Chance, seinen Vorteil als ‚Initiator' auch in das Stadium des ‚Problemlösens', das zweite Koordinationsmuster, weiterzuziehen und seinen eigenen Regulierungsansatz, seinen ‚frame' (Tversky/Kahneman 1981), in einem Entwurf europäischer Gesetzgebung zu verankern. Wird er nicht ernsthaft durch einen andersartigen Ansatz eines anderen hochregulierten Staates herausgefordert, so verläuft die Problemlösung anschließend in dem von ihm definierten regulativen Rahmen. Dies bedeutet für ihn einen beträchtlichen Vorteil bei der inhaltlichen Gestaltung der Politik. Während der abschließenden Phase der politischen Entscheidungsfindung, dem dritten informellen bzw. formellen Muster, findet meistens eine Kombination aus ‚negativer Koordination, Verhandeln und Kompensieren' statt (Scharpf/Mohr 1994: 37). Zu diesem Zeitpunkt ist es für den „first mover" am schwersten, seinen strukturellen Vorteil zu bewahren, denn jetzt stehen Verteilungsfragen im Mittelpunkt, und die Vertreter der Mitgliedsländer neigen dazu, nationale Interessen zu verteidigen.

Betrachtet man die Koordination aus einem langfristigen Blickwinkel heraus, so tauchen über die verschiedenen Stadien hinweg spezifische Profile auf, in Abhängigkeit von der Art der vorliegenden Frage, ihrer Komplexität oder leichten Verständlichkeit und ihres distributiven oder redistributiven Charakters. Aus der Sicht desjenigen, der den ersten Zug macht, lassen sich im Hinblick auf seinen relativen Erfolg bei der Lancierung der

Initiative vier verschiedene Szenarien der Koordination unterscheiden: der klare ‚Homerun', der ergänzte ‚Homerun', der ‚Homerun' mit Abstrichen und der vereitelte ‚Homerun'.

Im ersten Szenario, dem klaren ‚Homerun', überzeugt der „first mover" die Kommission, daß ein spezifisches Problem das gesetzgeberische Eingreifen auf europäischer Ebene erfordert und daß es auf genau die Art und Weise behandelt werden sollte, wie das initiierende Land es vorschlägt. Seinen strategischen Vorteil vermag er zu behaupten, da das Problem eng umgrenzt, hochkomplex und von technischer Natur ist und beträchtliches Fachwissen erfordert und da sich damit verbundene Kosten und Nutzen nur schwer einschätzen lassen. Im zweiten Szenario, dem ‚ergänzten Homerun', ist der „first mover" ebenso erfolgreich bei der Lancierung seiner politischen Initiative. Er löst sogar den Effekt aus, daß andere darin auch Chancen sehen: die Kommission und andere Mitgliedsländer versuchen, seinem Vorschlag noch weitere, ähnliche Vorschläge hinzuzufügen. Schlußendlich wird ein recht umfassendes Gesetzeswerk verabschiedet. Im dritten Szenario gibt es einen ‚Homerun' mit Abstrichen: Das initiierende Land verwirklicht die grundlegenden Prinzipien seiner Politik, muß aber einige Konzessionen machen, die allerdings den wesentlichen Ansatz seiner Politik nicht in Frage stellen. Im vierten Szenario, dem vereitelten ‚Homerun' mit nachfolgendem ‚gemischtem Politik-Angebot', trifft der politische Vorschlag des „first mover" auf den entschlossenen Widerstand eines anderen Mitgliedslandes. Eine entgegengesetzte politische Vorgehensweise wird – möglicherweise schon sehr früh – vorgeschlagen. Dies mag die Folge unvereinbarer nationaler Traditionen von Regulierung sein und/oder das Ergebnis von Umverteilungswirkungen des ursprünglichen Vorschlags. Ist das Thema leicht zugänglich und hat redistributive Auswirkungen, erlangt es sehr schnell breite öffentliche Aufmerksamkeit, und „negative Koordination, Verhandeln und Kompensieren" setzen zu einem frühen Zeitpunkt ein. Kompromisse müssen gesucht werden. Dann wird entweder eine dritte, gemeinsame Lösung entwickelt oder anderenfalls werden weitere politische Instrumente hinzugenommen, aus deren ‚Mischung' die Mitgliedsstaaten die Mittel wählen können, mit denen sie das allgemein formulierte politische Ziel zu erreichen gedenken.

Das erste Szenario kam im Fall der Richtlinie über Großfeuerungsanlagen zum Tragen. Deutschland fungierte in den 80er Jahren als Schrittmacher, indem es Emissionsstandards festlegte und das Prinzip ‚Stand der Technik' (best available technology, BAT) vorschrieb. Seinen eigenen regulativen Stil übertrug es dann recht erfolgreich auch auf die europäische Ebene. Es schlug der Kommission vor, für bestimmte Schadstoffe, wie Schwefeldioxid, Stickoxid und Staubniederschlag von Fabrikanlagen, europäische Emissionsstandards gesetzlich zu verabschieden. Damit verband die Bundesrepublik den Vorschlag, ihren eigenen Problemlösungsansatz, der in der deutschen Großfeuerungsanlagen-Verordnung von 1982 festgelegt war, in die europäische Gesetzgebung einzubeziehen. Für Deutschland war es nur vernünftig, seine eigene Lösung auf die europäische Ebene zu heben und so Konkurrenznachteile für seine Industrie und Kosten für die institutionelle Anpassung an eine wahrscheinlich „fremde" europäische Lösung zu vermeiden. Die Kommission ihrerseits war unzufrieden mit der mangelnden Implementation ihrer vorausgegangen Maßnahmen zur Luftqualitätskontrolle in den Mitgliedsländern. Sie hieß deshalb den deutschen Vorschlag mit seiner Orientierung an Emissionen und Stand der Technik willkommen. Eine starke Opposition dagegen kam vor allem von Großbritannien, das dafür eintrat, zunächst zuverlässige wissenschaftliche Ergebnisse zu sammeln, bevor man irgend etwas Weiteres unternähme. Interventionen sollten dann immissions- oder luftqualitätsorientiert erfolgen. Um die Opposition zu verringern, wurde eine Rahmengesetzgebung verabschiedet, eine „Mutter-Richtlinie" (Rahmenrichtlinie über industrielle Einrichtungen), die weitgehend den deutschen Vorstellungen entsprach, mithin als ein deutscher ‚Homerun' interpretiert werden kann. Wie zu erwarten war, erwies sich der Entscheidungsprozeß über die ‚Tochter-Richtlinie', die Richtlinie über Großfeuerungsanlagen, welche Emissionsstandards für die ganze Gemeinschaft vorschreiben sollte, als sehr schwierig. Zwar gelang es der Bundesrepublik in Zusammenarbeit mit der Kommission, ihren grundsätzlichen politischen Ansatz, nämlich eine Emissionsbekämpfung an der Quelle gemäß Stand der Technik, zu verankern, aber im Ministerrat kam es daraufhin zwischen der Bundesrepublik, den Niederlanden und Dänemark einerseits und Großbritannien und Spanien andererseits zu einem langen und erbitterten Konflikt. Schließlich wurde 1988 nach fünfjährigen Verhandlungen die Richtlinie über Großfeuerungsanlagen erlassen. Der erreichte Kompromiß behielt den generellen von den Deutschen vorgeschlagenen Problemlösungsansatz bei. Was aber die absolute Emissionsreduktion angeht, so wurden sowohl Menge als auch Tempo einer Verringerung ganz wesentlich abgeschwächt. Aus der Sicht des ‚Initiators' stellt sich die Großfeuerungsanlagen-Direktive als ‚Homerun' mit Abstrichen dar.

Auf anderen Gebieten der Umweltpolitik waren die Briten diejenigen, die erfolgreich den ersten Zug machten, das zu behandelnde politische Problem definierten und die Kommission drängten, es auf die europäische Tagesordnung zu setzen und den britischen Lösungsansatz zu übernehmen. So folgte beispielsweise die europäische Gesetzgebung über Umweltmanagement und Selbstregulierung seitens der Betreiber von Anlagen (Öko-Audit-Regulierung), über öffentlichen Zugang zu Informationen (Richtlinie über Zugang zu Informationen) und über integrierte Schadstoffkontrolle dem britischen Beispiel. Die Briten unternahmen aus demselben Grunde den ersten Schritt, aus dem die Deutschen die oben erwähnte Gesetzgebung forciert hatten. Es gab in Großbritannien bereits einen Standard über Öko-Audit und Umweltmanagement, ebenso über Zugang zu Informationen. Indem man diese auf die europäische Ebene übertrug, ließen sich die Kosten einer Anpassung an eine entsprechende europäische Gesetzgebung vermeiden. Außerdem wollten die Briten nicht, daß nur ihre Industrie die Kosten solcher Verfahren zu tragen hätte. Was das Öko-Audit anbetraf, so hatte die ‚British Standard Institution' einen Standard entwickelt, der daraufhin der Europäischen Kommission als Modell für eine europäische Gesetzgebung angeboten wurde. Unter der Wirkung des Subsidiaritätsprinzips war die Kommission nur allzu bereit, dem „neuen" Ansatz zu folgen. Letzterer stand aber in unbedingtem Gegensatz zu der deutschen Regulierungs-Philosophie und traf daher auf vehemente Opposition. Deutschland wurde aber im Rat überstimmt und mußte die neue Regulierung akzeptieren. Öko-Audit war deutlich ein britischer ‚Homerun'.

Auch bei der Richtlinie über Zugang zu Informationen wurde die Politik entsprechend ähnlicher Szenarien entwickelt. Zwar gingen die Problemdefinition und der Handlungsdruck zunächst vom Europäischen Rat aus, der die Kommission drängte, die Transparenz administrativer europäischer Entscheidungsprozesse zu vergrößern (Lodge 1994). Aber es gab gleichzeitig eine eigene britische Entwicklung, die darauf abzielte, durch Zugang zu Informationen administrative Prozesse transparenter zu gestalten. Mit seinem neuen (1990) Umweltschutzgesetz hatte Großbritannien der Öffentlichkeit weitgehende Rechte zugestanden, sich über administrative Genehmigungsverfahren zu informieren. Es ist daher nicht verwunderlich, daß Großbritannien den Vorschlag der Kommission, eine Richtlinie über Zugang zu Informationen europaweit einzuführen, emphatisch unterstützte und versuchte, den Vorschlag inhaltlich nach seinen eigenen Begriffen auszugestalten. Die Kommission ihrerseits wollte dieses politische Prinzip sehr gern verwirklichen, um so mehr Einblick in nationale Implementationspraktiken und deren Wirksamkeit auf lokaler und regionaler Ebene zu gewinnen. Die Phase der „Problemlösung" wurde in diesem Fall deutlich von den Briten und deren Unterstützung einer neuen Offenheit dominiert. Deutschland widersetzte sich dem Vorschlag aus zwei Gründen: der traditionellen Geheimhaltung seiner Genehmigungsverfahren und dem Widerstreben seiner Industrie, Informationen preiszugeben. Der Kompromiß, welcher schließlich in der Phase „der negativen Koordination, des Verhandelns und des Kompensierens" erreicht wurde, bestand darin, einen weitgehenden Ermessensspielraum beim Implementationsprozeß zuzusichern.

Abgesehen von diesen Konzessionen, welche den Kern des neuen politischen Grundsatzes nicht berührten, waren die Informations-Richtlinie und das „Öko-Audit" ganz klar britische ‚Homeruns' in der europäischen Regulierungspolitik.

Im Gegensatz dazu zeigt sich im Falle der integrierten Schadstoffkontrolle (Integrated Pollution Control IPC) ein Koordinationsszenario, in dem ein erster Zug seitens der Briten von der Kommission unterstützt und dann durch die deutsche Opposition gestoppt wurde. Wieder einmal prallten der deutsche und der britische Problemlösungsansatz mit besonderer Heftigkeit aufeinander. Die Briten hatten in ihrem Umweltschutzgesetz von 1990 bereits eine integrierte Schadstoffkontrolle für Luft, Wasser und Boden niedergelegt. Die Kommission nutzte die britische Sachkenntnis für ihren europäischen Entwurf und bat die Briten, einen nationalen Experten nach Brüssel zu schicken, um „die Richtlinie zu formulieren". Also definierten die Briten in Zusammenarbeit mit der Kommission erfolgreich das Problem und setzten die Tagesordnung fest. Sie schlugen die Einführung von Qualitätsnormen vor, welche mittels national festzulegender Emissionsstandards erreicht werden sollten. Gegen diesen Vorschlag opponierte aber die deutsche Regierung, welche den Entwurf mit allen zur Verfügung stehenden Mitteln bekämpfte („Deutsche Umweltpolitik und ihre Erfolge stehen auf dem Spiel" – Interview der Autorin mit dem Bundesumweltministerium Mai 1993). Deutschland schlug statt dessen vor, Emissionsstandards für die ganze Gemeinschaft zu verabschieden und das Prinzip ‚Stand der Technik' (BAT) an jeder einzelnen Emissionsquelle anzuwenden. Weitere Kontroversen drehten sich um die Fragen, wie der ‚Stand der Technik' zu definieren sei, ob wirtschaftliche Aspekte zu berücksichtigen seien und ob und in welchem Maße die Öffentlichkeit Zugang zu den Zulassungsverfahren erhalten solle. Infolge dieser frühen Polarisierung wurden mehrere Entwürfe diskutiert, welche versuchten, allen beteiligten Interessen gerecht zu werden. Dies führte zu einem Kompromißentwurf, der wahrhaft ein ‚gemischtes Politik-Angebot' war. Im letzten Stadium nutzte aber Deutschland seine Präsidentschaft im Rat dazu aus, den Entwurf wesentlich zu verändern. Es gelang ihm, die „BAT-Vermeidungsklausel" zu verhindern, also die Möglichkeit, auf einer bestimmten Stufe von Umweltqualität nicht mehr unbedingt die beste verfügbare Technologie einzusetzen. Regionale Qualitätsnormen und nationale Emissionsstandards blieben aber bestehen, und für die südlichen Mitgliedsstaaten wurden spezielle Ausnahmeregelungen eingeführt. Insgesamt zeigt die Entwicklung dieser wichtigen neuen Richtlinie auf dem Gebiet des Umweltschutzes ein deutliches Muster: In der Anfangsphase von Problemdefinition und Festlegen der Tagesordnung arbeitet die Kommission mit Großbritannien zusammen, da dessen Problemdefinition und politischer Ansatz mit der vorherrschenden Problemlösungs-Philosophie der Gemeinschaft übereinstimmt. Während der Expertenkonsultationen gelingt es den Briten, ihren Problemlösungs-Ansatz zu verankern, der sich an einem integrierten Vorgehen orientiert, mit Umweltqualitätsnormen und öffentlichem Zugang zu Informationen; dies sehr zum Mißfallen der Deutschen, welche sich bei dem Regulierungs-Spiel im Abseits wiederfinden. Als während des Verhandlungsprozesses um die formale Entscheidung die tatsächlichen Kosten und Nutzen hervortraten, wurden gegenüber den deutschen Forderungen Konzessionen gemacht. Die Briten, der „first mover", mußten erkennen, daß, was zunächst ein leichtes Spiel schien, bis dato in einem vereitelten ‚Homerun' und einer ‚Politik-Mischung' aus verschiedenen politischen Instrumenten endet.

Insgesamt wird deutlich, daß die formbaren Strukturen und Prozesse der europäischen Politik durch unternehmerische Akteure dazu benutzt werden, diese Politik nach ihren eigenen Vorstellungen zu gestalten. Es kann einen maßgeblichen Vorteil bei der Formulierung eines politischen Entwurfs bedeuten, wenn man den ersten Schritt macht. Schließlich müssen aber – wenn nicht die Frage, um die es geht, extrem komplex und den meisten Akteuren unzugänglich ist – Kompromisse gefunden werden, die die verschiedenen Interessen und Traditionen miteinander in Einklang bringen.

3. Regulierungsinstrumente

Die Notwendigkeit, bei der europäischen Politik verschiedene Ansätze und Lösungswege unter einen Hut zu bringen, wirkt sich darauf aus, welche Instrumente angewendet werden können. In dieser Hinsicht hat in den vergangenen Jahren ein augenfälliger Wandel stattgefunden. Zunehmend werden mildere Instrumente benutzt, die ökologisches Verhalten nicht detailliert und strikt regeln, sondern vielmehr auf Anreize und Modi ökologischer Selbstregulierung setzen. Detaillierte Regulierungen zu Emissionen und Genehmigungsverfahren nach dem deutschen Modell sind also mehr und mehr durch Praktiken des Umweltmanagements, durch Verfahren der Selbstüberwachung der Industrie und durch eine Politik der Transparenz ersetzt worden. Außerdem gibt es eine wachsende Tendenz, den Mitgliedsländern die Wahl der Mittel zur Erreichung von Umweltqualitätszielen zu überlassen.

Für diese Transformation des Gesamtstils der Regulierungen sind drei Faktoren verantwortlich: erstens ein generell veränderter Problemlösungsansatz als Folge der wachsenden Bedeutung der Philosophie von Deregulierung, Liberalisierung und Privatisierung; zweitens ein Vorgang pragmatischen politischen Lernens, in dessen Verlauf aus den Erfahrungen mit der Implementation von Maßnahmen Schlüsse gezogen wurden, die den Gebrauch neuer Instrumente nahelegt; drittens institutionelle Innovationen, durch die sich neue Gelegenheiten zur Realisierung politischer Veränderungen ergaben.

Was die insgesamt veränderte Art des Problemlösens angeht, so markieren die 80er Jahre eine generelle Wende von detaillierter staatlicher Regulierung hin zu Deregulierung, Liberalisierung und Privatisierung. Übersetzt auf politische Instrumente bedeutet dies die Anwendung von Marktanreizen, von Informationen und von Managementverfahren zur Erreichung der erwünschten politischen Ziele. Der Wandel bei den Problemlösungsansätzen wurde durch die Erfahrung von Fehlschlägen beschleunigt. Der Einsatz detailliert formulierter Regulierungsinstrumente hatte sich in der Vergangenheit nicht als allzu erfolgreich erwiesen. Zum einen verläuft der Prozeß einer Abstimmung umweltpolitischer Vorgehensweisen bis ins Einzelne sehr langsam und mühevoll. Soll er mit der schnellen technischen und wissenschaftlichen Entwicklung im Produktionsprozeß Schritt halten, so erfordert er sehr viel Zeit und Informationen. Auf Grund seiner Langsamkeit behindert der Harmonisierungsprozeß die Verwirklichung des Gemeinsamen Marktes. Zum anderen erwies sich eine detaillierte, zentrale Umweltregulierung als unangemessen angesichts der Verschiedenheit lokaler und regionaler Bedingungen in den Mitgliedsstaaten. Darüber hinaus wuchs in der Industrie die Unzufriedenheit über häufig wechselnde Regulierungen. Insbesondere riefen die hohen Kosten für Investitionen auf dem Gebiet von Umwelttechnologien in den ärmeren Mitgliedsländern starke Kritik hervor und führten zu dem Ruf nach zwei Ebenen der Regulierung (Scharpf 1994). Die unzulängliche Implementation europäischer Umweltgesetzgebung besonders in diesen Ländern bot einen weiteren Grund, nach neuen Instrumenten zu suchen. Denn ein notorisches Implementationsdefizit bedeutet für die europäische Politik zunehmend einen Verlust an Glaubwürdigkeit.

Die Anwendung neuer politischer Instrumente wurde auch durch drei institutionelle Innovationen gefördert, nämlich das Binnenmarktprogramm, die Rechtsprechung des Europäischen Gerichtshofs und die Einführung des Prinzips der qualifizierten Mehrheit. Reformorientierte Akteure bekamen damit neue Möglichkeiten an die Hand, in den Austausch- und Verhandlungsprozessen innerhalb des Netzwerkes ihre Ziele zu erreichen. Das Programm des Gemeinsamen Marktes mit seinem Ziel eines Abbaus der Handelsschranken lenkte die Aufmerksamkeit darauf, wie langsam der Harmonisierungsprozeß vor sich ging. Mit seiner Einführung des Prinzips „gegenseitiger Anerkennung" (Äquivalenzprinzip) brachte das ‚Cassis-de-Dijon'-Urteil (1979) eine neue Handlungsrichtlinie für die Herstellung des Binnenmarktes, welche anschließend in die ‚Einheitliche Europäische Akte' von 1986 aufgenommen wurde. Nach dem Prinzip „gegenseitiger Anerkennung" müssen Produkte und Dienstleistungen eines Mitgliedslandes von anderen Mitgliedsstaaten anerkannt werden, falls sie mit den legalen Normen des Herkunftslandes übereinstimmen. Das „Äquivalenzprinzip" schuf mehr Toleranz für eine Vielfalt der Prozeßregulierung von Produktionsabläufen. Die neue Leitidee hängt eng mit dem Subsidiaritätsprinzip zusammen. Dies postuliert, den Mitgliedsländern oder subnationalen Akteuren so viele politische Aktivitäten wie möglich zu überlassen, was wiederum eine regulatorische Vielfalt in Europa unterstützt.

Die neuen politischen Instrumente, welche gemäß dem neuen Grundsatz angewendet werden, ersetzen zunehmend die detaillierte Regulierung von Emissionen an der Quelle; sie benutzen Anreize und setzen auf Selbstregulierung der Unternehmen sowie auf Kosten-Nutzen-Analyse. Immer häufiger wird die Möglichkeit geboten, zwischen verschiedenen politischen Instrumenten zu wählen, um die vorgegebenen Ziele für Luftqualität zu erreichen. Diese Orientierung an Luftqualität und die freie Wahl der Instrumente auf nationaler Ebene setzen zwar keine genauen Emissionsstandards fest, sind jedoch mit einem neuen Kontrollinstrument gekoppelt: Die Kommission lädt die Öffentlichkeit und Interessengruppen sozusagen ein, Implementationsmängel anzuzeigen, indem sie den Zugang zu Informationen über Genehmigungsprozeduren und Emissionsdaten anbietet. Sie hofft, dadurch mehr Kontrolle über die Implementation europäischer Umweltgesetzgebung zu erlangen, ohne strenge regulatorische Maßnahmen ergreifen zu müssen. Diese Verknüpfung zweier Instrumente, der Umweltqualitätsziele (plus Wahl der Instrumente) und des Zugangs zu Informationen, findet sich in vielen neuen, wichtigen Richtlinien, etwa in der Rahmenrichtlinie über Luftqualität und in der Richtlinie über integrierte Schadstoffkontrolle.

IV. Schlußfolgerungen

Wie verbinden sich die typischen Muster, welche der europäischen Umweltpolitik zugrundeliegen? Man könnte sagen, Vielfalt sei der „generic code" (Moe/Caldwell 1994) der Europäischen Gemeinschaft, aus dem sich alle wichtigen Merkmale des europäischen Gemeinwesens ableiten. Da die europäischen Akteure so unterschiedlich sind und die nationalen Regierungen darauf bedacht sind, eine relative Autonomie zu wahren, wurden die formalen institutionellen Strukturen absichtlich so ausgelegt, daß diese Autonomie erhalten bleibt. Dies führte zu einem mühsamen, segmentierten politischen Entscheidungsprozeß mit zentrifugalen Tendenzen, bei dem politische Kräfte nicht, wie in den parlamentarischen Demokratien der Mitgliedsländer, gebündelt werden. Da sich Politikgestaltung in einem fragmentierten System entwickelt, gewannen die Kommission sowie der Europäische Gerichtshof – und dies ist eine unbeabsichtigte Konsequenz der absichtlich eingerichteten losen institutionellen Struktur – eine mächtige Position. Es gibt wohl ein Engagement des für Umweltfragen zuständigen Generaldirektorats. Jedoch muß dieses bei seinen politischen Bestrebungen immer die Vielfalt der konstitutiven Einheiten der Europäischen Union im Auge behalten, denn formell haben die Mitgliedsländer im Rat das letzte Entscheidungsrecht. So sind die europäische Vielfalt und die Führungsposition der Kommission sich gegenseitig verstärkende Muster.

Literatur

Benz, Arthur, 1992: Mehrebenen-Verflechtung: Verhandlungsprozesse in verbundeigenen Entscheidungsarenen. S. 147-205 in: *Arthur Benz, Fritz W. Scharpf* und *Reinhard Zintl* (Hg.): Horizontale Politikverflechtung. Zur Theorie von Verhandlungssystemen. Frankfurt a.M.: Campus Verlag.
Eichener, Volker, 1992: Social Dumping or Innovative Regulation? Processes and Outcomes of European Decision-Making in the Sector of Health and Safety at Work Harmonisation. Arbeitspapier SPS 92/28. Florenz: European University Institute.
Eichener, Volker, 1995: Die Rückwirkungen der europäischen Integration auf nationale Politikmuster. In: *Markus Jachtenfuchs* und *Beate Kohler-Koch* (Hg.): Europäische Integration. Opladen: Leske + Budrich.
Gehring, Thomas, 1995: Die EG-Umweltpolitik im Spannungsfeld von Umweltschutz und Binnenmarktpolitik. Vortrag an der „Konferenz über ‚Regulative Politik in Europa' des Arbeitskreises Europäische Integration der Deutschen Vereinigung für Politische Wissenschaft", Köln, 8. Dezember 1995.
Haas, Ernst B., 1990: When Knowledge is Power. Three Models of Changes in International Organizations. Berkeley: Univ. of California Press.
Héritier, Adrienne, Christoph Knill und *Susanne Mingers*, 1996: Ringing the Changes in Europe. Regulatory Competition and the Transformation of the State; Britain, France and Germany. Berlin und New York: de Gruyter (erscheint Juli 1996).

Kassim, Maria, 1994: Policy Networks, Networks and European Union Policy Making: A Sceptical View, West European Politics 17: 15ff.
Laumann, Edward O., et al., 1978: Community Structure as Interorganizational Linkages, Annual Review of Sociology 4: 455ff.
Leibfried, Stephan, und *Paul Pierson* (Hg.), 1995: European Social Policy. Between Fragmentation and Integration. Washington: The Brookings Institution.
Lewis, Jeffrey, 1995: The European Union as a „Multiperspectival Policy". Vortrag an der Fourth Biennial International Conference of the European Community Association. Charleston, SC, 11.-14. Mai 1995.
Lodge, Juliet, 1994: Transparency and Democratic Legitimacy, Journal of Common Market Studies 32: 343ff.
Mayntz, Renate, und *Fritz W. Scharpf* (Hg.), 1995: Gesellschaftliche Selbstregelung und politische Steuerung. Frankfurt a.M.: Campus Verlag.
Moe, Terry M., und *Michael Caldwell*, 1994: The Institutional Foundations of Democratic Government: Comparison of Presidential and Parliamentary Systems, Journal of Institutional and Theoretical Economics 150(1): 171-195.
Moravscik, Andrew, 1991: Negotiating the Single European Act: National Interests and Conventional Statecraft in the European Community, International Organization 45: 41ff.
Ross, George, 1995: Assessing the Delors Era and Social Policy. S. 357-388 in: *Stephan Leibfried* und *Paul Pierson* (Hg.): European Social Policy, Between Fragmentation and Intexgration. Washington: The Brookings Institution.
Ruggie, John G., 1993: Territoriality and Beyond: Problematizing Modernity in International Relations, International Organization 47: 139ff.
Scharpf, Fritz W., und *Matthias Mohr*, 1994: Efficient Self-Coordination in Policy Networks. A Simulation Study. Diskussions-Papier 94/1. Köln, Max-Planck-Institut für Gesellschaftsforschung.
Scharpf, Fritz W., 1994: Community and Autonomy. Multilevel Policy-Making in the European Union. Arbeitspapier No. 94/1 des Robert Schuman Centre.
Schneider, Volker, Godefroy Dang-Nguyen und *Raymund Werle*, 1994: Corporate Actor Networks in European Policy-Making: Harmonizing Telecommunciations Policy, Journal of Common Market Studies 32: 473ff.
Snidal, Duncan, 1994: The Politics of Scope: Endogenous Actors, Heterogeneity and Institutions, Journal of Theoretical Politics 6: 449ff.
Tsebelis, George, 1990: Nested Games. Berkeley/Los Angeles: University of California Press.
Tversky, Amos, und *Daniel Kahneman*, 1981: The Framing of Decision and the Psychology of Choice, Science 211: 453ff.
Williamson, Oliver E., 1975: Markets and Hierarchies: Analysis and Antitrust Implications. New York: Free Press.

Aus dem englischen Originalmanuskript übersetzt von *Gisela Jaeger-Weise*.

IV.
Methodische Praxis und Probleme

DER UMGANG MIT UNBESTIMMTHEIT UND KOMPLEXITÄT UND DER GEBRAUCH VON COMPUTERSIMULATIONEN

Dietrich Dörner

Zusammenfassung: In diesem Artikel geht es um die Schwierigkeiten, die Menschen mit komplexen, unbestimmten und „langsamen" Realitäten haben. Solche Realitäten wie Wirtschaft, Politik und Ökologie unterscheiden sich von unseren gewöhnlichen Alltags-Realitäten. Sie enthalten Kausalketten, die in hohem Maße miteinander vernetzt sind, so daß Nebenwirkungen des Handelns eher die Regel als die Ausnahme sind, sie sind meist intransparent; man kann nur einen Teil der Prozesse, die in solchen Systemen ablaufen, beobachten, und sie sind gekennzeichnet durch „schwache" Kausalbeziehungen: Die Größe der Ursache korrespondiert nicht mit der Größe der Wirkung. Die Übertragung der Beurteilungs- und Handlungsgewohnheiten aus unserer Alltagswelt auf solche komplexen Realitäten ist wegen der Andersartigkeit der Gesetzmäßigkeiten in solchen Welten gewöhnlich problematisch. Menschen zeigen daher beim Umgang mit solchen Realitäten eine Menge inadäquater Denkmuster. Besonders schlecht können sie mit Zeit umgehen; die Zeitgesetze von Abläufen werden nicht erkannt oder es wird falsch extrapoliert. Menschen neigen weiterhin bei komplexen Systemen z.B. zu reduktiven Hypothesenbildungen und versuchen, die eine Variable zu ermitteln, von der alles Geschehen abhängt. Alle diesen inadäquaten Denkmuster lassen sich auf vier Merkmale des menschlichen kognitiven Systems zurückführen, nämlich auf die begrenzte Kapazität und Langsamkeit des bewußten menschlichen Denkens, auf das Bestreben, das Gefühl der eigenen Kompetenz zu bewahren, auf die „Überwertigkeit" des aktuellen Motivs und schließlich auf das schlichte Vergessen, welches uns die Einsicht in die Gesetze zeitlicher Abläufe erschwert. Ein Mittel zum Üben des adäquaten Umgangs mit komplexen Systemen scheint die Konfrontation von Personen mit computersimulierten Modellen komplexer Systeme zu sein.

I. Verschiedene Realitäten

Menschen wissen ziemlich gut, wie sie mit ihrer Alltagswelt umzugehen haben. Sie wissen, wie man den Backherd anstellt, Auto fährt, einen Füllhalter füllt, den Fernseher einschaltet, einkauft usw. – Menschen bewegen sich aber nicht nur in ihrer Alltagswelt, sondern auch in anderen Welten, von denen sie weniger wissen. Weniger wissen sie gewöhnlich von den Welten der *komplexen, unbestimmten und langsam* ablaufenden Prozesse (im weiteren nennen wir solche Prozesse KUL-Prozesse). Was kennzeichnet solche KUL-Welten und wie unterscheiden sie sich von Alltagswelten?

Die Alltagswelt, in der wir uns gewöhnlich bewegen, ist die Welt der *akkumulierten* Systeme mit *kurzen Totzeiten* (Totzeit ist die Zeit, in der eine Wirkung unsichtbar, also gewissermaßen im Tunnel bleibt). Betrachten wir z.B. ein Auto. Bei dieser Maschine sind die verschiedenen Eingriffe voneinander *unabhängig*. Betätige ich die Lenkung, so wird dadurch gewöhnlich nicht zugleich das Radio an- oder ausgeschaltet oder gebremst. Betätige ich die Bremse, so geht nicht zugleich der Blinker an. Stelle ich den Scheibenwischer ein, so leuchten nicht zugleich die Heckleuchten auf. Das Auto ist eine *Akkumulation* verschiedener, voneinander *unabhängiger* Kausalketten, ein unverbundenes Nebeneinander verschiedener Wirkbeziehungen. Damit ist es paradigmatisch für die Objekte, mit denen wir gewöhnlich umgehen. Die meisten der Apparate und Maschinen, derer wir uns gewöhnlich bedienen, haben diesen akkumulativen Charakter. Der akkumulative Charakter dieser Systeme macht sie *nebenwirkungsfrei*; Veränderungen in dem einen Teilsystem wirken sich nicht auf die anderen aus.

Auch ist es für die Gegenstände unserer Alltagswelt kennzeichnend, daß die Reaktionszeiten relativ kurz sind. Das Auto reagiert *direkt* auf die Bremse, der Lichtschalter unmittelbar auf den Knopfdruck, die Deckenbeleuchtung unmittelbar auf die Betätigung des Lichtschalters, das Diktiergerät direkt auf den Tastendruck.

Weiterhin sind die Wirkungen der Handlungen in unserer täglichen Umwelt aufgrund des akkumulativen Charakters der in ihr enthaltenen Systeme und wegen der kurzen Reaktionszeiten gewöhnlich *fernwirkungsfrei*. Unsere alltäglichen Verrichtungen haben meist keine Fernwirkungen oder sehen doch so aus, als ob das der Fall wäre. Die Betätigung der Stopptaste meines Diktiergerätes wirkt nicht nach 3 Stunden auf die Temperatur des Kühlwassers meines Autos und nicht nach 2 Monaten auf die Wuchsbedingungen der Tulpen in meinem Garten. Die Tatsache, daß ich während des Zähneputzens das Wasser laufen lasse, hat zwar Auswirkungen auf den Grundwasserbestand und die Verfügbarkeit von Trinkwasser, diese sind aber – wenn ich nur mein eigenes Verhalten betrachte – so minimal, daß ich sie gewöhnlich nicht berücksichtige. Die Handlungen meiner alltäglichen Umwelt haben also entweder keine Fernwirkungen oder aber diese sind unerheblich oder zunächst unsichtbar und werden daher normalerweise nicht berücksichtigt.

Die Systeme unserer täglichen Umwelt sind weiterhin beherrscht von *starken* Kausalbeziehungen. Drehe ich den Wasserhahn weit auf, so fließt auch viel Wasser. Je mehr ich den Lautstärkeregler am Radio aufdrehe, desto lauter wird die Musik. – Gewöhnlich gibt es also bei meinen Alltagshandlungen eine hohe Korrespondenz zwischen der Stärke der Ursache und der Stärke der Wirkung. Das Sprichwort mahnt uns zwar, die Tatsache zu beachten, daß manchmal ein Tropfen das Faß zum Überlaufen bringt, daß also auch *kleine* Ursachen große Wirkungen haben können, aber es gibt wohl solche Sprichworte gerade deshalb, weil wir dazu neigen, solche Beziehungen nicht zu beachten.

Ein weiteres Merkmal der Systeme unseres täglichen Umgangs ist ihre *Transparenz*. Ich sehe, wie das eine auf das andere wirkt. Wirkungen, die scheinbar plötzlich aus dem „off" kommen, sind selten und so ungewöhnlich, daß wir sie als „Wunder" zu bezeichnen pflegen und gar nicht so recht an sie glauben mögen. Wenn sie sich nicht wiederholen, vergessen wir sie schnell: Zufall! – Und weil die Gegenstände unserer täglichen Umwelt transparent sind, durchschauen wir die Gesetze, die sie beherrschen, gewöhnlich gut und haben viel und sicheres Wissen über die Dinge.

In unserer täglichen Umwelt gibt es also *unverbundene* Kausalbeziehungen und dementsprechend ist unser Handeln gewöhnlich nebenwirkungsarm, die *Reaktionszeiten* sind kurz; die Effekte unseres Handelns werden schnell sichtbar. Es gibt keine Fernwirkungen. Und unser Handeln ist beherrscht von starken Kausalbeziehungen; schwache Kausalbeziehungen, in denen schwache Ursachen starke Wirkungen oder starke Ursachen nur schwache Wirkungen haben, treten gewöhnlich nicht auf. – Außerdem ist unsere Umwelt gewöhnlich transparent; es gibt keine oder nicht viele verborgene Eigenschaften. Und deshalb wissen wir viel über unsere alltägliche Umwelt.

Realitätsbereiche wie Politik, „Umwelt", Wirtschaft haben andere Merkmale. In diesen Welten der komplexen, unbestimmten und langsamen Prozesse herrschen oft andere Gesetze. Hier gibt es z.B. nicht selten *abhängige* Kausalketten. Um ein Wort des Kybernetikers Ross Ashby abzuwandeln: hier geschieht fast nie nur *ein* Ereignis. Greifen wir in ein Ökotop ein, nehmen wir z.B. eine Pflanze heraus, so ist nicht nur einfach die Pflanze verschwunden. Wir beeinflussen mit der Entfernung der Pflanze bestimmte Insektenarten, die von und mit der Pflanze lebten, und damit andere Insekten, die von den ersten leben oder Vögel, denen die Insekten als Nahrung dienen; wir beeinflussen vielleicht die Chemie des Grundwassers, da die Wurzeln der Pflanze Salz binden usw. – Gleichartiges gilt für unsere soziale oder unsere politische Umwelt. Die Nato konnte z.B. im Bosnienkrieg nicht einfach die Stellungen der bosnischen Serben bombardieren, um diesen auf diese Art und Weise die Möglichkeit zu weiteren aggressiven Akten zu nehmen. Es werden nämlich durch ein solches Bombardement nicht nur einfach die Geschützstellungen zerstört; vielmehr *steigert* es u.U. den Trotz und die Kampfbereitschaft der Bombardierten, erzeugt in dem traditionell mit den Serben sympathisierenden Rußland Mitleid und Hilfsbereitschaft und entsprechende diplomatische Aktionen usw. usw.

Die Kausalketten unserer biologischen, politischen und sozialen Umwelt sind fast nie isoliert, sondern Teile von Netzwerken, und daraus ergeben sich komplizierte Wechselwirkungen. In Systemen, die nicht Akkumulationen, sondern Netzwerke von Kausalbeziehungen sind, muß man grundsätzlich mit *Nebenwirkungen* rechnen. Weiterhin ist – genau so grundsätzlich – mit Fernwirkungen zu rechnen. Eine Handlung mag einen bestimmten Effekt haben; gewöhnlich hat sie aber in sozialen und biologischen Systemen nicht nur diesen Effekt, sondern Folgeeffekte. Nehme ich eine Pflanze aus einem Biotop heraus, so geschieht vielleicht zunächst gar nichts. Die Insekten, die sich von dieser Pflanze ernährten, ernähren sich nun von einer anderen Pflanze. Auf die Dauer aber wird dadurch die Population dieser zweiten Beutepflanze zu stark belastet und geht zurück. Und dann plötzlich ergibt es sich, daß – lange nach der ersten Maßnahme – als deren Folgewirkung eine Vogelart verschwindet, die mit der ersten Pflanze „direkt" überhaupt nichts zu tun hat.

In sozialen und biologischen Systemen muß man nicht nur aufgrund ihres nicht-akkumulativen Charakters mit Neben- und Fernwirkungen von Maßnahmen rechnen, sondern auch damit, daß Maßnahmen oftmals auf den ersten Blick gar nicht wirken; sie haben anscheinend keine Folgen. – Ein Gesundheitsminister führt eine Gesundheitsreform durch; nichts geschieht! Erst lange nach der Maßnahme zeigen sich Wirkungen; die Totzeiten der Maßnahmen sind hoch.

Weiterhin kommen in biologischen, ökologischen, sozialen und politischen Welten *schwache* Kausalbeziehungen vor. Ein Sandkorn bringt manchmal eine Lawine ins Rollen und ein Felsbrocken bewirkt gar nichts. Man denke in diesem Zusammenhang an die jüngste politische Vergangenheit, an den Zusammenbruch der DDR. Was wäre geschehen, wenn das Politbüro-Mitglied Schabowski nicht Journalisten gegenüber „voreilig" hätte die Anmerkung fallen lassen, daß man ja vielleicht die Grenzen nach West-Berlin öffnen könnte. Dann hätten vielleicht die Ereignisse des „9. November 1989" und alle seine Folgen nicht stattgefunden. – Man kann über die Bedeutung der Rolle solcher „kleinen"

Ereignisse im Bereich der Politik verschiedener Meinung sein. Man kann z.B. die Auffassung haben, daß, wenn „die Zeit reif ist", sich immer ein solches „kleines Ereignis" findet. Und daß daher das eigentlich Entscheidende doch die „großen" Entwicklungen seien. Ich glaube aber, daß man auch genügend Beispiele dafür findet, daß das Fehlen der „kleinen Ereignisse" dazu führt, daß eben gar nichts geschieht, daß sich alles wieder beruhigt und es über Jahre, Jahrzehnte oder Jahrhunderte so weiter geht, wie schon vorher. – Schwache Kausalbeziehungen machen Systeme *chaotisch* (vgl. z.B. Briggs und Peat 1990; Zeitler und Neidhardt 1993); Scheinbar ohne Grund ändern Entwicklungen ihre Richtung; scheinbar ohne Anlaß – daher unerwartet – treten Ereignisse auf. Realitäten mit schwachen Kausalbeziehungen wirken deshalb chaotisch, weil man die „kleinen" Bedingungen der Ereignisse nicht sieht und auch – aufgrund des Vorherrschens „starker" Kausalbeziehungen im Alltag – nicht gewohnt ist, ihnen besondere Beachtung zu schenken.

Die Existenz schwacher Kausalbeziehungen zusammen mit dem Netzcharakter macht den Umgang mit KUL-Systemen schwierig, weil es deshalb kaum übergreifende „rezeptartige" Handlungsanweisungen für solche Systeme gibt. Manchmal ist eine Handlung richtig, die unter ähnlichen, aber eben *etwas* anderen Umständen falsch ist. Manchmal mag es richtig sein, eine Währung aufzuwerten, um die Wirtschaftslage positiv zu beeinflussen, manchmal ist unter ganz ähnlichen Bedingungen eine Abwertung richtig. Manchmal kann es richtig sein, ein ökologisches System durch Bejagung einer bestimmten Tierart zu stabilisieren, ein anderesmal ist eine Schonung der gleichen Tierart angebracht. – Tyrannenmord muß nicht in der Beseitigung der Tyrannis enden, sondern schafft mitunter erst die Bedingungen dafür, wie Brutus erfahren mußte, als er durch die Ermordung Caesars keineswegs nur den Tyrannen beseitigte, sondern zugleich die Bedingungen für den Untergang der römischen Republik im Kaisertum des Augustus schuf.

Situationen in KUL-Welten sind fast nie „gleich" und auf dieselbe Art und Weise zu behandeln. Hinsichtlich einzelner Merkmale unterscheiden sich die Situationen immer. Dies führt dazu, daß man mit großer Bedachtsamkeit und unter Berücksichtigung der jeweils einzigartigen Gesamtsituation handeln muß. Clausewitz sagt hierzu: „Der Krieg in seinen höchsten Bestimmungen besteht nicht aus einer unendlichen Menge kleiner Ereignisse, die in ihren Verschiedenheiten sich übertragen, und die also durch eine bessere oder schlechtere Methode besser oder schlechter beherrscht würden, sondern aus einzelnen großen, entscheidenden, die individuell behandelt sein wollen. Er ist nicht ein Feld voll Halme, die man ohne Rücksicht auf die Gestalt der einzelnen mit einer besseren oder schlechteren Sense besser oder schlechter mäht, sondern es sind große Bäume, an welche die Axt mit Überlegung, nach Beschaffenheit und Richtung eines jeden einzelnen Stammes angelegt sein will" (Clausewitz 1880: 130f.). – Was Clausewitz hier vom Kriege sagt, gilt allgemein für KUL-Systeme. Es ist vielleicht schwer einzusehen, daß es in KUL-Systemen keine allgemeinen Regeln gibt, aus denen man das „richtige" Verhalten für jede Situation ableiten kann; dennoch kann man von dieser Annahme ausgehen – wie auch die folgenden Beispiele zeigen.

KUL-Welten sind weiterhin durch Intransparenz gekennzeichnet. Entwicklungen vollziehen sich in ihnen oft unsichtbar. Wichtige Variablen ändern ihre Werte und wir sehen das nicht. In einer Landschaft sinkt langsam der Grundwasserspiegel. Lange sind die Wirkungen kaum sichtbar, dann aber – scheinbar plötzlich – ereignen sich Katastrophen. Oder die Identifizierung der Mitglieder einer Gruppe mit den Gruppennormen, der

Gruppenideologie, sinkt ganz langsam ab. Die Gruppenkohäsion verschwindet, die Selbstverständlichkeit der Normen verschwindet langsam, aber das alles ist kaum wahrnehmbar. Und ganz plötzlich kollabiert die Gruppe oder das politische System. – Aus der Langsamkeit der Prozesse und aus der eingeschränkten Beobachtbarkeit folgt, daß wir Gesetze, die die „langsamen" Welten beherrschen, gewöhnlich nicht leicht erkennen können. Wenn heute ein Ereignis stattfindet, in zwei Wochen wieder eines, dann das nächste ein halbes Jahr später, dann wieder eines nach drei Monaten, so fällt es uns sehr schwer, diese Ereignisse zusammenzubringen, da wir das eine längst vergessen haben, wenn das nächste auftritt. So bekommen wir kein Bild über die Gestalt des ablaufenden Prozesses. Und so haben wir gewöhnlich wenig Wissen über die Strukturen jener „langsamen" Prozesse.

Weil die KUL-Welten anders sind als unsere Alltagswelt, sollten wir unser Alltagswissen, das intuitive Weltbild, das wir aus unseren Alltagserfahrungen ableiten, nicht so ohne weiteres auf die KUL-Welten übertragen. Unsere Erfahrungen mit der Alltagsrealität sind für diese anderen Welten bis zur Gefährlichkeit falsch! Die Welt der ökologischen, ökonomischen und politischen Prozesse stellt uns vor ganz andere Probleme als unsere Alltagswelt.

Früher war es für den einzelnen Bürger ziemlich unwichtig, die Gesetze von KUL-Welten zu kennen; heute aber ist es notwendig, daß er sie kennt und berücksichtigt. Denn die Umweltprobleme, mit denen wir in immer stärkerem Maße konfrontiert werden, sind Probleme von KUL-Welten. Und wirkliches „Umweltbewußtsein" kann daher nur heißen: Wissen um die Merkmale und Besonderheiten von KUL-Welten. Echtes Verantwortungsbewußtsein der Umwelt gegenüber kann sich nur aus dem Wissen um die Merkmale von KUL-Welten entwickeln. Und wenn man nicht nur ein Umweltbewußtsein haben möchte, das „schick", weil „in" ist, sich aber auf das symbolische Zusammenklopfen von Weißblechdosen oder Zeitungssammeln oder ähnliche „low cost-Aktivitäten" (North 1986) beschränkt und die hauptsächlichen umweltschädigenden Verhaltensweisen (Autofahren z.B.) nicht vermeidet, d.h. wenn man die Bereitschaft für wirklich verantwortungsbewußtes Handeln der Umwelt gegenüber fördern möchte, so sollte man sich überlegen, auf welche Weise man Menschen die Gesetze von KUL-Welten nahebringen kann.

Man könnte einwenden, daß doch das Umweltbewußtsein der Bundesbürger ziemlich gut entwickelt ist und daher ein Handlungsbedarf nicht bestünde. Es gibt aber genügend Anzeichen dafür, daß dieses „Umweltbewußtsein" nicht auf wirklicher Einsicht basiert, sondern seine Wurzeln mehr in den Bemühungen hat, sich der vorherrschenden „Umwelt"-Gruppenideologie anzupassen. Ein Indiz dafür ist, daß mehr als 80 Prozent der Teilnehmer einer Befragung der Meinung sind, sich in hohem Maße umweltgerecht zu verhalten (Diekmann und Preisendörfer 1991). Dahingegen attestierten sie nur rund 40 Prozent ihrer Mitbürger das gleiche. – Auch zeigt es sich, daß das Umweltbewußtsein in hohem Maße abhängt von den jeweiligen wirtschaftlichen Bedingungen. Zu Zeiten wirtschaftlicher Prosperität rangieren Umweltprobleme weit oben auf der Skala derjenigen Probleme, deren man sich besonders annehmen sollte. In Zeiten geringerer wirtschaftlicher Prosperität sinkt die Einschätzung der Bedeutsamkeit von Umweltproblemen signifikant ab. Alles das zeigt, daß die Umweltproblematik nicht so sehr auf wirklicher Einsicht basiert, sondern in Zeiten, in denen man sich das leisten kann, dem einzelnen das angenehme Gefühl gibt, „ok" zu sein. Ein solches Umweltbewußtsein ist nicht sehr belastungsfähig. Wie aber kann man es erreichen, daß das Umweltbewußtsein auf festeren Füßen steht?

Unser Schulsystem hat sich in bestimmter Weise schon immer dem Umgang mit KUL-Systemen gewidmet. Schulfächer wie Geschichte, Gegenwartskunde, Politik, Geographie und Erdkunde; vielleicht auch das Grundschulfach Heimatkunde betreffen KUL-Welten.

Es fällt auf, daß sich das Wortende „-kunde" in der Liste dieser Fächer häuft. Tatsächlich werden alle diese Fächer gewöhnlich „episodisch" gelehrt. Die entsprechenden Sachverhalten und Ereignisse werden „kundgetan". Es wird gelehrt, daß dann und dann das und das der Fall gewesen ist oder daß dort oder dort, der und der das und das getan hat. – Irgendein König hat irgendeinem anderen aus einem oder mehreren Gründen den Krieg erklärt, der Krieg fand dann statt, indem sich bestimmte Episoden aneinander reihten. Dann wurde Frieden geschlossen, dann hat der eine soziale Reformen in Gang geleitet, die wurden von einem anderen rückgängig gemacht, daraufhin gab es eine Revolution, diese Revolution ging positiv oder negativ aus und daraufhin geschah das und das.

Die Hauptstadt von Brasilien ist Brasilia, die größte Stadt ist Sao Paulo. Dort leben soundso viele Menschen. Ein hoher Prozentsatz dieser Menschen hat keine Arbeit; Kinderbanden sind häufig. – Der brasilianische Regenwald nimmt mehr und mehr ab. Das kommt dadurch, daß die Bevölkerung anwächst und außerdem ausländische Investoren z.B. in Rinderfarmen ihr Geld anlegen.

Solche „Kunden" hört man in der Geschichte und in der Geographie. Der Kluge und der Phantasiereiche mag daraus Einsichten in Gesetze entnehmen und zu allgemeinen Vorstellungen über das, was in komplexen Systemen vorgeht, kommen. Gewöhnlich aber wird es bei der „Kunde" bleiben, die in den Gedächtnissen der Schüler schnell verblaßt und kaum Bedeutung für das Verständnis von politischen, ökologischen oder ökonomischen Prozessen erlangt. Die „Kunde" bleibt isoliert; Kenntnis der Dinge ist eben Kenntnis der Dinge und keineswegs die Kenntnis allgemeiner Gesetzmäßigkeiten. Die jeweilige Lage in einem KUL-System richtig zu beurteilen lernt man kaum durch die Kenntnisnahme mehr oder minder zusammenhängender Anekdoten.

Das ökologische System, in dem wir leben, ist ein KUL-System und im Hinblick auf die Wichtigkeit von Umweltproblemen und im Hinblick auf die Tatsache, daß von solchen Problemen jeder betroffen ist, erscheint es notwendig, sich über bessere Methoden des Trainings im Umgang mit KUL-Welten Gedanken zu machen. In diesem Aufsatz soll untersucht werden, in welcher Weise die Verwendung von Computersimulationen hierfür dienlich sein kann.

II. Schwierigkeiten beim Umgang mit komplexen, unbestimmten und langsamen Welten

Menschen kommen mit den Problemen von KUL-Welten nicht besonders gut zurecht und machen alle möglichen Fehler beim Umgang mit ihnen. Wir wollen in diesem Abschnitt auf die Fehlertendenzen eingehen, die man bei Menschen beobachten kann, wenn sie mit KUL-Systemen umgehen müssen. Zugleich wollen wir uns mit den psychologischen Hintergründen der Fehlertendenzen befassen. Die Befunde, die wir in diesem Abschnitt darstellen, entstammen einer langen Serie von Forschungsprojekten, die sich mit den

Verhaltensweisen von Menschen befaßten, die mit KUL-Welten umgehen mußten (zusammenfassend vgl. Dörner 1989, 1990).

1. Inadäquate Denkmuster

In *Tabelle 1* haben wir einige Denkmuster aufgelistet, die man bei Menschen beim Umgang mit KUL-Systemen beobachten kann. Diese Denkmuster lassen sich oft als Übertragungen von Denkformen identifizieren, die für den Alltag, also für die Welt, in der wir gewöhnlich leben, ganz adäquat sind, meist aber inadäquat für den Umgang mit KUL-Systemen. Wir wollen auf diese inadäquaten Denkmuster nun eingehen.

Tabelle 1: Inadäquate Denkmuster beim Umgang mit KUL-Realitäten

Inadäquate Denk- und Handlungsmuster in komplexen und unbestimmten Realitätsbereichen	
Handeln nach dem „Reparaturdienst-Prinzip"	Analogia Praecox
	Reduktive Hypothesenbildung
Einkapselung	Dogmatische Einkapselung
Horizontale Flucht	
Vertikale Flucht	Strukturelle Extrapolation
Thematisches Vagabundieren	Lineare Extrapolation
Vernachlässigung von Neben- und Fernwirkungen	Ballistisches Denken
	Progressive Konditionalisierung
Isolierte Entscheidungen	„Magische" Hypothesen
De-Konditionalisierung	
Aktionismus	Methodismus
Über- oder Unterdosierung	

Ein zentrales Problem beim Umgang mit KUL-Systemen ist der Umgang mit der Zeit. Ein einfaches Denkmuster, welches sich im Alltag beim Umgang mit der Zeit durchaus bewährt, beim Umgang mit „langsamen" Systemen aber zu verheerenden Fehlern führen kann, ist die *lineare Extrapolation*. Wir bezeichnen damit die Tendenz, die Vergangenheit und Gegenwart unter Verwendung des Modells einer linearen Zu- oder Abnahme in die Zukunft fortzuschreiben. „Im letzten Jahr hatten wir 900 Aids-Kranke, in diesem Jahr haben wir 1000, also werden wir wohl im nächsten Jahr 1100 haben." Eine solche Methode der Prognose, welches der Zunahme der Helligkeit am Morgen oder der Abnahme derselben am Abend durchaus gerecht werden mag, erweist sich als ungeeignet für die Voraussage von Wachstums- oder Verfallsprozessen in komplexen Systemen. Denn solche Prozesse haben meist nichtlineare Charakteristika, oft, zumindest in bestimmten Phasen, z.B. den Charakter von Exponentialentwicklungen. Solche findet man z.B. phasenweise beim Wachstum von Epidemien; hier führen lineare Methoden der Prognose zu großen Voraussagefehlern. – Eine Untersuchung von Bürkle (1979) zeigt, daß Versuchspersonen selbst dann zu linearen Prognosen neigen, wenn man sie darauf aufmerksam macht, daß die zu prognostizierenden Entwicklungen exponentieller Natur sind (vgl. auch Dörner 1980).

Wenn es nicht um die Entwicklung einzelner Variablen geht, wie etwa um die Entwicklung der Anzahl der Aids-Kranken, sondern um die Entwicklung von Strukturen, so findet man bei Menschen Denkmuster, die die qualitativen Entsprechungen der linearen Extrapolation sind, nämlich Tendenzen zur *Strukturextrapolation*. Man sieht die Zukunft so, wie man die Gegenwart sieht, allenfalls etwas vergrößert oder verkleinert. „Natürlich werden die Menschen im Jahre 2010 so ähnlich leben wie heute, vielleicht haben sie statt eines Familienfernsehers einen Fernseher in jedem Raum, die Häuser sind vielleicht noch ein wenig größer geworden und die Autos noch ein bißchen sicherer und vielleicht auch ein bißchen umweltfreundlicher!" „Die Szenarien, die Menschen sich im Hinblick auf das Leben im Jahre 2010 ausmalen, werden ganz ähnlich den Lebensbedingungen sein, in denen sie heute leben." – Nun gibt es natürlich solche gleichförmigen Entwicklungen, vielleicht sind diese Formen der Entwicklung sogar viel häufiger als andere, aber es gibt auch – die politischen Umbrüche der Jahre 1989 und 1990 zeigen dies deutlich – plötzliche Umkippbewegungen. Mit solchen – scheinbar – plötzlichen Katastrophen scheint der menschliche Geist seine Schwierigkeiten zu haben.

Ein anderer Fehler beim Umgang mit Entwicklung, der oft mit dem Denkmuster der linearen bzw. der Strukturextrapolation einhergeht, ist die Annahme der *Konstanz der Bedingungen* einer Entwicklung: In einem Experiment sollten Versuchspersonen aufgrund der Daten der Jahre 1983 – 1987 die Entwicklung der Aids-Epidemie in der Bundesrepublik prognostizieren. Man sieht einige Ergebnisse dieser Studie in *Abbildung 1*. Die verschiedenen Prognosetypen ließen sich zu 4 Gruppen zusammenfassen, die wir mit A, B, C

Abbildung 1: Unterschiedliche Prognosetypen (siehe Text)

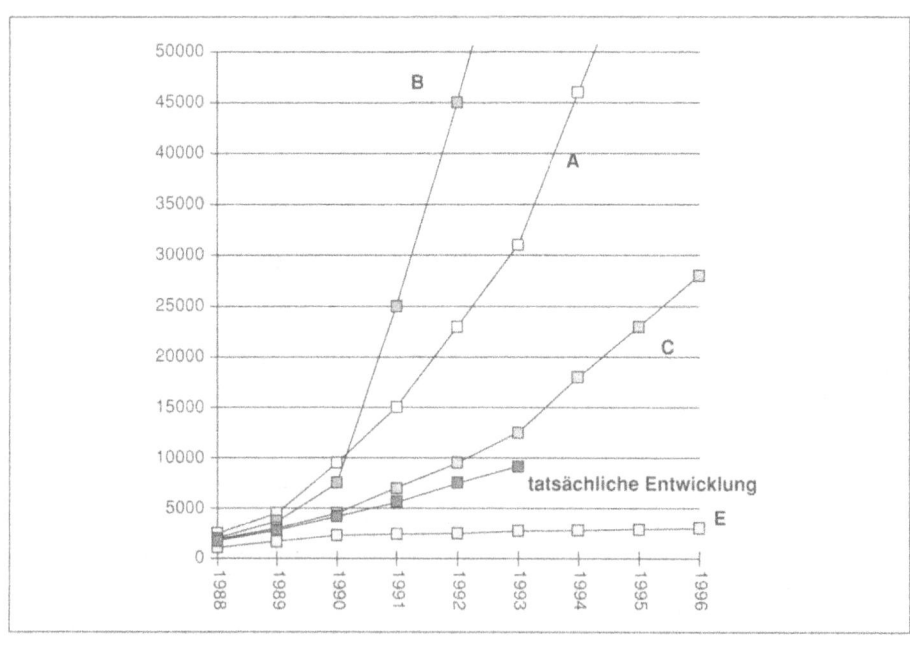

und E gekennzeichnet haben. (Es gab noch eine Gruppe D, die wir der geringen Anzahl der Personen wegen, die in diese Gruppe fielen, weggelassen haben.)

Manche der Versuchspersonen (Gruppe E) prognostizierten linear, wie oben beschrieben; andere linear mit Korrektur (Gruppe C). Wieder andere, die irgendwann vielleicht einmal etwas vom „exponentiellen Wachstum" (= Wachstum mit den gleichen Prozentraten) gehört hatten (die Gruppen A und B), verwendeten nun dieses Modell ganz unreflektiert und sagten für das Jahr 2000 die Erkrankung der gesamten Bevölkerung der Bundesrepublik an Aids voraus. Charakteristisch für alle beobachteten Formen der Prognose ist, daß *Veränderungen* von Bedingungen der Entwicklung der Epidemie, die mit einiger Notwendigkeit eintreten und durch die Entwicklung selbst verursacht werden, nicht in Betracht gezogen werden. „*Natürlich*" hat sich z.B. Aids nicht exponentiell weiterentwickelt; das ist schon aus mathematischen Gründen unmöglich, da ein exponentielles Wachstum den unbegrenzten Zugriff zu seinen Ressourcen voraussetzt, also im Fall von Epidemien ein unbegrenztes Potential an neu zu infizierenden Individuen. Durch den Verzehr ihrer Ressourcen aber verändert eine Epidemie ihre eigenen Entwicklungsbedingungen. Zusätzlich wird eine Epidemie bei Menschen dadurch, daß sie unter dem Eindruck der Epidemie ihr Verhalten in mehr oder minder großem Maße verändern, einen anderen Verlauf nehmen. Im Hinblick auf die Aids-Epidemie hat sich das Verhalten der Menschen zweifellos verändert. Solche Veränderungen der Bedingung von Entwicklungen durch den Verlauf derselben wurden anscheinend von keinem der Prognostiker der Untersuchung der *Abbildung 1* in das Kalkül aufgenommen. Menschen scheinen also die Tendenz zu haben, ein bestimmtes (einfaches) Modell der Gesetze eines Prozesses zu entwickeln, um dieses dann zur Fortschreibung des Prozesses zu verwenden.

Menschen leben vorwiegend in einer „Jetzt-Welt". Sie haben Schwierigkeiten, die Zukunft anders zu sehen als die Gegenwart. Das große Gewicht der Gegenwart für die Voraussage der Zukunft zeigt dies. Eine andere Demonstration der Tendenz zum Verharren in der Gegenwart ist die Tatsache, daß es Menschen schwer fällt, mit der *Verzögerung* der Wirkung ihrer Maßnahmen, also mit großen Totzeiten umzugehen. Diese Schwierigkeit zeigt der *Kühlhausversuch* (Reichert und Dörner 1988). Hier mußten Versuchspersonen eine Klimaanlage steuern, bei der die Wirkung der Maßnahmen zeitlich verzögert eintrat. Die Aufgabe bestand darin, daß die Versuchspersonen bei einer Klimaanlage, die ihnen als defekt geschildert wurde, die Temperatur auf eine bestimmte Höhe (4° C) einstellen sollten. Dies konnte indirekt durch die Verstellung eines Rades auf Werte zwischen 0 und 200 geschehen. Über dieses Stellrad wurde der *Sollwert* der Regelung eingestellt. *Abbildung 2* zeigt den Versuch schematisch.

Die richtige Stellradeinstellung war 23; die Zuordnung der Stellradwerte zur Temperatur aber war den Versuchspersonen unbekannt; sie mußten diese Zuordnung herausfinden. Die Verstellung des Sollwertes führte nun keineswegs sofort zu einer entsprechenden Veränderung der Temperatur; vielmehr stellte diese sich – entsprechend der Natur thermodynamischer Systeme – verzögert, nach einer längeren, gedämpft sinusförmigen Schwingungsphase auf den jeweiligen neuen Wert ein, ungefähr so, wie eine Feder schwingt, die man aus ihrer Ruhelage gedrückt oder gezogen hat, nur eben langsamer. Die Wirkung eines Eingriffs (d.h. einer Stellradverstellung) war also zum einen verzögert, zum anderen „verrauscht" durch die sinusförmigen Schwingungen. In *Abbildung 2* oben rechts sieht man das Schwingungsverhalten.

Abbildung 2: Das Kühlhausexperiment

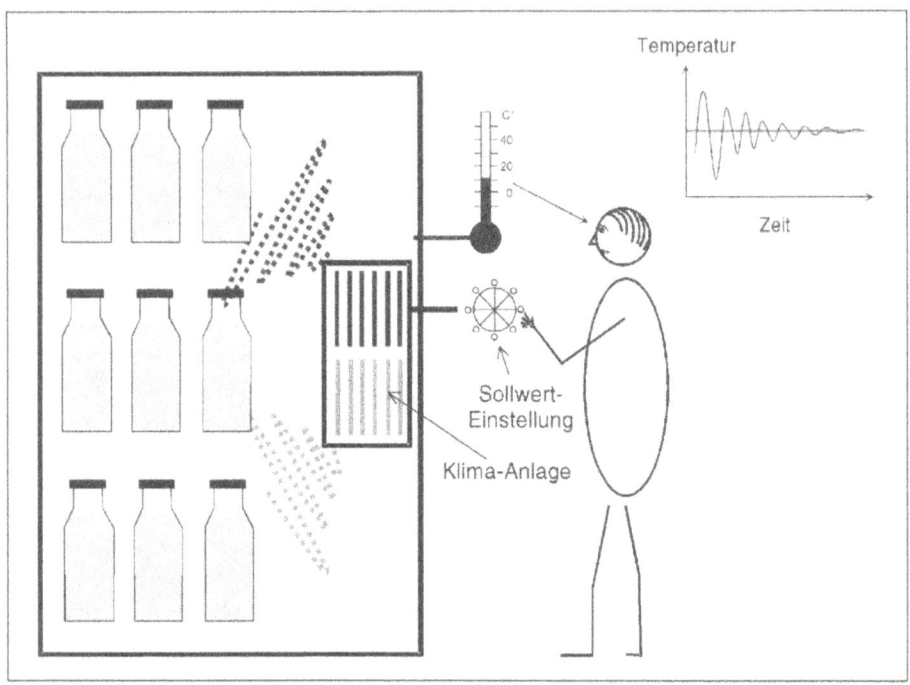

Die meisten Versuchspersonen hatten große Schwierigkeiten mit der eigentlich – wenn man die Gesetze kennt – recht einfachen Steueraufgabe und waren erst nach längerer Zeit in der Lage, die zeitlichen Verzögerungen der Wirkungen angemessen zu berücksichtigen. *Abbildung 3* zeigt einen idealen und einen typischen Regelungsverlauf. Man sieht im oberen Diagramm ein behutsames Herunterstellen der Sollwerte (Punkte) mit langen Phasen des Abwartens und des Beobachtens. Bei dem mehr typischen unteren Diagramm sieht man ein ständiges Hin- und Herschalten, welches mehr und mehr nur noch zwischen den Extremwerten stattfindet. Es wird also zu häufig eingegriffen (Aktionismus) und außerdem sind die Veränderungen der Sollwerteinstellungen viel zu stark (Überdosierung). Die Versuchspersonen hatten zu Beginn des Versuchs eine Art von „Gasherdauffassung" von der Natur der Regelung: dreht man den Regler auf, dann wird es heißer und zwar sofort, wird heruntergeregelt, dann wird es kälter und zwar ebenfalls sofort. Da sich diese Hypothese nicht bewährt, folgt Aktionismus und Überdosierung; letzten Endes Zeichen der Hilflosigkeit.

Ein Versuch von Reither (1985) zeigt gleichfalls die Wirksamkeit der Ideologie der „Jetzt-Welt". Reither untersuchte das Verhalten von Versuchspersonen, die in einem computersimulierten Entwicklungshilfe-Szenario Maßnahmen zur Verbesserung der Lage eines Stammes von Semi-Nomaden in der Sahelzone in der südlichen Sahara treffen mußten. Die Versuchspersonen konnten Informationen über die jeweilige Lage einholen, Eingriffe planen (Brunnenbau, Ankauf von Traktoren, Düngung der Hirsefelder usw.), wurden mit den Wirkungen ihrer Maßnahmen konfrontiert, konnten wieder eingreifen usw.

Abbildung 3: Verhalten im Kühlhausversuch

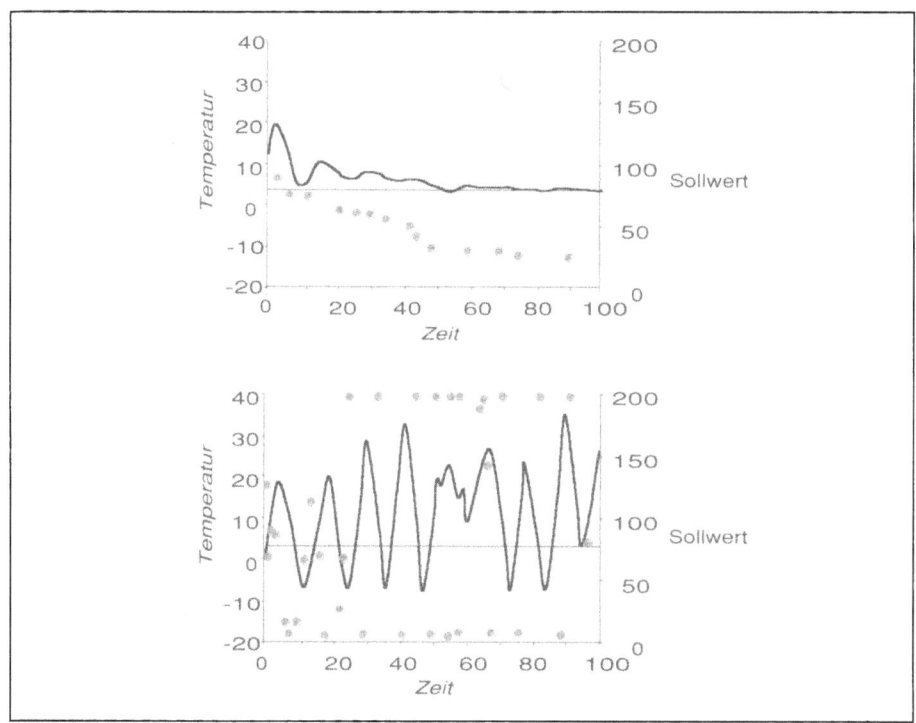

Reither untersuchte u.a., in wie hohem Maße die Versuchspersonen die Wirkungen ihrer Maßnahmen kontrollierten. Es zeigte sich eine hohe Tendenz, die Entscheidung für eine Maßnahme mit dem Eintreten des Erfolges zu identifizieren. Nur 30 – 50 Prozent aller Maßnahmen wurden hinsichtlich ihrer Effekte kontrolliert; die Versuchspersonen dachten *ballistisch*; die einmal abgeschossene Kanonenkugel wird auch nicht mehr kontrolliert. Unter Streßbedingungen sank die sowieso schon niedrige Kontrollrate unter 10 Prozent; anscheinend ein Effekt des (unbewußten) Wunsches, mögliche Mißerfolge nicht ansichtig zu werden. Wunschdenken verbunden mit dogmatischer Verschanzung: Ich weiß, daß das, was ich tue, richtig ist, und brauche es nicht zu kontrollieren.

Die Schwierigkeiten beim Umgang mit Zeit spiegelt die geringe Fähigkeit von Menschen wider, sich das richtige Bild von einer KUL-Realität zu machen. Extrapolationen sind ja Prognosen fast ohne Hypothesenbildung, bei denen die Vergangenheit und die Gegenwart auf die Zukunft projiziert werden. Und beim Kühlhausversuch zeigen die Versuchspersonen nach dem Fehlschlag der „Gasherdhypothese" meist ein blindes Probierverhalten, ohne sich zu bemühen, die Natur des Systems zu verstehen.

Gleichartige Schwierigkeiten demonstriert ein Versuch von Schaub und Strohschneider (1992). Die Autoren gaben Studenten der Universität Bamberg und erfahrenen Managern großer deutscher und schweizer Industrie- und Handelsunternehmungen die Aufgabe, ähnlich wie in dem schon geschilderten Experiment von Reither, in einem Simulationsspiel für die Wohlfahrt eines Halbnomadenstammes in der Sahel-Zone zu sorgen (Simula-

Abbildung 4: Muster der Informations- und Entscheidungsphasen

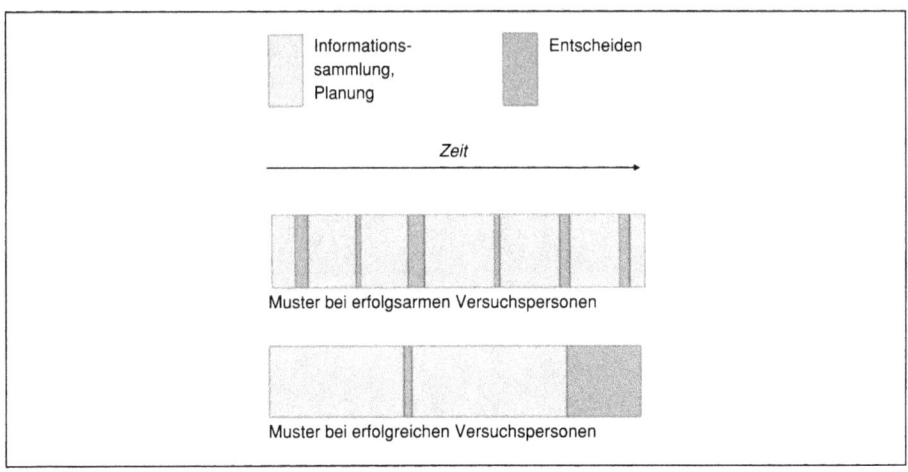

tionsspiel Moro; vgl. Dörner, Stäudel und Strohschneider 1986). *Abbildung 4* zeigt exemplarisch das Vorgehen der Studenten und der Manager bei der Entscheidungsfindung. Man sieht, daß in einer Entscheidungsphase die Studenten jeweils Informationen im Hinblick auf *ein* Problem sammelten und dieses Problem dann mit einer Entscheidung (oder auch mehreren) abschlossen. Sodann griffen sie das nächste Problem auf. Diese „ordentliche" Vorgehensweise entspricht dem Alltagsverhalten, komplexen Problemen allerdings ist dieses Verhalten nicht angemessen.

Die Manager, obwohl ebenfalls ohne Erfahrungen in diesem Entwicklungshilfeproblem, verhielten sich anders. Sie sammeln zunächst Informationen über alle anstehenden Probleme und fällen ihre Entscheidungen am Ende der jeweiligen Entscheidungsphase en bloc. Damit wurden bei den Entscheidungen die Erfordernisse *aller* Probleme berücksichtigt; die Entscheidungen erfolgten „konzertiert", bezogen sich also aufeinander und berücksichtigen die wechselseitigen Neben- und Fernwirkungen. Dies zeigt, daß bei den lebens- und berufserfahreneren Managern Hypothesen über den *Zusammenhang* der einzelnen Variablen eine größere Rolle spielten als bei den Studenten. Diese verhielten sich ungefähr so, als existiere für sie kein System miteinander verbundener Variablen, sondern eine Anhäufung unverbundener Kausalketten, die sich jeweils einzeln manipulieren lassen. Dadurch betrachteten die Studenten natürlich die Neben- und Fernwirkungen ihrer Maßnahmen in geringerem Maße und waren im großen und ganzen erfolgloser als die Manager.

Die Studenten handelten nicht aufgrund eines Gesamtbildes des Systems, sondern mehr nach einem „Reparaturdienst-Prinzip". Was *jetzt* defekt ist, wird repariert. Das kann natürlich im einzelnen ganz vernünftig sein. Ein solches Handeln beinhaltet aber die Gefahr, daß Neben- und Fernwirkungen nicht berücksichtigt werden; die Entscheidungen bleiben isoliert und sind oft wirkungslos, da die Nebenbedingungen für ihre Wirksamkeit nicht beachtet werden (Dekonditionalisierung). Immerhin zeigt der Versuch von Schaub und Strohschneider, daß Menschen den Umgang mit KUL-Systemen lernen können, denn das Verhalten der mit (ökonomischen) KUL-Systemen vertrauten Manager war diesen Systemen adäquater, also auch erfolgreicher, als das der Studenten.

Das Reparaturdienst-Verhalten der Studenten belegt zum einen ihre Verharrungstendenz in der „Jetzt-Welt". Zum anderen aber zeigt es, daß die Studenten die starke Tendenz haben, ihre (vermutlich) impliziten Hypothesen über die Natur der Alltagswelt auf KUL-Welten zu übertragen; in diesem Falle die Annahme, daß der Realitätsbereich „Moro" aus voneinander unabhängigen Kausalketten besteht (denn in solchen Realitäten hätte das Reparaturdienstprinzip seine Berechtigung). Das führt uns zu einem anderen Thema, nämlich zu der Art und Weise, wie Menschen Hypothesen über komplexe Systeme aufstellen. Man kann hier verschiedene Fehler beobachten. Einer davon ist die „Analogia praecox", die voreilige und nicht weiter überprüfte Analogisierung eines neuen Realitätsbereichs mit einem bekannten. Tatsächlich ist die Analogisierung einer unbekannten Realität mit einer bekannten, also die Annahme, daß sich die Strukturen der beiden Realitäten entsprechen, ein guter Weg, um *schnell* zu Hypothesen über die unbekannte Realität zu kommen. Entscheidend ist aber: Analogien pflegen nie ganz zu stimmen; deshalb können sie gefährlich werden, wenn man sie unkritisch überträgt und sie nicht mehr prüft.

Eine weitere, meist defiziente Form der Hypothesenbildung ist die *reduktive* Hypothesenbildung. *Einer* Variablen wird eine zentrale Rolle zugeschrieben; die anderen sind von ihr abhängig. Aus Politik und Geschichte ist uns diese Art der Hypothesenbildungen bekannt. Man denke an die Reduzierung aller Geschichte auf den „Grundwiderspruch von Lohnarbeit und Kapital", auf die „Dolchstoß-Legende" der deutschen Niederlage im Ersten Weltkrieg, an die Rassentheorie der Nationalsozialisten, überhaupt an alle Arten von Rassen- und Klassenthesen, aber auch an wissenschaftliche Theorien, die z.B. die vielfachen Formen menschlicher Schicksale auf die frühkindliche Sexualentwicklung zurückführen.

Eine andere, gleichfalls meist defiziente Form, sich das Unvertraute vertraut zu machen, ist die Einkapselung in einem gut bekannten Teilbereich eines komplexen Systems. Damit kann man sich das Bilden von Hypothesen ganz sparen. – Aufatmend stürzt sich der Ökonom in dem Simulationsspiel Moro auf die Gewinn- und Verlustrechnung beim Rinderhandel. Hier kennt er sich aus, und es kann ihm nicht viel passieren. Leicht gelingt es ihm, diesen Teil für das Ganze oder doch für den *wichtigsten* Teil des Ganzen zu halten, um auf diese Weise natürlich die Probleme anderer Bereiche zu vernachlässigen bzw. ihrer gar nicht erst ansichtig zu werden. – Eine solche Verkapselung in einem vielleicht ziemlich irrelevanten, aber eben vertrauten Teilbereich tritt oft als *horizontale Flucht* nach einer Phase *des thematischen Vagabundierens* auf, in der nacheinander verschiedene Probleme aufgegriffen und sofort wieder fallengelassen werden, wenn man merkt, daß sie sich nicht leicht lösen lassen.

Statt der horizontalen Flucht findet man auch die *vertikale Flucht*, das „Abheben". Man befaßt sich nicht mehr mit Problemlösungen sondern mit der Frage, warum die Probleme eigentlich solche sind, und der Frage, welches denn die geeigneten Methoden sein könnten, sie zu lösen. Man geht auf die Meta-Ebene: Das kann *mitunter* ganz vernünftig sein, auf die Dauer aber verhindert die ausschließliche Bewegung auf der Meta-Ebene die Lösung der anstehenden Probleme.

Alle Fehlertendenzen beim Umgang mit komplexen Systemen wären gar nicht so bedenklich, wenn Menschen in hohem Maße bereit wären, ihre Fehler zur Kenntnis zu nehmen und aus ihnen zu lernen. Dies aber ist in KUL-Systemen nicht in hohem Maße der Fall. Wegen der Langsamkeit dieser Systeme und weil meist die Totzeiten von Maßnahmen groß sind, ist es in KUL-Welten nicht leicht, aus Erfahrung zu lernen. Wenn die Wirkung einer Maßnahme erst nach vier Jahren zutage tritt, wissen die Auslöser dieser Maßnahme vielleicht gar nicht mehr, daß sie diese Maßnahme einmal beschlossen haben, oder sind nicht mehr im Amt (ich denke in diesem Zusammenhang z.B. an die akademische Selbstverwaltung). Auch sind die Entscheidungssituationen in KUL-Welten gewöhnlich einzigartig und wiederholen sich für einen Entscheider nicht oder nicht in vergleichbarer Weise, so daß es keineswegs sicher ist, daß das, was in Situation 1 richtig war, auch in Situation 2 richtig ist. – Der Leiter eines Polizeikommandos erlebt vielleicht einmal in seinem Leben einen Banküberfall mit Geiselnahme, und wenn er aus seinem vielleicht schließlich erfolgreichen Vorgehen ein allgemeingültiges Rezept entnimmt, so wird er es nie wieder anwenden können. Wenn sich aber ein solches Ereignis doch wiederholt, so sind wahrscheinlich die Randbedingungen ganz anders und eine Übertragung der Erfahrungen vom ersten auf den zweiten Fall wäre grundfalsch.

Von diesen Schwierigkeiten aber ganz abgesehen ist die Bereitschaft, aus Erfahrungen zu lernen, sowieso nicht sehr hoch entwickelt. Statt dessen findet sich die Tendenz, die jeweiligen Hypothesen und Denkmethoden mit Zähnen und Klauen zu verteidigen, um sie beibehalten zu können. Dafür werden verschiedene Denkmuster verwendet. Eine davon ist die „immunisierende Marginalkonditionalisierung" (Strohschneider; vgl. Dörner 1989: 134); nebenbei bemerkt ein bemerkenswertes Beispiel wissenschaftlicher Begriffsbildung!). Diese besteht darin, daß Personen Mißerfolge beim Handeln auf „marginale" Ereignisse zurückführen, die nach ihrer Auffassung zufällig nun einmal eingetreten sind und die die eigentlich fast als sicher zu erwartenden Erfolge des Handelns verhindert haben. Mit Wiederholungen ist nicht zu rechnen, aus diesem Grunde kann man so weitermachen wie gehabt.

Eine andere Möglichkeit, die Überzeugung von der Richtigkeit der eigenen Hypothesen oder Methoden des Denkens und Entscheidens grundsätzlich zu bewahren, ist die „progressive Konditionalisierung". Diese besteht darin, daß für die Mißerfolge bestimmte Bedingungen verantwortlich gemacht werden, die man leider in der Vergangenheit nicht genügend berücksichtigt hat, aber in Zukunft mehr berücksichtigen wird. (Man denke in diesem Zusammenhang an den beliebten Hinweis auf die „falsche" Realisierung einer „an sich" richtigen Idee, die z.B. vielen Anhängern sozialistischer Ideen im Hinblick auf das Versagen sozialistischer Wirtschaftssysteme nahezuliegen scheint.)

Die primitivste Form des Rechtbehaltens besteht darin, daß man Ergebnisse, die von den eigenen Erwartungen abweichen, einfach nicht zur Kenntnis nimmt. Man betrachtet diejenigen Stellen der Realität nicht mehr, die unangenehmerweise Informationen übermitteln, die mit den eigenen Hypothesen über die Struktur der Welt nicht übereinstimmen. Die oben berichtete Tendenz von Versuchspersonen, die Effekte ihrer eigenen Maßnahmen nicht zur Kenntnis zu nehmen, gehören zu dieser Form der Realitätsverweigerung.

Die Verweigerung der Kenntnisnahme der Unangemessenheit der eigenen Hypothesen und der eigenen Methoden führt fast unausweichlich zum Methodismus; die gleichen Denkmodelle und die gleichen Methoden werden unreflektiert immer wieder angewandt. Die Gefahr des Methodismus ist wohl dann besonders groß, wenn sich die Modelle und Methoden in einzelnen Fällen zunächst einmal als erfolgreich erwiesen haben. KUL-Welten erzeugen leicht das Gefühl der Unsicherheit und der Angst, und in einer solchen Atmosphäre werden selbst kleine Erfolge unangemessenerweise als Indiz dafür betrachtet, über die richtigen Methoden zu verfügen. In KUL-Welten gibt es aber keine immer richtigen Methoden, wie wir gesehen haben. Und daher sind Erfolge in solchen Realitäten fast Fallen vergleichbar; sie fixieren Verhaltensformen als allgemein richtig, die nur unter spezifischen Umständen angemessen sind.

2. Die Ursachen

Die im vorigen Abschnitt geschilderten Handlungs- und Denktendenzen beim Umgang mit sehr komplexen Systemen lassen sich m.E. auf sehr wenige und einfache Ursachen zurückführen, die nachfolgend erläutert werden sollen.

Wir Menschen können sehr gut mit komplexen Systemen umgehen, wenn wir das, was für das Verhalten in solchen Systemen wichtig ist, vorher intensiv lernen können. Das Autofahren im Großstadtgewühl ist ein Beispiel dafür! Nur: Hier geht es um die Aktivierung von hochgeübten Verhaltensweisen; es geht um z.T. sehr komplizierte, aber aufgrund langer Übung gut gelernter Verhaltensprogramme. Wenn aber die Komplexität verbunden ist mit Neuheit, wenn wir eigentlich nicht wissen, was der Fall ist, können wir solche Automatismen nicht einsetzen, sondern sind auf ein Instrument angewiesen, welches sehr langsam ist und auch nicht sehr viele Informationen pro Zeiteinheit verarbeiten kann, nämlich auf das bewußte Denken. Denken als Verarbeitung von Information ist weder schnell noch hat es eine hohe Kapazität. Welche Zeit und Mühe macht es uns, die Zahl 37.146 durch 489 zu dividieren! In der Zeit, die ich für diese Aufgabe aufwenden muß, würde ein Computer einige Millionen solcher Operationen durchführen.

Unser bewußtes Denken ist langsam und arbeitet mit nur relativ wenigen Informationen. Das führt dazu, daß wir fast automatisch Ökonomiestrategien benutzen; wir machen uns die Welt einfach, damit wir mit ihr hantieren können. Wir bilden z.B. *reduktive Hypothesen*, denn die Überzeugung, daß der gesamte Gang der Geschichte von nichts anderem abhängt als vom Grundwiderspruch zwischen Lohnarbeit und Kapital erspart uns viel Denkarbeit, und wenn wir einmal gelernt haben, daß unser Sinnen und Trachten nur aus sexuellen Quellen gespeist wird und wir zusätzlich gelernt haben, die Objekte dieser Welt in Hohlkörper und Pfeiler einzuteilen, brauchen wir bei der Analyse psychischer Prozesse kaum noch zu denken.

Die geringe Kapazität und Geschwindigkeit unseres bewußten Denkens sind limitierende Faktoren für den Umgang mit komplexen Systemen. Ein anderer limitierender Faktor ist die Tatsache, daß wir leider kein verläßliches Organ für die Wahrnehmung von Zeitabläufen haben. Wir vergessen zu schnell; die Gegenwart, kaum daß sie Vergangenheit geworden ist, verschwindet wie hinter einer Milchglasscheibe und wird unklar und unscharf. Und zusätzlich ist das, was übrig bleibt, kein verläßliches Logbuch der Zeitabläufe, in dem sine ira et studio notiert wurde, was geschehen ist. Vielmehr hat unser Gedächtnis in hohem Maße *episodischen* Charakter und behält – *cum* ira et studio – das, was im Moment befriedigt oder Angst und Furcht erzeugt, also mit unseren augenblicklichen Motiven verbunden ist. Und daß wir die Entwicklungen im Gedächtnis behalten werden, die uns im Augenblick völlig irrelevant erscheinen, aber später einmal, wenn wir wissen, wohin das alles geführt hat, brennend interessieren werden, ist sehr unwahrscheinlich. – Die Nachricht über ein neues Wasserwerk in München, welches notwendig wurde, weil es sich als immer schwieriger erwies, bei absinkendem Grundwasserbestand genügend Wasser für die Großstadt heranzuschaffen, läßt uns in Bamberg vollkommen kalt und wir haben sie nach kurzer Zeit vergessen, denn *unsere* Dusche ist noch nie versiegt. Wenn dann später einmal auch bei uns das Grundwasser knapp wird, die Wasserpreise in die Höhe schnellen, eine Wasserbewirtschaftung erwogen wird, werden wir uns vermutlich an die frühen Anzeichen einer solchen Entwicklung nicht mehr erinnern. Die Einsicht in die Gesetze von langsamen Zeitabläufen fällt uns wegen der Unvollkommenheit unseres Gedächtnisses sehr schwer. Nicht weil die Geschehnisse sich gesetzlos entwickeln, erscheinen sie uns oft als „kontraintuitiv", sondern weil wir auch einfache Gesetze nicht erkennen.

Eine weitere Ursache dafür, daß wir es schwer haben, das Ausmaß und das Gewicht zukünftiger Probleme zu erkennen, liegt darin, daß wir unter den Problemen erst dann wirklich richtig zu leiden beginnen, wenn wir sie haben. Probleme, die wir lediglich antizipieren, stören uns gewöhnlich ziemlich wenig. Nur wenige Raucher leiden unter ihrem möglichen zukünftigen Raucherbein oder dem zukünftigen Lungenkrebs so sehr, daß sie das Rauchen aufgeben. Drohender Klimakollaps, mögliche Treibhauseffekte, der Hautkrebs durch Verschwinden der Ozon-Schutzschicht hält nicht einmal viele „Grüne" davon ab, Auto zu fahren.

Und schließlich reduziert es unsere problemgerichteten Aktivitäten, daß für uns die Selbstsicherheit, das Vertrauen in die eigene Leistungsfähigkeit ein hoher Wert ist. Den Schutz unserer Selbstsicherheit lassen wir uns etwas kosten. So nehmen wir Nachrichten über Mißerfolge lieber nicht zu Kenntnis oder interpretieren sie als Erfolge, ehe wir uns selbst gegenüber zugeben, daß wir versagt haben und mit dem anstehenden Problem nicht fertig geworden sind. So befassen wir uns lieber mit den Problemen, die wir lösen *können*, nicht mit denen, die wir lösen *sollten*, um uns selbst und anderen zu dokumentieren, daß wir handlungsfähig sind. Und auf diese Weise mißachten wir grundlegende Informationen, d.h. Nachrichten darüber, was uns fehlt, um die wichtigen Probleme zu lösen.

Die vier eben genannten Merkmale der menschlichen Seele, also begrenzte Kapazität des bewußten Denkens, Vergessen, Übergewicht der aktuellen Probleme, Bestreben, die eigene Selbstsicherheit zu schützen, sind nicht aufhebbar. Wir können uns nicht den Befehl geben: „In Zukunft vergiß' gefälligst nichts mehr, damit Du ein Gefühl für die Zeitabläufe gewinnst!" oder: „In Zukunft soll dein Denken tausend Mal so schnell ablaufen wie bisher und außerdem statt 7 Einheiten 128 Einheiten zugleich beachten können!" oder „In Zukunft hast Du kein Motiv zum Schutz Deiner Selbstsicherheit mehr!"

Derartige Befehle können wir uns so wenig geben, wie wir uns befehlen können, in Zukunft all das, was wir im Moment rot sehen, grün wahrzunehmen. Wir können den Grundbauplan unseres Seelenapparates nicht ändern, wir können ihn nicht „außer Geltung" setzen. Wohl aber können wir diese Gesetze „außer Kraft" setzen. Wir können sie umgehen, wir können diese Faktoren in Rechnung stellen und uns mit Aushilfen versehen, die es uns möglich machen, die Effekte dieser Faktoren zu konterkarieren. Eine dieser Aushilfen ist der Gebrauch von Computersimulationen.

III. Computersimulationen und der Umgang mit komplexen, unbestimmten und langsamen Systemen

In den nachfolgenden Abschnitten wollen wir untersuchen, in welcher Weise uns Computersimulationen beim Umgang mit KUL-Systemen helfen können. Zunächst einmal soll uns der Nutzen interessieren, der sich allein schon aus dem Versuch ergibt, ein Computerabbild einer komplexen Realität zu konstruieren. Sodann werden wir uns mit dem Gebrauch vom Computermodellen zum Training des Umgangs mit KUL-Realitäten befassen.

1. Computermodelle komplexer Realitäten

Das Computermodell eines KUL-Systems besteht aus der mathematischen Formulierung der Hypothesen über die Zusammenhänge von Variablen. *Abbildung 5* zeigt einen Ausschnitt des Wirkgefüges für eine Region der Sahel-Zone, welches die Lebenssituation eines Halbnomadenstammes darstellen sollte. Man sieht verschiedenen Variablen und ihre Abhängigkeiten. (Für die Formulierung von Hypothesen über solche Systeme gibt es spezielle formale Verfahren, auf die wir hier aber nicht eingehen möchten; vgl. z.B. Forrester 1968; Hanneman 1988; das „Sensitivitätsmodell" von Vester 1976; Vester und v. Hesler 1980.)

Abbildung 5: Ein Beispiel für ein Wirkgefüge als Basis eines Simulationsprogramms (Die mit „+" gekennzeichneten Pfeile bezeichnen eine Beziehung des Typs „je größer ..., desto größer ...!", die mit „–" gekennzeichneten eine Beziehung des Typs „je größer ..., desto kleiner ...!".)

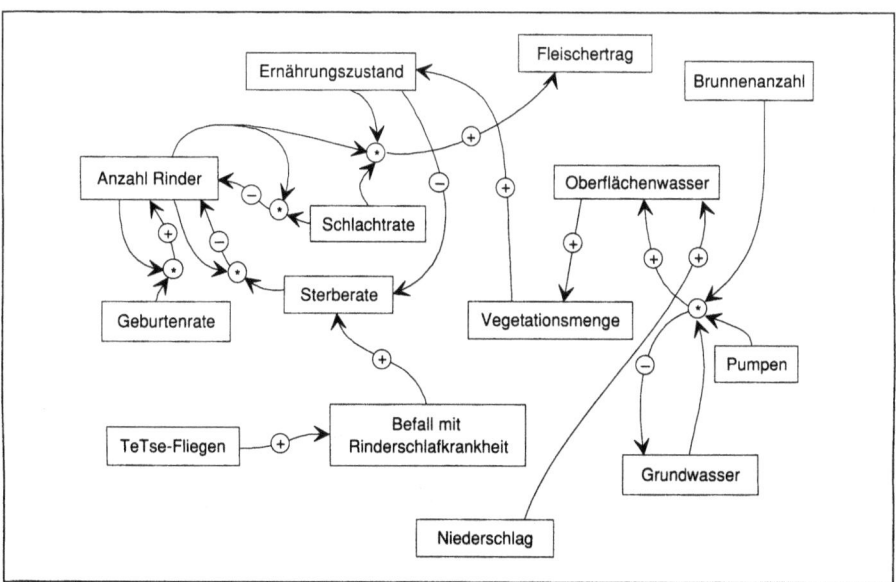

In einem Computermodell setzt man solche Zusammenhänge in Befehle einer geeigneten Programmiersprache um. Das könnte folgendermaßen aussehen:

Anzahl_Rinder: = Anzahl_Rinder
  – Anzahl_Rinder × Schlachtrate
  + Anzahl_Rinder × Geburtenrate
  – Anzahl_Rinder × Sterberate;

Ein solcher Befehl weist den Computer an, die Variable Anzahl_Rinder von einem „Zeittakt" zum nächsten, also z.B. von einem Monat zum anderen, entsprechend zu verändern.

Bei der Konstruktion von Modellen bedient man sich meist der klassischen Programmiersprachen wie Pascal, C, Prolog oder Lisp. Die Erstellung von Modellen komplexer Realitäten wird in zunehmendem Maße dadurch einfacher, daß leicht zu bedienende, optische Programmiersysteme angeboten werden, die meist eine graphische Unterstützung beim Programmieren geben und die Erstellung von Strukturhypothesen durch Mausklicks gestatten. Solche Systeme wie z.B. PowerSim (vgl. Gonzales 1993), bieten sich als Mittel zur Konstruktion von Simulationsmodellen auch für solche Personen an, die von Computern und Programmiersprachen wenig verstehen.

Die Konstruktion eines Computermodells für ein bestimmtes ökologisches System, für eine Wirtschaftsregion, für ein Verkehrssystem oder für all das zusammen zwingt dazu, sich Gedanken über die innere Struktur der entsprechenden Realität zu machen, sich zu überlegen, aus welchen Variablen das System zusammengesetzt ist und wie diese Variablen zusammenhängen.

Im einzelnen zwingt die Konstruktion eines Computermodells einer komplexen Realität zur *Präzision*. Mit „irgendwie-Aussagen" ist ein Computer nicht zum Laufen zu bewegen. Eine Aussage wie: „Die wirtschaftliche Prosperität einer Region hängt irgendwie eng mit der Intaktheit der sozialen Strukturen zusammen!" läßt einen Computer vollkommen kalt und bringt ihn nicht dazu, irgendetwas zu tun. Man kann mit Computern alles berechnen, was berechenbar ist. Man muß ihnen aber genau sagen, was sie tun sollen. Für viele wissenschaftliche Disziplinen ist dieser Zwang zur Präzision ein gar nicht überschätzbarer Vorteil. Beim menschlichen Kommunikationspartner kann man sich meist darauf verlassen, daß er schon irgendein Verständnis für unscharfe und unklare Formulierungen aufbringen wird. (Ob allerdings das Verständnis des Empfängers dann dem Verständnis des Senders entspricht, ist eine andere Frage!)

Der Computer zwingt uns dazu, vom vagen Ungefähr der Alltagssprache Abstand zu nehmen und auf den Begriff zu bringen, was wir meinen. Man muß definieren, was unter „wirtschaftlicher Prosperität" und unter der „Intaktheit sozialer Strukturen" genau zu verstehen ist. Weiterhin muß man auch noch genau festlegen, was „zusammenhängen" bedeutet. Beeinflußt die eine Variable die andere? Oder die andere die eine? Oder hängen beide interaktiv zusammen? Von welcher Form genau sind die Zusammenhänge? Welche zeitlichen Verzögerungen ergeben sich? – Alle diese Fragen müssen beantwortet werden, wenn man ein Computermodell einer komplexen Realität erstellen will.

Weiterhin zwingt die Aufgabe der Konstruktion eines Computermodells den Konstrukteur zur *Vollständigkeit*. Man sieht nämlich sehr schnell, ob die Computersimulation einer komplexen Realität tatsächlich auch diejenigen Geschehnisse erzeugt, die man in der „wahren" Realität beobachten kann. Auf diese Weise wird man auf Auslassungen oder Lücken schnell aufmerksam. Allein schon die Erstellung eines Wirkungsgefüges wie in

Abbildung 3 dargestellt regt fast unwillkürlich zur Komplettierung an: was geschieht mit dem Oberfächenwasser? Wird es nicht zum Teil wieder Grundwasser? Wo kommen die Pumpen her? Wovon hängt die Geburtenrate ab?

Der Zwang zur Präzision und der Zwang zur Komplettierung sind allein schon für sich wichtig. Selbst wenn der Versuch, ein Computermodell einer komplexen Realität zu erstellen, nicht sofort erfolgreich ist, wird man doch allein aus der Konstruktionsarbeit eine ganze Menge über den Realitätsausschnitt lernen. Ein sehr schönes Beispiel für die Umwandlung eines unscharfen Bildes einer Realität in ein Wirkungsgefüge findet man bei v. Hesler (1995).

Mit Präzision und der Vollständigkeit allein ist es allerdings nicht getan. Es gibt gute und schlechte Modelle für Realitätsausschnitte, die jeweils präzise und vollständig sind. Von großer Bedeutung ist die Wahl des richtigen Auflösungsgrades (vgl. Klir und Valach 1967). Man kann natürlich formulieren: Die wirtschaftliche Prosperität (variierend zwischen 0 (Minimum) und 1 (Maximum)) ist von der Intaktheit der sozialen Strukturen (0 = minimale Intaktheit, 1 = maximale Intaktheit) gemäß folgender Formel abhängig:

$$\text{wirt\_prosper} := \log\ (\text{intakt\_soz}+1) \times 3.3219281;$$

Das ist eine sehr exakte Formulierung. Dennoch wird man mit ihr nicht viel anfangen können, weil ganz unklar bleibt, auf welche Weise man die wirtschaftliche Prosperität und die Intaktheit der sozialen Strukturen eigentlich messen kann. Was versteckt sich hinter „wirtschaftlicher Prosperität"? Das durchschnittliche Einkommen der Arbeitnehmer? Die Menge der getätigten Investitionen? Das Brutto-Sozialprodukt? Das Steueraufkommen der Region? Oder all das zusammen in einer bestimmten gewichteten Kombination?

Und was verbirgt sich hinter der „Intaktheit der sozialen Strukturen"? Die durchschnittliche Anzahl jugendlicher Ausreißer? Das Ausmaß der Prostitution? Das Ausmaß der Kriminalität? Und wenn ja: welcher Kriminalität? Das Ausmaß der Hausarbeitshilfe für die Schulkinder? Die durchschnittliche Versorgung der Schulkinder mit Pausenbroten? Die Ehescheidungsrate?

Alle diese Fragen bleiben bei der oben dargestellten, exakten Formulierung des Zusammenhanges offen. Deshalb kann man mit ihr wenig anfangen. Die Frage nach der Art und Weise, wie man eine solche Variable messen, ihren Zustand feststellen kann, führt fast notwendigerweise zur Zerlegung solcher Komplexvariablen – wie „Intaktheit der sozialen Strukturen" – in Teilvariable. Nach der Zerlegung solcher Komplexvariablen stellt sich die Frage nach dem Zusammenhang zwischen den Teilvariablen dann neu.

Es gibt nicht nur einen zu niedrigen Auflösungsgrad bei der Betrachtung eines Systems, es gibt auch einen zu hohen. So ist es wahrscheinlich gewöhnlich nicht notwendig, das Ausmaß der Magensaftsekretion eines Schulkindes beim Genuß eines Pausenbrotes in die Berechnung der Intaktheit der sozialen Strukturen mit einzubeziehen.

Die Wahl des „richtigen" Auflösungsgrades ist eine wichtige Kunst bei der Konstruktion eines Simulationsmodells. Man ist wohl meist gut beraten, wenn man sich zunächst einmal fragt, welche *beobachtbaren* Dinge oder Sachverhalte man mit einem Simulationsmodell abbilden will. Diese Frage zwingt zur Konkretheit, dazu, daß man sich klar darüber wird, wovon man spricht. (Man muß das nicht so verstehen, daß in einem Simulationsmodell nur beobachtbare Variable vorhanden sein sollten. Sehr oft wird man gezwungen sein, auch nicht beobachtbare Variable in die Simulation einzubeziehen, wie z.B. Motive bei psychologischen Systemen. Wenn man sich aber zwingt, solche nichtbeobachtbaren Variablen immer auf beobachtbare Variable zu beziehen, so ergibt sich daraus, daß man sich auch über die Bedeutung der nichtbeobachtbaren Variablen ganz im klaren bleibt. Die „theoretischen" (nicht beobachtbaren) Variablen bleiben „zurückführbar", vgl. hierzu Carnap, nach Stegmüller 1965: 404ff.).

Der Wert eines Simulationsmodells liegt zunächst einmal darin, daß man es konstruiert, weil man sich damit dazu zwingt, seine Vorstellungen über den zu simulierenden Realitätsausschnitt zu präzisieren. Das allein ist für viele Wissenschaften, bei denen Formalisierung und Mathematisierung nicht selbstverständlich sind, sehr wichtig (vgl. hierzu z.B. Wegener und Dörner 1973). – Wie aber überprüft man, ob das Modell auch richtig ist? Dies geschieht, indem man es zur Prognose bzw. zur Retrognose benutzt.

Man stellt das Computermodell auf die Anfangswerte ein, die die modellierte Realität im Augenblick hat und prüft sodann, ob die Geschehnisse im Simulationsmodell den Geschehnissen der Realität entsprechen. Bei langsamen Systemen braucht man dafür natürlich lange Zeiträume. Die Überprüfung kann man abkürzen, indem man nicht die Zukunftsprognose zur Validierung verwendet, sondern die Retrognose der Vergangenheit, also indem man den Versuch unternimmt, den bekannten Gang der Geschichte aufgrund des Simulationsmodells zu rekonstruieren. Wenn man über die Geschichte eines Ökosystems, einer Wirtschaftsregion, eines politischen Systems, gute Daten hat, dann ermöglicht der Versuch der Rekonstruktion der Vergangenheit natürlich eine schnellere Überprüfung, als wenn man den Gang der Ereignisse abwarten muß.

Gegen diese Form der Validierung durch Retrognose könnte man einwenden, daß die Rekonstruktion der Vergangenheit ein triviales Geschäft sei. Die Vergangenheit kann sich nicht mehr wehren und man kann ihr jede Art von Modell überstülpen. Dieses Argument mag für die Retrognose einzelner Datenreihen zutreffen. Wenn man z.B. das (bislang) monotone Wachsen des Automobilbestandes der Bundesrepublik „retrognostizieren" möchte, so mag es relativ leicht sein, mit bestimmten mathematischen Funktionen die bisherigen Daten durch geschickte Schätzung der Parameter ziemlich gut zu reproduzieren. Aber die Rekonstruktion des Geschehens in einem Geflecht von 10, 20 oder mehr Variablen mit Brüchen, Sprüngen und Katastrophen ist keineswegs eine triviale Aufgabe.

Es schreibt sich nun leicht, daß man ein Modell dadurch überprüft, indem man nachsieht, ob in Modell und Realität unter gleichen Anfangsbedingungen die gleichen Geschehnisse stattfinden. Tatsächlich aber ist ein solcher Vergleich ziemlich schwierig. Denn man muß ja davon ausgehen, das KUL-Welten „chaotische" Welten sind. Das scheinbar chaotisch-unvoraussagbare Verhalten eines Systems hat seinen Grund darin, daß „Bifurkationen" vorkommen. Bifurkationen sind „Weichen" in der Entwicklung einer Variablen, bei denen sehr kleine Unterschiede der Inputs große Unterschiede im Output erzeugen. Man stelle sich eine Autobahn am Freitagabend vor. Ein dichter Verkehrsstrom bewegt sich mit relativ hoher Geschwindigkeit stadtauswärts. Ein Autofahrer auf der linken Spur tippt aus irgendeinem Grunde leicht auf die Bremse, ohne eigentlich richtig zu bremsen. Sein Hintermann, ziemlich dicht aufgefahren, erschrickt, bremst stark, dessen Hintermann ..., Massenkarambolage mit dreistündiger Sperre der ganzen Autobahn! – Der kleine Einfluß der nur Bruchteile von Sekunden aufleuchtenden Bremsleuchten hat dem ganzen Geschehen eine völlig andere Richtung gegeben. Solche Einflüsse wird man in einem Simulationsmodell nie ganz berücksichtigen können. Und deshalb läßt sich eine

Isomorphie der Geschehnisse im Modell und der Realität auch nicht fordern. Wohl aber lassen sich durch das Simulationsmodell Räume angeben, Bündel von Geschehnisbahnen, innerhalb derer sich die Realität bewegen sollte, wenn das Modell richtig ist.

Es kommt nicht so sehr darauf an, daß die Pro- oder Retrognosen aufgrund eines Computerszenarios von Anfang an richtig sind. Computermodelle sollte man „gleitend" konstruieren und sukzessive aufgrund der Mißerfolge der Pro- oder Retrognosen anpassen. Auf diese Weise kann man das Modell durch schrittweise Modifikation der Parameter und der Systemstruktur immer mehr an die Realität annähern. Durch kontinuierliche Beobachtung der Realität, durch die Kontrolle der Prognosen, kann man immer mehr lernen, welche Variablen eines Systems zu berücksichtigen sind und welche nicht und in welcher Weise man die Systemstruktur verändern muß. Ein solches Unternehmen bedarf allerdings eines langen Atems; man muß ja u.U. über Jahrzehnte beobachten, abgleichen, wieder beobachten, umstrukturieren. Eine solche sukzessive Anpassung eines Simulationsmodells an die Geschehnisse ist meines Wissens bislang nie versucht worden. Vielleicht ist der Atem der Forschungsorganisationen dafür zu kurz, da sie doch auf die Dissertation, die Habilitation, den Abschlußbericht für ein zwei- oder vierjähriges Forschungsvorhaben gerichtet, also auf relativ kurze Fristen beschränkt sind.

Mir erschiene ein Forschungsprojekt, das die Ökologie eines bestimmten Bereiches zu modellieren versucht und dabei ökonomische, soziale, psychologische, biologische, geophysikalische und geochemische Größen zugleich erhebt, in einem Modell zusammenbringt und ständig an den tatsächlichen Geschehnissen korrigiert, sehr nützlich. Man könnte etwas derartiges z.B. beginnen mit der Beobachtung eines Biosphären-Reservats, einer Stadt oder eines Landesteils oder sogar eines bestimmten Bundeslandes oder Kantons. Wir haben heute die Möglichkeit, die Zusammenhänge ökologischer, ökonomischer, psychologischer und soziologischer Daten, wie z.B. den Zustand der Wirtschaft, Wasser- und Luftverschmutzung, Resonanz von Sekten, Kriminalitätsraten, Kriminalitätsart, Ausmaß des Besuches weiterführender Schulen, Zu- und Abnahme von Telefon- und Telefaxanschlüssen, Ausmaß des Drogen- und Alkoholmißbrauchs usw. in Strukturhypothesen zusammenzubringen und zu simulieren. Ein solches Unternehmen würde uns vermutlich einen schnellen Zuwachs an Wissen über soziale Systeme bringen und zu einem viel tieferen Verständnis politischer und ökologischer Prozesse führen, als wir es ohne Computersimulation erreichen können.

Auch objektiv falsche Modelle können ihren Wert haben. Die Computersimulationen des Club of Rome Anfang der 70er Jahre haben das gezeigt (vgl. Meadows und Meadows 1974, 1992). Diese Simulationen sind oftmals kritisiert worden, weil sie sich als numerisch nicht richtig erwiesen haben. Sie haben aber einen positiven Effekt dadurch gehabt, daß sie die Begrenztheit der Ressourcen dieses Planeten ins Bewußtsein einer breiten Öffentlichkeit gebracht haben und zu einer Änderung der Einstellung gegenüber wirtschaftlichem Wachstum, gegenüber den Umweltproblemen, gegenüber den Problemen der dritten Welt geführt haben. Dieser Effekt trat trotz der Fehlerhaftigkeit der verwendeten Modelle ein, weil die Modelle zwar als numerisch falsch, „im Prinzip" aber als richtig angesehen wurden. Es mag sein, daß die Modelle z.B. im Hinblick auf den Verbrauch der Erdölreserven falsche Prognosen erzeugten; die Folgen aber eines ungebremsten Verbrauchs der Ressourcen werden im Prinzip richtig dargestellt, wobei „im Prinzip" heißt, daß der Gang der Ereignisse ungefähr die Form haben wird wie prognostiziert, wenn auch vielleicht mit anderen Zeitmaßstäben.

2. Das Training des Umgangs mit unbestimmten und komplexen Realitäten

Der Versuch, ein Computermodell zu erstellen, kann mehreren Zielen dienen. Wenn man über ein Simulationsmodell verfügt, dann kann man es, außer zur Prognose oder zur Retrognose, zu anderen Zwecken benutzen. Z.B. kann man solche Modelle benutzen, um Charakteristika menschlichen Verhaltens beim Umgang mit komplexen Realitäten zu untersuchen (vgl. Dörner 1992; Brehmer und Dörner 1993). Simulationsmodelle als Abbilder komplexer Realitäten können aber auch dafür eingesetzt werden, den Umgang mit KUL-Realitäten zu üben. Computersimulationen bieten wohl erstmals die Möglichkeit, den Umgang mit solchen Realitäten in einer Weise zu üben, die der Erfahrungsbildung in der „echten" Realität recht nahe kommt. Wenn die Manager des oben erwähnten Experimentes von Schaub und Strohschneider ihr adäquateres Verhalten in dem Moro-Spiel aufgrund ihrer Berufserfahrungen gelernt haben, so erscheint doch der Aufwand dafür (ein halbes Berufsleben!) sehr hoch. Simulationsmodelle erlauben es wahrscheinlich, diesen Aufwand wesentlich zu verringern.

In der Reformpädagogik nach der Jahrhundertwende war die Deweysche Maxime „Lernen durch Tun!" programmatisch. Nicht der Frontalunterricht, nicht der einseitige Fluß der Information vom Lehrer zum Schüler sollte das Mittel der Übertragung von Information sein; man sollte *tun, machen,* das Erkannte umsetzen in Aktionen, um auf diese Weise die Reichweite und die Bedeutung der erlernten Information zu erfahren. Dies „Lernen durch Tun" war in der Vergangenheit auf bestimmte Realitätsbereiche beschränkt, auf das Experimentieren im Physik- oder Chemieunterricht, auf das Sprachlabor.

Der Computer ermöglicht es uns nun, in Bereichen zu „tun", in denen wir bislang auf die oben erwähnten Formen der „Kunde" angewiesen waren. Wir können „tun" in Geschichte, in Geographie, in Politik. Wir können in Simulationsspielen z.B. geschichtliche Situationen wieder auferstehen und die Schüler innerhalb dieser Situation agieren lassen. In entsprechend konstruierten Simulationsspielen werden die Gesetze von KUL-Welten erfahrbar. Die Schüler werden eingebunden in Realitätsbereiche, die sich ansonsten ihrer unmittelbaren Erfahrbarkeit entziehen.

Man kann demonstrieren, daß sich die Einbindung von Menschen in solche simulierten Handlungsabfolgen in hohem Maße auf ihr Verhalten auswirkt, daß sie ihnen ganz neue Erfahrungswelten vermittelt. Allerdings sind mir systematische Untersuchungen dazu nicht bekannt, und ich beziehe mich nachfolgend auf die Analyse von Einzelfällen, in der wir solche Veränderungen des Denkens beobachten konnten.

Wir haben mitunter Geschichtssimulationen als Experimentalvorlagen benutzt. Z.B. haben wir Versuchspersonen in die Situation gestellt, in der Friedrich der Große im Jahre 1757 nach der Schlacht bei Roßbach stand. Es ging darum, Schlesien zurückzuerobern, welches die Österreicher zum großen Teil eingenommen hatten. Die Geschichte endete mit der Schlacht bei Leuthen, in der es dem Preußenkönig in einem hochgerühmten Bravourstück gelang, die weit überlegenen Österreicher zu schlagen. (Wir haben Versuchspersonen nicht wirklich in diese Situation versetzt, sondern wir haben die gesamte Konstellation in das 12. Jahrhundert und in einen Handlungsbereich in Kleinasien verlegt. Unsere Versuchspersonen mußten dabei die Rolle eines Seldschuken-Khans mit Namen Achmed übernehmen. Ansonsten haben wir aber die politischen und die geographischen Konstellationen weitgehend erhalten. Die Verfremdung sollte unsere Versuchspersonen daran hindern, sich an ihren Geschichtsunterricht zu erinnern.)

Die Schlacht bei Leuthen war ein äußerst riskantes Unternehmen. Personen, denen wir einfach nur die Situation vor der Schlacht bei Leuthen vorlegten und sie beurteilen ließen, was sie wohl getan hätten, reagierten gewöhnlich folgendermaßen: „Um Gottes Willen nicht angreifen, verschanzen, abwarten; man kann gar nichts tun!"

Eine andere Gruppe von Versuchspersonen banden wir in die gesamte Situation ein; wir ließen sie als „Achmed" die Vorgeschichte des 7jährigen Krieges und den Beginn dieses Krieges mitmachen. Und siehe da: diese Personen entschieden sich in hohem Maße *für* die Schlacht von Leuthen.

Um nicht mißverstanden zu werden: es kommt mir hier nicht auf die Militärgeschichte, auf Friedrich den Großen oder auf die Schlacht bei Leuthen an. Entscheidend ist, daß offensichtlich ein viel tieferes Verständnis für die Situation und ihre Handlungszwänge bei den Personen erzeugt worden war, die die Sequenz der Ereignisse *handelnd* erleben mußten.

Wir konnten ähnliches in anderen Situationen beobachten. So versetzten wir beispielsweise Versuchspersonen in die Situation von Ludwig XVI. am Vorabend der Französischen Revolution (vgl. Kühle und Badke 1986). Wir schilderten den Versuchspersonen die Situation von 1789 genau, in welcher der Finanzminister (Necker) des französischen Königs den Vorschlag machte, den Adel und die Geistlichkeit zu besteuern. Ludwig XVI. konnte sich dazu nicht durchringen und das war einer der Gründe für die dann nachfolgend ausbrechende Revolution. Personen, denen man die Situation von Ludwig XVI. nur einfach so schildert, zeigen gewöhnlich eine Reaktion der Art: „Natürlich muß Adel und Geistlichkeit besteuert werden!" oder „Was für ein Rindvieh muß Ludwig XVI gewesen sein, daß er dem Rat seines Ministers nicht folgte!"

Versuchspersonen wiederum, die man die Sequenz der Ereignisse handelnd erfahren läßt, verstanden viel mehr von den Zwängen, unter denen Ludwig XVI. stand. Eine unserer Versuchspersonen meinte ahnungsvoll: „In dieser Situation lande ich auf dem Schafott!".

Man könnte weitere Beispiele anführen; wir haben in unseren Experimenten, die nicht auf pädagogische Zwecke abzielten, sondern darauf, die Merkmale menschlichen Handelns in Unbestimmtheit und Komplexität zu erfassen, immer wieder die Erfahrung gemacht, daß es vielen wie Schuppen von den Augen fiel, als sie sahen, daß man nicht einfach Grundwasser aus Tiefwasserbrunnen in der südlichen Sahara hochpumpen kann, um Weiden zu bewässern und Viehtränken zu füllen, sondern daß irgendwann einmal das nicht regenerierbare Wasser schlicht und einfach verschwunden ist – und zwar unwiederbringlich. Wir haben in Planspielen, in denen wir Versuchspersonen in wirtschaftliche Entscheidungssituationen versetzten, oftmals fast dramatische Einsichtserlebnisse bei Versuchspersonen in die Bedingungen und die Notwendigkeiten wirtschaftlichen Handelns erzeugt.

Allerdings stellt sich ein solcher Effekt nach unseren Erfahrungen kaum ohne eine entsprechende Nachbereitung ein. Man muß mit den Probanden ihr Verhalten durchgehen und sie auf die allgemeinen Merkmale der Situation aufmerksam machen, sie Parallelen zu politischen, wirtschaftlichen und Umwelt-Situationen suchen lassen, um auf diese Art und Weise die Generalisierung der Erfahrungen sicherzustellen. Sonst bleibt das Erlebnis eines Simulationsspiels häufig nur Episode.

Die Verwendung von Simulationsmodellen von KUL-Systemen kann Menschen für die Eigenschaften solcher Systeme sensibilisieren. Nachstehend möchte ich darstellen, für welche Merkmale von KUL-Systemen Menschen sensibilisiert werden sollen, damit sie ein besseres Verständnis für ihre politische, ökonomische und – besonders – ökologische Umwelt mitbringen.

a) Der Lernende sollte die Bedingungen der *Stabilität* und Instabilität von Systemen kennenlernen. Stabil sind Systeme mit negativen Rückkopplungen, mit mehr oder minder komplizierten Regelkreisen. Gerade die Stabilität von rückgekoppelten Systemen kann aber auch der Grund für ihre irreversible Zerstörung sein. Rückgekoppelte Systeme erscheinen leicht unzerstörbar, da sie sich – selbst nach relativ starken Eingriffen – immer wieder erholen. Diese Stabilität eines Systems kann aber dazu führen, daß man es – im Vertrauen darauf, daß sie „alles" verkraften – immer mehr belastet. Und irgendwann bricht das System dann doch zusammen. Der Zusammenbruch von Systemen findet dabei nur scheinbar plötzlich statt. Tatsächlich erfolgt er häufig schleichend. Die Verwendung von Simulationsspielen kann dafür sensibilisieren, die Symptome der schleichenden Veränderung eines Systems aufzuspüren und zu beachten. Das Wachstum einer Epidemie, das Anwachsen einer Schädlingspopulation, die Abnahme einer Ressource können ganz harmlos aussehen. Oft aber sind solche Prozesse positiv rückgekoppelt und beschleunigen sich daher. Und ganz plötzlich wird aus einer zunächst harmlos aussehenden Entwicklung eine Explosion (z.B. einer Schädlingspopulation) oder ein Zusammenbruch (z.B. einer Ressource). – Die Tatsache, daß eine Entwicklung harmlos aussieht, darf nicht dazu verleiten anzunehmen, daß diese Entwicklung harmlos bleiben *wird*. Ein Wachstum von 3 Prozent pro Jahr: das merkt man zunächst fast gar nicht. Schließlich aber nimmt eine entsprechende Population in rapider Geschwindigkeit zu. Wir haben das zuletzt sehr sinnfällig erleben können bei der Entwicklung der Aids-Epidemie. 256 Aids-Erkrankungen des Jahres 1985 stehen über 11.000 im Jahre 1995 gegenüber. Vielen Zeitgenossen im Jahre 1985 ist es seinerzeit sehr schwer gefallen, eine solche Entwicklung vorauszusehen.

b) Weiterhin sollte der Umgang mit der Simulation eines KUL-Systems für die allgegenwärtigen Neben- und Fernwirkungen sensibilisieren. In vernetzten Systemen gibt es kaum isolierte Ereignisse. Das explosive Wachstum einer Variablen oder ihr schneller Zerfall wird gewöhnlich dazu führen, daß andere Variablen gleichfalls anwachsen oder zerfallen. Die Zerstörung einer Räuber-Population beispielsweise mag nützlich sein im Hinblick darauf, daß nunmehr eine Beute-Population sich erholen kann. Aber u.U. erholt sich auch ein gefährlicher Schädling, der durch den Räuber bislang auch niedergehalten wurde. Und so kann die Bilanz insgesamt nicht nur nicht positiv, sondern sogar negativ sein.

c) Von großer Bedeutung ist auch zu erkennen, daß das Wachstum bzw. der Verfall einer Variablen, deren Werte sich über (oder unter) einer bestimmten Grenze befinden, oftmals zu *chaotischen* Verhältnissen, zu katastrophalen Umbrüchen und Unruhephasen führen. „Harmlose" Entwicklungen haben es oftmals in sich. Man sollte zeigen, daß ganz langsame und undramatische Entwicklungen urplötzlich zu Katastrophen und chaotischen Verhältnissen führen können. Ganz langsam nimmt die Häufigkeit der Tiere einer bestimmten Art in einem Ökotop ab. Das mag daran liegen, daß sie durch eine Räuberpopulation allzu stark belastet wird. Aber eigentlich sind die Verhältnisse in dem Ökotop recht stabil, und es tut sich nicht viel. Plötzlich aber sinkt die Anzahl der Tiere unter eine bestimmte Grenze, unterhalb derer sich die Tiere z.B. zum Zwecke der Reproduktion kaum mehr finden. Das führt zu einer Beschleunigung des Niedergangs der Tierart, das führt dazu, daß die Räuberpopulation, die von dem Tier lebte, nunmehr zusammenbricht, das führt dazu, daß dieser Räuber auch keinen Druck mehr ausübt auf eine dritte Tierart, so daß diese sich sehr stark vermehren kann; das führt wiederum zu der Absenkung der Beutepopulation dieser Tierart usw. Für eine kürzere oder längere Zeit ergibt sich ein Chaos, welches sich dann irgendwann einmal wieder in einem Gleichgewichtszustand einpendelt. Für den oberflächlichen Betrachter dieses Prozesses stellt sich das Chaos plötzlich ein, und er findet dafür keine Erklärung. Ganz ähnliche Entwicklungen können sich im Geistesleben ergeben, wenn z.B. bestimmte Meinungen und Auffassungen in einer Gesellschaft nicht mehr vertreten werden und dementsprechend eine kritische Kraft im Kampf der Auffassungen und Ideologien ausfällt. Das kann zu Dogmatisierung und diese wieder zu einer explosiven Gegenkritik mit entsprechenden politischen Unruhen führen. – In der Realität erleben wir solche Umwandlungen von Ruhe in Chaos nie oder selten; um so mehr sollte man versuchen, die Erfahrungen, die man in der „wirklichen" Realität nicht machen kann, in Simulationsspielen zu vermitteln.

d) Die Verwendung von Simulationsspielen sollte zeigen, daß die *Analogisierung* eines Systems mit einem ähnlichen ein großer Fehler sein kann und daß man vorsichtig damit sein sollte, ähnliche Situationen als gleich zu behandeln. Ähnliche Situationen können völlig unähnliche Verhaltensweisen erfordern. Das ist kontraintuitiv; aber daß man sich in KUL-Systemen auf seine Intuition nicht verlassen sollte, ist eine andere Lehre, die man aus den Erfahrungen mit Simulationsmodellen komplexer Realitäten ableiten kann. Unsere Intuitionen basieren immer auf mehr oder minder unbewußt generalisierten Erfahrungen. Die Erfahrungen aber unserer Alltagswelt sind schlechte Grundlagen für die Beurteilung von Entwicklungen, für die Planung von Maßnahmen in KUL-Systemen. Die Verwendung von Simulationsmodellen scheint mir ein gutes Mittel zu sein, um für die Brauchbarkeit und Unbrauchbarkeit unserer alltäglichen Erfahrungen zu sensibilisieren.

Das Erleben und das Durcharbeiten der dynamischen Charakteristika komplexer Systeme kann sensibel für die entsprechenden Merkmale in der „richtigen" Welt machen. Ob dieser Effekt tatsächlich im allgemeinen auftritt, wissen wir nicht. Viele der Versuchspersonen, die an unseren Experimenten teilgenommen haben, berichten aber derartige Erfahrungen. Sie verwenden ihre Kenntnisse aus solchen Simulationsspielen gewissermaßen als Schablonen und Analoga für die „wirkliche" Welt. Sie sehen Phänomene nicht mehr isoliert, sondern ordnen sie den entsprechenden Zeitgestalten und dynamischen Charakteristika komplexer Systeme zu. Es wäre wohl der Mühe wert, die Wirkung des Umgangs mit Simulationen von KUL-Systemen auf die Weltsicht und das Handeln genauer zu erforschen, vor allem, weil Simulationsspiele sehr motivierende Medien der Wissensvermittlung sind. Die meisten Menschen spielen gern und um so lieber, je mehr sie finden, daß das Spiel wichtige Probleme betrifft. Simulationsmodelle können daher neben prognostischen Zwecken „spielend" zu wichtigen Einsichten in die komplexe Natur von Ökosystemen verhelfen.

Literatur

Brehmer, Berndt, und *Dietrich Dörner,* 1993: Experiments with Computer-Simulated Microworlds: Escaping both the Narrow Straits of the Laboratory and the Deep Blue Sea of Field Study, Computers in Human Behavior 9: 171-184.
Bürkle, Andrea 1979: Eine Untersuchung über die Fähigkeit, exponentielle Entwicklungen zu schätzen. Giessen: Universität: Semesterarbeit am FB 06 Psychologie.
Clausewitz, Carl von, 1880: Vom Kriege. Berlin: Dümmler.
Diekmann, Andreas, und *Peter Preisendörfer,* 1991: Umweltbewußtsein, ökonomische Anreize und Umweltverhalten, Schweizerische Zeitschrift für Soziologie 2: 207-231.
Diekmann, Andreas, und *Peter Preisendörfer,* 1992: Persönliches Umweltverhalten Diskrepanzen zwischen Anspruch und Wirklichkeit, Kölner Zeitschrift für Soziologie und Sozialpsychologie 44: 226-251.
Dörner, Dietrich, und *Walburga Preussler,* 1990: Die Kontrolle eines einfachen ökologischen Systems, Sprache und Kognition 9: 205-217.
Dörner, Dietrich, 1980: On the Difficulties People Have in Dealing with Complexity, Simulation and Games 11: 87-106.
Dörner, Dietrich, 1989: Die Logik des Mißlingens. Reinbek bei Hamburg: Rowohlt.
Dörner, Dietrich, 1990: The Logic of Failure. S. 463-473 in: *Donald E. Broadbent, Alan Baddeley* und *James T. Reason* (Hg.): Human Factors in Hazardous Situations, Proceedings of the Royal Society. Oxford: Clarendon.
Dörner, Dietrich, 1992: Über die Verwendung von „Mikrowelten" oder „Computerszenarios" in der psychologischen Forschung. S. 53-88 in: *Horst Gundlach* (Hg.): Psychologische Forschung und Methode: Das Versprechen des Experiments. Passau: Passavia-Universitätsverlag.
Dörner, Dietrich, Heinz W. Kreuzig, Franz Reither und *Thea Stäudel* (Hg.), 1983: Lohhausen: Vom Umgang mit Unbestimmtheit und Komplexität. Bern: Huber.
Dörner, Dietrich, Thea Stäudel und *Stefan Strohschneider,* 1986: Moro-Programmdokumentation. Memoranda Lehrstuhl Psychologie II, Universität Bamberg, Nr. 23.
Forrester, Jay W., 1968: Principles of Systems. Cambridge, MA: MIT-Press.
Gonzales, José J., 1993: Authoring Simulation based CAL with the MS-Windows Based Tool PowerSim. Proceedings of CAL 93, Computers Educ.
Hanneman, Robert A., 1988: Computer-Assisted Theory Building (Modeling Dynamic Social Systems). London: Sage Publications.
Klir, Jiri, und *Martin Valach,* 1967: Cybernetic Modelling. London: Iliffe Books.
Kühle, Hans Jürgen, und *Petra Badke,* 1986: Die Entwicklung von Lösungsvorstellungen in komplexen Problemsituationen und die Gedächtnisstruktur, Sprache und Kognition 5: 95-105.
Meadows, Dennis L., und *Donella H. Meadows,* 1974: Das globale Gleichgewicht. Stuttgart: Deutsche Verlagsanstalt.
Meadows, Dennis L., und *Donella H. Meadows,* 1992: Die neuen Grenzen des Wachstums. Stuttgart: Deutsche Verlagsanstalt.
North, Douglas, 1986: The New Institutional Economics, Journal of Institutional and Theoretical Economics 142: 230-237.
Reichert, Ute, und *Dietrich Dörner,* 1988: Heurismen beim Umgang mit einem „einfachen" dynamischen System, Sprache und Kognition 7: 12-24.
Reither, Franz, 1985: Wertorientierung in komplexen Entscheidungssituationen, Sprache und Kognition 4: 21-27.

Schaub, Harald, und *Stefan Strohschneider,* 1992: Die Auswirkungen unterschiedlicher Problemlöseerfahrung auf den Umgang mit einem unbekannten, komplexen Problem, Zeitschrift für Arbeits- und Organisationspsychologie 36: 117-126.

Stegmüller, Wolfgang, 1965: Hauptströmungen in der Gegenwartphilosophie. Stuttgart: Kröner.

Strohschneider, Stefan, und *Harald Schaub,* 1991: Können Manager wirklich so gut managen? Über die Effekte unterschiedlichen heuristischen Wissens beim Umgang mit komplexen Problemen, Zeitschrift für Psychologie, Supplement Nr. 2: 325-340.

Vester, Frederic, 1976: Ballungsgebiete in der Krise. Stuttgart: Deutsche Verlagsanstalt.

Vester, Frederic, und *Alexander v. Hesler,* 1980: Sensitivitätsmodell. Frankfurt a.M.: Regionale Planungsgruppe Untermain.

von Hesler, Alexander, 1995: Wirkungsgefüge im Flächennutzungsplan. Frankfurt a.M.: Umlandverband Frankfurt.

Wegener, Herrmann, und *Dietrich Dörner,* 1973: Simulation als Forschungstechnik. Bericht über ein Symposium. S. 69-78 in: *Günther Reinert*: Bericht über den 27. Kongreß der Deutschen Gesellschaft für Psychologie, Kiel 1970. Göttingen: Hogrefe.

UMWELTBERICHTERSTATTUNG UND UMWELTINDIKATOREN

Informationen zum Zustand und Wandel der Umwelt

Heinz-Herbert Noll und Caroline Kramer

Zusammenfassung: Die Umweltberichterstattung, wie sie derzeit von verschiedenen Akteuren auf supranationaler, nationaler und subnationaler Ebene betrieben wird, verfolgt die Zielsetzung, die allgemeine Öffentlichkeit sowie die Entscheidungsträger in Politik, Verwaltung und Wirtschaft umfassend und regelmäßig über den aktuellen Zustand der Umwelt und deren Veränderung im Zeitablauf zu informieren. Als übergreifender Bezugsrahmen und Leitbild dient ihr zumeist das Konzept des „sustainable development". Die auf allen Ebenen vorherrschende Perspektive der Umweltberichterstattung bildet das sogenannte „Pressure-State-Response" – Modell, wie es ursprünglich von der OECD entwickelt und vorgeschlagen wurde. Die Forschung zur Weiterentwicklung der Umweltberichterstattung konzentriert sich gegenwärtig vorwiegend auf Umweltindikatorensysteme auf der einen Seite und Systeme der umweltökonomischen Gesamtrechnung auf der anderen Seite. Als eine Zielrichtung für den zukünftigen Ausbau der Umweltberichterstattung kann insbesondere eine angemessenere Berücksichtigung von sozialwissenschaftlich generierten Informationen über Wertorientierungen, Umweltbewußtsein, Verhaltensformen und subjektiven Bewertungen der Umweltverhältnisse gesehen werden.

I. Einleitung

In dem Maße, in dem die „Umweltproblematik" – der Verbrauch natürlicher und nicht erneuerbarer Ressourcen, Belastungen durch Emission von „Umweltgiften", Landschaftszerstörung, Reduzierung des Artenbestandes usw. – in das öffentliche Bewußtsein traten und Gegenstand politischer Auseinandersetzungen und Programme wurden, hat auch der Bedarf an detaillierten und repräsentativen quantitativen Informationen zum Zustand der Umwelt und deren Wandel zugenommen. Zuverlässigen Informationen über die Umwelt kommt heute zweifellos eine zentrale Bedeutung für die „Aufklärung" der Öffentlichkeit sowie als Grundlage und Entscheidungshilfe für politisches Handeln zu. Im Vergleich zu anderen Lebens- und Politikbereichen, wie z.B. Bildung, Beschäftigung oder Gesundheit, wo der Informationsbedarf ebenfalls drastisch gestiegen ist und entsprechende Berichtssysteme entstanden sind, weist der Bereich der Umwelt einige Besonderheiten auf. Dazu gehört zunächst die Tatsache, daß sich die Bereitstellung von Umweltinformationen und die Entwicklung einer Umweltberichterstattung kaum auf entsprechende Traditionen einer systematischen Datenerhebung und Informationsverarbeitung stützen konnten, sondern von Grund auf neu konzipiert werden mußten. Hinzu kommt, daß umweltbezogene Gefährdungen und Belastungen zu den Modernisierungsfolgen und -risiken gezählt werden, die in besonderem Maße „wissensabhängig" sind: „Viele der neuartigen Risiken entziehen sich vollständig dem unmittelbaren menschlichen Wahrnehmungsvermögen. Ins Zentrum rücken damit ... Gefährdungen, die der 'Wahrnehmungsorgane' der Wissenschaft bedürfen – Theorien, Experimente, Meßinstrumente –, um überhaupt als Gefährdungen sichtbar, interpretierbar zu werden" (Beck 1986: 35). Der Kenntnisstand und das Handeln von individuellen und kollektiven, privaten und öffentlichen Akteuren hängen daher „entscheidend von einem aus Informationen bestehenden 'Bild' ab, das stellvertretend für real ablaufende Entwicklungen steht" (Zieschank 1989: 14). Mehr als in anderen Lebens- und Politikbereichen sind Bürger, Wissenschaft, Wirtschaft und Politik daher auf valide und zuverlässige Informationen angewiesen, wie sie im Rahmen der Umweltberichterstattung und mit Hilfe von Umweltindikatoren bereitgestellt werden sollen.

Der vorliegende Beitrag zielt darauf ab, einen Überblick über den derzeitigen Stand, die Probleme und die Entwicklungsperspektiven entsprechender Berichterstattungsansätze – bzw. der „informationalen Infrastruktur" – im Bereich der Umwelt zu bieten. Dazu werden im folgenden zunächst Ansätze und Akteure der Umweltberichterstattung auf der nationalen, supranationalen und subnationalen Ebene dargestellt und daran anschließend die der Umweltberichterstattung zugrunde liegenden Konzepte und Ansätze sowie die verwendeten Instrumente – insbesondere Systeme von Umweltindikatoren – betrachtet und exemplarisch untersucht.

II. Umweltberichterstattung in der Bundesrepublik Deutschland

1. Funktionen und Ziele

Die Bemühungen, in der Bundesrepublik Deutschland eine Umweltberichterstattung zu etablieren, lassen sich bis in die frühen siebziger Jahre zurückverfolgen. Angesichts eines rapide wachsenden Problemdrucks, einer zunehmenden Sensibilisierung der Bevölkerung und des erhöhten Gewichts umweltpolitischer Zielsetzungen wurden sie in den achtziger Jahren erheblich verstärkt. Angeregt und beschleunigt wurde dieser Prozeß maßgeblich durch eine Empfehlung der OECD an ihre Mitgliedsländer, nationale Berichte zum Zustand der Umwelt zu erstellen. Das grundlegende Ziel der Umweltberichterstattung wird darin gesehen, durch eine repräsentative Auswahl von geeigneten Informationen die allgemeine Öffentlichkeit sowie die Entscheidungsträger in Politik, Verwaltung und Wirtschaft umfassend und regelmäßig über den aktuellen Zustand der Umwelt und dessen Veränderung im Zeitablauf zu unterrichten. Als weitergehende Funktionen der Umweltberichterstattung können auch die Bestimmung von umweltpolitischen Zielsetzungen und Prioritäten sowie die Evaluation umweltpolitischer Interventionen betrachtet werden. Obwohl die Umweltberichterstattung nicht generell als ein Teilbereich der Sozialberichterstattung angesehen werden kann, weil der Blick auf die Umwelt nicht nur aus der anthropogenen Perspektive gerichtet werden soll und weil hier insbesondere auch naturwissenschaftliche Beobachtungsansätze und Meßkonzepte nicht nur von Bedeutung sind, sondern derzeit sogar im Vordergrund stehen, gibt es doch deutliche Parallelen. Eine enge Affinität zur Sozialberichterstattung ist nicht nur dadurch gegeben, daß die Lebensqualität maßgeblich durch den Zustand der Umwelt bestimmt wird, sondern auch insofern, als die Umweltberichterstattung Informationen über den Grad der Erreichung gesellschaftlicher Werte und politischer Zielsetzungen liefern soll.

2. Ansätze und Akteure der Umweltberichterstattung

a) Umweltberichterstattung auf nationaler Ebene

Die Umweltberichterstattung auf nationaler Ebene ist gekennzeichnet durch ein Netzwerk von Akteuren, die sich dieser Aufgabe mit unterschiedlichen Schwerpunktsetzungen widmen. Dazu gehören Ministerien, Forschungseinrichtungen, den Ministerien untergeordnete Behörden oder die Statistischen Ämter, die aus ihrer jeweiligen Perspektive über den Umweltzustand, die Entwicklungstendenzen, die jeweils aktuellen Umweltprobleme, Möglichkeiten und Strategien zur Verbesserung der Umwelt sowie umweltpolitische Maßnahmen berichten. Dies geschieht mit unterschiedlichen Themenschwerpunkten und Zielsetzungen und demzufolge auch in unterschiedlicher Form und Intensität. In nachfolgender *Übersicht 1* sind die wichtigsten Akteure der nationalen Umweltberichterstattung zusammengestellt.

Übersicht 1: Akteure der nationalen Umweltberichterstattung im Überblick

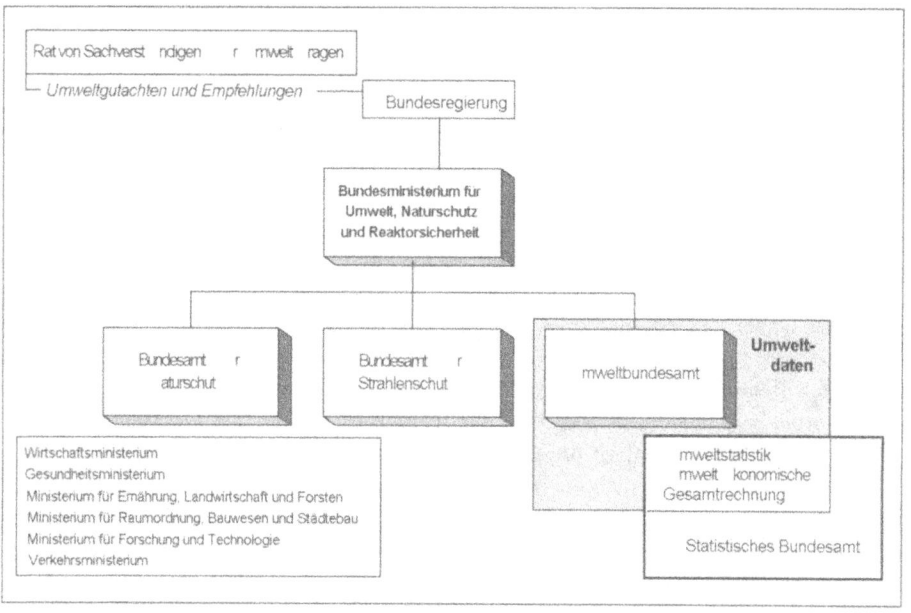

Umweltberichterstattung des Bundesministeriums für Umwelt, Naturschutz und Reaktorsicherheit. Das Bundesministerium für Umwelt, Naturschutz und Reaktorsicherheit stellt im Spektrum der verschiedenen Akteure der Umweltberichterstattung naturgemäß die Institution dar, die sich vorrangig mit Umweltpolitik und den umweltpolitischen Handlungsstrategien beschäftigt. Das Bundesministerium für Umwelt, Naturschutz und Reaktorsicherheit wurde 1986 gegründet. Seine Aufgabe ist Umweltpolitik im weitesten Sinne, dazu zählt auch die Koordination der internationalen Zusammenarbeit und Naturschutz in den Bereichen Boden, Wasser und Luft. Die jüngste Ausgabe der „Umweltpolitik" des Bundesumweltministeriums (1994) befaßt sich einerseits mit den neuen Leitbildern der Umweltpolitik, andererseits mit verschiedenen konkreten Maßnahmen des Umweltschutzes und der Umweltvorsorgepolitik. Das Leitbild der nachhaltigen Entwicklung und die Untrennbarkeit von Umwelt- und Entwicklungspolitik in der Verantwortung für die „Eine Welt" im Sinne der Konferenz der Vereinten Nationen für Umwelt und Entwicklung (UNCED) 1992 in Rio de Janeiro findet auch in der Umweltberichterstattung des Ministerium seinen Niederschlag. Mit der Vereinigung Deutschlands sind insbesondere für die deutsche Umweltpolitik neue Herausforderungen entstanden, die in Form verschiedener Maßnahmen bereits erste Erfolge zeigen.[1] Von zunehmender Bedeutung ist die Einbindung nationaler umweltpolitischer Maßnahmen in einen europäischen bzw. weltweiten Bezugsrahmen. Aus diesem Grund nehmen auch die Konzepte für eine „Umweltpolitik in internationaler Verantwortung", die im wesentlichen auf Abmachungen, wie z.B. dem Maastrichter Abkommen (EU), den Konferenzen der OECD und der Konferenz der UNCED in Rio beruhen, in den Publikationen des Umweltbundesministeriums großen Raum ein.

Die Umweltpolitik des Umweltbundesministeriums stellt den Versuch dar, die Leitlinien einer nachhaltigen Entwicklung in umweltpolitische Maßnahmen umzusetzen. Die Besonderheit der Berichte des Ministeriums liegt darin, daß in stärkerem Maße als dies in den anderen Umweltberichten der Fall ist, auf die Verknüpfung von arbeitsmarktpolitischen, sozialverträglichen und umweltverträglichen Lösungen Wert gelegt wird, d.h. hier das Leitbild des „sustainable development" Anwendung findet. Was diese Berichte nicht leisten, ist, detaillierte Information zur Umweltsituation in den verschiedenen Umweltbereichen zu liefern, da hierfür andere Institutionen, wie z.B. das Umweltbundesamt, zuständig sind.

Umweltberichterstattung des Umweltbundesamtes: Daten zur Umwelt. Von zentraler Bedeutung für die Umweltberichterstattung in der Bundesrepublik sind die „Daten zur Umwelt", die das Umweltbundesamt seit 1984 im Abstand von zwei bis drei Jahren veröffentlicht. Die „Daten zur Umwelt" verfolgen verschiedene Ziele. Der Bericht informiert über Quellen und Ursachen von Belastungen und Gefährdungen der Umwelt, über Folgen der anthropogenen Belastungen für die Umwelt und präsentiert Daten, die eine Begründung und Bewertung der gesellschaftlichen Reaktion auf Belastung und Veränderung der Umwelt ermöglichen. „Ziel der Umweltberichterstattung ist es, eine Informations- und Entscheidungshilfe bereitzustellen, die mit Hilfe von Umweltindikatoren eine repräsentative Auswahl aus der Fülle von Umweltdaten trifft" (Umweltbundesamt 1994: 6). Die gesammelten Daten sollen „über die Quellen und Ursachen von Belastungen und Gefährdungen der Umwelt Auskunft geben, ... die Folgen der anthropogenen Belastungen für die Umwelt beschreiben ... und zur Begründung und Bewertung der gesellschaftlichen Reaktion auf

---

[1] Z.B. Verbesserung der Wasserqualität durch Abwasserbehandlung (Kosten des Umweltschutzsofortprogrammes: 245,5 Mio. DM), Altlastensanierung (bis 1993 Erfassen von 70.000 Altlastenflächen), Braunkohlesanierungsmaßnahmen u.v.m.

Belastung und Veränderung der Umwelt beitragen" (Umweltbundesamt 1994: 6). Innerhalb der einzelnen Bereiche, wie z.B. „Wald," „Boden" oder „Lärm" werden die jeweiligen Datenquellen erläutert, der Ist-Zustand des jeweiligen Teilbereichs wird in seiner regionalen Dimension und seiner zeitlichen Entwicklung sowohl tabellarisch als auch graphisch – z.B. anhand ausführlicher Karten – umfassend aufbereitet und dargestellt. Zu den besonderen Stärken dieser Berichtsform zählen zweifellos die regelmäßige Erscheinungsweise, die differenzierte Datenaufbereitung und die Verweise auf weiterführende Informationsquellen. So erlaubt z.B. die regelmäßige Waldschadenskartierung einen Überblick über die Entwicklung der Waldschäden nach Ländergruppen und Schadstufen der vergangenen zehn Jahre (*Tabelle 1*).

Tabelle 1: Entwicklung der Waldschäden nach Ländergruppen und Schadstufen in Prozent

Jahr	Nordwestdeutsche Länder			Ostdeutsche Länder			Süddeutschland		
	Schadstufe			Schadstufe			Schadstufe		
	0	1	2–4	0	1	2–4	0	1	2–4
1984	62	28	10				45	35	20
1985	64	26	10				43	35	22
1986	61	28	11				41	37	22
1987	60	27	13				43	38	19
1988	51	27	13				44	39	17
1989	58	30	12				43	40	17
1990	52	33	15	34	30	36			
1991	57	32	11	27	35	38	34	42	24
1992	50	36	14	25	41	34	29	44	27
1993	50	34	16	31	40	29	33	42	25

Schadstufe 0 = Ohne Schadmerkmal, Schadstufe 1 = schwach geschädigt, Schadstufe 2–4 = deutlich geschädigt.
Quelle: Umweltbundesamt (1994: 166f.).

Aus *Tabelle 1* wird deutlich, daß das Ausmaß der Waldschäden in den neuen Ländern deutlich höher ist als in den alten Ländern: ca. ein Drittel des Waldbestandes weist deutliche Schäden auf. In Nordwestdeutschland fallen nur 16 Prozent des Bestandes, in Süddeutschland bereits ein Viertel des Bestandes in diese Kategorie der deutlich geschädigten Bäume. Dabei ist allerdings zu berücksichtigen, daß die Erhöhungen seit 1990 z.T. auf Sturmschäden zurückzuführen sind. Zusätzlich zu diesen allgemeinen Daten zu Waldschäden bieten die „Daten zur Umwelt" Karten zu jeder Baumart und eine Zeitreihe zu den Schäden der jeweiligen Baumart, woraus ersichtlich wird, daß für die Nadelbäume ein Trend zur Verbesserung, für die Laubbäume jedoch, insbesondere für die („deutsche") Eiche, ein Ansteigen der Schäden zu beobachten ist.

So ausführlich die Berichterstattung für die Umweltdaten der einzelnen Elemente und Umweltbereiche ist, so spärlich sind die Daten über Einflüsse der Umwelt auf den Menschen. Kaum Berücksichtigung finden Informationen über gesundheitliche Beeinträchtigungen durch Umwelteinflüsse, wie z.B. das Auftreten von Pseudokrupperkrankungen in bestimmten Regionen oder anderer Phänomene, die mit Umwelteinflüssen in Verbindung gebracht werden. Allerdings entspricht die Datenlage in diesen Bereichen meist nicht dem

Anspruch der repräsentativen und „flächendeckenden Information" (Umweltbundesamt 1994: 7).

Statistisches Bundesamt: Informationen zur Umwelt. Das Statistische Bundesamt bietet bereits seit 1970 Informationen zur Umwelt an, z.B. in der Form der Abfallstatistik, Wasserversorgungsstatistik, Abwasserentsorgungsstatistik, Luftbelastungsstatistik und Statistik der Umweltschutzinvestitionen im Produzierenden Gewerbe. Weiterhin bieten die „Umweltinformationen der Statistik" auch Ansätze zur Systematisierung der Umweltinformationen, die bisher in der amtlichen Statistik keine Berücksichtigung gefunden haben. Mit Hilfe neuer Kategorienschemata wurde ein ökologisch-statistisches Gesamtsystem entwickelt, das das Statistische Bundesamt seiner Umweltstatistik seit Anfang der 90er Jahre zugrunde legt. Einen Schritt weiter geht die jüngste Ausgabe dieser Reihe, in der erstmals eine „Umweltökonomische Gesamtrechnung" (UGR) vorgestellt wird, die den Anspruch besitzt, die bisherige Umweltstatistik vor allem um die wirtschaftlichen Aspekte zu erweitern.[2]

Der Rat von Sachverständigen für Umweltfragen (SRU): Umweltgutachten. Dem 1971 eingerichteten Rat von Sachverständigen für Umweltfragen[3] wurde die Aufgabe übertragen, der Bundesregierung alle zwei Jahre ein Umweltgutachten zu übergeben. Im Unterschied zu anderen Akteuren der Umweltberichterstattung verfolgt der SRU in seinem jüngsten Gutachten das Ziel, über die Analyse und Bewertung der Umweltsituation hinaus den Mangel an Grundorientierungen und Bewertungsmaßstäben zu überwinden (SRU 1994: 3). So soll „ein integratives Gesamtkonzept als Orientierungshilfe für die Vermittlung zwischen wissenschaftlicher Primärforschung und Politik" entworfen werden (SRU 1994: 3). Diese Politikberatung, die sowohl ökologische als auch ökonomische und soziale Handlungskonzepte beinhaltet, soll zudem eine längerfristige Perspektive eröffnen und nicht nur in die aktuellen und konkreten Entscheidungen eingreifen. Kern und Ausgangspunkt der methodischen Vorüberlegungen ist – wie in allen jüngeren Arbeiten zur Umwelt – das Konzept der dauerhaft-umweltgerechten Entwicklung. Daraufhin ausgerichtet ist im Gutachten von 1994 der zweite Teil, der sich mit der Gestaltung von Umweltberichterstattung beschäftigt, und auch der dritte Teil, in dem für zwei Bereiche ein am Konzept der dauerhaft-umweltgerechten Entwicklung orientiertes Umweltindikatorensystem exemplarisch umgesetzt wird. Insofern stellt dieses Gutachten des SRU eine Metaebene in der Umweltberichterstattung dar, indem es sich vorrangig mit dem theoretischen Bezugsrahmen und grundlegenden Konzepten der Berichterstattung befaßt und weniger darauf ausgerichtet ist, die Umweltsituation selbst zu beobachten und zu analysieren. In seinen Sondergutachten beschäftigt sich der SRU allerdings auch mit substantiellen Fragen, wie z.B. Abfallwirtschaft, Altlasten und Luftverunreinigungen in Innenräumen.

Übersicht 2 bietet einen Überblick über die wichtigsten Akteure der nationalen Umweltberichterstattung, ihre Aufgaben und Zielsetzungen und eine Zusammenstellung ihrer Umweltberichte.

---

2 Auf das Konzept der Umweltökonomischen Gesamtrechnung wird in Abschnitt IV.3 näher eingegangen.
3 Zuerst eingerichtet im Bundesinnenministerium, seit 1990 im Bundesumweltministerium angesiedelt

Übersicht 2: Ausgewählte nationale Akteure und deren Umweltberichte im Überblick

Institution	Aufgaben und Zielsetzungen	Bericht	erstmals erschienen	Periodizität
Bundesministerium für Umwelt, Naturschutz und Reaktorsicherheit (BMU)	Umweltpolitik, Umsetzung der Leitlinien einer nachhaltigen Entwicklung	Umweltbericht 1990 Umweltpolitik – Umwelt 1994	1990 1994	4jährig
Umweltbundesamt	Daten und Informationen zur Umwelt, Beratung des Umweltministeriums	Daten zur Umwelt	1984	2jährig
Statistisches Bundesamt	Datensammlung zu verschiedenen Bereichen (Abfall, Wasserversorgung, usw.), „Umweltökonomische Gesamtrechnung"	Umweltinformationen der Statistik Umweltökonomische Gesamtrechung	1990 1994	2 x
Rat von Sachverständigen für Umweltfragen (SRU)	Entwicklung von Grundorientierungen und Bewertungsmaßstäben, Politikberatung mit längerfristiger Perspektive	Allgemeine ökologische Umweltbegutachtung Umweltgutachten (als SRU des Innenministeriums) Umweltgutachten	1990 1974, '78, '87 1990	2jährig

Quelle: Umweltbundesamt (1994: 660ff.).

b) Umweltberichterstattung supranationaler Organisationen

OECD: Environmental Data. Compendium/Reports on the State of Environment. In der supranationalen Umweltberichterstattung nehmen die Berichte der OECD einen besonderen Stellenwert ein, da sie bereits seit Mitte der 80er Jahre systematisch über die Umweltsituation in den Mitgliedsländern berichten. Seit 1985 erscheint in zweijährigem Turnus ein Kompendium „Environmental Data", das über „State of Environment", „Pressures on the Environment" sowie zum Thema „Managing the Environment" informiert. Von Interpretationen wird in den Reports bewußt Abstand genommen. Ergänzt werden diese regelmäßig erscheinenden Berichte durch „OECD Reports on the State of Environment". Im dritten Report dieser Serie von 1991 sind die einzelnen Themenbereiche so aufbereitet worden, daß ein Überblick über die Veränderung in den vergangenen 20 Jahren[4] es ermöglicht, sich ein Urteil über den Erfolg oder Mißerfolg der umweltpolitischen Maßnahmen zu bilden. In diesen Reports, die sich durch ausführliche Begleittexte von den Kompendien unterscheiden, werden die Zusammenhänge zwischen dem Zustand der Umwelt und dem wirtschaftlichen Wachstum in den Mitgliedstaaten besonders betont. Die OECD hat sich außerdem mit Konzeptionen in der Umweltberichterstattung, wie z.B. der Ent-

---

[4] Mit der allgemeinen Thematik: „the lifetime of environmental policies and institutions" (OECD 1991: 13).

wicklung des Indikatorensystems, befaßt. So entstand 1994 vor dem Hintergrund des Konzepts des „sustainable development" ein Entwurf der OECD für ein Umweltindikatorensystem – das „Pressure-State-Response-Modell" (OECD 1994).[5]

Neben den objektiven Daten gehen in OECD-Berichte auch subjektive Umweltindikatoren aus Umfragen ein. So unterscheiden sich beispielsweise die Reaktionen auf die Gefährdung der Ozonschicht in der Stratosphäre zwischen den einzelnen Nationen deutlich: Während in den USA 1993 nur 43 Prozent und in Japan nur 45 Prozent der Befragten große Sorgen bezüglich dieses Problems äußerten, zeigten sich 73 Prozent der Westdeutschen, 75 Prozent der Ostdeutschen und 76 Prozent der Italiener sehr besorgt um die Ozonschicht. Auch der Treibhauseffekt scheint die US-Amerikaner nur zu 30 Prozent zu beunruhigen, während dieses Problem für mehr als die Hälfte der Mitteleuropäer ein Umweltproblem darstellt, um das sie sich große Sorgen machen. Dagegen ist für 29 Prozent der befragten Japaner und Griechen der Verlust von Grünflächen ein wichtiges Umweltproblem, während dies nur 7 Prozent der Westdeutschen und 8 Prozent der Briten als problematisch ansehen (OECD 1993: 283ff.). Diese Daten zur Einschätzung und Beurteilung von Umweltproblemen zeichnen die Umweltberichte der OECD besonders aus.

Eine Besonderheit der OECD-Aktivitäten stellt das 1991 begonnene Projekt „Environmental Performance Review" („Umweltprüfberichte") dar, in dem die OECD-Mitgliedstaaten sich einer Bewertung ihrer umweltpolitischen Maßnahmen unterziehen. In der Pilotstudie, die für Deutschland erstellt wurde, wurden die Umweltleistungen des Landes geprüft, die Anstrengungen zur Integration von umwelt- und wirtschaftspolitischen Maßnahmen und das Erreichen von nationalen Zielsetzungen und internationalen Verpflichtungen beurteilt (nach OECD 1993a: 5f.). Diese Berichtsform unterscheidet sich vor allem durch eine explizite Bewertung und die daraus resultierenden umweltpolitischen Empfehlungen für die betroffenen Länder grundsätzlich von den anderen internationalen Umweltberichten. Die Mischung aus Darstellung, Bericht, Interpretation und Beurteilung stellt eine Verknüpfung zwischen Umweltberichterstattung und Umweltpolitikberatung dar.

United Nations: Environmental Data Report. Das „United Nations Environment Programme (UNEP)", dessen „Environmental Data Report" 1987 zum ersten Mal erschien, stellt sich die Aufgabe, weltweit Daten zur Umweltsituation zu sammeln und zu veröffentlichen. Hauptaufgabe des UNEP ist insofern die Zusammenführung, Harmonisierung und Aktualisierung der wichtigsten Datenbanken (vgl. *Übersicht 3*). Der Bericht beinhaltet nicht nur die „klassischen" Umweltindikatoren zu Luft, Wasser und Boden, soweit sie verfügbar sind, sondern bietet auch Daten zu Formen der Land- und Wassernutzung (Landwirtschaft, Fischerei), Besiedlung, Gesundheit (Lebenserwartung, Krankheiten) oder Naturkatastrophen. Durch den Bezug zu konkreten Lebensbedingungen wird in diesem Report die Verknüpfung von Umweltbedingungen und Lebensqualität stärker betont als dies in anderen Berichten der internationalen Organisationen der Fall ist.

---

5 Vgl. Abschnitt IV.2 dieses Beitrags.

Economic Commission for Europe (ECE): The Environment in Europe and North America. Als UN-Arbeitsgruppe leistet die Wirtschaftskommission der Vereinten Nationen für Europa (Economic Commision for Europe, ECE) ebenfalls einen wichtigen Beitrag zu einer nordatlantischen Umweltberichterstattung. Ihre Arbeit baut auf der Genfer Luftreinhaltekonvention, den Konventionen über Umweltverträglichkeitsprüfungen und anderen gesetzlichen Maßnahmen zur Verbesserung des Umweltschutzes auf.[6] Neben ausgewählten Statistiken zur Qualität der Umwelt[7] werden auch Analysen von besonderen Ereignissen, wie z.B. dem Tschernobyl-Unfall und seinen Folgen, in die Berichte integriert. Es wird keinerlei Anspruch auf die Entwicklung eines vollständigen Indikatorensystems erhoben, sondern es sollen ausdrücklich auch Themen Berücksichtigung finden, für die es derzeit noch keine statistischen Konzepte oder Definitionen gibt. In diesem Bericht wird einerseits über konkrete Umweltbedingungen in den einzelnen Ländern berichtet, andererseits werden in einzelnen Bereichen neue Themen diskutiert.

Europäische Union (EU). Der umweltpolitische Rahmen, in dem die europaweite Umweltberichterstattung angesiedelt ist, wurde zunächst durch die Europäische Union (EU) und deren fünftes Aktionsprogramm „Für eine dauerhafte und umweltgerechte Entwicklung" festgelegt. Im Zusammenhang mit der Entwicklung des Europäischen Binnenmarktes wird von Seiten der Union angestrebt, in Europa nicht nur die Wirtschaftsunion zu fördern, sondern auch eine „Umweltunion" entstehen zu lassen. Dieses Programm beruht auf den Maastrichter Verträgen von 1992, in denen die „Subsidiarität und Transparenz im Interesse der Akzeptanz, der Bürgernähe und der Effektivität" (Bundesumweltministerium 1994: 37) als grundlegende Prinzipien festgeschrieben wurden. Die Umweltberichterstattung von EUROSTAT, der für die EU zuständigen statistischen Behörde, umfaßt zwei Berichtsarten: Monographien z.B. „Zur Lage der Umwelt in der Europäischen Gemeinschaft" (1987) oder über den „Zustand der Umwelt in der Europäischen Gemeinschaft" (1992), und eine Reihe zur „Umweltstatistik". Ziel dieser umfangreichen Umweltstatistik ist es u.a., „Indikatoren zu liefern, die die Überwachung und Überprüfung der Auswirkungen der aktuellen Gemeinschaftspolitik auf die Umwelt" ermöglichen und die Basis für die Neukonzeption von umweltpolitischen Maßnahmen darstellen können. Über die Daten zur Umweltsituation hinaus finden auch der „Schutz der natürlichen Ressourcen" und das „Umweltbewußtsein" der Bevölkerung ihren Platz in der Berichterstattung. Eine Besonderheit dieser Umweltberichte liegt darin, daß auch die Einstellung der Bevölkerung zu verschiedenen Umweltthemen, also auch subjektive Indikatoren, in das Berichtssystem eingehen. Daten aus dem Eurobarometer,[8] mit Informationen zur Einschätzung der Bedeutung von Umweltproblemen, vermuteten Ursachen von Umweltproblemen und Umweltaktivitäten, stellen eine Ergänzung zu den objektiven Daten dar, wie sie in den Umweltberichten anderer Institutionen bisher nur selten vorkommen. So hat sich zwischen 1988 und 1992 in den Mitgliedstaaten der Anteil der Befragten, die Umweltschutz für ein „dringendes, unmittelbares Problem" halten, deutlich erhöht. In der EU stieg er von

---

6 Vgl. dazu die Angaben des Umweltministeriums (1994: 37).
7 Luftqualität unterschieden in städtische und ländliche Regionen, atmosphärisches Ozon, Waldschäden, Oberflächenwasser.
8 Das „Eurobarometer" ist eine regelmäßige Befragung in den Mitgliedsländern der Europäischen Gemeinschaft (Hofrichter 1994).

74 auf 85 Prozent, betrachtet man einzelne Länder, so zeichnen sich dort sehr unterschiedliche „Zuwachsraten" ab: in Frankreich stieg dieser Anteil von 59 Prozent um 21 Prozentpunkt auf 80 Prozent, in Westdeutschland von 84 auf 88 Prozent (vgl. Europäische Gemeinschaft 1992, Nr. 37: 66f.).

Den supranationalen Umweltberichten ist gemeinsam, daß sie sich in noch stärkerem Maße als dies für die nationalen Berichte gilt, in ihrer Berichterstattung an den auf nationaler Ebene verfügbaren Daten orientieren müssen. Die Probleme der Vereinheitlichung und der Vergleichbarkeit sind für internationale Vergleiche ungleich gravierender als im nationalen Rahmen. Dennoch liegen einige international vergleichende Berichte, wie z.B. die Kompendien der OECD, der UN Environmental Data Report, die Berichte der ECE oder die EU-Umweltstatistik vor, die mit unterschiedlichen Schwerpunkten die Umweltsituation (Entwicklung und Einflüsse), die Umweltleistungen und die umweltpolitischen Strategien der jeweilgen Nationen darstellen. Die OECD hat sich außerdem mit der Weiterentwicklung eines eigenständigen Indikatorenmodells befaßt. Die anderen Berichte arbeiten meist mit Indikatoren aus den „klassischen Umweltbereichen", die um Komponenten erweitert werden, die der Aufgabenstellung der jeweiligen Organisation entsprechen. Dies bedeutet für die EU und auch die ECE, daß sie als ursprünglich wirtschaftlich orientierte Organisationen auch die wirtschaftlichen Komponenten und die Verbesserung

Übersicht 3: Ausgewählte internationale Akteure und deren Umweltberichte im Überblick

Institution	Aufgaben und Zielsetzungen	Bericht	erstmals erschienen	Periodizität
Organisation for Economic Co-Operation and Development (OECD)	Umwelt und wirtschaftliches Wachstum Weiterentwicklung des Indikatorensystems Umweltprüfberichte – Bewertung der umweltpolitischen Maßnahmen in den Ländern	Environmental Data. Compendium Report on the State of Environment Environmental Indicators Environmental Perfomance Review	1985 1979 1994 seit 1991	2jährig 6jährig
United Nations	Zusammenführung und Aktualisierung der internationalen Umweltdatenbanken	Environmental Data Report	1987	
Economic Commission for Europe (ECE) – UN – Arbeitsgruppe	Zeitreihen für einzelne Indikatoren und Analysen von Ereignissen, neuen Entwicklungen	The Environment in Europe and North America - Annotated Statistics	1992	
Europäische Union (EU) – EUROSTAT	Monographien zu verschiedenen Umweltthemen Reihe „Umweltstatistik" – Basisindikatoren und Sektorindikatoren (Eurobarometer)	z.B. Zustand der Umwelt in der Europäischen Gemeinschaft Reihe Umweltstatistik	1992 1991	

der gemeinsamen politischen Konzepte, Richtwerte, rechtlichen Rahmenbedingungen usw. besonders betonen.

c) Umweltberichterstattung auf regionaler und kommunaler Ebene

Die Umwelt gehört zu den Lebensbereichen, in denen sich die Problemstellungen auf verschiedenen regionalen Ebenen unterschiedlich stellen. So lassen sich Luftverunreinigungen oder Umweltprobleme wie die Ozonbelastung in der Stratosphäre nur sinnvoll auf internationaler Ebene erklären. Dagegen werden Probleme, wie Verunreinigungen der Fließgewässer und Seen oder Lärm eher Themen von regionaler und lokaler Umweltberichterstattung darstellen. Eine Schwierigkeit, die regionale oder lokale Umweltberichterstattung für die Bundesrepublik zusammenfassend darzustellen, besteht darin, daß die föderale Struktur eine einheitliche Umweltberichterstattung erschwert. Da die Umsetzung des Umweltrechts ebenfalls Aufgabe der Bundesländer ist, sind diesbezüglich erhebliche Unterschiede zwischen den Ländern festzustellen. Auch kann die Ebene der Zuständigkeiten wechseln, so daß es zu Aufgabenteilungen zwischen Landesumweltministerien, Bezirksämtern, Kreisen und Kommunen kommen kann. Zudem sind für Einzelaspekte, wie z.B. Wasserwirtschaft oder Bodengüte oft Sonderbehörden zuständig (vgl. Abschnitt III). Demzufolge sind auch die Umweltberichte der Länder in ihrer Konzeption, ihrem Umfang und Informationsgehalt sehr unterschiedlich. Auf der Basis des „Grunddatenkataloges" des Bund/Länderarbeitskreises Umweltinformationssysteme bzw. der Umweltministerkonferenz (Bundesminister und Länderminister) versucht man, eine Vereinheitlichung zu erreichen. Regelmäßige Umwelt- oder Umweltschutzberichte erscheinen z.B. (jährlich oder zweijährig) in Baden-Württemberg, Berlin, Hamburg, Hessen, Mecklenburg-Vorpommern und Sachsen-Anhalt (Umweltbundesamt 1992/93: 668ff.). Die meisten Länder veröffentlichen zudem regelmäßige Informationen zu Teilaspekten der Umwelt, z.B. Abfallbilanzen oder Informationen zur Gewässergüte, die allerdings keinem einheitlichen Muster entsprechen.

Für die kommunale Umweltberichterstattung hat sich das Deutsche Institut für Urbanistik (difu) in Berlin mit einem Leitfaden für die Anfertigung eines Umweltberichtes um eine Vereinheitlichung bemüht. Ob sich die Gemeinden daran orientieren, bleibt ihnen letztlich jedoch freigestellt. Eine aktuelle Zusammenstellung des „difu" (1995) von 358 kommunalen oder Kreis-Umweltberichten zeigt, wie sehr diese Berichte differieren. So gibt es Kommunen, die bereits 1972 oder 1973 (Berlin/West, Bremen oder Ingolstadt) ausführliche Umweltberichte erstellt hatten, während andere Kommunen, wie Mannheim oder Frankfurt, erst in den achtziger Jahren erste Umweltberichte veröffentlichten. Auch in der inhaltlichen Gestaltung weisen diese Berichte eine große Varianz auf, weil sie sich in erster Linie an den speziellen Belangen der Kommune orientieren. So werden z.B. im Umweltbericht der Stadt Heidelberg Leitlinien zu einem umweltverträglichen Tourismus entwickelt oder es werden Einzelprojekte, wie Elektrofahrzeuge oder verschiedene Maßnahmen zur Müllvermeidung vorgestellt. In anderen Gemeinden, z.B. den Städten des Ruhrgebiets, standen schon in den ersten Berichten Luftreinhaltungsmaßnahmen oder neuerdings Nutzung von Industriebrachen im Vordergrund. Besonders für die kommunalen Umweltberichte gilt, daß ihre Konzepte in starkem Maße auf die Einzelgemeinde und deren spezifische Problematik zugeschnitten sind.

Die Umweltberichte auf regionaler und kommunaler Ebene können bisher durch die

Länder-, Kreis- und Kommunalbehörden weitgehend frei gestaltet werden. Aufgrund der Unverbindlichkeit der vorliegenden Richtlinien und der Tatsache, daß auch die Problemlagen und Interessen je nach regionaler Ebene variieren, wird mit einer weitgehenden Vereinheitlichung der Berichterstattung vorläufig nicht zu rechnen sein.

3. Datengrundlagen der Umweltberichterstattung

Die Umweltberichterstattung beruht auf einer Vielzahl von unterschiedlichen Datengrundlagen. Von zentraler Bedeutung sind dafür zunächst Daten aus Erhebungen der amtlichen Statistik, darüber hinaus aber auch Daten aus ständig betriebenen Umweltmeßnetzen des Bundes und der Länder, Daten aus dem Verwaltungsvollzug (z.B. Angaben über den Kraftfahrzeugbestand) sowie die Umweltberichte internationaler Organisationen. Daraus daß, wie bereits erläutert, zahlreiche Zuständigkeiten für die Datenerfassung und -verwaltung in Händen der Länder liegen, resultieren auch Probleme einer einheitlichen Erhebungspraxis. Bestrebungen, auf diesem Gebiet Verbesserungen zu erzielen, haben teilweise bereits zu Erfolgen geführt: So wurde beispielsweise eine flächendeckende Erhebung von Waldschäden (Vereinbarung zwischen dem Bundesministerium für Ernährung, Landwirtschaft und Forsten und den Forstverwaltungen der Länder) durchgeführt, und die Länderarbeitsgemeinschaft Wasser (LAWA) stellt bereits seit 1975 bundesweite Gewässergütekarten zur Verfügung. Auch werden z.B. für die Flächennutzung bereits einheitlich Merkmale erhoben, dagegen werden für den Stoffeintrag in Böden landesweit immer noch unterschiedliche Verfahren angewandt. Die Erhebung der Belastung der an die Bundesrepublik angrenzenden Meere unterliegt wiederum einem anderen Verfahren: Daten für Nordostatlantik und Nordsee werden von den Kommissionen von Oslo und Paris (OSPARCOM) zusammengestellt, für die Nordsee von dem internationalen „Joint Monitoring Programme" (JMP) sowie dem gemeinsamen Bund/Länder-Meßprogramm (Meeresumwelt-Datenbank (MUDAB)). Daten für die Ostsee erheben die zuständigen Landesstellen (Landesamt für Wasserhaushalt und Küsten, Kiel und Landesamt für Umwelt und Natur, Schwerin) sowie das Baltic Monitoring Programme der Helsinki Konvention zum Schutz der Meeresumwelt des Ostseegebietes (Umweltbundesamt 1992/93: 508). Aus diesen Beispielen wird ersichtlich, daß es sehr wohl Bereiche gibt, in denen die Erhebung von Umweltdaten systematisch, koordiniert und für alle Länder vergleichbar durchgeführt wird (Gewässergüte, Waldschäden), aber gleichzeitig noch sehr unterschiedliche Meß- und Aufbereitungsverfahren existieren.

Seit Mitte der 80er Jahre werden außerdem Befragungen zu Umwelt und Gesundheit durchgeführt, an denen verschiedene Ministerien und Institutionen (Umweltbundesamt, Bundesgesundheitsamt, Bundesministerium für Forschung und Technologie) beteiligt waren, und in denen der Einfluß von Umweltfaktoren auf die Gesundheit überprüft wird. Die sogenannten „Umweltsurveys I und II" aus den Jahren 1985/86 und 1990/91 zur „Messung und Analyse von Umweltbelastungsfaktoren in der Bundesrepublik Deutschland" sind Repräsentativerhebungen, in deren Rahmen Blut-, Urin- und Haarproben der Probanden, Hausstaub- und Trinkwasserproben der Haushalte sowie ein umweltbezogener und ein gesundheits- und lebensstilbezogener Fragebogen erhoben wurden. Durch den

Umweltsurvey II, der auch in den neuen Bundesländern durchgeführt wurde, sind mittlerweile Ost-West-Vergleiche möglich.[9]

Vor allem aus sozialwissenschaftlicher Perspektive sind darüber hinaus aber auch einige auf die gesellschaftliche Dauerbeobachtung ausgerichtete Bevölkerungsumfragen, wie ALLBUS (Allgemeine Bevölkerungsumfrage der Sozialwissenschaften), Wohlfahrtssurvey, Sozio-ökonomisches Panel oder ISSP (International Social Survey Programme), für die Umweltberichterstattung als Datengrundlage von Bedeutung. In diesem Rahmen werden insbesondere bundesweit repräsentative Informationen zu umweltrelevanten Einstellungen und Verhaltensweisen sowie Aspekten der subjektiven Wahrnehmung und Bewertung des Umweltzustandes erhoben. Im ISSP wurden 1993 zahlreiche Fragen zu Umwelt, Umweltwissen und Verhalten gestellt. Zum Beispiel wurde die Frage gestellt, inwieweit man es für sich persönlich akzeptabel hielte, Abstriche vom Lebensstandard zu machen, um die Umwelt zu schützen. Dabei zeigen sich im internationalen Vergleich deutliche Unterschiede: während mehr als die Hälfte der befragten Westdeutschen es für akzeptabel halten, der Umwelt zuliebe Abstriche vom eigenen Lebensstandard zu machen, sind nur ein Drittel der Briten und der US-Amerikaner dazu bereit (vgl. *Abbildung 1*). Unterscheidet man bei dieser Frage weiter nach dem Alter, so zeigt sich, daß diese Bereitschaft in Deutschland mit dem Alter deutlich abnimmt, in Großbritannien jedoch in allen Altersgruppen auf gleich niedrigem Niveau bleibt. Dagegen ist in Großbritannien eine deutlich stärkere Ablehnung dieser Einschränkung mit abnehmendem Durchschnittseinkommen festzustellen als dies in Westdeutschland der Fall ist.

Abbildung 1: Anteil der Befragten in Prozent, die es für akzeptabel halten, Abstriche vom eigenen Lebensstandard zu machen, um die Umwelt zu schützen

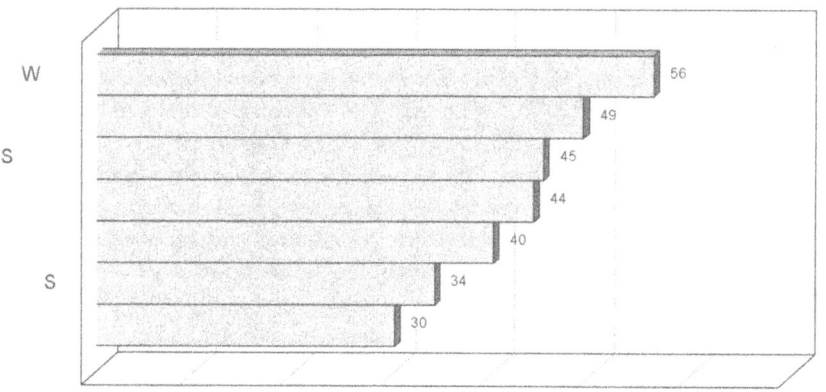

Datenbasis: ISSP (1993).

---

9 Eine Zusammenstellung der Datenquellen zu den verschiedenen Themenbereichen befindet sich zu Anfang eines jeden Kapitels in den „Daten zur Umwelt" (Umweltbundesamt 1994).

Subjektive Indikatoren zur Umwelt, wie sie in bevölkerungsrepräsentativen Umfragen erhoben werden, finden allerdings in den Reports der nationalen oder regionalen Umweltberichterstatter bisher nur wenig oder überhaupt keine Berücksichtigung.

IV. Konzepte, Ansätze und Instrumente

1. Umweltpolitische Leitbilder und Ziele

Umweltpolitische Leitbilder und Ziele sind an dieser Stelle insofern von Interesse, als sie die normativen Grundlagen und den Bezugsrahmen für eine Umweltberichterstattung und die Konstruktion von Umweltindikatorensystemen bilden. Im Vergleich zu anderen Politikbereichen hat sich eine separate Umweltpolitik allerdings sehr spät entwickelt. Erst mit dem Umweltprogramm der Bundesregierung von 1971 trat der Umweltschutz in der Bundesrepublik Deutschland als eine eigenständige politische Aufgabe hervor. Hier wurden erstmals Ziele der Umweltpolitik formuliert. Im Mittelpunkt stand dabei die allgemeine Zielsetzung, die natürlichen Lebensgrundlagen, deren Bedrohung zunehmend in das gesellschaftliche Bewußtsein trat, für die heutigen, aber auch für zukünftige Generationen zu erhalten (Hartkopf/Bohne 1983: 63f.). Diese Diskussion hatte einen engen Bezug zu der damaligen Debatte über die „Lebensqualität" als einer neuen gesellschaftspolitischen Zielformel (Pietsch 1989: 32).[10] Fortan zeigte sich allerdings, daß in der praktischen Umweltpolitik unter den verschiedenen Akteuren nicht nur konkrete Ziele und Maßnahmen höchst umstritten, sondern auch die normativen Grundprinzipien nur bedingt konsensfähig waren (Schuster 1992: 16).

Heute kommt dem Konzept des „sustainable development" nicht nur in der Bundesrepublik eine herausragende Rolle als Leitbild der Umweltpolitik und damit auch der Umweltberichterstattung zu: „the concept of „sustainable development" has been generally accepted as a leading policy concept in most countries" (ten Brink 1991: 71). Auf einer politisch relevanten Ebene erstmals entwickelt wurde das Konzept des „sustainable development" im Rahmen des sogenannten „Brundtland-Reports" der „World Commission on Environment and Development" von 1987. „Sustainable development" bildet zudem das Leitmotiv für die „Rio-Deklaration", die auf der Konferenz der Vereinten Nationen für Umwelt und Entwicklung von 1992 verabschiedet wurde (SRU 1994: 45). Eine allgemein akzeptierte deutsche Übersetzung für „sustainable development" gibt es bisher nicht. Es werden sowohl „zukunftsfähige"[11] und „tragfähige" als auch „dauerhafte" und „nachhaltige" Entwicklung als synonyme Begriffe verwendet. Der Umweltrat schlägt vor, die Formulierung „dauerhaft-umweltgerechte Entwicklung" im deutschen Sprachgebrauch zu verwenden (SRU 1994: 46). Mit der Formel des „sustainable development" wird einerseits die Notwendigkeit betont, die ökonomische, soziale und ökologische Entwicklung

---
10 Die Entwicklung von Zielen und Maßstäben der Umweltqualität war z.B. Gegenstand einer Arbeitsgruppe des 1972 von der IG Metall ausgerichteten Kongresses „Qualität des Lebens" (Friedrichs 1973).
11 Vgl. hierzu insbesondere die Studie „Zukunftsfähiges Deutschland" des „Wuppertal Instituts für Klima, Umwelt, Energie" (BUND/MISERIOR 1996), die sich mit der Frage beschäftigt, „wie das Leben in einem „zukunftsfähigen Deutschland" aussehen könnte" (S. 3).

integriert zu betrachten und miteinander in Einklang zu bringen, und zugleich auch für einen intergenerationalen Interessenausgleich plädiert. Nach einer häufig zitierten Definition ist unter „sustainable development" eine Entwicklung zu verstehen, „die den gegenwärtigen Bedarf zu decken vermag, ohne gleichzeitig späteren Generationen die Möglichkeit zur Deckung des ihren zu verbauen" (Hauff 1987: 46). In ökonomischen Begriffen bedeutet dies eine Entwicklung, die den „Kapitalstock" – im weitesten Sinne – unangetastet läßt oder aus einer ökologischen Perspektive eine Entwicklung, die durch die „Tragekapazität" der natürlichen Umwelt limitiert wird (SRU 1994: 47). Gemeint ist damit sowohl, daß „die Nutzung einer Ressource nicht größer sein (darf) als ihre Regenerationsrate oder die Rate der Substitution all ihrer Funktionen" als auch, daß „die Freisetzung von Stoffen nicht größer sein (darf) als die Aufnahmekapazität der Umweltmedien" (SRU 1994: 47).

Während es auf der Ebene der globalen Zielbestimmung einen breiten Konsens gibt, der von internationalen Entwicklungsorganisationen bis zu Unternehmen der chemischen Industrie reicht,[12] werden auf der Ebene der Zielkonkretisierung eine Vielzahl von Problemen und unterschiedlichen Auffassungen sichtbar. Insofern kommt dem Konzept des „sustainable development" gegenwärtig eine wichtige Funktion als Leitbild für die umweltpolitische Diskussion zu, wobei es zugleich jedoch auch den Charakter einer Leerformel hat, die je nach Standpunkt und Bedarf mit unterschiedlichen Bedeutungsgehalten gefüllt werden kann (vgl. hierzu auch Steger 1995). Bedeutung für die Umweltberichterstattung hat das Konzept des „sustainable development" insbesondere als ein genereller Bezugsrahmen, der den verschiedenen Ansätzen zugrundegelegt wird. Es liegt jedoch bisher kein allgemein akzeptierter Vorschlag zu einer Operationalisierung vor, der für eine kontinuierliche und praktisch angewandte Umweltberichterstattung heute schon Verwendung finden könnte.

2. Indikatorensysteme

Umweltindikatorensysteme gehören zu den zentralen Instrumenten einer kontinuierlichen Umweltbeobachtung und Umweltberichterstattung. Anders als die an der ökonomischen Gesamtrechnung orientierten Ansätze, auf die weiter unten eingegangen wird, zeichnen sich Indikatorensysteme dadurch aus, daß sie auf eine monetäre Bewertung verzichten und die zu erfassenden Sachverhalte in natürlichen Einheiten messen. Indikatorensysteme haben prinzipiell die Funktion, durch eine repräsentative, theorie- und problemorientierte Auswahl und Aufbereitung Information zu verdichten und die Komplexität der Informationsbeschaffung zu reduzieren. Bei der Konstruktion von Umweltindikatorensystemen ergeben sich direkte Parallelen zu der Entwicklung von Systemen sozialer Indikatoren. Hier wie dort wird neben der Funktion der Informationsverdichtung ein enger Bezug auf gesellschaftliche Ziel- und Wertsetzungen gefordert, um die gesellschaftspolitische Relevanz

---

[12] Vgl. die Anzeige der Hoechst AG vom 8. 11. 1994 in der Frankfurter Rundschau: „Wir von Hoechst fühlen uns der Zielsetzung Sustainable Development verpflichtet. ... Kein Zweifel: Das Leitbild einer integrierten ökonomischen, ökologischen und sozialen Entwicklung ist eine große Herausforderung. Denn es gilt, nicht nur heute Arbeitsplätze und Lebensstandard zu sichern, sondern gleichzeitig die Grundlagen des Wirtschaftens für kommende Generationen zu erhalten."

sicherzustellen.[13] Ähnlich wie soziale Indikatoren sollen auch Umweltindikatoren ein möglichst überschaubares, aber zugleich repräsentatives und umfassendes Bild des Umweltzustandes und dessen Veränderung über die Zeit liefern,[14] die gemessen an Zielen und Standards – wie sie z.B. Umweltqualitätsstandards darstellen (vgl. dazu u.a. Pietsch 1989) – als Verbesserung oder Verschlechterung bewertet werden kann.[15] Wie soziale Indikatoren im allgemeinen sollen auch Umweltindikatoren in erster Linie den Grad der Erreichung gesellschafts- bzw. umweltpolitischer Ziele messen. Zudem soll ein Indikatorensystem neben der Bewertung der Umweltsituation möglichst auch für die Evaluation umweltpolitischer Programme und Maßnahmen geeignet sein und Frühwarnfunktionen erfüllen.

Wenn gegenwärtig auch noch kein allgemein akzeptiertes oder gar international vereinheitlichtes Umweltindikatorensystem vorliegt, so gibt es doch eine intensive Diskussion über die Anforderungen an und Konstruktionsprinzipien von Umweltindikatorensystemen (Opschoor/Reijnders 1991; SRU 1994) sowie eine Reihe von konkreten Ansätzen und Vorschlägen. So hat sich insbesondere der Rat von Sachverständigen für Umweltfragen in seinem Jahresgutachten von 1994 intensiv mit den Fragen der Konstruktion von Umweltindikatorensystemen befaßt und ein Anforderungsprofil für ein System nationaler Umweltindikatoren entwickelt (vgl. *Übersicht 4*).

Die Aufgaben, die Umweltindikatoren zu erfüllen haben, hat der Rat im Rahmen seines Gutachtens folgendermaßen spezifiziert (SRU 1994: 86):
- Beschreibung des aktuellen Zustandes der Umwelt,
- Diagnose bestehender Umweltbelastungen,
- Prognose von Umweltbelastungen,
- Bestimmung der Tragekapazität,
- öffentliche Aufklärung und Kommunikation,
- Erleichterung der politischen Willensbildung,
- Erfolgskontrolle für Umweltschutzmaßnahmen.

Im folgenden werden exemplarisch einige Vorschläge für Umweltindikatorensysteme vorgestellt und diskutiert, die z.T. auch bereits umgesetzt wurden und in der Praxis Verwendung finden. Darüber hinaus sind weitere Indikatorensysteme im Stadium der Entwicklung, auf die aber an dieser Stelle aufgrund des vorläufigen Diskussionsstandes nicht näher eingegangen werden soll. Zu nennen ist hier insbesondere die Arbeit an einem „Indikatorensystem für den Umweltzustand in Deutschland" (Hoffmann-Kroll u.a. 1995), das im Rahmen eines Projekts des Statistischen Bundesamtes in Kooperation mit der For-

---

13 „In fact, ecological information is available in abundance, ranging from indications of fish diseases and the disappearance of the otter and seal, to the pollution of water and sediment layer. This information is, however, always fragmentary, often qualitative and very detailed. The most important problem is not so much shortage of scientific information, but the lack of coherence and the difficulties of placing it in a practical context for use by policymakers and the public" (ten Brink 1991: 73).
14 „Bei der Bildung von nationalen Umweltindikatorensystemen fordert der Umweltrat eine Systematik von Kriterien, nach der aus der Fülle möglicher Daten eine überschaubare Menge von Indikatoren ausgewählt wird. Diese müssen den Anspruch erfüllen, ein möglichst repräsentatives Bild vom Zustand der Umwelt zu geben" (SRU 1994: 89).
15 „As welfare indicators social indicators always have a direct normative relationship, and changes in indicators should be uniformily interpreted as improvements or deteriorations of living conditions and/or the quality of life" (Noll/Zapf 1994: 3).

Übersicht 4: Kriterienkatalog für ein nationales Umweltindikatorensystem

Leitbild einer dauerhaft-umweltgerechten Entwicklung	Ausrichtung	Ressourceneffizienz Tragekapazität Gesundheitsschutz
	Normative Elemente	Bezug der Indikatoren zu Zielgrößen
Ökologische Grundanforderungen	Raumbezug	Bei Erfassung, Bewertung, Darstellung Erfassung Mehrfachbelastungen
	Zeitbezug	Erfassung zeitlicher Spitzenleistungen Frühwarnung Zeiträume adäquat
	Sachlicher Bezug	Einfluß auf Stoffe, Strukturen, Funktionen Betonung des Risikos der Irreversibilität
Allgemeine wissenschaftliche Anforderungen	Modell	Transparenz
	Grundlegende Anforderungen	Ergebnisse verläßlich, reproduzierbar
	Aggregation	Verfahren nachvollziehbar
	Selektion	Auswahlkriterien nachvollziehbar
Anforderungen verschiedener Nutzer, pragmatische Anforderungen	Andere Wissenschaften	Relevanz für ökonomisch-ökologische Probleme
	Politik	Indikatoren steuerbar, zielorientiert
	Öffentlichkeit	Indikatoren verständlich
	Internationaler Kontext	Kompatibel mit internationalen Systemen
	Pragmatisch	Vertretbarer Aufwand

Quelle: SRU (1994: 93).

schungsstelle für Umweltpolitik der Freien Universität Berlin entwickelt wird. Zudem arbeitet die „Commission for Sustainable Development" der Vereinten Nationen (1995) derzeit an einem System von „Indicators of Sustainable Development".

Umweltindikatoren im System Sozialer Indikatoren. Das System Sozialer Indikatoren für die Bundesrepublik Deutschland, das bereits in den siebziger Jahren im Rahmen des SPES-Projekts entwickelt wurde (Zapf 1977) und seit 1987 in der Abteilung Soziale Indikatoren des Zentrums für Umfragen, Methoden und Analysen (ZUMA) regelmäßig fortgeschrieben und weiterentwickelt wird (Noll 1987; Noll/Wiegand 1993), umfaßt den Bereich Umwelt als einen von insgesamt 13 Lebens- und Politikbereichen. Dieses Indikatorensystem versteht sich als Grundlage einer umfassenden Sozialberichterstattung und ist auf die Wohlfahrtsmessung und Beobachtung zentraler Tendenzen des sozialen Wandels ausgerichtet.[16] Seine Funktion besteht insbesondere darin, eine Datenbasis bereitzustellen, die es erlaubt, Zustand und Entwicklung der objektiven Lebensbedingungen und der subjektiven Lebensqualität der Bürger dieser Gesellschaft im Sinne eines regelmäßigen

---

16 Zum aktuellen Stand der Sozialberichterstattung vgl. Habich/Noll (1994).

"monitoring" zu messen, zu beschreiben und zu analysieren (Noll/Wiegand 1993: 5). Die Indikatoren, die sowohl nach theoretischen als auch gesellschaftspolitischen Relevanzkriterien ausgewählt wurden, sind in der Regel darauf ausgerichtet, den Grad der Erreichung wohlfahrtsbezogener gesellschaftlicher Werte und gesellschaftspolitischer Ziele in den jeweiligen Lebens- oder Politikbereichen zu messen. Die getroffene Auswahl von Indikatoren soll zudem den formalen Kriterien der Konsistenz, Nicht-Redundanz und Vollständigkeit genügen. Die Indikatorwerte liegen als jährliche Zeitreihen vor, die im günstigsten Fall den gesamten Zeitraum seit 1950 umfassen. Das Indikatorensystem bietet daher eine Datenbasis, die es erlaubt, eine Bewertung der Lebensbedingungen und deren Wandel über die Zeit im Sinne eines Soll-Ist-Vergleichs vorzunehmen und die zu beobachtenden Entwicklungstrends als Verbesserung oder Verschlechterung zu interpretieren.

Übersicht 5: Umweltindikatoren im System Sozialer Indikatoren für die Bundesrepublik

Dimension	Indikator
Versorgung mit Umweltgütern	Waldflächenanteil
	Siedlungs- und Verkehrsflächenanteil
Qualität der Umweltbedingungen	Kohlendioxid-Emissionen
	Schwefeldioxid-Emissionen
	Stickoxid-Emissionen
	Staub-Emissionen
	Anteil der geschädigten Waldfläche
Subjektive Wahrnehmung und Bewertung der Umweltbedingungen	Zufriedenheit mit dem Umweltschutz
	Besorgnis um den Schutz der Umwelt
	Klage über die Qualität des Trinkwassers
	Klage über mangelnden Zugang zu Grünflächen
	Klage über Landschaftszerstörung
	Klage über Luftbelastungen
	Besorgnis über die Luftverschmutzung
	Besorgnis über Klimaveränderungen
	Besorgnis über die Verschmutzung von Gewässern
Umweltbeeinträchtigende Aktivitäten	Hausmüllaufkommen
	Fahrleistung im Individualverkehr
Sicherung der Umweltqualität	Menge Behälterglas-Sammlung
	Anteil der Ausgaben für Umweltschutz am BSP
	Anteil der staatlichen Ausgaben für Umweltschutz am BSP
	Flächenanteil von Naturschutzgebieten
	Sanktionierte Straftaten gegen die Umwelt

Quelle: Noll/Wiegand (1993).

Die Umwelt als Lebens- und Politikbereich wurde erst im Zuge einer Erweiterung in das Indikatorensystem aufgenommen. Dabei ging es im Unterschied zu anderen Ansätzen nicht darum, ein spezialisiertes, umfassendes und detaillierten Informationsbedürfnissen von Experten genügendes Berichtssystem zu konzipieren, sondern eine Indikatorenauswahl zu treffen, die es erlaubt, den Zustand und Wandel der Umwelt als Bestandteil der Lebensbedingungen und zentrale Komponente der Lebensqualität zu beobachten und zu bewerten. Gegenwärtig gliedert sich der Bereich „Umwelt" des Systems sozialer Indikatoren

Abbildung 2: Emission ausgewählter Schadstoffe für die Luft

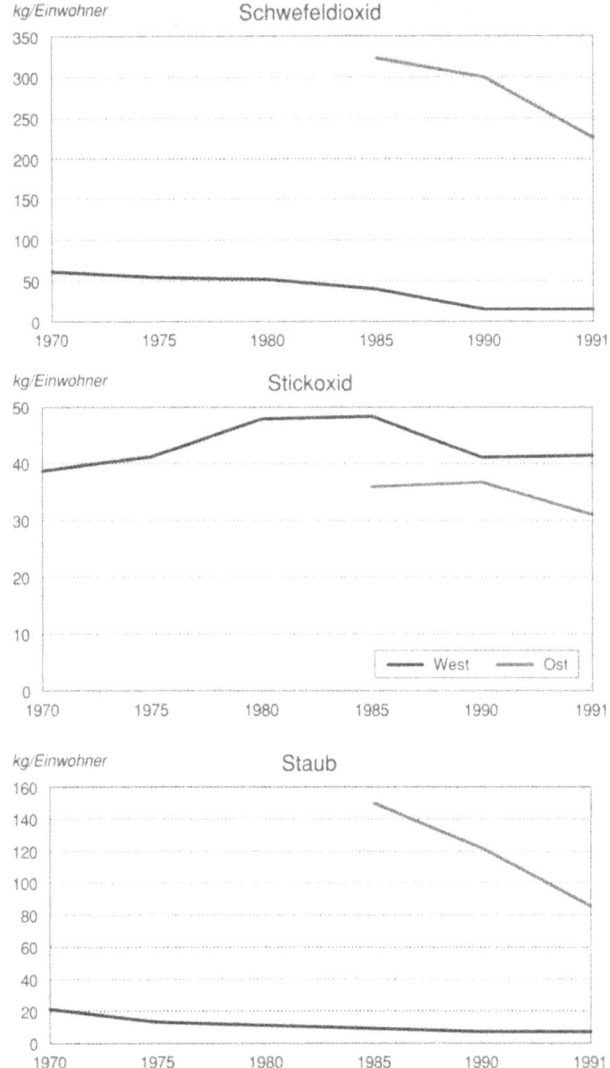

Datenbasis: System Sozialer Indikatoren für die Bundesrepublik Deutschland.

für die Bundesrepublik in fünf Zieldimensionen mit insgesamt 23 Indikatoren (vgl. *Übersicht 5*).

An ausgewählten Indikatoren der Emission von luftbelastenden Schadstoffen lassen sich exemplarisch Veränderungen der Umweltqualität über die Zeit sowie die diesbezüglichen, z.T. drastischen Unterschiede zwischen den alten und den neuen Bundesländern ablesen (vgl. *Abbildung 2*). In den alten Bundesländern hat die pro-Kopf-Emission von Schadstoffen z.T. bereits seit den frühen siebziger Jahren kontinuierlich abgenommen.

Auch in den neuen Bundesländern sind bestimmte Schadstoffemissionen bereits seit längerer Zeit rückläufig. Nach dem Zusammenbruch der DDR hat sich diese Entwicklung – nicht zuletzt auch aufgrund des Abbaus besonders schadstoffintensiver Industrien – erheblich beschleunigt. Die absoluten Werte der pro-Kopf-Belastungen liegen aber dennoch größtenteils noch weit über denen in den alten Bundesländern, mit Ausnahme der vor allem vom Autoverkehr hervorgerufenen Stickoxidemissionen.

Eine Besonderheit dieses im Vergleich zu anderen Konzepten stärker sozialwissenschaftlich geprägten Ansatzes liegt in der Berücksichtigung und vergleichsweise starken Betonung von subjektiven Indikatoren, wie Zufriedenheit mit dem Umweltschutz sowie Klagen und Sorgen über einzelne Aspekte des Zustands der Umwelt. Dem liegt die Annahme zugrunde, daß die individuelle Wohlfahrt objektive und subjektive Komponenten umfaßt und neben den objektiven Lebensbedingungen auch von deren subjektiver Wahrnehmung und Bewertung bestimmt wird.

Abbildung 3 stellt dar, wie sich die „Besorgnisse um den Schutz der Umwelt" in den vergangenen Jahren in Ost- und Westdeutschland entwickelt haben. Sieht man einmal von temporären Schwankungen ab, hat der Bevölkerungsanteil derjenigen, die sich um den Schutz der Umwelt „große Sorgen" machen, in Westdeutschland bis zum Ende der achtziger Jahre bis auf über 60 Prozent zugenommen und ist seitdem wieder auf rund 40 Prozent zurückgegangen. In Ostdeutschland ist die Entwicklung bei etwas niedrigeren „Besorgnisanteilen" seit 1990 in einem erstaunlichen Maße parallel verlaufen.

Abbildung 3: Besorgnis um den Schutz der Umwelt

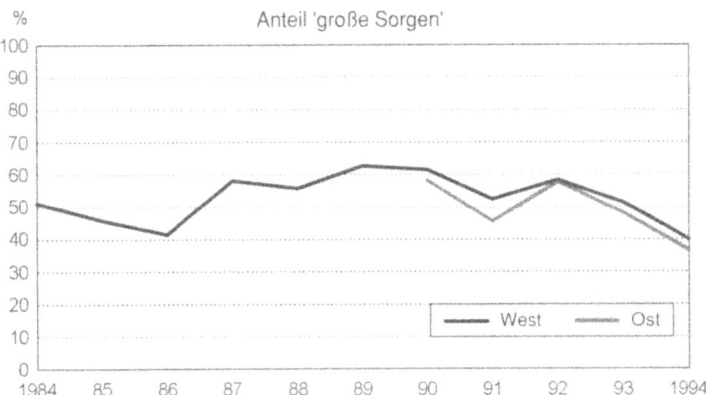

Datenbasis: SOEP (1984-1994).

Auf welche Ursachen diese Entwicklungen im einzelnen auch zurückzuführen sein mögen – neben dem Zustand und den faktischen Bedrohungen der Umwelt spielt hier insbesondere auch eine Rolle, welche anderen, „konkurrierenden" Entwicklungen, wie z. B. Arbeitslosigkeit, wirtschaftliche Entwicklung etc. Anlaß zur Besorgnis geben – sind diese Einschätzungen als soziale Tatbestände zu betrachten, die z.B. für die Politik nicht minder bedeutsam sind als die sogenannten „harten Fakten".

Die Zufriedenheit mit dem Umweltschutz hat in Westdeutschland seit der Mitte der achtziger Jahre leicht zugenommen. Noch ausgeprägter war die Zunahme in Ostdeutsch-

Abbildung 4: Zufriedenheit mit dem Umweltschutz

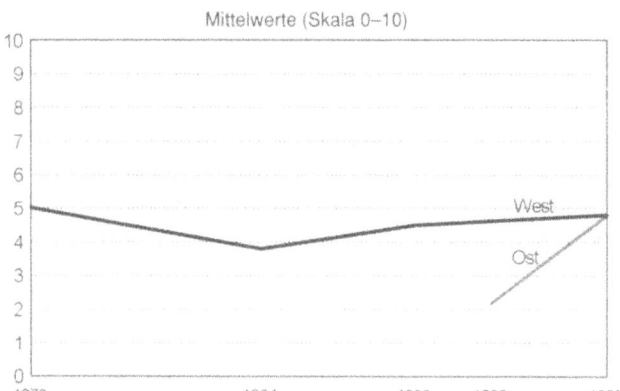

Datenbasis: Wohlfahrtssurveys.

land zwischen 1990 und 1993, ausgehend von einem extrem niedrigen Niveau (vgl. *Abbildung 4*). Im Vergleich mit anderen Lebensbereichen zeigt sich allerdings, daß der Umweltschutz zu den Bereichen gehört, mit denen die Bürger am wenigsten zufrieden sind, obwohl der Umweltschutz in der Rangfolge der Wichtigkeit gleichzeitig einen Spitzenplatz einnimmt.

OECD Environmental Indicators. Ebenso wie verschiedene andere Akteure auf dem Gebiet der Umweltberichterstattung orientiert sich die OECD mit ihren Arbeiten an einem „set of environmental indicators" am Konzept der „sustainability": „environmental indicators are increasingly seen today as necessary tools for helping to chart and track the course towards a sustainable future" (OECD 1991: 8). Der Umweltindikatorenansatz der OECD wird als „Pressure-State-Response-Modell" bezeichnet, demzufolge der Umweltzustand von Umweltbelastungen einerseits und Reaktionen bzw. Interventionen der Gesellschaft andererseits bestimmt wird. Die Indikatorenauswahl bezieht sich auf alle drei Ebenen und enthält sowohl Belastungs- als auch Zustands- und Reaktionsindikatoren. Nachdem der erste Entwurf der OECD für ein „set of environmental indicators" sich noch an herkömmlichen Umweltbereichen, wie z.B. Luft, Wasser, Boden, orientiert hatte (SRU 1994: 88,95), gliedert sich der Indikatorensatz inzwischen in 13 an Umweltproblemen anknüpfenden Indikatorenbereiche (vgl. *Übersicht 6*), die zusammen mit den entsprechenden Indikatoren nach Kriterien wie „politische Relevanz, bzw. die Nützlichkeit für die Verwender, die wissenschaftliche Fundiertheit und die Meßbarkeit" (SRU 1994: 95) ausgewählt wurden (OECD 1993b). Bei der getroffenen Auswahl der Indikatoren wird danach unterschieden, ob sie voraussichtlich kurz-, mittel- oder erst langfristig verfügbar sind.

Während der Wert der OECD Bemühungen um die Festlegung eines Standardsets von Umweltindikatoren vor allem in der Herstellung einer weitgehenden internationalen Vergleichbarkeit liegt, wird an dem Ansatz kritisiert, daß „die Auswahl der Indikatoren jedoch nach wie vor auf Kompromissen (basiert), so daß ein durchgängiges System kaum zu erkennen ist" (SRU 1994: 95).

Übersicht 6: Kurzfristig verfügbare Indikatoren des OECD-Indikatorenansatzes

Bereich	Umweltbelastung (Pressure)	Umweltzustand (state)	Reaktionen (response)
(1) Klimaänderung	CO_2-Emissionen	Konzentration von Treibhausgasen in der Athmosphäre	Energieintensität
(2) Ozonschichtzerstörung	Verbrauch FCKW	Konzentration von ozonzerstörenden Substanzen in der Athmosphäre	Anzahl von Kläranlagen in Bezug zur Bevölkerung
(3) Eutrophierung	Verbrauch von Mineraldüngern	Konzentration von Schadstoffen in ausgewählten Flüssen	Ausgaben Luftreinhaltung
(4) Versauerung	Emissionen SO_x, NO_x	Konzentration im saurem Niederschlag (pH-Wert, SO_4^{2-}, NO_3^-)	
(5) Verschmutzung	Volumen Sonderabfall	Konzentration von Schwermetallen in ausgewählten Flüssen	
(6) Städtische Umweltqualität		Konzentration von SO_2, NO_x, Partikeln in ausgewählten Städten	
(7,8) Artenvielfalt, Vielfalt von Landschaften/ Ökosystemen		Anzahl bedrohter oder ausgestorbener Spezies in bezug zu bekannten Spezies	
(9) Abfall	Menge städtischer Abfall, radioaktiver Abfall, Industrieabfall	nicht anwendbar	Recyclingrate (Papier, Glas)
(10) Wasserressourcen	Nutzung Ressourcen, Nutzungsintensität		
(11) Forstressourcen	Nutzung Ressourcen, Nutzungsintensität		
(12) Fischbestände	Fischfang		
(13) Bodenzerstörung	Änderung Landnutzung		

Quelle: SRU (1994: 94).

Niederländische Umweltindikatorensysteme. Für die Entwicklung von Umweltindikatorensystemen sind insbesondere von der Diskussion in den Niederlanden wichtige Anregungen und Impulse ausgegangen (Kuik/Verbruggen 1991; Verbruggen/Opschoor 1991). Die vorliegenden, mehr oder weniger fortgeschrittenen Ansätze gelten z.T. als richtungsweisend und sind daher auch von generellem Interesse.

Der von Opschoor und Reijnders (1991) entwickelte systematische Bezugsrahmen für die Indikatorenbildung ist explizit auf das Konzept des „sustainable development" ausgerichtet. Davon ausgehend werden die Bereiche abgeleitet, die ein Umweltindikatorensystem abzudecken hat, sowie Reichweite, Art und formale Eigenschaften der Indikatoren bestimmt. Ein System von Umweltindikatoren soll demnach mindestens die Bereiche Umweltverschmutzung, Umweltressourcen und biologische Vielfalt umfassen. Die Indikatoren sollen nicht nur die Belastung der Umwelt und die Veränderung des Umweltzustands messen, sondern möglichst auch das Potential, den Zustand der „sustainability" zu erreichen.

Der AMOEBE Ansatz,[17] der sich ebenfalls am Konzept des „sustainable development" orientiert, wurde im Zusammenhang mit den Gewässerschutzmaßnahmen der niederländischen Regierung entwickelt, ist aber in seinen Grundprinzipien weder auf diesen Umweltteilbereich noch auf bestimmte räumliche Einheiten beschränkt. Ausgangspunkt für diesen Ansatz der Umweltbeobachtung ist die Definition eines Referenzzustands, der ein Ökosystem bezeichnet, das nicht oder wenig belastet ist und daher „sustainability" am ehesten gewährleistet.[18] Die politisch zu bestimmenden Zielgrößen (objectives) für den angestrebten Umweltzustand müssen nicht mit den Referenzwerten übereinstimmen. In Abwägung zwischen Kosten und der Erreichbarkeit des Ziels der „sustainability" stellt sich vielmehr die Frage nach der maximalen, noch akzeptierbaren Distanz zum Referenzwert. Der Referenzzustand und die politischen Zielgrößen bieten Maßstäbe, an denen der faktische Umweltzustand gemessen und bewertet werden kann. In der praktischen Anwendung des AMOEBE-Ansatzes werden z.B. für ausgewählte Tier- und Pflanzenarten (target variables) in den Subsystemen Meer und Flüssen Referenz- und aktuelle Bestandszahlen verglichen.

Die Daten werden als „Radardiagramm" in der Weise dargestellt, daß die „target variables" Punkte auf einem Kreis bilden. Ihr Abstand zum Mittelpunkt repräsentiert die Referenzsituation (100 Prozent). Werden die aktuellen Werte durch eine Linie verbunden, ergibt sich eine amöbenartige Figur (vgl. *Abbildung 5*). Für eine weitergehende Synthetisierung der so gewonnenen Informationen können die Distanzen zwischen Referenz- und aktuellen Werten zu einem Index aufsummiert werden, der als „Ecological Dow Jones Index" bezeichnet worden ist (ten Brink 1991: 81).

Ein weiteres Konzept für ein System von Umweltindikatoren liefert der „Ecocapacity"-Ansatz (Ecological Carrying Capacity) des niederländischen Rats für Umweltforschung (SRU 1994: 97ff.; Weterings/Opschoor 1992). Hier werden für die Bereiche „Ressourcenverbrauch", „Umweltverschmutzung" und „Beeinträchtigung von Ökosystemen" Indikatoren benannt und Standards für die „Tragekapazität" festgelegt: „Aus der Kluft zwischen Ist- und Soll-Entwicklung werden die Notwendigkeit der Trendumkehr, ... Reduktionsziele für die gewählten Indikatoren und strategische Optionen zur Erreichung dieser Ziele abgeleitet" (SRU 1994: 98).

---

17 AMOEBE steht für „a general method of ecosystem description and assessment" (ten Brink 1991: 75).

18 „A system which has not at all, or only slightly, been influenced by human activities may provide clues to define parameters and processes essential for sustainability. Such a system contains the conditions for the evolution and survival of organisms, including man, living in and around for millennia" (ten Brink 1991: 78).

Abbildung 5: Radardiagramm – „Impact Amoeba"

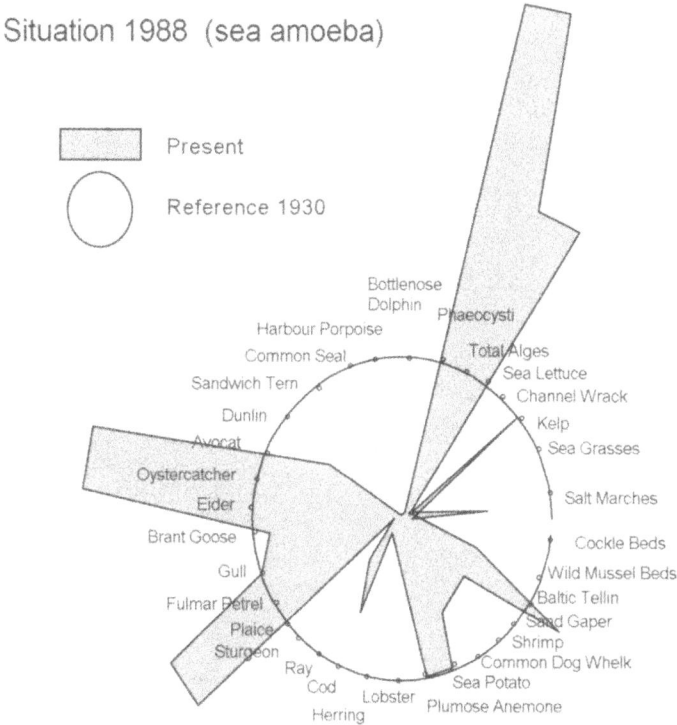

Quelle: ten Brink (1991: 80).

Umweltindikatorensystem des SRU. In seinem Gutachten von 1994 hat sich der Rat von Sachverständigen für Umweltfragen ausführlich mit der Entwicklung eines am Ziel der „dauerhaft-umweltgerechten Entwicklung" ausgerichteten Systems von Umweltindikatoren befaßt (SRU 1994: 86ff.): „Umweltindikatoren sind Größen, die die Abweichung der Umweltsituation (Ist) von Umweltqualitätsstandards (Soll) ausdrücken" (SRU 1994: 101). Nach dem Konzept des SRU sollen Umweltindikatoren an umweltpolitischen Zielen orientiert sein und ein möglichst repräsentatives Bild vom Zustand der Umwelt geben. Der Rat hat zudem betont, daß „Umweltindikatoren, die der Forderung nach dauerhaft-umweltgerechter Entwicklung entsprechen, ... sich an der Leistungsfähigkeit von Ökosystemen orientieren (müssen); sie müssen den Grad der stofflichen und nicht-stofflichen Belastung beschreiben" (SRU 1994: 130).

Die bisher vorliegende Dimensionierung des Indikatorensystems am Beispiel des Stickstoffhaushalts und des Landschaftsverbrauchs sowie den darauf bezogenen Indikatorenvorschlag bezeichnet der Rat als vorläufig und gegenwärtig noch unvollständig (vgl. *Übersicht 7*). Die Grundstruktur ergibt sich aus einem systemaren Ansatz, der von den Wirkungen in verschiedenen Schutzgütern ausgeht und die Verursacherkette berücksichtigt (Emissionen und strukturelle Eingriffe; Ausbreitung, Umwandlung und Akkumulation in verschiedenen Kompartimenten; Wirkungen in Schutzgütern). Es ist vorläufig nicht absehbar, in welchem Zeitrahmen und in welchen konkreten Schritten dieses ambitionierte Konzept des SRU verwirklicht werden kann.

Übersicht 7: Indikatoren des SRU im Bereich der stofflichen Beeinflussung am Beispiel des Stickstoffhaushalts und im Bereich struktureller Veränderungen der Landschaft

Stickstoffhaushalt	Teilbereich	Indikatoren
Indikatoren im Emissionsbereich		NO_X, NH_3, SO_2 als Einzelkomponenten Gesamtsäureeintragspotential Gesamtstickstoffeintragspotential
Indikatoren im Verteilungsbereich		Ozon: Überschreitungshäufigkeiten von Kurzzeitbelastungswerten und Überschreitung von Tageswerten Stickstoff- und Säuredepositionen
Indikatoren im Zielbereich	Boden	Anteil der gefährdeten Fläche durch Säure- u. Stickstoffeinträge flächenhafte Darstellungen von Überschreitungen der kritischen Eintragswerte
	Wasser	Anteil der gefährdeten Grund- und Oberflächengewässer u. mariner Ökosysteme durch Stickstoffeutrophierung Versauerung
	Pflanzen, Tiere, Lebensräume	Anteil der Eutrophierungsgefährdungsfläche Anteil der Ozongefährdungsfläche
	Mensch	Auslastung von kritischen Immissionskonzentrationen für Stickstoffmonoxid und -dioxid sowie Ozon Auslastung der duldbaren täglichen Aufnahmemengen von Nitrat
Strukturelle Veränderungen der Landschaft	*Teilbereich*	*Indikatoren*
	Flächeneffekte z.B. Lebensraumverluste u. -verkleinerung, Beeinträchtigung von Böden	Anteil u. Verteilung naturnaher Flächen Anteil u. Verteilung versiegelter Flächen Anteil erosionsgefährdeter Flächen
	Barriereeffekte z.B. Lebensraumisolierung, Beeinträchtigung der Erholungsfunktion	Anteil u. Verteilung unzerschnittener Räume bestimmter Größenordnungen

Quelle: Zusammengestellt nach SRU (1994, Tabelle I.9 u. I.10).

3. Gesamtrechnungsansätze

Neben Umweltindikatorensystemen bilden Ansätze einer umweltbezogenen Gesamtrechnung eine wichtige Grundlage für die Umweltberichterstattung. Derartige Gesamtrechnungsansätze knüpfen an die kritische Beurteilung der herkömmlichen Sozialproduktsberechnung in ihrer Funktion der Wohlfahrtsmessung an und stehen in der Tradition von Vorschlägen, die Berechnungsverfahren der volkswirtschaftlichen Gesamtrechnung entsprechend zu korrigieren. Die Kritik am Bruttosozialprodukt in seiner Eigenschaft als Wohlfahrtsindikator konzentriert sich darauf, daß einerseits nicht alle wohlfahrtsrelevanten Leistungen, die in einer Gesellschaft erbracht werden, wie z.B. die unbezahlte Arbeit in den privaten Haushalten, in dieses Maß eingehen, und andererseits die berücksichtigten Leistungen nicht in jedem Falle die Wohlfahrt steigern, z.B. die sogenannten „defensiven Aufwendungen" (Leipert 1989), die erforderlich werden, um Wohlfahrtsbeeinträchtigungen, die z.B. aus Verkehrsunfällen resultieren, zu kompensieren. Ein besonderes Problem stellen in diesem Zusammenhang die sogenannten „externen Kosten" der Wirtschaftsproduktion und des wirtschaftlichen Wachstums dar, die sich z.B. im Verbrauch natürlicher Ressourcen und in Belastungen der Umwelt manifestieren, aber in der herkömmlichen Sozialproduktberechnung nicht angemessen berücksichtigt werden. Bereits in den siebziger Jahren hat es Versuche gegeben, diesen Unzulänglichkeiten durch Korrekturen an der Sozialproduktberechnung Rechnung zu tragen. Bekannt geworden sind insbesondere die Berechnung eines „Measure of Economic Welfare" (Nordhaus/Tobin 1973) sowie das japanische Konzept einer „Nettowohlfahrtsrechnung" (Net National Welfare; Economic Council of Japan 1974). Von den in dieser Tradition stehenden aktuellen Vorschlägen sind derzeit insbesondere die Arbeiten der amtlichen Statistik an einem „Satellitensystem Umwelt" im Rahmen der volkswirtschaftlichen Gesamtrechnung und einer „Ökosozialproduktberechnung" sowie das zunächst in den USA entwickelte Konzept eines „Index of Sustainable Economic Welfare" für die Umweltberichterstattung von Interesse.

Index of Sustainable Economic Welfare (ISEW). Der „Index of Sustainable Economic Welfare" (Cobb 1991) ist das Ergebnis einer Reihe von Rechenoperationen und „Berichtigungen", die von der Größe des „privaten Konsums" als einem Konto der volkswirtschaftlichen Gesamtrechnung ausgeht. Der Index bezieht z.B. den Grad der Einkommensungleichheit ein, berücksichtigt die Wohlfahrtserträge der Haushaltsproduktion und trägt den vielfältigen Wohlfahrtsbeeinträchtigungen durch den Verbrauch von natürlichen Ressourcen und Umweltbelastungen Rechnung: „Das zusammengesetzte Wohlfahrtsmaß – unser 'Index of Sustainable Economic Welfare' – enthält nun also den Privatkonsum, die Einkommensverteilung, den Wert unbezahlter Hausarbeit, Veränderungen des Kapitalbestandes, Kosten der Verschlechterung von Lebens- und Umweltqualität sowie einige langfristige Kosten unserer Wirtschaftsweise. Diese Ziffer wird dann durch die Zahl der Bevölkerung geteilt, um einen Pro-Kopf-Wohlfahrtsindex zu erhalten" (Cobb 1991: 70).

Diefenbacher (1991) hat versucht, diesen Ansatz der Berechnung eines „Index of Sustainable Economic Welfare" (ISEW) auf die Bundesrepublik zu übertragen, und trotz der Vielzahl von methodischen Problemen, die insbesondere mit dem Mangel an dafür benötigten spezifischen Daten zusammenhängen, eine entsprechende Zeitreihe berechnet. Im Vergleich mit dem Bruttosozialprodukt (BSP) pro Kopf zeigt sich, daß die ISEW-Werte

Abbildung 6: Bruttosozialprodukt (BSP) pro Kopf und „Index of Sustainable Economic Welfare" (ISEW) im Vergleich

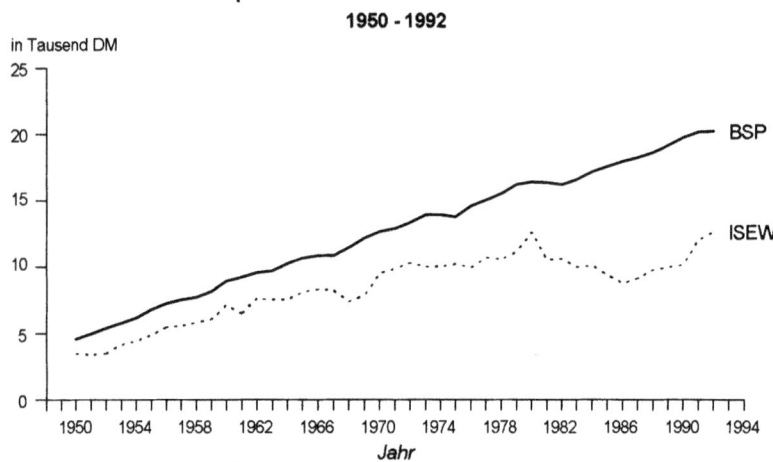

Quelle: Diefenbacher (1995).

nicht nur generell niedriger liegen, sondern auch geringere Zuwachsraten aufweisen (vgl. *Abbildung 6*). Während das BSP auch nach 1980 wächst, nehmen die Werte des ISEW von diesem Zeitpunkt an ab, so daß sich die Schere zwischen BSP und ISEW nun dramatisch öffnet. Erst ab 1986 ist dann wieder ein Anstieg des ISEW zu beobachten, der in den letzen Jahren sogar stärker war als der des BSP.

Bei aller Attraktivität dieses auf die Berechnung eines zusammengefaßten, mit dem Bruttosozialprodukt vergleichbaren Wohlfahrtsindex gerichteten Ansatzes, zeigen sich bei der praktischen Umsetzung doch auch die Probleme, Unzulänglichkeiten und Grenzen: Die einbezogenen Größen entziehen sich zumindest gegenwärtig noch vielfach einer präzisen Operationalisierung und Quantifizierung. Das beeinträchtigt nicht nur die internationale, sondern – noch schwerwiegender – auch die intertemporale Vergleichbarkeit der errechneten Werte. Es zeigt sich zudem, daß die gewonnenen Ergebnisse in erheblichem Umfang von den zugrundegelegten Annahmen abhängen und geringfügige Änderungen dieser Annahmen (Wert der Hausarbeit, Kostensätze für Langzeitschäden) die Ergebnisse drastisch verändern können (Diefenbacher 1991: 84), so daß die Befunde insgesamt z.T. nur schwer zu interpretieren sind.

Umweltökonomische Gesamtrechnung und Umweltsatellitensystem. Das Statistische Bundesamt geht bei seinen etwa in der Mitte der achtziger Jahre aufgenommenen Arbeiten an der Entwicklung umweltbezogener Erweiterungen des volkswirtschaftlichen Rechnungswesens zweigleisig vor: Es wurde sowohl ein Konzept für eine „Umweltökonomische Gesamtrechnung" entwickelt als auch ein „Satellitensystem Umwelt" konzipiert, das die volkswirtschaftliche Gesamtrechnung (VGR) ergänzt und als ein Bestandteil der umfassenderen umweltökonomischen Gesamtrechnung betrachtet werden kann (Hölder 1991; Stahmer 1991; Radermacher/Stahmer 1995).

Anders als in den auf eine Revision der volkswirtschaftlichen Gesamtrechnung ausgerichteten Ansätzen einer Wohlfahrtsproduktberechnung wird mit der Entwicklung eines Satellitensystems Umwelt zur volkswirtschaftlichen Gesamtrechnung das Ziel verfolgt, „das traditionelle Gesamtrechnungssystem unverändert zu lassen und die Wechselbeziehungen zwischen Wirtschaft und natürlicher Umwelt in eigenständigen Datenwerken ... zu erfassen und darzustellen" (Radermacher/Stahmer 1995: 2). Die amtliche Statistik orientiert sich dabei an Empfehlungen der statistischen Abteilung der Vereinten Nationen auf dem Gebiet der volkswirtschaftlichen Gesamtrechnungen, die eine Konzeption für ein Umwelt-Satellitensystem vorgelegt hat (Radermacher/Stahmer 1995: 2). Das Umwelt-Satellitensystem ist modular aufgebaut und enthält vier Bausteine, die auch unterschiedlichen Ausbaustufen entsprechen. Die erste Ausbaustufe beschränkt sich im wesentlichen auf eine umweltbezogene Disaggregation der monetären Angaben der VGR. In der zweiten Ausbaustufe werden „die monetären Angaben .... mit physischen Informationen über die ökonomische Umweltnutzung und den Zustand der natürlichen Umwelt verknüpft" (Radermacher/Stahmer 1995: 4). In der dritten Stufe werden darüber hinaus monetäre Bewertungen der ökonomischen Umweltnutzungen und -belastungen einbezogen, und schließlich sollen in einer Erweiterung des traditionellen Produktionskonzepts auch die Aktivitäten der privaten Haushalte und Umweltschutzaktivitäten in umfassender Weise berücksichtigt werden.

Das Konzept der umweltökonomischen Gesamtrechnung geht noch einige Schritte weiter, indem es in Ergänzung zu den genannten Modulen auch geographische Informationssysteme und Umweltindikatorensysteme einbezieht. Besondere Aufmerksamkeit hat in diesem Zusammenhang auch die Ankündigung des Statistischen Bundesamtes gefunden, eine „Ökosozialprodukt"-Berechnung vorzulegen, der allerdings bei den Entwicklungsarbeiten nur eine mittlere Priorität beigemessen wird. Das „Ökosozialprodukt" ist eine Größe, die sich ergibt, wenn das Nettosozialprodukt um die aus den wirtschaftlichen Aktivitäten resultierende Wertminderung des natürlichen Kapitals (Verbrauch von Bodenschätzen, Reduzierung des Bestandes von Pflanzen und Tieren, Verschlechterung der Boden-, Luft- und Wasserqualität) bereinigt wird (Stahmer 1991: 48). Die Schwierigkeit und Problematik einer derartigen Ökosozialproduktberechnung liegt vor allem in der monetären Bewertung der Wertminderung des natürlichen Kapitals.

III. Zusammenfassung und Schlußfolgerungen

Die in den zurückliegenden Jahren zu beobachtende Etablierung einer spezialisierten Umweltberichterstattung ist das Ergebnis vielfältiger Anstrengungen unterschiedlicher Akteure. Die Umweltberichterstattung leistet heute bereits wesentliche Beiträge zu einer mehr oder weniger regelmäßigen und umfassenden Information über Zustand, Beeinträchtigungen und Veränderungen der Umweltbedingungen. Dazu tragen Aktivitäten der Umweltberichterstattung auf der supranationalen, der nationalen und subnationalen Ebene bei. Die vorherrschende Perspektive bildet dabei auf allen Ebenen das sogenannte „Pressure-State-Response" – Modell, wie es ursprünglich von der OECD konzipiert wurde. Die Diskussion über die Prinzipien, Gegenstände, Systematik und Methodik der Umweltberichterstattung ist jedoch keineswegs abgeschlossen. Gegenwärtig konzentriert sich die diesbezügliche Forschung insbesondere auf die Entwicklung von Umweltindikatorensystemen. Dieser Ansatz verspricht eine gegenüber dem bisher noch vorherrschenden Pragmatismus in der Umweltberichterstattung systematischere Ableitung und Auswahl der Beobachtungsdimensionen und eine umfassendere Analyse von Zusammenhängen verschiedener, bisher zumeist isoliert betrachteter Teilaspekte. In einer anderen Entwicklungslinie stehen die am Konzept der volkswirtschaftlichen Gesamtrechnung und der Kritik am Bruttosozialprodukt als Wohlfahrtsindikator anknüpfenden Ansätze. Auch hier hat es in den vergangenen Jahren vielfältige Fortschritte gegeben und weitere sind aufgrund des beachtlichen Einsatzes von Forschungsmitteln in diesem Bereich zu erwarten. Dennoch werden die prinzipiellen Probleme der monetären Bewertung sowie der Aggregation einer Vielzahl von Informationen zu einem einzigen Gesamtindex – wie z.B. dem „Index of Sustainable Economic Welfare" – voraussichtlich auch weiterhin umstritten bleiben. Als allgemeiner theoretischer Bezugsrahmen wird bei nahezu allen Konzepten der Umweltberichterstattung und der Konstruktion von Umweltindikatorensystemen zunehmend das Konzept der „sustainability" bzw. „Nachhaltigkeit", „Zukunftsfähigkeit" oder „umweltgerechten Entwicklung" herangezogen, das als Zielformel für die Umweltpolitik offenbar allgemeinen Konsens findet. Eine generell akzeptierte und für die Umweltberichterstattung praktikable Operationalisierung dieses Konzepts liegt jedoch bisher noch nicht vor, obwohl es dazu derzeit vielfältige Ansätze gibt und im nationalen wie internationalen Rahmen erhebliche Anstrengungen unternommen werden. Auffällig ist, daß sozialwissenschaftliche Konzepte und Ansätze in der Umweltberichterstattung bisher nur eine sehr begrenzte Rolle spielen, sieht man einmal von den ökonomisch geprägten, ökologische Gesichtspunkte berücksichtigenden Gesamtrechnungsansätzen ab. Informationen über Wertorientierungen, Umweltbewußtsein und umweltbezogene Verhaltensformen sowie subjektive Indikatoren, die Besorgnisse, Befürchtungen und andere individuelle Bewertungen der Umweltverhältnisse anzeigen, finden in den aktuellen Ansätzen der Umweltberichterstattung noch kaum Berücksichtigung, obwohl hierzu durchaus – auf nationaler wie auch internationaler Ebene – repräsentative Informationen vorhanden sind. Hier liegt zweifellos ein Defizit, das in der naturwissenschaftlich dominierten Umweltberichterstattung noch nicht allgemein erkannt worden ist, aber eine wesentliche Zielrichtung für ihren zukünftigen Ausbau vorgeben könnte.

Literatur

Beck, Ulrich, 1986: Risikogesellschaft. Auf dem Weg in eine andere Moderne. (edition suhrkamp, Neue Folge Band 365). Frankfurt a.M.: Suhrkamp.
BUND/MISEREOR (Hg.), 1996: Zukunftfähiges Deutschland. Ein Beitrag zu einer global nachhaltigen Entwicklung. Basel/Boston/Berlin: Birkhäuser Verlag.
Bundesminister für Umwelt, Naturschutz und Reaktorsicherheit (Hg.), 1994: Umweltpolitik. Umwelt 1994. Politik für eine nachhaltige, umweltgerechte Entwicklung. Bonn.
Cobb, Clifford, 1991: Der 'Index of Sustainable Economic Welfare' oder: Hat die Wohlfahrt in der Gesellschaft wirklich zugenommen? S. 61-72 in: *Hans Diefenbacher* und *Susanne Habicht-Erenler* (Hg.): Wachstum und Wohlstand. Neuere Konzepte zur Erfassung von Sozial- und Umweltverträglichkeit. Marburg: Metropolis.
Deutsches Institut für Urbanistik/difu (Hg.), 1995: Kommunale Umweltberichte. Übersicht. Berlin.
Diefenbacher, Hans, 1991: Der 'Index of Sustainable Economic Welfare'. Eine Fallstudie über die Entwicklung in der Bundesrepublik Deutschland. S. 73-88 in: *Hans Diefenbacher* und *Susanne Habicht-Erenler* (Hg.): Wachstum und Wohlstand. Neuere Konzepte zur Erfassung von Sozial- und Umweltverträglichkeit. Marburg: Metropolis.

Diefenbacher, Hans, 1995: Der 'Index of Sustainable Economic Welfare'. Eine Fallstudie für die Bundesrepublik Deutschland 1950 – 1992. Texte und Materialien der Forschungsstätte der Evangelischen Studiengemeinschaft, Reihe B, Nr. 24. Heidelberg.

Economic Council of Japan, 1974: NNW – Measuring Net National Welfare of Japan. Report of the NNW Measurement Committee. Tokyo.

Europäische Gemeinschaft/Eurostat (Hg.), 1987: Die Lage der Umwelt in der Europäischen Gemeinschaft. Luxemburg: Amt für amtliche Veröffentlichungen der Europäischen Gemeinschaften.

Europäische Gemeinschaft/Eurostat (Hg.), 1991: Umweltstatistik: Thema 8, Serie C. Luxemburg: Amt für amtliche Veröffentlichungen der Europäischen Gemeinschaften.

Europäische Gemeinschaft/Eurostat (Hg.), 1992: Der Zustand der Umwelt. Luxemburg: Amt für amtliche Veröffentlichungen der Europäischen Gemeinschaften.

Europäische Gemeinschaft (Hg.), 1992: Eurobarometer Nr. 37. Brüssel.

Eurostat (Hg.), 1993: Statistische Grundzahlen der Gemeinschaft. Luxemburg: Amt für amtliche Veröffentlichungen der Europäischen Gemeinschaften.

Friedrichs, Günter, 1973: Qualität des Lebens. Frankfurt a.M.: Europäische Verlagsanstalt.

Habich, Roland, Heinz-Herbert Noll, unter Mitarbeit von *Wolfgang Zapf,* 1994: Soziale Indikatoren und Sozialberichterstattung. Internationale Erfahrungen und gegenwärtiger Forschungsstand. Reihe Statistik der Schweiz. Bern: Bundesamt für Statistik.

Hartkopf, Günter, und *Eberhard Bohne,* 1983: Umweltpolitik 1. Grundlagen, Analysen und Perspektiven. Opladen: Westdeutscher Verlag.

Hauff, Volker (Hg.), 1987: Unsere gemeinsame Zukunft. Der Bericht der Weltkommission für Umwelt und Entwicklung (Brundtland-Bericht). Greven: Eggenkamp.

Hölder, Egon (Hg.), 1991: Wege zu einer umweltökonomischen Gesamtrechnung. Forum der Bundesstatistik, Bd. 16, Stuttgart: Metzler-Poeschel.

Hoffmann-Kroll, Regina, Dieter Schäfer und *Steffen Seibel,* 1995: Indikatorensystem für den Umweltzustand in Deutschland, Wirtschaft und Statistik 8: 589-597.

Hofrichter, Jürgen, 1994: The EUROBAROMETER Programme of the EC Commission, ZEUS and the EUROBAROMETER Database. S. 313-330 in: *Peter Flora, Franz Kraus, Heinz-Herbert Noll* und *Franz Rothenbacher* (Hg.): Social Statistics and Social Reporting in and for Europe. Bonn: Informationszentrum Sozialwissenschaften.

International Institute for Environment and Development & World Resources Institute (Hg.), 1987: World Resources 1987. New York: Basic Books Inc.

Kuik, Onno, und *Harmen Verbruggen* (Hg.), 1991: In Search of Indicators of Sustainable Development. Dordrecht u.a.: Kluwer Academic Publishers.

Leipert, Christian, und *Roland Zieschank* (Hg.), 1989: Perspektiven der Wirtschafts- und Umweltberichterstattung. Wissenschaftszentrum Berlin für Sozialforschung. Berlin: Edition Sigma.

Meyer, Wolfgang, 1989: Umweltberichterstattung in der Bundesrepublik Deutschland. Institutionen, Datenquellen, Literatur. ZUMA-Arbeitsbericht 89/19. Mannheim: ZUMA.

Noll, Heinz-Herbert, 1987: Zentrum für Sozialindikatorenforschung – eine neue Abteilung von ZUMA, ZUMA-Nachrichten 21: 31-42.

Noll, Heinz-Herbert, und *Erich Wiegand* (Hg.), 1993: System Sozialer Indikatoren für die Bundesrepublik Deutschland. Zeitreihen 1950-1991. Tabellenband. Mannheim: ZUMA.

Noll, Heinz-Herbert, und *Wolfgang Zapf,* 1994: Social Indicators Research: Societal Monitoring and Social Reporting. S. 1-16 in: *Peter Ph. Mohler* und *Ingwer Borg* (Hg.): Trends and Perspectives in Empirical Social Research. Berlin, New York: Walter de Gruyter.

Nordhaus, William, und *James Tobin,* 1973: Is Growth Obsolete? S. 509-532 in: *Milton Moss* (Hg.): The Measurement of Economic and Social Performance. Studies in Income and Wealth. New York: Columbia UP.

Opschoor, Johannes B., und *Lucas Reijnders,* 1991: Towards sustainable development indicators. S. 7-27 in: *Onno Kuik* und *Harmen Verbruggen* (Hg.): In Search of Indicators of Sustainable Development. Dordrecht u.a.: Kluwer Academic Publishers.

Organisation for Economic Co-Operation and Development/OECD (Hg.), 1991: The State of the Environment. Paris: OECD: OCDE.

Organisation for Economic Co-Operation and Development/OECD (Hg.), 1993a: Umweltpolitik auf dem Prüfstand. Bericht der OECD zur Umweltsituation und Umweltpolitik in Deutschland. Bonn: Economica.
Organisation for Economic Co-Operation and Development/OECD (Hg.), 1993b: OECD Environmental Data. Compendium 1993: OECD. OCDE.
Organisation for Economic Co-Operation and Development/OECD (Hg.), 1994: Environmental Indicators. Paris: OECD: OCDE.
Pietsch, Jürgen, 1989: Umweltqualitätsziele – Methodische Anmerkungen zu einer normativen Basis von Umweltwahrnehmung. S. 31-57 in: *Christian Leipert* und *Roland Zieschank* (Hg.): Perspektiven der Wirtschafts- und Umweltberichterstattung. Berlin: Edition Sigma.
Radermacher, Walter, und Carsten Stahmer, 1996: Die Umweltökonomische Gesamtrechnung und ihre Verknüpfung mit den Volkswirtschaftlichen Gesamtrechnungen. S. 177-189 in: *Heinz-Herbert Noll* (Hg.), Sozialberichterstattung. Konzepte, Methoden und Ergebnisse für Lebensbereiche und Bevölkerungsgruppen. Frankfurt a.M./New York: Campus.
Schuster, Friedrich, 1992: Soziale Indikatoren der Umwelt: Konzeption und Ergebnisse. Unveröffentlichtes Manuskript. Mannheim: ZUMA-Abteilung Soziale Indikatoren.
SRU/Der Rat von Sachverständigen für Umweltfragen (Hg.), 1987: Luftverunreinigungen in Innenräumen. Sondergutachten Mai 1987. Stuttgart: Kohlhammer.
SRU/Der Rat von Sachverständigen für Umweltfragen (Hg.), 1990: Altlasten. Sondergutachten. Stuttgart: Metzler-Poeschel.
SRU/Der Rat von Sachverständigen für Umweltfragen (Hg.), 1991: Abfallwirtschaft. Sondergutachten September 1990. Stuttgart: Metzler-Poeschel.
SRU/Der Rat von Sachverständigen für Umweltfragen (Hg.), 1991: Allgemeine Ökologische Umweltbeobachtung. Sondergutachten. Stuttgart: Metzler-Poeschel.
SRU/Der Rat von Sachverständigen für Umweltfragen/SRU (Hg.), 1994: Umweltgutachten 1994. Stuttgart: Metzler-Poeschel.
Stahmer, Carsten, 1991: Vom Bruttosozialprodukt zum Ökosozialprodukt? Umweltberichterstattung im Rahmen der Volkswirtschaftlichen Gesamtrechnung. S. 43-60 in: *Hans Diefenbacher* und *Susanne Habicht-Erenler* (Hg.): Wachstum und Wohlstand. Neuere Konzepte zur Erfassung von Sozial- und Umweltverträglichkeit. Marburg: Metropolis.
Statistisches Bundesamt (Hg.), 1990: Umweltinformationen der Statistik. Ausgabe 1990. Wiesbaden: Metzler Poeschel.
Statistisches Bundesamt (Hg.), 1994: Umweltökonomische Gesamtrechnungen. Fachserie 19, Reihe 4, Wiesbaden: Metzler Poeschel.
Steger, Ulrich, 1995: Konsensus ohne Wert. S. 38-40 in: Zeit-Punkte, Wie teuer ist uns die Natur? Ökonomie und Ökologie an der Schwelle zum 21. Jahrhundert. Hamburg.
ten Brink, Ben, 1991: The AMOEBA approach as a useful tool for establishing sustainable development? S. 71-87 in: *Onno Kuik* und *Harmen Verbruggen* (Hg.): In Search of Indicators of Sustainable Development. Dordrecht u.a.: Kluwer Academic Publishers.
Umweltbundesamt (Hg.), 1994: Daten zur Umwelt 1992/93. Berlin: Schmidt.
United Nations Environment Programme (Hg.), 1987: Environmental Data Report. Oxford/New York.
United Nations (Hg.), 1992: The Environment in Europe and North America. Annotated Statistics 1992. United Nations Statistical Commission & Economic Commission for Europe, Conference of European Statisticians – Statistical Standards and Studies No.42. New York.
United Nations/Commission for Sustainable Development, 1995: Programme of Work on Indicators for sustainable development. Document E/CN. 17/1995/18. New York.
van Dieren, Wouter, 1995: Mit der Natur rechnen. Der neue Club-of-Rome-Bericht. Basel: Birkhäuser.
Verbruggen, Harmen, und *Johannes B. Opschoor*, 1991: Ein System von Umweltindikatoren. Neuere Entwicklungen in den Niederlanden. S. 89-100 in: *Hans Diefenbacher* und *Susanne Habicht-Erenler* (Hg.): Wachstum und Wohlstand. Neuere Konzepte zur Erfassung von Sozial- und Umweltverträglichkeit. Marburg: Metropolis.
Weterings, R., und *Johannes B. Opschoor*, 1992: The Ecocapacity as a Challenge to Technological Development. Rijswijk: RMNO – Advisory Council for Research on Nature and Environment.

World Resources Institute, International Institute for Environment and Development (Hg.), 1991: Internationaler Umweltatlas. Jahrbuch der Welt-Ressourcen 2. Landsberg/Lech.
Worldwatch Institute (Hg.), 1991: Zur Lage der Welt. Daten für das Überleben unseres Planeten. Frankfurt a. M.: Ecomed-Verlag.
Zapf, Wolfgang (Hg.), 1977: Lebensbedingungen in der Bundesrepublik. Sozialer Wandel und Wohlfahrtsentwicklung. Frankfurt a.M./New York: Campus.
Zieschank, Roland, 1989: Einleitung. S. 13-30 in: *Christian Leipert* und *Roland Zieschank* (Hg.): Perspektiven der Umweltberichterstattung. Wissenschaftszentrum Berlin für Sozialforschung. Berlin: Edition Sigma.

METHODISCHE ASPEKTE SOZIALWISSENSCHAFTLICHER EVALUATIONSFORSCHUNG IM UMWELTBEREICH*

Joachim Schahn und Gerd Bohner

Zusammenfassung: Die sozialwissenschaftliche Forschung zur Evaluation von Maßnahmen im Bereich des Umweltschutzes wird unter methodischen Gesichtspunkten betrachtet. Nach Klärung der relevanten Begriffe werden Versuchsplanung und Datenerhebungsverfahren erörtert. Hierbei wird auf experimentelle und quasi-experimentelle Versuchspläne eingegangen. Ferner werden Probleme behandelt wie Selektionseffekte, „treatment contamination", Repräsentativität, Reaktivität von Messungen, Einflüsse sozialer Erwünschtheit auf das Antwortverhalten bei Befragungen sowie Vor- und Nachteile individueller Daten versus Aggregatdaten. Bei einem Ausblick auf die mögliche Zukunft der Evaluationsforschung werden methodische und inhaltliche Aspekte differenziert.

I. Einordnung des Forschungsbereichs

Jacobs, Bailey und Crews (1984) entwickelten und evaluierten ein kommunales Programm zur Förderung der Wertstofftrennung beim Hausmüll. Haushalte sollten dazu gebracht werden, Wertstoffe auszusortieren und getrennt zur Abfuhr bereitzustellen. Zu den Maßnahmen gehörten u.a. Broschüren und Hinweise, die Verteilung von Sammelgefäßen und Variationen von Abfuhrtag und -frequenz. 10 Monate lang wurden diese Maßnahmen (auch Interventionen genannt) in fünf Einzeluntersuchungen mit insgesamt mehreren hundert Versuchspersonen getestet. Eine Teilgruppe (Experimentalgruppe) erhielt die Maßnahmen und wurde mit einer unbehandelten Gruppe (Kontrollgruppe) verglichen. Zum Schluß wurden einige Interventionen zu einem Paket geschnürt und erneut überprüft. Die Kosten der Interventionen (Personal, Sachkosten) wurden den Einnahmen (gesparte Deponiekosten, Erlös für die Wertstoffe) gegenübergestellt. Nach 6 Monaten wurde eine Nacherhebung durchgeführt, um herauszufinden, ob die festgestellten Effekte nach dem Ende des Programms fortbestehen.

Vining und Ebreo (1989) evaluierten ein bestehendes kommunales Informations- und Bildungsprogramm zur Förderung der Mülltrennung. Zwischen den beiden Erhebungszeitpunkten lagen drei Jahre. Bei insgesamt 443 Befragten wurden 1983 und 1986 (unabhängige Stichproben) per Fragebogen Daten über Wissen, Motive und selbstberichtetes Mülltrennungsverhalten erhoben. Zwischen beiden Zeitpunkten wurde eine Zunahme bei diesen Variablen festgestellt. Eine Kontrollgruppe (z.B. eine andere Kommune ohne vergleichbares Programm) war nicht vorhanden.

---

* Wir danken Hans-Peter Erb und einem anonymen Reviewer für hilfreiche Kommentare zu einer früheren Fassung dieses Artikels.

Sexton, Johnson und Konakayama (1987) interessierten sich dafür, ob Rückmeldungen über den Stromverbrauch von Haushalten, die den Teilnehmenden mit einem speziellen Verbrauchsanzeige-Gerät gegeben wurden, den Stromverbrauch und das zeitliche Verbrauchsverhalten (Spitzenbedarf vs. Schwachlastzeiten) beeinflussen. 480 Haushalte erhielten das Gerät, bei 120 Haushalten wurde nur der Stromverbrauch registriert. Die beiden Gruppen waren hinsichtlich einiger bedeutsamer Merkmale genauso zusammengesetzt wie die gesamte Klientel des örtlichen Stromanbieters.

Kastka (1981) untersuchte die Wirksamkeit von Schallschutzmaßnahmen an Autobahnen. Hierzu wurden in einem Längsschnitt betroffene Anwohner/innen ein Jahr vor und ein Jahr nach Errichtung von Lärmschutzwänden und -wällen schriftlich befragt. Gleichzeitig wurden ebenfalls im Längsschnitt physikalische Messungen des Schallpegels vorgenommen. Die Untersuchung fand parallel an zwei verschiedenen Stellen des Autobahnnetzes statt.

Die aufgeführten Beispiele sind typisch für praktisch relevante Aufgaben im Umweltbereich, unterscheiden sich jedoch nicht nur bezüglich des Forschungsgegenstandes, sondern auch hinsichtlich einiger methodischer Aspekte, auf die wir im Folgenden näher eingehen möchten. In allen vier Fällen kamen jedoch Teile des Methodeninventars zur Anwendung, das die *sozialwissenschaftliche Evaluationsforschung* zur Verfügung stellt. Die Evaluationsforschung ist ein historisch junges Gebiet innerhalb der Sozialwissenschaften, dessen Anfänge in den USA etwa in den sechziger Jahren liegen (Wittmann 1985; Wulf 1972). In Deutschland setzte das Interesse an Evaluationsforschung im Bereich des Umweltschutzes erst mit einiger Verzögerung ein: So identifiziert Wittmann (1985: 468) als „die drei großen Anwendungsgebiete" der Evaluationsforschung das Erziehungswesen, das Gesundheitswesen und den Bereich der Arbeit, der Organisationen und der Wirtschaft, wohingegen der Umweltbereich in seiner Monographie noch keine Erwähnung findet. Seit Anfang/Mitte der achtziger Jahre hat die Anzahl der deutschsprachigen psychologischen Veröffentlichungen zum Umweltbereich deutlich zugenommen (Schahn 1995b, 1996), und zwar auch im Evaluationsbereich (ca. 5 bis 10 einschlägige Studien pro Jahr); in den USA ist die Anzahl der Arbeiten seit Anfang der achtziger Jahre ungefähr gleich geblieben (um die 15 pro Jahr); speziell im Bereich der verhaltenstheoretisch geprägten Interventionsforschung bei Umweltproblemen ist die Zahl allerdings eher rückläufig (Dwyer, Leeming, Cobern, Porter und Jackson 1993; Geller 1990).[1]

Fragestellungen im Bereich des Umweltschutzes wiederum bilden nur einen Teilbereich der „Umweltpsychologie" (Synonym: „Ökologische Psychologie"; s. Kruse, Graumann und Lantermann 1990) und sind auch in der Soziologie, der Pädagogik und den Wirtschaftswissenschaften zu finden; in diesem Beitrag sprechen wir daher von sozialwissenschaftlicher Umweltforschung, ohne zwischen Disziplinen zu differenzieren. Diese Forschung läßt sich vorwiegend durch ihren spezifischen Gegenstandsbereich definieren; sie greift bei der Untersuchung umweltbezogener Phänomene meist auf Theorien und Methoden zurück, die in anderen Teilbereichen der Disziplinen entstanden sind. Wir stellen daher allgemeine methodische Überlegungen zur Evaluationsforschung vor, die wir mit Anwendungsbeispielen aus dem Bereich der Beeinflussung umweltbezogenen Verhaltens erläutern; den

---

1 Die Zahlen stammen aus einer 1995 durchgeführten Analyse der Datenbanken PSYNDEX, PsycLit und SocioFile.

Abschluß bildet ein Ausblick auf zukünftige Entwicklungen im Bereich der Methodik und der inhaltlichen Fragestellungen. Nicht behandelt werden hingegen Beispiele zur Evaluation in anderen Bereichen der Umweltforschung, z.B. der Architektur- oder Wohnpsychologie (s. z.B. Lalli und Hormuth 1989; Linneweber 1993; Preiser 1994; Wener 1989). Ebenso diskutieren wir an dieser Stelle nicht die möglichen Maßnahmen, die geeignet sind, das umweltrelevante Verhalten zu beeinflussen (s. hierzu z.B. Schahn und Giesinger 1993; Schahn 1995a).

II. Gegenstand, Ziele und Methoden der Evaluationsforschung

1. Definitionen und Vorbemerkungen

Unter Evaluationsforschung verstehen wir den Einsatz wissenschaftlicher Methoden zur Analyse und Bewertung der Wirksamkeit sozialer Maßnahmen (Projekte, Programme) im Hinblick auf bestimmte Ziele (s. Diekmann 1995: 33ff.; Wittmann 1985).[2] Diese Ziele können z.B. in Antworten auf die Frage bestehen, wie wirksam eine bestimmte Maßnahme ist, ob sie einer anderen, alternativen Maßnahme vorzuziehen ist, welche spezifischen Variablen von ihr beeinflußt werden, und ob die Kosten einer Maßnahme ihren Einsatz rechtfertigen. Ferner lassen sich zwei Rollen der Evaluation unterscheiden: die *formative Evaluation*, deren Ergebnisse zur Veränderung und Optimierung laufender Maßnahmen dienen, und die *summative Evaluation*, deren Ergebnisse in der abschließenden Bewertung bereits implementierter Programme bestehen (Scriven 1972). Von den eingangs erwähnten Beispielen ist die Arbeit von Vining und Ebreo (1989) zum Problem der Mülltrennung klar der summativen Evaluation zuzuordnen. Jacobs, Bailey und Crews (1984) führten eine formative Evaluation durch, solange sie einzelne Maßnahmen zur Förderung der Wertstoffsammlung testeten; der Test des gesamten Programms war summativ. Kastkas Arbeit (1981) war eine summative Evaluation, weil die Ergebnisse zu keiner Zeit Einfluß auf die Gestaltung der Lärmschutzmaßnahmen hatten, während Sexton, Johnson und Konakayama (1987) formativ evaluierten, da die Ergebnisse zur Weiterentwicklung der Energiesparmaßnahmen dienten.

Hormuth und Katzenstein (1990: 28ff.) fassen den Begriff der Evaluation enger und verwenden ihn nur für die Untersuchung des Erfolgs bereits implementierter Programme, also im Sinne der summativen Evaluation. Darüber hinaus definieren sie *Modellversuche* als Ausprobieren eines Programms in kleinem Maßstab und *Interventionsstudien* als Vergleich verschiedener Strategien zur Verbesserung von Programmen. Bei Modellversuchen und Interventionsstudien sind die untersuchten Maßnahmen weitgehend unter der Kontrolle der Forschenden, während sie bei Evaluationsstudien bereits von anderen Instanzen festgelegt wurden. Für die Zwecke dieses Beitrags wollen wir jedoch Modellversuche und Interventionsstudien nicht ausgrenzen, sondern einen weiter gefaßten Evaluationsbegriff zugrunde legen. Im folgenden gehen wir zunächst auf Fragen der Versuchsplanung ein,

---

2 Über diese Minimaldefinition hinaus findet sich in der Literatur eine Fülle von Definitionsvorschlägen und Betrachtungsweisen. Eine ausführliche Diskussion, auch des institutionellen Kontextes und der Konfliktpotentiale in der Zielstellung zwischen Politik und Wissenschaft, bietet Wittmann (1985: Kapitel 3).

bevor wir auf spezielle Punkte zu sprechen kommen, die bei Verfahren der Datenerhebung zu beachten sind. Nach einer Zusammenfassung schließt sich ein Ausblick auf mögliche und wünschenswerte Weiterentwicklungen des Feldes an.

2. Versuchsplanung: Experiment oder Quasi-Experiment?

Bei der Frage nach den geeigneten Methoden der Evaluationsforschung reichen die Sichtweisen von Plädoyers für das kontrollierte Experiment mit Zufallszuweisung als Methode der Wahl (z.B. Cook und Campbell 1979) bis hin zur Präferenz für rein qualitative, verstehende Ansätze (z.B. Hamilton, McDonald, King, Jenkins und Parlett 1977; zur Diskussion s. Wittmann 1985: 180ff.). Ein experimentelles Vorgehen bietet auch im Bereich der Umweltevaluation die beste Möglichkeit, kausale Hypothesen zu überprüfen und alternative Erklärungen auszuschließen (Seligman und Hutton 1981). In der Umweltforschung überwiegt zwar eine *quantitative* Herangehensweise, das vollständig randomisierte Feldexperiment kommt jedoch selten zum Einsatz, sondern eher eine Kombination aus korrelativen und quasi-experimentellen Verfahren (s.u.).

Ein Beispiel für ein vollständig randomisiertes Feldexperiment ist die Studie von Dickerson, Thibodeau, Aronson und Miller (1992). Gegenstand der Arbeit war der Wirksamkeitsnachweis von Maßnahmen zur Förderung des Wassersparens beim Duschen in einem Schwimmbad. Die Zielpersonen sollten dazu gebracht werden, kürzer zu duschen und während des Einseifens das Wasser abzustellen. Abhängige Variable war die Duschzeit, die unabhängigen Variablen bildeten zwei Interventionen mit jeweils zwei Stufen: Etwa die Hälfte der Teilnehmenden wurde an früheres, wasserverschwendendes Verhalten erinnert, die andere Hälfte nicht. Unabhängig davon wurde ein Teil der Zielpersonen dazu angehalten, eine öffentliche Verpflichtung zum Wassersparen einzugehen, wohingegen die übrigen keine solche Verpflichtung eingingen. Beide Variablen waren also in einem 2x2-faktoriellen Versuchsplan gekreuzt.

Wichtiger hinsichtlich des Themas Versuchsplanung ist jedoch, daß die Teilnehmerinnen nach dem Zufall einer der vier Bedingungen zugewiesen wurden und keine Konfundierung der Versuchsteilnahme mit den experimentellen Interventionen bestand. Auch bei Sexton, Johnson und Konakayama (1987) erfolgte die Zuweisung randomisiert, während bei Vining und Ebreo (1989) und bei Kastka (1981) Gelegenheitsstichproben befragt wurden (s.u. in II.2.b: Quasi-Experimente); darüber hinaus waren hier keine Kontrollgruppen vorhanden. Kastka konnte seine Daten nach dem Bau des Lärmschutzes wenigstens von denselben Personen beziehen, die bereits an der Erhebung vor dem Bau teilgenommen hatten, während bei Vining und Ebreo ein noch ungünstigerer Fall vorlag, nämlich Ergebnisse von unabhängigen Stichproben ohne eine Kontrollgruppe. Veränderungen der Variablen zwischen den beiden Erhebungen lassen sich in beiden Fällen nicht eindeutig auf die Wirkung der untersuchten Maßnahmen zurückführen. So könnte bei Vining und Ebreo das „Abfallbewußtsein" in den USA während der drei Jahre zwischen Vortest und Nachtest allgemein zugenommen haben.[3] Den ungünstigsten möglichen Fall stellt wohl

---

[3] Das Problem der konfundierenden Variablen wird in den Punkten II.2.a und II.2.b ausführlicher behandelt.

Tabelle 1: Egebnisse der Untersuchungen von Dickerson, Thibodeau, Aronson und Miller (1992)

		Selbstverpflichtung	
		nein	ja
Erinnerung	nein	301.8 (SD = 142.32)	247.7 (SD = 104.05)
	ja	248.3 (SD = 146.07)	220.5 (SD = 100.62)

Anmerkung: N = 80. Angegeben ist die mittlere Duschzeit in Sekunden. Nur in der Bedingung Erinnerung + Selbstverpflichtung wurde signifikant kürzer geduscht als in der Kontrollgruppe (keine Erinnerung / keine Selbstverpflichtung). Die Erinnerung und die Selbstverpflichtung allein hatten keinen signifikanten Effekt.

die „one-shot case study" dar, bei der man nur eine Gruppe „nachher" untersucht (Cook und Campbell 1979).

Die relative Seltenheit kontrollierter Experimente beruht zum großen Teil auf institutionellen Rahmenbedingungen, die deren Einsatz verhindern, und nicht auf wissenschaftlich begründeten Entscheidungen. Die meisten praktischen Anwendungsfälle schließen z.B. eine Zufallszuweisung zu den experimentellen Bedingungen aus: So mußten z.B. Vining und Ebreo (1989) eine sich bietende Forschungsgelegenheit ausnutzen, die keinen besseren Versuchsplan ermöglichte. Dennoch gehen wir zunächst kurz auf die Vorzüge des randomisierten Feldexperiments ein, weil damit gleichzeitig auch die Einschränkungen bei der Interpretation der Ergebnisse quasi-experimenteller Designs sichtbar werden, die dann bestehen, wenn nicht zusätzliche Prüfungen zur Absicherung gegen Fehler durchgeführt werden (s.u.). Anschließend diskutieren wir quasi-experimentelle Alternativen für jene Fälle, in denen ein randomisierter Versuchsplan entweder nicht durchgehalten werden kann oder von vornherein nicht möglich ist.

a) Experimentelle Versuchspläne

Das wichtigste Definitionsmerkmal eines Experiments ist die Bildung von Untersuchungsgruppen durch die *zufällige Zuweisung* von verschiedenen Treatments (= Behandlungen, Maßnahmen). Dadurch wird eine anfängliche Vergleichbarkeit der Gruppen hergestellt, und differentielle Veränderungen in den untersuchten Kriterien können auf den kausalen Einfluß des Treatments zurückgeführt werden, da weitere Einflüsse in allen untersuchten Gruppen gleich stark wirken sollten. Häufig wird als Ideal des experimentellen Versuchsplans der *Solomon-4-Gruppen-Versuchsplan* vorgestellt, der durch die orthogonale Variation von „Treatment versus kein Treatment" und „Vortest versus kein Vortest" die Möglichkeit bietet, eine Reihe von konkurrierenden Erklärungen auszuräumen, nämlich Testungs-, Reifungs-, Selektionseffekte, Einflüsse externer Ereignisse („history") und „Regression zur Mitte" (Cook und Campbell 1979). Der hohe Aufwand dieses Versuchsplans reduziert sich deutlich, wenn man einen Vortest-Nachtest-Versuchsplan oder einen randomisierten Nur-Nachtest-Versuchsplan mit jeweils einer Experimental- und einer Kontrollgruppe einsetzt (Rosenthal und Rosnow 1984). Bei der erwähnten Untersuchung von Dickerson, Thibodeau, Aronson und Miller (1992) konnte auf einen Vortest jedoch deshalb verzichtet werden, weil die Messung der abhängigen Variable durch Beobachtung, also *nicht-reaktiv* (s.u.) vorgenommen wurde: die Beobachteten wußten nicht, daß sie an einem Experiment teilnehmen, und in einer der vier experimentellen Gruppen wurden keinerlei Treatments eingesetzt.

Selektionseffekt bei Studien mit mehreren Erhebungen: Für die angewandte Evaluationsforschung sind darüber hinaus auch bei randomisierten Gruppen Vortests dringend zu empfehlen, da bei langandauernden Studien mit dem *Ausfall von Teilnehmenden* zu rechnen ist (*Selektionseffekt*). In einem solchen Fall kann dann entschieden werden, ob ein Ausscheiden aus der Studie mit den Ausgangswerten der interessierenden abhängigen Variablen zusammenhängt. Dieses Problem kann selbstverständlich nur bei Arbeiten mit mehr als einem Erhebungszeitpunkt auftreten. Ein Beispiel hierfür ist die Studie von Schahn (1996), der die Effekte der Einführung der Wertstofftrennung bei der Hausmüllabfuhr untersuchte.

Dank eines Vortests, der in einer Experimental- und in einer Kontrollgruppe durchgeführt wurde, konnte sowohl untersucht werden, ob sich die beiden Gruppen vor dem Treatment (hier: Änderung des Müllabfuhrsystems) unterschieden, als auch, ob die Ausfälle von Versuchspersonen zwischen Vor- und Nachtest mit den interessierenden Variablen konfundiert waren. Hierzu wurden die Vortest-Werte dieser Variablen varianzanalytisch verglichen, und zwar zwischen denjenigen Personen, die an beiden Befragungen teilgenommen hatten, und denjenigen, die nur dem Vortest unterzogen wurden. In der erwähnten Studie waren bei diesem Vergleich praktisch keine Unterschiede erkennbar, was darauf verweist, daß die Selektion zwischen den Befragungen nicht mit den relevanten Variablen konfundiert war. Da z.B. das Ausmaß der selbstberichteten Mülltrennung von Bedeutung war, wäre es schwierig gewesen, wenn z.B. ausgerechnet jene, die ihren Müll nach der Einführung einer Wertstofftonne nur schlecht trennten, beim Nachtest ausgeschieden wären. Scheinbar hätte sich dadurch ein positiver Effekt der Wertstofftrennung ergeben, obwohl dafür in Wahrheit die Selektion zwischen beiden Erhebungen verantwortlich gewesen wäre.

Selektionseffekt bei der ersten Teilnahme: Ein verwandtes Problem ist der Selektionseffekt bei der ersten Teilnahme. In der Regel nehmen nicht alle Angesprochenen an einer Untersuchung teil, sondern nur ein gewisser Prozentsatz, der in der Praxis in der erheblichen Spanne von etwa 20 bis 90 Prozent liegt. Problematisch ist eine solche Selektion dann, wenn der Grund der Nichtteilnahme mit den zu untersuchenden Variablen konfundiert ist, wenn also z.B. umweltbewußte Personen eher teilnehmen als weniger umweltbewußte. Die Untersuchungsstichprobe ist dann nicht mehr repräsentativ für die Bezugsstichprobe. Leider läßt sich diese Art von Repräsentativität nicht an der Ausschöpfungsquote der Stichprobe festmachen, wie Wyss (1990) plausibel gemacht hat. Die Repräsentativität müßte eigentlich nachgewiesen werden, was aber nur möglich ist, wenn man aus anderen Quellen von den Nichtteilnehmenden Daten hat (Binder, Sieber und Angst 1979; Hirst und Goeltz 1985) oder sich diese Daten über Nachfaßaktionen doch noch beschafft (Lamnek und Trepl 1991). In den meisten Fällen sind jedoch Daten von Interesse, für die keine anderen Quellen als die eigene Erhebung zur Verfügung stehen (z.B. Einstellungsdaten). Der Vergleich mit sozio-demographischen Hintergrundvariablen der Bezugsstichprobe (z.B. der Kommune, in der die Untersuchung stattfindet) ist nur dann sinvoll, wenn diese mit dem relevanten Merkmalen in einem Zusammenhang stehen. Ansonsten kann aus der sozio-demographisch repräsentativen Zusammensetzung der Stichprobe kein Schluß auf die Repräsentativität des Untersuchungsmerkmals gezogen werden.

Die Arbeit von Schahn, Erasmy, Trimpin und Ditschun (1992, 1994) ist ein Beispiel für einen Ausnahmefall mit vorhandenen Referenzdaten, die eine Beurteilung der Stichprobenrepräsentativität für das interessierende Merkmal erlauben. Es zeigte sich, daß eine Stichprobe, bei der die Müllvermeidung durch Informationen, Rückmeldungen und Anreize gefördert werden sollte und deren Mitglieder mit der Überprüfung des Inhalts ihrer Mülltonnen einverstanden sein mußten (Ausschöpfungsquote: ca. 25 Prozent), schon vor der Untersuchung ein im Vergleich zum Durchschnitt der untersuchten Kommune günstigeres Verhalten aufwies. Dies galt sowohl für die Experimental- als auch für die Kontrollgruppe. Offenbar war die Motivation der Teilnehmenden besonders hoch, was dazu führen könnte, daß die untersuchten Maßnahmen bei der Experimentalgruppe auf besonders fruchtbaren Boden fallen und als wirksamer erscheinen, als sie es in einer weniger motivierten Stichprobe gewesen wären. Auf der anderen Seite ist für den Fall, daß ein Effekt auftritt, dieser vielleicht um so bedeutsamer, da er ja bei Personen erreicht wurde, die schon im Vortest relativ zur Bezugsbevölkerung sehr gute Werte in der Zielvariablen hatten. Vielleicht hoben sich beide Tendenzen auch gerade auf. Dies ist ohne zusätzliche Erhebungen nicht zu entscheiden; hier bleibt nur der Verweis auf Replikationen mit anderen Stichproben ohne dieses Problem. Wichtig war jedenfalls, daß beide Untersuchungsgruppen vergleichbar waren und keine Konfundierung der Ausgangswerte mit dem Treatment vorlag.

Kennt man die Variablen, die zu Stichprobenverzerrungen führen, so kann man ihren Einfluß durch „*matching*", d.h. durch die Stratifizierung der beteiligten Untersuchungsgruppen nach diesen Merkmalen, konstanthalten. Eine zweite Möglichkeit besteht darin, die Konfundierung rechnerisch durch verschiedene *statistische Methoden* (Regressionen, Kovarianzanalysen) zu beseitigen oder zu kontrollieren, so daß das Problem der Selbstselektion bei der Untersuchungsteilnahme die externe Validität der Evaluation weniger bedroht (Keating 1989). Werden Stichprobenfehler allerdings übersehen, dann kann dies die Aussagefähigkeit der Evaluation dramatisch reduzieren.

„Treatment Contamination" und Konstanz des Treatments: Außerdem kommt es vor, daß eine Trennung von Kontroll- und Versuchsbedingungen nicht bis zum Ende eines Programms durchgehalten werden kann, oder daß Programmänderungen vorgenommen werden, die außerhalb der Kontrolle der Forschenden liegen, so daß zum Zeitpunkt des Nachtests keine vergleichbaren Gruppen mehr vorliegen. Eine solche *„treatment contamination"* wäre z.B. in der Untersuchung von Schahn, Erasmy, Trimpin und Ditschun (1992, 1994) vorstellbar, in der eine Reihe von Maßnahmen zur Förderung von Mülltrennung und – vermeidung getestet wurden. Hierzu gehörte u.a. eine Broschüre mit spezifischen Informationen. Da Kontroll- und Experimentalgruppe aus verschiedenen Straßen derselben Gemeinde rekrutiert wurden, könnten auch Mitglieder der Kontrollgruppe durch Weitergabe in den Besitz der Broschüre gelangt sein. Im Gegensatz zum oben erwähnten Selektionseffekt konnte sich dies aber nur in eine Richtung auswirken: die Unterschiede zwischen den Gruppen konnten kleiner werden, das Treatment also weniger wirkungsvoll erscheinen. Es war damit keine Alternativerklärung für das Auftreten der gewünschten Effekte, sondern wäre es lediglich für ihr Ausbleiben gewesen.

Wird dieses Problem vor der Erhebung erkannt, kann in der Kontrollgruppe am Ende des Versuchs nach einem eventuellen Erhalt der Maßnahmen gefragt werden; je später im Nachhinein der Verdacht auftaucht, „treatment contamination" könnte für das Ausbleiben der erwarteten Effekte verantwortlich sein, desto weniger kann dies mehr überprüft werden.

Ein weiteres Problem besteht darin, daß gerade bei komplizierteren Interventionen im Feld *nicht alle Personen einer Untersuchungsbedingung ein wirklich identisches Treatment erhalten.* Dies ist z.B. der Fall, wenn Treatments benutzt werden, die auf komplexen sozialen Interaktionen beruhen. Burn (1991) versuchte, zur Förderung der Wertstofftrennung Personen, die bereits an Recycling-Aktionen teilnahmen, als „Veränderungsagenten" zu gewinnen, die Mitbewohner im selben Wohnblock in persönlichen Gesprächen überzeugen sollten. Diese Gespräche verliefen wahrscheinlich recht unterschiedlich und entzogen sich der direkten Kontrolle des Untersuchers. In solchen Fällen ist es daher ratsam, kontinuierliche Messungen sowohl der Quantität der Maßnahmen als auch interessierender qualitativer Aspekte vorzunehmen („manipulation check"; wäre bei Burn z.B. durch Befragung der Veränderungsagenten und der Versuchspersonen möglich gewesen). Ergänzend zu einem experimentellen Vergleich zwischen Gruppen können dann auch interne Korrelationen zwischen der gemessenen Intensität des Treatments und der abhängigen Variablen berechnet werden. Oft kann dadurch abgeschätzt werden, in welche Richtung differentielle Ausfälle oder Kontamination der Versuchsbedingungen wirken, was die Interpretation von Gruppenunterschieden erleichtert (Hormuth, Fitzgerald und Cook 1985; Wittmann 1985).

b) Quasi-experimentelle Versuchspläne

Abweichende Ausgangswerte durch fehlende Zufallszuweisung: In vielen Fällen sind echte Experimente nicht möglich, so daß es von vornherein notwendig ist, quasi-experimentelle Versuchspläne einzusetzen. Dabei handelt es sich um *Vergleiche zwischen Gruppen, die unterschiedliche Treatments erhalten, ohne daß das Kriterium der Zufallszuweisung erfüllt ist.* Damit besteht die Gefahr, daß sich die Untersuchungsgruppen neben dem Treatment in einer Reihe von Merkmalen unterscheiden, die alternative Erklärungen für eventuell beobachtbare Unterschiede nahelegen. Das Ziel sollte es daher sein, möglichst solche Kontrollgruppen zu untersuchen, die den Treatment-Gruppen auf relevanten Dimensionen ähnlich sind, und die insbesondere in den zu beeinflussenden Variablen vergleichbare Vortestwerte aufweisen. Doch auch bei nicht-vergleichbaren Ausgangswerten sind sinnvolle Interpretationen möglich, sofern plausible Hypothesen über den Einfluß dieser Unterschiede formuliert werden können.

Die Ergebnisse der Arbeit von Schahn (1996) bieten anschauliche Beispiele für problematische und unproblematische Interpretationen bei Zweipunkterhebungen. Vor und nach der Einführung der Mülltrennung waren in der betreffenden Kommune (Experimentalkommune, EK, n=316) und in einer Kontrollkommune (KK, n=246) verschiedene Variablen aus dem Bereich Mülltrennung/Müllvermeidung per Fragebogen erhoben worden. Für drei zentrale Variablen ergaben sich die in den folgenden Abbildungen dargestellten Ergebnisse. Gezeigt werden jeweils die Gruppenmittelwerte für zwei Erhebungszeitpunkte (1990 und 1991), die auf 7-stufigen Skalen (Spannweite 1 bis 7) erfaßt wurden; die Verbindungslinien dienen nur der Verdeutlichung.

Abbildung 1 zeigt zunächst ein unproblematisches Ergebnis für eine Skala, mit der die Nutzung von Mülltrennungsmöglichkeiten zusätzlich zur neu eingeführten Wertstoff-Müll-

Abbildung 1: Graphische Illustration der Wechselwirkung bei der Skala MSORT

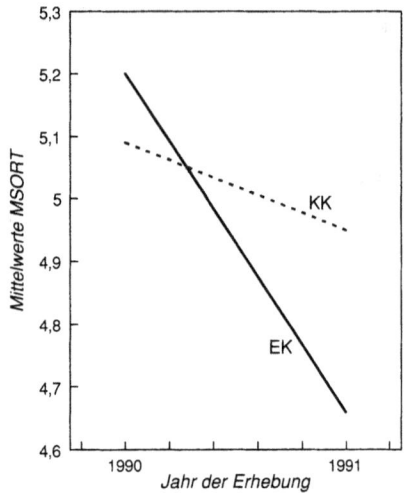

(Daten aus Schahn 1996)
Für die beiden Erhebungen 1990 und 1991 werden die Mittelwerte für „Mülltrennung" (MSORT) getrennt nach Kommunen wiedergegeben, so daß die Veränderungen sichtbar werden. Die Linie für die Experimentalkommune ist mit „EK" gekennzeichnet, diejenigen für die Kontrollkommune mit „KK". Die Verbindung der Meßpunkte durch eine Linie dient nur der Verdeutlichung.

Abbildung 2: Graphische Illustration der Wechselwirkung bei der Skala MV

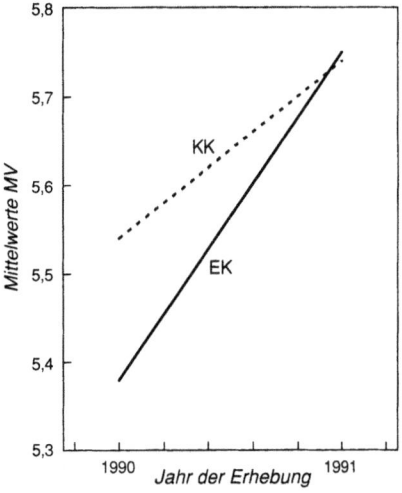

(Daten aus Schahn 1996)
Für die beiden Erhebungen 1990 und 1991 werden die Mittelwerte für „Müllvermeidung" (MV) getrennt nach Kommunen wiedergegeben, so daß die Veränderungen sichtbar werden. Die Linie für die Experimentalkommune ist mit „EK" gekennzeichnet, diejenigen für die Kontrollkommune mit „KK". Die Verbindung der Meßpunkte durch eine Linie dient nur der Verdeutlichung.

Abbildung 3: Graphische Illustration der Wechselwirkung bei der Skala IMR

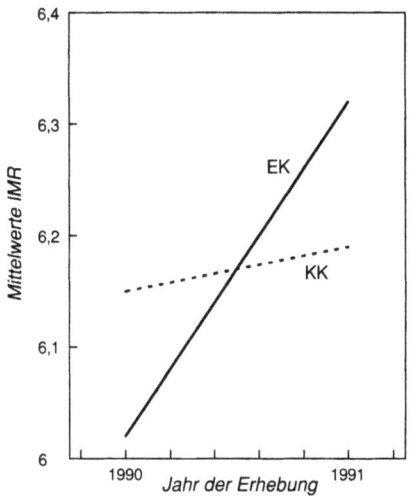

(Daten aus Schahn 1996)
Für die beiden Erhebungen 1990 und 1991 werden die Mittelwerte für „Mülltrennung und Recycling" (IMR) getrennt nach Kommunen wiedergegeben, so daß die Veränderungen sichtbar werden. Die Linie für die Experimentalkommune ist mit „EK" gekennzeichnet, diejenigen für die Kontrollkommune mit „KK". Die Verbindung der Meßpunkte durch eine Linie dient nur der Verdeutlichung.

abfuhr erfaßt wurde. Prognostiziert wurde hierbei ein Rückgang. Die Ausgangswerte der beiden Kommunen unterschieden sich bei der ersten Erhebung nicht signifikant voneinander. Die varianzanalytische Auswertung wies ferner eine Signifikanz bei der zeitlichen Veränderung und eine Interaktion nach: die Werte gingen zurück und beide Kommunen unterschieden sich zum zweiten Zeitpunkt in vorhergesagter Weise.

Abbildung 2 stellt die Ergebnisse zu einer Skala dar, mit der selbstberichtetes Müllvermeidungsverhalten erfragt wurde. Hier waren die Verhältnisse gerade umgekehrt: signifikante Unterschiede bei der ersten Erhebung, Verbesserung der Werte in beiden Kommunen und fast identische Werte bei der zweiten Befragung (signifikante Zeit- und Interaktionseffekte bei der varianzanalytischen Auswertung). Möglicherweise handelte es sich um einen Effekt der kommunalen Maßnahmen in der EK, der den schlechteren Wert auf das bessere Niveau der KK anhob, möglicherweise jedoch auch nur um die Regression zur Mitte. Dies kann auf Basis der vorhandenen Daten nicht entschieden werden.

Abbildung 3 macht anhand einer dritten Skala deutlich, daß nicht in jedem Fall bei unterschiedlichen Ausgangswerten eine Interpretation problematisch ist. Hinsichtlich einer Einstellungsskala aus dem Hausmüllbereich unterschieden sich beide Stichproben bei beiden Erhebungszeitpunkten, wobei beim ersten die EK, beim zweiten jedoch die KK den niedrigeren Wert hatte. In der KK gab es keine signifikante zeitliche Entwicklung, in der EK einen signifikanten Anstieg. Hier bietet die Regression zur Mitte keine hinreichende Alternativerklärung.

Eigentlich wäre es in solchen Fällen geboten, nach Gruppen mit vergleichbaren Ausgangswerten zu suchen, was aber aus praktischen Gründen (Zeit- und Geldbeschränkungen,

Vorgaben des Auftraggebers bei Evaluation feststehender Programme) oft nicht durchführbar ist: Bei Schahn (1996) standen nur wenige Kommunen zur Auswahl, was die Toleranz der unterschiedlichen Ausgangswerte erzwang. Die Minimallösung sollte zumindest eine Berechnung solcher a priori Unterschiede und ihre Berücksichtigung bei der Interpretation der Effekte sein. Geeignetere Maßnahmen zur Erhöhung der Interpretierbarkeit von Versuchsplänen mit nicht-vergleichbaren Kontrollgruppen diskutieren Hormuth, Fitzgerald und Cook (1985: 231ff.). Eine Möglichkeit besteht im Einsatz mehrfacher Vortest-Beobachtungen vor der Implementierung eines Programms. Dadurch können natürliche Trends in der Veränderung der abhängigen Variablen festgestellt werden, so daß Abweichungen von diesen Trends zwischen dem letzten Vortest und dem Nachtest als Einfluß des Programms interpretiert werden können; die Vortests erhöhen allerdings den Gesamtaufwand beträchtlich. Zu den statistischen Korrekturmöglichkeiten gehört hier ebenfalls das „matching": In der Arbeit von Schahn (1996) hätten z.B. aus beiden Kommunen Paare von Personen mit gleichen Ausgangswerten gebildet werden können. Dies hätte allerdings die unschöne Folge gehabt, daß in beiden Kommunen die Personen mit den niedrigsten bzw. größten Werten nicht einbezogen worden wären; ferner hätten sich Verschiebungen in der Stichprobenzusammensetzung ergeben, wenn bei verschiedenen Variablen ein unterschiedliches „matching" erforderlich geworden wäre (z.B. Einstellungsskala und Müllvermeidungsskala), was wiederum die Vergleichbarkeit zwischen den Variablen herabgesetzt hätte.

Für Fälle, in denen überhaupt keine geeigneten Kontrollgruppen verfügbar sind, bieten sich *Zeitreihen-Versuchspläne mit einer einzigen Untersuchungsgruppe* an. Eine Zweipunkt-Erhebung wie bei Kastka (1981) ist hier die Minimallösung. Eine weitere Strategie zur Erhöhung der Interpretierbarkeit besteht in dem Versuch, Effekte zu replizieren. Dies kann durch den Einsatz mehrerer abhängiger Variablen innerhalb einer Studie oder durch mehrmalige Untersuchungen mit unterschiedlichen Gruppen zu verschiedenen Zeiten geschehen. Replikation ist die einzige Möglichkeit in Fällen, in denen die Untersuchungsbedingungen weder Kontrollgruppen noch Zeitreihen zulassen. Schließlich sollte versucht werden, bekannte Störvariablen statistisch zu kontrollieren bzw. eine Studie so breit anzulegen, daß potentielle konkurrierende Erklärungen gleich mit überprüft werden.

Eine Methode, einige dieser Desiderate in einer einzigen Untersuchung zu vereinigen, ist das sog. *„multiple baseline design"*. Dabei werden dieselben experimentellen Variablen in verschiedenen (mindestens drei) Untersuchungsgruppen variiert, so daß eine Replikation sozusagen schon eingebaut ist. Werden die Erhebungen nicht parallel, sondern leicht zeitversetzt durchgeführt, lassen sich eine Reihe weiterer Effekte prüfen, z.B. Selektion und „treatment contamination". Ein Beispiel für eine solche Studie ist die Arbeit von Schnelle, McNees, Thomas, Gendrich und Beagle (1980). Hier sollte geprüft werden, ob mit Rückmeldungen, die über eine Tageszeitung verbreitet werden, ein Anreiz gegeben werden kann, auf den Straßen weniger Abfälle wegzuwerfen oder sogar vorhandene Abfälle aufzusammeln („anti-littering"). Experimentelle Variable war die Veröffentlichung einer Graphik in der lokalen Presse, welche die zuvor ermittelte Anzahl von Abfallstücken im Untersuchungsgebiet (abhängige Variable) veranschaulichte. Diese Untersuchung wurde in drei verschiedenen Stadtgebieten zeitversetzt durchgeführt und erreichte in allen drei Gebieten deutliche Rückgänge bei der Zahl der umherliegenden Abfälle. Bei einer einige Wochen nach dem Erscheinen des letzten Zeitungsartikels durchgeführten Nacherhebung waren jedoch wiederum die Baseline-Werte erreicht. Es muß also zwischen kurz- und langfristigen Effekten eines Treatments unterschieden werden. Die Forderung nach „*follow-ups*" (= Nach- oder Folgeerhebungen) impliziert jedoch keine grundsätzlich andere Methodik; es wird lediglich mindestens ein weiterer Meßzeitpunkt nach dem Abschluß der Interventionen hinzugefügt. Neben Vor- und Nachtest können dann Vortest und follow-up sowie Nachtest und follow-up simultan oder einzeln verglichen werden. Wegen des damit verbundenen Aufwandes werden jedoch bedauerlicherweise meist keine oder nur sehr kurzfristige Folgeerhebungen (nach maximal einigen Wochen) durchgeführt (Dwyer, Leeming, Cobern, Porter und Jackson 1993; als Beispiel für eine Untersuchung mit einfacher Folgeerhebung s. Schahn, Erasmy, Trimpin und Ditschun 1992, 1994).

3. Verfahren der Datenerhebung

Nachdem wir bis jetzt Fragen der Versuchsplanung behandelt haben, wenden wir uns der Frage nach den spezifischen Verfahren der Datengewinnung zu. Zum Einsatz kommt nahezu die gesamte Palette sozialwissenschaftlicher und psychologischer Instrumente, von standardisierten Selbstbericht-Skalen und Tests über mehr oder weniger strukturierte Interviews, offene und verdeckte Verhaltensbeobachtungen (z.B. die verdeckte Beobachtung der Duschzeit bei Dickerson, Thibodeau, Aronson und Miller 1992) bis hin zur Registrierung von indirekten Verhaltensspuren wie Strom- oder Wasserverbrauch laut Zähler (z.B. bei Becker und Seligman 1978) oder dem Gewicht des Hausmülls und dessen durch Expertenratings erfaßte Sortiergüte (z.B. Schahn, Erasmy, Trimpin und Ditschun 1992, 1994). Zu denken ist ferner an physikalische Messungen wie z.B. des Lärmpegels in einem Wohngebiet nach einer Verkehrsberuhigung, oder die Bewertung von Geruchsemissionen, für die physikalisch-chemische Messungen nicht ausreichen, sondern auch Testurteile von „Probériechern" und „Probériecherinnen" notwendig sind (s. z.B. Kastka 1976; Gellenbeck, Dornbusch und Gallenkemper 1994). Selbstverständlich sollten die erhobenen Variablen auf die spezifischen Erfordernisse der jeweiligen Studie zugeschnitten sein und die angezielten Konstrukte valide erfassen, was eine hinreichende theoretische Explikation erfordert. Hinzu kommt bei Mehrpunkterhebungen die Forderung nach dem Einsatz von Maßen, die für Veränderungen über die Zeit sensibel sind (zur Diskussion s. Wittmann 1985).

Wir wollen etwas ausführlicher auf zwei allgemeine Aspekte eingehen, die für die externe Validität einer Studie von Bedeutung sind, nämlich die Reaktivität der Erhebungsverfahren (Webb, Campbell, Schwartz, Sechrest und Grove 1981) und das Problem der sozialen Erwünschtheit in Interview- und Fragebogenerhebungen.[4]

a) Reaktivität von Erhebungsverfahren

Ein Verfahren der Datengewinnung ist als reaktiv zu bezeichnen, wenn allein durch die Tatsache, daß es eingesetzt wird, eine Veränderung der zu messenden Variable eintritt (Webb, Campbell, Schwartz, Sechrest und Grove 1981). Dies ist potentiell bei allen Ver-

---

[4] Ein weiteres Problem, auf das wir an anderer Stelle ausführlicher eingehen, ist die Frage des Aggregationsniveaus sowohl der Prädiktoren als auch der abhängigen Variablen (s. Schahn und Bohner 1993).

fahren möglich, welche die Kooperation der Teilnehmenden erfordern, also bei Interviews und Fragebogen, aber auch bei offener Registrierung von Verhalten. Zu unterscheiden sind Einflüsse des Erhebungsinstruments, der Situation, der untersuchenden Person und der untersuchten Person. In der Sozialpsychologie wurden seit den sechziger Jahren derartige Einflüsse erforscht, wie z.B. die Rolle situativer Hinweise auf die Untersuchungshypothese („demand characteristics") in Verbindung mit der Motivation der Versuchsteilnehmer/innen, sich hypothesenkonform zu verhalten; oder auch weiterer motivationaler Einflüsse, etwa durch allgemein sozial erwünschte Antworten einen guten Eindruck zu machen (s.u.; Orne 1962; zum Überblick Diekmann 1995).

Bei sozialwissenschaftlichen Untersuchungen sollten solche Einflüsse immer ins Kalkül einbezogen werden, denn in der Regel wissen die Teilnehmenden über das Programm und seine intendierten Wirkungen Bescheid. Hierbei ist zwischen Wirkungen zu unterscheiden, die alle untersuchten Gruppen gleichermaßen betreffen und dadurch weniger problematisch sind, und Reaktivitätseffekten, die in verschiedenen Untersuchungsgruppen differentiell wirken und größere Probleme für die Evaluation aufwerfen. So dürfte z.B. allein das Wissen, daß der Strom- oder Wasserverbrauch kontrolliert oder der Müll gewogen wird, zu einem bewußteren Umgang mit den Ressourcen und zu einer geringeren Inanspruchnahme führen. Den relativen Vergleich beider Gruppen betrifft dies jedoch nicht, es sei denn, es kommt zu Decken- oder Bodeneffekten. Dies wäre dann der Fall, wenn – z.B. bei Untersuchungen zur Einstellungsänderung – die Einstellung der Befragten schon so positiv ist, daß fast alle die höchsten Werte der Skala erreichen, oder – bei Verhaltenskriterien – wenn die Reaktivität z.B. zu einem derart geringen Verbrauch führt, daß dieser durch kein Treatment mehr bedeutsam zu senken ist. Letzteres ist nur durch Vergleiche mit Daten von Personen abzuschätzen, die nicht an einem Versuch teilnahmen. Im Falle des Ressourcenverbrauchs kann z.B. auf allgemeine Verbrauchsstatistiken zurückgegriffen werden.

Differentielle Reaktivitätseffekte sind hingegen problematischer. So könnten Personen, die sich ihrer Zugehörigkeit zu einer Kontrollgruppe bewußt sind, verärgert oder mit ihrer Rolle unzufrieden sein und sich weniger kooperativ verhalten als Personen in den Treatment-Gruppen. Wenn derartige Effekte antizipiert werden, kann man versuchen, in der Kontrollgruppe kompensatorische Maßnahmen zu ergreifen, die geeignet sind, Motivationsunterschiede zu beseitigen, aber in bezug auf die abhängige Variable neutral sind; ein Beispiel ist die Verlosung eines Preises für die Teilnahme. In der sozialpsychologischen Forschung wurden darüber hinaus die unterschiedlichsten Maßnahmen zur Elimination von Reaktivitätseffekten vorgeschlagen und praktiziert, von der Täuschung der Teilnehmenden über die Untersuchungsabsicht oder über die spezifischen Hypothesen auf der einen Seite bis hin zur Betonung der Bedeutsamkeit wahrheitsgetreuer Antworten auf der anderen Seite des Spektrums (s. Aronson, Ellsworth, Carlsmith und Gonzales 1990).

Allerdings kann keiner dieser Vorschläge Verzerrungen durch Reaktivität völlig beheben, denn die Teilnehmenden müssen ja stets die Bedeutung von Information und Instruktionen, die sie erhalten, verstehen und interpretieren. Wie neuere Arbeiten zeigen, führt allein die Befolgung der im Alltag gültigen Konversationsregeln (Grice 1975) oft zu Verzerrungen im Antwortverhalten, auch ohne daß eine spezifische Motivation der Versuchsperson angenommen werden muß (Bless, Strack und Schwarz 1993). Abhilfe in solchen Fällen schaffen nicht-reaktive Erhebungsverfahren, wie etwa die unbemerkte Beobachtung von

Verhalten, die Erfassung von Spuren des Verhaltens (s.o.) oder das Studium archivarischer Daten. Da auch nicht-reaktive Verfahren ihre spezifischen Nachteile aufweisen, empfiehlt es sich in der Regel, sie in Kombination mit reaktiven Verfahren einzusetzen (Webb, Campbell, Schwartz, Sechrest und Grove 1981; s.a. Bohner 1995).

Ein gutes Beispiel für die Erhebung nicht-reaktiver Daten stellt die Untersuchung von Weigel und Newman (1976) dar, die als Kriterium für umweltbewußtes Verhalten zur Validierung eines Einstellungsfragebogens die Versuchspersonen um Unterschriften unter Petitionen zu Umweltthemen baten; ferner forderten sie zur Teilnahme an einer Sammelaktion für in der Landschaft verstreuten Müll und an einem mehrwöchigen Recycling-Programm auf. Es war dafür gesorgt, daß drei verschiedene Umweltorganisationen als Quelle für diese Anfragen erschienen; sie wurden nicht mit dem Fragebogen und der Untersuchung in Verbindung gebracht. Aus ethischen Gründen wurden die Petitionen tatsächlich weitergereicht und die Aktionen wirklich durchgeführt.

b) Zum Problem sozial erwünschten Antwortverhaltens

Häufig gibt es aber Fragestellungen, die nicht mit Verhaltensdaten zu beantworten sind, unabhängig davon, ob diese reaktiv erhoben werden oder nicht. Es handelt sich hier entweder um Fälle, in denen es um Verhalten im Privatbereich geht, das schwer oder gar nicht beobachtbar ist (z.B. Duschen statt Baden, um Ressourcen zu sparen; Abdrehen der Heizung beim längeren Verlassen der Wohnung), oder um psychologische Variablen, die prinzipiell nicht direkt beobachtbar sind, z.B. Einstellungen oder Intentionen. Diese müssen im Selbstbericht per Fragebogen oder Interview erhoben werden. Manchmal geschieht dies aus ökonomischen Gründen auch bei Variablen, die prinzipiell beobachtbar sind, aber nur unter großem Aufwand. Die Frage in diesem Zusammenhang ist diejenige nach der Glaubwürdigkeit der dabei erhaltenen Angaben. Unterstellt wird meist, daß den befragten Personen der Fragegegenstand (z.B. Umweltverhalten) bewußt ist, die Norm, umweltgerecht zu sein, aktiviert wird, und die Antworten in diese Richtung geschönt werden: die Antwort wird also in eine Richtung „verfälscht", die als *„sozial erwünscht"* wahrgenommen wird. Dieses Argument wird immer wieder gegen die externe Validität von Befragungsergebnissen ins Feld geführt.

Das Problem ist aber weniger dramatisch, als es vielleicht erscheint. Zunächst einmal sind zwei verschiedene Fälle zu unterscheiden: Geht es um die Erhebung repräsentativer Bevölkerungsstatistiken, oder um die Evaluation von Maßnahmen?[5] Im ersteren Fall wäre eine Verfälschung schwieriger handhabbar, weil gerade die absoluten Ausprägungen der fraglichen Variablen von Interesse sind; im letzteren – der allein uns in diesem Rahmen interessiert – nur dann, wenn die soziale Erwünschtheit (SE) in den Untersuchungsgruppen in unterschiedlichem Ausmaß zum Tragen käme. Ansonsten wäre die Interpretation der Daten nur bei Decken- oder Bodeneffekten (s.o.) beeinträchtigt. *Grundsätzlich sind bei Evaluationsstudien – wie auch in der hypothesentestenden labor-experimentellen Forschung –*

---

5 Die Repräsentativität z.B. für die bundesdeutsche Gesamtbevölkerung darf keinesfalls mit der oben erwähnten Repräsentativität von teilnehmenden Personen für eine Bezugsstichprobe verwechselt werden. Im ersten Fall wäre die „Bezugsstichprobe" die ganze Bevölkerung in Deutschland, im zweiten Fall je nach Definition anders, z.B. alle Bewohner/innen einer Kommune, alle Besucherinnen eines Schwimmbads (wie bei Dickerson et al. 1992) usw.

keine repräsentativen Stichproben erforderlich, wenngleich zu spezielle und gleichzeitig homogene Stichproben die Verallgemeinerungsfähigkeit der Interventionseffekte beeinträchtigen können: Die Ergebnisse einer Intervention zur Verhinderung von „Littering" in Grundschulen kann nicht ohne weiteres auf öffentliche Großveranstaltungen anläßlich eines Faschingsumzugs übertragen werden. Doch sogar in diesem Fall kann man zumindest prinzipielle Überlegungen zur Verallgemeinerungsfähigkeit anstellen, wenn man die bedeutsamen Variablen kennt.

Von den Fällen, in denen die Zielvariable einer Intervention tatsächliches Verhalten ist, sind jene abzugrenzen, bei denen Einstellungen und Intentionen beeinflußt werden sollen. Bei diesen beiden Variablen fällt es schwer, von Verfälschung oder Verzerrung zu reden, weil ein objektives Kriterium dafür fehlt, was die „wahre" Einstellung einer Person sein soll. Aber auch bei selbstberichteten Verhaltensdaten macht zumindest eine *bewußte* Verfälschung keinen Sinn, da den Befragten im Rahmen einer Forschungsuntersuchung in der Regel die Motivation dafür fehlt. Dies wurde in zahlreichen Untersuchungen nachgewiesen (z.B. Kury 1983; zusammenfassend Mummendey 1987). Die *Betonung der Anonymität* und des *wissenschaftlichen Zwecks einer Untersuchung* ist in aller Regel eine geeignete Maßnahme zur Verringerung von SE. Versuche, SE mit getrennten Skalen zu erheben und sie dann aus den übrigen Variablen statistisch auszupartialisieren oder gar Personen mit hohen Erwüschtheitswerten aus der Stichprobe zu eliminieren, sind recht fragwürdig (s. Mummendey 1987): Die Auswirkung von SE kann zum einen bei verschiedenen Personen unterschiedlich ausfallen, zum anderen führt diese Tendenz bei manchen Menschen dazu, daß sie sich tatsächlich gemäß der in Frage stehenden Norm verhalten; die Erwünschtheit ist hier also Teil des Merkmals selbst. Die Angaben im Fragebogen wären also keine bewußten oder unbewußten Verfälschungen, sondern durchaus angemessen. In einigen wenigen Fällen können spezielle Skalierungstechniken eingesetzt werden (z.B. Spiegelung von Items, erzwungene Auswahl von gleich erwünschten Alternativen); in der Regel scheitert dies aber am Aufwand oder an der mangelnden Verfügbarkeit geeigneter Formulierungen.

Diese Ausführungen sollten andererseits nicht so mißverstanden werden, daß die Erhebung von Verhaltensdaten eigentlich überflüssig wäre und durch Selbstberichte im Fragebogen ersetzt werden könnte. Wo die Möglichkeit besteht, sind Beobachtungsdaten in der Regel Selbstberichten vorzuziehen, wenn es um die Erhebung tatsächlichen Verhaltens geht (Geller 1981). Selbstberichte im Fragebogen beziehen sich ja auch nur auf vergangenes Verhalten und sind kaum dazu geeignet, die Wahrscheinlichkeit einer angestrebten Verhaltens*änderung* abzuschätzen. Hier wäre im Fragebogen nur die Verhaltens*intention* erhebbar, die aber nicht unbedingt auch umgesetzt werden muß. Die Umsetzung hängt oft von weiteren situativen Gegebenheiten ab (Schahn 1993a; zum Problem der Vorhersage von Verhalten aus Einstellungen s. im Überblick Eagly und Chaiken 1993, Kap. 4).

c) Individuelle Daten versus Aggregatdaten

Alle bisherigen Ausführungen bezogen sich auf die Erhebung von individuellen Daten mit verschiedenen Erhebungstechniken. Dies ist in der Regel auch die Methode der Wahl im Hinblick auf die Ziele einer Evaluation: Es soll ja entschieden werden, inwieweit bestimmte Maßnahmen bei *Individuen* zu Verhaltensänderungen führen oder dazu, daß ein gewünschtes Verhalten beibehalten oder verstärkt wird. *Aggregatdaten* können aber prinzipiell auch zur Evaluation eingesetzt werden.[6] Soll z.B. entschieden werden, ob die Einführung einer mengenabhängigen Müllgebühr zur Müllvermeidung führt, können die Müllmengen von Kommunen, die eine derartige Gebühr erheben, mit denen von Kommunen verglichen werden, die eine pauschale Gebühr haben; besser noch wäre ein Vorher/Nachher-Vergleich über verschiedene Kommunen hinweg, die ihre Müllgebühr umgestellt haben. Da die Hausmüllmengen von den kommunalen Körperschaften ohnehin erhoben werden, ist die Datenbeschaffung in diesem Fall wesentlich weniger aufwendig als die Erhebung individueller Daten, weswegen bei einigen Untersuchungen Anfang der 90er Jahre auf Aggregatdaten zurückgegriffen wurde. Ein weiterer Vorteil von Analysen auf der Aggregatebene besteht darin, daß die Varianz zu Lasten der Individuen entfällt, die bei summativer Evaluation auch häufig nicht interessiert und als Fehlervarianz behandelt würde. Andererseits ermöglicht nur die Erhebung von Individualdaten die Aufdeckung von „aptitude-treatment-interactions" (Cronbach 1975), die zur *Segmentierung der Stichprobe im Sinne „maßgeschneiderter" Interventionen* genutzt werden können (s. Schahn 1995a). Eine solche zielgruppenspezifische Intervention könnte möglicherweise erheblich dazu beitragen, Ausmaß und Dauerhaftigkeit der erreichten Effekte zu verbessern.

Darüber hinaus besteht ein weiteres Problem bei der Nutzung von Aggregatdaten meist darin, genügend vergleichbare Fälle für eine sinnvolle statistische Entscheidung und die Einteilung in Experimental- und Kontrollgruppe zu finden. Im obigen Beispiel ist dies möglich, da es genügend Kommunen mit verschiedenen Systemen gibt. Geht es jedoch um Modellversuche, die Prüfung neuartiger Interventionen und/oder um formative Evaluation, kommt auf der Aggregatebene nur eine Analyse von *Zeitreihendaten* in Frage, weil es dann meist nur eine geeignete Beobachtung gibt. Solche Zeitreihenanalysen („*interrupted time series*") – ob auf Individual- oder Aggregatebene – haben zwar neben einigen (prinzipiell lösbaren) statistischen Problemen (Campbell 1988: 209ff.) als Einzelfalluntersuchungen den prinzipiellen Nachteil der fraglichen Generalisierbarkeit; sie sind jedoch gegenüber einer Zweipunkterhebung (vorher/nacher) *ohne* Kontrollgruppe die wesentlich geeignetere Methode, weil durch den Vergleich zweier Trends zumindest Regressions- und Reifungseffekte kontrolliert werden können. Die Anwendung von Zeitreihenanalysen beschränkt sich jedoch auch bei der Analyse individueller Daten keineswegs auf diejenigen Fälle, in denen keine geeignete Kontrollgruppe gefunden werden kann. Auch eine herkömmliche Zweipunkterhebung mit je einer Experimental- und einer Kontrollgruppe bietet durch mehrfache Datenerhebungen vor und nach den Maßnahmen die Möglichkeit, durch das Aufzeigen von Trends alternative Erklärungen für aufgetretene Effekte auszuschließen (bzw. Erklärungen für ausgebliebene Effekte zu finden); *Zeitreihenanalysen* sind daher forschungsmethodisch gegenüber herkömmlichen Designs sogar als *Methode der Wahl* zu bezeichnen. Der Preis ist freilich ein wesentlich höherer Forschungsaufwand und die Notwendigkeit zur Anwendung spezieller statistischer Methoden (Literaturhinweise dazu gibt

---

6 Aggregatebene im hier gebrauchten Sinne darf nicht mit dem oben erwähnten Begriff des Aggregationsniveaus verwechselt werden. Bei der Aggregatebene geht es darum, ob Daten von Individuen oder von größeren Einheiten stammen, die viele Individuen zusammenfassen, wie z.B. Kommunen. Beim Aggregationsniveau geht es um die Frage, ob eine bestimmte Information nur aus einer Beobachtung stammt, oder ob mehrere gleichartige Beobachtungen (oder auch Items in Fragebogen) zur Erhöhung der Reliabilität zu einem Wert gemittelt wurden.

Tabelle 2: Zusammenstellung von Problemen und geeigneten Lösungs- bzw. Kontrollmöglichkeiten

Problem	Lösungs- bzw. Kontrollmöglichkeit
1 Selektionseffekt bei der ersten Teilnahme	– Vergleich mit Referenzdaten – „matching" – statistische Kontrolle durch Regressions- oder Kovarianzanalyse
2 Ausfall von Teilnehmenden bei Zweipunkt- oder Längsschnittuntersuchungen	– Vergleich der relevanten Variablen aus der Ersterhebung zwischen ein- und mehrmals Teilnehmenden
3 „Treatment Contamination"	– nur problematisch beim Ausbleiben von Treatment-Effekten – Befragung der Kontrollgruppe
4 Konstanz des Treatments	– Prüfung von Qualität und Quantität des Treatments („manipulation check")
5 Unterschiedliche Ausgangswerte der Untersuchungsgruppen	– Berechnung der a priori Unterschiede und Berücksichtigung bei der Interpretation (Minimallösung) – mehrfache Vortests – Replikationsversuche – Kontrolle von Störvariablen (statistisch oder durch „matching") – „multiple baseline design", d.h. zeitversetzte Wiederholung des Treatments in mindestens 3 Stichproben
6 Persistenz der Effekte	– Nacherhebungen („follow-ups")
7 (Differentielle) Reaktivität der Erhebungsverfahren	– nicht-reaktive Datenerhebung – zusätzliche Motivationsmaßnahmen in der Kontrollgruppe – Täuschung über den Zweck der Erhebung
8 Sozial erwünschtes Antwortverhalten bei Befragungen	– ersetzen durch nicht-reaktive Datenerhebung, Verhaltensspuren – Betonung von Anonymität und wissenschaftlichem Hintergrund – spezielle Skalierungstechniken
9 Simultane Kontrolle von Testungs-, Reifungs-, Selektionseffekten, externen Ereignissen, Regression zur Mitte	– Solomon-4-Gruppen-Versuchsplan – Zeitreihenanalysen

Diekmann 1995: 315). Auch genügt es nicht unbedingt, statt je einer nun zwei oder drei Erhebungen je Zeitpunkt zu machen. Die Stärken der Zeitreihenanalysen kommen vielfach erst bei mehr Erhebungszeitpunkten zum Tragen. Im Falle von zwei oder drei Erhebungen je Zeitpunkt ist es günstiger, die Daten zu mitteln und dadurch eine Reliabilisierung zu erreichen (Schahn, Erasmy, Trimpin und Ditschun 1992, 1994). Diese Gründe mögen dazu beigetragen haben, daß Evaluationsstudien mit Zeitreihen im sozialwissenschaftlichen Bereich relativ selten sind.[7]

---

7 Ein prototypisches Beispiel für eine zeitreihenanalytisches Design im Umweltbereich ist die

Alle in Teil II angesprochenen Probleme und ihre Lösungs- bzw. Kontrollmöglichkeiten werden in *Tabelle 2* stichwortartig zusammengefaßt.

III. Ausblick: Methodische Weiterentwicklung und institutionelle Verankerung

In diesem Abschnitt soll es weniger um inhaltliche Weiterentwicklung von Maßnahmenkatalogen und Forschungsstrategien gehen, da hierüber schon ausführliche Literatur vorliegt (z.B. Dwyer, Leeming, Cobern, Porter und Jackson 1993; Geller 1990; Leeming, Dwyer, Porter und Cobern 1993; Oskamp 1983; Schahn 1995a); ansprechen wollen wir hingegen eine mögliche methodische Weiterentwicklung und die institutionelle Verankerung der Evaluationsforschung in der Bundesrepublik.

1. Methodische Weiterentwicklungen

Wie bereits erwähnt, hat die sozialwissenschaftliche Umweltforschung keine spezielle Methodik entwickelt, sondern wendet die in den Sozialwissenschaften üblichen Methoden auf einen speziellen Gegenstandsbereich an. Daher ist nicht zu erwarten, daß es besondere methodische Weiterentwicklungen geben könnte, die von der allgemeinen methodischen Entwicklung der Disziplinen losgelöst sind. Auch die inhaltlichen Fragestellungen bei der Evaluation sind so verschiedenartig, daß eine Standardisierung von Erhebungsinstrumenten nicht sinnvoll erscheint. Ein Feld gibt es allerdings, bei dem in den kommenden Jahren eine methodische Weiterentwicklung eintreten könnte: Simulationsexperimente und Computersimulationen als Möglichkeit zur Verringerung des Untersuchungsaufwandes im Vorfeld einer Evaluation. Wie die aufgeführten Beispiele verdeutlicht haben, ist mit einer Evaluationsstudie stets hoher Aufwand verbunden, besonders bei der Erhebung von Verhaltensdaten, und es gibt in der Praxis Probleme mit der strikten Einhaltung der Bedingungen für ein echtes Experiment. Besonders bei zeitraubenden und nicht wiederholbaren Längsschnitterhebungen können sich diese Probleme (s.o.) fatal auswirken.

Der Einsatz des Computers bietet nun die Möglichkeit, vor einem Experiment im Feld verschiedene Interventionen „in vitro" zu testen und vielleicht unwirksame Maßnahmen schon im Vorfeld herauszufiltern. Bei Simulationsexperimenten werden Versuchspersonen am Computer in das interessierende Szenario eingeführt (z.B. Tarifänderungen bei Strom, Wasser oder im öffentlichen Personennahverkehr, Einführung eines neuen Abfallkonzepts) und ihre Reaktion in konkreten Situationen geprüft (z.B. Bereitschaft zum Trennen von Abfallarten, zum Konsumverzicht oder zur Verkehrsmittelwahl). Die interne Validität wäre in solchen Simulationen maximiert, da die Gruppen randomisiert werden könnten und alle Variablen unter Kontrolle sind. Die Simulation könnte nicht nur zum Ausprobieren verschiedener Varianten im Vorfeld der Evaluation unter Realbedingungen verwendet werden, sondern würde auch zur wichtigen Ergänzung der sorgfältig durchge-

---

Arbeit von Bullinger (1989). Dabei handelt es sich allerdings nicht um die Evaluation von Maßnahmen, sondern um die Prüfung der Auswirkung von Luftschadstoffen und Wetterfaktoren auf die Befindlichkeit von Personen, die in verschieden stark verschmutzten Gebieten lebten.

führten, extern validen Feldstudie. Mosler (1993) verwendet seit längerer Zeit bereits Simulationsexperimente zur Untersuchung von ökologischen Dilemma-Situationen, bei denen verantwortliches umweltbezogenes Handeln gefördert werden soll.

Mosler, Gutscher und Artho (im Druck) gehen noch einen Schritt weiter, indem sie in Computersimulationen Einflußprozesse in sozialen Kollektiven simulieren; neuartig ist dabei, daß auch die „Versuchspersonen" und ihre Reaktionen von einem Computerprogramm erzeugt werden. Unter der Voraussetzung, daß die verwendeten Algorithmen valide sind, können so komplexe und langfristige Entwicklungen in kurzer Zeit und ökonomisch untersucht werden. Allerdings läßt die geringe Präzision der meisten Theorien bei der mathematisch exakten Implementierung zur Zeit noch zu große Freiheitsgrade offen. Hier liegen die Grenzen des Verfahrens, so daß seine Anwendung wohl nur in wenigen Fällen in Frage kommt.

2. Institutionelle Verankerung

Die in den Abschnitten I und II aufgeführten Beispiele sind typisch für praktisch relevante Aufgabenstellungen im Umweltbereich, weil solche oder ähnliche Fragen (Stromverbrauch verringern, Trennqualität beim Abfall verbessern usw.) oft an Personen herangetragen werden, die in umweltrelevanten Bereichen tätig sind, und diese wiederum Unterstützung durch in der Wissenschaft Tätige erwarten. Die meisten der beschriebenen Studien waren allerdings keine Auftragsarbeiten aus der Praxis, sondern (wenn auch praktisch orientierte) Grundlagenforschung, bei der es um die prinzipielle Wirksamkeit bestimmter Konzepte ging. Echte Auftragsarbeiten hingegen werden nur selten in der wissenschaftlichen Literatur veröffentlicht, entweder weil sie keine Implikationen haben, die über den Einzelfall hinausgehen, oder weil der Auftraggeber eine Veröffentlichung nicht wünscht. Man sollte auch nicht glauben, daß Programme stets primär auf Umweltschutz zielen; er stellt häufig nur einen Nebeneffekt dar (wenn z.B. ein kommunaler Energieversorger den Stromverbrauch senken möchte, um die Investitionen für ein leistungsstärkeres Kraftwerk zu sparen). Schließlich ist die Evaluation von praktischen, gesellschaftlich relevanten Maßnahmen in größerem Maßstab im Umweltbereich bisher auf wenige Ausnahmefälle beschränkt geblieben. Dies liegt zum einen daran, daß mögliche Auftraggeber nicht von der Kompetenz der Sozialwissenschaften und der Psychologie in diesem Bereich wissen oder sich erst dann an entsprechende Stellen wenden, wenn eigene Implementationsversuche fehlgeschlagen sind. Zum anderen bemühen sich die Forschenden aus verschiedenen Gründen nicht darum, daß ihre Forschungsergebnisse angewandt werden (s. Schahn 1993b; Seligman und Hutton 1981). Beides führt zur Verschwendung von Arbeitskraft und finanziellen Ressourcen, indem sinnvolle, im Forschungsrahmen erprobte Maßnahmen unterbleiben oder Gemeinderäte, Behörden, Verwaltungen und die Wirtschaft parallel zueinander und zur Forschung dieselben Probleme bearbeiten.

Damit soll allerdings nicht der Eindruck erweckt werden, die Sozialwissenschaft habe für jedes praktische Problem eine Patentlösung in der Tasche; hingegen stehen Ergebnisse und Methoden zur Verfügung, die es erlauben, in vielen Fällen Maßnahmen auszuprobieren und wissenschaftlich begründete Empfehlungen zu geben. Was hierzu noch fehlt, ist die *Etablierung eines berufspraktischen Feldes,* das die Verbindung zwischen der universitären

Grundlagenforschung und den praktischen Anwendern herstellt. In der Bundesrepublik hat dieser Prozeß erst begonnen; wenige private Institute (z.B. Forschungsgesellschaft für Energieumwandlung und -nutzung, Kiel; Umweltforschungsinstitut, Tübingen) sowie einige Dutzend freiberuflich Tätige haben sich bereits auf die Anwendung der sozialwissenschaftlichen Umweltforschung spezialisiert. Im Bereich der Psychologie z.B. wurde 1992 innerhalb des Berufsverbandes Deutscher Psychologen (BDP) eine Sektion „Umweltpsychologie" gegründet, die am Ausbau der berufspraktischen Möglichkeiten arbeitet. In den USA, sonst oftmals Vorreiter bei solchen Entwicklungen, existiert eine Institutionalisierung im Bereich des Umweltschutzes ebenfalls nicht in größerem Ausmaß (wohl aber im Bereich der Wohn- und Architekturbewertung, wo in einigen Bundesstaaten Evaluationen gesetzlich vorgeschrieben sind).

Um ein solches Praxisfeld ins Leben zu rufen, ist auch die Universität gefordert: Die Lehre der entsprechenden Inhalte in den einzelnen Fachbereichen und parallel dazu eine Lobbyarbeit ist notwendig (z.B. Kontakte, Vorträge, Veröffentlichungen, die von möglichen Arbeitgebern bei Kommunen und Verbänden, in der Wirtschaft und der Politik zur Kenntnis genommen werden). Die Sozialwissenschaften (bzw. Personen mit der entsprechenden Ausbildung) müssen als kompetente Ansprechpartner in Fragen der Implementierung und Evaluation von Umweltschutzmaßnahmen bekannt werden. Obwohl dies nicht der herkömmlichen Definition der akademischen Aufgaben von Forschung und Lehre entspricht, sollten hier die in der Grundlagenforschung Tätigen „Geburtshilfe" leisten. Solange dieses „außer-akademische Handeln" (Flade und Rohrmann 1988: 144) allerdings nicht zum Qualifikationsmerkmal im akademischen Bereich gehört, fällt diese Aufgabe besonders jenen zu, die an der Hochschule bereits etabliert und nicht mehr so stark gefordert sind, sich gemäß einem Anforderungsprofil zu qualifizieren, das hauptsächlich die Qualität der Forschung und ein wenig die Qualität der Lehre gewichtet, einen Praxisbezug jedoch, der nicht in grundlagenwissenschaftliche Veröffentlichungen mündet, ignoriert oder gar ablehnt.

Literatur

Aronson, Elliot, Phoebe C. Ellsworth, J. Merrill Carlsmith und *Marti Hope Gonzales,* 1990: Methods of Research in Social Psychology. New York: McGraw-Hill.

Becker, Lawrence J., und *Clive Seligman,* 1978: Reducing Air Conditioning Waste by Signalling it is Cool Outside, Personality and Social Psychology Bulletin 4: 412-415.

Binder, Johann, Martin Sieber und *Jules Angst,* 1979: Verzerrungen bei postalischer Befragung: Das Problem der Nichtantworter, Zeitschrift für experimentelle und angewandte Psychologie 26: 53-71.

Bless, Herbert, Fritz Strack und *Norbert Schwarz,* 1993: The Informative Functions of Research Procedures: Bias and the Logic of Conversation, European Journal of Social Psychology, 23: 149-165.

Bohner, Gerd, 1995: Unobtrusive Measures. S. 662-664 in: *Antony S. R. Manstead* und *Miles Hewstone* (Hg.) : The Blackwell Encyclopedia of Social Psychology. Oxford: Blackwell.

Bullinger, Monika, 1989: Psychological Effects of Air Pollution on Healthy Residents – a Time Series Approach, Journal of Environmental Psychology 9: 103-118.

Burn, Shawn M., 1991: Social Psychology and the Stimulation of Recycling Behaviors: The Block-Leader Approach, Journal of Applied Social Psychology 21: 611-629.

Campbell, Donald T., 1988: Methology and Epistemology for Social Science. Selected Papers. Chicago: University Press.
Cook, Thomas D., und Donald T. Campbell, 1979: Quasi Experimentation: Design and Analysis Issues for Field Settings. Chicago: Rand McNally.
Cronbach, Lee J., 1975: Beyond the Two Disciplines of Scientific Psychology, American Psychologist 30: 116-126.
Dickerson, Chris Ann, Ruth Thibodeau, Elliot Aronson und Dayna Miller, 1992: Using Cognitive Dissonance to Encourage Water Conservation, Journal of Applied Social Psychology 22: 841-854.
Diekmann, Andreas, 1995: Empirische Sozialforschung. Grundlagen, Methoden, Anwendungen. Reinbek: Rowohlt.
Dwyer, William O., Frank C. Leeming, Melissa K. Cobern, Bryan E. Porter und John Mark Jackson, 1993: Critical Review of Behavioral Interventions to Preserve the Environment. Research since 1980, Environment and Behavior 25: 275-321.
Eagly, Alice H., und Shelly Chaiken, 1993: The Psychology of Attitudes. Fort Worth, TX: Harcourt Brace Jovanovich.
Flade, Antje, und Bernd Rohrmann, 1988: Bericht zum Arbeitskreis „Umweltplanung". S. 142-144 in: Friedrich Lösel und Helmut Skowronek (Hg.): Beiträge der politischen Psychologie zu Planungs- und Entscheidungsprozessen. Weinheim: DSV.
Gellenbeck, Klaus, Heinz-Josef Dornbusch und Bernhard Gallenkemper, 1994: Untersuchung zum 2- und 4-wöchigen Restmüllabfuhrrhythmus im Landkreis Oldenburg. Fachhochschule Münster: Labor für Abfallwirtschaft, Siedlungswasserwirtschaft und Umweltchemie (LASU).
Geller, E. Scott, 1981: Evaluating Energy Conservation Programs: Is Verbal Report Enough?, Journal of Consumer Research 8: 331-335.
Geller, E. Scott, 1990: Behavior Analysis and Environmental Protection: Where Have All the Flowers Gone?, Journal of Applied Behavior Analysis 23: 269-273.
Hamilton, D., B. McDonald, C. King, D. Jenkins und M. Parlett (Hg.), 1977: Beyond the Numbers Game: A Reader in Educational Evaluation. Berkeley: McCutchan.
Hirst, Eric, und Richard Goeltz, 1985: Accuracy of Self-Reports: Energy Conservation Surveys, Social Science Journal 22: 19-30.
Hormuth, Stefan E., und Henriette Katzenstein, 1990: Psychologische Ansätze zur Müllvermeidung und Müllsortierung. Forschungsbericht für das Ministerium für Umwelt Baden-Württemberg. Heidelberg: Psychologisches Institut der Universität.
Hormuth, Stefan E., Nancy F. Fitzgerald und Thomas D. Cook, 1985: Quasi-Experimental Methods for Community-Based Research. S. 206-249 in: Edwin C. Susskind und Donald C. Klein (Hg.): Community Research. New York: Praeger.
Jacobs, Harvey E., Jon S. Bailey und James I. Crews, 1984: Development and Evaluation of a Community Based Resource Recovery Program, Journal of Applied Behavior Analysis 17: 127-145.
Kastka, Joachim, 1976: Untersuchungen zur Belästigungswirkung der Umweltbedingungen Verkehrslärm und Industriegerüche. S. 187-223 in: Gerhard Kaminski (Hg.): Umweltpsychologie. Stuttgart: Klett.
Kastka, Joachim, 1981: Untersuchungen zur subjektiven Wirksamkeit von Maßnahmen gegen Verkehrslärm und deren Moderation durch nichtakustische Faktoren. S. 468-485 in: Henning Haase und Walter Molt (Hg.): Handbuch der Angewandten Psychologie, Bd. 3: Markt und Umwelt. Landsberg: Verlag Moderne Industrie.
Keating, Kenneth M., 1989: Self-Selection: Are We Beating a Dead Horse? Evaluation and Program Planning 12: 137-142.
Kruse, Lenelis, Carl-F. Graumann und Ernst D. Lantermann (Hg.), 1990: Ökologische Psychologie. Ein Handbuch in Schlüsselbegriffen. Weinheim: Beltz/PVU.
Kury, Helmut, 1983: Zur Verfälschbarkeit von Persönlichkeitsfragebogen bei jungen Strafgefangenen, Zeitschrift für Strafvollzug und Straffälligenhilfe 32: 323-332.
Lalli, Marco, und Stefan E. Hormuth, 1989: Umweltevaluation. Bericht Nr. 2/1989. Darmstadt: Institut für Psychologie der Technischen Hochschule.
Lamnek, Siegfried, und Ralph Trepl, 1991: Die Nichtteilnahme an sozialwissenschaftlichen Befragungen, Planung und Analyse 18: 205-211.

Leeming, Frank C., William O. Dwyer, Bryan E. Porter und *Melissa K. Cobern,* 1993: Outcome Research in Environmental Education: A Critical Review, Journal of Environmental Education 24: 8-21.
Linneweber, Volker, 1992: Wer sind die Experten? „User needs Analysis" (UNA), „Post Occupancy Evaluation" (POE) und Städtebau aus sozial- und umweltpsychologischer Perspektive. S. 75-85 in: *Hans-Joachim Harloff* (Hg.): Psychologie des Wohnungs- und Siedlungsbaus. Göttingen: Ottiger-Hofgrefe.
Mosler, Hans-Joachim, 1993: Self-Dissemination of Environmentally-Responsible Behavior: The Influence of Trust in a Commons Dilemma Game, Journal of Environmental Psychology 13: 111-123.
Mosler, Hans-Joachim, Heinz Gutscher und *Jürg Artho* (im Druck): Kollektive Veränderungen zu umweltverantwortlichem Handeln. In: *Ruth Kaufmann* (Hg.): Umweltverantwortliches Handeln. Bern: Haupt.
Mummendey, Hans D., 1987: Die Fragebogen-Methode. Göttingen: Hogrefe.
Orne, Martin T., 1962: On the Social Psychology of the Psychological Experiment: With Particular Reference to Demand Characteristics and their Implications, American Psychologist 17: 776-783.
Oskamp, Stuart, 1983: Psychology's Role in the Conserving Society, Population and Environment: Behavioral and Social Issues 6: 255-293.
Preiser, Wolfgang F.E., 1994: Built Environment Evaluation: Conceptual Basis, Benefits and Uses, Journal of Architectural Planning and Research 11: 91-107.
Rosenthal, Robert, und *Ralph L. Rosnow,* 1984: Essentials of Behavioral Research. New York: McGraw-Hill.
Schahn, Joachim, 1993a: Die Kluft zwischen Einstellung und Verhalten beim individuellen Umweltschutz. S. 29-49 in: *Joachim Schahn* und *Thomas Giesinger* (Hg.): Psychologie für den Umweltschutz. Weinheim: Beltz/PVU.
Schahn, Joachim, 1993b: Psychologische Beiträge zum Umweltschutz: Forschung und Anwendung. S. 63-75 in: *Joachim Schahn* und *Thomas Giesinger* (Hg.), Psychologie für den Umweltschutz. Weinheim: Beltz/PVU.
Schahn, Joachim, 1995a: Psychologische Forschung zu Mülltrennung und Müllvermeidung: Möglichkeiten und Grenzen psychologischer Ansätze zur Förderung umweltschonenden Verhaltens, Psychologische Rundschau 46: 104-114.
Schahn, Joachim, 1995b: Umweltpsychologische Bibliographie: Gesamtverzeichnis und nach Themengebieten geordnet. Bericht aus dem Psychologischen Institut der Universität Heidelberg, Diskussionspapier Nr. 82, Januar 1995. Heidelberg: Psychologisches Institut der Universität.
Schahn, Joachim, 1996: Die Erfassung und Veränderung des Umweltbewußtseins. Eine Untersuchung zu verschiedenen Aspekten des Umweltbewußtseins und zur Einführung der Wertstofftrennung beim Hausmüll in zwei süddeutschen Kommunen. Frankfurt a.M.: Lang.
Schahn, Joachim, und *Gerd Bohner,* 1993: Aggregation oder Desaggregation? Einige Bemerkungen zur Debatte um die Ergebnisse von Diekmann und Preisendörfer, Kölner Zeitschrift für Soziologie und Sozialpsychologie 45: 772-777.
Schahn, Joachim, Petra Erasmy, Andrea Trimpin und *Kersten Ditschun,* 1992: Erprobung psychologischer Maßnahmen zur Förderung von Hausmüllvermeidung und Hausmülltrennung. Forschungsbericht für das Ministerium für Umwelt Baden-Württemberg. Heidelberg: Psychologisches Institut der Universität.
Schahn, Joachim, Petra Erasmy, Andrea Trimpin und *Kersten Ditschun,* 1994: Psychologische Maßnahmen zur Förderung von Hausmüllvermeidung und Hausmülltrennung. Bericht aus dem Psychologischen Institut der Universität Heidelberg, Diskussionspapier Nr. 78, Februar 1994. Heidelberg: Psychologisches Institut der Universität.
Schahn, Joachim, und *Thomas Giesinger* (Hg.), 1993: Psychologie für den Umweltschutz. Weinheim: Beltz/PVU.
Schnelle, John F., M. Patrick McNees, Murphy M. Thomas, John G. Gendrich und *Gwen P. Beagle,* 1980: Prompting Behavior Change in the Community: Use of Mass Media Techniques, Environment and Behavior 12: 157-166.

Scriven, Michael, 1972: Die Methodologie der Evaluation. S. 60-91 in: *Christoph Wulf* (Hg.): Evaluation: Beschreibung und Bewertung von Unterricht, Curricula und Schulversuchen. München: Piper.

Seligman, Clive, und *R. Bruce Hutton*, 1981: Evaluating Energy Conservation Programs, Journal of Social Issues 37: 51-72.

Sexton, Richard J., Nancy B. Johnson und *Akira Konakayama*, 1987: Consumer Response to Continuous-Display Electricity-Use Monitors in a Time-of-Use Pricing Experiment, Journal of Consumer Research 14: 55-62.

Vining, Joanne, und *Angela Ebreo*, 1989: An Evaluation of the Public Response to a Community Recycling Education Program, Society and Natural Resources 2: 23-36.

Webb, Eugene J., Donald T. Campbell, Richard D. Schwartz, Lee Sechrest und *Janet Belew Grove*, 1981: Unobtrusive Research. Nonreactive Measures in the Social Sciences (2. Aufl.). Boston, MA: Houghton Mifflin.

Weigel, Russell H., und *Lee S. Newman*, 1976: Increasing the Attitude-Behavior Correspondance by Broadening the Scope of the Behavioral Measure, Journal of Personality and Social Psychology 33: 793-802. [in deutscher Übersetzung: Erzielung höherer Übereinstimmung zwischen Einstellung und Verhalten durch Messung eines größeren Verhaltensbereiches. S. 85-103 in: *Werner Herkner* (Hg.): Experimente zur Sozialpsychologie. Bern: Huber.

Wener, Richard, 1989: Advances in Evaluation of the Built Environment. S. 287-313 in: *Ervin H. Zube* und *Gary T. Moore* (Hg.): Advances in Evaluation of the Built Environment. New York: Plenum.

Wittmann, Werner W., 1985: Evaluationsforschung: Aufgaben, Probleme und Anwendungen. Berlin: Springer.

Wulf, Christoph (Hg.), 1972: Evaluation: Beschreibung und Bewertung von Unterricht, Curricula und Schulversuchen. München: Piper.

Wyss, Werner, 1990: Darf eine heilige Kuh geschlachtet werden?, Planung und Analyse 17: 69-71.

Die Autorinnen und Autoren der Beiträge

Ulrich Beck, 1944, Professor für Soziologie an der Universität München, Mitglied der Kommission für Zukunftsfragen der Freistaaten Bayern und Sachsen, Distinguished Research Professor der Universität Cardiff/Wales. Herausgeber der Zeitschrift „Soziale Welt". Forschungsgebiete: Theorie der Moderne, Soziale Ungleichheit, Arbeit und Ökologie. Veröffentlichungen u.a.: Risikogesellschaft- auf dem Weg in eine andere Moderne, 1986; Gegengifte – Die organisierte Verantwortlichkeit, 1988; Das ganz normale Chaos der Liebe, 1990 (mit E. Beck-Gernsheim); Die Erfindung des Politischen – Zu einer Theorie reflexiver Modernisierung, 1993; Eigenes Leben – Ausflüge in die unbekannte Gesellschaft in der wir leben, 1995 (mit W. Vossenkuhl, U.E. Ziegler, R. Rautert); Reflexive Modernisierung – eine Debatte, 1996 (mit A. Giddens und S. Lash).

Gerd Bohner, 1959; Dr. phil., Dipl.-Psych., Universität Mannheim, Fakultät für Sozialwissenschaften, Lehrstuhl für Sozialpsychologie. Forschungsgebiete: Soziale Urteilsbildung; Einstellungsveränderung; Emotion und (soziale) Kognition; experimentelle Sozialpsychologie. Veröffentlichungen u.a.: Stimmung und Persuasion: Zum Zusammenspiel heuristischer und systematischer Verarbeitung persuasiver Botschaften, in: E.H. Witte (Hg.): Soziale Kognition und empirische Ethikforschung. Lengerich 1995; The Interplay of Heuristic and Systematic Processing of Social Information, European Review of Social Psychology 6, 1995 (mit G.B. Moskowitz und S. Chaiken); Mood States Influence the Production of Persuasive Arguments, Communication Research 20, 1993 (mit N. Schwarz); Die Stimmungs-Skala: Vorstellung und Validierung einer deutschen Version des „Mood Survey", Diagnostica 37, 1991 (mit S. E. Hormuth und N. Schwarz).

Iris Bohnet, 1966, Dr. des. oec. publ., Oberassistentin, wirtschaftswissenschaftlichen Fakultät der Universität Zürich, Schweizerische Delegierte des COST A7-Programms ‚The Evolution of Rules for a Single European Market' Forschungsgebiete: Theorie der Wirtschaftspolitik, experimentelle Ökonomie, umweltökonomische Fragestellungen. Veröffentlichungen u.a.: Eine ökonomische Analyse individueller Entscheidungen (erscheint bei Mohr (Siebeck)).

Peter Cebon, 1962, Ph.D. (Management) MIT 1994, Senior Associate, Melbourne Business School, University of Melbourne. Forschungsgebiete: Organisationstheorie, Technologie- und Umweltmanagement. Veröffentlichungen u.a.: Twixt Cup and Lip: Organizational Behavior, Technical Prediction and Conservation Practice, Energy Policy 20, 1992; The Myth of Best Practices: The Context Dependence of High-Performing Waste Reduction Programs, in: K. Fisher und J. Schot (Hg.): Environmental Strategies for Industry, Washington, D.C. 1993; A View from the Alps: Regional Perspectives on Climate Change, Cambridge, MA 1996 (Hg. mit U. Dahinden et al.).

Wolfgang van den Daele, 1939, Prof. Dr., Direktor der Abteilung ‚Normbildung und Umwelt' im Wissenschaftszentrum Berlin für Sozialforschung (WZB), und Professor für Soziologie an der Freien Universität Berlin. Veröffentlichungen u.a.: Die Kontrolle der Forschung am Menschen durch Ethikkommissionen, Stuttgart 1990 (mit H. Müller-Salomon); Sozialverträglichkeit und Umweltverträglichkeit, Politische Vierteljahresschrift 34, 1993; Grüne Gentechnik im Widerstreit. Modell einer partizipativen Technikfolgenabschätzung, Weinheim 1996 (mit A. Pühler und H. Sukopp).

Andreas Diekmann, 1951, Professor für Empirische Sozialforschung und Sozialstatistik, Direktor des Instituts für Soziologie an der Universität Bern. Forschungsgebiete: Umweltsoziologie, Bevölkerung und Arbeitsmarkt, Methoden. Veröffentlichungen u.a.: The Log-Logistic Rate Model. Two Generalizations with an Application to Demographic Data, Sociological Methods and Research 24: 158-186. 1995 (mit J. Brüderl); Experiments with Social Traps IV: Reputation Effects in the

Evolution of Cooperation, Rationality and Society 7, 1995 (mit A. Rapoport und A. Franzen); Die soziale Vererbung des Scheidungsrisikos, Zeitschrift für Soziologie 24, 1995 (mit H. Engelhardt); Kooperatives Umweltverhalten (Hg.), Zürich 1995 (mit A. Franzen); Empirische Sozialforschung, Reinbek 1995.

Dietrich Dörner, 1938, Dr. phil., Lehrstuhl Psychologie II der Otto-Friedrich-Universität Bamberg. Forschungsgebiete: Denken, Problemlösen, Entscheiden, Gesetzmäßigkeiten der menschlichen Handlungsregulation. Veröffentlichungen u.a.: Die kognitive Organisation beim Problemlösen, Bern 1973; Problemlösen als Informationsverarbeitung, Stuttgart 1976; Lohhausen: Vom Umgang mit Unbestimmtheit und Komplexität, Bern 1983; Die Logik des Mißlingens, Reinbek 1989.

Riley E. Dunlap, 1943, Ph.D., University of Oregon (1973), Distinguished Professor of Environmental Sociology, Departments of Sociology and Rural Sociology, Washington State University, Pullman. Forschungsgebiete: Meinungsforschung bezüglich Umweltfragen; Umweltbewußtsein und Umweltverhalten; ökologische, paradigmatische und theoretische Grundlagen der Umweltsoziologie. Veröffentlichungen u.a.: American Environmental: The U.S. Environmental Movement, 1970-1990, Washington 1993 (Hg. mit A. Mertig); Public Reactions to Nuclear Waste, Durham 1993 (Hg. mit M.E. Kraft und E.A. Rosa); Struggling with Human Exemptionalism: The Rise, Decline and Revitalization of Environmental Sociology, The American Sociologist, 25, 1994 (mit W.R. Catton, Jr.); Handbook of Environmental Sociology, Westport, CN 1996 (mit W. Michelson).

Ottmar Edenhofer, 1961, Diplomvolkswirt, Wissenschaftlicher Mitarbeiter am Institut für Soziologie an der Technischen Hochschule Darmstadt. Forschungsgebiete: Integrated Assessment, Modellierung von ökologischen Innovationen. Veröffentlichungen u.a.: Kann sich die Klimapolitik auf die Nutzen-Kosten-Analyse verlassen?, in: Hans Günter Brauch (Hg.): Klimapolitik, Berlin 1996 (mit M. Rohner).

Klaus Foppa, 1930, Prof. Dr., Institut für Psychologie der Universität Bern. Forschungsgebiete: Sprachliche Kommunikation, Lernen, Handlungstheorie, Methodologie. Veröffentlichungen u.a.: The Dynamics of Dialogue, Hemel Hempstead 1990; Asymmetries in Dialogue, Hemel Hempstead 1991; Umweltverantwortliches Handeln: Was hindert uns daran zu tun, was wir tun müssten? Unipress 85, 1995; Mutualities in Dialogue, Cambridge 1996; Freiheit des Entscheidens und Handelns: Ein Problem der nomologischen Psychologie, Heidelberg.

Axel Franzen, 1962, Dipl.-Soz., Institut für Soziologie, Universität Bern. Forschungsgebiete: Methoden der empirischen Sozialforschung, Experimentelle Entscheidungstheorie, Umweltsoziologie. Veröffentlichungen u.a.: Group Size and One-Shot Collective Action, Rationality and Society 7, 1995; Umweltverhalten und Rationalität, Kölner Zeitschrift für Soziologie und Sozialpsychologie 47, 1995 (mit N. Braun); Einsicht in ökologische Zusammenhänge und Umweltverhalten, in: Gehr, Kost und Stephan (Hg.): CO_2 – eine Herausforderung für die Menschheit, Berlin 1996 (mit A. Diekmann).

Bruno S. Frey, 1941, Dr. rer. pol., ord. Professor, Institut für empirische Wirtschaftsforschung, Universität Zürich, seit 1993 Gastprofessor an der Ecole de Science Politique, Paris. Forschungsgebiete: Probleme der Theorie der Wirtschaftspolitik (Neue Politische Okonomie), aussermarktliche Ökonomik, Kunstökonomik, Umweltökonomik, Verbindung von Ökonomie und Psychologie. Veröffentlichungen u.a.: Ökonomie ist Sozialwissenschaft, 1990; Musen und Märkte, 1993 (mit W.W. Pommerehne); Demokratische Wirtschaftspolitik, 1994 (mit G. Kirchgässner).

Marco Giugni, 1963. Forschungsgebiete: soziale Bewegungen, politisches Verhalten, vergleichende Politik. Veröffentlichungen u.a.: Entre stratégie et opportunité. Les nouveaux mouvements sociaux en Suisse, Zürich 1995; New Social Movements and Political Opportunities in Western Europe, European Journal of Political Research 22, 1992 (mit H. Kriesi, R. Koopmans, J. W. Duyvendak);

New Social Movements in Western Europe. A Comparative Analysis, Minneapolis 1995 (mit H. Kriesi, R. Koopmans, J. W. Duyvendak).

Heinz Gutscher, 1947, Prof. Dr. phil., Lehrstuhl für Sozialpsychologie an der Universität Zürich. Forschungsgebiete: Interdisziplinär angelegte Forschungsprojekte zu Themen wie Medikamentenmißbrauch, Selbstgefährdung, Chancen und Risiken der neuen Telekommunikationsmittel sowie grundlagenorientierte experimentelle Forschung auf dem Gebiet der Regulierung von Aufmerksamkeitsprozessen. Veröffentlichungen u.a.: Spezifische Probleme und Risiken des Medikationsverhaltens, in: H. Gutscher, R. Hornung, U. May, und M. Schär (Hg.): Medikamentenkonsum und Medikationsrisiken, Bern 1986 (mit R. Hornung); Informed Consent in the Social Sciences: Agreeing to Being Deceived, in: G. Berthoud und B. Sitter-Liver (Hg.): The Responsible Scholar, Canton, MA 1996; Vom Sinn der Methodenvielfalt in den Sozial- und Geisteswissenschaften, in: R. Kaufmann-Hayoz und A. DiGiulio (Hg.): Umweltproblem Mensch?, Bern 1996 (mit G. Hirsch und K. Werner).

Adrienne Héritier, 1944, Dr. phil., Professor für Public Policy, Europäisches Hochschulinstitut Florenz. Veröffentlichungen u.a.: Political Choice – Institutions and the Limits of Rationality, Frankfurt a.M./New York 1993 (Hg. mit Roland Czada); Ringing the Changes in Europe; Regulatory Competition and the Transformation of the State. Britain, France and Germany, Berlin/New York 1996 (mit C. Knill, S. Mingers); Politikimplementation, Ziel und Wirklichkeit politischer Entscheidungen, Frankfurt a.M. 1996; Policy Analyse. Eine Einführung, Frankfurt a.M. 1996.

Carlo C. Jaeger, 1947, Dr.rer.pol., Professor für Soziologie an der Technischen Hochschule Darmstadt und Leiter der Abteilung Humanökologie an der EAWAG, Dübendorf. Forschungsgebiete: Umwelt und Siedlungssoziologie, integrierte Umweltbeurteilung, ökologische Innovationen. Veröffentlichungen: u.a.: Die Zähmung des Drachens. Führt der globale Schock zu einer ökologischen Wende?, Opladen 1996; Climatic Risks and Rational Actors, Global Environmental Change, 1996 (mit B. Kasemir).

Svein Jentoft, 1948, Dr. phil., Prof. of Sociology, Institute of Social Science, University of Tromso, Norwegen. Forschungsgebiete: Fischereiwirtschaft, industrielle Organisation und regionale Entwicklung. Veröffentlichungen u.a.: Fisheries Co-Management: Delegating Government Responsibility to Fishermen's Organizations, Marine Policy, 1989; Dangling Lines: The Fisheries Crisis and the Future of Coastal Communities: The Norwegian Experience, St. John's, 1993; Regulating Fjord Fisheries: Folk Management or Interest Group Politics?, in: Christopher L. Dyer und James R. McGoodwin (Hg.): Folk Management in the World's Fisheries: Lessons for Modern Fisheries Management, Niwot, CO 1994 (mit Knut H. Mikalsen); User Participation in Fisheries Management: Lessons Drawn from International Experiences, Marine Policy 19, 1995 (mit Bonnie McCay); Aquacultural Development: Social Dimensions of an Emerging Industry, Boulder, CO, 1996 (Hg. mit C. Bailey und P. Sinclair).

Caroline Kramer, 1961, Dr. phil., Geographin, ZUMA, Mannheim, Abteilung Soziale Indikatoren. Forschungsgebiete: Sozialberichterstattung, Sozialgeographie, Bildungsforschung, regional vergleichende Studien zu verschiedenen Themenbereichen (z.B. Umwelt, Freizeit, geschlechtsspezifische Fragestellungen). Veröffentlichungen: Die Entwicklung des Standortnetzes von Grundschulen im ländlichen Raum – Vorarlberg und Baden-Württemberg im Vergleich, Heidelberger Geographische Arbeiten 93, 1993 (mit A. Mischau); Sicherheitsempfinden und Angsträume von Frauen, Standort – Zeitschrift für Angewandte Geographie, 1994.

Hanspeter Kriesi, 1949; Dr. phil., Professor, Universität Genf. Forschungsgebiete: soziale Bewegungen, vergleichende Politik, Schweizer Politik, Wahlverhalten, öffentliche Meinung. Veröffentlichungen u.a.: Political Mobilization and Social Change. Levels of Mobilization and Mobilization Potentials in the Dutch General Public, Aldershot 1993; Citoyenneté et démocratie directe. Compétence, participation et décision des citoyens et citoyennes suisses, Zürich 1993; Les démocraties occidentales. Une approche comparée, Paris 1994; The Political Opportunity Structure of new Social Movements: Its Impact on Their Mobilization, in: J. Craig Jenkins und Bert Klandermans (Hg.): The Politics of Social Protest, Minneapolis 1995; New Social Movements in Western Europe. A Comparative Analysis, Minneapolis 1995 (mit R. Koopmans, J. W. Duyvendak und M. C. Guigni); Le systéme politique suisse, Paris 1995; The Organizational Structure of New Social Movements in a Political Context, in: D. McAdam et al. (Hg.): Comparative Perspectives on Social Movements, Cambridge 1996.

Bonnie McCay, 1941, Ph.D., Columbia University, New York, Professor of Anthropology and Ecology, Dept. of Human Ecology, Rutgers University, New Brunswick, New Jersey, USA. Forschungsgebiete: Kulturanthropologie, Umweltprobleme, Fischereimanagement. Veröffentlichungen u.a.: New Directions in Ecology and Ecological Anthropology, Annual Review of Anthropology 4, 1975 (mit A. P. Vayda); Systems Ecology, People Ecology, and the Anthropology of Fishing Communities, Human Ecology 6, 1978; Optimal Foragers or Political Actors: Ecological Analysis of a New Jersey Fishery, American Ethnologist 8, 1981; User Participation in Fisheries Management: Lessons Drawn from International Experiences, Marine Policy 19, 1995 (mit S. Jentoft); From the Bottom Up: Participatory Issues in Fisheries Management, Society and Natural Resources 9, 1996 (mit S. Jentoft); Voices from the Commons; Evolving Relations of Property and Management, Special Issue der Cultural Survival Quarterly 20, 1996 (Hg. mit Louise Fortmann).

Angela G. Mertig, 1965, M.A., Ph.D., Assistant Professor of Sociology an der Michigan State University. Forschungsgebiete: Amerikanische Umweltbewegung, soziologische Methoden und Statistik. Veröffentlichungen u.a.: American Environmentalism: The U.S. Environmental Movement, 1970-1990, Washington, D.C. (Mitherausgeber); Public Approval of Environmental Protection and Other New Social Movement Goals in Western Europe and the United States, International Journal of Public Opinion Research 7, 1995; Environmental Organizations, in: R.A. Eblen und W.R. Eblen (Hg.): Encyclopedia of the Environment, Boston 1994.

Hans-Joachim Mosler, 1954, Diplom in Zoologie, Lizentiat in Psychologie, Dr. phil. (Psychologie), Oberassistent und Leiter des Projekts „Bedingungsfaktoren der selbsttätigen Verbreitung umweltgerechten Handelns" im Schweizerischen Schwerpunktprogramm Umwelt. Forschungsgebiet: Umweltpsychologie. Veröffentlichungen u.a.: Self-Dissemination of Environmentally Responsible Behavior: The Influence of Trust in a Commons Dilemma Game, Journal of Environmental Psychology 13, 1993; Eine Strategie zur selbsttätigen Verbreitung von umweltgerechtem Handeln, Zeitschrift für Umweltpolitik und Umweltrecht 2, 1994; Selbstverpflichtung zu umweltgerechtem Handeln, in: A. Diekmann und A. Franzen (Hg.): Kooperatives Umwelthandeln, Zürich 1995.

Heinz-Herbert Noll, 1949, Dr. phil., Leiter der Abteilung Soziale Indikatoren, ZUMA, Mannheim; Vorsitzender der Sektion Sozialindikatoren in der Deutschen Gesellschaft für Soziologie. Forschungsgebiete: Sozialberichterstattung, Wohlfahrtsforschung, soziale Ungleichheit, sozialstruktureller Wandel im internationalen Vergleich. Veröffentlichungen u.a.: Recent Social Trends in West Germany 1960-1990, Frankfurt a.M. 1992; Soziale Indikatoren und Sozialberichterstattung, Bern 1994 (mit R. Habich); Getrennt Vereint – Lebensverhältnisse in Deutschland seit der Wiedervereinigung, Frankfurt a.M. 1995 (Hg. mit W. Glatzer).

Helga Nowotny, 1937, Dr. iur., Ph.D., Professorin am Institut für Wissenschaftstheorie und Wissenschaftsforschung der Universität Wien (im Rahmen einer Doppelprofessur gemeinsam mit Yehuda Elkana) und Professorin für Wissenschaftsforschung an der ETH Zürich, Permanent Fellow am Collegium Budapest/Institute for Advanced Study. Veröffentlichungen u.a.: The New Production of Knowledge. The Dynamics of Science and Research in Contemporary Societies, London 1994 (mit M. Gibbons et al.); Wissenschaftsforschung. Eine Einführung, Frankfurt a.M. 1995 (mit U. Felt und K. Taschwer).

Karl-Dieter Opp, 1937, Professor für Soziologie am Institut für Soziologie der Universität zu Leipzig. Forschungsgebiete: Politische Partizipation und Protest, abweichendes Verhalten, Entstehung und Wirkungen von Institutionen und Normen, soziologische Theorie. Veröffentlichungen: The Rationality of Political Protest, Boulder, CO 1989; Der Tschernobyl-Effekt, Opladen 1990 (mit W. Roehl); Empirischer Theorienvergleich, Opladen 1990 (Hg. mit R. Wippler); Social Institutions, New York 1990 (Hg. mit M. Hechter und R. Wippler).

Peter Preisendörfer, 1953, Prof. Dr., Institut für Soziologie, Universität Rostock. Forschungsgebiete: Methoden der empirischen Sozialforschung, Arbeitsmarkt- und Organisationsforschung, Soziologie und Ökologie. Veröffentlichungen u.a.: Survival Chances of Newly Founded Business Organisations, American Sociological Review, 57, 1992 (mit J. Brüderl und R. Ziegler); Persönliches Umweltverhalten, KZfSS 44, 1992 (mit A. Diekmann); Vertrauen als soziologische Kategorie, Zeitschrift für Soziologie 24, 1995; Der Erfolg neugegründeter Betriebe, Berlin 1996 (mit J. Brüderl und R. Ziegler); Ökologisches Bewußtsein in Ost- und Westdeutschland, Zeitschrift für Umweltpolitik und Umweltrecht, 1996.

Anatol Rapoport, 1911, Ph.D. (Mathematik) University of Chicago, Professor of Peace and Conflict Studies, University of Toronto. Forschungsgebiete: Entscheidungstheorie, Wissenschaftstheorie, Friedensforschung, Systemtheorie. Veröffentlichungen u.a.: Prisoner's Dilemma, Ann Arbor 1965; Conflict in Man-made Environment, Harmondsworth 1974; Mathematical Methods in the Social and Behavioral Sciences, New York 1983; General System Theory, Turnbridge Wells 1986; Decision Theory and Decision Behaviour, Dordrecht 1989; The Origins of Violence, New Brunswick, NJ 1995.

Michael R. Redclift, 1946, BA in Soziologie und Politik, Universität Sussex; DPhil in Sozialanthropologie, Universität Sussex. Professor für Agrarsoziologie an der Universität London. Forschungsgebiete: Globale Umweltprobleme, Entwicklungspolitik in ländlichen Regionen, Umweltmanagement. Veröffentlichungen u.a.: Sustainable Development: Exploring the Contradictions, London 1987; Social Theory of the Global Environment (als Mitherausgeber), London 1994.

Ortwin Renn, 1951, Prof. Dr. rer. pol., Lehrstuhl für Umwelt- und Techniksoziologie an der Universität Stuttgart, Mitglied des Vorstandes der Akademie für Technikfolgenabschätzung in Baden-Württemberg. Forschungsgebiete: Risikoanalyse und -wahrnehmung, Technikfolgenabschätzung, diskursive Verfahren der Konfliktaustragung, Partizipation, Umweltfragen. Veröffentlichungen u.a.: Risikowahrnehmung der Kernenergie, Frankfurt a.M./ New York 1984; Technik und gesellschaftliche Akzeptanz: Herausforderungen der Technikfolgenabschätzung. GAIA Ecological Perspectives in Science, Humanities and Economics 2, 1993; Sozialverträglichkeit der Technikentwicklung, Österreichische Zeitschrift für Soziologie 4, 1994; Fairness and Competence in Citizen Participation. Evaluating New Models for Environmental Discourse, 1995 (Hg. mit T. Webler und T. Wiedemann).

Joachim Schahn, 1960, Dr. phil., Dipl.-Psych.; Psychologisches Institut der Universität Heidelberg, Arbeitseinheit für Differentielle Psychologie und Psychologische Diagnostik. Forschungsgebiete: Umweltbewußtsein und Umweltverhalten; Konstruktion psychologischer Skalen und Testverfahren. Veröffentlichungen u.a.: Psychologie für den Umweltschutz, Weinheim 1993 (Hg. mit T. Giesinger); Rationalisierungen und Neutralisationen als Rechtfertigungsstrategien: Ein Vergleich zwischen Umwelt- und Delinquenzbereich, Zeitschrift für Differentielle und Diagnostische Psychologie 16, 1995 (mit J. Dinger und G. Bohner); Psychologische Forschung zur Mülltrennung und Müllvermeidung: Möglichkeiten und Grenzen psychologischer Ansätze zur Förderung umweltschonenden Verhaltens, Psychologische Rundschau 46, 1995; Die Erfassung und Veränderung des Umweltbewußtseins, Frankfurt a.M. 1996.

James F. Skea, 1953, BS in Physik, Universität Edinburgh; DPhil in Umweltphysik, Universität Cambridge, Direktor des Global Environmental Change Program des britischen Economic and Social Research Council. Forschungsgebiete: Energie- und Umweltpolitik, globale Umweltprobleme, umweltfreundliche Technologien. Veröffentlichungen u.a.: Clean Technology and the Social Sciences, Swindon: Economic and Social Research Council 1992; Standards, Innovation, Competitiveness and Policy, Edward Elgar 1995 (als Mitherausgeber); Business and the Genesis of the EC Carbon Tax Proposal, Business Strategy and the Environment, 1994 (mit A. Ikwue).

Carmen Tanner, 1965, Dr. phil., Forschungsassistentin am Institut für Psychologie der Universität Bern. Forschungsgebiete: Umweltpsychologie, Handlungspsychologie, Ernährungspsychologie, Sozialpsychologie. Veröffentlichungen u.a.: Warum handeln wir nicht umweltgerecht? Psychoscope, 3, 1995; Wahrnehmung von Umweltproblemen, in: A. Diekmann und A. Franzen (Hg.): Kooperatives Umwelthandeln, Chur 1995.

English Summaries

Andreas Diekmann and *Carlo C. Jaeger:* **Challenges and Perspectives of Environmental Sociology,** pp. 11–27.

Solving the environmental problems of our time will require substantial changes in the incentive structures and the social norms which influence environmentally relevant behavior. Therefore, the study of socially produced environmental problems and of the social reactions to these problems is an essential element of sound environmental research. For this purpose, environmental sociology can build on the rich research tradition of human ecology. Recently, the public debate about environmental problems has added momentum to sociological research about environmental issues. Several theoretical orientations have proved useful for such research, in particular rational choice theory, systems theory, human ecology, and modernization theory. A fragmentation into diverging schools seems less promising than the development of a research competence which enables scholars to handle different theoretical orientations. This will also be helpful in interdisciplinary cooperation with other social scientists as well as with natural scientists and engineers. Such cooperation will provide precious insights for general sociology, too. In such a framework environmental sociology can make substantial contributions to the monitoring of environmental problems, to the design and evaluation of policy measures, to environmental management in organizations, and to a cultural orientation in the face of global environmental problems.

Ortwin Renn: **Role and Function of Environmental Sociology as an Integral Part of Environmental Research,** pp. 28–58.

The traditional understanding of environmental sociology was focused on the measurement of environmental attitudes and the discussion of means to overcome the obvious gap between these attitudes and actual behavior. Although important in its own right, such a confinement of environmental sociology neglects the most important contributions the discipline of sociology has to offer to an interdisciplinary research agenda. Sociological thinking provides the conceptual basis for reflecting the relationship between humans and their natural environment, points to the inherent selection mechanisms in assigning attention or negligence to elements of the environment, and analyzes reasons and patterns of arguments in the construction and balancing of value conflicts and trade-offs. Furthermore, knowledge based on the sociological traditions of human ecology, organizational research and the sociology of science and knowledge provides ample opportunities to forge links between physical changes in the environment, social perceptions of these changes, and social responses. In the attempt to play a vital role in environmental research, sociologists should be aware of the danger that their expertise might be instrumentalized for implementing the world-views and visions of social interest groups. At the same time, sociologists should take a critical viewpoint on constructivist perspectives when dealing with natural scientists. Although environmental risks are socially mediated and culturally selected, their manifestations have real consequences for human health, life and well-being, let alone other biological beings. A theoretically pleasing theory linking physical changes and socially constructed perceptions and concepts of risk is still missing.

Anatol Rapoport: **The Systemic Approach to Environmental Sociology,** pp. 61–88.

An informal definition of a system is offered as a portion of the world that continues to be recognized as "itself" in spite of constant internal changes. Three aspects of a system so defined are: structure, behaviour and evolution. A general system theory based on this conception entails the tracing of analogies or, in the course of evolution, of homologies between these aspects of systems on different levels of organization. In the living world such levels are: the cell, the organ, the organism, the species (and higher taxa), an ecosystem; in the human social world: the family, the group, the community, the society or culture, the international system, etc. The approach is exemplified by comparing the evolution of both material systems (artifacts, technologies) and immaterial ones (languages, institutions). Finally, the possible courses of evolution of humankind as a biological-socio-cognitive system immersed in an ecosystem are examined via computer simulations of its dynamics, and various possible futures are compared.

Andreas Diekmann: **Homo ECOnomicus. Problems and Applications of Rational-Choice Theory to Environmentally Responsible Behavior,** pp. 89–118.

The homo-oeconomicus model of environmental economics has limited power in explaining actually observable behavior concerning the environment. Although the hypothetical-deductive strategy of model construction is superior to ad-hoc-explanations, this model has deficiencies because environmentally responsible behavior is not exclusively governed by economic incentives. Both aspects are discussed by the example of a model of recycling activities from environmental economics. As can be further demonstrated by empirical examples, social incentives and environmental attitudes are related to behavior in so-called low-cost situations. Moreover, the aggregate result of individual actions in low-cost situations may have a high-cost impact on corporate actors like business firms or political parties. Prominent examples are political elections or consumer boycotts. While the direct effect of environmental consciousness on ecologically responsible behavior may be low or moderate, the indirect impact on the strategies of corporate actors is of much more importance. Hence, it is argued that rational-choice models of environmental behavior should incorporate both economic as well as "soft" incentives like social approval and the intrinsic motivation for environmentally responsible behavior. Homo economicus is a more realistic model of man than the restrictive homo oeconomicus. In conclusion, a synthesis of basic concepts from economics and sociology is preferable.

Ulrich Beck: **World Risk Society, the World Public and Global Sub-politics. Ecological Concerns in the Context of Man-made Insecurities,** pp. 119–147.

The current dangers of civilization concerning destruction of nature cannot be delimited any more socially in space or in time. This will lead to the development that the national risk societies will be transformed to a world risk society. The formation of international discourses and institutions will be necessary in order to deal with global dangers. At the same time the different national types of the cultural perception of nature and of the destruction of nature have to be taken into consideration. Finally, the world risk society will undermine the principles of the first modernity (like class antagonism, national statehood, as well as the ideas of a linear, technical-economic rationality and control), and the dualism of nature and society will be set off.

Helga Nowotny: **Environment, Time, Complexity: Towards an Endosociological Perspective,** pp. 148–163.

The article sets out to analyze the ‚implosion of modernity', i.e. the major structural changes and shifts in scientific outlook as they occurred in Western industrial democracies in the 70ies. They were marked by an erosion of centrally organized social structures, the beginning of global environmental awareness, surprise and the limits of scientific predictability. This led to an enlargement of the sociosphere which now has to accommodate a complex set of relations with the natural environment. Next, the implications of such a change to an "endosociological" perspective are spelled out. For instance, emphasis of the complex interaction between the global and the local replaces a more static view of micro and macro level. One of the central characteristics of an endosociological perspective is that of a new temporal complexity. In the last part the multiplicity of times which arises from it is analyzed in the light of the necessity of keeping the future open. This requires above all to confront the indeterminacies which are continuously generated by the socio-ecological system itself. Therefore, an emphasis on processes, processual thinking and analysis, becomes central to an endosociological perspective.

Carlo C. Jaeger: **Human Ecology and the Blind Spot of Scientific Inquiry**, pp. 164–190.

Environmental problems rarely fit the matrix of existing scientific disciplines. In sociology, the research program of human ecology has led to a long series of integrative research efforts which try to overcome this difficulty. For this purpose, human ecology has used concepts of general system theory, which played a crucial role at the origins of today's environmental debate. Meanwhile, this debate is characterized by a different approach: the "Rational Actor Paradigm" (RAP). RAP has led to the analysis of environmental problems as social dilemmas and to proposals for market oriented environmental policy. These proposals run into serious implementation problems, however, whenever they cannot rely on uncontroversial expert knowledge. Recent research in human ecology can help to handle these problems by emphasizing the role of laypersons in environmental problem solving. Moreover, RAP has serious weaknesses in the analysis of the very economic phenomena which are often seen as its main field of application. These difficulties can be tackled with a human ecological theory of cultural evolution. Such a theory can draw on insights of critical theory and at the same time explain important features of today's highly innovative global economy. Along these lines, human ecology leads to stimulating research tasks and to innovative policy perspectives in the face of global environmental change.

Riley E. Dunlap and *Angela Mertig:* **World-wide Concern for the Environment: A Challenge to Social Science Theory**, pp. 193–218.

Both conventional wisdom and social science theories maintain that public concern for environmental quality is dependent on affluence, and is therefore stronger in wealthy nations than in poor nations. This affluence/post-materialism thesis has been challenged by the emergence of environmental activism around the world, but it may still hold true at the level of the general public. The thesis is tested at the public level via results from a 1992 international survey conducted by the George H. Gallup International Institute that obtained data on a wide range of environmental perceptions and opinions from citizens in 24 economically and geographically diverse nations. Aggregate, national-level scores for a variety of measures of public concern for environmental quality were created and correlated with per capita gross national product. Although the results vary considerably depending upon the measure, overall national affluence is more often negatively rather than positively related to citizen concern for environmental quality – directly contradicting the affluence/post-materialism thesis.

Peter Preisendörfer and *Axel Franzen:* **The Illusion of Environmental Consciousness: Causes and Consequences of Environmental Attitudes Reconsidered**, pp. 219–244.

Sociological research about environmental attitudes and values has been concerned with three major issues: the measurement of these attitudes and values, the study of their ‚social basis', and the search for determinants of ecological behavior. This article summarizes the major findings in each of these areas and discusses some of its problems. Of central concern for the whole field is the question how environmental attitudes should be conceptualized. Therefore, part two of the paper starts with an overview of different measurements and findings of environmental concern in various countries. The third part reviews the results and explanations concerning the relation of environmental attitudes and individual as well as structural variables. The fourth part finally discusses the finding that high levels of environmental concern that are often found within western industrial nations do not translate into ecologically oriented behavior.

Carmen Tanner and *Klaus Foppa:* **Ecological Perception, Environmental Concern and Environmental Behavior,** pp. 245–271.

A better understanding of the determinants of ecological action is indispensable for the development of effective interventions. The present paper discusses several important theoretical and methodical problems in the context of research on environmental behavior. It is argued that the constraints of actions as well as the perception and evaluation of environmental change and also the consequences of the actions have to be taken into account. It is stressed that not only the objective constraints of actions but also the ipsative ones (those options that come to the actor's mind before the action proper is started) have to be considered. Besides, it may be necessary to deal not only with whole populations but also with homogeneous subgroups of individuals ("types").

Bonnie McCay and *Svein Jentoft:* **Uncommon Ground: Critical Perspectives on Common Property,** pp. 272–291.

Recent literature on common property shows the development of critical perspectives of the model used to explain many environmental and social problems whereby individual rationality results in undesired and unintended social and ecological consequences. The best known revisionist perspective on the so-called "tragedy of the commons" underscores important conceptual and hence policy errors and has been important in contributing to understanding of conditions in which collective action for common benefits, with respect to common pool resources, can take place. Characterizing this approach as a "thin" or abstract, generalizing explanatory model, with strengths and weaknesses thereby, we discuss a "thicker" or more ethnographic perspective that emphasizes the importance of specifying property rights and their embeddedness within discrete and changing historical moments, social and political relations.

Bruno S. Frey and *Iris Bohnet:* **The Commons: Problem, Perversion and Policy,** pp. 292–307.

Analyzing the environment by relying on models of public goods or common pool resources has been important for understanding many aspects of the problem. Free-riding as the only rational and thus dominant strategy in prisoner's dilemma situations, however, was stressed too much. Experimental and field results often contradict the game theoretic assumptions. We identified the individual attributability to be a crucial condition for overcoming common pool resource problems. Cooperation increases if contributions can be individually specified and if subjects may identify each other. The decentralization of decision-making helps in individualizing action. While in small political units people are more likely to relate the benefits of environmental quality to the corresponding costs, the probability of benefiting from the effects of mutual identification is also much larger. Competition among the political units creates incentives for effective environmental policies. Public supplies of environmental services will take the preferences of the citizens into account and benefit of the advantages of specialization by producing more efficiently.

Hans-Joachim Mosler and *Heinz Gutscher:* **Cooperation in the Commons Dilemma through Commitment,** pp. 308–323.

Contemporary discussion of possibilities of promoting environmentally sustainable behavior revolves mainly around legal or economic measures; besides that, informational campaigns are at best also taken into consideration. Disregarded are novel forms of intervention, which aim to overcome specific hindrances to environmentally friendly behavior within large, anonymous collectives which are based in social psychological phenomena. In the endeavor to develop further existing proposals for solutions of this kind, we studied the possibilities and effects of action groups whose members voluntarily submit to checks on their publicly declared self-commitment to act in resource-sustaining ways. These elements of open inspection and public commitment serve in large, anonymous societies as a substitute for the kind of trust that can be established through personal relationships in smaller groupings: trust in others' commitments to make more conservative use of natural resources in the future. Our experimental investigations yielded the following finding: only those groups which had the opportunity to join an action community making self-commitment public and allowing inspection of their actions were successful in halting self-caused depletion of a resource or even in initiating a reverse trend. This is not an effect of knowledge: in both the experimental and the control groups, approximately the same number of people had knowledge of the behaviors required to allow a resource to recover. An action group functioning along these lines can thus be a form of intervention which presents us with the means to utilize natural resources to the benefit of all and, in terms of the future, in a sustainable manner.

Hanspeter Kriesi and *Marco Giugni:* **Ecological Movements in an Internationally Comparative Perspective: From Conflict to Cooperation**, pp. 324–349.

Taking the perspective of the political process approach to social movements we discuss the development of the ecology movement in several western countries over the last twenty years. Except for France, where, given the specificities of the political context, it remained organizationally weak, continued to mobilize radically and had hardly any success, this movement produced strong, professional organizations, deradicalized to a large extent and obtained some considerable measure of success in the countries on which we concentrate in our discussion. Moreover, the majority of the population in these countries supports its demands. As a result, the movement began to get engaged in various forms of cooperation with the respective governments without, however, abandoning completely its mobilization against its adversaries. We maintain that the two research traditions of the social movements and public policy research should be combined for the analysis of the interaction processes between the ecology movement and the governments. This would allow to take systematically into account the increasing contributions of the ecology movement to policy formulation and implementation. We consider the analysis of the interdependence of forms of confrontation and cooperation in this interaction process to constitute a highly promising research perspective.

Karl-Dieter Opp: **The Rise and Decline of the Ecology Movement in Germany**, pp. 350–379.

After the Second World War environmental protests in Germany decreased at the beginning of the eighties. But resources provided to environmental organizations increased. The present article explains these developments. In a first step it is assumed, based on previous research, that discontent with the state of the environment, perceived political influence, moral and social incentives are the major causes for participating in environmental protests. In a next step hypotheses are suggested specifying how the following macro factors influence those individual incentives to protest: quality of the environment, conflicts in regard to the provision of public goods, the institutionalization of environmental politics, the infrastructure of protest, and the globalization of environmental problems and politics. An analysis of the change of these factors over time indicates that the institutionalization of environmental politics is the major cause for the decline of environmental protests. Although the incentives for environmental protests decreased over time, environmental problems are not regarded as solved. The often spectacular activities of environmental organizations convey the impression that they are successful in contributing to solving environmental problems. Therefore, from the perspective of individuals who are dissatisfied with the quality of the environment, contributing resources to those organizations is the least costly alternative to contribute to providing the public good of environmental protection.

Michael R. Redclift and *James F. Skea:* **Global Change: The Contribution of Social Science Research,** pp. 380–389.

Research into global environmental change (GEC) has sought to influence and criticize public policy. In the United Kingdom, it has also served to refashion the social sciences, forcing them to consider sustainability as a dimension of all social and economic behaviour. The paper discusses some of the lessons we have learned from the British GEC Programme. Research on the environmental implication of specific behaviour, technologies, and institutions in the UK and also in developing countries emphasizes the importance of social values for environmental problems. Attempts to realize the goal of sustainable development on the basis of the very social values which have led to the current environmental problems are highly problematic, and so are attempts to define new values without actively involving the people concerned by environmental problems. Against the background of a modernist belief in progress, sustainable development requires a vision of an alternative future.

Ottmar Edenhofer: **The Management of Global Environmental Change,** pp. 390–419.

Managing the global commons requires international cooperation. An analysis in terms of game theory shows major barriers to effective environmental agreements. Fortunately, it also points to broader opportunities for negotiation, social learning and ecological innovation, which may help to overcome these barriers. Markets and voluntary agreements, however, are insufficient institutions for exploring and using new types of knowledge. At a national scale, the metaphor of the benevolent planner may be used to characterize the production and use of new knowledge by governmental action. At a global scale, however, this would require the establishment of a world government, which seems both unrealistic and undesirable. Therefore, new forms of knowledge production are needed. The emerging field of Integrated Assessment provides an important opportunity in this regard. In particular, it can enhance the capacity of different institutions to integrate knowledge from different parts of science and society for the purposes of a rational and fair decision making process. Presently, such integration is pursued mainly with the help of computer models. To encourage social learning and ecological innovations, however, these models need to be embedded in a new relationship between experts, laypersons and different stakeholders.

Wolfgang van den Daele: **Sociological Observation and Ecological Crisis,** pp. 420–440.

Environmental sociology has to be more than mere sociology. In order to distinguish between communication over ecological problems and the reality of such problems one must be able to observe society within nature and not just the construction of nature within society. To that end, sociology must rely on cooperation with the natural sciences. It is true, perceptions of ecological crisis and ecological conflicts are not determined by the objective state of the environment, rather they follow mechanisms of a societal logic. The assumption, however, that the ‚ecological question' will challenge the basic structures of modern industrial societies, brings us back to the level of environmental facts: it depends, in the final analysis, on the ecological adaptations these societies are actually able to achieve. Environmental policies so far indicate that the capacity of industrial societies to adapt is quite high.

Peter Cebon: **An Organizational Framework for the Comparative Analysis of Point Source Pollution Regulations,** pp. 441–471.

Traditional theories of environmental regulation assume that firms can be treated as rational actors. This paper asks whether such an assumption is valid and develops a tool for assessing how well policy instruments overcome barriers to rationality within the firm. It examines a prototypical case: a point-source polluter abating by implementing a pre-existing technology. The paper discusses technologies, the people who propose them, the strategies they use, and the role of the institutional environment in constructing their options for action. The central argument is that for "unembedded" new technologies, the rationality assumption is reasonable. However, specialist managers responsible for implementation are unlikely to have problem-solving strategies which will yield embedded technologies, and rationality is a poor assumption to deal with these strategies. Embedded technologies are generally preferable for policy purposes. The 14 ways in which an intervention can increase a firm's ability to overcome these barriers, which come from the analysis, could be used as a tool for comparing policy instruments. The argument is illustrated with examples from energy conservation in universities, pollution management in chemical plants, the U.S. leaded gasoline phase down, and emissions reduction in the U.S. chemical industry in the early 1990's.

Adrienne Héritier: **Patterns of European Policy Making: The Environment**, pp. 472–486.

European environmental policy is perplexing for a variety of reasons. Even without a legal mandate it expanded quickly; it has to accommodate a diversity of interests and regulatory cultures; in spite of the subsidiarity principle it keeps growing as a policy field. The article elaborates the process patterns which are at the roots of these features of European environmental policy making, such as the typical innovative strategies of the Commission, typical modes of interest accommodation and regulatory instruments, and discusses them in the context of European environmental legislation.

Dietrich Dörner: **The Difficulties of Coping with Uncertainty and Complexity and the Use of Computer Simulations**, pp. 489–515.

The difficulties of people coping with complex, uncertain and slow domains of reality are discussed. First the characteristics of such domains of reality are compared with the characteristics of the normal everyday-world. It is shown that our everyday-environment is characterized by an accumulation of non interconnected, short causal chains. Therefore our everyday-world is normally free of side and long term effects. Additionally our everyday-world is characterized by short reaction times. Quite different are such domains of reality as politics, ecology, economics. These domains are characterized by complex, interconnected causal chains, by intransparency, by long reaction times, by a high degree of side and long term effects. It can be shown that people have great difficulties to cope adequately with such complex, uncertain and slow systems. When people have to cope with such domains, one can find inadequate patterns of thinking. For instance, people have difficulties to cope adequately with time series. Normally we cannot grasp even simple laws of time series. Frequently tendencies of reductive hypothesis building can be found. All the events of complex domains are reduced to one core variable. These and other patterns of thinking are discussed and reduced to four basic features of the human cognitive machinery. The low speed and the low capacity of human conscious thinking, forgetting, the overweight of the actual motive and the tendency to guard the feeling of competence are responsible for most erroneous behavior. To train the ability to cope adequately with such systems the use of computer systems and computer simulations is recommended.

Heinz-Herbert Noll and *Caroline Kramer:* **Environmental Reports and Indicators. Informations on State and Changes of the Environment**, pp. 516–547.

Running reports on the environment published by different actors on different levels – the supranational, national and subnational level – have the object of informing the general public as well as decision makers in politics, administration and economy completely and regularly on state and changes of the environment. The superior model is the concept of sustainable development. The perspective which dominates all levels of environmental reporting is the so called "pressure-state-response model", developed and suggested by the OECD. Investigations for further development of environmental reporting concentrate presently on systems of environmental indicators and systems of a total environmental and economic calculation. The goals for prospective improvement of environmental reporting seem to be the following: an adequate consideration of values, awareness, behavior and subjective judgements concerning the environment based on results of social science.

Joachim Schahn and *Gerd Bohner:* **Methodological Aspects of Social Scientific Evaluation Research in the Environmental Domain**, pp. 548–570.

From a methodological point of view, the authors address social science research dealing with the evaluation of programs in the area of environmental protection. The relevant concepts are defined, and issues of research design and data gathering are discussed. Specifically, experimental and quasi-experimental designs are compared. The authors further discuss problems such as selection effects, treatment contamination, representativeness, reactivity of measurement, influences of social desirability on responses, and the pros and cons of individual versus aggregated data. In an outlook on possible future developments, aspects of methodology and content are differentiated.

GPSR Compliance

The European Union's (EU) General Product Safety Regulation (GPSR) is a set of rules that requires consumer products to be safe and our obligations to ensure this.

If you have any concerns about our products, you can contact us on

ProductSafety@springernature.com

In case Publisher is established outside the EU, the EU authorized representative is:

Springer Nature Customer Service Center GmbH
Europaplatz 3
69115 Heidelberg, Germany

www.ingramcontent.com/pod-product-compliance
Lightning Source LLC
LaVergne TN
LVHW010331260326
834688LV00036B/664